法学核心课程系列辅助教材

刑法学

核心知识点精解

主　编　刘艳红　杜　宇

副主编　王志远　欧阳本祺

撰稿人　（以撰写章节先后为序）

刘艳红　杨　楠　夏　伟　王志远　张梓弦

刘双阳　彭文华　田宏杰　聂慧苹　肖　鹏

孙万怀　崔志伟　杜　宇　袁国何　王　充

石经海　姚万勤　冯卫国　杨　柳　刘　浩

高　巍　杨　琼　江　溯　王芳凯　欧阳本祺

杨志琼　储陈城　安军宇　张　杰　郑泽星

黄明儒

中国人民大学出版社

·北京·

◎ 主编简介

刘艳红：中国政法大学副校长、钱端升讲座教授、教育部"长江学者奖励计划"特聘教授、博士研究生导师。兼任国务院学位委员会法学学科评议组成员、教育部高等学校法学类专业教学指导委员会委员、新时代马克思主义理论研究和建设工程教育部重点教材《监察法学概论》首席专家、国家教材委员会高校哲学社会科学（马工程）专家委员会学科专家组专家、中国法学会常务理事、中国法学会检察学研究会副会长、中国法学会法学期刊研究会副会长、中国刑法学研究会常务理事等重要学术职务。荣获第七届"全国十大杰出青年法学家"荣誉称号，享受国务院政府特殊津贴。主编《刑法学》（总论、各论）（江苏省高等学校精品教材）、《刑法学》（上、下）（江苏省本科优秀培育教材）等多本教材。在《中国社会科学》《中国法学》《法学研究》等刊物上发表学术论文 200 余篇，出版《实质刑法观》《实质犯罪论》《实质出罪论》《开放的犯罪构成要件理论研究》《行政刑法的一般理论》等学术专著 10 余部。《网络犯罪的法教义学研究》《刑法的根基与信仰》入选国家哲学社会科学成果文库。主持国家重点研发计划、国家社会科学基金重大项目等国家级、省部级重大科研项目 10 余项。研究成果荣获教育部第六届和第九届高等学校科学研究优秀成果奖（人文社会科学）一等奖、第八届钱端升法学研究成果奖一等奖、江苏省第十二届和第十五届哲学社会科学优秀成果奖一等奖、第一届"韩德培法学奖"青年原创奖、首届"高铭暄学术奖"一等奖等科研奖励 20 余项。

杜宇：复旦大学法学院院长、教授、博士研究生导师。兼任全国法律专业学位研究生教育指导委员会委员、上海市法学会副会长及学术委员会副主任、上海市法治研究会副会长、中国刑法学研究会常务理事、中国法学会法学教育研究会常务理事等重要学术职务。长期专注于刑法方法论、刑法与刑事诉讼法的互动、刑事和解、刑事习惯法等研究领域。荣获第六届"上海市优秀中青年法学家"荣誉称号，先后入选"上海市曙光学者""中美富布赖特访问学者"。在《中国社会科学》《中国法学》《法学研究》等刊物上发表学术论文 70 余篇，出版《类型思维与刑法方法》《理解"刑事和解"》等学术专著 4 部。主持国家社会科学基金重大项目、重点项目和上海市科技创新重大项目（人文社科类）等国家级、省部级课题 10 余项。研究成果荣获教育部第九届高等学校科学研究优秀成果奖（人文社会科学）二等奖、上海市第十二届和第十六届哲学社会科学优秀成果奖二等奖、第三届上海市法学优秀成果奖一等奖等科研奖励 8 项。

◉ 副主编简介

王志远：中国政法大学刑事司法学院执行院长、教授、博士研究生导师。兼任中国犯罪学学会副会长、中国刑法学研究会常务理事、中国法学会网络与信息法学研究会常务理事、国家药品监督管理局法律顾问、河北省首席法律咨询专家、海南省首席法律咨询专家、新疆维吾尔自治区人民检察院专家咨询委员会委员、广西壮族自治区人民检察院专家咨询委员会委员、北京市人民检察院第三分院专家咨询委员会委员等重要学术职务。入选中国政法大学"钱端升杰出学者支持计划"，荣获第二届"吉林省十大杰出中青年法学家""北京市高等学校教学名师""北京市课程思政教学名师"等荣誉称号。在《政法论坛》《清华法学》《法学家》等刊物上发表学术论文 100 余篇，出版《从"印证"到"论证"：我国传统定罪思维批判》《遏制重刑：从立法技术开始》《共犯制度的根基与拓展：从"主体间"到"单方化"》等学术专著 10 余部。主持国家社会科学基金重大项目、重点项目等国家级、省部级科研项目 10 余项。研究成果荣获首届"全国刑法学优秀学术著作奖（1984—2014）"二等奖、吉林省第十一届社会科学优秀成果奖二等奖、首届吉林省法学优秀成果奖一等奖等科研奖励 10 余项。

欧阳本祺：东南大学法学院学术委员会主任、《东南法学》主编、教授、博士研究生导师。兼任中国法学会理事、中国刑法学研究会常务理事、中国法学会法学教育研究会常务理事、中国法学会检察学研究会常务理事、中国法学会网络与信息法学研究会常务理事、公安部网络安全法律咨询委员会委员、江苏省法学会副会长、江苏省法学会犯罪学研究会会长等重要学术职务。入选教育部"新世纪优秀人才支持计划"、江苏省"333 高层次人才培养工程"、江苏省"六大人才高峰"高层次人才项目，荣获第四届"江苏省优秀青年法学家"荣誉称号。在《法学研究》《中国法学》等刊物上发表学术论文 80 余篇，其中 20 余篇被《中国社会科学文摘》、"中国人民大学复印报刊资料"、《高等学校文科学术文摘》等转载，出版《网络和数据犯罪的刑法教义学》《刑事政策视野下的刑法教义学》《实质刑法基本立场与方法》《目的犯研究》等学术专著 4 部。主持国家社会科学基金项目 3 项（其中重点项目 1 项）、最高人民法院司法研究重大课题 2 项，以及其他省部级科研项目 10 余项。研究成果荣获教育部第七届高等学校科学研究优秀成果奖（人文社会科学）三等奖、江苏省第十二届和第十五届哲学社会科学优秀成果奖二等奖、第四届江苏省法学优秀成果奖一等奖等科研奖励 10 余项。

前 言

《刑法学核心知识点精解》深刻把握中国式现代化与刑事法治的历史逻辑、理论逻辑和实践逻辑，以马克思主义理论研究和建设工程（以下简称"马工程"）重点教材《刑法学》（上册·总论）和《刑法学》（下册·各论）的章节内容为编写基础，梳理主流刑法学教材的内容，去粗取精，博采众长，总结提炼具有主体性、原创性、标志性的刑法学概念、观点、理论，紧紧围绕新时代全面依法治国的新任务、新要求，坚持把马克思主义法治理论同中国具体实际相结合、同中华优秀传统法律文化相结合，从中国本土刑法实践汲取养分，编写出扎根中国文化、立足中国国情、解决中国实际问题的刑法学辅助教材，为加快构建中国自主的刑法学知识体系贡献绵薄之力。

本书着眼于加强新时代普通高等学校刑法学教育，规范和提升刑法学教学工作，坚持以习近平法治思想为统领，把立德树人、德法兼修内化到刑法学教材编写的全过程，既注重刑事法治价值引领，又注重刑法学专业知识传授。一方面，深入推进习近平法治思想进教材、进课堂、进头脑，引导学生坚定中国特色社会主义刑事法治的道路自信、理论自信、制度自信、文化自信，筑牢刑事法治的根基与信仰，培育学生崇尚法治、捍卫公正、恪守良知的职业品格，努力培养造就大批具有坚定理想信念、强烈家国情怀、扎实法学根底的高素质法治人才；另一方面，通过辅助教材内容的科学设置，准确阐释刑法的法条与法理，合理分析刑法案例，严格遵循刑法立改废释的原则和方向，清楚阐述刑法参与社会治理的功能与边界，恰当诠释刑法规范的人民立场，力图使学生的刑法基础理论水平得到全面提高、刑法专业知识得到系统化把握、刑法与相关部门法关系的知识得到体系化融通、研究性思维及解决复杂法律问题的能力得到累进式训练。

本书以《中华人民共和国刑法》为规范依据，深刻把握刑法学的学科性质，坚持和运用辩证唯物主义和历史唯物主义的世界观与方法论进行分析阐释，同时秉持国际视野，跟踪域外刑法学理论研究最新进展，汲取世界刑事法治文明有益成果，以兼容并蓄、包容开放的态度提升教材内容的前沿性和丰富性。

本书共设置 26 章，重点内容可划分为以下六个方面：

第一，刑法基础理论。第一章全面介绍刑法的概念、渊源、性质、机能、指导思想、根据与任务、创制与完善、体系与解释等基础内容。第二章全面介绍刑法明确规定的以及学理上普遍承认的基本原则，以帮助学生重点理解罪刑法定、适用刑法人人平等、罪责刑相适应等基本原则的含义和具体体现。第三章全面介绍刑法的空间效力和时间效力，以帮助学生重点理解属地管辖、属人管辖、保护管辖、普遍管辖以及刑法的生效、失效、溯及力等概念的含义。

第二，犯罪构成理论。犯罪概念是对犯罪特征的概括和抽象，是犯罪论乃至整个刑法学体系的逻辑起点、灵魂和基石，是其他犯罪论理论展开的核心和基础。第四章全面介绍犯罪概念和犯罪构成，以帮助学生重点了解有关犯罪基本特征的不同观点。第五章至第九章全面介绍犯罪构成理论的发展历程和不同模式，重点阐述由犯罪客体、犯罪客观方面、犯罪主体与犯罪主观方面组成的四要件犯罪构成理论以及常见的正当化事由。

第三，犯罪形态理论。犯罪形态理论主要包括故意犯罪的停止形态理论、共同犯罪理论与罪数理论等三部分。第十章全面介绍故意犯罪停止形态的判断标准，以帮助学生重点掌握犯罪预备、犯罪未遂与犯罪中止的特征及处罚。第十一章全面介绍共同犯罪的基础理论，重点讲解共同犯罪的成立条件与分类，以及共同犯罪人的分类与处罚。第十二章全面介绍罪数的判断标准，着重讲授实质的一罪、法定的一罪与处断的一罪等具体罪数形态。

第四，刑罚制度体系。刑罚是犯罪人承担刑事责任的最主要方式，刑罚论是刑法理论的重要组成部分。第十三章旨在帮助学生重点理解刑罚的正当化根据与目的，尤其是特殊预防与一般预防的关系，正确认识刑罚对犯罪人、被害人和社会的功能。第十四章和第十五章全面介绍我国刑罚的种类和体系，以帮助学生了解我国的刑罚裁量制度、刑罚执行制度以及刑罚消灭制度。

第五，分则罪刑体系。结合我国刑法总则与刑法分则的关系，深入阐述刑法分则体系的独特性，梳理分析刑法分则条文在罪状、罪名、法定刑等方面的普遍性与特殊性内容。第十六章旨在帮助学生重点掌握刑法分则体系的概念、特征，以及刑法分则条文的构成等。

第六，个罪理解适用。严格按照刑事法治的基本原则，合理选择运用刑法解释方法，准确阐释《中华人民共和国刑法》分则十类犯罪的构成要件的内容以及刑罚处罚。第十七章至第二十六章旨在帮助学生理解具体罪名的立法目的、立法沿革、罪与非罪的界限、此罪与彼罪的关系、具体量刑的原则标准、个案司法的法治实践等，通过个罪的理解适用深入把握刑法参与社会治理的意义。

本书的写作团队由全国近二十所知名法学院校的名师学者组成，编写工作由刘艳红教授统筹负责和总体规划，具体写作分工如下（以撰写章节先后为序）：

刘艳红（中国政法大学教授）：第一章；

杨楠（北京理工大学助理教授）：第二章；

夏伟（中国政法大学副教授）：第三章；

王志远（中国政法大学教授）、张梓弦（北京大学助理教授）：第四章；

刘双阳（中国政法大学副教授）：第五章；

彭文华（中国政法大学教授）：第六章；

田宏杰（中国人民大学教授）：第七章；

聂慧苹（西南政法大学副教授）、肖鹏（北方工业大学助理研究员）：第八章；

孙万怀（华东政法大学教授）：第九章；

崔志伟（上海师范大学副教授）：第十章；

杜宇（复旦大学教授）、袁国何（复旦大学副教授）：第十一章；

王充（吉林大学教授）：第十二章、第十六章；

石经海（西南政法大学教授）、姚万勤（西南政法大学副教授）：第十三章、第十四章、第十五章；

冯卫国（西北政法大学教授）：第十七章；

杨柳（中南财经政法大学教授）、刘浩（中南财经政法大学讲师）：第十八章；

高巍（云南大学教授）、杨琼（云南大学讲师）：第十九章；

江溯（北京大学研究员）、王芳凯（南开大学讲师）：第二十章；

欧阳本祺（东南大学教授）、杨志琼（东南大学副教授）：第二十一章；

储陈城（安徽大学教授）：第二十二章；

安军宇（西北政法大学讲师）：第二十三章、第二十六章；

张杰（中南大学教授）、郑泽星（中南大学副教授）：第二十四章；

黄明儒（湘潭大学教授）：第二十五章。

由于能力所限，本书难免存在缺漏讹误，文责由作者共担，欢迎各位读者批评指正。

刘艳红

2025 年 4 月

目 录

第一章　刑法概说

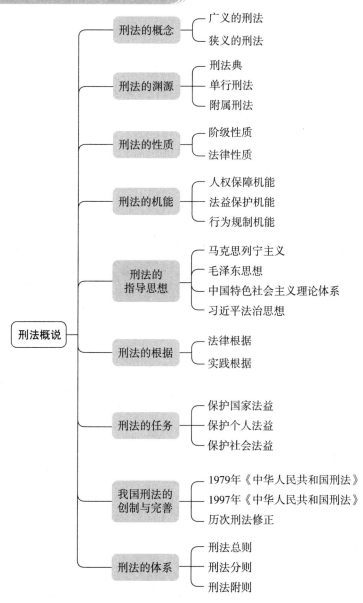

刑法概说
- 刑法的概念
  - 广义的刑法
  - 狭义的刑法
- 刑法的渊源
  - 刑法典
  - 单行刑法
  - 附属刑法
- 刑法的性质
  - 阶级性质
  - 法律性质
- 刑法的机能
  - 人权保障机能
  - 法益保护机能
  - 行为规制机能
- 刑法的指导思想
  - 马克思列宁主义
  - 毛泽东思想
  - 中国特色社会主义理论体系
  - 习近平法治思想
- 刑法的根据
  - 法律根据
  - 实践根据
- 刑法的任务
  - 保护国家法益
  - 保护个人法益
  - 保护社会法益
- 我国刑法的创制与完善
  - 1979年《中华人民共和国刑法》
  - 1997年《中华人民共和国刑法》
  - 历次刑法修正
- 刑法的体系
  - 刑法总则
  - 刑法分则
  - 刑法附则

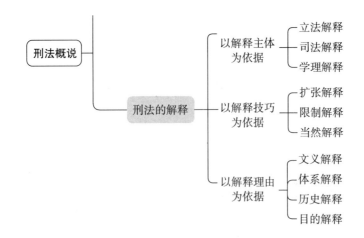

第二部分　本章核心知识要点解析

第一节　刑法的概念与渊源

一、刑法的概念

（一）难度与热度*

难度：☆☆　热度：☆☆☆

（二）基本概念分析

刑法是规定犯罪、刑事责任和刑罚的法律。具体来说，刑法是掌握政权的阶级即统治阶级，为了维护本阶级政治上的统治和经济上的利益，根据其意志，以国家名义制定、颁布的，规定犯罪、刑事责任和刑罚的法律。

（三）学说理论探讨

刑法有广义和狭义之分。广义的刑法是指一切规定犯罪、刑事责任和刑罚的法律规范的总和，主要包括刑法典、单行刑法和附属刑法。狭义的刑法指的是刑法典。我国单行刑法较少且没有附属刑法，所以我国的刑法通常是在狭义上使用的。

（四）疑难问题解析

对于规定犯罪、刑事责任和刑罚的法律，有些国家称为"刑法"，有些国家称为"犯罪法"。有观点认为，"刑法"注重规范和价值判断，而"犯罪法"更注重事实。虽然使

---

* 本书知识点难度与热度说明：

难度	热度
☆易	☆冷
☆☆较易	☆☆较冷
☆☆☆中	☆☆☆一般
☆☆☆☆较难	☆☆☆☆较热
☆☆☆☆☆难	☆☆☆☆☆热

用的概念有差别，但二者指称的对象完全相同。

刑法既具有独立性，也具有从属性。刑法的独立性体现在，刑法以犯罪行为为规制对象，并根据特定的目的评价和判断不法行为是否需要受到刑事制裁以及如何进行刑事制裁，这是刑法与其他法律的重要区别。刑法的从属性体现在刑法具有补充性，即刑法是在民法和行政法等其他法律部门不足以规制不法行为时，所采取的更强有力的规制手段。因此，独立性和从属性是刑法的一体两面。

二、刑法的渊源

（一）难度与热度

难度：☆☆　热度：☆☆☆

（二）基本概念分析

刑法的渊源，是指刑法规范的具体表现形式。刑法的渊源主要有刑法典、单行刑法和附属刑法。刑法典是专门、全面、系统地规定犯罪、刑事责任和刑罚的法律文件，是刑法的主要表现形式。单行刑法是专门规定某种犯罪、刑事责任及刑罚的法律文件，我国现行有效的单行刑法是 1998 年 12 月 29 日全国人大常委会颁布的《关于惩治骗购外汇、逃汇和非法买卖外汇犯罪的决定》。附属刑法是指，民法、行政法等非刑事法律文件中关于具体犯罪、刑事责任及刑罚的法律规范。

（三）学说理论探讨

我国许多民事和行政法律文件，在法律责任部分存在与刑法规范相呼应的条文。这些有关刑事责任的条文虽依附性地规定在非刑事规范之中，但并非典型意义上的附属刑法。附属刑法不仅意味着规范的附随性，还必须与刑法典等主体规范一样实质性地规定犯罪、刑事责任与刑罚，只是缘于立法技术而不被纳入刑法典中，其作为刑法渊源主要起补充作用。而我国民事和行政法律文件中有关刑事责任的规定并无独立的实际意义，故不属于严格意义上的附属刑法。

（四）疑难问题解析

自治区或辖有民族自治地方的省的人民代表大会根据当地民族的政治、经济、文化特点和刑法典的基本原则制定的变通或补充性规定，也属于刑法渊源，但其无普遍效力，只能在特定地域适用。

第二节　刑法的性质与机能

一、刑法的性质

（一）难度与热度

难度：☆☆　热度：☆☆☆

（二）基本概念分析

刑法的性质包括阶级性质与法律性质。

刑法的阶级性质体现在：第一，刑法的产生和发展是一个历史的范畴，随着私有制、阶级和国家的产生而产生，也会随着阶级和国家的消亡而消亡。第二，刑法是统治阶级根据自己的意志和利益决定的，是统治阶级对被统治阶级实行专政的工具。第三，刑法的阶级性由国家本质决定，我国刑法体现了社会主义本质。

刑法的法律属性体现在：第一，内容特定。刑法是规定犯罪、刑事责任和刑罚的法律规范，主要解决是否追究刑事责任、追究什么刑事责任、犯罪人如何承担刑事责任等问题。第二，法益保护广泛。任何法益的任何方面受到严重危害，只要符合法定条件，均受刑法保护。第三，手段严厉。科处刑罚比承担民事责任或受到行政处罚更严厉，最严重的情况下，刑罚甚至可以依法剥夺犯罪人的生命。第四，谦抑性。刑法是保护法益的最后手段，因此只能处罚有必要处罚的危害行为，不能将一切违法行为都作为规制的对象。

（三）学说理论探讨

对于刑法的法律属性，其他观点还提出刑法具有处罚范围的不完整性、部门法律的补充性、刑法对其他法律的保障性。处罚范围的不完整性以罪刑法定主义为基本立场，反对全面处罚法益侵害行为的观点；部门法律的补充性强调，只有当一般部门法不能充分保护法益时，才由刑法保护；刑法对其他法律的保障性意指，调整社会关系和保护法益，最终依赖刑法的保护。然而，上述三点均是刑法谦抑性的基本内容。

（四）疑难问题解析

刑法保护法益的广泛性与刑法的谦抑性不矛盾。保护法益的广泛性指的是，刑法与其他部门法不同，不是只调整和保护某一方面的社会关系，而是保护人身、财产、国家利益和公共秩序等诸多方面的法益。但是，保护法益广泛并不意味着处罚范围广泛，刑法的处罚对象远小于其他部门法。因此，刑法还遵循谦抑性，只科处当罚的不法行为。

二、刑法的机能

（一）难度与热度

难度：☆☆☆　热度：☆☆☆☆☆

（二）基本概念分析

刑法的机能是指刑法作为一个系统所具有的作用与功效。刑法的机能主要包括：人权保障机能、法益保护机能、行为规制机能。人权保障机能又称自由保障机能，指刑法具有保障公民人权不受国家刑罚权不当侵害的机能。法益保护机能，是指刑法具有保护法益不受犯罪侵害与威胁的机能。行为规制机能，是指刑法将一定的行为规定为犯罪并给予刑罚处罚，表明该行为是被法律禁止的、不被允许的，同时命令人们作出不实施这种犯罪行为的决定，据此防止犯罪发生的机能。

（三）学说理论探讨

刑法的机能之间具有紧密的逻辑关系，但三者之间并非并列关系。法益保护机能主要依靠刑罚来实现，而人权保障机能则主要依靠限制刑罚来实现，因此既要最大限度地保护法益，又要最大限度地保障自由，必须在二者之间进行调和，在充分权衡的基础上使两个机能充分发挥。但可以肯定的是，法益保护机能只能在罪刑法定的限度内发挥，在此意义上，人权保障机能优于法益保护机能。此外，行为规制机能只是法益保护机能实现的手段，因为限制国民行为是为了保护法益，而不是为了单纯限制国民的自由。

（四）疑难问题解析

刑法机能与刑法的原理、准则具有不可分割的结构关系。刑法是以国家强制力为后盾，针对犯罪行为进行制裁的有力手段。但是，刑法不是制止犯罪的决定性手段。要从根本上减少犯罪，必须消除犯罪产生的根源。为此，有必要以人道主义为基础，慎重且谦抑地适用刑罚。换言之，刑法不应该将所有的违法行为、所有的有责行为定为当然的处罚对象，而应该将自己的处罚范围限制在迫不得已的必要限度以内，即刑法是为了维护社会秩序而不得不采取的必要手段。这就是刑法的谦抑思想。刑法的谦抑思想是贯穿现代刑事法领域的基本理念。现代刑法的思想体系，由刑法谦抑的基本理念出发，而发展出三项具体的刑法准则，即罪刑法定主义、法益保护主义与责任主义，配合这三项刑法准则产生了刑法的三个基本机能，即人权保障机能、法益保护机能和行为规制机能。

第三节 刑法的指导思想、根据与任务

一、刑法的指导思想

（一）难度与热度
难度：☆☆　热度：☆☆☆

（二）基本概念分析
刑法的指导思想是，掌握了国家政权的统治阶级用以指导刑事立法和刑事司法活动的思想理论体系。

（三）学说理论探讨
我国刑法的立法、司法与理论研究必须以马克思列宁主义、毛泽东思想和中国特色社会主义理论体系为指导，深入贯彻习近平法治思想，坚持人民至上、坚持自信自立、坚持守正创新、坚持问题导向、坚持系统观念、坚持胸怀天下，把理论和实际紧密结合起来，研究和解决新的历史条件下出现的新情况、新问题，丰富和发展我国的刑事立法、司法实践和刑法科学，不断适应实践和时代要求，建立和完善中国刑法学自主理论体系，在全面建设社会主义现代化国家的过程中，充分发挥法治的固根本、稳预期、利长远的保障作用，并在此框架下有效发挥刑法的重要作用。

（四）疑难问题解析
不仅不同类型国家的刑法指导思想由于统治阶级赖以生存的物质生活条件不同而根本不同，即使同一类型国家的刑法指导思想也由于其所处的历史时期的政治、经济、文化等条件的不同而有所区别。

二、刑法的根据

（一）难度与热度
难度：☆☆　热度：☆☆

（二）基本概念分析

刑法的根据即刑法的制定根据，包括法律根据和实践根据。刑法的法律根据是《宪法》，刑法的实践根据是我国的实际情况和同犯罪作斗争的司法实践经验。

（三）学说理论探讨

刑法的法律根据是《宪法》：《宪法》序言中全局性、方向性和根本性的规定，对刑法立法有重要的指导作用；《宪法》条文中保护性、义务性或禁止性的规定，是刑法分则有关犯罪的直接根据。刑法不能违背宪法的规定。

刑法的实践根据在于，其制定遵循着自身独特的发展规律。因此，必须秉持实事求是的原则，深入实际进行调查研究，全面总结我国在刑事司法实践中与犯罪作斗争的宝贵经验，以及我国刑事立法的历史积淀。同时，还需紧密结合我国当前的社会经济、政治发展状况。只有这样，才能制定出既符合国情又具有良好效果的刑法。在我国现行《刑法》的制定过程中，我国立法机关会同司法机关以及有关方面的专家等，系统地总结了 1979 年《刑法》颁行以来的有关刑法修改、完善的资料以及大量的实际案例，总结了司法实践中取得的经验及存在的问题，同时还吸收了域外刑事立法的经验，从而制定出了较符合我国实际情况的现行《刑法》。

（四）疑难问题解析

在刑法的实践根据中，我国在同犯罪作斗争中积累的丰富经验表现为我国同犯罪作斗争的基本方针、政策、策略，即社会治安综合治理的方针，惩罚与宽大相结合的刑事政策，区别对待、打击少数、争取教育多数、孤立分化瓦解犯罪分子的策略；同时还表现为同各种犯罪作斗争的具体方针政策。我国的实际情况主要包括处于社会主义初级阶段的国情和我国的治安情况。

三、刑法的任务

（一）难度与热度

难度：☆☆☆　　热度：☆☆☆☆

（二）基本概念分析

刑法的任务是刑法为了实现自身目的而承担的各种实际的责任和工作。中华人民共和国刑法的任务，是运用刑罚同一切犯罪行为作斗争，以保卫国家安全，保卫人民民主专政的政权和社会主义制度，保护国有财产和劳动群众集体所有的财产，保护公民私人所有的财产，保护公民的人身权利、民主权利和其他权利，维护社会秩序、经济秩序，保障社会主义建设事业的顺利进行。我国刑法的任务归纳起来包含以下几个方面：保卫国家安全、保卫人民民主专政和社会主义制度，保护社会主义经济基础，保护公民人身权利、民主权利和其他权利，维护社会秩序、经济秩序。

（三）学说理论探讨

对于刑法的任务，学理上存在两种对立观点。一种观点认为，刑法的任务是维护社会伦理秩序，即刑法的任务在于保护基本的社会伦理价值或者道义价值或社会生活所必需的最低限度的道德规范。另一种观点认为，刑法的任务是保护法益，即刑法依法保护社会生活的各项利益。如果以维护国家或社会伦理道德作为刑法的任务，不仅是对刑法的过分要求，而且可能凭借法律的名义将自己的价值观强加于他人。

（四）疑难问题解析

我国刑法目的和刑法任务虽然具体内容和意义不完全相同，但是二者具有内在的一致性，其法律根据也完全相同。根据《刑法》第1条之规定，我国刑法的立法宗旨是"惩罚犯罪，保护人民"，这和《刑法》第2条关于刑法任务的规定在本质上是一致的，只不过刑法的任务更明确地指出了刑法要保护人民的哪些具体利益。亦即，前者是刑法追求或应当追求的目标，后者是为达到此目标而承担的实际责任和工作。

第四节　我国刑法的创制与完善

一、我国刑法的创制

（一）难度与热度

难度：☆☆　热度：☆☆☆

（二）基本概念分析

1979年7月1日，在第五届全国人民代表大会第二次会议上，《中华人民共和国刑法》获得通过，1979年7月6日正式公布，自1980年1月1日起施行。这是我国第一部系统的刑法典，也标志着我国的刑法规范基本具备。

（三）学说理论探讨

我国刑法的创制过程较为曲折。在中华人民共和国成立之初，国家明令废除以"六法全书"为代表的国民党政府全部法律，并根据革命和建设的需要，制定了一系列单行刑法。在颁布实施单行刑法的同时，我国开始了刑法典的起草工作。刑法典的正式起草工作，是从全国人大常委会办公厅法律室于1954年10月组织起草班子开始的，历经多次修改和征求意见，到1963年10月9日形成第33稿。1978年，由中央政法小组牵头组成刑法草案修订班子，对刑法草案第33稿进行修订，并先后形成两个稿本。1979年2月，全国人大常委会法制委员会成立后，又先后拟出刑法草案的3个稿本。其中，第二个稿本于1979年5月29日获得中共中央政治局原则通过，接着又在全国人大常委会法制委员会和第五届全国人大常委会第八次会议上进行审议，之后提交第五届全国人大第二次会议进行审议并通过。

（四）疑难问题解析

从刑法典的创制过程可以看出，坚持正确的政治路线，以经济建设为中心，重视法治建设，能有效推动立法工作的顺利开展。例如，党的十一届三中全会的会议精神有力推动了我国的刑法立法工作，并起到了重要的指导作用。此外，宪法的制定与实施也将推动其他法律的制定与实施；法律自身的民主性也有赖于法律制定工作的民主化。

二、我国刑法的完善

（一）难度与热度

难度：☆☆　热度：☆☆☆

（二）基本概念分析

我国刑法的完善主要包括：第一，对刑法进行局部修改。我国1979年《刑法》施行后，为应对新情况、新问题和惩治、防范犯罪的实际需要，国家立法机关通过和颁布了一系列单行刑法和附属刑法，从而完善刑事立法、指导司法实践。第二，对刑法进行全面修改。1997年3月14日，第八届全国人大第五次会议通过了《中华人民共和国刑法（修订草案）》，对1979年《刑法》进行了全面系统的修改，形成了统一、完备、具有重大改革和在多方面有显著进步的1997年《刑法》。第三，对刑法进行适时修正。1997年《刑法》生效至今，国家立法机关通过1个单行刑法和12个刑法修正案对其进行修正。刑法修正案对《刑法》条文进行具体修正，通过之后即成为刑法典的组成部分，以维护刑法典的统一和完整。

（三）学说理论探讨

有观点认为，刑法立法解释和司法解释也是完善刑法的方式。刑法立法解释是指，全国人大常委会根据法定程序对刑法作出的专门性解释文件。刑法立法解释对于明确刑法规范、补充刑法条文具有一定的积极意义。然而，法律解释是一种司法裁量活动，而不是由权力机关行使的一种权力活动，因此通过立法解释完善刑法应受到限制。刑法司法解释是指，国家最高司法机关针对刑法适用中的问题所作出的具有普遍效力的解释。司法解释对于明确刑法规范、阐明立法意旨、推动刑法实施具有积极意义。但是，司法解释增多也带来了司法权侵越立法权、副法体系破坏刑法统一性、刑事司法弱化与异化等一系列问题。因此，刑法完善过程中，能不采用司法解释方式的，应尽量不采用。

（四）疑难问题解析

刑法应具有稳定性，但不意味着不能修改。考察当今世界各国的刑事立法发展可以发现，刑法已不像过去那样稳定，已经进入刑事立法活跃化的时期。刑事立法活跃化表现为频繁增设新罪。对此存在不同的观点。消极刑法观认为，立法机关不应积极地通过刑事立法增设新罪，不能恣意扩张刑法处罚范围。积极刑法观认为，应通过立法扩大刑法处罚范围，从而满足不断变化的社会生活的需要。折中观点则主张，刑事立法既要充分考虑打击犯罪的需要，又必须采取审慎的态度，防止刑法过度扩张适用。随着社会的变迁，新的法益需要刑法予以保护，严重危害法益的行为需要刑法惩处。然而，刑法也应恪守其谦抑性，坚守其保障法的地位，不能过于激进。因此，折中的观点相对合理。

第五节　刑法的体系与解释

一、刑法的体系

（一）难度与热度
难度：☆☆　热度：☆☆☆

（二）基本概念分析
刑法的体系是指刑法的组成和结构。我国刑法的体系分为总则、分则和附则三部分。

总则内容为一般规定，分则内容为具体规定。总则和分则各为一编，编下依次为章、节、条、款、项。附则仅一个条文。

（三）学说理论探讨

刑法的体系存在广义和狭义之分。广义上的刑法体系指的是，刑法的各种渊源及其相互关系；狭义上的刑法体系指的是，刑法典的组成和结构。本部分主要探讨狭义上的刑法体系。

一个条文的同一款中包含两个或两个以上意思的，学理上称为前段、中段和后段。当同一条款的后段要对前段进行转折时，往往使用"但是"一词表示，"但是"开始的这段文字被称为"但书"。"但书"所表示的意义大致有两种：一种是对前段的例外性规定，另一种是对前段作出限制性规定。

（四）疑难问题解析

刑法规范与刑法条文之间关系密切。刑法规范也称罪刑规范，是以禁止、处罚犯罪行为为内容的法律规范。刑法条文是刑法规范的载体，刑法规范则是刑法条文的内容。但是，规范和条文并不等同：（1）规范的内容是禁止做什么、允许做什么、应当做什么，因此刑法总则中许多一般性、原则性的规定不是刑法规范；（2）一个条文可以表达多个规范，多个条文也可能只表达了一个规范；（3）刑法条文较为直观，而刑法规范则不然。

二、刑法的解释

（一）难度与热度
难度：☆☆☆☆　热度：☆☆☆☆☆

（二）基本概念分析
刑法解释是指，对刑法规范之含义的阐明。

以解释主体为依据，可以将刑法解释分为立法解释、司法解释和学理解释。立法解释，是全国人大及其常委会对刑法规范文本需要明确的界限，或者为解决最高人民法院和最高人民检察院所作出的有关的刑事司法解释的原则性分歧而进行的解释。一般认为，刑法立法解释主要包括刑法条文对有关刑法术语作出的解释、立法机关在法律起草说明或修订说明中所作的解释、刑法在施行中发生歧义时全国人大常委会所作的解释。司法解释，是由最高司法机关对刑法含义所作的解释，即最高人民法院对审判工作中具体应用法律、法令问题进行的解释和最高人民检察院对检察工作中具体应用法律、法令问题进行的解释。学理解释，是专家、学者从学理上对刑法规范之含义所作出的解释。立法解释和司法解释属于有权解释，而学理解释无法律约束力，属于无权解释。

以解释技巧为依据，可以将刑法解释分为扩张解释、限制解释和当然解释。扩张解释，又称扩大解释，是根据立法原意，对刑法条文所作的超出字面意思的解释。限制解释，又称缩小解释，是根据立法原意，对刑法条文所作的狭于字面意思的解释。当然解释，是指刑法条文虽没有明确规定，但已包含在法律条文之中，根据理所当然的方式，对刑法条文所作出的解释。

以解释理由为依据，可以将刑法解释分为文义解释、体系解释、历史解释和目的解释。文义解释是对刑法条文的字义，包括词语、概念、术语，从文理上进行的解释。体系解释是将待解释的刑法条文置于整个刑法规范体系中，基于条文本身所处语境以及与其他条文之间的关系阐释其规范意涵的解释方法。历史解释是指，根据刑法条文制定的历史背景及发展演变情况，阐释条文含义的解释方法。目的解释是根据刑法的规范目的，阐明刑法条文的真实含义的解释方法。

（三）学说理论探讨

刑法之所以需要解释，主要是由于：第一，刑法条文具有一定的抽象性，为了使抽象的条文适用于具体的案件，就必须对刑法条文进行解释；第二，刑法条文具有稳定性，为了使司法活动适应客观情况的变化，可以在合理的范围内对某些刑法条文赋予新的含义；第三，刑法条文是用语言文字表述的，而文字具有模糊性甚至存在缺陷，因此需要通过解释予以明确。

（四）疑难问题解析

有关目的解释之"目的"，主观解释论认为，"目的"意指立法者主观上希望通过刑法规范实现的效果；客观解释论则认为，"目的"是刑法规范的目的或刑法规范所要实现的宗旨。客观解释论是学理和司法实践中较为有力的观点，其主张立法原意并不十分明确，也较难确定；对于未发生过或立法者未曾预想过的案件，立法者不可能有立法原意；立法者在制定刑法时，对某些条文存在立法原意，但该立法原意可能存在缺陷；刑法是成文法，解释者应通过立法者所使用语词的客观意义来发现立法精神与目的；因此，对刑法的解释宜采取客观解释论。需要注意的是，目的解释是一种实质解释，必须恪守罪刑法定原则。

扩大解释和类推解释在有些情况下不容易区分。类推解释是指，解释者明知刑法没有将某种行为规定为犯罪，但以行为具有法益侵害性、行为人具有人身危险性等为由，将该行为比照刑法分则的相似条文定罪量刑。通常情况下，类推解释因违反罪刑法定主义而被禁止。扩大解释和类推解释一般可以从如下方面进行区分：第一，扩大解释所得出的结论，没有超出刑法用语可能具有的含义，即在刑法文义的"射程"之内进行解释；而类推解释所得出的结论，超出了用语可能具有的含义，即在刑法文义的"射程"之外进行解释。第二，扩大解释时没有提升概念的位阶，而类推解释是将所要解释的概念提升到更上位的概念作出的解释。第三，扩大解释着眼于刑法规范本身，仍然是对规范的逻辑解释；类推解释着眼于刑法规范之外的事实，是对事实的比较。第四，扩大解释是扩张性地划定刑法的某个概念，使应受处罚的行为包含在该概念中；类推解释则是认识到某行为不是刑法处罚的对象，而以该行为与刑法规定的相似行为具有同等的恶害为由，将其作为处罚对象。第五，扩大解释没有超出公民预测可能性的范围；而类推解释则超出了公民预测可能性的范围。

》》 第三部分　拓展延伸阅读、案例研习与同步训练

第一节　拓展延伸阅读

1. 张明楷. 刑法的基本立场. 北京：商务印书馆，2019.

2. 高铭暄. 中华人民共和国刑法的孕育诞生和发展完善. 北京：北京大学出版社，2012.

3. 马克昌. 近代西方刑法学说史. 北京：中国人民公安大学出版社，2008.

4. 张小虎. 刑法的基本观念. 北京：北京大学出版社，2004.

5. 陈兴良. 形式解释论的再宣示. 中国法学，2010（4）.

6. 张明楷. 实质解释论的再提倡. 中国法学，2010（4）.

7. 刘艳红. 刑法的目的与犯罪论的实质化："中国特色"罪刑法定原则的出罪机制. 环球法律评论，2008（1）.

8. 曲新久. 刑法目的论要. 环球法律评论，2008（1）.

9. 刘艳红. 走向实质解释的刑法学：刑法方法论的发端、发展与发达. 中国法学，2006（5）.

第二节　本章案例研习

案例：赵某华非法持有枪支案

（一）基本案情

2016 年 8 月至 10 月间，赵某华摆设有奖射击的摊位并进行营利活动。警方在巡查时将其抓获，查获涉案枪形物 9 支及相关枪支配件、塑料弹。经鉴定，其中 6 支为能正常发射以压缩气体为动力的枪支。

（二）法院判决

天津市河北区法院一审审理认为，赵某华违反国家枪支管理制度，非法持有枪支，情节严重，构成非法持有枪支罪；鉴于赵某华当庭自愿认罪，且具有坦白情节、系初犯，天津市河北区法院以非法持有枪支罪判处赵某华有期徒刑 3 年 6 个月。一审宣判后，被告人赵某华以其不知道持有的是枪支，没有犯罪故意；行为不具有社会危害性，原判量刑过重为由，提出上诉。二审法院认为，上诉人赵某华违反国家枪支管理规定，非法持有枪支，构成非法持有枪支罪，且情节严重，应依法予以处罚，综合考虑赵某华非法持有的枪支均刚刚达到枪支认定标准，犯罪行为的社会危害相对较小，其非法持有枪支的目的是从事经营活动，主观恶性不大、人身危险性相对较小，二审期间能如实供述犯罪事实，认罪态度较好，有悔罪表现等情节，可酌情予以从宽处罚并适用缓刑。天津市第一中级人民法院维持一审法院对定罪部分的认定，但对量刑部分予以撤销，改判为有期徒刑 3 年，缓刑 3 年，并在缓刑考验期限内，依法实行社区矫正。

（三）案例解析

我国《刑法》第 128 条第 1 款规定："违反枪支管理规定，非法持有、私藏枪支、弹药的，处三年以下有期徒刑、拘役或者管制；情节严重的，处三年以上七年以下有期徒刑。"因此，非法持有枪支罪所保护的法益是公共安全和国家枪支管理制度，客观不法行为是违法持有、私藏枪支，主观上表现为明知是禁止私人持有的枪支而故意隐藏不交。本案中，对"枪支"的认定能否完全依照行政法规，在理论和实务上本就颇具争议。更关键的在于，赵某华一直认为案涉枪支是玩具枪，其对法律因素的认识错误直接关乎行为的社会意义及法益评价。首先，赵某华没有认识到自己持有"枪支"属于违法行为，这阻却了主观故意，而本罪又不能由过失构成，故赵某华的行为难以用非法持有枪支罪来评价。其次，赵某华持有枪支的目的是设立射击摊位，吸引路人消费，从事营利活动，其社会危害性不大、主观恶性和人身危险性小、处罚必要性低。据此，本案一审判决存在违反刑法谦抑性的嫌疑。对确实不知道自己持有的"枪状物"属于国家禁止持有的枪支的经营者，通过行政法规对其进行处罚就足以纠正其行为。在可以通过其他处罚手段矫正行为人时依然选择动用刑法，就是对刑法谦抑性的背反。此外，教育并改造犯罪人是刑罚的目的之一。在赵某华对案涉工具及其行为性质无预见可能性的情况下，对其进行处罚，无法实现刑法的矫正功能，难以使其真心回归法秩序。本案二审法院依据法律规定和赵某华的犯罪事实，一方面认定赵某华有罪，另一方面考虑其具体犯罪情节判处缓刑，在一定程度上缓解了上述问题。

第三节　本章同步训练

一、选择题

（一）单选题

1. 以下哪个是现行有效的单行刑法？（　　　）

A.《关于惩治骗购外汇、逃汇和非法购买外汇犯罪的决定》

B.《关于严惩严重危害社会治安的犯罪分子的决定》

C.《关于惩治违反公司法的犯罪的决定》

D.《关于惩治骗购外汇、逃汇和非法买卖外汇犯罪的决定》

2. 刑法有广义刑法与狭义刑法之分，广义的刑法包括（　　　）。

A. 刑法典、单行刑法、刑事审判参考

B. 刑法典、单行刑法、刑事指导性案例

C. 刑法典、附属刑法、刑事司法解释

D. 刑法典、附属刑法、单行刑法

（二）多选题

1. 关于刑法解释，下列哪些说法是正确的？（　　　）

A.《中华人民共和国刑法》规定，"以暴力、胁迫或者其他手段强奸妇女的"，构成强奸罪。按照文义解释，女性通过前述手段强行与男性发生性关系的不构成强奸罪

B. 既然将为自己饲养而抢劫他人名贵宠物猫的行为人认定为抢劫，那么，根据当然解释，对为了自己收养而抢劫他人婴儿的行为更应认定为抢劫罪

C.《中华人民共和国刑法》对强迫交易罪和抢劫罪均采用了"暴力"的表述，故根据文义解释，二者使用的暴力应当一致

D. 按照同类解释规则，对于刑法分则条文在列举具体要素后使用的"等""其他"用语，应当按照所列举的内容、性质进行同类解释

2. 中华人民共和国刑法的任务是，用刑罚同一切犯罪行为作斗争，具体体现为（ ）。

A. 保卫国家安全、保卫人民民主专政的政权和社会主义制度

B. 保护国有财产和劳动群众集体所有的财产，保护公民私人所有的财产

C. 保护公民的人身权利、民主权利和其他权利

D. 维护社会秩序、经济秩序，保障社会主义建设事业的顺利进行

二、案例分析题

张三欲治疗其孩子张小三的先天性癫痫病，但所需特效药国内无处购买且售价极高，张三只能四处托人从境外购买。2019 年 5 月，其在网上找到境外购药渠道，随后与境外的代购人员建立了直接联系。其他患儿家长得知张三能从境外买到抗癫痫药物，纷纷找其帮忙。起初，张三是无偿帮助；后来，随着找他帮忙的患儿家长逐渐增多，其开始收取些许费用。2021 年 7 月，H 省 Z 市警方截获一个含有氯巴占（属毒品范畴）的境外包裹，并将取包裹的人员抓获，随即查到代购者是张三。次日，Z 市警方将张三抓获归案。经查，其从境外购买氯巴占、喜保宁、雷帕霉素等共计支出 200 万余元，向百余名社交群成员销售药品总金额 50 万余元。

问题：（1）张三代购的氯巴占应被解释为"毒品"还是"药品"？

（2）其行为是否构成犯罪？如果构成犯罪，该当何罪？

三、论述题

1. 试述刑法的机能。

2. 试述刑法解释方法及分类。

参考答案及解析

一、选择题

（一）单选题

1. 参考答案： D

解析： 目前我国现行有效的单行刑法仅有《关于惩治骗购外汇、逃汇和非法买卖外汇犯罪的决定》一项。A 选项，《关于惩治骗购外汇、逃汇和非法购买外汇犯罪的决定》应为"买卖"而非"购买"，故错误；B、C 选项，《关于严惩严重危害社会治安的犯罪分子的决定》和《关于惩治违反公司法的犯罪的决定》现已失效，故不选。

2. 参考答案： D

解析： 广义的刑法包括刑法典、附属刑法和单行刑法，狭义的刑法仅指刑法典。刑事审判参考、刑事指导性案例和刑事司法解释皆不属于刑法的范畴。其中，刑事审判参考是刑事司法业务指导丛书；刑事指导性案例没有法律效力，主要起指导作用；刑事司法解释仅是由最高司法机关对刑法司法适用方面的问题进行的解释，并不是刑法本身。因此，仅有 D 选项正确。

（二）多选题

1. 参考答案：AD

解析： A选项，文理解释又称文义解释，是按照表述法律规范的文字的字面意义进行的一种法律解释，包括对条文中字词、概念、术语等文字字义的解释。将"女人"解释为"男人"或将"男人"解释为"女人"超出了文字的本来含义，因此，女性强奸男性的行为不能被认定为强奸罪。但是，这并非指女性不能触犯强奸罪。例如，在共同犯罪中，女性可以作为帮助犯或者教唆犯成立强奸罪，参见（2022）粤1424刑初206号刑事判决书。因此，该选项正确。B选项，所谓当然解释，是指以刑法没有明文规定为前提的解释技巧，通过参照各种事项，从既有的法条获得指引，对案件适用既有法条的一种解释。其一，当然解释适用以法无明文规定为前提。其二，当然解释具有逻辑层面的周延性，是自然而然推导出来的。其三，婴幼儿不可能被解释为抢劫罪侵犯的财物。因此，该选项错误。C选项，虽然刑法条文在强迫交易罪和抢劫罪中都使用了"暴力"的表述，但是不能将二者混为一谈。虽然强迫交易行为可以通过暴力的方式完成，但是其根本上仍存在交易基础。故强迫交易罪中的"暴力"与抢劫罪中的"暴力"并不一致，因此，该选项错误。D选项，同类解释中，"等"的解释应当与"等"前列举事项和"等"后概括内容具有"质"上的一致性。因此，该选项正确。

2. 参考答案：ABCD

解析：《刑法》第2条规定："中华人民共和国刑法的任务，是用刑罚同一切犯罪行为作斗争，以保卫国家安全，保卫人民民主专政的政权和社会主义制度，保护国有财产和劳动群众集体所有的财产，保护公民私人所有的财产，保护公民的人身权利、民主权利和其他权利，维护社会秩序、经济秩序，保障社会主义建设事业的顺利进行。"因此，选项ABCD皆正确。

二、案例分析题

参考答案： 应解释为"药品"；构成犯罪；应认定为非法经营罪。

解析： 在我国精神药品品种目录中，氯巴占被列入第二类精神药品管控。长期服用氯巴占能让正常人产生瘾癖性、依赖性，对人的身心健康危害较大，尤其是对神经系统伤害最明显。但是，其作为药物能有效防止癫痫病的发作。因此，在解释该化合物是药品还是毒品时，不能仅进行形式解释，还需要在不超出一般国民预测可能性的范围内，对刑法条文用语以法益为指导，从处罚必要性和处罚合理性角度进行实质解释。在本案中，张三代购药品主要为提供给其他患儿使用，并未侵害走私、贩卖、运输、制造毒品罪保护的法益，并不具有处罚必要性和处罚合理性。同时，张三并未侵害不特定多数人的身体健康权，因此，不构成生产、销售、提供假药罪。此外，妨害药品管理罪具体行为包括：（1）生产、销售国务院药品监督管理部门禁止使用的药品的；（2）未取得药品相关批准证明文件生产、进口药品或者明知是上述药品而销售的；（3）药品申请注册中提供虚假的证明、数据、资料、样品或者采取其他欺骗手段的；（4）编造生产、检验记录的。在形式上，张三的行为符合前述第（2）项的规定。一般而言，本罪保护的法益是国家对药品的管理制度和社会公众的身体健康权。因此，在实质上，张三的行为并未侵害社会公众的身体健康权，仅侵害了国家对药品的管理制度，不宜认定为妨害药品管理罪。故认定为非法经营罪更为贴切。此外，考虑到张三的主观恶性、人身危险性和社会危害性等综合因素，可根据《刑法》第 37 条，免予刑事处罚。

三、论述题

1. 参考答案：

刑法的机能，是指刑法能产生的积极作用。具体包括以下几个方面：

（1）规制机能，即对人的行为进行规制或者约束的机能。其实现方式是将一定的行为规定为犯罪，对其规定刑罚，要求国民不要实施特定的犯罪行为。

（2）保护机能，即保护国家、社会和个人法益的机能。

（3）保障机能，即保障人权的机能。一方面，对公民而言，保障机能就是保障公民不受国家刑罚权的非法侵害。另一方面，对犯罪人而言，保障机能就是保障犯罪人不受刑法规定之外的刑法处罚。

2. 参考答案：

刑法的解释，是指对刑法条文含义的阐明。可以根据不同的标准对刑法解释进行分类。

（1）根据解释的效力，刑法解释可划分为立法解释、司法解释和学理解释。

1）立法解释，是指刑法的立法机关对刑法条文的解释。在我国，全国人民代表大会及其常务委员会对刑法条文的解释属于立法解释。主要包括三种：其一，在刑法的起草说明或修订说明中所作的解释；其二，在刑法中对有关术语的专条解释；其三，全国人大常委会以决议形式对刑法条文含义的解释。

2）司法解释，是指我国最高司法机关对刑法条文进行的解释。在我国，最高人民法院、最高人民检察院对于具体应用刑法所作的解释，属于司法解释。

3）学理解释，是指有权对刑法进行立法解释和司法解释的机构之外的机关、团体和个人对刑法条文含义的阐释。

（2）根据解释的技巧，刑法解释可划分为扩张解释、限制解释和当然解释。

1）扩张解释，又称扩大解释，是根据立法原意，对刑法条文所作的超出字面意思的解释。

2）限制解释，又称缩小解释，是根据立法原意，对刑法条文所作的狭于字面意思的解释。

3）当然解释，是指刑法条文虽没有明确规定，但已包含在法律条文之中，根据理所当然的方式，对刑法条文作出的解释。

（3）根据解释的理由，刑法解释可划分为文义解释、体系解释、历史解释和目的解释。

1）文义解释，是对刑法条文，包括词语、概念、术语从文理上进行的解释。

2）体系解释，是将待解释的刑法条文置于整个刑法规范体系中，基于条文本身所处语境以及与其他条文之间的关系阐释其规范意涵的解释方法。

3）历史解释，是根据刑法条文制定的历史背景及发展演变情况，阐释条文含义的解释方法。

4）目的解释，是根据刑法的规范目的，阐明刑法条文真实含义的解释方法。

第二章　刑法的基本原则

> ## 第一部分　本章知识点速览

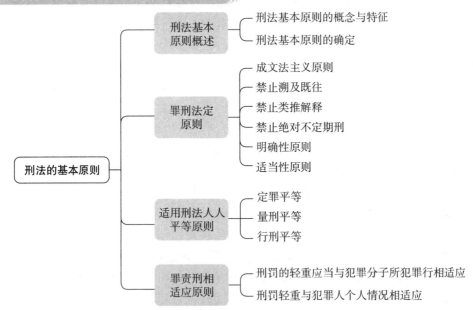

刑法的基本原则
- 刑法基本原则概述
  - 刑法基本原则的概念与特征
  - 刑法基本原则的确定
- 罪刑法定原则
  - 成文法主义原则
  - 禁止溯及既往
  - 禁止类推解释
  - 禁止绝对不定期刑
  - 明确性原则
  - 适当性原则
- 适用刑法人人平等原则
  - 定罪平等
  - 量刑平等
  - 行刑平等
- 罪责刑相适应原则
  - 刑罚的轻重应当与犯罪分子所犯罪行相适应
  - 刑罚轻重与犯罪人个人情况相适应

> ## 第二部分　本章核心知识要点解析

第一节　刑法基本原则概述

一、刑法基本原则的概念

（一）难度与热度

难度：☆☆　热度：☆☆

（二）基本概念分析

刑法基本原则是指，全部刑事立法和刑事司法活动中均应遵循的准则。刑法基本原则问题是刑事立法和刑事司法实践中具有全局性和根本性的问题，贯穿于全部刑法规范，具有指导和制约全部刑事立法和刑事司法的功能，体现我国刑事法治的基本精神。

（三）学说理论探讨

刑法的基本原则应具有如下特征：第一，刑法基本原则必须贯穿全部刑法规范，具有指导和制约全部刑事立法和刑事司法的意义。第二，刑法基本原则必须体现刑法的基本精神。刑法的基本精神是限制国家刑罚权的发动以保障公民自由与人权，对此刑法的基本原则必须予以体现。第三，刑法的基本原则是法官解释适用刑法构成要件的基本依据。法院在审理刑事案件时，须对所应适用的法律条文进行解释，以阐明刑法规范的含义，确定特定犯罪的构成要件和刑罚处罚。但是，法院在依照刑法基本原则解释适用刑法规范时，不得直接引用刑法基本原则作为定罪量刑的依据，否则就混淆了刑法基本原则与具体罪刑条款之间的关系。第四，刑法基本原则必须是刑法领域所独有的，而非所有部门法领域通用的原则。

（四）疑难问题解析

刑法基本原则必须贯穿刑法实施的全过程，不仅指导刑事立法、刑事司法的各个环节，也引导社会的刑法观念和刑法意识。刑法解释和适用刑法必须遵循刑法的基本原则，但也不能因为刑法的基本原则是刑法本身规定的，就认为其不制约刑法的制定。事实上，立法者在制定刑法时也必须遵循刑法的基本原则。

二、刑法基本原则的确定

（一）难度与热度
难度：☆☆　热度：☆☆☆

（二）基本概念分析

我国现行《刑法》第3、4、5条明确规定了三项刑法的基本原则，即罪刑法定原则、适用刑法人人平等原则和罪责刑相适应原则。罪刑法定原则是指，法律明文规定为犯罪行为的，依照法律定罪处刑；法律没有明文规定为犯罪行为的，不得定罪处刑。适用刑法人人平等原则是指，对任何人犯罪，在适用法律上一律平等，不允许任何人有超越法律的特权。罪责刑相适应原则是指，刑罚的轻重，应当与犯罪分子所犯罪行和承担的刑事责任相适应。

（三）学说理论探讨

刑法学界普遍认为，刑法基本原则不限于《刑法》明文规定的上述三项原则。有观点认为，保障人权原则、罪责自负原则和主客观相统一原则，也应被视为刑法的基本原则。保障人权原则是指，刑法实施的全过程以及刑事立法和刑事司法的各个环节都要体现对人权的保障。罪责自负原则是指，谁犯了罪，就应由谁承担责任；刑罚只能及于犯罪人本人，任何人不应因他人的犯罪行为而受处罚。主客观相统一原则是指，对被告人追究刑事责任，必须具备主客观两方面条件，并要求主客观两方面条件有机统一，缺少其中任何一方面条件，犯罪就无法成立，也不能要求犯罪人承担刑事责任。此外，还有观点认为，法益保护原则与责任主义原则也是刑法的基本原则。因为犯罪的实体是不法与责任，不法的本质是侵犯法益（刑法的目的则是保护法益），责任是就不法行为对行为人的非难。与之相对应，法益保护与责任主义，应当成为刑法的基本原则。而且从刑法的规定来看，《刑法》第1条、第2条、第13条的规定，以及刑法分则条文的具体规定，共同体现了法益保护原则。刑法总则有关故意、过失、责任能力等的规定表明了责任主义原则。

（四）疑难问题解析

刑事法治中必须坚决遵循刑法基本原则。刑法基本原则既有利于积极同犯罪作斗争，又有利于切实保障公民的合法权益；既有利于推进法治进程，又有利于维护法律的公正性；既有利于实现刑法的目的，又有利于达到刑罚的最佳效果。

第二节　罪刑法定原则

一、罪刑法定原则的内涵

（一）难度与热度

难度：☆☆☆☆　热度：☆☆☆☆☆

（二）基本概念分析

有关罪刑法定原则的经典表述是"法无明文规定不为罪，法无明文规定不处罚"。具体而言，什么是犯罪，有哪些犯罪，每种犯罪的构成条件是什么，有哪些刑种，这些刑种如何适用，以及各种犯罪的具体量刑幅度等，均由刑法加以明确规定；对于刑法分则没有明文规定为犯罪的行为，不得定罪处罚。

罪刑法定原则还蕴含了六个派生原则。第一，成文法主义原则，即犯罪与刑罚均由立法机关制定的法律明文规定，习惯法、判例法均不是刑法的渊源。第二，禁止溯及既往原则，即刑法只能对其施行以后的犯罪适用，不能对其施行以前的犯罪适用。对行为人之行为性质的评价和处分，应当以行为时的法律规定为准，如果行为人行为之时的法律对行为人的行为规定了较轻的刑罚或不认为是犯罪，那么就应当按照罪刑法定原则给予行为人较轻的处罚或不予刑事处罚。第三，禁止类推解释原则，即禁止对法无明文规定的事项，通过比附援引与行为性质最相类似的条文进行定罪量刑。但是，为了实现刑法的实质正义和罪刑法定主义的人权保障精神，允许有利于被告人的类推适用。第四，禁止绝对不定期刑原则，即禁止只规定某种行为应受处罚但不规定法定刑种类和期限，或刑法为某种犯罪设定了法定刑种类但不设定期限而由法官自由裁定具体刑种或刑度等绝对不确定的刑罚，从而防止法官擅断。第五，适当性原则，即刑法只能将具有处罚根据或值得科处刑罚的行为规定为犯罪，禁止处罚不当罚的行为；同时，刑罚应当与犯罪相适应，禁止残酷的刑罚。第六，明确性原则，即对于什么是犯罪以及犯罪处以何种刑罚，由刑法条文明确规定，不得含糊笼统，以此限制司法权滥用，使公民明确知晓哪些行为被刑法所禁止，从而有效保障公民的自由。

（三）学说理论探讨

我国《刑法》第3条规定："法律明文规定为犯罪行为的，依照法律定罪处刑；法律没有明文规定为犯罪行为的，不得定罪处刑。"本条后半句无疑是罪刑法定原则的表述，然而对于本条前半句的规定，学理上存在不同观点。

一种观点认为，第 3 条前半句规定了积极的罪刑法定原则，从而使我国的罪刑法定原则更为全面，既注重保护社会、打击犯罪，又注重保障人权、限制司法权，是罪刑法定原则的新发展。另一种观点则认为，前半句属于冗余，应当删除。还有观点认为，即使不存在所谓积极的罪刑法定，前半句也确有其现实意义，前半句不应被理解为罪刑法定主义的规定，而是针对我国刑法分则的特点，为防止司法人员随意减轻或免除犯罪分子罪责而设的规定；换言之，前半句凸显了刑法的法益保护机能，后半句则强调了刑法的人权保障机能。

（四）疑难问题解析

成文法主义是罪刑法定原则的要求之一，因此判例不是我国刑法的渊源。对于最高人民法院、最高人民检察院所发布的指导性案例，各级司法机关在办理类似案件时应当参照。指导性案例制度只不过是司法解释的另一种表述，而不能将其作为刑法的渊源，否则将违背罪刑法定主义。

刑法的明确性是相对的。刑法的明确性旨在使裁判规范清晰，进而限制司法权，保障国民自由，并帮助国民明确哪些行为受到刑法的禁止，从而保障国民的预测可能性。然而，成文刑法的文本具有内在的多义性、概括性和抽象性，任何成文刑法都不可避免地具有不明确性和不确定性，要求刑法明确到无须解释的程度只是一种理想状态。因此，既要保证刑法具有明确性，还必须使刑法规范保持一定的张力，以适应复杂多变的司法实践。

二、罪刑法定原则的实现

（一）难度与热度

难度：☆☆☆　　热度：☆☆☆☆

（二）基本概念分析

罪刑法定原则应贯彻在刑事立法与刑事司法的始终。在刑事立法方面，我国 1979 年《刑法》不仅没有规定罪刑法定原则，反而在第 79 条规定了类推制度。1997 年修订后的《刑法》则明确规定了罪刑法定原则，并废止了关于类推的规定。同时，1997 年《刑法》还重申了在刑法溯及力问题上采取从旧兼从轻原则，以严密刑事法网，在罪状和法定刑设置方面更加明确且具有可操作性。在刑事司法方面，禁止超出一般公民的预测可能进行类推解释，严禁不当限缩公民的行动自由；同时，对于刑法规定不够具体的犯罪，最高司法机关通过司法解释指导具体的定罪量刑活动，由此统一法律适用，正确指导司法实践活动。

（三）学说理论探讨

关于实质解释与罪刑法定原则之间的关系，理论上进行了较为深入的探讨。实质解释主要针对构成要件解释而言，具体意指在解释构成要件时，必须首先明确刑法的规范目的，然后在刑法用语可能具有的范围内确定构成要件的内容；对构成要件的解释，应确保所解释的行为的违法性达到值得科处刑罚的程度，同时必须符合构成要件的字面含义；对于实质上不值得处罚的行为，应将其排除在构成要件之外；在严格遵循罪刑法定原则的前提下，可以作出不利于被告人的扩张解释。因此，实质解释并非单纯根据行为的社会危害性认定犯罪，而是针对刑法规定的构成要件及其规范目的进行的解释，何况实质解释还会将一些虽然符合构成要件字面含义，但不具有处罚必要性的行为排除在犯罪之外。因此，实质解释并不违背罪刑法定原则。

（四）疑难问题解析

在理解和适用罪刑法定原则时，既要注意它所强调的人权保障精神，同时也应认识到，随着社会的发展和演变，罪刑法定主义已由绝对变为相对，它在保障人权的同时也开始兼顾社会保护。它对构成要件的明确性要求并非绝对明确，而只是一种相对的明确。绝对的成文法主义和构成要件的明确性要求，是早期罪刑法定主义的要求，而今天则必须兼顾个人与社会双重利益。罪刑法定主义被移植到我国法律体系之后，还要面临中国法律文化、法律观念、刑事立法、刑事司法等各个方面的考验。这些考验都要求我们对罪刑法定主义具有全面正确的理解和客观科学的态度。

第三节　适用刑法人人平等原则

一、适用刑法人人平等原则概述

（一）难度与热度

难度：☆☆☆　热度：☆☆☆☆☆

（二）基本概念分析

我国《刑法》第4条规定，对任何人犯罪，在适用法律上一律平等。不允许任何人有超越法律的特权。适用刑法人人平等原则是指，对任何人犯罪，不论犯罪人的民族、身份、家庭出身、社会地位、职业性质、财产状况、政治面貌、才能业绩等，一律平等适用刑法追究刑事责任，依法定罪、量刑和行刑，不允许任何人有超越法律的特权。这一原则确认和保护公民在享有法定权利和承担法定义务上处于平等地位。

（三）学说理论探讨

虽然我国《刑法》第4条确立了适用刑法人人平等这一原则，但有观点认为，刑法基本原则必须是刑法领域所独有的原则，而适用刑法人人平等原则并不符合这一特征。该原则与其说是刑法基本原则，不如说是我国宪法规定的"法律面前人人平等原则"在刑法中的具体体现。因此，如果严格按照刑法基本原则的标准来界定，适用刑法人人平等原则的确难以归入刑法基本原则之列。但是，适用刑法人人平等原则具有重要的现实意义。适用刑法人人平等原则意味着对特权的否定，即对于那些触犯刑律、构成犯罪的人，不论其当前地位多高、过去功劳多大，都必须依法处理，绝不允许包庇、纵容。对任何人犯罪，在适用刑法时都要坚持同一标准，绝不能违法地轻判或重判。同时，在司法实践中，有法不依、执法不严的现象依然存在，因此适用刑法人人平等原则也是严格执法的需要。

（四）疑难问题解析

适用刑法人人平等原则的思想基础是法律面前人人平等原则，适用刑法人人平等原则是法律面前人人平等原则在刑法中的具体化。法律面前人人平等原则作为一个口号，是欧洲资产阶级启蒙思想家提出来的。此后，西方大多数国家均在宪法中确认了这一原则。在近代早期探求法律（刑法）平等的道路上，人人平等原则也是逐步被确立的。一是实现性别平等问题；二是将"人"与"公民"相区分，在立法和参与执法中，每个公民一律平等，在适用法律上则无一例外，对所有人都是平等的。在我国，法律面前一律平等是我国《宪法》中的一项基本原则，适用刑法人人平等原则在刑事法治中也得到了有效贯彻。

二、适用刑法人人平等原则的体现

（一）难度与热度
难度：☆☆　热度：☆☆☆☆

（二）基本概念分析
适用刑法人人平等原则主要包含以下三项内容：第一，定罪平等。行为人实施危害社会的行为已构成了刑法中的犯罪的，不论其身份、地位、财产状况如何，都应当依据刑法分则的相应条款确定罪名；不构成犯罪的，则依法及时作出正确处理，保护其合法权利。第二，量刑平等。量刑平等是指对任何犯有相同罪行的人，都应当依照刑法规定的量刑标准处以刑罚，不得任意加重或减轻。第三，行刑平等。行刑平等是指被判处刑罚的人应当受到相同的处遇，不得因社会地位等的差别而在刑罚执行上受到不同的处遇。

（三）学说理论探讨
适用刑法人人平等与刑罚个别化不矛盾。刑罚个别化是指根据犯罪人的主观恶性和人身危险性的不同而适用不同的刑罚，以期起到改造教育犯罪人的效果，实现刑罚特殊预防的目的。在此原则下，必须依据犯罪人的年龄、性别、性格特征、生理状况、犯罪性质、犯罪严重程度、人身危险性等给予不同处遇。刑罚个别化原则贯彻于从量刑到执行刑罚的全过程。

适用刑法人人平等原则体现的是一般公正，刑罚个别化原则体现的是个案公正。正是刑事案件的个案公正，一般公正才具有现实意义。适用刑法人人平等原则并不表明要对同样的犯罪一律处以同样的刑罚，那种机械且绝对的"平等"并非该原则的内涵。只要对犯罪人的定罪量刑不受非罪情节或因素的影响，而是根据不同犯罪，或相同犯罪的不同犯罪人的个人情况、犯罪情节等与犯罪有关的一切情节综合考察，处以相应的刑罚，就是符合适用刑法人人平等原则的。

（四）疑难问题解析
适用刑法人人平等原则是实现刑事法治的最基本条件。虽然我国《刑法》已经将适用刑法人人平等原则确立为一项基本原则，但从现阶段我国的刑事立法及刑事司法实践来看，还存在着很多需要改进之处。例如，在刑事立法上，虽然刑法修正案多次作出调整，但基于所有制的不同导致的不平等问题依然存在。这既不利于保护私人所有财产，也不利于适用刑法人人平等原则的贯彻。在刑事司法实践中，也存在适用刑法不平等的现象。同样的犯罪，内陆地区与沿海地区、发达地区与欠发达地区的处置不同，一些具有特殊地位的犯罪人容易受到包庇或纵容，司法工作人员权力寻租等各种有违适用刑法人人平等原则的现象偶有发生。为了解决上述问题，一方面应通过立法修改有关《刑法》条文，另一方面应完善司法体制，提高刑事司法人员素质，提高社会公众法治意识等，使适用刑法人人平等原则在司法中得到有效贯彻，实现对平等目标的追求。

第四节　罪责刑相适应原则

一、罪责刑相适应原则概述

（一）难度与热度
难度：☆☆☆　　热度：☆☆☆☆

（二）基本概念分析
罪责刑相适应原则的含义是：犯多大的罪，就应承担多大的刑事责任，法院也应判处相应轻重的刑罚，做到重罪重罚，轻罪轻罚，罪刑相称，罚当其罪；在分析罪重罪轻和刑事责任大小时，不仅要看犯罪的客观社会危害性，还要考虑行为人的主观恶性和人身危险性，把握罪行和罪犯各方面因素综合体现的社会危害性程度，进而确定其刑事责任轻重程度，适用相应的刑罚。具体而言，罪责刑相适应原则的内涵包含两方面。一方面，刑罚的轻重应当与犯罪分子所犯罪行相适应。这是因为，不同性质及不同危害后果的犯罪往往反映了不同性质和程度的社会危害性，从而决定了不同犯罪的不同刑事责任。另一方面，刑罚的轻重应当与行为人的人身危险性相适应。这里的人身危险性包括初犯可能性和再犯可能性。初犯可能性是指尚未犯罪者具有犯罪之危险性，再犯可能性则是指已犯罪者具有再次实施犯罪的危险性。

（三）学说理论探讨
罪责刑相适应原则与刑罚个别化原则之间互为消长。片面强调罪责刑相适应原则容易忽视初犯、累犯等犯罪人自身情况的差异，从而导致机械、僵硬的刑罚，难以实现特殊预防；片面强调刑罚个别化原则则是仅仅根据人身危险性的大小决定刑罚的轻重，容易造成司法擅断和对人权的侵犯。我国刑法采取的罪责刑相适应原则将二者有机地统一起来。这是因为，刑法的目的是规制犯罪和保护法益；刑罚的目的是预防犯罪。无论刑法是为保障人权统一设置轻罪还是为保护法益统一设置重罪，都难以实现刑罚的目的，因此罪、责、刑三者应当是相互关联的，皆应受到重视。同时，罪责刑相适应原则与我国宽严相济的刑事政策相契合。

（四）疑难问题解析
罪责刑相适应原则将犯罪论、刑事责任论和刑罚论关联起来，是同犯罪作斗争的需要；也是定罪后，依据量刑情节判断行为人责任大小，从而正确量刑的根基；更是惩办与宽大相结合、惩罚与教育改造相结合的政策要求。

所以，只有罪责刑相适应，才能满足被害人及社会善良人天然追求对等性的本能，满足人类对公正追求的朴素情感；只有罪责刑相适应，才能制约国家刑罚权，防止其滥用而侵犯公民自由；只有罪责刑相适应，才能使犯罪分子受到应有的惩罚，促使犯罪分子认罪悔罪，也才能树立起司法机关严明公正的良好形象；只有罪责刑相适应，才能有效地实现刑罚预防犯罪的目的。

二、罪责刑相适应原则的体现

(一) 难度与热度

难度：☆☆☆ 热度：☆☆☆☆

(二) 基本概念分析

罪责刑相适应并非只是与量刑有关的原则，它既关系到定罪又关系到量刑。它要求司法机关首先应依照刑法正确地认定犯罪，再考察犯罪的情节和危害程度，然后在此基础上判处与其相适应的刑罚。因此，罪责刑相适应原则在刑事立法和刑事司法层面皆有体现。

在刑事立法层面，我国《刑法》确立了科学严密的刑罚体系、规定了区别对待的处罚原则、设置了轻重不同的法定刑幅度。在刑罚体系方面，刑法根据轻重不同规定了5种主刑、3种附加刑，还规定了非刑罚处罚方法以及专门适用于外国人的驱逐出境。在处罚原则方面，我国刑法总则根据各种行为的社会危害性和行为人的人身危险性大小，规定了不同的处罚原则。例如对于未遂犯可以比照既遂犯从轻或者减轻处罚，对于造成损害的中止犯应当减轻处罚；又如对于防卫过当、避险过当应当减轻或者免除处罚，对于自首、立功等可以从轻或者减轻处罚；等等。在量刑幅度方面，我国刑法多采用相对确定的法定刑，这为贯彻罪责刑相适应原则、灵活地适用刑罚留下了空间。

在刑事司法层面，司法机关需要着重注意两个方面。一方面，作为刑法基本原则，罪责刑相适应原则具有指导刑法适用、制约定罪的功能。例如，对暴力抢夺公交车驾驶员方向盘的行为，如果造成了严重后果，便不能认定妨害安全驾驶罪，而应以危险方法危害公共安全罪论处，反之亦然；否则，就违反了罪责刑相适应原则。需要注意的是，刑法基本原则在定罪量刑时不得直接援引。另一方面，要正确处理好罪、责、刑之间的关系，即罪行是刑事责任的前提，而刑事责任则是刑罚适用的根据。

(三) 学说理论探讨

在正确定罪的前提下，采取有针对性的措施，对犯罪分子判处适当的刑罚，有利于更好地矫正犯罪、实现刑罚个别化。因此，在定罪量刑时，应当考虑犯罪分子的主观恶性、人身危险性和社会危害性等因素，综合确定其刑事责任和刑罚轻重。有观点认为，刑罚就是刑事责任的体现，通过罪行即可确定刑罚，仅需罪罚相适即可。另有观点以定罪免刑的非刑罚处理方式为基点提出反驳，认为定罪是承担刑事责任的前提，而承担刑事责任并不必然适用刑罚。

可以明确的是，刑罚是犯罪分子承担刑事责任的最主要方式。在大多数情况下，通过考察罪行和罪责的轻重即可对犯罪分子判处适当的刑罚，但有时也需要法官依据心证加以判断。需要说明的是，虽然刑罚的轻重与犯罪分子的人身危险性相适应的目的是预防犯罪，但是，这并不意味着法官可以根据自己的主观任意性随意加重或减轻犯罪人的刑罚，法官在判处刑罚时仍然要立足于现实已经发生的犯罪行为，犯罪分子所犯罪行是其考虑量刑的基点。

(四) 疑难问题解析

罪责刑相适应原则在立法上的体现，并不必然在刑事司法中得到贯彻，而那些在刑事立法上罪刑不相适应的条文，在刑事司法中更容易被曲解适用。为此，刑事司法要理顺罪刑关系，保持罪刑关系的对称性和均衡性，以实现罪责刑相适应。这就要求：纠正"重定罪，轻量刑"的错误倾向，把量刑置于与定罪同等重要的地位；纠正重刑主义的错误思想，强化量刑公正的执法观念；纠正不同法院量刑悬殊的现象，力求刑事司法的平衡与统一。总之，在刑事司法中应坚持对罪行严重性的评价一致，对不同严重性层次犯罪的社会危害性评价一致，对相似严重性犯罪的刑罚严厉性的评价一致，不同法官对犯罪与刑罚之间相称性的评价一致等，以实现刑事立法和刑事司法皆贯彻罪责刑相适应原则。

第三部分　拓展延伸阅读、案例研习与同步训练

第一节　拓展延伸阅读

1. 张明楷. 罪刑法定与刑法解释. 北京：北京大学出版社，2009.
2. 马克昌. 比较刑法原理. 武汉：武汉大学出版社，2002.
3. 高铭暄. 刑法基本原则的司法实践与完善. 国家检察官学院学报，2019（5）.
4. 刘艳红. "风险刑法"理论不能动摇刑法谦抑主义. 法商研究，2011（4）.
5. 陈忠林. 刑法面前人人平等原则：对《刑法》第4条的法理解释. 现代法学，2005（4）.
6. 刘艳红. 刑事立法技术与罪刑法定原则之实践：兼论罪刑法定原则实施中的观念误差. 法学，2003（8）.
7. 马克昌. 论我国刑法的基本原则. 中央检察官管理学院学报，1997（4）.
8. 张文，孟昭武. 罪刑法定原则与中国刑法. 中外法学，1992（5）.

第二节　本章案例研习

案例：肖某灵投寄虚假炭疽杆菌邮件案

（一）基本案情

2001年10月间，肖某灵通过新闻得知炭疽杆菌是一种白色粉末状的病菌，国外已经发生因接触夹有炭疽杆菌的邮件而致人死亡的事件，因此，其认为社会公众收到类似的邮件会产生恐慌心理。同年10月18日，肖某灵将家中白色粉末状的食品干燥剂装入两只信封内，在收件人一栏上书写了"上海市政府"和"东方路2000号"（上海东方电视台）后，乘车至本市（上海市）闵行区莘庄镇，将上述信件分别邮寄给上海市人民政府某领导和上海东方电视台新闻中心陈某。信件开拆后，造成社会恐慌。

（二）法院判决

上海市第二中级人民法院对本案审理后认为，被告人肖某灵通过向政府、新闻单位投寄装有虚假炭疽杆菌信件的方式，以达到制造恐怖气氛的目的，造成公众心理恐慌，

危害公共安全，其行为构成以危险方法危害公共安全罪，公诉机关指控的罪名成立。上海市第二中级人民法院于 2001 年 12 月 18 日以（2001）沪二中刑初字第 132 号刑事判决书对肖某灵作出有罪判决，认定其行为触犯了《刑法》第 114 条的规定，构成以危险方法危害公共安全罪，判处有期徒刑 4 年。

（三）案例解析

案发当时的《刑法》第 114 条规定："放火、决水、爆炸、投毒或者以其他危险方法破坏工厂、矿场、油田、港口、河流、水源、仓库、住宅、森林、农场、谷场、牧场、重要管道、公共建筑物或者其他公私财产，危害公共安全，尚未造成严重后果的，处三年以上十年以下有期徒刑。"根据同类解释原理，"以其他危险方法"是指，以与放火、决水、爆炸和投毒行为相当的危险方法，不法行为通常具有广泛的破坏力和杀伤性，危害结果具有弥散性和不可控性。然而，肖某灵投递虚假炭疽杆菌邮件的行为虽造成社会秩序混乱，但不会真正威胁公共安全，该行为与其结果的危害性同放火、决水、爆炸和投毒行为的不相当，因此肖某灵的行为不满足本罪的构成要件。在肖某灵犯案时，刑法中没有设立"投放虚假危险物质罪"和"编造、故意传播虚假恐怖信息罪"，其行为虽然存在社会危害性但是没有被刑法规定为犯罪，其就不应被定罪处刑。法院在裁判文书中先确定危害性，再根据危害性来解释刑法的思路，具有违背罪刑法定原则的嫌疑。在本案判决后不久，全国人大常委会通过了《刑法修正案（三）》，其中增设了"投放虚假危险物质罪"和"编造、故意传播虚假恐怖信息罪"，由此填补了法律漏洞。

第三节 本章同步训练

一、选择题

（一）单选题

1. 以下哪个选项最能体现罪刑法定原则？（　　）

A. 研究生甲科研成果丰硕，但因性格不合毒杀其室友。人民法院判决其构成故意杀人罪

B. 研究生乙在实验室因操作不当，偶然制出大量新型毒品。人民法院判决其无罪

C. 医生丙因见癌症患者过于痛苦，私下给患者使用安乐死药物。人民法院判决其构成故意杀人罪，但从宽量刑

D. 交警丁在交通执法的过程中，发现醉酒驾驶的驾驶员是其大学同学，遂将之放行

2. 以下哪个选项不是适用刑法人人平等原则的内容？（　　）。

A. 定罪平等　　　　　　　　　B. 量刑平等

C. 行刑平等　　　　　　　　　D. 出罪平等

（二）多选题

1. 关于罪责刑相适应原则的立法体现，下列哪些选项是正确的？（　　）

A. 我国《刑法》确立了严密科学的刑罚体系

B. 我国《刑法》规定了区分对待的处罚原则

C. 我国《刑法》规定了灵活的量刑幅度

D. 我国《刑法》禁止类推解释刑法，但不禁止对犯罪人有利的类推

2. 关于罪刑法定原则的内容，以下哪些说法是正确的？（　　）

A. 坚持罪刑法定原则，需要排斥习惯法

B. 坚持罪刑法定原则，需要禁止溯及既往，反对事后法

C. 坚持罪刑法定原则，需要禁止类推解释

D. 坚持罪刑法定原则，需要禁止绝对不定期刑

二、案例分析题

2019 年 7 月 29 日，在 A 车辆维修厂负责车辆维修工作的张三、李四、王五、赵六等男性员工在工作车间饮酒聚餐。张三酒后误将李四认作其妻子，强行与之发生性关系。王五准备恶作剧，将大型货车专用打气泵对准正在弯腰捡拾东西的赵六的臀部，因设备年久失修，安全装置失效致使设备自动充气，造成赵六肠道破裂（重伤）。修理厂经理吴七（本地纳税大户）在发现上述情况后，非常愤怒，质问保安郑二为何不制止上述行为，并扇了其一巴掌，致其鼓膜穿孔且 10 周未愈（轻伤）。

现 B 大学法学院孙教授组织新生对上述案件进行评析。学生李明认为，我国刑法虽然规定"强行与妇女发生性关系的"构成强奸罪，但是男性与女性都属"人"的范畴，男性也应当得到刑法保护，故应推定"强行与男性发生性关系"也成立强奸罪，因此，张三的行为成立强奸罪。学生周丽认为，王五仅有恶作剧的意图，且造成赵六受伤系出于设备故障，根据罪刑法定原则，我国刑法没有惩治恶作剧的犯罪，因此王五的行为不构成犯罪。学生王刚认为，吴七是本地的纳税大户，且其伤害行为事出有因，考虑到其经济贡献，不宜将该行为认定为犯罪。

请你站在孙教授的角度，评析上述三位学生的观点是否正确，并说明理由。

三、论述题

1. 试述罪刑法定原则的基本内容和体现。

2. 试述刑法基本原则的特征。

参考答案及解析

一、选择题

（一）单选题

1. 参考答案：B

解析：A 选项，虽然研究生甲科研成果颇丰，但是人民法院依然严格依法判决其构成故意杀人罪，体现了适用刑法人人平等原则。B 选项，研究生乙因过失制造出大量新型毒品，而过失犯罪的认定必须严格依据刑法，我国《刑法》并未将过失制造毒品的行

为规定为犯罪，因此，人民法院判决其无罪体现了罪刑法定原则。C选项，医生丙出于减轻患者痛苦的目的，客观上造成患者死亡，符合故意杀人罪的构成要件，但考虑到其主观恶性、社会危害性等因素，人民法院从宽处理，体现了罪责刑相适应原则。D选项，交警丁因同学关系未严格执法，违反了适用刑法人人平等原则。

2. 参考答案：D

解析：适用刑法人人平等原则的基本内容主要包含三点。第一，定罪平等；第二，量刑平等；第三，行刑平等。而认定不构成犯罪的肇因多种多样，个案中存在的影响因素更是千变万化，很难抽象出完全统一且共通的依据。此外，同样的出罪事由、情节或标准的设立，在事实上限制了行为人的辩解、辩护，不利于保障人权。因此，D选项不属于适用刑法人人平等原则的内容，当选。

(二) 多选题

1. 参考答案：ABC

解析：《刑法》第5条规定："刑罚的轻重，应当与犯罪分子所犯罪行和承担的刑事责任相适应。"据此我国《刑法》确立了严密科学的刑罚体系，规定了区分对待的处罚原则，规定了灵活的量刑幅度。而禁止类推解释刑法，是罪刑法定原则的要求。因此，D选项不选。

2. 参考答案：ABCD

解析：《刑法》第3条规定："法律明文规定为犯罪行为的，依照法律定罪处刑；法律没有明文规定为犯罪行为的，不得定罪处刑。"因此，刑法必须坚持法定化、明确化原则，排斥习惯法；禁止溯及既往的事后法；禁止类推解释；禁止绝对的不定期刑；刑罚应当适当，不得滥用刑罚。因此，选项A、B、C、D皆正确，当选。

二、案例分析题

参考答案：三位学生的观点皆不正确。理由见解析。

解析：学生李明的观点不正确。理由如下：根据文义解释，不能将强奸罪中的"妇女"解释为"男性"，这超出了文义原本的范畴。且将"女性"解释为"人"，又将"男性"和"女性"归为"人的集合"，是一种类推解释。因此，该观点不符合罪刑法定原则。此外，《刑法修正案（九）》颁布之后，强制猥亵罪的犯罪对象由原来的"妇女"修改为"他人"，将14周岁以上的男性包括进来。因此，张三的行为构成强制猥亵罪。

学生周丽的观点不正确，理由如下：王五身为修理工，必然明确知悉大型货车专用打气泵所喷出的气流具有较大的威力，且将维修工具对人使用并不符合安全规范，王五对已预见的风险却轻信能够避免，属过于自信的过失，其行为构成过失致人重伤罪，并不违反罪刑法定原则。

学生王刚的观点不正确，理由如下：根据《刑法》第4条，"对任何人犯罪，在适用法律上一律平等。不允许任何人有超越法律的特权"。即便修理厂经理吴七是本地的纳税大户，且事出有因，其也不得拥有超越法律的特权，否则有违适用刑法人人平等原则。因此，吴七之行为构成故意伤害罪。

三、论述题

1. 参考答案:

罪刑法定原则,即法律明文规定为犯罪行为的,依照法律定罪处刑;法律没有明文规定为犯罪行为的,不得定罪处刑。

其基本内容是:

(1) 法定化,即犯罪和刑罚必须事先由法律明文规定;

(2) 明确化,即对于什么行为是犯罪以及犯罪所产生的法律后果,都必须作出具体的规定,并用文字表述清楚;

(3) 合理化,即罪刑法定原则要求合理确定犯罪的范围和惩罚的程度,防止滥施刑罚,禁止采用过分的、残酷的刑罚。

其主要体现在:

(1) 在刑事立法方面,刑法总则规定了犯罪的一般定义、共同构成要件、刑罚的种类、刑罚运用的具体制度等;刑法分则明确规定了各种具体犯罪的构成要件及其法定刑,为正确定罪量刑提供明确、完备的法律标准。

(2) 在刑事司法上,废除了刑事司法类推制度,要求司法机关严格解释和适用刑法,依法定罪处刑。

2. 参考答案:

刑法的基本原则,是指贯穿于整个刑法规范之中,指导和约束刑事立法和刑事司法,且为刑法领域所独有的基本准则。

(1) 刑法基本原则必须贯穿于全部刑法规范,具有指导和约束全部刑事立法和刑事司法的意义;

(2) 刑法基本原则必须体现刑法的基本精神;

(3) 刑法的基本原则是法官解释适用刑法构成要件的基本依据;

(4) 刑法基本原则必须是刑法领域所独有。

第三章　刑法的效力

第一部分　本章知识点速览

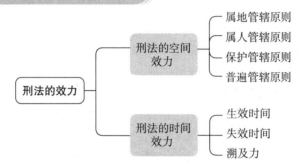

```
                                      ┌── 属地管辖原则
                          ┌─ 刑法的空间 ──┤── 属人管辖原则
                          │   效力        ├── 保护管辖原则
                          │               └── 普遍管辖原则
            刑法的效力 ──┤
                          │               ┌── 生效时间
                          └─ 刑法的时间 ──┤── 失效时间
                              效力         └── 溯及力
```

第二部分　本章核心知识要点解析

第一节　刑法的空间效力

刑法的空间效力是指刑法在什么地方和对什么人有效力，目的在于解决刑事管辖权的空间范围。在我国刑法中，其由属地管辖、属人管辖、保护管辖、普遍管辖四个方面构成。

一、属地管辖原则

（一）难度与热度

难度：☆☆☆　热度：☆☆☆

（二）基本概念分析

属地管辖权是指一个国家对发生在其领域内的犯罪行为及其行为人，都能够进行规制以实现本国社会治理。属地管辖权是行使国家管辖权的首要依据，在所有管辖权中具有优越性。

1. 属地管辖的原则

《刑法》第6条第1款规定："凡在中华人民共和国领域内犯罪的，除法律有特别规定的以外，都适用本法。"原则上，只要处于我国领域内的人、事、物都应当适用我国《刑法》。

属地管辖的"领域"范围不只包括一国国境内的"领陆、领水、领空"，一般认为，还包括挂有本国国旗的船舶或者航空器。这被称为旗国主义。《刑法》第 6 条第 2 款规定:"凡在中华人民共和国船舶或者航空器内犯罪的,也适用本法。"这是属地管辖原则的补充,即只要是发生在挂有我国国旗、国徽或者事实上属于我国国家、法人或者国民所有的船舶、航空器上的犯罪行为,就都应当适用我国《刑法》进行管辖。同时,根据《维也纳外交关系公约》的相关规定,发生在各国驻外大使馆、领事馆内的犯罪行为同样不受驻在国的司法管辖而受本国的《刑法》管辖。这进一步延伸了"领域"的范围。

2. 属地管辖的例外

《刑法》第 6 条第 1 款规定了"除法律有特别规定的以外",因此,不能绝对地认为只要是发生在我国领域内的犯罪,就都适用我国《刑法》的规定。以下为可能不适用我国《刑法》管辖的情形:

(1) 享有外交特权和豁免权的外国人的刑事责任。《刑法》第 11 条规定:"享有外交特权和豁免权的外国人的刑事责任,通过外交途径解决。"这意味着这类人员即使在我国领域内犯罪也不适用我国《刑法》的规定。

(2) 民族自治地方不能全部适用《刑法》规定的。《刑法》第 90 条规定:"民族自治地方不能全部适用本法规定的,可以由自治区或者省的人民代表大会根据当地民族的政治、经济、文化的特点和本法规定的基本原则,制定变通或者补充的规定,报请全国人民代表大会常务委员会批准施行。"由此可以看出,对于发生在民族自治地方的犯罪行为也可能不适用部分《刑法》的规定。

(3) 刑法施行后立法机关制定的特别刑法的规定。此种情形限于特别刑法与基本刑法发生法条竞合的条件下,根据特别法优于普通法的原则,不适用基本刑法,而适用特别刑法的规定。

(4) 我国香港特别行政区和澳门特别行政区基本法作出的例外规定。根据《香港特别行政区基本法》与《澳门特别行政区基本法》的相关规定,发生在香港特别行政区和澳门特别行政区内的犯罪行为不适用《刑法》的规定。

(三)学说理论探讨

属地管辖原则以"犯罪发生地"在本国境内为适用基础,如何认定"犯罪发生地"则成为适用属地管辖原则的关键。关于该问题在学理上主要存在四种观点:

(1) 行为地说,认为只有犯罪行为发生在本国境内才认为是在本国领域内犯罪。

(2) 结果地说,认为只有犯罪的实际损害结果发生在本国境内才认为是在本国领域内犯罪。

(3) 中间地说,认为从实施犯罪到犯罪结果发生之间,对结果发生的危险起增加作用的场所。比如在 A 国准备毒药,乘坐国际列车经过 B 国时投毒,毒性在 C 国发作导致他人死亡的,此时的犯罪发生地为实际增加了行为危险的中间地 B 国,应当适用 B 国刑法。

(4) 遍在说,认为行为实施地与结果发生地都是犯罪发生地,只要行为或结果有一项发生在本国领域内,就适用本国刑法。

我国《刑法》采取了遍在说,于第 6 条第 3 款规定:"犯罪的行为或者结果有一项发生在中华人民共和国领域内的,就认为是在中华人民共和国领域内犯罪"。犯罪"行为"

发生地包括犯罪行为实施地、共同犯罪中部分共犯的行为实施地。值得注意的是，部分共犯行为发生在中国境内的，中国对整个犯罪都有属地管辖权，即所有犯罪人都可以被认定为在中国境内犯罪。犯罪"结果"发生地包括犯罪结果部分发生地以及未遂犯罪中犯罪结果的"可能发生地"。

二、属人管辖原则

（一）难度与热度
难度：☆☆☆　热度：☆☆☆

（二）基本概念分析
属地管辖权是指一个国家的刑法对哪些人适用，其中主要涉及我国公民在我国领域外实施犯罪行为的，也应当适用我国《刑法》进行管辖。

我国《刑法》第7条第1款规定："中华人民共和国公民在中华人民共和国领域外犯本法规定之罪的，适用本法，但是按本法规定的最高刑为三年以下有期徒刑的，可以不予追究。"从主体上看，所有的中国公民在外国领域内犯《刑法》规定的罪，都应当适用《刑法》的规定，认定为犯罪行为；从法定刑上看，如果所犯罪行的法定最高刑为3年以下有期徒刑，可以不予追究，这意味着我国《刑法》采取的是有限制地追究我国公民在本国领域外实施的严重犯罪行为的原则。不过，限制追究原则存在例外规定，《刑法》第7条第2款规定："中华人民共和国国家工作人员和军人在中华人民共和国领域外犯本法规定之罪的，适用本法"。我国国家工作人员和军人在外国领域实施的犯罪行为，即使按照我国《刑法》规定法定最高刑为3年以下有期徒刑，也要依法追究。

（三）学说理论探讨
关于行使属人管辖权是否需要以"双重犯罪"为条件仍有争议，这主要体现在：我国公民在外国领域内实施的行为并不属于所在国刑法规定的犯罪，但我国刑法将这种行为规定为犯罪的，是否能够以属人管辖权追究其刑事责任？否定说认为应当以"双重犯罪"为行使属人管辖权的条件，如果外国刑法没有将这一行为规定为犯罪，且我国公民实施的行为没有侵犯我国国家或者公民的利益，即使触犯了我国刑法规定也不能进行规制。肯定说则认为公民对国家负有忠实遵守国家规定的义务，本国公民在国外犯本国刑法规定之罪的，不论他国刑法如何规定，都应当依照本国刑法进行处罚。

（四）疑难问题解析
属人管辖原则同时还可以引申出对外国刑事判决的承认，包括对外国刑事判决的积极承认和消极承认两种类型。

积极承认是指对本国公民在外国领域内所实施的行为已经形成有罪判决或者无罪判决的，本国法院执行外国法院有罪判决或者按照无罪判决不再追究。

消极承认则是指犯罪行为是否经过外国法院判决不影响我国管辖权的行使，我国依然应当按照刑法的规定进行追究。采取消极承认原则可能出现本国公民因一个犯罪行为接受来自两个国家的刑事处罚的情况。

事实上，我国刑法对外国判决采取了有限制的消极承认原则。《刑法》第10条规定："凡在中华人民共和国领域外犯罪，依照本法应当负刑事责任的，虽然经过外国审判，仍然可以依照本法追究，但是在外国已经受过刑罚处罚的，可以免除或者减轻处罚。"其中"外国审判"应当仅限于外国国家的审判。对于在我国港、澳、台地区犯罪，依照大陆/内地刑法应当追究刑事责任的，经过港、澳、台地区审判后不能再采取消极承认原则。

三、保护管辖原则

（一）难度与热度
难度：☆☆☆　热度：☆☆☆

（二）基本概念分析

保护管辖原则是指外国人在我国领域外对我国国家和公民犯罪，在一定条件下可以适用我国刑法。刑法规定保护管辖原则的实质意义在于，面对无法行使属地管辖权和属人管辖权的情形时，加强维护我国国家利益和公民合法权益不受外国公民的侵犯。

我国《刑法》第 8 条规定："外国人在中华人民共和国领域外对中华人民共和国国家或者公民犯罪，而按本法规定的最低刑为三年以上有期徒刑的，可以适用本法，但是按照犯罪地的法律不受处罚的除外。"

由此可以总结出行使保护管辖权应当同时具备三个条件：（1）所犯之罪必须是针对我国国家或者我国公民的犯罪；（2）所犯之罪依照我国刑法规定的最低刑为 3 年以上有期徒刑；（3）所犯之罪按照犯罪地法律也应当受到处罚。同时，《反恐怖主义法》第 11 条规定，对在中华人民共和国领域外对中华人民共和国国家、公民或者机构实施的恐怖活动犯罪，中华人民共和国行使刑事管辖权，依法追究刑事责任。据此，外国公民实施恐怖活动犯罪危害我国国家、公民利益的，不需要受到法定最低刑以及"双重犯罪"条件的限制。

四、普遍管辖原则

（一）难度与热度
难度：☆☆☆　热度：☆☆☆

（二）基本概念分析

普遍管辖原则是指外国人或者无国籍人在外国实施了非针对我国公民的国际性犯罪，只要其在我国境内活动，我国就可以依据我国缔结或者参加的国际条约规定的义务范围行使刑事管辖权，此类犯罪如贩卖人口、劫持民用航空器、毒品犯罪、海盗犯罪等等。普遍管辖原则以维护各国共同利益为基础，主要是为了防止国际犯罪。根据这一原则，不论犯罪发生地在何处、犯罪行为人属于哪一国籍以及犯罪行为是否侵犯了本国国家或者公民的利益，只要其属于本国缔结或者参加的条约规定的国际罪行范围，我国就可以行使刑事管辖权。

我国《刑法》第 9 条规定："对于中华人民共和国缔结或者参加的国际条约所规定的罪行，中华人民共和国在所承担条约义务的范围内行使刑事管辖权的，适用本法。"据此可以确定我国行使普遍管辖权的条件应当包括：（1）犯罪性质是绝大多数国家公认的危害不特定多数国家的利益的犯罪；（2）必须是我国缔结或者参加的国际条约所规定的犯罪，且在我国承担条约义务的范围内行使管辖权。此外，原则上应要求罪犯出现在我国领域内。需要注意的是，国家是否可以行使管辖权依据的是本国缔结或参加的国际条约的义务范围，而确定行使管辖权后进行定罪量刑的法律依据则是我国《刑法》。

第二节　刑法的时间效力

刑法的时间效力是指刑法从什么时候开始到什么时候截止具有规制犯罪行为的适用效力和资格，主要包括生效时间、失效时间、溯及力。

一、刑法的生效与失效时间

（一）难度与热度
难度：☆☆☆☆　　热度：☆☆☆☆

（二）基本概念分析
刑法的时间效力关乎国民行为的预测可能性，具有时间效力的刑法条款能够明确刑法的处罚对象和范围，引导社会公众在法律范围内合理安排行为计划。明确的时间效力同时也是刑法罪刑法定原则的必然要求，司法机关只能根据行为时有效的法律规定进行定罪量刑，而不能依据行为时无效事后有效的法律规定进行处罚。

刑法生效时间主要包括两种情形：（1）自公布之日起生效；（2）公布后隔一段时间生效。

刑法失效时间主要包括两种情形：（1）由立法机关明文宣布原有法律效力终止或废止；（2）新法的实施使原有法律自然失效。

二、刑法的溯及力

（一）难度与热度
难度：☆☆☆　　热度：☆☆☆

（二）基本概念分析
刑法的溯及力是指刑法生效后对它生效前未经审判或判决未确定的行为是否具有追溯适用的效力。

1. 我国现行刑法的溯及力

《刑法》第12条规定："中华人民共和国成立以后本法施行以前的行为，如果当时的法律不认为是犯罪的，适用当时的法律；如果当时的法律认为是犯罪的，依照本法总则第四章第八节的规定应当追诉的，按照当时的法律追究刑事责任，但是如果本法不认为是犯罪或者处刑较轻的，适用本法。本法施行以前，依照当时的法律已经作出的生效判决，继续有效。"可以得知，我国《刑法》关于溯及力的规定采取的是从旧兼从轻原则，即原则上适用行为时的旧法，但新法对行为人有利时则适用新法。具体而言，应当按不同情况分别处理：

（1）行为时的法律不认为是犯罪，而现行刑法认为是犯罪的，适用行为时的法律，即不以犯罪论处，现行刑法没有溯及力。

（2）行为时的法律认为是犯罪，而现行刑法不认为是犯罪的，适用现行刑法，即不以犯罪论处，现行刑法具有溯及力。

（3）行为时的法律与现行刑法都认为是犯罪，并且按现行《刑法》总则第四章第八节的规定应当追诉的，按照行为时的法律处理，即现行刑法没有溯及力（《刑法》第87条关于追诉期限的规定具有溯及力）；但是，如果现行刑法处刑较轻，则应适用现行刑法，即现行刑法具有溯及力。

（4）本法施行以前，依照当时的法律已经作出的生效判决，继续有效。

2. 既判力与溯及力的关系

既判力是指已经确定生效的判决所具有的强制性拘束力，在判决生效后法律变更的情形下存在既判力与溯及力的优先判断。根据《刑法》第12条第2款的规定，既判力高于溯及力，已经生效的判决不能溯及既往。例如依据A法条作出的刑事判决已经发生效力，产生约束法院不能作出与该项判决相反结论的拘束力，即使A法条被变更为对行为人更为有利的B法条，法院也不能据此推翻生效判决而溯及既往。进一步可知，启动再审程序的案件如果跨越了新旧法律，应当适用行为时的旧法。

3. 跨法连续犯、继续犯

对于跨越新旧刑法的连续犯、继续犯而言，如果连续或继续行为跨越了新旧法律，且都认为是犯罪，则应当适用新法；如果行为开始时的刑法条文不认为是犯罪，法条经变更后认为是犯罪，且行为一直连续或者持续到新条文生效期间，则应当适用新刑法规定认定为犯罪。

（三）学说理论探讨

刑法的溯及力采取从旧兼从轻原则已得到司法实践与理论学界基本肯认，有关立法解释与司法解释的时间效力是否应当与刑法一样适用从旧兼从轻仍存在争议。

一种观点以有效解释是刑法的渊源为理由，主张有效解释（正式解释）的效力与刑法的效力一样，都必须采取从旧兼从轻的原则，禁止不利于行为人的溯及既往。司法实践中同样采取了这一观点，自2001年12月17日起施行的最高人民法院、最高人民检察院《关于适用刑事司法解释时间效力问题的规定》第3条规定："对于新的司法解释实施前发生的行为，行为时已有相关司法解释，依照行为时的司法解释办理，但适用新的司法解释对犯罪嫌疑人、被告人有利的，适用新的司法解释。"

另一种观点认为立法解释与司法解释等有权解释都是对刑法条文的解释和说明，其自发布或者规定之日起施行后，效力就及于整个法律的施行期间，即使行为当时没有该有权解释，只要行为发生在法律有效期内，也能适用审理时生效的有权解释。

由此看来，两种观点在行为时没有正式解释、审理时有正式解释这一情形中得出的结论具有一致性，只是在司法解释存在新旧变更情形下有些许差异。在旧司法解释规定行为为犯罪、新司法解释规定该行为不构成犯罪或者对行为人有利的情况下，肯定有权解释溯及力的观点直接通过从旧兼从轻原则适用新司法解释，而否定有权解释溯及力的观点虽然也能得出同样的结论，但是在适用理由上是认为这种行为本来就不违反刑法。

第三部分 拓展延伸阅读、案例研习与同步训练

第一节 拓展延伸阅读

1. 陈忠林. 关于我国刑法属地原则的理解、适用及立法完善. 现代法学，1998（5）.
2. 刘艳红. 论刑法的网络空间效力. 中国法学，2018（3）.
3. 于齐生. 关于我国刑法空间效力的几个问题. 中国法学，1994（3）.
4. 郑泽善. 网络犯罪与刑法的空间效力原则. 法学研究，2006（5）.
5. 刘仁文. 关于刑法溯及力的两个问题. 现代法学，2007（4）.
6. 姜涛. 刑法溯及力应全面坚持从旧兼从轻原则. 东方法学，2019（4）.
7. 董邦俊. 刑法时间效力之机能解读. 政法论丛，2015（1）.
8. 熊建明. 中国刑法溯及力法条表达新论. 东方法学，2014（4）.

第二节 本章案例研习

案例：陈某贵聚众扰乱社会秩序案

（一）基本案情

1996年7月3日，被告人陈某贵与成都金阳建筑公司签订劳动合同，成为该公司承建的科威特228项目工地员工。同年12月，陈某贵到达科威特工地，先期任工段负责人，后从事一般管理工作。因工作条件、生活待遇等问题，陈某贵对金阳建筑公司科威特228项目经理部不满，遂于1997年10月17日下午在外出乘车时，与吕某兵等工地员工商量欲采取行动，讨个说法。当晚，吕某兵因与工人打架到项目经理部要该部经理王某清交出凶手，引起上百人围观、起哄，陈某贵乘机煽动工人闹事。后吕某兵持砖刀殴打王某清，并率众将王强行带往中国驻科威特大使馆，途中先后引来300余人围观，被当地警察阻止。

次日，228项目工地工人不上工，并成立"工会"。陈某贵借工人对工资、生活待遇等方面有意见，煽动工人不满情绪，激化工人与项目经理部的矛盾，导致工人砸坏工地小食堂的财物。陈某贵还与吕某兵等人起草了"申诉书"，编造虚假事实欺骗群众，策划、组织工人签名。当公司总部为平息事件将"告228项目工地全体员工公开信"张贴出来时，陈某贵向围观群众散布谎言，歪曲事实，阻止工人上工。此次事件给成都金阳建筑公司造成严重的经济损失。

（二）法院判决

一审金堂县人民法院认为：被告人陈某贵为发泄自己对公司项目经理部的不满、实现其无理要求，积极参与组织他人扰乱社会秩序，致公司无法正常生产、经营，扰乱了企业的生产秩序，给企业造成严重经济损失，并在国际上造成恶劣影响，其行为

已构成聚众扰乱社会秩序罪。虽然被告人陈某贵所犯罪行应在 3 年以下有期徒刑的法定刑幅度内处刑，但其行为在国际上造成了恶劣影响，后果严重，仍应依法追究其刑事责任。

一审宣判后，陈某贵不服，以主观上没有阻止工人上工、恢复生产的动机，客观上没有参与扰乱社会秩序、破坏生产的行为，不构成聚众扰乱社会秩序罪为由，向成都市中级人民法院提起上诉。

成都市中级人民法院经审理认为：原审判决认定的事实清楚，证据确实、充分，定罪准确，量刑适当，审判程序合法。

（三）案例解析

刑事管辖权是国家主权的重要组成部分，我国刑法对刑事管辖权的适用采取折中原则，即以属地管辖原则为基础，以属人管辖原则、保护管辖原则和普遍管辖原则为补充。依照《刑法》第 7 条属人管辖原则的规定，对我国公民在我国领域外犯罪的，可以依据刑法加以管辖，只是有所限制。本案中，被告人陈某贵在科威特犯聚众扰乱社会秩序罪，因其不是首要分子，而是积极参加者，依照《刑法》第 290 条第 1 款的规定，法定最高刑为 3 年以下有期徒刑。因此，根据《刑法》第 7 条第 1 款的规定，可以不予追究被告人陈某贵刑事责任。《刑法》第 7 条第 1 款中的"可以"，实际上为自由裁量留下了空间，即对我国公民在国外实施犯罪，情节恶劣的，也可以追究刑事责任。

根据本案的具体情况，被告人陈某贵的犯罪行为，不仅使其所在公司的生产经营活动无法正常进行，造成了严重经济损失，而且损坏了我国公司、企业的国际形象，后果严重，仍可依法追究其刑事责任。

第三节 本章同步训练

选择题

（一）单选题

我国刑法关于犯罪地认定标准的学说是（ ）。

A. 行为地说　　 B. 结果地说　　 C. 中间地说　　 D. 遍在说

（二）不定项选择题

在 2012 年至 2023 年期间，哥伦比亚毒贩丹尼尔·陈在国外贩毒大约 1.2 千克。其在我国某地度假期间被当地的警察抓获。关于此，下列说法正确的是（ ）。

A. 丹尼尔·陈并没有在我国贩毒，因此，我国刑法对其没有管辖权，应当通过外交途径将其移交给哥伦比亚管辖

B. 对丹尼尔·陈可依据我国刑法行使管辖权

C. 对丹尼尔·陈可依据我国已加入的国际公约行使管辖权

D. 对丹尼尔·陈可依据我国刑法判处其死刑

参考答案及解析

选择题

（一）单选题

参考答案： D

解析： 我国刑法采取了遍在说。《刑法》第 6 条第 3 款规定："犯罪的行为或者结果有一项发生在中华人民共和国领域内的，就认为是在中华人民共和国领域内犯罪。"

（二）不定项选择题

参考答案： CD

解析： 贩卖毒品是国际犯罪。由于丹尼尔·陈既不是在我国贩毒，也不是我国公民，贩毒对象也不涉及我国公民，因此无法启动属地管辖、属人管辖、保护管辖。

本题涉及普遍管辖原则，需要区分管辖权依据和定罪量刑依据。在普遍管辖中，能不能管即管辖权依据是我国参与、缔结或加入的国际公约，管了之后如何管即定罪量刑依据是我国《刑法》。

第一，我国加入了三大国际禁毒公约，分别是 1961 年《麻醉品单一公约》、1971 年《精神药物公约》、1988 年《联合国禁止非法贩运麻醉药品和精神药物公约》，依据我国加入的上述国际公约，对于丹尼尔·陈的贩毒行为，我国有权依据普遍管辖原则进行管辖。

第二，行使刑事管辖权之后，对丹尼尔·陈的贩毒行为，进一步依据我国《刑法》第 347 条"走私、贩卖、运输、制造毒品罪"，可判处其死刑。

第四章　犯罪概念与犯罪构成

第一部分　本章知识点速览

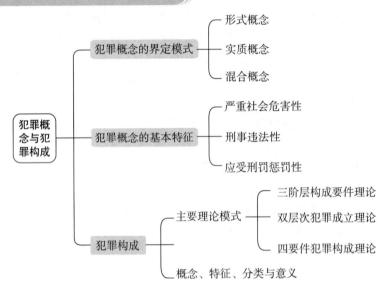

犯罪概念与犯罪构成
- 犯罪概念的界定模式
  - 形式概念
  - 实质概念
  - 混合概念
- 犯罪概念的基本特征
  - 严重社会危害性
  - 刑事违法性
  - 应受刑罚惩罚性
- 犯罪构成
  - 主要理论模式
    - 三阶层构成要件理论
    - 双层次犯罪成立理论
    - 四要件犯罪构成理论
  - 概念、特征、分类与意义

第二部分　本章核心知识要点解析

第一节　犯罪概念

一、犯罪概念的类型

（一）难度与热度

难度：☆☆　热度：☆☆

（二）基本概念分析

犯罪概念是指对犯罪各种内在、外在特征的高度、准确的概括和抽象，是对犯罪的内涵和外延的确切、简要的说明，旨在从一般意义上解决"什么是犯罪"的问题，大体上可以分为形式概念、实质概念、混合概念等三种类型。

犯罪的形式概念，也称形式意义的犯罪概念，是指仅基于法律特征而给犯罪下定义。

至于法律为何将诸如此类的行为规定为犯罪则不予涉及。

犯罪的实质概念，也称实质意义的犯罪概念，是指不涉及犯罪的法律特征，而从犯罪现象的本质上给犯罪下定义，借此揭示一种行为被刑法规定为犯罪的内在原因。

犯罪的混合概念，是指既强调犯罪的实质概念，亦注重犯罪的形式概念，以同时揭示犯罪的本质特征和法律特征的概念。

（三）学说理论探讨

与形式意义的犯罪概念强调司法认定犯罪应如何寻找根据不同，实质意义的犯罪概念注重的是刑事立法中应当如何设置犯罪，这种犯罪概念的表述是与统治阶级的犯罪观和刑事责任观紧密联系的。不过，实质意义的犯罪概念虽然旨在从本质上给犯罪下定义，但若脱离形式意义的犯罪概念，而仅依靠实质意义的犯罪概念，刑事司法必然无所适从，甚至极易造成定罪的随意和刑罚的滥用，因为否定了形式意义的犯罪概念，就等于否定了罪刑法定原则。

（四）疑难问题解析

我国刑法中的犯罪，是指严重危害我国社会，触犯刑法并应受刑罚处罚的行为。该定义既揭示了犯罪对各种社会关系所造成的严重的社会危害性之本质特征，也强调了犯罪所具有的依法应当受刑罚处罚这一法律特征。如此界定显然属于混合概念的类型。我国刑法中所采纳的犯罪的混合概念并非把形式意义的犯罪概念和实质意义的犯罪概念加以混淆，而是基于两个不同的视角将犯罪的形式概念和实质概念有机统一起来，进而在刑事立法和刑事司法中发挥指导性作用，成为我们认定犯罪、划分罪与非罪界限的基本依据。

二、犯罪的基本特征

（一）难度与热度
难度：☆☆☆ 热度：☆☆☆

（二）基本概念分析

根据《刑法》第 13 条的规定，犯罪具有如下三个特征：

第一，犯罪是具有严重社会危害性的行为。行为具有严重的社会危害性，是犯罪最本质最基本的特征。所谓社会危害性，是指行为对刑法所保护的社会关系造成或可能造成损害的特性。

第二，犯罪是具有刑事违法性的行为。犯罪是触犯刑事法律的行为，这是犯罪的法律特征。犯罪不是一般的违法行为，而是触犯刑事法律的刑事违法行为，是最为严重的违法行为。

第三，犯罪是应受刑罚惩罚的行为。对于任何违法行为，无论是民事的、行政的还是刑事的，行为人都应当承担相应的法律后果，就犯罪而言，刑罚即是犯罪人应当承担的法律后果。

（三）学说理论探讨

关于犯罪的基本特征，我国刑法学界存在不同的观点。有观点认为，犯罪具有应受刑罚处罚的社会危害性和刑法的禁止性之特征。有观点主张，犯罪具有社会危害性和刑事违法性两个特征。有观点指出，犯罪的两个基本特征是应受刑罚惩罚的社会危害性和依法应受刑罚惩罚性。还有观点认为，犯罪是危害社会、触犯刑事法律、出于故意或者严重的过失和应当承担刑事责任四方面特征的密切结合。目前刑法学界普遍接受的三特征说较为全面地阐释了犯罪的基本特征。

（四）疑难问题解析

犯罪的三个基本特征是紧密结合、有机联系的。严重的社会危害性是犯罪最基本的属性，是刑事违法性和应受刑罚惩罚性的基础。刑事违法性是严重的社会危害性的法律表现，应受刑罚惩罚性是行为严重危害社会、违反刑事法律应当承担的法律后果。因此，这三个基本特征都是必要的，是任何犯罪都必然具备的。这三个基本特征将罪与非罪区别开来。

第二节　犯罪构成

一、犯罪构成理论的主要模式

（一）难度与热度

难度：☆☆☆☆　热度：☆☆☆☆

（二）基本概念分析

刑法中的犯罪构成是指刑法规定的，决定某一具体行为的社会危害性及其程度，而为该行为构成犯罪所必须具备的一切客观要件和主观要件的总和。犯罪构成是犯罪论体系乃至整个刑法学体系的灵魂和基石，是其他犯罪论理论展开的核心和基础。

（三）学说理论探讨

在刑法学界，主要存在以德日为代表的三阶层构成要件理论、英美法系的双层次犯罪成立理论和苏联耦合式犯罪构成理论这三种理论。

三阶层构成要件理论主张犯罪由构成要件的符合性、违法性和有责性构成，三要件之间具有递进的阶层逻辑结构。

双层次犯罪成立理论由两个层次构成。第一层：犯罪本体要件，包括犯罪行为和犯罪意图。这些要件包含在犯罪定义之中。第二层：责任充足要件。这是诉讼意义上的犯罪要件，通过合法抗辩事由体现出来。

耦合式犯罪构成理论是在批判大陆法系犯罪构成要件理论的基础上形成的，主张将主客观相结合的犯罪构成理论作为认定刑事责任的唯一根据。犯罪构成要件包括犯罪客体、犯罪客观方面、犯罪主体、犯罪主观方面。

（四）疑难问题解析

以德日为代表的三阶层构成要件理论虽然注重理论的抽象研究，与法律对犯罪诸要素的规定不具有直接联系，但其逻辑思考过程严密、先后有序、不可互易，这使得犯罪成立理论对犯罪成立要件的叙述，与实践中认定犯罪的过程之实际情况基本保持了形式的一致，反映了理论与实践的统一，对犯罪的认定比较严格，对于犯罪人的人权保障具有一定的积极意义。而且，从构成要件符合性、违法性到有责性的递进，体现的是一种从以外表、客观为主到以内在、主观为主的评价过程和顺序，直观地反映了刑事诉讼循序渐进的过程，有助于明确要件之间的逻辑关系，也有助于较好地维护法律适用的安全性，实现结果的正义性。

英美法系的双层次犯罪成立理论在某种程度上属于程序性犯罪构成，具有浓厚的程序化特征，侧重体现的是以程序正义为主导的价值取向。在此理论模式中，本体要件框定了犯罪成立的基础，虽具有推定的性质，但仍属于一般性的、抽象的、形式的评价，而其责任充足要件则从个别、具体和实质的角度限定了犯罪成立的范围。其思维方式，无疑与人类认识的方式以及定罪的过程也是基本上一致的。反映到实践中，这种控、辩双方的对抗对于维护罪刑法定原则、保障被告人人权，无疑也是有利的。

苏联耦合式犯罪构成理论不仅能够通过各种相互联系、相互作用的要件及其要素，充分反映出社会危害性这一犯罪的本质，揭示犯罪行为内部构成要素的有机统一性质，而且这种犯罪构成的理论体系，总体上避免或至少减少了许多对行为是否构成犯罪而作的烦琐的重复评价。同时，该理论所确立的犯罪构成要件的结构模式，使犯罪构成理论与犯罪构成的法律规定较为完美地达到了和谐与协调，因为犯罪构成的内容就是犯罪成立的要素。这样，犯罪构成理论就在逻辑上以立法为依托，且便于司法实际操作和掌握，极具实践品格。

二、犯罪构成的特征、分类与意义

（一）难度与热度

难度：☆☆☆ 热度：☆☆☆

（二）基本概念分析

1. 犯罪构成的特征

第一，犯罪构成由刑法予以明确规定。

第二，犯罪构成是行为具有严重社会危害性的法律标志。

第三，犯罪构成是诸多客观要件和主观要件的有机统一的整体。

2. 犯罪构成的分类

根据犯罪构成要件组成的繁简程度，可以把犯罪构成分为单纯的犯罪构成与混合的犯罪构成。单纯的犯罪构成，是指刑法条文对具体犯罪所规定诸要件之各种要素均属单一的犯罪构成。混合的犯罪构成，是指刑法条文对具体犯罪所规定的诸要件中存在要素复合或择一而定的犯罪构成。

按照犯罪构成类型所依赖的犯罪形态是否典型，可将犯罪构成分为基本的犯罪构成与修正的犯罪构成。基本的犯罪构成，是指刑法条文就某一犯罪的单独犯的既遂状态所规定的犯罪构成。基本的犯罪构成由刑法分则直接规定。修正的犯罪构成，是指以基本的犯罪构成为前提，为适应犯罪行为的各种不同犯罪形态，而对基本的犯罪构成加以某些修改变更的犯罪构成。

按照犯罪行为危害程度的大小，可将犯罪构成分为普通的犯罪构成、加重的犯罪构成和减轻的犯罪构成。普通的犯罪构成，是指刑法条文对具有通常社会危害程度的行为所规定的犯罪构成。加重的犯罪构成，是指以普通的犯罪构成为基础，由于具有较重社会危害程度的情节而从普通的犯罪构成中分化出来的犯罪构成。减轻的犯罪构成，是指以普通的犯罪构成为基础，由于具有较轻社会危害程度的情节而从普通的犯罪构成中分化出来的犯罪构成。

（三）学说理论探讨

关于犯罪构成的意义，其是犯罪成立条件的概括，有利于实现和维护罪刑法定原则，防止罪刑擅断。详言之，犯罪构成可以使确实犯了罪行的人受到刑事追究，以维护社会秩序；同时可以使未实施罪行的人不受刑罚处罚，以保障人权。只有借助犯罪构成，罪刑法定原则维护社会秩序和保障人权的功能才能够实现。

（四）疑难问题解析

犯罪构成对刑事司法实践起着特别重要的指导作用。具体言之，它具有如下作用：

第一，区分罪与非罪。一种行为是否构成犯罪，只能以犯罪构成为标准来判断。行为符合犯罪构成的，构成犯罪；不符合犯罪构成的，则不构成犯罪。犯罪构成为罪与非罪的区分提供了明确而具体的法律标准。

第二，区分此罪与彼罪。犯罪构成也为此罪与彼罪的区分提供了法律标准。由于每一种犯罪都具有独一无二的具体构成要件，因此，只需严格把握各种具体犯罪的犯罪构成，就能将各种犯罪准确地加以区分。

第三，正确地裁量刑罚。犯罪构成可以为判定一罪与数罪提供标准，从而正确地进行数罪并罚。不同的犯罪构成也体现了犯罪不同的社会危害性，可以决定刑罚的轻重。尤其是加重的犯罪构成与减轻的犯罪构成，对于判断罪刑轻重、正确裁量刑罚具有更加直接的意义。

第三部分　拓展延伸阅读、案例研习与同步训练

第一节　拓展延伸阅读

1. 高铭暄. 论四要件犯罪构成理论的合理性暨对中国刑法学体系的坚持. 中国法学，2009（2）.

2. 高铭暄. 关于中国刑法学犯罪构成理论的思考. 法学，2010（2）.

3. 马克昌. 犯罪构成的分类. 法学，1984（10）.

4. 马克昌. 近代西方刑法学说史. 北京：中国人民公安大学出版社，2016.

5. 张明楷. 以违法与责任为支柱构建犯罪论体系. 现代法学，2009（6）.

6. 张明楷. 犯罪构成体系与构成要件要素. 北京：北京大学出版社，2010.

7. 陈兴良. 犯罪论体系的去苏俄化. 政法论坛，2012（4）.

8. 陈兴良. 刑法阶层理论：三阶层与四要件的对比性考察. 清华法学，2017（5）.

9. 刘艳红. 开放的犯罪构成要件理论研究. 2 版. 北京：中国人民大学出版社，2022.

10. 彭文华. 犯罪构成的经验与逻辑. 北京：中国政法大学出版社，2021.

第二节　本章案例研习

案例：王某军无证收购玉米案

（一）基本案情

在 2014 年 11 月至 2015 年 1 月期间，王某军未办理粮食收购许可证，未经工商行政管理机关核准登记并颁发营业执照，擅自在临河区白脑包镇附近村组无证照违法收购玉米，将所收购的玉米卖给巴彦淖尔市粮油公司杭锦后旗蛮会分库，经营数额为218 288.60 元，非法获利 6 000 元。案发后，王某军主动到公安机关投案自首，并退缴获利 6 000 元。

（二）法院判决

巴彦淖尔市临河区人民检察院以非法经营罪对王某军提起公诉，临河区人民法院于2016 年 4 月 15 日作出刑事判决，以非法经营罪判处王某军有期徒刑 1 年，缓刑 2 年，并处罚金人民币 2 万元，其退缴的非法获利人民币 6 000 元由侦查机关上缴国库。一审宣判后，王某军未上诉，检察机关未抗诉，判决发生法律效力。

2016 年 12 月 16 日，最高人民法院依法作出再审决定，指令内蒙古自治区巴彦淖尔市中级人民法院对本案进行再审。内蒙古自治区巴彦淖尔市中级人民法院依法组成合议庭，于 2017 年 2 月 13 日公开开庭审理了本案。再审认为，王某军没有办理粮食收购许可证及工商营业执照买卖玉米的事实清楚，其行为违反了当时的国家粮食流通管理有关规定，但尚未达到严重扰乱市场秩序的危害程度，不具备与《刑法》第 225 条规定的非法经营罪相当的社会危害性和刑事处罚必要性，不构成非法经营罪。2017 年 2 月 17 日，内蒙古自治区巴彦淖尔市中级人民法院对最高人民法院指令再审的王某军非法经营案公开宣判，依法撤销原审判决，改判王某军无罪。

（三）案例解析

刑法的实质解释论认为，对于形式上符合犯罪构成的不法行为，还需要进一步实质判断是否具有严重的社会危害性和值得科处刑罚的必要性，如果没有实质可罚性，则属于"情节显著轻微危害不大"，可以运用《刑法》第 13 条的"但书"规定予以出罪。就本案而言，虽然王某军收购玉米没有取得粮食收购资质，但其收购玉米的行为不仅客观上解决了当地农民卖粮难问题，而且符合国家深化粮食流通体制改革的总目标——实现粮食购销市场化和市场主体多元化，并没有侵犯粮食生产者的利益，不具有严重扰乱市场经济秩序的社会危害性，没有必要科处刑罚。在此情况下，王某军违反《粮食流通管理条例》无证收购玉米的行为只是一种行政违法行为，给予适当的行政处罚即可，不宜以非法经营罪定罪处罚。

第三节 本章同步训练

一、选择题

（一）单选题

1. 我国刑法中的犯罪，是指严重危害我国社会，触犯刑法并应受刑罚处罚的行为。但是情节显著轻微危害不大的，（　　）。

    A. 可以认定为犯罪
        B. 不认为是犯罪

    C. 也应当以犯罪论处
       D. 可以免予刑罚处罚

2. 犯罪构成是行为具有（　　）的法律标志。

    A. 主观恶性
            B. 严重人身危险性

    C. 严重社会危害性
      D. 刑事违法性

（二）多选题

1. 犯罪的基本特征有哪些？（　　）

    A. 严重社会危害性
      B. 主观恶性

    C. 刑事违法性
          D. 应受刑罚惩罚性

2. 下列有关刑事违法性的说法正确的有哪些？（　　）

    A. 刑事违法性是主观因素与客观因素的统一

    B. 刑事违法性是划分一般违法行为与犯罪行为的界限

    C. 刑事违法性是严重社会危害性在刑法上的表现

    D. 刑事违法性作为犯罪的本质特征，是遵循罪刑法定原则的必然要求

二、案例分析题

甲因村里未给其批准宅基地建房，就对村委会主任乙心怀不满。某日，甲听说邻村有个神汉丙能用"巫术"诅咒杀人，就去找丙询问。丙说："我只要捏一个人像，每天给他胸口扎一根针，再焚香祈祷七七四十九天，那个人就会胸口剧痛而死。"甲提出杀死乙的要求，丙随即实施"巫术"诅咒乙。两个月，乙因车祸意外身亡。

问：甲和丙的行为是否构成犯罪？

三、论述题

1. 结合犯罪的概念解释什么是犯罪。

2. 犯罪构成的意义是什么？

参考答案及解析

一、选择题

（一）单选题

1. 参考答案： B

解析：《刑法》第13条规定："一切危害国家主权、领土完整和安全……以及其他危害社会的行为，依照法律应当受刑罚处罚的，都是犯罪，但是情节显著轻微危害不大的，不认为是犯罪。"

2. 参考答案：C

解析：任何一个犯罪都包含着很多事实特征，但不是每一个事实特征都可以成为犯罪构成的要件，只有那些对行为的社会危害性及其程度具有决定意义而为该行为成立犯罪所必需的事实特征，才是犯罪构成的要件。换言之，犯罪构成要件只是从同类案件诸多事实中经抽象、概括而来的带有共性的，对犯罪性质和危害性具有决定意义的事实。考察某一行为是否具有社会危害性并构成犯罪，只需看它是否具备符合该罪犯罪构成的事实。

（二）多选题

1. 参考答案：ACD

解析：犯罪的基本特征有：

第一，犯罪是具有严重社会危害性的行为。行为具有严重的社会危害性，是犯罪最本质最基本的特征。所谓社会危害性，是指行为对刑法所保护的社会关系造成或可能造成损害的特性。

第二，犯罪是具有刑事违法性的行为。犯罪是触犯刑事法律的行为，这是犯罪的法律特征。犯罪不是一般的违法行为，而是触犯刑事法律的刑事违法行为，是最为严重的违法行为。

第三，犯罪是应受刑罚惩罚的行为。对于任何违法行为，无论是民事的、行政的还是刑事的，行为人都应当承担相应的法律后果，就犯罪而言，刑罚即是犯罪人应当承担的法律后果。

犯罪的上述三个基本特征是紧密结合、有机联系的。严重的社会危害性是犯罪最基本的属性，是刑事违法性和应受刑罚惩罚性的基础。刑事违法性是严重的社会危害性的法律表现，应受刑罚惩罚性是行为严重危害社会、违反刑事法律应当承担的法律后果。因此，这三个基本特征都是必要的，是任何犯罪都必然具备的。这三个基本特征将罪与非罪区别开来。

2. 参考答案：ABC

解析：犯罪不是一般的违法行为，而是触犯刑事法律的刑事违法行为，是最为严重的违法行为。严重社会危害性是犯罪最本质的特征，刑事违法性是犯罪的法律特征。就两者的关系而言，严重社会危害性是刑事违法性的基础，也是犯罪的内在本质；刑事违法性则是严重社会危害性在刑法上的表现。犯罪的刑事违法性是主观因素和客观因素的统一。行为人虽然主观上有危害社会的企图，但客观上没有实施危害社会的行为的，不会产生刑事违法的问题；行为虽然客观上造成了严重的危害社会的后果，但行为人主观上不存在故意或者过失的，也不会产生刑事违法性的问题。

二、案例分析题

参考答案：甲和丙的行为不构成犯罪。

解析：本案中，丙的"巫术"完全是一种骗人的迷信把戏，甲让丙实施"巫术"诅咒乙，根本不可能对乙的身体健康和生命造成任何伤害。甲和丙的行为不具有严重的社会危害性，也不具有刑事违法性，不符合犯罪的概念和基本特征。

三、论述题

1. 参考答案：

（1）犯罪概念是指对犯罪各种内在、外在特征的高度、准确的概括和抽象，是对犯罪的内涵和外延的确切、简要的说明，旨在从一般意义上解决"什么是犯罪"的问题，大体上可以分为形式概念、实质概念、混合概念等三种类型。

1）犯罪的形式概念，也称形式意义的犯罪概念，是指仅基于法律特征而给犯罪下定义，至于法律为何将诸如此类的行为规定为犯罪则不予涉及。

2）犯罪的实质概念，也称实质意义的犯罪概念，是指不涉及犯罪的法律特征，而从犯罪现象的本质上给犯罪下定义，借此揭示一种行为被刑法规定为犯罪的内在原因。

3）犯罪的混合概念，是指既强调犯罪的实质概念，亦注重犯罪的形式概念，以同时揭示犯罪的本质特征和法律特征的概念。

我国刑法中的犯罪，是指严重危害我国社会，触犯刑法并应受刑罚处罚的行为。该定义表明我国刑法的犯罪概念采取的是混合概念。

2. 参考答案：

（1）犯罪构成有利于实现和维护罪刑法定原则，防止罪刑擅断。犯罪构成可以使确实犯了罪行的人受到刑事追究，以维护社会秩序；同时可以使未实施罪行的人不受刑罚处罚，以保障人权。只有借助犯罪构成，罪刑法定原则维护社会秩序和保障人权的功能才能够实现。

（2）犯罪构成对刑事司法实践起着特别重要的指导作用。具体言之，它具有如下作用：1）区分罪与非罪。一种行为是否构成犯罪，只能以犯罪构成为标准来判断。行为符合犯罪构成的，构成犯罪；不符合犯罪构成的，则不构成犯罪。犯罪构成为罪与非罪的区分提供了明确而具体的法律标准。2）区分此罪与彼罪。犯罪构成也为此罪与彼罪的区分提供了法律标准。由于每一种犯罪都具有独一无二的具体构成要件，因此，只需严格把握各种具体犯罪的构成要件，就能将各种犯罪准确地加以区分。3）正确地裁量刑罚。犯罪构成可以为判定一罪与数罪提供标准，从而正确地进行数罪并罚。不同的犯罪构成也体现了犯罪不同的社会危害性，可以决定刑罚的轻重。尤其是加重的犯罪构成与减轻的犯罪构成，对于判断罪刑轻重、正确裁量刑罚具有更加直接的意义。

第五章 犯罪客体

第一部分 本章知识点速览

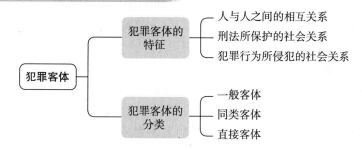

第二部分 本章核心知识要点解析

第一节 犯罪客体的概念与特征

一、犯罪客体的概念

（一）难度与热度

难度：☆☆　热度：☆☆

（二）基本概念分析

犯罪客体，是指我国刑法所保护的为犯罪行为所侵犯的社会关系。

（三）学说理论探讨

有观点认为犯罪客体是犯罪构成的必备要件之一，任何一种犯罪都必然侵犯刑法所保护的社会关系，否则，就不具备严重的社会危害性，缺乏犯罪的本质特征。另有观点认为，犯罪客体并不是犯罪构成的要件，犯罪行为侵犯了一定的社会关系，反映的是犯罪行为的实质，而这正是犯罪概念所研究的犯罪本质问题，因而犯罪客体应是犯罪概念所研究的对象，而不是犯罪构成要件之一。

二、犯罪客体的特征

（一）难度与热度

难度：☆☆　热度：☆☆

(二) 基本概念分析

根据上述犯罪客体的定义，其具有以下三个主要特征：

其一，犯罪客体是一种社会关系；

其二，犯罪客体是我国刑法所保护的社会关系；

其三，犯罪客体是犯罪行为所侵犯的社会关系。

(三) 学说理论探讨

社会关系是人们在生产活动和共同生活中所形成的人与人之间的相互关系。这种关系是人类社会存在的必要条件。社会关系分为物质关系（经济关系）和思想关系（包括政治关系和意识形态）。刑法所保护的社会关系，无论是物质关系还是思想关系，都是客观存在的，其本身并不是犯罪客体。只有当它们被犯罪行为侵犯时，才能成为犯罪客体。根据社会关系的重要程度，国家分别以不同的行为规范予以调整和保护，以保证社会的正常运作和发展。

(四) 疑难问题解析

我国《刑法》第2条、第13条明文规定保护的国家安全，人民民主专政的政权，社会主义制度，财产所有权，公民的人身权利、民主权利和其他权利，社会秩序，经济秩序，以及刑法分则条文规定予以保护的各种社会关系，都是我国刑法中的犯罪客体。

三、犯罪客体与犯罪对象

(一) 难度与热度

难度：☆☆☆　热度：☆☆☆

(二) 基本概念分析

犯罪对象，是指刑法分则条文规定的受犯罪行为直接作用或影响的具体的人或物。大多数犯罪行为，都直接作用于一定的对象，进而侵害刑法所保护的社会关系。犯罪对象有以下基本特征：

第一，犯罪对象是具体的人或物；

第二，犯罪对象是刑法规定的人或物；

第三，犯罪对象是受犯罪行为直接作用或影响的人或物。

(三) 学说理论探讨

对犯罪对象可以从不同的角度作不同的分类。从物质表现形式上看，犯罪对象包括人和物两种。人作为犯罪对象主要表现为人的生命、健康、名誉受到损害或威胁。作为犯罪对象的物是指物品、货币等一切具有价值、归属关系的东西。在具体犯罪中，找出犯罪对象并分析其特征，具有重大的理论及实践意义：

第一，犯罪对象决定某些犯罪是否成立；

第二，特定犯罪对象影响此罪与彼罪的区分；

第三，犯罪对象的不同影响罪行的轻重，进而影响量刑。

(四) 疑难问题解析

犯罪对象与犯罪客体的关系密切：犯罪对象反映犯罪客体，犯罪客体制约犯罪对象。

但二者又存在明显的区别：

（1）犯罪对象是人、物等可以凭借人的感官感知的事物；犯罪客体是生命权、财产所有权、公共安全、国家安全等凭借人的思维才能认识的观念的东西。两者表现出具体与抽象的差异。

（2）犯罪客体决定犯罪性质，犯罪对象则未必。分析某一案件，单从犯罪对象来看，是分不清犯罪性质的，只有通过犯罪对象所体现的社会关系即犯罪客体，才能确定某种行为构成什么罪。

（3）犯罪客体是任何犯罪构成的必要条件，犯罪对象则不是任何犯罪都不可缺少的，它仅仅是某些犯罪的必要条件。

（4）任何犯罪都会使犯罪客体受到危害，而犯罪对象则不一定受到损害。

（5）犯罪对象不是犯罪分类的根据，因为犯罪对象相同并不意味着犯罪性质相同。而犯罪客体相同则意味着犯罪性质相同，所以犯罪客体是犯罪分类的根据，刑法分则体系只能以犯罪客体为依据来建立，而不能以犯罪对象为依据来建立。

第二节　犯罪客体的分类

一、一般客体

（一）难度与热度

难度：☆☆　热度：☆☆

（二）基本概念分析

犯罪的一般客体，又称犯罪的共同客体，是指一切犯罪所共同侵犯的社会关系，即刑法所保护的社会关系的整体。

（三）学说理论探讨

犯罪的一般客体反映了一切犯罪的共性。任何犯罪都侵犯了犯罪的一般客体，否则就不能构成犯罪。因此，一般客体揭示了一切犯罪的本质。是否存在犯罪的一般客体，是区分罪与非罪的重要标准。

（四）疑难问题解析

我国《刑法》第2条关于刑法任务的规定、第13条关于犯罪概念的规定表明了犯罪一般客体的主要内容。犯罪的一般客体是犯罪客体的最高层次，说明任何犯罪行为都侵害了刑法所保护的社会关系的整体。

二、同类客体

（一）难度与热度

难度：☆☆　热度：☆☆

（二）基本概念分析

犯罪的同类客体，是指某一类犯罪所共同侵犯的我国刑法所保护的社会关系的某一部分或某一方面。

（三）学说理论探讨

犯罪的同类客体，是根据某类犯罪行为侵害的刑法所保护的社会关系所具有的相同或相近的性质确定的。

（四）疑难问题解析

犯罪客体是刑事立法的重要依据。在刑事立法中，对各种具体犯罪进行了归纳、分类和编排，构建起一个以同类客体原理为指导，以犯罪社会危害性程度为基础的刑法分则体系。根据我国刑法的规定，立法上的犯罪同类客体分为十类：（1）国家安全；（2）公共安全；（3）社会主义市场经济秩序；（4）公民人身权利、民主权利；（5）公私财产关系；（6）社会管理秩序；（7）国防利益；（8）国家的廉政制度；（9）国家机关的正常活动以及公众对国家机关工作人员职务活动公正性的信赖；（10）国家的军事利益。

三、直接客体

（一）难度与热度

难度：☆☆　热度：☆☆

（二）基本概念分析

犯罪的直接客体，是指某一特定犯罪所直接侵犯的客体，亦即某一特定犯罪所直接侵害的某种具体的社会关系。

（三）学说理论探讨

犯罪的直接客体是决定犯罪性质的最重要因素。一种行为被认定为这种犯罪或那种犯罪，归根结底是由犯罪的直接客体决定的。犯罪的直接客体揭示了具体犯罪所侵害社会关系的性质以及该犯罪的社会危害性的程度。因此，犯罪的直接客体是研究犯罪客体的重点，也是司法实践中据以区分罪与非罪、此罪与彼罪的关键。

（四）疑难问题解析

按照不同的标准，可以对直接客体进一步作出分类：

（1）根据犯罪行为侵犯直接客体内容的数量，可以将其区分为简单客体与复杂客体。简单客体，也叫单一客体，是指某种犯罪行为仅仅侵犯一种具体的社会关系，即只有一个直接客体。复杂客体，是指某种犯罪行为同时侵犯两种或两种以上的具体的社会关系，即有两个或两个以上的直接客体。

（2）以具体犯罪侵害的社会关系是否具有物质性为标准，可将直接客体分为物质性犯罪客体和非物质性犯罪客体。侵害物质性犯罪客体的标志是产生物质性的损害或威胁，可能成为物质性犯罪客体的社会关系包括经济关系、财产关系以及人的生命、健康权利等。侵害非物质性犯罪客体的标志是不具有直接的物质损害的形式，可能成为非物质性犯罪客体的社会关系包括政治制度、社会秩序、人格、名誉等。

第一节　拓展延伸阅读

1. 陈兴良. 犯罪客体的去魅：一个学术史的考察. 政治与法律，2009（12）.
2. 杨兴培."犯罪客体"非法治成分批评. 政法论坛，2009（5）.
3. 李希慧，童伟华."犯罪客体不要说"之检讨：从比较法的视角考察. 法商研究，2005（3）.
4. 冯亚东. 犯罪概念与犯罪客体之功能辨析：以司法客观过程为视角的分析. 中外法学，2008（4）.
5. 彭文华. 犯罪客体：曲解、质疑与理性解读——兼论正当事由的体系性定位. 法律科学（西北政法大学学报），2014（1）.
6. 彭文华. 法益与犯罪客体的体系性比较. 浙江社会科学，2020（4）.
7. 赵运锋. 犯罪客体的反思与定位. 兰州学刊，2008（6）.
8. 邵维国. 犯罪客体是刑事违法的最高价值标准. 河北法学，2010（12）.
9. 朱建华. 论犯罪客体不是犯罪构成要件. 广东社会科学，2005（3）.

第二节　本章案例研习

案例：安某、胡某、李某某敲诈勒索案

（一）基本案情

2014年3月初，某电视台工作人员被告人安某在工作中完成了一篇关于A公司的负面报道，后因故未被采用播放，心生不满，欲以此从A公司得到好处，并将该想法告知了被告人胡某。二人经商量后决定由胡某找人联系并以年度公关合作的名义让A公司支付胡某的公关公司服务费人民币200万元。后被告人胡某安排被告人李某某具体操作此事并将安某通过短信发送的"A公司税务黑洞"文章、"3·15期间要播放"等谈判要点转发给李某某。后被告人李某某按照被告人胡某授意于2014年3月7日开始先后将上述短信转发给A公司相关负责人杨某某、郎某某，并于3月12日与A公司法务胡某某及李某在某茶室见面，表示握有A公司负面新闻，让A公司向指定的公关公司账户内汇款600万元，否则3·15期间曝光，并要求A公司于3月15日之前答复。后因A公司未予理会，被告人李某某于2014年3月18日将被告人胡某于3月17日发给其的暗访片段发送给胡某某以进一步施压。2014年3月20日，A公司至上海市公安局青浦分局报案。被告人安某、李某某到案后如实供述了上述事实。

（二）法院判决

上海市青浦区人民法院于2015年2月3日作出（2014）沪0118刑初1466号刑事判决：

（1）被告人安某犯敲诈勒索罪，判处有期徒刑 4 年，并处罚金人民币 10 万元。（2）被告人胡某犯敲诈勒索罪，判处有期徒刑 5 年，并处罚金人民币 20 万元。（3）被告人李某某犯敲诈勒索罪，判处有期徒刑 4 年 6 个月，并处罚金人民币 20 万元。（4）扣押在案的作案工具予以没收。宣判后，被告人安某提起上诉。上海市第二中级人民法院于 2015 年 4 月 3 日作出（2015）沪二中刑终字第 243 号刑事裁定，驳回上诉，维持原判。

（三）案例解析

　　本案涉及的问题是媒体人借危机公关之名索要钱财的情形中强迫交易罪和敲诈勒索罪的适用。强迫交易罪是以暴力、胁迫手段强迫他人买卖商品、强迫他人提供或接受服务等，情节严重的行为，侵害的是自愿、平等交易的市场秩序，是正常交易的异化，但存在交易的基础事实。本罪侵犯的主要客体是平等交易的市场秩序，次要客体是他人财产权利和人身权利。以非法占有他人财物为目的的，不能构成强迫交易罪。强迫交易罪获取的"暴利"一定是在"合理差价"的暴利限度内，如果超出了该限度，其性质必然发生变化。敲诈勒索罪是由行为人实行某一加害行为，迫使被害对象感到畏惧，出于不自愿的意思交付财物的一个过程。行为人必须是以非法占有为目的，实行积极的威胁、胁迫，利用被害对象的恐惧心理以达到牟取利益的目的。所谓威胁的手段是指以将要对被害对象实施暴力、破坏其名誉等相威胁，利用对方的困境或弱点，迫使被害对象交付财物或提供财产性利益的行为。因此，敲诈勒索犯罪中，威胁手段的本质是以引起他人心理上恐惧的精神强制方法，致使被害人产生恐惧心理，并基于该恐惧心理而不得不处分财产，以此非法获利。敲诈勒索罪中，行为人获取非法利益仅仅因为其威胁行为起到了使被害人恐惧的作用，行为人不用付出任何对价即可获取利益，这是其区别于强迫交易罪最本质的地方。敲诈勒索罪的主体只能由自然人构成。媒体人借危机公关之名索要钱财的行为符合敲诈勒索罪中威胁行为的本质和目的，情节严重的，应当以敲诈勒索罪定罪处罚。

第三节　本章同步训练

一、选择题

（一）单选题

犯罪对象指向的是刑法分则条文规定的受犯罪行为直接作用或影响的具体的（　　　）。

A. 社会关系　　　B. 人或物　　　　C. 制度　　　　D. 权利

（二）多选题

按照犯罪行为侵犯的社会关系的范围，可以将犯罪客体可以分为哪三类？（　　　）

A. 一般客体　　　B. 同类客体　　　C. 直接客体　　　D. 简单客体

二、论述题

1. 犯罪客体与犯罪对象的关系如何？

2. 犯罪客体有哪些类型，其相互关系是如何？

参考答案及解析

一、选择题

(一) 单选题

参考答案：B

解析：犯罪对象，是指刑法分则条文规定的受犯罪行为直接作用或影响的具体的人或物。人作为犯罪对象主要表现为人的生命、健康、名誉受到损害或威胁。作为犯罪对象的物是指物品、货币等一切具有价值、归属关系的东西。

(二) 多选题

参考答案：ABC

解析：按照犯罪行为侵犯的社会关系的范围，刑法理论一般将犯罪客体划分为三类或三个层次：一般客体、同类客体和直接客体。犯罪的一般客体，是指一切犯罪所共同侵犯的社会关系，即刑法所保护的社会关系的整体。犯罪的同类客体，是指某一类犯罪所共同侵犯的我国刑法所保护的社会关系的某一部分或某一方面。犯罪的直接客体，是指某一特定犯罪所直接侵犯的客体，亦即某一特定犯罪所直接侵犯的某种具体的社会关系。

二、论述题

1. 参考答案：

犯罪客体，是指我国刑法所保护的为犯罪行为所侵犯的社会关系。犯罪对象，是指刑法分则条文规定的受犯罪行为直接作用或影响的具体的人或物。

(1) 犯罪对象与犯罪客体的联系。

犯罪对象与犯罪客体的关系密切：犯罪对象反映犯罪客体，犯罪客体制约犯罪对象。

(2) 犯罪对象与犯罪客体的区别。

1) 犯罪对象是人、物等可以凭借人的感官感知的事物；犯罪客体是生命权、财产所有权、公共安全、国家安全等凭借人的思维才能认识的观念的东西。两者表现出具体与抽象的差异。

2) 犯罪客体决定犯罪性质，犯罪对象则未必。分析某一案件，单从犯罪对象去看，是分不清犯罪性质的，只有通过犯罪对象所体现的社会关系即犯罪客体，才能确定某种行为构成什么罪。

3) 犯罪客体是任何犯罪构成的必要条件，犯罪对象则不是任何犯罪都不可缺少的，它仅仅是某些犯罪的必要条件。

4) 任何犯罪都会使犯罪客体受到危害，而犯罪对象则不一定受到损害。

5) 犯罪对象不是犯罪分类的根据，因为犯罪对象相同并不意味着犯罪性质相同。而犯罪客体相同则意味着犯罪性质相同，所以犯罪客体是犯罪分类的根据，刑法分则体系只能以犯罪客体为依据来建立，而不能以犯罪对象为依据来建立。

2. 参考答案：

按照犯罪行为侵犯的社会关系的范围，刑法理论一般将犯罪客体划分为三类或三个层次：一般客体、同类客体和直接客体。三类客体是三个不同的层次，它们之间是一般与特殊、共性与个性、抽象与具体、整体与部分的关系。同类客体是在直接客体基础上的分类和概括，而一般客体又是对一切犯罪客体的抽象和概括。三者之间构成了两个层次的一般和个别的关系，它们虽然具有许多共性，但又不能相互取代，在刑法理论上与司法实践中都有其重要的作用。

第六章　犯罪客观方面

>> 第一部分　本章知识点速览

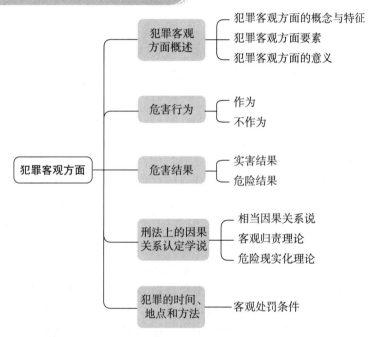

犯罪客观方面
- 犯罪客观方面概述
  - 犯罪客观方面的概念与特征
  - 犯罪客观方面要素
  - 犯罪客观方面的意义
- 危害行为
  - 作为
  - 不作为
- 危害结果
  - 实害结果
  - 危险结果
- 刑法上的因果关系认定学说
  - 相当因果关系说
  - 客观归责理论
  - 危险现实化理论
- 犯罪的时间、地点和方法
  - 客观处罚条件

>> 第二部分　本章核心知识要点解析

第一节　犯罪客观方面概述

一、犯罪客观方面的概念、特征

（一）难度与热度

难度：☆☆☆　热度：☆☆☆

（二）基本概念分析

犯罪客观方面是犯罪的客观外在表现。不同犯罪具有不同的客观外在表现和事实特征，而且是由刑法所规定的。刑法对不同的犯罪规定不同的客观表现形态，构成不同犯罪的客观特征。

所谓犯罪客观方面，是指刑法规定的、说明行为对刑法所保护的社会关系造成损害的客观事实特征。犯罪客观方面具有如下特征：

一是法定性。揭示犯罪客观外在表现与事实特征的因素很多，但能成为犯罪客观方面的事实必须是由刑法所规定的。

二是客观性。犯罪客观方面体现的是行为的事实特征，也是行为人的主观意识和意志方面表现出来的客观样态，是不以人的意志为转移的事实存在。客观性与主观性是相对应的概念。

三是损害性。只有那些揭示行为对犯罪客体造成损害的事实特征，才能成为犯罪客观方面。不能说明对犯罪客体造成损害的事实特征，不能认定为犯罪客观方面。犯罪客观方面损害性的表现形式多种多样。

犯罪客观方面在犯罪构成要件体系中居于核心地位。没有犯罪客观方面则犯罪不可能成立。犯罪客观方面还能揭示犯罪人的主观恶性以及人身危险性的大小。

（三）学说理论探讨

围绕着行为及其相关事实要素，理论上并非均以"犯罪客观方面"来对其加以概括或者论述。在不同的犯罪构成理论中，以行为、危害行为、典型事实、危害社会的行为等作为构成要件的尽皆有之。还有将危害行为与危害结果以及它们之间的因果关系分立出来，形成"危害社会的行为"与"危害社会的严重后果以及它同危害行为之间的因果关系"这两个独立的犯罪构成要件的。以"犯罪客观方面"揭示犯罪客观特征相对要充分些，因而得到多数人赞同。

（四）疑难问题解析

关于犯罪客观方面与犯罪主观方面的体系位次，即在犯罪认定或者判断时谁在先谁在后，存在不同的认识和理解。不少观点坚持"客观在先、主观在后"的原则，也有观点认为主体产生意识和意志后才会有后续的客观行为。从一般的经验来看，坚持"客观在先、主观在后"具有较为广泛的基础，但也不能绝对化，如果明知行为人缺乏犯罪主观方面，则无须继续进行犯罪的客观判断。

二、犯罪客观方面要素

（一）难度与热度

难度：☆☆☆☆☆　热度：☆☆☆☆☆

（二）基本概念分析

犯罪客观方面要素即组成犯罪客观方面的必要因素，这些因素构成犯罪客观方面的具体内容。犯罪客观方面要素是以行为为基础的，揭示了行为的基本特征、对象、后果以及时空条件等。其具体包括危害行为，危害结果，行为（犯罪）对象，行为（犯罪）的时间、地点和方法等。在这些要素中，有的是犯罪构成要件，如危害行为；有的是某些犯罪的要素，如危害结果，犯罪的时间、地点等。

（三）学说理论探讨

不少刑法教科书在论及情节犯的"情节较轻""情节严重"等时，将它作为犯罪客观方面的内容。这是不可取的。"情节"是包含一切主客观要素的综合体，并不限于以行为为核心的客观方面要素。另外，将违反前置法等归入犯罪客观方面也有所不妥，因为其与危害行为、危害结果等犯罪客观方面要素有着本质不同。学者在论述交通肇事罪等的犯罪客体时，一般会根据前置法推断其犯罪客体为交通运输管理安全，既然如此，将违反前置法规定纳入犯罪客体要素中论述，似乎更为可取。

（四）疑难问题解析

不能将犯罪客观方面要素与犯罪客观方面要件相混淆。犯罪客观方面要件是指构成犯罪不可缺少的客观方面重要因素。犯罪客观方面要件属于犯罪客观方面要素，但犯罪客观方面要素并不都是犯罪客观方面要件。在犯罪客观方面要素中，危害结果，犯罪的时间、地点和方法等并非犯罪客观方面要件。

三、犯罪客观方面的意义

（一）难度与热度
难度：☆　热度：☆

（二）基本概念分析
犯罪客观方面的意义主要在于：

一是有助于界分罪与非罪。无犯罪客观方面就不能成立犯罪，缺少某种具体犯罪的客观方面特有的要件，也不能构成该罪。

二是有助于界定此罪与彼罪。如当场使用暴力相威胁强行索取财物，是区分抢劫罪与敲诈勒索罪的关键。

三是有助于认定犯罪主观方面。客观外在的行为表现通常能揭示主观心理状态，区分犯罪究竟是出于故意还是过失。

四是有助于正确量刑。危害结果的轻重，特定的犯罪时间、地点以及不同的犯罪方法等，会影响行为的社会危害性的程度，进而影响正确量刑。

（三）学说理论探讨

虽然犯罪客观方面有助于认定犯罪主观方面，但犯罪主观方面有时对犯罪客观方面也具有反作用力。例如，累犯体现了犯罪的主观恶性或者说人身危险性相对较大，这反过来又说明累犯在客观方面具有更为严重的社会危害性。当然，如果犯罪成立本身就是以概括、多次的犯意为必要的，此时犯罪客观方面就不会受犯罪主观方面的影响，如连续犯、集合犯等。

（四）疑难问题解析

犯罪客观方面对于犯罪形态认定的意义，会受不同的法律规范规定的影响。例如，由于我国刑法总则对于预备犯采取的是一律处罚的规定，因此预备行为属于犯罪客观方面的行为类型之一，对于认定犯罪具有重要意义。这与德、日等大陆法系国家刑法原则上不处罚预备犯的规定不同，其刑法只处罚刑法分则规定的正犯化的预备行为。个别正犯化的预备行为是否存在预备犯，如准备实施恐怖活动罪的预备行为是否触法，是个值得探究的问题。从犯罪客观方面的功能来说，似乎不宜再将准备实施恐怖活动罪的预备行为认定为预备犯进行处罚。

第二节 危害行为

一、危害行为的概念和特征

（一）难度与热度
难度：☆☆☆☆☆　　热度：☆☆☆☆☆

（二）基本概念分析
危害行为既是人的主观心理态度的外在表现，也是造成社会危害的直接原因。人的主观心理态度再恶劣，也不可能对社会产生客观的危害，必须借助行为才能影响客观世界，故而危害行为在所有犯罪构成要件中居于核心地位。

一般认为，危害行为是指在人的意识、意志支配下实施的危害社会的身体动静。危害行为具有以下基本特征：

一是有体性。危害行为是人的身体动静。人的身体动静，既可以是积极的活动也可以是消极的活动，既可以是运动的也可以是静止的，既可以是作为也可以是不作为。但是，人的身体动静必须是一种活动，单纯的思想流露不是危害行为。需要注意的是，言论既可以是单纯的思想流露，也可以是身体的动静。如果言论能侵犯犯罪客体从而造成社会危害，则可以被认定为危害行为。

二是有意性。危害行为必须是受人的意识支配的，只有在人的意识支配下实施的身体动静才能认定为危害行为。不受人的意识支配的行为，不能称其为危害行为。睡梦中的行为、条件反射行为、无辨认和控制能力的精神病人的行为以及受不可抗力支配实施的行为等，均属于不受人的意识支配的行为。

三是有害性。危害行为侵犯了刑法保护的社会关系，具有社会危害性。有害性的判断，通常以对犯罪客体具有侵害性或者侵害的危险性为根据。凡是对犯罪客体具有侵害性或者具有侵害的危险性的行为，均可以认定为具有有害性的危害行为。对犯罪客体不具有任何侵害危险性的行为，不能被称为危害行为。

（三）学说理论探讨
在行为理论的发展史上，关于行为的本质及特征有着不同表述，并形成不同的行为理论，具体地说，主要有以下四种行为理论。

1. 因果行为论

根据因果行为论，行为是人的意识外化所导致的外界变化的物理事件，即意识与外界变化之间的因果现象。因果行为论可分为身体动作说与有意行为说。前者把行为理解为单纯的身体外部动作，至于是否由意识支配以及意识的内容如何，并非行为所要解决的问题，而是责任的内容。后者虽然把行为理解为自然的因果事实，却又主张行为是在意识支配下表现于外的因果现象。根据身体动作说，单纯的反射动作、睡眠中的举动等均可认定为行为，这无疑过于扩张行为的范畴，有所不妥。有意行为说虽然将单纯的反射动作、睡眠中的举动等排除在行为之外，却将意识与意识的内容分离，认为意识的内容不是行为的特征，使意识成为抽象、空洞的概念，留下缺憾。

2. 目的行为论

针对因果行为论，德国刑法学家韦尔策尔提出了目的行为论。根据目的行为论，人的行为本质上是一种目的性活动，缺乏目的性就不构成行为。也就是说，行为是行为人为达到某种目的而在意识支配下实施的身体活动。与因果行为论相比，目的行为论能对许多故意行为作出更具有说服力的解释。但是，对于过失行为等，通过行为的目的性来解释就有些勉强，是为目的行为论之不足。

3. 社会行为论

根据社会行为论，人具有社会属性，刑法也属于社会现象，因而具有一定的社会意义的人的身体动静才能成为刑法上的行为。据此，在人的意识支配下实施的具有特定社会意义的身体动静便是行为。如果说因果行为论侧重行为的客观存在性，目的行为论强调行为的主观目的性，那么社会行为论则更关注行为的社会价值，这在很大程度上弥补了因果行为论与目的行为论的不足。社会行为论使得对行为的判断不再局限于事实判断，还必须重视价值判断。这为行为的规范评价奠定了坚实基础。

根据社会行为论，凡是人的举动，无论是作为还是不作为，也无论是故意行为还是过失行为，均属于具有社会意义的行为，均可以成为刑法上的行为。社会行为论的不足之处在于："具有社会意义"本身就缺乏明确的界定标准，容易使行为概念变得不明确、不清晰，进而滋生不必要的问题。坚持社会行为论，要么导致行为范围过于扩张，背离罪刑法定；要么导致具有社会意义的行为不为刑法所规制，有违社会行为论的初衷。

4. 人格行为论

人格行为论由日本刑法学者团藤重光等提出。根据人格行为论，行为人具有一定人格，行为是行为人的人格的外在表现，是人格与环境相互作用下的行为人的主体态度的体现，只有人格现实化的身体动静才能成为刑法上的行为。人格行为论既强调行为的社会性，也强调行为的心理性。行为具有社会意义也受制于人格，行为是受社会环境与人格因素支配并共同作用实施的。

根据人格行为论，无论是作为还是不作为、故意行为还是过失行为，均为主体的人格现实化表现。即使是所谓的忘却犯等，也是主体人格化的体现，具有行为性。尽管如此，人格行为论也存在缺憾。首先，人格本身具有模糊性和抽象性，缺乏具体的评价标准和衡量尺度。其次，包括精神病人在内的任何人都有其特定的人格，既然如此，精神病人的行为也是其人格的现实化，也可以认定为刑法上的行为，这是不妥的。最后，不可否认，人格有高低尊卑之分，如果将人格作为行为认定的标准，如何区分人格的高低尊卑将是个问题。

（四）疑难问题解析

在行为理论中，社会行为论与人格行为论并不容易理解。社会行为论注重行为所具有的社会意义和价值，立足于行为的社会危害性及其规范评价来诠释行为，故其所具有的合理性不言自明。人格行为论将行为与行为人一体化，在重视行为的社会学特征的同时强调行为的生物性特征，并从人格与人身危险性入手探求行为的主体性及人格基础。这为人权保障提供了更为扎实的理论依据。然而，无论是社会意义还是人格，在理解时均存在模糊性与抽象性，在边界划定与程度判断等方面依旧存在不确定性。因此，要想在社会行为论与人格行为论之间作出抉择，并不是件容易的事。

二、危害行为的基本表现形式

（一）难度与热度
难度：☆☆☆　热度：☆☆☆

（二）基本概念分析

危害行为具有不同的表现形式。以行为能否直接侵犯犯罪客体为标准，可将危害行为的表现形式分为预备行为和实行行为，相关内容将在犯罪停止形态中论述，在此不展开。以下论述实行行为的两种基本表现形式：作为和不作为。

1. 作为

所谓作为，是指通过身体举止实施法律所禁止实施的行为。作为的成立前提，是法律要求不能有所作为。如果行为人不顾法律规定有所作为，就可能构成犯罪。例如，法律规定不得盗窃他人财物，行为人偏要盗窃他人财物的，可构成刑法上的盗窃罪。作为所违反的是刑法中的禁止性规范，或者说符合刑法中的义务（不得作为的义务）性规范。我国刑法规定的绝大多数犯罪是通过作为方式实施的，如故意杀人罪、抢劫罪等。有的犯罪只能通过作为实施，如强奸罪、诈骗罪等。

作为可以借助他人或者其他工具或者力量等实施。从司法实践的情况来看，作为的方式主要包括以下情形：一是通过自己的身体动作实施，二是利用他人的身体动作实施，三是利用刀枪棍棒等物质性工具实施，四是利用动物的侵袭、撕咬等实施，五是利用天灾等自然力实施。

2. 不作为

所谓不作为，是指行为人负有法律规定的实施某种特定行为的义务，能够履行而不履行的行为。不作为是法律要求作为而行为人不作为，乃至于因为具有严重的社会危害性而构成犯罪。不作为所违反的也是刑法中的禁止性规范，或者说符合刑法中的义务（作为的义务）性规范。除了需要具备行为的三特征，不作为还需满足以下条件：一是前提条件，即行为人负有法律规定的实施某种特定行为的义务。二是保障条件，即行为人能够履行法律规定的实施某种特定行为的义务。三是核心条件，即行为人不履行法律规定的实施某种特定行为的义务。

在我国刑法中，有不少犯罪可以通过不作为实施，甚至，有的犯罪只能通过不作为实施，如遗弃罪等。理论上，通常把既可以通过作为方式实施也可以通过不作为方式实施的犯罪，称为不纯正不作为犯；把只能通过不作为实施的犯罪称为纯正不作为犯。由于不作为的成立以行为人负有实施某种特定行为的义务为前提，那么厘清不作为的义务来源就成为认定不作为犯的关键。

（三）学说理论探讨

不少教科书认为，作为属于积极的身体动作，不作为则是消极的不履行。这里以"积极""消极"来表述作为与不作为，需要注意其所具有的特定含义。笔者认为，这里的"积极""消极"充其量只能是一种态度，而非身体动静的表征，例如，不作为并非总是"消极的不履行"。在遗弃的场合，行为人完全可以通过积极举动，如将被害人带至人迹罕至的场所，不履行对被害人的扶养义务。可见，通过实施积极的身体动作来逃避法定义务，不影响不作为成立。

（四）疑难问题解析

关于持有的行为性质认定，是一个相对疑难的行为问题。理论上，关于持有属于行为并无争议，但对于持有属于何种行为表现形式，则历来存在争议。关于持有是作为还是不作为，抑或是第三种行为形态，我国刑法理论上存在以下不同学说：不作为说，择一说，兼具作为与不作为的独立行为说，独立于作为与不作为的行为形式说，作为说。

将一种行为认定为作为与不作为择一的行为，或者兼具作为与不作为的独立行为，相对来说是较为勉强的，因为这样理解很容易让人感觉持有是由表现形式不同的行为方式融合而成，从而人为地将本来合一、整体的行为碎片化、条块化，难言合理。以前，不少学者主张第三种形式说，现在作为说成为有力的学说。笔者赞同作为说。从我国刑法规定来看，持有之所以构成犯罪是因为持有对象的特殊性，即持有对象为枪支、假币、毒品等。持有枪支、假币、毒品等之所以构成犯罪，是因为法律禁止行为人持有，在性质上属于法律要求不得为而行为人偏要有所为的情形，这更符合作为的特征。

三、不作为的义务来源

（一）难度与热度

难度：☆☆☆☆☆　热度：☆☆☆☆☆

（二）基本概念分析

不作为成立的前提和基础，是行为人负有法律规定的实施某种特定行为的义务。法定的实施特定行为的义务源自哪里呢？这涉及不作为的义务来源问题。一般来说，不作为的义务主要源自以下方面：

1. 法律法规的明文规定

国家法律、行政法规以及国务院部门规章、制度等具有国家强制力的规范确定了行为义务。以遗弃罪为例，刑法及其他法律规定行为人对没有生活来源、缺乏独立生存能力的老人、病人、残疾人以及孩子等，负有照顾、照看、养育等扶养义务。这里的扶养义务便是法律法规明文规定的作为义务，行为人有能力履行而不履行扶养义务，将构成遗弃罪。

2. 职业或者业务的要求

行为人由于从事某种职业或者经营某种业务而依法被要求履行特定作为义务。该类作为义务可以由法律法规规定，也可以由行业性规章制度规定，还可以由特定的职业或者业务所要求的管理制度、操作规则等规定。例如，医务人员严重违反国家法律法规及有明确规定的诊疗技术规范、常规，应当依法实施正当的诊疗手术而拒不实施，造成就诊人严重残疾、重伤或者其他严重损害就诊人身体健康后果的，可以构成故意伤害的不作为犯罪。

3. 法律行为

具有法律效力、能在法律上产生特定权利和义务的行为引起了作为义务。例如，具有法律效力的合同行为，就会引起合同双方当事人的特定作为义务，如果一方当事人不履行作为义务，导致侵犯犯罪客体并具有严重社会危害性，便可构成不作为犯罪。需要注意的是，合同的一方当事人不履行合同所要求的特定作为义务，通常会产生违约的法律后果，构成民事违法行为而不构成不作为犯罪。只有在一方当事人不履行特定的作为义务侵犯了特定的犯罪客体，具有严重的社会危害性的情况下，才能构成不作为犯罪。

4. 先行行为

行为人先前所实施的特定行为使法律所保护的某种利益陷入危险状态，因而行为人负有避免该危险状态的作为义务。例如，行为人将不会游泳的他人带到深水区游泳，就有避免他人被水淹死的危险的义务，如果行为人不履行救助义务，便可构成不作为犯罪。应当注意，因违反先行行为引起的作为义务而构成不作为犯罪，以行为人有能力履行救助义务、避免危害结果发生为必要。如在上述案例中，要求行为人能够成功救助被害人并避免其被淹死。如果行为人不具有履行救助义务的能力，不能避免他人被淹死的后果，还将他人带入深水区游泳，导致他人被淹死，则构成故意杀人的作为犯罪，而不是故意杀人罪的不作为犯罪。

（三）学说理论探讨

上述四种作为义务是传统刑法学所主张的不作为的义务来源，由于其总能在法律上找到依据，因而又被称为形式义务论。根据形式义务论认定纯正作为犯并无问题，但在认定不纯正作为犯的义务来源时可能出现问题，因为不纯正作为犯的作为义务来源有时不像纯正作为犯那样具有鲜明的法定性。近些年来，我国学者借鉴国外理论学说并提出实质义务论。根据实质义务论，在不纯正作为犯缺乏明显的法定义务的场合，行为人具有承担某种作为义务的事实特征或者实质根据，当行为人不履行该作为义务时，可以成立不作为犯罪。其中，行为人对结果发生处于支配地位，是产生作为义务的根据。行为人不履行该作为义务的，将成立不作为犯罪。

实质性作为义务主要有以下几种：

一是基于对危险源的支配而产生的监督义务。当行为人牵着宠物狗散步时，行为人对作为危险源的狗具有支配地位并因此产生监督义务，这种义务可以成为不作为的义务来源。如果狗咬人时行为人有能力履行而不履行阻止狗咬人的义务，可成立不作为犯罪。

二是基于与法益的无助状态之间的特殊关系而产生的保护义务。当行为人将迷路的孤寡老人领回家后，就会因孤寡老人处于无助状态而形成特殊关系，并因此而对孤寡老人产生保护义务，这种义务成为不作为义务的来源。如果行为人将老人置于家中放任不管，可成立不作为犯罪。

三是基于对法益危险发生领域的支配而产生的作为义务。行为人的私密地窖中掉进一位陌生人，在他人不可能知道事实的情况下，行为人具有救助义务。当行为人对该陌生人不管不问并致其死亡时，可成立不作为犯罪。

（四）疑难问题解析

在不纯正不作为犯的场合，围绕着作为义务存在各种学说，需要注意的是保证人说。保证人说所要解决的问题是，什么样的人的不作为才具有与法律规定的作为犯同样的实行行为性质。根据保证人说，对刑法保护的某种社会关系的保护依赖于特定行为人，他处于能够主导危害结果发生的绝对支配地位，在危害结果的发生具有现实危险性的场合，危害结果是否发生取决于该行为人，这使得危害结果与行为人之间形成支配关系。负有保证危害结果不发生或者防止危害结果发生的义务被称为保证人义务，行为人也因此获得保证人地位。法律对处于保证人地位的人赋予法律上的作为义务，保证人义务也因此成为不作为的义务来源。如果保证人能尽保证义务而不尽保证人义务，就属于不作为的实行行为。保证人说为实质义务论提供了较为充分的理论依据，得到不少学者的赞同。

第三节　危害结果

一、危害结果的概念和特征

（一）难度与热度
难度：☆☆☆　热度：☆☆☆☆

（二）基本概念分析
所谓危害结果，是指危害行为给刑法所保护的社会关系造成的现实损害或者危险状态。危害结果具有以下特征：

一是损害性，危害结果是对刑法所保护的社会关系造成的现实损害或者危险状态。危害结果造成的损害既包括现实损害，也包括危险状态。危险状态与一般的危险不同，它是指足以造成特定的现实损害的危险状态。危害结果是对刑法所保护的社会关系造成的现实损害或者危险状态，如果所造成的损害不在刑法保护的范畴之内，不能谓之刑法上的危害结果。

二是客观性，又称现实性，是指作为危害结果的现实损害或者危险状态是一种客观存在的事实，而不是想象的或者主观臆断的。例如，将他人砍伤，那么伤害结果就是客观存在的。又如，将他人汽车的刹车系统破坏，那么足以造成汽车倾覆、毁坏的危险状态出现，这种危险状态便是客观存在的事实。

三是因果性。危害行为与危害结果之间具有因果性，危害结果是由危害行为引起的，两者之间是引起与被引起的关系。如果一项结果与危害行为之间不具有因果性，那么就不能认定为危害结果。当然，有时危害行为引起危害结果需要具备一定的条件，但这不影响危害行为与危害结果之间的因果性。

四是多样性。危害结果具有多样性，具体表现在性质上的差异、状态上的不同等。例如，危害结果既可以是物质性的，也可以是非物质性的；既可以是实际损害，也可以是危险状态；等等。危害结果的多样性是由现实世界的复杂性与犯罪客体的多样性决定的。

（三）学说理论探讨
关于危害结果的概念，理论上并未形成一致的认识和理解，甚至可以说在学界争议很大。实际损害说将危害结果理解为实际、客观的具体损害事实；实际损失和现实危险说除认为实际损害是危害结果外，还将危险状态纳入危害结果之列；客体损害说认为危害结果是对作为犯罪构成要件的客体的侵害；危害或可能危害说则在客体损害说的基础上，将对社会"可能造成的危害"也纳入危害结果之列；最后状态说将危害结果理解为一种最后状态。将危害结果区分为广义的危害结果与狭义的危害结果，是传统刑法学理论中的多数说。以下对该学说加以具体分析。

广义的危害结果是指犯罪行为对刑法所保护的社会关系造成的损害，其着重表现行为的社会危害性，说明任何犯罪行为都会发生危害结果；狭义的危害结果又称构成要件结果，是指刑法分则规定的，实行行为造成的对犯罪成立或者犯罪既遂具有决定意义的危害结果。关于狭义的危害结果的概念，值得进一步商榷。既然将危害结果定义为构成要件的结果，且认为危害结果"对犯罪成立或者犯罪既遂具有决定意义"，那么构成要件与犯罪成立、犯罪既遂之间是什么关系？如果说危害结果对犯罪成立具有决定意义而成为构成要件还可以理解，那么危害结果对犯罪既遂成立具有决定意义而成为构成要件，就有些莫名其妙了！难道犯罪既遂与犯罪成立具有同等含义？答案显然是否定的。鉴于犯罪既遂与犯罪成立不属于同等范畴，若将狭义的危害结果定义为构成要件的结果，那么危害结果只能对犯罪成立具有决定意义。这样才是合乎情理的。至于犯罪既遂结果，只能与未完成形态的结果相对应。只有这样才在理论上具有自洽性。

(四) 疑难问题解析

关于危害结果的概念，需要提及的是间接危害结果。间接危害结果被纳入广义的危害结果之中，难免让人对其范畴的理解产生困惑。从字面意思理解，以任何形式的条件为原因的间接结果，在因果关系链条中若不受限制，则可能脱离因果关系的相对性束缚，致使其范畴变得十分庞杂。在这样的情况下，将间接结果纳入危害结果之中，会导致危害结果的外延无限膨胀，有违刑法的谦抑性。因此，应对间接危害结果的范畴加以适当限制。原则上，应当将间接危害结果限制在距离直接危害结果最近的场合。例如，甲杀害乙，乙的母亲丙因为伤心过度而旧病复发致死亡，那么丙的死亡可被认定为甲的杀人行为的间接危害结果。但是，如果丙的死亡导致应由其履行的义务未能履行，给他人造成经济损失，就不能再将这种经济损失认定为间接危害结果，因为该损失距离直接危害结果较远，否则，将会导致间接危害结果被无限扩张而无边界，影响刑法的明确性与安定性，难言可取。

二、危害结果的分类

(一) 难度与热度

难度：☆☆☆   热度：☆☆☆☆

(二) 基本概念分析

以不同的标准为依据，可以将危害结果分为不同的类型。

1. 实害结果与危险结果

以造成的结果是否具有实害性为标准，可以将危害结果分为实害结果与危险结果。实害结果是指危害行为对刑法所保护的社会关系造成的现实损害，人的死亡、受伤以及财产被抢、被盗等，均属于实害结果。危险结果是指危害行为对刑法所保护的社会关系造成了足以导致现实损害发生的危险状态，破坏交通设备足以导致汽车等交通工具发生倾覆、毁坏危险的，属于危险结果。

实害结果的社会危害性显然要大于危险结果，毕竟后者并没有发生现实损害。在刑法分则规定的具体犯罪中，如果发生危险结果构成犯罪，那么刑法对其所规定的法定刑往往会轻于对应的实害结果的法定刑。甚至，发生实害结果是发生危险结果的法定刑的升格条件，例如，《刑法》第114条规定放火尚未造成严重后果的，处3年以上10年以下有期徒刑；第115条规定放火致人重伤、死亡或者使公私财产遭受重大损失的，处10年以上有期徒刑、无期徒刑或者死刑。

2. 构成要件结果与非构成要件结果

以是否属于具体犯罪构成要件为标准，可将危害结果分为构成要件结果与非构成要件结果。构成要件结果是指刑法规定构成某种具体犯罪所必须具备的危害结果。非构成要件结果是指不是构成某种具体犯罪所必需的、构成要件之外的危害结果。例如，《刑法》第416条规定的造成严重后果属于构成要件结果，《刑法》第413条规定的造成严重后果属于非构成要件结果。

构成要件结果是具体犯罪客观构成要件，如果行为没有造成这种结果就不能成立犯罪。非构成要件结果不是具体犯罪客观构成要件，行为是否造成这种结果不影响犯罪成立。构成要件结果与非构成要件结果有着不同的功能和作用。如果一个构成要件结果在犯罪成立时被评价过，在量刑时就不得再进行评价，否则违反禁止重复评价原则。非构成要件结果由于在犯罪成立时没有被评价，因而可以影响量刑。

3. 物质性结果与非物质性结果

以危害结果的现象形态为标准，可将危害结果分为物质性结果与非物质性结果。物质性结果是指危害结果的现象形态表现为物质性变化的危害结果。非物质性结果是指危害结果的现象形态表现为非物质性变化的危害结果。物质性结果往往是有形的，可以具体测算、度量或者鉴定，如人的死亡、财物被毁、道路遭到破坏等，均属于物质性结果。非物质性结果通常是无形的，难以被具体测算、度量或者鉴定，如对人格、名誉的毁损等，就属于非物质性结果。

物质性结果与非物质性结果不存在孰重孰轻之分，只是在表现形态上有所不同。不过，由于物质性结果能够具体测算、度量或者鉴定，因而在具体评价其社会危害性时有相对客观的依据和标准。非物质性结果则不然，由于缺乏相对客观的评价标准，因而在具体评价其社会危害性时需要结合时空条件、人文环境等进行综合判断。

4. 直接结果与间接结果

根据危害结果与危害行为之间的联系，可将危害结果分为直接结果与间接结果。直接结果是危害行为直接造成的侵害事实，其与危害行为之间具有直接、紧密的因果关系。间接结果是指危害行为间接造成的侵害事实，其与危害行为之间具有间接、相对松散的因果关系。例如，甲杀害乙，乙的母亲丙见乙死亡而伤心致死，乙的死亡是甲的行为的直接结果，丙的死亡是甲的行为的间接结果。

需要注意的是，直接结果由于能直接、紧密地归因于危害行为，因而成为对危害行为的社会危害性进行评价的最直接因素之一，能够对犯罪成立产生直接影响。间接结果虽然也是危害行为造成的，但毕竟是其他因素所导致的，因而会影响量刑而不能影响定罪。另外，间接结果的发生具有一定的盖然性，不像直接结果的发生具有必然性。例如，甲杀害乙，乙的死亡具有必然性。但是，乙的母亲是否因乙死亡而伤心致死，则并非必然的，因人而异。

5. 完成结果与未完成结果

以是否影响犯罪既遂为标准，可将危害结果分为完成结果与未完成结果。完成结果即既遂结果，是指构成犯罪既遂所要求出现的危害结果。未完成结果是指不是构成犯罪既遂所要求出现的危害结果。例如，甲故意杀害乙，若导致乙出现死亡或者伤害两种不同结果，那么死亡结果就是完成结果，伤害结果便是未完成结果。由于完成结果标志着犯罪达到既遂，因而往往较未完成结果的社会危害性要大，量刑也要重些。

需要注意的是，完成结果、未完成结果是以犯罪成立为基础的，只有成立犯罪才能认定是完成形态的结果还是未完成形态的结果，犯罪不成立便没有完成结果与未完成结果之分。这也使得犯罪成立可以不依赖于完成结果或者未完成结果。例如，故意杀人即使没有造成被害人伤害，也可以成立犯罪未遂。既然犯罪既遂与犯罪成立是不同概念，就不应该将完成（既遂）结果认定为构成要件结果。

6. 基本结果与加重结果

以危害行为造成的结果是否为必然引起的结果为标准，可将危害结果分为基本结果与加重结果。基本结果是犯罪实行行为自然而然、合乎规律地引起的危害结果。加重结果是犯罪实行行为引起的基本危害结果之外的更加严重的危害结果。加重结果是犯罪实行行为引起的，但并非其自然而然、合乎规律地引起的。例如，强奸行为引起的基本结果是被害人的性权利被侵犯，作为加重结果的被害人重伤、死亡就并非强奸行为自然而然、合乎规律地引起的结果。

正因为加重结果并非危害行为自然而然、合乎规律地引起的结果，所以其发生并非必然而是具有一定的偶然性。不过，由于加重结果的社会危害性大于基本结果，为了遏制这种结果的发生以及贯彻罪责刑相适应原则，刑法会对加重结果规定更为严重的处罚。因此，加重结果及其加重处罚具有法定性。

（三）学说理论探讨

有观点认为，实害结果是已经现实化的结果，危险结果是还没有现实化的结果。这种观点值得商榷。无论是实害结果还是危险结果，都属于已经现实化的结果，只不过实害结果是现实损害的现实化，危险结果是现实损害的危险状态的现实化。危险结果中的危险状态现实化，是其区别于一般危险状态的关键。例如，在机动车道上撒碎小的石子会有危险，但并非足以导致汽车倾覆、毁坏的危险，因而不能说是汽车倾覆、毁坏危险的现实化。但是，在机动车道上撒铆钉等尖锐物品导致的危险，就是足以导致汽车倾覆、毁坏的危险，是汽车倾覆、毁坏危险的现实化。

有观点认为，实害犯是以造成法定的实害结果作为既遂标志的犯罪，而危险犯则是指行为造成法定的危险状态作为既遂标志的犯罪。这种观点也是值得商榷的。例如，故意杀人造成他人重伤，重伤是故意杀人罪的实害结果，但并非既遂结果，人的死亡才是故意杀人罪的既遂结果。可见，犯罪造成的法定实害结果同样具有多样化特征，不能一概而论作为既遂标志。当然，许多犯罪确实是以法定的实害结果或者危险结果作为既遂标志，但不能因此一概认定法定的实害结果等是成立犯罪既遂的标志。

（四）疑难问题解析

对不同结果进行划分，对于犯罪性质及社会危害性的认定等具有重要的现实意义。以实害结果和危险结果为例，实害结果往往是危险结果发展的产物，大多数犯罪都会有危险结果以及对应的实害结果。在这样的情况下，发生实害结果往往是犯罪人追求的目标，也是犯罪终了的标志。即使出现危险结果符合危险犯的既遂标志，只要相应的实害结果没有发生，也就可以认为犯罪仍然在继续中，可以成立犯罪未遂。例如，放火造成不特定或多数人的生命健康或者重大公私财产受损，是行为人追求的最终目标。尽管行为人造成了足以导致不特定或多数人的生命健康或者公私财产重大损失的危险状态，但如果其采取措施避免了不特定或多数人的生命健康或者重大公私财产受损失，可以成立犯罪中止。

再如完成结果与非完成结果，对于判断犯罪性质等具有重要意义。某些犯罪就不可能出现完成结果，如分裂国家罪、颠覆国家政权罪等。以颠覆国家政权罪为例，如果行为人组织、策划、实施颠覆国家政权、推翻社会主义制度的行为实现完成结果，那就意味着他不可能因此受到处罚，故而构成颠覆国家政权罪或者既遂形态的成立，不需要完成结果。甚至，构成犯罪或者成立犯罪既遂，也不要求足以造成国家政权被颠覆、社会主义制度被推翻的危险状态，因为出现这样的危险状态其社会危害将非常大。在这样的情况下，行为人实施法定行为就具有严重的社会危害性，可以认定为犯罪或者成立犯罪既遂。

三、危害结果的意义

（一）难度与热度

难度：☆☆☆　　热度：☆☆☆☆

（二）基本概念分析

危害结果是犯罪客观方面仅次于危害行为的重要因素之一，不产生任何危害结果的行为是不能被认定为犯罪的，这使危害结果在定罪量刑中具有重要意义。

1. 界定罪与非罪

如果法定的危害结果是犯罪构成要件要素，那么行为有没有造成法定的危害结果就成为犯罪是否成立的标志。以过失犯罪为例，造成法定的危害结果就是犯罪成立的标志，没有造成法定的危害结果将不能认定为犯罪。当然，危害结果不像危害行为那样是一切犯罪的构成要件要素，如果危害结果并非构成要件要素，就不能影响犯罪成立。

2. 区分此罪与彼罪

法定的危害结果有时能区分此罪与彼罪，因为不同的犯罪对危害结果的要求不同。例如，采取放火的方式杀人，如果行为在客观上能造成不特定或多数人的生命健康或者重大公私财产受损，就构成放火罪；如果不能造成不特定或多数人的生命健康或者重大公私财产受损，而是造成个别人的生命健康或者少量财产受损，就只能构成故意杀人罪、故意伤害罪或者故意毁坏财物罪等。

3. 区分不同犯罪形态

以犯罪完成形态与未完成形态为例，究竟是造成完成结果还是未完成结果，就是区分完成与未完成形态的直接标志。造成完成结果就构成犯罪既遂，造成未完成结果则构成犯罪未遂、犯罪中止等。例如，在故意杀人的场合，造成他人死亡结果的，成立故意杀人罪既遂；造成他人重伤结果的，成立故意杀人罪未遂。

4. 影响量刑轻重

只要发生危害结果，无论其为何种性质的结果，都会影响量刑。即使犯罪成立不要求发生特定的危害结果，发生特定危害结果的，也需要在量刑时予以考虑。尽管犯罪成立或者构成既遂需要法定的基本结果，但发生加重结果的，刑法仍然会加重其法定刑。总之，危害结果是评价社会危害性的重要标志，对量刑的影响是显而易见的。

(三) 学说理论探讨

以上危害结果所具有的意义，是就一般情形来说的。刑法还会就特定的危害结果作出特别规定，如《刑法》第14条、第15条规定的作为罪过认定依据的危害结果就是如此。以《刑法》第129条规定的丢失枪支不报罪为例，有的学者认为本罪的主观方面是故意，有的学者认为本罪的主观方面是过失，分歧的根源在于罪过认定到底是以《刑法》第129条规定的"严重后果"为依据，还是以"危害公共安全的危险"为依据，抑或是以其他危害结果为依据。在这里，需要理性认识《刑法》第14条、第15条规定的危害结果究竟有何特征。我们认为，作为罪过认定依据的危害结果具有如下特征：

一是终局性。罪过认定结果只能是危害行为在征表犯罪过程中内在地、合乎规律地引起的最后状态。作为一种既遂结果，它是危害行为在正常情况下必然导致的后果。不是危害行为必然引起的最终结果，而是一种过剩或者不充分结果的，不能成为认定罪过的依据。例如，故意伤害行为造成他人死亡结果，属于过剩（加重）结果，不能成为认定故意伤害罪的罪过依据；故意杀人行为造成他人伤害结果，属于杀人行为不充分（减轻）结果，不能成为认定故意杀人罪的罪过依据。

二是广泛性。由于罪过是一切犯罪的构成要件，故罪过认定结果存在于所有犯罪中。这是其他危害结果所不能比拟的。值得提出的是，一切犯罪具有认定罪过的危害结果，与该危害结果是所有犯罪的构成要件属于两回事。例如，在出现不充分结果的情况下，缺少罪过认定结果，仍然成立犯罪未遂。可见，罪过认定结果并非所有犯罪构成必要要件。

三是多样性。罪过认定结果与犯罪客体一样具有多样性。从刑法分则规定来看，常见的罪过认定结果包括人格、名誉受损，智力成果、社会风尚被妨碍的危险状态，社会道义与伦理被破坏的危险状态，国家职务的廉洁性被侵犯以及不法行为状态，等等。

(四) 疑难问题解析

在哲学上，结果、原因有时具有同一性，因与果只是某一原始实质自身辩证发展过程中的不同表现形式而已。危害结果与危害行为之间的同一性可分为两种不同情形：一是相对同一性，即危害行为虽然蕴涵着危害结果发生的必然性，但需要其他条件配合才能成就。二是绝对同一性，即危害行为当然导致危害结果发生，无须其他条件。在后一种情形下，不能将行为人对危害行为与危害结果的心理态度割裂开来分别看待。例如，行为人对准被害人大脑开枪，结果必然是他人死亡，故行为人主观上只能是出于杀人故意，不可能是伤害故意，更不可能是过失致人死亡。危害结果的绝对同一性表明，采取所谓复合罪过形式不易走向极端。

当行为人对危害行为出于故意时，如果危害结果本身无条件包含于危害行为的发展进程中，则行为人对危害结果的心理态度就不可能只是过失。以交通肇事罪为例，在闹市故意超速开车闯红灯致他人伤亡，很难说行为人对该结果的发生仅仅是出于过失。因为这种危险行为本身就包含着造成他人伤亡的必然性，行为人对该结果虽说不是决然出于直接故意，但出于间接故意是完全可能的。危害行为与危害结果的绝对同一性，揭示了危害结果在认定犯罪故意与过失中具有重要的理论价值与实践意义。当我们在认定某些具体的犯罪时，如对于违反交通运输管理法规造成严重后果的，有时不能将危害结果与危害行为割裂开来分别判断。如果危害结果与危害行为具有绝对同一性，则违反交通运输管理法规的行为是故意的，那么对危害结果也应当认定为故意。

第四节 刑法上的因果关系

一、刑法上的因果关系的概念、特征及性质

（一）难度与热度

难度：☆☆☆☆☆   热度：☆☆☆☆☆

（二）基本概念分析

1. 刑法上的因果关系的概念、特征

刑法上的因果关系是指危害行为与危害结果之间引起与被引起的关系。这种关系是事实存在的、不以人的意志为转移的客观关系。刑法上的因果关系是哲学上的因果关系在刑法中的具体体现，哲学上的因果关系的特征同样适用于刑法上的因果关系，只不过限定为危害行为与危害结果之间的关系。刑法上的因果关系具有如下特征：

（1）特定性。刑法上的因果关系不是一般的行为与结果之间的关系，而是危害行为与危害结果之间的因果关系。如前所述，危害行为与危害结果都是由刑法规定的，在刑法上具有特定的含义。相应地，它们之间的因果关系也因此具有特定性，不同于其他因果关系。

（2）客观性。此即刑法上的因果关系作为危害行为与危害结果之间引起与被引起的关系，是不以人的意志为转移的客观存在。即使这种关系看不见、摸不着，危害行为与危害结果之间也确实存在或者曾经存在引起和被引起的关系。例如，甲用棍棒打伤乙，乙身上就会留下棍棒打击的伤痕，即使是曾经发生的或者没有被他人现场看到，甲的行为与乙受伤之间存在的因果关系也是客观存在的，不是甲否认就不存在的。

（3）相对性。危害行为与危害结果并非孤立的现象。此危害行为虽然是某一危害结果的原因，却可能是彼危害行为的结果，而彼危害行为又可能是另一危害行为的结果。这样，不同的危害行为与危害结果之间就形成环环相扣的关系，其中的因果关系也就不是单一或单向的。在千变万化的复杂关系中，需要将某种危害行为与危害结果相对独立出来，这便是因果关系的相对性。否则，就可能混淆不同的因果关系，导致定性上的不

合理。例如，甲将价值 20 000 元的摩托车借给乙修理，乙却据为己有，拒不交还。于是甲盗窃乙 20 000 元财物，试图以此惩罚乙拒不交还摩托车的行为。在该案中，乙的侵占行为与甲损失 20 000 元的摩托车之间具有因果关系，甲的盗窃行为与乙丢失 20 000 元的财物之间具有因果关系，应当分别成立侵占罪与盗窃罪。这便是应用因果关系的相对性作出的分析和判断。如果不坚持因果关系的相对性而是笼统、概括地认定，就可能将甲盗窃乙 20 000 元的财物认定为乙侵占甲 20 000 元的摩托车的结果，从而认定甲和乙互不亏欠、均无财产损失，甚至排除两人行为的犯罪性，这是不妥的。

（4）时间序列性。在刑法上的因果关系中，危害行为在先，危害结果在后，二者的发生呈现出时间上的先后顺序性，绝对不能颠倒。尽管发生在特定危害结果前的危害行为，并非必定是该危害结果的原因，但是，如果某一危害行为发生在特定危害结果之后，那么就可以肯定其没有引起特定的危害结果发生，也就排除了该行为会造成该特定的危害结果。

（5）条件性。在司法实践中，危害行为引起某种危害结果往往需要具备一定的条件，这便是因果关系的条件性。例如，甲与乙在激烈的争吵、打斗中，甲用力拉拽乙导致乙倒地，头部触碰到坚硬的石头致死。该案中，甲用力拉拽乙不至于导致乙死亡，乙倒地以及头部触碰坚硬的石头也是乙死亡的重要条件。当然，危害行为以及影响危害结果的诸多条件，在对危害结果的作用力或者说影响力上是不同的，如何评价危害行为的影响和作用需要具体情况具体分析。

（6）复杂性。因果关系的复杂性主要表现为一因多果或者一果多因。一因多果是指一个危害行为造成多个危害结果的情形，如放火造成多人死亡、多人受伤以及公私财物遭受重大损失等多个结果。一果多因是指数个危害行为造成一个危害结果的情形，通常在共同犯罪中较为常见。因为不同的共同犯罪人都会实施危害行为，但不同的危害行为都是为了追求同样的危害结果。

2. 刑法上的因果关系的性质

刑法上的因果关系虽然在认定危害行为与危害结果以及危害行为的发生、发展演变等方面具有重要的现实意义，但并不像危害行为那样属于犯罪客观构成要件，也不像危害结果那样属于犯罪客观方面的选择性要件。刑法上的因果关系在性质上不属于犯罪客观要件或者要素。

（三）学说理论探讨

1. 刑法上的因果关系概念的学说理论探讨

关于何谓刑法上的因果关系，学界存在诸多不同表述：有学者认为，刑法上的因果关系是指犯罪实行行为与对定罪量刑有价值的危害结果之间引起与被引起的合乎规律的联系；有学者认为，刑法上的因果关系是指危害行为与危害结果之间的内在有机联系；有学者认为，刑法上的因果关系是犯罪行为与犯罪结果之间的因果关系；还有学者认为，刑法上的因果关系既是危害行为与危害结果之间客观存在的事实因果关系，又是法律所要求的法律因果关系，是事实因果关系与法律因果关系的统一。

客观地说，前三种观点并无本质区别。危害行为具有其特殊的含义，其本质上就是犯罪实行行为，由于属于刑法规定的行为，谓之犯罪行为也未尝不可。至于危害结果，也必然要求其对定罪量刑具有意义，否则就不能被称为刑法上的危害结果，因而将刑法上的危害结果称为犯罪结果也是没有问题的。第四种观点将因果关系划分为事实因果关系与法律因果关系，属于大陆法系国家犯罪论体系中的见解。这种划分使得可以通过事实与法律两个层面，即所谓的归因与归责两个层面，对刑法上的因果关系进行判断，为客观归责理论的提出奠定了坚实的理论基础。

2. 刑法上的因果关系性质的学说理论探讨

关于刑法上的因果关系的性质，存在构成要件说、选择要件说和非要件说等不同观点。根据构成要件说，刑法上的因果关系与危害行为一样，属于犯罪客观方面不可缺少的构成要件；根据选择要件说，刑法上的因果关系不是犯罪客观方面的共同构成要件，而是犯罪构成的重要选择性要件；根据非要件说，刑法上的因果关系既不是犯罪客观方面的构成要件，也不是犯罪客观方面的选择要件，它不属于犯罪构成要件体系的范畴。

应当说，非要件说更具有合理性。刑法上的因果关系是危害行为与危害结果之间的一种联系，不像危害行为或者危害结果那样是一种具体的事实或者要素，因而不属于犯罪构成要件的范畴。当然，刑法上的因果关系仍然对定罪量刑具有重要的价值和意义。毕竟，在很多时候认定危害行为或者危害结果离不开对因果关系的判断。

（四）疑难问题解析

刑法上的因果关系认定，较为棘手的是在存在介入因素的情况下的因果关系判断。例如，甲意图杀害乙，将乙打成重伤后继续施暴，在此过程中乙被飞来的石头砸中头部致死，飞来的石头砸中乙的头部就属于介入因素。在这种情况下，认定甲的行为与乙受伤之间存在因果关系是没问题的，但甲的行为与乙死亡之间是否存在因果关系呢？就乙死亡来看，其与石头砸中乙的头部具有因果关系，但如果甲不将乙打成重伤，或许乙不会被石头砸中致死。这样看来，甲将乙打成重伤是乙死亡的条件。不过，由于这种条件与乙死亡并非一回事，原则上不能认定甲的行为与乙死亡之间具有因果关系。但是，如果甲利用介入因素，就可以认为甲的行为与乙死亡之间具有因果关系。例如，甲意图杀害乙，将乙打成重伤后将其扔在车流量较大的马路上，致使乙被快速行驶的车辆碾压致死，那么甲的行为与乙死亡之间就具有因果关系。

二、刑法上的因果关系认定的主要学说

（一）难度与热度

难度：☆☆☆☆☆　热度：☆☆☆☆☆

（二）基本概念分析

国内外学界有关刑法上的因果关系的主要学说可谓众说纷纭，且国外学说与国内学说在理解的角度、层次上等存在不同，具体如下：

1. 国外有关刑法上的因果关系的主要学说

（1）条件说。根据条件说，只要实行行为与结果之间存在条件关系，就可以认定因果关系的存在，这种条件关系是指"没有前者就没有后者"或者"若无 A 就无 B"的关系。该说对不同的条件并不区分，实际上是认为所有的条件都具有等值性，故又被称为等值理论。

（2）原因说。原因说是在批判条件说的基础上产生的。条件说对导致结果发生的所有条件不加区分，这显然是不合理的。原因说主张通过某种标准，从对结果产生影响的所有条件中选择出最有价值的可以成为"原因"的个别条件，只有该条件与结果之间存在刑法上的因果关系。基于确立个别条件的标准不同，原因说又分为优势条件说、最终条件说、重要条件说以及最有力条件说等，不同学说基于各自理由试图找出对结果的发生最具决定作用的条件，并将该条件认定为"原因"。

（3）相当因果关系说。相当因果关系说是指按照一般人社会生活中的经验，实行行为导致的构成要件结果的发生是相当的，即实行行为与构成要件结果之间的关系必须不是异常的、不适当的，这种情形下才具有刑法上的因果关系。

（4）客观归责理论。客观归责理论是指一个由行为人所因果性地引起的结果，只有当行为人的行为针对行为对象，创设了不被容许的危险，并且这些危险在具体的结果中实现时，才能将这个结果归属于客观构成要件。对某一行为进行客观归责需要具备三个条件：一是行为制造了法律所不容许的风险，二是因风险实现造成了结果的发生，三是风险结果在构成要件的保护范围之内。

2. 国内有关刑法上的因果关系的主要学说

以危害行为是否包含产生危害结果的内在根据为标准，刑法上的因果关系被划分为必然因果关系与偶然因果关系，对应的学说为必然因果关系说和偶然因果关系说。

（1）必然因果关系说。根据必然因果关系说，如果危害行为内在、本质、自然而然地引起危害结果的发生，那么危害行为与危害结果之间的关系就属于必然因果关系。一般认为，必然因果关系属于刑法上的因果关系是毋庸置疑的。

（2）偶然因果关系说。根据偶然因果关系说，危害行为对于危害结果的发生起着一定作用，但并非内在、本质、自然而然地引起危害结果发生，危害结果是危害行为与外界的其他原因交织在一起导致的。

我国学界也存在相当因果关系说，其主张与前述国外的相当因果关系说并无实质差异。

（三）学说理论探讨

1. 关于客观归责理论与相当因果关系说

客观归责理论由德国著名学者罗克辛提出，引入我国后产生广泛影响，可谓褒贬不一。有观点认为，客观归责理论实际是因果关系理论而非其自身定位的构成要件理论，早已超越对归责问题的探讨，极大地削弱了阶层犯罪论体系所具有的人权保障机能，不是一个自洽的理论，解决我国刑法因果关系问题借鉴相当因果关系说便可。另有观点认为，相当因果关系说在方法论上有诸多缺陷，而客观归责理论在方法论上的优势非常明显，为了确保司法不出错，肯定客观归责理论，并将相当因果关系说的内容融入其中，是我国刑法理论需要认真对待的问题。还有观点主张，客观归责理论可以克服单纯采用条件说所形成的缺陷，但也有不能令人满意之处，在我国不能直接照搬德国的客观归责理论，应当充分借鉴客观归责理论的具体内容。

上述三种观点均涉及客观归责理论与相当因果关系说，这使澄清两者的关系很有必要。需要注意的是，客观归责理论植根于阶层犯罪论体系的土壤中，因果关系理论只有在属性上产生分工，才能充分迎合阶层判断的需要。具体地说，解决归因之事实问题的纯粹因果关系归于构成要件该当性，解决结果归责之规范评价的客观归责归于有责性，这样就不至于与阶层犯罪论体系产生不协调。若归因与归责一体化，则客观归责在归属上就将成为难题。有观点指出，若将归责理论贯彻到底，就应当将客观归责纳入有责性中加以研究。当然，这将涉及对大陆法系递进式犯罪构成体系的改造。正是基于这样的原因，将因果关系划分为事实的因果关系与规范的因果关系得到不少学者的赞同。

那么，同为德国学者的克里斯提出的相当因果关系说，究竟与客观归责理论有何不同呢？我们认为，两者虽然在因果关系的认定方法上存在差异，却称得上是殊途同归。在具体确定何种条件才能成为危害结果的原因时，两者有如下不同：根据相当因果关系说，如果行为导致结果发生在经验上是通常的、相当的，就可以肯定刑法上的因果关系；根据客观归责理论，需要存在行为引起结果的事实，且行为人创设了不被容许的危险才能被归责。对于客观归责理论而言，如何判断"创设了不被容许的危险"，恐怕也需要立足于经验上的相当性加以综合评价。可见，相当因果关系说与客观归责理论的不同，本质上属于判断过程与方法等方面的差异，在判断的基础、根据以及最终的目标、效果上，两者具有很大程度的相似性。具体地说，两者均以条件说为基础，只不过相当因果关系说对因果关系的判断属于事实与规范的一体化判断，客观归责理论对因果关系的判断属于事实与规范两分的层级化判断，两者之间不存在实质性差异。有观点指出，相当因果关系说和客观归责理论都是以条件论为前提的，客观归责理论对于风险结果可否归责于行为人的判断，实际就是在运用相当因果关系说进行判断而已。

2. 关于偶然因果关系说

偶然因果关系是否属于刑法上的因果关系呢？对此，理论界一般予以反对，认为偶然因果关系不属于刑法上的因果关系，这种观点一般是以行为人对介入因素缺乏主观罪过为前提的。另有学者认为，在偶然因果关系的场合，行为与结果之间存在因果关系是事实的、客观的，只不过在进行定罪量刑评价时需要具体情况具体分析。如果行为人对偶然因素缺乏主观认识，就不构成犯罪；如果行为人对偶然因素有认识，则可以对之加以定罪量刑。前一种观点属于对偶然因果关系加以事实与规范的一体化评价后得出的结论，后一种观点则是将因果关系的事实性与规范性分开评价得出的结论。应当说，在偶然因果关系的场合，行为与结果之间存在因果关系是一种客观存在，但事实的因果关系不等于规范的因果关系。在对偶然因果关系进行规范评价时，不能脱离行为人对介入因素的主观心理态度。当行为人对介入因素具有主观过错时，因果关系的"偶然"也会转化为"必然"，自然可以成为刑法上的因果关系，对行为人可以定罪量刑。例如，甲明知道或者可能知道乙患有血友病而划伤乙，致乙流血不止而死亡，那么对甲而言，其行为就有致乙死亡的必然性，甲的行为构成故意杀人罪或者过失致人死亡罪。这样看来，两种观点实质上并不存在分歧。

（四）疑难问题解析

关于不作为的因果关系，理论上存在不同观点。有观点否定不作为的因果关系，认为不行为犯罪中不存在因果关系；另有观点肯定不作为的因果关系，认为不作为与结果之间存在因果关系。

我们认为，不作为与结果之间存在因果关系是毋庸置疑的。不作为也是刑法上的行为，只是不同于日常的、通俗意义上的身体举动而已。在刑法上，不作为不等于没有行为，它同样是行为的基本表现形式之一，是在法律有作为义务要求的情况下的不为，其法律性质与作为没有两样。因此，不作为引起危害结果发生的，不作为与结果之间同样存在因果关系。

三、刑法上的因果关系的认定

（一）难度与热度
难度：☆☆☆☆　　热度：☆☆☆☆

（二）基本概念分析

在司法实践中，刑法上的因果关系的认定形态较为多样。有观点认为，实务中存在以下不同的因果关系形态，即简单案件中的因果关系认定、被害人的特殊体质下因果关系的认定以及存在介入因素情况下的因果关系认定。司法实践中对不同因果关系形态的认定方法是多种多样的，采用必然与偶然因果关系说、条件说、原因说、相当因果关系说以及客观归责理论等，尽皆有之。这也意味着，司法实践中对刑法上的因果关系的认定及其采用的方法，还是存在较大差异的，这说明刑法上的因果关系及其认定具有重要的实践价值。

客观地说，尽管在因果关系的认定方法上存在分歧，但大多数案件的因果关系认定还是不存在分歧的。特别是对于因果特征较为明显的案件，甚至不会专门探讨行为与结果之间的因果关系问题，因为不管运用何种理论都会得出存在因果关系的结论。但是，对于一因多果或者一果多因的案件，因果关系的认定具有一定的复杂性，此时如何认定行为与结果之间的因果关系，会直接影响危害行为或者危害结果的认定以及刑事责任的归属。例如，被害人存在特殊体质的情况下因果关系的认定、存在介入因素情况下的因果关系的认定等，就属于这种情形。

（三）学说理论探讨

无论是原因说中的优势条件说、最终条件说、重要条件说以及最有力条件说，还是相当因果关系说中的通常的、相当的因果关系，抑或是客观归责理论的"不被容许的危险"，实质上都是为了揭示不同的原因力以及确定因果关系的成立范畴。但是，这些观点都具有一个共同的缺点，就是在揭示原因力时较为概括、笼统，或者说可操作性较弱。于是，危险现实化理论应运而生。

危险现实化理论以实行行为的危险性是否向结果现实地转化为判断依据，主张实行行为的危险性向结果进行了现实的转化，或者说结果是实行行为危险性的现实体现，就可以肯定行为与结果之间存在因果关系。不难看出，实行行为的危险性相对克服了模糊性、笼统性的问题，而以事实为基础的客观判断具有相对的可操作性，这使得危险现实化理论在一定程度上克服了相当因果关系说与客观归责理论的不足。例如，甲将乙砍成重伤流血不止，甲离开后，与乙有仇的丙踢打乙致使伤口扩大，乙经过一段时间的流血不止（不存在可救助因素）后身亡。如果根据相当因果关系说，乙的死亡并非甲的行为合乎规律地引起的，只是介入丙的行为改变了乙的死亡状况，因而甲的行为与乙的死亡之间不存在因果关系。但是，根据危险现实化理论，如果乙的死亡包含于甲的行为的危险性中，即甲的行为具有引起乙死亡的危险性，就应当肯定甲的行为与乙的死亡之间具有因果关系。显然，危险现实化理论考虑得更充分也更具有说服力。

（四）疑难问题解析

在存在行为人的后续行为介入的场合，由该后续行为导致结果发生，如何认定行为与结果之间的因果关系？例如，甲欲杀乙而将乙打成重伤昏迷并误认为乙已经死亡，甲为了逃避责任将乙扔进废弃的窨井，试图毁尸灭迹，乙的死亡是其被扔进窨井导致的。该案中，乙的死亡是由甲的后续行为造成的，那么甲的前行为（伤害行为）与乙的死亡之间是否具有因果关系呢？

一般来说，甲的打击行为只是造成乙重伤昏迷，并不足以致死，甲的伤害行为与乙的死亡之间似乎不存在因果关系。至于甲将乙扔进窨井，对甲来说是处理尸体的行为，可成立毁坏尸体的行为与其结果之间的因果关系。这样一来，就会得出甲的伤害行为与乙的死亡之间不具有因果关系的结论，这将根本性地改变对甲的行为的定性，即只能对甲以故意杀人的未遂犯与故意毁坏尸体罪进行并罚，不能认定为故意杀人罪的既遂犯。显然，如此理解因果关系并定性是存在问题的。在该案中，应当将乙死亡前甲实施的行为进行一体化评价，再来确定其与乙死亡之间是否具有因果关系。这是因为，甲欲杀乙而分别实施数行为，不管死亡结果是由哪个行为造成的，均属于甲所追求并希望发生的结果，完全符合故意杀人罪的构成要件。根据危险现实化理论，甲的伤害行为和将乙扔进窨井的行为具有引起乙死亡的危险性，在造成乙死亡的情况下，应当肯定甲的行为与乙的死亡之间具有因果关系。

四、刑法上的因果关系的具体判断方法

（一）难度与热度

难度：☆☆☆☆　热度：☆☆☆☆

（二）基本概念分析

通过上述对刑法上的因果关系系统地分析，可知在评价是否成立刑法上的因果关系时，需要根据以下具体条件进行判断：

1. 存在实行行为

存在实行行为是判断是否存在刑法上的因果关系的前提和基础。不存在实行行为而只是存在预备行为，则不能成立刑法上的因果关系，因为预备行为本身永远也不可能对刑法所保护的社会关系造成现实损害。因此，实行行为是因果关系成立的出发点和归宿，是判断是否存在刑法上的因果关系的根基。这里的实行行为并非一切实行行为，而是指作为犯罪客观要件的实行行为。

2. 存在条件关系

此即实行行为与危害结果之间具有条件关系，如果没有实行行为则危害结果不会发生。换句话说，实行行为与危害结果之间存在"没有 A 就没有 B"的关系。实行行为与危害结果之间的条件关系必须是不以人的意志为转移的客观存在，而非可能的或者盖然的。

3. 危险现实化客观存在

此即实行行为具有引起结果发生的现实危险性，或者说结果是实行行为所具有的危险性的现实化，结果的发生本来就体现在实行行为本身所具有的危险性中。并且，实行行为本身所具有的引起结果发生的危险性是客观的、事实的，危险现实化的客观性或者事实性是由行为当时的具体状况决定的。

只要具备上述三种条件，就可以认定存在刑法上的因果关系。即使在行为引起结果发生的过程中介入其他因素，如第三人的行为、被害人身体的特殊状况、行为人的后续行为以及动物的侵袭、自然事件等，也不妨碍对刑法上的因果关系的认定与判断。

（三）学说理论探讨

1. 择一的因果关系

在数个行为共同导致结果发生的场合，若每一行为都能单独导致同样的结果发生，就存在择一的因果关系。如甲和乙均朝被害人的前胸猛刺一刀，致使被害人死亡，事实上任何一人朝被害人的前胸猛刺一刀都能致被害人死亡。在择一的因果关系场合，应当肯定各行为与结果之间的因果关系。

2. 重叠的因果关系

重叠的因果关系是指单独不能导致结果发生的两个以上行为叠加在一起导致结果发生的因果关系。例如，在甲和乙各投放 10 克有毒物质毒害丙（致死量是 20 克），导致丙死亡的场合，就存在重叠的因果关系。一般认为，在甲、乙没有意思联络的场合，虽然双方投毒量合在一起导致被害人死亡，但由于缺少甲或乙的任一行为则结果不会发生，因而承认甲、乙两人行为的条件关系。不过，在甲、乙行为偶然重叠的场合，否认刑法上的因果关系，两者均成立未遂犯。如果甲、乙有意思联络，由于两人行为的重叠具有导致丙死亡的现实危险性，因而当丙死亡时，两人均成立故意杀人罪的既遂犯。

3. 疫学的因果关系

疫学的因果关系亦即流行病学的因果关系，是指当行为与结果之间的因果关系无法通过自然科学加以举证，但根据流行病学的证明能够认定行为具有导致结果发生的现实危险性，则当结果发生时肯定因果关系的成立。疫学的因果关系需要具备如下条件：一是该因子在发病的一定期间前是起作用的因子；二是该因子作用程度越高则患病率越高；三是根据该因子分布消长以及记载疫学观察的立场，与已记载的流行病学特征没有矛盾；四是该因子作为原因起作用的机制与生物学的机制没有矛盾。

（四）疑难问题解析

如前所述，在甲将乙砍成重伤流血不止，丙踢打乙致使伤口扩大造成乙死亡的场合，根据危险现实化理论应酌情肯定甲的行为与乙的死亡结果之间的因果关系。事实上，这关系到条件关系的中断及其因果关系的判断方法问题。具体分为两种情形：一是被害人处于无法得到有效救助的情境中，二是被害人处于可以得到有效救助的情境中。对于第一种情形，即使介入丙的踢打行为，也不过是加快乙的死亡，并不能根本性地改变因果关系的进程，这种情况下不应视为条件关系中断，应当肯定甲的行为与乙的死亡之间具有因果关系。在第二种情形中，由于完全能将乙送往医院进行紧急抢救以避免其死亡，此时丙的踢打导致乙死亡就应视为条件关系中断，因而应当否定甲的行为与乙的死亡之间具有因果关系。

五、刑法上的因果关系与刑事责任的关系

（一）难度与热度
难度：☆☆　热度：☆☆

（二）基本概念分析

根据我国刑法的规定，刑事责任与犯罪是同一范畴的概念，即成立犯罪就应当承担刑事责任，承担刑事责任就意味着构成犯罪。可见，我国刑法中的刑事责任与大陆法系国家阶层犯罪论体系中的"责任"并非同一概念。刑法上的因果关系如此重要，却并非犯罪客观要件，那么其与刑事责任之间究竟是何种关系呢？这关系到刑法上的因果关系在罪刑结构与罪责关系中的体系性地位。

（三）学说理论探讨

刑法上的因果关系虽然并非犯罪客观要件，但对作为犯罪客观要件的危害行为的认定以及作为犯罪客观选择要件的危害结果的认定，具有直接的作用和影响。特别是对于司法实践而言，认定危害行为或者危害结果在很多场合需要借助因果关系，缺乏刑法上的因果关系则不能认定危害行为或者危害结果，这将直接影响犯罪成立与否以及刑事责任大小的认定。因此，刑法上的因果关系是认定有无刑事责任以及刑事责任大小的重要依据。

即使存在刑法上的因果关系，通常也只能证明存在犯罪客观构成要件或者要素，判断行为人是否需要对行为及其导致的结果承担刑事责任，还要看行为人的主观方面。特别是在存在介入因素的场合，如果行为人无法预见介入因素的出现，那么其对介入因素导致的结果就不存在过错，不能将该结果作为承担刑事责任的依据，也就不能依该结果认定成立犯罪；如果行为人对介入因素及其导致的结果存在过失，则其对该结果可能承担过失犯罪的责任；如果行为人明知介入因素及其可能导致的结果并持希望或者放任态度，则行为人对该结果应当承担故意犯罪的刑事责任。

（四）疑难问题解析

尽管刑法上的因果关系对于判断有无刑事责任以及刑事责任大小发挥着重要作用，但其并不决定刑事责任的有无及大小。这是因为，是否存在刑事责任以及刑事责任的大小，主要由危害行为、危害结果以及其他因素决定，刑法上的因果关系只是在危害行为与危害结果之间建立联系，为最终确定刑事责任及其大小搭建通道或者桥梁，进而使刑事责任及其大小成为确定、具体的客观存在。刑事责任及其大小与刑事责任及其大小的确定是不同的概念，后者的意义在于佐证前者的存在，使前者能够确定化、具体化。因此，不能将刑法上的因果关系作为认定刑事责任及其大小的要件或要素。

第五节　犯罪的时间、地点和方法

（一）难度与热度
难度：☆☆　热度：☆☆

（二）基本概念分析

任何犯罪的发生都离不开一定的时空条件，也离不开一定的方式方法，这便是犯罪的时间、地点和方法。作为与危害行为、危害结果一样的客观因素，犯罪的时间、地点和方法与危害行为及其结果的发生是相伴相随的。

（三）学说理论探讨

尽管犯罪的时间、地点和方法与危害行为及其结果的发生相伴相随，是犯罪发生不可或缺的条件，但这并不意味着犯罪的时间、地点和方法是犯罪客观要件。虽然犯罪需要在一定的时空条件下通过一定的方法实施，但如果成立犯罪对时空条件或者方法没有特别要求，就意味着无论在何种时空条件下或者借助何种方法实施犯罪，都不影响犯罪成立。此时，犯罪的时间、地点和方法就不能成为犯罪客观要件。

如果成立犯罪对时空条件或者方法有特别要求，那么犯罪的时间、地点和方法就可以成为犯罪客观要件。如根据《刑法》第 340 条的规定，违反保护水产资源法规，在禁渔区、禁渔期或者使用禁用的工具、方法捕捞水产品，情节严重的，构成非法捕捞水产品罪。这里的禁渔区、禁渔期以及用禁用的工具、方法分别属于犯罪地点、时间和方法，属于非法捕捞水产品罪的客观要件。由此可见，犯罪的时间、地点和方法可以成为犯罪客观方面的选择要件。

虽然犯罪的时间、地点和方法不是犯罪客观要件，却往往影响刑事责任的大小，因此对量刑具有现实意义。例如，犯罪是发生在公共场合还是私人场合，是在敏感时期实施还是在非敏感时期实施，是使用暴力方法还是非暴力方法，会影响犯罪的社会危害性的程度，从而影响量刑。

第三部分　拓展延伸阅读、案例研习与同步训练

第一节　拓展延伸阅读

1. 马克昌. 比较刑法原理：外国刑法学总论. 武汉：武汉大学出版社，2002.

2. 贾宇. 刑法学：上册·总论. 北京：高等教育出版社，2019.

3. 张明楷. 张明楷刑法学讲义. 北京：新星出版社，2021.

4. 张明楷. 持有犯的基本问题. 清华法学，2023（1）.

5. 张明楷. 也谈客观归责理论：兼与周光权、刘艳红教授商榷. 中外法学，2013（2）.

6. 陈兴良. 判例刑法学. 3 版. 北京：中国人民大学出版社，2022.

7. 陈兴良. 从归因到归责：客观归责理论研究. 法学研究，2006（2）.

8. 陈兴良. 不作为犯论的生成. 中外法学，2012（4）.

9. 刘艳红. 刑法学：上. 北京：北京大学出版社，2023.

10. 刘艳红. 刑法因果关系理论的横断切面与危险的现实说之确立. 政治与法律，2024（8）.

11. 刘艳红. 客观归责理论：质疑与反思. 中外法学，2011（6）.

12. 黎宏. 论"客观处罚条件"的若干问题. 河南省政法管理干部学院学报，2010（1）.

13. 周光权. 论内在的客观处罚条件. 法学研究，2010（6）.

14. 周光权. 客观归责理论的方法论意义：兼与刘艳红教授商榷. 中外法学，2012（2）.

15. 彭文华. 危害结果概念：反思与重构. 中国刑事法杂志，2010（8）.

16. 山口厚. 刑法总论. 付立庆，译. 北京：中国人民大学出版社，2018.

17. 大谷实. 刑法讲义总论. 黎宏，姚培培，译. 北京：中国人民大学出版社，2023.

第二节 本章案例研习

案例：赵某明故意伤害案

（一）基本案情

赵某明与马某超曾经有矛盾。2003年8月14日晚7时许，赵某明在汉川市城区欢乐商城得知马某超在紫云街出现后，邀约李某、韩某雄等7人，一同乘车持刀前往马某超所在地。在距离马某超四五米处被发现，马见势不妙立即朝街西头向涵闸河堤奔跑，赵某明等人追赶40余米后，马某超从河堤上跳到堤下水泥台阶上，摔倒在地后又爬起来扑到河里，并往河心方向游。赵某明看马某超游几下后因担心警察来，就在附近棉花地里躲藏起来，等了半小时未见警察到来便逃离现场。8月16日，马某超尸体在涵闸河内被发现，经鉴定系溺水死亡。

（二）法院判决

汉川市人民法院认为，被告人赵某明等人主观上有伤害他人身体的故意，客观上存在持刀追赶被害人的行为，并导致被害人死亡后果的发生，其行为已成立故意伤害（致人死亡）罪。被告人等持刀追赶致使被害人被逼跳入河中，被告人的行为与被害人跳河之后死亡之间存在法律上的因果关系。按照主客观相一致原则，由于被告人等已有伤害的故意和行为，即便其对被害人的死亡结果持有过失态度，也应认定其构成故意伤害（致人死亡）罪。判决赵某明有期徒刑15年，剥夺政治权利3年；李某有期徒刑10年。一审宣判后，二人不服，提起上诉。湖北省孝感市中级人民法院经审理认为，上诉人持刀追赶被害人，致使被害人在被追逼下跳水，结果溺水死亡，其行为成立故意伤害（致人死亡）罪。遂裁定驳回上诉，维持原判。

（三）案例解析

本案涉及犯罪客观方面的三个重要问题：一是本案中危害行为的性质及其认定，二是本案涉及的刑法上的因果关系的判断与认定，三是刑法上的因果关系与刑事责任的关系。

关于第一个问题，具体涉及是存在伤害行为，还是存在其他犯罪行为。对此，有学者认为，赵某明等人持刀追赶的行为并没有造成被害人马某超的伤害，从后果上并不能得出持刀追赶的行为是伤害行为的结论，因此持刀行为本身不是伤害行为。被告人对马某超死亡主观心理态度为过失是当然的，其行为应认定为过失致人死亡罪。这意味着赵某明等的持刀伤害行为是过失致人死亡行为。

关于第二个问题，裁判理由对本案中存在的刑法上的因果关系作了充分论证。对此，学界也基本加以肯定。但是，关于根据何种理论判断刑法上的因果关系，则存在不同观点。对于被告人的持刀伤害行为与被害人死亡之间具有因果关系，有观点以事实的因果关系与法律的因果关系为基础加以论证。也有观点立足于危险现实化理论，认为被告人的暴行中内含了诱发被害人拼命逃跑行为的危险，而且被害人在逃跑过程中可能伴随因跳河而负伤或死亡的后果。对此，法官在裁判理由中认定被害人泅水逃生是当时特定条件下正常的自救行为，这样看来持刀伤害行为是具有导致被害人跳河负伤或死亡的后果的现实危险的，这似乎是以危险现实化理论作为理论基础。

关于第三个问题，裁判理由与理论观点存在较大分歧。根据裁判理由，行为人对伤害结果显然持故意态度，但其没有就行为人对被害人的死亡结果的心理态度作出充分、具体的分析，留下了遗憾。诚如有观点所指出的，由于本案没有出现伤害结果，在这样的情况下认定对伤害结果存在故意没有现实意义，关键需要充分论证对被害人死亡的心理态度。至于认为行为人对被害人的死亡结果持过失态度，并据此认定应当构成过失致人死亡罪，也是值得商榷的。既然裁判认定被害人泅水逃生是当时特定条件下正常的自救行为，那对这种正常行为导致的死亡结果，实施故意持刀伤害的行为人却只承担过失致人死亡的刑事责任，这无论如何是让人难以接受的，也与行为人持刀蓄意伤害并最终造成他人死亡结果的社会危害性不匹配。

我们认为，本案中持刀伤害行为作为危害行为，与被害人死亡之间具有因果关系，但不宜认定为纯粹的伤害行为或者过失致人死亡行为，认定为故意（间接故意）杀人行为更为合理。既然被害人泅水逃生是当时特定条件下正常的自救行为，那么导致被害人泅水逃生的持刀伤害行为可以看作一种先行行为。根据危险现实化理论，被害人泅水逃生可能伴随因跳河而负伤或死亡的危险，行为人对此负有作为义务以避免被害人受伤或者死亡。从案发情况来看，行为人没有履行应尽的避免被害人死亡的义务，成立不作为犯罪。同时，行为人不但不救助还躲避在附近观察，主观上具有明显的放任被害人受伤或者死亡的心理态度。因此，可以对被告人以故意（间接故意）杀人罪追究刑事责任。

第三节 本章同步训练

一、选择题

（一）单选题

1. 甲女得知男友乙移情，怨恨中送其一双滚轴旱冰鞋，企盼其运动时摔伤。乙穿此鞋运动时，果真摔成重伤。关于本案的分析，下列哪一选项是正确的？（ ）

A. 甲的行为属于作为的危害行为

B. 甲的行为与乙的重伤之间存在刑法上的因果关系

C. 甲具有伤害乙的故意，但不构成故意伤害罪

D. 甲的行为构成过失致人重伤罪

2. 下列哪一选项构成不作为犯罪？（　　）

A. 甲到湖中游泳，见武某也在游泳。武某突然腿抽筋，向唯一在场的甲呼救。甲未予理睬，武某溺亡

B. 乙女拒绝周某求爱，周某说"如不答应，我就跳河自杀"。乙明知周某可能跳河，仍不同意。周某跳河后，乙未呼救，周某溺亡

C. 丙与贺某到水库游泳。丙为显示泳技，将不善游泳的贺某拉到深水区教其游泳。贺某忽然沉没，丙有点害怕，忙游上岸，贺某溺亡

D. 丁邀秦某到风景区漂流，在漂流筏转弯时，秦某的安全带突然松开致其摔落河中。丁未下河救人，秦某溺亡

3. 关于因果关系，下列哪一选项是错误的？（　　）

A. 甲故意伤害乙并致其重伤，乙被送到医院救治。当晚，医院发生火灾，乙被烧死。甲的伤害行为与乙的死亡之间不存在因果关系

B. 甲以杀人故意对乙实施暴力，造成乙重伤休克。甲以为乙已经死亡，为隐匿罪迹，将乙扔入湖中，导致乙溺水而亡。甲的杀人行为与乙的死亡之间存在因果关系

C. 甲因琐事与乙发生争执，向乙的胸部猛推一把，导致乙心脏病发作，救治无效而死亡。甲的行为与乙的死亡之间存在因果关系，是否承担刑事责任则应视甲主观上有无罪过而定

D. 甲与乙都对丙有仇，甲见乙向丙的食物中投放了 5 毫克毒物，且知道 5 毫克毒物不能致丙死亡，遂在乙不知情的情况下又添加了 5 毫克毒物，丙吃下食物后死亡。甲投放的 5 毫克毒物本身不足以致丙死亡，故甲的投毒行为与丙的死亡之间不存在因果关系

（二）多选题

1. 关于不作为犯罪，下列哪些选项是正确的？（　　）

A. 船工甲见乙落水，救其上船后发现其是仇人，又将其推到水中，致其溺亡。甲的行为成立不作为犯罪

B. 甲为县公安局局长，妻子乙为县税务局副局长。乙在家收受贿赂时，甲知情却不予制止。甲的行为不属于不作为的帮助，不成立受贿罪共犯

C. 甲意外将 6 岁幼童撞入河中。甲欲施救，乙劝阻，甲便未救助，致幼童溺亡。因只有甲有救助义务，乙的行为不成立犯罪

D. 甲将弃婴乙抱回家中，抚养多日后感觉麻烦，便于夜间将乙放到菜市场门口，期待次日晨乙被人抱走抚养，但乙被冻死。甲成立不作为犯罪

2. 因乙移情别恋，甲将硫酸倒入水杯带到学校欲报复乙。课间，甲、乙激烈争吵，甲欲以硫酸泼乙，但情急之下未能拧开杯盖，后甲因追乙离开教室。丙到教室，误将甲的水杯当作自己的杯子，拧开杯盖时硫酸淋洒一身，灼成重伤。关于本案，下列哪些选项是错误的？（　　）

A. 甲未能拧开杯盖，其行为属于不可罚的不能犯

B. 对丙的重伤，甲构成过失致人重伤罪

C. 甲的行为和丙的重伤之间没有因果关系

D. 甲对丙的重伤没有故意、过失，不需要承担刑事责任

二、案例分析题

2020 年 9 月的一天下午，昆山市某小区业主陈某听到撬门声，通过猫眼看到一名男子手拎黑色的扁平手提包撬门，为防止对方开门，陈某将钥匙插进屋内门锁，对方见门打不开便离开了。因怀疑对方是小偷，陈某打电话让丈夫向物业公司核实，物业公司的两名保安皮某、朱某接到电话后便前往核查。刚出门卫室，皮某就看到体貌特征与业主所述相似的男子秦某某，便对朱某大喊"就是他，就是他！"秦某某在逃跑中为摆脱追赶，跑至小区内东侧河边时越过栏杆跳入河边的草丛内，然后又从草丛越过栈道跳入河中向对岸游去，随后沉入水中溺亡。

请问：皮某、朱某的追赶行为与秦某某的死亡之间是否具有因果关系？

三、论述题

1. 试论危害行为的概念和特征。

2. 试论不作为的义务来源。

3. 试论刑法上的因果关系的概念和特征。

参考答案及解析

一、选择题

（一）单选题

1. 参考答案： C

解析： 甲的行为不属于刑法上的危害行为，与乙的重伤之间也就不存在刑法上的因果关系，不能以犯罪论处，也就不构成过失致人重伤罪。但是，甲主观上具有伤害乙的故意是显然的。

2. 参考答案： C

解析： A 选项中甲与武某是普通人关系，不存在作为义务。B 选项中乙与周某并无恋爱关系且案发地点不是乙监管的特定领域，乙没有刑法上的作为义务。C 选项中丙的先前行为导致贺某处于危险状态，丙负有排除这种危险的义务，否则构成不作为的故意杀人罪。D 选项中丁邀请秦某漂流，当秦某出现危险时，景区负有采取一定救助措施的义务，故丁没有刑法上的作为义务。

3. 参考答案： D

解析： A 选项中医院的火灾是导致乙死亡的独立事实，甲的先前行为与乙的死亡结果之间不存在因果关系。B 选项中乙的死亡虽然不是甲先前的暴力行为所致，但是甲为隐匿罪迹将乙扔入湖中致乙死亡，不影响因果关系的成立。C 选项中甲的外在暴力与乙的内在疾病相结合共同导致乙死亡结果的出现，根据条件说，甲的行为与乙的死亡结果

之间存在因果关系，但是否定罪要视甲的主观方面而定。D 选项考查的是因果关系中的"重叠的因果关系"理论，但甲的行为是"借刀杀人"，与丙的死亡之间具有因果关系。

（二）多选题

1. 参考答案：BD

解析：A 选项中甲的行为是一种典型的作为故意杀人罪；B 选项中丈夫对妻子的收受贿赂的行为没有制止的义务；C 选项中乙虽然不负有救助义务，但在甲要施救时劝阻，是一种不作为故意杀人罪的教唆犯；D 选项中甲因先前的自愿行为而产生了抚养乙的义务，却故意不履行这种抚养义务，构成遗弃罪。

2. 参考答案：ACD

解析：A 选项是错误的，甲属于疏忽大意而没有预见，可以认定为过失致人重伤罪。B 选项正确，根据条件说，甲的行为与丙的重伤之间是有因果关系的，但能否追究甲的刑事责任需要结合甲主观上是否有预见可能性来进行判断。C 选项错误，甲虽然对丙的重伤没有故意，但有过失。综合前述，D 选项的错误是显然的。

二、案例分析题

本案中，皮某、朱某的追赶行为与秦某某的死亡之间不具有刑法上的因果关系。根据危险现实化理论，皮某、朱某的单纯追赶行为并不具有导致秦某某受伤或者死亡的危险。秦某某在被追赶的情况下有多种选择，跳入河中并非迫不得已之举。另外，皮某、朱某追赶小偷的行为属于保护财产的履职行为，不应该被认定为先行行为并要求他们履行救助秦某某的义务，因为秦某某泅水逃跑并非当时特定条件下正常的自救行为。

三、论述题

1. 参考答案：

危害行为是指在人的意识、意志支配下实施的危害社会的身体动静。其基本特征有三：

（1）有体性。危害行为是人的身体动静，具有有体性。人的身体动静既可以是积极的活动也可以是消极的活动，既可以是运动的也可以是静止的，既可以是作为也可以是不作为。单纯的思想流露不是危害行为。

（2）有意性。危害行为受人的意识支配，只有在人的意识支配下实施的身体动静才属于危害行为。

（3）有害性。危害行为侵犯了刑法所保护的社会关系，因而是具有社会危害性的行为。凡是对犯罪客体具有侵害性或者侵害的危险性的行为，均可以被认定为具有有害性。

2. 参考答案：

不作为的义务来源分为形式的义务来源和实质的义务来源。

（1）形式的义务来源。

1）法律法规明文规定的作为义务。

2）职业或者业务所要求的作为义务。

3）法律行为引起的作为义务。

4）先行行为引起的作为义务。

（2）实质的义务来源。

1）基于对危险源的支配而产生的监督义务。

2）基于与法益的无助状态之间的特殊关系而产生的保护义务。

3）基于对法益危险发生领域的支配而产生的作为义务。

3. 参考答案：

刑法上的因果关系是指危害行为与危害结果之间引起与被引起的关系。它是哲学上的因果关系在刑法中的具体体现，符合哲学上的因果关系的特征。刑法上的因果关系具有如下特征：

（1）特定性。刑法上的因果关系是危害行为与危害结果之间的因果关系。

（2）客观性。刑法上的因果关系是危害行为与危害结果之间引起与被引起的关系，是不以人的意志为转移的客观存在。

（3）相对性。行为与结果之间的关系错综复杂、千变万化，必须将某种危害行为与危害结果的关系独立出来进行针对性分析，这便是因果关系的相对性。

（4）时间序列性。危害行为作为原因在先，危害结果在后，二者的发生呈现出时间上的先后顺序性，不能颠倒。

（5）条件性。危害行为引起某种危害结果往往需要具备一定条件，这便是因果关系的条件性。

（6）复杂性。因果关系的复杂性主要表现为一因多果或者一果多因。一因多果是指一个危害行为造成多个危害结果的情形，一果多因是指数个危害行为造成一个危害结果的情形。

第七章　犯罪主体

第一部分　本章知识点速览

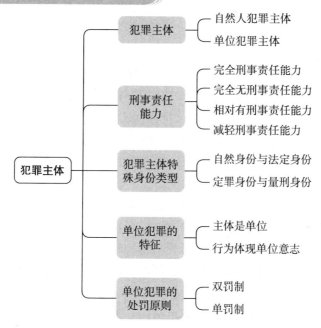

犯罪主体
- 犯罪主体
  - 自然人犯罪主体
  - 单位犯罪主体
- 刑事责任能力
  - 完全刑事责任能力
  - 完全无刑事责任能力
  - 相对有刑事责任能力
  - 减轻刑事责任能力
- 犯罪主体特殊身份类型
  - 自然身份与法定身份
  - 定罪身份与量刑身份
- 单位犯罪的特征
  - 主体是单位
  - 行为体现单位意志
- 单位犯罪的处罚原则
  - 双罚制
  - 单罚制

第二部分　本章核心知识要点解析

第一节　犯罪主体概述

一、犯罪主体的概念及意义

（一）难度与热度

难度：☆☆　热度：☆☆

（二）基本概念分析

犯罪主体是构成犯罪的必备条件之一。犯罪主体是指实施危害社会的行为并依法应当负刑事责任的自然人或单位。

自然人可以成为我国刑法规定的所有犯罪的主体，除特殊主体外，刑法分则对自然人犯罪主体不作专门规定。单位只可以成为我国刑法规定的部分犯罪的主体，刑法分则对单位犯罪主体专门予以明确规定。

犯罪主体具有定罪和量刑两方面的重要意义。第一，犯罪主体对定罪的意义在于：任何犯罪都有犯罪主体，离开了犯罪主体就不存在犯罪。犯罪主体需要具备一定条件，只有具备法律所要求的犯罪主体条件的主体实施了刑法所禁止的危害社会的行为，才能构成犯罪并被追究刑事责任；不符合犯罪主体条件的主体，即使实施了刑法所禁止的危害社会的行为，也不构成犯罪和承担刑事责任。是否具备犯罪主体条件，对于区分罪与非罪具有相当重要的作用和意义。第二，犯罪主体对量刑的意义在于：在具备犯罪主体要件的情况下，犯罪主体的具体情况不同，会影响到刑罚的轻重。部分犯罪主体情况影响刑罚裁量的从宽，部分犯罪主体情况影响刑罚裁量的从严。

（三）学说理论探讨

犯罪主体的概念定义有两种方式：一种方式是界定什么是犯罪主体，另一种方式是界定构成犯罪主体需要哪些要件。前者不描述犯罪主体的具体要件，而是将犯罪主体内容的刑事责任能力纳入（三阶层构成体系中的）责任要件中；后者肯定犯罪主体的独立意义，将行为者和行为作为不同的构成要件要素来把握，认为不具备刑事责任能力的人是不能成为犯罪主体的，因而他们的行为不可能构成犯罪类型。我国犯罪主体采取第二种定义方式，肯定犯罪主体的构成要件地位，并明确界定构成犯罪主体需要具备的具体要件。

（四）疑难问题解析

自然人是指有生命存在的人类独立的个体，始于出生，终于死亡。根据主客观要件的统一原则以及犯罪与刑事责任和刑罚的内在联系，动物或者其他物体不能成为犯罪主体，动物本身依法不能承担刑事责任，即便动物实施了侵袭他人的侵害行为，其也不是犯罪主体；人利用动物实施危害行为构成犯罪的，动物是人实施犯罪的工具，利用动物的人是犯罪主体。

单位构成犯罪并非从来就有，在全球范围内，关于单位能否成立犯罪既存在理论上的争议，也存在法律制度上的差异。我国1979年《刑法》没有规定单位犯罪，随着改革开放政策的实行，以单位名义实施的犯罪数量急剧增加，1987年《海关法》率先确定了单位可以成为走私罪的犯罪主体，1997年《刑法》修订增加了单位犯罪的规定。

第二节 自然人犯罪主体

一、自然人犯罪主体的概念、构成条件

（一）难度与热度
难度：☆　热度：☆☆

（二）基本概念分析
自然人犯罪主体是指实施刑法规定的危害社会行为、已达刑事责任年龄且具有刑事责任能力的自然人。

自然人犯罪主体的构成条件是：

第一，自然人必须已达到刑法规定的负刑事责任的年龄。

第二，自然人必须具有刑事责任能力。

第三，自然人必须实施了刑法规定的危害社会行为。

（三）学说理论探讨

自然人犯罪主体的三个构成条件必须同时具备，缺一不可：未达刑事责任年龄条件的，必然不承担刑事责任；虽然已达到刑法规定的负刑事责任的年龄，但如果不具备刑事责任能力，也不能追究其刑事责任；根据罪刑法定原则，只有实施了刑法规定的危害社会的行为，才可能构成犯罪并被追究刑事责任。

（四）疑难问题解析

对于自然人犯罪主体的构成条件，存在不同的构成要件表述，除了三要件说，还有直接以刑事责任能力表述自然人犯罪主体构成条件的一要件说、将自然人犯罪主体归纳为刑事责任年龄和刑事责任能力两方面的二要件说。不同观点之间并不互相否定，不过是对刑事责任能力的范围界定有一定差异。刑事责任年龄本是判断刑事责任能力的基本条件，将其独立出来作为构成要件，更能体现刑事责任年龄在犯罪主体构成条件中的重要性。

二、刑事责任能力

（一）难度与热度

难度：☆☆☆☆　热度：☆☆☆☆☆

（二）基本概念分析

1. 刑事责任能力的概念与内容

刑事责任能力，是指行为人在刑法意义上辨认和控制自己行为的能力。

刑事责任能力的内容包括两方面：行为人对自己行为所具备的刑法意义上的辨认行为能力和控制行为能力。刑事责任能力中的辨认行为能力，是指行为人具备的对自己的行为在刑法上的意义、性质、后果的分辨认识能力，亦即行为人有认识自己的行为是否为刑法所禁止、所谴责、所制裁的能力。刑事责任能力中的控制行为能力，是指行为人具备的决定自己是否实施触犯刑法的行为的能力。

2. 刑事责任能力的程度

影响和决定人的刑事责任能力程度的有两个方面的因素：一是人的知识和智力成熟程度，二是精神状况即人的大脑功能正常与否的状况。

根据前述两方面的影响因素，我国刑法对刑事责任能力采取四分法：

第一，完全刑事责任能力。凡不属刑法规定的无刑事责任能力人、相对有刑事责任能力人及限定刑事责任能力人的，皆属于完全刑事责任能力人。

根据我国《刑法》的规定，凡年满18周岁，精神和生理功能健全且智力与知识发展正常的人，都是完全刑事责任能力人。完全刑事责任能力人实施了刑法规定的犯罪行为的，应当依法负全部的刑事责任。

第二，完全无刑事责任能力，指行为人没有刑法意义上的辨认或者控制自己行为的能力。

根据我国《刑法》的规定，不满 12 周岁的人和行为时因精神病而不能辨认或者不能控制自己行为的人，是完全无刑事责任能力人。

第三，相对有刑事责任能力，是指行为人仅对刑法明确规定的某些严重犯罪具有刑事责任能力，而对未明确规定的其他犯罪无刑事责任能力。

根据我国《刑法》第 17 条的规定，已满 12 周岁不满 16 周岁的人属于相对有刑事责任能力的人。

第四，减轻刑事责任能力，又称限定刑事责任能力、限制刑事责任能力、部分刑事责任能力，是指完全刑事责任能力和完全无刑事责任能力的中间状态，是指因年龄、精神状况、生理功能缺陷等，行为人在实施刑法所禁止的危害行为时，虽然具有刑事责任能力，但其辨认或者控制自己行为的能力较完全刑事责任能力有一定程度的减弱、降低的情况。

我国《刑法》明文规定的属于或者可能属于减轻刑事责任能力人的情况有四种：（1）已满 12 周岁不满 18 周岁的未成年人，因受年龄因素的影响而不具备完全的刑事责任能力，应当从轻或者减轻处罚；（2）又聋又哑的人，因受听能、语能缺失的影响而可能不具备完全的刑事责任能力，可以从轻、减轻或者免除处罚；（3）盲人，因其受视能缺失的影响而可能不具备完全的刑事责任能力，可以从轻、减轻或者免除处罚；（4）尚未完全丧失辨认或者控制自己行为能力的精神病人，因受精神疾病的影响而可能不具备完全的刑事责任能力，应当负刑事责任，但可以从轻或者减轻处罚。

3. 影响刑事责任能力的因素

（1）刑事责任年龄。

刑事责任年龄，是指刑法所规定的行为人对自己实施的刑法所禁止的危害社会行为负刑事责任而必须达到的年龄。

我国刑法把刑事责任年龄划分为完全不负刑事责任年龄、相对负刑事责任年龄与完全负刑事责任年龄三个阶段。

1）完全不负刑事责任年龄阶段：不满 12 周岁。

2）相对负刑事责任年龄阶段：已满 12 周岁不满 16 周岁。

已满 14 周岁不满 16 周岁的人，犯故意杀人、故意伤害致人重伤或者死亡、强奸、抢劫、贩卖毒品、放火、爆炸、投放危险物质罪的，应当负刑事责任。已满 12 周岁不满 14 周岁的人，犯故意杀人、故意伤害罪，致人死亡或者以特别残忍手段致人重伤造成严重残疾，情节恶劣，经最高人民检察院核准追诉的，应当负刑事责任。

3）完全负刑事责任年龄阶段：已满 16 周岁。

（2）精神障碍。

我国刑法依据精神障碍程度，将精神病人分为完全无刑事责任能力的精神病人、限制刑事责任能力的精神病人和完全刑事责任能力的精神病人三种刑事责任能力状态。

1）完全无刑事责任能力的精神病人。

根据《刑法》第 18 条第 1 款的规定，精神病人在不能辨认或者不能控制自己行为的时候造成危害结果，经法定程序鉴定确认的，不负刑事责任。认定精神障碍者为无刑事责任能力人，必须同时符合两个标准：第一，医学标准，亦称生物学标准，即从医学上看，是指行为人是基于精神病理的作用而实施特定危害社会行为的精神病人；第二，心理学标准，亦称法学标准，是指从心理学、法学的角度看，患有精神病的行为人的危害行为，不但是由精神病理机制直接引起的，而且由于精神病理的作用，其在行为时丧失了辨认或者控制自己触犯刑法之行为的能力。

2）限制刑事责任能力的精神病人。

根据《刑法》第18条第3款的规定，限制刑事责任能力的精神病人，是指尚未完全丧失辨认或者控制自己行为能力的精神病人。

3）完全刑事责任能力的精神病人。

一为精神正常时期的"间歇性精神病人"，根据《刑法》第18条第2款的规定，间歇性的精神病人在精神正常的时候犯罪，应当负刑事责任。二为大多数非精神病性精神障碍人。非精神病性精神障碍人辨认或者控制自己行为的能力大多数情况下并不因精神障碍而丧失或减弱，因而他们具有完全的刑事责任能力。当然，在少数情况下，非精神病性精神障碍人也可成为限制刑事责任能力人甚至无刑事责任能力人，结合司法精神病鉴定，可能涉及减轻刑事责任或不负刑事责任。

（3）生理功能丧失。

我国《刑法》第19条规定：又聋又哑的人或者盲人犯罪，可以从轻、减轻或者免除处罚。"又聋又哑的人"是指同时完全丧失听力和语言功能者。"盲人"是指双目均丧失视力者。是否对聋哑人、盲人犯罪从轻、减轻或者免除处罚以及适用何种从宽幅度，应根据聋哑人、盲人实施犯罪行为时的辨认能力和控制能力的具体状况来决定。

（4）醉酒。

醉酒包括病理性醉酒和生理性醉酒两类情况。病理性醉酒属于精神障碍的范畴，按照精神病人的刑事责任规定处理，但故意或过失使自己陷于病理性醉酒状态从而实施犯罪的，承担完全的刑事责任；对于生理性醉酒，我国《刑法》第18条第4款规定，醉酒的人犯罪，应当负刑事责任。

（三）学说理论探讨

关于刑事责任能力中"辨认或者控制自己行为的能力"中的"行为"含义的理解，存在身体举动或静止的纯物理性质的行为和违法犯罪行为的观点争论，其争论焦点在于人对自己行为性质的辨认应当达到何种程度，才能被视为具有辨认自己行为的能力。不同观点影响着"辨认自己行为的能力"的内容。具体而言，争论分为三种观点：第一种观点认为，辨认行为能力是行为人对自己行为的性质、意义和后果的辨认能力；第二种观点认为，辨认行为能力是指行为人对自己的行为在刑法上的意义、性质、作用、后果的分辨认识能力；第三种观点认为，辨认行为能力是指行为人对自己行为的是非对错和是否危害社会、触犯刑法的辨识能力。研究人的辨认行为能力的目的是解决行为人的行为是否构成犯罪的问题。根据犯罪的主客观相一致原则，辨认行为能力应当是行为人认识到自己的行为违法或有害于社会，甚至认识到行为在刑法上的性质、意义、作用和后果的能力。如果只要求行为人认识到其行为的是非、善恶，甚至只要求其认识到行为的物理属性，就极易将不具有犯罪意识即不具有认识其行为在刑法上的性质、意义、作用和后果的人，误判为具有刑事责任能力者，会惩及无辜。因此，辨认行为能力应当是行为人认识到其行为在刑法上的性质、意义、作用和后果的能力。

对于生理性醉酒犯罪的处理，有两种观点：一种观点认为，醉酒的人辨认和控制自己行为的能力事实上有所降低甚至可能完全丧失，但只要醉酒是自愿的，而非不可抗力所致，行为人就应当对自己的罪行负责，所以，醉酒的人犯罪，应当负刑事责任，并且不得从轻、减轻处罚。另一种观点认为，应当注意行为人在醉酒前有无犯罪预谋，行为人对醉酒有无故意、过失的心理态度，醉酒犯罪与行为人一贯品行的关系，以及醉酒犯罪是否发生在职务或职业活动中等不同情况，予以轻重不同的处罚。不能用刑法评价来谴责醉酒、酗酒现象，也不能根据行为人醉酒前对醉酒的态度追究其刑事责任，不能把日常生活中的故意、过失等同于犯罪的故意、过失，不能因为要预防醉酒后犯罪就作出不合适的处理。两种观点均有一定道理，对于醉酒的人犯罪的刑事责任，应当区别把握，如果行为人在醉酒前对其在醉酒后实施的危害社会行为具有犯罪故意或犯罪过失，应负完全的刑事责任；反之，应依其醉酒后的实际精神状态确定其刑事责任：处于无刑事责任能力状态的不负刑事责任，处于限制刑事责任能力状态的则应负刑事责任，但应从宽处罚。

（四）疑难问题解析

《刑法》第 17 条第 2 款规定："已满十四周岁不满十六周岁的人，犯故意杀人、故意伤害致人重伤或者死亡、强奸、抢劫、贩卖毒品、放火、爆炸、投放危险物质罪的，应当负刑事责任。"对于"故意杀人、故意伤害致人重伤或者死亡、强奸、抢劫、贩卖毒品、放火、爆炸、投放危险物质罪"的适用，存在犯罪行为和具体罪名的意见分歧。全国人民代表大会常务委员会法制工作委员会 2002 年《关于已满十四周岁不满十六周岁的人承担刑事责任范围问题的答复意见》明确规定："刑法第十七条第二款规定的八种犯罪，是指具体犯罪行为而不是具体罪名。"无论是单纯的实施故意杀人等八种行为，还是在实施其他犯罪过程中同时实施了故意杀人等八种行为，都具有严重的社会危害性，在实施其他犯罪过程中同时故意实施故意杀人等八种行为的犯罪的社会危害性更严重，对《刑法》第 17 条第 2 款的规定作具体犯罪行为的理解并不违反罪刑法定原则。与此同时，将单纯的故意杀人等八种犯罪行为和实施其他犯罪过程中同时实施故意杀人等八种犯罪行为纳入已满 14 周岁不满 16 周岁的人承担刑事责任的犯罪范围，并未超出该年龄段的人的辨认和控制能力。因此，将《刑法》第 17 条第 2 款规定的八种犯罪理解为具体犯罪行为是妥当的。

对于相对负刑事责任年龄的人实施《刑法》第 17 条第 2 款中的犯罪行为具体适用罪名的确认，存在限定罪名和不限定罪名两种观点，限定罪名的观点主张对前述情形只能依据《刑法》第 17 条第 2 款的规定确定罪名，不限定罪名的观点主张根据所触犯的刑法分则具体条文认定。限定罪名的观点将前述情形适用的罪名限定在《刑法》第 17 条第 2 款规定的八种罪名中，而不限定罪名的观点主张前述情形适用的罪名不限于《刑法》第 17 条第 2 款规定的八种罪名，可以扩大到刑法分则的其他罪名。限定罪名说和不限定罪名说均得到不同实务部门的肯定与支持。不限定罪名的观点不仅主张处罚《刑法》第 17 条第 2 款规定的八种犯罪行为，还主张处罚实施其他犯罪过程中同时实施故意杀人等八种行为的其他犯罪行为，这无疑扩大了已满 14 周岁不满 16 周岁的人的刑事责任范畴，可能导致对已满 14 周岁不满 16 周岁的未成年人的处罚过宽过重的问题，不仅可能导致对《刑法》第 17 条第 2 款中规定的八种犯罪行为以外的犯罪行为进行刑法评价，也可能导致对该年龄段的人处罚过重。这与刑法对该年龄段的人应负的刑事责任的规定相违背，有违罪刑法定原则。相较而言，限定罪名的观点符合罪刑法定原则，更加科学恰当。

对于《刑法》第17条第2款中规定的"抢劫"是否包括《刑法》第269条规定的转化型抢劫罪和第267条第2款规定的"携带凶器抢夺"的抢劫罪，肯定说认为，《刑法》第17条第2款规定的是抢劫罪，只要依据刑法构成抢劫罪的，都应当属于本款中规定的"抢劫"的范畴；否定说则持相反观点。对此，尽管根据刑法规定，《刑法》第269条规定的转化型抢劫罪和第267条第2款规定的"携带凶器抢夺"的抢劫罪属于"抢劫"的范围，但前述两种抢劫系非典型、非常态的抢劫罪，对于已满14周岁不满16周岁的未成年人而言，要求其达到对前述非常态、非典型抢劫罪有认识并控制自己的行为过于勉强，出于刑法的谦抑性考量以及基于对未成年人犯罪的刑事政策，应将前述两种情形排除在《刑法》第17条第2款中规定的"抢劫"之外，也即已满14周岁不满16周岁的人实施《刑法》第269条规定的转化型抢劫和第267条第2款规定的"携带凶器抢夺"的，不追究其刑事责任。

三、犯罪主体的特殊身份

（一）难度与热度

难度：☆☆☆ 热度：☆☆☆

（二）基本概念分析

1. 犯罪主体的特殊身份的概念

犯罪主体的特殊身份，是指刑法所规定的影响行为人刑事责任的人身方面特定的资格、地位或状态。以行为人的行为构成犯罪是否必须具备特定身份为标准，自然人犯罪主体分为一般主体和特殊主体。刑法不要求以特殊身份作为要件的主体，称为一般主体；刑法要求以特殊身份作为要件的主体，称为特殊主体。

通常将以特殊身份作为主体构成要件或者刑罚加减根据的犯罪称为身份犯。身份犯可以分为真正（纯正）身份犯和不真正（不纯正）身份犯。真正（纯正）身份犯是指以特殊身份作为主体构成要件影响定罪，无此特殊身份则不能成立相应的犯罪；不真正（不纯正）身份犯，是指特殊身份不影响定罪但影响量刑的犯罪。

2. 犯罪主体的特殊身份的类型

犯罪主体的特殊身份，从不同角度可有不同的分类，主要有两种分类：

（1）自然身份与法定身份。从形成方式上加以区分，犯罪主体的特殊身份可以分为自然身份与法定身份。自然身份，是指人基于自然因素而形成的身份。法定身份，是指人基于法律的规定而形成的身份。

（2）定罪身份与量刑身份。根据犯罪主体的特殊身份对行为人刑事责任的性质和方式产生的影响划分，可以分为定罪身份与量刑身份。定罪身份，又称犯罪构成要件的身份，是指决定刑事责任存在与否的身份。量刑身份，又称影响刑罚轻重的身份、影响刑事责任程度的身份，是指按照刑法的规定，存在与否虽然不影响刑事责任存在与否，但影响刑事责任大小的身份，在量刑上，是其从重、从轻、减轻甚至免除处罚的根据。

3. 犯罪主体的特殊身份的意义

第一，犯罪主体的特殊身份对定罪的意义。影响定罪是犯罪主体的特殊身份的首要功能，主要表现为：（1）主体身份特殊与否，是区分罪与非罪的标准之一；（2）主体特殊身份具备与否，是某些犯罪区分和认定此罪与彼罪的一个重要标准；（3）主体特殊身份影响无特殊身份者的定罪。

第二，犯罪主体的特殊身份对量刑的意义。犯罪主体的特殊身份对量刑的影响主要表现为：（1）对相同的犯罪，对特殊主体的犯罪规定的刑罚一般较一般主体的犯罪规定的刑罚要重；（2）对某些犯罪，若行为人具有特殊身份，则从重处罚。

（三）学说理论探讨

由于犯罪主体的特殊身份从主客观统一上影响了行为社会危害性的有无和程度，并反映出行为人主观恶性的大小，因而现代各国刑法都在不同程度上、以不同形式规定了犯罪主体特殊身份及其对刑事责任的影响，从犯罪主体角度调整危害行为与刑事责任的关系，更加准确有效地打击犯罪。这种规定不外乎达到两种目的：第一，借助行为人某些特殊身份限制某些犯罪主体及犯罪成立的范围，准确妥当地对某些危害行为追究刑事责任；第二，借助行为人某些特殊身份，确定危害程度不同的犯罪之罪责轻重，以突出或加重对某些具备特殊身份的犯罪分子及其特定犯罪行为的惩罚。

（四）疑难问题解析

（1）特殊身份一般是在行为人开始实施危害行为时就已经具有的特殊资格或者已形成的特殊地位或状态；行为人在实施行为后才形成的特殊地位或状态，通常不属于特殊身份，如果把行为人在实施犯罪后才形成的特殊地位或状态称为特殊身份，那么犯罪主体中区分一般主体和特殊主体就失去了意义。（2）作为犯罪主体要件的特殊身份，仅仅是针对犯罪的实行犯而言的，至于教唆犯与帮助犯，并不受特殊身份的限制。也即对于特殊主体犯罪要件的犯罪，只要实行犯具备了特殊身份即可成立犯罪，一般主体虽因为特殊身份不具备不能成为实行犯，但可以成为共犯。

第三节　单位犯罪主体

一、单位犯罪的概念与特征

（一）难度与热度

难度：☆☆☆☆　热度：☆☆☆☆☆

（二）基本概念分析

单位犯罪是公司、企业、事业单位、机关、团体实施的依法应当承担刑事责任的危害社会的行为。

单位犯罪具有两方面特征：

第一，犯罪的主体是单位，具体包括公司、企业、事业单位、机关、团体。一个组织能否成为刑法上的单位，关键在于其是否依法成立，是否拥有一定财产或者经费，是否以自己的名义承担责任。

虽然以单位名义实施犯罪，但为进行违法犯罪活动而设立的公司、企业、事业单位实施犯罪的；或者公司、企业、事业单位设立后，以实施犯罪为主要活动的；盗用单位名义实施犯罪，违法所得由实施犯罪的个人私分的，不以单位犯罪论处。以上三种情形均以自然人犯罪定罪处罚。

第二，犯罪行为体现单位意志。

单位犯罪的行为由单位成员实施，单位成员实施的犯罪行为是否体现单位的意志，是区分单位犯罪和单位成员自然人犯罪的关键。

单位成员实施的体现单位意志的行为表现为两种情形：一种是执行单位决策机构的决策和单位法定代表人或负责人的决定的行为，另一种是单位成员在单位业务范围内履行职责的行为。

（三）学说理论探讨

单位的行为是由组成单位的单位成员（自然人）实施的，但不能因此完全否定单位的犯罪能力。单位有着自身的决策机构和执行机构，单位可以进行决议，也可以通过单位执行机构的行为实现其决议的意思。单位犯罪的行为需要借助单位成员来实施，只有体现了单位意志的单位成员实施的犯罪行为，才能被认定为单位犯罪，否则，不成立单位犯罪，只认定单位成员相应的自然人犯罪。

单位犯罪不要求必须"以单位名义"。是否"以单位名义"在一定程度上能够区分单位犯罪和自然人犯罪，但不足以作为认定单位犯罪的条件，如果将"以单位名义"作为单位犯罪成立的必备要件，会把那些秉承单位意志并为了单位利益而实施的犯罪排除于单位犯罪的范围之外，不利于对该类单位犯罪的有效惩治和犯罪预防。犯罪行为是否体现单位意志是区分单位犯罪和个人犯罪的根本标准，因此，即便不以单位名义，但体现了单位意志的犯罪行为，在符合单位犯罪其他构成条件的情况下，也应当认定为单位犯罪。

单位犯罪的认定不受单位是否在境内设立以及股东人数的影响，也即外国公司、企业、事业单位和一人公司，实施犯罪，符合我国刑法规定的，根据罪刑法定原则和适用刑法人人平等原则，应当依据我国刑法有关单位犯罪的规定追究刑事责任。

单位犯罪的成立必须有刑法的明文规定，只有法律明文规定单位可以成为犯罪主体的犯罪，单位才能构成该罪并承担刑事责任。有观点将此概括为单位犯罪的法定性。规定单位犯罪的法律主要是指刑法分则条文，还包括单行刑法的规定。对于公司、企业、事业单位、机关、团体等单位实施刑法规定的危害社会的行为，刑法分则和其他法律没有规定追究单位的刑事责任的，尽管不构成单位犯罪，但应对组织、策划、实施该危害社会行为的自然人依法追究刑事责任。

（四）疑难问题解析

在世界范围内的刑法立法和刑法理论上，关于单位犯罪（法人犯罪）的成立存在肯定说和否定说的争论。大陆法系传统刑法理论极其关注个人责任原则，只承认自然人可以成为犯罪主体，反对团体责任或者集体责任，因而否定法人犯罪的可能性，认为犯罪主体只能是自然人，不包括法人。近年来，以意大利和法国为代表的一些大陆法系国家改变了这一传统立场，开始在立法上承认法人犯罪。英美法系国家在理论和立法上均承认法人犯罪，并且承认的法人犯罪的范围越来越大。

德国和日本刑法至今没有规定法人的刑事责任，对于法人的犯罪能力及法人犯罪的处罚存在理论上的争论。否定说认为，法人不具有生理和心理的条件，缺乏行为能力，法人的行为由自然人实施，且对法人不适用绝大多数的刑罚，因此法人无犯罪能力，不能成为犯罪主体。肯定说认为，法人不是虚拟的实体，其实际存在，法人具有区别于个别自然人的集体意志，尽管对法人不能适用自由刑，但可以适用财产刑，在立法规定肯定的基础上，能够追究法人的刑事责任。随着法人危害社会行为数量的增加和危害程度的日益加深，更多的国家通过立法肯定了法人对危害社会的行为应承担刑事责任，法人的犯罪能力得到越来越多的肯定。

单位成员为了单位利益而实施犯罪活动，犯罪所得归单位所有，事后得到了单位决策机构或者负责人追认的，由于单位成员实施的犯罪行为并非受单位意志支配所为，单位对该犯罪行为缺乏罪过，因此，不能认定为单位犯罪。单位成员为了单位利益和犯罪所得归单位以及单位决策机构或负责人事后追认等主客观事实，在认定单位成员的自然人犯罪的时候作为量刑上的考量因素。

二、单位犯罪的处罚原则

（一）难度与热度
难度：☆☆☆　热度：☆☆☆

（二）基本概念分析
我国刑法一般情况下对于单位犯罪采取双罚制，在少数情况下，采取单罚制。

双罚制，是指单位犯罪的，对单位判处罚金，同时对直接负责的主管人员和其他直接责任人员判处刑罚；单罚制，是指单位犯罪的，依据刑法分则和其他法律（特别刑法）的规定，不处罚单位，只对单位的直接责任人判处刑罚。

我国刑法对直接责任人的刑罚惩罚分为两种情形：一种是对单位犯罪的直接责任人判处与自然人犯罪所受的相同的刑罚处罚；另一种是对单位犯罪的直接责任人判处轻于自然人犯罪所受的刑罚处罚，具体以刑法分则条文规定为准。

（三）学说理论探讨
单位犯罪的处罚存在单罚制、双罚制和三罚制三种处罚方式。单罚制是指只惩罚单位或者只惩罚实施犯罪的单位成员。在单罚制中，只惩罚单位不惩罚实施犯罪的单位成员的，是转嫁制；只惩罚实施犯罪的单位成员不惩罚单位的，是代罚制。双罚制是指对单位和单位直接责任人员均予以刑罚惩罚。三罚制是指处罚单位和实施犯罪的单位成员的同时，还处罚单位的代表人或中间主管人员。双罚制和三罚制的区别在于对单位成员的惩罚范围的不同。如果将单位内部成员进行直接责任人员和主管人员的区分追究刑事责任，那么对单位犯罪的处罚可以归入三罚制。如果将单位内部成员归为一体，则对单位犯罪的处罚可以归入双罚制。

（四）疑难问题解析
对于单位犯罪（法人犯罪）的刑事责任根据，英美法系国家的刑法理论存在代理责任和非代理责任的争论，大陆法系国家的刑法理论存在无过失责任说和过失责任说的争论。代理责任和非代理责任的争论与无过失责任说和过失责任说的争论存在一定相似之处。代理责任和无过失责任认为法人责任是严格责任，认为法人责任不过是对内部成员行为的替代或者转嫁，无须考虑其是否存在罪过，法人成员的行为代表着单位的犯罪行为，其责任转嫁给法人，法人本身有无过失在所不问。非代理责任和过失责任说否定严格责任，认为法人对内部成员实施犯罪的行为存在过失的，才承担刑事责任。过失责任说认为对法人处罚的根据在于其对成员所实施的犯罪行为在应当有注意、监督义务上存在过失。英美法系中的非代理责任认为只要法人能够证明其已经采取了所有合理注意并尽了防范义务，就可以作为法人的无罪辩护理由。

其实，法人的责任不仅仅是对内部成员的选任、监督上的过失责任，现代社会很多法人犯罪还是故意犯罪，法人故意犯罪是法人本身的犯罪。也即单位犯罪有单位故意犯罪和单位过失犯罪，其处罚根据应当有所区别。

第三部分 拓展延伸阅读、案例研习与同步训练

第一节 拓展延伸阅读

1. 马克昌. 比较刑法原理：外国刑法学总论. 武汉：武汉大学出版社，2002.
2. 贾宇，舒洪水，王东明. 未成年人犯罪的刑事司法制度研究. 北京：知识产权出版社，2015.
3. 陈伟. 刑事一体化视野中的未成年人罪刑研究. 北京：中国检察出版社，2020.
4. 聂立泽. 单位犯罪新论. 北京：法律出版社，2018.
5. 赵秉志. 英美刑法学. 北京：中国人民大学出版社，2004.
6. 刘艳红. 规范激活与规则创建：惩罚未成年人的最佳刑事责任年龄. 法制与社会发展，2024（4）.
7. 刘仁文. 低龄未成年人刑事责任条款的司法适用. 法学，2023（7）.
8. 时延安. 单位犯罪教义学的两个问题. 北京社会科学，2024（2）.
9. 叶良芳. 论单位犯罪的形态结构：兼论单位与单位成员责任分离论. 中国法学，2008（6）.

第二节 本章案例研习

案例1：李某故意伤害案

（一）基本案情

被告人李某（1999年4月生）系某中学学生，2013年5月因琐事与同学李某甲发生口角，继而打斗，李某用在教室里捡来的木棍将李某甲打伤，李某甲因此住院治疗，后经法医鉴定为重伤。案发后，李某认识到自己的冲动带来的严重后果，主动向李某甲道歉，双方的家长也要求和解。李某在家长的帮助下赔偿了李某甲的医疗费等损失并得到

了谅解，双方最终达成和解协议。

（二）法院判决

人民法院审理认为，被告人李某犯罪时刚满14周岁，故意伤害他人身体致人重伤，其行为已构成故意伤害罪。被告人李某系未成年人，积极赔偿了被害人的经济损失，取得了被害人的谅解，且双方达成和解协议，李某在庭审中坦白认罪，系初犯、偶犯。在法庭审理过程中，被告人的法定代理人愿意严格履行家长的监管责任，充分发挥家庭的教育和保护作用。社区矫正管理局也同意对被告人李某适用监外执行，同意接收其为社区矫正对象。综合上述法定、酌定情节，对被告人李某决定适用缓刑，判处有期徒刑1年，缓刑2年。

（三）案例解析

根据我国《刑法》第17条第2款的规定，已满14周岁不满16周岁的人，犯故意杀人、故意伤害致人重伤或者死亡、强奸、抢劫、贩卖毒品、放火、爆炸、投放危险物质罪的，应当负刑事责任。本案中，被告人李某故意伤害致人重伤，应当负刑事责任。鉴于其系未成年人，且具有坦白等量刑情节，因此对其减轻处罚，并在符合缓刑适用条件的情况下适用缓刑。

案例2：张某扣故意杀人、故意毁坏财物案

（一）基本案情

张某扣，1983年出生。2018年春节前夕，被告人张某扣因其母汪某萍早年被伤害致死〔1996年被王正某故意伤害致死。因王正某犯罪时为未成年人，且具有坦白认罪情节，加之其父代为支付死者丧葬费用，且被害人汪某萍在引发本案起因上有一定的过错行为，法院判决对被告人王正某从轻处罚，以故意伤害（致人死亡）罪，判处王正某有期徒刑7年〕和自身生活压力，迁怒于同村村民王正某及其家人，产生报复杀人之念，准备了作案工具。2018年2月15日，张某扣在本村持刀连续杀死王正某、王校某、王自某三人，并将王校某的轿车点燃致部分损毁，经鉴定价值32 142元。2月17日，张某扣到公安机关投案。

（二）法院判决

2019年1月8日，汉中市中级人民法院以故意杀人罪、故意毁坏财物罪判处张某扣死刑，剥夺政治权利终身。宣判后，张某扣不服，提起上诉。

在上诉过程中，上诉人的近亲属在一审后自行委托北京某咨询服务中心进行鉴定，并由后者认定张某扣有偏执型人格障碍；辩方律师据此向二审法院申请对上诉人进行精神障碍程度的鉴定，并要求通知鉴定的专家出庭，但二审法院在听取了检察机关的意见后驳回了辩护律师提出的鉴定与出庭的申请，也没有采信这一自行鉴定的意见材料。2019年4月11日，陕西省高级人民法院经审理，裁定驳回上诉，维持原判。

（三）案例解析

医学研究表明，精神疾病的形成原因既包括社会原因也包括病人自身原因，至少涉及医学、遗传学、行为学、心理学等学科的内容，精神疾病的鉴定是公认的难题。精神疾病鉴定的启动、鉴定意见的作出与采信受到多方因素的影响，包括被告人或其近亲属

有无精神疾病史、日常行为是否异常、是否吸食毒品以及申请人的证明材料是否确实充分等因素。

本案中，张某扣无精神病家族史和既往史，且张某扣的作案动机明确，在犯罪对象的选定、作案预备和作案过程上都精心策划，作案后的投案表现均反映出张某扣具有完全的辨认能力和控制能力，在无其他可以证明其存在精神障碍的材料的情况下，法院不启动鉴定是正确的。根据刑事诉讼法有关证据的规定，上诉人近亲属出具的自行鉴定意见在鉴定程序、鉴定对象和鉴定范围上均存在问题，因此，法院不采信自行鉴定意见也是合法的。

案例3：廖某某、詹某、上海某资产管理有限公司等侵犯商业秘密案

（一）基本案情

厦门某生物科技有限公司系国家高新技术企业，主要从事合成生物学、绿色化学等领域的高新技术研发与应用，经自主研发形成了工业自动化制备某天然级香料的工艺路线，该公司对该生产工艺路线技术信息采取了制订保密制度等一系列保密措施。廖某某于2017年至2019年3月8日就职于该公司，负责设备采购的验收及资料整理，与公司签订了劳动合同及保密协议。

上海某资产管理有限公司主要从事化工领域的私募基金投资管理，为化工领域的实业公司提供投资咨询服务。詹某系该公司法定代表人，程某、吴某系公司行业分析研究员。2018年年底起，詹某为了考察投资项目，指派程某、吴某与廖某某见面接洽。2019年3月初，在获悉廖某某离职前从原任职公司获取了大量技术资料后，经双方商谈，廖某某将其窃取的上述技术信息以存储于U盘等方式交给程某、吴某，后转交詹某，詹某分四次转账给廖某某共计人民币8.2万元。

（二）法院判决

被告人廖某某犯侵犯商业秘密罪，判处有期徒刑3年，并处罚金人民币10万元；被告人程某犯侵犯商业秘密罪，判处有期徒刑2年，并处罚金人民币3万元；被告人吴某犯侵犯商业秘密罪，判处有期徒刑2年，并处罚金人民币3万元；被告人廖某某的违法所得予以追缴；扣押在案的作案工具予以没收。被告单位上海某资产管理有限公司犯侵犯商业秘密罪，判处罚金人民币50万元；被告人詹某犯侵犯商业秘密罪，判处有期徒刑3年，并处罚金人民币20万元。

（三）案例解析

上海某资产管理有限公司成立专门的项目组，法人代表詹某指派、指挥公司员工程某、吴某与厦门某生物科技有限公司员工廖某某接洽，并以金钱利诱方式从廖某某处非法获取某生物科技有限公司商业秘密等行为，均可视为代表单位决策和意志。本案犯罪所得利益即非法获取的商业秘密由单位使用。根据我国刑法规定，单位可以成为侵犯商业秘密罪的犯罪主体，因此，可以依法认定上海某资产管理有限公司系单位犯罪，其以金钱利诱手段非法获取权利人的商业秘密，造成特别严重后果，其行为已构成侵犯商业秘密罪。对单位判处罚金，同时对该单位法定代表人詹某判处有期刑并处罚金。

第三节　本章同步训练

一、选择题

（一）单选题

1. 甲（15 周岁）的下列哪一行为成立犯罪？（　　）

A. 春节期间放鞭炮，导致邻居失火，造成十多万元财产损失

B. 骗取他人数额巨大财物，为抗拒抓捕，当场使用暴力将他人打成重伤

C. 受意图骗取保险金的张某指使，将张某的汽车推到悬崖下毁坏

D. 因偷拿苹果遭摊主喝骂，遂掏出水果刀将其刺成轻伤

2. 甲患抑郁症欲自杀，但无自杀勇气。某晚，甲用事前准备的刀猛刺路人乙胸部，致乙当场死亡。随后，甲向司法机关自首，要求司法机关判处其死刑立即执行。对于甲责任能力的认定，下列哪一选项是正确的？（　　）

A. 抑郁症属于严重精神病，甲没有责任能力，不承担故意杀人罪的责任

B. 抑郁症不是严重精神病，但甲的想法表明其没有责任能力，不承担故意杀人罪的责任

C. 甲虽患有抑郁症，但具有责任能力，应当承担故意杀人罪的责任

D. 甲具有责任能力，但患有抑郁症，应当对其从轻或者减轻处罚

3. 关于责任年龄与责任能力，下列哪一选项是正确的？（　　）

A. 甲在不满 14 周岁时安放定时炸弹，炸弹于甲已满 14 周岁后爆炸，导致多人伤亡。甲对此不负刑事责任

B. 乙在精神正常时着手实行故意伤害犯罪，伤害过程中精神病突然发作，在丧失责任能力时抢走被害人财物。对乙应以抢劫罪论处

C. 丙将毒药投入丁的茶杯后精神病突然发作，丁在丙丧失责任能力时喝下毒药死亡。对丙应以故意杀人罪既遂论处

D. 戊为给自己杀人壮胆而喝酒，大醉后杀害他人。戊不承担故意杀人罪的刑事责任

4. 关于刑事责任能力，下列哪一选项是正确的？（　　）

A. 甲第一次吸毒产生幻觉，误以为伍某在追杀自己，用木棒将伍某打成重伤。甲的行为成立过失致人重伤罪

B. 乙以杀人故意用刀砍陆某时突发精神病，继续猛砍致陆某死亡。不管采取何种学说，乙都成立故意杀人罪未遂

C. 丙因实施爆炸行为被抓，相关证据足以证明丙已满 15 周岁，但无法查明具体出生日期。不能追究丙的刑事责任

D. 丁在 14 周岁生日当晚故意砍杀张某，后心生悔意将其送往医院抢救，张某仍于次日死亡。应追究丁的刑事责任

（二）多选题

1. 关于单位犯罪，下列哪些选项是错误的？（　　）

A. 单位只能成为故意犯罪的主体，不能成为过失犯罪的主体

B. 单位犯罪时，单位本身与直接负责的主管人员、直接责任人员构成共同犯罪

C. 对单位犯罪一般实行双罚制，但在实行单罚制时，只对单位处以罚金，不处罚直接负责的主管人员与直接责任人员

D. 对单位犯罪只能适用财产刑，既可能判处罚金，也可能判处没收财产

2. 下列哪些行为不构成单位犯罪？（　　）

A. 甲、乙、丙出资设立一家有限责任公司专门从事走私犯罪活动

B. 甲、乙、丙出资设立的公司成立后以生产、销售伪劣产品为主要经营活动

C. 某公司董事长及总经理以公司名义印刷非法出版物，所获收入由他们二人平分

D. 某公司董事长及总经理组织职工对前来征税的税务工作人员使用暴力，拒不缴纳税款

二、案例分析题

1. 苏某，1971 年出生，其双眼矫正视力分别为 0.06 和 0.08，持有吉林市船营区人民政府残疾人联合会颁发的视力残疾证书。王某，1981 年出生。苏某和王某经预谋，决定向宾馆、酒店发送具有恐吓内容的电子邮件，以勒索财物。苏某提供了其冒用"尹某才"的身份在吉林市中国工商银行和中国建设银行所办理的两张银行卡作为接收敲诈所得钱款的账号。王某则使用电脑注册了户名为"boomhello@163.com"的电子邮箱，并于 2006 年 6 月 9 日和 16 日先后通过该邮箱向北京市樱花宾馆和广东省东莞市的新城市酒店发送电子邮件，以爆炸相威胁，各勒索人民币 20 万元，并要求将款汇往苏某所开账户内。案发后，苏某的辩护人以苏某持有视力残疾证书，认为苏某属于盲人，要求对其依法从轻、减轻或者免除处罚。

请问：苏某是否符合盲人的标准？是否应当对苏某适用盲人有关刑事责任能力的刑法规定？

2. 甲打算进行贷款诈骗，需要提供担保，甲与乙公司负责人商量，以付费的方式让乙公司提供虚假担保，乙公司在明知的情况下为甲提供虚假担保。事后因甲无法还贷案发。

请问：如何追究甲和乙公司的刑事责任？

三、论述题

1. 如何理解刑事责任能力？

2. 如何理解我国刑法中刑事责任年龄阶段的划分？

3. 如何理解单位犯罪及双罚制？

参考答案及解析

一、选择题

（一）单选题

1. 参考答案： B

解析：《刑法》第 17 条第 2 款规定，已满 14 周岁不满 16 周岁的人，犯故意杀人、故意伤害致人重伤或者死亡、强奸、抢劫、贩卖毒品、放火、爆炸、投放危险物质罪的，应当负刑事责任。选项 A 属于失火行为，选项 C 属于故意毁坏财物的行为，15 周岁的未成年人对于上述两种行为均不承担刑事责任。选项 D 中的行为虽然是故意伤害，但仅造成被害人轻伤，超出了《刑法》第 17 条第 2 款规定的八种行为，不负刑事责任，因此不构成犯罪。选项 B 中甲使用暴力将他人打成重伤，属于《刑法》第 17 条第 2 款规定的八种行为之一，因此，甲应对造成他人重伤的结果承担刑事责任，构成故意伤害罪。

2. 参考答案：C

解析：刑事责任能力是指行为人对自己行为的辨认和控制能力。辨认能力是指行为人认识自己特定行为在刑法上的性质、结果与意义的能力，而控制能力是指行为人支配自己实施或者不实施特定行为的能力。《刑法》第 18 条第 1 款规定，精神病人在不能辨认或者不能控制自己行为的时候造成危害结果，经法定程序鉴定确认的，不负刑事责任，但是应当责令他的家属或者监护人严加看管和医疗；在必要的时候，由政府强制医疗。据此可知，精神病人在不能辨认或控制自己行为能力的情况下造成危害结果，经法定程序鉴定确认的，才不承担刑事责任。

甲能认识到自己杀人的行为是违法的，其也知道杀人是要负刑事责任的，只是因为自己患抑郁症想自杀但没有勇气，所以希望通过杀人获刑达到死亡的目的，并将该行为付诸实施，不属于该条规定的不负刑事责任的"精神病人"。因此，甲应对其故意杀人的行为承担刑事责任。

3. 参考答案：C

解析：根据我国《刑法》第 17 条第 2 款的规定，已满 14 周岁不满 16 周岁的人对爆炸罪应当负刑事责任。甲虽然在不满 14 周岁时安放了定时炸弹，其不对已满 14 周岁之前的行为负刑事责任，但甲对于其在不满 14 周岁时安放的定时炸弹，在其已满 14 周岁以后，在定时炸弹存在危险的情况下，甲有解除的义务，甲能够解除且没有解除，导致了定时炸弹的爆炸，属于不作为的爆炸行为。由于不作为的爆炸行为是在甲已满 14 周岁的情况下实施的，因此，A 选项中的甲应当对此负刑事责任。在 B 选项中，根据我国《刑法》第 18 条的规定，精神病人在不能辨认或者不能控制自己行为的时候造成危害结果，经法定程序鉴定确认的，不负刑事责任。乙对在精神病突发情况下丧失责任能力的行为不负刑事责任，因此，乙只对精神正常时的故意伤害行为承担刑事责任，对乙应当定故意伤害罪。选项 D 中，根据我国《刑法》第 18 条的规定，醉酒的人犯罪，应当负刑事责任。戊的醉酒属于生理性醉酒，且是清醒状态下的故意壮胆喝酒，其对事后的犯罪有明知的故意，根据原因自由行为原理，戊应该对故意杀人行为承担刑事责任。在选项 C 中，丙在精神正常的情况下实施了投放毒药的犯罪行为，其故意杀人行为已经实施完毕。丁在丙丧失责任能力时喝下毒药死亡，不受丙的责任能力状态的影响。丁因为喝下丙在精神正常时投放的毒药死亡，因此，丙应当对其投放毒药的行为负刑事责任，且由于该行为导致了丁的死亡，因此，应对丙以故意杀人罪既遂论处。

4. 参考答案：A

解析：选项 A 中，我国刑法并未将吸毒作为影响刑事责任能力的情形，因此，甲应当对吸毒后的犯罪行为承担刑事责任。鉴于甲因吸毒后产生幻觉导致了认识的错误，对此其存在过失，因此，甲的行为应当成立过失致人重伤罪。选项 B 中，乙在故意杀人过程中突发精神病，不同的学说下，乙的定罪量刑不相同。如果将乙突发精神病之后的行为视为突发精神病之前的行为的延续，那么，应当以故意杀人罪的既遂定罪；如果将乙突发精神病之后的行为与突发精神病之前的行为分别独立对待，由于乙对突发精神病之后的行为不承担刑事责任，而致陆某死亡的行为是突发精神病之后的行为所致，因此，如果对乙突发精神病之前的行为追究刑事责任的，应当以故意杀人罪的未遂定罪。总之，并非不同的理论下，均认为乙是故意杀人罪的未遂，也可能成立故意杀人罪的既遂。C 选项中，根据 2006 年 1 月 11 日公布的最高人民法院《关于审理未成年人刑事案件具体应用法律若干问题的解释》第 4 条第 2 款的规定，相关证据足以证明被告人实施被指控的犯罪时已经达到法定刑事责任年龄，但是无法准确查明被告人具体出生日期的，应当认定其达到相应法定刑事责任年龄。D 选项中，根据 2006 年 1 月 11 日公布的最高人民法院《关于审理未成年人刑事案件具体应用法律若干问题的解释》第 2 条的规定，《刑法》第 17 条规定的"周岁"，按照公历的年、月、日计算，从周岁生日的第二天起算。丁在 14 周岁生日当晚故意犯罪，认定丁不满 14 周岁。丁不满 14 周岁，则不对《刑法》第 17 条第 2 款规定的八种行为承担刑事责任，加之丁的行为也不符合《刑法》第 17 条第 3 款规定的已满 12 周岁不满 14 周岁的人应当负刑事责任的情形，因此，不应追究丁的刑事责任。

（二）多选题

1. 参考答案： ABCD

解析： 单位不仅可以成为故意犯罪的主体，也可以成为过失犯罪的主体，例如《刑法》第 137 条规定的工程重大安全事故罪就是单位过失犯罪，因此 A 选项错误。单位犯罪不同于共同犯罪，单位犯罪是指单位本身犯罪，在单位犯罪中，直接负责的主管人员、直接责任人员的犯罪行为代表的是单位的行为，不是单位与直接负责的主管人员、直接责任人员的共同犯罪，所以 B 选项错误。我国单位犯罪的单罚制是只处罚直接负责的主管人员与直接责任人员（有时只处罚直接责任人员），不处罚单位，所以 C 选项错误。《刑法》第 31 条规定，单位犯罪的，对单位判处罚金，并对其直接负责的主管人员和其他直接责任人员判处刑罚。本法分则和其他法律另有规定的，依照规定。据此可知，对于单位只能适用罚金刑，不能适用没收财产。所以 D 选项错误。

2. 参考答案： ABCD

解析： 1999 年最高人民法院《关于审理单位犯罪案件具体应用法律有关问题的解释》规定："个人为进行违法犯罪活动而设立的公司、企业、事业单位实施犯罪的，或者公司、企业、事业单位设立后，以实施犯罪为主要活动的，不以单位犯罪论处。"因此，A、B 选项均不构成单位犯罪。该解释同时规定，"盗用单位名义实施犯罪，违法所得由实施犯罪的个人私分的，依照刑法有关自然人犯罪的规定定罪处罚"。所以选项 C 不构成单位犯罪。根据我国《刑法》第 211 条的规定，抗税罪的主体要求是纳税人或者扣缴义务人的自然人，单位不构成本罪。D 选项中抗税行为虽然是为单位利益由单位组织实施的，但根据我国《刑法》第 202 条抗税罪的规定，该罪只能由自然人构成犯罪，没有规定单位可以成为该罪的犯罪主体，根据单位犯罪的法定性，该公司不成立单位犯罪，只追究相关自然人抗税罪的刑事责任。

二、案例分析题

1. 参考答案：对苏某不能适用刑法有关盲人的刑事责任能力的规定。

解析：本案所适用的《中国残疾人实用评定标准》与《人体重伤鉴定标准》关于视力障碍或者残疾的分类虽不完全一致，但差异不大，只是评定视角有所不同。二者均以0.05的视力值作为判断"盲"的基准点，当双眼中最好眼的矫正视力低于0.05时，就认定被测评人为"盲人"或者"盲目"。本案中，苏某虽然持有视力残疾证书，但其两眼矫正视力分别为0.06和0.08，均高于0.05的"盲人"标准，因此，不属于盲人，当然不能适用我国《刑法》第19条关于盲人的刑事责任能力的规定。我国刑法之所以对盲人犯罪人可以从轻、减轻或者免除处罚，主要是考虑视觉功能影响人的辨认能力和控制能力，且对盲人能够适用我国《刑法》第19条规定的，应当在全面分析犯罪性质、情节和危害程度的基础上，重点分析"盲"对实施犯罪行为的具体影响。在本案中，苏某虽然存在视力残疾，但没有达到盲人的视力标准，且通过犯罪事实证明，苏某的视力残疾并未影响其辨认和控制能力，因此，对苏某的视力残疾不应从宽处罚。

2. 参考答案：甲构成贷款诈骗罪，乙公司不构成贷款诈骗罪的帮助犯，对乙公司直接的责任人员按照贷款诈骗罪论处。

解析：单位犯罪的成立必须具备单位犯罪的成立要件，单位犯罪的主体必须是单位，单位犯罪具有法定性，必须有刑法的明文规定。2014年4月24日全国人民代表大会常务委员会《关于〈中华人民共和国刑法〉第三十条的解释》规定：公司、企业、事业单位、机关、团体等单位实施刑法规定的危害社会的行为，刑法分则和其他法律未规定追究单位的刑事责任的，对组织、策划、实施该危害社会行为的人依法追究刑事责任。该解释重申了单位犯罪必须有法律的明文规定，同时明确了刑法分则没有规定单位可以成立犯罪的情况下的刑事责任追究。我国《刑法》第193条未规定单位可以构成贷款诈骗罪，因此，单位不能构成贷款诈骗罪。在本案中，乙公司不成立贷款诈骗罪，但可以对乙公司直接负责的责任人员以贷款诈骗罪论处。

三、论述题

1. 参考答案：

（1）刑事责任能力，是指行为人在刑法意义上辨认和控制自己行为的能力，其本质是人实施行为时具备相对自由的意志能力，只有对具备相对自由的认识和抉择行为能力的实施犯罪的人处以刑罚才具有道义的、报应的和预防的正当性和必要性。

（2）刑事责任能力的内容，是指行为人对自己行为所具备的刑法意义上的辨认行为能力和控制行为能力。刑事责任能力中的辨认能力，是指行为人具备的对自己的行为在刑法上的意义、性质、后果的分辨认识能力，亦即行为人有认识自己的行为是否为刑法所禁止、所谴责、所制裁的能力。刑事责任能力中的控制行为能力，是指行为人具备的决定自己是否实施触犯刑法的行为的能力。

（3）影响和决定人的刑事责任能力程度的主要因素包括刑事责任年龄、精神障碍、生理功能丧失和醉酒四个方面，可以归为两大类：一是人的认知和智力成熟程度，二是精神状态。人的认知和智力成熟与否，主要受年龄因素的制约以及学习知识和智力发展的某些重要器官的生理功能的制约。精神状况受大脑功能是否患有精神疾病的影响。根据年龄和精神状况影响刑事责任能力有无和大小的实际情况，我国刑法对刑事责任能力采取的是四分法，包括完全刑事责任能力、完全无刑事责任能力、相对有刑事责任能力和减轻刑事责任能力。

2. 参考答案：

（1）刑事责任年龄，是指刑法所规定的行为人对自己实施的刑法所禁止的危害社会行为负刑事责任而必须达到的年龄。世界各国刑法对于刑事责任年龄的规定虽然不尽相同，但都有刑事责任年龄的划分。

（2）我国刑法把刑事责任年龄划分为完全不负刑事责任年龄、相对负刑事责任年龄与完全负刑事责任年龄。1）完全不负刑事责任年龄阶段：不满12周岁。2）相对负刑事责任年龄阶段：已满12周岁不满16周岁。其中，已满14周岁不满16周岁的人，犯故意杀人、故意伤害致人重伤或者死亡、强奸、抢劫、贩卖毒品、放火、爆炸、投放危险物质罪的，应当负刑事责任；已满12周岁不满14周岁的人，犯故意杀人、故意伤害罪，致人死亡或者以特别残忍手段致人重伤造成严重残疾，情节恶劣，经最高人民检察院核准追诉的，应当负刑事责任。3）完全负刑事责任年龄阶段：已满16周岁。

3. 参考答案：

（1）单位犯罪是公司、企业、事业单位、机关、团体实施的依法应当承担刑事责任的危害社会的行为。单位犯罪是相对自然人犯罪而言的，单位犯罪具有两个特征：第一，犯罪的主体是单位，具体包括公司、企业、事业单位、机关、团体。一个组织能否成为刑法上的单位，关键在于其是否依法成立，是否拥有一定财产或者经费，是否以自己的名义承担责任。第二，犯罪行为体现单位意志。通常表现为两种情形，一是执行单位决策机构的决策和单位法定代表人或负责人的决定的行为，二是单位成员在单位业务范围内履行职责的行为。

（2）单位犯罪的双罚制是在单位构成犯罪的前提下，对单位和单位直接责任人（代表人、主管人员及其他有关人员）均予以刑罚处罚。对单位处罚的根据在于犯罪主体是单位，以单位的名义，为了单位的利益，犯罪行为体现了单位意志，且单位有独立的名义和可供刑罚处罚的财产，因此，对其予以刑罚处罚。对单位直接责任人的处罚根据在于：尽管单位有着自己的名义和拥有一定的财产，但单位犯罪的行为需要借助单位成员来实施，且单位的决策机构和执行机构均是由自然人组成的，同时对相关直接责任人处以刑罚可以更加有效地预防犯罪，因此，对单位直接责任人予以刑罚处罚。鉴于刑罚的性质，对单位只能处以罚金刑，我国刑法规定，单位犯罪的，对单位判处罚金。对单位犯罪中的直接责任人的刑罚惩罚分为两种情形：一种是对单位犯罪的直接责任人判处与自然人犯罪所受的相同的刑罚处罚；另一种是对单位犯罪的直接责任人判处轻于自然人犯罪所受的刑罚处罚，具体以刑法分则条文规定为准。

第八章　犯罪主观方面

>> 第一部分　本章知识点速览

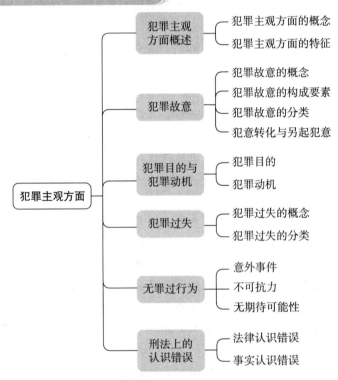

>> 第二部分　本章核心知识要点解析

第一节　犯罪主观方面的基本理论

一、犯罪主观方面的概念和特征

（一）难度与热度

难度：☆☆　　热度：☆☆

（二）基本概念分析

犯罪主观方面，是指行为人对其所实施的行为所必然或可能引起的危害社会的结果所持的心理态度。它包括罪过和罪过以外的其他主观要素。罪过是所有犯罪成立都不可缺少的条件，并且对量刑有全局性的影响，具体包括犯罪故意和犯罪过失两大类。罪过以外的其他主观要素只是部分犯罪的成立所必须具备的要素；而对于其他犯罪，这些主观要素不影响犯罪的成立，只影响量刑。简言之，罪过是犯罪主观方面的必备要素，罪过以外的其他主观要素是犯罪主观方面的选择要素。

犯罪主观方面具有如下特征：（1）犯罪主观方面是犯罪主体的主观心态；（2）犯罪主观方面针对的是自己的行为及其危害社会的结果；（3）犯罪主观方面是一切犯罪的成立都不可缺少的条件。

（三）学说理论探讨

犯罪的成立不仅需要行为人在客观上实施了危害社会的行为，也需要行为人在主观上具有罪过。如果在认定犯罪的过程中仅仅重视客观危害，而不重视主观罪过，就会陷入客观归罪的窠臼。一般认为，犯罪主观方面是指犯罪主体对于其自身行为所必然或可能产生的危害社会的结果所持的心理态度，其以罪过形式为必备要素，以犯罪目的和犯罪动机为选择要素。无论是认定罪与非罪、区分此罪与彼罪，抑或对刑罚的轻重进行裁量，犯罪主观方面都发挥着重要的作用。

（四）疑难问题解析

犯罪行为所造成的客观危害往往较为直观地体现于物质世界，司法机关也可以相对准确地加以判断和衡量；而犯罪人主观上的心理态度往往不会直接显示于外界，这意味着司法机关要想在个案中准确认定和评价犯罪主观方面，存在一定的困难。因此，深入研究犯罪主观方面，不仅有利于刑法学理论体系的建构，也对司法实践有着不可忽视的意义和价值。

二、罪过责任原则

（一）难度与热度

难度：☆☆☆☆　　热度：☆☆☆☆

（二）基本概念分析

没有责任就没有刑罚，这是现代刑法的一个基本原则。这一原则要求，追究行为人的刑事责任，以该人具有高度的可谴责性为前提。将刑罚施加于没有可谴责性的人，不仅不公正，而且缺乏效率。

一方面，"有罪"认定本身就体现了法秩序的强烈谴责，而这种谴责要具备必要的正义性，就必须以行为人的可谴责性为前提。这种可谴责性体现在，行为人在具有相对的自由意志和意识的情况下，选择实施了危害社会的行为。相反，如果某一行为并不是行为人自由意志和意识的体现，或者行为人没有预见到且不应当预见到结果发生的可能性，又或者行为人无论选择实施何种行为，均无法避免结果的发生，此时行为人就不具有可谴责性，追究其刑事责任也就缺乏正当性。

另一方面，刑法的一个重要任务是预防犯罪，而这种预防功能是通过一系列罪刑规范，为不同的行为配置轻重不同的法律后果来实现的。对于一个有着常识和理性的人来说，如果这个人在未尽到必要注意义务的情况下会被追究刑事责任，而在尽到注意义务的情况下就不会被追究刑事责任，那么这个人就有充足的动力去谨慎地选择和实施自己的行为。反之，如果行为人无论怎样谨慎小心，都会面临刑事责任的追究，那么行为人便有可能产生"破罐子破摔"的心态，索性放弃对注意义务的遵守。这反而不利于对犯罪的预防。

罪过责任原则有以下具体要求：

第一，犯罪的成立必须以主观罪过为前提。如果行为人没有主观罪过，无论客观上的损害后果多么严重，都不能追究刑事责任。

第二，行为人的主观罪过应当与客观上的犯罪行为同时存在。

第三，刑罚的轻重应当与行为人主观可谴责性的轻重相适应。

（三）学说理论探讨

在刑法发展史上，行为人主观上的罪过并非从一开始就是犯罪成立所必不可少的条件。在封建社会，存在大量不考虑行为人主观罪过的结果责任，"从比较刑法史的观点来考察，不论是东方还是西方的封建主义刑法……概莫能外"。例如，在12世纪英国法律和习惯的汇编中曾有这样的格言："无意地干了坏事的人，必须有意地对此作出赔偿。"又如一个人把剑挂在墙上，另一个人把它碰了下来，因而造成伤害，则挂剑的人应对伤害负责，因为这是他的行为结果的一部分。在当时，广泛存在着既不考虑行为人对危害结果的发生有无认识，也不要求行为人的主观上具有过错，只要行为人的行为与危害结果之间有因果关系，就对行为人加以处罚的"绝对责任"。应当说，在当时的历史条件下，特别是在民刑不分的司法制度之下，人们还没有完整而全面地认识到"罪过"一词的确切含义与重要作用，主要是根据客观损害来决定是否适用刑罚。

在16世纪末17世纪初，随着国王的权力逐渐扩张，与国王权力相抵触的行为日益增多，被认定为犯罪的行为类型也相应增多。在这一历史时期，发生了两点重要的变化：一方面，随着刑法与民法的分离，以死刑为中心的刑罚体系逐步确立，刑罚的日益残酷，使之前结果责任的缺陷暴露得更加明显；另一方面，当时盛行的教会法十分重视行为人的主观罪过，也使人们开始思考罪过对于刑罚的重要意义。在这样的历史背景下，"罪过"这一概念逐渐被引入英国普通法，"无罪过即无犯罪"也逐渐演变为刑法的一项基本原则。

但是，到了19世纪末20世纪初，随着工商业的发展，危害公共安全及社会福利的行为急剧增多，这类犯罪不仅数量巨大，而且要证明行为人在其中的主观罪过十分困难，如果要求公诉机关在每一个案件中对每一个被告人的主观罪过都加以证明的话，势必导致大量的危害公共安全及社会福利的行为无法定罪，从而使刑法对社会的保障机能根本性落空。在这一历史背景下，严格责任制度应运而生，旨在减轻甚至免除公诉机关对于被告人主观罪过的证明责任，保护社会和公共利益。经过一段时间的发展，英美法中的严格责任成为对罪过责任原则的补充，它主要被用于保护一些重大且脆弱的社会利益，用于减轻控方的证明责任。

（四）疑难问题解析

一般认为，由于我国刑法明确将主观罪过规定为犯罪成立必不可少的责任，因此在我国刑法中并不存在严格责任。但也有观点认为，我国刑法通过种种制度设计，隐性地规定了严格责任。笔者赞成前一种观点，而不赞成后一种观点，简要分析如下。

有观点认为生理性醉酒导致完全失去辨认和控制能力的人也要负刑事责任，是严格责任的体现。因为在这种情况下，行为人没有主观罪过，却也要为其行为承担责任，这就是一种严格责任。

笔者认为，此种情况并非严格责任，而可以用原因自由行为理论来说明。所谓原因自由行为，是指"行为人故意或过失地使自己陷入无责任能力或限制责任能力的状态，且在此状态下实现构成要件"。在原因自由行为理论看来，如果行为人陷入无责任能力或者限制责任能力的状态，是由自己的故意或者过失的行为所致，那么行为人具有原因上的可责性。如果认为刑法对生理性醉酒的人适用了严格责任，那么应该对自因醉酒和非自因醉酒不加区分地加以处罚才对。而事实恰好相反，在自因醉酒的情形中，行为人失去辨认和控制能力这一状态是由自己的行为所致，具有原因上的可责性，因而也应当对其在醉酒状态下所实施的危害行为承担责任；如果行为人失去辨认和控制能力这一状态并非由自己的行为所致，行为人就无须承担责任。因此，自因醉酒并非严格责任的体现。

有观点认为单位犯罪中存在严格责任。有论者指出，在单位犯罪中，对单位判处罚金，使单位中没有参与犯罪甚至对单位犯罪持反对意见的成员同样承受了刑罚的后果，因为对单位判处罚金后，肯定会影响其成员的经济利益和社会声誉，这些成员为自己不曾参与的犯罪承担刑事责任，是典型的严格责任。

笔者认为，论者之所以会提出这样的观点，主要是对刑事责任这一概念存在误解。诚然，刑事责任这一概念本身就包含了强烈的否定性评价，但是这种否定性评价是针对该犯罪单位及相关责任人本身的，并不会及于没有参与单位犯罪的其他人员。至于由于单位受到处罚其成员的经济利益和社会声誉受到影响，这其实并不属于刑事责任的范畴，只不过是一种不良的社会影响罢了。社会的网络何其复杂，岂止是单位，一个人的家人、朋友、同事如果因为犯罪受到刑事处罚，都会或多或少地对他的社会声誉产生不良影响，但是这种不良影响，是无论如何也不能与刑事责任混为一谈的。

有观点认为巨额财产来源不明罪中存在严格责任。因为在本罪中，只要检察机关发现国家工作人员的财产差额较大，就可以推定其对该部分财产的占有为非法，此时应由行为人承担举证责任，证明自己的财产来源合法，如果行为人不能证明这一点，就构成巨额财产来源不明罪。

笔者认为，行为人持有与其收入差额较大的财产，只是本罪成立的一个前提，而非实行行为本身。巨额财产来源不明罪应当被理解为一种不作为犯罪，其客观方面表现为当特定机关及其工作人员责令行为人说明其财产来源时，行为人不履行说明义务。因此，只有当行为人不履行说明义务时，检察机关才可以提起公诉，在诉讼中，也应当由公诉机关对"行为人没有履行说明义务"这一事实进行举证。如果行为人在审判过程中说明了财产的来源，那也是对其辩护权的行使，而非对其举证义务的履行。

有观点认为在奸淫幼女犯罪中存在严格责任。有论者认为，对于我国《刑法》第236条第2款所规定的奸淫幼女的行为，并不排除在某些情况下行为人确实不知对方是幼女或者确信对方不是幼女，在这种情况下，行为人显然缺乏奸淫幼女的故意。依照我国刑法的规定，对这些与幼女发生性行为者追究相应的刑事责任，也是一种严格责任。

对于这一问题，最高人民法院、最高人民检察院、公安部、司法部印发的《关于办理性侵害未成年人刑事案件的意见》规定，知道或者应当知道对方是不满 14 周岁的幼女，而实施奸淫等性侵害行为的，应当认定行为人"明知"对方是幼女。对不满 12 周岁的被害人实施奸淫等性侵害行为的，应当认定行为人"明知"对方是幼女。对已满 12 周岁不满 14 周岁的被害人，从其身体发育状况、言谈举止、衣着特征、生活作息规律等观察可能是幼女，而实施奸淫等性侵害行为的，应当认定行为人"明知"对方是幼女。可见，在该司法解释看来，对于《刑法》第 236 条第 2 款所规定的强奸罪，应当以行为人明知对方是不满 14 周岁的幼女为必要条件，从而也说明在本罪中并不存在严格责任。

通过对以上四种观点的考察，我们可以得出结论：在我国现行刑事法律制度中并不存在严格责任。考虑到我国实行了行政处罚与刑罚二元分立的制裁体系，对于那些确有必要用严格责任来加以规制的行为，将其纳入行政处罚的范围即可，而没有必要先将其规定为犯罪，再用严格责任来加以处罚。

三、期待可能性

（一）难度与热度
难度：☆☆☆☆　热度：☆☆

（二）基本概念分析
期待可能性，是指在具体情境下期待行为人实施合法行为的可能性。基于案发时的种种主客观情况，如果不能够期待行为人放弃实施违法行为而选择实施合法行为，便认为行为人缺乏期待可能性，从而不能追究其刑事责任。

期待可能性理论的实质根据在于"法不强人所难"这一原理。如果在具体情境下，虽然行为人实施了在客观上危害社会的行为，但是该行为是在迫不得已的情况下作出的，法秩序不能期待行为人实施合法行为，便不能对其施加刑法上的谴责。

（三）学说理论探讨
期待可能性理论起源于德国的"癖马案"。该案的被告人是一名马车夫，在其受雇驾驶的马车中，有一匹马经常用尾巴缠绕缰绳，并用力压低缰绳，因而存在安全隐患。雇主知晓该安全隐患，仍然坚持让该马车夫驾驭该马匹。后来该马匹旧习发作，该马车夫虽然用力控制，仍不奏效，马向前飞奔，致使行人受伤。在本案中，法院判定被告人无罪，因为不能期待被告人冒着违抗雇主命令乃至失去工作的风险而拒绝驾驭此马匹。

实事求是地说，"癖马案"是特定时代背景的产物。该案发生的时间是 1897 年，彼时的社会生产力不发达，社会保障不健全，对于该马车夫而言，一旦失去工作，自己和家人的生计都会失去着落。在这种情况下，确实无法期待行为人"宁可失去工作也要拒绝使用有瑕疵的马匹"。但是今时的社会环境不同往日，如果行为人以"遵守雇主命令"为由，试图排除自己的刑事责任，恐怕很难得到司法机关的支持。不过，从"癖马案"中诞生的期待可能性理论，其生命力要旺盛得多，至今仍然在大陆法系国家和地区保持着一定的影响力。

（四）疑难问题解析
在期待可能性理论中，争议最大的是判断标准问题，即应当按照何种标准判断行为人是否具有实施合法行为的可能性。

行为人标准说认为，应当以行为时具体情境下的行为人自身能力为标准，如果以此为标准判定行为人缺乏实施合法行为的可能性，就说明行为人缺乏期待可能性，不应当承担刑事责任。但是，这种观点会导致刑事责任的标准过于飘忽不定，并很可能会造成不应有的处罚漏洞。例如，甲曾遭遇交通事故并当场失去亲人。某日，甲驾车途经交通事故现场，想起半年前的事故场景而产生创伤应激反应，致使车辆失控冲入人行道，造成 2 名行人死亡。按照行为人标准说，甲在创伤应激反应后造成交通事故，显系缺乏期待可能性，故不能刑事归责。但从社会角度来看，因甲的创伤应激反应而对其不予刑事处罚，显然难言妥当。

一般人标准说认为，应当按照特定情境下的社会一般人标准来判断期待可能性的有无。这种观点在理论上能够相对较好地平衡保护行为人的个人权利与社会公共利益，其问题在于，"一般人标准"的具体内容并不明确，在实际操作中很容易被解释者的主观判断取代。

法规范标准说认为，应当以法秩序的要求为标准来判断行为人有无期待可能性。但是，期待可能性理论存在的意义就是要给那些不能满足法规范期待却又"情有可原"的人一个出罪的途径，如果以法规范为标准来判断期待可能性的有无，那么这一理论存在的价值将会大打折扣。

应当承认，以上三种学说都不完美。相比之下，笔者倾向于以一般人标准说为基础，兼顾其他两种学说的合理之处。一方面，从基本构造上来看，期待可能性的问题体现为客观条件与人的主观意志之间的紧张关系，故原则上应当将社会一般人置于行为人所处的具体条件下，考察按照一般人的意志能力，能否在行为人所处的条件下实施合法行为。另一方面，从价值追求上来看，期待可能性制度不是犯罪人为自己的反社会人格进行开脱的借口，而是法律在人性面前洒下的一捧同情的泪。因此，对于期待可能性的判断标准，不能以完全中性的方式来加以理解。例如，对利益的追求确实是人性的一部分，但是从维护公共利益的角度来看，我们不能允许贪污贿赂犯罪分子以"金钱的诱惑力太大，自己无法抗拒"为由来免除自己的刑事责任。因此，我们对于"社会一般人"标准需要在价值上作出进一步的筛选，这里的"社会一般人"应当是具备基本的善良、正直和怜悯品质的"一般人"，而不是见利忘义的"一般人"。

第二节　罪过形式

一、犯罪故意的基本原理

（一）难度与热度
难度：☆☆☆　热度：☆☆☆

（二）基本概念分析
《刑法》第 14 条第 1 款规定："明知自己的行为会发生危害社会的结果，并且希望或者放任这种结果发生，因而构成犯罪的，是故意犯罪。"据此，犯罪故意是故意犯罪所必须具备的罪过形式，它是"明知自己的行为会发生危害社会的结果，并且希望或者放任这种结果发生"的心理状态。

虽然在日常生活中，我们也会使用"故意"一词来描述一个人的主观心态，但是刑法中的"故意"和生活中的"故意"存在着微妙的区别，不能仅仅依靠生活常识来加以判断，而需要通过规范的方式来加以认定。

（三）学说理论探讨

犯罪故意的本质问题一直是理论界重点关注的问题。总体来说，学术界存在认识说和意志说两种基本思路，这两种思路通过一定程度的融合，又发展形成了容认说。

认识说的基本观点是，犯罪故意的本质是行为人对于事实的认识，在具体案件中，只要行为人对于构成要件事实有所认识，即可成立犯罪故意，至于行为人对于构成要件结果所持的心理态度，则在所不问。认识说的理论贡献在于，它正确地注意到了认识因素对于犯罪故意的基础性意义。犯罪故意之所以是一种受到刑法谴责的罪过类型，首要的原因在于行为人对构成要件事实的认识。在通常情况下，对一个有着常识、理性和良知的人来说，如果其认识到了自己的行为可能会造成危害社会的结果，这个人的常识、理性和良知便会促使其产生"不应当实施该行为"的想法，这被学术界称为"反对动机"，如果行为人克服了这种反对动机而决意实施犯罪，就表明了其对法规范的敌视态度，因而具备了刑法层面的可谴责性。但是，认识说也存在明显的问题：其将犯罪故意完全锚定在认识因素之上，会将有认识的过失也评价为故意，从而不当扩大了故意的范围。

意志说认为，故意的成立不仅需要行为人对构成要件事实的认识，还需要行为人在意志上存在希望构成要件结果发生的心理倾向。这种观点的可取之处在于，它注意到了，在故意犯罪中，仅仅存在认识因素并不足以促使行为人实施犯罪行为，而正是意志因素的存在才使行为人最终决定将犯罪行为付诸实施。如果不重视这一点，便无法准确衡量行为人在主观上的可谴责性。但是，意志说也存在着一定的缺陷和不足：它过于依赖对行为人具体心理事实的探寻，而忽略了犯罪故意所包含的规范评价的因素。在间接故意犯罪中，由于行为人对于构成要件结果缺乏"希望"的心理态度，容易被意志说评价为犯罪过失，进而造成处罚漏洞。

容认说是在前两种学说的基础上进一步发展形成的。该说认为，当行为人对于客观构成要件有认识时，应当根据其意志因素区分故意和过失，当行为人容认犯罪结果的发生时，成立犯罪故意，否则成立犯罪过失。容认说在一定程度上结合了认识说和意志说的优点，又规避了二者的不足，特别是给出了间接故意和有认识过失的区分标准，因而迅速获得了通说的地位。我国刑法也在实质上采取了容认说的立场。

（四）疑难问题解析

容认说并不是讨论的结束，而只是一个新的开始。"容认"一词究竟有着怎样的内涵，仍然是一个非常棘手的问题。但是，从学术界对犯罪故意本质的讨论中，我们仍然可以得出以下两个要点。

犯罪故意既有心理事实的因素，也有规范评价的因素。犯罪故意既是行为人在实施犯罪中所必须具备的一种心理态度，也是刑法对行为人可谴责性的规范评价。因此，我们在进行理论建构的时候，需要同时关注这两方面的特征，既不能过于强调犯罪故意作为心理事实的一面，而忽略了犯罪故意作为一种具有可谴责性的罪过形式所应当具备的本质属性；也不能完全脱离行为人的心理事实来进行规范评价。

犯罪故意的认定既是理论标准问题，也是司法证明问题。虽然从理论上讲，犯罪故意是主观要素，但是在实践中，犯罪故意的认定并不是取决于行为人的一面之词，而是要以客观的证据为基础，结合常识、常情、常理来加以证明。因此，我们在进行理论研究的时候，不能仅仅注重实现理论逻辑的自洽，也要注意司法实践层面的可操作性。如果一种学说在理论上无懈可击，在实践中却无法操作，那么它的意义也会大打折扣。

根据不同的标准，可以将犯罪故意划分为不同的类型。按照认识因素的不同，可以分为确定的故意和不确定的故意；按照意志因素的不同，可以分为直接故意和间接故意；按照故意产生和存在的时间，可以分为蓄谋故意和突发故意；按照故意的存在是否取决于一定条件，可以分为无条件故意与附条件故意。其中，直接故意和间接故意的区分是我国刑法所采用的分类，值得我们重点关注和研究。

二、直接故意

（一）难度与热度
难度：☆☆☆☆　热度：☆☆☆☆

（二）基本概念分析
从立法条文的表述来看，直接故意是指"明知自己的行为会发生危害社会的结果，并且希望这种结果发生"的心理态度。它包括认识因素和意志因素两个方面，其中认识因素是"明知"，意志因素是"希望"。

（三）学说理论探讨
要准确理解直接故意，就必须准确把握其中认识因素和意志因素的具体内容。

1. 直接故意的认识因素

认识因素是意志因素的前提和基础，这可以进一步分为认识的内容和认识的程度两个方面。

（1）直接故意的认识内容。

从刑法条文的表述来看，直接故意的认识内容是"自己的行为会发生危害社会的结果"，它具体包括以下几个方面。

第一，对行为的内容及社会意义的认识。要成立犯罪故意，不仅需要行为人认识到自己行为的物理属性，还需要行为人对该行为的社会意义具备必要的认识。例如，要构成盗窃罪，需要行为人认识到该财物归属于他人占有；要构成生产、销售伪劣产品罪，需要行为人认识到涉案产品属于"伪劣产品"。值得注意的是，在一些特定的犯罪中，行为人还需要对行为时的一些附随情状有认识，例如在非法捕捞水产品罪中，行为人需要对"禁渔区、禁渔期"有所认识，对这些附随情状的认识程度也会直接影响到行为人对自身行为社会意义的认识。

第二，对行为的结果的认识。这里的"结果"不是犯罪行为所造成的一切后果，而是特定的刑法分则条文所规定的构成要件结果。例如，行为人用刀刺向被害人的心脏，杀死了被害人，同时毁坏了被害人的名贵西装，并对被害人的家属造成了巨大的精神痛苦，虽然这一连串的结果都可以算是该行为所造成的，但对于故意杀人罪的成立而言，被害人的死亡结果处于最重要、最核心的位置。

第三，行为与结果之间的因果联系。立法使用了"明知……会……"这样的表述，说明犯罪故意的成立，需要行为人认识到犯罪行为与犯罪结果之间的因果联系。但需要注意的是，犯罪故意的成立不要求行为人认识到具体的因果流程，行为人只需要认识到，犯罪行为在因果流向上可能造成危害社会的结果即可。例如，行为人只需要认识到，用刀刺入他人身体的要害部位可能会造成他人死亡，而不需要具体认识到刀刺入身体后，人的身体在医学层面经历了怎样的变化，最终走向死亡。

（2）直接故意的认识程度。

和纷繁复杂的客观世界相比，人在主观上的认知能力是相对有限的，往往无法事无巨细地认清全部的客观事实。因此有必要进一步探讨认识的程度问题，这一问题又进一步分为清晰程度和确切程度这两个方面。

第一，认识的清晰程度。这是指行为人对于自身行为的事实内容与社会意义的认识水准，包括清晰的认识与模糊的认识。一般来说，成立直接故意需要行为人对自身行为的犯罪对象有清晰的认识，对于其他客观要素可以存在模糊的认识。

第二，认识的确切程度。这是指行为人对于自己的行为导向特定危害结果的可能性大小的认识，包括必然性的认识与或然性的认识。无论是必然性的认识还是或然性的认识，都有可能成立直接故意。需要注意的是，这里的"必然性"不等于科学上的必然性，是一种"某事极有可能发生，以至于当结果不发生时，会被认为是出现了奇迹"的状态。例如，行为人在被害人所乘坐的飞机上安装炸弹，导致该飞机坠毁。虽然从科学上来看，被害人的死亡结果不是必然发生，因为特殊情况下确实有人从坠机事故中幸存，但是在本例中，被害人的死亡结果已经达到了"极有可能发生，以至于当结果不发生时，会被认为是出现了奇迹"的程度，故应当认为行为人对犯罪结果的认识达到了"必然发生"的程度。

2. 直接故意的意志因素

直接故意的意志因素是指行为人在满足认识因素的前提下，对特定危害后果发生所持的心理态度。根据《刑法》第14条的规定，直接故意所对应的心理态度是"希望"。这种"希望"的心理态度具有以下特征。

（1）"希望"指向的是构成要件结果。在一个犯罪中，犯罪行为可能造成多种不同的结果，其中，只有构成要件结果是"希望"指向的对象。行为人如果对于构成要件结果之外的其他结果持不同的心理态度，不影响犯罪故意的成立。

（2）"希望"的判定时点是行为时。在犯罪的整个流程中，行为人的主观心态可能发生多次变化，但是至迟到犯罪行为终了时，行为人对于犯罪结果的主观心态已经定格。即便在犯罪行为终了之后，行为人又改变了对犯罪结果的心态，也不影响故意的认定。

（3）"希望"的心态通常意味着以危害结果为目标并为之努力。人的行为并不是随机发生的，而往往是在特定目的的支配和指引之下进行的。在具体个案中，如果行为人对于危害结果持"希望"的心理态度，其往往会采取一定的行为来为实现该结果而努力，甚至排除危害行为与危害结果之间存在的客观障碍。我们也可以根据这一原理，通过行为人的行为，反推其主观上的心理态度。

（四）疑难问题解析

故意的成立是否需要行为人认识到全部的客观构成要件事实，历来是一个有争议的问题。一方面，理论界普遍承认客观构成要件具有故意的规制机能，因而从逻辑上来讲，似乎应当将所有的客观构成要件都纳入故意的认识范围。另一方面，从司法实践的现实情况来看，人类对于客观世界的感知和认识能力是相对有限的，如果强行要求行为人事无巨细地认识到所有的构成要件事实，难免会造成处罚范围的不当缩小，不利于对犯罪的打击和惩治。鉴于此，有观点提出，在故意犯罪中，有一些客观构成要件要素虽然是犯罪成立所不可缺少的条件，但是并不需要行为人在主观上对其有所认识，这被称为"客观处罚条件"或者"客观的超过要素"。

是否应当承认客观处罚条件，以及在何种情况下承认客观处罚条件，使之成为主客观相统一原则的例外，一直是一个颇具争议的问题。笔者倾向于认为，可以在一定条件下承认客观处罚条件，但必须对其存在范围进行严格的限定。第一，客观处罚条件的存在与否不能影响整个行为违法性的有无，至多只能影响其所违反的规范的类型；第二，即便行为人对于客观处罚条件没有认识，行为人的可谴责性也达到了故意犯罪的程度；第三，刑法对于该罪配置的法定刑轻于同类故意犯罪。

三、间接故意

（一）难度与热度

难度：☆☆☆☆　热度：☆☆☆☆

（二）基本概念分析

除直接故意之外，另一种故意的类型是间接故意。相应地，间接故意是"明知自己的行为会发生危害社会的结果，并且放任这种结果发生"的故意类型。它和直接故意既有联系又有区别，同样可以从认识因素和意志因素这两个方面来加以理解。间接故意的认识因素是"明知"，而意志因素是"放任"。

（三）学说理论探讨

1. 间接故意的认识因素

间接故意的认识因素大致与直接故意相同，都需要行为人"认识到自己的行为会造成危害社会的结果"。但需要注意的是，间接故意和直接故意所认识到的危险程度存在细微的差别。在直接故意中，行为人所认识到的风险现实化的概率可以很低，只要不是零即可；而在间接故意中，行为人必须认识到一定水准以上的危险。否则，如果危险水平过低，这本身就能够成为"轻信能够避免"的根据，从而成立过于自信的过失而非间接故意。

2. 间接故意的意志因素

间接故意和直接故意的最主要区别在于意志因素。间接故意的意志因素是"放任"。一般认为，这里的"放任"是指一种听之任之、漠不关心的心理态度，无论犯罪结果是否发生，都不违反行为人的本意。在间接故意犯罪中，行为人虽然认识到了危害结果发生的可能性，却往往为了追求自身的目的，而置这种危险性于不顾。在笔者看来，虽然依这种观点能够处理多数案件，但其仍然存在可推敲之处。与其将"放任"理解为心理上的不持立场，不如将其理解为行为层面的不加干涉。

间接故意也是一种受到刑法否定性评价的罪过形式，故不应对其作中性的理解。正如王作富教授所指出的那样，法律把放任结果发生的也视为故意犯罪，是难以用"漠不关心"一句话解释清楚的，因此对于间接故意，要从放任危害结果发生这方面来理解，而不要把它理解为放任不发生。从这个意义上讲，通说所主张的在间接故意犯罪中"无论结果是否发生都不违背其本意"其实是存在疑问的。

从"放任"一词的文义来看，它强调的并不是在心理上不持立场，而是在行为上不加干涉。例如，经济学上常常会用"自由放任"来描述一种国家尽可能减少干预的经济政策。在这里，经济主体并不在意政府的主观愿望，政府在具体行为上是否干预经济，才是判断其是否"自由放任"的关键。由此可见，"放任"一词的核心含义在于行为层面没有采取措施以阻止特定的结果发生，至于心理上对该结果持赞成态度还是否定态度其实并不重要。

从前面的分析可以看出，间接故意并不是纯粹的心理事实，而是一种规范评价。一方面，间接故意中的"明知"虽然和直接故意有细微的差别，但仍然是一个心理概念，它要求行为人现实地认识到了（而不是应当认识）自身行为造成法益侵害结果的危险性；另一方面，间接故意中的"放任"并不取决于行为人对构成要件结果的心理态度，而取决于行为人是否采取了规范上可接受的方式来避免构成要件结果的发生。故从整体来看，间接故意就是一种基于对行为危险性认识的规范评价，也就是说，当行为人认识到了其行为导致构成要件结果的危险性，并且没有采取规范上可接受的方式来避免构成要件结果出现的时候，就应当受到刑法的非难或谴责，这种非难和谴责的依据就是间接故意。

（四）疑难问题解析

值得研究的是，当行为人认识到危害结果必然发生时，是否还有成立间接故意的余地。传统观点认为，认识因素是意志因素的基础，既然行为人认识到结果必然发生，其主观心态就只能是"希望"，而不存在"放任"的余地。也就是说，直接故意包括"明知必然发生"和"明知可能发生"这两类情形，而间接故意只包括"明知可能发生"这一种情形。但也有观点认为，认识到结果必然发生和"放任"的心态并不矛盾，完全有可能存在明知结果必然发生并且放任结果发生的情形。

本书认为，在主流刑法理论的框架下，确实不宜从"明知结果必然发生"直接推导出直接故意。理由在于：一方面，"放任"一词并不必然建立在多种可能性并存的基础上。对此，正如学者所质疑的那样："母亲知道儿子有偷窃扒拿的习惯，总有一天会走上犯罪道路，但并不加以管教，而是不管不问，儿子最终犯了罪，我们不是常说母亲对此是'放任'吗？"另一方面，将"不存在放任的余地"等同于"希望"的做法，从方法论的角度来看也是不妥当的。基于罪刑法定原则，我们论证某一行为构成某罪，只能以该行为符合某罪的构成要件为由，而不能以该行为不符合其他罪的构成要件为由。类似地，我们如果要论证行为人有直接故意，必须正面论证为什么行为人希望结果发生，而不是以行为人不放任结果发生作为理由，因为希望和放任显然不是非此即彼的关系。实事求是地说，在行为人认识到结果必然发生的时候，其仍然有可能是"不希望"结果发生的。例如，在一场火灾中，一个人和一幅世界名画同时被困火场，消防员受限于客观条件，只能优先将人救出，最终导致该世界名画被烧毁。在此例中，消防员明知道自己优先将人救出火场，必然导致世界名画被毁，但是该消防员显然不希望这一结果的发生，至多是放任该结果的发生。

四、事实认识错误

（一）难度与热度
难度：☆☆☆☆☆ 热度：☆☆☆☆☆

（二）基本概念分析
虽说人的主观认识是对客观事实的反映，但是在具体的生活实践中，人的主观认识往往和客观事实存在一定的偏差，从而出现认识错误。当行为人对案件的相关情况发生认识错误的时候，是否仍然能够成立相应的故意犯罪，便成为复杂而棘手的问题。刑法学中的认识错误问题是由一系列问题聚合而成的，其在大体上可以分为事实认识错误和法律认识错误这两大类。

事实认识错误是指行为人对于和犯罪成立相关的事实发生了认识错误。根据发生错误的范围是否跨越了同一构成要件，可以初步将其分为抽象的事实认识错误和具体的事实认识错误这两类。一般认为，抽象的事实认识错误能够阻却故意的成立，而对于具体的事实认识错误是否影响故意的成立，则存在具体符合说与法定符合说的重大分歧。

（三）学说理论探讨
1. 抽象的事实认识错误

抽象的事实认识错误是指行为人对于和犯罪成立相关的事实发生了认识错误，并且这种错误超越了同一构成要件的范围。例如，行为人将蜡像误认为是仇人而对其开枪射击，导致珍贵蜡像被毁。由于故意杀人罪和故意毁坏财物罪是两个不同的罪名，行为人对事实的认识错误跨越了不同的构成要件，这就属于抽象的事实认识错误。对于抽象的事实认识错误是否影响犯罪故意的成立，刑法理论上存在着抽象符合说和法定符合说之间的争论。

抽象符合说认为，行为人虽然发生了错误认识，但是其基于其错误的主观认知而实施的犯罪行为已经充分表明了其危险性格和反社会性，因此，即便其主观认知和客观事实跨越了不同的构成要件，也应当按照其主观认知的内容，成立相应的故意犯罪既遂。这种观点的本质是脱离具体的客观构成要件，将行为人的人身危险性作为认定犯罪的核心标准。在刑法客观主义已经成为主流的当下，抽象符合说的影响力正变得越来越小。

法定符合说认为：故意的成立需要主客观要素在同一构成要件的范围内相符合。而在抽象的事实认识错误中，行为人主观故意指向的内容和实际发生的危害结果并不属于同一构成要件，因此原则上不成立故意犯罪既遂。如果行为人意图实施的犯罪和实际造成的危害结果所对应的犯罪在构成要件范围内存在一定的重合，那么在重合的范围内，可以例外地构成故意犯罪既遂。例如，行为人意图盗窃他人贴身携带的手枪，结果发现是有一定经济价值的精美模型枪。由于盗窃罪和盗窃枪支罪的构成要件在盗窃罪的范围内存在重合，故仍然可以按照盗窃罪（既遂）对行为人定罪处罚。法定符合说是目前刑法学界的主流观点，也是本书所采纳的学说。

2. 具体的事实认识错误

具体的事实认识错误是指行为人对于和犯罪成立相关的事实发生了认识错误，并且这种错误在同一构成要件的范围之内。相比于抽象的事实认识错误，具体的事实认识错误要更为复杂一些，其主要可以分为对象错误、打击错误、因果关系错误这三类子问题，处理思路主要包括具体符合说和法定符合说这两种学说。具体符合说的基本思路是，成立故意犯罪的既遂，需要主客观要素在具体事实的层面相符合；而法定符合说的基本思路是，成立故意犯罪的既遂，需要主客观要素在构成要件的层面相符合。

（1）对象错误

对象错误是指行为人对于犯罪对象的辨认发生了错误，使其在实施犯罪行为时意图侵害的对象与犯罪行为实际指向的对象不一致，且这种不一致发生在同一构成要件的范围之内。例如，行为人将普通的路人甲误认为自己的仇人乙而向其开枪射击，致甲死亡。对此，具体符合说和法定符合说虽然理由有所不同，但都会认为成立故意杀人罪的既遂。具体符合说认为，行为人意图杀死的"那个人"正是其侵害行为所指向的"那个人"，两者具体地相符合，因而成立故意杀人罪的既遂。即便最后出现的犯罪结果不符合行为人的主观愿望，也不影响整个行为的刑法定性。法定符合说认为，行为人意图造成的结果和实际造成的结果均在故意杀人罪构成要件的范围之内，因此同样成立故意杀人罪的既遂。

（2）打击错误

打击错误也称为方法错误，是指行为人对犯罪对象的辨认没有发生错误，但由于行为偏差其意欲侵害的对象和实际侵害的对象不一致，且这种不一致发生在同一构成要件的范围之内。例如，行为人意图杀死仇人甲，并且向甲开枪射击，但是因为枪法不准，子弹打中了旁边的路人乙，导致乙死亡。对于打击错误问题，具体符合说和法定符合说之间存在激烈的分歧。

具体符合说认为，行为人意欲侵害的对象和实际侵害的对象并不一致，两者并没有具体地相符合，故不能成立故意犯罪的既遂。在前例中，只能按照故意杀人罪（针对甲）和过失致人死亡罪（针对乙）的想象竞合犯来追究行为人的刑事责任。

法定符合说认为，虽然行为人意欲侵害的对象和实际侵害的对象并不一致，但是两者都可以被统摄于"人"的概念之下，行为人意欲实施的行为和实际实施的行为之间虽有偏差，但这种偏差并没有超出"故意杀人罪"这一构成要件的范围。因此，可以直接按照故意杀人罪的既遂对行为人定罪处罚。

（3）因果关系错误

因果关系错误，是指行为人对于自身的行为和侵害的对象没有认识错误，但是对危害结果发生的因果历程发生了认识错误。例如，行为人将被害人从桥上推下，意图将其淹死，但是被害人在下落过程中与桥墩发生撞击而死。如前所述，具体的因果流程并非故意的认识内容，此类错误原则上不影响故意的成立。值得研究的是，当行为人实施了数个行为并造成危害结果，而危害结果发生的原因与行为人的设想不同时，应当如何认定其犯罪主观方面。这又进一步可以分为事前的故意、构成要件结果提前出现这两种情况。

事前的故意，是指行为人误以为第一个行为已经造成了构成要件结果，在此基础上实施了第二个行为，但事实上第二个行为才是真正导致构成要件结果出现的行为。例如，行为人先用钝器击打被害人头部使其昏迷，行为人误以为被害人已经死亡而将其用土掩埋，最终造成被害人窒息而死。对于这一问题，常见的处理方案是考查前行为是否蕴含着造成危害结果的类型性风险，如果答案是肯定的，则可以直接将危害结果归因于前行为，从而将全案认定为故意犯罪既遂。在前例中，由于用钝器击打头部本身就蕴含着致人死亡的类型性风险，被害人无论是当场死亡还是陷入昏迷，均不具有异常性，因此，即便客观上是后来的掩埋行为造成了被害人的死亡，也可以将死亡结果归因于之前的击打行为，从而将全案评价为故意杀人罪的既遂。

构成要件结果提前出现，是指行为人先后实施了数个行为，行为人本来计划通过后行为造成构成要件结果，但是前行为直接造成了构成要件结果的出现。例如，行为人计划先用迷药将被害人迷晕，然后杀死被害人，但由于使用了过量的迷药，直接导致被害人死亡。对此，应当基于"行为与责任同时存在"的基本原理，按照规范的间接故意概念，综合判断行为人在实施前行为时的罪过形式。首先，基于"行为与责任同时存在"的基本原理，既然是前行为造成了危害结果，那么整个案件的定性就取决于行为人在实施前行为时的罪过形式。至于行为人在实施后行为时的主观心态，并不具有决定性意义。其次，根据规范的间接故意概念，行为人在实施前行为时对于构成要件结果是否存在故意，取决于前行为固有的危险性，以及行为人对于危险现实化的认识程度。具体而言，在前例中，如果行为人大量使用的麻醉药品本来就具有致人死亡的类型性风险，那么当行为人试图以此来迷晕被害人时，就对可能出现的死亡结果存在间接故意；反之，如果该麻醉药品本身不具有致人死亡的类型性风险，被害人死于罕见的过敏反应，就应当认为，行为人对于被害人的死亡结果只具有过失，而不成立故意。

（四）疑难问题解析

打击错误问题历来是刑法学界争议的重点问题，虽然法定符合说勉强保持了通说的地位，但是近年来，具体符合说的影响力也在日益提高。笔者认为，具体符合说和法定符合说都不是完美的学说，相比之下具体符合说的缺陷要更大一些，而法定符合说具有相对的合理性。

第一，具体符合说不利于实现处罚的妥当性。如果采用具体符合说，就意味着对前述案件无法按照特定故意杀人罪的既遂犯定罪处罚，只能按照故意杀人罪（未遂）和过失致人死亡罪的想象竞合犯追究刑事责任。但是，前述案例中，行为人不仅在客观上造成了他人死亡的危害结果，主观上也有杀人的故意，整个行为的不法和责任与标准的故意杀人罪没有本质区别，最终却只能按照未遂犯追究刑事责任，不仅缺乏实质根据，也容易造成重罪轻罚的结果。

第二，"具体"的程度难以确定。具体符合说要求故意的成立必须以行为人认识到具体的案件事实为前提，可是这样一来，究竟"具体"到何种程度就成为问题。对此，具

体符合说的支持者一般认为，应当以法益主体的同一性作为判断标准，即当行为人意欲
侵害的对象和实际侵害的对象属于同一法益主体时，不影响故意的成立，但如果超出了
同一法益主体则阻却故意的成立。但是，在行为人实施了数个行为，侵害数个法益主体
的情况下，法益主体同一性标准会造成混乱。例如，甲、乙二人在电影院看电影，一个
枪手经过仔细瞄准后先以杀甲、杀乙的故意向甲、乙二人各开一枪，但是因为枪法不准，
第一枪打中了乙，第二枪打中了甲。按照法益主体同一性标准，行为人在每一次开枪的
时候，意图侵害的对象和实际侵害的对象都属于不同的法益主体，因而均构成犯罪未遂，
这样的结论显然不合理。

第三，当被害人不在场时，难以区分对象错误和打击错误。由于具体符合说对对象
错误和打击错误采用了不同的处理原则，因此必须确定好对象错误和打击错误的区分标
准，否则就会在具体案件中遭遇可操作性的难题。应当说，当被害人就在行为人的感知
范围内特别是视野范围内时，对象错误和打击错误的区分是相对容易的，但是当被害人
不在场时，对象错误和打击错误的区分就成了一个难题。虽然学者们提出了一些判断标
准，但均未能妥善解决这一问题。

当然，需要指出的是，法定符合说也面临着一定的困难。当行为人的一个行为造成
了多个危害结果，且这些危害结果均在同一构成要件的范围内时，如何认定故意的个数，
成为一个棘手的问题。例如，行为人意图杀死仇人甲而开枪，子弹同时击中仇人甲和路
人乙，并造成二人死亡。对于此例，如果认为行为人只存在杀死甲的这一个故意，那么
对于乙的死亡结果便只能成立过失致人死亡罪，但是这一处理结论和法定符合说的基本
思想是相违背的，因为乙的死亡与行为人的主观意图也在构成要件的范围内相符合，应
当认定行为人成立故意杀人罪的既遂才是。而如果认为行为人对于甲、乙二人的死亡结
果均存在故意，便需要回答，行为人明明只有一个犯罪意图，为什么会在规范层面被评
价为具有数个故意。如果不能解释这一点，便存在违反责任原则的嫌疑。

本书认为，在行为人的意图是侵害特定目标时，行为人确实只能成立一个直接故意
（针对甲），但行为人完全可能对于其他受到损害的对象成立间接故意（针对乙），这两者
之间并不矛盾。因此，在采取法定符合说基本思路的前提下，应当分别判断行为人对目
标对象和误击对象的是否存在犯罪故意。在前例中，首先应当肯定行为人对于其意欲侵
害的目标甲成立直接故意，然后再根据具体情况判断其对乙是否成立间接故意。具体而
言，当行为人认识到开枪射击是一种具有致人死亡高度危险性的行为，并且认识到乙有
可能被子弹打中时，就可以直接认定行为人对于乙的死亡结果存在间接故意。

五、法律认识错误

（一）难度与热度
难度：☆☆☆☆　热度：☆☆☆☆

（二）基本概念分析
法律认识错误，是指行为人对于自身行为在法律层面的规范评价发生了认识错误。
法律认识错误可以初步分为两种情形：一种是对"行为是否违法"这一核心问题发生了
认识错误，这也被称为"禁止错误"或者"违法性认识错误"；另一种是对行为是否违法

并未发生认识错误，而是对评价该行为所应适用的法律规范发生了认识错误，例如行为人误以为自己犯了 A 罪，实际上犯了 B 罪。这种错误在理论上被称为"涵摄错误"。

（三）学说理论探讨

涵摄错误不影响行为的定性，这一点已经得到了刑法理论界和实务界的一致认可。值得研究的是，违法性认识错误会对刑事责任产生何种影响。对此，理论界存在严格故意说、自然犯法定犯区分说、限制故意说和责任说这四种观点。

严格故意说认为，违法性认识是成立犯罪故意所不可缺少的条件。因此，当行为人对于行为的违法性存在认识错误时，至多成立过失犯罪，而不能成立故意犯罪。这种观点面临的批评主要来自政策层面，因为它会导致对于大量具有严重社会危害性的行为，至多只能按照过失犯定罪处罚。而对于很多故意犯罪，立法者没有配置相应的过失犯罪，那就无法追究刑事责任。例如，生产、销售伪劣产品罪没有与之对应的过失犯罪，在具体个案中，如果行为人以缺乏违法性认识为由来为自己开脱罪责，全案就只能作无罪处理，至多追究民事和行政责任，这可能会不当地缩小处罚范围。

自然犯法定犯区分说认为，法定犯本身的反伦理性较弱，只不过是国家基于管理的需要而将其规定为犯罪，法定犯的客观行为并不当然能够表明行为人的反社会态度，因此，应当将违法性认识作为法定犯故意成立的要素；而对于自然犯而言，客观行为本身就足以表现出行为人的反社会态度，因此自然犯故意的成立不需要行为人有违法性认识。但是，一般性地认为法定犯的反伦理性较低，可能并不妥当，例如毒品犯罪、贪污贿赂犯罪虽然均属法定犯，但很难认为这些犯罪的反伦理性就比自然犯的更低。此外，考虑到我国刑法中确实存在大量的法定犯，立法者并未配置相应的过失犯罪，因此，和严格故意说类似，此类观点也要面临"不当缩小处罚范围"的质疑。

限制故意说认为，违法性认识本身不是故意成立的要素，但是违法性认识的可能性是故意的要素。因此，当行为人缺乏违法性认识而具有违法性认识的可能性时，不影响故意犯罪的成立；如果行为人缺乏违法性认识的可能性，就不能成立故意犯罪。问题在于，如果行为人缺乏违法性认识的可能性，便说明其在具体情境下缺乏实施适法行为的可能性，既然如此，该行为不仅不应当构成故意犯罪，也不应当构成过失犯罪。限制故意说仅仅排除了故意犯罪的成立，却未排除过失犯罪的成立，可能存在结论与立场相矛盾的问题。而如果连过失犯罪的成立一并排除，则会直接倒向接下来的责任说。

责任说认为，违法性认识不是故意的要素，但是违法性认识的可能性是一个独立于故意的刑事可罚性条件。当行为人缺乏违法性认识的可能性时，应当阻却犯罪的成立，而当违法性认识错误可以避免时，虽然不能完全阻却犯罪的成立，但可以减轻刑事责任。责任说又可以进一步分为严格责任说和限制责任说，其中严格责任说将对正当化事由的认识错误理解为违法性认识错误，而限制责任说则将对正当化事由的认识错误理解为事实认识错误。和其他学说相比，责任说能够较好地满足国家治理的现实需求，但也存在一定的缺陷。特别是，当行为人因为自身过失而缺乏违法性认识时，按照责任说需要承担故意犯罪的刑事责任，这可能会存在违反责任原则的嫌疑。

（四）疑难问题解析

长期以来，学术界一直坚持认为，违法性认识不是故意的要素，仅在缺乏违法性认识可能性的时候可以排除刑事责任，司法实践中更是鲜见以缺乏违法性认识为由排除行为人犯罪故意的做法。但是，近年来，随着一系列案件引起舆论上的轰动，人们开始重新审视将违法性认识排除在故意范围之外的做法是否合理。笔者认为，基于罪刑法定原则和刑法治理的现实需要，应当将违法性认识纳入故意的成立条件之中。

首先，刑法通过设定行为规范和配置刑事责任，能够对公民的行为起到指引作用。如果知法违法与不知法违法的刑事责任并无二致，这样的刑法立场，在趋利避害的人性面前，究竟是鼓励告诫公民应当努力知法、守法，还是委婉暗示公民知法与否在刑法上其实没有任何区别和意义？答案是不言而喻的。因此，只有将违法性认识纳入故意之中，才能通过配置轻重不同的刑事责任，对公民的行为选择起到激励作用。

其次，理论界普遍承认，规范的构成要件要素属于故意的认识内容，而规范的构成要件要素兼具事实要素与规范要素的双重属性。这就意味着，对于规范的构成要件要素的认识本身就包含着对于规范本身的最起码的认识。而从这种对于规范的最起初的认识就可以推导出违法性认识。

最后，从《刑法》第13条但书的规定来看，社会危害性和刑事违法性是一体两面的关系。社会危害性决定了刑事违法性的本质即犯罪的违法实质，刑事违法性承载了社会危害性的表征即犯罪的违法形式，两者的有机结合形成了罪刑法定视野下的犯罪概念的完整内涵。因此，社会危害性认识与违法性认识同样是一体两面的关系，其中：违法性认识是有关形式违法的认识，社会危害性认识是有关实质违法的认识；违法性认识是有关法律知晓与否的事实性认识，社会危害性认识是有关法律正当与否的评价性认识。所以，我国刑法中的犯罪故意，既要求形式违法认识即违法性认识，又要求实质违法认识即社会危害性认识。前者是规范的事实性故意，后者是规范的评价性故意。

在此需要指出的是，对于违法性认识的内容，虽然学界有"悖德认识说""限制刑法认识说""严格刑法认识说"等不同主张，但其实这些观点不过是不同时代、不同法系、不同语境下的不法认识内涵的反映，其所折射的是不同时代的刑法理论对于法与道德、前置法与刑事法之间关系的认识。而基于法秩序统一的中国特色社会主义法律体系中的前置法与刑事法之间的规范关系，笔者以为，违法性认识应当是前置法之不法认识。只要行为人具有前置法之不法认识，即可认定行为人具有违法性认识，至于行为人对其行为的刑事违法性是否认识以及如何认识，虽然可以作为酌定量刑情节予以考虑，但于违法性认识的认定和犯罪故意的判定不生影响。

六、犯罪过失的本质

（一）难度与热度
难度：☆☆☆☆　热度：☆☆

（二）基本概念分析
《刑法》第15条第1款规定："应当预见自己的行为可能发生危害社会的结果，因为疏忽大意而没有预见，或者已经预见而轻信能够避免，以致发生这种结果的，是过失犯罪。"据此，犯罪过失是"应当预见自己的行为可能发生危害社会的结果，因为疏忽大意而没有预见，或者已经预见而轻信能够避免"的罪过形式，它是成立过失犯罪所必须具备的主观要素。犯罪过失之所以是一种受到刑法否定性评价的罪过形式，是因为行为人认识到了危害结果发生的可能性，在本可以避免危害结果发生的情况下，表现出了一种不负责任的心理态度。总体而言，过失犯罪是介于故意犯罪和无罪之间的一种犯罪类型，准确界定犯罪过失不仅有利于区分罪与非罪，也有利于区分轻罪与重罪。

（三）学说理论探讨

过失犯罪不仅是世界各国刑事治理的重点对象，也是刑法学理论研究重点关注的对象。对于"过失犯罪的本质是什么"这一问题，学术界进行了长期、深入的研究，其中较为有影响力的学说主要包括旧过失论、修正的旧过失论、新过失论、超新过失论、双层次过失理论五种。

1. 旧过失论

旧过失论将结果预见可能性置于过失认定的核心。行为人是否存在过失，关键在于其对构成要件结果的出现是否具有预见可能性。如果对此得出肯定的结论，就能够认定行为人存在犯罪过失。这种观点虽然有利于防卫社会，但也存在过分扩大处罚范围，不利于保障公民行动自由的问题。在工业时代，人们的生产、生活行为往往与风险相伴而生，驾驶汽车就意味着有发生交通事故的风险、进行工业生产就意味着有发生安全事故的风险，因此在具体案件中，很难认定行为人对于构成要件结果缺乏预见可能性。如果直接从预见可能性推导出犯罪过失，那么在发生交通事故、安全生产事故的场合，便很难有出罪的余地。

2. 修正的旧过失论

修正的旧过失论在整体上赞成"犯罪过失的本质是结果预见可能性"这一立场，但在此基础上强调通过对过失犯实行行为的认定，防止过失犯处罚范围的不当扩张。具体而言，只有具备导致构成要件结果的一定程度实质危险的行为，才是过失犯罪的实行行为。据此，按照交通规则驾驶机动车、按照安全生产规则进行生产活动，对于构成要件结果造成的危险均处在较低水平，不构成过失犯罪的实行行为，即便行为人在主观上对构成要件结果有预见可能性，也不会构成过失犯罪。和旧过失论相比，修正的旧过失论确实是一种进步，但也存在一定的疑问，因为现代社会中确实存在一些必须被容忍的高危险行为，有必要在刑事责任的层面为其"松绑"。例如，为了验证药物的效果而进行的临床医学试验，即便遵循了严格的操作流程，在客观上仍然存在着不小的危险，并且相关人员对于可能造成的受试人员人身伤害的结果存在认识可能性。如果采取修正的旧过失论，那么在前述医学试验造成受试人员重伤或死亡结果时，相关工作人员无论有没有遵守操作规程，都会构成相应的过失犯罪。这样的处理结论可能过于严苛，不利于科学水平的长远发展和进步。

3. 新过失论

新过失论不再将结果预见可能性作为判断过失有无的核心标准，而是引入了"结果回避义务"这一概念。在新过失论看来，仅仅存在结果预见可能性并不足以证明过失的存在，还需要进一步判断行为人是否履行了结果回避义务。只有在行为人未履行结果回避义务导致构成要件结果发生时，才能成立过失犯罪。新过失论往往会按照一般人水平建立一种客观化的注意义务标准，当行为人在具体案件中满足了该注意义务标准的要求时，就认为其履行了结果回避义务。据此，对于生产、生活中出现的各类事故，行为人可以辩称自己已经尽到了必要的结果回避义务，从而摆脱刑事责任。而那些尽到了注意义务和结果回避义务也无法排除的危险，往往被称为"被允许的危险"。和旧过失论相比，新过失论大幅缩小了过失犯的处罚范围。

新过失论围绕客观化的注意义务建立起判断过失有无的分析框架，这既是其理论的特色，也是它最大的争议所在。要建立起客观化的注意义务，就必须确立一般人标准的行为规范，就必须回答，这个"一般人标准"究竟从何而来。对此，新过失论通常会从两个方面来回应这一问题。一方面，立法者已经制定了一系列的规范性文件，用以为特定领域确立行为规范。这些行为规范本身就构成了客观化的注意义务标准；另一方面，在立法者并未直接设定行为标准的场合，就需要提炼出特定专业领域的一般人标准，并用它来衡量具体案件中的行为人是否履行了结果回避义务。

应当承认，新过失论所作的上述提炼和归纳在一定程度上为过失的认定提供了判断标准，但现实生活远比这复杂得多。第一，每个人因为天赋、教育和成长经历等因素的不同，能力禀赋的差异巨大，而从历史的维度来看，这种差异甚至在不断加大。第二，现代社会的分工高度细化，不同行业所需要的素质千差万别，即便在整体上能力水平相同的两个人，进入具体的专业领域中也会表现出明显差异。第三，即便在同一专业领域中，根据经验和能力水平的高低，也可以分为新手、熟练、专家等不同等级。第四，即便对于同一个人来说，其在不同的状态下所发挥出的能力也不相同。这一切因素共同导致，总是有人的注意能力高于一般人标准，也有人的注意能力低于一般人标准。当行为人身为特定领域的卓越个体时，法规范是否仅仅要求其发挥平均水平的能力？当行为人的注意能力低于一般人，拼尽全力也无法满足注意义务的要求时，追究其刑事责任是否具有正当性？这些问题都值得我们仔细斟酌。

4. 超新过失论

无论是旧过失论还是新过失论，都要求行为人对具体的构成要件结果具有预见可能性。而在一些重大的公共安全事件特别是环境污染事件中，行为虽然在客观上造成了巨大的损害结果，但由于案发时种种主客观条件的限制，行为人对于具体的构成要件结果缺乏认识可能性。例如，某企业日积月累的排污行为引起了河流下游民众罹患疾病，由于排污行为与河流下游民众患病之间的因果关系在科学上本就不明确，河流下游民众具体包括哪些人，也处于不断变化之中，因而很难认为该企业在行为时就对构成要件结果具有具体的认识可能性。但如果不追究此类行为的刑事责任，在政策上又很不合适。此时，有学者提出了超新过失论，认为过失的成立不需要行为人对于具体的构成要件结果有预见可能性，只要有模糊的不安感、危惧感就够了。因此这种学说也被称为"危惧感说"。

超新过失论虽然能够满足特定历史条件下国家治理的需求，但代价是过分扩大了过失犯的成立范围，牺牲了刑法理论体系的科学性。一方面，"不安感""危惧感"是非常模糊的概念，缺乏能够锚定其具体内涵的客观基础，如果将其作为判断犯罪过失的根据，难免会在具体案件的认定过程中陷入恣意。另一方面，从逻辑上来讲，预见义务是结果回避义务的基础，如果预见义务停留在模糊的"不安感""危惧感"这一层面，那么行为人便很难采取有针对性的结果避免措施。如果不能确定结果回避义务的具体内容，便容易陷入"动辄得咎"的处境之中，行动自由也将受到不应有的限制。正因如此，超新过失论的影响力正在日益衰落。

5. 双层次过失理论

双层次过失理论是一种建立在三阶层犯罪论体系之上的过失理论。这一理论将过失分为两个层次，第一个层次是构成要件过失，它属于不法的组成部分，要按照特定行业内的一般人标准来进行判断；第二个层次是责任过失，它属于有责性的组成部分，需要按照行为人的个别人标准进行判断。

双层次过失理论的优势在于，它能够在一定程度上缓解"一般人标准"之下过失犯认定过于僵硬的问题。具体而言，当行为人的个人能力本身有所欠缺，竭尽所能也无法避免构成要件结果的发生时，双层次过失理论会认为，由于行为人未能按照一般人标准履行结果回避义务，故行为人具备构成要件过失，其行为具有违法性（行为无价值二元论的语境下）；但由于行为人已经按照个别人标准履行了结果回避义务，故其不存在责任过失，这样一来，行为人的整个行为就不构成犯罪。

笔者认为，双层次过失理论在一定程度上注意到了新过失论的问题，这是值得肯定的。但是，这一理论仍然没有从根本上解决围绕"一般人标准"的诸多问题。尤其值得研究的是，当行为人的注意能力高于一般人时，是否应当相应地提高行为人的注意义务标准？本来，按照双层次过失理论背后的行为无价值二元论，违法性的判断应当按照社会一般人标准来进行，不因行为人注意能力的变化而改变，但是，学者们并未采用"社会一般人"标准，而是将其限定在特定的领域之内。新的问题随之产生，那就是这个"特定领域"究竟要具体到何种程度。以医生为例，全科医生与专科医生之间、不同科室的医生之间所负担的注意义务显然是不一样的，所以"特定领域"至少要具体到某一科室。而即便在某一科室之内，也存在医师、主治医师、副主任医师、主任医师的区别，不同级别医师的医术水平显然也有差异。至此，不妨让这个推理过程更进一步，假设行为人在某一领域有着傲视群雄、独一无二的能力，是否应当对其科以较高程度的注意义务？对此，有学者认为，即使这种特别能力者仅有一人，人们也应该为其建立一个独特的交往领域。但是这样一来，所谓的"客观一般人标准"已经无限趋近于行为人标准。

（四）疑难问题解析

过失犯罪注意义务的标准问题，一直以来是过失犯认定的基础与核心。传统上，学术界往往倾向于采取"一般人标准说"。然而，从前文的分析可以看出，与其先在观念上采取"客观一般人"标准，然后在解释论层面让"客观一般人"标准逐渐向行为人标准靠拢，不如一开始就采用行为人标准，根据行为人在具体情境下的注意能力，为其设定注意义务标准。

当行为人的注意能力低于一般人时，需要进一步考察这一事由发生的可归责性。如果行为人是因为不可归责于自身的事由注意能力低于一般人，例如，某医生为了支援突发疫情的病人救治而长时间连续工作，只要案发当时行为人已经尽自己所能来避免构成要件结果发生，就可以阻却过失的成立。反之，如果行为人是因为可归责于自身的事由注意能力低于一般人，例如，酒后驾驶导致的交通事故，那么行为人不得以"案发当时已经尽力"为由免除刑事责任。

当行为人的注意能力高于一般人时，又可以进一步分为"能力超群"和"特殊认知"这两种情况。应当说，对于能力超群者施加更高的注意义务标准，确实是一种负担，但这种负担具有合理性。第一，"行为人标准说"只是要求行为人发挥自己本身就拥有的能力，并不是对行为人的吹毛求疵。第二，对能力出众者提出更高要求的做法在其他部门法中已有体现，如《律师执业行为规范（试行）》第7条规定了律师的勤勉尽责义务，勤勉义务是否得到履行的一个重要标准是"尽力性"，即律师需要充分利用自己的知识和能力，为委托人在法律范围内谋取最大限度的利益。《公司法》第180条规定公司的董事、监事、高级管理人员对公司负有忠实勤勉义务，而在判定上述人员是否违反勤勉义务时，如果其因自身素养或职业等因素而拥有显著更高的水平时，所承担的义务水平也将相应调高。这背后的逻辑在于：优秀的董事、监事、高级管理人员和律师往往会获得远超过行业内一般水平的报酬，人们不可能仅仅要求他们发挥出等同于行业内一般水平的能力。第三，过失犯都是狭义结果犯。我国刑法中规定的过失犯罪往往以出现重大的人身伤害、财产损失作为犯罪成立的条件，考虑到对重大法益的保护，要求社会中的卓越个体发挥出应有的能力水平，并不是一个过分的要求。

而当行为人本身的能力虽不强于一般人，但掌握着一般人不知道的信息时，主流学说普遍认为，在确立注意义务标准时应当将行为人的特殊认知纳入考量。笔者也赞成这一立场。事实上，这里还涉及一个更加根本的问题，那就是法秩序对于组成社会共同体的公民究竟提出了怎样的要求。虽然有观点认为，一个人只要完成好与其社会角色相称的任务，法秩序就不应对其横加指责，但是，我们在成为各种具体的社会角色之前，都首先具备一个共同的身份，那就是社会共同体的成员。当我们获得某种超越一般人的特殊认知时，有义务善意地运用这种特殊认知，避免自身行为给他人带来不可挽回的重大伤害。

七、疏忽大意的过失

（一）难度与热度
难度：☆☆☆　热度：☆☆☆

（二）基本概念分析
根据我国《刑法》第15条的规定，疏忽大意的过失，是指行为人应当预见自己的行为可能会发生危害社会的结果，因为疏忽大意而没有预见的心理态度。

（三）学说理论探讨
从法律的规定可以看出，对疏忽大意的过失可以从以下两个方面来进行理解。

行为人应当预见自己的行为可能会造成危害社会的结果。注意义务是认定过失犯罪的核心，如果行为人对于特定的构成要件结果缺乏注意义务，那么无论发生了多么严重的结果，都不成立犯罪。而如何判断行为人有无注意义务以及注意义务的程度，恰恰是各种学说最主要的分歧所在。对此，可以从判断资料和判断立场两个方面来加以理解。

过失犯注意义务的判断资料，是指在判断行为人注意义务的有无及程度时，应当纳入考量的事实因素。对于复杂的客观物质世界而言，人的主观认识能力终究是有限的。要求行为人事无巨细地认识到案发时存在的全部客观事实，既无必要，也不可能。

对此，一个相对合理的处理方案是，以行为人所处具体专业领域所应当认识到的事实为基础，加上个案中能够证明的行为人存在的特殊认知，共同作为过失犯注意义务的判断资料。

过失犯注意义务的判断立场，是指在判断行为人对于特定的构成要件结果是否具有避免可能性时所应当采取的考察视角。对此，理论界存在着客观说和主观说两种思路，其中客观说认为应当按照一般人标准来判断结果避免可能性，而主观说则认为应当按照行为人标准来判断结果避免可能性。在这两种思路之间，还存在着若干种类的折中说。对于这一问题，前文已有较为详细的讨论，总体而言，客观说在认定注意义务标准的时候过于僵硬，而折中说又会在操作层面不断逼近具体的行为人标准，因此，不如直接以具体的行为人标准作为核心，然后根据具体情况加以适当微调。

疏忽大意的过失中，行为人因为疏忽大意而没有预见该危害社会的结果，其属于无认识的过失。行为人之所以没有采取必要的结果避免措施，是因为其没有预见到自己的行为可能会造成危害社会的结果。这既体现出行为人对于自身行为的危险性缺乏充分的认识，也表明行为人对他人和社会利益的不负责任的态度，因而应当受到刑法的谴责。

（四）疑难问题解析

有观点从意志因素的角度对疏忽大意的过失作了进一步的限定，认为其意志因素是排斥构成要件结果的发生。笔者不赞成这种观点。从逻辑上讲，认识因素是意志因素的基础，在行为人对构成要件结果缺乏认识的情况下，其意志因素只能是一片虚无。虽然事后来看，如果行为人事前对自身行为的危险性质有充分的认知，通常不会实施相应的行为，从这个意义上讲，行为人对于构成要件结果确实是排斥态度；但这只是经验层面的"常见"，而非逻辑上的"必然"，完全有可能存在"行为人对自身行为的危险性质有充分认知，仍然希望或放任结果发生"的情形。例如，行为人开车前往仇人家中，意图杀死仇人，但由于开车路上过于紧张，未能注意到横穿马路的行人，发生交通事故，致使被害人死亡。事后发现，被害人恰好是行为人的仇人。虽然可以认为，如果行为人事前就对自己的行为的危险性有充分的认识，行为人会希望被害人死亡结果的发生，但是根据"行为与责任同时存在"的基本原理，仍然只能将全案评价为过失犯罪而非故意犯罪。

八、过于自信的过失

（一）难度与热度

难度：☆☆☆☆ 热度：☆☆☆☆

（二）基本概念分析

根据我国《刑法》第15条的规定，过于自信的过失，是"行为人已经预见到自己的行为可能会发生危害社会的结果，但是轻信能够避免"的罪过类型。

过于自信的过失由认识因素和意志因素两部分构成，其中在认识因素方面，行为人对于自己的行为发生危害社会的结果有认识，这一点不同于疏忽大意的过失；而在意志因素方面，行为人对于危害结果的发生持反对态度，这一点又不同于间接故意。

（三）学说理论探讨

和疏忽大意的过失类似，对过于自信的过失也可以从两个方面来加以理解。

1. 已经预见到自己的行为可能会发生危害社会的结果

与疏忽大意的过失不同，过于自信的过失属于有认识的过失。一方面，行为人在一定程度上认识到了自己的行为的危险性，预见到了构成要件结果出现的可能性。这意味着行为人应当审慎权衡自己的行为，以避免构成要件结果的出现。另一方面，行为人的这种认识存在一定的模糊性、不确定性，即便行为人不采取结果避免措施，构成要件结果也有可能不出现。

2. 行为人轻信该结果能够得到避免

行为人虽然认识到了构成要件结果发生的可能性，但其根据一定的因素，认为该结果不会发生。这里既可以是客观因素，例如该结果发生的概率本身较低，被害人会采取措施防止该结果的发生，还有其他人会采取措施防止该结果的发生；也可以是主观因素，例如行为人对于自己的结果避免能力有很高的自信。一方面，这说明行为人对自身行为危险性的重视程度和警惕程度不足，对于构成要件结果的发生存在不负责任的态度，因而应当受到刑法的谴责；另一方面，对于构成要件结果的发生，行为人终究还是持反对和否定的态度，因此行为人在主观上的可谴责性要低于故意犯罪。

（四）疑难问题解析

过于自信的过失与间接故意的区分一直是一个困扰刑法学界的疑难问题。一方面，从认识因素来看，在过于自信的过失和间接故意中，行为人都认识到了自己的行为造成构成要件结果的可能性。另一方面，虽然从理论上讲，在过于自信的过失中，行为人反对构成要件结果的发生，而在间接故意中，行为人对犯罪结果的发生持放任态度，两者存在差异，但是在实践中要区分两者，往往并不容易。

有观点认为，过于自信的过失和间接故意如此难以区分，说明两者在本质上存在某种共通性，与其费尽心力地区分二者，不如将它们统合成为一种罪过形式。从立法论的角度来看，这种观点有一定的道理，例如英美法中的"轻率"（recklessness）这种罪过形式，就同时涵盖了间接故意和过于自信的过失。笔者认为，这种观点在学理层面有一定的合理性，但与我国刑法的规定存在着明显分歧。故意犯罪和过失犯罪的区分是我国刑法的基础架构，这一原理对于定罪和量刑有着全局性的影响。只要不彻底推翻这一基本架构，我们就必须正面回应故意和过失的分界问题。总体来说，故意和过失不仅是两种不同的罪过类型，更意味着两种不同的谴责程度。对于过于自信的过失与间接故意如何区分的问题，不能仅仅着眼于对概念的语义分析，还要结合立法者的规范目的展开体系解释。对此，虽然目前还缺少一劳永逸的解决方案，但可以通过要素分析的方法尽可能缩小二者之间的模糊地带，以客观事实为基础，结合社会一般观念，推定行为人的罪过形式。

第一，危险现实化的概率。从整体来说，在间接故意犯罪中，行为人所认识到的危险现实化的概率要高于过于自信的过失，因为如果某一行为所对应的危险现实化概率很低，这本身就可以成为行为人"轻信能够避免"的根据。与之相对应，如果某一行为所对应的危险现实化的概率很高，以至于只有放弃该行为才能有效避免构成要件结果的发生，行为人仍然实施该行为的，其罪过形式就更接近于间接故意。

第二，行为人对注意义务的违反程度。一般来说，在间接故意犯罪中，行为人对于注意义务的违反程度要相对更高。例如，在其他条件相同的情况下，一个人是超速驾驶造成交通事故，另一个人则是冲闯有行人的红灯，那么后者更有可能被认定为间接故意犯罪。

第三，"轻信能够避免"是否存在理性的根据。在过于自信的过失中，行为人的"轻信能够避免"往往具有一定的理性根据，如危险现实化的概率本身就很低，或者行为人采取了一定的结果避免措施。在间接故意犯罪中，行为人也可能采取了一定的结果避免措施，但这些措施往往并不能实质性地降低行为的危险性，致使"轻信能够避免"缺乏理性的根据。

九、犯意转化与另起犯意

（一）难度与热度
难度：☆☆　热度：☆☆

（二）基本概念分析

犯意转化是指行为人在实施犯罪的过程中，放弃了原来的犯罪意图转而产生了新的犯罪意图，且前后两个犯罪意图针对同一对象。

犯意转化包括两种具体情形。如果前后两罪不存在包含关系，那么犯意转化就需要发生在前罪既遂、未遂或者中止之前，由于行为人在前罪的实行行为尚未着手时就放弃了原有犯罪意图，转而实施新的犯罪，故原则上应当按照"实行行为吸收预备行为的法理"，按照后罪追究刑事责任。

如果前后两罪的罪质存在包含关系，如行为人本来打算杀死被害人，后来转化为伤害故意，抑或行为人本来仅有伤害故意，后来转化为杀人故意，此时犯意转化的时间条件可以放宽至实行行为进行时。由于前后两罪在罪质上存在包含关系，故应当按照"全面评价原则"，按照前后两罪中较重的罪定罪处罚。

另起犯意是指行为人实施犯罪且达到既遂、未遂或者中止之后，又在另一个犯罪意图的支配下实施新的犯罪。对于另起犯意的，由于前罪的实行行为已经付诸实施，行为人又在新的犯罪意图的支配下实施了新的犯罪行为，故原则上应当将前后两罪数罪并罚。

（三）学说理论探讨

犯意转化和另起犯意是一组相似但有区别的概念。它们的相同点在于，无论是犯意转化还是另起犯意，行为人故意的内容均发生了变化。两者的区别如下：

（1）时间条件不同。犯意转化视情况可以发生于实行行为前或者实行行为进行时。而另起犯意则要求行为人已经实施了前罪的实行行为，前罪达到了既遂、未遂或者中止的阶段。

（2）对象条件不同。犯意转化要求前后两个犯意针对的是同一对象，而另起犯意则无此要求。

（3）法律后果不同。对于犯意转化，需要视具体情况按照后罪处罚或者从一重罪处罚；而对于另起犯意，除构成同种数罪的场合，一般要对前后两罪进行数罪并罚。

（四）疑难问题解析

一般认为，对于犯意转化的处理规则，是要用后罪的实行行为吸收前罪的预备行为，这样的处理方式在多数情况下是妥当的。但是在少数情况下，前罪的罪质很重，而后罪的罪质较轻，哪怕是前罪的预备行为也并不轻于后罪的实行行为，这使前者很难被后者"吸收"。例如，行为人潜入被害人家中意图杀死被害人，但发现被害人并不在家，行为人转而窃取了被害人家中的少量财物。由于故意杀人罪的罪质明显重于盗窃罪，盗窃罪的既遂很难"吸收"故意杀人罪的预备。如果仅按后罪的盗窃罪既遂处理，便会导致评价的不充分。在这种特殊情形下，应当将前后两行为按照想象竞合犯处理，从一重罪处断。

第三节　犯罪主观方面的其他要素

一、犯罪目的

（一）难度与热度
难度：☆☆☆　热度：☆☆☆

（二）基本概念分析

犯罪目的，是指行为人通过实施犯罪行为所意图实现的主观目标。从存在论的角度而言，任何故意行为都有相应的目的，但是这种目的不同于刑法层面的"犯罪目的"。只有那些具备构成要件要素地位的、对犯罪的成立与否有影响的主观目标，才是刑法学所研究和讨论的"犯罪目的"。这种以特定目的作为犯罪成立条件的犯罪也被称为目的犯。我国刑法中的目的犯可以初步分为法定目的犯和非法定目的犯两类。

（三）学说理论探讨

法定目的犯，是指刑法明文规定的，以特定目的作为犯罪成立条件的犯罪。例如，《刑法》第218条销售侵权复制品罪要求"以营利为目的"，《刑法》第265条盗窃罪要求"以牟利为目的"。

非法定目的犯是指刑法虽然没有明文规定特定目的是犯罪成立的构成要件要素，但是综合考虑该罪的性质和特征，以及该罪在整个刑法体系中的地位，通过刑法解释使特定目的成为该罪的构成要件要素。例如，《刑法》第264条盗窃罪，虽然刑法条文并未明确将本罪规定为目的犯，但是理论界和实务界一致认为，本罪的成立需要以行为人具有"非法占有目的"为前提，从而使本罪成为非法定目的犯。

（四）疑难问题解析

对于目的犯的存在范围，理论界存在一定的争议。一种观点认为，目的犯只存在于直接故意犯罪之中，因为间接故意犯罪中的行为人对于危害结果的发生并非积极追求，而是持放任态度，进而不存在犯罪目的。另一种观点认为，目的犯存在于所有故意犯罪之中，间接故意和犯罪目的并不矛盾。本书赞成第一种观点。犯罪目的作为行为人实施犯罪时的心理态度，仅存在于直接故意犯罪之中。直接故意对自己的行为会发生的危害社会的结果不仅明知，而且希望这种结果的发生，直接故意中的意志因素和犯罪目的中的希望是一致的。间接故意的认识因素是认识到自己的行为可能发生危害社会的结果，由于认识因素的可能性，间接故意的意志因素是放任的心理态度。"放任"的理解是听之任之、任其发展。结果发生与否均不违背行为人的意志。因此，犯罪目的中对结果的希望与"放任"是冲突的：存在犯罪目的的行为人对危害结果必然不能是放任的心理态度；而对危害结果持"放任"心理态度的罪过必然不具有希望结果发生的犯罪目的。

二、犯罪动机

（一）难度与热度
难度：☆☆　热度：☆☆

（二）基本概念分析
犯罪动机是指促使犯罪人决意实施犯罪行为的心理原因。虽然犯罪动机和犯罪故意存在一定的联系，但是犯罪动机本身并不是犯罪故意的组成部分。正因为如此，动机错误并不影响故意的成立。

（三）学说理论探讨
在多数情况下，犯罪动机并不影响定罪，而只影响量刑。如果行为人是出于道德上可宽宥的动机而实施犯罪，一般会被从宽量刑；而如果行为人是出于道德上具有强烈可谴责性的动机而实施犯罪，一般会被从严量刑。但值得注意的是，在少数情况下，立法者也将犯罪动机明确规定为构成要件要素，此时如果缺乏特定动机，就不构成相应的犯罪。例如，《刑法》第399条徇私枉法罪的成立需要行为人在主观上具有徇私动机或者徇情动机。

（四）疑难问题解析
犯罪目的和犯罪动机之间既有联系，又有区别。总体来说，任何意志行动总是和一定的目的与动机相关联。动机是行为的起点，目的是行为的归宿。犯罪动机是行为人实施犯罪行为的心理起因，而犯罪目的则是犯罪行为的心理指向。

在实践中，犯罪目的和犯罪动机之间可能表现为多种形态。（1）一种犯罪动机可能推动多种犯罪目的。例如，某人在报复动机之下，对被害人实施了一系列犯罪行为，这些犯罪行为分别对应各自的目的。（2）多种犯罪动机共同推动一种犯罪目的。例如，行为人可能基于多种复杂的动机，最终决定杀死被害人。（3）一种动机推动一种犯罪目的。例如，某人为了获取金钱利益而实施贪污行为。

三、不可抗力事件

（一）难度与热度
难度：☆☆　热度：☆☆

（二）基本概念分析
我国《刑法》第16条规定："行为在客观上虽然造成了损害结果，但是不是出于故意或者过失，而是由于不能抗拒或者不能预见的原因所引起的，不是犯罪。"一般认为，该条是对无罪过事件的规定，它具体包括不可抗力事件和意外事件两个部分。

不可抗力事件，是指行为人的行为虽然在客观上造成了损害结果，但是由于存在行为人无法克服的外界强力，使得行为人对于损害结果不具有犯罪故意或者犯罪过失。

（三）学说理论探讨

不可抗力事件有以下三个方面的特征：

（1）行为在客观上造成了损害结果。

（2）行为人认识到或者应当认识到损害结果的发生。如果行为人对于损害结果缺乏认识可能性，那么直接成立意外事件，而非不可抗力事件。

（3）存在行为人无法克服的外界强力，这种外界强力导致行为人无法将损害结果发生的可能性降低到可控范围之内。例如，病人的身体过于脆弱，在医生已经全力抢救的情况下，仍然死于术后并发症。又如，行为人在受到他人生命威胁的情况下实施了犯罪行为，此时如果行为人不就范，就会立刻遭到杀害。

（四）疑难问题解析

值得注意的是，刑法中的不可抗力与民法中的不可抗力并不是同一个概念。根据《民法典》第180条的规定，民法中的不可抗力是指不能预见、不能避免且不能克服的客观情况。并且民法理论一般认为重大自然灾害是不可抗力的典型代表。但是，刑法理论讨论不可抗力的前提是行为在客观上造成了损害结果，与人无关的自然灾害并不属于刑法中的不可抗力事件。

四、意外事件

（一）难度与热度

难度：☆☆　热度：☆☆

（二）基本概念分析

根据《刑法》第16条的规定，意外事件，是指虽然行为在客观上造成了损害结果，但是行为人在主观上既没有预见到损害结果的发生，也不应当预见到损害结果的发生，因而不存在犯罪故意或者犯罪过失，不成立犯罪。

（三）学说理论探讨

意外事件有以下三个方面的特征：

（1）行为在客观上造成了损害结果。

（2）行为人没有预见到自己的行为造成损害结果的可能性。

（3）行为人不应当预见到自己的行为造成损害结果的可能性。在此情况下，行为人对于损害结果既不存在犯罪故意，也不存在犯罪过失，故不成立犯罪。

（四）疑难问题解析

对行为人罪过形式的认定和对无罪过事件的认定，是一体两面的关系。也就是说，在具体案件中，如果能够认定行为人具有犯罪故意或者犯罪过失，那么一定不成立无罪过事件；反之，如果能够将案件认定为无罪过事件，那么行为人一定不存在犯罪故意或者犯罪过失。

第三部分　拓展延伸阅读、案例研习与同步训练

第一节　拓展延伸阅读

1. 姜伟. 犯罪故意与犯罪过失. 北京：群众出版社，1992.
2. 李兰英. 间接故意研究. 武汉：武汉大学出版社，2006.
3. 陈磊. 犯罪故意论. 北京：中国人民公安大学出版社，2012.
4. 陈兴良. 从刑事责任理论到责任主义：一个学术史的考察. 清华法学，2009（2）.
5. 刘明祥. 论具体的打击错误. 中外法学，2014（2）.
6. 劳东燕. 犯罪故意理论的反思与重构. 政法论坛，2009（1）.
7. 周光权. 客观归责与过失犯论. 政治与法律，2014（5）.
8. 田宏杰. 走向现代刑法：违法性认识的规范展开. 政法论坛，2021（1）.
9. 陈璇. 论过失犯的注意义务违反与结果之间的规范关联. 中外法学，2012（4）.
10. 钱叶六. 期待可能性理论的引入及限定性适用. 法学研究，2015（6）.

第二节　本章案例研习

案例 1：刘某明交通肇事、梁某友故意杀人案

（一）基本案情

2012 年 12 月 21 日 18 时许，被告人刘某明、梁某友同他人聚餐时饮酒，后二人驾车外出，被告人刘某明驾驶小型轿车在前，被告人梁某友驾驶另一辆轿车跟随。当被告人刘某明沿本市西北半环快速路由北向南行驶至青云桥北侧时，被害人许某某驾驶电动自行车同向行驶，刘某明未注意观察道路情况，所驾车辆前部撞击许某某所驾电动自行车尾部，其在车辆前风挡玻璃破损的情况下，未停车查看情况，继续向前行驶约 1.5 公里至青云桥下坡南侧处停车。跟在其后的梁某友亦停车，二人发现有人的腿悬于中华车车底，刘某明弃车离开现场。被告人梁某友明知车下有人，仍继续驾车行驶，行驶约 75 米时，被害人许某某从车底脱落，梁某友碾轧被害人后继续行驶，至快速路芥云桥出口时被在辅路执勤的交警截获。经查，被害人许某某已死亡。

（二）法院判决

法院认为，刘某明交通肇事致一人死亡且负事故主要责任，构成交通肇事罪。刘某明肇事前曾饮酒，其酒后驾驶机动车辆，肇事后为逃避法律追究而逃跑，其行为构成交通肇事后逃逸。同时，本案鉴定意见证实，肇事车辆对被害人的撞击和拖带是导致其死亡的直接原因，而被害人经历了被告人刘某明的撞击和拖带、被告人梁某友的继续拖带两个过程，现有鉴定意见无法确定被害人在哪个过程中死亡，不能证实刘某明的逃逸行为与被害人的死亡结果之间存在因果关系，故其不构成逃逸致人死亡。

本案相关证据证实，梁某友明知轿车下面有人，不知是否死亡，也没有进行查看，而是驾驶车辆继续拖带被害人行驶 75 米并碾轧了被害人。虽其本人供述"当时完全蒙了，只是想快跑"，但无论主观目的如何，其对剥夺被害人生命这一结果持听之任之的态度，即放任危害结果的发生，故其主观方面表现为间接故意，其拖带、碾轧被害人的行为构成故意杀人罪。同时，因被害人的死亡时间点无法确定，从罪疑有利被告的角度，推定被害人死亡于梁某友继续驾驶肇事车辆之前，故梁某友的故意杀人行为构成对象不能犯的未遂。检察机关指控的帮助毁灭证据罪，仅是对其行为妨害司法的属性进行了评价，对其行为侵犯公民人身权利的属性却未进行评价，而后者遭受犯罪行为侵害的法益显然要大于前者，应择一重罪处罚。最终判决：被告人刘某明犯交通肇事罪，判处有期徒刑 5 年。被告人梁某友犯故意杀人罪（未遂），判处有期徒刑 4 年；犯危险驾驶罪，判处拘役 3 个月，并处罚金人民币 2 000 元；数罪并罚，决定执行有期徒刑 4 年，并处罚金人民币 2 000 元。

（三）案例解析

本案中刘某明构成交通肇事罪，对此应该没有争议。值得讨论的是对梁某友的行为应该如何定性。如果梁某友在认识到车底下有活人的情况下实施了拖带行为并最终导致被害人死亡，那毫无疑问构成直接故意杀人既遂。但问题在于：一方面，从客观上来看，由于被害人经历了被撞击、被拖带两个过程，现有证据无法查明究竟是哪一个行为造成了被害人的死亡，根据存疑有利于被告的原则，只能推定被害人在被撞击时已经死亡，从而对梁某友只能认定为犯罪未遂；另一方面，从主观上来看，梁某友虽然知道车底下有人，但无法确切知道车底下究竟是活人还是死人，由于故意杀人罪中的"人"毫无疑问是指活人而非尸体，在梁某友对于"活着的人"这一关键性客观构成要件要素只有模糊的、不确定的认识的情况下，只能认为有间接故意而非直接故意。于是在全案中，成立间接故意杀人的未遂。

值得注意的是，传统观点否定间接故意犯罪未遂形态的刑事可罚性。但由于先前的撞击行为是刘某明实施的，梁某友只是实施了后续的拖带行为，如果对其不按照间接故意杀人的未遂犯处罚，全案就只能评价为危险驾驶罪一罪，处刑至多不过拘役。这样的处理结论恐怕是让人难以接受的。只有承认间接故意犯罪的未遂形态，并对梁某友按照间接故意杀人的未遂犯和危险驾驶罪数罪并罚，才能实现处罚的合理性。

案例 2：刘某某等过失以危险方法危害公共安全案

（一）基本案情

被告人赵某虎于 2012 年 8 月注册成立陕西××行航摄有限公司（自然人独资），经营范围为航空摄影、测绘业务咨询等，该公司没有测绘资质。2013 年 11 月，陕西××行航摄有限公司与荆门航空科技有限公司签订合同，从荆门航空科技有限公司购买 A2C 飞机一架，该机未取得适航证。被告人刘某某系陕西××行航摄有限公司飞行器驾驶员，其于 2012 年 12 月 30 日取得了由陕西省航空运动协会颁发的"小鹰 100 型飞行器合格证"，于 2018 年 4 月 10 日取得了由中国民用航空局颁发的运动驾驶员执照，等级为"运动驾驶员初级飞机陆地"，执照备注：运动驾驶员执照持有人不得从事商业航空运输。

2018年9月16日，中国电建集团西北勘测设计研究院有限公司与陕西××行航摄有限公司签订"华能子长柏山寺100MW风电场测量技术服务项目合同"，合同约定由陕西××行航摄有限公司完成华能子长柏山寺100MW风电场的1∶2 000比例尺的高分辨率航拍影像及相关测量工作。合同未约定航拍飞行报备事项。合同签订后，被告人赵某虎指示被告人刘某某与中国电建集团西北勘测设计研究院有限公司工作人员联系开展航拍测绘工作。

2018年9月29日，被告人刘某某驾驶陕西××行航摄有限公司A2C轻型运动飞机，对合同约定目标地进行航拍测绘。当日13时30分许，被告人刘某某驾驶的飞机被中国人民解放军中部战区战斗机逼停迫降至靖边县××镇。中部战区在该事件的处置中，总组织战区空军、陕西省军区××队××人，×架战斗机、×部雷达、×台车辆参与处置，共耗航油×吨，干扰弹×枚。此次事件扰乱了首都空中控制区管理秩序，干扰了部队正常的空中训练，占用了军队的战备资源，耗费了大量的人力物力，给首都空防安全带来严重的现实威胁，并且造成两民航航班分别延误25分钟和30分钟。

（二）法院判决

审理法院认为，被告人赵某虎、刘某某违反航空管理法规，在未申请飞行计划的情况下，驾驶未取得适航证的飞机飞行，扰乱了首都空中控制区管理秩序，危害公共安全，造成严重后果，被告人赵某虎、刘某某的行为均已构成过失以危险方法危害公共安全罪。靖边县人民检察院指控被告人赵某虎、刘某某的犯罪事实和罪名成立，但被告人赵某虎、刘某某的行为未造成人员伤亡或者重大财产损失，犯罪情节较轻。对辩护人辩解被告人犯罪情节较轻的意见依法予以采纳。辩护人辩解被告人赵某虎、刘某某主观上均没有过失，本次飞行造成的实际损失不明，无法确定已达到造成公私财产遭受严重损失的定罪标准。经查，被告人赵某虎、刘某某均系航摄测绘从业人员，加之被告人刘某某还经专业培训并取得运动驾驶员执照，二被告人应当知晓航空管理规定和飞行基本规则，其在飞行前有义务确认飞行计划是否获批，应当预见未经批准的飞行计划会造成危害公共安全的后果。被告人在未取得适航证书、未申请飞行计划的情况下驾驶飞机飞行，造成军事力量出动、军用物资损失及民航航班延误的严重后果，被告人主观上均属于过失。综合考虑案件其他情况，判决被告人赵某虎犯过失以危险方法危害公共安全罪，判处有期徒刑1年，宣告缓刑1年；被告人刘某某犯过失以危险方法危害公共安全罪，判处有期徒刑1年，宣告缓刑1年。

（三）案例解析

被告人在没有资质、未经报备的情况下擅自起飞，违反航空管理秩序，给相关军民部门造成了严重损失，应受到行政处罚。这是没有疑问的，但问题在于：站在社会一般人的视角看来，真的能认定刘某某在进行飞行测绘时存在犯罪过失吗？按照一般人的理解，刘某某经过了专业培训，取得了飞行执照，驾驶技术是过关的，即便未履行报批程序，干扰了航空管理秩序，也不意味着就对公共安全造成了危险。对于这一问题，法院认为："被告人应当知晓航空管理规定和飞行基本规则，其在飞行前有义务确认飞行计划是否获批，应当预见未经批准的飞行计划会造成危害公共安全的后果。"事实上，法官在判决书中仍然没有道出问题的核心。未经批准的飞行活动之所以会危及公共安全，是因为它会影响净空保护。由于飞机在起降期间的高度比较低，因此在机场上空必须划定一个特定的区域，以保证航班起降的安全。这个划定的区域就叫作机场净空保护区。在净空保护区内，机场将采取相关措施驱逐鸟类并避免一切干扰飞机起降的因素（如风筝、气球、烟火等）。

由此可见，法院认为刘某某"应当知道航空管理规定和飞行基本规则"，已经在一定程度上采取了过失犯注意义务标准个别化的分析思路，虽然过失以危险方法危害公共安全罪仅仅是普通过失犯罪而非业务过失犯罪，但法官仍然将行为人的注意义务标准设定为"航空领域的一般人"。

第三节 本章同步训练

一、选择题

（一）单选题

1. 关于罪责原则，下列说法中错误的是（ ）。

A. 所有犯罪的成立都必须以主观罪过为前提

B. 行为人的主观罪过应当与客观行为相匹配

C. 犯罪的成立需要行为人对于和案件相关的所有客观事实具有认识可能性

D. 刑罚的轻重应当与行为人的主观可谴责性相一致

2. 关于犯罪故意，下列说法中正确的是（ ）。

A. 犯罪故意是一种纯粹的心理事实，不包含规范评价的因素

B. 认定犯罪故意时，应当以行为人自己的供述为主要依据

C. 直接故意的成立，需要行为人认识到行为与结果之间的具体的因果流程

D. 间接故意的成立，需要行为人认识到自己的行为造成危害结果的可能性

3. 关于犯罪过失，下列说法中正确的是（ ）。

A. 犯罪过失的成立，需要行为人认识到自己的行为造成危害结果的可能性

B. 犯罪过失的成立，需要行为人对危害结果有认识可能性

C. 疏忽大意的过失属于有认识的过失

D. 过于自信的过失是一种比疏忽大意的过失更轻的过失类型

（二）多选题

1. 以下对直接故意与间接故意的理解正确的是（ ）。

A. 直接故意的行为人是认识到危害结果的必然发生或可能发生

B. 直接故意是希望即积极追求危害结果的发生

C. 间接故意是放任结果发生

D. 间接故意犯罪中，行为人对于危害结果持"漠不关心"的中立态度

2. 关于刑法中的认识错误，下列说法中正确的是（ ）。

A. 刑法中的认识错误可以分为事实认识错误与法律认识错误

B. 根据事实认识错误是否发生在同一构成要件的范围内，可以进一步分为抽象的事

实认识错误和具体的事实认识错误

C. 抽象的事实认识错误不影响故意的成立

D. 具体的事实认识错误阻却故意的成立

3. 关于如何区分间接故意和过于自信过失，下列说法中正确的是（　　）。

A. 在间接故意犯罪中，危险现实化的概率通常较高

B. 在间接故意犯罪中，行为人对注意义务的违反程度通常更高

C. 在间接故意犯罪中，行为人采取的结果避免措施通常具有一定的理性根据

D. 在间接故意犯罪中，行为人对危害结果持放任心态

4. 关于犯罪目的与犯罪动机，下列说法中不正确的是（　　）。

A. 所有的犯罪都有犯罪动机

B. 所有的犯罪都有犯罪目的

C. 犯罪目的只影响定罪，不影响量刑

D. 犯罪动机不影响定罪，只影响量刑

二、案例分析题

1. 村民丁某（女）于20××年10月设生日宴席。村民赵某与之不睦，且素有好吃懒做之声名，当日不请自到，引起丁某不满，遂言语相讥。赵某一副无赖嘴脸说："我这个人不挑食，什么都敢吃，就算是农药我也敢喝。"丁某更心生厌恶，说："你真敢喝农药？别吹牛了。我要是拿来了你不喝，就从老娘的裤裆下钻过，敢不敢？"众人也不满赵某嘴脸，遂默契地起哄。丁某心想反正赵某也不可能真的喝农药，正好借此机会整治赵某，就倒了一杯农药端在赵某面前，对赵某说："这是农药，你敢喝吗？"赵某见真的端来类似农药的液体，心生怯意，但眼见丁某已做出叉开双腿的姿势，周围的人也跟着起哄，赵某不愿意服输，端起杯子一口气喝完了。丁某表情立即变得惊愕，旁边有人问："难道真的是农药吗？"丁某下意识地点头，众人这才意识到大事不好，连忙和丁某一起将赵某送往医院。在送往医院途中，赵某因毒性发作死亡。

试析丁某对于赵某死亡结果所应当承担的刑事责任。

2. 王某为继承房产欲杀害继祖母李某，将亚硝酸钠（有毒物质）注射进新买的一箱饮料给李某饮用，因剂量较小，李某仅出现呕吐症状。王某遂取回全部饮料，并放置在其与父母同住的卧室内。为防止父母误饮中毒，王某分若干次丢弃十余包饮料。王某母亲何某看到后，以为饮料已经变质，提议将剩余饮料丢弃到自家楼下垃圾桶内，王某表示同意。何某将剩余的9包饮料丢弃到楼下门口的垃圾桶，随即被拾荒者蒋某捡拾。蒋某将其中的3包饮料赠予朋友周某，但并未告知饮料来源。周某5岁的儿子张某饮用该饮料后，因亚硝酸钠中毒导致死亡。

问：对于张某的死亡结果，是否有人应当承担刑事责任？如果有，应当承担怎样的刑事责任？

三、论述题

1. 试述打击错误对故意的影响。

2. 过失犯中的注意义务标准应当采取一般人标准还是行为人标准?

参考答案及解析

一、选择题

(一) 单选题

1. 参考答案: C

解析: 罪过责任原则有以下具体要求。

第一,犯罪的成立必须以主观罪过为前提,如果行为人没有主观罪过,无论客观上的损害后果多么严重,都不能追究刑事责任。

第二,行为人的主观罪过应当与客观上的犯罪行为同时存在。

第三,刑罚的轻重应当与行为人主观可谴责性的轻重相适应。

犯罪的成立并不要求行为人对于所有事实有认识可能性,至多是对与构成要件相关的案件事实有认识可能性。

2. 参考答案: D

解析: 犯罪故意既有作为心理事实的一面,也有作为规范评价的一面。在实践中对故意的认定应当以客观事实为基础,结合常识、常情、常理进行推断,而不能偏听偏信行为人的一面之词。具体的因果流程不是故意的认识内容。故意的成立需要行为人认识到自己的行为可能发生危害社会的结果,间接故意也是如此。

3. 参考答案: B

解析: 犯罪过失的成立,需要行为人对危害结果有认识可能性,但不必然要求行为人对于这种危险有现实的认识。疏忽大意的过失属于无认识的过失。总体而言,过于自信的过失是一种比疏忽大意的过失更重的过失类型。

(二) 多选题

1. 参考答案: ABC

解析: 从立法条文的表述来看,直接故意是指"明知自己的行为会发生危害社会的结果,并且希望这种结果发生"的心理态度。它包括认识因素和意志因素两个方面,其中认识因素是"明知",意志因素是"希望"。但需要注意的是,间接故意既然是一种值得刑法谴责的罪过形式,那就不应当是一种中立的心态。我们在理解间接故意时,不应当从"放任结果不发生"的角度来理解,而要从"放任结果发生"的角度来理解。

2. 参考答案: AB

解析: 刑法中的认识错误可以分为事实认识错误与法律认识错误,根据事实认识错误是否发生在同一构成要件的范围内,可以进一步分为抽象的事实认识错误和具体的事实认识错误,抽象的事实认识错误通常会阻却故意的成立,具体的事实认识错误是否阻却故意的成立,存在法定符合说和具体符合说的争议。但是这种争议仅发生在打击错误的层面,而关于对象错误,两种学说都认为不影响故意的成立。

3. **参考答案**：ABD

解析：在间接故意犯罪中，危险现实化的概率通常较高；在间接故意犯罪中，行为人对注意义务的违反程度通常更高；在间接故意犯罪中，行为人采取的结果避免措施通常缺乏理性根据；在间接故意犯罪中，行为人对危害结果持放任心态。

4. **参考答案**：ABCD

解析：犯罪目的和犯罪动机仅在部分故意犯罪中存在。犯罪目的虽然多数情况下是定罪的要素，但有时也作为法定刑升格的条件而出现，例如，《刑法》第240条拐卖妇女、儿童罪的"以出卖为目的，使用暴力、胁迫或者麻醉方法绑架妇女、儿童"。犯罪动机虽然在多数情况下仅影响量刑，但有时也作为定罪要素而出现，比如徇私枉法罪中的"徇私"动机。

二、案例分析题

1. **参考答案**：丁某的行为不构成故意杀人罪或者过失致人死亡罪，而构成侮辱罪。

解析：赵某的死亡结果应当由自己负责：一方面，一般人不可能预见到有人会仅因受到侮辱就愤而喝下农药；另一方面，赵某对喝下农药的后果有清醒的认识，选择喝下农药是其自身的选择。因此，丁某既不构成故意杀人罪，也不构成过失致人死亡罪。综合全案来看，丁某对赵某的羞辱嘲讽行为构成侮辱罪。

2. **参考答案**：王某的行为不构成犯罪，蒋某的行为构成过失致人死亡罪。

解析：本案的争议焦点在于王某的行为究竟构成过失致人死亡罪还是过失以危险方法危害公共安全罪。王某作为一个普通人，通过其母亲何某将有毒饮料丢入垃圾桶中，已经在相当程度上降低了有毒饮料所可能造成的风险。要求他认识到有人会把垃圾桶里的有毒饮料翻出来赠予他人，似乎有些苛刻。因此，王某对张某的死亡结果在主观心态上并不具有可谴责性，不宜认定王某构成过失致人死亡罪。相比之下，真正应当追究的是蒋某，其将饮料从垃圾桶中捡出时，应当认识到这些饮料被丢弃通常是有原因的，即便不是有毒有害，也很可能是过期变质，蕴含着致人死伤的风险。蒋某将这些饮料赠予他人饮用并导致其死亡，完全符合过失致人死亡罪的主客观要件。

三、论述题

1. **参考答案**（自圆其说即可）：

打击错误问题历来是刑法学界争议的重点问题，虽然法定符合说勉强保持了通说的地位，但是近年来，具体符合说的影响力也在日益提高。具体符合说和法定符合说都不是完美的学说，相比之下具体符合说的缺陷要更大一些，而法定符合说具有相对的合理性。

第一，具体符合说不利于实现处罚的妥当性。如果采用具体符合说，就意味着无法按照特定故意杀人罪的既遂犯定罪处罚，只能按照故意杀人罪（未遂）和过失致人死亡罪的想象竞合犯追究刑事责任。但是，行为人不仅在客观上造成了他人死亡的危害结果，主观上也有杀人的故意，整个行为的不法和责任与标准的故意杀人罪没有本质区别，最终却只能按照未遂犯追究刑事责任，不仅缺乏实质根据，也容易造成重罪轻罚的结果。

第二，"具体"的程度难以确定。具体符合说要求故意的成立必须以行为人认识到具体的案件事实为前提，可是这样一来，究竟"具体"到何种程度，具体符合说的支持者一般认为，应当以法益主体的同一性作为判断标准，即当行为人意欲侵害的对象和实际侵害的对象属于同一法益主体时，不影响故意的成立，但如果超出了同一法益主体则阻却故意的成立。但是，在行为人实施了数个行为、侵害数个法益主体的情况下，适用法益主体同一性标准会造成定性上的混乱。

第三，当被害人不在场时，难以区分对象错误和打击错误。由于具体符合说对对象错误和打击错误采用了不同的处理原则，因此必须确定好对象错误和打击错误的区分标准，否则就会在具体案件中遭遇可操作性的难题。应当说，当被害人就在行为人的感知范围内特别是视野范围内时，对象错误和打击错误的区分是相对容易的，但是当被害人不在场时，对象错误和打击错误的区分就成了一个难题。虽然学者们提出了一些判断标准，但均未能妥善解决这一问题。

当然，需要指出的是，法定符合说也面临着一定的困难。当行为人的一个行为造成了多个危害结果，且这些危害结果均在同一构成要件的范围内时，如何认定故意的个数，就成了一个棘手的问题。例如，行为人意图杀死仇人甲而开枪，子弹同时击中仇人甲和路人乙，并造成二人死亡。对于此例，如果认为行为人只存在杀死甲的这一个故意，那么对于乙的死亡结果便只能成立过失致人死亡罪，但是这一处理结论和法定符合说的基本思想是相违背的，因为乙的死亡与行为人的主观意图也在构成要件的范围内相符合，应当认定行为人成立故意杀人罪的既遂才是。而如果认为行为人对于甲、乙二人的死亡结果均存在故意，便需要回答，行为人明明只有一个犯罪意图，为什么会在规范层面被评价为具有数个故意。如果不能解释这一点，便会存在违反责任原则的嫌疑。

对此的回答是，在行为人的意图是侵害特定目标时，行为人确实只能成立一个直接故意（针对甲），但行为人完全可能对于其他受到损害的对象成立间接故意（针对乙），这两者之间并不矛盾。因此，在采取法定符合说基本思路的前提下，应当分别判断行为人对目标对象和误击对象是否存在犯罪故意。在前例中，首先应当肯定行为人对于其意欲侵害的目标甲成立直接故意，然后再根据具体情况判断其对乙是否成立间接故意。具体而言，当行为人认识到开枪射击是一种具有致人死亡高度危险性的行为，并且认识到乙有可能被子弹打中，就可以直接认定行为人对于乙的死亡结果存在间接故意。

2. 参考答案（自圆其说即可）：

过失犯罪注意义务的标准问题，一直以来是过失犯认定的基础与核心。传统上，学术界往往倾向于采取"一般人标准说"。然而，从实际操作来看，即便是在观念上采取"客观一般人"标准，在解释论层面也会逐渐向行为人标准靠拢。因此，不如一开始就采用行为人标准，根据行为人在具体情境下的注意能力，为其设定注意义务标准。

当行为人的注意能力低于一般人时，需要进一步考察这一事由发生的可归责性。如果行为人是因为不可归责于自身的事由而注意能力低于一般人，例如，某医生为了支援突发疫情的病人救治而长时间连续工作，只要案发当时行为人已经尽自己所能来避免构成要件结果发生，就可以阻却过失的成立；反之，如果行为人是因为可归责于自身的事由注意能力低于一般人，例如，酒后驾驶导致的交通事故，那么行为人不得因为"案发当时已经尽力"为由免除刑事责任。

当行为人的注意能力高于一般人时，又可以进一步分为"能力超群"和"特殊认知"这两种情况。应当说，对于能力超群者施加更高的注意义务标准，确实是一种负担，但这种负担具有合理性。第一，"行为人标准说"只是要求行为人发挥自己本身就拥有的能力，并不是对行为人的吹毛求疵。第二，对能力出众者提出更高要求的做法在其他部门法中已有体现，例如，《律师执业行为规范（试行）》第7条规定了律师的勤勉尽责义务，勤勉义务是否得到履行的一个重要标准是"尽力性"，即律师需要充分利用自己的知识和能力，为委托人在法律范围内谋取最大限度的利益。第三，过失犯都是狭义结果犯。我国刑法中规定的过失犯罪往往以出现重大的人身伤害、财产损失作为犯罪成立的条件，考虑到对重大法益的保护，要求社会中的卓越个体发挥出应有的能力水平，并不算一个过分的要求。

而当行为人本身的能力虽不强于一般人，但掌握着一般人不知道的信息时，主流学说普遍认为，在确立注意义务标准时应当将行为人的特殊认知纳入考量。笔者也赞成这一立场。事实上，这里还涉及一个更加根本的问题，那就是法秩序对于组成社会共同体的公民究竟提出了怎样的要求。虽然有观点认为，一个人只要完成好与其社会角色相称的任务，法秩序就不应对其横加指责，但是，我们在成为各种具体的社会角色之前，都首先具备一个共同的身份，那就是社会共同体的成员。当我们获得某种超越一般人的特殊认知时，有义务善意地运用这种特殊认知，避免自身行为给他人带来不可挽回的重大伤害。

第九章　正当行为

第一部分　本章知识点速览

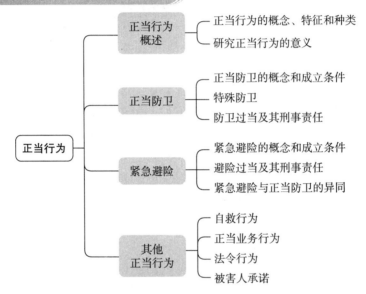

正当行为概述 —— 正当行为的概念、特征和种类
　　　　　　 —— 研究正当行为的意义

正当防卫 —— 正当防卫的概念和成立条件
　　　　 —— 特殊防卫
　　　　 —— 防卫过当及其刑事责任

正当行为

紧急避险 —— 紧急避险的概念和成立条件
　　　　 —— 避险过当及其刑事责任
　　　　 —— 紧急避险与正当防卫的异同

其他正当行为 —— 自救行为
　　　　　　 —— 正当业务行为
　　　　　　 —— 法令行为
　　　　　　 —— 被害人承诺

第二部分　本章核心知识要点解析

第一节　正当行为概述

一、正当行为的概念、特征和种类

（一）难度与热度

难度：☆☆　　热度：☆☆☆

（二）基本概念分析

正当行为又称为违法阻却事由或犯罪阻却事由，是指形式上符合了刑法对某种犯罪规定的客观构成要件，客观上也造成了一定的损害结果，但由于实质上不具有社会危害性或法益侵害性，而不能被评价为犯罪。

正当行为的特征可分为形式与实质两个方面：在形式上，该行为符合了刑法对某种犯罪规定的客观构成要件，例如，甲为了抵制追杀自己的乙，随手抄起一根木棍将乙打死，甲的行为客观上符合"杀人"这一构成要件；在实质上，由于该行为得到了法规范的确证或者符合利益衡量的原理，综合评价后不具有实质的危害性，如上例中甲为了保护自己的合法权利，法无须向不法让步，国家不仅不会禁止反而应当鼓励这种正当行为。

目前学理上一般将正当行为分为法定的正当行为（法定的违法阻却事由）与超规范的正当行为（超法规的违法阻却事由）。所谓"法定的"是指刑法明确规定的，在我国《刑法》中仅有正当防卫、紧急避险；所谓"超规范的"是指刑法中虽然没有规定，但是在前置法上有所规定或者法理上具有正当化根据，典型的有自救行为、正当业务行为、法令行为和被害人承诺。

（三）学说理论探讨

在不同的犯罪论体系中，正当行为处于不同的位置。在三阶层犯罪论体系中，正当行为一般称作违法阻却事由。这是因为构成要件具有违法推定机能，即行为符合了某罪的构成要件（也可称罪状），原则上就可以推定其具有违法性；例外就是正当行为，这种情况下阻却了行为的违法性。在四要件犯罪论体系中，对正当防卫是在探讨完犯罪的四个要件之后再单独列章讨论的。但是无论采取哪种犯罪论体系，我们都可以这样理解：界定犯罪是从正反两个方面进行的，构成要件也好四要件也罢，都是从正面界定符合了哪些条件就构成犯罪，而正当行为则是从反面说明符合哪些条件不构成犯罪。

（四）疑难问题解析

在理解各类正当行为的正当化依据时切忌采用单一的标准，而是要从各自的法理依据上综合把握，例如，被害人承诺是基于被害人自主处分了自己的利益而导致该利益不需由法律来保护（法益阙如）；而紧急避险、正当业务行为等则是基于利益衡量，即为了保护更重要的利益而损害了次要的利益；正当防卫则兼具法确证原理（法无须向不法让步）以及利益衡量两种理由。只有弄清楚各自的原理，才能更好地把握各正当行为的成立条件。

二、研究正当行为的意义

（一）难度与热度

难度：☆ 热度：☆

（二）基本概念分析

研究和适用正当行为具有实践、理论和社会效果三个方面的意义：有助于司法者准确把握罪与非罪；有助于理论研究者和学习者准确把握犯罪的本质特征；有助于弘扬正义、友善、互助的社会主义核心价值观和道德要求，进一步体现司法的人文关怀。

第二节 正当防卫

一、正当防卫的概念和成立条件

（一）难度与热度

难度：☆☆☆ 热度：☆☆☆☆☆

(二) 基本概念分析

关于正当防卫的概念，《刑法》第 20 条第 1 款已作出了明确的界定："为了使国家、公共利益、本人或者他人的人身、财产和其他权利免受正在进行的不法侵害，而采取的制止不法侵害的行为，对不法侵害人造成损害的，属于正当防卫，不负刑事责任。"

通过剖析该法条可以分解出正当防卫的五个成立条件。

第一，起因条件：必须有现实存在的不法侵害。首先，不法侵害不限于犯罪行为，也可以包括一般违法行为。对于合法行为（如正当防卫、紧急避险、法令行为等）不能进行防卫。其次，该不法行为需具有紧迫性（即此时来不及寻求公力救济）和一定程度的暴力性。如果某种行为比较缓和且没有暴力性（如诈骗），就不宜视为不法侵害而实施防卫。当不作为对法益侵害具有紧迫危险时，对作为义务人当然也可以实施正当防卫。再次，该不法侵害需要来源于人。因为只有人的行为举动才称得上"不法"，动物自发攻击他人不属于不法侵害。当然，如果动物受人的指使伤害他人，可以算作人的行为的延伸，也就属于不法侵害。最后，不法侵害需现实存在。如果防卫人误以为存在不法侵害则属于假想防卫。此时由于行为人具有防卫的意图，可否定其犯罪故意，但仍有成立过失犯罪或意外事件（根据是否能够预见进行区分）的可能性。

第二，时间条件：不法侵害正在进行。判断不法侵害的开始时间可以以实行行为的开端（着手）作为标准，因为，处于犯罪预备阶段的行为通常不具有紧迫性。需要注意的是，一个犯罪的实行行为有可能是另一个犯罪的预备行为，此时需要结合具体的犯罪进行判断。例如，非法侵入住宅可以成为盗窃的预备行为，但由于此行为已经属于非法侵入住宅罪的着手，因而可以算作不法侵害已经开始。至于不法侵害的结束时间则比较复杂，需要结合不同的犯罪类型区分考虑，不宜直接等同于犯罪既遂或犯罪实行终了。

对于状态犯（最典型的是盗窃罪），即便犯罪已经既遂，只要尚有现场追回财物的可能性，就可以实施正当防卫。对于即成犯（如故意杀人罪、强奸罪），既遂之后就没有了防卫的余地，此时只能寻求公力救济，除非不法侵害人进一步实施其他加害行为。对于持续犯（如非法拘禁罪），即便已经既遂，只要行为尚在持续当中，就随时可以实施防卫。

缺乏防卫的时间条件叫作防卫不适时，如果防卫人主观上明知不法侵害已经结束，仍予以防卫，说明行为人只是出于报复的动机，不符合防卫的主观条件，应以故意犯罪论处。如果防卫人误以为不法侵害正在进行，则说明行为人主观上仍然是想防卫，则阻却犯罪故意，视可预见情况认定为过失犯罪或意外事件。

第三，对象条件：防卫行为仅限于针对不法侵害人本人。在不法侵害由多人共同实施（即共同犯罪）的情况下，原则上可以针对其中任何一个人实施防卫，但仍应兼顾正当防卫的其他条件（如紧迫性）。例如，张三教唆李四攻击王五，张三本人没有实际参与攻击，王五对张三就不应进行防卫。

第四，主观条件，即法条中的"为了"，防卫人需要出于保护自己或他人合法权益的目的或动机。理论上和实践中一般将以下三种情形认定为缺乏防卫意图：首先是防卫挑拨。由于行为人是出于加害他人的动机而挑逗、引诱他人对自己实施加害行为，可以否定其防卫意图。其次是互殴行为。由于双方均是出于加害对方的目的，可以否定其防卫意图，但如果是互殴过程中一方求饶而另一方穷追猛打，或者在一般的肢体冲突中其中一方使用凶器使暴力升级，则可以实施防卫。最后是偶然防卫。行为人是出于加害他人的动机，歪打正着，客观上恰好制止了不法侵害，此时仍应认为是故意犯罪。

第五，限度条件，即未"明显超过必要限度造成重大损害"。对于此标准，通说是"必需说"（只能采取某种强度的反击措施才能制止侵害）加"相当性说"，即只要是制止不法侵害所必需的且防卫的手段、强度、后果等没有明显超过不法侵害的手段、强度、后果，就不是过当。实践中需要结合整个案情对此标准综合把握，防止陷入"唯后果论""死者为大"的误区。

（三）学说理论探讨

客观违法论与主观违法论在正当防卫的成立条件方面存在明显的不同。由于正当防卫处于三阶层中的违法性阶层，客观违法论主张违法是客观的（构成要件具有违法推定机能，因此构成要件与违法性阶层都是客观的），因此正当防卫也是一种客观判断。而主观违法论主张违法性判断当中也有主观要素，因此正当防卫包含了主观要素。对此问题的争议关系到对未达到刑事责任年龄的未成年人能否实施正当防卫以及正当防卫是否需要主观要素。

关于对未达到刑事责任年龄的未成年人能否实施正当防卫这一问题，传统观点认为刑法意义上的不法侵害不仅要求行为在客观上危害社会、违反法律，还要求加害人具备责任能力和主观罪过。这也是主观违法论的立场。因此，未达到刑事责任年龄的未成年人和不具备刑事责任能力的精神病人所实施的侵害行为不属于不法侵害，对此不能进行正当防卫，但当其被具备刑事责任能力的他人唆使实施侵害行为时，可以视作他人行为的延伸，此时可被认定为不法侵害。客观违法论认为不法只是对行为的客观描述，未达到刑事责任年龄、不具备责任能力的人的侵害行为同样属于不法侵害，应当允许对其进行正当防卫。

关于正当防卫是否需要防卫意识即主观要件，主流观点持主观违法论的立场，认为需要主观目的要件。客观违法论认为法条中的"为了"一词完全可以理解为"由于"，即一种客观的关联关系，从而认为正当防卫不需要主观要件。这种争议直接关系到偶然防卫是否是正当防卫，对此主观违法论持否定观点，客观违法论持肯定观点。

需要特别提醒的是，虽然以上只是观点的不同，无关对错，但在国家统一法律职业资格考试（以下简称"法考"）中出题者基本还是持客观违法论的立场。我们需要理解不同观点背后的立场差异和原因。

（四）疑难问题解析

区分假想防卫与偶然防卫我们可以记住两个口诀："好心办坏事"是假想防卫，即行为人主观上是想防卫却伤害了无辜人；"坏心办好事"是偶然防卫，即行为人主观上是想加害他人却意外收获了好的效果。

不允许事先防卫并不意味着防卫人不可以事先准备工具，防卫人意识到可能会受到他人侵害而为安全起见准备工具，进而使用该工具对不法侵害进行防卫的，当然可以算作正当防卫。当然，如果准备工具本身构成犯罪如持有枪支，则会另外成立其他犯罪，但不影响防卫性质的认定。

互殴与正当防卫的界限是理论和实践中的难点。为此，大致可以从以下几个方面把握：在双方互相的对打中，先动手的一方一般属于侵害方，后动手的一方属于防卫方；后动手一方在具有事先斗殴意图的情况下可以否定其行为的防卫性；基于斗殴意图的反击行为，不能认定为防卫；对不法侵害即时进行的反击行为，不能认定为互殴；具有积极的加害意思的反击行为，应当认定为互殴；预先准备工具的反击行为，不能否定行为的防卫性。

二、特殊防卫

（一）难度与热度
难度：☆☆☆　热度：☆☆☆☆

（二）基本概念分析
特殊防卫也称无限度防卫，即没有防卫限度的要求。《刑法》第20条第3款规定："对正在进行行凶、杀人、抢劫、强奸、绑架以及其他严重危及人身安全的暴力犯罪，采取防卫行为，造成不法侵害人伤亡的，不属于防卫过当，不负刑事责任。"

（三）学说理论探讨
对《刑法》关于特殊防卫的规定究竟是注意性规定（或曰提示性规定）还是法律拟制（或曰特殊规定）存在争议，我们认为该款规定属于注意性规定，即本来该种情况下就不属于防卫过当。因为，从利益衡量的基本原理考虑，与"严重危及人身安全的暴力犯罪"相比较，"造成不法侵害人伤亡"本就属于同等重要的利益（都是指涉人身），即所保护的利益本就没有明显超出必要限度。因此，《刑法》第20条第3款完全符合第1款的一般性规定，立法者只是在此提示不应本着"后果导向"的思维，认为只要存在致人伤亡的后果就一味地认定为过当。

（四）疑难问题解析
本款中的"其他"是一个兜底性规定，"严重危及人身安全""暴力"同样修饰"行凶、杀人、抢劫、强奸、绑架"，又不限于这五类情形，例如，劫持航空器只要符合"严重危及人身安全"且"暴力"，当然也可以适用特殊防卫。如果杀人、抢劫、强奸缺乏"暴力"特征，例如，通过投毒的方式杀人或者以下迷药的方式抢劫、强奸，由于不具备暴力性的特征，也不能适用特殊防卫。

本款几种情形中最模糊的是"行凶"，在我们看来，行凶应该是介于伤害和杀人之间，不是一个具体的罪名，也无法具体判断其犯罪性质，但对人身安全具有严重暴力性侵害的行为。

三、防卫过当及其刑事责任

（一）难度与热度
难度：☆☆☆　热度：☆☆☆☆

（二）基本概念分析
《刑法》第20条第2款对于防卫过当的概念和承担的刑事责任已经作了明确规定：

"正当防卫明显超过必要限度造成重大损害的，应当负刑事责任，但是应当减轻或者免除处罚。"

（三）学说理论探讨

对于如何判断"明显超过必要限度造成重大损害"，前文已经作出了介绍。对于防卫过当之所以减轻或免除处罚，是因为其行为违法性与有责性的程度都有所降低，并且有刑事政策方面的考虑：其一，防卫过当毕竟也符合了正当防卫限度条件之外的其他条件，即行为针对的是不法侵害且保护了合法利益。其二，行为人主观上毕竟是为了防卫，没有明显的犯罪意图，在面对不法侵害时一时没有把握好度，其期待可能性也有所降低。其三，国家鼓励公民勇于与不法侵害作斗争，并且行为人本来的想法是防卫，即便超过了必要限度，对该行为通过刑罚加以特殊预防的必要性也有所降低。

（四）疑难问题解析

防卫过当以属于防卫为前提，即满足了正当防卫的限度条件之外的其他四个条件。对于防卫过当的罪过形式理论上存在多种观点。我们认为，其罪过应当排除直接故意，因为直接故意对于行为发生危害社会的结果是希望即积极追求的态度，而在防卫过当的情形下，行为人的主观目的仍然是防卫，这种正当目的与犯罪直接故意不兼容。但是，这里存在间接故意的可能性，即行为人为了追求一个合法目的而放任了另一个不法结果的发生。此外，也有可能是过失或者意外事件（根据能否预见进行区分）。例如，防卫人随手捡起一根细木棍击打在路边盗窃电动车的小偷头部，击打的力度原本不会致使小偷死亡，但木棍上的一颗钉子致使小偷死亡，而防卫人却不能预见木棍上有钉子。此时，行为人虽然属于防卫过当，但属于意外事件，不承担刑事责任。

第三节　紧急避险

一、紧急避险的概念和成立条件

（一）难度与热度

难度：☆☆☆　热度：☆☆☆☆

（二）基本概念分析

关于紧急避险的概念，《刑法》第21条第1款已经作了明确规定："为了使国家、公共利益、本人或者他人的人身、财产和其他权利免受正在发生的危险，不得已采取的紧急避险行为，造成损害的"就是紧急避险。

由此可以分解出成立紧急避险的六个条件，其中前五个条件与正当防卫的成立条件一一对应，只是多出来"不得已"这一条件。

第一，起因条件：必须存在现实的危险。首先，这种危险必须是现实存在的，如果是行为人主观臆断的，则构成假想避险。假想避险不成立紧急避险，不能阻却违法性，但由于行为人主观上毕竟有避险的意图，可以排除犯罪故意的成立，根据其可预见情况可能成立过失犯罪或意外事件。其次，这种危险可能来自四个方面：人的不法侵害（不限于有刑事责任能力的人）；自然灾害；动物的自发侵袭；人的生理疾患，例如，张三为了将突发心脏病的母亲送往医院而醉酒驾车。

第二，时间条件：危险正在进行，即危险状况已经出现、尚未结束。事前避险与事后避险属于避险不适时，不符合紧急避险的条件，不能阻却犯罪。如果行为人对此存在错误认识（误以为危险已发生或误以为危险未结束），说明行为人主观上还是想避险，可以否定犯罪故意，但可能成立过失犯罪或意外事件；如果行为人明知不适时，则会成立相应的故意犯罪，如故意毁坏财物罪等。

第三，对象条件：避险的对象是避险人和危险人（物）之外的人。需要注意的是，其一，如果危险是来自有刑事责任能力的人的不法侵害，避险的对象就只能是第三人，如果是针对不法侵害人本人便是正当防卫。其二，如果危险是来自自然界，避险对象可以是自己以外的任何人。其三，如果危险是来自动物，避险（或者说损失）的对象可以是动物的主人，例如，张三家的狗咬李四，李四拿起木棍把狗打死，这当然属于紧急避险。

第四，目的条件：主观上需有避险的意图，即法条中的"为了"。如果行为人故意制造某种危险，然后利用紧急避险制度意图"合法"地侵害另一合法利益，在刑法理论上一般称为"避险圈套"，不成立紧急避险。行为人没有避险意图，实施的侵害行为只是歪打正着地符合了紧急避险其他要件的，叫作偶然避险，不成立紧急避险。

第五，限度条件：不超过必要限度造成不应有的损害。本教材的立场是紧急避险造成的损害必须小于所避免（或曰挽救）的损害。其中，在财产价值之间可以直接作出衡量，人身利益大于财产利益，生命大于其他人身利益（如性权利等）。

第六，不得已。所谓不得已是指在特定情境之下，行为人没有其他更好的办法来排除危险，如果能够采取其他不损害法益的方法或者其他损害程度较低的办法，就不应采取损害法益或者损害程度较高的方法。例如，张三挥拳击打李四，李四触手可及范围内有王五的笔记本电脑和一把小凳子，此时就不应拿起笔记本电脑进行抵挡。

（三）学说理论探讨

客观违法论与主观违法论对于是否需要避险意图存在争议，客观违法论认为偶然避险属于紧急避险，主观违法论认为其不是紧急避险，其中原理等同于偶然防卫。

一般认为生命权大于其他人身权（如性权利）、生命权之间不允许衡量。例如，一伙歹徒劫持甲男和乙女，以杀害甲相威胁要求其当场强奸乙女，而后录制整个过程来敲诈甲。此时甲的生命利益大于乙的性自主权，应当认为甲成立紧急避险。但如果是歹徒要求甲杀死乙，甲为了保留自己的生命而牺牲乙的生命，则不成立紧急避险，因为每个人的生命都是无价的，法秩序不允许将人的生命作为实现任何目的的手段。但这在理论上尚存在较大争议。有学者主张存在例外，只是该例外需十分严格，比如，被牺牲者已被特定化，即使不对之实施紧急避险也会立即牺牲时，可以对之实施紧急避险。例如，被恐怖分子劫持的飞机即将撞上某办公大楼，此时通过击落飞机的方式保护公众的安全未尝不可以认定为紧急避险。再比如，被牺牲者成为导致他人死亡的危险源时，也可以对其实施紧急避险。

（四）疑难问题解析

当危险来自动物时，是否成立紧急避险需要视情况而定。如果该动物是无主物如流浪狗，打死流浪狗没有侵害任何人的法益，也就不符合任何罪的构成要件。在三阶层体系中，三个层次是依次进行的，没有前一步就谈不上后一步，既然否定了构成要件该当性，就没有探讨紧急避险的余地或必要性。如果该动物是有主物（如果是国家保护动物则属于国家所有），打死动物便成立紧急避险。

二、避险过当及其刑事责任

（一）难度与热度
难度：☆☆☆ 热度：☆☆☆

（二）基本概念分析
《刑法》第21条第2款规定："紧急避险超过必要限度造成不应有的损害的，应当负刑事责任，但是应当减轻或者免除处罚。"

（三）学说理论探讨
本书主张紧急避险的限度要件要求所损害的利益需小于所保护的利益，如果所损害的利益大于或等于所保护的利益，就属于避险过当。但理论上存在不同观点。一种较为有力的观点认为，所损害的利益可以等于所保护的利益，因为从整体评价上并没有造成法益侵害。另外，该观点还认为，即便所损害的利益小于所保护的利益，也可能不满足限度要件，也就不成立紧急避险。例如，某地发生森林火灾，为防止火势蔓延，需要砍伐树林形成隔离带，根据当时的情势，只要有10米的隔离带就可以，但行为人还是下令砍伐了50米。此时，即便所保护的森林面积远远大于所损害的，也不能认为没有超出必要限度。需要说明的是，法考中基本是采纳后一观点。

（四）疑难问题解析
在进行利益的大小衡量时，大体可以肯定的是：生命法益大于身体法益，身体法益大于财产利益。具体衡量时可以考虑三个因素：刑法分则的法定刑设置（法定刑越重说明法益越重要）；保护与损害之间各自涉及的法益数量（主要适用于财产利益）；避险行为对法益的危险程度，例如，公共（人身）安全无疑是一种十分重要的利益，但当张三为了抢救自己的母亲而醉酒驾驶机动车赶往医院，依然可以成立紧急避险，因为此时避险行为对公共安全的危险程度是很小的，仅是一种抽象危险。

三、紧急避险与正当防卫的异同

（一）难度与热度
难度：☆☆☆☆ 热度：☆☆☆☆

（二）基本概念分析
紧急避险与正当防卫主观上都是为了保护国家、公共利益、本人或者他人的合法权益，客观上也都起到了保护的效果，都是法定的阻却犯罪事由。两者的区别体现在其各个成立条件上。

第一，起因条件不同。正当防卫的不法侵害只能来自人；紧急避险的危险可以来自人，也可以来自自然界、动物和人的生理疾患等。

第二，对象条件不同。正当防卫的对象只能是不法侵害人本人；紧急避险的对象一般人是本人及危险（人或物）之外的人，有可能是危险物的主人。

第三，限度条件不同。正当防卫的限度条件是明显超过必要限度造成重大损害，紧急避险的限度条件是超过必要限度造成不应有的损害。

第四，时间条件略有不同。从法条表述上两者都是"正在"，但是对于紧急避险的"正在"要求更严格，限于客观事实上的"开始"与"结束"之间；对正当防卫的"正在"不宜绝对地理解为行为结束，例如，张三潜入李四家偷东西，背着一麻袋东西越出墙头逃跑时，被晚归的李四迎面遇到，此时，只要有现场追回财物的可能性，依然可以实施防卫，尽管盗窃的行为已经完全结束。

第五，限制条件不同。紧急避险限于"不得已"，正当防卫没有该限制。

第六，主体要求不同。正当防卫是特定群体的义务，即他们必须实施防卫，却不能实施紧急避险。《刑法》第21条第3款规定，"关于避免本人危险的规定，不适用于职务上、业务上负有特定责任的人"。例如，在遇到歹徒行凶时，对于普通公民，国家当然鼓励他们见义勇为、正当防卫，但他们也可以选择退避三舍；而对于警察，就要求他们必须挺身而出、予以防卫。再比如，歹徒在某办公大楼内设置了定时炸弹，普通公众当然可以采取适当措施来躲避危险，但出警的人员就不能为避险而退缩。

（三）学说理论探讨

正当防卫的不法侵害只能来自人，这是源于对"不法"二字的文义解释，法律的规制机能只能是针对人，动物对人的加害显然谈不上不法。在刑法理论上存在物的不法论和人的不法论。极端的物的不法论只对"不法"作纯客观的评价，只要是有加害性就评价为不法，甚至将动物的加害也认定为不法，也可以对其实施正当防卫，这种观点基本没人接受。大多数的物的不法论认为"不法"仅限于对人的行为的客观评价，只要是客观上具有法益侵害，哪怕是无刑事责任能力的人实施的，或者对于过失乃至无过失的不法侵害都可以进行正当防卫。人的不法论则认为只有能够理解并按照规范要求控制自己行动的人的行为才具有不法性，因此，正当防卫中的"不法"仅限于有刑事责任能力的人实施的情况。

（四）疑难问题解析

正当防卫之所以在限度条件上明显宽于紧急避险，在时间条件上也略有缓和，并且没有"不得已"的限制，是因为正当防卫的本质是"正对不正"，法无须向不法让步，国家鼓励公民与不法分子作斗争；紧急避险的本质是"正对正"，即为了保护一种合法利益而牺牲了另一种"无辜"利益。此处的"无辜"利益往往指涉的是第三人即"无辜第三人"，但也有例外。例如，张三的狗咬李四，李四把狗打死，损害的是张三的利益，但鉴于张三对此并不知情，这就是一种紧急避险。正是因为正当防卫具有"正对不正"的性质，我们在认定正当防卫时，需要站在防卫人的立场考虑问题，而不能一味从"死者为大"的角度考虑问题。

正当防卫与紧急避险在同一行为中可能同时出现，此时区分的关键就是对象。例如，张三追打李四，李四匆忙跑入王五的古董店躲避，顺手抄起一件瓷器向张三的头部打去，王五看到李四随便拿自己东西还乱打人，就抄起一根木棍向李四的头打去。李四对张三是正当防卫，李四对王五是紧急避险，王五对李四是假想防卫。

第四节 其他正当行为

一、自救行为

（一）难度与热度
难度：☆☆ 热度：☆☆

（二）基本概念分析
自救行为又称自力救济，是相对于公力救济而言的，是在无法等待国家公权力救济时，以自己的力量来救济被侵害的权利。

（三）学说理论探讨
从广义上讲，正当防卫、紧急避险也属于自救行为，但是为了进行区分，此处的自救行为仅指狭义上的。它与正当防卫的区别是，正当防卫是在侵害正在发生时实施的，而自救行为是在侵害完全终了之后实施的。例如，盗窃犯罪分子在安顿好赃物后打算销赃或者准备逃往外地，财产的主人为了及时保全自己的财物而对犯罪分子采取了强制措施，就属于自救行为。

（四）疑难问题解析
在侵害行为完全结束的情况下，原则上只能诉诸法律途径寻求公力救济。然而国家的救济机关不是万能的，在一些紧急情况下可能不能及时对犯罪情况作出反应，如果一味坐等公力救济可能会失去良机。因此，理论上承认自救行为的正当性，但主张应严格限定其范围，一般认为需要符合四个方面的条件：其一，已经造成了不法侵害，如果不法侵害正在进行那就是正当防卫了。就现实情况来看，一般只能针对财产侵害实施自救行为。其二，通过法律程序、依靠国家公权力机关无法及时恢复被侵害的利益。其三，自救行为能够使权利人的利益得到救济。其四，自救行为具有相当性，即要考虑自救方法、程度与所保护利益的权衡性。

二、正当业务行为

（一）难度与热度
难度：☆☆ 热度：☆☆☆

（二）基本概念分析
正当业务行为又称履行业务的行为，是指行为人实施的自己职业要求的行为，例如，医生实施的医疗行为、拳击手实施的竞技行为、律师的辩护活动等。

（三）学说理论探讨
从客观上看，正当业务行为可能也会造成法益侵害，但由于是职业活动所必需的，也就是社会所容许的，因此不具有实质的危害性。

（四）疑难问题解析
正当业务行为需要严格限定在业务需要范围内，超出正当范围的行为依然可能成立犯罪。例如，拳击手违反赛事规则打伤对手，依然可能成立故意伤害罪。又如，记者的采访活动属于正当业务行为，但记者捏造事实进行报道的，可能成立诽谤罪。再如，治疗行为需要是在医学上被承认的方法，其实质是具有安全性、有效性与必要性，以及需要经得患者一方的承诺（包括推定承诺），否则也无法阻却行为的违法性。

三、法令行为

（一）难度与热度

难度：☆☆　热度：☆☆☆

（二）基本概念分析

法令行为是指行为客观上造成了法益侵害或者符合了某些犯罪的客观构成要件，但这是行为人根据现行有效的法律、法规或者根据上级的命令而实施的，因此阻却犯罪的情形。

（三）学说理论探讨

理论上法令行为大致有以下四类：

第一，基于政策（或曰利益衡量）的考虑而阻却违法的行为。例如，发行彩票实际上也是一种赌博行为，但法律出于财政政策、国家福利等方面的考虑，允许这种行为。

第二，法律有了明确的行为合法性的规定。例如，有的国家规定了堕胎罪，但同时又有其他法律规定符合一定条件的堕胎行为是合法的（如出于排除畸形儿的目的），此时的堕胎行为便可阻却违法性。

第三，职权（职务）行为，即公务人员根据法令履行职务的行为。如司法工作人员对违法犯罪人员予以拘留、逮捕。

第四，权利（义务）行为，即法律规定作为某人的权利或义务的行为。例如，《刑事诉讼法》第84条规定了对于正在实行犯罪或者在犯罪后即时被发觉的、通缉在案的、越狱逃跑的、正在被追捕的人，任何公民都有扭送的权利。

（四）疑难问题解析

法令行为必须在法律规定的限度内进行，超出规定限度就是违法甚至犯罪。例如，司法工作人员违反程序规则对他人采取强制措施，就属于滥用职权。根据上级的违法命令所实施的行为，是否阻却违法性？通说认为，此时不属于阻却违法性的法令行为，但是，由于无法期待行为人抗拒上级指令，可以以其缺乏期待可能性为由而阻却责任。但是，这也要具体看法令行为的内容，如果该指令是严重侵犯他人合法权益、明显违法的，就无法阻却其犯罪。例如，监狱长指令狱警甲悄悄杀死正在服刑的罪犯乙，甲的杀人行为既无法阻却违法性也无法阻却责任，即故意杀人罪成立。

四、被害人承诺

（一）难度与热度

难度：☆☆☆　热度：☆☆☆☆

（二）基本概念分析

被害人承诺是指行为人经过有权处理某种权益的权利人同意后而实施的损害其自身

利益的行为。法谚有云："得到承诺的行为不违法。"不过，适用被害人承诺时需要满足一系列的条件。有些犯罪已经明示或暗示了需以违背被害人的意志作为构成要件要素，如强奸罪、强制猥亵罪、非法侵入住宅罪，在得到被害人承诺或同意的情况下，本就不符合这些犯罪的构成要件，也就谈不上违法性判断的问题。但在大多数的犯罪中，被害人承诺都是作为一个违法阻却事由适用的。

刑法理论上一般认为，经被害人承诺的行为符合下列条件时，才阻却行为的违法性。

第一，承诺者对被侵害的法益具有处分权限。这种可以自由处分的法益应限定为个人法益，对公共法益任何个人都没有处分权限；对自己无权处分的他人的利益，也没有处分权限。原则上，处分决定只能由法益主体自己作出，但在个别情况下，也可以代为承诺。例如，在财产处分中，只要存在民法上的有效授权，就可以代为承诺。再如，父母代替未成年子女作出财产处分决定。在涉及医疗行为时，儿童或者丧失意志决定能力的人不能作出承诺时，其监护人可以代为承诺。

第二，被害人需有承诺能力，即对所承诺的事项的意义、范围具有理解能力。可以肯定的是，没有辨认和控制能力的精神病人自然没有承诺能力。至于未达到刑事责任年龄的未成年人，不宜以年龄作为绝对的划分标准，需要联系承诺事项的性质进行判断。例如，17周岁的人对其财产具有承诺能力，但对出卖自己的器官应该认为没有承诺能力。

第三，承诺者不仅承诺行为，还承诺了行为造成的结果。例如，甲明知乙醉酒后驾驶，仍接受乙的接送请求，由此肇事造成甲伤亡的，不能认为获得了甲的承诺。但是，如果某种行为必然导致结果发生或者有导致结果发生的高度盖然性，对行为的承诺可以意味着对结果的一并承诺。

第四，承诺必须出于被害人的真实意志，戏言性的承诺、受强迫作出的承诺都是无效的。理论上存在较大争议的是受欺骗的承诺的效力认定问题。

第五，必须存在现实的承诺。至于这种承诺是否要求通过语言、举动等方式客观显露出来，理论上还存在争议。

第六，承诺最晚必须存在于结果发生之前，结果发生之前被害人可以随时取消或变更承诺，从而使原先作出的承诺失效。

第七，经承诺的行为不得超出承诺的范围。例如，甲只是同意乙砍掉自己的一根手指，乙却砍掉了甲两根手指，承诺自然是无效的，不能阻却违法性。

（三）学说理论探讨

关于受欺骗的承诺的效力问题，学理上存在几种学说。全面无效说认为，任何因欺骗行为而引起的承诺，都是无效的。本质错误说认为，如果被害人没有陷入错误认识（知道真相）就不会作出承诺，或者因欺骗行为引起了决定性的动机错误，该承诺无效。全面无效说会不当扩大处罚范围；本质错误说的"本质"标准过于模糊，如果从"没有……就不会……"的条件关系角度认定，其结论就接近于全面无效说，因为被害人作出承诺都是基于特定的事实的。例如，某警官向甲（女）谎称，只要其答应与自己发生一次性关系就为其老公办理取保手续，按照全面无效说和本质错误说，都会认为承诺是无效的，但将此行为认定为强奸罪并不合理。法益关系错误说认为，如果仅是关于承诺动机的错误，应认为承诺有效，阻却违法性；如果因为受欺骗而对所处分的法益的种类、范围或者危险程度发生了错误认识,承诺无效,不能阻却违法性。该说是一种有力学说,也是法考所公布的答案中通常所持的观点。按照该说,以上案例的承诺就是有效的,可以阻却违法性。

在把握法益关系错误说时需要注意几个方面:

其一,一般来说,欺骗行为使被害人对于法益的有无、性质、价值(效用)、范围与危险程度产生错误而作出的承诺是无效的。例如,欺骗导致被害人误以为不会存在法益侵害而事实上有法益侵害,被害人误以为只存在财产损害而实际上有人身损害,被害人误以为自己的财物已经坏掉而实际上效用未损,被害人误以为自己亟须截肢而实际上尚有其他缓和手段等情形下,承诺都是无效的。

其二,当被害人的承诺是为了实现特定目的时,需要考虑该目的的"重要"程度以及该目的是否实现。例如,甲向乙谎称正在为洞庭湖洪水灾区募捐,后将善款用于郑州灾区,可以认为乙的赈灾目的基本实现,承诺是有效的;如果甲将善款用于个人消费或者用于与赈灾完全无关的项目,则承诺是无效的。再如,甲向乙谎称乙的女儿眼角膜已经损坏,需要移植乙的眼角膜,实际上却将乙的眼角膜用于甲的好朋友之子,可以认为承诺是无效的;如果甲向乙谎称某女性需要眼角膜却实际用于某男性,可以认为没有影响重要目的的实现,承诺是有效的。

其三,需要判断欺骗行为对被害人作出承诺的影响程度。如果欺骗行为使被害人陷入不可避免的错误,即完全失去了自我决定能力,应认为承诺无效。例如,甲向乙谎称乙家的狗得了狂犬病,必须及时捕杀,乙无奈同意,承诺是无效的。

(四)疑难问题解析

经被害人同意的杀人行为,承诺无效,仍然成立故意杀人罪。至于被害人同意的伤害行为,理论上通常认为,对基于被害人承诺造成轻伤的,不应认定为故意伤害罪,即对于轻伤的承诺是有效的;但对造成生命危险的重伤的承诺是无效的。

由于法条的特殊规定,有些犯罪的被害人承诺针对部分情形无效,针对其他情形可能有效,不可一概而论。例如,根据《刑法》第236条之一规定,已满14周岁不满16周岁的未成年女性与一般男性发生性关系的承诺是有效的,但对与负有照护职责的人员发生性关系的承诺是无效的。

理论上一个比较关键的问题是推定的承诺的效力认定。推定的承诺是指现实中没有被害人的承诺,但如果被害人知道真相后当然会承诺。例如,张三家的对门李四家发生火灾,张三破门而入及时扑灭了大火。推定的承诺需要满足几个条件:(1)被害人没有现实的承诺。往往是指来不及或无法通知到被害人,只要有可能通知到被害人,就需要当时取得被害人的同意。(2)推定被害人知道真相后会承诺。(3)一般是为了被害人的利益而牺牲掉其另一部分利益(如破门为救火),但也有可能是为了自己或第三人的利益而牺牲被害人的利益,如张三家水管破裂,蔓延到整个楼道,邻居李四砸坏张三家的房门关闭水管。(4)行为针对的必须是被害人有权处分的个人法益,其中的原理与被害人承诺的相同。

既然是"推定"就有相反的可能性,如果事后被害人拒绝,如何认定事前的行为的效力问题?理论上一般认为所谓"推定"应以理性的一般人的意志而非被害人个人的意志为准，只要从一般人的角度判断行为是合适的，即便事后被被害人拒绝，也应认为存在推定的承诺，即承诺是有效的。张明楷教授不赞同这种观点，认为"承诺"只能以被害人的真实意志为标准，被害人事后拒绝的，即认为不存在有效承诺，但不代表就完全无法阻却行为的违法性，此时可以借助紧急避险、事实认识错误（行为人误以为被害人会同意）以及期待可能性等违法阻却或责任阻却事由。

第三部分　拓展延伸阅读、案例研习与同步训练

第一节　拓展延伸阅读

1. 张明楷. 刑法学：上. 北京：法律出版社，2021.
2. 刘艳红. 刑法学：上. 北京：北京大学出版社，2023.
3. 陈兴良. 正当防卫论. 北京：中国人民大学出版社，2023.
4. 陈兴良. 正当防卫的司法偏差及其纠正. 政治与法律，2019（8）.
5. 陈兴良. 正当防卫如何才能避免沦为僵尸条款：以于某故意伤害案一审判决为例的刑法教义学分析. 法学家，2017（5）.
6. 陈兴良. 互殴与防卫的界限. 法学，2015（6）.
7. 刘艳红. 刑法第 20 条第 3 款"行凶"一词的理论考察. 法学评论，2000（6）.
8. 江溯. 防卫限度判断规则的体系化展开. 法律科学，2022（1）.
9. 马克昌. 紧急避险比较研究. 浙江社会科学，2001（4）.
10. 何鹏. 紧急避险的经典案例和法律难题. 法学家，2015（4）.
11. 彭文华. 紧急避险限度的适当性标准. 法学，2013（3）.
12. 陈杰. 紧急避险与生命价值的衡量：对通说前提预设的澄清. 法制与社会发展，2019（4）.
13. 周光权. 被害人受欺骗的承诺与法益处分目的错误：结合检例第 140 号等案例的研究. 中国刑事法杂志，2022（2）.
14. 王钢. 被害人承诺的体系定位. 比较法研究，2019（4）.
15. 黎宏. 被害人承诺问题研究. 法学研究，2007（1）.
16. 车浩. 论被害人同意的体系性地位：一个中国语境下的"德国问题". 中国法学，2008（4）.

第二节　本章案例研习

案例 1：于某明正当防卫案

（一）基本案情

公安机关查明，案发当晚刘某龙醉酒驾驶皖 AP×××× 宝马牌轿车（经检测，血液

酒精含量为 87mg/100ml），载刘某某（男）、刘某（女）、唐某某（女）行至昆山市震川路，向右强行闯入非机动车道，与正常骑自行车的于某明险些碰擦，双方遂发生争执。经双方同行人员劝解，争执基本平息，但刘某龙突然下车，上前推搡、踢打于某明。虽经劝架，刘某龙仍持续追打，后返回轿车拿出一把砍刀（经鉴定，该刀为尖角双面开刃，全长 59 厘米，其中刀身长 43 厘米、宽 5 厘米，系管制刀具），连续用刀击打于某明颈部、腰部、腿部。击打中砍刀甩脱，于某明抢到砍刀，并在争夺中捅刺、砍击刘某龙 5 刀，刺砍过程持续 7 秒。刘某龙受伤后跑向轿车，于某明继续追砍 2 刀均未砍中。刘某龙跑向轿车东北侧，于某明追赶数米被同行人员拉阻，后返回轿车，将车内刘某龙手机取出放入自己口袋。民警到达现场后，于某明将手机和砍刀主动交给处警民警（于某明称拿走刘某龙手机是为了防止对方打电话召集人员报复）。

刘某龙后经送医抢救无效于当日死亡。经法医鉴定并结合视频监控认定，刘某龙连续被刺砍 5 刀，其中，第一刀为左腹部刺戳伤，致腹部大静脉、肠管、肠系膜破裂；其余 4 刀依次造成左臀部、右胸部并右上臂、左肩部、左肘部共 5 处开放性创口及 3 处骨折，死因为失血性休克。

于某明经人身检查，见左颈部条形挫伤 1 处、左胸季肋部条形挫伤 1 处。

（二）司法处理

检察机关认为，我国《刑法》第 20 条第 3 款规定："对正在进行行凶、杀人、抢劫、强奸、绑架以及其他严重危及人身安全的暴力犯罪，采取防卫行为，造成不法侵害人伤亡的，不属于防卫过当，不负刑事责任。"根据上述规定和查明的事实，本案中，死者刘某龙持刀行凶，于某明为使本人人身权利免受正在进行的暴力侵害，对侵害人刘某龙采取制止暴力侵害的行为，属于正当防卫，其防卫行为造成刘某龙死亡，不负刑事责任。

（三）案例解析

首先，于某明正面临严重危及人身安全的现实危险。本案系"正在进行的行凶"，刘某龙使用的双刃尖角刀系国家禁止的管制刀具；其持凶器击打他人颈部等要害部位，严重危及于某明人身安全；砍刀甩落在地后，其立即上前争夺，没有放弃迹象。刘某龙受伤起身后，立即跑向原放置砍刀的汽车——于某明无法排除其从车内取出其他"凶器"的可能性。砍刀虽然易手，危险并未消除，于某明的人身安全始终面临着紧迫而现实的危险。在此需要说明的是，有个别观点认为刘某龙只是用刀背拍打于某明，并没有用刀刃砍，不具有严重的人身侵害危险；刘某龙逃往轿车时，不法侵害已经结束。对此，笔者认为，对于正当防卫的判断不能站在"事后诸葛亮"的立场，而应站在正义方的立场，从当时的具体情境出发，以一般理性人的标准进行判断。面对手持尖刀、不停拍打自己的不法侵害人，不可能要求防卫人首先弄清楚对方是不是要真砍；手持尖刀攻击他人本身就是一种行凶，不论结果如何；不法侵害是否结束也需要从防卫者的角度判断不法侵害是否有持续的可能性，涉案刀具是刘某龙从轿车内取出的，无法保证其逃回车内不会取出第二把尖刀。因此，本案完全属于不法侵害正在进行且属于行凶。

其次，于某明抢刀反击的行为属于情急下的正常反应，符合特殊防卫要求。于某明抢刀后，连续捅刺、砍击刘某龙 5 刀，所有伤情均在 7 秒内形成。面对不法侵害不断升级的紧急情况，一般人很难精准判断出自己可能受到多大伤害，然后冷静换算出等值的防卫强度。法律不会强人所难，所以刑法规定，面对行凶等严重暴力犯罪进行防卫时，没有防卫限度的限制。检察机关认为，于某明面对挥舞的长刀，所作出的抢刀反击行为，属于情急下的正常反应，不能苛求他精准控制捅刺的力量和部位。虽然造成不法侵害人的死亡，但符合特殊防卫要求，依法不需要承担刑事责任。

最后，从正当防卫的制度价值看，应当优先保护防卫者。"合法没有必要向不法让步"。正当防卫的实质在于"以正对不正"，是正义行为对不法侵害的反击，因此应明确防卫者在刑法中的优先保护地位。实践中，许多不法侵害是突然、急促的，防卫者在仓促、紧张状态下往往难以准确判断侵害行为的性质和强度，难以周全、慎重地选择相应的防卫手段。在事实认定和法律适用上，司法机关应充分考虑防卫者面临的紧急情况，依法准确适用正当防卫规定，保护防卫者的合法权益，从而树立良好的社会价值导向。司法机关切勿本着"息事宁人""死者为大"的思维，一出现死伤结果就本能地反应向防卫过当靠拢，而是要站在防卫者的角度，结合不法侵害的严重性、事态的紧急性等综合作出判断。

案例2：于某故意伤害案

（一）基本案情

被告人于某的母亲苏某和父亲于某1曾多次向吴某、赵某1借款，产生还款纠纷。2016年4月14日16时许，赵某1纠集郭某2、郭某1、苗某、张某3到苏某经营的源大公司讨债。为找到于某1、苏某，郭某1报警称源大公司私刻财务章。民警到达源大公司后，苏某与赵某1等人因还款纠纷发生争吵。民警告知双方协商解决或到法院起诉后离开。李某3接赵某1电话后，伙同么某、张某2、严某、程某到达源大公司。赵某1等人先后在办公楼前呼喊，在财务室内、餐厅外盯守，在办公楼门厅外烧烤、饮酒，催促苏某还款。其间，赵某1、苗某离开。20时许，杜某2、杜某7赶到源大公司，与李某3等人一起饮酒。20时48分，苏某按郭某1要求到办公楼一楼接待室，于某及公司员工张某1、马某陪同。21时53分，杜某2等人进入接待室讨债，将苏某、于某的手机收走放在办公桌上。杜某2用污秽言语辱骂苏某、于某及其家人，将烟头弹到苏某胸前衣服上，将裤子褪至大腿处裸露下体，朝坐在沙发上的苏某等人左右转动身体。在马某、李某3劝阻下，杜某2穿好裤子，又脱下于某的鞋让苏某闻，被苏某打掉。杜某2还用手拍打于某面颊，其他讨债人员实施了揪抓于某头发或按压于某肩部不准其起身等行为。22时07分，公司员工刘某打电话报警。22时17分，民警朱某带领辅警宋某、郭某3到达源大公司接待室了解情况，苏某和于某指认杜某2殴打于某，杜某2等人否认并称系讨债。22时22分，朱某警告双方不能打架，然后带领辅警到院内寻找报警人，并给值班民警徐某打电话通报警情。于某、苏某想随民警离开接待室，杜某2等人阻拦，并强迫于某坐下，于某拒绝。杜某2等人卡于某颈部，将于某推拉至接待室东南角。于某持刃长15.3厘米的单刃尖刀，警告杜某2等人不要靠近。杜某2出言挑衅并逼近于某，于某遂捅刺杜某2腹部一刀，又捅刺围逼在其身边的程某胸部、严某腹部、郭某1背部各一刀。22时26分，辅警闻声返回接待室。经辅警连续责令，于某交出尖刀。杜某2等四人受伤后，被杜某7等人驾车送至冠县人民医院救治。次日2时18分，杜某2经抢救无效，因腹部损伤造成肝固有动脉裂伤及肝右叶创伤导致失血性休克死亡。严某、郭某1的损伤均构成重伤二级，程某的损伤构成轻伤二级。

（二）法院判决

山东省聊城市中级人民法院于 2017 年 2 月 17 日作出（2016）鲁 15 刑初 33 号刑事附带民事判决，认定被告人于某犯故意伤害罪，判处无期徒刑，剥夺政治权利终身，并赔偿附带民事原告人经济损失。

宣判后，被告人于某及部分原审附带民事诉讼原告人不服，分别提起上诉。山东省高级人民法院经审理于 2017 年 6 月 23 日作出（2017）鲁刑终 151 号刑事附带民事判决：驳回附带民事上诉，维持原判附带民事部分；撤销原判刑事部分，以故意伤害罪改判于某有期徒刑 5 年。

法院生效裁判认为：被告人于某持刀捅刺杜某2等四人，属于制止正在进行的不法侵害，其行为具有防卫性质；其防卫行为造成一人死亡、二人重伤、一人轻伤的严重后果，明显超过必要限度造成重大损害，构成故意伤害罪，依法应负刑事责任。鉴于于某的行为属于防卫过当，于某归案后如实供述主要罪行，且被害方有以恶劣手段侮辱于某之母的严重过错等情节，对于某依法应当减轻处罚。原判认定于某犯故意伤害罪正确，审判程序合法，但认定事实不全面，部分刑事判项适用法律错误，量刑过重，遂依法改判于某有期徒刑 5 年。

（三）案例解析

首先，于某的捅刺行为具有防卫性。案发当时杜某2等人对于某、苏某持续实施着限制人身自由的非法拘禁行为，并伴有侮辱人格和对于某推搡、拍打等行为；民警到达现场后，于某和苏某想随民警走出接待室时，杜某2等人阻止二人离开，并对于某实施推拉、围堵等行为，在于某持刀警告时仍出言挑衅并逼近，实施正当防卫所要求的不法侵害客观存在并正在进行；于某是在人身自由受到违法侵害、人身安全面临现实威胁的情况下持刀捅刺，且捅刺的对象都是在其警告后仍向其靠近围逼的人。因此，可以认定其是为了使本人和其母亲的人身权利免受正在进行的不法侵害，而采取的制止不法侵害行为，具备正当防卫的客观和主观条件，具有防卫性质。

其次，于某的捅刺行为不属于特殊防卫。特殊防卫的适用前提条件是存在严重危及本人或他人人身安全的暴力犯罪。本案中，虽然杜某2等人对于某母子实施了非法限制人身自由、侮辱、轻微殴打等人身侵害行为，但这些不法侵害不是严重危及人身安全的暴力犯罪。其一，杜某2等人实施的非法限制人身自由、侮辱等不法侵害行为，虽然侵犯了于某母子的人身自由、人格尊严等合法权益，但并不具有严重危及于某母子人身安全的性质；其二，杜某2等人按肩膀、推拉等强制或者殴打行为，虽然让于某母子的人身安全、身体健康权遭受了侵害，但这种不法侵害只是轻微的暴力侵犯，既不是针对生命权的不法侵害，又不是严重侵害于某母子身体健康权的情形，因而不属于严重危及人身安全的暴力犯罪。其三，苏某、于某1系主动通过他人协调、担保，向吴某借贷，自愿接受吴某所提 10% 的月息。既不存在苏某、于某1被强迫向吴某高息借贷的事实，又不存在吴某强迫苏某、于某1借贷的事实，与司法解释以借贷为名采用暴力、胁迫手段获取他人财物以抢劫罪论处的规定明显不符。可见杜某2等人实施的多种不法侵害行为，符合可以实施一般防卫行为的前提条件，但不具备实施特殊防卫的前提条件，故于某的捅刺行为不属于特殊防卫。

最后，于某的捅刺行为属于防卫过当。防卫过当是在具备正当防卫客观和主观前提条件下，防卫反击明显超越必要限度，并造成致人重伤或死亡的过当结果。认定防卫是否"明显超过必要限度"，应当从不法侵害的性质、手段、强度、危害程度以及防卫行为的性质、时机、手段、强度、所处环境和损害后果等方面综合分析判定。本案中，杜某2一方虽然人数较多，但其实施不法侵害的意图是给苏某夫妇施加压力以催讨债务，在催债过程中未携带、使用任何器械；在民警朱某等进入接待室前，杜某2一方对于某母子实施的是非法限制人身自由、侮辱和对于某拍打面颊、揪抓头发等行为，其目的仍是逼迫苏某夫妇尽快还款；在民警进入接待室时，双方没有发生激烈对峙和肢体冲突，当民警警告不能打架后，杜某2一方并无打架的言行；在民警走出接待室寻找报警人期间，于某和讨债人员均可透过接待室玻璃清晰看见停在院内的警车警灯闪烁，应当知道民警并未离开；在于某持刀警告不要逼过来时，杜某2等人虽有出言挑衅并向于某围逼的行为，但并未实施强烈的攻击行为。因此，于某面临的不法侵害并不紧迫和严重，而其却持刃长15.3厘米的单刃尖刀连续捅刺四人，致一人死亡、二人重伤、一人轻伤，且其中一人系被从背后捅伤，故应当认定于某的防卫行为明显超过必要限度造成重大损害，属于防卫过当。

案例3：王某友过失致人死亡案

（一）基本案情

被告人王某友一家三口入睡后，忽听见有人在其家屋外喊叫王与其妻佟某琴的名字。王某友便到外屋查看，见一人已将外屋窗户的塑料布扯掉一角，正从玻璃缺口处伸进手开门闩。王即用拳头打那人的手一下，该人急抽回手并跑走。王某友出屋追赶未及，亦未认出是何人，即回屋带上一把自制的木柄尖刀，与其妻一道，锁上门后（此时其10岁的儿子仍在屋里睡觉），同去村支部书记吴某杰家告知此事，随后又到村委会向大林镇派出所电话报警。当王与其妻报警后急忙返回自家院内时，发现自家窗前处有俩人影。此二人系本村村民何某明、齐某顺来王家串门，见房门上锁正欲离去。王某友未能认出何、齐二人，而误以为是刚才欲非法侵入其住宅之人，又见二人向其走来，以为二人要袭击他，随即用手中的尖刀刺向走在前面的齐某顺的胸部，致齐因气血胸，失血性休克当场死亡。何某明见状上前抱住王，并说："我是何某明！"王某友闻声停住，方知出错。

（二）法院判决

通辽市中级人民法院认为：被告人王某友因夜晚发现有人欲非法侵入其住宅即向当地村干部和公安机关报警，当其返回自家院内时，看见齐某顺等人在窗前，即误认为系不法侵害者，又见二人向其走来，以为二人要袭击他，疑惧中即实施了"防卫"行为，致他人死亡，属于在对事实认识错误的情况下实施的假想防卫，其行为有一定社会危害性，因此，应对其假想防卫所造成的危害结果依法承担过失犯罪的刑事责任，其行为已构成过失致人死亡罪。于是通辽市中级人民法院作出了"被告人王某友犯过失致人死亡罪，判处有期徒刑七年"的判决。

一审宣判后，被告人王某友未上诉。通辽市人民检察院以"被告人的行为是故意伤害犯罪，原判定罪量刑不当"为由，向内蒙古自治区高级人民法院提出抗诉。内蒙古自治区高级人民法院经审理认为：被告人王长友因夜晚发现他人欲非法侵入其住宅之事，即向村干部和当地公安派出所报警，在返回住宅时发现两个人影在其家窗户附近，错误地认为二人是侵害者，由于其主观想象，将齐某顺事实上并不存在的不法侵害误认为已经存在，进而实施了假想的防卫，并致齐某顺死亡，应依法承担过失犯罪的刑事责任。通辽市中级人民法院认定被告人王某友对不法侵害认识错误从而导致假想防卫，造成他人死亡后果发生的事实清楚，证据确实、充分，定罪和适用法律正确，审判程序合法。内蒙古自治区高级人民法院最终对通辽市人民检察院提出的抗诉理由不予采纳，裁定驳回抗诉，维持原判。

（三）案例解析

首先，本案被告人王某友的行为属假想防卫。假想防卫有三个基本特征：一是行为人主观上存在着正当防卫意图，以为自己是对不法侵害人实施的正当防卫；二是防卫对象的"不法侵害"在实际上并不存在；三是防卫行为人的"防卫"行为在客观上侵害了未实施不法侵害人的人身或其他权利，产生了危害社会的结果。需要指出的是，假想防卫中之所以会出现"误认"，是基于行为人的主观想象或推测，但这种主观想象或推测绝不是脱离实际情形的凭空想象，而是需要一定的客观前提，也就是说，假想防卫人在实行假想防卫时，主观上误认为发生了某种实际并不存在的不法侵害，是要有一定合理的根据的。本案中，被告人王某友家所住位置较偏僻，由于夜间确有人欲非法侵入其住宅的前因发生，被告人是在极其恐惧的心态下携刀在身，以防不测的。因此，当被告人返家时，看见齐某顺等人又在自家院内窗前，基于前因的惊恐，对室内孩子安危的担心，加之案发当晚夜色浓、风沙大，无法认人，即误认为二人系不法侵害者，又见二人向其走来，以为二人要袭击他，被告人的"假想"当然有其合乎情理的一面。疑惧中被告人实施的"防卫"行为，完全符合假想防卫的特征，应认定为假想防卫行为。

其次，假想防卫能够排除犯罪故意，不能以故意犯罪论处。对于故意犯罪之"故意"的理解，不能与行为的故意以及心理学理论上所讲的故意等同、混淆起来。根据《刑法》第14条的规定，故意犯罪是指行为人明知自己的行为会发生危害社会的结果，并且希望或放任这种结果发生。而假想防卫则是建立在行为人对其行为性质即其行为不具有社会危害性的错误认识的基础上发生的。假想防卫虽然是故意的行为，但这种故意是建立在对客观事实错误认识基础上的，自以为是在对不法侵害实行正当防卫。行为人不仅没有认识到其行为会发生危害社会的后果，而且认为自己的行为是合法正当的。而犯罪故意则是以行为人明知自己的行为会发生危害社会的后果为前提的。因此，假想防卫不具有刑法上的犯罪故意。本案被告人王某友正是在这种错误认识的基础上，自以为是为了保护本人人身或财产的合法权益而实施的所谓的正当防卫，因此，他主观上根本不存在明知其行为会造成危害社会结果的故意，被告人王某友主观上既不存在直接故意，也不存在间接故意。

最后，王某友存在疏忽大意的过失，不成立意外事件。疏忽大意的过失和意外事件的区分关键是行为人是否应当预见危害结果，即是否有预见义务或预见能力。在具体案件中需要结合被侵害法益的重要程度、行为的危险程度、具体情境、仔细辨别的难易程度等因素进行判断。在本案中，当然需要承认人是会产生联想的，但是在农村晚上串门也是常见之事，并且被害人只是向其"走来"，如果是歹徒遇到主人归来，要么是仓皇逃跑要么是暴力相向，因此王某友从当时的具体情境中应该能够判断出对方"是敌是友"；持尖刀刺向对方侵犯的是人的生命，对于最为重要的法益，兹事体大，更应谨慎观察。因此，可以判断王某友具有预见义务和预见能力，应排除意外事件，属于"应当预见自己的行为可能发生危害社会的后果，因为疏忽大意而没有预见，以致发生这种结果的"过失致人死亡罪。

案例4：周某章等组织出卖人体器官案

（一）基本案情

2011年，被告人周某章、张某荣和孙某（另案处理）经商量后，出资购买手术设备、汽车等作案工具，伙同被告人张某鑫、赵某强等人从事肾脏买卖及非法移植活动。2012年1月，赵某强介绍卖肾者被害人欧阳某某到佛山市某医院，周某章等人通过手术将欧阳某某的肾脏移植到购肾者宋某某体内。同年2月初，被害人舒某、丁某某通过某网站联系上赵某强，并商定以2万元出卖肾脏。赵某强安排舒某、丁某某住在东莞市一出租屋，并到医院检查身体。同月21日，赵某强让舒某签下自愿卖肾协议，后将舒某带至广东省广州市某别墅，周某章等人将舒某的肾脏移植到黄某体内。同月23日，赵某强让丁某某签下自愿卖肾协议后，将其带至上述广州市某别墅，周某章等人将丁某某的肾脏移植到购肾者体内。经鉴定，被害人欧阳某某右肾被切除，系七级伤残；被害人舒某左肾被切除，系八级伤残；被害人丁某某左肾被切除，系八级伤残。

（二）法院判决

东莞市第一市区人民法院认为，被告人周某章等人均已构成组织出卖人体器官罪，周某章、张某鑫、张某荣、赵某强等人在各自所参与的共同犯罪中均起主要作用，是主犯，依法按其参与的全部犯罪处罚。对被告人周某章作出了有期徒刑10年的处罚。对于附带民事赔偿部分，法院认为，周某章等被告人明知缺乏器官移植的相关资质，为牟利仍违法实施器官移植手术，并利用部分被害人急需用钱的心理和生活困难的处境，与被害人达成出卖器官协议，协议签订时双方的信息、地位并不对等，其行为违反公序良俗，主观恶性明显，且对被害人的健康造成了损害，应当承担民事赔偿责任。对各被害人提出的残疾赔偿金、伤残鉴定费、交通费、误工费、营养费等赔偿请求，予以支持。但各被害人明知被告人的行为违法，为获得报酬而自愿出卖器官，具有一定过错，应自行承担40%的责任。

（三）案例解析

本案中并没有因被害人承诺而否定行为的违法性，即被害人承诺无效，只是在附带民事赔偿部分认为，在取得被害人承诺的案件中，可以适当减轻被告人的赔偿责任。组织出卖人体器官罪规定于《刑法》侵犯公民人身权利、民主权利罪一章，侵犯的主要法益是个人法益，看似被害人对自己的法益具有处分权限，但其中并不存在被害人承诺的问题，其主要原因有以下三个方面。

第一，理论上一般认为对于危及生命的重伤的承诺是无效的，出卖人体器官会对出卖者的生命造成危险，因此出卖者对出卖自己人体器官的承诺是无效的。

第二，权利主体的承诺是合法或合乎道德的，违法或违反道德的承诺是无效的。即便出卖人体器官不会危及生命，例如出卖眼角膜等，公民自愿出售器官的承诺也违反了《人体器官捐献与移植条例》关于严禁买卖人体器官的规定和公序良俗，因此，即便是出于权利主体的真实意志，承诺也是无效的。

第三，《刑法》第234条之一组织出卖人体器官罪第2款规定的是未经本人同意摘取其器官，强迫、欺骗他人捐献器官的情形，意味着第1款是强迫、欺骗之外的情形，即被害人同意的情形。因此，组织出卖人体器官罪中的"组织"限于征得被害人同意或者承诺的情形。

可见，我们不能仅基于某个犯罪属于侵犯公民个人权利的犯罪，就认为被害人可以自主处分其法益即承诺有效。但是，当某个犯罪位于妨害社会管理秩序罪等章节当中时，就表明其侵犯的（主要）法益是公共法益，被害人不具有处分权限。例如，在非法行医罪中，即便患者"自愿"求医，也不能阻却非法行医罪的成立。因为，非法行医罪侵犯的主要法益是国家的医疗管理秩序而非患者的个人健康。司法实践中也是坚持这一观点。

第三节　本章同步训练

一、选择题

（一）单选题

1. 根据《刑法》第20条前两款的规定，_____行为不负刑事责任；但_____必须符合一定条件，否则就会造成新的不法侵害。误认为存在不法侵害，进行"防卫"的，属于_____；不法侵害已经结束后，进行"防卫"的，属于_____。防卫行为明显超过必要限度造成重大损害的，属于_____；关于_____的罪过形式，刑法理论上存在争议，但可以肯定的是，_____不是独立罪名，应根据其符合的犯罪构成确定罪名；对于_____，应当酌情减轻或者免除处罚。在这段话的空格中：（　　）。（司考）

A. 2处填写"正当防卫"，5处填写"防卫过当"，1处填写"假想防卫"

B. 2处填写"正当防卫"，4处填写"防卫过当"，1处填写"假想防卫"

C. 3处填写"正当防卫"，5处填写"防卫过当"

D. 3处填写"正当防卫"，4处填写"防卫过当"，1处填写"假想防卫"

2. 陈某抢劫出租车司机甲，用匕首刺甲一刀，强行抢走财物后下车逃跑。甲发动汽车追赶，在陈某往前跑了40米处将其撞成重伤并夺回财物。关于甲的行为性质，下列哪一选项是正确的？（　　）（司考）

A. 法令行为　　　　B. 紧急避险　　　　C. 正当防卫　　　　D. 自救行为

3. 关于正当防卫，下列哪一选项是错误的？（　　）（司考）

A. 制服不法侵害人后，又对其实施加害行为，成立故意犯罪

B. 抢劫犯使用暴力取得财物后，对抢劫犯立即进行追击的，由于不法侵害尚未结

束，属于合法行为

C. 动物被饲主唆使侵害他人的，其侵害属于不法侵害；但动物对人的自发侵害，不是不法侵害

D. 基于过失而实施的侵害行为，不是不法侵害

4. 甲交通肇事，将行人乙撞成重伤。甲见乙受重伤，心生恐惧，刚想离开，被另一行人丙看到。丙见状要求甲将乙送至医院，甲不肯，丙无奈而动手将甲打伤，逼其将乙送至医院，最终乙得到救治。丙的行为应如何认定？（　　）（法考）

A. 正当防卫　　　　B. 紧急避险　　　　C. 故意伤害罪　　　D. 无因管理

5. 关于排除犯罪的事由，下列哪一选项是正确的？（　　）（司考）

A. 对于严重危及人身安全的暴力犯罪以外的不法侵害进行防卫，造成不法侵害人死亡的，均属防卫过当

B. 由于武装叛乱、暴乱罪属于危害国家安全罪，而非危害人身安全犯罪，所以，对于武装叛乱、暴乱犯罪不可能实行特殊正当防卫

C. 放火毁损自己所有的财物但危害公共安全的，不属于排除犯罪的事由

D. 律师在法庭上为了维护被告人的合法权益，不得已泄露他人隐私的，属于紧急避险

（二）多选题

1.《刑法》第20条第3款规定："对正在进行行凶、杀人、抢劫、强奸、绑架以及其他严重危及人身安全的暴力犯罪，采取防卫行为，造成不法侵害人伤亡的，不属于防卫过当，不负刑事责任。"关于刑法对特殊正当防卫的规定，下列哪些理解是错误的？（　　）（司考）

A. 对于正在进行杀人等严重危及人身安全的暴力犯罪，采取防卫行为，没有造成不法侵害人伤亡的，不能称为正当防卫

B. "其他严重危及人身安全的暴力犯罪"的表述，不仅说明其前面列举的抢劫、强奸、绑架必须达到严重危及人身安全的程度，而且说明只要列举之外的暴力犯罪达到严重危及人身安全的程度，也应适用特殊正当防卫的规定

C. 由于特殊正当防卫针对的是严重危及人身安全的暴力犯罪，而这种犯罪一旦着手实行便会造成严重后果，所以，应当允许防卫时间适当提前，即严重危及人身安全的暴力犯罪处于预备阶段时，也应允许进行特殊正当防卫

D. 由于针对严重危及人身安全的暴力犯罪进行防卫时可以杀死不法侵害人，所以，在严重危及人身安全的暴力犯罪结束后，当场杀死不法侵害人的，也属于特殊正当防卫

2. 关于被害人承诺，下列哪些选项是错误的？（　　）（司考）

A. 儿童赵某生活在贫困家庭，甲征得赵某父母的同意，将赵某卖至富贵人家。甲的行为得到了赵某父母的有效承诺，并有利于儿童的成长，故不构成拐卖儿童罪

B. 在钱某家发生火灾之际，乙独自闯入钱某的住宅搬出贵重物品。由于乙的行为事后并未得到钱某的认可，故应当成立非法侵入住宅罪

C. 孙某为戒掉网瘾，让其妻子丙将其反锁在没有电脑的房间一星期。孙某对放弃自己人身自由的承诺是无效的，丙的行为依然成立非法拘禁罪

D. 李某同意丁砍掉自己的一个小手指，而丁却砍掉了李某的大拇指。丁的行为成立故意伤害罪

二、案例分析题

2018年某日，李某与邹某酒后一同乘车到达邹某住处。二人在邹某暂住处发生争吵，李某被邹某关在门外，便酒后滋事，用力踢踹邹某暂住处防盗门，强行进入房间与邹某发生肢体冲突，引来邻居围观。此时，暂住在楼上的赵某，听到叫喊声，下楼查看，见李某把邹某摁在墙上并殴打其头部。为制止李某的伤害行为，赵某从背后拉拽李某，致其摔倒在地。起身后，李某又要殴打赵某，并进行言语威胁，赵某随即将李某推倒在地，并朝倒地的李某腹部踩了一脚。后赵某拿起房间内的凳子欲砸向李某，被邹某拦下，随后赵某被其女友劝离现场。经法医鉴定，李某腹部横结肠破裂，伤情属于重伤二级。邹某伤情属于轻微伤。

请分析赵某的刑事责任。

三、论述题

1. 试述防卫过当的成立条件及刑事责任。[2015年法硕（法学）考试论述题]
2. 试述刑法中紧急避险的成立条件。[2014年法硕（法学）考试论述题]

参考答案及解析

一、选择题

（一）单选题

1. 参考答案： B

解析： 本题中的几处是共有多少处，而不是第几处，最好能将本题的答案写在空格里，再做计算。主要考查正当防卫、防卫过当、假想防卫等有关防卫行为的基本问题。看看教材的有关表述，熟悉正当防卫的基本理论，对此题应该不难理解。8处空格依次是正当防卫、正当防卫、假想防卫、防卫不适时、防卫过当、防卫过当、防卫过当、防卫过当。故本题答案为B。

2. 参考答案： C

解析： 本题考查正当防卫的"适时性"问题。刑法规定正当防卫所适用的条件必须是"正在进行的不法侵害"。对于盗窃、抢劫等状态犯，不宜将犯罪既遂理解为不法侵害的结束，只要在现场有追回财物的可能性，即便犯罪既遂，也可以实施正当防卫。故本题答案是C。

3. 参考答案： D

解析： 本题主要考查正当防卫的时间条件和对"不法侵害"的理解。首先，实施正当防卫的时间是不法侵害正在进行中，若不法侵害已经结束则不得再进行防卫。所谓"已经结束"，是指不法侵害已经停止或者造成的结果已经出现，即使实施防卫行为也不

能阻止危害结果的发生或者及时挽回损失；即使不实施防卫行为也不会发生危害结果或者危害结果不至于进一步扩大。本题中，制服不法侵害人后不得再进行防卫，其所实施的侵害行为成立犯罪，故 A 选项正确；在抢劫以后即时进行追赶挽回损失的，由于不法状态持续存在，可以认为不法侵害尚未结束，符合正当防卫的时间条件，故 B 选项正确。其次，"不法侵害"是指对某种权益作出的违反法律规定的侵袭与损害，是一种客观的不法侵害。动物对人的侵袭依是否被人唆使，分别构成"不法侵害"或者"危险"，后者可以构成紧急避险，故 C 选项正确。"不法侵害"是一种客观的不法侵害，只要是客观上具有法益侵害性的行为，无论侵害人对侵害所持的主观心理态度如何，都不影响不法侵害的性质，例如，精神病患者的侵害或者不满法定年龄的人实施的侵害也是一种不法侵害，可以实行正当防卫，故 D 选项错误。本题答案应为 D。

4. 参考答案：A

解析： A项：甲交通肇事将乙撞成重伤后，对乙有救助的义务。如果对乙不履行救助义务而导致乙死亡，构成不作为犯的故意杀人罪。此外，对于甲的后续的不作为犯的故意杀人罪，属于"不法侵害"，并且是重大不法侵害。丙对于甲的不法侵害（不作为犯）实施制止行为，符合正当防卫的成立条件，成立正当防卫。故本题答案为 A。B项：紧急避险是避免合法权益受到侵害，而损害第三人较小的合法权益，本案中侵害人甲引起危险，而丙打伤甲要求其送乙就医，针对的对象是侵害人本人，并未损害第三人的合法权益，不属于紧急避险。C项：丙主观上是为了保护乙的人身安全免受甲的不法侵害，并不存在故意伤害甲的主观故意，因此不构成故意伤害罪。D项：本案属于制止刑事犯罪的行为，而无因管理是管理他人的民事事务，因此不属于无因管理。综上所述，本题应选 A。

5. 参考答案：C

解析： 本题主要考查排除犯罪事由或者正当行为的基础理论。A 是错误的：在这些防卫行为中，防卫是否过当，并不以是否造成不法侵害人死亡为标准，而首先看是否明显超过了必要限度。所以，对于严重危及人身安全的暴力犯罪以外的不法侵害进行防卫，只要在防卫的必要限度内，即使致使不法侵害人死亡也属于正当防卫。B 是错误的：《刑法》第 20 条规定的"严重危及人身安全的暴力犯罪"并不限于《刑法》分则第四章"侵犯公民人身权利、民主权利犯罪"的范围，只要这些犯罪采用了暴力手段，并且严重危及人身安全，就可以实行特殊的正当防卫。如果武装叛乱、暴乱罪中的暴力是针对人身的，当然可以实行特殊的正当防卫。C 是正确的：放火毁损自己所有的财物属于自由处分自己财物的行为，但是这种自由处分要有界限，这个界限是不能侵害别人的权利，不能危害社会公共安全，否则，可能构成相关的危害公共安全罪（如放火罪等）。D 是错误的：律师的这种行为在刑法理论上属于正当业务行为，此时也不存在正在发生的危险，显然不属于紧急避险。故本题答案是 C。

（二）多选题

1. 参考答案：ACD

解析： 本题主要特殊防卫的成立条件。《刑法》第 20 条第 3 款不是特殊规定，而是注意性规定。所谓的特殊防卫需要满足一般正当防卫的限度之外的其他四个条件，而不是没有任何限制。本题目中的 C、D 选项不满足时间条件，因此不能成立特殊防卫。其中"行凶、杀人、抢劫、强奸、绑架"是指行为方式，而不是指刑法分则中特定的罪名。尤其是对于行凶如何界定，在刑法学界争论很大。一般认为，行凶是指那些严重的故意伤害行为，是介于故意重伤害与故意杀人行为之间、模糊不清或者不确定的伤害行为，即指故意重伤害程度以上的暴力犯罪行为；而所谓的"其他严重危及人身安全的暴力犯罪"是一种客观的不法侵害行为，与不法侵害人的责任年龄、责任能力以及精神状况没有关系。这里的"其他"不仅有兜底即拾遗补阙的作用（弥补立法漏洞），而且具有修饰前面几种犯罪行为的作用，即这些犯罪都要求在行为方式上有"暴力"，行为程度上要达到犯罪的危害程度，在行为对象上只能针对人身，不能针对财产侵害，否则，只能适用一般正当防卫的条款，而不能适用特殊防卫的条款。因此，B 选项是正确的。造成不法侵害人伤亡的属于正当防卫，从当然解释的角度，没有造成其伤亡的，更应该是正当防卫。

2. 参考答案：ABC

解析：本题主要考查被害人承诺的效力和适用。被害人的承诺一般能够阻却违法，但是，有些承诺是无效的，尤其是对自己无权处分的法益的承诺，不能阻却违法。在 A 项中，由于人身不可买卖，赵某的父母对赵某的人身不具有处分权和决定权，更不能决定出卖赵某的人身，因此，赵某父母的承诺在法律上是无效的，甲的行为仍然构成拐卖儿童罪。由于拐卖儿童罪的法定刑在 5 年有期徒刑以上，如果判处 5 年有期徒刑还比较重，在没有其他从轻、减轻处罚情节的情况下，法官可以考虑选择《刑法》第 63 条"特殊减轻处罚"的规定，判处甲适当的宣告刑。因此，A 项是错误的。在 B 项中，乙的行为属于推定的承诺，通常认为在推定的承诺情形中应以一般理性人作为判断标准，而非视被害人事后的承认情况而定。但是张明楷教授认为事后未得到被害人同意的，不应认为成立有效的承诺，但依然可以以紧急避险、事实认识错误、期待可能性等为由排除犯罪。无论从哪种观点来看，乙的行为都不成立犯罪。因此，B 项是错误的。在 C 项中，孙某为戒掉网瘾，对放弃自己人身自由的承诺是有效的。因此，C 项是错误的。在 D 项中，一般认为，在不违背公序良俗的情况下，承诺对自己造成轻伤以下的行为是有效的，砍掉一个小手指的行为应该属于轻伤以下，但丁在实施李某承诺行为的过程中，却砍掉了李某的大拇指，超出了李某的承诺范围，不能阻却违法性，成立故意伤害罪，因此 D 项是正确的。

二、案例分析题

参考答案：赵某的行为属于正当防卫，不负刑事责任。

解析：根据《刑法》第 20 条第 2 款的规定，防卫过当应当同时具备"明显超过必要限度"和"造成重大损害"两个条件，缺一不可。造成重大损害是指造成不法侵害人重伤、死亡，对此不难判断。实践中较难把握的是相关防卫行为是否明显超过必要限度，不少案件处理中存在认识分歧。司法适用中，要注意综合考虑案件具体情况，结合社会公众的一般认知，对防卫行为是否"明显超过必要限度"作出准确判断。

第一，防卫过当仍属于防卫行为，只是明显超过必要限度并造成重大损害。本案中，李某强行踹门进入他人住宅，将邹某摁在墙上殴打其头部，赵某闻声下楼查看，为了制止李某对邹某以强欺弱，出手相助，拉拽李某。赵某的行为属于为了使他人的人身权利免受正在进行的不法侵害，而采取的制止不法侵害的行为，符合正当防卫的起因条件、时间条件、对象条件和意图条件等要件，具有防卫性质。

第二，对防卫行为"明显超过必要限度"的判断，应当坚持综合考量原则。防卫是否"明显超过必要限度"，应当综合不法侵害的性质、手段、强度、危害程度和防卫的时机、手段、强度、损害后果等情节，考虑双方力量对比，立足防卫人防卫时所处情境，结合社会公众的一般认知作出判断。在判断不法侵害的危害程度时，不仅要考虑已经造成的损害，还要考虑造成进一步损害的紧迫危险性和现实可能性。不应当苛求防卫人必须采取与不法侵害基本相当的反击方式和强度，更不能机械地理解为反击行为与不法侵害行为的方式要对等、强度要精准。

防卫行为虽然超过必要限度但并不明显的，不能认定为防卫过当。本案虽然造成了李某重伤二级的后果，但是，从赵某的行为手段、行为目的、行为过程、行为强度等具体情节来看，没有"明显超过必要限度"。赵某在阻止、拉拽李某的过程中，致李某倒地，在李某起身后欲殴打赵某，并用言语威胁的情况下，赵某随即将李某推倒在地，朝李某腹部踩一脚，导致李某横结肠破裂，属于重伤二级。从行为手段上看，双方都是赤手空拳，赵某的拉拽行为与李某的不法侵害行为基本相当。从赵某的行为过程来看，赵某制止李某的不法侵害行为是连续的、自然而然发生的，是在当时场景下的本能反应。李某倒地后，并未完全被制服，仍然存在起身后继续实施不法侵害的现实可能性。此时，赵某朝李某腹部踩一脚，其目的是阻止李某继续实施不法侵害，并没有泄愤报复等个人目的，应当认定为正当防卫。

三、论述题

1. **解析**：本题需要特别注意的是防卫过当是防卫行为的过当，仅仅是不满足正当防卫的限度条件，但仍满足了正当防卫的其他四个条件。因此，防卫过当的成立条件也是有五个：正当防卫的起因条件、时间条件、主观条件、对象条件以及明显超过必要限度造成重大损害。

2. **解析**：本题考查的是教材当中非常明确的知识点，记住法条加上理解背后的理论，五个条件自然就掌握了。

第十章　故意犯罪的停止形态

第一部分　本章知识点速览

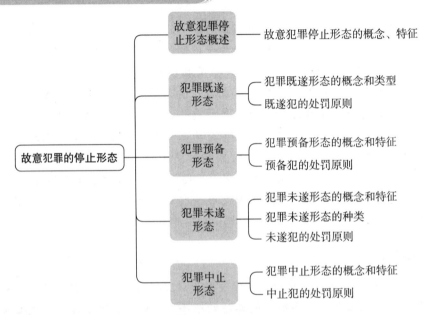

故意犯罪的停止形态
- 故意犯罪停止形态概述 —— 故意犯罪停止形态的概念、特征
- 犯罪既遂形态
  - 犯罪既遂形态的概念和类型
  - 既遂犯的处罚原则
- 犯罪预备形态
  - 犯罪预备形态的概念和特征
  - 预备犯的处罚原则
- 犯罪未遂形态
  - 犯罪未遂形态的概念和特征
  - 犯罪未遂形态的种类
  - 未遂犯的处罚原则
- 犯罪中止形态
  - 犯罪中止形态的概念和特征
  - 中止犯的处罚原则

第二部分　本章核心知识要点解析

第一节　故意犯罪停止形态概述

一、故意犯罪停止形态的概念

（一）难度与热度

难度：☆☆　热度：☆☆

（二）基本概念分析

故意犯罪的停止形态是指部分故意犯罪在实施过程中，由于某些主客观原因而停止后所呈现出来的具体形态，包括完成形态与未完成形态，完成形态就是犯罪既遂，未完成形态包括犯罪预备、犯罪未遂与犯罪中止。

（三）学说理论探讨

犯罪形态不同于犯罪阶段：犯罪停止形态是一个"点"，属于一个静止状态；犯罪阶段是一条"线"，是一个动态的过程。一个犯罪往往包括预备阶段与实行阶段，但只有一个犯罪停止形态。换言之，一个故意犯罪行为不可能同时出现几种形态（如不可能既有未遂又有既遂，或者既有中止又有未遂），但可能同时存在几个阶段。犯罪预备只能出现在预备阶段，犯罪未遂只能出现在实行阶段；犯罪中止则既可以出现在预备阶段也可以出现在实行阶段，即存在于犯罪的整个过程中。

（四）疑难问题解析

在认定犯罪停止形态时，需要注意"没有停止不谈形态"，并且这种停止需是终局性的而非暂时性的。例如，张三打算去李四家盗窃，提前一天来到李四的楼栋附近踩点。这显然还不能确认为犯罪预备而只是处于预备阶段，因为行为并未停止。又如张三打算去李四家盗窃，提前一天踩点后发现第二天并非盗窃的好机会，打算过几天再来。这也不属于犯罪预备，因为此处的停止只是暂时的。

另外需要注意的是，犯罪停止形态只能存在于犯罪过程中，如果犯罪过程已经结束或者犯罪已达既遂标准，就不会出现其他停止形态。例如，盗窃他人财物后又返还的显然不属于犯罪中止，而是既遂后的悔罪行为，只能作为量刑情节考虑。再如，非法拘禁他人 24 小时后释放的，也不属于犯罪中止。

二、故意犯罪停止形态的特征

（一）难度与热度

难度：☆☆　热度：☆☆☆

（二）基本概念分析

故意犯罪的停止形态具有三个方面的特征：

其一，故意犯罪停止形态只能存在于部分直接故意犯罪当中。过失犯罪只有发生了法定的危害结果才构成犯罪，因此只有犯罪是否成立的问题而不存在既未遂的问题。通说认为，间接故意犯罪也不存在犯罪停止形态的问题。而且并非所有直接故意犯罪都存在犯罪停止形态，在举止犯（如煽动颠覆国家政权罪）当中，不存在犯罪未遂。

其二，故意犯罪停止形态只能存在于犯罪过程中。犯罪结束或既遂后不会再出现其他停止形态。犯罪未开始的也不存在停止形态，例如单纯的犯意表示并不存在任何犯罪行为，就不是犯罪。

其三，故意犯罪停止形态是一个终局性的停止状态。等待条件具备、时机成熟后再实施犯罪的，不是犯罪停止形态。

（三）学说理论探讨

关于间接故意犯罪是否存在停止形态，学界存在争议。通说认为间接故意犯罪需以实际上发生了危害结果为前提，没有发生危害结果就难以认定行为人主观上的放任心态，因此间接故意犯罪与过失犯罪一样，只有是否成立的问题，不存在既未遂的问题。另一种有力的学说认为间接故意也存在犯罪未遂与犯罪中止形态。一般来说，由于犯罪预备以确定的犯意为前提，故间接故意一般没有犯罪预备形态，但也不排除行为人在着手前实施犯罪预备行为，着手时仅有间接故意的情形。

（四）疑难问题解析

犯罪构成是认定犯罪是否成立的唯一标准，即便是犯罪未完成形态，也是以行为符合犯罪构成为前提的。如果将犯罪构成的标准理解为齐备主客观方面的所有要素，即以犯罪既遂为模式来理解犯罪构成概念，由于刑法分则所规定的具体罪名都是以既遂为基本模式，可以将犯罪既遂理解为基本的犯罪构成，将未完成形态理解为修正的犯罪构成。如果从成立犯罪的最低限度方面来理解犯罪构成，那么无论哪种犯罪停止形态，都完全符合犯罪构成。两种理解并无实质差别，主要取决于如何理解犯罪构成本身。

不同于个别处罚模式，我国刑法总则对犯罪未完成形态规定的是普遍处罚模式，即原则上对任何犯罪的犯罪预备、未遂都可以处罚，但是司法实践中并非如此，例如对于盗窃罪的未遂犯在多数情况下是不处罚的，预备犯更是没有处罚的必要。关键在于司法者需要具体判断某犯罪的未完成形态是否达到了值得刑法处罚的程度。

第二节　犯罪既遂形态

一、犯罪既遂形态的概念和类型

（一）难度与热度

难度：☆☆☆　热度：☆☆☆☆

（二）基本概念分析

犯罪既遂是故意犯罪的完成形态，我国刑法总则中没有关于既遂的规定，但通常认为刑法分则规定的具体犯罪都是以既遂为基本模式的。例如，故意杀人罪就是指杀人行为导致死亡结果。关于既遂的标准，通说是构成要件齐备说，即具备了构成要件的全部主客观要素就是犯罪既遂。但是，如果达到了成立犯罪的最低限度，就会构成犯罪，如犯罪预备、未遂。例如，故意杀人罪的既遂是指具备了杀人行为、死亡结果、因果关系以及主观故意等全部要素，但没有着手实行杀人行为或者杀人行为没有造成他人死亡的，会成立故意杀人罪的犯罪预备或犯罪未遂、犯罪中止。

我国刑法分则中的犯罪既遂形态可以分为四种类型：

其一，结果犯，即以法定的危害结果作为犯罪既遂的要素。这种危害结果既包括法律明确规定的结果，如财产犯罪大都以数额较大为既遂标准，也包括法条文义当然延伸出的结果，如故意杀人罪的结果自然是导致人死亡。

其二，行为犯，即以实施法定的行为作为既遂标准，不需要出现危害结果。例如醉驾型危险驾驶罪，只要存在醉酒驾驶机动车的行为就属于既遂。

其三，危险犯，即以行为造成某种危险状态作为既遂标准的犯罪。例如《刑法》第114条的放火罪、爆炸罪以及破坏交通工具罪、妨害药品管理罪等，只需要有造成危害结果的可能性就属于既遂。

其四，举止犯，即一经着手实行就成立既遂。最典型的就是煽动颠覆国家政权罪。

举止犯与行为犯的不同点在于：行为犯的行为实施是一个过程，如醉酒驾驶最起码在空间上有位移的过程，再如脱逃罪中的脱逃行为也是一个过程；而举止犯中的行为是瞬间完成的，如煽动颠覆国家政权罪，只要发表了相关言论就属于既遂。

（三）学说理论探讨

关于既遂的判断，不应从日常语义上来理解"遂"，即不要将其理解为遂己所愿，目的得逞说不具有合理性。比如勒索财物型绑架罪并不需要实际取得财物，只要提出勒索要求就达到既遂标准，目的得逞说会不当缩小打击范围。

（四）疑难问题解析

危险犯是与实害犯相对应的概念，行为犯是与结果犯相对应的概念，关于危险犯与行为犯的区分，尤其是抽象危险犯与行为犯的区分，有很大难度。具体危险犯需要司法者在具体案件中判断是否存在真实的危险，抽象危险犯则不需要判断危险的真实性，只要实施了构成要件行为，就推定存在危险。因此，在我们看来，抽象危险犯与行为犯并没有清晰的区分标准，两者基本上是重叠的，都是只要具备相关行为就达到既遂标准。比如，我们既可以认为醉驾型危险驾驶罪属于行为犯，也可以认为其属于抽象危险犯。

二、既遂犯的处罚原则

（一）难度与热度

难度：☆　热度：☆☆

（二）基本概念分析

关于既遂犯的处罚原则，刑法总则并没有一般性规定。这是因为，刑法分则的个罪所设置的法定刑本就是针对既遂犯的，即刑法分则是以犯罪既遂为基本模式，犯罪的未完成形态是刑法总则在分则法定刑的基础上的"修正"，所以我们才称犯罪的未完成形态为修正的犯罪构成。

第三节　犯罪预备形态

一、犯罪预备形态的概念和特征

（一）难度与热度

难度：☆☆　热度：☆☆☆☆

（二）基本概念分析

我国《刑法》第 22 条规定，为了犯罪，准备工具、制造条件的，是犯罪预备。该法条仅是揭示了犯罪预备的两个条件，为了区分犯罪预备与其他未完成形态，还需要附加另外两个条件。

其一，行为人主观上是为了实行犯罪，即行为人是为了着手实行某种犯罪做提前准备。"为了犯罪"说明行为人已经具备了非常明确的犯罪意图，当犯罪意图不明显或不确定时，显然无法认定为犯罪。例如，张三在五金店购买菜刀，该行为既可能是为了杀人，也可能是为了日常生活使用，仅此尚无法断定其犯罪意图。

其二，客观上实施了犯罪预备行为。法条规定的预备行为包括两种：准备工具和制造条件。其实，准备工具也属于制造条件，只是准备工具是最为典型、常见的一种预备行为，法条将其单独列出。因此，制造条件是指准备工具之外的其他预备行为。此外，这种预备可以是为自己实行犯罪而预备，也可以是为他人实行犯罪而预备。例如，张三得知李四打算杀王五，向李四提供了一把刀，张三的行为就是一种预备行为。

其三，行为人未能着手实行犯罪。着手是预备阶段与实行阶段的分界线，犯罪预备只能发生在预备阶段。

其四，未能着手实行犯罪是由于犯罪人意志以外的原因。这点主要是用于区分犯罪中止。因为犯罪中止可以发生在整个犯罪过程中，如果行为人在预备阶段自动放弃继续实施犯罪，则属于犯罪中止。

（三）学说理论探讨

《刑法》第22条在界定预备犯时的表述是"为了犯罪"，但是为了对刑法处罚范围作出必要的合理性限制，应当将此处的"为了犯罪"理解为"为了实行犯罪"，而不包括"为了预备犯罪"，即为犯罪预备做准备的行为不是犯罪，否则会不当地延伸刑法的打击链条。例如，张三为了杀李四而准备菜刀的行为固然属于预备行为，如果由于意志以外的原因而未能着手，便属于犯罪预备，但为了买菜刀而向他人借钱或者打工赚钱的行为不应认为是犯罪。

刑法分则会出现预备行为单独成罪即预备行为实行化的情况。例如《刑法》第120条之二准备实施恐怖活动罪。对此，既然刑法将其单独成罪，就直接适用分则的处罚规定，无须再去考虑总则中的预备犯处罚原则。一般来说，"预备的预备"不是犯罪，但刑法既然将这种预备行为单独规定为实行行为，其预备行为当然可以成立犯罪预备，只是还需要具体判断这种预备行为是否达到了值得刑法处罚的程度。

（四）疑难问题解析

在理解和表述犯罪预备时，需要注意犯罪预备不同于犯罪预备阶段，也不同于犯罪预备行为。犯罪预备是一种停止形态，只有当行为终局性地停止下来时，才谈得上是犯罪预备。并且在一个犯罪中，各犯罪停止形态是择一的，犯罪预备不可能与其他停止形态并存。犯罪预备阶段是一个过程，一个犯罪完全可以同时存在犯罪预备阶段与实行阶段；犯罪未遂和犯罪既遂也完全可能经历过预备阶段；犯罪预备阶段成立的犯罪停止形态并不必然就是犯罪预备，还可能有犯罪中止。严格来说，《刑法》第22条规定的是犯罪预备行为而非犯罪预备，即只要符合"为了犯罪，准备工具、制造条件"，就是犯罪预备行为，具有了该预备行为之后有多种可能性，可能是犯罪预备，可能是预备阶段的中止，可能是进入实行阶段的中止或未遂，也有可能是既遂。可见，犯罪预备行为完全可以与实行行为并存。

二、预备犯的处罚原则

（一）难度与热度

难度：☆☆　热度：☆☆☆

（二）基本概念分析

按照法条规定，对于预备犯，可以比照既遂犯从轻、减轻处罚或者免除处罚。"可以"是一种授权性法律规定，属于司法自由裁量的范畴，包括"可以"和"可以不"两层含义。但是，这同时也表明了立法者的倾向性意见，即只有在例外情况下（如准备实行的犯罪性质特别严重、犯罪人主观恶性极大），才不予从宽处罚。

（三）学说理论探讨

我国刑法分则对于同一犯罪的既遂模式往往会规定不同的量刑档次，此时究竟应当比照哪个档次从宽处罚？通常认为，此处所比照的只能是同类型的既遂犯，即在性质、情节、危害程度等方面与预备犯向前发展可能形成的既遂模式大体相同的既遂犯。例如，针对被害人有严重过错的故意杀人的预备犯，就宜比照最低量刑档次从宽处罚；基于报复社会的无差别的杀人行为的预备犯，就宜比照最高档次考虑从宽处罚。再如，入户抢劫、持枪抢劫或者冒充军警人员抢劫的预备犯就宜比照抢劫罪情节加重的量刑档次适用犯罪预备的处罚规定。

（四）疑难问题解析

刑法对犯罪预备依次规定了从轻、减轻和免除三个从宽档次，究竟选择哪一种类，需要结合预备行为本身的社会危害程度、预备行为与着手实行的接近程度、预备行为在犯罪中起到的作用大小、行为人的主观恶性大小以及所准备实行的犯罪的严重程度等综合作出判断。

第四节　犯罪未遂形态

一、犯罪未遂形态的概念、特征

（一）难度与热度

难度：☆☆☆☆　热度：☆☆☆☆☆

（二）基本概念分析

《刑法》第 23 条规定，已经着手实行犯罪，由于犯罪分子意志以外的原因而未得逞的，是犯罪未遂。基于此，犯罪未遂形态具有三个方面的特征或曰成立条件。

其一，行为人已经着手实行犯罪。着手是预备阶段与实行阶段的分界线，如果未能进入实行阶段，只能是犯罪预备或犯罪中止。

其二，犯罪未得逞。对于此处的"得逞"不能从日常语义上（即达到预期的目的）理解，有些犯罪即便未能达到行为人的预期目的，也不影响既遂的认定。例如，张三绑架李四后向其家人勒索财物，只要提出了勒索要求，哪怕分文未拿到，也是犯罪既遂。再如，《刑法》第 126 条规定，依法被指定、确定的枪支制造企业、销售企业，违反枪支管理规定，有下列行为之一的，就构成犯罪：以非法销售为目的，超过限额或者不按照规定的品种制造、配售枪支的；以非法销售为目的，制造无号、重号、假号的枪支的；非法销售枪支或者在境内销售为出口制造的枪支的。对于前两种情形，根本不需要已实际销售，更不需要谋取到利益，只要有这样的目的且实施了相关的制造行为，就属于犯罪既遂。可见，刑法中的得逞与既遂其实是含义相同的概念，其标准都采构成要件齐备说。

其三，犯罪未得逞是出于犯罪人意志以外的原因。该特征表明犯罪未得逞不是出于犯罪人自己的意志，而是出于其意志以外的原因。该原因可能是其自身造成的，如张三杀李四，捅了一刀后张三有晕血症，于是昏倒在地；也可能是外界原因造成的，如张三杀李四，捅了一刀后被路人控制。该原因可能是真实存在的原因，也可能是行为人认识错误导致的，如张三欲杀李四，捅了两刀后李四昏倒在地，张三以为李四已经死亡就仓皇逃走。

（三）学说理论探讨

关于着手即实行行为的认定，存在多种学说。

主观说（刑事社会学派的观点）认为行为人的危险性格展现出来时就是着手。该观点会极大模糊预备行为与实行行为的界限，因为在预备阶段就完全可能展现出行为人的危险性格。例如，张三想杀李四，在家一边磨刀一边嘟囔"李四我要杀死你"，按照主观说的观点这就是着手，这显然就挤占了预备阶段的空间，不当地将着手提前。坚持主观说的学者并不多见，与此相对应的是客观说。

形式的客观说认为，行为符合了刑法分则具体犯罪的部分构成要件就是着手。我国传统刑法理论认为着手是指行为人已经开始实施刑法分则规范里具体犯罪构成要件中的犯罪行为，这便属于形式的客观说。形式的客观说主要存在两个方面的问题。一方面，从构成要件描述本身去界定着手无助于准确把握着手的边界，例如将故意杀人罪的着手认定为杀人、将盗窃罪的着手认定为盗窃，相当于什么都没说。另一方面，在有的犯罪中，形式的客观说会将着手不当提前。例如在保险诈骗罪中"投保人、被保险人故意造成财产损失的保险事故，骗取保险金的""投保人、受益人故意造成被保险人死亡、伤残或者疾病，骗取保险金的"都属于法条规定的构成要件行为，但是，行为人制造虚假的保险事故与法益侵害结果（骗取保险金）距离尚远。保险事故发生后需要经过出险人员的鉴定、填写理赔申请、准备资料等流程才能获得理赔。此时，认为形式上符合了构成要件就是着手为时过早。

实质的客观说进一步分为实质的行为说与实质的结果说，行为无价值论者持实质的行为说，结果无价值论者持实质的结果说。在绝大多数情形下，两者得出的结论没有差异，只在隔离犯的场合会有区别。例如，张三通过邮寄毒药的方式想毒死李四，实质的行为说会认为邮寄时就是着手，实质的结果说则认为被害人收到毒药或者使用毒药时才是着手。需要注意的是，法考采纳的是实质的结果说，即只有当行为产生法益侵害的紧迫危险时才是着手。当然，受制于罪刑法定原则的约束，实质的客观说不能突破形式上构成要件的规定，因此，实质的结果说其实是坚持"形式＋实质"双重标准。即在行为符合构成要件描述的前提下，再判断行为是否产生法益侵害的紧迫危险。例如，使用刀具杀人的，挥刀砍（刺）向他人时才是着手；盗窃罪的着手是寻觅财物；保险诈骗罪的着手是提出理赔申请。

（四）疑难问题解析

需要特别注意的是，犯罪未遂的判断一定是以犯罪分子自身意志为标准，包括客观上确实不能而停止以及行为人以为不能而停止这两种情形。例如，张三去李四家盗窃，正翻箱倒柜寻找财物时，听到楼下有警笛声，张三以为警察要抓捕自己，立即停止翻找，跑出楼去。跑到楼下才发现警察是例行巡逻，但此时已经没有再次入户的机会。虽然本案中没有压制犯罪分子意志的真正客观事实，但是犯罪分子所错误认识的状态压制了其犯罪意志，因此依然成立犯罪未遂。

二、犯罪未遂形态的种类

（一）难度与热度

难度：☆☆☆☆　　热度：☆☆☆☆☆

（二）基本概念分析

我国刑法学界一般从两个标准对犯罪未遂进行分类。

其一，实行终了的未遂与未实行终了的未遂。实行终了的未遂是指犯罪人将其认为达至既遂所必需的全部行为实行终了，但由于意志以外的原因未得逞。例如，张三杀李四，以为已经将李四杀死便扬长而去，最终李四被路人所救。未实行终了的未遂是指由于意志以外的原因使得犯罪人未能将其认为达到既遂所必需的全部行为实行终了。例如，张三杀李四，捅了李四一刀后被路人制止。需要说明的是，这种分类只有在结果犯中即行为和结果可以分开的情况下才存在，在行为犯中，实行终了就是既遂，不能存在实行终了未遂的问题。这种区分的意义在于，当犯罪人所认为的与客观一致的情况下，实行终了比未实行终了距离法益侵害结果更近，因而在量刑上前者宜重于后者。

其二，能犯未遂与不能犯未遂。能犯未遂是指犯罪行为可能会达至既遂，只是由于犯罪人意志以外的原因未得逞；不能犯未遂是指根据特定案件的具体情况，行为不可能既遂。例如，张三杀李四被路人制止，便是能犯未遂；张三想强奸李四，发现李四只是一个打扮比较妖娆的男性，则是不能犯未遂。不能犯未遂可分为对象不能犯未遂与手段不能犯未遂，以上强奸案便是对象不能犯未遂。如张三想用砒霜毒杀李四，结果误用了白糖，由于白糖不能导致人死亡，这便属于手段不能犯未遂。

（三）学说理论探讨

在中外刑法理论界，围绕不能犯或者不能犯与未遂犯区分标准的界定，学说较为复杂。总体来看有纯粹主观说、抽象危险说、具体危险说、印象说、客观危险说、修正的客观危险说等多种主张。其中纯粹主观说已被彻底否定，抽象危险说与印象说也较为接近主观说的立场，因此也很少有人坚持。比较具有市场的是具体危险说、客观危险说与修正的客观危险说，三者在判断资料、判断方法与判断标准方面有着细微的差异。

我国传统刑法理论通常认为只有迷信犯不是犯罪，不能犯也是未遂犯的一种，也有处罚的必要：在他们看来，不能犯未遂只是由于行为人（恰巧）认识错误才没有导致法益侵害结果发生，如果没有这种错误认识，法益侵害结果还是会发生，因此，这种行为还是有一定的危险性的。例如，张三只是由于误将白糖当作砒霜才没有导致李四死亡，如果其意识到自己的认识错误，依然会导致李四死亡。该观点其实就相当于国外刑法理论中的主观说。但是，如果立足于阶层论犯罪体系，坚持客观判断优先于主观判断的阶层顺序，当一种行为在客观上不可能发生法益侵害的结果时，就意味着该行为不是该当构成要件的危害行为，既然客观要件被否定，就没有引入主观判断的余地。例如，由于白糖不可能导致人死亡，喂人吃白糖的行为就不是杀人行为，就没有审查主观上是否有杀人的故意的必要。需要特别说明的是，法考通常采纳的是后一立场，除非是主观题中的观点比较题目，宜特别留意后种观点。

（四）疑难问题解析

犯罪未遂显然并非在任何犯罪类型中都存在。首先，过失犯罪中不存在犯罪未遂，因为：一方面，所有过失犯罪都以结果的发生作为成立条件，没有发生法定结果就不成立犯罪；另一方面，犯罪未遂要求是"意志以外的原因"，在过失犯罪中，犯罪人对危害结果是排斥的，没有明显的犯罪意志。至于间接故意犯罪中是否存在未遂，本章第一节中已经有所阐述。在我们看来，"意志"的语义是决定达到某种目的而产生的心理状态，间接故意对结果是听之任之的放任心态，也没有明显的犯罪意志，因而不宜认为间接故意存在未遂。

情节加重犯存在未遂，因为情节加重犯与基本犯共享同样的结果，而基本犯是故意犯罪且可以视结果的发生与否区分既未遂。例如入户抢劫、在交通工具上抢劫没有抢到财物，应当结合情节加重的法定刑以及犯罪未遂的处罚规则来决定刑罚。关于结果加重犯是否存在未遂，存在争议。一般认为，行为人对于基本犯是故意的，对于加重结果通常是过失的，并且结果加重犯中的"致人"表述通常也含有过失的意思，如过失致人死亡、故意伤害致人死亡、非法拘禁致人死亡、抢劫致人死亡、强奸致人死亡等。但是，在个别情况下，行为人对于加重结果也可能是故意的。例如，最高人民法院《关于抢劫过程中故意杀人案件如何定罪问题的批复》规定，行为人为劫取财物而预谋故意杀人，或者在劫取财物过程中，为制服被害人反抗而故意杀人的，以抢劫罪定罪处罚。此时，如果没有导致死亡的结果，则应当比照加重法定刑以及犯罪未遂的处罚规则来适用刑罚。当然，如果行为人劫取财物后为灭口而故意杀人，则不适用该司法解释，应当以抢劫罪（基本犯）与故意杀人罪数罪并罚，如果由于意志以外的原因没有导致人死亡，则成立故意杀人罪的未遂。

无论对不能犯采取何种界定立场，都认为迷信犯不是犯罪，因为，迷信犯是行为人出于愚昧无知的迷信思想，在任何情况下采取该迷信手段都不可能造成法益侵害结果。例如，张三意图继承舅舅的家产，其相信"正月里理发死舅舅"，便在正月里理发。张三主观上所认识的和客观实际上的行为都是在正月里理发，无论如何，该行为都不可能（合乎科学规律地）导致人死亡，因此，没有任何危害性。

三、未遂犯的处罚原则

（一）难度与热度

难度：☆☆☆　热度：☆☆☆☆

（二）基本概念分析

《刑法》第23条规定，对于未遂犯，可以比照既遂犯从轻或者减轻处罚。对于"可以"的理解、比照的法定刑档次以及"从轻"或"减轻"如何选择，可以参照预备犯处罚原则部分。根据2021年最高人民法院、最高人民检察院《关于常见犯罪的量刑指导意见（试行）》，对于未遂犯，综合考虑犯罪行为的实行程度、造成损害的大小、犯罪未得逞的原因等情况，可以比照既遂犯减少基准刑的50％以下。

（三）学说理论探讨

关于未遂犯的处罚根据，学理上有主观说与客观说之分，客观说又分为形式的客观说与实质的客观说，实质客观说又进一步细化为行为危险说、结果危险说以及综合说。这与本节关于着手认定标准的学说基本是一致的。主观说认为未遂犯的处罚根据在于行为人危险性格的外在展现。如果按照该学说，犯罪未遂与既遂就应当同等处罚，因为两者在危险性格的显示方面没有差异。这显然不合理，因此基本没有人坚持该学说。形式的客观说认为有发生构成要件结果的现实危险是未遂犯的处罚根据，是否具备该危险应以具体犯罪的构成要件为标准进行形式判断。例如，只要采取了故意造成财产损失的保险事故的手段行为，由于意志以外的原因未得逞（如被现场勘查员发现），就成立保险诈骗罪的未遂。但是，此时该行为并没有产生法益侵害的紧迫危险。结果无价值论者通常主张实质的客观说中的结果危险说，认为只有当行为具有侵害法益的客观危险（作为结果的危险）时，才可能作为犯罪处罚，此时的结果并非构成要件结果，而是一种危险状态。需要说明的是，犯罪未遂只是没有发生该犯罪构成要件的结果，而非没有发生任何犯罪结果。例如，张三杀李四，捅了李四一刀后被路人制止，经鉴定李四重伤。此时，张三属于故意杀人罪的未遂，因为没有导致他人死亡结果，但重伤结果也是一种犯罪（故意伤害罪）结果。

（四）疑难问题解析

某个犯罪的未遂可能是其他罪的既遂。例如，张三进到李四家欲杀李四，由于李四家正好有客人，众人合力将张三制止。此时张三的行为同时成立非法侵入住宅罪的既遂与故意杀人罪的未遂，两罪可以数罪并罚。再如，张三路过一职工宿舍，发现宿舍内有一长发飘飘身材苗条的"美女"在睡觉，便上前打算实施强奸，一顿乱摸后对方被惊醒，张三才发觉对方是男性。此时虽然成立强奸罪的（不能犯）未遂，但同时成立强制猥亵罪的既遂，因为强制猥亵罪的对象包括男性，并且，强奸与强制猥亵两种行为有所重合。张三主观上有强制猥亵他人的故意，客观上也实施了强制猥亵的行为，当然可以认定强制猥亵罪的既遂。此时应当按照想象竞合的处理规则来认定犯罪。

第五节　犯罪中止形态

一、犯罪中止形态的概念、特征

（一）难度与热度

难度：☆☆☆☆　热度：☆☆☆☆☆

（二）基本概念分析

《刑法》第24条规定，在犯罪过程中，自动放弃犯罪或者自动有效地防止犯罪结果发生的，是犯罪中止。据此，犯罪中止可以分为自动放弃型与有效防止型两种，这两种类型的成立条件或特征有区别。

1. 自动放弃型犯罪中止的特征

其一，中止行为发生在犯罪过程中。这是犯罪中止与犯罪未遂的重要区别：犯罪未遂限定为着手实行后，因此只能发生在实行阶段；犯罪中止可以发生在整个犯罪过程中，当然就包括了预备阶段。因此，在预备阶段出于自己的意志而自动放弃犯罪的，也成立犯罪中止。

其二，行为人出于自身意志的原因而放弃犯罪。"弗兰克公式"言简意赅地说明了犯罪中止与未遂的意志方面的区别：能达目的而不欲是中止，欲达目的而不能是未遂。需要说明的是，与犯罪未遂一样，此处的意志即是否"能"是以犯罪人本人为准。例如，张三去李四家盗窃，看到李四家家徒四壁，张三想放弃盗窃，其实警察此时已经在外布下法网准备抓捕，这种情况下，张三依然是犯罪中止，因为是他自动放弃犯罪。

其三，放弃行为具有彻底性，即行为人彻底放弃该犯罪。首先，如果行为人意图另择机会实施犯罪，当然不成立犯罪中止。例如，张三去李四家盗窃，发现李四家有人便打算改天再来，这便不具备彻底性。其次，彻底放弃犯罪指的是放弃特定的犯罪，并非要求行为人放弃任何犯罪。例如，张三想强奸某女，压制某女后该女苦苦哀求，张三放弃了强奸，但夺过其手提包扬长而去，张三针对强奸罪成立犯罪中止，针对抢劫罪则是既遂。最后，放弃犯罪指的是彻底放弃当下犯罪，而非要求行为人日后都不会实施同种犯罪。例如，张三去李四家盗窃，看到李四小区安保森严不好下手，就放弃了犯罪，这也属于犯罪中止，即便其可能日后又犯盗窃罪，甚至即便张三日后发现李四小区的安保变得松懈而又盗窃了李四家，其之前的行为也是犯罪中止。

2. 有效防止型犯罪中止的特征

其一，中止行为发生在着手实行以后既遂结果发生之前。单从法条表述来看，有效防止型中止与自动放弃型中止的时间条件都是"在犯罪过程中"，但是在预备阶段，行为尚未对法益产生紧迫危险，自然也就没有采取有效措施来防止结果发生的必要。换言之，在预备阶段，只要具有"自动放弃"这种消极中止因素即可成立中止，只有进入实行阶段，行为产生了法益侵害的紧迫危险，才有必要采取积极措施来避免危险变为现实即防止犯罪结果发生。

其二，中止行为的自动性。该条件与自动放弃型中止的自动性相同。在有效防止型中止当中，自动性是采取有效措施防止犯罪结果发生的前提，因为，只有出于自己意志，行为人才会积极采取避免措施。

其三，实施了防止犯罪结果发生的中止行为。与自动放弃型中止不同，有效防止型犯罪中止不能满足于"放弃"，还需要在此基础上采取措施来避免危险变为现实。因此，学理上还将自动放弃型中止称为消极中止，将有效防止型中止称为积极中止。

其四，中止行为的有效性。有效性体现为没有发生行为人之前所追求的、行为性质所决定的结果。如果虽然积极采取了措施但犯罪结果还是没能避免，一般就否定了其有效性，即不成立犯罪中止。

（三）学说理论探讨

关于自动放弃重复侵害行为是否成立犯罪中止，理论上存在争议。所谓重复侵害行为是指按照行为人的意思，行为可在同一地点、以同一方式反复实施。最为典型的就是射击行为。例如，张三枪里面装了五发子弹用来射杀李四，连续打出四发后都未击中，张三认为李四命不该绝就放弃了杀人行为。争议的核心在于对五次射击行为个别化判断，认为是五个行为，还是作为整体判断，视为一个行为。如果持个别行为说，四次未打中都是犯罪未遂；如果持整体考察说，由于张三自动放弃了第五次射击行为，符合了自行放弃型犯罪中止的条件，应认定为犯罪中止。目前主流的观点是认为这属于犯罪中止。

在有效防止型犯罪中止中，发生犯罪结果是否就一律排除犯罪中止？理论上也存在争议。通说为全面否定说。另外有一种例外肯定说，认为只要发生了犯罪结果，原则上就否定成立犯罪中止，但是，如果行为人尽到了防止结果发生的必要努力，且该中止行为本来有效，但另一因素直接导致结果发生，且该因素起到了决定性的作用，则应肯定原行为成立犯罪中止。例如，张三想杀李四，捅李四几刀后李四倒在血泊里，张三顿生怜悯将李四送往医院抢救，在去医院的过程中，张三超速发生交通事故，导致李四被撞死。此时，宜认为张三成立故意杀人罪中止，只不过交通事故可以另评价为交通肇事罪。变换一下案情，如果是路上堵车导致耽搁了抢救时间，张三就不属于有效防止犯罪结果发生，因为此时并不存在独立导致死亡结果发生的第三行为。再如，还是以上案情，张三将李四送到医院后，李四拒绝接受输血（被害人自己原因）或者医生重大疏忽（第三人原因）导致死亡结果发生，也应肯定张三成立犯罪中止。如果只是医生不够谨慎，没有用足止血药，导致李四死亡，此时在导致死亡结果发生上，医生的行为就不够重要，还是张三原先的杀人行为在起决定性作用，宜否定张三成立犯罪中止。

（四）疑难问题解析

无论是自动停止型中止还是有效防止型中止，只需要没有造成该犯罪构成所需要的法定危害结果，而非指没有造成任何犯罪结果。例如，张三杀李四，将李四捅倒在地后，如果该行为产生了致人死亡的现实危险，张三就应积极采取措施来避免该危险现实化，此时，只要李四没有死亡，张三就成立（有效防止型）犯罪中止，但该行为很可能导致李四轻伤或重伤这种犯罪结果。

虽然说是否"能"是以行为人本人意志为准，但其前提是有证据证实行为人的主观意志状态，在难以证明的情况下，还是站在一般人的立场来判断行为人究竟是在意志受压制的情况下被动放弃犯罪，还是在意志相对自主的情况下自动放弃犯罪。所谓的"相对自主"，意思是任何人的意志不可能完全不受外界干扰，我们不能仅凭行为人的意志受到外界因素的触动，就否定其自动性。

其一，基于惊愕或恐惧心理而放弃犯罪的，一般宜肯定成立犯罪中止。例如，张三杀李四，捅了李四一刀后看到血腥场面，基于惊愕或恐惧而放弃了继续实施杀害行为。这通常符合自动性。反之，如果张三有晕血症，看到此场面后晕厥过去，则没有自动性。问题的核心是判断外界因素对行为人意志的影响，有没有达到压制的程度。

其二，行为人基于嫌弃、厌恶而放弃犯罪行为，一般宜肯定其自动性，但如果由此达到了压制其意志的程度，则应否定中止。比如，张三意图拦路实施强奸，拦住某女后发现其面貌丑陋，于是放弃了实施强奸，成立强奸罪中止；反之，如果张三按倒该女后发现其相貌丑陋，导致自己性欲全无、无法勃起，则属于强奸罪未遂。再如，张三扒开某女衣服后发现其正处于经期，因此放弃了强奸，属于犯罪中止；但如果张三被告知某女患有性病而放弃强奸，则宜认定为犯罪未遂。

其三，担心被发现而放弃犯罪行为的，需要具体分析是担心被当场发现、抓住，还是担心日后被发现。如果是担心被当场发现而无法继续实施行为的，宜否定其自动性。例如，张三去李四家盗窃，正在翻箱倒柜时听到有开门声（其实是对面邻居开自家的门），张三担心被抓现行仓皇跳窗逃走，这显然是犯罪未遂。如果是担心以后被发现而受处罚或名誉受损，放弃犯罪行为的，宜认定成立犯罪中止。

其四，行为人基于特定目的物（人）而实施犯罪，由于目的物（人）不存在而放弃的，不认定为犯罪中止。例如，张三想去李四家盗窃公司文件，结果没有找到该文件，属于犯罪未遂；张三想进某女生宿舍强奸 A 女，发现 A 女不在而放弃，也不是强奸罪的犯罪中止。

其五，由于对方是熟人而放弃犯罪的，需要具体判断（尤其是从伦理上）是否达到压制行为人意志的程度。例如，张三想拦路强奸，发现对方是自己小学同学或同村人或同事而放弃的，宜认定为中止；但是对方若是自己的同胞姐妹、舅妈、母亲等，则宜认定为未遂。

二、中止犯的处罚原则

（一）难度与热度
难度：☆☆☆　热度：☆☆☆☆

（二）基本概念分析
《刑法》第 24 条规定，对于中止犯，没有造成损害的，应当免除处罚；造成损害的，应当减轻处罚。

（三）学说理论探讨
关于中止犯减免处罚的根据，理论上存在政策说、法律说以及综合说，法律说内部又分为违法减少说与责任减少说。政策说又称金桥理论，即刑法是基于鼓励犯罪人及时回头的考虑才设置中止犯的减免处罚规定。违法减少说认为，相较于既遂犯，中止犯没有造成犯罪结果，在违法性的元素上有所减少，自然就应当相应地减轻处罚。责任减少说认为，中止犯虽然与未遂犯一样没有造成犯罪结果，但中止犯中没有造成该结果是行为人基于自身意志自动选择的结果，其对法规范的敌对程度明显有所降低，此外，其特殊预防的必要性也有所减少。综合说则是综合了政策说和法律说。应该说，综合说更具合理性，即中止犯的减免处罚规定既考虑了违法性、有责性的因素，也考虑到了预防犯罪的政策性因素。

（四）疑难问题解析
由于是否造成损害决定着是否予以刑事处罚，如何理解此处的"损害"就至关重要。
首先，此处的"损害"应当是刑法规范所规制的结果，不包括刑法之外的其他危害事实；否则，就是变相地用刑罚处罚非刑法范畴的行为，违背罪刑法定原则。例如，张三想杀李四，砍了李四一刀后出于同情而放弃了杀李四，只要造成了轻伤或重伤的结果，就属于造成了损害，因为轻伤、重伤都是刑法规制的结果；但如果只是造成了轻微伤，就不宜认定为造成损害。再如，张三欲进李四家杀李四，砍了李四一刀后出于同情而放弃了杀李四，此时，该行为已然侵犯了他人的住宅安宁，属于刑法所规制的结果，宜认为造成了损害。

其次，原则上仅限于实害而不包括危险状态，但如果该危险状态为另一犯罪所单独规制，可以例外地承认造成了损害。任何犯罪中止尤其是实行阶段的中止，都有导致犯罪结果的可能性，即都存在危险，如果认为此处的"损害"包括危险，就意味着中止犯失去了免除处罚的空间，这不符合中止犯的减免处罚根据。例如，故意杀人行为都具有导致人死亡的危险，但如果没有导致他人轻伤以上的后果，就不宜认定为造成了损害。但是，在刑法分则中，有些具体危险犯会单独规制某危险状态，例如张三对某建筑物放火，火势尚未凶猛时，张三出于害怕将火扑灭，此时已经具备了《刑法》第 114 条放火罪的危险状态，可以认为成立第 115 条放火罪的中止并且认为造成了损害。

最后，此处的"损害"不限于物质性损害结果，还包括精神方面的损害，但必须限于刑法所规制的结果。例如，张三想强奸某女，对该女强制亲吻抚摸之后该女苦苦哀求，张三放弃了强奸，此时已经造成了强制猥亵罪中的危害后果，应当认定为造成了损害。再如，张三想教训或敲诈李四，经李四苦苦哀求，张三放弃了犯罪，行为也会造成诸如李四恐慌的后果，但该精神损害并非刑法所规制的，就不宜认为造成了损害。

第三部分　拓展延伸阅读、案例研习与同步训练

第一节　拓展延伸阅读

1. 张明楷. 刑法学：上. 北京：法律出版社，2021.

2. 周光权. 刑法总论. 北京：中国人民大学出版社，2016.

3. 刘艳红. 刑法学. 上. 北京：北京大学出版社，2023.

4. 陈兴良. 不能犯与未遂犯：一个比较法的分析. 清华法学，2011（4）.

5. 陈兴良. 客观未遂论的滥觞：一个学术史的考察. 法学家，2011（4）.

6. 周光权. 论中止自动性判断的规范主观说. 法学家，2015（5）.

7. 张平. 论犯罪中止与犯罪未遂的异同及竞合. 同济大学学报（社会科学版），2008（3）.

8. 聂长建. 不能犯与未遂犯区分标准研究. 法商研究，2018（6）.

9. 陆诗忠. 对中止犯中"自动性"的再追问. 法学，2019（8）.

10. 庄劲. 犯罪中止自动性之判断：基于积极一般预防的规范性标准. 政法论坛，2015（4）.

11. 石聚航. 未遂犯的处罚范围及其规则重构. 政治与法律，2020（12）.

12. 彭文华. 中止犯自动性的目的限缩. 法学家，2014（5）.

第二节　本章案例研习

案例 1：胡某、张某某等故意杀人、运输毒品（未遂）案

（一）基本案情

1997 年 11 月初，被告人胡某因赌博、购房等原因欠下债务，遂起图财害命之念。先后准备了羊角铁锤、纸箱、编织袋、打包机等作案工具，以合伙做黄鱼生意为名，骗取被害人韩某根的信任。1997 年 11 月 29 日 14 时许，被害人韩某根携带装有 19 万元人民币的密码箱，按约来到被告人胡某的住处。胡某趁给韩某根倒茶水之机在水中放入五片安眠药，韩喝后倒在客厅的沙发上昏睡，胡见状即用事先准备好的羊角铁锤对韩的头部猛击数下致韩倒地，又用尖刀乱刺韩的背部，致使韩因严重颅脑损伤合并血气胸而死亡。

次日晨，被告人胡某用羊角铁锤和菜刀将被害人韩某根的尸体肢解为五块，套上塑料袋后分别装入两个印有"球形门锁"字样的纸箱中，再用印有"某某饲料"字样的编织袋套住并用打包机封住。嗣后，胡某以内装"毒品"为名，唆使被告人张某某和张某峰帮其将两个包裹送往南京。被告人张某某、张某峰按照胡某的指派，于 1997 年 11 月 30 日中午从余姚市乘出租车驶抵南京，将两个包裹寄存于南京火车站小件寄存处。后因尸体腐烂，于 1998 年 4 月 8 日案发。

（二）司法处理

上海铁路运输中级法院认为被告人张某某、张某峰明知是"毒品"仍帮助运往异地，均已构成运输毒品罪，但因二人意志以外的原因而犯罪未得逞，系未遂，应依法从轻处罚。判决被告人张某某犯运输毒品罪，判处有期徒刑 2 年；被告人张某峰犯运输毒品罪，判处有期徒刑 1 年 6 个月。上海市高级人民法院二审审理认为，上诉人张某某、原审被告人张某峰明知是"毒品"仍帮助运输，均已构成运输毒品罪，依法应予处罚；原判鉴于张某某、张某峰运输"毒品"的行为因意志以外的原因而未得逞，系未遂，依法予以从轻处罚并无不当。裁定维持原判。

（三）案例解析

原审判决以及刑事审判参考给出的理由是：

被告人张某某、张某峰意图运输毒品、实际运输尸块的行为，属刑法理论上行为人对事实认识错误的一种，因此不能实现其犯罪目的，属对象不能犯。对于不能犯能否予以治罪，应当区分绝对不能犯与相对不能犯两种情形作出处理。

所谓绝对不能犯，是指行为人出于极端迷信、愚昧无知而采取没有任何客观根据，在任何情况下都不可能产生实际危害结果的手段、方法，企图实现其犯罪意图的情况，如使用"烧香念咒""画符烧纸""香灰投毒"等方法杀人等。

所谓相对不能犯，是指行为人在对自己行为的性质及实现行为目的的方法、手段的性质没有发生错误认识的前提下，由于疏忽大意等心理状态造成了对实施犯罪

的工具或手段的误认，以致选择了实际上不可能实现其犯罪意图的工具或手段的情况，如误把白糖当砒霜用来投毒等。

绝对不能犯与相对不能犯的主要区别在于：前者意欲实施的行为与其实际实施的行为是一致的，但因使用的手段与目的之间的因果关系建立在反科学、超自然的基础上，故该种手段行为在任何情况下都不可能引起危害结果发生，不具有实质的社会危害性。后者所认识到的手段与目的之间的因果联系是真实的、有科学根据的，只是因为行为人一时疏忽致使意欲实施的行为与其实际实施的行为形似而质异，才未能造成犯罪结果；否则，其所使用的手段或工具就能合乎规律地引起危害结果发生，实现其犯罪目的。因此，刑法理论上一般认为，绝对不能犯不构成犯罪，而相对不能犯则构成犯罪未遂。

本案被告人张某某、张某峰的行为不属于手段或工具不能犯，当然不能归属于绝对不能犯。因对象不能犯不影响对行为人犯罪故意的认定，只对其犯罪形态产生影响，故对两名被告人误认尸块为毒品予以运输的行为，应以运输毒品罪（未遂）定罪。

可见，以上裁判思路只是排除了迷信犯的可罚性，将不能犯也划入未遂犯，认为成立犯罪。以上细致的说理固然值得称赞，但是其思路并非没有问题。刑事定罪思路的科学性体现之一就是客观优先于主观，因为：一方面，主观因素不易查实，另一方面，将客观上不具有任何法益侵害可能性的行为认定为犯罪，也有违刑法法益保护的初衷。如果坚持客观优先于主观的定罪思路，由于本案根本就不存在毒品，客观上不可能侵犯毒品犯罪所保护的法益，如此，就不应仅仅基于行为人的主观恶性而定罪，否则便有主观归罪的嫌疑。值得说明的是，法考通常是采取"不能犯不是犯罪"的观点，而传统观点以及司法实践大多将不能犯认定为未遂犯的一种，只是在量刑上会区别于能犯未遂。

案例2：黄某等抢劫（预备）案

（一）基本案情

1998年3月的一天，被告人黄某邀被告人舒某银去外地抢劫他人钱财，并一同精心策划，准备了杀猪刀、绳子、地图册等作案工具，从芷江侗族自治县流窜到贵州省铜仁市伺机作案，并在该市购买了准备作案用的手套两双。3月20日晚7时许，黄某、舒某银在铜仁汽车站以100元的价钱骗租一辆车号为贵D×××06的豪华夏利出租车前往湖南省新晃侗族自治县，准备在僻静处抢劫司机吴某夫妇驾驶的出租车。当车行至新晃后，黄某、舒某银仍感到没有机会下手，又以50元的价钱要求司机前往新晃县波洲镇。当车行至波洲镇时，由于吴某夫妇警觉并向波洲镇政府报案，黄某、舒某银的抢劫未能着手实行。黄某、舒某银被捕后，对其准备作案工具、图谋抢劫出租车的事实供认不讳。

（二）司法处理

新晃侗族自治县人民法院认为：被告人黄某、舒某银以非法占有为目的，企图以暴力手段抢劫他人驾驶的出租车，并为此而准备工具、制造条件，其行为已构成抢劫罪。在准备实施抢劫行为时，由于意志以外的原因而未得逞，属于犯罪预备，依法可以从轻处罚。在共同犯罪中，被告人黄某起主要作用，系主犯，且有前科，应从重处罚；被告人舒某银起次要作用，系从犯，可从轻处罚。判决被告人黄某犯抢劫罪（预备），判处有期徒刑 4 年，被告人舒某银犯抢劫罪（预备），判处有期徒刑 2 年。二被告人对一审判决不服，提起上诉，湖南省怀化市中级人民法院审理后裁定驳回上诉、维持原判。

（三）案例解析

《刑法》第 22 条规定，为了犯罪，准备工具、制造条件的，是犯罪预备。从该规定可以看出，犯罪预备具有以下两个基本特征：（1）行为人主观上是为了实行犯罪，即行为人实施准备工具、制造条件的行为，是为了顺利地实行犯罪，具有犯罪的目的性。这是预备犯主观犯意的体现，也是预备犯在一定条件下要承担刑事责任的主观根据。认定犯罪预备时，不能忽视该主观特征的重要意义。司法实践中，有的预备行为本身就可以明显地反映出行为人所具有的犯罪目的，但也有的预备行为本身并不能明确或排他地反映出行为人的犯罪目的。如某人买了把刀，究竟是为了犯罪还是为了其他正当目的，就无法定论。这时，就需要查明并运用其他证据在充分证明行为人买刀确是为了犯罪后，才能认定是犯罪预备，否则，即便有嫌疑，也不能认定。（2）行为人客观上实施了准备工具或制造条件的行为。准备工具、制造条件的方式是多种多样的，但必须有具体的行为，这是区别犯罪预备与犯意表示的根本所在。犯意表示仅是行为人犯罪意图的单纯言词流露，如扬言杀人，如无进一步的行为，就不可能有什么实际的危害，因而，不具有刑法意义上的社会危害性，属不可罚的行为。而犯罪预备则不然，其已超越了犯意表示，实行了预备行为，具有刑法意义上的社会危害性，因而，也就有了可罚性的客观基础。

需要指出的是，《刑法》第 22 条只是犯罪预备行为的概念，而非预备犯的完整内涵。完整的预备犯概念，还需揭示出犯罪预备与犯罪未遂以及犯罪预备过程中的犯罪中止的区别。如此，预备犯还应具有以下两个基本特征：一是尚未着手实行犯罪。是否已经着手实行犯罪，是犯罪预备和犯罪未遂的本质区别。司法实践中，判断是否"着手"，应根据具体案件的具体情况结合刑法条文的有关规定具体分析、认定。具体到抢劫案件而言，由于抢劫罪的成立必须以行为人已实施了暴力、威胁等法定的犯罪方法为要件，因此，只有行为人已开始实施上述特定的方法行为，才能视为犯罪着手。本案中，两被告人虽与欲抢劫的对象同在一车，并具有随时实行抢劫犯罪的条件和可能，但毕竟自始至终没有实施暴力、威胁等方法行为。因而，应当说，被告人的行为仍停留在预备阶段，还不是抢劫罪的着手。二是未着手实行犯罪是由于行为人意志以外的原因。这是犯罪预备与预备阶段中的犯罪中止的根本区别。本案中，两被告人并非自动放弃，而是在欲继续租车前行伺机作案时，因出租车司机警觉报案才未能着手实行抢劫犯罪。因此，两被告人的关于成立犯罪中止的上诉理由不能成立。

综上，在本案中，两被告人出于抢劫他人出租车的犯罪目的，共同策划、准备了刀、绳等作案凶器，选定了抢劫对象，并诱骗出租车司机驶上他们的预定路线，但这一系列行为毕竟只是为实施抢劫做准备，仍属于准备工具和制造条件范畴，尚未着手实施抢劫犯罪。两被告人未着手实施抢劫犯罪行为，并非他们自动放弃，而是由于他们本人一直觉得时机不够成熟。在两被告人继续寻机作案时，又因出租车司机及时警觉报案，两被告人的犯罪行为最终被迫停止在犯罪的预备阶段。因此，一、二审法院认定两被告人是抢劫罪的预备犯，是正确的。

案例3：王某帅、邵某喜抢劫、故意杀人案

（一）基本案情

2002 年 6 月 6 日，被告人王某帅主谋并纠集被告人邵某喜预谋实施抢劫。当日 10 时许，二人携带事先准备好的橡胶锤、绳子等作案工具，在北京市密云县鼓楼南大街骗租杨某某驾驶的松花江牌小型客车。当车行至北京市怀柔区大水峪村路段时，经王某帅示意，邵某喜用橡胶锤猛击杨某某头部数下，王某帅用手猛掐杨的颈部，致杨昏迷。二人抢得杨某某驾驶的汽车及诺基亚牌移动电话机 1 部、寻呼机 1 个等物品，共计价值人民币 42 000 元。

王某帅与邵某喜见被害人杨某某昏迷不醒，遂谋划用挖坑掩埋的方法将杨某某杀死灭口。杨某某佯装昏迷，趁王某帅寻找作案工具、不在现场之机，哀求邵某喜放其逃走。邵某喜同意掩埋杨时挖浅坑、少埋土，并告知掩埋时将杨某某的脸朝下。王某帅返回后，邵某喜未将杨某某已清醒的情况告诉王。当日 23 时许，二人将杨某某运至北京市密云县金叵罗村朱家峪南山的土水渠处。邵某喜挖了一个浅坑，并向王某帅称其一人埋即可，便按与杨某某的事先约定将杨掩埋。王某帅、邵某喜离开后，杨某某爬出土坑获救。经鉴定，杨某某所受损伤为轻伤。

（二）司法处理

北京市第二中级人民法院认为：被告人王某帅、邵某喜以非法占有为目的，使用暴力抢劫他人财物，均已构成抢劫罪；二人在结伙抢劫致被害人受伤后，为了灭口共同实施了将被害人掩埋的行为，均已构成故意杀人罪。二人虽然杀人未遂，但王某帅所犯罪行情节严重，社会危害性极大，不足以从轻处罚。考虑到邵某喜在故意杀人过程中的具体作用等情节，对其所犯故意杀人罪酌予从轻处罚。二人均系累犯，应当从重处罚。故判决：（1）被告人王某帅犯故意杀人罪，判处死刑，剥夺政治权利终身；犯抢劫罪，判处无期徒刑，剥夺政治权利终身，并处没收个人全部财产；决定执行死刑，剥夺政治权利终身，并处没收个人全部财产。（2）被告人邵某喜犯故意杀人罪，判处无期徒刑，剥夺政治权利终身；犯抢劫罪，判处有期徒刑 15 年，剥夺政治权利 3 年，并处罚金人民币 3 万元；决定执行无期徒刑，剥夺政治权利终身，并处罚金人民币 3 万元。

一审宣判后，王某帅不服，提起上诉。

北京市高级人民法院经二审审理认为：原审被告人邵某喜的行为构成故意杀人罪的犯罪中止，应对其减轻处罚，故改判邵某喜犯故意杀人罪，判处有期徒刑 7 年，剥夺政治权利 1 年，犯抢劫罪，判处有期徒刑 15 年，剥夺政治权利 3 年，并处罚金人民币 3 万元；决定执行有期徒刑 20 年，剥夺政治权利 4 年，并处罚金人民币 3 万元。

（三）案例解析

根据以上案件情节可以看出，在当时的环境、条件下，邵某喜能够完成犯罪，但其从主观上自动、彻底地打消了原有的杀人灭口的犯罪意图。因惧怕王某帅，邵某喜未敢当场放被害人逃跑，而是采取浅埋等方法给被害人制造逃脱的机会，其从客观上也未行使致被害人死亡的行为。邵某喜主观意志的变化及所采取的措施与被害人未死而得以逃脱有直接的因果关系，邵某喜有效地防止了犯罪结果的发生，其行为属于自动有效防止

犯罪结果发生的犯罪中止。邵某喜在犯罪开始时曾用橡胶锤将被害人打昏，给被害人的身体已经造成损害，根据我国刑法的规定，对于中止犯造成损害的，应当减轻处罚，故对邵某喜减轻处罚是正确的。

相形之下，王某帅所犯故意杀人罪的犯罪形态显然有所不同。王某帅杀人灭口意志坚定，其主观故意自始至终未发生变化，被害人未死、逃脱完全是其意志以外的原因造成的，王某帅构成故意杀人罪犯罪行为实施终了的未遂。

需要说明的是，构成共同犯罪的，各行为人在主观方面必须具有共同的犯罪故意，在客观方面实施了共同的犯罪行为。但这并不等于说各行为人在共同犯罪中的犯罪形态就必然是一致的。正如共同犯罪中各行为人的地位、作用会有所不同一样，共同犯罪中各行为人对犯罪后果的心态也可能有所不同。这种差异既可能发生在犯意形成的初始阶段，也可能发生在犯罪实施过程中。例如本案中，王某帅与邵某喜在共同抢劫行为实施终了后，又预谋共同杀人灭口。但在实施共同杀人行为过程中，因被害人的哀求，邵某喜的主观心态发生了变化，决定放弃杀死被害人，并采取了相应的措施，有效地避免了犯罪结果的发生。而王某帅仍继续实施杀人行为，并最终误以为犯罪目的已经实现。因此，王某帅和邵某喜在共同故意杀人犯罪中各自表现为不同的犯罪形态。一审法院未能准确区分共同犯罪中不同的犯罪形态，其错误的成因值得反思。

第三节　本章同步训练

一、选择题

（一）单选题

1. 甲与一女子有染，其妻乙生怨。某日，乙将毒药拌入菜中意图杀甲。因久等未归且又惧怕法律制裁，乙遂打消杀人恶念，将菜倒掉。关于乙的行为，下列哪一选项是正确的？（　　）（司考）

A. 犯罪预备　　　　　　　　　　B. 犯罪预备阶段的犯罪中止

C. 犯罪未遂　　　　　　　　　　D. 犯罪实行阶段的犯罪中止

2. 下列案例中哪一项成立犯罪未遂？（　　）（司考）

A. 甲对胡某实施诈骗行为，被胡某识破骗局。但胡某觉得甲穷困潦倒，实在可怜，就给其3 000元钱，甲得款后离开现场

B. 乙为了杀死刘某，持枪尾随刘某，行至偏僻处时，乙向刘某开了一枪，没有打中，在还可以继续开枪的情况下，乙害怕受刑罚处罚，没有继续开枪

C. 丙绑架赵某，并要求其亲属交付100万元。在提出勒索要求后，丙害怕受刑罚处罚，将赵某释放

D. 丁抓住妇女李某的手腕，欲绑架李某然后出卖。李为脱身，便假装说："我有性病，不会有人要。"丁信以为真，于是垂头丧气地离开现场

3. 甲携带凶器拦路抢劫，黑夜中遇到乙便实施暴力，乙发现是自己的熟人甲，便喊甲的名字，甲一听便住手，还向乙道歉说："对不起，认错人了。"甲的行为属于下列哪

一种情形？（　　）（司考）

  A. 实行终了的犯罪未遂   B. 预备阶段的犯罪中止

  C. 未实行终了的犯罪未遂 D. 实行阶段的犯罪中止

  4. 甲架好枪支准备杀乙，见已患绝症的乙踉跄走来，顿觉可怜，认为已无杀害必要。甲收起枪支，但不小心触动扳机，乙中弹死亡。关于甲的行为定性，下列哪一选项是正确的？（　　）（司考）

  A. 仅构成故意杀人罪（既遂）

  B. 仅构成过失致人死亡罪

  C. 构成故意杀人罪（中止）、过失致人死亡罪

  D. 构成故意杀人罪（未遂）、过失致人死亡罪

  5. 甲和乙合谋盗窃一电器仓库，由乙先配制一把"万能钥匙"，数日后，乙将配制的钥匙交给甲，二人约定当晚12点在仓库门口见面后行窃。晚上，乙因害怕案发后受惩，未到现场。而甲如约到现场后，因未等到乙，便用"万能钥匙"打开库房，窃得手提电脑二部，价值人民币2万元，销赃后得赃款13 000元。事后，甲分300元给乙，乙推脱后分文未取。乙的行为属于下列哪个选项？（　　）（司考）

  A. 不构成犯罪

  B. 构成盗窃罪，但属于犯罪中止

  C. 构成盗窃罪，但属于犯罪未遂

  D. 与甲一起构成盗窃罪既遂

  6. 甲深夜进入小超市，持枪胁迫正在椅子上睡觉的店员乙交出现金，乙说"钱在收款机里，只有购买商品才能打开收款机"。甲掏出100元钱给乙说"给你，随便买什么"。乙打开收款机，交出所有现金，甲一把抓跑。事实上，乙给甲的现金只有88元，甲"亏了"12元。关于本案，下列哪一说法是正确的？（　　）（司考）

  A. 甲进入的虽是小超市，但乙已在椅子上睡觉，甲属于入户抢劫

  B. 只要持枪抢劫，即使分文未取，也构成抢劫既遂

  C. 对于持枪抢劫，不需要区分既遂与未遂，直接依照分则条文规定的法定刑量刑即可

  D. 甲虽"亏了"12元，未能获利，但不属于因意志以外的原因未得逞，构成抢劫罪既遂

（二）多选题

1. 下列有关犯罪预备的说法哪些是正确的？（　　）（司考）

A. 犯罪预备既可以是为了自己实行犯罪而预备，也可以是为了他人实行犯罪而预备

B. 实施预备行为后由于行为人意志以外的原因而未着手实行的，属于犯罪预备

C. 犯罪预备阶段的行为既可能成立犯罪中止，也可能成立犯罪预备

D. 对于预备阶段的中止犯，除了适用中止犯的规定减免刑罚，还应同时适用预备犯的减免规定

2. 下列哪些选项是错误的？（　　）（司考）

A. 甲、乙二人合谋抢劫出租车，准备凶器和绳索后拦住一辆出租车，谎称去郊区某地。出租车行驶到检查站，检查人员见甲、乙二人神色慌张便进一步检查，在检查时甲、

乙意图逃离出租车被抓获。甲、乙二人的行为构成抢劫（未遂）罪

B. 甲深夜潜入某银行储蓄所行窃，正在撬保险柜时，听到窗外有响动，以为有人来了，因害怕被抓就悄悄逃离。甲的行为构成盗窃（未遂）罪

C. 甲意图杀害乙，经过跟踪，掌握了乙每天上下班的路线。某日，甲准备了凶器，来到乙必经的路口等候。在乙经过的时间快要到时，甲因口渴到旁边的小卖部买饮料。待甲返回时，乙因提前下班已经过了路口。甲等了一阵儿不见乙经过，就准备回家，在回家路上因凶器暴露被抓获。甲的行为构成故意杀人（未遂）罪

D. 甲意图陷害乙，遂捏造了乙受贿 10 万元并与他人通奸的所谓犯罪事实，写了一封匿名信给检察院反贪局。检察机关经初查发现根本不存在受贿事实，对乙未追究刑事责任。甲欲使乙受到刑事追究的意图未能得逞。甲的行为构成诬告陷害（未遂）罪

3. 甲欲枪杀仇人乙，但早有防备的乙当天穿着防弹背心，甲的子弹刚好打在防弹背心上，乙毫发无损。甲见状一边逃离现场，一边气呼呼地大声说："我就不信你天天穿防弹背心，看我改天不收拾你！"关于本案，下列哪些选项是正确的？（   ）（司考）

A. 甲构成故意杀人中止

B. 甲构成故意杀人未遂

C. 甲的行为具有导致乙死亡的危险，应当成立犯罪

D. 甲不构成犯罪

4. 关于故意犯罪形态的认定，下列哪些选项是正确的？（   ）（司考）

A. 甲绑架幼女乙后，向其父勒索财物。乙父佯装不管乙安危，甲只好将乙送回。甲虽未能成功勒索财物，但仍成立绑架罪既遂

B. 甲抢夺乙价值 1 万元项链时，乙紧抓不放，甲只抢得半条项链。甲逃走 60 余米后，觉得半条项链无用而扔掉。甲的行为未得逞，成立抢夺罪未遂

C. 乙欲盗汽车，向甲借得盗车钥匙。乙盗车时发现该钥匙不管用，遂用其他工具盗得汽车。乙属于盗窃罪既遂，甲属于盗窃罪未遂

D. 甲在珠宝柜台偷拿一枚钻戒后迅速逃离，慌乱中在商场内摔倒。保安扶起甲后发现其盗窃行为并将其控制。甲未能离开商场，属于盗窃罪未遂

5. 下列哪些选项中的甲属于犯罪未遂？（   ）（司考）

A. 甲让行贿人乙以乙的名义办理银行卡，存入 50 万元，乙将银行卡及密码交给甲。甲用该卡时，忘记密码，不好意思再问。后乙得知甲被免职，将该卡挂失取回 50 万元

B. 甲、乙共谋傍晚杀丙，甲向乙讲解了杀害丙的具体方法。傍晚乙如约到达现场，但甲却未去。乙按照甲的方法杀死丙

C. 乙欲盗窃汽车，让甲将用于盗窃汽车的钥匙放在乙的信箱。甲同意，但错将钥匙放入丙的信箱，后乙用其他方法将车盗走

D. 甲、乙共同杀害丙，以为丙已死，甲随即离开现场。一个小时后，乙在清理现场时发现丙未死，持刀杀死丙

二、案例分析题

张某、孙某、吴某三人曾多次密谋盗窃铸造厂仓库内存放的铝锭。某日，作为铝锭

厂职工的吴某得知仓库保管员要去参加他人婚礼，便将消息告知张、孙两人。于是三人约定当晚共同前往该厂作案。行至途中，吴某因惧怕便借口胃痛不能前往而中途返家。张、孙二人潜至仓库门口。张叫孙在门外隐蔽处望风，自己撬开门锁进入仓库。此时望风的孙某因接到家中有急事的电话，便未告知张某自己径行回家。后张某一人将价值3 000元的铝锭偷回家。

请对本案作出刑法评价并陈述理由。（考研）

三、论述题

1. 简述犯罪未遂的特征与类型。（考研）

2. 我国《刑法》第24条规定："在犯罪过程中，自动放弃犯罪或者自动有效地防止犯罪结果发生的，是犯罪中止。对于中止犯，没有造成损害的，应当免除处罚；造成损害的，应当减轻处罚。"

请分析：

（1）本条文中"犯罪过程"的含义。

（2）本条文中"自动有效地防止犯罪结果发生"的含义。

（3）如果行为人将被害人殴打成重伤后，放弃杀人意图并将被害人送往医院救治，避免了死亡结果的发生，行为人的刑事责任应如何定性？（考研）

参考答案及解析

一、选择题

（一）单选题

1. 参考答案：B

解析： 本题考查犯罪未完成形态问题。犯罪预备是指为了犯罪准备工具、创造条件。犯罪预备与犯罪未遂的区别在于是否已经着手。如果着手实行之后因为行为人意志以外的原因停止，属于犯罪未遂；但如果尚未着手实行就因行为人意志以外的原因停止，属于犯罪预备。对于"着手"的认定，通说认为，从形式客观上来说，行为人已经实施了刑法分则所规定的某个具体犯罪的构成要件的行为，即该行为已经具备了实行行为的定型性；从实质客观上来说，这种行为已经对法益侵害造成了现实紧迫的危险，在这个时间点，就可以认定行为人已经开始着手实行行为。对于故意杀人罪，其着手的认定要根据行为的具体方式而定。以投毒的方式杀人的，应以已经下毒的物品产生危及被害人生命的危险时，认定为杀人行为的着手。本题中，乙出于杀人的故意将毒药拌入菜中意图杀甲，但因久等未归且又惧怕法律制裁，乙遂打消杀人恶念，将菜倒掉。此时，乙的行为并未产生紧迫和危险的法益侵害，因此乙的杀人行为并未着手，其属于犯罪预备，C、D选项错误。乙放弃犯罪并积极阻止危害结果的发生，构成犯罪中止。因此，乙成立故意杀人罪预备阶段的中止，B选项正确。

2. 参考答案：A

解析： 本题主要考查犯罪未遂与犯罪中止的区别，判断的根据在于停止犯罪的原因是否属于"意志以外的原因"。如果是的话，要认定为犯罪未遂。其中，所谓的"意志以外的原因"的认定要考查这些原因是阻碍行为人继续进行和完成犯罪活动的因素，同时在程度上还应该是足以阻止其犯罪意志的。在二者的判断上，可以套用著名的弗兰克公式：能（或客观不能）达目的而不欲时，为犯罪中止；欲达目的而不能时，为犯罪未遂。关键是如何判断到底是"能"还是"不能"。这些障碍因素是否足以制止犯罪人继续进行和完成犯罪活动的意志，这是刑法理论以及司法实践中比较复杂的问题。一般认为，"能"与"不能"原则上应当以行为人的主观判断与自我认识为标准，即使客观上行为人能够顺利完成犯罪行为，而行为人自以为不可能完成而放弃，也属于"欲达目的而不能"，要认定为犯罪未遂；相反，即使客观上行为人的行为已经不可能完成犯罪，而行为人自以为能够完成，其出于自己内心的考虑而放弃自认为可以完成的犯罪，仍属于"能达目的而不欲"，要认定为犯罪中止。本题中，A项属于犯罪未遂，因为被害人交付财物不是基于行为人的欺诈行为所导致的错误认识（欺骗行为与获得财物之间没有因果关系），而是基于同情心，行为人获得财物也不是由于被害人受骗，而是基于怜悯而施舍，所以是犯罪未遂。经此，同学们要特别注意，并非只要客观上发生了犯罪结果就是犯罪既遂，还要判断行为与结果之间是否存在因果关系。如果有犯罪行为，也发生了犯罪结果，但结果并非行为导致，而是由其他原因导致，此时由于不能将结果归结到行为之上，因此也是犯罪未遂。B项属于刑法理论上"放弃重复侵害的行为"，基于刑事政策的考虑，鼓励行为人立即悬崖勒马、放下屠刀、迷途知返，应认为是犯罪中止。C项属于犯罪既遂，因为我国刑法学界以及实务界对于绑架罪既遂标准的通常观点是提出勒索要求说，即只要是控制了他人且提出了勒索要求，即便没有索取到任何财物，也是绑架罪既遂。但主动释放人质的行为，可以影响量刑。有人可能会认为D项也属于犯罪未遂，但犯罪未遂指的只能是由于客观条件的原因，行为人不得不放弃正在实施的犯罪行为。D项中，丁尚未实际控制被害人的人身自由，犯罪还没有既遂。虽然丁相信了李某的话，但实际上如果丁还是要执意为之，仍然可以实施行为，毕竟被害人是妇女，而且即使患上了性病也不影响拐卖行为的进行，况且，有些性病还是日后可以治好的。需要注意的是，拐卖妇女、儿童罪属于行为犯，只要行为人实际控制了被害人，就剥夺了被害人的人身自由，就成立犯罪既遂，而不论行为人是否成功地将妇女、儿童卖出。丁信以为真，其垂头丧气地离开现场仍然是基于自己的意志，属于犯罪中止。但如果换种情况，是丁要强奸李某，李某灵机一动说自己有性病，丁相信李某有性病，担心自己会受到传染而离开，那么，丁应该是强奸罪未遂。故本题答案选A。

3. 参考答案：D

解析： 本题主要考查犯罪阶段与犯罪未完成形态的联系与区别。有一点需要注意的是，犯罪阶段与犯罪未完成形态并不是一一对应的关系，一个犯罪只能有一个犯罪未完成形态，但是一个犯罪可能经历过很多个犯罪阶段，前者是一个静态的概念，具有阶段性；后者是一个动态的概念，具有连续性。例如，犯罪中止可以发生在犯罪预备阶段和犯罪的实行阶段（消极中止）及实行后阶段（积极中止），即在行为实施完毕之后，结果出现之前，行为人如果采取有效措施，防止危害结果的出现，也可以成立犯罪中止。只不过，发生在犯罪预备阶段的犯罪中止社会危害性很小，属于犯罪中止中的"没有造成损害的"，应当免除处罚。

本题中，甲已经着手实施了暴力行为，进入了犯罪的实行阶段，只是遇到了熟人才自动中止犯罪的进一步实施。一定要注意，遇到熟人时，行为人仍然可以进一步实施犯罪，直到犯罪既遂。行为人停止犯罪仍然是基于自己的意志，对熟人毕竟只是不好意思侵犯，而不是不能侵犯，符合"能达目的而不欲"的要求，成立犯罪中止。故本题答案选 D。

4. 参考答案：C

解析：根据"行为与责任同时"存在的原理，甲在实施导致乙死亡的行为时，已经放弃了杀人的故意，实施了不杀人的收起枪支行为，构成了中止犯；只是出于过失，导致乙死亡，甲构成故意杀人罪中止和过失致人死亡罪，数罪并罚。

5. 参考答案：D

解析：本题同时考查共同犯罪中的犯罪停止形态以及共犯脱离问题。在刑法理论上，共同犯罪的归责原则实行"部分行为，承担全部责任"，只要"一人既遂，全部既遂"。除非，其中一共同犯罪人能够脱离出来。即共同犯罪中部分行为人的行为要成立犯罪中止，不仅自己要自动放弃犯罪或者有效地采取措施，还要切断自己行为对结果的影响力，包括物理上的影响力和心理上的影响力。题中，乙虽然自己未到现场，但是他既没有收回自己配制的"万能钥匙"，也未阻止甲实施盗窃，所以，仍然成立犯罪既遂。本题答案：D。

6. 参考答案：D

解析：本题主要考查"入户抢劫""持枪抢劫"以及犯罪停止形态的法律适用问题。本案中，由于小超市不具有住所的功能特征，也不具有与外界相对隔离的场所特征，不属于"户"，不能认定为"入户抢劫"，A 项错误；抢劫罪属于财产犯罪，仍然要以是否获得财物为判断是否既遂的标准，尽管甲系持枪抢劫（抢劫罪的加重构成要素），但如果没有抢到财物，仍然是未遂，即情节加重犯也存在既未遂。本案属于抢劫罪既遂不是因为甲持枪，而是因为甲确实抢到了财物，仍然要适用 10 年以上有期徒刑、无期徒刑或者死刑的刑罚，如果是抢劫未遂，再适用总则犯罪未遂的条款。因此，B、C 项均错误。D 项是正确的，尽管甲"亏"了，但事实上仍然抢到了财物，构成抢劫罪既遂。故本题答案为 D。

（二）多选题

1. 参考答案：ABC

解析：本题主要考查犯罪的预备形态。其中，犯罪预备既可以是为自己犯罪而预备，也可以是为他人的犯罪而预备（共同犯罪），A 项正确。在预备阶段可以成立犯罪预备的停止形态，也可以成立犯罪中止的停止形态。如果是因为意志以外的原因而未能进一步着手实行犯罪，成立犯罪预备；如果是基于自己的意志而停止犯罪，放弃进一步着手实行犯罪，则成立预备阶段的犯罪中止。因此，BC 项正确。一个犯罪只能有一个犯罪停止形态，而且各种犯罪形态之间是不能相互转换或者逆转的，但一个犯罪可能经历所有的犯罪阶段，这些阶段之间具有连续性。D选项要特别注意，在同一犯罪中，各停止形态是互斥的，对于中止犯的处罚只能适用《刑法》第24条的规定，不能再适用预备犯的减免规定，因为这个时候不属于预备犯。

2. 参考答案：ACD

解析： 本题主要考查故意犯罪停止形态的判断标准。A项中，甲、乙二人的行为属于抢劫罪的犯罪预备行为，由于被抓获，没有着手实施抢劫罪中的暴力行为，构成了预备犯。之所以认定甲、乙的行为构成抢劫罪的预备犯，而不是未遂犯，主要原因在于甲、乙二人还没有着手实行抢劫罪的实行行为，那么，应该如何判断行为人是否已经着手实行呢？这就应该从形式客观基准与实质客观基准两个角度分别进行判断：从形式的角度就是判断行为人的这些行为是否符合抢劫罪的构成要件，即是否属于实施了抢劫罪中的暴力、胁迫或者其他手段的行为；从实质的角度就是要判断这些行为是否已经对法益造成了侵害。综观A项所述案情，甲、乙的行为不符合抢劫罪实行行为的定型性，在性质上属于制造犯罪条件的预备行为，由于意志以外的原因而未进一步着手实行抢劫，构成了抢劫罪的预备犯。在B项中，如果是行为人自认为不能将犯罪进行下去而停止犯罪，仍然属于意志以外的原因，即使客观上可以进行下去也不影响犯罪未遂的成立。甲开始撬保险柜，对财产权具有侵害的紧迫危险性，属于着手，由于害怕现场被抓而放弃，属于"欲达目的而不能"的情况，构成了未遂。C项中，甲的行为属于犯罪预备行为，这种守候、跟踪、尾随或者踩点的行为都属于刑法中"制造犯罪条件"的行为，乙提前下班导致甲无法着手实施杀人行为，属于意志意外的原因，应当认定为预备犯。D项中，从法条描述可知诬告陷害罪是行为犯，至于被害人乙是否真正受到刑事处罚，不影响既遂的成立。不能从日常语义上而是要从构成要件是否齐备上来理解既遂。

3. 参考答案：BC

解析： 本题主要考查犯罪未遂的成立要件。本题中，乙穿着防弹背心导致甲的犯罪未得逞，属于甲意志以外的原因，换言之，甲停止犯罪是被迫的，而不是自动中止的，这不同于"自动放弃重复侵害的行为"，甲根本就没有放弃犯罪意图，因此，甲构成故意杀人罪的未遂。从客观上看，甲枪杀乙的行为具有导致乙死亡的危险性，因此，是一种故意杀人罪的实行行为，应当成立犯罪。

4. 参考答案：AC

解析： 本题主要考查犯罪既遂与未遂的判断。A项中，绑架罪严重侵犯了公民的人身自由，其保护的主要法益是人身自由，因此，只要甲绑架了乙，并向其父提出勒索财物就构成既遂，而不管是否最终得到财物。B项中，甲虽然只抢到半条项链，但其价值也有5 000元，已经达到了追诉的标准，应认定为既遂。C项中，乙属于盗窃罪既遂，这个没有争议。但甲是否也属于既遂呢？当乙发现甲提供的钥匙不管用的时候，帮助行为与结果之间物理上的因果关系就已经被切断，甲的行为对乙的既遂没有作用力，只能认定为未遂。D项中，由于甲偷到的是一枚小小的钻戒，只要将其拿到身上，就说明已经有效控制和支配了该戒指，应认定为既遂。在认定盗窃罪的既遂与未遂时，必须根据财物的性质、形状、体积大小、被害人对财物的占有状态、行为人的窃取样态等进行综合判断。

5. 参考答案：CD

解析： 本题考查共同犯罪中的犯罪未遂问题。A项中，乙向甲提供了账号和密码，表明甲已经取得了对 50 万元的支配权，属于受贿罪既遂；B 项中，甲欲脱离犯罪，但没有有效撤销自己行为（共谋）的影响力，因此还是奉行"一人既遂全部既遂"的一般归责原理；C 项中，甲的帮助行为与乙的盗窃既遂行为之间没有物理上的因果关系，也没有心理上的因果关系，甲构成盗窃罪未遂（帮助犯），乙构成盗窃罪既遂。D 项中，丙的死亡是乙造成的，而甲参与的行为并没有导致丙死亡，在甲离开现场后，乙私自杀掉丙，因此，甲的行为与丙的死亡没有因果关系，甲应该认定为故意杀人未遂。

二、案例分析

解析：本案重点考查犯罪停止形态以及共同犯罪中的共犯脱离问题。共同犯罪的中止犯认定与单个人的犯罪不同，在单个人实施的犯罪中，只要行为人自己放弃实施盗窃，就可以成立盗窃罪的中止，但在共同犯罪中，不仅需要自己放弃，还要有效撤回自己贡献于共同犯罪之中的影响力。本案中，吴某提供了仓库保管员要去参加他人婚礼的内部消息，这种心理上的帮助一旦告知他人后便很难撤回，除非成功阻止其他共犯继续实施犯罪。孙某在门外望风兼具心理和物理上的影响力，自己径行离开只是撤销了物理上的影响力，心理上的影响力并未消除。因此，吴某和孙某二人都不成立犯罪中止，而应按照"一人既遂全部既遂"的共犯的一般归责逻辑，认定三人均构成犯罪既遂。当然，二人自行退出的情节可以作为量刑时考虑的因素。

三、论述题

1. **解析：**犯罪未遂，指已经着手实行犯罪，由于犯罪分子意志以外的原因而未得逞的犯罪停止形态。犯罪未遂是犯罪未完成形态之一，具有三个特征：行为人已经着手实行犯罪，犯罪未得逞，犯罪未得逞是由于犯罪分子意志以外的原因。犯罪未遂形态可以有两种分类：以犯罪实行行为是否完成为标准，分为实行终了的未遂与未实行终了的未遂；以实行行为能否达到犯罪既遂为标准，分为能犯未遂与不能犯未遂。

2. **解析：**（1）犯罪过程，是指从犯罪预备开始到犯罪既遂的全过程，包括犯罪预备阶段和犯罪实行阶段。

（2）自动有效地防止犯罪结果发生，是指在犯罪行为实行终了、犯罪结果尚未发生的情况下，行为人采取积极行动实际有效地阻止了犯罪结果的发生。

（3）行为人实施故意杀人行为，造成被害人重伤后，在有可能完成犯罪的情况下，主动将被害人送往医院救治，有效地防止了死亡结果的发生，成立故意杀人的犯罪中止。行为人的行为虽然成立犯罪中止，但已致被害人重伤，造成了损害，应当按照故意杀人罪的法定刑减轻处罚。

第十一章 共同犯罪

第一部分 本章知识点速览

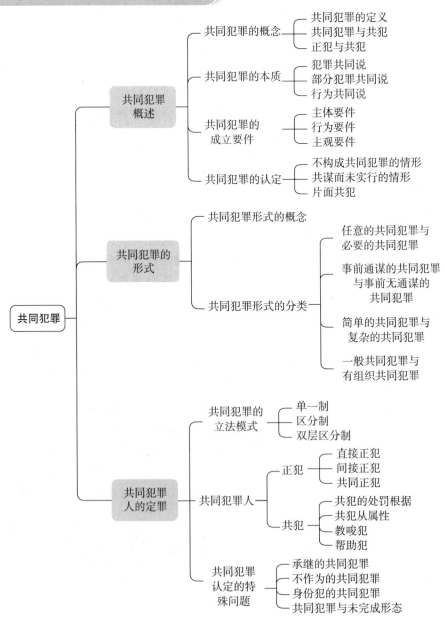

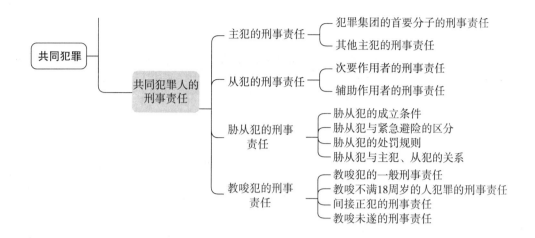

第二部分　本章核心知识要点解析

第一节　共同犯罪概述

　　共同犯罪，是刑法理论和实务中的重点、难点问题，被不少学者称为"绝望之章""迷茫的一章"。《刑法》总则第二章第三节对共同犯罪作了专门规定，其中，第25条明确了共同犯罪的法定含义。

一、共同犯罪的概念

（一）难度与热度
难度：☆☆　热度：☆☆

（二）基本概念分析
　　一般认为，刑法分则是以单独正犯既遂为基本模型来描述构成要件的，例如，《刑法》第232条规定的"杀人"是指一个人单独实施杀人并达到既遂，而不包括多人共同实施杀人。但是，多人共同实施的犯罪行为同样具有严重的法益侵害性，甚至比单独犯罪具有更为严重的社会危害性，不应将它们排除在刑法制裁范围之外，为此，需要通过刑法总则的特别规定扩张刑法分则确立的处罚范围。共同犯罪是一种刑罚扩张事由。与犯罪的未完成形态（预备、未遂、中止）一样，共同犯罪属于修正的构成要件。因而，刑法教科书大多在讲解犯罪成立的一般条件后，紧接着讲解未完成罪、共同犯罪，有的教科书甚至将共同犯罪直接放在构成要件章节之下。

　　在学理上，共同犯罪具有多重含义，其中常见的理解有两种：其一，广义的共同犯罪，是指二人以上共同实施犯罪的情形，而不要求行为人在主观上必须是故意，包括共同故意犯罪和共同过失犯罪，也包括一人故意、一人过失的情形。其二，狭义的共同犯罪，则是指二人以上共同故意犯罪。共同过失实施的行为等情形被排除在共同犯罪的范畴之外。《刑法》第25条第1款明确规定"共同犯罪是指二人以上共同故意犯罪"，与前述狭义的共同犯罪概念是一致的。

（三）学说理论探讨

在德国、日本，立法与学理并不使用"共同犯罪"这一表述，而经常使用"共犯"这一表述；在我国，"共同犯罪"有时也被简称为"共犯"。但是，"共同犯罪"与"共犯"的内涵与外延并不完全相同。

在德国，《德国刑法典》总则第二章第三节"正犯与共犯（Teilnahme）"分别规定了正犯、教唆犯、帮助犯三种犯罪（人）类型，第29、30、31条中的"参与者（Beteiligte）""参与（Beteiligung）"则是统摄正犯与共犯的上位概念，"参与"的内涵与外延与我国刑法中的"共同犯罪"大体相当，"共犯"则被用以指涉教唆（者）与帮助（者）。在日本，《日本刑法典》总则第十一章将"共犯"分为共同正犯、教唆犯与帮助犯（从犯），它们是与正犯相对应的犯罪（人）类型，这就是"广义的共犯"；由于《日本刑法典》第60条规定"二人以上共同实行犯罪者，皆为正犯"，故学理上又将教唆、帮助称为"狭义的共犯"；"共犯"也有时被用以指称"两个以上的人共同实现构成要件的情况"，大体相当于我国刑法中的"共同犯罪"概念，此即所谓"最广义的共犯"。受此影响，我国刑法理论上也存在三种不同意义上的"共犯"概念。

（四）疑难问题解析

我国《刑法》总则并没有明确规定"正犯"与"共犯"，但《刑法》第156条、第198条第4款、第349条、第350条、第382条明确使用了"共犯"这一概念，《刑法》第29条对狭义共犯中的教唆犯作了明确规定，司法实践中也普遍接受"间接正犯"概念。

1. 扩张的正犯概念与限制的正犯概念

正犯（Täter），本义是指（实质性地）实施构成要件行为（Tat）的人，即符合刑法分则规定的构成要件的人。基于对被包含在刑法分则规定的构成要件之中的行为类型的不同理解，存在两种不同的正犯概念。

扩张的正犯概念（extensiver Täterbegriff），以导致法益侵害（Verursachung der Rechtsgutsverletzung）为视角，认为所有引起犯罪构成要件实现的人均系正犯，所有与结果之间具备条件关系的人都符合刑法分则规定的构成要件，包括实行者、教唆者与帮助者。刑法总则的共同犯罪类型规定，实际上是将除实行者、教唆者、帮助者以外的因果关系贡献者排除在刑事处罚范围之外，因而是一种刑罚限制事由。

限制的正犯概念（restriktiver Täterbegriff），将实施构成要件行为（Vornahme der Tatbestandshandlungen）视为正犯性标准，只有实施构成要件行为的人才是符合分则构成要件的正犯，刑法总则有关教唆、帮助的规定扩张了刑法分则划定的刑事可罚性范围，是一种刑罚扩张事由。

在扩张的正犯概念之下，教唆犯、帮助犯与实行犯之间并没有本质差异，教唆、帮助并不从属于实行正犯，扩张的正犯概念经常提倡单一正犯体系；在限制的正犯概念之下，教唆、帮助原本并不符合分则构成要件，只能以正犯为媒介而获得刑事可罚性，故教唆、帮助具有从属性，限制的正犯概念通常倡导区分制共同犯罪体系。扩张的正犯概念存在难以合理处理身份犯的共同犯罪等问题，因此，本书支持限制的正犯概念。

2. 正犯与共犯的区别

正犯，是指自己亲手实行犯罪，或者通过他人实行犯罪，或者与他人共同实行犯罪的人，包括直接正犯、间接正犯与共同正犯。狭义的共犯，则是唆使、促进他人犯罪的人，包括教唆犯与帮助犯；广义的共犯，还包括共同正犯。

正犯的刑事可罚性根据在于其实质性地符合刑法分则规定的构成要件，正犯具有独立性；教唆行为、帮助行为并不符合分则构成要件，只有当被教唆者、被帮助者实施了相应犯罪行为时，教唆、帮助行为才会产生现实的法益侵害危险，共犯具有从属性。正犯是"一次责任"类型，共犯则是"二次责任"类型。在一个犯罪事件中，正犯是不可或缺的"核心角色"，共犯则并非必不可少。

如何区分正犯与共犯，是共同犯罪理论中的核心议题，存在着形式客观说、主观说、实质客观说等多种理论。（1）形式客观的正犯理论认为，实施了符合构成要件规定的实行行为者为正犯，未实施实行行为者则为共犯。形式客观说坚守罪刑法定原则，但它无法合理解释强迫、欺骗他人实施犯罪的间接正犯的正犯性。（2）主观的正犯理论认为，实行者与非实行者都是犯罪结果发生的等价值条件，客观上无法区分正犯与共犯，正犯是指以实现自己犯罪的意思而实施行为的人（意思说）或者为自己利益而实施犯罪的人（利益说）。主观说曾经是德国判例的主流观点，德国法院在著名的"浴盆案""斯塔辛斯基案"中均采取的是主观正犯理论。主观说的问题在于，正犯意思、犯罪利益等标准不够明确，难以有效验证。（3）实质客观的正犯理论认为，应当坚持从客观上区分正犯与共犯，但是，应当实质性地认定行为是否符合分则构成要件，由此诞生了重要作用说、必要性说、同时性说、优势说、危险程度说等不同主张。其中，具有重要影响的重要作用说认为，对犯罪结果的发生发挥重要作用者系正犯，否则即系共犯。在日本，重要的事实作用被认为是认定共同正犯的关键标准，对犯罪实现发挥着与实行行为的分担相当的重要作用者即可成立正犯。近年来，我国学者基于重要作用说提出，《刑法》第 26 条规定的"主犯"实际上是指共同正犯，"在共同犯罪中起主要作用"是指"在共同犯罪中起重要作用"，起主要作用的教唆者是共谋共同正犯。不过，何谓"重要作用"并不明确。（4）犯罪行为支配理论认为，正犯是行为事件的核心角色，以行为支配（Handlungsherrschaft）、意思支配（Willensherrschaft）和功能性的犯罪行为支配（funktionelle Tatherrschaft）分别解释直接正犯、间接正犯与共同正犯的正犯性根据。成立正犯，不仅要具备客观的犯罪行为支配，还需要在主观上具备支配意思。本书认为，犯罪行为支配理论通过行为支配、意思支配与功能性支配为三类正犯提供了相对明确的判断标准，是较为妥当的正犯理论。

二、共同犯罪的本质

（一）难度与热度

难度：☆☆☆　热度：☆☆☆

（二）基本概念分析

所谓"共同犯罪的本质"，是指"共同"的含义，亦即共同犯罪的"共同性"的实质内容。共同犯罪的本质要解决的问题是，多个参与者需要在哪些方面具有"共同性"，才能成立"共同犯罪"。

（三）学说理论探讨

共同犯罪的首要特征是犯罪的共同性，但对于"犯罪的共同性"究竟是指何种意义上的"共同"，在学理上存在犯罪共同说与行为共同说之争，涉及共同犯罪与犯罪构成要件的关系，核心问题是共同犯罪是否只能针对相同犯罪成立。不过，犯罪共同说与行为共同说的争论主要是围绕共同正犯展开的，"共同性"发挥着替代"从属性"指导共同正犯成立要件的意义。

1. 犯罪共同说

（1）完全犯罪共同说（数人一罪）

完全犯罪共同说发端于刑法客观主义。该说认为，共同犯罪是指数个行为人构成同一犯罪（数人一罪），只有当各行为人均符合同一构成要件、触犯相同罪名时才成立共同犯罪。成立共同犯罪，不仅需要在客观上具备共同实行事实，而且要在主观上具备共同实行的意思，出于不同犯罪故意而实施的行为、欠缺故意的行为、共同过失行为均无法成立共同正犯。我国传统理论认为，只有行为人具备相同的犯罪故意时才成立共同犯罪，大体上采纳了完全犯罪共同说；司法实践中，多人共同实施绑架行为，部分人具有绑架故意，部分人仅有非法拘禁故意，也被认为不成立共同犯罪，基本上采纳了完全犯罪共同说。

举例而言，甲与乙分别基于杀人故意与伤害故意对丙实施暴力并致使丙死亡，根据完全犯罪共同说，甲、乙不成立共同犯。问题在于，若丙被打死，但无法查清致命伤究竟是谁造成的，只能将甲按照故意杀人罪未遂、乙按照故意伤害罪基本犯予以定罪处罚。如果甲也是基于伤害故意而实施暴力行为，就可能认定甲、乙构成故意伤害（致人死亡）罪的共同正犯，二人均需为丙的死亡承担刑事责任，这就可能会导致罪刑不均衡。当前，完全犯罪共同说已少有支持者。

（2）部分犯罪共同说（数人同罪）

部分犯罪共同说主张，在各行为人所实施的行为满足不同构成要件的情形中，如果这些构成要件是同质且重合的，则可以在重叠的构成要件范围内肯定共同正犯。部分犯罪共同说强调，各行为人仅针对重叠的、具有同一性的构成要件成立共同犯罪，具有"数人同罪"的特征。当前，部分犯罪共同说获得不少学者的大力支持。

在上例中，根据部分犯罪共同说，甲、乙在故意伤害（致人死亡）罪的范围内成立共同正犯。假设丙的致命伤是甲造成的，则甲成立故意杀人罪既遂与故意伤害（致人死亡）罪，应当以故意杀人罪既遂追究刑事责任，乙则成立故意伤害（致人死亡）罪。假设丙的致命伤是乙造成的，则甲成立故意杀人罪未遂与故意伤害（致人死亡）罪，应当按照处罚较重的追究刑事责任，乙仍成立故意伤害（致人死亡）罪。如果无法查清丙的致命伤究竟是谁造成的，应当按照存疑有利于被告人的原则确定甲的刑事责任。亦即，甲成立按照故意杀人罪未遂与故意伤害（致人死亡罪），按照处罚较重的追究刑事责任。

2. 行为共同说

行为共同说早期发源于刑法主观主义，将犯罪视为行为人社会危险性的征表，认为共同犯罪的成立只需要具备共同的自然行为，而不需要符合相同的构成要件，数个有共同行为的行为人分别构成不同犯罪也完全可以肯定共同犯罪。经过刑法客观主义改造的现代行为共同说强调，作为共同犯罪成立前提的共同的行为，必须是符合构成要件的实行行为。

在行为共同说看来，"共犯不过是在实施自己的犯罪行为这一点上共同实现了事实而已"，共同的实行意思、触犯相同的罪名均不是成立共同犯罪的必要条件，完全可以跨越数个构成要件而肯定共同正犯。行为共同说不强调各行为人针对重叠的、具有同一性的构成要件成立共同犯罪，而是认为各行为人成立其最终所犯之罪的共同正犯，故不再是"数人同罪"，而是"数人数罪"。

在上例中，根据行为共同说，由于甲、乙共同实施了伤害行为，甲成立故意杀人罪的共同正犯，乙成立故意伤害（致人死亡）罪的共同正犯，二人均需为丙的死亡承担刑事责任。

（四）疑难问题解析

本书认为，共同正犯的"部分实行、全部责任"原理旨在解决客观构成要件的结果归属问题，在肯定结果可以归属于各行为人后，各行为人是否具备故意应当在主观构成要件层面予以个别化的审查，各行为人完全可以基于对结果的不同故意而成立不同犯罪。故而，本书采行为共同说。

在上例中，就伤害行为而言，甲、乙二人具备共同的行为实施与共同的行为决意，故二人在伤害的范围内相互归属，丙的死亡因此得以同时归属给甲、乙二人，由于只有甲具备杀人故意，而乙仅具备伤害故意，故而，甲成立故意杀人罪既遂的共同正犯，乙成立故意伤害（致人死亡）罪的共同正犯。

三、共同犯罪的成立要件

（一）难度与热度

难度：☆　热度：☆

（二）基本概念分析

《刑法》第25条第1款关于共同犯罪的定义中，界定了共同犯罪的成立要件，包括主体要件、行为要件和主观要件。

（三）学说理论探讨

1. 共同犯罪的主体要件

要成立共同犯罪，必须有"二人以上"的主体。

我国传统理论认为，共同犯罪中的"二人"，必须是达到刑事责任年龄、具有责任能力的人。但是，本书认为，共同犯罪是修正的构成要件，解决的是不法层面的问题，而与责任要素无关，共同犯罪中的"二人"无须是具备刑事责任能力的人。举例而言，15周岁的甲教唆13周岁的乙对丙实施抢劫，乙听从甲的建议而对丙使用暴力并取走1 000元钱，乙成立抢劫罪的正犯，但不承担刑事责任；甲成立抢劫罪的教唆犯，应当对抢劫罪承担刑事责任。如果将甲认定为间接正犯，则在帮助无刑事责任能力者犯罪的场合无法得出妥当结论。

就纯正的身份犯而言，正犯必须具备相应的身份，但非身份者可以成立有身份的正犯之教唆犯、帮助犯。共同正犯属于广义的共犯，非身份者能否构成身份犯的共同正犯是一个存在争议的问题。本书认为，共同正犯不具有从属性，其刑事可罚性并不来自其他正犯的传导，而是源自其自身行为的规范违反性、法益侵害性。就纯正的身份犯而言，只有具备身份的人实施相应的行为才具备规范违反性与法益侵害性，故而，非身份者不能成立纯正身份犯的共同正犯。对此，本章后续还将予以论述。

在单位犯罪情形中，共同犯罪中的"二人"可以都是单位，也可以是一个自然人、一个单位。但是，犯罪单位中直接负责的主管人员和其他直接责任人员并不与犯罪单位构成共同犯罪，按照单位犯罪的有关规定处罚他们即可。

2. 共同犯罪的行为要件

成立共同犯罪，必须具有共同的犯罪行为。

在共同犯罪中，各行为人的共同行为既可以表现为共同作为，也可以表现为共同不作为，还可以表现为作为与不作为的结合。例如，甲女与情夫乙合谋，乙将甲的3岁幼儿丙推入河中，甲能救助而不救助，致使丙死亡，甲、乙就故意杀人罪成立共同犯罪。

《刑法》第25条第1款的"犯罪"行为，不仅包括实行行为，也包括教唆行为、帮助行为、组织行为等非实行行为。

共同的犯罪行为，并不必须同时实施，也可以先后实施。例如，甲与乙合谋实施抢劫，甲先将丙打晕，乙再从丙身上取走财物，二者各自的行为不是同时实施的，但二人就抢劫罪成立共同正犯。

3. 共同犯罪的主观要件

成立共同犯罪，在主观上必须具备"共同故意"。

各行为人所实施的犯罪都必须是故意犯罪，而不能是过失犯罪。《刑法》第25条第2款规定，共同过失犯罪不以共同犯罪论处。部分行为人故意、部分行为人过失，也不属于"共同故意"，也不成立共同犯罪。

传统理论认为，成立共同犯罪，各行为人之间必须存在意思联络，即各行为人需要意识到自己在与他人配合而共同实施犯罪，并且明知共同的犯罪行为会发生危害社会的结果，而希望或者放任这种危害结果发生。但是，刑法学理上广泛承认片面的帮助犯，甚至承认片面的教唆犯、片面的共同正犯，这些情形中并不存在双方的意思联络。在本书看来，应当区分不同的共同犯罪类型，分别地确定"共同故意"对于各类共同犯罪人的要求：共同正犯的成立以存在"共同的行为计划"为前提，教唆犯的成立则要求造意者与实行者之间具有精神交流，故共同正犯与教唆犯均要求意思联络，但是，帮助犯的成立并不要求正犯认识到自己被他人帮助这一点。

（四）疑难问题解析

1. 不构成共同犯罪的情形

由于《刑法》第25条明确将共同犯罪限定为共同故意犯罪，因此以下不具有共同故意或者超越共同故意的情形不构成共同犯罪：

（1）共同过失犯罪。共同过失犯罪是否存在与共同过失行为是否成立共同犯罪，是两个不同层面的问题，事实上存在共同过失行为并不意味着在规范上应当将它评价为共同犯罪。有学者认为，应当区分过失共同犯罪与共同过失犯罪，将前者界定为多人违反共同注意义务的犯罪，后者则被认为是各自违反不具有共同性的各自注意义务的犯罪，并主张过失共同犯罪应当以共同犯罪论处，而共同过失犯罪则应被排除在共同犯罪之外。多人参与的过失犯罪，的确可以区分为违反共同注意义务的情形和不违反共同注意义务的情形，但是，鉴于《刑法》第 25 条第 2 款明确规定共同过失犯罪"不以共同犯罪论处"，将违反共同注意义务的行为作为共同犯罪处理的主张，可能并不妥当。

（2）一人故意、一人过失的行为。例如，司法工作人员擅离职守，致使在押人员脱逃的，过失的司法工作人员构成失职致使在押人员脱逃罪，而故意的脱逃者成立脱逃罪，二者不成立共同犯罪。

（3）一人故意、一人无过错的行为。二人共同实施行为，但只有一人存在故意，另一人无过错的，二人不成立共同犯罪。如果故意的一方利用了无过错的一方实现自己的犯罪目标，则故意者成立间接正犯，间接正犯与直接行为人之间也不成立共同犯罪。

（4）同时犯。在多人偶然地、欠缺意思联络地基于相同的故意对同一对象实施犯罪行为的情形中，各行为人具有相同的故意，但仍缺乏"共同故意"，各行为人不成立共同犯罪，不适用"部分行为、全部责任"的相互归属原理。

（5）先后实施但缺乏联络的故意行为。在各行为人先后针对同一对象实施故意犯罪行为，但彼此之间缺乏意思联络，这种前后无关的故意行为也不构成共同犯罪。

（6）共犯的过剩行为。共犯的过剩行为，就是指部分行为人超越共同故意而擅自实施的行为，就这种超越事前约定范围而实施的行为而言，不成立共同犯罪，其他行为人无须对此负责。例如，甲教唆乙抢劫丙女，乙不仅对丙实施了抢劫，还将丙强奸，甲对乙实施的强奸完全不知情，乙成立抢劫罪、强奸罪，甲则仅成立抢劫罪的教唆犯。

（7）事前无通谋的窝藏、包庇、窝赃、销赃等行为与其窝藏等行为指向的犯罪。《刑法》第 310 条第 1 款规定了窝藏、包庇罪，第 2 款规定"犯前款罪，事前通谋的，以共同犯罪论处"；《刑法》第 349 条第 1、2 款规定了包庇毒品犯罪分子罪及窝藏、转移、隐瞒毒品、毒赃罪，第 3 款规定"犯前两款罪，事前通谋的，以走私、贩卖、运输、制造毒品罪的共犯论处"。但是，如果不存在事前通谋，事后实施窝藏、包庇、窝赃、销赃等行为的，则应当将相应行为人认定为窝藏、包庇罪，掩饰隐瞒犯罪所得、犯罪所得收益罪等犯罪，而不能将其认定为前行为人所犯之罪的共犯。

2. 共谋而未实行是否构成共同犯罪

在事前通谋的情形中，完全可能出现部分共谋者没有根据事前谋划实行犯罪的情况，例如，甲、乙相约次日共同杀害丙，乙次日爽约未至，甲独自杀死丙。共谋而未实行者是否成立共同犯罪，在刑法理论上存在不同观点。一种观点认为，共谋并不是共同犯罪行为，仅参与共谋而未实际实施行为者缺乏共同行为，不成立共同犯罪，可将其作为预备犯处罚。另一种观点认为，共同犯罪行为包括预备行为和实行行为，共谋是犯罪的一种行为方式，即便参与共谋者事后没有实行犯罪也同样成立共同犯罪。在司法实践中，不少法院采第二种观点，有法院认为，部分共谋实施贩卖、运输毒品的人因意志以外的原因而未实施贩卖、运输行为的，其共谋行为与贩卖、运输毒品犯罪之间的因果关系未被有效切断，仍应成立贩卖、运输毒品罪既遂。在司法实务中，一般认为，参与确定性的共谋而未实行的仍成立共同犯罪，但参与概括性的共谋而未实行的则不成立共同犯罪。

在本书看来，共谋而未实行是否成立共同犯罪这一问题，主要是围绕共同正犯而产生的问题，应当在相应的共同犯罪类型中予以具体检验。如果只承认实行共同正犯，则仅参与共谋而未实行的人不成立共同正犯，即便其他人实施了犯罪并达致既遂，他也不成立犯罪既遂；如果承认共谋共同正犯，则仅参与共谋而未实行者有成立共同正犯的可能，但必须满足共谋共同正犯的相关前提。对此，本章后续内容将予以论述。如果单纯共谋者不成立共同正犯，但他们在共谋阶段所发挥的作用满足教唆犯、帮助犯的要求，可以将其认定为教唆犯、帮助犯；如果也不成立教唆犯、帮助犯，则最多将其作为犯罪预备予以处罚。

3. 片面共犯

所谓片面共犯，是指只有部分行为人认识到自己行为与他人行为成立共同犯罪，其他行为人以为自己在单独实施犯罪的情形。一般认为，对于片面共犯的态度与共同犯罪的本质立场选择有关：犯罪共同说强调"数人一罪"，要求各共同犯罪人具备相同的犯罪故意，并且要求各行为人之间具备意思联络，故犯罪共同说倾向于否定片面的共犯；行为共同说强调"数人数罪"，并不要求各行为人具备相同的犯罪故意，也不要求各行为人之间具备意思联络，只要行为人自身满足共犯的成立条件即可，故承认片面的共犯。学界普遍承认片面的帮助犯，但就应否承认片面的共同正犯、片面的教唆犯存在广泛争议。

本书认为，共同犯罪是一种修正的构成要件，各类共同犯罪的成立条件并不完全相同，不能一概肯定或否定片面共犯，而应当结合各类共同犯罪的要件类型性地确定对各类片面共犯的态度。就共同正犯而言，相互归属的基础是各行为人基于共同的行为计划而共同实施犯罪，超越共同行为计划的行为属于实行过限，故片面的共同正犯难以得到肯定。就教唆犯而言，为了避免将本应由正犯自我答责的情形也纳入教唆犯的处罚范围，教唆犯必须与正犯之间具备精神交流，而精神交流要素决定了片面教唆犯无法被承认。就帮助犯而言，意思联络并非必备要素，可以承认片面的帮助犯，但是，不存在片面的精神帮助犯。

第二节 共同犯罪的形式

一、共同犯罪形式的概念

（一）难度与热度
难度：☆☆ 热度：☆☆

（二）基本概念分析
共同犯罪的形式，也称共同犯罪的形态，是指共同犯罪的存在方式、结构形态或共同犯罪之间的结合形态。

（三）学说理论探讨
共同犯罪的形式，可以区分为法律上的共同犯罪形式与法理上的共同犯罪形式。

所谓法律上的共同犯罪形式，则是指法律明确规定的共同犯罪形式，主要包括以下几种：其一，对合犯罪；其二，聚众犯罪；其三，集团犯罪；其四，恶势力犯罪；其五，黑社会性质组织犯罪。立法只是根据定罪与处罚的需要对部分共同犯罪形式作了规定，因而，法律上的共同犯罪形式具有不完整性。

所谓法理上的共同犯罪形式，是指学理上从不同角度按不同标准对共同犯罪形式所作的划分，包括根据共同犯罪能否任意形成所作的分类、根据共同故意形成的时间所作的分类、根据共同犯罪中的分工所作的分类以及根据共同犯罪有无组织形式所作的分类。本书重点围绕法理上的共同犯罪形式展开。

二、任意的共同犯罪与必要的共同犯罪

（一）难度与热度

难度：☆☆☆ 热度：☆☆

（二）基本概念分析

以共同犯罪能否任意形成为标准，可以将共同犯罪分为任意的共同犯罪和必要的共同犯罪。

（三）学说理论探讨

1. 任意的共同犯罪

任意的共同犯罪，是指可以一人单独实施的犯罪，由二人以上共同实施的情形。例如，《刑法》第 232 条规定的故意杀人罪并不以多人共同实施为必要，二人以上共同实施的杀人就是任意的共同犯罪。任意的共同犯罪是总则性的共同犯罪，应当依照刑法分则的有关条文及刑法总则关于共同犯罪的规定定罪量刑。

2. 必要的共同犯罪

一般认为，必要的共同犯罪是指刑法分则规定必须由二人以上共同实行的犯罪，必要的共同正犯是一种分则性共犯，具体可以分为共动行为指向同一方向、各行为人以相同的方式和方向谋求对法益的侵害的聚合犯（多众犯，Konvergenzdelikt），以及以对向的共动行为为内容、各行为人从相互对立的方向谋求同一个目标的对合犯（对向犯，Begegnungsdelikt）。聚众犯罪、集团犯罪属于聚合犯。

（四）疑难问题解析

在对合犯的情形中，构成犯罪在逻辑上必然存在两个相向的共动行为，如行贿与受贿、重婚与相婚、贩卖与收买，但刑法分则可能只将单方行为规定为犯罪，还可能存在双方构成不同犯罪但被规定以相同法定刑、双方构成不同犯罪并被规定以不同法定刑等情况。

通常认为，刑法分则对必要的共同犯罪有明确规定，故刑法总则关于共同犯罪的规定不再适用，这是区分任意的共同犯罪与必要的共同犯罪的重要意义。这对于对合犯而言尤其具有重要意义，在刑法将诸如受贿者与行贿者、重婚者与相婚者等对向二人的行为均规定为犯罪的情形中，即便一方对另一方有教唆或帮助行为，也不应适用《刑法》总则有关共同犯罪的规定而将其认定为另一方所犯之罪的教唆犯或帮助犯，进而适用有关的处罚规则。

在刑法分则仅将单方规定为犯罪的对合犯情形中，是否也不能适用刑法总则关于共

同犯罪的规定而追究另一方的刑事责任,在刑法理论上存在一定的分歧。例如,《刑法》第 363 条第 1 款将贩卖淫秽物品牟利规定为犯罪,但未将购买淫秽物品行为规定为犯罪,能否将购买者作为贩卖淫秽物品牟利罪的教唆犯或者帮助犯予以处罚?对此,存在立法者意思说、实质说与折中说的对立。其中,立法者意思说认为,立法者在立法时势必已经注意到有对向行为人的存在却不将其纳入刑法分则确定的处罚范围之内,意味着立法者是有意否定对向行为的刑事可罚性,适用刑法总则而将对向行为人定罪处罚违反了立法者的意思;但是,当参与行为超过通常程度,未被纳入处罚范围的一方属于积极的造意者时,不属于立法意图排除在刑事处罚范围之外的参与,可以将该等参与者认定为共犯。德国通说认为,排除参与可罚行为的对向一方系被害人或者处于类似紧急避险情境的情形外,当其参与超过了最小共同作用(Mindestmitwirkung)程度时就可以根据总则予以刑事处罚。实质说侧重于从法益关系、责任欠缺等角度阐释立法仅处罚对向行为的一方的实质根据,其实际用意在于主张将不具有实质不法根据的另一方作为共犯予以处罚。折中说兼采立法者意思说与实质说,一方面强调应当从不法、责任欠缺中寻找刑法分则将对向行为的一方排除在刑事可罚性范围之外的实质根据,另一方面仍然维持必要的共同犯罪概念并强调"行为者的当罚性并不能左右可罚性",故而,只有在未被刑法分则类型化地认定为犯罪的一方既不欠缺违法性或责任,又不是立法者蓄意将其排除在处罚范围之外的情形中,才能考虑适用刑法总则的共同犯罪规定追究其共犯的刑事责任。本书认为,在必要的共同犯罪中坚持构成要件的定型性、强调"行为的当罚性不能左右可罚性"是十分必要的,只要将必要的共同犯罪限定在"概念上被认为是当然必要的参与行为"的范围内,就不能再通过适用刑法总则的共同犯罪规定而将未被刑法分则纳入处罚范围的对向一方认定为共犯。

三、事前通谋的共同犯罪与事前无通谋的共同犯罪

(一)难度与热度

难度:☆ 热度:☆

(二)基本概念分析

以共同故意的形成时间为标准,共同犯罪可以分为事前通谋的共同犯罪与事前无通谋的共同犯罪。

(三)学说理论探讨

事前通谋的共同犯罪,是指各共同犯罪人在着手实施犯罪之前已经通过相互联络、沟通形成共同故意的共同犯罪。事前通谋,既是一种共同故意的形成方式,也是一种预备行为。不过,事前通谋通常并不是共同犯罪成立的必要条件。刑法分则的部分条文明确将有无事前通谋作为区分通谋之罪的共同犯罪与本罪单独犯罪的标准,例如,《刑法》第 310 条第 2 款规定,事前通谋而为犯罪的人提供隐藏处所、财物,帮助其逃匿或者作假证明包庇的,以共同犯罪论处。

事前无通谋的共同犯罪,又被称为事中通谋的共同犯罪,是指各行为人在着手实施犯罪之前并无相互联络、沟通,而是在实行犯罪的过程中才形成共同故意的共同犯罪。典型的情形是,单个行为人在实施犯罪的过程中,其他人在获得其同意后加入其中,前

行为人与后行为人在前行为人着手实施犯罪之时并无共同故意，不存在事前通谋，只是在前行为人实施犯罪的过程中方才与后行为人形成共同故意，在后行为人加入后形成的共同犯罪属于事前无通谋的共同犯罪。

四、简单的共同犯罪与复杂的共同犯罪

（一）难度与热度
难度：☆　热度：☆

（二）基本概念分析
以共同犯罪中的角色分工为标准，共同犯罪可以分为简单的共同犯罪与复杂的共同犯罪。

（三）学说理论探讨
简单的共同犯罪，是指各行为人都实施刑法分则规定的构成要件行为的共同犯罪，实际上就是指共同正犯。

复杂的共同犯罪，是指各行为人在共同犯罪中有不同分工、处于不同地位的共同犯罪。在共同犯罪中实施刑法分则规定的构成要件行为的人是不可或缺的，复杂的共同犯罪中也必然有实施构成要件行为的人，其特殊性在于还有人实施组织、教唆、帮助等行为。

五、一般共同犯罪与有组织的共同犯罪

（一）难度与热度
难度：☆☆　热度：☆☆☆

（二）基本概念分析
以共同犯罪有无组织形式为标准，共同犯罪可以分为一般的共同犯罪与特殊的共同犯罪。

（三）学说理论探讨
一般共同犯罪，是指在共同犯罪的结合程度上较为松散，没有一定的组织形式的共同犯罪。在一般的共同犯罪中，各行为人是为了实施具体犯罪活动而临时共同实施犯罪的，这种为实施具体犯罪而临时组建的团体并不具有稳定性，内部也自然不存在领导与被领导关系，相反会随着共同犯罪的终结而解散。无论事前有无通谋、有没有人实施非构成要件行为，都可能成立一般的共同犯罪。

特殊的共同犯罪，也被称为有组织的共同犯罪，即犯罪集团，是指各行为人之间有固定组织形式的共同犯罪。我国《刑法》第26条第2款规定："三人以上为共同实施犯罪而组成的较为固定的犯罪组织，是犯罪集团。"据此，成立犯罪集团需要同时满足四项条件：（1）主体人数要件，必须由三人或者更多的人组成。（2）主观目的要件，必须是为实施共同犯罪而组建的。（3）组织形式要件，必须具有一定的组织形式。犯罪集团需要具有较强的组织性，即犯罪集团中的多个成员中既有组织、策划、指挥的首要分子，又有骨干成员，还有普通成员，首要分子组织、领导、策划、指挥其他成员进行集团犯罪活动。（4）固定性要件，犯罪组织必须具有一定的固定性。区别于为了实施一次犯罪而临时结伙，犯罪集团是出于长远考虑而组织起来的，组织成员、组织结构、犯罪计划等具有固定性，在实施一次犯罪后仍会继续存续。只要能够证实组织体以实施多次或不

特定次数犯罪为目的，即便在第一次犯罪后即被查处，也不影响犯罪集团的成立。对于犯罪集团，刑法分则有规定的，应当依照刑法分则的有关规定处理；刑法分则没有规定的，则应当依照刑法总则的规定，区别首要分子、首要分子以外的主犯、从犯、胁从犯，分别予以相应处罚。《反有组织犯罪法》第2条第1款规定将有组织犯罪界定为"《中华人民共和国刑法》第二百九十四条规定的组织、领导、参加黑社会性质组织犯罪，以及黑社会性质组织、恶势力组织实施的犯罪"。

（四）疑难问题解析

关于黑社会性质组织犯罪，《刑法》第294条作了详细规定，有关立法解释、司法解释也较为完备，明确了黑社会性质组织的四项基本特征，为打击黑社会性质组织犯罪提供了规范根据。根据《刑法》第294条第5款的规定，黑社会性质组织应当同时具备以下特征：（1）组织特征，即形成较稳定的犯罪组织，人数较多，有明确的组织者、领导者，骨干成员基本固定；（2）经济特征，即有组织地通过违法犯罪活动或者其他手段获取经济利益，具有一定的经济实力，以支持该组织的活动；（3）行为特征，即以暴力、威胁或者其他手段，有组织地多次进行违法犯罪活动，为非作恶，欺压、残害群众；（4）危害特征，即通过实施违法犯罪活动，或者利用国家工作人员的包庇或者纵容，称霸一方，在一定区域或者行业内，形成非法控制或者重大影响，严重破坏经济、社会生活秩序。

2021年《反有组织犯罪法》第2条第2款明确"恶势力组织"的含义，是指"经常纠集在一起，以暴力、威胁或者其他手段，在一定区域或者行业领域内多次实施违法犯罪活动，为非作恶，欺压群众，扰乱社会秩序、经济秩序，造成较为恶劣的社会影响，但尚未形成黑社会性质组织的犯罪组织"。由于恶势力组织是一种"犯罪组织"，根据有关司法解释的有关规定，恶势力组织实施的活动至少应包括一次犯罪活动，而不能都是不构成犯罪的违法活动。恶势力组织实施的违法犯罪活动，主要是强迫交易、故意伤害、非法拘禁、敲诈勒索、故意毁坏财物、聚众斗殴、寻衅滋事，但也包括具有为非作恶、欺压百姓特征，主要以暴力、威胁为手段的其他违法犯罪活动；此外，恶势力组织还可能伴随实施开设赌场、组织卖淫、强迫卖淫、贩卖毒品、运输毒品、制造毒品、抢劫、抢夺、聚众扰乱社会秩序、聚众扰乱公共场所秩序、交通秩序以及聚众"打砸抢"等违法犯罪活动。仅有前述"伴随实施的违法犯罪活动"，且不能认定具有为非作恶、欺压百姓特征的，一般不应认定为恶势力组织。

最高人民法院、最高人民检察院、公安部、司法部先后发布《关于办理黑恶势力犯罪案件若干问题的指导意见》（法发〔2018〕1号）和《关于办理恶势力刑事案件若干问题的意见》（法发〔2019〕10号），初步明确了"恶势力"和"恶势力犯罪集团"的概念与认定标准。据此，"恶势力犯罪集团"是指"符合犯罪集团法定条件的恶势力犯罪组织"。根据相关司法解释的规定，恶势力犯罪集团的特征表现为"有三名以上的组织成员，有明显的首要分子，重要成员较为固定，组织成员经常纠集在一起，共同故意实施三次以上恶势力惯常实施的犯罪活动或者其他犯罪活动"。根据有关司法解释的规定，符合以下情形之一的，应当认定为恶势力犯罪集团所实施的违法犯罪活动：（1）为该组织争夺势力范围、打击竞争对手、形成强势地位、谋取经济利益、树立非法权威、扩大非法影响、寻求非法保护、增强犯罪能力等实施的；（2）按照该组织的纪律规约、组织惯例实施的；（3）组织者、领导者直接组织、策划、指挥、参与实施的；（4）由组织成员以组织名义实施，并得到组织者、领导者认可或者默许的；（5）多名组织成员为逞强争霸、插手纠纷、报复他人、替人行凶、非法敛财而共同实施，并得到组织者、领导者认可或者默许的；（6）其他应当认定为恶势力犯罪集团实施的。

第三节　共同犯罪人的定罪

一、共同犯罪的立法模式

（一）难度与热度

难度：☆☆☆☆　热度：☆☆☆

（二）基本概念分析

各国对共同犯罪采取的立法模式不尽一致，大体上，可以分为区分制与单一制两大范式。

（三）学说理论探讨

1. 区分制

区分制将不同的犯罪参与者区分为正犯与共犯两大类，它以限制的正犯概念为基础，认为只有实施构成要件行为的人才是符合刑法分则规定的构成要件的正犯，教唆者、帮助者则是符合刑法总则规定的修正构成要件的共犯。

在区分制的共同犯罪立法模式下，正犯被认为具有独立性，而包括教唆犯与帮助犯在内的共犯则被认为是从属于正犯的，只有在正犯实施了违法的主行为的前提下才能处罚共犯。为了有效区分正犯与共犯、合理解决正犯与共犯的处罚问题，德国刑法学者先后提出了包括形式客观说、主观说、实质客观说在内的多种正犯理论。

大体上，明确区分正犯与共犯并且主张正犯与共犯不具有价值上的等同性，是区分制共同犯罪立法模式的标志性特征。此外，学说上多主张对共犯应当或可以适用较轻的法定刑，但是，不少国家规定教唆犯与正犯适用相同的法定刑。

2. 单一制

单一制以扩张的正犯概念为基础，主张任何与犯罪结果之间具有因果关系的人都是符合刑法分则规定的构成要件的正犯，所有正犯在价值层面都是平等的，均应适用统一的法定刑。单一制又有形式单一制，功能单一制之分。

李斯特是较早提倡形式单一制的学者，他基于全部条件等价值理论认为无法通过区分原因与条件区分正犯与共犯，主张应当放弃区分正犯与共犯而对所有参与者适用统一的法定刑，再根据各参与者的具体贡献作个别化的刑罚裁量。形式单一制被批评将构成要件转换为单纯的法益侵害因果性，使构成要件丧失了法治国的定型性机能。由此提出的功能单一制主张：在构成要件层面区分实行正犯、诱发正犯与援助正犯，但各类正犯具有价值层面的等同性，应当摈弃共犯从属性原理，全部参与者应适用相同的法定刑。1975 年《奥地利刑法典》被认为是功能单一制的代表。

坚决摈弃共犯从属性原理、主张全部参与者适用统一的法定刑，是形式单一制与功能单一制的共同特征，是否拒绝在构成要件层面区分不同的犯罪参与者类型则是二者的差异所在。

（四）疑难问题解析

虽然我国刑法并没有明确规定"正犯"与"共犯"概念，但是，刑法理论有意识地区分实行行为、组织行为、教唆行为与帮助行为，刑法实务也承认间接实行犯等概念。大体上，我国共同犯罪理论通说是以区分制为脉络展开的。近年来，有学者试图将《刑法》第26、27条中的主犯、从犯解释为正犯（共同正犯）、帮助犯，以为区分制共同犯罪理论寻求法律根据。也有学者以我国刑法并未明确规定正犯与共犯、在被教唆的人没有犯被教唆的罪时也处罚教唆犯等为由，主张我国刑法采取了单一制的共同犯罪立法模式。在他们看来，《刑法》第29条第2款规定在"被教唆的人没有犯被教唆的罪"的情形中也处罚教唆犯，意味着教唆犯不从属于实行犯，而放弃从属性是单一正犯体系的标志，应当认为我国刑法采取的是单一制而非区分制。当前，区分制与单一制之争还远未消弭。

我国刑法总则并没有对共同犯罪人采取分工分类法，而是采取作用分类为主、分工分类为辅的分类方法。主犯、从犯是以作用为分类标准的，很多人将胁从犯视为从犯的下位概念；教唆犯是分工分类法意义上的共同犯罪人，但《刑法》第29条第1款特别规定"应当按照他在共同犯罪中所起的作用处罚"，由此，教唆犯最终要被分解为主犯或从犯。大体上可以说，我国《刑法》第26～29条的规定是以解决共同犯罪的量刑问题为指向的。另外，我国刑法理论上长期将共同犯罪行为区分为实行、组织、教唆与帮助行为，实行犯——特别是间接实行犯——等分工分类法意义上的共同犯罪人概念也被司法实务承认、运用。陈兴良教授早在1988年就提出，分工分类法重点解决共同犯罪的定罪问题，作用分类法则解决共同犯罪的量刑问题。近年来，有学者提出，我国《刑法》采取的是双层区分制的共同犯罪立法模式，正犯与共犯的区分服务于定罪，主犯与从犯的分类则服务于量刑，正犯与主犯呈现交叉关系或递进关系。

本书认为，明确区分实行者、教唆者、帮助者等不同角色，可以避免刑事处罚范围过分扩张，确保构成要件的定型性机能，有利于保障国民的预测可能性。《刑法》第29条对教唆犯作了明确规定，教唆犯是与被教唆的正犯相对应的犯罪类型，故而，应当承认我国刑法采取的是区分制共同犯罪理论体系。在区分制共同犯罪理论体系下，正犯具有独立性，共犯具有从属性。应当区分支配犯与义务犯：对于身份犯、不作为犯等义务犯而言，只有负有特定义务并违反义务的人才能构成正犯；对于支配犯而言，则应采犯罪行为支配理论的正犯标准。

二、正犯

（一）难度与热度

难度：☆☆☆☆☆　热度：☆☆☆☆☆

（二）基本概念分析

正犯，是与共犯相对的共同犯罪人类型。在犯罪行为支配理论下，正犯被认为是行为事件的核心角色。一般认为，正犯包括直接正犯、间接正犯与共同正犯三种类型。

（三）学说理论探讨

1. 直接正犯

直接正犯，是指单独实施全部构成要件行为的行为人。直接正犯可以根据自己的意思决定是否实施、继续、变更或放弃行为，对行为（Handlung）具有完全的支配力，也就对构成要件的实现具有完全的支配力。直接正犯的正犯性根据就在于行为支配性（Handlungsherrschaft）。

2. 间接正犯

间接正犯，是指通过强迫、欺骗等手段而使他人为自己所用，进而支配构成要件实现的行为人。间接正犯并不亲自实施构成要件行为，但是，幕后者凭借相对于直接行为人的认知或意志优势而让后者成为听命于自己的"工具"，他因此得以对构成要件行为具有支配力，间接正犯的正犯性根据在于这种意思支配（Willensherrschaft）。

（1）凭借优越意志的意思支配。

凭借优越意志的意思支配（Willensherrschaft kraft überlegenen Wollens）的典型情形是强制支配，幕后者的意思支配在于，幕后者通过暴力、威胁等方法而迫使台前的具体行为人按照幕后者的意志——而非台前者自身的意志——实施具体行为，由此支配着构成要件的实现。

在强制支配情形中，台前者既可能成立阻却违法的紧急避险，如以子女性命相要挟而迫使其父母实施抢夺；也可能成立阻却责任的紧急避险，如以子女性命相要挟逼迫其父母杀害他人。

（2）凭借优越认知的意思支配。

在凭借优越认知的意思支配（Willensherrschaft kraft überlegenen Wissens）情形中，幕后者的意思支配在于，台前者对自身行为的意义存在认知瑕疵，幕后者因而得以利用台前者——作为无意识的"工具"——实现自己的犯罪意图，从而支配构成要件的实现。

凭借优越认知的行为支配的典型代表是错误支配，在错误支配情形中，台前者可能成立过失犯罪，也可能不具备过失。例如，甲明知稻草人中藏有真人而让乙朝稻草人射箭，乙难以认识到稻草人中藏有真人，故不成立过失致人死亡罪；但是，如果稻草人有晃动或者发出一定声音，一般人能够认识到稻草人中藏有真人，乙就可能成立过失致人死亡罪。

幕后者通过欺骗而使台前者实施自我危害行为，如果台前者无法认识该等行为的危害意义，幕后者也成立间接正犯。例如，被害人没有认识到自身行为会危害自己的生命，就不属于"自杀"，而应认定为幕后者实施的"他杀"。

在某些情形下，被欺骗者成立正当化事由，幕后者仍成立间接正犯。例如，A向警察谎称B系正在实施犯罪的现行犯，信以为真的警察遂对B采取拘传措施。警察拘传有犯罪嫌疑的人的行为合法，但A成立非法拘禁罪的间接正犯。

在幕后者通过欺骗而使台前者产生不可避免禁止错误的情形中，台前者不具备可谴责性，幕后者可以成立间接正犯。在幕后者通过欺骗而使台前者产生可避免禁止错误的情形中，例如，幕后者通过反复说服让台前者相信可以为保护多数人生命而牺牲少数人，台前者因而杀死被害人"以拯救更多的人",台前者成立故意杀人罪,幕后者则成立间接正犯,这是一种"正犯后正犯"。

利用不具有刑事责任能力的人(如精神病人或未达到刑事责任年龄的未成年人)实施犯罪,幕后者既可能成立间接正犯,也可能成立教唆犯。如果台前者无法认识自身行为的社会意义,或者无法控制自己的行为,则幕后者成立间接正犯;如果台前者具备认识能力与控制能力,只是由于法律的规定而不承担刑事责任,则幕后者成立教唆犯。换言之,在此等情形中,同样应当根据凭借优越意志的意思支配与凭借优越认知的意思支配两项原理来认定间接正犯。

(3)凭借有组织的权力机构的意思支配。

凭借有组织的权力机构的意思支配(Willensherrschaft kraft organisatorischer Machtapparate),是德国学者克劳斯·罗克辛提出的一种意思支配类型。罗克辛认为,如果很多人共同组成一个犯罪组织,在满足具有科层制组织结构以确保命令的传达与执行、组织本身具备法秩序背离性、组织成员具有高度可替换性的前提下,一旦组织头目下达犯罪命令,犯罪命令就会得到自动执行,单个组织成员拒绝执行命令不会影响犯罪指令的执行。

组织支配的根据不是幕后者相对于台前者的优越认知或优越意志,而是组织成员的高度可替换性。如果犯罪指令——基于较高的技术要求等原因——只有少数成员能够执行,则台前的具体行为人不具有高度可替换性,此时,组织头目只能成立教唆犯。

罗克辛所提出的组织支配理论,获得了不少学者的赞同,德国、阿根廷等国家司法机关和国际刑事法院也部分地接受该理论。不过,也有不少学者反对该理论,主张将组织头目认定为共同正犯或教唆犯。

以上三类支配形式,是从幕后者一侧对间接正犯所做的描述。如果将视角切换到被利用者一侧,则台前者可能呈现多种面貌:被利用的台前者的行为既可能不符合构成要件要素,也可能不具备违法性,还可能欠缺责任;被利用的台前者,既可能是欠缺责任能力者,也可能是欠缺故意者,又可能是合法行为者,还可能是成立较轻微犯罪的人(如过失犯罪者、有故意但无目的者、仅有较轻故意者),甚至在完全负责的正犯背后也可能成立间接正犯。

幕后者要成立间接正犯,必须满足刑法分则规定的全部构成要件要素,非身份者不能成立纯正身份犯的间接正犯,只能将其认定为教唆犯或帮助犯。实际上,作为义务犯,身份犯的正犯性根据本就不在于行为支配性。

3. 共同正犯

(1)共同正犯的正犯性根据。

共同正犯,是指基于共同的行为计划、各自分担犯罪的一部分的共同行为人。共同正犯的正犯性根据在于,他与其他共同正犯通过共同的行为计划与共同的行为实施形成了对整个犯罪的功能性支配(funktionelle Tatherrschaft)。

在共同正犯情形中,每个共同正犯都分担着对于实现共同行为计划而言十分重要的任务,其中一人不按照计划行事,就可能使得其他共同正犯无法实现犯罪,故而,各行为人不仅支配着自己所实施的具体行为,而且与其他行为人一起功能性地支配着整个共同犯罪。

（2）共同正犯的成立条件。

成立功能性支配，必须同时满足三项条件：其一，存在一个共同的行为计划；其二，存在共同的行为实施；其三，各行为人在实行阶段具有实质性贡献。

1）共同的行为计划。

共同的行为计划，是指各行为人的行为必须基于共同实施犯罪的意思，各行为人的行为有着明确的分工。

各共同行为人必须具有相同的犯罪故意，而不能各自出于完全不同的、完全不重叠的故意而实施犯罪。不过，各共同正犯不必基于相同的个罪故意而实施犯罪，只要各共同正犯的故意存在重叠即可。简言之，不必奉行共同犯罪说，只需奉行行为共同说即可。

各共同犯罪人之间需要具备意思联络，各共同正犯必须知晓其他共同正犯的存在，必须知晓其他共同犯罪人将要实施何种犯罪行为，还必须具有将其他共同行为人的行为与自己的行为视为实现整体犯罪目标的有机组成部分的意思。如果不知道存在其他行为人的行为，就只成立同时犯。如果各行为人欠缺意思联络地各自实施行为，也不成立共同正犯。例如，乙抢劫丙的过程中，路过的甲发现丙即将挣脱乙的束缚，悄悄出手将丙打晕，但乙对此并不知情，由于不存在双边意思联络，甲不成立抢劫罪的共同正犯，而仅成立片面帮助犯。单纯地相互认识到其他行为人在实施相同的犯罪，还不足以成立共同的行为计划，而必须具有与其他行为人一起实现犯罪目的的意思。例如，盗窃犯 A、B 发现对方也正在实施盗窃，但二者的盗窃行为是完全独立实施的，而不具有各自分工实施部分行为以实现整体犯罪的意思，二人不构成盗窃罪的共同正犯。共同的行为计划并不要求必须是各行为人一起制订的，接受他人制订的犯罪计划也完全可以。

共同的行为计划，可以在事前通过共谋形成，也可以在犯罪实施过程中形成。

2）共同的行为实施。

在客观方面，成立共同正犯必须有共同的实施行为，亦即必须实施各自在共同行为计划中承担的分担行为。单纯地认可共同行为计划，不足以成立共同正犯。

如果各行为人均实施了全部或部分构成要件行为，各行为人当然成立共同正犯。有争议的是：如果部分行为人实施构成要件行为，部分行为人仅实施非构成要件行为，后者能否成立共同正犯？例如，甲、乙、丙三人共谋实施盗窃，甲、乙进入办公楼窃取财物，丙则在楼外望风，警察巡逻时，丙故意制造事端将警察引走，甲、乙二人得以顺利盗窃。在本例中，甲、乙当然成立共同正犯，如果认为只有实施了构成要件行为者才成立共同正犯，则丙只成立盗窃罪的帮助犯；如果认为只要在实行阶段实施了一定行为，且该行为对共同犯罪的实现发挥了重要作用就可以肯定共同正犯，则丙也成立盗窃罪的共同正犯。

罗克辛认为，各行为人必须在实行阶段实施一定的行为并发挥重要的作用，仅在预备阶段实施一定的行为的人，即便发挥了重要作用也不成立共同正犯。在实行阶段发挥重要作用，不意味着必须实施形式的构成要件行为，正犯是在实质意义上实现构成要件的人，根据分工安排实施望风行为以保障其他行为人的犯罪行为顺利实施的人，也成立盗窃罪的共同正犯。但是，仅在预备阶段发挥重要作用而完全不参与实行阶段的人，实际上是将构成要件的实现与否完全交给参与实行阶段的各行为人来决定，他自己对于构成要件的实现与否并没有真实的控制力，只能将他认定为教唆犯或帮助犯。故而，不少学者反对共谋共同正犯的概念。

3）实质性贡献。

如果行为人承担的分工职责是实施（部分）构成要件行为的话，他总是对犯罪的实现有着实质性贡献。但是，如果行为人实施的是非构成要件行为，无论是在实行阶段实施望风等行为，还是在预备阶段实施制订犯罪计划、确定犯罪方法、提供犯罪工具等行为（如果承认共谋共同正犯的话），为了区分共同正犯与教唆犯、帮助犯，必须要求这些非实行共同正犯对整个犯罪的实现作出了实质性贡献。罗克辛指出，只有当一个人在实施中发挥了一种能够决定这个计划成功的功能时，他才对这个事件具有共同支配。

需要说明的是，行为人对于犯罪的贡献，应当从事前角度予以考察。在望风案件中，即便警察或者财物所有人等并没有出现在现场，望风者也成立共同正犯，而非仅成立帮助犯。

（3）共同正犯的法律效果

成立共同正犯，则应当在共同行为计划的范围内相互归属，各共同正犯人即便只实施了部分行为，也要对整个犯罪承担责任，即奉行"部分行为、全部责任"原则。但是，对于超出共同行为计划的行为及其后果，则不再实行相互归属，而应由实施该行为的行为人单独负责，这就是所谓的"实行过限"。例如，甲、乙共谋实施抢劫，甲实施暴力行为，乙实施取财行为，甲在抢劫完成后临时起意对丙实施强奸，乙仅成立抢劫罪，甲则应按照抢劫罪与强奸罪数罪并罚。如果各共同正犯在实施犯罪的过程中变更犯罪计划，例如，原本打算实施抢夺的各行为人在抢夺难以奏效的情况下明示或默示决意对财物所有人实施暴力行为，并不属于"实行过限"，各行为人均成立抢劫罪的共同正犯，而不是只有具体实施暴力行为者成立抢劫罪。

（四）疑难问题解析

见本节第四部分"四、共同犯罪认定的特殊问题"。

三、共犯

（一）难度与热度

难度：☆☆☆☆　热度：☆☆☆☆

（二）基本概念分析

狭义共犯，是与正犯相对的共同犯罪人类型。在行为支配理论下，共犯被认为是行为事件的边缘角色，具有相对于正犯的从属性。就类型而言，狭义共犯又可以分为教唆犯与帮助犯。

（三）学说理论探讨

1. 共犯的处罚根据

在限制的正犯概念下，共犯是一种刑罚扩张事由。为什么要通过规定修正的构成要件来处罚共犯，就是共犯的处罚根据问题。对此，在理论上存在多种理论。

责任共犯论认为，共犯使正犯堕落，使正犯陷入罪责之中，共犯的处罚根据在于他制造了犯罪人。根据责任共犯论，成立共犯不仅要求正犯符合构成要件，而且要求正犯具备违法性和有责性，这就可能不合理地限制共犯的处罚范围，特别是难以合理处罚帮助犯。因此，责任共犯论已经少有赞同者。

违法共犯论认为，共犯的处罚根据在于共犯唆使或者援助正犯实施不法行为。根据违法共犯论，只要正犯符合构成要件且违法，教唆者、帮助者就可以成立共犯。违法共犯论坚持绝对的违法连带性，在甲教唆乙杀害甲本人的情形中，乙实施的他杀行为符合故意杀人罪的构成要件，且甲的被害人同意不能阻却违法性，故教唆乙实施该等故意杀人行为的甲成立故意杀人罪的教唆犯。但是，这存在不当扩张共犯处罚范围的问题。

因果共犯论（惹起说）认为，共犯的处罚根据在于共犯通过正犯的行为间接地引起了法益侵害。在因果共犯论内部，存在纯粹惹起说、修正惹起说与混合惹起说的对立，三者争论的焦点在于共犯是否具有独立于正犯的违法性。

（1）纯粹惹起说坚持绝对的违法相对性，只要共犯行为与法益侵害之间具备因果关系，即便正犯不符合构成要件也肯定教唆、帮助者的共犯性。例如，A 教唆 B 自杀，虽然 B 的自杀行为并不符合故意杀人罪的构成要件，但 A 的教唆引起了 B 之死亡，又不具有违法阻却事由，A 就成立故意杀人罪的教唆犯。纯粹惹起说承认"没有正犯的共犯"，不重视构成要件的类型性判断价值，因而是不恰当的。

（2）修正惹起说认为，共犯的处罚根据在于他通过引起正犯的不法而间接地引起了法益侵害，仅当共犯行为与正犯所造成的法益侵害结果之间存在因果关系时才能处罚共犯。修正惹起说的惹起，具有对正犯行为的依附性。根据修正惹起说，共犯的不法从属于正犯，不法具有绝对连带性。在甲请求乙杀死甲本人的情形中，由于乙实施的他杀行为故意杀人罪的构成要件，且甲的被害人同意不阻却违法性，故乙实施了构成要件该当的违法行为，甲则成立故意杀人罪的教唆犯，尽管他教唆乙杀害的对象是他本人。修正的惹起说不仅否定"没有正犯的共犯"，也否定"没有共犯的正犯"，但在得嘱托杀人等情形中的结论较难被接受。

（3）混合惹起说认为，共犯的处罚根据在于通过正犯间接侵害构成要件所保护的法益，共犯既具有独立的违法，也具有从属于正犯的违法。混合惹起说一方面否定"没有正犯的共犯"，另一方面承认"没有共犯的正犯"。在前述示例中，混合惹起说既不承认教唆他人（B）自杀的 A 成立故意杀人罪的教唆犯，也不承认教唆他人（乙）杀害本人的教唆者甲成立故意杀人罪的教唆犯。

在本书看来，教唆、帮助行为只能通过被教唆、被帮助的正犯行为而产生法益侵害性，故有必要坚持共犯从属性；但是，正犯违法只是共犯违法的必要非充分条件，在教唆他人危害被教唆者本人的情形中应当否定通过教唆行为危害自有法益的教唆者的法益侵害性，此类教唆者应当被排除在共犯的处罚范围之外。是故，本书基本上认同混合惹起说。

2. 共犯的从属性

关于共犯和正犯是何种关系，在理论上存在不同主张。共犯独立性说认为，教唆、帮助行为表现了共犯的危险性，共犯的可罚性来自共犯行为本身，处罚共犯不以正犯实施构成要件行为等为必要。共犯从属性说则认为，教唆、帮助行为本身并不直接符合刑法分则规定的构成要件，只有当被教唆者、被帮助者实施了被教唆、被帮助的犯罪时，教唆者、帮助者才能对法益产生实际危害，正犯的可罚性才能以教唆、帮助行为为媒介传导给教唆者、帮助者。

本书认为，教唆与帮助并非独立罪名，只能依附于具体罪名而成立相应犯罪的教唆犯、帮助犯，只有当被教唆者、被帮助者实施了被教唆、被帮助的犯罪行为时，教唆者、帮助者才可能实现法益侵害。因而，应当坚持共犯从属性说。共犯独立性说瓦解了构成要件的观念，否定犯罪行为的定型性，存在明显缺陷。

日本学者认为，共犯的从属性可以分为实行从属性、要素从属性与罪名从属性三个维度。其中，罪名从属性主要涉及共同正犯的犯罪共同说与行为共同说之争，实行从属性、要素从属性则是狭义共犯中的问题，实行从属性关涉从属性有无的问题，要素从属性则涉及从属性的程度问题。

就实行从属性（从属性的有无）而言，由于共犯的可罚性以正犯的可罚性为前提，而正犯的可罚性多以着手为实际起点，故而，原则上，仅当正犯着手实施犯罪行为而获得可罚性后，才能处罚共犯。我国《刑法》第29条第2款规定："如果被教唆的人没有犯被教唆的罪，对于教唆犯，可以从轻或者减轻处罚。"对此，有学者认为我国《刑法》对教唆犯采取的是共犯独立性说，也有学者认为《刑法》第29条第2款中的"没有犯被教唆的罪"是指"没有犯被教唆的既遂罪"，以消解立法与共犯从属性之间的抵牾。在本书看来，将《刑法》第29条第2款的规定限缩理解为关于处罚他人实施重罪之未遂的特别规定或例外规定是可接受的。《德国刑法典》第30条第1款也有类似的处罚教唆未遂（versuchte Anstiftung）之规定，但多数学者并不认为该规定违反共犯从属性原理。

就要素从属性（从属性的程度）而言，存在不同维度的从属性理论，即最小从属性理论、限制从属性理论、极端从属性理论和夸张从属性（最极端从属性）理论。其中，极端从属性理论认为，只有在正犯符合构成要件、违法且有责的前提下，教唆、帮助者才能成立共犯；最小从属性理论则认为，只要正犯符合构成要件，教唆、帮助者就可以成立共犯，共犯的违法性与责任应当独立予以判断。本书认为，违法性是对行为及其造成的结果的评价，原则上不因实施行为的人而有所变动，故违法是连带的；但是，有责性是对行为人实施行为的可谴责性的评价，具有高度的个人性，故责任是个别的。故而，限制的从属性理论是恰当的，即只要正犯符合构成要件且违法，教唆、帮助者就可能成立共犯，共犯的责任应当个别化地加以判断。不过，正犯违法只是共犯成立的必要不充分条件。

3. 教唆犯

教唆犯，是指通过唆使、劝说、收买、引诱等方式而让他人产生犯罪意思、形成犯罪决意，进而实施犯罪的人。

根据被教唆的人是否产生了犯罪意思并实施被教唆的犯罪，可以将教唆分为教唆既遂（vollendete Anstiftung）与教唆未遂（versuchte Anstiftung）。本书认为，《刑法》第29条第1款是关于教唆既遂的规定，包括对既遂犯的教唆与未遂犯的教唆两种情形，成立教唆既遂的后果是以被教唆者的犯罪停止形态为基准并且"应当按照他在共同犯罪中所起的作用处罚"，即根据实际情况按照既遂的主犯、从犯或者未遂的主犯、从犯予以处罚。《刑法》第 29 条第 2 款是关于教唆未遂的规定，"被教唆的人没有犯被教唆的罪"是指被教唆的人没有产生犯罪意思或者虽然产生了犯罪意思但没有着手实施被教唆的犯罪行为，也包括被教唆的人实施了被教唆的罪但与教唆行为之间缺乏因果关系的情形。在被教唆的人没有着手实施被教唆的犯罪行为的情形中，不能依据《刑法》第 29 条第 1 款处罚教唆者，也不能适用《刑法》第 23 条关于正犯未遂的规定处罚他，因为教唆者本就不实施构成要件行为，无法满足"已经着手实施犯罪"这一前提；但是，在教唆他人实施重罪等情形中又有必要处罚此类教唆者，故《刑法》第 29 条第 2 款对教唆未遂作了例外的处罚规定。为了合理地限缩《刑法》第 29 条第 2 款的处罚范围，可以将"被教唆的罪"限缩解释为处罚正犯之预备犯的重罪。这也可以解释为什么教唆未遂"可以从轻或者减轻处罚"，而非"可以从轻、减轻或者免除处罚"。

（1）教唆既遂的成立条件。

对于《刑法》第 29 条第 1 款规定的教唆既遂而言，需要同时满足三项条件：其一，被教唆的人着手实施了被教唆的犯罪（故意的违法主行为）；其二，教唆者实施了教唆行为；其三，教唆者具备教唆故意。

正犯实施了故意的违法主行为，是教唆既遂成立的首要条件。根据限制的从属性原理，只要正犯符合构成要件并且违法，正犯的违法性就可以基于违法的连带性而传导给教唆犯，至于责任则应个别化地予以判断。不过，"被教唆的人"必须是"具有规范意识、可能形成反对动机的人"，如果教唆幼儿或者严重精神病人等缺乏规范意识的人实施犯罪则应成立间接正犯。正犯所实施的故意的违法主行为，只要进入着手阶段即可，其是否既遂不妨碍教唆既遂的成立。

教唆行为，是指使他人产生具体违法行为之决意的行为，通常可以通过劝说、收买、引诱等方式实现。成立教唆行为以存在精神交流（geistiger Kontakt）为前提，单纯诱发他人犯罪意思尚不足以成立教唆犯，例如，甲在涂鸦爱好者乙的必经之地放置颜料，乙果然如甲所料拿起颜料在白墙上涂鸦，甲仅仅创造了刺激犯罪的客观条件，由于不存在精神交流而不成立教唆犯。在教唆犯中要求精神交流的原因在于自我答责原则禁止对教唆犯的答责作过度的前置，在缺乏精神交流的前提下，被引诱产生犯罪决意的人应当自我答责。最典型的教唆是通过劝说、收买、引诱等行为而让原本没有犯罪意思的人产生实施具体犯罪的意思，但是，唆使原本决意实施甲罪（如盗窃罪）的人转而实施与甲罪完全不同的乙罪（如故意伤害罪），或者唆使原本决意实施轻罪（如故意伤害罪）的人转而实施重罪（如故意杀人罪），也可以成立教唆：前者乃是转教唆，后者则是升等教唆。唆使原本打算实施重罪的人实施轻罪的减等教唆，则不成立教唆犯。

要成立教唆犯必须具备双重故意：其一，必须具备对于教唆行为的故意，过失地引起他人的犯罪意思不成立教唆犯；其二，必须具备通过正犯而实施被教唆的罪并达到既遂的故意，如果教唆者原本就没有打算让正犯达到既遂，如为了实现及时抓捕而唆使毒贩贩卖毒品（诱惑侦查），唆使者不成立教唆犯。

（2）教唆未遂的成立条件。

如果被教唆的人没有产生犯罪意思（教唆失败，misslungene Anstiftung），或者虽然产生了犯罪意思但最终没有实际实施被教唆的犯罪行为（教唆无果，erfolglose Anstiftung），或者虽然客观上实施了被教唆的犯罪行为但并非由于教唆所致（教唆不能，untaugliche Anstiftung），教唆者不成立《刑法》第 29 条第 1 款的教唆既遂，而只能成立《刑法》第 29 条第 2 款的教唆未遂。

教唆行为、教唆故意的要求，与教唆既遂情形相同。为了合理地限制教唆未遂的处罚范围，《刑法》第 29 条第 2 款中的"被教唆的罪"限于处罚正犯之预备犯的重罪，即如果单独正犯实施了某罪的预备行为，刑法实际处罚这种预备犯的那些犯罪。司法实践中，只有少数重罪的预备犯会被实际处罚，将教唆未遂的处罚限制在这个范围内是较为妥当的。

4. 帮助犯

帮助犯，是指为他人故意实施的犯罪提供帮助、对正犯实现犯罪具有促进作用的人。一般认为，《刑法》第 27 条规定的"在共同犯罪中起次要或辅助作用"的从犯中包含帮助犯。

帮助犯的成立条件也有三项：其一，正犯实施了违法的主行为；其二，帮助者实施了帮助行为；其三，帮助者具备双重故意。

帮助行为，是指任何为正犯实施犯罪作出物质性贡献或精神性贡献的行为。为正犯提供犯罪工具、排除妨害条件等，均可成立物质帮助；精神帮助是一种心理上的帮助，通过加油打气、站脚助威等方式巩固已经形成的行为决意是典型的精神帮助，为正犯实施犯罪提供技术性建议、改进犯罪实施方案等也成立精神帮助，在事前允诺事后帮助逃跑、销赃等也属于坚定正犯犯罪意思的精神帮助。不过，单纯在犯罪现场观看，既不施加有形力也不加油打气的，并不构成帮助。帮助行为，既可以在正犯实行犯罪前实施（如帮助踩点），也可以在正犯实行犯罪过程中实施（如帮助压制被害人反抗）。

正犯与帮助犯之间并不存在相互归属的问题，即便被帮助者对于帮助行为不知情，也不妨碍帮助犯的成立。就物质帮助而言，没有理由否定片面的帮助犯，但是，难以承认片面的精神帮助犯。

基于作为共犯处罚根据的混合惹起说，仅当帮助行为与正犯的构成要件实现之间具备因果关系时，才成立可罚的帮助犯。不过，究竟应当如何把握帮助犯的因果关系标准还存在不同的认识。如果帮助行为在构成要件实现中发挥了现实的影响，例如，盗窃正犯甲使用帮助犯乙提供的工具打开了丙的保险柜进而实施盗窃，很容易肯定帮助行为的因果贡献。有问题的是，在帮助犯提供的帮助并没有在结果实现中发挥实际作用的情形中，例如，B 为盗窃正犯 A 提供了进入 C 家的钥匙，但 A 到现场后发现 C 家大门并未上锁，并未使用 B 提供的钥匙就完成了盗窃，实施了帮助行为的人（B）是否成立帮助犯。本书认为，帮助行为不必是结果实现的必要条件，但只有在帮助行为至少使得正犯行为变得更容易的前提下，才能肯定物质帮助犯。在上例中，B 提供的帮助就没有对构成要件的实现发挥现实作用，故不成立可罚的帮助犯。不过，如果提供物质帮助的行为同时发挥了坚定正犯犯罪意思的作用的话，帮助者可能成立精神帮助犯。

（四）疑难问题解析

见本节第四部分"四、共同犯罪认定的特殊问题"。

四、共同犯罪认定的特殊问题

（一）难度与热度

难度：☆☆☆☆　热度：☆☆☆☆

（二）基本概念分析

就共同犯罪人的定罪而言，一个人何时能够加入业已开始实施的共同犯罪之中、不作为形式的参与可以成立何种类型的共同犯罪人、在身份犯中无身份者可以成立何种各类型的共同犯罪人、多人共同犯罪的未完成形态如何认定等问题，经常成为学理和实务中讨论的重点。以下，本节将对这些问题展开较为细致的分析。

（三）学说理论探讨

1. 承继的共同犯罪

在犯罪实施过程中，原本未参加犯罪的人可能与正在实施犯罪的人形成合意而加入犯罪，这是所谓承继的共同犯罪问题。对于共同正犯而言，在实施犯罪的过程中形成共同的行为计划是可能的。例如，甲基于单独抢劫的意思对丙实施暴力行为，乙见甲迟迟未能压制丙的反抗，遂向甲提议二人一起抢劫后平分所得财物，甲表示同意后，二人合力制服了丙并劫取了财物。对于帮助犯而言，也完全可以在正犯实施犯罪的过程中产生帮助故意并为正犯提供帮助。但是，对于教唆犯而言，由于教唆行为是让正犯产生犯罪决意、实施犯罪行为的行为，以"造意"为内涵的教唆行为总是先于正犯行为，故而，一般认为，承继的教唆犯是不可能的。但是，在升等教唆和转教唆情形中，在正犯实施构成要件行为的过程中唆使正犯实施另一个行为，若被唆使的行为与正犯原本实施的行为构成一个整体犯罪行为的话，可能例外地存在承继的教唆。例如，在 B 对 C 实施故意伤害行为的过程中，A 唆使 B 趁机取走 C 的财物，可能认为 A 构成抢劫罪的教唆犯。

一般认为，只有在先前实施的犯罪尚未终了的前提下，才可能成立承继的共同犯罪。对于即成犯而言，后行为人只能在前行为既遂前加入其中；对于持续犯而言，则可以在前行为既遂后、行为结束前加入其中。例如，甲将丙非法拘禁一段时间后，乙主动提出替甲看管丙。

成立承继的共同犯罪的意义在于，可以将后行为人所实施的行为与前行为人所实施的行为作为整体予以评价。例如，在意图抢劫者实施伤害行为后，加入其中并实施取财行为，肯定后行为人成立承继的共同正犯，则可以后行为人的取财行为与前行为人的暴力行为整体评价为抢劫罪。

问题在于，如果前行为人造成了一定的加重结果，后行为人应否对该加重结果负责。本书认为，尽管后行为人可以利用前行为所产生的实际影响，故在前行为人的暴力行为后加入犯罪并取财的人成立抢劫罪，但是，如果加重结果是在后行为人加入前造成的，就仍然应当基于罪责自负的原则使前行为人对其负责。

2. 不作为的共同犯罪

共同犯罪，也可能以不作为的形式构成，还可能表现为部分人作为、部分人不作为。

各行为人均构成不作为的共同犯罪，主要是指不作为的共同正犯。要成立不作为犯罪，特别是不纯正不作为犯，需要具备保证人地位，若部分不作为者不具备保证人地位，则不仅不构成不作为的单独犯罪，也不构成不作为的共同正犯。

以作为的方式教唆或帮助他人实施不作为犯罪，由于教唆犯、帮助犯是共犯，故不以教唆者、帮助者具备保证人地位为必要。例如，教唆、帮助负有扶养义务的人将没有独立生活能力的人带到某处丢弃完全可以成立遗弃罪的教唆、帮助犯。

以不作为方式参与作为犯罪，在实践中是完全可能的。具备监督型保证人地位的人，在被监督者对他人实施教唆行为时不加阻止，在理论上可以成立不作为的教唆犯；在无意地引起他人犯罪决意的场合，如果引起者不消除该犯罪决意，也可能成立不作为的教唆犯，例如，甲向乙戏称，若乙将丙打伤，自己将重赏乙，乙信以为真打算对丙实施伤害，甲发现后对乙不加阻止。不过，在理论上也存在彻底否定不作为形式教唆的观点。以不作为形式帮助作为犯罪，主要是指具备保证人地位的人在他人实施作为的危害行为时能够干预而不加干预。例如，甲看到自己的幼子正在被乙殴打却不加阻止，甲就可能与乙构成故意伤害罪的共同犯罪。不过，这种不作为究竟是成立不作为的帮助犯还是正犯，在理论上存在较多争议。本书认为，应当区分保护型保证人与监督型保证人：前者不履行保护职责的均应成立正犯，后者则只有在其不作为行为根本性地塑造和支配犯罪结果时才成立正犯。

3. 身份犯的共同犯罪

身份犯也可能存在共同犯罪。刑法分则规定的构成要件是对正犯提出的要求，而不是对共犯提出的要求，故此，身份要素只是成立身份犯之正犯的必要条件，无身份者可以身份犯的教唆、帮助犯。

如前所述，无身份者不成立身份犯的间接正犯。在司法实践中，曾经有将唆使患有严重精神病的儿子实施强奸的母亲认定为强奸罪的间接正犯的做法。但如果认为强奸罪是纯正身份犯的话，这种做法就是有问题的，应当将母亲认定为强奸罪的教唆犯。

有问题的是，共同正犯是否也以具备身份为前提。受日本刑法影响，共同正犯被认为既兼具正犯性与共犯性，既然具有共犯性，就容易认为无身份者可以与有身份者一起构成共同正犯。本书认为，身份犯乃是义务犯，其正犯性根据在于违反特定义务，而非行为支配，只有具备特定身份的人才可能违反身份犯特有的义务，只要承认共同正犯是正犯，就只能在有身份者的范围内肯定身份犯的共同正犯。

4. 共同犯罪与未完成形态

共同犯罪也可能出现未既遂的情况，由于共同犯罪是由二人以上共同实施的，其未完成形态的认定与单独犯罪有所差异。

在单独正犯（包括直接正犯和间接正犯）情形中，既遂的认定并无特别之处，当直接正犯通过自身行为齐备构成要件、间接正犯通过意思支配他人行为而齐备构成要件时，即成立既遂；如果构成要件未齐备，则只能成立未遂犯或预备犯；如果是自动放弃犯罪或者自动有效地防止犯罪结果发生，则成立犯罪中止。

有问题的是，在间接正犯情形中，应当如何认定"着手"。对此，存在着利用行为说与被利用行为说两种不同观点。利用行为说认为，只要幕后者开始对台前者实施强制、欺骗等意思支配行为，就成立间接正犯的着手。但是，本书认为，构成要件行为是对法益产生具体危险的行为，间接正犯所实施的强制、欺骗行为只是解释他对直接行为人之行为的支配性的事实根据，而只有直接行为人所实施的行为才是对法益存在具体危险的构成要件行为，故而，间接正犯的着手应当采取被利用行为说。

共同正犯适用"部分实行、全部责任"原则，只要任何一人进入着手阶段，则全体均进入着手阶段；只要任何一人单独齐备构成要件，或者多人共同齐备构成要件，则所有人均成立犯罪既遂；只有在所有行为人既没有单独齐备构成要件也没有共同齐备构成要件的情况下，各共同犯罪人才成立犯罪未遂。

在教唆犯和帮助犯中，基于共犯从属性原理，只有在正犯着手实施构成要件行为后，才成立《刑法》第29条第1款的教唆犯、可罚的帮助犯。如果正犯既遂，则教唆犯、帮助犯也应当按照既遂犯处罚；如果正犯未遂，则教唆犯、帮助犯也应当按照未遂犯处罚。在教唆实施重罪未遂的情形中，适用《刑法》第29条第2款的规定，对于教唆犯"可以从轻或者减轻处罚"。

与犯罪未遂不同，犯罪中止是一种个人性的刑罚减免事由，只适用于符合中止条件的具体个人。犯罪没有既遂，是中止犯成立的前提条件，因此，只要部分共同正犯既遂则其他共同正犯不成立中止，只要正犯既遂则教唆犯、帮助犯不成立中止。通说认为，各共同犯罪人（包括共同正犯、教唆犯、帮助犯）只是自己"自动放弃犯罪"，还不足以成立犯罪中止，还需要通过劝说其他共同犯罪人放弃犯罪或者制止其他共同犯罪人继续实施犯罪而"自动有效地防止犯罪结果发生"。单纯自行放弃犯罪，而未通过劝说其他共同犯罪人放弃犯罪或者阻止他们继续实施犯罪，其他共同犯罪人继续实施犯罪但因意志以外的原因而未得逞的，各共同犯罪人均成立犯罪未遂。如果部分共同犯罪人不仅自行放弃犯罪，还说服其他共同犯罪人放弃犯罪，则所有共同犯罪人均成立犯罪中止；如果部分共同犯罪人自行放弃犯罪，并制止其他共同犯罪人继续实施犯罪，则该自动放弃犯罪的共同犯罪人成立犯罪中止，其他被阻止继续犯罪的共同犯罪人则仅成立犯罪未遂。不过，要求说服他人放弃犯罪或者制止他人继续犯罪是一种很高的要求，共同犯罪人很难成立中止。为此有学者提倡，只要共同参与人消除了自己在共同犯罪中的贡献（包括物理贡献和精神贡献），就可以认定该退出者成立中止。

第四节 共同犯罪人的刑事责任

一、主犯及其刑事责任

（一）难度与热度
难度：☆☆☆ 热度：☆☆☆☆

（二）基本概念分析
主犯，是指组织、领导犯罪集团进行犯罪活动的共同犯罪人或者在共同犯罪中起主要作用的共同犯罪人。

（三）学说理论探讨

根据《刑法》第26条第1款的规定，主犯分为两类：

（1）组织、领导犯罪集团进行犯罪活动的共同犯罪人。这是犯罪集团中的主犯，以犯罪集团的存在为前提。根据《刑法》第26条第2款，"犯罪集团"是指"三人以上为共同实施犯罪而组成的较为固定的犯罪组织"。《刑法》第97条还对"首要分子"作了立法定义，即"在犯罪集团或者聚众犯罪中起组织、策划、指挥作用的犯罪分子"，此类主犯也称犯罪集团首要分子。

（2）在共同犯罪中起主要作用的共同犯罪人。这是犯罪集团首要分子以外的主犯，既包括：1）积极参加犯罪集团所实施的具体犯罪活动的犯罪分子；2）在聚众犯罪中起组织、领导、策划、指挥作用的首要分子以及其他积极参加聚众犯罪的犯罪分子；3）在一般共同犯罪中起主要作用的犯罪分子。对实现共同犯罪起主要作用的共同正犯、部分教唆犯，可能成立此类主犯。

（四）疑难问题解析

我国现行《刑法》第26条并没有规定主犯"从重处罚"，不过，现行《刑法》第26条第3、4款明确了主犯应当承担刑事责任的犯罪范围。

对于犯罪集团的首要分子，《刑法》第26条第3款规定："对组织、领导犯罪集团的首要分子，按照集团所犯的全部罪行处罚。"《刑法》第26条第3款并不意味着放弃罪责自负原则，仅意味着不要求犯罪集团首要分子在犯罪集团的每一起犯罪中都有具体的组织、策划、指挥等行为，由于犯罪集团本就是"为共同犯罪而组成"的犯罪组织，要求组织、领导犯罪集团的首要分子为犯罪集团的全部罪行承担刑事责任并不违反罪责自负原则。但是，"集团所犯的全部罪行"并不等同于"集团成员所犯的全部罪行"，如果是集团成员超越犯罪集团的计划独自实施的犯罪行为，犯罪集团首要分子无须对其承担刑事责任。例如，某走私集团的成员甲对成员乙实施的强奸行为，不属于"犯罪集团所犯的罪行"。根据《刑法》第74条的规定，犯罪集团的首要分子不能适用缓刑。

根据《刑法》第26条第4款，对于犯罪集团首要分子以外的主犯，"应当按照其所参与的或者组织、指挥的全部犯罪处罚"。在确定此类主犯应承担刑事责任的范围时，必须说明其具体实施了何种共同实行行为或教唆、帮助行为。此类主犯可以适用缓刑。

二、从犯及其刑事责任

（一）难度与热度

难度：☆☆ 热度：☆☆

（二）基本概念分析

根据《刑法》第27条第1款之规定，从犯是指"在共同犯罪中起次要或者辅助作用的"共同犯罪人。

（三）学说理论探讨

一般认为，起辅助作用的从犯则主要是指帮助犯；起次要作用的从犯主要是指次要实行犯，即在共同犯罪中起次要作用的共同正犯。《刑法》第27条第2款规定："对于从犯，应当从轻、减轻处罚或者免除处罚。"若刑法分则有特别规定，直接适用刑法分则的规定，而不再适用《刑法》第 27 条第 2 款。

（四）疑难问题解析

鉴于《刑法》第 29 条第 1 款规定，教唆犯"应当按照他在共同犯罪中所起的作用处罚"，司法实践中也有少数判决认定教唆犯成立从犯。本书认为，在共同犯罪中起次要作用的教唆犯是从犯，考虑到教唆行为并不能直接给法益造成实际侵害或者危险，而只能通过直接行为人的实行行为造成法益侵害或者危险，同时考虑到正犯本应对产生犯罪决意、实施犯罪行为自我答责，甚至可以认为教唆犯原则上应当成立从犯，只有在少数情形中方可例外地成立主犯。

三、胁从犯及其刑事责任

（一）难度与热度

难度：☆☆　热度：☆

（二）基本概念分析

胁从犯，是指被胁迫参加犯罪的共同犯罪人。《刑法》第 28 条规定："对于被胁迫参加犯罪的，应当按照他的犯罪情节减轻处罚或者免除处罚。"

（三）学说理论探讨

适用《刑法》第 28 条之规定的前提是相关行为构成犯罪，所有否定犯罪的条款均具有优先适用的效力。如果被胁迫参加犯罪的人成立阻却违法的紧急避险，则不再适用《刑法》第 28 条，区分阻却违法的紧急避险与可罚的胁从犯的关键标准在于是否满足《刑法》第 21 条规定的避险条件。如果被胁迫参加犯罪的人虽不具备违法阻却事由，但因陷入两难困境之中而无法合理地期待其不实施犯罪行为，就不具有可谴责性，同样不成立犯罪，《刑法》第 28 条也不适用。

（四）疑难问题解析

本书认为，成立胁从犯的条件只是"被胁迫参加犯罪"，胁从犯并非从犯的下位概念，即便被胁迫而实施的犯罪行为"在共同犯罪中起主要作用"，也仍应成立胁从犯。将"在共同犯罪中起次要或者辅助作用"设定为胁从犯的成立条件，是不利于行为人的目的性限缩，违反罪刑法定原则。不过，成立胁从犯需要在实施相应行为时满足"被胁迫"的要求，如果只是加入犯罪集团、犯罪团伙时被胁迫，而在实施具体犯罪行为时并非被胁迫的，就不属于"被胁迫参加犯罪"，应当按照其在共同犯罪中所起的作用相应地适用主犯或从犯之处罚原则。换言之，胁从犯完全可能转化为普通的从犯，甚至主犯。

四、教唆犯及其刑事责任

（一）难度与热度

难度：☆☆　热度：☆☆☆☆

（二）基本概念分析

《刑法》第 29 条对教唆犯的处罚原则作了专门规定。教唆犯既可能起主要作用，也可能起次要作用，"应当按照他在共同犯罪中所起的作用处罚"。

（三）学说理论探讨

如前所述，教唆犯原则上成立从犯，只有在少数情形中方可例外地成立主犯。受"造意为首"理念的影响，司法实践有将教唆犯原则上作为主犯处罚的倾向，这种做法与教唆犯所遵循的从属性原则、被教唆者的自我答责原理之间存在抵牾，现代刑法理应摈弃"造意为首"的固有观念。

（四）疑难问题解析

在处罚教唆犯时，应当注意刑法关于教唆犯的特别规定。一方面，在刑法分则对教唆犯作出特别规定时，必须按照刑法分则的规定予以处罚，而不再适用《刑法》第 29 条。另一方面，也应当注意《刑法》第 29 条第 1 款第 2 句有关教唆不满 18 周岁的人犯罪"应当从重处罚"的规定。存在疑问的是，在唆使完全不具有规范意识的未成年人实施犯罪而构成间接正犯的情形中，对于该间接正犯能否适用《刑法》第 29 条第 1 款第 2 句的有关规定。在本书看来，只有在认为教唆犯原则上应当作为从犯予以处罚的前提下，才有必要规定教唆不满 18 周岁的人实施犯罪"应当从重处罚"；教唆完全不具有规范意识的人实施犯罪行为，原本就是符合刑法分则的构成要件规定的行为，直接按照刑法分则的规定处罚即可，无须适用刑法总则先将教唆犯原则上认定为从犯，再适用《刑法》第 29 条第 1 款第 2 句"应当从重处罚"的特别规定。不过，也有见解认为，唆使不具有规范意识的未成年人实施犯罪的间接正犯，也可以被包含在"教唆"概念之内，对这种教唆者应当在直接适用刑法分则规定的法定刑的同时"从重处罚"。但是，如此理解的话，就难以解释为什么其他间接正犯（如唆使不具有规范意识的严重精神病人）不必"从重处罚"。

第三部分　拓展延伸阅读、案例研习与同步训练

第一节　拓展延伸阅读

1. 陈兴良. 共同犯罪论. 北京：中国人民大学出版社，2023.

2. ［日］西田典之. 共犯理论的展开. 江溯，李世阳，译. 北京：中国法制出版社，2017.

3. 陈家林. 共同正犯研究. 武汉：武汉大学出版社，2004.

4. 江溯. 犯罪参与体系研究：以单一正犯体系为视角. 北京：中国人民公安大学出版社，2010.

5. 何庆仁. 共同犯罪的归责基础与界限. 北京：中国社会科学出版社，2020.

6. 张明楷. 共犯人关系的再思考. 法学研究，2020（1）.

7. 刘明祥. 论中国特色的犯罪参与体系. 中国法学，2013（6）.

8. 钱叶六. 双层区分制下正犯与共犯的区分. 法学研究，2012（1）.

9. ［德］克劳斯·罗克辛. 正犯与犯罪事实支配理论. 劳东燕，译//陈兴良. 刑事法评论：第 25 卷. 北京：北京大学出版社，2009.

10. Claus Roxin. Täterschaft und Tatherrschaft. 11. Aufl.，2022.

第二节　本章案例研习

案例："猫王"案

（一）基本案情

被告人 R、H 和 P 生活在一种受"神秘主义、虚幻认知和妄想"影响的"神经质关系网"中。被告人 H 和 P 通过角色扮演、催眠、迷信行为等方式设法让 R 相信，这个世界上存在"猫王"，它几千年来都是恶的化身，对世界有着巨大的威胁；最终，判断能力严重受限的 R 被说服参与到 H 与 P 反抗"猫王"的战斗之中。

H 得知前男友与 N 结婚的消息后，便向 R 谎称，"猫王"要求 R 杀死 N，将 N 献祭给"猫王"，否则，"猫王"就将杀死数以百万计的人。R 清楚地意识到这是谋杀，但 H 和 P 反复劝说 R，"禁止杀人"的诫命并不适用于这种情形，因为杀死 N 是"神的旨意"，为拯救数以百万计的人之生命而杀死 N 是正当的。R 最终被 H 和 P 说服，于某日深夜来到 N 工作的花店，用匕首刺向 N 的脖子等身体关键部位。所幸，N 并未被刺中要害，因此得以保住性命。

（二）法律问题

正犯存在可避免的禁止错误，教唆者成立教唆犯，还是间接正犯？

（三）法理分析

在本案中，存在三个犯罪嫌疑人，即直接实施杀人行为的 R 以及劝诱 R 实施犯罪行为的 H 和 P。在多人实施犯罪的场合，应当从距离被害人最近的人开始检验，最先检验直接对被害人实施具体危害行为的人（R）的刑事责任，再检验从事各种形式的教唆、帮助的人（H 和 P）的刑事责任。

R 的刑事责任是较为容易判断的。R 对 N 实施了故意杀人行为，且具备杀害 N 的故意，完全符合故意杀人罪的构成要件（在德国，符合谋杀罪的构成要件）；因为并没有任何法益现实地陷入危险以至于需要通过杀害 N 来保护这种法益，故 R 杀害 N 的行为不构成阻却违法的紧急避险，具有违法性；R 虽然极端迷信，但仍具有完全的认识能力与控制能力，具备完全的刑事责任能力，尽管他自以为杀害 N 是拯救更多人性命的唯一办法，因而存在双重错误（容许构成要件错误与禁止错误），应当按照禁止错误的原则予以处理，但由于一般人很容易认识到法律禁止牺牲少数人生命以拯救多数人生命这一点，R 的禁止错误本可避免，故 R 不能免责。综上，R 成立故意杀人罪（未遂）。

有问题的是，当 R 存在可避免禁止错误时，通过劝说让 R 相信自己的杀人行为具有正当性的 H 和 P 成立故意杀人罪的教唆犯，还是间接正犯。对此，刑法学理上存在较大争论。德国联邦法院认为，禁止错误是否可以被避免，对于判断幕后者是否成立间接正犯而言并不重要。只要直接行为人的禁止错误使得他在行为时没有认识到行为的违法性，他就可能因为认为自身行为合法而自愿实施相应的犯罪行为，幕后者由此就得以支配该直接行为人实施相应的犯罪。据此，P 和 H 成立间接正犯，而非教唆犯。

但是，刑法学理上也有相反的看法。不少学者以自主原则为出发点，主张不能在完全负责的正犯背后肯定间接正犯，既然认定直接行为人 R 成立故意杀人罪（或谋杀罪），就不能越过这个完全答责的直接行为人，而将诱使他产生此种可避免禁止错误的人认定为间接正犯。据此，P 和 H 只成立教唆犯。

第三节　本章同步训练

一、选择题

1. 关于共同犯罪，下列哪一选项是正确的？（　　）

A. 甲、乙应当预见但没有预见山下有人，共同推下山上一块石头砸死丙。只有认定甲、乙成立共同过失犯罪，才能对甲、乙以过失致人死亡罪论处

B. 甲明知乙犯故意杀人罪而为乙提供隐藏处和财物。甲、乙构成共同犯罪

C. 交警甲故意为乙实施保险诈骗提供虚假鉴定结论。甲、乙构成共同犯罪

D. 公安人员甲向犯罪分子乙通风报信助其逃避处罚。甲、乙成立共同犯罪

2. 甲、乙、丙共同故意伤害丁，丁死亡。经查明，甲、乙都使用铁棒，丙未使用任何凶器；尸体上除一处致命伤外，再无其他伤害；可以肯定致命伤不是丙造成的，但不能确定是甲还是乙造成的。关于本案，下列哪一选项是正确的？（　　）

A. 因致命伤不是丙造成的，尸体上也没有其他伤害，故丙不成立故意伤害罪

B. 对甲与乙虽能认定为故意伤害罪，但不能认定为故意伤害（致死）罪

C. 甲、乙成立故意伤害（致死）罪，丙成立故意伤害罪但不属于伤害致死

D. 认定甲、乙、丙均成立故意伤害（致死）罪，与存疑时有利于被告的原则并不矛盾

3. 甲（15 周岁）要求乙（16 周岁）为其抢夺作接应，乙同意。某夜，甲抢夺被害人的手提包（内有 1 万元现金），将包扔给乙，然后吸引被害人跑开。乙害怕坐牢，将包扔在草丛中，独自离去。关于本案，下列哪一选项是错误的？（　　）

A. 甲不满 16 周岁，不构成抢夺罪

B. 甲与乙构成抢夺罪的共犯

C. 乙不构成抢夺罪的间接正犯

D. 乙成立抢夺罪的中止犯

4. 甲欲杀丙，假意与乙商议去丙家"盗窃"由乙在室外望风，乙照办。甲进入丙家将丙杀害，出来后骗乙说未窃得财物。乙信以为真，悻然离去。关于本案的分析，下列哪一选项是正确的？（　　）

A. 甲欺骗乙望风，构成间接正犯。间接正犯不影响对共同犯罪的认定，甲、乙构成故意杀人罪的共犯

B. 乙企图帮助甲实施盗窃行为，却因意志以外的原因未能得逞，故对乙应以盗窃罪的帮助犯未遂论处

C. 对甲应以故意杀人罪论处，对乙以非法侵入住宅罪论处。两人虽然罪名不同，但仍然构成共同犯罪

D. 乙客观上构成故意杀人罪的帮助犯，但因其仅有盗窃故意，故应在盗窃罪法定刑的范围内对其量刑

二、案例分析题

某日，甲、乙、丙在街上闲逛，路过李某家附近，早就听闻李某非常富有，于是三人相约第二天20:00一起来李某家盗窃。第二天，到了约定时间，甲和乙在李某家楼下苦苦等待了近20分钟，仍未等到丙，电话亦联系不上丙。甲便进入李某家进行盗窃，乙在楼下望风。甲进入李某家后见到了醉酒熟睡的李某的妻子陈某，遂起意奸淫。趁陈某熟睡之际，与陈某发生了性关系。后甲持所盗财物跑到楼下，甲、乙碰面后，逃离现场。事实上，丙之所以没有前来盗窃，是因为其忘记了此事。

问：案中人的刑事责任。

参考答案及解析

一、选择题

1. C

解析：在A项中，根据《刑法》第25条第2款，二人以上共同过失犯罪，应当负刑事责任的，按照他们所犯的罪分别处罚，甲、乙二人都"应当预见但没有预见山下有人"，都违反了注意义务，按照单独犯罪判断同样可能成立过失致人死亡罪，故A项错误。在B项中，甲是在乙完成故意杀人罪行为之后为乙提供帮助，因事前无通谋，这种事后帮助行为不构成共同犯罪，而应以窝藏、包庇罪论处，故B项错误。在D项中，根据《刑法》第417条之规定，有查禁犯罪活动职责的国家机关工作人员，向犯罪分子通风报信、提供便利，帮助犯罪分子逃避处罚的，构成帮助犯罪分子逃避处罚罪，乙逃避处罚本身并非犯罪行为，甲也就不可能构成乙的帮助犯，乙也不成立甲所犯之罪的共同犯罪，故D项错误。根据《刑法》第198条第4款，保险事故的鉴定人、证明人、财产评估人故意提供虚假的证明文件，为他人诈骗提供条件的，以保险诈骗的共犯论处，故C项正确。

2. D

解析：甲、乙、丙三人均基于共同的行为计划而对丁实施伤害行为，三人构成故意伤害罪的共同正犯。共同正犯奉行"部分实行、全部责任"原则，三人中的任何人造成丁死亡，均应将死亡作为共同犯罪的结果，三人均应对其负责，故三人均成立故意伤害（致人死亡）罪。由于成立共同正犯，只要能够确定丁的死亡是三人的行为所致，就足以要求三人为丁的死亡负责，这并不违反存疑时有利于被告人的原则。故而，A、B、C项错误，D项正确。

3. D

解析：甲实施了抢夺手提包的行为，但是，由于其不满16周岁，不对抢夺罪承担刑事责任，故甲不构成抢夺罪。甲实施了符合抢夺罪构成要件的违法行为，乙经与甲事前通谋而在甲取得钱包后为甲提供了"接应"行为，构成抢夺罪的帮助犯，乙年满16周岁，应当对抢夺罪承担刑事责任，故乙构成抢夺罪。乙在甲取得钱包后，帮助乙将钱包转移到其他地方，已经构成抢夺罪既遂，既遂之后无法再成立中止。故此，A、B、C的说法正确，D 项的说法错误。

4. C

解析：甲谎称自己拟实施盗窃，而要乙在外替自己望风，由于甲实际上并无盗窃故意，也没有实施盗窃行为，而是具备杀人故意、实施了杀人行为，故甲成立故意杀人罪（既遂）。乙具有帮助甲"盗窃"的行为与故意，但由于正犯没有着手实施"盗窃"行为，故乙不成立盗窃罪的帮助犯（根据选项 B "乙企图帮助甲"可知出题者不认为甲、乙属于共同正犯）。甲入户实施杀人的行为还符合非法侵入住宅罪的构成要件，同时成立非法侵入住宅罪，尽管该罪因与故意杀人罪构成牵连犯而只按照故意杀人罪处罚；乙对甲客观上实施的非法侵入住宅行为有帮助，且具有帮助甲非法侵入住宅的故意，故乙成立甲非法侵入住宅罪的帮助犯。由于乙对于意想中的盗窃罪而言实施的是非构成要件行为，欺骗乙实施该等行为的人也就不成立间接正犯。故而，A、B、D 项错误，C 项正确。

二、案例分析题

（1）甲构成盗窃罪既遂、强奸罪既遂，应予数罪并罚。甲与乙、丙事先形成共同盗窃的行为决意，并按照该行为计划进入李某家实施了盗窃行为，构成盗窃罪（入户盗窃）；甲进入李某家后，临时起意对陈某实施强奸，其行为构成强奸罪。甲实施了两个行为，分别触犯盗窃罪与强奸罪，两罪之间既不具有法条竞合关系，也不存在想象竞合关系，理应予以数罪并罚。

（2）乙构成盗窃罪既遂。乙与甲、丙事先达成共同盗窃的行为决意，并按照该行为计划来到李某家楼下，在甲潜入李某家中实施盗窃行为之际进行望风，乙所承担的分工行为并非形式意义上的盗窃行为，如果认为共同正犯限于共同实施形式的构成要件行为的范围，应当认定乙成立盗窃罪的帮助犯，帮助犯从属于正犯，甲构成盗窃罪既遂，乙也构成盗窃罪既遂；如果认为共同正犯不限于共同实施形式的构成要件行为的范围，并且认为乙所实施的望风行为对于盗窃罪的实现而言具有重大贡献，则乙成立盗窃罪的共同正犯，共同正犯奉行"部分实行、全部责任"原则，甲构成盗窃罪既遂，故乙也构成盗窃罪既遂。但是，甲进入李某家后实施的强奸行为，超越了共同的行为计划，乙也不具有帮助甲实施强奸的故意，故乙既不成立强奸罪的共同正犯，也不成立强奸罪的帮助犯。

（3）丙不构成盗窃罪既遂，也不构成强奸罪。成立共同正犯以形成共同的行为计划并具备共同的实施行为为必要，甲、乙、丙三人虽然形成了共同的行为计划，但是，丙既没有在实行阶段实施构成要件行为，也没有在实行阶段实施其他具有重要作用的行为，他在制订犯罪计划的过程中也没有发挥特别重要的作用，故而，无论是否承认共谋共同正犯，均不应将丙认定为盗窃罪的共同正犯。同时，单纯同意一起实施盗窃，也不构成对其他盗窃者的精神帮助，故丙同意盗窃的行为也不构成甲所实施的盗窃罪的帮助犯。不过，也有见解认为，在共同正犯中，只要形成了共同的行为计划，即便未能按照共同的行为计划实施具体的危害行为，也仍然成立共同正犯；如果采用这种观点，就应当认定丙构成甲所实施的盗窃罪既遂的共同正犯。无论如何，甲入户后临时起意对被害人实施的强奸，超出了共同行为计划的范畴，丙无须对这种过限行为承担刑事责任，故丙不构成强奸罪。

第十二章 罪 数

第一部分 本章知识点速览

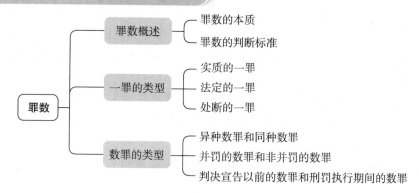

第二部分 本章核心知识要点解析

第一节 罪数概述

一、罪数的本质

（一）难度与热度

难度：☆　热度：☆

（二）基本概念分析

罪数，是指犯罪的单复或个数。一罪与数罪形态，即罪数形态。研究罪数形态的理论，称为罪数形态论。

（三）学说理论探讨

对于罪数本质的争论：

研究罪数，本质上是研究罪数形态在刑法中的体系定位问题。对于这一问题，目前学界主要有犯罪形态论、刑罚量定论以及二元论三种不同的主张。犯罪形态论主张犯罪是刑罚的前提和基础，刑罚的适用受到犯罪的个数的影响而有所不同，所以，罪数应当归入犯罪论之中，其属于犯罪形态问题。刑罚量定论主张罪数本身在刑法上并没有重要性，只有在涉及刑罚适用的情况下，确定如何将一罪与数罪进行区别对待时，才有其意义，因此，罪数的固有领域不在犯罪论，而在刑罚论。从本质上说，罪数论是刑罚定量论。二元论主张罪数论是架构于犯罪论与刑罚论之间的桥梁。

二、罪数的判断标准

（一）难度与热度

难度：☆☆　热度：☆☆

（二）基本概念分析

罪数判断标准，是指判断罪数是一罪还是数罪的依据。

（三）学说理论探讨

目前学界存在着许多有关罪数判断标准的学说，其中主要有行为标准说（具体又分为自然行为说和法律行为说等）、法益标准说（又称结果标准说）、因果关系标准说、犯意标准说、目的标准说、法规标准说、构成要件标准说、广义法律要件说、折中主义标准说、混合标准说等。

这些判断罪数的观点的共同缺陷：仅以犯罪构成要件的某一要素或某一方面为标准区分罪数，运用这些相对片面的标准，难以对所有罪数问题作出相应的合理解释。

（四）疑难问题解析

目前，我国的刑法学公认以犯罪构成标准说（主客观统一说）作为区分一罪与数罪的基本理论。

根据犯罪构成标准说的主张，犯罪构成的个数是确定或区分罪数单复的标准。

行为人的犯罪事实具备犯罪构成的数量，应以其犯罪事实的最终形态（而不是某一犯罪行为尚在进行之中的过程形态）为基础，并结合犯罪构成的类型，经具体分析确定。犯罪构成标准说的科学性，主要表现为以下几方面：

第一，犯罪构成标准说在以我国刑事立法为根据的基础上，贯彻了罪刑法定的刑法基本原则。

第二，犯罪构成标准说以犯罪现象的自身规律为出发点，贯彻了主客观相统一的原则。

第三，犯罪构成标准说不仅在罪数形态论领域贯彻了犯罪构成理论，而且为犯罪形态论的深入研究提供了必要的保障。

第二节　一罪的类型

一、实质的一罪

（一）难度与热度

难度：☆☆☆☆　热度：☆☆☆☆

（二）基本概念分析

实质的一罪是指形式上具有某些数罪特征的行为，但实质上是一罪，因此刑法规定为一罪或处理时作为一罪的情况。它包括继续犯、想象竞合犯和结果加重犯。

1. 继续犯的概念、构成特征与处断原则

（1）继续犯的概念。

所谓继续犯，亦称持续犯，是指犯罪行为及其所引起的不法状态同时处于持续过程中的罪数形态。我国《刑法》第 238 条规定的非法拘禁罪，就是较为典型的具有继续犯特征的犯罪。

除此之外，窝藏罪，以窝藏赃物等行为构成的掩饰、隐瞒犯罪所得、犯罪所得收益罪，遗弃罪等也是典型的继续犯。

（2）继续犯的构成特征。

第一，继续犯必须是基于一个犯罪故意实施一个危害行为的犯罪。所谓一个危害行为，是指主观上出于一个犯罪故意（单一的犯罪故意或概括的犯罪故意），为了完成同一犯罪意图所实施的一个犯罪行为。此外，应当注意的是，我国刑法规定的继续犯多数由作为形式构成，少数（如遗弃罪）只能由不作为形式构成。在某些情况下，继续犯持续实施的一个危害行为，可以始于作为并在行为持续过程中转为不作为。

第二，继续犯是持续地侵犯同一或相同直接客体的犯罪。所谓"持续地侵犯同一直接客体"，是就特定犯罪的直接客体为复杂客体而言的。

第三，继续犯是犯罪行为及其所引起的不法状态同时处于持续过程中的犯罪，而不仅仅是不法状态的持续。继续犯的这一最为显著的特征，是它与即成犯、状态犯、连续犯等罪数形态相区别的主要标志。对于继续犯的这一特征，可从以下几方面加以诠释：首先，继续犯的犯罪行为必须具有持续性。其次，继续犯的犯罪行为及其所引起的不法状态必须同时处于持续状态。也就是说，继续犯不仅必须具有犯罪行为持续性的特征，而且由犯罪引起的不法状态呈现为一种持续存在的状态。最后，继续犯的犯罪行为及其所引起的不法状态必须同时处于持续过程之中。

第四，继续犯以持续一定时间或一定时间的持续性为成立条件。这是继续犯的显著特征之一，也是它区别于其他罪数形态的重要标志之一。

以上四个方面的基本构成特征是相互联系、彼此制约的，必须同时具备，才能构成继续犯。

（3）继续犯的处断原则。

应按刑法相关规定以一罪论处，不实行数罪并罚。

2. 想象竞合犯的概念、构成特征与处断原则

（1）想象竞合犯的概念。

想象竞合犯，亦称想象数罪，是指行为人基于数个不同的具体罪过，实施一个危害社会行为，而触犯两个以上异种罪名的罪数形态。

（2）想象竞合犯的构成特征。

想象竞合犯作为一种在司法实践中时常发生的罪数形态，具有以下基本构成特征或必备条件：

第一，行为人必须基于数个不同的具体罪过实施犯罪行为。这是想象竞合犯的主观特征。所谓数个不同的具体罪过，既包括数个内容不同的犯罪故意，也包括数个内容有

别的犯罪过失，还包括一个犯罪故意和一个犯罪过失。

第二，行为人只实施一个危害社会行为。这是想象竞合犯的客观特征之一。如果行为人实施数个危害社会行为，便不可能构成想象竞合犯，只可能构成其他罪数形态。也就是说，数个不同的具体罪过必须体现于一个危害社会行为之中，并借助一个危害社会行为方能达到危害社会的结果。

第三，行为人实施的一个危害社会行为必须侵犯数个不同的直接客体。这是想象竞合犯的另一客观特征，也是此种罪数形态触犯数个不同罪名的原因所在。

第四，行为人实施的一个危害社会行为必须同时触犯数个罪名。这是想象竞合犯的法律特征。所谓数个罪名，是指刑法分则规定的不同种的罪名。一个危害社会行为触犯数个同种罪名，不能构成想象竞合犯。

（3）想象竞合犯的处断原则。

目前，我国刑法学界和司法机关一般认为，对于想象竞合犯应采用"从一重处断"的原则予以论处，即对想象竞合犯无须实施数罪并罚，而应按照其犯罪行为所触犯的数罪中最重的犯罪论处。

3. 结果加重犯的概念、构成特征与处断原则

（1）结果加重犯的概念。

结果加重犯，亦称加重结果犯，是指实施基本犯罪构成要件的行为，由于发生了刑法规定的基本犯罪构成要件以外的重结果，刑法对其规定加重法定刑的罪数形态。

（2）结果加重犯的构成特征。

第一，行为人所实施的基本犯罪构成要件的行为必须客观地引发了基本犯罪构成要件以外的重结果，即符合基本犯罪构成要件的行为与重结果之间具有因果联系。

第二，基本犯罪构成要件以外的重结果，必须通过刑法明文规定的方式，成为依附于基本犯罪构成要件而存在的特定犯罪的有机组成部分，即基本犯罪构成要件是成立结果加重犯的前提和基础，重结果不能离开基本犯罪构成要件而独立存在。重结果的这种法定性和非独立性的特征，是认定结果加重犯并将它与其他罪数形态相区别的重要标准。

第三，行为人对其实施的基本犯罪构成要件的行为及其所引起的重结果均有犯意。至于犯意的表现形式，在理论上颇有争议。

（3）结果加重犯的处断原则。

由于结果加重犯是以刑法的明文规定为前提并通过刑法的明确规定加重其法定刑的罪数形态，所以，对于结果加重犯，应当按照刑法分则条款规定的加重法定刑处罚。

（三）学说理论探讨

1. 对于结果加重犯的基本犯是否必须为结果犯的争议

对于结果加重犯的基本犯是否必须为结果犯，在理论上存在争议。有的学者认为，只有基本犯是结果犯，才能成立结果加重犯；还有的学者认为，在基本犯不是结果犯的场合，也可以成立结果加重犯。本书同意后一种意见。

2. 对于结果加重犯的犯意表现形式的争议

首先，关于基本犯罪行为的罪过形式，有的学者认为只能是故意，有的学者则认为也可以是过失。而从中外刑事立法上来看，两种立法例均存在。

其次，关于对加重结果所持的主观罪过形式，在理论上也有不同主张。有的学者认为，只能出于过失；有的学者则认为，既可以出于过失，也可以出于故意。

本书认为，结果加重犯的罪过形式可以划分为三种类型：一是对基本犯出于故意，对加重结果也出于故意；二是对基本犯出于故意，对加重结果则出于过失；三是对基本犯出于过失，对加重结果也出于过失。

（四）疑难问题解析

1. 继续犯与即成犯、状态犯和接续犯的区别

（1）继续犯与即成犯的区别。

继续犯是与即成犯相对而言的罪数形态，二者的基本特征有所区别。所谓即成犯，亦称即时犯，是指侵犯一定客体或者引发一定危害结果的危害行为，一经实施终了，即齐备某种犯罪的构成要件，构成既遂的罪数形态。换句话说，即成犯的危害行为不具有时间持续性特征，只要该危害行为实施终了或者危害行为实施终了并造成法定的危害结果，就具备某种犯罪的全部构成要件，如诬告陷害罪、伪证罪、故意伤害罪等。此类犯罪并非不能引起不法状态（仅指犯罪行为终止之后，客体仍然继续遭受侵犯的状态）或实际危害结果，而是不以产生一定的不法状态或实际危害结果为犯罪构成要件。由此可见，继续犯与即成犯的主要区别在于：

第一，继续犯必须是在一定的时间内，犯罪行为及其所引起的不法状态同时处于持续状态的罪数形态；即成犯的构成，其危害行为并不具有时间持续性的特征。

第二，继续犯构成既遂之后，其危害行为及其所引起的不法状态仍可能在一定时间内同时处于持续状态；即成犯达到犯罪既遂之后，其危害行为不再继续，只是危害行为可能引起的不法状态有可能继续存在。

第三，继续犯成立既遂之后，其危害行为可能仍然尚未实施终了；即成犯必须是危害行为实施终了在前，犯罪构成既遂在后，危害行为实施终了是犯罪构成既遂的必备前提。

（2）继续犯与状态犯的区别。

状态犯，是指这样一种罪数形态：犯罪行为一经实施，当即发生危害结果，犯罪就已既遂，犯罪行为也随之结束或终了，但基于该犯罪行为所产生的不法状态继续存在。因此，继续犯与状态犯是完全不同的两种罪数形态，其区别主要表现为：

第一，继续犯是犯罪行为一旦着手实施，必然随即引起相应的不法状态；状态犯只是在犯罪行为实行终了以后，才有可能导致不法状态的产生。

第二，继续犯是在犯罪行为继续存在的同时，由犯罪行为所引起的不法状态也处于继续之中；状态犯则是在犯罪行为结束之后，仅仅是犯罪行为所引起的不法状态有可能继续存在。

概言之，继续犯的犯罪行为与其所引起的不法状态的产生、持续和终止，必然是同步的或基本同步的；状态犯的犯罪行为与其所引起的不法状态的产生、持续和终止，则为非同步的。

（3）继续犯与接续犯的区别。

接续犯，是指行为人在同一机会以性质相同的数个举动接连不断地完成一个犯罪行

为的罪数形态。接续犯的特征是：第一，在同一机会实施，即在相接近的时间或场所内侵害同一犯罪的直接客体。第二，接连不断地实施性质相同的数个举动。这要求必须是数个举动，数个举动必须性质相同并且接连不断地实施。接续犯与继续犯的区别主要在于：接续犯是数个相同的举动组成一个犯罪行为，但没有犯罪行为和不法状态的同时持续；而继续犯则是犯罪行为和不法状态同时处于持续之中。

2. 想象竞合犯与法条竞合的区别

法条竞合又称法规竞合，通常是指刑事立法的错综规定，导致数个法条规定的犯罪构成要件在内容上发生重合或交叉的情形。法条竞合的基本特征在于：行为人以一个犯罪行为触犯的数个法条所规定的数个罪名之间存在重合或交叉关系。

想象竞合犯与法条竞合具有四个共同的特征：第一，行为人均实施了一个犯罪行为。第二，行为人所实施的犯罪行为均触犯了规定不同罪名的数个法条。第三，两者的法律本质相同，法条竞合是单纯一罪，想象竞合犯是实质上的一罪，即两者的法律本质均是一罪，而非数罪。第四，想象竞合犯和法条竞合最终均适用一个法条并且按照一罪予以处罚。

想象竞合犯与法条竞合之间也有根本的差别，即：当一个犯罪行为同时触犯的数个法条之间存在重合或交叉关系时，是法条竞合而非想象竞合犯；当一个犯罪行为同时触犯的数个法条之间不存在重合或交叉关系时，是想象竞合犯而非法条竞合。

在明确了想象竞合犯与法条竞合之根本区别的基础上，我们可以将两者的具体差别进一步归纳为以下几点：

第一，想象竞合犯是犯罪行为或犯罪行为所触犯的不同罪名的竞合，属于罪数形态；法条竞合是法律条文之间的竞合，属于法条形态。

第二，想象竞合犯所触犯的规定不同种罪名的数个法条之间，不存在重合或交叉关系；法条竞合所涉及的规定不同种罪名的数个法条之间，必然存在重合或交叉关系。

第三，想象竞合犯中规定不同种罪名的数个法条发生关联，以行为人实施特定的犯罪行为为前提或中介；法条竞合所涉及的规定不同种罪名的数个法条之间的重合或交叉关系，并不要求犯罪行为的实际发生。

第四，想象竞合犯是由于行为人实施了一个犯罪行为而触犯规定不同种罪名的数个法条，所以，数个法条均应适用于该犯罪行为，且应在比较数个罪名法定刑的轻重后择一重者处断（但所触犯的轻罪仍然成立，其法条仍应引用）；法条竞合所涉及的规定不同种罪名的数个法条之间存在重合或交叉关系，并不以犯罪行为的发生为前提，故在数个法条中只能选择适用一个法条而排斥其他相竞合的法条的适用。

第五，想象竞合犯是在数个不同的具体罪过支配下实施一个危害行为；法条竞合是在一个具体罪过的支配下实施一个危害行为。

第六，一般而言，想象竞合犯所实施的犯罪行为，同时直接作用于体现不同直接客体的数个犯罪对象；法条竞合的犯罪行为，仅直接作用于体现一个直接客体的单一犯罪对象。

二、法定的一罪

（一）难度与热度

难度：☆☆☆☆　热度：☆☆☆☆

（二）基本概念分析

法定的一罪是指行为原来可以构成数罪，但在刑法上将其规定为一罪的情况，也即刑法在犯罪构成上已经预设了数个行为的犯罪，行为人即使实施了刑法所预设的数行为，也只是一罪。包括结合犯和集合犯。

1. 结合犯的概念、构成特征、处断原则

（1）结合犯的概念。

结合犯是指基于刑法明文规定的具有独立构成要件且性质各异的数个犯罪（即原罪或被结合之罪）之间的客观联系，依据刑事法律的明文规定，将其结合成另一个包含与原罪相对应且彼此相对独立的数个构成要件的犯罪（即新罪或结合之罪），而行为人以数个性质不同且能单独成罪的危害行为触犯这一新罪名的罪数形态。

（2）结合犯的构成特征。

第一，被结合之罪必须是刑法明文规定的具有独立构成要件且性质不同的数罪。也就是说，现行刑法明文规定的独立犯罪的整体，是构成结合犯的基本要素。刑法明文规定的特定犯罪的构成要素，不能作为结合犯的基本构成要素。并且，这种独立的犯罪，在客观方面既可由单一行为构成，也可由复合行为（包含方法行为和目的行为）构成。此为原罪或被结合之罪的特征，也是结合犯构成的基本前提。

第二，由数个原罪结合而成的新罪，必须含有与原罪相对应且彼此相对独立的数个犯罪的构成要件。在此基础上，数个原罪的构成要件又按照刑法的规定，被融合为一个统一的独立于数个原罪的构成要素。此为新罪或结合之罪的特征，也是结合犯的内部结构特征和基本形态。

第三，数个原罪必须基于一定程度的客观联系，并根据刑法的明文规定被结合为一个新罪。此为由被结合之罪转为结合之罪所必须具备的条件，也是结合犯形成的必由途径和基本形式。结合犯的这一特征表现为关联性和法定性两个具体特征，即数个原罪之间必须存在一定程度的客观联系，同时，数个原罪结合为新罪必须由刑法明文规定。

第四，必须以数个性质各异且足以单独构成犯罪的危害行为触犯由原罪结合而成的新罪。此为结合犯动态的实际构成特征，也是结合犯成立不可缺少的重要条件。

（3）结合犯的处断原则。

对触犯结合犯条款的数个性质有别、可独立成罪的犯罪行为，应按照刑法对结合犯所规定的相对较重的法定刑以一罪（即结合之罪）判处刑罚，不应实行数罪并罚或采用其他处断原则。

2. 集合犯的概念、构成特征、种类和处断原则

（1）集合犯的概念。

集合犯，是指行为人基于实施多次同种犯罪行为的意图而实际实施的数个同种犯罪行为，被刑法规定为一罪的罪数形态。对于集合犯的分类，有学者主张包括常习犯与营业犯，也有学者主张包括常习犯、职业犯与营业犯。

（2）集合犯的构成特征。

第一，行为人以实施多次或者不定次数的同种犯罪行为为目的，即行为人不是意图实施一次犯罪行为即行结束，而是意图实施多次或者不定次数的同种犯罪行为。这是集

合犯的主观特征。

第二，行为人通常实施了数个同种犯罪行为。这是集合犯的客观特征。

第三，刑法分则将行为人可能实际实施的数个同种犯罪行为规定为一罪。这是集合犯的法律特征，即集合犯的犯罪构成实际涵括数个同种犯罪行为。

（3）集合犯的种类。

第一，常业犯，即以一定的犯罪行为为常业的犯罪。详言之，常业犯是指行为人意图实施多次同种犯罪行为，法律规定以反复实施同种犯罪行为为构成要件的犯罪。对这种犯罪来说，实施一次行为，犯罪还不能成立，只有反复实施同种犯罪行为，才能构成该罪。例如，我国《刑法》第303条规定，"以赌博为业的"，构成赌博罪。如果偶尔赌博，不是以赌博为业，则不构成犯罪；以赌博为业，数十次赌博，也只构成一罪。

第二，营业犯，即通常以营利为目的，意图以反复实施一定的行为为业的犯罪。它与常业犯的区别在于：对常业犯来说，实施一次某种行为，不构成犯罪；必须反复实施同种行为，才构成犯罪。而对营业犯来说，实施一次某种犯罪行为，就可能构成犯罪；反复实施同种犯罪行为，仍然构成该种犯罪一罪。例如，我国《刑法》第363条第1款规定的制作、复制、出版、贩卖、传播淫秽物品牟利罪，以牟利为目的，制作、复制、出版、贩卖、传播一次淫秽物品的，可能构成犯罪；多次制作、复制、出版、贩卖、传播淫秽物品的，仍只构成一罪。

（4）集合犯的处断原则。

集合犯属于法定的一罪，所以，对于集合犯，应当依据刑法分则的具体规定，以一罪论处，不实行数罪并罚。

（三）学说理论探讨

我国刑法理论界有观点认为，转化犯作为一种独立的罪数形态，属于法定的一罪。司法实务中，也存在运用转化犯概念认定案件性质的司法判断活动，并形成了初步的刑事司法规则。但是在刑法理论界尚未达成普遍共识、刑事司法规则尚需完善的背景下，本书暂不将转化犯作为法定的一罪的一种类型。

（四）疑难问题解析

1. 结合犯和结果加重犯、牵连犯的区别

（1）结合犯与结果加重犯的区别。

结果加重犯，是指本已符合基本犯罪构成的一个犯罪行为，由于发生了法律规定的更为严重的结果而加重法定刑的罪数形态。结果加重犯与结合犯在法定性上是相同的，即该罪的构成以及加重对其处罚都是由法律明文规定的。但结果加重犯不具有结合犯的独立性，即结合犯是由数个独立成罪的犯罪行为结合为一罪，而结果加重犯只是单独的一罪。详言之，结合犯须有两个以上独立的犯罪行为，是罪与罪的结合；而结果加重犯是基本犯罪与加重结果的结合，其加重结果是由基本犯罪引起的，它依附于基本犯罪而存在，所以只有基本犯罪是一个独立的犯罪行为，这是区别两者的关键所在。

（2）结合犯与牵连犯的区别。

牵连犯是指行为人出于一个犯罪目的而实施某种犯罪，其犯罪的方法行为或者结果行为又触犯了其他罪名的一种罪数形态。结合犯与牵连犯在行为的独立性上是相同的，即具有数个危害行为，且数个行为具有异质性。牵连犯的数个行为必须触犯不同的罪名，而结合犯的数个被结合之罪也必须是不同的罪名。此外，结合犯中的数个被结合之罪之间有时也具有牵连关系。

结合犯与牵连犯的区别主要包括：

第一，是否具有法定性。结合犯是由刑法明文规定的，当具有牵连关系的两个以上犯罪行为，经由刑法规定为一个具体明确的犯罪之时，就成了结合犯。需要注意的是，虽然刑法将数个犯罪行为结合在一个条文中，但并未规定一个具体、明确的犯罪及法定刑，而只是规定"从一重罪处断"的，并不是结合犯，而是牵连犯处断原则的法定化。

第二，在处罚上，结合犯有明确、具体的法定刑，对法官的自由裁量权有所限制，而对牵连犯一般实行"从一重罪处断"，更多依赖法官的自由裁量，法官不仅能决定量多重的刑，还能决定定何罪。

第三，结合犯中各被结合之罪之间可以是牵连关系，也可以是包容关系。

第四，在刑法理论上，牵连犯属处断的一罪，而结合犯为法定的一罪。

2. 集合犯与连续犯、继续犯的区别

集合犯是刑法规定同种的数行为为一罪，所以是法定的一罪。

连续犯连续实施的同种数行为均独立构成犯罪，其是数罪，而只是作为一罪处理，为处断的一罪。

继续犯则是一行为处于不间断的持续过程之中，也就是说，它是一个行为。

三、处断的一罪

（一）难度与热度
难度：☆☆☆☆　热度：☆☆☆☆

（二）基本概念分析

处断的一罪，是指行为虽然符合数个犯罪的构成要件或者几次符合同一犯罪的构成要件，但只认定为一罪的情况。一般认为处断的一罪包括连续犯、牵连犯和吸收犯。

1. 连续犯的概念、构成特征和处断原则

（1）连续犯的概念。

所谓连续犯，是指行为人基于数个同一的犯罪故意，连续多次实施数个性质相同的犯罪行为，触犯同一罪名的罪数形态。

（2）连续犯的构成特征。

第一，连续犯必须基于连续意图支配下的数个同一犯罪故意。这是构成连续犯的主观要件，其含义是：

首先，行为人的数个犯罪故意必须同一，即行为人的数个呈连续状态的犯罪行为，是在数量对等的具体犯罪故意支配下实施的；这些支配数个危害社会行为的数个具体犯罪故意在性质上属于同一种故意，即同属于刑法规定的某种犯罪的故意。必须注意的是，构成连续犯的数个犯罪行为是否针对同一犯罪对象实施，对于行为人的数个犯罪故意必须性质同一的特征并无任何影响。绝不能以行为人的数个危害行为的加害对象是否同一为标准划分行为人具体犯罪故意的个数。

其次，行为人数个性质同一的犯罪故意，必须源于其连续实施某种犯罪的主观意图（简称连续意图）。这是构成连续犯的决定性要素之一。连续意图是指行为人在着手实施一系列犯罪行为之前，对于即将实行的数个性质相同的犯罪行为的连续性具有明确认识，并基于此种认识决意追求数个相对独立的犯罪行为连续进行状态实际发生的主观态度。

最后，由于连续意图必须在一系列呈连续状态的犯罪行为开始实行之前形成，因而特定连续意图制约的各个具体犯罪故意实际上都属于有预谋的故意。过失犯罪不能成立连续犯。

第二，连续犯必须实施数个足以单独构成犯罪的危害行为。这是连续犯成立的客观要件之一。也就是说，行为人实施的数个危害行为必须能够构成数个相对独立的犯罪，这是成立连续犯的前提条件。如果数个危害行为在刑法上不能构成独立的犯罪，就不能成立连续犯。构成连续犯的数个危害行为既不是指数个一般违法行为或者数个自然举动，也不是指在法律上无独立意义的数个举动，而是指在刑法上能够单独构成犯罪的数个危害行为。相对独立的犯罪行为的数量，只取决于行为人实施的危害行为完全符合特定犯罪构成要件的个数。

第三，连续犯构成的数个犯罪之间必须具有连续性。这是成立连续犯的主观要件与客观要件相结合的综合性构成标准。关于犯罪之间是否存在连续性的判断标准，刑法理论上存在着主观说和客观说两种截然不同的观点。主观说以行为人的主观意思为基准判断犯罪有无连续性；客观说以行为人所实施的危害行为的性质或特征为基准判断犯罪有无连续性。本书认为，认定数个犯罪之间是否具有连续性，应当坚持主观与客观相统一的刑法基本原则，以反映犯罪故意与犯罪行为对立统一特性的连续意图及其所支配的犯罪行为的连续性为标准，即基于连续意图支配下的数个同一犯罪故意，在一定时期之内连续实施了性质相同的数个足以单独构成犯罪的危害行为的，数个犯罪之间就存在连续性。

第四，连续犯实施的数个犯罪行为必须触犯同一罪名。这是连续犯的法律特征。该特征是由连续犯在主观上须基于连续意图制约下的数个同一故意，在客观上须实施数个性质相同的犯罪行为的构成要件决定的。所谓同一罪名，是指犯罪性质完全相同的罪名，即同质之罪。而决定犯罪性质的唯一根据是法律规定的犯罪构成，所以判断行为人连续实施的数个犯罪行为是否触犯同一罪名，只能以其是否符合相同的特定犯罪构成要件为标准。

（3）连续犯的处断原则。

目前，我国刑法学界和司法机关普遍接受或遵循的处断原则是，对连续犯一般按照一罪从重处罚。但是，对于是可以从重处罚还是应当从重处罚，以及除在法定的幅度内从重处罚之外，是否可以按照更重的法定刑幅度酌情量刑（即法定刑的升格）等问题，存在不同的观点和做法。本书认为，对于连续犯应当适用按一罪从重处罚或按一罪的加重构成情节处罚的处断原则。

2. 牵连犯的概念、构成特征和处断原则

（1）牵连犯的概念。

所谓牵连犯，是指行为人实施某种犯罪（即本罪），而方法行为或结果行为又触犯其他罪名（即他罪）的罪数形态。

（2）牵连犯的构成特征。

第一，牵连犯必须基于一个最终犯罪目的。行为人是为了达到某一犯罪目的而实施犯罪行为（目的行为），在实施犯罪行为的过程中，其所采取的方法行为（或手段行为）或结果行为又构成另一个独立的犯罪。

第二，牵连犯必须具有两个以上相对独立的危害社会行为。也就是说，行为人只有实施了数个相对独立并完全具备犯罪构成要件的危害社会行为，才可能构成牵连犯；若只实施了一个危害社会行为，则因不存在行为之间的牵连关系而不能构成牵连犯，这也是牵连犯区别于想象竞合犯的重要标志之一；若行为人实施的数个危害社会行为中只有一个构成犯罪，则因不存在数个犯罪之间的牵连关系而不能构成牵连犯。

第三，牵连犯所包含的数个危害社会行为之间必须具有牵连关系。所谓牵连关系，是指行为人实施的数个危害社会行为之间具有手段与目的或原因与结果的内在联系。

第四，牵连犯的数个行为必须触犯不同的罪名。如果行为人实行的危害行为只触犯一个罪名，就不能构成牵连犯。行为人的行为只有达到了某种犯罪构成的基本要求，即符合某种犯罪的全部构成要件，才可以说触犯了该种罪名。

（3）牵连犯的处断原则。

依据我国现行刑法的规定，对于牵连犯的处断原则应当是：凡刑法分则条款对特定犯罪的牵连犯明确规定了相应处断原则的，均应严格依照刑法分则条款的规定，对特定犯罪的牵连犯予以处断；凡刑法分则条款未明确规定处断原则的，应当适用从一重处断原则定罪处刑，不实行数罪并罚。

3. 吸收犯的概念、构成特征、形式和处断原则

（1）吸收犯的概念。

吸收犯，是指行为人实施数个犯罪行为，其所符合的犯罪构成之间具有特定的依附关系，导致其中一个不具有独立性的犯罪被另一个具有独立性的犯罪所吸收，对行为人仅以吸收之罪论处，而对被吸收之罪不再论处的罪数形态。例如，制造毒品时必然会有持有毒品的行为，因此在处断时后者被前者吸收。

（2）吸收犯的构成特征。

第一，行为人必须实施数个均符合犯罪构成要件且基本性质一致的危害行为。这是构成吸收犯的前提。该前提表现为三个具体特征：首先，吸收犯必须由数个犯罪行为构成，即犯罪行为的复数性，这是成立吸收犯的事实前提。其次，具有复数性的犯罪行为，必须是均符合犯罪构成要件的危害行为。此为吸收犯危害行为的构成符合性特征，也是成立吸收犯的事实基础。最后，数个犯罪行为基本性质具有一致性。依据刑法的规定，犯罪构成可分为不同的类型，如基本的犯罪构成和修正的犯罪构成。无论符合何种类型犯罪构成的危害行为，都是犯罪行为。由于吸收犯中的数个犯罪行为属于某一特定犯罪中的符合不同类型犯罪构成的犯罪行为，因而构成吸收犯的数个犯罪行为的基本性质应当是一致的。

第二，行为人实施的数个犯罪行为，必须基于其内在的独立性与非独立性的对立统一特性而彼此形成一种吸收关系。这是吸收犯作为一种罪数形态存在的基本原因，也是吸收犯区别于其他罪数形态的重要构成特征之一。

第三，行为人实施的数个犯罪行为必须侵犯同一或相同的直接客体，并且指向同一的具体犯罪对象。这是吸收犯的基本构成特征之一。换言之，侵犯客体的同一性和作用对象的同一性，是构成吸收犯所必须具备的条件。此外，数个犯罪行为侵犯客体和作用对象的同一性，也是判断数个犯罪行为是否具有吸收关系的客观标准之一。

第四，行为人必须基于一个犯意、为了实现一个具体的犯罪目的而实施数个犯罪行为。这是数个犯罪行为构成吸收犯必须具备的主观特征。

（3）吸收犯的形式。

吸收犯的形式，即吸收犯吸收关系的种类。在一定程度上，吸收犯的形式是吸收犯基本构成特征的具体化和表现形式。

依据以上关于吸收犯构成特征的分析，吸收犯的形式主要可概括为以下几种：

第一，既遂犯吸收预备犯或未遂犯。

第二，未遂犯吸收预备犯。

第三，实行阶段的中止犯吸收预备犯，但受重罪吸收轻罪的原则制约，当实际发生的实行阶段的中止犯轻于预备犯，造成吸收不能的状况时，应由预备犯吸收实行阶段的中止犯，作为实行阶段的中止犯吸收预备犯的一种例外。

第四，符合主犯条件的实行犯构成之罪，吸收教唆犯、帮助犯、次要实行犯构成之罪。

第五，主犯构成之罪吸收从犯、胁从犯构成之罪。

第六，符合加重犯罪构成之罪吸收符合普通犯罪构成之罪，或者符合普通犯罪构成之罪吸收符合减轻犯罪构成之罪。

在了解上述吸收犯的主要形式之后，应明确以下几点：第一，吸收犯的形式必须以吸收之罪重于被吸收之罪为必要条件。第二，吸收关系的认定必须以数个犯罪行为的主客观方面完全符合前述吸收犯的基本构成特征为必要前提。第三，成立吸收犯所必需的吸收关系只能是罪的吸收关系，即行为人的数个危害行为已经分别构成犯罪，才能成立吸收关系。

（4）吸收犯的处断原则。

对于吸收犯，应当仅按吸收之罪处断，不实行数罪并罚。

（三）学说理论探讨

对牵连犯的牵连关系的认定主要有三种不同的观点：

第一，主观说（又称犯意继续说）。其认为数行为之间有无牵连关系应以行为人的主观意思为标准，即行为人的行为是用一个犯罪意思统一起来的。

第二，客观说。其认为由于牵连犯特点主要集中在行为人的客观行为上，所以，在认定牵连犯数行为之间有无牵连关系时，不应以行为人主观上有无使其成为方法行为或者结果行为的意图为准，而应以行为人所实施的本罪与其手段行为或结果行为在客观上是否存在牵连关系为准。客观说又有形成一部说、包容为一说、直接关系说和通常性质说之分。

第三，折中说。其认为认定本罪与手段行为或结果行为的牵连关系，应从主客观两方面分析，也即所谓"手段或结果"的关系，在客观上就是成为通常的手段或成为通常的结果的行为，同时，在行为人主观上，要有犯意的继续。

（四）疑难问题解析

1. 连续犯与相关罪数形态的异同

（1）连续犯与继续犯的异同。

连续犯与继续犯的相同或相近之处表现为：

第一，连续犯的犯罪行为和继续犯的犯罪行为均在一段时间之内处于相当程度的进行状态。

第二，连续犯的行为侵犯的必须是同一或相同的直接客体，继续犯的行为也必须持续侵犯同一或相同的直接客体。

第三，连续犯属于处断的一罪，而继续犯属于实质的一罪，对两者都不实行数罪并罚。

连续犯与继续犯的主要区别表现为：

第一，连续犯是连续实施数个性质相同的犯罪行为，其特点是数个行为；继续犯是以一个行为持续地侵犯同一或相同客体，其特点是一个行为。

第二，连续犯主观上表现为连续意图支配的数个同一的犯罪故意，即每一具体的犯罪行为都是在一个具体的犯罪故意支配下实施的，连续犯所实施的数个性质相同的犯罪行为在主观上有等量的具体犯罪故意与之相对应；继续犯在主观上则表现为一个犯罪故意。

第三，连续犯多次实施的数个性质相同的犯罪行为虽然在一定时间之内具有连续进行的特征，但数个犯罪行为之间具有时间间隔性或以时间为标准的可分离性；继续犯实施的一个犯罪行为在一定时间之内处于不间断存在的状态，没有时间上的间隔。

第四，连续犯实施的具体犯罪行为必须终了之后，才可能使该行为单独构成的犯罪达到既遂，即每一具体犯罪行为实施终了在前，由每一具体犯罪行为独立构成的犯罪达到既遂在后；继续犯则是犯罪构成既遂之后，犯罪行为及其所引起的不法状态，仍可能在一定时间内呈持续状态。

第五，连续犯的犯罪行为与其可能造成的不法状态的产生、持续、终止是不同步的；继续犯的犯罪行为与其必然引起的不法状态的产生、持续、终止是同步的或基本同步的。

（2）连续犯与同种数罪的异同。

同种数罪，是指触犯同一罪名的数罪即性质相同的数罪，是数罪的表现形式之一。连续犯与同种数罪都是行为人实施数个犯罪行为并触犯同种罪名的罪数形态。连续犯实际上是广义同种数罪的表现形式之一，属于广义同种数罪的范畴。本书在此探讨的问题主要是连续犯与狭义同种数罪（不包括连续犯的同种数罪）之间的界限，具体包括以下四点：

第一，连续犯必须基于连续意图支配下的数个同一的犯罪故意，即构成连续犯的数个相对独立的犯罪的罪过形式只能是故意；构成同种数罪的各个具体犯罪的罪过形式虽必须一致，但既可以是同一的故意，也可以是同一的过失，并且不受连续意图所支配。

第二，构成连续犯的数个相对独立的犯罪之间必须有特定的连续性，构成同种数罪的各个犯罪之间并不存在特定的连续性。

第三，构成连续犯的数个相对独立的犯罪，必须是未经宣判的或在判决宣告之前实施的；构成同种数罪的数个犯罪，则并非都是未经宣判的。

第四，连续犯属于处断的一罪；对同种数罪的处罚则有所不同，按照目前我国司法实践的通常做法，对于判决宣告以前一人所犯同种数罪原则上无须并罚，对于判决宣告以后刑罚执行完毕以前发现的同种漏罪和再犯的同种新罪应当实行并罚。

2. 牵连犯与继续犯的区别

牵连犯和继续犯的区别主要在于：

第一，继续犯只能由一个犯罪行为构成，牵连犯必须实施两个以上独立的犯罪行为。

第二，继续犯只持续地侵犯同一或相同直接客体，因而只触犯一个罪名，构成一罪；牵连犯触犯两个罪名，目的行为与方法行为或结果行为都各自具备犯罪构成的全部要件，独立构成犯罪。

第三，继续犯属于实质的一罪，对其应按刑法分则规定的相应罪名的法定刑处罚；牵连犯一般属于处断的一罪，对其应按数罪中最重的一罪定罪，并在其法定刑以内酌情从重处罚；在法律有特别规定的情况下，对牵连犯所触犯的数罪实行并罚。

3. 吸收犯与相关罪数形态的区别

（1）吸收犯与想象竞合犯的区别。

这两种罪数形态的区别主要表现为：

第一，吸收犯以犯罪行为的复数性为必备构成特征，想象竞合犯在客观上只实施了一个犯罪行为。

第二，构成吸收犯的数个犯罪行为，必须触犯数个基本性质相同的具体罪名；构成想象竞合犯的一个犯罪行为，必须触犯两个以上的不同种罪名。

第三，吸收犯在主观方面必须基于一个确定的犯罪故意；想象竞合犯的主观特征表现为数个不同的具体罪过，而且具体罪过既可以是故意，也可以是过失。

第四，吸收犯的犯罪行为必须侵犯同一或相同的直接客体，并且直接作用于同一的具体犯罪对象；想象竞合犯的犯罪行为必须侵犯数个不同的直接客体，并且一般而言，同时直接作用于体现不同直接客体的数个犯罪对象。

第五，吸收犯的罪数本质为实质的数罪、处断的一罪，对行为人仅以吸收之罪论处，对被吸收之罪则置之不论；想象竞合犯的罪数本质上是实质的一罪，对想象竞合犯应适用从一重处断的原则。

（2）吸收犯与牵连犯的区别。

二者的主要区别如下：

第一，主观方面不同。吸收犯必须基于一个犯意，为了实现一个具体的犯罪目的而实施数个犯罪行为。犯意的同一性和单一性是吸收犯的显著特征。牵连犯虽然也必须基于一个犯罪目的实施数个犯罪行为，但行为人在一个犯罪目的的制约下，形成了与牵连犯罪的目的行为、方法行为、结果行为相对应的数个犯罪故意。故意的异质性和复数性是牵连犯的显著特征。

第二，数个犯罪行为特定联系的形成机制不同。成立吸收犯所必需的吸收关系，以非独立性之罪依附于独立性之罪为表象，以数个犯罪行为所符合的种类不同、基本性质一致的犯罪构成之间固有的特定联系（即依附与被依附关系）为基本成因，其形成机制以刑事法律规定的犯罪构成之间的特定关联性为条件。而成立牵连犯所必需的牵连关系，其形成根据是以牵连意图为主观形式、以因果关系为客观内容所构成的数个相对独立的犯罪的有机统一，其形成机制并不以刑事法律规定的犯罪构成之间的特定关联性为条件。

第三，触犯罪名的性质不同。构成吸收犯的数个犯罪行为所触犯的罪名必须是一致的，构成牵连犯的数个犯罪行为所触犯的罪名必须是不同的。

第四，侵犯的客体和作用的对象不同。构成吸收犯的数个犯罪行为必须侵犯同一或相同的直接客体，并且指向同一的具体犯罪对象；构成牵连犯的数个犯罪行为侵犯的直接客体必然是不同的，也不必作用于同一的具体犯罪对象。

第五，处断原则不同。吸收犯与牵连犯的罪数本质虽然均为实质数罪，但所适用的处断原则有所不同。吸收犯的处断原则是仅以吸收之罪论处，对被吸收之罪则置之不论；牵连犯的处断原则一般为从一重处断，即按重的罪从重处罚。

（3）吸收犯与连续犯的区别。

二者的主要区别如下：

第一，主观方面不同。吸收犯必须基于一个犯意，其主观罪过以同一性和单一性为特征；连续犯在主观方面必须基于连续意图支配下的数个同一犯罪故意。前者无连续意图，后者必须受连续意图的支配；前者只是一个犯罪故意，后者必须是数个相同的犯罪故意。

第二，加害对象不同。吸收犯的数个犯罪行为必须作用于同一的具体犯罪对象；连续犯的成立并不以数个犯罪行为必须作用于同一的具体犯罪对象为必备条件。

第三，数个犯罪行为之间的关系属性有所不同。吸收犯的吸收关系，取决于数个犯罪行为所符合的种类不同、基本性质一致的犯罪构成之间的依附与被依附的关系，其形成机制以刑事法律规定的犯罪构成之间的特定关联性为条件；连续犯的连续关系，取决于行为人犯罪的连续意图及其所制约的犯罪故意与犯罪行为的连续状态的有机统一，其形成机制并不以刑事法律规定的犯罪构成之间的特定关联性为条件。

第四，处断原则不同。吸收犯与连续犯的罪数本质上虽然均为实质数罪，但处断原则有所区别：吸收犯的处断原则是仅以吸收之罪论处，对被吸收之罪则置之不论；连续犯的处断原则是按一罪的从重处罚情节或加重构成情节处罚。

第三节　数罪的类型

（一）难度与热度

难度：☆☆　热度：☆☆

（二）基本概念分析

依据不同的标准，可对数罪进行多种分类，其中有助于适用数罪并罚的分类，主要包括以下三种。

1. 异种数罪和同种数罪

异种数罪和同种数罪，是以行为人的犯罪事实符合的数个犯罪构成的性质是否一致为标准，对数罪进行的分类。

异种数罪是指行为人的犯罪事实符合数个性质不同的犯罪构成的罪数形态。

同种数罪是指行为人的犯罪事实符合数个性质相同的犯罪构成的罪数形态。行为人的犯罪事实所符合的数个犯罪构成的性质是否一致，表现在法律特征上，就是行为人实施的数个犯罪行为所触犯的罪名是否相同。数个犯罪行为触犯数个不同罪名，就是异种数罪；数个犯罪行为触犯相同罪名，就是同种数罪。

2. 并罚的数罪和非并罚的数罪

并罚的数罪和非并罚的数罪，是以对行为人的犯罪事实已构成的实质数罪是否实行数罪并罚为标准，对数罪进行的分类。

并罚的数罪是指依照法律规定应当予以并罚的实质数罪。

非并罚的数罪是指无须予以并罚，而应对其适用相应处断原则的实质数罪。

3. 判决宣告以前的数罪和刑罚执行期间的数罪

判决宣告以前的数罪和刑罚执行期间的数罪，是以实质数罪发生的时间条件为标准，对数罪进行的分类。

判决宣告以前的数罪，是指行为人在判决宣告以前实施并被发现的数罪。

刑罚执行期间的数罪，是指在刑罚执行期间因发现漏罪或再犯新罪而构成的数罪。

（三）学说理论探讨

对于实质数罪与想象数罪这种数罪的区分，有的学者提出了不同意见，认为这一对数罪类型没有存在的意义：就想象数罪而言，如果把想象数罪理解为实质数罪，则这一对数罪类型实际并不存在；如果把想象数罪理解为实质的一罪，它又不应成为数罪的类型，只能作为实质的一罪中包含的一种形态，何况它是一种具体的罪数形态，与实质数罪并列，缺少对应性。

（四）疑难问题解析

1. 异种数罪与同种数罪分类的意义

首先，异种数罪和同种数罪都是实质数罪的基本形式，不能因数罪的性质有别，而否认其中任何一种数罪作为实质数罪的法律地位。

其次，无论是异种数罪还是同种数罪，均可分为并罚的数罪和非并罚的数罪。

最后，尽管作为实质数罪的部分异种数罪和同种数罪会引起对其予以并罚的法律后果，但是，在相同的法律条件下，异种数罪和同种数罪被纳入并罚范围的机会不是均等的。换言之，在一定的法律条件下，对于异种数罪必须予以并罚，而对于同种数罪则无须实行并罚。

2. 并罚的数罪和非并罚的数罪分类的意义

数罪的此种分类的意义在于：明辨实质数罪中应予并罚的数罪范围，并在此基础上，针对非并罚的实质数罪，包括其中的异种数罪和同种数罪，如牵连犯、连续犯等罪数形态，确定与之相应的处断原则。

3. 判决宣告以前的数罪和刑罚执行期间的数罪分类的意义

数罪的此种分类的意义在于：明确应予并罚的数罪实际发生的时间条件，并以此为基础，对发生于不同阶段或法律条件下的数罪，依法适用相应的法定并罚规则（包括并罚的数罪性质和并罚的具体方法），决定应予执行的刑罚。由于我国刑法对发生于不同时间条件下的数罪规定了不同的并罚规则，所以，将数罪区分为判决宣告以前的数罪和刑罚执行期间的数罪，是正确适用不同法定并罚规则的必要前提。

第三部分　拓展延伸阅读、案例研习与同步训练

第一节　拓展延伸阅读

1. 顾肖荣. 刑法中的一罪与数罪问题. 上海：学林出版社，1986.
2. 吴振兴. 罪数形态论. 修订版. 北京：中国检察出版社，2006.
3. 刘士心. 竞合犯研究. 北京：中国检察出版社，2005.
4. 甘添贵. 罪数理论之研究. 北京：中国人民大学出版社，2008.
5. 柯耀程. 刑法竞合论. 北京：中国人民大学出版社，2008.
6. 储槐植. 论罪数不典型. 法学研究，1995（1）.
7. 陈兴良. 刑法竞合论. 法商研究，2006（2）.
8. 阮齐林. 论构建适应中国刑法特点的罪数论体系. 河南师范大学学报（哲学社会科学版），2006（3）.
9. 张明楷. 犯罪之间的界限与竞合. 中国法学，2008（4）.
10. 陈兴良. 从罪数论到竞合论：一个学术史的考察. 现代法学，2011（3）.
11. 张明楷. 法条竞合与想象竞合的区分. 法学研究，2016（1）.

第二节　本章案例研习

案例：亢某抢劫案（行为复数的认定）

（一）基本案情

2000 年 11 月 30 日夜 12 时许，亢某与同伙牛甲、牛乙、朱某（三人均在逃）酒后回工地时，见王某一人在前边行走。朱某即提出一起殴打该人取乐，其他人表示同意。几人即上去从背后将王某打翻在地。被告人亢某走上前正准备用脚踢倒地的王某时，恰巧被绊倒，无意间碰到王某腰间的手机。亢某趁机从王某腰间夺下手机起身便跑，后被王某带人追上并将其抓获。该手机价值 1 750 元。

（二）法院判决

某区人民法院经审理后认为：被告人亢某酒后滋事，无故殴打被害人后见财起意，趁被害人被打倒不备之机，公然夺取被害人的手机后逃跑，其行为已构成抢夺罪，公诉机关定性不当应予纠正。依照《刑法》第 267 条第 1 款的规定，一审法院以抢夺罪判处亢某有期徒刑 1 年，并处罚金人民币 1 000 元。一审宣判后，公诉机关认为原审被告人亢某使用暴力，劫取他人财物，其行为构成抢劫罪，以原判定性不准、量刑不当为由提起抗诉。某中

级人民法院经审理后认为：根据现有证据不能证实亢某与牛甲等人殴打王某是为了劫取钱财，其劫财属于临时起意。亢某等人先行实施的寻衅滋事、无故殴打王某的行为，并非亢某劫取财物的手段，后行取财时，也无采用暴力或威胁手段来达到非法占有财物的目的，只是趁王某被打倒在地之机，公然夺走王某的手机，不符合抢劫罪的特征。公诉机关抗诉理由不能成立，不予采纳，裁定驳回抗诉，维持原判。

（三）案例解析

亢某及其同伙朱某是以殴打王某取乐为目的实施暴力殴打行为，当时几人均无劫财的故意和目的，因此该暴力行为不能视为亢某个人为夺取他人财物的手段。暴力殴打行为已经结束，亢某个人见财临时起意，乘人不备夺取他人财物。此时亢某并未为获得王某的手机而继续对王某实施暴力。换言之，本案中亢某及其同伙殴打王某的行为和夺取王某的手机的行为在刑法意义上分别归于两个独立的阶段，是两个独立的构成要件行为，必须对其分别评价。无故殴打王某的行为，并非亢某夺取财物的手段，而是一种寻衅滋事行为，具体表现为随意殴打他人。而构成寻衅滋事罪，还需要符合"情节恶劣"的要件。从本案情况来看，该行为未造成王某受伤，也没有造成其他后果，因此不符合"情节恶劣"的要件，不构成寻衅滋事罪。亢某后来夺取财物，并不是事先即有强行占有他人财物的目的，而只是见财临时起意趁机夺走王某的手机。因而，亢某的取财行为不符合抢劫罪的特征，应认定为抢夺罪。

第三节 本章同步训练

一、选择题

（一）单选题

1. 我国《刑法》上区分一罪与数罪的标准是（　　）。

A. 犯罪对象的个数　　　　　　　　B. 犯罪行为的个数

C. 犯罪构成的个数　　　　　　　　D. 行为人犯罪意思的个数

2. 下列哪项不属于实质的一罪？（　　）

A. 继续犯　　　　　　　　　　　　B. 集合犯

C. 想象竞合犯　　　　　　　　　　D. 结果加重犯

（二）多选题

1. 罪数形态研究的意义主要表现为哪些？（　　）

A. 罪数形态研究有助于准确定罪

B. 罪数形态研究是合理适用刑罚的必要前提

C. 罪数形态研究与刑法某些重要制度的适用相关

D. 罪数形态研究有助于保障刑事诉讼的顺利进行

2. 数罪的分类标准主要包括（　　）。

A. 以行为人的犯罪事实符合的数个犯罪构成的性质是否一致为标准

B. 以对行为人的犯罪事实已构成的实质数罪是否实行数罪并罚为标准

C. 以行为人符合数个犯罪构成的行为个数为标准

D. 以实质数罪发生的时间条件为标准

二、案例分析题

吴某、彭某商议窃取他人信用卡信息，伪造信用卡后使用。吴某联系胡某，让其在酒店工作期间使用由彭某提供的专用工具，窃取在酒店消费客户的信用卡磁条信息并伺机窥探交易密码。胡某共窃取信用卡磁条信息 169 条，三人利用窃得的信用卡信息资料伪造信用卡 52 张，并使用 5 张共套现 15.6 万元。

问：应当如何认定吴某等三人的行为？

三、论述题

1. 一罪的类型和处断原则。

2. 想象竞合犯和法条竞合的区分。

参考答案及解析

一、选择题

（一）单选题

1. 参考答案：C

解析：根据犯罪构成标准说的主张，确定或区分罪数之单复的标准，应是犯罪构成的个数，即行为人的犯罪事实具备一个犯罪构成的为一罪，具备数个犯罪构成的为数罪。

2. 参考答案：B

解析：一罪的类型主要包括实质的一罪、法定的一罪和处断的一罪。其中，实质的一罪包括继续犯、想象竞合犯和结果加重犯。继续犯是指犯罪行为及其所引起的不法状态同时处于持续过程中的罪数形态。想象竞合犯是指行为人基于数个不同的具体罪过，实施一个危害行为，而触犯两个以上异种罪名的罪数形态。结果加重犯是指实施基本犯罪构成要件的行为，由于发生了刑法规定的基本犯罪构成要件以外的重结果，刑法对其规定加重法定刑的罪数形态。

法定的一罪包括结合犯和集合犯。集合犯是指行为人基于实施多次同种犯罪行为的意图而实际实施的数个同种犯罪行为，被刑法规定为一罪的罪数形态。

（二）多选题

1. 参考答案：ABCD

解析：罪数，是指犯罪的单复或个数，在刑法理论上指一罪与数罪。罪数形态，是指表现为一罪或数罪的各种类型化的犯罪形态。罪数形态的研究意义主要包括：（1）有助于刑事审判活动中准确定罪；（2）正确适用刑罚的重要条件；（3）关系到我国刑法中一些重要制度的适用；（4）有利于刑事诉讼程序的正常进行。

2. 参考答案：ABC

解析： 依据不同的标准，可对数罪进行多种分类，其中有助于适用数罪并罚的分类，主要包括：异种数罪和同种数罪，是以行为人的数个行为符合的数个基本犯罪构成的性质是否相同为标准进行的分类；并罚的数罪和非并罚的数罪，是以对行为人的犯罪事实已构成的实质数罪是否实行数罪并罚为标准，对数罪进行的分类；判决宣告以前的数罪和刑罚执行期间的数罪，是以实质数罪发生的时间条件为标准，对数罪进行的分类。

二、案例分析题

参考答案： 成立牵连犯，应从一重处罚，同时将其他行为作为量刑情节酌情从重处罚。

解析： 本案中，吴某等三人共窃取信用卡磁条信息169条，伪造信用卡52张，成功使用5张共套现15.6万元。对于该案的定性，存在三种不同意见。

第一种意见认为构成三罪，应当三罪并罚。吴某等三人的行为分别触犯了窃取信用卡信息罪、伪造金融票证罪和信用卡诈骗罪三个罪名，从充分评价角度，应当三罪并罚。

第二种意见认为成立牵连犯，应当从一重处。吴某等三人出于信用卡诈骗的目的，采取窃取信用卡信息资料并伪造信用卡的方式，其手段行为同时触犯了其他罪名，应当适用牵连犯从一重处的规定，即以伪造金融票证罪定罪处罚，同时将其窃取信用卡信息资料和使用伪造的信用卡进行诈骗的行为作为从重量刑情节考虑。

第三种意见认为构成两罪，应两罪并罚。如认定吴某等三人的行为属于牵连犯，从一重处即以伪造金融票证罪定罪处罚，仅评价了伪造信用卡52张并使用5张及窃取信用卡信息资料52条这一事实，尚有窃取信用卡信息资料117条没有得到评价。对吴某等三人以伪造金融票证罪和窃取信用卡信息罪两罪并罚，既做到了对牵连犯从一重处，又充分评价了犯罪行为。

就本案而言，本书倾向于第二种意见，即成立牵连犯，应从一重处罚，同时将其他行为作为量刑情节酌情从重处罚。

这是因为窃取信用卡信息资料后伪造信用卡，并使用伪造的信用卡进行套现、消费，已经成为涉信用卡犯罪的重要特征。实践中，因为各种原因，窃取的信用卡信息资料未必每一条都能伪造成信用卡，伪造的信用卡未必都能使用，在使用中并不是都能诈骗成功。因此，窃取信用卡信息资料后部分伪造信用卡并部分使用成功的，属于常态；而窃取信用卡信息资料后全部伪造信用卡并全部使用成功的，则属于理想状态。

三、论述题

1. 参考答案：

一罪的类型主要包括实质的一罪、法定的一罪和处断的一罪三种类型。

（1）实质的一罪包括继续犯、想象竞合犯和结果加重犯。

1）继续犯是指犯罪行为及其所引起的不法状态同时处于持续过程中的罪数形态。

其构成特征包括：第一，基于一个犯罪故意实施一个危害行为的犯罪。第二，持续地侵犯同一或相同直接客体的犯罪。第三，犯罪行为及其所引起的不法状态同时处于持续过程中的犯罪。第四，以持续一定时间或一定时间的持续性为成立条件。

处断原则是以一罪论处，不实行数罪并罚。

2）想象竞合犯是指行为人基于数个不同的具体罪过，实施一个危害行为，而触犯两个以上异种罪名的罪数形态。

其构成特征包括：第一，行为人必须基于数个不同的具体罪过实施犯罪行为。第二，行为人只实施一个危害行为。第三，行为人所实施的一个危害社会行为必须侵犯数个不同的直接客体。第四，行为人所实施的一个危害社会行为必须同时触犯数个罪名。

处断原则是从一重处断。

3）结果加重犯是指实施基本犯罪构成要件的行为，由于发生了刑法规定的基本犯罪构成要件以外的重结果，刑法对其规定加重法定刑的罪数形态。

其构成特征包括：第一，符合基本犯罪构成要件的行为与加重结果之间具有因果联系。第二，基本犯罪构成要件是成立结果加重犯的前提和基础，加重结果不能离开基本犯罪构成要件而独立存在。第三，行为人对所实施的基本犯罪构成要件的行为及其所引起的加重结果均有犯意。

处断原则是按照刑法分则条款所规定的加重法定刑处罚。

（2）法定的一罪包括结合犯和集合犯。

1）结合犯是指基于刑法明文规定的具有独立构成要件且性质各异的数个犯罪（即原罪或被结合之罪）之间的客观联系，并依据刑事法律的明文规定，将其结合成为另一个包含与原罪相对应的且彼此相对独立的数个构成要件的犯罪（即新罪或结合之罪），而行为人以数个性质不同且能单独成罪的危害行为触犯这一新罪名的犯罪。

其构成特征包括：第一，被结合之罪必须是刑法明文规定的具有独立构成要件且性质各异的数罪。第二，由数个原罪结合而成的新罪，必须含有与原罪相对应的且彼此相对独立的数个犯罪的构成要件。第三，数个原罪必须基于一定程度的客观联系，并根据刑事法律的明文规定而被结合为一个新罪。第四，必须以数个性质各异且足以单独构成犯罪的危害行为触犯由原罪结合而成的新罪。

处断原则是按照刑法对结合犯所规定的相对较重的法定刑以一罪判处刑罚。

2）集合犯是指行为人基于实施多次同种犯罪行为的意图而实际实施的数个同种犯罪行为，被刑法规定为一罪的罪数形态。

其构成特征包括：第一，行为人以实施多次或者不定次数的同种犯罪行为为目的。第二，行为人通常实施了数个同种犯罪行为。第三，刑法分则将行为人可能实际实施的数个同种犯罪行为规定为一罪。

处断原则是依据刑法分则的具体规定，以一罪论处，不实行数罪并罚。

（3）处断的一罪包括连续犯、牵连犯和吸收犯。

1）连续犯是指行为人基于数个同一的犯罪故意，连续多次实施数个性质相同的犯罪行为，触犯同一罪名的罪数形态。

其构成特征包括：第一，基于连续意图支配下的数个同一犯罪故意。第二，实施数个足以单独构成犯罪的危害行为。第三，所构成的数个犯罪之间必须具有连续性。第四，所实施的数个犯罪行为必须触犯同一罪名。

处断原则是按一罪从重处罚或按一罪的加重构成情节处罚。

2）牵连犯是指行为人实施某种犯罪，而方法行为或结果行为又触犯其他罪名的罪数形态（手段行为与目的行为牵连，原因行为与结果行为牵连）。

其构成特征包括：第一，基于一个最终犯罪目的。第二，具有两个以上相对独立的危害社会行为。第三，所包含的数个危害社会行为之间必须具有牵连关系。第四，数个行为必须触犯不同的罪名。

处断原则包括：第一，凡刑法分则条款明确规定有处断原则的，均应严格依照刑法分则条款的规定处断。第二，凡刑法分则条款未明确规定处断原则的，应当适用从一重处断原则，不实行数罪并罚。

3）吸收犯是指行为人实施数个犯罪行为，因其所符合的犯罪构成之间具有特定的依附关系，其中一个不具有独立性的犯罪，被另一个具有独立性的犯罪所吸收，对行为人仅以吸收之罪论处，而对被吸收之罪则置之不论的罪数形态。

其构成特征包括：第一，行为人必须实施数个均符合犯罪构成要件且基本性质一致的危害行为。第二，行为人实施的数个犯罪行为彼此形成一种吸收关系。第三，侵犯客体的同一性和作用对象的同一性。第四，行为人必须基于一个犯意，为了实现一具体的犯罪目的而实施数个犯罪行为。

处断原则是仅按吸收之罪处断，不实行数罪并罚。

2. 参考答案：

想象竞合犯，又称想象的数罪、观念的竞合，通说认为，想象竞合犯是指一个行为触犯数个罪名的罪数形态。法条竞合，或称法规竞合，是指行为人实施一个犯罪行为同时触犯数个在犯罪构成上具有包容或交叉关系的刑法规范，只适用其中一个刑法规范的情况。

想象竞合犯与法条竞合都是实施了一个行为，触犯了数个罪名，但两者存在重大区别，应当加以划分。两者的区别在于：

第一，法条竞合的一个行为，只是出于一个罪过，并且产生一个结果；想象竞合犯的一个行为，往往是数个罪过和数个结果，如开一枪打死打伤各一人，只能是想象竞合犯，而不可能是法条竞合。

第二，法条竞合，是由于法规的错杂规定即法律条文内容存在包容或交叉关系，以致一个犯罪行为触犯数个刑法规范；想象竞合犯则是由于犯罪的事实特征，即出于数个罪过、产生数个结果，以致一行为触犯数罪名。

第三，法条竞合中，一行为触犯的数个刑法规范之间存在此一规范规定的犯罪构成包容另一规范规定的犯罪构成的关系；想象竞合犯中，一行为触犯规定的数个罪名的法条不存在上述犯罪构成之间的包容关系。

第四，法条竞合，在竞合的数法条中，仅仅一法条可以适用其行为，其法律适用问题依照特别法优于普通法等原则来解决；想象竞合犯，竞合的数法条均可以适用其行为，其法律适用问题，依照"从一重处断"的原则来解决。

第十三章 刑事责任

第一部分 本章知识点速览

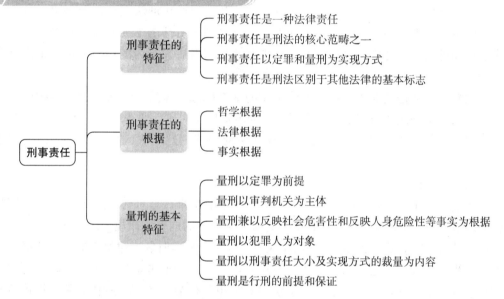

第二部分 本章核心知识要点解析

第一节 刑事责任概述

一、刑事责任的概念和特征

（一）难度与热度

难度：☆☆　热度：☆☆

（二）基本概念分析

所谓刑事责任，是指因实施犯罪行为依法所应当承担的法律责任。从刑法的规范视角看，刑事责任既包括行为被认定为犯罪，又包括犯罪人要由此被处以刑罚和非刑罚处罚等刑法制裁。其基本特征表现在如下几个方面：

第一，刑事责任是一种法律责任。从法律规范角度看，所谓法律责任，是行为人违反相应法律规范所应承担的法律后果。依据所违反的法律规范不同，法律责任可以分为民事责任、行政责任、刑事责任等。在这个意义上，刑事责任是法律责任的一种，其以法律责任为概念的质的规定性，是行为违反刑法所应承担和由司法机关代表国家根据法律和案件事实予以确认的法律责任。

第二，刑事责任是刑法的核心范畴之一。随着刑法现代化的发展，以及刑法观念与立法从报应主义和预防主义向并合主义的发展进化，刑事责任的实现方式不再只是"刑罚处罚"，还包括单纯宣告有罪、给予非刑罚处罚等多元化、轻刑化方式。由此决定了，"刑罚"只是"刑事责任"的一个下位概念，现代刑法的核心范畴不再是"犯罪—刑罚"，而是"犯罪—刑事责任"。

第三，刑事责任以定罪和量刑为实现方式。基于现代化刑法立法，刑事责任的实现方式通常可以分为三种：一是给予刑罚处罚。这是刑事责任的主要实现方式之一。二是给予非刑罚处罚。三是单纯宣告有罪。宣告有罪作为对犯罪行为的否定评价，也是刑事责任的实现方式。

第四，刑事责任是刑法区别于其他法律的基本标志。违反某部法律所应承担的相应法律责任，是区分此法与彼法的基本标志。刑事责任作为违反刑法所应承担的法律责任，在很大程度上具有将刑法与其他法律区分开来的功能，是刑法区别于其他法律的基本标志。

（三）学说理论探讨

关于刑事责任的定义，我国刑法理论界主要存在五种不同的见解：（1）法律责任说。其认为刑事责任是实施刑事法律禁止的行为所必须承担的刑事法律规定的责任。（2）法律后果说。其认为刑事责任是依照刑事法律规定，行为人实施刑事法律禁止的行为所必须承担的法律后果。（3）否定评价（谴责、责难）说。其认为刑事责任是犯罪人因实施犯罪行为而应承担的国家司法机关依照刑事法律对其犯罪行为以及本人所作的否定性评价和谴责。（4）刑罚处罚（制裁）说。其认为刑事责任就是国家对犯罪人的刑罚处罚或制裁。（5）刑事义务说。其认为刑事责任是犯罪人因其犯罪行为而负有的承受国家依法给予的刑事处罚的义务。

（四）疑难问题解析

定义刑事责任应当遵循刑法解释学的规则，即以我国刑法的具体规定为基础，并在借鉴刑事责任各种理论见解的情况下，按照概念应当力求准确、全面地揭示所反映事物的本质属性和其他重要特征的要求进行考量。上述的理论争议中，法律责任说未能揭示刑事责任的本质和特定内容。法律后果说没有体现刑事责任的特殊性，也没有回答刑事责任与同样是犯罪法律后果的刑罚之间有何区别。否定评价（谴责、责难）说没有准确展现出刑事责任的法律特征，而且容易导致刑事责任的客观实在性受到损害。刑罚处罚（制裁）说容易抹杀刑事责任范畴的重要理论价值，且这种将刑事责任简单地等同于刑罚的观点会导致刑事责任的其他实现方式受到忽视。刑事义务说既容易混淆刑法中不同类型的义务（例如消极义务与积极义务），也忽略了国家在刑事责任问题上的角色和作用，同时还不适当地抹杀了义务与责任的区别，没有体现一般而言只有违反了义务之后才会产生责任这样的逻辑关系。

二、刑事责任的根据

（一）难度与热度

难度：☆☆☆　热度：☆☆☆

（二）基本概念分析

刑事责任的根据，从国家角度讲，是指追究刑事责任的根据，回答的是国家究竟基于何种理由要追究犯罪人的刑事责任的问题；从犯罪人角度讲，是指犯罪人承担刑事责任的根据，即回答犯罪人基于何种理由承担刑事责任的问题。刑事责任的根据，有哲学根据、法律根据和事实根据三个层面。

1. 刑事责任的哲学根据

刑事责任的哲学根据，要解决的是行为人为何要对自己实施的犯罪行为负刑事责任，以及刑法为何要将危害社会行为规定为犯罪的问题。刑事责任应以哲学上的主观能动性原理为根据。主观能动性，又称意识能动性，是人类所特有的根本特征，是人运用自己的主观意识反映和改造世界的能力和作用。人具有主观能动性意味着，做什么、不做什么或如何做，都是由人的主观能动性所支配的。具体到刑法问题上，刑法关于定罪量刑的"主观恶性"要求及其立法配置，都是或应是以行为人是否具有或有多大的主观能动性为根据和标准。在这个意义上，刑法所惩罚的，与其说是危害行为及其结果，不如说是支配犯罪行为实施及其结果的主观恶性，这意味着，刑法所惩罚及其所要求承担的刑事责任，是主观恶性与客观危害行为及其结果的有机统一。

2. 刑事责任的法律根据

刑事责任的哲学根据，只是行为人应负刑事责任的"应然根据"。从罪刑法定原则的要求来看，应然的刑事责任根据还需要得到刑事责任的法律根据认可才能实现。刑事责任的法律根据，是刑事责任在刑法上的体现和规定，是实现刑事责任的具体标准。可以说，刑法的所有规定都是刑事责任的法律根据，不仅是关于犯罪的，也是关于量刑的。

3. 刑事责任的事实根据

刑事责任的事实根据，是依据刑法规定予以刑事责任评价的具体对象，包括用以定罪评价的犯罪构成事实和用以量刑评价的影响刑事责任大小的量刑事实。这些事实，包括：（1）关于犯罪行为社会危害性有无的事实；（2）关于犯罪行为社会危害性大小的事实；（3）关于犯罪人的人身危险性大小的事实。这些事实，是刑事责任法律根据的基础和前提，是刑法的刑事责任立法设置和司法裁判的基础和根据。

（三）学说理论探讨

关于刑事责任法律根据的探讨只是一种立足于刑法规定的抽象分析，但要实际追究行为人的刑事责任，还必须存在一定的事实。关于这种事实究竟是何种事实，有的观点认为，这种事实只限于符合犯罪构成的事实，只有这样的事实才能够成立犯罪。因为立法机关是以质与量相统一的刑事责任观为指导来选择和规定犯罪构成类型的，所以符合具体犯罪构成的事实不但能表明刑事责任的存在，而且能在很大程度上反映刑事责任的程度。这种观点是否具有妥当性，值得探讨。

（四）疑难问题解析

无论从法律规定还是从司法实践来看，决定刑事责任程度的事实根据都远远超出符合犯罪构成事实这一范围。具体而言，在符合犯罪构成事实之外的犯罪的客观方面、主观方面、犯罪主体以及其他方面，都存在着反映犯罪行为的社会危害性和犯罪人人身危险性从而影响刑事责任程度的事实。这里所说的符合犯罪构成事实之外的其他影响刑事责任程度的事实包括各种法定量刑情节和刑法要求量刑时适当考虑的酌定量刑情节。因此，就刑事责任的事实根据而言，符合犯罪构成的事实是决定刑事责任存在与否的唯一事实根据，同时它也是决定刑事责任程度的事实基础，但犯罪构成事实以外的反映行为社会危害性程度以及犯罪人人身危险性程度的事实对于决定刑事责任程度也具有重要的作用。

三、刑事责任的实现

（一）难度与热度

难度：☆☆☆　　热度：☆☆☆

（二）基本概念分析

1. 刑事责任的实现阶段

刑事责任的实现，通常理解为，需要经历一个发生、确认、落实的阶段与过程。其中，发生阶段，意味着犯罪事实发生了；确认阶段，是指办案机关按刑法和刑事诉讼法等的规定启动了追究刑事责任程序的过程，但按刑事诉讼法上的无罪推定原则，这个阶段的程序对象，通常还只是"刑事责任的嫌疑事实"，还只是程序法意义上的"刑事责任的指控"，还不是刑法意义上的"刑事责任的实现"；落实阶段，是指审判机关依法启动审判程序进行基于刑事责任有无或大小的犯罪认定与量刑裁判，并交付执行机关按定罪量刑裁判予以执行。纵观以上过程，刑事责任只有经过"落实阶段"，才是刑法意义上的法律责任，才能带来刑法上否定评价的相应法律后果。

2. 刑事责任的实现方式

在刑事责任的以上实现过程中，刑法仅是其中的法律根据之一，即为其实体性规范根据。在这里，需要特别注意我国刑法关于刑事责任实现方式的规定，有三种情况：（1）给予刑罚处罚。《刑法》第32～60条以及分则所有犯罪中（法定刑）都对此作了规定。（2）给予非刑罚处罚。《刑法》第37条对此作了规定。它们不是刑罚处罚，而是针对犯罪人的刑事处罚方法。所以该条的"免予刑事处罚"的正确表述应当是"免予刑罚处罚"，否则就与第2款相冲突。（3）单纯宣告有罪。《刑法》第37条对此作了规定。仅宣告有罪而不给任何具体的刑罚和非刑罚处罚，也是对犯罪人的犯罪性评价，也是刑事责任的实现方式。

（三）学说理论探讨

犯罪行为不仅是刑事责任产生的原因，也是刑事责任产生的前提。没有犯罪就没有刑事责任，行为是否构成犯罪，决定了行为人是否应承担刑事责任。行为人只有实施了刑法规定的犯罪行为，且其行为具备了刑法中某个犯罪的构成要件，才能成为应承担刑事责任之人。离开了犯罪这一前提，讨论刑事责任并不妥当。作为犯罪的必然法律后果，刑事责任的程度主要取决于犯罪的危害程度,严重犯罪的刑事责任显然要重于危害不太严重的犯罪的刑事责任。那么,刑事责任与刑罚究竟存在何种关系?定罪、量刑、行刑与刑事责任的实现方式是什么关系?

(四)疑难问题解析

刑事责任与刑罚的关系,具体而言,主要表现在:

第一,刑事责任是刑罚适用的内在根据,刑事责任的存在决定着行为人负有接受刑罚惩罚的义务。

第二,刑事责任程度直接决定着刑罚的分量,具体刑罚处罚的轻重必须与犯罪人所承担的刑事责任的轻重相适应——刑事责任重则刑罚重,刑事责任轻则刑罚轻,对刑事责任很轻的,可以免予刑罚处罚。

第三,犯罪成立后刑事责任程度发生变化的,刑罚也应当随之调整,如:犯罪后自首、立功的,可以从轻、减轻、免除处罚;刑罚执行期间有悔改、立功表现的,可以或应当减刑,对没有再犯罪的危险的,可以假释。

定罪、量刑、行刑与刑事责任的实现方式的关系,具体而言,主要表现在:定罪、量刑、行刑都是刑事责任实现方式的实现手段与环节。就定罪而言,根据《刑法》第37条第1款的规定,单纯宣告有罪即仅宣告有罪而不给任何具体的刑罚和非刑罚处罚,是对犯罪人的犯罪性评价,是刑事责任的实现方式。这意味着,定罪就是刑事责任实现方式的实现手段与环节。就量刑而言,无论是给犯罪人刑罚处罚还是非刑罚处罚,都是量刑的内容。这意味着,量刑自然是刑事责任实现方式的实现手段与环节。就行刑而言,定罪和量刑后需要行刑去落实给予犯罪人的刑罚处罚。这意味着,行刑也是刑事责任实现方式的实现手段与环节。

第二节 量刑与刑事责任

一、量刑概述

(一)难度与热度

难度:☆☆ 热度:☆☆

(二)基本概念分析

1. 量刑的概念与特征

量刑,是审判机关在定罪的基础上,依法对犯罪人进行刑事责任大小及实现方式裁量的刑事审判活动,是实现刑事责任的基本环节之一。量刑有狭义和广义之分。狭义的量刑仅指刑法上的刑事责任大小及实现方式的裁量活动,广义的量刑还包括程序法上的各相应诉讼活动。它具有如下基本特征:

第一,量刑以定罪为前提。在定罪与量刑的关系上,量刑以定罪为前提。一方面,没有定罪就没有量刑。只有对犯罪行为进行刑法上的认定以后,才能进入量刑环节。另一方面,定罪为量刑确定法定刑幅度。量刑是在定罪确定的法定刑幅度基础上逐步展开的。量刑就是根据案件的全部量刑事实、情节和所涉的全部法律作出量刑裁决。

第二，量刑以审判机关为主体。根据宪法和其他相关法律规定，只有审判机关才是量刑的主体。其他任何机关和个人，如侦查机关、公诉机关、刑事被告人、犯罪人、辩护人、自诉人等，虽然以量刑证据收集、量刑指控（量刑建议）、量刑辩护（量刑意见）等方式参与量刑活动，但都不是行使量刑权的主体。这也意味着，检察机关提出量刑建议，并不是行使量刑权，而是行使作为量刑指控与监督权的求刑权。

第三，量刑兼以反映社会危害性和反映人身危险性的事实为根据。量刑是对犯罪人所应承担的刑事责任及其大小与实现方式的裁量，主要以犯罪中和犯罪前后形成的反映犯罪人实施犯罪行为的社会危害性大小及犯罪人人身危险性大小等方面的事实为根据。量刑轻重的裁判，并不是计算量刑情节的个数，而是根据案件的所有量刑情节所体现的犯罪行为的社会危害性大小和犯罪人的人身危险性大小作出裁判。

第四，量刑以犯罪人为对象。量刑是在定罪基础上，对行为人的刑事责任大小及实现方式的裁量。这里的"行为人"，在刑事诉讼法上为犯罪人，也即行为经审判确认为有罪的人。只要是经审判确认有罪的人，都可以是量刑的对象，既包括一审确认为有罪的人，也包括二审、终审确认为有罪的人，还包括刑罚执行中因减刑、假释程序而需要由审判机关运用裁量权对原判刑罚予以减刑、假释裁判的人。

第五，量刑以刑事责任大小及实现方式裁量为内容。作为实现刑法的目的、任务和刑罚的目的的价值评价活动，量刑不可能仅是指逻辑上简单的加减乘除数学运算。针对个案的具体情况，对作为量刑事实根据的各因素作具体的分析判断，使量刑表现为一个能动的、个别化的活动和过程。这样，作为综合的价值判断活动，量刑中可以有数量化的技术手段，但决定权还是要交给作为量刑主体的审判人员。

第六，量刑是行刑的前提和保证。刑罚权在运行中，有制刑权、求刑权、量刑权和行刑权之分，它们分别由立法机关、公诉机关或自诉人、审判机关和执行机关行使。量刑作为与行刑关系最为直接的环节，需基于刑法和刑罚的目的与功能，通过对犯罪人裁量决定刑罚或非刑罚等处罚措施，为行刑提供依据，以实现刑法的惩罚犯罪、保护人民、保障社会主义建设事业顺利进行的目的、任务和刑罚的预防犯罪目的。这样，量刑适当与否，是行刑能否取得最佳效果的前提和保证。

2. 量刑的刑事责任意义

量刑是刑事审判的一个重要环节，是一个实体性与程序性相互衔接与有机统一的司法活动。它的刑事责任意义至少可以表现在如下几个方面：

第一，正确量刑是实现刑事责任的必要手段。"量刑"是整个刑事法运行的中心和关键环节。可以说，随着刑法的现代化发展，如果不懂量刑，不仅做不好法官、检察官和律师，而且无法洞察刑事法理论与实践中的深层次问题。然而，受"重定罪轻量刑"传统观念影响，我们对"量刑问题"重视不够，进而使量刑问题得不到量刑理论的有效指导。随着量刑规范化和认罪认罚从宽制度改革的推进，对量刑理论与实践的把握显得更为重要。

第二，正确量刑是落实刑法任务的基本途径。量刑活动作为基本的刑事司法活动，应相应落实刑法的目的、任务。基于《刑法》第1条、第2条等的规定，这里的目的、任务是保护无罪的人不受刑法追诉和有罪的人不受不正当的追诉。量刑落实刑法的以上目标，意味着对被定罪的犯罪人量刑，并不是仅仅为了给予犯罪人刑法制裁，而是为了保护包括犯罪人正当权益在内的所有刑法利益。

第三，正确量刑是贯彻刑事政策的重要方式。宽严相济的刑事政策，是我国当今的基本刑事政策。这一刑事政策，包括"宽"和"严"两个方面。在量刑实践中，对量刑起点的选定、量刑情节的提取及其作用力大小的确定等，在很大程度上都是在刑事政策的指导下完成的。从这个意义上说，量刑是贯彻刑事政策的重要渠道。

第四，正确量刑是维护公民合法权益和社会安定的重要措施。罪责刑不相适应的量刑，既不能维护公民的合法权益，也无法维护社会的安定，并有损量刑公信力和司法权威。只有正确量刑，使量刑在罪刑法定、罪责刑相适应和刑法面前人人平等原则的基础上实现适法、适当和公平，才能既惩罚犯罪又保护人民，才能保卫和促进我们的现代化建设和保障我们的社会长治久安。

（三）学说理论探讨

宽严相济的刑事政策，是我国当今的基本刑事政策。这一刑事政策，包括"宽"和"严"两个方面，那么，在量刑活动中，该如何贯彻宽严相济的刑事政策？

（四）疑难问题解析

宽严相济的刑事政策中的"宽"是其基本方面，意味着对犯罪情节轻微或具有从轻、减轻、免除处罚情节的，依法从宽处罚；对严重的刑事犯罪，如果具有自首、立功等从宽处罚情节，也应当依法从宽处罚。在"宽"的基础上，对于惯犯、累犯以及没有从宽处罚情节的严重刑事犯罪，应当依法"严"惩，充分发挥刑罚的打击效果和威慑效应，维护国家安全、社会安定、人民权利。

二、量刑原则

（一）难度与热度

难度：☆☆☆☆　　热度：☆☆☆☆

（二）基本概念分析

1. 量刑原则的概念

量刑原则，是指刑法规定的对量刑具有全局性、根本性指导意义和制约作用的基本准则。由此，量刑原则也是主导量刑的方向、弥补量刑具体规定的漏洞与不足的总体性指导法则或标准。其具体表现为：法官在量刑时遇到立法的明确性不足或适用某个规定明显不合理的情况下，应当从量刑原则上寻求解决问题的方法与方案。

2. 量刑原则的种类

量刑原则有基本原则与一般原则之分。量刑的基本原则也即刑法的基本原则。刑法的基本原则，如罪刑法定原则、刑法面前人人平等原则、罪刑相适应原则等，是指导整个刑事立法和司法的全局性指导原则，自然也是指导量刑的基本原则，指导着整个量刑活动。

量刑的一般原则是专门针对量刑活动的全局性、基本性指导准则。对此，我国《刑法》第61条作出了规定，即是从量刑根据（包括事实根据和法律根据）角度所作的规定，包括量刑"以案件事实为根据""以刑法规定为准绳"。

（1）量刑"以案件事实为根据"。这是对量刑的案件事实要求，是准确量刑的基础和前提。这里的"案件事实"，是指可以用以评价量刑轻重的一切事实。其一，"犯罪的事实"是犯罪实施过程中发生的所有事实。其二，"犯罪的性质"是指犯罪行为在刑法上属于什么的评价，即定罪。其三，"犯罪的情节"并非当然只是量刑情节。只有那些用于定罪之外的反映犯罪行为社会危害性大小（而不是"有无"，不是评价某个罪名具体犯罪形态的"情节"要求）的"犯罪的情节"，才是量刑情节。其四，犯罪"对于社会的危害程度"并非就只用于量刑。那些用于评价某个罪名基本犯、加重犯、减轻犯犯罪构成要件的"情节恶劣""情节严重""情节较轻"等反映对于社会的危害程度的事实，都不是量刑事实而是定罪事实。

（2）量刑"以刑法规定为准绳"。这是对量刑的法律规范要求，既是罪刑法定原则的直接要求和体现，也是准确量刑的规范标准。这里的"刑法规定"，是关于某个具体个罪的量刑评价体系的全部刑法规定，既包括某个具体案件量刑事实所对接的刑法总则关于量刑的一般性规定（《刑法》第61条关于量刑根据或一般原则的规定，第32～36条、第38～60条关于刑罚的种类及其适用要求的规定，第37条和第62～63条关于免除处罚、从重从轻处罚、减轻处罚的制度性规定，第64条关于量刑时如何处理犯罪所得、所用之物的规定，第65～68条关于特定法定量刑情节的制度性规定等），也包括它们对接的特别规定（《刑法》第20～21条关于防卫过当、避险过当等的量刑规定，第22～29条关于犯罪未完成形态、共同犯罪形态的量刑方面的规定，即关于预备犯、未遂犯、中止犯、主犯、从犯、胁从犯、教唆犯如何量刑的规定，第69～71条关于数罪量刑的并罚方法等的规定，第72～86条关于案件如何基于缓刑、减刑、假释作出执行刑的规定，其他法律如《宪法》《监察法》《刑事诉讼法》《行政处罚法》等中关于赦免和刑期折抵的规定等），还包括刑法总则关于犯罪成立评价体系的总体性规定（《刑法》第3～5条关于量刑基本原则的规定）。

（三）学说理论探讨

在传统理论上，量刑通常被界定为刑罚的"裁量"。在当前的量刑改革中，量刑被定位为刑罚的"量化"。那么，量刑在刑事责任的实现过程中，究竟处于何种地位？目前在学界还存在不同的看法。传统的观点认为，随着刑法的现代化发展，刑罚只是刑事责任的一个下位概念，与作为刑法中最核心范畴的"犯罪"概念，不在同一层级上，因而量刑不可能居于与"犯罪"同等重要的地位。而另有观点认为，量刑也是刑事责任实现的重要方式。

（四）疑难问题解析

目前，量刑是以刑事责任的大小及实现方式的裁量为内容的。一方面，量刑之"刑"不只是刑罚。在我国，因刑事责任的实现方式包括刑罚处罚、非刑罚处罚和单纯宣告有罪，所以与定罪对应的量刑的内容，就不只是刑罚处罚，还包括非刑罚处罚和单纯宣告有罪，但刑罚处罚仍是其主要内容。另一方面，量刑之"量"是"裁量"而不只是"量化"。"刑之量化"与"刑之裁量"的根本不同在于，是否把量刑视为一个能动的、个别化的活动和过程。对于"刑之量化"，作为量刑事实根据的各因素被事先数量化，使量刑成为一个"对号入座"的、一般化的技术活动和过程；而对于"刑之裁量"，虽然其在一定程度上包含了"刑之量化"，但更多的是需针对个案的具体情况，对作为量刑事实根据的各因素作具体的分析判断，使量刑表现为一个能动的、个别化的活动和过程。因此，从上述两点来看，量刑也是刑事责任实现的重要方式。

三、量刑情节

(一) 难度与热度
难度：☆☆☆　热度：☆☆☆

(二) 基本概念分析

1. 量刑情节的概念

量刑情节，是指法律规定或办案机关依法确定的、量刑时应当考虑的、影响量刑轻重的主客观事实。从正当性根据上看，凡是反映犯罪行为的社会危害性、反映犯罪人的人身危险性方面的事实以及其他法律特别规定的情况，都是量刑情节，具体可以分为如下四种情形：（1）反映犯罪行为的社会危害性方面的量刑情节；（2）反映犯罪人的人身危险性方面的量刑情节；（3）既反映犯罪行为的社会危害性又反映犯罪人的人身危险性的量刑情节；（4）既不反映犯罪行为的社会危害性也不反映犯罪人的人身危险性的其他法定量刑情节。

2. 量刑情节的功能

在我国现行刑法中，无论是法定量刑情节还是酌定量刑情节，都具有从重处罚、从轻处罚、减轻处罚和免除处罚的量刑功能。

（1）从重、从轻处罚。《刑法》第 62 条规定："犯罪分子具有本法规定的从重处罚、从轻处罚情节的，应当在法定刑的限度以内判处刑罚。"据此规定，所谓从重处罚，是指在所犯之罪应适用的法定刑幅度内，选择适用较重的刑种或较长的刑期的功能性量刑制度；所谓从轻处罚，是指在所犯之罪应适用的法定刑幅度内，选择适用较轻的刑种或较短的刑期的功能性量刑制度。

（2）减轻处罚。根据《刑法》第 63 条第 1 款、第 2 款的规定可知，所谓减轻处罚，是指在所犯之罪应适用的法定刑幅度之下选择适用刑种或刑期的情形，具体包括法定减轻处罚和酌定减轻处罚两种。其中，所谓法定的减轻处罚，按《刑法》第 63 条第 1 款的规定，是指由司法机关根据案件情况和刑法的具体规定予以确定，减轻适用所选择的刑种或在下一个量刑幅度内选择适用的刑期的功能性量刑制度；所谓酌定的减轻处罚，按《刑法》第 63 条第 2 款的规定，是指由司法机关根据案件情况予以具体确定，虽对减轻适用所选择的刑种或刑期的量刑幅度没有规定，但需经最高人民法院核准的功能性量刑制度。

（3）免除处罚。《刑法》第 37 条规定："对于犯罪情节轻微不需要判处刑罚的，可以免予刑事处罚，但是可以根据案件的不同情况，予以训诫或者责令具结悔过、赔礼道歉、赔偿损失，或者由主管部门予以行政处罚或者行政处分。"据此，所谓免除处罚，是指因犯罪情节轻微不需要判处刑罚，宣告有罪而不给予刑罚处罚的功能性量刑制度。

3. 量刑情节的分类

（1）法定量刑情节与酌定量刑情节。

以量刑情节的内容和功能是否由法律明确规定为标准，可以将量刑情节分为法定量刑情节与酌定量刑情节。所谓法定量刑情节，是指内容和功能由法律明确规定的，反映犯罪行为社会危害性和犯罪人人身危险性程度的法律事实。所谓酌定量刑情节，是指内容和功能未被法律明确规定，需由司法机关根据法律的原则、制度确认的，反映犯罪行为社会危害性和犯罪人人身危险性程度的法律事实。

（2）应当型量刑情节与可以型量刑情节。

以量刑情节对量刑结果的影响是必定性的还是倾向性的为标准，可以将量刑情节分为应当型量刑情节与可以型量刑情节。所谓应当型量刑情节，是指对量刑结果产生必定性影响的量刑情节；所谓可以型量刑情节，是指对量刑结果产生倾向性影响的量刑情节。在我国，法定量刑情节中有部分是可以型量刑情节。所有具有从重处罚功能的法定量刑情节，都是应当型量刑情节；从宽处罚的法定量刑情节中，既有应当型的也有可以型的。

4. 量刑情节的适用

（1）量刑情节的全面考量与综合平衡。

所谓量刑情节的全面考量与综合平衡，是指在量刑时应对影响个案量刑的所有量刑情节作通盘考虑，慎重处理各种情节之间的矛盾冲突。具体而言，既要全面考量，又要有所取舍；既不能漏掉某个情节，也不能把不该重复评价的情节重复评价；各情节既不能孤立适用，也不能不分轻重主次适用；既要找出其中的决定性情节，也要分清其中的一般性情节。至于具体如何全面考量与综合平衡，须依据刑法的相应规定和罪刑相适应原则的要求，根据情节所反映的社会危害性大小和人身危险性大小进行裁量。

（2）避免量刑情节的重复评价。

在量刑情节的适用中，应避免对同一犯罪事实予以两次或两次以上的法律评价，包括量刑情节与定罪情节的重复评价，以及量刑情节与量刑情节的重复评价。例如，在交通肇事案中，对于交通肇事致1人重伤后逃逸的事实，在行为人负事故全部或主要责任并因酒后、吸毒后驾车或无证驾车等情形已成立交通肇事罪的情况下，该事实属于"交通肇事后逃逸"这个加重犯的定罪情节，不能再作为量刑情节使用；在行为人负事故全部或主要责任并因该事实成立交通肇事罪的情况下，该事实属于交通肇事罪基本犯的定罪情节，同样不能再作为量刑情节使用。

（三）学说理论探讨

在交通肇事案中，对于交通肇事致1人重伤后逃逸的事实，在行为人负事故全部或主要责任并因酒后、吸毒后驾车或无证驾车等情形已成立交通肇事罪的情况下，根据《刑法》第133条关于交通肇事罪的规定，对于这个情节，究竟属于定罪情节还是量刑情节，在理论中还存在较大的争议。这就涉及定罪情节与量刑情节如何区分以及如何适用等问题。

（四）疑难问题解析

量刑情节与犯罪情节是既有联系又有区别的两个概念。犯罪情节，是犯罪中形成的主客观事实，可能是定罪情节或量刑情节。定罪情节是影响定罪的主客观事实，量刑情节是影响量刑轻重的主客观事实。因此，与定罪情节一样，量刑情节既包括犯罪过程中形成的犯罪情节，也包括犯罪前后形成的非犯罪情节。

在通常情况下，定罪情节与量刑情节由不同事实充当。但在某些情况下，定罪情节与量刑情节会由同一事实的不同侧面或不同属性充当。在情节的评价中，应避免对同一犯罪事实予以两次或两次以上的法律评价，包括避免对量刑情节与定罪情节的重复评价。

第三部分　拓展延伸阅读、案例研习与同步训练

第一节　拓展延伸阅读

1. 冯军. 刑事责任论. 修订版. 北京：社会科学文献出版社，2017.
2. 马克昌. 刑罚通论. 2 版. 武汉：武汉大学出版社，2007.
3. 高格. 定罪与量刑. 北京：中国方正出版社，1999.
4. 石经海. 量刑的个别化原理. 北京：法律出版社，2021.
5. 石经海. "量刑规范化" 解读. 现代法学，2009（3）.
6. 石经海. 论量刑合法. 现代法学，2010（2）.

第二节　本章案例研习

案例：许某盗窃案

（一）基本案情

2006 年 4 月 21 日 21 时 56 分，被告人许某持自己不具备透支功能、余额为 176.97 元的银行卡到广州市天河区黄埔大道西平云路 163 号的广州市商业银行自动柜员机（ATM）准备取款 100 元，许某在自动柜员机上无意中输入取款 1 000 元的指令，自动柜员机随即出钞 1 000 元。许某经查询，发现其银行卡中仍有 170 余元，意识到银行自动柜员机出现异常，能够超出账户余额取款且不能如实扣账，于是在当晚 21 时 57 分至 22 时 19 分、23 时 13 分至 19 分、次日 0 时 26 分至 1 时 06 分三个时间段内，在该自动柜员机持上述银行卡指令取款 170 次，共计取款 174 000 元。许某还将自动柜员机出现异常的情况告知同事郭某，郭某亦采取同样的手段共计取款 19 000 元。同月 24 日下午，许某携款逃匿。2007 年 5 月 22 日，许某在陕西省宝鸡市被抓获归案，且至案发时未退还赃款。另查明，许某取款的自动柜员机于 2006 年 4 月 21 日 17 时许由运营商广州某公司进行系统升级后出现异常，经核查发现该自动柜员机对于 1 000 元以下（不含 1 000 元）的取款交易正常；1 000 元以上的取款交易，每取 1 000 元按 1 元形成交易报文向银行主机报送，即持卡人输入取款 1 000 元的指令，自动柜员机出钞 1 000 元，但持卡人账户实际扣款 1 元。

（二）法院判决

广东省广州市中级人民法院于 2007 年 11 月 20 日作出（2007）穗中法刑二初字第

196 号刑事判决，认定被告人许某犯盗窃罪，判处无期徒刑，剥夺政治权利终身，并处没收个人全部财产；追缴被告人许某的违法所得 175 000 元发还广州市商业银行。宣判后，被告人许某不服，提出上诉。广东省高级人民法院于 2008 年 1 月 9 日作出（2008）粤高法刑一终字第 5 号刑事裁定，撤销广州市中级人民法院（2007）穗中法刑二初字第 196 号刑事判决，发回广州市中级人民法院重新审判。广州市中级人民法院另行组成合议庭，于 2008 年 3 月 31 日作出（2008）穗中法刑二重字第 2 号刑事判决，认定被告人许某犯盗窃罪，判处有期徒刑 5 年，并处罚金 2 万元；追缴被告人许某的犯罪所得 173 826 元，发还受害单位。宣判后，被告人许某不服，提出上诉。广东省高级人民法院于 2008 年 5 月 23 日作出（2008）粤高法刑一终字第 170 号刑事裁定，裁定驳回上诉，维持原判，并依法报请最高人民法院核准。

（三）案例解析

刑事责任的实现既包括定罪的正确性，也包括量刑的合理性。一方面，对于许某的行为是构成诈骗罪，还是信用卡诈骗罪，抑或无罪（民法上的不当得利），需要结合案件事实和刑法规定准确定性；另一方面，对于在认定许某构成犯罪之后，应当处以何种刑罚，需全面考虑案件事实中各种法定量刑情节和酌定量刑情节。

法定量刑情节与酌定量刑情节既有联系又有区别。二者的联系表现在：在实质内容上，二者都是反映行为社会危害性和犯罪人人身危险性的事实，因而对量刑都有影响；在存在根据上，因量刑情节本身复杂多样和贯彻罪责刑相适应原则的需要，二者都有必要存在，且不可互相替代；在功能上，二者没有作用力大小之分，因此在具体适用中应当同等重视，既不能有所遗漏，也不能片面强调一种情节而忽视另一种情节，尤其是要防止轻视甚至忽视酌定量刑情节的倾向。

对于许某的刑事责任，既要考虑到许某的行为具有严重的社会危害性，构成了盗窃罪，属于盗窃金融机构，数额特别巨大［在《刑法修正案（八）》尚未出台之前，"盗窃金融机构，数额特别巨大"属于盗窃罪的法定刑升格的条件］，又要充分考虑到许某犯罪的偶然性及特殊性，对其在法定刑以下量刑既符合刑法关于罪责刑相适应的原则，又充分体现了法律效果与社会效果的统一。对许某的量刑既要考虑到法定量刑情节，又要考虑到酌定量刑情节及个案的特殊情况，只有将二者结合起来，综观全案妥善处理，才能充分体现法律效果与社会效果的统一。

第三节　本章同步训练

一、选择题

（一）单选题

1. 王某多次吸毒，某日下午在市区超市门口与同居女友沈某发生争吵。沈某欲离开，王某将其按倒在地，用菜刀砍死。后查明：王某案发时因吸毒出现精神病性障碍，导致辨认控制能力减弱。关于本案的刑罚裁量，下列哪一选项是错误的？（　　　）

A. 王某是偶犯，可酌情从轻处罚

B. 王某刑事责任能力降低，可从轻处罚

C. 王某在公众场合持刀行凶，社会影响恶劣，可从重处罚

D. 王某与被害人存在特殊身份关系，可酌情从轻处罚

2. 关于刑事责任、犯罪、刑罚三者之间的关系，下列说法正确的是（　　）。

A. 刑事责任是一个独立的概念，与刑罚没有关系

B. 刑事责任是一个独立的概念，与犯罪没有关系

C. 刑事责任是介于犯罪和刑罚之间的桥梁和纽带，关系密切

D. 刑事责任虽与犯罪、刑罚有联系，但联系不大

（二）多选题

1. 下列关于从重处罚的表述哪些是正确的？（　　）

A. 从重处罚是指应当在犯罪所适用刑罚幅度的中间线以上判处

B. 从重处罚是在法定刑以上判处刑罚

C. 从重处罚是指在法定刑的限度以内判处刑罚

D. 从重处罚不一定判处法定最高刑

2. 刑事责任的解决方式有哪些？（　　）

A. 给予刑罚处罚　　　　　　　B. 给予非刑罚处罚

C. 单纯宣告有罪　　　　　　　D. 宣告无罪

二、案例分析题

G省M市D区S镇发布"致在逃人员家属的一封信"。该封信称，全面打响巩固打击电信诈骗工作成效攻坚战，将以前所未有的力度打击一切违法犯罪行为。"根据上级部署，将采取一系列的措施：2019年2月10日前涉案人员不到案的将启动三个一律：一律停水、停电；一律在涉案人员房屋前后左右喷上'电诈逃犯户'红色字样；一律冻结涉案人员及其直系亲属的身份证、银行卡。"

问：停水停电、喷涂油漆、冻结银行卡是否属于刑事责任的实现方式？

三、论述题

1. 如何理解刑事责任与刑罚之间的关系？

2. 如何理解法定量刑情节与酌定量刑情节之间的关系？

参考答案及解析

一、选择题

（一）单选题

1. 参考答案： B

解析： 以刑法有无明文规定为标准，可以将量刑情节分为法定量刑情节与酌定量刑情节。前者是指刑法明文规定的、在量刑时应当予以考虑的情节；后者是指刑法并未明文规

定，但根据刑法精神与有关刑事政策，在量刑时需要酌情考虑的情节。前者如犯罪时未满18周岁、审判时已满75周岁、精神病人、自首、立功等，后者如行为的手段、犯罪的时空条件、犯罪的对象、行为的次数、犯罪的目的和动机、被害人过错、社会影响、被害人及其家属的谅解等。对于偶犯，在司法实务上一般均会酌情从轻处罚。A项正确。

犯罪的场所、犯罪的社会影响也是酌定量刑情节。最高人民法院所发的《在审理故意杀人、伤害及黑社会性质组织犯罪案件中切实贯彻宽严相济刑事政策》的司法解释性质文件认为，特定的犯罪对象和场所也反映社会危害性的不同，如针对妇女、儿童等弱势群体或在公共场所实施的杀人、伤害，就具有较大的社会危害性。以上犯罪动机卑劣，或者犯罪手段残忍，或者犯罪后果严重，或者针对妇女、儿童等弱势群体作案等情节恶劣的，又无其他法定或酌定从轻情节的，应当依法从重判处。王某在公众场合持刀行凶，社会影响恶劣，可从重处罚。C项正确。

加害人与被害人存在特殊身份关系的犯罪属于民间矛盾激化引发的犯罪，是酌定从轻处罚情节；没有这种特殊身份关系的犯罪往往是危害社会治安的犯罪。根据宽严相济的刑事政策，对前者的处罚一般轻于后者，即如果犯罪人与被害人之间存在特殊关系，其犯罪原因系双方存在私人纠纷之类的，可以酌情从轻处罚。根据最高人民法院《关于贯彻宽严相济刑事政策的若干意见》第22条的规定，对于因恋爱、婚姻、家庭、邻里纠纷等民间矛盾激化引发的犯罪，因劳动纠纷、管理失当等原因引发、犯罪动机不属于恶劣的犯罪，因被害方过错或者基于义愤引发的或者具有防卫因素的突发性犯罪，应酌情从宽处罚。因此，在司法实务上，特殊身份关系是酌定从轻处罚的情节之一。D项正确。

《刑法》规定，醉酒的人犯罪，应当负刑事责任，不得从轻处罚；相应地，吸毒的人犯罪，也应当追究刑事责任，不得从轻处罚。我国刑法没有将吸毒状态认定为丧失或减轻责任能力的情形，因此吸毒状态下的行为人仍然被认为具有责任能力，吸毒状态不是责任阻却事由，也不是责任减轻事由。虽然王某案发时因吸毒出现精神病性障碍，辨认控制能力减弱，但是，在是否吸毒这一问题上，王某可自由作出选择。即便王某作案时在事实上辨认控制能力减弱，但在法律评价上应将其评价为具有完全刑事责任能力的人。按照原因自由行为相关理论，吸食毒品是一种自陷行为，不能作为从轻处罚的理由。B项错误，为应选项。

2. 参考答案：C

解析：刑事责任是指行为人对违反刑事法律义务的行为所应承担的刑事法律后果，并体现国家对行为人的否定评价。从此定义可知，刑事责任是介于犯罪和惩罚之间的桥梁和纽带。刑事责任产生于犯罪，是犯罪引起的必然后果，刑事责任是刑罚的先导，它与刑罚的联系主要体现在以下几方面：（1）刑事责任的存在决定刑罚适用的现实可能性；（2）刑事责任的大小是判处刑罚轻重的标准；（3）刑罚是刑事责任的主要体现形式，刑事责任主要是通过刑罚来实现的。

（二）多选题

1. 参考答案：CD

解析：从重处罚不是在法定刑的"中间线"以上判处刑罚，从重处罚是一个动态的判断，而不是一个机械的数字判断，一定要结合具体的案情来进行衡量。从轻处罚也不意味着在法定刑"中间线"以下判处刑罚。正确的做法是，先暂时不考虑行为人具有的从轻、从重处罚的情节，综合考虑犯罪的事实、性质、情节以及对社会的危害程度（"裸的案件事实"），根据刑法估量应当判处什么刑罚，然后在此基础上考虑行为人具有的从轻或者从重的处罚情节，最后再确定宣告刑。在确定量刑情节时，要注意区分哪些是影响责任刑的情节，哪些是影响预防刑的情节。

2. 参考答案：ABC

解析：《刑法》第32～60条以及分则的所有犯罪中（法定刑）都规定了相应的刑罚，第37条规定了训诫或者责令具结悔过、赔礼道歉、赔偿损失，或者由主管部门予以行政处罚或者行政处分等非刑罚处罚，第37条规定了仅宣告有罪。

二、案例分析题

参考答案：上述措施均不属于刑事责任的承担方式。

解析：刑事责任具有法定性、特定性和专属性。一个人是否应承担刑事责任，承担多大的刑事责任，必须依照法律规定，对于触犯法律应当承担刑事责任的人，如何对其进行追究，使其受到应得的处罚，也必须依照法律规定。刑事责任只能由犯罪人本人承担，即罪责自负；不能由其他人替代犯罪人接受刑罚或为犯罪人分担一部分刑罚，也不得株连犯罪人的亲属或配偶。本案中，停水停电、喷涂油漆、冻结银行卡等措施不仅不属于法定的刑事责任实现方式，而且违背了罪责自负的基本原则。

三、论述题

1. 参考答案：

刑事责任与刑罚既有联系又有区别。

（1）两者的联系是：第一，与犯罪的关系相同。刑事责任与刑罚都以犯罪为前提。没有犯罪就没有刑事责任，也就不可能有刑罚。刑事责任与刑罚都是犯罪的法律后果和结局。第二，刑事责任决定刑罚。只有应当负刑事责任的行为才可能受到刑罚处罚。刑事责任的程度也决定刑罚的轻重。第三，刑罚是实现刑事责任的主要方式。在大多数情况下，刑事责任都是以判处刑罚的方式实现的。

（2）两者的区别是：第一，性质不同。刑事责任是一种法律责任，而刑罚是制裁犯罪的方法。前者是抽象的，后者是具体的。第二，内容不同。刑事责任是对犯罪行为和犯罪人的否定评价和谴责，刑罚是对犯罪人权益的限制或者剥夺。第三，与犯罪的联系不同。刑事责任是犯罪的直接法律后果，有罪必有责；刑罚只是实现刑事责任的一种方式，但不是唯一方式，有罪不一定有刑。第四，形成的时间不同。刑事责任产生于实行犯罪之时，有犯罪就有刑事责任，刑罚确定于判决、裁定生效之时。

2. 参考答案：

法定量刑情节与酌定量刑情节既有联系又有区别。

二者的联系表现在：在实质内容上，都是反映行为社会危害性和犯罪人人身危险性的事实，因而都对量刑有影响；在存在根据上，因量刑情节本身复杂多样和贯彻罪责刑相适应原则的需要，都有必要存在，且不可互相替代；在功能上，没有作用力大小之分，因此在具体适用中应当同等重视，既不能有所遗漏，也不能片面强调一种情节而忽视另一种情节，尤其是要防止轻视甚至忽视酌定量刑情节的倾向。

二者的区别表现在：（1）法定性的具体表现不同。二者的法定性区别不在于有无法律规定，而在于法律具体规定的是什么。法定量刑情节是刑法对量刑情节的内容（名称）和功能均作出明确规定，而酌定量刑情节是量刑情节的内容（名称）和功能由司法机关根据法律的相应原则、制度规定予以确认。（2）情节的具体根据有所不同。虽然二者都以反映犯罪行为社会危害性和犯罪人人身危险性大小作为量刑的正当性根据，但立法基于人性关怀、人权保障等特殊原因，还专门设定了一些从宽处罚的法定量刑情节，如"犯罪的时候不满十八周岁的人和审判的时候怀孕的妇女，不适用死刑"，"审判的时候已满七十五周岁的人，不适用死刑，但以特别残忍手段致人死亡的除外"等。（3）情节的具体适用规则不同。法定量刑情节是直接依照立法的规定适用，酌定量刑情节是依法律的相应原则、制度在宽严相济刑事政策指导下适用，包括按司法解释的规范化规则适用。综观我国刑事司法解释规定，这些被司法解释规范化的酌定量刑情节已有很多。

第十四章　刑罚及其种类

第一部分　本章知识点速览

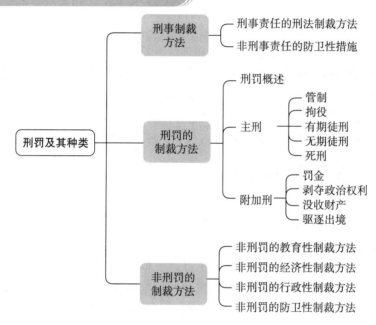

第二部分　本章核心知识要点解析

第一节　刑事制裁方法概述

一、刑事责任的刑法制裁方法

（一）难度与热度

难度：☆☆☆　　热度：☆☆☆

（二）基本概念分析

所谓刑法制裁方法，是指作为犯罪人因犯罪行为而依法承担刑事责任的方式的刑事制裁方法，包括刑罚制裁方法和非刑罚制裁方法两大类。其中，刑罚制裁方法是针对犯罪人适用的具有刑罚性的主刑和附加刑，如我国刑法上的五种主刑和四种附加刑；非刑罚制裁方法是针对犯罪人适用的不具有刑罚性的刑事处罚方法，如我国《刑法》第 37 条规定的"训诫或者责令具结悔过、赔礼道歉、赔偿损失，或者由主管部门予以行政处罚或者行政处分"，第 37 条之一规定的职业禁止。

（三）学说理论探讨

刑法的制裁方法是刑法制裁体系的有机组成部分。在我国刑法上，刑法制裁体系既包括由刑罚与非刑罚处罚组成的刑法制裁方法，也包括由量刑情节制度、数罪并罚制度、缓刑制度、刑期折抵制度、减刑假释制度、社区矫正制度、时效制度、赦免制度等组成的刑法制裁制度。我国的刑法制裁体系与其他许多国家的刑法制裁体系有所不同，具有浓厚的本土特色。

（四）疑难问题解析

刑法制裁方法是我国实现刑事责任的基本方式，其实现方式有以下两个方面的特点：一方面，刑事责任是通过由刑法制裁方法和刑法制裁制度组成的刑法制裁体系实现的。无论是对犯罪行为进行刑法上的性质认定即定罪，还是对犯罪人进行刑事责任大小及实现方式的裁量即量刑，都是在实现刑法制裁体系所需实现的刑事责任。另一方面，作为刑法制裁体系的重要组成部分的刑法制裁方法，以行为构成犯罪并需要追究刑事责任为前提。行为不构成犯罪和不需要追究刑事责任的，不能适用刑法制裁方法。

二、非刑事责任的防卫性措施

（一）难度与热度

难度：☆☆☆☆　　热度：☆☆☆☆

（二）基本概念分析

非刑事责任的防卫性措施，是指那些不以成立犯罪为前提和为保护某个特定利益而为刑法所特别规定的预防性措施。它本不属于刑法制裁体系，之所以由刑法予以规定和需要放在这里的刑法制裁方法理论体系中介绍，主要是因为其与相应的刑法制裁体系具有相关性，一并规定或介绍，有利于正确理解和适用相应措施。在我国刑法中，非刑事责任的防卫性措施包括专门矫治教育和刑事强制医疗两种。

1. 专门矫治教育

专门矫治教育，是对实施了刑法规定的危害行为、因不满法定刑事责任年龄不予刑事处罚的未成年人所采取的教育性处分措施。在性质上，专门矫治教育不属于我国刑法中主刑和附加刑的内容，也不符合《刑法》第 37 条非刑罚性处置措施的规定，而是由《刑法》和《预防未成年人犯罪法》规定的矫正性处分措施。在刑法上，专门矫治教育是《刑法修正案（十一）》替代以前的收容教养而来，规定在《刑法》第 17 条第 5 款，其内容为："因不满十六周岁不予刑事处罚的，责令其父母或者其他监护人加以管教；在必要的时候，依法进行专门矫治教育。"

专门矫治教育措施是贯彻"教育为主，惩罚为辅"的未成年人违法犯罪刑事政策的重要举措。因未成年人的心智尚不成熟等原因，立法规定了负刑事责任的最低年龄，低于这个年龄的，不负刑事责任。但是并不能由此就放任其继续危害社会或不对其进行矫治，需要通过设置"专门矫治教育"予以"教育、感化、挽救"。从实践来看，这里的矫治内容，不仅包括获得学业成绩和职业技能，而且包括发展习得复杂社会生活所必需的社会适应能力以及习得有关问题的解决技巧。

2. 刑事强制医疗

强制医疗，是国家为了社会的共同利益而对法定特定人群社会活动范围加以限制并予以医学治疗的一项强制防卫性措施。我国《刑法》第18条第1款规定了针对施行危害行为造成严重危害结果的精神病人所施行的强制医疗："精神病人在不能辨认或者不能控制自己行为的时候造成危害结果，经法定程序鉴定确认的，不负刑事责任，但是应当责令他的家属或者监护人严加看管和医疗；在必要的时候，由政府强制医疗。"

根据以上规定，刑事强制医疗具有如下特点：（1）防卫性。在性质上，它既不是刑罚方法，也不是非刑罚处罚方法，而是兼有医学目的和公共利益防卫目的的预防性措施。（2）公益性。它是为了防止无刑事责任能力的精神病犯罪人继续危害社会而施行的，主要是由政府承担经费和管理的责任，不具有经济上的营利性。（3）强制性。在符合刑事强制医疗条件时，由人民法院决定强制医疗，具有强制性。

根据《刑事诉讼法》第302条的规定，对精神病人予以刑事强制医疗，在适用上必须同时符合以下五个条件：（1）对象条件：针对实施了造成危害结果的行为但依法不负刑事责任的精神病人实施。（2）行为条件：要求实施的是危害公共安全或者严重危害公民人身安全的暴力行为，而不是一般损害行为。（3）危险性条件：对精神病人进行刑事强制医疗，并不是对其行为的惩罚，而是出于自主治疗自身疾病以及保护他人和社会安全的需要，因此，其适用以有继续危害社会的可能为前提。（4）必要性条件：刑事强制医疗须"在必要的时候"才可适用。（5）程序条件：根据2018年修订的《刑事诉讼法》第303条的规定，没有法院的决定，任何机关都无权对精神病人实施刑事强制医疗。

（三）学说理论探讨

在刑法上，专门矫治教育是《刑法修正案（十一）》替代以前的收容教养而来，被规定在《刑法》第17条第5款："因不满十六周岁不予刑事处罚的，责令其父母或者其他监护人加以管教；在必要的时候，依法进行专门矫治教育。"《预防未成年人犯罪法》第45条第1款规定："未成年人实施刑法规定的行为、因不满法定刑事责任年龄不予刑事处罚的，经专门教育指导委员会评估同意，教育行政部门会同公安机关可以决定对其进行专门矫治教育。"此外，《预防未成年人犯罪法》第43条规定了"专门教育"，也就是"对有严重不良行为的未成年人，未成年人的父母或者其他监护人、所在学校无力管教或者管教无效的，可以向教育行政部门提出申请，经专门教育指导委员会评估同意后，由教育行政部门决定送入专门学校接受专门教育"。那么，专门矫治教育与专门教育是否相同呢？

（四）疑难问题解析

专门矫治教育不同于《预防未成年人犯罪法》规定的专门教育，它们在适用对象、行为性质、适用程序等方面有所不同。

（1）适用对象不同。根据《预防未成年人犯罪法》第6条的规定，专门教育是对有严重不良行为的未成年人进行教育和矫治的保护处分措施，根据《预防未成年人犯罪法》第45条的规定，专门矫治教育是对实施了刑法规定的行为、因不满法定刑事责任年龄不予刑事处罚的未成年人采取的教育矫治措施。

（2）行为性质不同。专门教育针对的是严重不良行为，专门矫治教育针对的是刑法上的危害行为。《预防未成年人犯罪法》第38条规定了9种"严重危害社会的行为"，它们分别对应《治安管理处罚法》中罗列的五类妨害社会治安管理的行为，包括危害公共安全的行为、侵犯他人人身权利的行为、侵犯财产的行为、扰乱社会秩序的行为、其他严重危害社会的行为。这里的"严重危害社会的行为"，并非刑法上的犯罪行为，而是需要施行专门矫治教育的不良行为。《刑法》第17条第5款规定："因不满十六周岁不予刑事处罚的，责令其父母或者其他监护人加以管教；在必要的时候，依法进行专门矫治教育。"这里的"因不满十六周岁不予刑事处罚的"未成年人，从刑事责任年龄角度看，具体有三种：一是因不满12周岁而绝对不负刑事责任的未成年人，二是因已满12周岁不满14周岁实施两种犯罪行为以外的危害行为而相对不负刑事责任的未成年人，三是因已满14周岁不满16周岁实施八种犯罪行为以外的危害行为而相对不负刑事责任的未成年人。对他们都"因不满十六周岁不予刑事处罚"，而"在必要的时候，依法进行专门矫治教育"。

（3）适用程序不同。根据《预防未成年人犯罪法》第43条的规定，专门教育是未成年人的父母或者其他监护人、所在学校无力管教或者管教无效的，可以向教育行政部门提出申请，经专门教育指导委员会评估同意后，由教育行政部门决定送入专门学校接受专门教育；根据该法第44条的规定，专门矫治教育是经专门教育指导委员会评估同意，教育行政部门会同公安机关可以决定对其进行。

第二节　刑罚的制裁方法

一、刑罚概述

（一）难度与热度
难度：☆☆☆☆　热度：☆☆☆☆☆

（二）基本概念分析
1. 刑罚的概念与特征

刑罚，是立法机关在刑法中规定的由审判机关依法对犯罪人适用的限制或剥夺某种权益的制裁方法。

刑罚具有如下基本特征：

（1）在法律性质上，刑罚是最为严厉的强制性制裁方法。刑罚不仅给予犯罪上的否定性评价，通常还需给予强制性限制甚至剥夺人身、财产权益等，更为严重的法律后果是生命被剥夺、一定期限失去人身自由、财产被没收等。

（2）在概念属性上，刑罚是刑事责任的下位概念。实现刑事责任的方式除了给予刑罚处罚，还有给予单纯宣告有罪、宣告有罪而不给予刑罚处罚和给予非刑罚处罚等。

（3）在适用对象上，刑罚只能对犯罪人适用。只有其行为构成犯罪的人（包括自然人和单位）才应该和可能受到刑罚处罚。对犯罪嫌疑人、被公诉机关或自诉人指控为罪犯的刑事被告人以及民事、行政被告人，都绝对不可以给予刑罚处罚。

（4）在设置主体上，刑罚只能由最高权力机关即国家立法机关依法设置。其他任何机关和个人，包括国家最高监察机关、最高审判机关、最高检察机关、最高行政机关等，都没有设置刑罚的权力。

（5）在规范形式上，刑罚只能由法律规定。依立法法的规定和刑法的罪刑法定原则要求，刑罚的种类和适用标准都只能以刑法的明文规定为依据。

（6）在裁决主体上，刑罚只能由审判机关裁决。这是宪法赋予审判机关的职权职责所在。一方面，审判机关必须按宪法规定依法和公正地履行好该职责；另一方面，其他任何机关和个人都不可以以任何借口和理由行使刑罚的适用权。

（7）在适用程序上，刑罚必须依照刑事诉讼程序适用。这是刑罚适用的实体与程序有机统一的要求和体现。刑法规制上的刑罚种类与适用标准，只是给犯罪人量刑的实体依据，如果实体依据缺乏程序上的过程步骤、证据证明甚至权利保障等程序依据，是无法给犯罪人适用的。

（8）在执行主体上，刑罚的执行机关为法定的相应机关。按现行《刑法》《刑事诉讼法》《监狱法》等的规定，刑罚的执行机关包括人民法院、公安机关、监狱、未成年犯管教所、社区矫正机构等。

2. 刑罚权

刑罚权是依照宪法规定并分配给相应机关行使的刑罚设置、提起、裁量和执行的权力。

刑罚权具有如下基本特征：

（1）在权力属性上，刑罚权是国家权力的一部分。按我国宪法的规定，刑罚权作为我国国家权力的一部分，视不同权力形态分别由权力机关（人民代表大会及其常务委员会、授权的特别行政区机关等）、审判机关、检察机关、侦查机关、行政机关等行使。

（2）在与刑罚的关系上，刑罚权是创制和运行刑罚的权力根据。作为限制或剥夺某个权益的最严厉强制性制裁方法的刑罚，为何可以如此和应当如何运行，均源自宪法对刑罚权的设置与分配。没有宪法的刑罚权依据，既无权和不能设置任何刑罚方法（如国务院就不能设置刑罚方法），也不能运行和适用刑罚方法制裁和处罚任何个人和单位。

（3）在内容上，刑罚权包括制刑权、求刑权、量刑权与行刑权四种。在我国，它们分别是立法机关创制刑罚立法、检察机关或自诉人提出刑罚建议、审判机关作出刑罚裁决和执行机关予以刑罚执行的权力根据。

3. 刑罚的目的

刑罚的目的，是国家创制、适用与执行刑罚想要得到的结果。它是对刑罚的创制、适用与执行起着决定性作用的顶层设计所在，贯穿于刑罚创制、适用与执行的整个过程。

刑罚的目的有根本目的与直接目的之分。刑罚的根本目的，就是刑法的目的，是刑法所追求的最终目标。根据《刑法》第1条和第2条的规定，我国刑罚的根本目的是"惩罚犯罪，保护人民"。

基于并合主义的刑罚正当性根据，刑罚的直接目的是报应犯罪和预防犯罪，后者包括特殊预防和一般预防。二者是刑罚直接目的中不可偏废的两个方面，共同服务于刑罚和刑法的根本目的，都依赖于相应的刑罚功能予以实现。特殊预防是通过对犯罪人适用刑罚，特别预防他们再次犯罪。一般预防是通过创制刑罚和对犯罪人适用、执行刑罚，教育和警诫那些有可能犯罪的人不要走上犯罪道路。

4. 刑罚的功能

刑罚的功能，是刑罚的创制、适用与执行所发挥的有用的作用。刑罚的功能仅是从刑罚的积极意义和有用作用方面考察的。根据作用对象的不同，刑罚的功能包括：

（1）对犯罪人的惩罚功能、剥夺功能和改造功能。这里的惩罚功能是，通过对犯罪人适用刑罚，使其遭受一定的痛苦或承担一定的后果，进而对其形成心理强制和使其不愿、不敢再次犯罪；这里的剥夺功能是指，通过对犯罪人适用刑罚，剥夺其一定权益，使其丧失再次犯罪的条件或能力，从而不能再次犯罪；这里的改造功能是指，通过对犯罪人适用刑罚和在行刑过程中对犯罪人进行思想、文化、职业技术等教育与矫正，使其成为遵纪守法、有理想情操、有益于社会，以及具有劳动能力、劳动技能、劳动习惯、谋生本领的"新人"。

（2）对被害人及其亲属的安抚功能。这是通过对犯罪人适用和执行刑罚，彰显法律和法治的公平正义，减少或平息被害人方被犯罪造成的损害、带来的伤害，从而能够定分止争和有利于社会和谐稳定。

（3）对社会其他成员的一般预防与教育鼓舞功能。这里的一般预防功能是指，通过创制刑罚措施、对犯罪人适用和执行刑罚，防止那些有可能走上犯罪道路的潜在犯罪者远离犯罪。这里的教育鼓舞功能是指，通过创制刑罚措施，使广大社会成员知法、守法和用刑法同犯罪行为作斗争；通过对犯罪人适用和执行刑罚，让广大社会成员感受到法律和法治的公平正义，从而能够正当合法地行使自己的自由权利，将精力投入自己的工作和生活中。

5. 刑罚的体系与分类

刑罚体系是国家创制的各种刑罚方法所组成的有机体系。这个体系，是立法者基于刑法和刑罚的目的和功能，按一定顺序设置并相互衔接的满足不同适用需要的刑罚方法所组成的法定体系。其具有完整性（能够满足所有犯罪惩处需要）、目的性（立法者根据刑法和刑罚目的与功能设定）、顺序性（由主刑到附加刑、由轻到重顺序排列）、严厉性（原则上重于其他所有制裁手段）、法定性（规定在刑法中且须有刑法明文规定才能适用）等特点。刑罚的分类，在立法上分为主刑和附加刑两类，在理论上有生命刑、自由刑、资格刑和财产刑之分。

（1）主刑与附加刑。

在我国刑事立法上，刑罚的体系由主刑和附加刑共两类九种刑罚方法构成。

主刑是只能独立适用、不可附加于其他刑罚适用的刑罚方法；并且对于一个犯罪行为，只能判处一个主刑。在我国，根据《刑法》第33条的规定，主刑有五种，从轻到重依次是管制、拘役、有期徒刑、无期徒刑和死刑。死刑缓期执行（含终身监禁）都不是独立的刑种（刑罚方法），而只是死刑的执行制度。

附加刑，是补充主刑适用的刑罚方法。通常意义上的附加刑，只能附加适用。在我国，按刑法的规定，附加刑既可以附加于主刑适用，又可以独立适用：在附加适用时，可以同时适用两个以上的附加刑；在独立适用时，主要是针对较轻的犯罪。根据《刑法》第 34 条和第 35 条的规定，附加刑有四种：罚金、剥夺政治权利、没收财产、驱逐出境。其中，驱逐出境是特殊附加刑，只适用于犯罪的外国人。

（2）自由刑、财产刑、生命刑与资格刑。

刑法立法上的主刑和附加刑，按刑罚方法的性质，在理论上可以进一步划分为自由刑、财产刑、生命刑、资格刑四种。其中，自由刑是剥夺或限制人身自由的刑罚类型，在我国包括管制、拘役、有期徒刑、无期徒刑四种。生命刑即死刑，是剥夺犯罪人生命的刑罚类型。财产刑是剥夺犯罪人财产的刑罚类型，在我国有罚金和没收财产两种。资格刑是剥夺犯罪人公权等资格的刑罚类型。现代各国刑法一般都有资格刑的规定，主要内容有剥夺担任国家工作人员的资格，剥夺出版自由权，禁止驾驶，禁止行使亲权或担任监护人，禁止营业等。在我国，资格刑有剥夺政治权利和驱逐出境两种。其中，剥夺政治权利是剥夺犯罪人的特定政治权利，驱逐出境是剥夺犯罪的外国人在中国境内逗留的资格。

（三）学说理论探讨

我国学者对于"为什么要对犯罪的人科处刑罚"这一问题的回答莫衷一是。惩罚说认为，刑罚的目的在于限制和剥夺犯罪人的自由和权利，使其感到压力和痛苦，以制止犯罪。改造说认为，刑罚是通过惩罚犯罪，达到改造罪犯、使其重新做人的目的。预防说认为，刑罚的目的是预防犯罪，包括一般预防和特殊预防两个方面。双重目的说认为，刑罚既有惩罚犯罪分子的目的，又有改造他们的目的。多目的说认为，刑罚的目的：一是惩罚和改造犯罪分子，预防他们重新犯罪；二是教育和警诫社会上的不稳定分子，使其不致走上犯罪道路；三是教育广大群众增强法治观念，积极同犯罪作斗争。预防和消灭犯罪说认为，刑罚的目的是把受惩罚的犯罪分子中的绝大多数人教育改造成新人，从而达到预防犯罪并最终消灭犯罪，保护国家和人民利益的目的。根本目的与直接目的说认为，刑罚的根本目的是预防犯罪、保卫社会，直接目的是：惩罚犯罪，伸张正义；威慑犯罪者和社会上的不稳定分子，抑制其犯罪意念；改造罪犯，使其成为遵纪守法的公民。

（四）疑难问题解析

从现在的情况来看，完全不考虑刑罚所具有的预防犯罪目的，以绝对的报应刑论为内容，将刑罚作为对过去犯罪的报应的观点已经不占主流。我国通说为预防说。该说认为：讨论刑罚目的的时候，应当将刑法的任务与刑罚的目的区别开来，刑法的任务包括刑罚的目的，刑罚的目的是刑法任务的一项具体内容。因此，刑罚的目的是指人民法院代表国家对犯罪分子适用刑罚所要达到的目标或结果，即预防犯罪。刑罚目的所预防的"犯罪"，包括已然之罪和未然之罪。然而，基于并合主义的刑罚正当性根据，刑罚的目的应既包括报应犯罪又包括预防犯罪。

刑罚的特殊预防和一般预防是紧密结合、相辅相成的关系。人民法院对任何犯罪分子所适用的刑罚，都包含特殊预防和一般预防的内容。对犯罪分子适用以惩罚和改造为内容的刑罚，一方面可以预防犯罪分子本人重新犯罪，另一方面能产生威慑效应，使那些具有犯罪意念的人有所畏惧，不敢以身试法。

刑罚的特殊预防和一般预防也存在一定的不同，主要在于：（1）针对的对象不同。特殊预防是通过对犯罪人适用刑罚，预防他们再次犯罪。一般预防是通过创制刑罚和对犯罪人适用、执行刑罚，教育和警诫那些有可能犯罪的人不要走上犯罪道路。（2）所具有的内容不同。特殊预防的内容主要是剥夺犯罪人的再犯罪能力、对犯罪人实行心理强制、对犯罪人予以教育改造，使他们不能、不敢、不愿再次犯罪，并成为远离犯罪的新人；一般预防的内容主要是通过创制刑罚和对犯罪人适用、执行刑罚，教育和警诫那些有可能犯罪的人不愿或不敢走上犯罪道路。（3）不同阶段的侧重有所不同。在刑罚创制上，多侧重于一般预防；在刑罚适用上，通常是基于罪责刑相适应原则在量刑上体现两者并重，但在需要突出体现一般预防的警诫效应时，通常会基于行为的恶劣影响酌定从重量刑；在刑罚执行上，通常侧重对犯罪人教育改造上的特殊预防。

二、主刑

（一）难度与热度

难度：☆☆☆☆☆　热度：☆☆☆☆☆

（二）基本概念分析

1. 管制

（1）管制的概念和特征。

管制，是指对犯罪分子不实行关押，但限制其一定自由的刑罚方法。在我国刑罚体系中，管制是主刑的一种，也是我国独有的刑罚方法。《刑法》第 38～41 条对此作了具体规定。

根据这些规定，管制具有如下特征：

第一，适用于罪行较轻的犯罪分子。

第二，不剥夺犯罪分子的人身自由。这是管制与其他主刑的重要区别。

第三，限制犯罪分子的一定自由。一是必须按《刑法》第 39 条的规定工作与生活；二是根据犯罪情况，同时宣告适用禁止令。

第四，在劳动中同工同酬。被判管制的罪犯在自谋生计的劳动中，与普通公民同工同酬。

（2）管制的期限。

管制作为一种限制人身自由的刑罚，其期限为 3 个月以上 2 年以下；数罪并罚时最高不能超过 3 年。刑期从判决执行之日起计算。管制判决执行前先行羁押的时间要折抵刑期。其折抵标准是羁押 1 日折抵刑期 2 日。之所以规定羁押 1 日折抵刑期 2 日，是因为判决执行以前先行羁押的属于剥夺自由，而管制只是限制自由。

（3）管制的执行。

第一，执行要求。被判处管制的犯罪分子应当遵守《刑法》第 39 条的规定。

第二，执行措施。一是社区矫正。根据《刑法》第 38 条第 3 款的规定，对判处管制的犯罪分子，依法实行社区矫正。二是宣告禁止令。根据《刑法》第 38 条第 2 款的规定，法院可以根据情况同时依法宣告禁止令。

第三，执行机构。一是社区矫正机构。根据 2018 年《刑事诉讼法》第 269 条的规定，管制的社区矫正由社区矫正机构负责执行。二是公安机关。根据《刑法修正案

（八）》的修订规定，对于被同时判处了禁止令，违反以上禁止令的，由公安机关依照《治安管理处罚法》的规定处罚。

第四，执行解除。根据《刑法》第 40 条的规定，被判处管制的犯罪分子，管制期满，执行机关应即向本人和其所在单位或者居住地的群众宣布解除管制。

2. 拘役

（1）拘役的概念和特征。

拘役，是剥夺犯罪人短期人身自由，就近实行强制劳动改造的刑罚方法。在我国刑罚体系中，拘役是一种介于管制与有期徒刑之间的主刑，也是短期剥夺自由刑。《刑法》第 42～44 条对此作了具体规定。

根据这些规定，拘役具有以下特征：

第一，拘役是一种短期自由刑。拘役的刑期最短不少于 1 个月，最长不超过 6 个月。

第二，拘役适用于罪行较轻但需要短期关押改造的犯罪分子。

（2）拘役的期限。

根据《刑法》第 42 条和第 69 条的有关规定，拘役的期限为 1 个月以上 6 个月以下；数罪并罚时，最高不得超过 1 年；拘役的刑期，从判决之日起计算；判决以前先行羁押的，羁押 1 日折抵刑期 1 日。

（3）拘役的执行。

按《刑法》第 43 条的规定，被判处拘役的犯罪分子，由公安机关就近执行。在执行期间，被判处拘役的犯罪分子每月可以回家 1 天至 2 天；参加劳动的，可以酌量发给报酬。

3. 有期徒刑

（1）有期徒刑的概念和特征。

有期徒刑，是剥夺犯罪分子一定期限的人身自由，实行强制劳动改造的刑罚方法。在我国刑罚体系中，有期徒刑是主刑的一种。《刑法》第 45～47 条对此作了具体规定。

根据这些规定，有期徒刑具有以下特征：

第一，属于剥夺自由刑。它在一定期限内对罪犯实行关押，剥夺其人身自由。

第二，具有广泛的适用性。我国刑法中的犯罪，除了极少数轻微犯罪，都规定了有期徒刑。

第三，罪犯应强制接受教育和劳动改造。被判处有期徒刑的犯罪分子，凡是有劳动能力的，都应当强制性地参加劳动，接受教育和改造。

（2）有期徒刑的期限及刑期计算。

《刑法》第 45 条规定，有期徒刑的期限为 6 个月以上 15 年以下。这要求在一般情况下，对犯罪分子所犯的一个罪一次判处的有期徒刑最高不能超过 15 年，最低不能低于 6 个月。但是，有三种情况例外：第一，根据《刑法》第 50 条的规定，判处死刑缓期执行的，在死刑缓期执行期间，如果确有重大立功表现，2 年期满以后可减为 25 年有期徒刑。第二，根据《刑法》第 69 条的规定，数罪并罚时有期徒刑的最高期限可达 25 年。第三，根据《刑法》第 71 条的规定，犯罪分子在服刑期间又犯新罪，以前罪没有执行完毕的刑罚为基础来确定应当执行的刑罚，其实际执行的刑期可能超过 15 年，甚至超过 25 年。

对于有期徒刑的刑期，刑法规定从判决执行之日起计算；判决执行以前先行羁押的，羁押1日折抵刑期1日。所谓"判决执行之日"，是指人民法院签发执行通知书之日。

（3）有期徒刑的执行。

我国刑法对有期徒刑的执行场所和执行方式有明确规定。根据《刑法》第46条的规定，被判处有期徒刑的犯罪分子，在监狱或者其他执行场所执行。"其他执行场所"，是指未成年犯管教所、看守所等。

4. 无期徒刑

（1）无期徒刑的概念及特征。

无期徒刑是剥夺犯罪分子终身自由，并强制劳动改造的刑罚方法。在我国刑罚体系中，无期徒刑是主刑的一种。《刑法》第46～47条对此作了具体规定。

根据这些规定，无期徒刑具有以下特征：

第一，适用于社会危害极大的犯罪。在我国刑法中，无期徒刑介于有期徒刑和死刑之间，是仅次于死刑的一种严厉的惩罚方法。

第二，为终身剥夺自由刑。罪犯如果在服刑期间没有得到减刑，将在监狱服刑终身。

第三，犯罪分子需要进行强制劳动改造。这体现了无期徒刑矫正、教育罪犯，使之成为社会新人的积极作用。

（2）无期徒刑的执行。

根据刑法和监狱法的有关规定，被判无期徒刑的犯罪分子，在监狱或者其他场所执行；凡是有劳动能力的，都应当参加劳动，接受教育和改造。根据刑法有关减刑和假释的规定，被判处无期徒刑的犯罪分子在执行期间，认罪服法，接受教育、改造，确有悔改立功表现的，可获得减刑，由无期徒刑减为有期徒刑；如果实际执行13年以上，还可以获得假释，但累犯以及因故意杀人、爆炸、抢劫、强奸、绑架等暴力犯罪被判处无期徒刑的犯罪分子除外。

5. 死刑

（1）死刑的概念。

死刑，是剥夺犯罪分子生命的刑罚方法。在我国刑罚体系中，死刑是主刑的一种，也是最严厉的惩罚方法。《刑法》第48～51条对此作了具体规定。

（2）死刑的政策。

我国所采用的死刑政策，是"保留死刑，严格控制和慎重适用死刑"。根据最高人民法院《关于贯彻宽严相济刑事政策的若干意见》（法发〔2010〕9号），适用死刑有以下要求：一是对于罪行极其严重的犯罪分子，论罪应当判处死刑的，要坚决依法判处死刑。二是要依法严格控制死刑的适用，统一死刑案件的裁判标准，确保死刑只适用于极少数罪行极其严重的犯罪分子。拟判处死刑的具体案件定罪或者量刑的证据必须确实、充分，得出唯一结论。三是对于罪行极其严重，但只要是依法可不立即执行的，就不应当判处死刑立即执行。

（3）死缓制度。

1）死缓的含义。

死缓制度是我国死刑执行方法上的独创，具有保留死刑和限制死刑的双重功能。根据《刑法》第 48 条第 1 款的规定，对于应当判处死刑的犯罪分子，如果不是必须立即执行的，可以判处死刑同时宣告缓期 2 年执行。这就是所谓的死刑缓期执行制度，通常简称死缓。它不是一个刑种，而是一个死刑的执行制度。

2）死缓的适用条件。

根据《刑法》第 48 条的规定，适用死缓必须同时具备两个条件：

其一，罪该处死。这是适用死缓的前提条件。如果罪行不应当判处死刑，就不存在适用死缓的问题。

其二，不是必须立即执行。这是区分死缓与死刑立即执行的原则界限，是适用死缓的本质条件。

3）死缓的执行。

死缓可以由高级人民法院判决或者核准。被判处死缓的罪犯，根据《监狱法》第 2 条的规定，在监狱内执行刑罚。

根据《刑法》第 50 条、第 383 条、第 386 条的规定，对被判处死缓的犯罪分子，在死缓期满后，有四种处理方式：

一是，减为无期徒刑。这是死缓期满后的通常处理方式。《刑法》第 50 条第 1 款第一分句规定："判处死刑缓期执行的，在死刑缓期执行期间，如果没有故意犯罪，二年期满以后，减为无期徒刑。"

二是，不得减刑、假释的终身监禁。这是立法对贪腐犯罪所规定的特别处理方式。根据《刑法》第 383 条、第 386 条的规定，对犯贪污、受贿犯罪，数额特别巨大，并使国家和人民利益遭受特别重大损失的，被判处死缓的犯罪人，人民法院根据犯罪情节等情况同时决定在其死刑缓期执行 2 年期满依法减为无期徒刑后，终身监禁，不得减刑、假释。

三是，减为有期徒刑。这是在缓刑期间有"重大立功表现"情况下的处理方式。根据《刑法》第 50 条第 1 款第二分句的规定，判处死缓的，在死缓期间，"如果确有重大立功表现，二年期满以后，减为二十五年有期徒刑"。

四是，立即执行死刑。这是在死缓期间出现极端情形下的处理方式。根据《刑法》第 50 条第 1 款第三分句的规定，判处死缓的，在死缓期间，"如果故意犯罪，情节恶劣的，报请最高人民法院核准后执行死刑"。

4）死缓期间的计算。

根据《刑法》第 51 条的规定，死刑缓期执行期间，从判决确定之日起计算。死刑缓期执行减为有期徒刑的刑期，从死刑缓期执行期满之日起计算。

（4）死刑的执行。

根据现行《刑事诉讼法》第 262 条的规定，下级人民法院接到最高人民法院执行死刑的命令后，应当在 7 日以内交付执行。但是发现有下列情形之一的，应当停止执行，并且立即报告最高人民法院，由最高人民法院作出裁定：1）在执行前发现判决可能有错误的；2）在执行前罪犯揭发重大犯罪事实或者有其他重大立功表现，可能需要改判的；3）罪犯正在怀孕。其中，以上第一、二种停止执行的原因消失后，必须报请最高人民法院院长再签发执行死刑的命令才能执行；由于第三种原因停止执行的，应当报请最高人民法院依法改判。根据现行《刑事诉讼法》第 263 条的规定，死刑采用枪决或者注射等方法执行。死刑可以在刑场或者指定的羁押场所内执行。执行死刑应当公布，不应示众。

（三）学说理论探讨

自启蒙思想家明确提出废除死刑以来，关于死刑的存废一直争议不断。目前来看，围绕死刑的存废之争的理由多集中在以下几个方面：死刑是否侵犯人的生命价值，死刑是否具有威慑力，死刑是否违反宪法，死刑的执行方法是否人道，死刑是否违反了罪责刑相适应原则，死刑是否会助长人的残忍心理，死刑是否符合刑罚目的，死刑是否容易错判，死刑错判后是否容易改正，死刑是否符合历史的发展趋势，等等。根据对于上述问题的不同回答，赞成死刑的人会得出保留死刑的结论，反对死刑的人会得出废除死刑的结论。

（四）疑难问题解析

虽然我国目前保留了死刑制度，但是为贯彻"严格控制和慎重适用死刑"政策，我国刑法立法作了一系列修改，包括：（1）2011 年《刑法修正案（八）》和 2015 年《刑法修正案（九）》先后取消了 13 个经济性非暴力犯罪和 9 个在实践中较少适用罪名的死刑，从而使我国现行刑法中的死刑罪名从 1997 年刑法的 68 个减少到现在的 46 个。（2）修改死缓罪犯执行死刑的条件及程序的规定，增加"情节恶劣"作为对因故意犯罪而报请最高人民法院核准后执行死刑的要求，从而提高死刑适用的门槛。（3）针对贪污贿赂犯罪设置严惩罪犯与控制死刑适用的"终身监禁"制度，要求"被判处死刑缓期执行的，人民法院根据犯罪情节等情况可以同时决定在其死刑缓期执行二年期满依法减为无期徒刑后，终身监禁，不得减刑、假释"。（4）修改绑架罪立法，取消原刑法关于绑架罪中过失致被绑架人死亡情形的死刑规定，并增加无期徒刑作为绑架罪的刑罚适用选项，以控制死刑适用。

同时，刑法在立法上还设置了控制和限制死刑适用的系列措施，包括：（1）适用实质根据上的限制。根据《刑法》第 48 条的规定，死刑只适用于罪行极其严重的犯罪分子。所谓罪行极其严重，就是通常所说的罪大恶极。（2）适用对象上的限制。根据《刑法》第 49 条的规定，对三种人不适用死刑。（3）执行制度上的限制。根据《刑法》第 48 条第 1 款的规定，对于应当判处死刑的犯罪分子，如果不是必须立即执行的，可以判处死刑同时宣告缓期 2 年执行。也就是，通过死缓制度控制死刑的适用。（4）适用程序上的限制。根据《刑法》第 48 条第 2 款的规定，死刑除依法由最高人民法院判决的以外，都应当报请最高人民法院核准，死刑缓期执行的，可以由高级人民法院判决或者核准。

三、附加刑

（一）难度与热度

难度：☆☆☆☆☆　热度：☆☆☆☆☆

（二）基本概念分析

1. 罚金

（1）罚金的概念。

罚金，是指法院判处犯罪人向国家缴纳一定数额金钱的刑罚方法。在我国刑罚体系中，罚金是附加刑的一种，也是适用最为广泛的财产刑。根据《刑法》第 34 条第 2 款的规定，它既可以附加适用也可以独立适用。

（2）罚金的适用对象。

罚金具有广泛的适用性。它既可适用于处刑较轻的犯罪，也可适用于处刑较重的犯罪。因罚金适用的功能主要在于剥夺犯罪分子再犯罪的经济能力，因而罚金主要适用于经济犯罪和以营利、贪财为目的的犯罪，如破坏社会主义市场经济秩序罪、侵犯财产罪、贪污贿赂罪，大多规定了罚金的独立或附加适用。对少数妨害社会管理秩序的犯罪和侵犯公民人身权利、民主权利的犯罪，刑法也规定了并处或者单处罚金。

（3）罚金的适用方式。

根据我国刑法的规定，罚金的适用方式有以下四种：

第一，单科式。刑法规定的单科罚金主要适用于单位犯罪。在我国刑法中，所有单位犯罪的单位刑事责任都只有罚金这一种刑罚方法。

第二，选科式。罚金作为附加刑，既可附加适用，又可单独适用。对某些犯罪，刑法分则规定单独适用的罚金与其他刑种并列，可供选择适用。

第三，并科式。我国刑法中的并科罚金，几乎都是必须并处适用，也就是，刑法分则条文中明确规定判处自由刑时，必须并处罚金。

第四，复合式。复合式是指罚金的单处与并处同时规定在一个法条之内，以供选择适用。

（4）罚金数额的裁量。

根据《刑法》第52条的规定，"判处罚金，应当根据犯罪情节决定罚金数额"。根据本条规定，罚金数额应当与犯罪情节相适应。同时，基于罚金裁判执行的现实性，在裁量罚金数额时，通常还要考虑犯罪人的经济状况，以有利于判决执行和对被判刑人的惩治与教育。

从刑法分则条文关于抽象个罪的罚金刑规定来看，罚金数额在总体上是呈模糊性的。虽然《刑法》第52条规定"应当根据犯罪情节决定罚金数额"，但大多数犯罪中并没有明确的规定，罚金在司法实践中的适用分歧与差别较大。下面结合刑法关于罚金数额的五种规定模式予以介绍：

1）无限额罚金制。立法未明确罚金的具体数额要求，由法院依据刑法相应规定确定，如"并处罚金"，其中，最低数额不能少于1 000元（未成年人犯罪的不能少于500元），70%以上的犯罪采用的是这种模式。

2）限额罚金制。立法规定了罚金数额的上下限，由法院在这个限度内确定罚金数额，如"并处二万元以上二十万元以下罚金"，其罚金数额的多少决定于犯罪及其所受主刑的轻重。

3）比例罚金制。根据犯罪金额的百分比决定罚金的数额，如"并处或者单处虚报注册资本金额百分之一以上百分之五以下罚金"，其罚金数额的多少取决于相应犯罪数额基数的大小。

4）倍数罚金制。根据犯罪金额的倍数决定罚金的数额，如"并处偷逃应缴税额一倍以上五倍以下罚金"，其罚金数额的多少取决于犯罪数额的大小。

5）倍比罚金制。同时以犯罪金额的比例和倍数决定罚金的数额，如"并处或者单处销售金额百分之五十以上二倍以下罚金"，其罚金数额的多少取决于相应犯罪数额基数的大小。

（5）罚金的缴纳方式。

罚金作为刑罚方法，其缴纳方式具有强制性。根据《刑法》第53条的规定，其缴纳方式有如下五种：

第一，限期一次缴纳。要求犯罪分子在指定的期限内（一般是3个月内）一次缴纳完毕，适用于罚金数额不多或者数额虽然较多但缴纳并不困难的案件。

第二，限期分期缴纳。适用于罚金数额较多，犯罪分子无力一次缴纳的案件。

第三，强制缴纳。指定缴纳期限届满后，以查封、扣押、冻结等强制措施强制缴纳，适用于犯罪分子有缴纳能力而拒不缴纳的案件。

第四，随时追缴。在任何时候发现犯罪人有可以执行的财产均可以追缴应当缴纳的罚金财物，适用于那些不能全部缴纳罚金的案件。

第五，延期、减少或免除缴纳。适用于由于遭遇不能抗拒的灾祸等原因缴纳确实有困难的案件。根据《刑法修正案（九）》的规定，由于遭遇不能抗拒的灾祸等原因缴纳确实有困难的，经人民法院裁定，可以延期缴纳、酌情减少或者免除。相比以前的规定，增加了"等原因"和"延期缴纳"方式，规定了是否属于"缴纳确实有困难""经人民法院裁定"，这使得罚金刑的缴纳方式有一定灵活性。

2. 剥夺政治权利

（1）剥夺政治权利的概念。

剥夺政治权利，是指剥夺犯罪人参加国家管理和政治活动权利的刑罚方法。在我国刑罚体系中，剥夺政治权利是附加刑的一种，也是通常意义上的资格刑。《刑法》第54～58条对此作了规定。

（2）剥夺政治权利的内容。

根据《刑法》第54条的规定，剥夺政治权利是剥夺犯罪分子下列四项权利：1）选举权和被选举权；2）言论、出版、集会、结社、游行、示威自由的权利；3）担任国家机关职务的权利；4）担任国有公司、企业、事业单位和人民团体领导职务的权利。

（3）剥夺政治权利的适用对象。

因剥夺政治权利在适用方式上，既可以附加适用，也可以独立适用，故其适用对象既包括严重的刑事犯罪，也包括一些较轻的犯罪。

第一，剥夺政治权利附加适用的对象。附加适用剥夺政治权利，是适用于重罪犯的一种比较严厉的刑罚方法。根据《刑法》第56条和第57条的规定，附加适用剥夺政治权利的对象，主要有以下三种犯罪分子：1）危害国家安全的犯罪分子。2）故意杀人、强奸、放火、爆炸、投毒、抢劫等严重破坏社会秩序的犯罪分子。3）被判处死刑和无期徒刑的犯罪分子。刑法规定对该类犯罪分子应当剥夺政治权利终身。

第二，剥夺政治权利独立适用的对象。剥夺政治权利独立适用的，是作为一种不剥夺罪犯人身自由的轻刑，适用于罪行较轻、不需要判处主刑的罪犯。

（4）剥夺政治权利的期限。

剥夺政治权利的期限，除独立适用的以外，依所附加的主刑不同而有所不同。根据

《刑法》第 55～58 条的规定，剥夺政治权利的期限有定期与终身之分，具体包括四种情况：

第一，1 年以上 5 年以下。适用于被独立适用剥夺政治权利的犯罪人和被判处有期徒刑、拘役的犯罪人。需特别注意理解"剥夺政治权利的效力当然施用于主刑执行期间"，它是指只有在主刑被附加剥夺政治权利时，犯罪人才在主刑执行期间不享有政治权利。若主刑没有被附加剥夺政治权利，则犯罪人在主刑执行期间享有政治权利。

第二，3 年以上 10 年以下。适用于被判处死缓或无期徒刑减为有期徒刑的犯罪人。

第三，剥夺政治权利终身。适用于被判处死刑和无期徒刑的犯罪人。这里的"终身"，不是指"生命终结"，而是"永远"，因为生命终止后，犯罪人的言论和出版权还在，仍要予以剥夺。

第四，与管制刑期相同。适用于被判处管制的犯罪人。适用前提是犯罪人同时被判处了附加剥夺政治权利，否则犯罪人在管制执行期间享有政治权利。

（5）剥夺政治权利刑期的计算。

根据刑法和其他有关法律的规定，剥夺政治权利刑期的计算有以下 4 种情况：

第一，独立适用剥夺政治权利的，其刑期从判决确定之日起计算并执行。

第二，判处管制附加剥夺政治权利的，剥夺政治权利的期限与管制的期限相等，同时起算，同时执行。管制期满解除管制，政治权利也同时恢复。

第三，判处有期徒刑、拘役附加剥夺政治权利的，剥夺政治权利的刑期从有期徒刑、拘役执行完毕之日或者从假释之日起计算。剥夺政治权利的效力当然施用于主刑执行期间。

第四，判处死刑（包括死缓）、无期徒刑附加剥夺政治权利终身的，刑期从判决发生法律效力之日起计算。

（6）剥夺政治权利的执行。

第一，执行机关。《刑事诉讼法》第 270 条第一句规定："对被判处剥夺政治权利的罪犯，由公安机关执行。"

第二，执行内容。被剥夺政治权利的犯罪分子，在执行期间，应当遵守法律、行政法规和国务院公安部门有关监督管理的规定，服从监督；不得行使《刑法》第 54 条规定的各项权利。

第三，执行解除。《刑事诉讼法》第 270 条第二句规定："执行期满，应当由执行机关书面通知本人及其所在单位、居住地基层组织。"

3. 没收财产

（1）没收财产的概念。

没收财产，是将犯罪分子个人所有财产的一部分或者全部强制无偿地收归国有的刑罚方法。在我国刑罚体系中，没收财产是附加刑中最重的一种，也属于一种财产刑。《刑法》第 59～60 条对没收财产作了一般性的规定，《刑法》分则对适用没收财产刑的具体犯罪作了相应规定。没收财产实际上在我国司法实践中只能是附加适用。

（2）没收财产的适用对象。

《刑法》分则规定有没收财产的条文共 50 余个，主要适用于以下几类犯罪：1）危害国家安全罪。根据《刑法》第113条的规定，对所有的危害国家安全罪都可以并处没收财产。2）严重的经济犯罪。《刑法》分则第三章规定的破坏社会主义市场经济秩序罪中，对某些严重的经济犯罪可以没收财产。3）严重的财产犯罪。《刑法》分则第五章规定的侵犯财产罪中，抢劫罪、盗窃罪、抢夺罪、诈骗罪等设置了没收财产。4）其他严重的刑事犯罪。例如，《刑法》294条规定的组织、领导、参加黑社会性质组织罪，第318条规定的组织他人偷越国（边）境罪中有特别严重情节的，第383条规定的贪污罪等，规定有没收财产。

（3）没收财产的范围。

没收财产的范围，是指刑法规定的犯罪人的哪些财产可以没收，哪些财产不能没收的范围。《刑法》第59条运用肯定与排除相结合的模式，对没收财产的范围进行了规定。根据这些规定，没收财产的范围应当从以下三个方面确定：

第一，没收财产是没收犯罪分子个人所有财产的一部分或者全部。所谓犯罪分子个人所有财产，是指属于犯罪分子本人实际所有的财产及与他人共有财产中依法应得的份额。至于没收财产是一部分还是全部，应考虑对犯罪分子所处主刑的轻重，以及犯罪分子家庭的经济状况和其人身危险性大小。

第二，没收全部财产时应对犯罪分子个人及其扶养的家属保留必需的生活费用。

第三，不得没收属于犯罪分子家属所有或者应有的财产。

（4）没收财产的适用方式。

第一，选科式。刑法分则对某种犯罪或者某种犯罪的特定情节规定为并处罚金或者没收财产，也就是说，既可以适用没收财产，也可以适用其他刑罚，由法官酌情选择适用。

第二，并科式。在对犯罪人科处生命刑或自由刑的同时，并处没收财产。这种方式又可根据是否必须科处没收财产分为两种情况：一是必并制，指在判处其他刑罚的同时必须并处没收财产。二是可并制，指在判处其他刑罚的同时可以并处没收财产。

（5）没收财产的执行。

《刑事诉讼法》第272条规定："没收财产的判决，无论附加适用或者独立适用，都由人民法院执行；在必要的时候，可以会同公安机关执行。"

关于需要以没收的财产偿还债务的问题，《刑法》第60条规定："没收财产以前犯罪分子所负的正当债务，需要以没收的财产偿还的，经债权人请求，应当偿还。"

4. 驱逐出境

驱逐出境，是强迫犯罪的外国人离开中国国（边）境的刑罚方法。在我国刑罚体系中，驱逐出境是附加刑中特别的一种，只适用于犯罪的外国人。

《刑法》第35条规定，"对于犯罪的外国人，可以独立适用或者附加适用驱逐出境"。同时，因其只适用于"犯罪的外国人"，驱逐出境又是一种特别附加刑。在实践中，驱逐出境在具体适用时，要考虑犯罪的性质、情节和犯罪分子本人的情况，以及外交的需要。

（三）学说理论探讨

在实践中，经常会遇到罪犯主刑执行完毕后，在执行附加刑期间又犯新罪的问题，如在附加适用剥夺政治权利期间犯新罪的，应该如何处理？在较早时期，无论是理论学界还是实务部门意见均不一致。

（四）疑难问题解析

对此，最高人民法院在《关于在执行附加刑剥夺政治权利期间犯新罪应如何处理的批复》中进行了明确的规定：

"一、对判处有期徒刑并处剥夺政治权利的罪犯，主刑已执行完毕，在执行附加刑剥夺政治权利期间又犯新罪，如果所犯新罪无须附加剥夺政治权利的，依照刑法第七十一条的规定数罪并罚。

"二、前罪尚未执行完毕的附加刑剥夺政治权利的刑期从新罪的主刑有期徒刑执行之日起停止计算，并依照刑法第五十八条规定从新罪的主刑有期徒刑执行完毕之日或者假释之日起继续计算；附加刑剥夺政治权利的效力施用于新罪的主刑执行期间。

"三、对判处有期徒刑的罪犯，主刑已执行完毕，在执行附加刑剥夺政治权利期间又犯新罪，如果所犯新罪也剥夺政治权利的，依照刑法第五十五条、第五十七条、第七十一条的规定并罚。"

第三节 非刑罚的制裁方法

一、非刑罚的教育性制裁方法

（一）难度与热度

难度：☆☆☆ 热度：☆☆☆

（二）基本概念分析

1. 训诫

训诫，是人民法院对犯罪情节轻微免予刑事处罚的犯罪分子，责令其保证悔改并且以后不再犯罪的一种教育方法。根据最高人民法院 1964 年 1 月 18 日《关于训诫问题的批复》，人民法院对于情节轻微的犯罪分子，认为不需要判处刑罚，而应予以裁判的，应当用口头的方式进行训诫。在口头训诫时，应当根据案件的具体情况，一方面，严肃地指出犯罪人的违法犯罪行为，分析其危害性，并责令其努力改正，今后不再重犯；另一方面也要讲明被告人的犯罪行为尚属轻微，可不给予刑事处分。该批复对训诫的内容、执行方式作了有约束力的明确解释。它既是对司法实践的总结，也是对司法实践的具体做法的认同，只是该批复目前已被废止。

2. 责令具结悔过

责令具结悔过，是指人民法院责令犯罪情节轻微不需要判处刑罚的人用书面方式保证悔改，以后不再重新犯罪的教育方法。适用具结悔过，必须具备两个条件：一是，适用对象必须是可以免予刑事处罚的人。应当判处刑罚的，或者不构成犯罪的，都不能适用具结悔过。二是，根据案件情况需要责令犯罪分子用书面方式保证悔改的。实践表明，具有我国特色的这一非刑罚处置措施，对于那些被免予刑事处罚且对自己罪过有一定认识的犯罪分子能发挥较好的教育、预防作用。

3. 责令赔礼道歉

责令赔礼道歉，是指人民法院责令犯罪情节轻微而被免予刑事处分的犯罪分子，向被害人承认错误并表示悔改和道歉的一种教育方法。这种教育方法，具有如下特点：一是，道歉的公开性。它要求犯罪人公开向被害人当面承认错误，表示歉意。二是，内在的悔过性。赔礼道歉不是应付局面的走过场，而必须是犯罪分子具有内在的悔过自新，能够真正达到教育、警诫的目的。三是，关系的修复性。这一教育方法，追求的是犯罪行为对被害人所造成的心理创伤的修复，从而达到化解社会矛盾、维护社会和谐稳定的刑法目标。

（三）学说理论探讨

在《民法典》中，赔礼道歉被明确规定为民事责任方式。在《刑法》中赔礼道歉被规定为非刑罚的法律责任方式之一，主要适用于犯罪情节轻微不需要判处刑罚的情况。民法中的赔礼道歉和刑法中的赔礼道歉，在内容上较为一致。但是如何在理论中进一步区分两者，还需要进一步研究。

（四）疑难问题解析

民法中的赔礼道歉与刑法中的赔礼道歉主要存在以下方面的不同：

首先，产生的依据不同。民法中的赔礼道歉是因他人违反了《民法典》等相关法律而生。而刑法中的赔礼道歉是因行为人违反了刑事法而生。

其次，法律地位和适用范围不同。民法中的赔礼道歉，通常与其他民事责任承担方式（如停止侵害、消除影响、恢复名誉）合并适用，主要适用于侵犯人格权或名誉权的行为。刑法中的赔礼道歉作为非刑罚的法律责任方式，与训诫、赔偿损失等并列。其适用范围限于犯罪情节轻微不需要判处刑罚的情况。

二、非刑罚的经济性制裁方法

（一）难度与热度

难度：☆☆☆　　热度：☆☆☆

（二）基本概念分析

1. 责令赔偿损失

这里的责令赔偿损失，是特指人民法院对犯罪情节轻微不需要判处刑罚的犯罪人，责令其向被害人支付一定数额的金钱，以弥补被害人因犯罪行为而遭受的损失的处理方法。它是在免予刑事处罚的前提下所采用的处理方法。

2. 刑事追缴

刑事追缴，是指将犯罪分子违法所得的一切财物强制无偿收归国有或进行其他处置的非刑罚处罚方法。《刑法》第 64 条规定："犯罪分子违法所得的一切财物，应当予以追缴或者责令退赔；对被害人的合法财产，应当及时返还；违禁品和供犯罪所用的本人财物，应当予以没收。没收的财物和罚金，一律上缴国库，不得挪用和自行处理。"

根据以上规定，刑事追缴在性质上，具有刑事上的强制收归国有等的惩罚性，属于非刑罚处罚方法。根据《刑法》第 37 条的规定及关于追缴、退赔、返还、没收、上缴做法的内在关系，一方面，刑事追缴以现实存在的犯罪分子违法所得的一切财物为对象。

这里的"违法所得"，是指犯罪行为而非一般违法行为的所得。在权属关系上，它不属于犯罪分子所有，是犯罪分子通过犯罪行为才占有的财物，包括犯罪分子占有的违法所得的财物和转移至他人但应当追缴的违法所得的财物。这些财物，可以是已为司法机关所控制的，也可以是随时能够通过措施予以控制的，还可以是需要司法机关采用一定追查手段才能最终发现和控制的。对于财物已被犯罪分子使用、挥霍或毁坏的，就不是追缴而是责令退赔。不过，只要财物是现实存在的，人民法院就可以予以追缴处理。另一方面，对于财物被追缴后的处理方式，根据财物的性质分为如下三种：一是，对于属于被害人合法财产的，包括权利人非故意供犯罪使用的，应当及时返还给被害人；二是，对于追缴的财物中属于违禁品（如买卖的毒品）等的，应当予以没收；三是，对于不属于被害人的合法财产或没有被害人的，一律上缴国库。

3. 责令退赔

所谓责令退赔，是指在犯罪分子违法所得的一切财物已被用掉、毁坏或挥霍的情况下，人民法院责令犯罪分子返还相应财物的保障性刑法处理措施。在我国，它被规定在《刑法》第 64 条。

根据以上规定，在性质上，责令退赔是一种非刑罚制裁方法，是针对犯罪分子适用的具有刑事意义的经济性处置方法。从刑法立法来看，它没有规定在《刑法》总则关于刑罚的体系和种类的第三章"刑罚"中，而规定于《刑法》总则第四章"刑罚的具体运用"的"量刑"一节，以保障犯罪分子违法所得的一切财物得以返还被害人或上缴国库。

4. 刑事没收

刑事没收，是指将违禁品和供犯罪所用的本人财物强制无偿地收归国有的处置措施。《刑法》第 64 条中对其作了规定，也即"违禁品和供犯罪所用的本人财物，应当予以没收"。在性质上，刑事没收与刑事追缴一样，具有刑事上的强制收归国有的惩罚性，属于非刑罚的处罚方法。

在实践中，作为刑事没收对象的财物，实际上包括三大类：第一，违法所得的"财物"。这通常又有两种情形：一是犯罪行为所得之物及其产生的收益，如赌博赢取的赌资；二是作为犯罪行为的报酬而得到的财物，如受雇实施报复犯罪的佣金。第二，违禁品。这通常是指那些因对社会具有危险性而被禁止个人非法持有的物品，如枪支、弹药、假币、毒品等。第三，供犯罪所用的本人财物。这里包括两方面的内容：一是"供犯罪所用"。基于刑事没收的剥夺犯罪分子再犯罪能力等立法目的，这里的"供犯罪所用"应是经常性或密切性地对实施犯罪具有重要作用的财物。同时，基于主客观相一致原则，这里的"供犯罪所用"还应是犯罪分子主观上是故意将其用作完成犯罪的物品。二是"本人财物"，是指那些主要或通常直接用于犯罪的本人财物，如刀具、毒药、窃听器、经常用于犯罪的汽车等犯罪工具。至于犯罪分子借用或擅自使用他人财物供犯罪所用是否需要予以没收，需看财物所有人或占有人事前是否知悉是供犯罪使用，若有证据证明确实不知悉，则应当及时或在案件审理结束后予以返还。

(三) 学说理论探讨

《刑法》第 36 条规定了赔偿经济损失，其一般是指人民法院对犯罪行为给被害人造成经济损失的犯罪分子，除依法给予刑事处罚外，还根据情况判处赔偿经济损失的保障性刑法处理措施。那么，其与《刑法》第37条规定的责令赔偿损失之间存在何种区别呢？理论中还存在较大的分歧意见。

（四）疑难问题解析

《刑法》第36条规定的赔偿经济损失，作为非刑罚的保安防卫性措施，具有如下特点：一是犯罪的前提性，二是刑罚的同时性，三是损失的物质性，四是判决的附带性，五是赔付的优先性。

责令赔偿损失与赔偿经济损失两者差距较大，其区别主要表现在：（1）法律性质不同。虽然二者都是赔偿被害人的损失，但责令赔偿损失赔偿的是犯罪行为给被害人造成的轻微损害，而赔偿经济损失赔偿的是犯罪行为带来的经济损失。（2）适用对象不同。责令赔偿损失是对依法被免予刑事处罚的人适用，而赔偿经济损失是对依法被判处刑罚的人适用。（3）适用条件不同。责令赔偿损失以犯罪情节轻微不需要判刑为适用条件，而赔偿经济损失以罪行相对较重又需要判刑为适用条件。（4）处理结果不同。责令赔偿损失是只让被告人赔偿损失而不对他判刑即只赔不罚，而赔偿经济损失是对被告人既判刑又让其赔偿，即又罚又赔。

三、非刑罚的行政性制裁方法

（一）难度与热度

难度：☆☆☆　热度：☆☆☆

（二）基本概念分析

所谓由主管部门予以行政处罚或者行政处分，是指人民法院根据案件的情况向犯罪人所在单位提出行政处罚或者行政处分的司法建议，而由主管部门给予犯罪分子适当行政处罚或者处分的方法。我国《刑法》第37条规定："对于犯罪情节轻微不需要判处刑罚的，可以免予刑事处罚，但是可以根据案件的不同情况……由主管部门予以行政处罚或者行政处分。"

根据有关法律法规规定，行政处罚是行政机关对违反行政管理法规的行政责任追究方式，包括治安管理处罚、财政金融管理处罚、市场监督管理处罚、环境管理处罚等，其处罚方式有警告、罚款、拘留、没收、停止营业等；行政处分是主管机关依法对违反行政法规和劳动纪律的公职人员等所给予的纪律责任追究方式，其处分方式有警告、记过、记大过、降级、撤职、开除、留用察看或开除公职等。

（三）学说理论探讨

作为非刑罚的行政性制裁方法与行政机关针对行政违法或违纪的人适用的行政处罚或者行政处分，在使用方式上存在相同之处。但是，对于该如何区分两者，目前还存在争议，因而有必要在理论中予以进一步厘清。

（四）疑难问题解析

作为行政性制裁方法的"由主管部门给予行政处罚或者行政处分"，具有如下几个特点：

（1）刑事处罚性。它是针对已经构成犯罪的犯罪行为和不需要判处刑罚、可以免予刑罚处罚的犯罪分子适用，具有非刑罚处罚的刑事处罚性，与直接由行政机关针对行政违法或违纪的人适用的行政处罚或者行政处分根本不同。

（2）刑事司法性。它是根据人民法院的刑事司法建议而作出的，具有刑事司法性，与行政机关直接按自己职权作出的行政处罚或者行政处分根本不同。

（3）司法建议性。作出行政处罚或者行政处分是行政机关的职权职责，人民法院既不可以越权直接作出，也不能写在判决书上。至于最终是否给予行政处罚或行政处分，应由行政机关或行政主管部门决定。

（4）案情需要性。人民法院提出行政处罚或者行政处分的司法建议时，应根据罪行的性质、危害程度和预防犯罪的需要。

四、非刑罚的防卫性制裁方法

（一）难度与热度
难度：☆☆☆　热度：☆☆☆

（二）基本概念分析

非刑罚的防卫性制裁方法，是为了防止行为人继续实施严重危害社会行为而采用的强制性防卫措施。这种措施，因存在刑法意义上剥夺或限制行为人的一定权利的属性，可以理解为刑法上的制裁方法。根据我国刑法的规定，这个防卫性制裁方法包括刑事从业禁止和刑事禁止令两种。

1. 刑事从业禁止

从业禁止，是法律规定禁止特定对象从事某项职业的法律措施。所谓刑事从业禁止，是指人民法院根据刑法关于犯罪情况和预防再犯罪的需要，禁止犯罪人在一定期限内从事相关职业的预防性措施。在法律性质上，刑事从业禁止既不是刑罚和非刑罚处罚的刑事处罚措施，也不是行政处罚和经济制裁措施，而是一种兼有制裁和防卫性质的预防性措施。这是《刑法修正案（九）》增加的一项处置措施，规定在现行《刑法》第37条之一。

根据以上规定，我国刑事从业禁止的适用需符合如下条件：（1）前提条件。要求以犯罪被判处刑罚为适用前提。这里的"刑罚"，包括所有主刑和附加刑。（2）对象条件。要求适用对象为利用职业便利或者违背职业特定义务的要求而实施犯罪的行为人。（3）实质条件。要求适用该措施是基于犯罪情况和预防再犯罪的需要。（4）时间条件。禁止犯罪人自刑罚执行完毕之日或者假释之日起从事相关职业，期限通常为3年至5年，按其他法律法规的特别规定，也可能是终身禁止。（5）排他条件。根据《刑法》第37条之一第3款关于"其他法律、行政法规对其从事相关职业另有禁止或者限制性规定的，从其规定"的规定，这里的从业禁止只是在其他法律、行政法规对其从事相关职业无禁止或者限制性规定时适用，若其他法律、行政法规有相关规定则优先适用其规定。

为有效施行刑事从业禁止令，立法设置了治安处罚和构成犯罪的法律后果。根据《刑法》第37条之一第2款的规定，违反本条规定的从业禁止令，会带来两方面的法律后果：一是情节比较轻微、尚不构成犯罪的，由公安机关依法给予治安管理处罚。二是情节严重的，依照《刑法》第 313 条关于拒不执行判决、裁定罪的规定追究刑事责任。这里的"情节严重"，主要是指违反法院的从业禁止决定，经有关方面劝告、责令改正仍不改正的，或者因违反从业禁止决定受到行政处罚又违反的，或者违反从业禁止决定且在从业过程中又有违法行为的。

2. 刑事禁止令

禁止令作为法律术语是指法院下达的禁止当事人实施某种行为的指令。刑事禁止令是刑法规定的对犯罪分子适用的兼有惩罚性和防卫性的预防性防卫措施。在我国，《刑法》对管制执行期间和缓刑考验期间的禁止令作了规定，分别规定在第 38 条第 2 款和第 77 条第 2 款。2011 年最高人民法院、最高人民检察院、公安部、司法部《关于对判处管制、宣告缓刑的犯罪分子适用禁止令有关问题的规定（试行）》（法发〔2011〕9 号）也对其适用作了较为详尽的规定。

（三）学说理论探讨

刑事禁止令与刑事从业禁止是两个既有相同点又有很大不同的易混淆概念。它们的相同点表现在，都是禁止性的防卫措施，都存在禁止从事某项职业的内容。但是，这两项制度在理论中该如何进一步区分呢？对此，需要进一步研究。

（四）疑难问题解析

刑事禁止令与刑事从业禁止的不同点主要表现在如下方面：

（1）禁止范围不同。刑事禁止令的禁止范围比刑事从业禁止更大。根据《刑法》第 38 条和第 72 条的规定，无论是管制执行期间还是缓刑考验期间的禁止令，它们的适用范围都是根据犯罪情况，同时禁止犯罪分子在执行或考验期间"从事特定活动，进入特定区域、场所，接触特定的人"。据此，虽然刑事禁止令在刑法上尚只针对管制和缓刑的执行期间设置，但它既可以对从业进行限制，也能对行为及特定活动进行限制，例如，禁止危险驾驶罪的犯罪人于缓刑考验期内在公共场所饮酒，禁止设立公司、企业、事业单位，禁止从事证券交易、申领贷款、使用票据或者申领、使用信用卡等金融活动等。而刑事从业禁止令虽然可以适用于所有犯罪，但其禁止的实际上只是一定时期内"从事相关职业"，其禁止的范围相对小些。在实践中，刑事从业禁止常见于性侵犯罪、涉食品安全犯罪、责任事故犯罪等几类犯罪。

（2）适用期限不同。刑事禁止令是在管制执行期间或缓刑考验期间，而刑事从业禁止是从刑罚执行完毕之日或者假释之日后的 3 至 5 年期限甚至终身。

（3）适用对象不同。刑事禁止令是针对正在执行刑罚的罪犯适用，而刑事从业禁止是针对刑罚执行完毕的人员适用。

（4）执行机关不同。刑事禁止令由人民法院判决，由司法行政机关指导管理的社区矫正机构负责执行，并由人民检察院实行监督；而刑事从业禁止令由人民法院判决，由公安机关监督执行。

（5）法律后果不同。违反刑事禁止令的法律后果是：管制执行期间违反禁止令的，由公安机关给予治安管理处罚；缓刑考验期间违反禁止令未达到情节严重的，同样由公安机关给予治安管理处罚，但若达到情节严重，则会被撤销缓刑，执行原判刑罚。而违反刑事从业禁止令的法律后果也有两个方面：情节比较轻微、尚不构成犯罪的，由公安机关依法给予治安管理处罚；情节严重的，依照《刑法》第 313 条关于拒不执行判决、裁定罪的规定予以定罪处罚。

▶▶ 第三部分　拓展延伸阅读、案例研习与同步训练

第一节　拓展延伸阅读

1. 马克昌. 刑罚通论. 2 版. 武汉：武汉大学出版社，2007.
2. 张明楷. 刑法学：上. 6 版. 北京：法律出版社，2021.
3. 黎宏. 刑法学总论. 2 版. 北京：法律出版社，2016.
4. 吴宗宪. 刑事执行法学. 3 版. 北京：中国人民大学出版社，2019.
5. 刘湘廉. 限制加重原则之反思与并科原则之提倡. 法商研究，2022（3）.
6. 罗智勇，董朝阳，孙自中.《关于加强减刑、假释案件实质化审理的意见》的理解与适用. 中国应用法学，2022（3）.
7. 郭华.《社区矫正法》制定中的争议问题研究. 法学，2017（7）.
8. 彭文华. 我国刑法制裁体系的反思与完善. 中国法学，2022（2）.

第二节　本章案例研习

案例：张某、叶某故意杀人案

（一）基本案情

张某在婚姻存续期间，与叶某建立不正当男女关系。2020 年 2 月，张某与陈某某离婚，叶某明知张某的子女张甲和张乙将由陈某某抚养，仍视其为自己与张某结婚的障碍。张某和叶某共谋采用制造意外高坠的方式杀害张甲和张乙。其后，叶某多次催促、逼迫张某作案，并限定作案期限。2020 年 11 月 2 日，张某将正在次卧飘窗窗台玩耍的张甲和张乙双腿抱住，一起从飘窗扔到楼下，致二人死亡。

（二）法院判决

重庆市第五中级人民法院审理重庆市人民检察院第五分院指控原审被告人张某、叶某犯故意杀人罪一案，于 2021 年 12 月 28 日作出（2021）渝 05 刑初 29 号刑事判决，以故意杀人罪判处张某、叶某死刑，剥夺政治权利终身。被告人张某、叶某不服，提出上诉。2023 年 4 月，二审庭审中张某、叶某当庭翻供。重庆市高级人民法院经审理认为：张某直接实施杀人行为，叶某在决定杀害 2 名儿童、采用制造意外高坠方式作案、催促逼迫张某实施杀人、追求被害儿童死亡等方面更为积极主动，二人在共同犯罪中地位、作用相当，均系主犯。裁定驳回上诉，维持原判。对张某、叶某的死刑裁定依法报请最高人民法院核准。

（三）案例解析

刑法规定，死刑只适用于罪行极其严重的犯罪分子。是否属于"罪行极其严重"，应当从犯罪分子的主观恶性、人身危险性和犯罪行为的社会危害性三个方面进行综合分析认定。在本案中，张某与叶某积极共谋，采用制造意外高坠的方式杀害张某的两名子女，主观上属于积极追求被害人死亡的直接故意。案发后，二被告人将微信聊天记录删除、统一口径，妄图逃避罪责。二审期间，张某当庭翻供，否认其犯罪事实，叶某避重就轻，逃避罪责，毫无悔罪之意。二人作案动机特别卑劣，作案手段特别残忍，犯罪情节特别恶劣，犯罪后果极其严重，主观恶性极深，社会影响极坏，符合适用死刑的条件。对此种严重侵害未成年人权益、严重侵犯人民群众生命安全、严重危害社会治安秩序的犯罪，依法适用死刑能够实现刑罚的目的，达成罪责刑相适应。

第三节　本章同步训练

一、选择题

（一）单选题

1.《刑法》第 49 条规定：_____的时候不满 18 周岁的人和_____的时候怀孕的妇女，不适用死刑。

_____的时候已满 75 周岁的人，不适用死刑，但_____的除外。下列哪一选项与题干空格的内容相匹配？（　　）

A. 犯罪——审判——犯罪——故意犯罪致人死亡

B. 审判——审判——犯罪——故意犯罪致人死亡

C. 审判——审判——审判——以特别残忍手段致人死亡

D. 犯罪——审判——审判——以特别残忍手段致人死亡

2. 孙某因犯抢劫罪被判处死刑，缓期 2 年执行。在死刑缓期执行期间，孙某在劳动时由于不服管理，违反规章制度，造成重大伤亡事故。对孙某应当如何处理？（　　）

A. 其所犯之罪查证属实的，由最高人民法院核准，立即执行死刑

B. 其所犯之罪查证属实的，由最高人民法院核准，2 年期满后执行死刑

C. 2 年期满后减为无期徒刑

D. 2 年期满后减为 15 年以上 20 年以下有期徒刑

（二）多选题

1. 下列有关剥夺政治权利的说法，哪些是正确的？（　　）

A. 刑法总则规定，对于故意杀人、强奸等严重破坏社会秩序的犯罪分子，可以附加剥夺政治权利，因此，对于严重盗窃、故意重伤等犯罪分子，也可以附加剥夺政治权利

B. 附加剥夺政治权利的刑期，从徒刑执行完毕之日或从假释之日起计算，剥夺政治权利的效力当然适用于主刑执行期间

C. 被剥夺政治权利的犯罪分子，无权参加村民委员会的选举

D.《刑法》总则中规定,"对于危害国家安全的犯罪分子应当附加剥夺政治权利"。但如果人民法院对危害国家安全的犯罪分子独立适用剥夺政治权利,则不能再附加剥夺政治权利

2. 关于没收财产,下列哪些选项是错误的?(　　　)

A. 甲受贿 100 万元,巨额财产来源不明 200 万元,甲被判处死刑并处没收财产。甲被没收财产的总额至少应为 300 万元

B. 甲抢劫他人汽车被判处死刑并处没收财产。该汽车应上缴国库

C. 甲因走私罪被判处无期徒刑并处没收财产。此前所负赌债,经债权人请求应予偿还

D. 甲因受贿罪被判处有期徒刑 10 年并处没收财产 30 万元,因妨害清算罪被判处有期徒刑 3 年并处罚金 2 万元。没收财产和罚金应当合并执行

二、案例分析题

甲(17 周岁)得知丙家有巨额资金,与乙共谋进入丙家抢劫。甲潜入丙家,乙为其望风,乙叮嘱甲切不可杀人,甲同意。

甲进入丙家后,见只有其一人在家,便持锤子砸向丙的头部。甲以为丙已经死亡,取得现金后为毁灭罪证,放火点燃丙家(蔓延至邻居家)。甲出门后,火势尚未显现。甲谎称并未杀人,也未提放火之事,二人遂逃离现场。后经法医鉴定,丙因颅脑损伤且吸入过量一氧化碳而死亡。

乙的家人劝乙投案未果,便将其捆绑送至公安局。乙到案后如实交代了自己的犯罪事实,并协助警察将甲抓获。

请根据上述材料回答下列问题并说明理由:

(1) 对甲、乙的行为应当认定为何罪?

(2) 犯罪分子具有何种法定量刑情节及其处罚原则是什么?

三、论述题

1. 如何理解刑罚的目的?

2. 怎样理解从业禁止的性质?

参考答案及解析

一、选择题

(一)单选题

1. 参考答案:D

解析:《刑法》第 49 条规定:"犯罪的时候不满十八周岁的人和审判的时候怀孕的妇女,不适用死刑。审判的时候已满七十五周岁的人,不适用死刑,但以特别残忍手段致人死亡的除外。"

2. 参考答案：C

解析：本题主要考查死刑缓期执行制度。《刑法》第50条第1款规定："判处死刑缓期执行的，在死刑缓期执行期间，如果没有故意犯罪，二年期满以后，减为无期徒刑；如果确有重大立功表现，二年期满以后，减为二十五年有期徒刑；如果故意犯罪，情节恶劣的，报请最高人民法院核准后执行死刑；对于故意犯罪未执行死刑的，死刑缓期执行的期间重新计算，并报最高人民法院备案。"第2款规定："对被判处死刑缓期执行的累犯以及因故意杀人、强奸、抢劫、绑架、放火、爆炸、投放危险物质或者有组织的暴力性犯罪被判处死刑缓期执行的犯罪分子，人民法院根据犯罪情节等情况可以同时决定对其限制减刑。"可见，死刑缓期2年执行的，在缓期执行的2年时间内只要没有故意犯罪［为了严格控制死刑的适用，《刑法修正案（九）》在故意犯罪后增加"情节恶劣的"即指罪犯再次实施了抗拒改造、情节恶劣的故意犯罪，且必须经过法院审判的确认］，就一定能够减为无期徒刑，如果有重大立功表现，2年期满后就减为25年有期徒刑。当然，即使出现了新的故意犯罪，也要按照法定程序对新罪进行立案侦查、起诉和审判，然后将死刑和新罪的刑罚按照数罪并罚的原则进行并罚，然后决定执行死刑。本题中，孙某在死刑缓期2年执行期间犯的是属于过失犯罪的重大责任事故罪，因此，2年期满后应减为无期徒刑。

（二）多选题

1. 参考答案：ABCD

解析：本题主要考查剥夺政治权利的适用。一定要注意被剥夺政治权利的犯罪分子，实际被剥夺政治权利的时间要比被判处附加剥夺政治权利的时间长，因为，在主刑执行期间其也是不享有政治权利的。被剥夺政治权利的村民没有权利参加村委会选举，其依据是《村民委员会组织法》第13条的规定。

2. 参考答案：ABCD

解析：本题考查附加刑中的没收财产刑。没收财产是没收犯罪分子个人合法所有的财产的一部或全部。根据《刑法》第64条的规定，犯罪分子违法所得的一切财物，应当予以追缴或者责令退赔；对被害人的合法财产，应当及时返还。违禁品和供犯罪所用的本人财物，应当予以没收。没收的财物和罚金，一律上缴国库，不得挪用和自行处理。因此，A选项的300万元属于犯罪分子违法所得的财物，应当予以追缴或者责令退赔，不属于没收财产刑的执行对象。B选项中，汽车属于被害人的合法财产，应当及时返还，而非上缴国库。关于C选项，《刑法》第60条规定："没收财产以前犯罪分子所负的正当债务，需要以没收的财产偿还的，经债权人请求，应当偿还。"赌债并非正当债务，即使经债权人请求，也不应偿还。最高人民法院《关于适用财产刑若干问题的规定》第3条第2款规定："一人犯数罪依法同时并处罚金和没收财产的，应当合并执行；但并处没收全部财产的，只执行没收财产刑。"D项中，显然没收的是部分财产，而不是全部财产，因此，应当与罚金刑合并执行。但根据由2011年5月1日施行的《刑法修正案（八）》第10条修订的《刑法》第69条第2款的规定，数罪中有判处附加刑的，附加刑仍须执行，其中，附加刑种类相同的，合并执行，种类不同的，分别执行，刑法的效力高于司法解释，该司法解释无效，这样，同属附加刑的没收财产（不管是没收部分还是全部财产）与罚金刑，都要分别执行，而不能合并执行，因此，D项错误。

二、案例分析题

参考答案：（1）甲构成抢劫罪与放火罪，应当实行数罪并罚；乙构成抢劫罪的共同犯罪。理由：1）甲、乙以非法占有为目的，共谋入户抢劫丙，使用暴力压制其反抗并取走其现金，故构成抢劫罪的共同犯罪；2）甲犯罪以后，为毁灭罪证而放火，危害不特定多数人的生命、健康和重大公私财产安全，构成放火罪，因此，对甲应当以抢劫罪与放火罪实行数罪并罚；3）甲误以为丙死亡，为毁灭罪证而放火，由于介入因素不中断抢劫行为与死亡结果的因果关系，故甲构成抢劫罪致人死亡的结果加重犯；4）甲的放火行为属于共同犯罪中的过限行为，乙对此不构成共犯。

（2）1）甲犯罪时未满18周岁，不能适用死刑，且应当从轻或者减轻处罚。2）甲在抢劫罪中是主犯。3）甲构成入户抢劫的情节加重犯，以及抢劫罪致人死亡的结果加重犯，应当适用加重的法定刑。4）乙在抢劫罪中是从犯，应当从轻、减轻或者免除处罚。5）乙构成入户抢劫的情节加重犯，以及抢劫罪致人死亡的结果加重犯，应当适用加重的法定刑。6）乙不成立自首，但成立坦白。因为乙被亲友捆绑送至公安局，不属于自动投案，故不成立自首；乙被动归案后，如实供述自己的罪行，成立坦白，可以从轻处罚。7）乙成立重大立功，可以减轻或者免除处罚。因为乙协助司法机关抓获同案犯甲，由于甲有可能被判处无期徒刑以上刑罚，故乙成立重大立功。

三、论述题

1. 参考答案：

刑罚的目的，即国家适用刑罚所要达到的目标，是刑罚论的核心问题之一。关于刑罚的目的，存在多种不同的理论观点，主要可以分为报应刑论和目的刑论两大类。

报应刑论的核心观点：刑罚是对犯罪的公平报应，体现的是人与生俱来的公平正义之心。该观点认为：（1）刑罚是对犯罪的惩罚，犯罪人因其犯罪行为对社会造成损害，应当受到相应的惩罚。（2）刑罚是对犯罪的报应，体现的是"以牙还牙、以眼还眼、以血还血"的正义观念。（3）刑罚是对犯罪人的道德谴责，使其认识到其行为的错误，并悔过自新。

目的刑论的核心观点：刑罚是为了预防犯罪而采取的一种教育手段，而不是单纯的报应。该观点认为：（1）刑罚的目的在于预防犯罪，包括一般预防和特殊预防。（2）刑罚的适用应当考虑犯罪人的主观恶性、人身危险性等因素，采取个别化的矫正措施。（3）刑罚的适用应当注重对犯罪人的教育改造，使其重新回归社会。

我国刑法理论通说认为，刑罚的目的是预防犯罪，包括特殊预防和一般预防。特殊预防是指通过剥夺犯罪分子再犯能力和进行教育改造，防止其重新犯罪。一般预防是指通过威慑、警诫潜在的犯罪人，防止他们走上犯罪道路。刑罚的目的并不是单一的，而是多方面的。报应刑论和目的刑论都有其合理性，但也都存在一定的局限性，因此，在理解刑罚的目的时，应当将两者结合起来，做到宽严相济。第一，既要体现报应，也要注重预防：刑罚的适用既要考虑犯罪行为的严重程度，也要考虑犯罪人的主观恶性、人身危险性等因素，做到罪责刑相适应。第二，既要惩罚犯罪，也要教育改造：刑罚的适用既要使犯罪人受到应有的惩罚，也要注重对犯罪人的教育改造，使其重新回归社会。第三，既要威慑犯罪，也要安抚被害人：刑罚的适用既要威慑潜在的犯罪人，也要安抚被害人，维护社会正义。

总结：刑罚的目的，即国家适用刑罚所要达到的目标，是刑罚论的核心问题之一。关于刑罚的目的，存在多种不同的理论观点，主要可以分为报应刑论和目的刑论两大类。我国刑法理论通说认为，刑罚的目的是预防犯罪，包括特殊预防和一般预防。在理解刑罚的目的时，应当将报应刑论和目的刑论结合起来，做到宽严相济。

2. 参考答案：

从业禁止的性质是非刑罚的防卫性制裁方法，旨在防止犯罪分子再次利用职业之便进行犯罪。它不是一种刑罚，也不是一种行政处罚，而是由刑法规定并由人民法院裁决的保安处分措施。从业禁止的适用前提是犯罪分子因利用职业便利实施犯罪或者实施违背职业要求的特定义务的犯罪而被判处刑罚。法院在决定是否适用从业禁止时，会根据犯罪情况和预防再犯罪的需要进行评估。从业禁止的期限为 3 年至 5 年，违反从业禁止规定的行为人将承担一定的法律后果。

第十五章 刑罚制度

第一部分 本章知识点速览

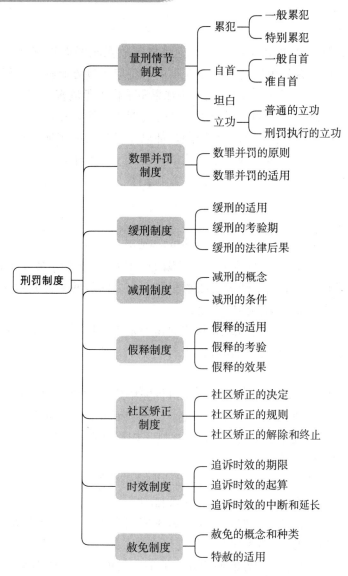

▶▶ 第二部分　本章核心知识要点解析

第一节　量刑情节制度

一、累犯制度

（一）难度与热度

难度：☆☆☆☆☆　热度：☆☆☆☆☆

（二）基本概念分析

1. 累犯的概念

根据《刑法》第 65 条的规定，一般累犯是指因故意犯罪而被判处有期徒刑以上刑罚，在刑罚执行完毕或者赦免以后，又在 5 年内再犯应当判处有期徒刑以上刑罚之罪的犯罪分子。根据《刑法》第 66 条的规定，特殊累犯是指因犯危害国家安全罪、恐怖活动犯罪、黑社会性质的组织犯罪的犯罪分子，已受过刑事处罚，在刑罚执行完毕或者被赦免以后的任何时候，再犯上述任何一类罪的，都以累犯论处的犯罪分子。累犯是一种从重处罚的法定量刑情节，也是一种从重处罚的量刑制度。其中，作为量刑制度，累犯制度主要表现为刑法关于累犯的概念、种类、适用条件、处罚原则等的一系列规定。

2. 累犯的构成条件

（1）一般累犯的构成条件。

根据《刑法》第 65 条的规定，一般累犯的构成条件包括以下四个方面。

第一，主体条件：年满 18 周岁的人。不满 18 周岁的人犯罪不成立累犯。

第二，主观条件：前罪与后罪都是故意犯罪。如果前后两罪都是过失犯罪，或者前后两罪中其一是过失犯罪，则不构成累犯。

第三，刑度条件：前后罪所判或应判的刑罚都是有期徒刑以上的刑罚，包括无期徒刑和死刑。如果前后罪所判处的刑罚都低于有期徒刑，或者有一罪低于有期徒刑，则不构成累犯。

第四，时间条件：后罪发生在前罪刑罚执行完毕或者赦免以后 5 年之内。如果后罪发生在前罪的刑罚执行期间，则不成立累犯，应按数罪并罚予以定罪处刑。如果后罪发生在前罪刑罚执行完毕或者赦免的 5 年以后，则不构成累犯，应按再犯酌定从重处罚。

（2）特别累犯的构成条件。

根据《刑法》第 66 条的规定，特别累犯的构成条件如下。

第一，主体条件：没有任何主体条件的限制。

第二，主观条件：前罪与后罪必须是危害国家安全犯罪、恐怖活动犯罪、黑社会性质的组织犯罪三类犯罪的 20 多个罪名中的任何一个个罪。

第三，刑度条件：前罪被判处的刑罚和后罪应判处的刑罚的种类及其轻重不受限制。即使前后两罪或者其中一罪被判处管制、拘役甚至单处附加刑，也不影响特别累犯的构成。

第四，时间条件：前后罪之间没有间隔的时间限制，前罪刑罚执行完毕或者赦免以后的任何时候都可以构成累犯。

3. 累犯的从重规则

根据《刑法》第65条的规定，对累犯应当从重处罚。据此，对累犯裁量刑罚，确定其应当承担的刑事责任时，应注意把握以下几个方面的问题：

第一，对于累犯必须根据一定的标准从重处罚。一方面，对于累犯应当比照不构成累犯的初犯或其他犯罪人进行从重处罚。另一方面，对于累犯从重处罚，必须根据其所实施的犯罪行为的性质、情节和社会危害程度，确定具体应判处的刑罚，切忌毫无事实根据地对累犯一律判处法定最高刑的做法。

第二，对累犯"应当"从重处罚，而不是"可以"从重处罚。"应当"从重是命令性规范，法官没有灵活选择的余地。

第三，根据《刑法》第74条、第81条第2款的规定，累犯不得适用缓刑、假释。

（三）学说理论探讨

《刑法》第356条规定的毒品再犯，是不是属于《刑法》总则意义上的累犯制度，在理论学界存在一定的争议。有的观点认为，毒品再犯与累犯属于不同的制度，两者之间不存在必然的关联性，如果符合毒品再犯，就按照《刑法》第357条认定即可。另有观点认为，毒品再犯与累犯存在一定的重合关系，如果既成立毒品再犯、又成立累犯，就应当按照累犯进行处罚，因为累犯的后果要比毒品再犯重。

（四）疑难问题解析

累犯与毒品再犯属于不同的制度，两者之间既存在相同，也存在差异。相同点为：（1）都实施了两次或两次以上的犯罪行为；（2）都是从重处罚的量刑情节；（3）累犯和再犯中的毒品再犯的前后罪都是故意犯罪；（4）特别累犯和再犯的前罪与后罪之间都没有时间间隔的限制。两者的不同点为：（1）在犯罪主体上，一般累犯要求主体是年满18周岁的人，而毒品再犯没有这个限制；（2）在犯罪性质上，累犯的前后罪都是故意犯罪或三大类特定犯罪中的任何一个犯罪，且一般累犯的前后罪都需要判处有期徒刑以上刑罚，而毒品再犯前罪是犯走私、贩卖、运输、制造、非法持有毒品罪，后罪是《刑法》分则第六章妨害社会管理秩序罪中第七节走私、贩卖、运输、制造毒品罪中的任一罪名；（3）在时间条件上，累犯的后罪必须在前罪刑罚执行完毕或赦免以后实施，且一般累犯要求后罪在前罪刑罚执行完毕或赦免后的5年内，而毒品再犯并没有时间限制。

从两者的比较中也可以发现，如果毒品再犯的后罪在前罪刑罚执行完毕或赦免后的5年内，那么确实存在竞合的问题。对此，可以根据想象竞合犯的处断原则进行适用，也即按照处罚后果更为严重的累犯处理具有妥当性。

二、自首制度

（一）难度与热度

难度：☆☆☆☆☆　热度：☆☆☆☆☆

（二）基本概念分析

1. 自首的概念

所谓自首，是指犯罪以后自动投案，如实供述自己罪行的行为，或者被采取强制措施的犯罪嫌疑人、被告人和正在服刑的罪犯，如实供述司法机关还未掌握的本人其他罪行的行为。自首是一种从宽处罚的法定量刑情节，也是一种从宽处罚的量刑制度。其中，作为量刑制度，自首制度主要表现为刑法关于自首的概念、种类、适用条件、处罚原则等的一系列规定。

2. 自首的种类及成立条件

根据《刑法》第 67 条的规定，自首有"一般自首"（第 1 款）和"准自首"（第 2 款）两种情形。《刑法》第 164 条第 4 款、第 390 条第 3 款和第 392 条第 2 款规定的"特别自首"，不属于刑法总则意义上具有普遍适用性的自首制度。

（1）一般自首的成立条件。

1）犯罪以后自动投案。

自动投案，是指犯罪分子于犯罪之后、被动归案之前，自行向有关机关或个人投案，承认自己实施了犯罪，并自愿置于所投机关或个人的控制之下，等候交代犯罪事实，并最终接受国家的审理和裁判的行为。它包括如下两种情形：

一是狭义的自动投案。这种意义上的自动投案，是指犯罪事实或者犯罪嫌疑人未被司法机关发觉，或者虽被发觉，但犯罪嫌疑人尚未受到讯问、未被采取强制措施时，主动、直接向公安机关、人民检察院或者人民法院投案。

二是广义的自动投案。这是基于犯罪嫌疑人投案的主动性和自愿性而成立的自动投案。根据 1998 年最高人民法院《关于处理自首和立功具体应用法律若干问题的解释》（法释〔1998〕8 号）、2010 年最高人民法院《关于处理自首和立功若干具体问题的意见》（法发〔2010〕60 号）的规定，广义的自动投案具体有 15 种类型。

"犯罪以后自动投案"需要等待接受司法机关的审查与裁判。1998 年最高人民法院《关于处理自首和立功具体应用法律若干问题的解释》（法释〔1998〕8 号）中规定："犯罪嫌疑人自动投案后又逃跑的，不能认定为自首。"对此，理论上通常将其解释为，犯罪嫌疑人必须将自己置于有关机关或个人的控制之下，并等待交代犯罪事实和接受司法机关的审查与裁判。

2）如实供述自己的罪行。

按 2010 年最高人民法院《关于处理自首和立功若干具体问题的意见》（法发〔2010〕60 号）的规定，如实供述自己的罪行，是指犯罪嫌疑人自动投案后，如实交代自己的主要犯罪事实。至于何为这里的"主要犯罪事实"，结合刑法的立法精神和以上司法解释文件的相关规定，具体可以从如下几个方面把握：

第一，所供述的必须是犯罪的事实。投案人供述的必须是有关犯罪的一切实际情况，而不是与犯罪无关的其他行为与事实。

第二，所如实供述的必须是主要犯罪事实。所谓主要犯罪事实，是指足以证明行为人的行为构成犯罪的基本事实，是决定犯罪性质认定的罪与非罪、此罪与彼罪、轻罪与重罪的犯罪构成事实。如果犯罪人在供述罪行的过程中推诿责任，保全自己，意图逃避制裁；大包大揽，庇护同伙，意图包揽罪责；歪曲罪质、隐瞒情节，企图蒙混过关；掩盖真相，避重就轻，试图减轻罪责；等等，都不属于"如实供述自己的罪行"，不能成立自首。

第三，投案人所交代的必须是自己实施或支配他人实施并应由自己承担刑事责任的罪行。这些犯罪事实，既可以是投案人单独实施的，也可以是投案人和他人共同实施的；既可以是一罪，也可以是数罪。

第四，犯罪人供述自己罪行的方式是多种多样的，可以是口头的，也可以是书面的；可以是直接的，也可以是间接的。

（2）准自首的成立条件。

根据《刑法》第67条第2款的规定，准自首的成立条件如下：

第一，主体为被采取强制措施的犯罪嫌疑人、被告人和正在服刑的罪犯。只有该三种人，才能构成准自首的主体。

第二，如实供述司法机关还未掌握的本人其他罪行。按2010年最高人民法院《关于处理自首和立功若干具体问题的意见》（法发〔2010〕60号），这里的"司法机关还未掌握的本人其他罪行"，是指犯罪嫌疑人、被告人在被采取强制措施期间，向司法机关主动如实供述本人的其他罪行。这里的"不同种罪行"，是指犯罪嫌疑人、被告人在被采取强制措施期间如实供述本人其他罪行。

3. 自首认定中的其他问题

自首的成立条件是自首认定中的基本方面，但基于自首所涉问题的复杂性，司法实践中自首的认定还有如下需要进一步明确的其他问题。

（1）自动投案的认定。

第一，在投案时间上，自动投案须发生在归案前。这里的"归案前"，根据司法解释的规定，具体包括7种情形。

第二，在投案主体上，一般自首的投案主体原则上是犯罪分子本人。如果是在单位犯罪中，则具体包括单位犯罪案件的单位负责人、单位直接负责的主管人员和其他直接责任人员。犯罪分子投案于有关机关或个人，并不限于必须到有关机关去或者直接投向有关个人。犯罪分子因病、因伤委托他人代为投案，亲友陪同或送去投案，或者先以信件、电报、电话投案的，也视为本人投案。

第三，在投案对象上，犯罪分子系自行向有关机关或个人投案。投案对象可以是公检法机关，也可以是所在单位、城乡基层组织或者其他有关负责人员，还可以是其他单位、组织或有关负责人。

第四，在自动性上，自动投案必须是基于犯罪分子本人的自愿意志。这表现在：1）犯罪分子的归案，并不是由违背犯罪分子本意的原因造成的；2）对于那些被询问、被盘问、被通知、被抓捕的犯罪嫌疑人或被调查人，在查实确实具有投案的意愿和行动时，都可以认定为具有一般自首的自动性；3）投案后又逃跑等情形，因不具有自动性而不能视为自首；4）自动投案的动机不影响归案行为的自动性认定。

基于以上情形与要求，对以下情形不能认定为自首：1）犯罪嫌疑人自动投案后又逃跑的，不能认定为自首；2）罪行未被有关部门、司法机关发觉，仅因形迹可疑被盘问、教育后，主动交代了犯罪事实，但有关部门、司法机关在其身上、随身携带的物品、驾乘的交通工具等处发现与犯罪有关的物品的，不能认定为自动投案；3）犯罪嫌疑人被亲友采用捆绑等手段送到司法机关，或者在亲友带领侦查人员前来抓捕时无拒捕行为，并如实供认犯罪事实的，不能认定为自动投案和自首，但可以参照法律对自首的有关规定酌情从轻处罚。

（2）如实供述自己罪行的认定。

如实供述自己罪行的认定，除了前述成立条件中的内容，还包括如下需要特别注意的问题：

第一，连续犯的如实供述主要犯罪事实的认定。犯罪嫌疑人多次实施同种罪行的，应当综合考虑已交代的犯罪事实与未交代的犯罪事实的危害程度，决定是否认定为如实供述主要犯罪事实。虽然投案后没有交代全部犯罪事实，但如实交代的犯罪情节重于未交代的犯罪情节，或者如实交代的犯罪数额多于未交代的犯罪数额，一般应认定为如实供述自己的主要犯罪事实。无法区分已交代的与未交代的犯罪情节的严重程度，或者已交代的犯罪数额与未交代的犯罪数额相当，一般不认定为如实供述自己的主要犯罪事实。

第二，主要犯罪事实的交代时间。犯罪嫌疑人自动投案时虽然没有交代自己的主要犯罪事实，但在司法机关掌握其主要犯罪事实之前主动交代的，应认定为如实供述自己的罪行。

（3）准自首的司法认定。

根据 2010 年最高人民法院《关于处理自首和立功若干具体问题的意见》（法发〔2010〕60 号）的规定，准自首的成立条件包括以下几个方面：

犯罪嫌疑人、被告人在被采取强制措施期间，向司法机关主动如实供述本人的其他罪行，该罪行能否认定为司法机关已掌握，应根据不同情形区别对待。如果该罪行已被通缉，一般应以该司法机关是否在通缉令发布范围内作出判断，不在通缉令发布范围内的，应认定为还未掌握，在通缉令发布范围内的，应视为已掌握；如果该罪行已录入全国公安信息网络在逃人员信息数据库，应视为已掌握。如果该罪行未被通缉、也未录入全国公安信息网络在逃人员信息数据库，应以该司法机关是否已实际掌握该罪行为标准。

犯罪嫌疑人、被告人在被采取强制措施期间如实供述本人其他罪行，该罪行与司法机关已掌握的罪行属同种罪行还是不同种罪行，一般应以罪名区分。虽然如实供述的其他罪行的罪名与司法机关已掌握犯罪的罪名不同，但如实供述的其他犯罪与司法机关已掌握的犯罪属选择性罪名或者在法律、事实上密切关联，如因受贿被采取强制措施后，又交代因受贿为他人谋取利益行为，构成滥用职权罪的，应认定为同种罪行。

（4）共同犯罪自首的认定。

共同犯罪人自首时所应供述的自己罪行的范围，必须与其在共同犯罪中所起的作用和具体分工相适应。1）主犯应供述的罪行范围。主犯中的首要分子必须供述的罪行，应包括其组织、策划、指挥下的全部罪行；其他主犯必须供述的罪行，应包括其在首要分子的组织、策划、指挥的支配下，单独实施的共同犯罪的罪行以及与其他共同犯罪人共同实施的犯罪行为。2）从犯应供述的罪行范围。从犯中次要的实行犯必须供述的罪行，应包括犯罪分子自己实施的犯罪，以及与自己共同实施犯罪的主犯和胁从犯的犯罪行为；从犯中的帮助犯必须供述的罪行，包括自己实施的犯罪帮助行为，以及自己所帮助的实行犯的犯罪行为。3）胁从犯应供述的罪行范围，包括自己在被胁迫下实施的犯罪，以及其所知道的胁迫自己犯罪的胁迫人所实施的罪行。4）教唆犯应供述的罪行范围，包括自己的教唆行为，以及所了解的被教唆人产生犯罪意图之后实施的犯罪行为。

（5）数罪自首的认定。

正确认定数罪的自首，关键在于判断犯罪人是否如实地供述了所犯数罪并区分为不同情况予以处理。1）就一般自首而言，对于犯罪人自动投案后如实地供述所犯全部数罪的，应认定为全案均成立自首。对于犯罪人自动投案后仅如实供述所犯全部数罪的一部分，而未供述其中所犯各罪的全部罪行的，应当分别予以处理：若行为人所犯数罪为异种数罪，其所供述的犯罪成立自首，其未交代的犯罪不成立自首，即其自首的效力仅及于如实供述之罪。若行为人所犯数罪为同种数罪，则应根据犯罪人供述犯罪的程度，决定自首成立的范围。其中，犯罪人所供述的犯罪与未供述的犯罪在性质、情节、社会危害程度等方面大致相当的，只应认定所供述之罪成立自首，未供述之罪不成立自首，即自首的效力同样及于如实供述之罪。犯罪人确实由于主客观方面的原因，只如实供述了所犯数罪中的主要或基本罪行，应认定为全案成立自首，即自首的效力及于所犯全部罪行。2）就准自首而言，被司法机关依法采取强制措施的犯罪嫌疑人、被告人，如实供述司法机关还未掌握的本人非同种罪行的；或者正在服刑的罪犯，如实供述判决宣告前发生、判决确定的罪行以外的司法机关还未掌握的同种罪行或者非同种罪行的，以自首论。

（6）自首成立后翻供的自首认定。

犯罪嫌疑人自动投案并如实供述自己的罪行后又翻供的，不能认定为自首；但在一审判决前又能如实供述的，应当认定为自首。

4. 自首的从宽规则

依据《刑法》第 67 条第 1 款的规定，对于自首的犯罪分子，可以从轻或者减轻处罚。其中，犯罪较轻的，可以免除处罚。具体结合如下规则予以从宽处理：

第一，自首从宽的尺度以自首所体现的人身危险性和社会危害性情况为实质根据。自首作为犯罪后的从宽处罚量刑情节之一，其从宽幅度，包括从轻、减轻、免除处罚的选取及其各选择的从宽幅度，其确定依据不在于罪行的轻重，而在于其所体现的人身危险性和社会危害性方面的量刑实质根据。

第二，这里的"可以"不是法官任意选择，而是原则上要从宽。按司法解释，对于自首的被告人，除了罪行极其严重、主观恶性极深、人身危险性极大或者恶意地利用自首规避法律制裁者，一般均应当依法从宽处罚。

第三，对于犯有数罪的人，投案后仅供述其中一罪的，只对其所供述的罪按自首从轻或者减轻处罚。

第四，交通肇事后保护现场、抢救伤者，并向公安机关报告的，应认定为自动投案，构成自首的，因上述行为同时系犯罪嫌疑人的法定义务，对其是否从宽、从宽幅度要适当从严掌握。交通肇事逃逸后自动投案，如实供述自己罪行的，应认定为自首，但应依法以较重法定刑为基准，视情况决定对其是否从宽处罚以及从宽处罚的幅度。

（三）学说理论探讨

根据 2010 年最高人民法院《关于处理自首和立功若干具体问题的意见》（法发〔2010〕60 号），这里的"如实供述自己的罪行"，除供述自己的主要犯罪事实外，还应供述姓名、年龄、职业、住址、前科等情况。其中，犯罪嫌疑人供述的身份等情况与真实情况虽有差别，但不影响定罪量刑的，应认定为如实供述自己的罪行；犯罪嫌疑人自动投案后隐瞒自己的真实身份等情况，影响对其定罪量刑的，不能认定为如实供述自己的罪行。这种规定是否具有合理性？

（四）疑难问题解析

其实，上述司法解释并不符合刑法关于自首的"如实供述自己的罪行"要求：一方面，"姓名、年龄、职业、住址、前科等情况"并不是刑法意义上的罪行。虽然对它们如实供述与否，确实影响对犯罪嫌疑人的追诉和作为自动投案的要求，但不能由此将它们解释为"罪行"。另一方面，根据这个解释，实践中对何谓这里的"主要犯罪事实"，不仅理解不一，而且会出现案件的所有事实都可能被理解为"主要犯罪事实"的情形。

三、坦白制度

（一）难度与热度

难度：☆☆☆　　热度：☆☆☆

（二）基本概念分析

1. 坦白的概念

所谓坦白，是指犯罪嫌疑人在被动归案后、被依法提起公诉前，如实供述自己被怀疑、被发觉、被立案侦查的罪行的行为。坦白是一种从宽处罚的法定量刑情节，也是一种从宽处罚的量刑制度。其中，作为量刑制度，坦白制度主要表现为刑法关于坦白的概念、适用条件、处罚原则等的一系列规定。2011年《刑法修正案（八）》将它规定为从宽处罚的法定量刑情节和从宽处罚的量刑制度，具体规定在《刑法》第67条第3款。

2. 坦白成立的条件

根据《刑法》第67条第3款的规定，坦白的成立，须具备如下五个条件：

第一，坦白的主体只能是犯罪嫌疑人。根据《刑法》第67条第3款关于坦白的规定，将其主体限定为犯罪嫌疑人。按刑事诉讼法的相关规定，犯罪嫌疑人是因涉嫌犯罪而受到刑事追诉但尚未被提起公诉的人。

第二，坦白的归案方式是被动归案。这是坦白区别于自首的关键方面。在实践中，被动归案的方式，通常有如下三种：一是被群众扭送归案，二是被司法机关传唤到案，三是因被司法机关采取强制措施而归案。

第三，坦白的时间是在被动归案后、被依法提起公诉前。这是由坦白与自首的区别以及由立法将坦白的主体限定为犯罪嫌疑人所决定的。犯罪嫌疑人被动到案后，未如实供述，但在移送审查起诉或者提起公诉之前如实供述的，如果是在司法机关掌握其主要犯罪事实并出示证据之前主动交代，应认定为坦白；如果是在出示证据之后主动交代的，则不应认定为坦白。

第四，坦白的对象是侦查机关。这是由坦白的被动到案及其制度设置的立法意旨决定的。侦查机关办案人员所接受的坦白供述，不理解为个人接受，而是侦查机关接受。

第五，坦白的内容是犯罪嫌疑人自己被怀疑、被发觉、被立案侦查的罪行。这是由坦白的被动性决定的，也是坦白区别于自首的关键方面。如果犯罪嫌疑人被动到案后，如实供述后又翻供，则不能认定为坦白。如果犯罪嫌疑人被动到案后，如实供述后又翻供，但在提起公诉后进入审判阶段又如实供述，其供述时的身份和时间节点都不符合坦白的立法要求，不能认定为坦白。

3. 坦白的从宽规则

根据《刑法》第 67 条第 3 款的规定，对坦白的从宽规则把握，需重点关注如下方面：

第一，坦白从宽的尺度以坦白所体现的人身危险性和社会危害性情况为实质根据。坦白作为犯罪后的从宽处罚量刑情节之一，其从宽幅度，包括从轻、减轻处罚的选取及其各选择的从宽幅度，不确定依据在于罪行的轻重，而在于其所体现的人身危险性和社会危害性方面的量刑实质根据。具体需根据犯罪的事实、性质、情节和对于社会的危害程度，结合坦白的时间、动机、环境以及坦白交代的犯罪事实的完整性、稳定性以及悔罪表现等情节，依法决定。

第二，这里的"可以"不是由法官任意选择，而是原则上要从宽。按相关司法解释关于"可以"的理解，对于坦白的犯罪人，除了罪行极其严重、主观恶性极深、人身危险性极大，以及恶意地利用自首规避法律制裁者，一般均应当依法从宽处罚。

第三，对于犯有数罪的人，只对其中一罪坦白的，只对其所坦白的罪按坦白的从宽处罚。但是，如果供述数罪的主要罪行的，也可以对全案按坦白从宽处罚。

（三）学说理论探讨

最高人民法院《关于处理自首和立功具体应用法律若干问题的解释》（法释〔1998〕8 号）中规定：犯罪分子到案后有检举、揭发他人犯罪行为，包括共同犯罪案件的犯罪分子揭发同案犯共同犯罪以外的其他罪行，经查证属实的，成立立功。共同犯罪案件的犯罪分子到案后，揭发同案犯共同犯罪事实的，可以酌情予以从轻处罚。对于上述规定根据共同犯罪的范围来划分自首、坦白与立功的区别，是否具有合理性，存在正反两个方面的观点。

（四）疑难问题解析

自首、坦白与立功的主要区别在于，自首、坦白如实供述自己罪行，立功是揭发他人犯罪。自己的罪行和他人的罪行是两个相互排斥的概念。不管犯罪人是单独犯罪还是共同犯罪，都需要根据自首、坦白抑或立功的成立要件进行具体的判定。如果犯罪人如实供述自己的罪行，也即其交代的问题并没有超出自己罪行的范围，那么就不可能成立立功。如果犯罪人交代的问题超出了自己的罪行范围，则可能构成立功。

四、立功制度

（一）难度与热度

难度：☆☆☆☆☆　　热度：☆☆☆☆☆

（二）基本概念分析

1. 立功的概念

根据《刑法》第 68 条的规定，所谓立功，是指犯罪分子揭发他人的犯罪行为、查证属实的，或者提供重要线索，从而得以侦破其他案件的行为。立功是一种从宽处罚的法定量刑情节，也是一种从宽处罚的量刑制度。其中，作为量刑制度，立功制度主要表现为刑法关于立功的概念、种类、适用条件、处罚原则等的一系列规定。

2. 立功的种类及成立条件

根据《刑法》第 68 条和第 78 条的规定，立功有普通的立功与刑罚执行的立功之分。这两种立功，又都有一般立功和重大立功两种类型。下面就它们的成立条件，分别加以介绍。

(1) 普通的立功。

这是《刑法》第 68 条规定的立功，又称"判前"立功。其一般立功的成立条件为：

第一，在主体上，立功者必须是犯罪分子本人。这里的犯罪分子，是指犯罪嫌疑人和刑事被告人，不包括未实施犯罪行为的人、到案前的犯罪行为实施者和终审判决确定后的罪犯。

第二，在内容上，立功表现必须是有利于国家和社会的。依据《刑法》第 68 条和1998 年最高人民法院《关于处理自首和立功具体应用法律若干问题的解释》（法释〔1998〕8 号）的规定，立功表现包括如下三种：一是犯罪分子揭发他人的犯罪行为，并经查证属实的。二是犯罪分子提供重要线索，使侦查机关得以侦破其他案件的。三是犯罪分子有其他有利于国家和社会的突出表现的。

第三，在时间上，立功行为必须发生在犯罪分子到案后至终审判决确定前的期间内。此期间的任何符合立功立法意旨的有利于国家和社会的突出表现，原则上都可以认定为立功。

重大立功的成立条件，在主体和时间要求上与一般立功是一致的，只是在内容上要求那些有利于国家和社会的突出表现是重大的。这个重大的突出表现，依据《刑法》第68 条和1998 年最高人民法院《关于处理自首和立功具体应用法律若干问题的解释》（法释〔1998〕8 号）的规定，具体为：有检举、揭发他人重大犯罪行为，经查证属实；提供侦破其他重大案件的重要线索，经查证属实；阻止他人重大犯罪活动；协助司法机关抓捕其他重大犯罪嫌疑人（包括同案犯）；对国家和社会有其他重大贡献等表现。这里所称"重大犯罪""重大案件""重大犯罪嫌疑人"的标准，一般是指犯罪嫌疑人、被告人可能被判处无期徒刑以上刑罚或者案件在本省、自治区、直辖市或者全国范围内有较大影响等情形。

(2) 刑罚执行的立功。

这是《刑法》第 78 条规定的立功，又称"判后"立功。其一般立功的成立条件为：

在主体上，立功者必须是已被判决确定有罪的罪犯本人。这里的罪犯，是指终审判决确定后的犯罪人。

在内容上，立功表现必须是有利于国家和社会的。据《刑法》第 78 条和有关司法解释的规定，立功表现包括如下几种：1）检举、揭发他人犯罪行为，经查证属实的；2）提供侦破其他案件的重要线索，经查证属实的；3）阻止他人犯罪活动的；4）协助司法机关抓捕其他犯罪嫌疑人；5）具有其他有利于国家和社会的突出表现。

在时间上，立功行为必须发生在终审判决确定后的期间内。此期间的任何符合立功立法意旨的有利于国家和社会的突出表现，原则上都可以认定为立功。

刑罚执行的重大立功的成立条件，在主体和时间要求上与一般立功是一致的，只是在内容上要求那些有利于国家和社会的突出表现是"重大"的。这个重大的突出表现，依据《刑法》第78条和有关司法解释的规定，具体为：1）检举、揭发他人重大犯罪行为，经查证属实的；2）提供侦破其他重大案件的重要线索，经查证属实的；3）阻止他人重大犯罪活动的；4）协助司法机关抓捕其他重大犯罪嫌疑人；5）有发明创造或者重大技术革新的；6）在日常生产、生活中舍己救人的；7）在抗御自然灾害或者排除重大事故中，有突出表现的；8）对国家和社会有其他重大贡献的。

3. 立功的从宽处罚规则

根据《刑法》第68条的规定，对于一般立功的，可以从轻或者减轻处罚；有重大立功表现的，可以减轻或者免除处罚。结合2010年最高人民法院《关于处理自首和立功若干具体问题的意见》（法发〔2010〕60号）的规定，立功的从宽处罚规则如下：

第一，立功从宽的尺度以立功所体现的人身危险性和社会危害性情况为实质根据。立功作为犯罪后的应从宽处罚表现，其从宽幅度，包括从轻、减轻、免除处罚的选取及其各选择的从宽幅度，不在于罪行的轻重，而在于其所体现的人身危险性和社会危害性方面的量刑实质根据。基于以上需考虑的根据，一方面，具有立功情节的，一般应依法从轻、减轻处罚；犯罪情节较轻的，可以免除处罚。另一方面，在行为人的人身危险性较小或社会危害性得以减小时，应考虑给予幅度相对较大的从宽。

第二，这里的"可以"不是法官任意选择，而是原则上要从宽。按以上司法解释，对于立功的被告人，除了犯罪情节特别恶劣、犯罪后果特别严重、被告人主观恶性深、人身危险性大，以及在犯罪前即为规避法律、逃避处罚而准备立功的，一般均应当依法从宽处罚。

第三，从宽与从严处罚并存时的裁量，不是基于情节的个数，而是基于各情节所具有的社会危害性和人身危险性大小。因此，按以上司法解释，对于被告人具有立功情节，同时又有累犯、毒品再犯等法定从重处罚情节的，既要考虑立功的具体情节，又要考虑被告人的主观恶性、人身危险性等因素，综合分析判断，确定从宽或者从严处罚。累犯的前罪为非暴力犯罪的，一般可以从宽处罚；前罪为暴力犯罪或者前后罪为同类犯罪的，可以不从宽处罚。

第四，共同犯罪的立功从宽处罚尺度按宽严相济的刑事政策处理，具体是，对基于立功情节的处罚，应注意共同犯罪人以及首要分子、主犯、从犯之间的量刑平衡。其中，犯罪集团的首要分子、共同犯罪的主犯检举揭发或者协助司法机关抓捕同案地位、作用较次的犯罪分子的，应当从严掌握从宽处罚与否，如果从轻处罚可能导致全案量刑失衡的，一般不从轻处罚；如果检举揭发或者协助司法机关抓捕的是其他案件中罪行同样严重的犯罪分子，一般应依法从宽处罚。对于犯罪集团的一般成员、共同犯罪的从犯立功的，特别是协助抓捕首要分子、主犯的，应当充分体现宽严相济的刑事政策，依法从宽处罚。

第五，在2011年4月30日以前犯罪后自首又有重大立功表现的，适用《刑法修正案（八）》修正后的《刑法》第68条第2款的规定，应当减轻或者免除处罚。

第六，刑罚执行期间的立功按《刑法》第78条和有关司法解释的规定，作为减刑、假释的一个条件适用。

（三）学说理论探讨

揭发他人犯罪，但是该犯罪最终未移送给司法机关处理，这里的揭发者能否成立立功？肯定说的观点认为成立立功，理由是只要揭发者揭发的事实经查证属实，至于其最终是否构成犯罪，并不影响立功的成立。否定说的观点否定成立立功，理由是根据我国刑事诉讼法的规定，未经人民法院依法判决，不得确定任何人有罪。如果被揭发人未经人民法院确定有罪，那么揭发行为也就不应成立立功。

（四）疑难问题解析

两者相比，肯定说的观点更具有合理性。首先，如果按照否定说的观点，认定立功的线索必须要等到人民法院确定有罪，那么必然会降低立功制度设立的价值，也会进一步导致各种案件的积压。其次，刑法设立立功制度的目的就是鼓励犯罪分子检举、揭发他人的犯罪行为，从而有效地惩治犯罪。最后，根据我国刑法的规定，成立立功的条件之一只是要求查证属实。"查证属实"与"确定有罪"显然是两个不同的概念。

第二节　数罪并罚制度

一、数罪并罚的原则

（一）难度与热度

难度：☆☆☆☆☆　热度：☆☆☆☆☆

（二）基本概念分析

1. 数罪并罚的概念与特征

数罪并罚，是指人民法院对于行为人在法定时间界限内所犯数罪分别定罪量刑后，按照法定的并罚原则及刑期计算方法决定其应执行的刑罚的制度。

依照我国刑法的规定，数罪并罚具有以下三个特征：

第一，必须是一人犯有数罪。数罪并罚的前提是一人犯有数罪。此处的数罪，是指实质上的数罪或独立的数罪。

第二，数罪必须发生在法定的期间内。根据我国刑法的规定，并非任何时候的实质数罪都需并罚，而是限于以下三种情况的数罪适用数罪并罚，即：（1）判决宣告以前一人犯数罪；（2）刑罚执行过程中发现被判刑的犯罪分子在判决宣告以前还有其他罪没有判决；（3）判决宣告以后，刑罚执行完毕以前，被判刑的犯罪分子又犯新罪。

第三，必须在对数罪分别定罪量刑的基础上，依照法定的并罚原则、范围与方法，决定执行的刑罚。

2. 数罪并罚原则的类型

所谓数罪并罚原则，是指对一人所犯数罪合并处罚所依据的基本规则。据各国刑法情况，各国所采用的数罪并罚原则，通常有以下几种：

（1）并科原则。

它是指将一人所犯数罪分别宣告的各罪刑罚绝对相加、合并执行的合并处罚原则。

并科原则在某种程度上是报应论刑罚思想的产物，有悖于现代法治国家刑罚制度的基本精神，因此，世界上单纯采纳并科原则的国家并不多见。

（2）吸收原则。

它是指在对数罪分别宣告的刑罚中，选择其中最重的刑罚为执行的刑罚，其余较轻的刑罚被最重的刑罚吸收，不予执行的合并处罚原则。吸收原则虽然对于死刑、无期徒刑等刑种的并罚较为适宜，且适用颇为便利，但若普遍采用，即适用于其他刑种（如有期徒刑、财产刑等），则弊端较为明显。

（3）限制加重原则。

它是指以一人所犯数罪中法定（应当判处）或已被判处的最重刑罚为基础，再在一定的限度之内对其予以加重作为执行并罚的合并处罚原则。本原则可以克服吸收原则和并科原则过于严酷且不便于具体适用或过于宽泛而不足以惩罚犯罪的不足，可以在一定意义上贯彻有罪必罚和罪责刑相适应的原则，其不足主要在于仅适用于有刑期或数额的刑罚。

3. 我国刑法所采用的数罪并罚原则

根据我国《刑法》第69条的规定，我国刑法所采取的数罪并罚原则是以限制加重原则为主体，以并科原则和吸收原则为补充。

（1）对判决宣告的数个主刑为有期徒刑、拘役或管制的，采取限制加重原则。

有期徒刑、拘役和管制本身都有一定的期限，因此，在数刑的总和刑期以下、数刑中最高刑期以上酌情决定执行的刑期是比较恰当。但是，如果总和刑期过高，决定执行的刑罚就可能过长，因而我国刑法对最高刑期加以限制，即"在总和刑期以下、数刑中最高刑期以上，酌情决定执行的刑期，但是管制最高不能超过三年，拘役最高不能超过一年，有期徒刑总和刑期不满三十五年的，最高不能超过二十年，总和刑期在三十五年以上的，最高不能超过二十五年"。

（2）对判处死刑或无期徒刑的，采取吸收原则。

根据《刑法》第69条的规定，在我国，对无刑期要求的死刑、无期徒刑，有刑期的不同刑罚如有期徒刑与拘役和无刑期的与有刑期的剥夺政治权利之间，均采用本原则，具体而言，死刑或者无期徒刑吸收其他主刑，有期徒刑吸收拘役，剥夺政治权利终身吸收剥夺一定期限的政治权利。

（3）对判有不同刑种和附加刑的，一般采取并科原则。

根据《刑法》第69条的规定，"数罪中有判处有期徒刑和管制，或者拘役和管制的，有期徒刑、拘役执行完毕后，管制仍须执行"，"数罪中有判处附加刑的，附加刑仍须执行，其中附加刑种类相同的，合并执行，种类不同的，分别执行"。

（三）学说理论探讨

如果判决宣告以前发现的数罪为同种数罪，是否应当并罚？对此，学界存在三种不同的观点：一罚说主张，对同种数罪一概不实行并罚，而应作为一罪的从重处罚情节或者法定刑升格的情节处罚。并罚说主张，对同种数罪一律实行并罚。折中说认为，应当以一罚作为基本的处罚方法，以并罚作为补充方法，即所犯之罪具有两个以上法定刑幅度时，不实行并罚，只有一个法定刑幅度时，实行并罚。

（四）疑难问题解析

对此，虽然立法上未作出明确规定，但是折中说是目前通说的见解，即，对于判决宣告以前发现的同种数罪，原则上无须并罚，只要在特定犯罪的法定刑范围内作为一罪从重处罚即可以实现罪责刑相适应的刑法原则。但是，当特定犯罪的法定刑过轻，且非并罚即难以使处罚结果与罪责刑相适应原则相符合时，在法律未明文禁止的情况下，也可以有限制地对同种数罪实行并罚。

二、数罪并罚的适用

（一）难度与热度

难度：☆☆☆☆　热度：☆☆☆☆

（二）基本概念分析

根据《刑法》第 69 条、第 70 条、第 71 条的规定，数罪并罚有以下四种情况。

1. 判决宣告以前一人犯数罪的并罚

这种情况所适用的法律是《刑法》第 69 条。据此规定，对判决宣告前一人犯数罪的，分别定罪、分别宣告刑罚，然后根据数罪并罚的三个原则，合并确定拟移交执行的刑罚。这里的"一人犯数罪"，若是性质相同的数罪，则按连续犯的法律适用规则，直接按一罪从重处罚即可。

2. 判决宣告后发现漏罪的并罚

这种情况所适用的法律是《刑法》第 70 条。据此规定，发现漏罪的采取的并罚方法为"先并后减"，即："判决宣告以后，刑罚执行完毕以前，发现被判刑的犯罪分子在判决宣告以前还有其他罪没有判决的，应当对新发现的罪作出判决，把前后两个判决所判处的刑罚，依照本法第六十九条的规定，决定执行的刑罚。已经执行的刑期，应当计算在新判决决定的刑期以内。"在计算刑期时，应当将已经执行的刑期，计算在新判决决定的刑期之内，也就是说，前一判决已经执行的刑期，应当从前后两个判决所判处的刑罚合并而决定执行的刑期中扣除。这种刑期计算方法，称为"先并后减"。

3. 判决宣告后又犯新罪的并罚

这种情况所适用的法律是《刑法》第 71 条。据此规定，发现漏罪的采取的并罚方法为"先减后并"，即："判决宣告以后，刑罚执行完毕以前，被判刑的犯罪分子又犯罪的，应当对新犯的罪作出判决，把前罪没有执行的刑罚和后罪所判处的刑罚，依照本法第六十九条的规定，决定执行的刑罚。"也就是说，首先应从前罪判决决定执行的刑罚中减去已经执行的刑罚，然后将前罪未执行的刑罚与后罪所判处的刑罚并罚，决定执行的刑罚。此种计算刑期的方法，称为"先减后并"。

4. 在缓刑和假释考验期内发现漏罪或又犯新罪的并罚

对在缓刑考验期内无论是发现漏罪还是犯新罪的并罚，根据《刑法》第 77 条第 1 款的规定，都是依照《刑法》第 69 条关于判决前犯数罪的并罚方法，确定应当执行的刑罚，已经经过的缓刑考验期不能在新确定的刑期中扣减，因为缓刑的原判刑罚并没有实际执行。

对在假释考验期内发现漏罪和犯新罪的并罚，按《刑法》第 86 条的规定，分别按《刑法》第 70 条关于发现漏罪的"先并后减"方法和《刑法》第 71 条关于犯新罪的"先减后并"方法予以确定。对于已经经过的假释考验期，因按《刑法》第 85 条的规定是"认为原判刑罚已经执行完毕"，而有观点主张应当计算在已经执行的刑期内。这是假释撤销的数罪并罚与缓刑撤销的数罪并罚不同的关键方面。

（三）学说理论探讨

判决宣告之后、交付执行之前发现漏罪的，应当如何进行数罪并罚？对此，理论学界存在两种不同的观点：第一种观点认为，应当按照《刑法》第 70 条的规定进行数罪并罚；第二种观认为，不应当按照《刑法》第 70 条的规定进行并罚，而应当按照《刑法》第 69 条的规定进行数罪并罚。

（四）疑难问题解析

解决此问题的关键在于：应当根据已宣告的判决是否发生法律效力来具体判定是否适用《刑法》第 70 条的规定。具体而言，可以分为两种情况进行讨论：（1）判决宣告之后已经发生法律效力，尚未交付执行，发现犯罪分子还有其他罪行漏判的，应当按照《刑法》第 70 条的规定并罚。（2）判决宣告之后尚未发生法律效力，也未交付执行的，不应当按照《刑法》第 70 条的规定数罪并罚。如果发现的漏罪与原判之罪的性质相同的，属于同种数罪，一般不实行数罪并罚，应以重新认定的犯罪事实为根据，依法进行改判或作出判决。如果发现的漏罪与原判之罪的性质不同，属于异种数罪，应当按照《刑法》第 69 条的规定并罚。

第三节　缓刑制度

（一）难度与热度

难度：☆☆☆　　热度：☆☆☆

（二）基本概念分析

1. 缓刑的概念

缓刑，是指对罪行较轻的犯罪分子，在符合法律规定的条件下，暂缓其刑罚执行，并规定一定的考验期，在考验期内没有发生撤销缓刑的法定事由，原判刑罚就不再执行的刑罚制度。我国《刑法》第 72 条等对其作了规定。另外，我国《刑法》第 449 条还规定了战时缓刑制度。理论上通常称之为特殊缓刑制度。这个规定，只是刑法针对军人违反职责罪的一个分则性特别制度，不属于总则的普遍性缓刑制度。

2. 缓刑制度的特点

第一，缓刑不是刑种，而是一种刑罚制度。在我国，缓刑既是刑罚裁量制度，也是刑罚执行制度。其为刑罚裁量制度表现在《刑法》第 72 条、第 74 条、第 77 条，这些都是关于法院刑事审判庭如何进行缓刑裁量的规定。其作为刑罚执行制度表现在《刑法》第 73 条、第 75 条、第 76 条，这些都是关于执行机关如何执行缓刑的规定。

第二，缓刑只是附条件不执行原判刑罚。这表现在，判处刑罚，同时宣告暂缓执行，但又在一定期限内保持执行的可能性。

第三，不执行原判刑罚的缓刑产生的不利法律后果相对较小。根据《刑法》第 65 条、

第 66 条的规定，被判处缓刑的犯罪分子因其不执行原判刑罚不属于"刑罚执行完毕"，所以符合一般累犯和特殊累犯的成立条件，不会带来成立累犯的法律后果。

3. 缓刑的适用

（1）缓刑的适用条件。

根据《刑法》第 72 条、第 74 条的规定，缓刑的适用条件为：

第一，缓刑只适用于罪行较轻、社会危害性较小的犯罪分子。这是缓刑适用的对象条件。根据《刑法》第 72 条的规定，缓刑只适用于被判处拘役或者 3 年以下有期徒刑的犯罪分子。

第二，适用缓刑确实不致再危害社会。这是适用缓刑的实质条件。换言之，只有确认犯罪分子留在社会上不致再危害社会，才能适用缓刑。

第三，适用缓刑的犯罪分子不是累犯和犯罪集团的首要分子。这是缓刑适用的排除条件。《刑法》第 74 条规定："对于累犯和犯罪集团的首要分子，不适用缓刑。"

以上三个条件，必须同时符合，才能宣告缓刑。同时，对于符合以上缓刑适用条件的，还需要注意：一是宣告缓刑的犯罪分子，要给予一定时间的考验期。二是宣告缓刑，可以根据犯罪情况，同时作出禁止令，具体是禁止犯罪分子在缓刑考验期限内从事特定活动，进入特定区域、场所，接触特定的人。三是对宣告缓刑的犯罪分子，在缓刑考验期限内依法实行社区矫正。四是缓刑的效力不及于附加刑，即被宣告缓刑的犯罪分子，如果被判处附加刑，附加刑仍须执行。

（2）缓刑的宣告类型。

根据《刑法》第 72 条的规定可知，立法针对不同对象的缓刑宣告分别采取了裁定主义与法定主义，其中：对一般犯罪分子，采用的是裁定主义，即可以宣告；对不满 18 周岁的人、怀孕的妇女和已满 75 周岁的人，采用的是法定主义，即应当宣告。

所谓可以宣告缓刑，是指对于符合缓刑适用条件的，原则上要宣告缓刑的情形。在这种情形下，宣告缓刑是原则，无须另外说明理由，但不宣告缓刑是例外，需要特别说明不适用缓刑的理由。

所谓应当宣告缓刑，是指对于符合缓刑适用条件的不满 18 周岁的人、怀孕的妇女和已满 75 周岁的人，必须宣告缓刑的情形。在这种情形下，宣告缓刑是无例外的。

4. 缓刑的考验期

缓刑的考验期，是指对被宣告缓刑的犯罪分子进行考察的一定期间。根据《刑法》第 73 条的规定，拘役的缓刑考验期限为原判刑期以上 1 年以下，但是不能少于 2 个月。有期徒刑的缓刑考验期限为原判刑期以上 5 年以下，但是不能少于 1 年。根据《刑法》第 73 条第 3 款的规定，缓刑考验期限，从判决确定之日起计算。判决前先行羁押的日期，不予折抵缓刑考验期，因为羁押期与缓刑考验期的性质不同。

5. 缓刑的法律后果

根据《刑法》第 76 条、第 77 条的规定，缓刑的法律后果有三种：

一是，原判刑期不再执行。按《刑法》第 76 条的规定，对宣告缓刑的犯罪分子，在缓刑考验期限内，依法实行社区矫正，如果没有《刑法》第 77 条规定的情形，缓刑考验期满，原判的刑罚就不再执行，并公开予以宣告。

二是，撤销缓刑予以数罪并罚。按《刑法》第 77 条第 1 款的规定，被宣告缓刑的犯罪分子，在缓刑考验期限内犯新罪或者发现判决宣告以前还有其他罪没有判决的，应当撤销缓刑，对新犯的罪或者新发现的罪作出判决，把前罪和后罪所判处的刑罚，依照《刑法》第 69 条的规定，按数罪并罚的原则决定刑罚执行期限。

三是，撤销缓刑，执行原判刑罚。按《刑法》第 77 条第 2 款的规定，被宣告缓刑的犯罪分子，在缓刑考验期限内，违反法律、行政法规或者国务院有关部门关于缓刑的监督管理规定，或者违反人民法院判决中的禁止令，情节严重的，应当撤销缓刑，执行原判刑罚。

（三）学说理论探讨

《刑法》第 449 条规定："在战时，对被判处三年以下有期徒刑没有现实危险宣告缓刑的犯罪军人，允许其戴罪立功，确有立功表现时，可以撤销原判刑罚，不以犯罪论处。"这被称为"战时缓刑"。在理论中，普通缓刑与战时缓刑存在哪些不同，需要进一步予以明确。

（四）疑难问题解析

缓刑与战时缓刑存在以下的界分：

（1）刑法地位不同。缓刑是刑法总则意义的普遍性刑法制度，原则上适用于所有被判处拘役、3 年以下有期徒刑的犯罪分子；战时缓刑是《刑法》第 449 条规定的刑法特别制度，仅适用于战时犯罪军人。

（2）适用的实质条件不同。缓刑的实质适用条件是犯罪分子的犯罪情节较轻、有悔罪表现、没有再犯罪的危险、宣告缓刑对所居住的社区没有重大不良影响；战时缓刑的实质适用条件是罪行较轻、没有现实危险。

（3）适用的法律意义不同。缓刑的法律适用是为了避免短期自由刑的适用弊端，促使犯罪人自律改恶向善，有利于犯罪人融入社会等；适用战时缓刑是为了激励犯罪军人戴罪立功。

（4）法律后果不同。缓刑的法律后果，依犯罪分子在考验期内是否发生法定情形而分别为原判刑罚不再执行、撤销缓刑予以数罪并罚、撤销缓刑执行原判刑罚；战时缓刑的法律后果是，确有立功表现时，撤销原判刑罚，不以犯罪论处。

第四节　减刑制度

（一）难度与热度

难度：☆☆☆　热度：☆☆☆

（二）基本概念分析

1. 减刑的概念

减刑，是指对被判处管制、拘役、有期徒刑或者无期徒刑的犯罪分子，在刑罚执行期间认真遵守监规，接受教育改造，确有悔改或者立功表现，适当减轻其原判刑罚的刑罚制度。

在我国刑法中确立和贯彻减刑制度是有重大意义的。这个制度体现了我国惩办与宽大相结合、惩罚与教育相结合的刑事政策。这对于巩固改造成果、进一步加速犯罪分子的改造、实现刑罚目的有积极的作用。

2. 减刑的条件

根据《刑法》第78条的规定，减刑分为可以减刑、应当减刑两种。可以减刑与应当减刑的对象条件和限度条件相同，只是实质条件有所区别。对犯罪分子适用减刑，必须符合下列条件。

（1）对象条件。

减刑只适用于被判处管制、拘役、有期徒刑、无期徒刑的犯罪分子。被判处上述四种刑罚之一的犯罪分子，只要具备了法定的减刑条件都可以减刑。

（2）实质条件。

减刑的实质条件因减刑的种类不同而有所区别。

第一，"可以"减刑的实质条件。"可以"减刑的实质条件，是犯罪分子在刑罚执行期间认真遵守监规，接受教育和改造，确有悔改表现或者有立功表现。2016年最高人民法院《关于办理减刑、假释案件具体应用法律的规定》（法释〔2016〕23号），明确了"确有悔改表现"的条件。

第二，"应当"减刑的实质条件。"应当"减刑的实质条件，是犯罪分子在刑罚执行期间有重大立功表现。《刑法》第78条的规定和以上解释，明确了重大立功表现的类型。

（3）限度条件。

根据《刑法》第78条的规定，减刑的限度为：减刑以后实际执行的刑期，判处管制、拘役、有期徒刑的，不能少于原判刑期的1/2；判处无期徒刑的，不能少于13年；人民法院依照《刑法》第50条第2款规定限制减刑的死刑缓期执行的犯罪分子，缓期执行期满后依法减为无期徒刑的，不能少于25年，缓期执行期满后依法减为25年有期徒刑的，不能少于20年。所谓实际执行的刑期，是指判决执行后犯罪分子实际服刑的时间。判决前先行羁押的，羁押期限应当计入实际执行的刑期之内。

3. 减刑的程序

根据《刑法》第79条的规定，对犯罪分子的减刑，由执行机关向中级以上人民法院提出减刑建议书。人民法院应当组成合议庭进行审理，对确有悔改或者有立功事实的，裁定予以减刑。非经法定程序不得减刑。

（三）学说理论探讨

通过对罪犯执行刑罚，依据判决剥夺其自由、财产、资格甚至生命等权益，可以体现刑法的强制性和犯罪后果的严重性，发挥刑法惩罚犯罪、预防犯罪、保护法益、规范公民行为的作用。在执行过程中，落实减刑制度是不是对犯罪人的放纵？对此，在学界也存在不同的观点。有的观点认为，减刑这种提前释放罪犯的行为不能起到很好的教育改造的作用；有的观点则认为，减刑制度的落实是有利于罪犯的改造的。

（四）疑难问题解析

法院在审判案件时，量刑的根据是犯罪事实以及犯罪后的悔罪表现，量刑的轻重体现了对已然罪行的惩罚和对犯罪人再犯危险性的预测，裁量刑罚侧重于公平报应。量刑侧重于（公正）报应的目的，刑罚执行中减刑、假释侧重于个别预防目的，二者各有其功用。对法院判决的刑罚，在刑罚执行期间应予尊重。这体现为减刑的限度和假释需以一定的执行刑期为前提。此外，减刑、假释也具有恩惠性质，显然具有鼓励罪犯遵守监规、努力改造的作用。

第五节　假释制度

（一）难度与热度

难度：☆☆☆☆　热度：☆☆☆☆

（二）基本概念分析

假释，是对于被判处有期徒刑、无期徒刑的犯罪分子，在执行一定刑期之后，因其认真遵守监规，接受教育改造，确有悔改表现，没有再犯罪的危险，而附条件地将其提前释放，在假释考验期内若不出现法定的情形，就认为原判刑罚已经执行完毕的制度。

1. 假释的适用

第一，假释的适用范围。假释适用于被判处有期徒刑、无期徒刑的犯罪分子。死缓犯减为无期徒刑或者有期徒刑后，符合假释条件的，可以假释。

第二，不得适用假释的罪犯。（1）累犯。因为累犯主观恶性较深、再犯的危险性较大，所以对累犯不得适用假释。（2）因故意杀人、强奸、抢劫、绑架、放火、爆炸、投放危险物质或者有组织的暴力性犯罪，被判处10年以上有期徒刑、无期徒刑的犯罪分子。（3）因犯贪污罪、受贿罪被判处死缓，同时被决定在其死缓期满减为无期徒刑后终身监禁的罪犯，不得假释。（4）对于生效裁判中有财产性判项，罪犯确有履行能力而不履行或者不全部履行的，不予假释。

第三，适用假释的服刑时间条件。罪犯被实际执行一段刑期后，方可假释：（1）被判处有期徒刑的罪犯，已执行原判刑期1/2以上。（2）被判处无期徒刑的罪犯，已实际执行13年以上。（3）被判处死缓的罪犯减为无期徒刑或者有期徒刑后，实际执行15年以上。（4）例外规定。如果有特殊情况，经最高人民法院核准，可以不受上述执行刑期的限制。所谓特殊情况，是指有国家政治、国防、外交等方面特殊需要的情况。（5）罪犯减刑后又假释的间隔时间，一般不得少于1年；对一次减1年以上有期徒刑后，决定假释的，其间隔时间不得少于1年6个月。罪犯减刑后余刑不足2年，决定假释的，可以适当缩短间隔时间。

第四，适用假释的实质条件。（1）监狱服刑期间表现良好，属于"确有悔改表现"。（2）经人身危险性评估，认为其"没有再犯罪的危险"。（3）假释后对其所居住的社区没有重大不良影响。

2. 假释的考验

第一，假释考验期。有期徒刑的假释考验期为没有执行完毕的刑期。无期徒刑的假释考验期限为10年。无期徒刑罪犯被减为有期徒刑的，其假释考验期是其（有期徒刑）没有执行完毕的刑期。假释考验期限从假释之日起计算。

第二，假释考验的内容。《刑法》第85条规定，对假释的犯罪分子，在假释考验期限内，依法实行社区矫正。《刑法》第84条规定，被宣告假释的犯罪分子应当遵守下列规定：（1）遵守法律、行政法规，服从监督；（2）按照监督机关的规定报告自己的活动情况；（3）遵守监督机关关于会客的规定；（4）离开所居住的市、县或者迁居，应当报经监督机关批准。

3. 假释的效果

第一，考验期满。如果没有发生《刑法》第86条规定的撤销假释的事由，假释考验期满，就认为原判刑罚已经执行完毕，并由社区矫正机构公开予以宣告。

第二，撤销假释。（1）撤销假释，数罪并罚。这包括以下两种情形：一是如《刑法》第86条第1款规定的"被假释的犯罪分子，在假释考验期限内犯新罪，应当撤销假释，依照本法第七十一条的规定实行数罪并罚"。二是在假释考验期限内，发现被假释的犯罪分子在判决宣告以前还有其他罪没有判决的，应当撤销假释，依照《刑法》第70条的规定实行数罪并罚。（2）撤销假释，收监执行尚未执行完毕的刑罚。《刑法》第86条第3款规定："被假释的犯罪分子，在假释考验期限内，有违反法律、行政法规或者国务院有关部门关于假释的监督管理规定的行为，尚未构成新的犯罪的，应当依照法定程序撤销假释，收监执行未执行完毕的刑罚。"

第三，假释被撤销的影响。依照《刑法》第86条的规定被撤销假释的罪犯，一般不得再假释。但依照该条第2款（发现漏罪）被撤销假释的罪犯，如果罪犯对漏罪曾作如实供述但原判未予认定，或者漏罪系其自首，符合假释条件，可以再假释。被撤销假释的罪犯，收监后符合减刑条件的，可以减刑，但减刑考察的起始时间自收监之日起计算。

4. 决定假释和撤销假释的程序

第一，决定假释的程序。决定假释的程序与减刑的相同。再审改判的，原假释决定自动失效，执行机关需报请法院重新作出是否假释的决定。

第二，撤销假释的程序。罪犯在假释考验期内违反法律、行政法规或者国务院有关部门关于假释的监督管理规定的，由报请机关或者检察机关向原作出假释裁定的法院提交撤销假释建议书，法院经审查后作出是否撤销假释的裁定，并送达报请机关，同时抄送人民检察院、公安机关和原刑罚执行机关。罪犯在逃的，撤销假释裁定书可以作为对罪犯进行追捕的依据。

（三）学说理论探讨

减刑、假释两者都是刑罚执行制度，且适用的基本条件都包括犯罪分子在刑罚执行期间认真遵守监规、接受教育改造、确有悔改表现的内容，那么何时对犯罪分子适用减刑制度，何时又该对犯罪分子适用假释制度，有待于在理论中予以进一步明确。

（四）疑难问题解析

减刑、假释存在以下区别：

第一，适用对象不同。假释只适用于被判处有期徒刑、无期徒刑的犯罪分子；减刑适用于被判处管制、拘役、有期徒刑、无期徒刑的犯罪分子。

第二，适用条件不同。假释必须在执行一部分刑罚之后才能适用；减刑虽然也要执行一定的刑罚，但法律没有规定适用减刑的最低服刑期限，也就是说，只要犯罪分子确有悔改或者立功表现，原则上在任何时候都可以实行减刑。

第三，适用次数不同。假释只能宣告一次；而减刑不受次数的限制，可以减刑一次，也可以减刑数次。

第四，适用方法不同。假释有一定的考验期限和应当履行的义务，如果发生法定情形，就撤销假释；而减刑没有考验期限和其他限制条件，即使犯罪分子再犯新罪，已减的刑期也不恢复。

第五，释放的时间不同。对被假释人应当立即解除监禁，予以附条件释放；对被减刑人则要视其减刑后是否有余刑，才能决定是否释放，有未执行完毕的刑期的，仍需在相关场所继续执行。

第六节　社区矫正制度

（一）难度与热度

难度：☆☆☆　热度：☆☆☆

（二）基本概念分析

1. 社区矫正的概念

所谓社区矫正，是指将符合条件的罪犯放置于社区内，由专门国家机关在相关社会团体和民间组织以及社会志愿者的协助下，在判决、裁定或决定确定的期限内，矫正其犯罪心理和行为恶习，并促进其顺利回归社会的刑罚制度。我国现行《刑法》第38条（管制的社区矫正）、第76条（缓刑的社区矫正）和第85条（假释的社区矫正），现行《刑事诉讼法》第269条，2020年《社区矫正法》分别从实体、程序和专门法角度对其作了规定。

2. 社区矫正的决定

第一，社区矫正决定机关。社区矫正决定机关是依法判处管制、宣告缓刑、裁定假释、决定暂予监外执行的人民法院和依法批准暂予监外执行的监狱管理机关、公安机关。

第二，社区矫正的对象。社区矫正的对象是被判处管制、宣告缓刑、假释和暂予监外执行的罪犯。

第三，社区矫正执行地的确定。应当根据有利于社区矫正对象接受矫正、更好地融入社会的原则，确定社区矫正执行地。一般为社区矫正对象的居住地。

第四，社区矫正的执行机关。社区矫正的执行机关是社区矫正机构，具体是：国务院司法行政部门主管全国的社区矫正工作。县级以上地方人民政府司法行政部门负责本行政区域的社区矫正工作。司法所承担社区矫正日常工作。社会工作者和志愿者在社区矫正机构的组织指导下参与社区矫正工作。

3. 社区矫正的规则

关于管制的社区矫正规则。根据《刑法》第39条的规定，被判处管制的犯罪分子，在执行期间，应当遵守下列规定：（1）遵守法律、行政法规，服从监督；（2）未经执行机关批准，不得行使言论、出版、集会、结社、游行、示威自由的权利；（3）按照执行机关规定报告自己的活动情况；（4）遵守执行机关关于会客的规定；（5）离开所居住的市、县或者迁居，应当报经执行机关批准。其中，对于被判处管制的犯罪分子，在劳动中应当同工同酬。

关于缓刑的社区矫正规则。根据《刑法》第75条的规定，被宣告缓刑的犯罪分子，应当遵守下列规定：（1）遵守法律、行政法规，服从监督；（2）按照考察机关的规定报告自己的活动情况；（3）遵守考察机关关于会客的规定；（4）离开所居住的市、县或者迁居，应当报经考察机关批准。

关于假释的社区矫正规则。根据《刑法》第84条的规定，被宣告假释的犯罪分子，应当遵守下列规定：（1）遵守法律、行政法规，服从监督；（2）按照监督机关的规定报告自己的活动情况；（3）遵守监督机关关于会客的规定；（4）离开所居住的市、县或者迁居，应当报经监督机关批准。

4. 社会矫正的解除和终止

社区矫正人员矫正期满，司法所应当组织解除社区矫正宣告。

司法所应当针对社区矫正人员不同情况，通知有关部门、村（居）民委员会、群众代表、社区矫正人员所在单位、社区矫正人员的家庭成员或者监护人、保证人参加宣告。

缓刑、假释的社区矫正人员在社区矫正期间有违反社区矫正监管规则或人民法院的禁止令的，视情况撤销原判缓刑、假释，执行原判刑罚或予以数罪并罚或由公安机关依法给予处罚。

（三）学说理论探讨

《社区矫正法》第18条规定，社区矫正决定机关根据需要，可以委托社区矫正机构或者有关社会组织就被告人或者罪犯的社会危险性和对所居住社区的影响，进行调查评估，提出意见，供决定社区矫正时参考。根据该条规定，社区矫正机构的调查评估意见是供"参考"的，但是在实务中，社区矫正机构出具的意见，成为人民法院、人民检察院适用缓刑的前提。如此做法是否妥当？

（四）疑难问题解析

上述做法显然不太妥当。《社区矫正法实施办法》第14条规定，社区矫正机构、有关社会组织接受委托后，应当对被告人或者罪犯的居所情况、家庭和社会关系、犯罪行为的后果和影响、居住地村（居）民委员会和被害人意见、拟禁止的事项、社会危险性、对所居住社区的影响等情况进行调查了解，形成调查评估意见，与相关材料一起提交委托机关。此外，根据《刑事诉讼法》的规定，人民法院依照法律规定独立行使审判权，人民检察院依照法律规定独立行使检察权，不受行政机关、社会团体和个人的干涉。那么，社区矫正机构的调查评估意见不应成为人民法院、人民检察院适用缓刑的前提。

第七节　时效制度

（一）难度与热度

难度：☆☆☆☆　　热度：☆☆☆☆

（二）基本概念分析

1. 时效的概念与意义

刑法上的时效，是指刑事法律规定的国家对犯罪人行使刑事追诉权和刑罚执行权的有效期限的刑罚制度。时效通常有追诉时效和行刑时效之分。所谓追诉时效，是指刑法规定的，对犯罪人追究刑事责任的有效期限。所谓行刑时效，是指刑法规定的，对判处刑罚的人执行刑罚的有效期限。在我国立法上，只规定了追诉时效，没有规定行刑时效。

刑法上的时效制度，作为刑罚制度的重要内容，其刑法意义主要表现在如下方面：

其一，有利于刑法目的与任务的实现。如果行为人在相当长的时间内没有再犯罪，就表明其在很大程度上已能够约束自己和悔过自新，就已在一定程度上达到刑法的立法目的和实现了刑法的任务，无须再对行为人追诉。

其二，有利于节省司法资源。对每一个犯罪的追诉从侦查到交付执行，都要耗费大量的人力、财力、物力等司法资源。如果对符合一定法定条件的行为人不通过刑事追诉也能达到相应效果，那么不予追诉就可以节省大量司法资源。

其三，有利于社会的和谐稳定。犯罪的追诉，特别是给予自由刑的处罚，往往会产生行为人难以回归社会等不良后果。

2. 追诉时效的期限

根据《刑法》第87条和第88条的规定，我国的追诉时效期限有如下五种情况：

（1）经过5年。对于法定最高刑为不满5年有期徒刑的犯罪，其追诉时效是5年，过了5年就不再追诉。

（2）经过10年。对于法定最高刑为5年以上不满10年有期徒刑的犯罪，其追诉时效是10年，过了10年就不再追诉。

（3）经过15年。对于法定最高刑为10年以上有期徒刑的犯罪，其追诉时效是15年，过了15年就不再追诉。

（4）经过20年。对于法定最高刑为无期徒刑、死刑的犯罪，其追诉时效是20年，过了20年就不再追诉。

（5）没有期限限制。这具体有三种情况：1）对于法定最高刑为无期徒刑、死刑的犯罪，20年以后认为必须追诉的，报请最高人民检察院核准后还可以追诉，没有期限限制；2）在人民检察院、公安机关、国家安全机关立案侦查或者在人民法院受理案件以后，逃避侦查或者审判的犯罪，不受追诉期限的限制；3）被害人在追诉期限内提出控告，人民法院、人民检察院、公安机关应当立案而不予立案的，不受追诉期限的限制。以上三种情况中，后两种情况在理论上被称为"追诉时效的延长"。

3. 追诉期限的起算

根据《刑法》第89条的规定，追诉期限视情况按"犯罪之日"、"犯罪行为终了之日"和"犯后罪之日"起算。

第一，按"犯罪之日"起算。这是立法规定的通常情况下的追诉期限起算日，也即"追诉期限从犯罪之日起计算"，是除连续犯、继续犯和再犯外的所有犯罪的追诉期限起算日。

第二，按"犯罪行为终了之日"起算。这是立法特别针对连续犯和继续犯规定的追诉期限起算日，也即"犯罪行为有连续或者继续状态的，从犯罪行为终了之日起计算"。

第三，按"犯后罪之日"起算。这是立法针对再犯规定的追诉期限起算日，也即"在追诉期限以内又犯罪的，前罪追诉的期限从犯后罪之日起计算"。这种情况，在理论上称为"追诉时效的中断"。

4. 追诉时效的中断和延长

（1）追诉时效的中断。

追诉时效中断，是指在追诉时效进行期间，因发生法律规定的事由，使已经经过的时效期间归于失效，追诉期限从法律规定事由发生之日起重新开始计算的制度。《刑法》第89条第2款规定，在追诉期限内又犯罪的，前罪追诉的期限从犯后罪之日起计算。

（2）追诉时效的延长。

追诉时效的延长，是指在追诉时效进行期间，发生了法律规定的事由，致使追诉期限延伸的制度。根据《刑法》第88条的规定，我国追诉时效延长分为两种情况：

第一，在人民检察院、公安机关、国家安全机关立案侦查或在人民法院受理案件以后，犯罪人逃避侦查或者审判的，不受追诉期限的限制。

第二，被害人在追诉期限内提出控告，人民法院、人民检察院、公安机关应当立案而不予立案的，不受追诉期限的限制。

（三）学说理论探讨

所谓犯罪之日，是指犯罪成立之日。立法中并没有明确其具体的成立要件。因为对不同种类和形态的犯罪所规定的构成要件不同，因而其犯罪成立之日的计算标准亦相应不同。那么，在理论中，有必要根据不同的犯罪形态重新厘定"犯罪之日"。

（四）疑难问题解析

目前在司法实践中，存在一些典型的犯罪类型和形态，其"犯罪之日"应当按照如下的标准进行认定：

第一，行为犯或以某种危害结果的发生为既遂构成所必需的犯罪，应从犯罪行为实施之日起计算。

第二，危险犯，应从实施危险行为之日起计算。

第三，预备犯，应从预备犯罪之日起计算。

第四，中止犯，应当分情况予以确定：如果是在着手实行犯罪后中止犯罪，应从犯罪行为实施之日起计算；如果在预备阶段中止犯罪，则应从犯罪中止成立之日起计算。

第五，未遂犯，应从犯罪未遂成立之日起计算。

第六，共同犯罪，从整体共同犯罪行为得以实施之日起计算。

第七，结果犯，应从犯罪结果发生之日起计算。结果加重犯，应从加重结果发生之日起计算。

第八，犯罪行为发生在我国境外，而犯罪结果发生在我国境内的犯罪，也应从犯罪结果发生之日起计算。

第八节　赦免制度

（一）难度与热度

难度：☆☆☆　热度：☆☆☆

（二）基本概念分析

1. 赦免的概念与种类

赦免，是指国家以政令的形式，免除或者减轻犯罪人的罪责或者刑罚的一种制度，是实现犯罪人刑事责任的一种特别方式。在理论上，之所以通常把赦免理解为刑罚消灭制度，只是因为它的适用对象是犯罪人，它的适用结果是免除或减轻罪与刑，并在客观上带来追诉权或行刑权的消灭。

赦免有大赦和特赦之分。大赦是指国家元首或者国家最高权力机关，对某一时期内犯有一定罪行的不特定犯罪人，一概予以赦免的制度。特赦是指国家元首或者国家最高权力机关，对已受罪刑宣告的特定犯罪人，免除其全部或者部分刑罚的制度。

2. 特赦的适用

特赦是国际通行的在遇有重要历史节点时国家对特定罪犯赦免余刑的人道主义制度，以促进社会的和谐稳定。新中国成立以来，我国共实行了 9 次特赦，时间分别是 1959 年、1960 年、1961 年、1963 年、1964 年、1966 年、1975 年、2015 年和 2019 年。

依据我国现行《宪法》第 67 条和第 80 条之规定，我国的特赦是由党中央或国务院提出建议，经全国人大常委会审议决定，由国家主席发布特赦令，并授权最高人民法院和高级人民法院执行。

（三）学说理论探讨

赦免制度一般不在刑法中规定，而通常是由宪法加以规定的，因此，赦免既不是一项严格意义上的刑罚制度，甚至也不只是一项刑法制度，而是一项事关国家大政方针的重要宪法制度。在理论上，因为赦免带来追诉权或行刑权消灭的刑法效果，所以其不只是简单的刑罚执行问题。对于大赦来说，因既可以赦刑又可以赦罪而既涉及刑事责任的大小又涉及刑事责任的有无问题；对于特赦来说，因只能赦刑而只涉及刑事责任的大小问题。自新中国成立以来，并未有过大赦。在理论中，大赦与特赦存在哪些区别呢？

（四）疑难问题解析

特赦与大赦的区别主要表现在如下五点：（1）特赦的对象是特定的，而大赦的对象是不特定的。（2）特赦只能施行于法院判决后；而大赦可以施行于法院判决后，也可以施行于法院判决前。（3）特赦只能赦其刑，大赦既可以赦刑又可以赦罪。（4）特赦后再犯罪有可能构成累犯，而大赦后行为人再犯罪没有累犯问题。（5）特赦往往公布被赦人的名单，大赦一般不公布被赦人的名单。我国宪法只规定了特赦，对大赦未作规定。

第三部分 拓展延伸阅读、案例研习与同步训练

第一节 拓展延伸阅读

1. 吴宗宪. 刑事执行法学. 3 版. 北京：中国人民大学出版社，2019.

2. 刘湘廉. 限制加重原则之反思与并科原则之提倡. 法商研究，2022（3）.

3. 石经海. 刑期折抵制度研究. 北京：法律出版社，2022.

4. 罗智勇，董朝阳，孙自中.《关于加强减刑、假释案件实质化审理的意见》的理解与适用. 中国应用法学，2022（3）.

5. 郭华.《社区矫正法》制定中的争议问题研究. 法学，2017（7）.

6. 陈兴良. 刑法总论精释：下. 3 版. 北京：人民法院出版社，2016.

7. 袁林，姚万勤. 同种漏罪并罚制度的问题及修正. 华东政法大学学报，2019（3）.

第二节 本章案例研习

案例：丁某强奸、抢劫、盗窃案

（一）基本案情

被告人丁某，1992 年 8 月 4 日因犯强奸罪被判处有期徒刑 9 年，1997 年 9 月 5 日被假释，假释考验期至 1999 年 5 月 2 日止。因涉嫌犯强奸、抢劫、盗窃犯罪于 2001 年 8 月 17 日被逮捕。1998 年 6 月至 2001 年 4 月期间，被告人丁某携带匕首、手电筒等作案工具，先后在莱西市马连庄镇、韶存庄镇、河头店镇、周格庄街道办事处、水集街道办事处的 10 余处村庄，骑摩托车或自行车于夜间翻墙入院，持匕首拨开门栓，或破门、窗入室，采取暴力、威胁等手段，入户强奸作案近 40 起，对代某某、倪某某、姜某某等 32 名妇女实施强奸，其中强奸既遂 21 人，强奸未遂 11 人。在入户强奸作案的同时，被告人丁某还抢劫作案 5 起，盗窃作案 1 起，劫得金耳环等物品，价值人民币 970 余元；窃得电视机 1 台，价值人民币 200 余元。

被告人丁某于 1999 年 4 月至 2001 年 7 月期间，携带匕首、手电筒等作案工具，骑摩托车或自行车先后在莱西市韶存庄镇、河头店镇、日庄镇的 10 余处村庄，采取翻墙入院、破门入室等手段，盗窃作案 14 起。盗窃王某某、郭某某、吕某某等 14 人的摩托车、电视机、酒、花生油等物品，价值合计人民币 16 600 余元。①

（二）法院判决

法院认为，被告人丁某数十次以暴力或胁迫的方法入户强奸妇女多人，构成强奸罪，

---

① 最高人民法院刑事审判第一庭，最高人民法院刑事审判第二庭. 刑事审判参考. 北京：法律出版社，2003：37 - 42.

情节恶劣，后果特别严重，社会危害极大，依法必须严惩。在入户强奸犯罪的同时抢劫作案5起，构成抢劫罪；盗窃作案15起，且盗窃数额巨大，构成盗窃罪；被告人丁某有部分行为系在假释考验期间内重新犯罪，应当撤销假释，将前罪没有执行完的刑罚和后罪所判处的刑罚，实行数罪并罚；被告人丁某还有部分行为系在假释考验期满后重新犯罪，构成累犯，依法应当从重处罚。

一审宣判后，被告人丁某未上诉。该案依法报山东省高级人民法院复核。山东省高级人民法院经复核认为：被告人丁某在假释考验期间、期满后大肆进行强奸作案，且犯有抢劫罪、盗窃罪，社会危害极大，虽有自首情节，亦不予从轻处罚。原审判决定罪准确，量刑适当，审判程序合法，唯认定累犯不当，应予纠正。

（三）案例解析

本案被告人在假释考验期间及假释期满后都进行了犯罪，但系在假释期满后才被发现并被追诉。对此，虽然被告人所犯新罪系在考验期满后才被发现，但是被告人在假释期间又犯新罪的，应当撤销假释，并且按照《刑法》第71条的规定，以"先减后并"的方法实行并罚。然而，正因为本案中被告人被撤销了假释，所以，不能认为被告人前一犯罪的刑罚"已经执行完毕"。根据《刑法》第65条的规定，"刑罚执行完毕或者赦免以后"再犯新罪的，才可以构成累犯。就本案而言，既然被告人前罪的假释已被撤销，则不能认为被告人前一犯罪的刑罚已经执行完毕，因而，在本案的数罪并罚量刑之中，法院不能认为被告人具有"累犯"的量刑情节。因此，山东省高级人民法院在复核的时候纠正了一审法院对于被告人属于累犯的认定。

第三节　本章同步训练

一、选择题

（一）单选题

1. 关于累犯，下列哪一选项是正确的？（　　）

A. 甲因故意伤害罪被判7年有期徒刑，刑期自1990年8月30日至1997年8月29日止。甲于1995年5月20日被假释，于1996年8月25日犯交通肇事罪。甲构成累犯

B. 乙因盗窃罪被判3年有期徒刑，2002年3月25日刑满释放，2007年3月20日因犯盗窃罪被判有期徒刑4年。乙构成累犯

C. 丙因危害国家安全罪被判处5年有期徒刑，1996年4月21日刑满释放，2006年4月20日再犯同罪。丙不构成累犯

D. 丁因失火罪被判处3年有期徒刑，刑期自1995年5月15日至1998年5月14日。丁于1998年5月15日在出狱回家途中犯故意伤害罪。丁构成累犯

2. 甲因为盗窃乙的自行车（价值460元）被抓获，公安机关对其作出行政拘留15日的处罚。在被行政拘留期间，甲主动交代了盗窃丙的摩托车（价值2万元）的犯罪事实，该事实经公安机关查证属实。对甲主动交代盗窃摩托车一事的行为应如何定性？（　　）

A. 自首　　　　　　　　　　　B. 坦白

C. 立功　　　　　　　　　　　D. 重大立功

3. 施某犯贪污罪，被判无期徒刑，服刑 12 年后，因表现良好而获假释。在假释考验期内的第 6 年，施某故意致人重伤，被判刑 9 年。根据刑法规定，对施某应撤销假释，按数罪并罚的规定处理。对施某应适用何种刑罚幅度或刑种？（　　）

A. 应在 9 年以上 20 年以下有期徒刑幅度内决定执行的刑期

B. 应在 9 年以上 15 年以下有期徒刑幅度内决定执行的刑期

C. 应在 12 年以上 20 年以下有期徒刑幅度内决定执行的刑期

D. 应决定执行无期徒刑

（二）多选题

1. 王某因犯盗窃罪被判处有期徒刑，执行完毕后第四年，再次犯盗窃罪，被人民法院判处 2 年 9 个月有期徒刑。人民法院不能对王某适用下列哪些制度？（　　）

A. 减刑　　　　B. 缓刑　　　　C. 假释　　　　D. 保外就医

2. 关于自首中的"如实供述"，下列哪些选项是错误的？（　　）

A. 甲自动投案后，如实交代自己的杀人行为，但拒绝说明凶器藏匿地点的，不成立自首

B. 乙犯有故意伤害罪、抢夺罪，自动投案后，仅如实供述抢夺行为，对伤害行为一直主张自己是正当防卫的，仍然可以成立自首

C. 丙虽未自动投案，但办案机关所掌握线索针对的贪污事实不成立，在此范围外丙交代贪污罪行的，应当成立自首

D. 丁自动投案并如实供述自己的罪行后又翻供，但在二审判决前又如实供述的，应当认定为自首

3. 关于数罪并罚，下列哪些选项是正确的？（　　）

A. 甲犯某罪被判处有期徒刑 2 年，犯另一罪被判处拘役 6 个月。对甲只需执行有期徒刑

B. 乙犯某罪被判处有期徒刑 2 年，犯另一罪被判处管制 1 年。对乙应在有期徒刑执行完毕后，继续执行管制

C. 丙犯某罪被判处有期徒刑 6 年，执行 4 年后发现应被判处拘役的漏罪。数罪并罚后，对丙只需再执行尚未执行的 2 年有期徒刑

D. 丁犯某罪被判处有期徒刑 6 年，执行 4 年后被假释，在假释考验期内犯应被判处 1 年管制的新罪。对丁再执行 2 年有期徒刑后，执行 1 年管制

二、案例分析题

2024 年 9 月 23 日凌晨，甲窃得车辆行驶证一本和现金 2 100 元，并窃得手机一部，经鉴定价值人民币 1 079 元。另外，在 9 月 26 日和 28 日凌晨，甲分别砸坏几辆停放车辆的玻璃盗窃车内财物，皆因被砸车内未放置贵重物品而未能得逞。经鉴定，甲使用破坏性手段损坏他人车辆，造成他人损失合计 22 250 元。2024 年 10 月 17 日，甲接到公安机

关电话通知，被告知其身份证被他人捡到送至派出所，让其到派出所领取。甲于同日晚间到派出所，被核实身份后抓获并被刑事拘留，随即公安机关开展第一次讯问。第一次讯问时，甲仅供述了其随身使用的所窃得的手机所涉的事实，次日讯问才如实供述全部犯罪事实。

问：甲的行为是否构成自首？

三、论述题

1. 我国刑法规定了几种累犯，区别是什么？
2. 自首和立功的区别是什么？

<h1 style="text-align:center">参考答案及解析</h1>

一、选择题

（一）单选题

1. 参考答案：B

解析： 本题主要考查累犯的成立条件。累犯可以分为一般累犯与特别累犯，二者成立的条件不一样。一般累犯构成的前后两罪都一定是故意犯罪，且都被判处有期徒刑以上刑罚，前后两罪之间有5年的间隔期。而特别累犯要求前后两罪都是危害国家安全犯罪、恐怖活动犯罪、黑社会性质的组织犯罪，且没有时间的间隔和刑种的限制。注意：对于被假释的犯罪人，其5年的期限是从假释考验期满之日起计算，而不是从假释之日起计算。A项中，甲后一个犯罪不是故意犯罪，不构成累犯。B项中，乙的行为构成累犯，应当从重处罚。C项中，丙属于特别累犯，不受时间间隔的限制，因此，C项是错误的。D项中，丁的第一个犯罪是过失犯罪，不构成累犯。

2. 参考答案：A

解析： 本题主要考查准自首的成立时间。根据《刑法》第67条第2款的规定，"被采取强制措施的犯罪嫌疑人、被告人和正在服刑的罪犯，如实供述司法机关还未掌握的本人其他罪行的，以自首论"，故而，甲交代另外一起盗窃的犯罪事实虽然不在上述规定的时间内，但根据刑法规定自首的目的和刑事政策的基本精神，即鼓励犯罪分子投案自首，以减少司法的侦查成本，需要对"被采取强制措施的犯罪嫌疑人"作扩大解释（有学者认为这是有利于被告人的类推解释），即包括被司法机关或者司法行政机关采取治安拘留、司法拘留等剥夺人身自由措施的行为人，这些人主动如实供述司法机关还未掌握的本人其他罪行的，也应当认定为自首。

3. 参考答案：D

解析： 本题主要考查数罪并罚的适用原则以及假释考验期内又犯罪的怎么处理。这里一定要注意区分，"先减后并"和"先并后减"是假释考验期内犯新罪和发现新罪的处理原则，而限制加重、并科以及吸收原则才是数罪并罚的原则。本题中，施某原来旧罪被判处的刑罚是无期徒刑，在假释考验期内又犯新罪，在并罚的时候当然要采用吸收原则，即执行无期徒刑。旧罪还没有执行完毕的刑罚仍然是无期徒刑，因为题中并没有交代施某有减为有期徒刑的情况。

（二）多选题

1. 参考答案：BC

解析：本题主要考查累犯的适用范围。对于累犯既不能适用缓刑，也不能适用假释。但是累犯可以减刑，符合保外就医条件的，也可以保外就医。关于监外执行，根据《刑事诉讼法》第265条的规定，对于被判处有期徒刑或者拘役的罪犯，符合下列情形的，可以暂予监外执行：（1）有严重疾病需要保外就医的（根据省级人民政府指定的医院开具证明文件）。（2）怀孕或者正在哺乳自己婴儿的妇女。但是如果保外就医可能有社会危险性的罪犯，或者自伤自残的罪犯，则不得保外就医。（3）生活不能自理的，适用暂予监外执行不致危害社会的罪犯，也可以监外执行。

2. 参考答案：AD

解析：本题主要考查对"如实供述"的理解。"如实供述"是指犯罪嫌疑人主动交代自己的主要犯罪事实，凶器藏匿地点不是主要犯罪事实，甲应当成立自首，故A选项是错误的；犯罪嫌疑人对行为性质的辩解不影响自首的成立，故B选项是正确的；被采取强制措施的犯罪嫌疑人如实供述司法机关尚未掌握的其他罪行的，成立自首，C选项中，办案机关掌握线索针对贪污的事实不成立，故丙交代的是司法机关尚未掌握的其他罪行，应当成立自首，故C选项是正确的；犯罪嫌疑人自动投案主动供述罪行以后又翻供的，只有在一审判决前又如实供述的才成立自首，故D选项是错误的。

3. 参考答案：ABCD

解析：本题主要考查数罪并罚规定的理解与适用。《刑法》第69条第2款规定："数罪中有判处有期徒刑和拘役的，执行有期徒刑。数罪中有判处有期徒刑和管制，或者拘役和管制的，有期徒刑、拘役执行完毕后，管制仍须执行。"上述四项全部正确。

二、案例分析题

参考答案：甲的行为不构成自首。

解析：本案的争议焦点在于，在甲系因其他事由经电话通知而到案，其到案行为是否具有自动性。自首成立的条件要求自动投案和如实供述。判断甲是否具有投案的"自动性"，在并没有直接有关甲的主观意思的证据时，必须根据甲的客观行为进行判断。就本案而言，在甲前往派出所的过程中，并不能看出甲是否具有投案的自动性。但根据到案后的第一次供述可知，甲交代的仅是其随身携带的所窃得的手机涉及的盗窃事实，而未能如实供述自己的全部或主要的犯罪事实。由此可知，甲主观上并没有主动投案的意思，因此，不能将甲的行为认定为自首。

三、论述题

1. 参考答案：

（1）我国刑法规定了两种累犯，分别是一般累犯和特别累犯。

（2）一般累犯是指被判处有期徒刑以上刑罚的犯罪分子，刑罚执行完毕或者赦免以后，在 5 年以内再犯应当判处有期徒刑以上刑罚之罪的犯罪分子。

特别累犯是指危害国家安全犯罪、恐怖活动犯罪、黑社会性质的组织犯罪的犯罪分子，在刑罚执行完毕或者赦免以后，在任何时候再犯上述任一类罪的，都以累犯论处。

（3）二者的区别在于：其一，一般累犯具有时间限制，要求后面所犯之罪在前一犯罪的刑罚执行完毕或者赦免的 5 年之内，特别累犯则没有时间限制。其二，一般累犯没有罪名限制，特别累犯则要求前后所犯罪名都必须属于危害国家安全犯罪、恐怖活动犯罪、黑社会性质的组织犯罪三种犯罪之一。

2. 参考答案：

（1）犯罪以后自动投案，如实供述自己的罪行的，是自首。对于自首的犯罪分子，可以从轻或者减轻处罚。其中，犯罪较轻的，可以免除处罚。被采取强制措施的犯罪嫌疑人、被告人和正在服刑的罪犯，如实供述司法机关还未掌握的本人其他罪行的，以自首论。

（2）犯罪分子有揭发他人犯罪行为，查证属实的，或者提供重要线索，从而得以侦破其他案件等立功表现的，可以从轻或者减轻处罚；有重大立功表现的，可以减轻或者免除处罚；被判处管制、拘役、有期徒刑、无期徒刑的犯罪分子，在执行期间，有立功表现的，可以减刑；有重大立功表现的，应当减刑。

（3）二者的区别在于：一是行为的内容不同。这是二者最直观的不同。自首是指犯罪以后自动投案，如实供述自己罪行的行为。而立功是指犯罪分子有揭发他人犯罪行为经查证属实的行为，或者提供重要线索从而得以侦破其他案件的行为。二是行为的主体不同。一般自首的主体是犯罪嫌疑人，准自首的主体是被采取强制措施的犯罪嫌疑人、被告人和正在服刑的罪犯，普通立功的主体是犯罪嫌疑人、被告人，刑罚执行立功的主体是正在服刑的罪犯。三是共犯人在自首和立功上成立要件不同。共犯人自动投案后，如实供述本人参与的犯罪事实及同案犯的共同犯罪事实，成立自首；共犯人自动投案后，如实供述同案犯在共同犯罪之外的独立罪行，经查证属实，或者共犯人协助抓获同案犯，成立立功。四是法律效果不同。对于自首的犯罪分子，根据犯罪轻重并考虑自首的具体情节，可以从轻或者减轻处罚，其中犯罪较轻的，可以免除处罚；对于有一般立功的犯罪分子，可以从轻或者减轻处罚，有重大立功的犯罪分子，可以减轻或者免除处罚。五是从宽的机理不同。自首是因为犯罪者认识到自身的错误并通过自首的悔改行为致人身危险性减小而从宽，立功则是因为在帮助相关机构破案中贡献了自己的力量致整体上的社会危害性减小而从宽。六是从宽处罚的幅度不同。按相关司法解释，自首的从宽幅度在总体上要稍大于一般立功。

第十六章　刑法各论概述

>> 第一部分　本章知识点速览

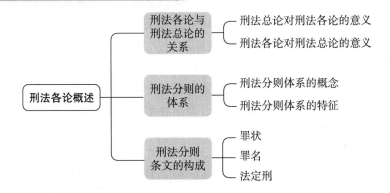

刑法各论概述
- 刑法各论与刑法总论的关系
  - 刑法总论对刑法各论的意义
  - 刑法各论对刑法总论的意义
- 刑法分则的体系
  - 刑法分则体系的概念
  - 刑法分则体系的特征
- 刑法分则条文的构成
  - 罪状
  - 罪名
  - 法定刑

>> 第二部分　本章核心知识要点解析

第一节　刑法各论与刑法总论的关系

（一）难度与热度

难度：☆　热度：☆

（二）基本概念分析

刑法学以犯罪、刑事责任和刑罚的理论与实践问题为其研究领域和研究对象。刑法学分为刑法总论和刑法各论两部分，其中，刑法总论研究刑法的一般理论问题和刑法总则规范的原理及基本原则问题；刑法各论，又称刑法分论，研究对象主要是刑法分则，同时也包括单行刑法、附属刑法中的分则性规范。

（三）学说理论探讨

1. 刑法总论对刑法各论的意义

第一，刑法总论是对犯罪问题进行科学的抽象和概括，研究犯罪、刑事责任和刑罚的一般原理、原则，并以此来指导对刑法各论的研究。

第二，刑法各论在研究具体犯罪时，一般根据刑法总论的理论体系展开探讨。

第三，刑法各论在研究具体犯罪的犯罪构成时，是按照刑法总论中犯罪构成理论展开的。

第四，对于罪状中没有反映的某些犯罪构成要件，需要通过刑法总论的一般理论加以补充。

2. 刑法各论对刑法总论的意义

第一，刑法各论对具体犯罪的研究，有利于深化对刑法总论的理解，推进刑法立法理论和刑法解释论的发展。

第二，刑法总论对犯罪、刑事责任和刑罚的一般原理、原则的研究较为抽象，这些抽象的原理、原则只有通过刑法各论，才能落实到具体犯罪当中。

第三，刑法各论规范中的一些特别规定难以被刑法总论所涵盖。

（四）疑难问题解析

从规定内容角度，刑法总则规定了犯罪与刑罚的一般原理与原则，如犯罪的概念、犯罪构成的一般要件、正当行为、犯罪形态、刑罚制度等；刑法分则规定了各种犯罪的具体要件和对该种犯罪的法定刑。刑法总论和刑法各论之间是一种密切联系、缺一不可、相互作用的关系。

第二节　刑法分则的体系

（一）难度与热度

难度：☆　热度：☆

（二）基本概念分析

刑法分则体系，是指刑法分则对各种犯罪依一定的标准进行分类，并按一定的次序进行排列而形成的有机体。

我国刑法分则将具体犯罪分为十类，以十章规定，依次排列为危害国家安全罪，危害公共安全罪，破坏社会主义市场经济秩序罪，侵犯公民人身权利、民主权利罪，侵犯财产罪，妨害社会管理秩序罪，危害国防利益罪，贪污贿赂罪，渎职罪，军人违反职责罪。

我国刑法分则体系体现出以下三个特征：

（1）在分类上，我国刑法分则原则上以犯罪的同类客体为标准。犯罪的同类客体是某一类犯罪所侵犯的共同客体，亦即刑法所保护的社会关系的某一部分或某一方面。不同类型的犯罪侵犯的社会关系的性质不同，因而其社会危害程度也就不同。

（2）在排列上，我国刑法分则大体上依据犯罪的社会危害程度大小以及犯罪之间的内在联系对各类罪中的具体犯罪由重到轻依次排列，将最严重的个罪放在首位。同时，刑法分则还考虑了具体犯罪之间的内在联系。

（3）在归类上，我国刑法分则基本上以犯罪侵犯的主要客体为依据。当一种犯罪侵犯了复杂客体时，应根据犯罪的主要客体予以归类。

（三）学说理论探讨

近代西方国家的刑法理论和立法规定一般以犯罪侵犯的法益为标准，采用二分法或三分法。二分法将犯罪分为侵犯公法益的犯罪与侵犯私法益的犯罪两类，三分法将犯罪分为侵犯国家法益的犯罪、侵犯社会法益的犯罪和侵犯个人法益的犯罪三类。

（四）疑难问题解析

需要注意的是，类罪的先后排列顺序所表明的社会危害程度大小是就总体而言的，并不意味着所有排在前面类罪中的所有具体犯罪的社会危害性都大于排在后面类罪中的所有具体犯罪的社会危害性。

第三节　刑法分则条文的构成

刑法分则条文通常由罪状和法定刑两部分构成。

一、罪状

（一）难度与热度
难度：☆　热度：☆

（二）基本概念分析

罪状，是指刑法分则条文对具体犯罪的构成特征的描述。在刑法理论上，可以根据不同的标准对罪状进行分类：根据分则条文对罪状的表述方式的不同，罪状可分为简单罪状、叙明罪状、引证罪状和空白罪状；根据分则条文对罪状描述方式的多寡，罪状可分为单一罪状和混合罪状。

1. 简单罪状、叙明罪状、引证罪状和空白罪状

（1）简单罪状，即在分则条文中只简单规定罪名，或者简单描述犯罪的构成特征的罪状。简单罪状通过简单概括的文字，一方面为刑法解释留下空间，另一方面在个罪规定时采用简单罪状是因为这些犯罪的特征相对容易理解和把握。

（2）叙明罪状，即在分则条文中比较具体、详细地对具体犯罪的构成特征加以描述的罪状。之所以采取此种方式，是因为人们对该类犯罪难以把握。叙明罪状的特点是通过罪状可以明确具体犯罪的构成要件，避免歧义，有助于人们对具体犯罪的认定。我国刑法分则所规定的多数条文都采用了叙明罪状。

（3）引证罪状，即引用同一法律中的其他条款来说明和确定某一犯罪的构成特征的罪状。采用引证罪状的方式描述犯罪，是为了避免条款文字上的重复。我国刑法关于引证罪状的规定大体有两种情况：一是引用同条前款的规定来说明后款的犯罪构成特征，二是引用刑法其他条文来确定具体犯罪的构成特征。

（4）空白罪状，又称参见罪状，即在刑法分则条文中指明要参照其他法律法规的规定，来确定某一犯罪的构成特征的罪状。空白罪状的特点是参照其他法规，避免刑法条文的复杂表述，同时，采用空白罪状这一罪状形式，也带来了行刑衔接、口袋罪等一系列问题。

2. 单一罪状和混合罪状

（1）单一罪状，即某一分则条文仅采用简单、叙明、引证、空白四种罪状方式中的一种对犯罪的构成特征进行描述。分则条文中的绝大多数罪状属于单一罪状。

（2）混合罪状，即某一分则条文同时采用两种或两种以上罪状方式对某一犯罪的构成特征进行描述。采用混合罪状描述方式，是由某些犯罪的特殊性决定的。刑法分则条文中属于混合罪状的为数不多。

（三）疑难问题解析

在解释罪状的过程中，还需要特别注意两种情形：注意规定、法律拟制。

1. 注意规定

注意规定，是在刑法已作基本规定的前提下，提示司法工作人员注意、以免司法工作人员忽略的规定。其具有两个特征：

（1）注意规定的设置，并不改变基本规定的内容，只是对基本规定内容的重申。

（2）注意规定只具有提示性，其表述内容并没有变化。

2. 法律拟制

法律拟制，是将原本不符合某种规定的行为也按照该规定处理。

二、罪名

（一）难度与热度

难度：☆ 热度：☆

（二）基本概念分析

1. 罪名的概念

罪名有广义和狭义之分。广义的罪名除具体犯罪名称外，还包括类罪名，类罪名是某一类犯罪的总名称，如危害公共安全罪。不能根据类罪名定罪。

狭义的罪名仅指某种具体犯罪的名称，如故意杀人罪等。每个具体罪名都有其定义、构成要件与法定刑。实践中，司法机关只能根据具体罪名定罪。这里所要探讨的是狭义的罪名。

罪名，即具体犯罪的称谓，是对某种具体犯罪本质特征的简明概括。但罪名本身并不是确定和解释该犯罪具体犯罪构成的依据，在确定具体犯罪的构成要件时，应结合刑法总则与分则的规定加以分析、共同完成。

2. 罪名的分类

根据不同的标准，可以对罪名进行分类。依据确定罪名的主体及罪名的法律效力，可将罪名分为立法罪名、司法罪名与学理罪名；依据罪状所含罪名个数，可将罪名分为单一罪名、选择罪名与概括罪名。

（1）立法罪名、司法罪名与学理罪名。

立法罪名，是指国家立法机关在刑法分则条文中明确规定的罪名。例如贪污罪等，都是由刑法分则条文明确规定的罪名。立法罪名具有普遍适用的法律效力，司法实践中不能对有关犯罪使用与立法罪名不同的罪名。

司法罪名，是指国家最高司法机关通过司法解释所确定的罪名。司法罪名对司法机关办理刑事案件具有法律约束力。

学理罪名，是指刑法理论根据刑法分则条文规定的内容，对犯罪所概括出的罪名。学理罪名没有法律效力，但对司法罪名的确定具有指导和参考作用。

（2）单一罪名、选择罪名与概括罪名。

单一罪名，是指罪状所包含的具体犯罪构成的内容单一，只能反映一个犯罪行为的罪名，如故意杀人罪、故意伤害罪等。我国刑法分则中的大部分罪名都是单一罪名。行为触犯单一罪名的，仅可构成一罪。

选择罪名，是指罪状所包含的具体犯罪构成的内容比较复杂，反映出多种犯罪行为，既可以概括使用，也可以分解使用的罪名。对于有些选择罪名的适用，法律文件作出了特别规定。选择罪名的优点是既可以包括侵害共同法益且行为相似的多个行为类型，又能够避免法律语言的繁杂。

概括罪名，是指罪状所包含的具体犯罪构成的内容复杂，反映出多种犯罪行为，但只能概括使用，不能分解使用的罪名。

（三）学说理论探讨

概括罪名的特点：概括罪名并不能简单地归属于单一罪名或者选择罪名。从罪名本身看，在适用时无选择余地，具有单一罪名的特点，但从其包含了多种行为、只实施其中之一就构成犯罪而言，它又具有选择罪名的特点。即使实施了概括罪名中的多项行为，也仅构成一罪而不是数罪。

（四）疑难问题解析

我国刑法分则中的立法罪名不多，分则条文一般只是规定具体犯罪的罪状，而不明确列出罪名。在确定罪名时，需要对罪状所描述的具体犯罪的构成要件进行分析、概括，因此在确定罪名的过程中，必须遵循以下原则：

（1）合法性原则。合法性，是指确定罪名必须严格依据刑法分则规定具体犯罪的条文所描述的罪状。

（2）概括性原则。概括性，是指罪名必须是对具体犯罪罪状的高度概括，罪名的表述应力求简明、精练。

（3）科学性原则。科学性，是指罪名必须明确地反映具体犯罪的本质与特征，反映此罪与彼罪的区别。

三、法定刑

（一）难度与热度

难度：☆　热度：☆

（二）基本概念分析

法定刑，是指刑法分则条文所确定的适用于具体犯罪的刑种和刑度。法定刑表明罪与罚的质的因果性联系和量的相对应关系，是审判机关对犯罪人适用刑罚的依据。对犯罪人判处刑罚时，除非其具备法定的减轻情节，否则必须在法定刑的范围内进行。

刑法理论上通常以法定刑的刑种、刑度是否确定为标准，将法定刑分为三种形式。

（1）绝对确定的法定刑，即在条文中对某种犯罪或某种犯罪的具体情形只规定单一、固定、无量刑幅度的刑种和刑度的法定刑。我国刑法中尽管存在绝对确定的法定刑，但也仅是个别条款。

（2）绝对不确定的法定刑，即在条文中对某种犯罪不规定具体的刑种和刑度，只笼统规定应追究刑事责任、依法制裁等，具体如何处罚完全由法官掌握。

（3）相对确定的法定刑，即在条文中对某种犯罪规定了相对具体的刑种和刑度，并明确规定最高刑和最低刑。其表现方式有以下几种：明确规定法定刑的最高限度，其最低限度由刑法总则规定；明确规定法定刑的最低限度，其最高限度由刑法总则规定；同时规定法定刑的最高限度与最低限度；规定两种以上的主刑或者规定两种以上主刑并规定附加刑；规定对某罪援引其他条文或同一条其他款的法定刑；浮动法定刑，即法定刑具体并不确定，而是以案件具体情况或者特定社会事实为基准在一定范围内升降。

（三）学说理论探讨

绝对确定的法定刑虽然单一、便于操作，但法官不能根据具体情况对犯罪人判处轻重适当的刑罚，不利于收到良好的刑罚效果。故当今各国刑法已极少采用。

绝对不确定的法定刑，赋予法官过于广泛的裁量刑罚的权力，易造成量刑的不平衡，不利于法律适用的统一，故当今各国刑法已基本不采用。我国刑法分则中也没有此种形式的法定刑。

相对确定的法定刑，既有刑罚的限度，也有一定的自由裁量余地，便于法官在保证司法统一的基础上，根据具体案情和犯罪人的具体情况，在法定刑的幅度内选择适当的刑种和刑度，有利于刑罚目的的实现，因而被当今各国刑法所广泛采用。我国刑法分则条文中的法定刑绝大多数为相对确定的法定刑。

（四）疑难问题解析

1. 宣告刑和法定刑的区别

宣告刑，是指审判机关对具体犯罪依法判处并宣告，应当执行的刑罚。法定刑与宣告刑关系密切。法定刑是宣告刑的基础，宣告刑是法定刑的实际适用。如果法定刑是绝对确定的法定刑，宣告刑与法定刑相同。如果法定刑是相对确定的法定刑，两者则具有以下差异：一是法定刑可以同时包含不同的主刑和量刑幅度，而宣告刑只能是一罪一刑，其选择结果是排他的。二是一般情况下，宣告刑必须以法定刑幅度为限，但在加重、减轻或者免除刑罚情节下，则可以超出法定刑幅度。此外，《刑法》第63条第2款规定："犯罪分子虽然不具有本法规定的减轻处罚情节，但是根据案件的特殊情况，经最高人民法院核准，也可以在法定刑以下判处刑罚。"

2. 执行刑和宣告刑的区别

执行刑，是对犯罪分子实际执行的刑罚。执行刑以宣告刑为依据，没有宣告刑则不涉及执行刑，执行刑不能超出宣告刑。执行刑又不完全等同于宣告刑。在宣告刑的实际执行过程中，可依法减刑、假释、赦免，导致执行刑低于宣告刑。

第三部分 拓展延伸阅读、案例研习与同步训练

第一节 拓展延伸阅读

1. 陈兴良. 刑法各论的理论建构. 北方法学，2007（1）.

2. 张明楷. 刑法分则的解释原理：上、下. 北京：高等教育出版社，2024.

3. 刘艳红. 罪名研究. 北京：中国方正出版社，2000.

4. 周光权. 法定刑研究. 北京：中国方正出版社，2000.

5. 田宏杰. 罪状结构的开放性与罪状类型化的反思. 法商研究，2023（2）.

6. 林山田. 刑法各罪论：上. 北京：北京大学出版社，2012.

第二节　本章案例研习

案例：古某群等非法经营案（非法经营罪中的违反国家规定）

（一）基本案情

2003 年 5 月下旬至 7 月下旬，古某群冒用广东省医药进出口有限公司的名义，购入盐酸氯胺酮注射液共 220 箱并卖给陈某耀。陈某耀再卖给何某茜，何某茜再出售，并将购买的盐酸氯胺酮注射液交给被告人余某林，余某林交给朱某良等人。最终，古某群获利人民币 50 多万元，分给古某霞人民币 13 万元；陈某耀获利人民币 33.66 万元，余某林获利人民币 3 万多元。对于非法买卖盐酸氯胺酮注射液的行为，在刑法上应当如何定性？

（二）法院判决

广东省东莞市中级人民法院经审理后认为，被告人古某群等人的行为均已构成非法买卖制毒物品罪。

古某群等提起上诉后，广东省高级人民法院经审理后认为，原判认定事实清楚，证据确凿，审判程序合法，但适用法律错误，定性不准，量刑不当，依法应当改判。判决上诉人古某群等构成非法经营罪。

（三）案例解析

非法买卖、运输盐酸氯胺酮注射液的行为不构成贩卖、运输毒品罪，也不构成非法买卖制毒物品罪，而构成非法经营罪。

我国《刑法》第 347 条第 1 款明确规定了毒品的范围，盐酸氯胺酮注射液不属于《刑法》明确规定的三种毒品，但其是否属于《刑法》规定的"其他毒品"，需要依照国家药品监督管理机关的相关行政法规来予以界定。自 2003 年 11 月 1 日起，盐酸氯胺酮注射剂才被法律规定为精神药品。本案发生于该时间之前，案发时盐酸氯胺酮注射液尚未被规定为精神药品，不属于刑法规定的"其他毒品"，因此，本案各被告人非法买卖、运输盐酸氯胺酮注射液的行为不构成贩卖、运输毒品罪。

案发时盐酸氯胺酮注射液不是制毒物品，非法买卖盐酸氯胺酮注射液的行为不构成非法买卖制毒物品罪。《刑法》第 350 条规定的非法买卖制毒物品罪，"违反国家规定"属于空白罪状。本案中涉及的盐酸氯胺酮注射液，是否属于第 350 条规定的制毒物品，需要其他法律法规以及司法解释等补充规范来明确。根据我国加入的有关国际禁毒公约、《刑法》第 350 条的规定，以及最高人民法院研究室发布的《关于非法买卖盐酸氯胺酮行为法律适用问题的答复》规定，本案案发时，盐酸氯胺酮注射液并不属于制毒物品。因此，根据罪刑法定原则，本案被告人非法买卖盐酸氯胺酮注射液的行为不应当构成非法买卖制毒物品罪。

同时，非法经营罪中的"违反国家规定"也属于空白罪状，需要其他法律法规以及司法解释等补充规范来明确。根据《关于氯胺酮管理问题的通知》第9条的规定，在本案案发期间，盐酸氯胺酮注射液符合《刑法》第225条第1项规定的"行政法规规定的专营、专卖物品"的特征。因此，被告人古某群、陈某耀、余某林、古某霞在未经许可实际上也不可能得到许可的情况下非法经营盐酸氯胺酮注射液，扰乱了市场秩序，在性质上属于非法经营行为。

第三节 本章同步训练

一、选择题

（一）单选题

1. 在分类上，我国刑法分则原则上以犯罪的（　　）为标准。

A. 同类客体　　　　　B. 同类主体　　　　　C. 主要客体　　　　　D. 社会危害性

2. 确定罪名的过程中，必须遵循的原则不包括（　　）。

A. 合法性原则　　　　　　　　　B. 概括性原则

C. 科学性原则　　　　　　　　　D. 合理性原则

（二）多选题

1. 法定刑有以下哪几种？（　　）

A. 绝对确定的法定刑　　　　　　B. 绝对不确定的法定刑

C. 相对确定的法定刑　　　　　　D. 相对不确定的法定刑

2. 根据分则条文对罪状的表述方式的不同，罪状可分为（　　）。

A. 简单罪状　　　　　　　　　　B. 叙明罪状

C. 引证罪状　　　　　　　　　　D. 空白罪状

二、案例分析题

2021年11月，白某来在北京市朝阳区某旅馆内，自称是退休的国家特二级刑警，能够帮助被害人王某芳取消行政处罚，从而骗取王某芳5 300元。白某来被查获归案以后，公安机关从其处起获棉服一件（黑色，带有"警察冬执勤服"字样）、短袖上衣一件（蓝色，带有"特/二"字样）、皮带一条（黑色，包装盒标记"警用皮带"），以及小米直板手机一部。问：冒充退休的国家机关工作人员能否视为国家机关工作人员？

三、论述题

1. 刑法各论与刑法总论的关系是什么？

2. 刑法分则条文的结构包括什么？

参考答案及解析

一、选择题

（一）单选题

1. 参考答案： A

解析： 我国刑法分则体系体现出以下三个特点：

第一，在分类上，我国刑法分则原则上以犯罪的同类客体为标准。

第二，在排列上，我国刑法分则大体上依据犯罪的社会危害程度大小以及犯罪之间的内在联系对各类罪中的具体犯罪由重到轻依次排列。

第三，在归类上，我国刑法分则基本上以犯罪侵犯的主要客体为依据。

2. 参考答案： D

解析： 确定罪名的原则主要包括：

第一，合法性原则，指确定罪名时必须严格根据刑法分则规定具体犯罪的条文所描述的罪状，既不得超出罪状的内容，也不得片面地反映罪状的内容。

第二，概括性原则，指罪名的确定必须是对罪状的高度概括，表述应力求简明。

第三，科学性原则，指罪名要在合法性、概括性的基础上，明确地反映出犯罪行为最本质的特征以及此罪与彼罪的主要区别。

（二）多选题

1. 参考答案： ABC

解析： 法定刑的分类主要包括：

第一，绝对确定的法定刑，指在条文对某种犯罪或某种犯罪的某种情形只规定单一、固定、无量刑幅度的刑种和刑度的法定刑。

第二，绝对不确定的法定刑，指在条文对某种犯罪不规定具体的刑种和刑度，只规定对该种罪处以刑罚，具体如何处罚完全由法官掌握。

第三，相对确定的法定刑，指分则条文对某种犯罪规定了相对具体的刑种和刑度，即既有刑罚的限度，也有一定的自由裁量余地。

2. 参考答案： ABCD

解析： 罪状，是指刑法分则条文对具体犯罪的基本构成特征的描述。根据分则条文对罪状的表述方式的不同，其可以分为叙明罪状、简单罪状、引证罪状和空白罪状。叙明罪状，指刑法条文对具体犯罪的基本构成特征作了详细的描述；简单罪状，指刑法条文只简单地规定罪名或者简单描述犯罪的基本构成特征；引证罪状，指引用同一法律中的其他条款来说明和确定某一犯罪构成的特征；空白罪状，指刑法条文不直接地具体规定某一犯罪构成的特征，但指明确定该罪构成特征需要参照的其他法律法规的规定。

二、案例分析题

参考答案：

冒充退休的人民警察，不能视为冒充国家机关工作人员。

解析：法律拟制需要同时符合实质要件和形式要件。实质要件方面，法律拟制的正当性基础在于不同行为对法益侵害的相同性或相似性。就招摇撞骗罪而言，其所保护的法益是国家机关工作人员的身份所代表的国家机关的权威以及公信力。行为人冒充的是已退休的人民警察，但是已退休的人民警察不能再行使执法权力，其本人无法直接通过行使执法权力的方法来帮助被害人取消行政处罚，从这个角度说，不存在损害国家机关权威和公信力的可能。就形式要件而言，法律拟制的适用前提是法律明文规定。目前法律并无明文规定将退休的国家机关工作人员拟制为国家机关工作人员，因此，冒充退休的人民警察，不能视为冒充国家机关工作人员。

三、论述题

1. 参考答案：

刑法各论与刑法总论之间的关系，是一种密切联系、缺一不可、相互作用的关系。

（1）刑法各论对刑法总论的作用，包括：1）贯彻与体现刑法总论的作用；2）促进刑法总论实践效应的作用；3）丰富和发展刑法总论的作用。

（2）刑法总论对刑法各论的作用，主要包括概括作用、指导作用和制约作用。

2. 参考答案：

刑法分则条文的构成主要包括罪状、罪名和法定刑三部分。

（1）罪状是指刑法分则条文对具体犯罪的基本构成特征的描述，主要包括叙明罪状、简单罪状、引证罪状和空白罪状以及单一罪状和混合罪状。

（2）罪名，是犯罪的名称或者称谓，是对犯罪本质特征或者主要特征的高度概括。罪名的功能主要包括概括功能、区分功能、评价功能以及威慑功能。根据罪名是否具有法律效力，可分为立法罪名、司法罪名和学理罪名，根据条文罪名包含的构成内容数量单复，可分为单一罪名、选择罪名和概括罪名。确定罪名需要遵循合法性原则、概括性原则和科学性原则。

（3）法定刑，是指刑法分则条文对具体犯罪所确定的适用刑罚的种类和刑罚幅度。其可以分为绝对确定的法定刑、绝对不确定的法定刑和相对确定的法定刑。

第十七章　危害国家安全罪

>> **第一部分　本章知识点速览**

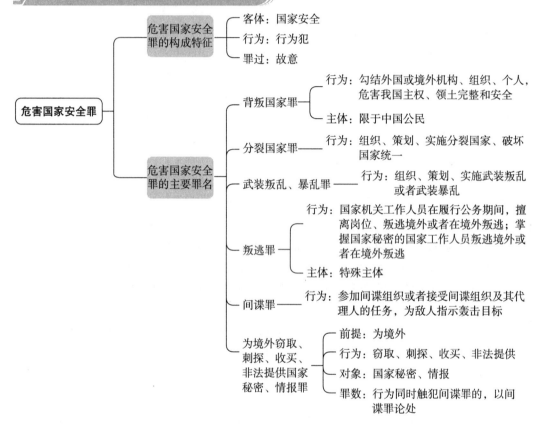

危害国家安全罪

- 危害国家安全罪的构成特征
  - 客体：国家安全
  - 行为：行为犯
  - 罪过：故意
- 危害国家安全罪的主要罪名
  - 背叛国家罪
    - 行为：勾结外国或境外机构、组织、个人，危害我国主权、领土完整和安全
    - 主体：限于中国公民
  - 分裂国家罪
    - 行为：组织、策划、实施分裂国家、破坏国家统一
  - 武装叛乱、暴乱罪
    - 行为：组织、策划、实施武装叛乱或者武装暴乱
  - 叛逃罪
    - 行为：国家机关工作人员在履行公务期间，擅离岗位、叛逃境外或者在境外叛逃；掌握国家秘密的国家工作人员叛逃境外或者在境外叛逃
    - 主体：特殊主体
  - 间谍罪
    - 行为：参加间谍组织或者接受间谍组织及其代理人的任务，为敌人指示轰击目标
  - 为境外窃取、刺探、收买、非法提供国家秘密、情报罪
    - 前提：为境外
    - 行为：窃取、刺探、收买、非法提供
    - 对象：国家秘密、情报
    - 罪数：行为同时触犯间谍罪的，以间谍罪论处

>> **第二部分　本章核心知识要点解析**

第一节　危害国家安全罪概述

一、危害国家安全罪的概念与构成特征

（一）难度与热度

难度：☆☆　热度：☆☆

（二）基本概念分析

（1）本章犯罪在 1979 年《刑法》中称为"反革命罪"。"反革命罪"一词政治色彩较为浓厚，随着国际、国内形势的变化，继续沿用该称谓已不合时宜，现行《刑法》将其修改为"危害国家安全罪"。从国外刑事立法看，"危害国家安全罪"是普遍的称谓。也有一些国家在具体表述上有所不同，如日本、韩国、泰国等称之为"内乱罪""外患罪"，英国称之为"反对国王和政府罪"，还有的国家称之为"国事罪"等。

（2）国家安全是一个国家和社会生存和发展的基础和保障。古今中外，危害国家安全方面的犯罪都被认为是严重犯罪，而给予严厉的刑事制裁。在我国古代，刑法中的"十恶"（所谓十恶不赦）之罪，多数都是有关国家安全的犯罪。新中国成立后，颁布的第一部刑法性质的法律文件《惩治反革命条例》，实际上惩治的就是危害国家安全方面的犯罪。我国现行《刑法》将危害国家安全罪列为刑法分则的第一章，体现了对维护国家安全的高度重视。我国理论及实务中，习惯将犯罪分为危害国家安全犯罪和普通刑事犯罪。在《刑法》总则、分则中，对危害国家安全罪的惩处都有一些特殊规定，涉及剥夺政治权利刑及没收财产刑的适用、特别累犯的成立条件等；《刑事诉讼法》中对此类案件的办理也规定了一些特别的程序，涉及刑事管辖、律师会见、技术侦查、缺席审判等内容，体现了对危害国家安全犯罪从严惩处的立法精神。

（3）本章各罪均属于行为犯（也称为抽象危险犯）。只要行为人故意实施了危害国家安全的行为，不管是否造成实际损害后果，都构成犯罪既遂。

（三）疑难问题解析

（1）本章犯罪侵犯的客体是国家安全。准确理解国家安全的含义，对于危害国家安全罪的认定极为重要。习近平总书记提出的总体国家安全观，作为新时期我国维护国家安全的指导思想，大大拓展了传统的国家安全的内涵和外延，既包括政治安全、国土安全、军事安全等传统安全，也包括经济安全、文化安全、社会安全、科技安全、信息安全、生态安全、资源安全、核安全、生物安全等非传统安全。以总体国家安全观为指导，我国于 2015 年出台的《国家安全法》，对国家安全的定义进行了如下界定：国家安全是指国家政权、主权、统一和领土完整、人民福祉、经济社会可持续发展和国家其他重大利益相对处于没有危险和不受内外威胁的状态，以及保障持续安全状态的能力。

作为本章犯罪客体的国家安全，较之《国家安全法》中国家安全的外延要窄，侧重于传统意义的国家安全，即政治安全、国土安全及军事安全，具体内容包括国家主权和独立、领土完整和安全、国家统一、人民民主专政的政权和社会主义制度的稳定等。须指出，我国刑法分则第七章"危害国防利益罪"和第十章"军人违反职责罪"，实际上也具有危害国家安全的性质，国防利益和军事安全属于传统意义上的国家安全，只是立法者出于立法技术等因素的考虑，将这两类犯罪单独设章。

（2）本章规定了 12 种具体的危害国家安全的犯罪行为。如果行为人虽有认识错误、反动的思想，但并未具体实施危害国家安全的行为，不能对其治罪。对于发表言论的行为是否构成危害国家安全罪，不可一概而论。如果行为人只是通过言论形式（如写在日记本上、与亲戚朋友聊天等）将某种危害国家安全的思想表露出来，并未利用这种言论向他人和社会施加影响，那么其言论仍属思想范畴，不能以犯罪论处；但若行为人将其危害国家安全的言论有意向他人灌输或者向社会扩散，旨在影响他人和社会，则属于行为的范畴，如在公众场合发表演讲、张贴大小字报、拉横幅标语、散发传单、在互联网上发帖子等，这就属于危害国家安全的行为，有可能构成犯罪。本章中的煽动分裂国家罪、煽动颠覆国家政权罪等，就主要表现为言论的形式。

（3）2020 年由全国人大常委会通过的《中华人民共和国香港特别行政区维护国家安全法》，对在香港特别行政区实施的危害国家安全的罪行与处罚作出了特别规定，包括分裂国家罪、颠覆国家政权罪、勾结外国或者境外势力危害国家安全罪等。对这些犯罪行为，由香港特别行政区司法机关行使管辖权，在特殊情形下，依据法定程序，由驻香港特别行政区维护国家安全公署侦查，最高人民检察院指定有关检察机关行使检察权，最高人民法院指定有关法院行使审判权，案件办理适用《刑事诉讼法》等相关法律的规定。

二、危害国家安全罪的种类

（一）难度与热度
难度：☆　热度：☆

（二）基本概念分析
司法实践中，危害国家安全刑事案件在刑事案件总量中占比较小，但因其危害性质严重而成为刑法打击的重点。在本章 12 个具体罪名中，分裂国家罪，煽动分裂国家罪，颠覆国家政权罪，煽动颠覆国家政权罪，叛逃罪，间谍罪，为境外窃取、刺探、收买、非法提供国家秘密、情报罪，司法适用率相对较高，应重点把握这些罪的构成特征。至于背叛国家罪，武装叛乱、暴乱罪等罪名，实务中比较罕见，但因社会危害性极其严重，应当对其基本内容有所了解。

第二节　背叛国家罪

一、背叛国家罪的概念与构成特征

（一）难度与热度
难度：☆☆　热度：☆☆

（二）基本概念分析
（1）本罪中的"境外"一词，在范围上大于"国外"，除了包括其他国家和地区，也包括我国的香港特别行政区、澳门特别行政区及台湾地区。

（2）本罪行为主体只能是中国公民，主要是那些掌握党和国家重要权力或者具有一定社会地位和影响的人。外国人和无国籍人不能单独构成本罪，但可以成为本罪的共犯。

（三）疑难问题解析
本罪表现为对外勾结与危害国家主权、领土完整和安全两个方面，二者密切联系：

前者是后者的前提与手段，后者是前者的特定内容与目的。所谓"勾结"，是指进行联络、沟通、通谋、商议、策划等行为。所谓"危害中华人民共和国的主权、领土完整和安全"，主要表现为下列行为：与外国签订丧权辱国的条约，出卖国家主权；非法割让国家领土，破坏国家领土完整；与外国通谋制造国际争端，使外国向我国提出领土要求；勾引外国对我国进行侵略；策划建立受别国操纵的傀儡政权等。

二、背叛国家罪的认定

（一）难度与热度

难度：☆　热度：☆

（二）疑难问题解析

本罪同其他危害国家安全罪的罪名相比，行为方式有一定的概括性，司法实践中，本罪有可能与其他犯罪形成竞合关系、牵连关系或吸收关系。对此，应当分别依据想象竞合犯、牵连犯或者吸收犯的处断原则进行处理。例如，行为人在对外勾结危害我国国家安全过程中，同时实施了分裂国家，为境外窃取、刺探、收买、非法提供国家秘密、情报等行为的，又触犯其他罪名，由于本罪法定刑更重，原则上应以本罪论处。

第三节　分裂国家罪

一、分裂国家罪的概念与构成特征

（一）难度与热度

难度：☆☆☆　热度：☆☆☆

（二）基本概念分析

（1）本罪表现为组织、策划、实施分裂国家、破坏国家统一的行为。

（2）本罪属于行为犯，行为人只要具有组织、策划、实施分裂国家、破坏国家统一的行为，不论行为是否得逞、是否造成实际后果，都构成犯罪既遂。

（3）本罪属于必要共同犯罪，行为主体包括首要分子、罪行重大者、积极参加者和其他参加者。从实践来看，本罪主体往往以犯罪集团的形式出现。

二、分裂国家罪的认定

（一）难度与热度

难度：☆☆　热度：☆☆

（二）基本概念分析

在对外勾结组织、策划、实施分裂国家行为的情形下，成立本罪与背叛国家罪的想象竞合犯，应按照从一重罪论处的原则，以背叛国家罪处罚。

（三）疑难问题解析

认定本罪时须注意，对于某些人由于对国家的民族政策、地方政策不理解，而实施一些错误、过激行为，但其主观上并无分裂国家、破坏国家统一的目的，不应认定为犯罪。

第四节 武装叛乱、暴乱罪

一、武装叛乱、暴乱罪的概念与构成特征

（一）难度与热度

难度：☆　热度：☆

（二）基本概念分析

（1）本罪行为方式必须是采取武装对抗的形式，即叛乱者或暴乱者携带或者使用枪支、弹药、杀伤力较强的刀具等武器，与政府进行对抗。如果行为人没有携带或者使用武器，只是使用一般性暴力工具，如棍棒、石块等，不能认定为武装叛乱或者武装暴乱。

（2）本罪属于必要共犯，往往是多人或众人所为，如某一组织或集团所为，单个人不可能实施此种犯罪行为。

（三）疑难问题解析

武装叛乱和武装暴乱在表现形式上有很多相同之处，如聚众武力冲击、占领国家机关、军事重地；占领交通要道或重要公共场所，与军队、警察、民兵进行武力对抗，并常常伴有杀人、放火等严重暴力行为。二者主要区别在于：行为人是否有投靠境外组织或境外敌对势力的意图。武装叛乱是投靠或意图投靠境外组织或敌对势力，具有投敌叛变的性质；武装暴乱主要是针对政府，同政府武力对抗，并未与境外的敌对势力相勾结，也没有投靠境外敌对势力的意图。

二、武装叛乱、暴乱罪的认定

（一）难度与热度

难度：☆　热度：☆

（二）疑难点解析

实践中，应注意划清本罪与群体性闹事事件的界限。群体性闹事有时也会出现聚众冲击国家机关、殴打国家工作人员、毁坏财物等情况，但不是采用武装形式同政府对抗。行为人闹事的原因，多是对国家政策不理解，或者所提出的某些要求未得到满足，但参与闹事的多数人并不具有推翻国家政权的目的，尽管可能个别具有危害国家安全意图的人混入其中，但应将他们同参与闹事的一般群众区分开来。

第五节 叛逃罪

一、叛逃罪的概念与构成特征

（一）难度与热度

难度：☆☆☆ 热度：☆☆☆

（二）基本概念分析

（1）叛逃行为具体有两种形式：一是"叛逃境外"，即行为人在境内产生叛逃意图后，非法出境，叛逃到境外的某一国家或地区；二是"在境外叛逃"，即行为人合法出境后，在境外实施叛逃行为。

（2）本罪主体属于特殊主体，主要是国家机关工作人员，如中国驻外使领馆的外交人员，国家机关赴境外访问的代表团成员，国家机关派驻境外进行公务活动或者执行专项任务的人员等。根据《刑法》第109条第2款的规定，掌握国家秘密的国家工作人员，如国有企业、事业单位、人民团体中从事公务的管理人员，亦可成为本罪主体。

（三）疑难问题解析

（1）在一般情况下，构成本罪要求具备"履行公务期间、擅离岗位"这一前提条件。"履行公务期间"，是指行为人为履行其工作职责而进行各项活动的过程中，如因公在境外国家或地区访问、考察，或者在驻境外机构工作期间等。如果相关行为发生在休假、自费出国旅游、自费留学、出国探亲访友等与公务无关的活动期间，不构成本罪。但是，如果行为人属于掌握国家秘密的国家工作人员，则不受上述条件限制，即使在非履行公务期间实施叛逃行为，也可构成本罪。

（2）对于叛逃至外国驻华使领馆的行为，可以视为"叛逃境外"，以本罪论处。如重庆市原副市长王某叛逃案：2012年2月2日，王某以洽谈工作为由，私自进入美国驻成都总领事馆，称其因查办案件人身安全受到威胁，请求美方提供庇护，并书写了政治避难申请。后法院认定王某构成叛逃罪。

二、叛逃罪的认定

（一）难度与热度

难度：☆☆ 热度：☆☆

（二）基本概念分析

应注意本罪与背叛国家罪、投敌叛变罪、军人叛逃罪以及偷越国边境罪的区分。

（三）疑难问题解析

本罪的罪过形式为故意。国家工作人员在境外期间，由于受到境外机构、组织或个人的阻挠、胁迫等，或者出现了战乱、严重自然灾害等难以克服的客观障碍，而被迫暂时滞留境外的，因其不具有危害我国国家安全的故意，不能以犯罪论处。

第六节　间谍罪

一、间谍罪的概念与构成特征

(一) 难度与热度
难度：☆☆☆　热度：☆☆☆

(二) 基本概念分析
2023 年修订后的《中华人民共和国反间谍法》第 4 条规定了六种间谍行为，本罪只处罚其中的部分间谍行为，即参加间谍组织或接受境外间谍组织及其代理人的任务，以及战时为敌人指示轰击目标的行为。

二、间谍罪的认定

(一) 难度与热度
难度：☆☆　热度：☆☆

(二) 疑难问题解析
(1) 根据 2023 年修订后的《中华人民共和国反间谍法》第 55 条第 2 款之规定，在境外受胁迫或者受诱骗参加间谍组织、敌对组织，从事危害中华人民共和国国家安全的活动，及时向中华人民共和国驻外机构如实说明情况，或者入境后直接或者通过所在单位及时向国家安全机关如实说明情况，并有悔改表现的，可以不予追究。

(2) 对于行为人在参加间谍组织后或者接受间谍组织及其代理人的任务后，实施相关犯罪行为，如窃取、刺探、收买、非法提供国家秘密、情报的，属于牵连犯，应从一重罪处罚。由于间谍罪的法定刑比较重，一般应当按照间谍罪定罪处罚。如果行为人所实施的犯罪行为超出了间谍组织的指令范围或活动范围，则不属于间谍犯罪行为，应当以其实施的具体犯罪行为，与间谍罪实行并罚。

第七节　为境外窃取、刺探、收买、非法提供国家秘密、情报罪

一、为境外窃取、刺探、收买、非法提供国家秘密、情报罪的概念与构成特征

(一) 难度与热度
难度：☆☆☆　热度：☆☆☆

(二) 基本概念分析
(1) "为境外"是本罪成立的基本条件。是否属于"为境外"，是本罪同非法获取国家秘密罪、故意泄露国家秘密罪等的关键区分点。所谓"境外"，既包括我国领域以外的其他国家和地区，也包括我国领域内的香港特别行政区、澳门特别行政区及台湾地区。

（2）应正确把握本罪中"国家秘密"和"情报"的概念与范围，二者都属于事关国家安全和利益的非公开信息。根据《中华人民共和国保守国家秘密法》以及《中华人民共和国保守国家秘密法实施条例》等法律法规的规定，国家秘密有明确的定位，其确定也有严格的法定程序。对于本罪"情报"的范围，法律未作具体规定，在实践中应根据具体案件的情况从严掌握，不能把虽未公开但不涉及国家安全、利益的内部情况，都列入本罪的"情报"范围，同时要注意将本罪与对外交往中正常的信息情报交流区别开来，以避免不当地扩大刑法打击面。

（3）本罪为选择式罪名，涉及窃取、刺探、收买、非法提供四种行为方式，以及国家秘密、情报两种行为对象。在具体适用时，应当根据个案所涉及的具体行为方式及对象，有几项列举几项，如为境外窃取国家秘密罪、为境外非法提供情报罪等。

二、为境外窃取、刺探、收买、非法提供国家秘密、情报罪的认定

（一）难度与热度
难度：☆☆☆　热度：☆☆☆

（二）疑难问题解析

（1）根据有关法律规定，国家秘密分为绝密、机密和秘密三级。具体案件中涉及的对象是不是国家秘密以及密级的不同，对国家安全和利益造成的危害程度也不同，是认定与处理中应考虑的因素之一。在此类案件的办理过程中，必要时应委托国家保密工作部门，对有关事项是否属于国家秘密及其密级进行鉴定。

（2）本罪属于行为犯，行为人实施了窃取、刺探、收买、非法提供四种行为之一的，就构成犯罪且既遂。但若在实施上述行为时就被制止或抓获，实际上未能最终获取国家秘密或情报，或者未能完成非法提供的行为，则构成犯罪未遂。

（3）本罪的罪过形式为故意，包括直接故意和间接故意。本罪故意中的"明知"，并不要求行为人确切地知道所涉及的国家秘密的密级，何况有些情况下有关事项尚未标明密级。根据有关司法解释，只要行为人知道或者应当知道没有标明密级的事项关系国家安全和利益，而为境外窃取、刺探、收买、非法提供的，即可认定行为人存在故意，并以本罪定罪处罚。

》》 第三部分　拓展延伸阅读、案例研习与同步训练

第一节　拓展延伸阅读

1. 董玉庭. 国家安全法视域下危害国家安全罪新论. 南京大学学报（哲学社会科学版），2024（6）.

2. 李凤梅. 释义学视域下危害国家安全犯罪问题研究. 辽宁师范大学学报（社会科学版），2020（5）.

3. 梅传强，董为. 总体国家安全观视角下我国间谍罪立法问题检视与修正建议. 社会科学家，2020（9）.

4. 王世洲. 危害国家安全罪的信条学考察. 中国刑事法杂志，2012（8）.

第二节　本章案例研习

案例：庄某为境外非法提供国家秘密案

（一）基本案情

2019 年 3 月，在校大学生庄某在某 QQ 群中寻找兼职。一名群成员主动申请添加庄某为 QQ 好友，并向其提供"某军港附近地图信息采集和沿街商铺拍摄"的兼职工作，要求"每天工作 3 小时，一周工作 3 天"，日工资 200 元。庄某按对方要求，将个人简历、定位信息和微信收款码通过 QQ 发送给对方，先后 8 次应对方要求前往小区楼顶制高点、公园及医院附近，拍摄我国军事目标及附近街道店铺、路况等，每次拍摄 100～200 张照片，通过邮箱发送给对方。庄某还应境外间谍情报人员要求，通过网上购买长焦镜头观测及租船出海抵近观察等方式，先后 10 次赴我国某海军舰队实施预警观察搜集。在此期间，境外间谍情报机关还对庄某进行了安全培训，要求以"观察记录为主、拍照为辅"的方式搜报军舰舷号。

（二）法院判决

2019 年 12 月，某市中级人民法院以为境外非法提供国家秘密罪判处庄某有期徒刑 5 年 6 个月，剥夺政治权利 1 年。

（三）法理分析

本案中，庄某在利益驱动下，应境外间谍情报人员要求，针对我国军港、海军舰队等军事目标进行拍摄、观测，并把相关资料信息非法提供给对方，其行为对我国重要军事设施和兵力行动的安全造成严重威胁。庄某非法获取的这些资料信息当属国家秘密，其客观上实施了为境外非法提供国家秘密的行为，危害了国家安全；主观上具有犯罪故意，其为了获取经济利益而放任了危害国家安全的后果。尽管起初庄某受到境外间谍人员的欺骗，但从其后来的一系列举动，如应境外间谍人员要求，购买长焦镜头观测及租船出海抵近观察我国海军舰队动向来看，其违法性显而易见，根据行为人的身份和认知能力，可以认定其对非法行为的性质及后果是明知的，故庄某构成为境外非法提供国家秘密罪。但是，庄某并未加入间谍组织；根据现有证据，庄某主观上并未认识到对方是境外间谍组织及其代理人，因此，其行为不构成间谍罪。

第三节　本章同步训练

一、选择题

（一）单选题

1. 下列选项中关于危害国家安全罪的表述错误的是（　　）。

A. 背叛国家罪的犯罪主体可以是中国人，也可以是外国人以及无国籍人

B. 叛逃罪的犯罪主体只能是国家机关工作人员

C. 为敌人指示轰击目标危害国家安全的，依照间谍罪定罪处罚

D. 收买国家机关工作人员进行武装叛乱的，应当从重处罚

2. 某国家机关工作人员甲借到 M 国探亲的机会滞留不归。一年后甲受雇于 N 国的一个专门收集有关中国军事情报的间谍组织，随后受该组织的指派潜回中国，找到其在某军区参谋部工作的战友乙，以 1 万美元的价格从乙手中购买了 3 份军事机密材料。对甲的行为应如何处理？（　　　）

A. 以叛逃罪论处 　　　　　　　　　B. 以叛逃罪和间谍罪论处

C. 以间谍罪论处 　　　　　　　　　D. 以非法获取军事秘密罪论处

（二）多选题

1. 故意向他人提供国家秘密的行为，根据提供的对象不同，可能构成哪些犯罪？（　　　）

A. 故意泄露国家秘密罪

B. 间谍罪

C. 为境外非法提供国家秘密、情报罪

D. 非法获取国家秘密罪

2. 甲系海关工作人员，被派往某国考察。甲担心自己放纵走私被查处，拒不归国。为获得庇护，甲向某国难民署提供我国从未对外公布且影响我国经济安全的海关数据。关于本案，下列哪些选项是正确的？（　　　）

A. 甲构成叛逃罪

B. 甲构成为境外非法提供国家秘密、情报罪

C. 对甲不应数罪并罚

D. 即使刑法分则对叛逃罪未规定剥夺政治权利，也应对甲附加剥夺 1 年以上 5 年以下政治权利

二、分析题

我国刑法对危害国家安全犯罪有哪些特别规定？

参考答案及解析

（一）单选题

1. 答案：A

2. 答案：C

解析：本题主要考查间谍罪和叛逃罪的构成要件（时间要件）。根据《刑法》第 109 条的规定，叛逃罪的主体必须是国家机关工作人员，叛逃的时间必须是在履行公务期间，行为表现是擅离岗位，叛逃境外或者在境外叛逃。因此，甲的行为不构成叛逃罪。根据《刑法》第 450 条的规定，《刑法》第 431 条所规定的非法获取军事秘密罪属于违反军人职责罪，其主体限于军人，甲的行为不构成非法获取军事秘密罪。根据《刑法》第 110 条

的规定，甲受雇于 N 国间谍组织并接受该组织指派的行为，应构成间谍罪。

（二）多选题

1. 答案：ABC

2. 答案：ABD

解析：本案中的甲是国家机关工作人员，其在履行公务期间叛逃境外，成立叛逃罪。因此，A 项正确。本案中的甲向某国难民署提供我国从未对外公布且影响我国经济安全的海关数据，其行为构成为境外非法提供国家秘密、情报罪。因此，B 项正确。甲先后实施了叛逃和为境外非法提供国家秘密、情报两个犯罪行为，对其应实行数罪并罚。因此，C 项错误。

根据《刑法》第 56 条的规定，对于危害国家安全的犯罪分子应当附加剥夺政治权利。根据《刑法》第 55 条的规定，剥夺政治权利的期限，一般为 1 年以上 5 年以下。由于在总则中规定对危害国家安全犯罪分子应当附加剥夺政治权利，因此，即使分则对叛逃罪未规定剥夺政治权利，也应对犯罪分子附加剥夺政治权利，而且刑期是 1 年以上 5 年以下。因此，D 项正确。

二、分析题

参考答案：

由于国家安全的特别重要性，我国《刑法》总则及分则中对危害国家安全犯罪都作了一些特别规定，体现了对此类犯罪从严惩治、有效维护国家安全的立法精神。例如，根据《刑法》第 56 条的规定，对于危害国家安全的犯罪分子，一律应当附加剥夺政治权利；根据《刑法》第 66 条的规定，危害国家安全罪属于特别累犯的适用范围，不受普通累犯那样刑罚轻重、前后罪间隔期限的限制；根据《刑法》第 113 条第 1 款的规定，危害国家安全罪的多数罪名法定最高刑为死刑，挂有死刑的罪名在《刑法》各章犯罪中占比最高；根据《刑法》第 113 条第 2 款的规定，"犯本章之罪的，可以并处没收财产"。并处没收财产的情形在我国刑法中限于重罪，危害国家安全罪的所有罪名都可以并处没收财产，可见立法者十分注重运用财产刑惩治危害国家安全罪的犯罪分子，以摧毁行为人再犯罪的经济基础。

第十八章　危害公共安全罪

▶▶ **第一部分　本章知识点速览**

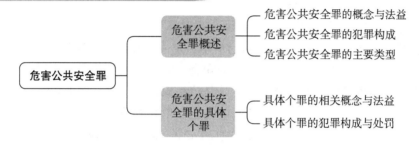

▶▶ **第二部分　本章核心知识要点解析**

第一节　危害公共安全罪一般概述

一、危害公共安全罪的概念与法益

（一）难度与热度

难度：☆☆☆　　热度：☆☆☆

（二）基本概念分析

危害公共安全罪是指故意或者过失地实施危害不特定多数人的生命、健康或重大公私财产安全的行为。危害公共安全罪的法益是公共安全，具体到不同的类罪会对应不同领域的公共安全。危害公共安全的行为具有相应的公共危险，并且其容易发展为危害公共安全的实害结果。本类犯罪的客观方面表现为实施危及公共安全的各种举动。本类犯罪的行为既包括对公共安全已经造成严重后果的行为，也包括具有足以造成严重后果的危险行为。行为方式既可以是作为，也可以是不作为。对于过失危害公共安全的行为，刑法明文规定必须以造成严重后果作为犯罪成立的必备条件。而故意实施危害公共安全行为的，即使尚未造成严重后果，只要造成足以危害公共安全的危险状态，就可以构成犯罪。

1. 危害公共安全罪中"危害"的含义

《刑法》第 114 条使用的是"危害公共安全"的表述，而《刑法》第 130 条和第 133 条之二使用的是"危及公共安全"的表述。对于"危害"与"危及"的表述是否有所区别，存在不同的认识。一般认为，危害和危及均可以作为及物动词，但危害比危及的程度要更为明显，距离实害的结果更近。但在我国刑法体系逻辑的意义上，危害公共安全罪中的"危害"不仅包括危害的意思，也包括危及的意思，换言之，二者均可以被视为对具体危险犯的表述。

2. 危害公共安全罪中的"公共"含义

围绕危害公共安全罪中的"公共"含义，存在不同的观点。第一种观点认为，公共针对的是不特定人；第二种观点认为，公共针对的是多数人；第三种观点认为，公共针对的是不特定且多数人；第四种观点认为，公共针对的是不特定或多数人。现在较受认可的观点是，公共是指不特定人或多数人，但对于不特定人的定义也需要根据事实、围绕公共安全的属性予以具体判断。

3. 危害公共安全罪中的"安全"含义

危害公共安全罪中的"安全"，通常对应不特定人或多数人的生命、健康或重大公私财产安全。因此，这里的安全至少包括生命安全、健康安全与重大公私财产安全。除了这类安全内容，是否仍存在其他公共安全，是值得探讨的问题。例如，公众生活的平稳与安宁以及公众安全感是否属于这里所指的安全？单纯的重大公私财产安全是否属于这里所指的安全？因此，危害公共安全罪中的"安全"除了具有通说意义上的基本含义，其具体内容仍具有不同的探讨空间。但如果结合公共安全的本质属性，这里的安全内容无疑主要是公众的生命、健康与重大公私财产安全。

（三）学说理论探讨

首先，对于危害公共安全罪中的"危害"定义，存在不同的理论观点。危害公共安全除了属于具体危险犯的表述特征，也可以是抽象危险犯或者说准抽象危险犯的表述特征，当然，此是建立在承认准抽象危险犯的概念基础之上的。但如果只是将危险犯分为具体危险犯与抽象危险犯的类型，那么危害公共安全中的"危害"一词，显然是具体危险犯的表述特征。有的观点认为，虽然危害与危及都是对具体危险犯的表述，但危及公共安全的危险程度低于危害公共安全的危险程度，危及就类似于接近危害的一种前置状态。危害公共安全的行为自身就足以造成危害公共安全的实害结果，而危及公共安全的行为需要介入特定因素才能造成实害结果。但如果结合危害公共安全罪这一章罪名与各节罪名以及相应的具体罪名，二者在实际上并不存在明显的区别。

其次，对于危害公共安全罪中的"公共"范围，存在不同的理论观点，其中，不特定且多数人这一观点与不特定或多数人这一观点属于较为有力的观点。近些年来，理论上更倾向于将不特定或多数人作为主要标准。因为危害公共安全罪是以危害公众的生命、健康等为内容的犯罪，故应当主要考虑行为对公众利益的侵犯。刑法规定危害公共安全罪的目的是将个人法益抽象为社会利益作为保护对象，故应当重视其社会性。正是公众及其社会性的特征，要求重视量的多数，但如果针对的是不特定人，则意味着行为作用的对象随时有向多数发展的现实可能性，进而会使多数人遭受危险和侵害。因此，不特定或者多数人的安全就是公共安全。实际上，不特定人在抽象的意义上也考虑了人数的因素，如果只是不特定人，但不可能向多数人蔓延，那么这里的不特定人并不符合危害公共安全罪中的公共特征。此外，如何理解危害公共安全罪这一章的公共安全，还需要结合刑法对具体犯罪的规定进行确定。

最后，对于危害公共安全罪中的"安全"，也存在不同的理论争议，主要的争点是除了不特定人或多数人的生命、健康安全，危害公共安全罪中安全的内容是否包括单纯的不特定人或多数人的重大财产安全。有的观点认为，我国刑法理论将重大公私财产的安全作为公共安全的内容，值得反思。其一，如果说只要行为侵害了价值重大的财产就属于危害公共安全罪，那么，一方面，盗窃银行、博物馆并取得重大价值财物的行为，构成危害公共安全罪；另一方面，还会出现明显的不协调现象，如故意毁损价值重大的财产时成立故意毁坏财物罪，而过失毁损价值重大的财产时，反而成立危害公共安全罪，这是难以理解的。其二，倘若说只要行为侵害了不特定或多数人的财产就属于危害公共安全罪，那面向不特定或多数人实施的集资诈骗行为，流窜犯盗窃多人财物的行为，都成立危害公共安全罪，这样的结论也令人难以接受。但财产犯罪毕竟不同于危害公共安全的犯罪，这里的举例严格说来并非十分恰当，盗窃、诈骗重大公私财产的行为与危害公共安全的行为，即使都针对重大公私财产安全，但行为的方式及其影响明显不同。危害公共安全的行为针对重大公私财产安全时，相关行为在破坏力方面会对公众生命与健康造成危险，但盗窃、诈骗行为显然不具有这种潜在的破坏力。另外，对于危害公共安全罪中安全的内容，有的观点认为，有些使公私财产遭受重大损失的行为，其只是侵害公众生活的平稳与安宁的物质表现，而不是单纯的财产损失。因此，危害公共安全罪中的公共安全除了包括不特定或多数人的生命、健康，也包括公众生活的平稳与安宁。以破坏广播电视设施、公用电信设施罪为例，有的观点认为，本罪的保护法益是公众生活的平稳与安宁；有的观点认为，本罪的保护法益是公共通讯、信息传播的安全。但破坏广播电视设施、公用电信设施的行为究竟如何危害公共安全，是需要作出说明的。因为对广播电视设施与公用电信设施的破坏在直观上难以与公众的生命、健康与重大公私财产安全相联系。在当下社会，对这些设施本身以及相应的无线电通讯正常运行造成破坏，并不会对公众生活的便利造成不当影响。

（四）疑难问题解析

危害公共安全罪中的"危害"一词究竟是否有必要区别于"危及"的概念？应当考虑以下两个方面的理由。首先，从体系逻辑的视角出发，危害公共安全罪作为一个章罪名，其之下的具体个罪构成要件表述中既有"危害公共安全"，也有"危及公共安全"，这说明尽管危害与危及在语义层面存在不同，但在刑法典体系逻辑的意义上，危害公共安全与危及公共安全并未被立法者予以细致地区分，二者在此有所不同的判断，更多地是出于解释者的解读，而且关键是在实践中难以区分。退一步讲，即使在涉及具体个罪构成要件的立法设置上存在一定有目的的细微区别，但对于危害公共安全的行为来说，"危害"一词的含义是可以包含"危及"一词的，这是基于体系解释的方法。其次，如果只是将危险犯分为抽象危险犯与具体危险犯，那么危及公共安全可以等同于危害公共安全，其均属于具体危险犯的立法表述特征。抽象危险犯中的危险是一种立法拟制的危险，即立法只是规定了行为要件，并且基于经验常识而推定只要实施了相关行为就存在类型性的危险，除非有足够的证据证明危险不可能现实化，否则行为就成立相关的犯罪。而具体危险犯不同于抽象危险犯的主要地方在于，具体危险犯中的危险除了在立法层面进行了构成要件意义上的内容表述，在具体的司法环节也需要司法者根据案件事实进一步作出具体的判断，并证明行为在当时的特定时空下，产生了相应的具体危险，从而得出行为成立相关的犯罪。因此，具体危险犯与抽象危险犯的区分在概念层面相对较为容易，在立法设置的构成要件方面也存在显著不同，尽管二者在司法实践中有时难免会存在相应的认定困难，但由于概念层面与构成要件方面存在明显区别，从而使得具体危险犯的构成要件表述在用语上包括了"危害""危及""现实危险"等。所以，危害公共安全罪中的"危害"一词的含义在危险犯的类型区分意义上也可以在具体危险犯中被认为包括了"危及"的含义。

对于危害公共安全罪中的"公共"应当如何理解，需要结合具体的个罪及其相应事实进行分析。尽管不特定人的概念包括不特定少数人的情形，但这时的少数人是客观现实意义上的少数人，而在观念意义上仍然包括多数人，即这里的不特定少数人仍然有可能蔓延到不特定或者特定的多数人。因此，特定的少数人、不特定的但不可能蔓延到多数人的少数人均不属于危害公共安全罪中的"公共"类型。实际上，对"公共"的确定需要以不特定与多数人两个要件进行说明，其中，不特定是对危险的蔓延性作出的形容或者预示，而多数人是对危险作用的客观对象所作出的形容，其处于危险继续蔓延之前的一种状态，二者并不矛盾，反而是共同证成公共危险存在的要件。因此，即使采用不特定或多数人这一标准，无论是其中的不特定性还是其中的多数人，在某种意义上仍然包含了这两个方面的特征。其中，不特定性的特征决定了这样一种呈动态意义的多数人对象，而多数人则是在客观上的公共空间所直接呈现出的多数人这一情形，并且这时的不特定性同样会体现于这样一个看似确定的空间与人员范围，但实际上一旦出现危险现实化，那么具体的危害结果仍然是呈现相对的不确定性这一特征。

对危害公共安全罪中的"安全"应当如何认识？需要从以下几个方面展开。首先，危害公共安全罪的安全是以生命和健康为基础的，单纯的财产安全不能成为这类犯罪的保护法益，我国司法实践也大多对公共安全作出限缩解释，即单纯的财产安全基本不属于公共安全的范畴。其次，既然危害公共安全罪的概念是指故意或者过失地实施危害不特定多数人的生命、健康或重大公私财产安全的行为，那么该类犯罪行为所侵害的法益内容难免会与重大公私财产安全相关，从文义体系上看，重大公私财产安全甚至与生命、健康安全呈并列关系，即从文义解释的方法来看，单纯的重大公私财产安全似乎也是该罪行为所侵犯的一类法益内容。因此，如果说单纯的财产安全不属于危害公共安全罪的保护法益，那么似乎是有违文义和体系逻辑的。单纯的重大公私财产安全如果被认为不属于危害公共安全罪的保护法益，那么可以认为是在此作出了目的解释意义上的规范限缩。最后，公众的安全感不属于危害公共安全罪的保护法益。即使在个别情形下，需要对公众的安全感进行保护，其也不属于公共安全的范畴。换言之，公共安全主要是一种客观意义上的安全，其至少是清晰可见的或者说是可以衡量的，而公众的安全感更多的是一种主观情感或者内心安宁。近些年的预防刑法发展在立法目的上有时就会包括对公众安全感的考虑，但这显然与涉及公共安全领域的刑事立法所直接保护的法益内容并不相同，预防刑法对公众安全感的考虑是出于对社会风险频发的积极应对，而公共安全领域的安全倾向于客观现实而非主观感受。

二、危害公共安全罪的犯罪构成

（一）难度与热度
难度：☆☆☆　热度：☆☆☆

（二）基本概念分析

危害公共安全罪的构成要件内容是行为人实施了危害公共安全的行为，并造成了相应的危险或侵害结果。行为具有危害公共安全的性质，其中，故意犯罪的成立，不要求一定发生危害公共安全的实害意义上的侵害结果，过失犯罪的成立则要求行为造成具体的侵害结果。行为的方式既可以是作为，也可以是不作为。

本类犯罪的主体既有一般主体，也有特殊主体，其中大部分犯罪的主体为一般主体，少数犯罪的主体为特殊主体，即要求由从事特定业务或具有特定职务的人员构成。其中大多数犯罪主体是一般主体，由自然人构成，如放火罪、爆炸罪、决水罪、投放危险物质罪、以危险方法危害公共安全罪等。有些犯罪要求由从事特定业务或具有特定职务的人员构成，如非法出租、出借枪支罪，重大飞行事故罪等。有些犯罪既可以由自然人构成，也可以由单位构成，如资助恐怖活动罪，非法制造、买卖、运输、储存危险物质罪等。但有些犯罪只能由单位构成，如违规制造、销售枪支罪。根据我国《刑法》第17条的规定，对于放火罪、爆炸罪、投放危险物质罪的行为，已满14周岁不满16周岁的人应当负刑事责任；对于其他危害公共安全的犯罪行为，已满16周岁的人应当负刑事责任。

危害公共安全罪的责任形式既包括故意，也包括过失。故意对应危险犯与实害犯的类型，过失则对应结果犯的实害犯类型。由于对危害公共安全的行为来说，不处罚过失危险犯，因此，危害公共安全的过失犯，如失火罪、过失爆炸罪、交通肇事罪等，都是以造成死亡、重伤或重大公私财产损失为客观要件的。

（三）学说理论探讨

对于作为责任形式的主观罪过来说，当危害公共安全罪的具体个罪属于故意犯罪且故意犯罪为公共危险犯时，是否要求行为人认识到具体的公共危险，对此主要存在肯定说与否定说的观点。肯定说主张，行为人必须认识到具体的公共危险，因为刑法所规定的具体公共危险犯，以发生具体的公共危险为构成要件要素，根据责任主义的观点，行为人对构成要件要素必须有认识，否则就是一种结果责任。否定说认为，不需要行为人认识到具体的公共危险，因为要求行为人认识到具体的公共危险就可能否认结果加重犯，而且难以认定行为人是否认识到了具体的公共危险。对于行为人对具体公共危险的认识来说，立足于责任主义的立场，持肯定说的观点从三个方面证成了行为人必须认识到具体的公共危险。第一，构成要件故意的认识内容。如果构成要件要求实施某种性质的行为，行为人必须认识到自己实施的行为具有该性质；构成要件要求发生某种特定的结果时，行为人必须认识到自己的行为会发生这种特定的结果（客观的超过要素与客观处罚条件除外）。基于同样的理由，当具体的公共危险是构成要件要素时，行为人必须认识到这种具体的公共危险。第二，要求行为人认识到自己行为的具体公共危险，是指行为人必须认识到自己的行为对不特定多数人的生命、健康造成危险，而不是指要求行为人认识到自己的行为会发生致人重伤、死亡的侵害结果，所以，不会否认结果加重犯。第三，行为人是否认识到自己行为的具体公共危险，确实是难以判断的问题，但这不能成为不要求行为人认识到具体公共危险的理由，难以判断并不意味着不能判断，只要司法机关全面调查、分析案件，就完全可能判断出行为人是否认识到行为的具体公共危险。

（四）疑难问题解析

行为人对于公共危险有所认识，并且在故意层面呈现出一种希望或者放任的态度，即行为人对于公共危险的产生是一种直接故意或者间接故意的心态。之所以支持肯定说的观点，并非直接因为构成要件的故意规则机能、不会干扰结果加重犯的认定以及主张这并非难以作出司法判断的原因，而是因为对于这样一种具体的公共危险，其不仅在立法层面作出了明确的规定，而且需要在司法层面进行判断，而这里的判断就是一种结合个案事实的主客观相一致的判断。其中，主客观相一致的判断内容就包括行为人对其行为造成公共危险的主观认识。如果不要求行为人对具体公共危险有所认识，那么就容易推出在实害犯的场合，也不要求行为人对实害结果有所认识，因为这里的公共危险包括具体危险结果，其在某种意义上可以等同于实害结果，即刑法中的结果不仅包括实害结果，也包括这样一种危险结果。除此之外，即使在抽象危险犯的认定中，行为人对于抽象危险也是存在认识的。由于抽象危险犯中不存在一种具体的危险结果，而是出于立法推定意义上的类型危险，行为人对于实施的抽象危险行为有所认识，对于这样一种推定的类型危险是基于经验意义而有所认识。因此，肯定说的观点是更为合理的，行为人应当而且能够认识到行为所造成的公共危险。实际上，这里主要存在的内容并非是否对于具体的公共危险有所认识，而是行为人必然会存在一般层面的认识，这也与危害公共安全罪的法益内容是公共安全相对应，行为人对公共危险的认识对应行为人对法益侵害的认识，只是对公共危险的具体认识程度可能会有所不同。

三、危害公共安全罪的主要类型

（一）难度与热度
难度：☆☆　热度：☆☆

（二）基本概念分析

对于危害公共安全的犯罪，可以从处罚根据上分为四类，分别是结果加重犯，普通的实害犯，具体的危险犯，抽象的危险犯。有的条款规定的是一个罪名，但同时包括具体危险犯与抽象危险犯，或者抽象危险犯与实害犯。根据具体个罪的规制内容，可以将危害公共安全罪进一步分为以下五类。

（1）以危险方法危害公共安全的犯罪。例如，放火罪，决水罪，爆炸罪，投放危险物质罪，以危险方法危害公共安全罪，失火罪，过失爆炸罪，过失决水罪，过失投放危险物质罪，过失以危险方法危害公共安全罪。

（2）破坏公用工具、设施危害公共安全的犯罪。例如，破坏交通工具罪，破坏交通设施罪，破坏电力设备罪，破坏易燃易爆设备罪，过失损坏交通工具罪，过失损坏交通设施罪，过失损坏电力设备罪，过失损坏易燃易爆设备罪，破坏广播电视设施、公用电信设施罪，过失损坏广播电视实施、公用电信设施罪。

（3）实施恐怖、危险活动危害公共安全的犯罪。例如，组织、领导、参加恐怖组织罪，帮助恐怖活动罪，准备实施恐怖活动罪，宣扬恐怖主义、极端主义、煽动实施恐怖活动罪，利用极端主义破坏法律实施罪，强制穿戴宣扬恐怖主义、极端主义服饰、标志罪，非法持有宣扬恐怖主义、极端主义物品罪，劫持航空器罪，劫持船只、汽车罪，暴力危及飞行安全罪。

（4）违反枪支、弹药、爆炸物及危险物质管理规定危害公共安全的犯罪。例如，非法制造、买卖、运输、邮寄、储存枪支、弹药、爆炸物罪，非法制造、买卖、运输、储存危险物质罪，违规制造、销售枪支罪，盗窃、抢夺枪支、弹药、爆炸物、危险物质罪，抢劫枪支、弹药、爆炸物、危险物质罪，非法持有、私藏枪支、弹药罪，非法出租、出借枪支罪，丢失枪支不报罪，非法携带枪支、弹药、管制刀具、危险物品危及公共安全罪。

（5）违反安全管理规定，造成重大事故，危害公共安全的犯罪。例如，重大飞行事故罪，铁路运营安全事故罪，交通肇事罪，危险驾驶罪，妨害安全驾驶罪，重大责任事故罪，危险作业罪，强令、组织他人违章冒险作业罪，重大劳动安全事故罪，大型群众性活动重大安全事故罪，危险物品肇事罪，工程重大安全事故罪，教育设施重大安全事故罪，消防责任事故罪，不报、谎报安全事故罪。

（三）学说理论探讨

危害公共安全罪的不同类型，主要是根据我国刑法分则的具体规定，着眼于具体的法益内容、行为方式、行为对象以及责任形式等而进一步作出的分类，其对于理论与实践具有相应的指导意义。但对于有些个罪来说，其法益内容仍然存在难以定位的问题。例如，《刑法修正案（十一）》增设了高空抛物罪，草案一审稿是将该罪置于危害公共安全罪这一章，草案二审稿则将该罪调至妨害社会管理秩序罪一章。为此，围绕不同类型的危害公共安全的犯罪，其行为所侵犯的法益究竟如何区分以及如何对具体的个罪进行细致分类与解释适用仍是值得探讨的问题。类罪的一般法益内容有的时候难以与个罪的具体法益内容完全保持一致，无论是由于具体个罪法益内容的丰富性还是出于体系协调的考虑，危害公共安全罪涉及的不同类型个罪的法益内容需要结合立法与司法实践的现实而不断予以明确化。

（四）疑难问题解析

在危害公共安全罪这一章中，存在着诸多的罪名，因此，应当主要围绕相对重点的罪名进行研习。重点的罪名主要包括：放火罪，爆炸罪，决水罪，投放危险物质罪，以危险方法危害公共安全罪，以及与其对应的过失犯罪；破坏交通工具罪，破坏交通设施罪，破坏电力设备罪，破坏易燃易爆设备罪，组织、领导、参加恐怖组织罪，帮助恐怖活动罪，准备设施恐怖活动罪，劫持航空器罪，暴力危及飞行安全罪，非法制造、买卖、运输、邮寄、储存枪支、弹药、爆炸物罪，非法持有、私藏枪支、弹药罪，非法出租、出借枪支罪，丢失枪支不报罪，交通肇事罪，危险驾驶罪，妨害安全驾驶罪，重大责任事故罪，强令、组织他人违章冒险作业罪，危险作业罪，重大劳动安全事故罪，危险物品肇事罪，工程重大安全事故罪，教育设施重大安全事故罪，不报、谎报安全事故罪。

对一些重点罪名的学习，除了可以加深对相关罪名的理解，而且有利于对其他罪名的学习和掌握。对于一些关联性的罪名，在客观要件与主观要件上也可以进行比较分析，从而对不同的个罪予以体系掌握。

第二节　危害公共安全罪的具体个罪

一、放火罪与失火罪的概念、犯罪构成与处罚

（一）难度与热度
难度：☆☆☆　热度：☆☆☆

（二）基本概念分析
放火罪是指故意引起火灾、危害公共安全的行为。本罪的法益是公共安全，即不特定多数人的生命、健康或重大公私财产安全。放火行为是指故意使对象物燃烧、引起火灾的行为。火灾是指在时间与空间上失去控制的燃烧所造成的人为灾害。放火行为既可以是作为也可以是不作为。由于放火是危险性很大的行为，因此只要发生了危害公共安全的具体危险，就在具体危险犯的意义上成立放火罪，而不要求造成实害结果。放火罪不仅危及不特定或多数人的生命、健康安全，同时它还会危及重大公私财产安全。本罪的责任形式为故意，在结果加重犯的场合，只需要对加重结果有过失。本罪的主体为一般主体，即年满14周岁、具备刑事责任能力的自然人。犯本罪的，根据《刑法》第114条和第115条的规定，尚未造成严重后果的，处3年以上10年以下有期徒刑；致人重伤、死亡或使公私财产遭受重大损失的，处10年以上有期徒刑、无期徒刑或死刑。

失火罪是指过失引起火灾，危害公共安全，致人重伤、死亡或者使公私财产遭受重大损失的行为。本罪的法益是公共安全，即不特定多数人的生命、健康或重大公私财产安全。失火罪的成立要求引起了火灾，造成了他人重伤、死亡或者使公私财产遭受重大损失的结果。本罪的责任形式为过失。本罪的主体为一般主体，即年满16周岁、具备刑事责任能力的自然人。犯本罪的，依照《刑法》第115条第2款的规定处罚，即：过失犯前款罪的，处3年以上7年以下有期徒刑；情节较轻的，处3年以下有期徒刑或者拘役。

（三）学说理论探讨
首先，对于放火罪的既遂与未遂界限来说，国内外刑法理论主要有独立燃烧说、丧失效用说、重要部分燃烧说与毁弃说。其中，独立燃烧说认为，当放火行为导致对象物在离开媒介物的情况下能够独立燃烧时就是烧毁。该说重视放火罪的危害公共安全这一性质。丧失效用说认为，目的物的重要部分由于被燃烧而失去效用时就是烧毁。该说强调放火罪的财产犯罪性质，但被认为忽视了放火罪的公共危险性质。重要部分燃烧说认为，对象物的重要部分起火开始燃烧时就是烧毁。毁弃说认为，由于火力而使目的物达到了毁弃罪或者说故意毁坏财物罪中的损坏程度时就是烧毁。但后两种学说显然忽视了放火罪的公共危险属性，容易不当扩大放火罪的处罚范围。

使对象物燃烧的行为是否属于放火行为，关键在于它是否危害公共安全，应当围绕这个方面进行综合判断。其一，要将所有客观事实作为判断资料，如行为本身的危险性，对象物本身的性质、结构、价值，对象物周围的状况，对象物与周围可燃物的距离，行为时的风力和气温等。其二，要根据因果法则进行判断，对象物燃烧的行为是否足以形成在时间上或空间上失去控制的燃烧状态。放火罪属于具体危险犯而不是抽象危险犯，对具体危险的判断需要考虑的因素有很多，而围绕放火罪的既遂标准也应当具体案件具体分析。

其次，对于放火罪的责任形式来说，其一，就成立《刑法》第 114 条规定的放火罪而言，只要行为人明知自己的放火行为会产生具体的公共危险，并且希望或者放任这种危险结果发生，就具备了本罪的故意。其二，就成立《刑法》第 115 条第 1 款规定的放火罪而言，行为人既可能是对具体的公共危险具有故意，对发生的伤亡实害结果仅具有过失，如结果加重犯的情形，也可能是对具体的公共危险和伤亡实害结果均具有故意。但在一般层面，放火罪的责任形式为故意是毫无疑问的。

（四）疑难问题解析

针对放火罪的既遂与未遂界限标准究竟应当采取何种学说进行认定取决于多种因素，其中最为重要的是建筑物的主要材质。例如，欧洲国家的建筑物多为砖石材质，放火行为使目的物独立燃烧需要相当长的时间，故这些国家多倾向于采用独立燃烧说。日本以往的建筑物多为木质材质，尽管有利于适应多地震的自然环境，但其木质材质容易燃烧，如果采用独立燃烧说将使放火罪难以成立未遂和中止，但随着二战之后的日本建筑物结构发生变化，独立燃烧说的赞成者也在增加。修正的独立燃烧说认为，当放火行为导致对象物在离开媒介物的情况下已经开始独立燃烧时，是放火罪既遂。主张修正的独立燃烧说的理由主要有三个：其一，传统的独立燃烧说将"能够"或"可以"独立燃烧作为既遂标准，会缺乏明确的判断标准，也可能使既遂过于提前；其二，我国刑法将放火罪规定在危害公共安全罪中，重视的是其公共危险性质，故采取修正的独立燃烧说符合放火罪的本质；其三，放火的对象主要是建筑物，而我国建筑物的结构材质决定了要使其独立燃烧需要一定的时间，而且要使其丧失效用并不容易。故采取修正的独立燃烧说比较适当，其也有利于鼓励犯罪人中止放火行为，从而有效地维护公共安全。尽管修正的独立燃烧说相对更为合理，但立足于放火罪作为具体危险犯的属性，在具体个案中仍然需要综合判断，以防止不当扩大放火罪的处罚范围。

二、决水罪与过失决水罪的概念、犯罪构成与处罚

（一）难度与热度

难度：☆☆　热度：☆☆

（二）基本概念分析

决水罪是指利用水的破坏作用，制造水患，危害公共安全的行为。本罪的法益是公共安全，即不特定多数人的生命、健康或重大公私财产安全。本罪的构成要件行为是实施决水行为，危害公共安全。本罪属于具体危险犯。决水是指使受到控制的水的自然力解放出来，造成水的泛滥，既可以是作为，也可以是不作为。本罪的责任形式为故意，

行为人明知自己的行为会造成水患，并且希望或者放任这种结果的发生。本罪的主体为一般主体，即年满 16 周岁、具备刑事责任能力的自然人。

根据《刑法》第 114 条、第 115 条第 1 款的规定，犯决水罪尚未造成严重后果的，处 3 年以上 10 年以下有期徒刑；致人重伤、死亡或者使公私财产遭受重大损失的，处 10 年以上有期徒刑、无期徒刑或者死刑。

过失决水罪是指过失造成水患，危害公共安全，致人重伤、死亡或者使公私财产遭受重大损失的行为。本罪的法益是公共安全，即不特定多数人的生命、健康或重大公私财产安全。本罪的责任形式为过失。本罪的主体为一般主体，即年满 16 周岁、具备刑事责任能力的自然人。犯本罪的，依照《刑法》第 115 条第 2 款的规定处罚，即：过失犯前款罪的，处 3 年以上 7 年以下有期徒刑；情节较轻的，处 3 年以下有期徒刑或者拘役。

（三）学说理论探讨

关于决水罪的既遂标准在理论上主要存在财物浸没说、物质毁损说、效用灭失说、公共危险说与水流开始说。有的观点明确支持水流开始说，认为：行为人开始实施破坏水闸的行为时，是本罪的着手；如果已经打开水闸导致水开始流动，则是《刑法》第 114 条决水罪的既遂。在此之前由于意志以外的原因而未能导致水开始流动的，是第 114 条决水罪的未遂。但实际上的决水行为并不只是打开水闸这样一种行为方式，例如，采取土工挖掘的方式、爆破的方式等。另外，水流开始说仍然不够全面，容易不当扩大刑事处罚范围。决水罪的既遂标准即使采纳水流开始说，也需要具体、全面、科学地判断这样的水流是否有可能发展成水灾。

（四）疑难问题解析

决水罪的行为方式主要是作为，但也包括不作为的方式。例如，负有管理堤坝责任的人员，在洪水期应当及时而科学地开闸放水，但行为人故意不开闸放水，从而导致堤坝决堤的，构成不作为的决水罪。再如，负有检查水利设施安全的人员，发现相关设施存在将要崩塌的迹象，但不报告也不及时采取补救措施，进而导致水灾的，构成不作为的决水罪。这里对于不作为的决水罪来说，对作为义务的明确以及不作为犯构成要件的分析应当结合决水罪的具体犯罪类型展开充分的说理论证。

三、爆炸罪与过失爆炸罪的概念、犯罪构成与处罚

（一）难度与热度

难度：☆☆　热度：☆☆

（二）基本概念分析

爆炸罪是指故意引起爆炸物或其他设备、装置爆炸，危害公共安全的行为。本罪的法益是公共安全，即不特定多数人的生命、健康或重大公私财产安全。爆炸罪的构成要件是引起爆炸物或其他设备、装置爆炸，危害公共安全。引起爆炸物爆炸主要是指引起炸弹、炸药包、手榴弹、雷管及各种易爆的固体、液体、气体物品爆炸。引起其他设备、装置爆炸主要是指利用各种手段，导致机器、锅炉等设备或装置爆炸，危害公共安全。构成本罪包括行为造成具体危险与造成侵害结果两种形式。本罪的责任形式为故意，即明知自己的爆炸行为会发生危害公共安全的结果，并且希望或者放任这种结果发生。本

罪的主体为一般主体，即年满 14 周岁、具备刑事责任能力的自然人。犯本罪的，根据《刑法》第 114 条和第 115 条第 1 款的规定，尚未造成严重后果的，处 3 年以上 10 年以下有期徒刑；致人重伤、死亡或者使公私财物遭受重大损失的，处 10 年以上有期徒刑、无期徒刑或者死刑。

过失爆炸罪是指过失引起爆炸，危害公共安全，致人重伤、死亡或者使公私财产遭受重大损失的行为。本罪的法益是公共安全，即不特定多数人的生命、健康或重大公私财产安全。本罪的责任形式为故意。本罪的主体为一般主体，即年满 16 周岁、具备刑事责任能力的自然人。犯本罪的，根据《刑法》第 115 条第 2 款的规定处罚，即：过失犯前款罪的，处 3 年以上 7 年以下有期徒刑；情节较轻的，处 3 年以下有期徒刑或者拘役。

（三）学说理论探讨

关于此罪与彼罪的区分问题，行为人采用放火的方式引发火灾，危害公共安全的，应成立放火罪；行为人采用爆炸的方法造成水灾，因水灾危害公共安全的，应认定为决水罪。当爆炸行为本身也足以危害公共安全时，应认定为想象竞合犯，从一重罪处罚。由于法定刑相同，只能通过考察爆炸与放火、决水各自的情节轻重确定罪名，即爆炸情节重于放火、决水情节时，应认定为爆炸罪，反之亦然。

（四）疑难问题解析

行为已经引起爆炸物爆炸的，即使没有致人轻伤、没有导致财产毁损，但产生了具体危险，也构成《刑法》第 114 条的既遂。如果着手实施爆炸行为，但由于意志以外的原因没有引起爆炸物等爆炸，则构成第 114 条的未遂犯。对具体危险的判断应当综合爆炸物的种类和性质、爆炸时的周边环境以及爆炸的影响对象等进行认定。

四、投放危险物质罪与过失投放危险物质罪的概念、犯罪构成与处罚

（一）难度与热度
难度：☆☆　热度：☆☆

（二）基本概念分析

投放危险物质罪是指故意投放毒害性、放射性、传染病病原体等物质，危害公共安全的行为。本罪的法益是公共安全，即不特定多数人的生命、健康或重大公私财产安全。投放危险物质罪的构成要件是投放毒害性、放射性、传染病病原体等物质，危害公共安全。投放的必须是毒害性、放射性、传染病病原体等危险物质，包括危险气体、液体、固体。投放危险物质不限于将危险物质放置于固定的容器、场所内，还包括将危险物质投放于土地、大气中。非法开启装有放射性物质的容器，危害公共安全的，也属于投放危险物质。故意使用危险物质杀害特定个人、特定数人或特定牲畜的，不构成投放危险物质罪，构成故意杀人罪、故意毁坏财物罪。本罪的责任形式为故意，行为人明知自己投放危险物质的行为会发生危害公共安全的结果，并且希望或者放任这种结果的发生。本罪的主体为一般主体，即年满 14 周岁、具备刑事责任能力的自然人。犯本罪的，根据《刑法》第 114 条和第 115 条第 1 款的规定，尚未造成严重后果的，处 3 年以上 10 年以下有期徒刑；致人重伤、死亡或者使公私财物遭受重大损失的，处 10 年以上有期徒刑、无期徒刑或者死刑。

过失投放危险物质罪是指过失投放毒害性、放射性、传染病病原体等物质，危害公共安全，致人重伤、死亡或者使公私财产遭受重大损失的行为。本罪的法益是公共安全，即不特定多数人的生命、健康或重大公私财产安全。本罪的责任形式为过失。本罪的主体为一般主体，即年满 16 周岁、具备刑事责任能力的自然人。犯本罪的，根据《刑法》第 115 条第 2 款的规定处罚，即：过失犯前款罪的，处 3 年以上 7 年以下有期徒刑；情节较轻的，处 3 年以下有期徒刑或者拘役。

（三）学说理论探讨

投放危险物质罪与故意杀人罪的区别在于是否危害公共安全。如果投放危险物质的行为不仅为了杀人，还为了危害公共安全，则构成故意杀人罪与投放危险物质罪的想象竞合，通说认为应当按照投放危险物质罪处罚。这里涉及想象竞合从一重的处理，如果按照投放危险物质罪进行处罚，那么就等于认为该罪重于故意杀人罪。但事实上，故意杀人罪应当属于最为严重的犯罪，从法定刑的配置上看，对于故意杀人行为，首先考虑的是死刑，尽管投放危险物质罪与故意杀人罪中均存在死刑的刑罚配置，在宣告刑的意义上也完全可以做到罪刑均衡，但在想象竞合时从一重处断的规则下，具体案件中更适合按照故意杀人罪进行定罪处罚。

（四）疑难问题解析

行为人已经将危险物质投放到河流、池塘、水井、水源、管道、谷场等水体或者其他场合时，一旦产生具体危险，就构成《刑法》第 114 条的投放危险物质罪的既遂。成立本罪不需要发生不特定多数人中毒或重大公私财产损失的危害结果，只要行为人投放危险物质的行为足以危害公共安全即可。投放危险物质罪与非罪行为之间的界限主要围绕两个方面的内容进行判断：一是其是否为危险物质的认定；二是投放危险物质的行为是否具有危害公共安全的性质。

五、以危险方法危害公共安全罪与过失以危险方法危害公共安全罪的概念、犯罪构成与处罚

（一）难度与热度

难度：☆☆☆　热度：☆☆☆

（二）基本概念分析

以危险方法危害公共安全罪是指故意使用放火、决水、爆炸、投放危险物质以外的危险方法危害公共安全的行为。本罪的法益是公共安全，即不特定人或多数人的生命、健康或重大公私财产安全。以危险方法危害公共安全罪的构成要件是故意实施与放火罪、决水罪、爆炸罪等相当的行为，危害公共安全。本罪的主体为一般主体，即年满 16 周岁、具备刑事责任能力的自然人。犯本罪的，根据《刑法》第 114 条和第 115 条第 1 款的规定，尚未造成严重后果的，处 3 年以上 10 年以下有期徒刑；致人重伤、死亡或者使公私财物遭受重大损失的，处 10 年以上有期徒刑、无期徒刑或者死刑。

过失以危险方法危害公共安全罪是指过失使用放火、决水、爆炸、投放危险物质以外的危险方法危害公共安全，致人重伤、死亡或者使公私财产遭受重大损失的行为。本罪的法益是公共安全，即不特定多数人的生命、健康或重大公私财产安全。本罪的责任

形式为过失。本罪的主体为一般主体，即年满16周岁、具备刑事责任能力的自然人。犯本罪的，根据《刑法》第115条第2款的规定处罚，即：过失犯前款罪的，处3年以上7年以下有期徒刑；情节较轻的，处3年以下有期徒刑或者拘役。

（三）学说理论探讨

针对如何认定以危险方法危害公共安全罪中的"危险方法"，有的观点认为，刑法条文没有明文规定以危险方法危害公共安全罪的具体行为结构与方式，导致"其他危险方法"没有限定，这与罪刑法定原则的明确性要求还存在距离。司法实践中常常将危害公共安全但不构成其他具体犯罪的行为，均认定为以危险方法危害公共安全罪，导致本罪囊括了刑法分则没有明文规定的、具有危害公共安全性质的全部行为，使"以其他方法"的表述成为危害公共安全罪的"兜底"条款。对以危险方法危害公共安全罪的解释适用存在不同的理论观点。有的观点倾向于作出扩大解释，从而充分体现该罪作为兜底罪名的特征。有的观点倾向于采取严格解释的态度，因为在《刑法》第114条、第115条的规定中，放火、决水、爆炸等是危险方法的例示，法条通过放火、决水、爆炸等例示将所谓"危险方法"的情形传达给司法工作人员，同时限定了"以其他危险方法危害公共安全"的范围。根据同类解释规则的要求，只有与放火、决水、爆炸等相当的方法，才属于其他危险方法。换言之，《刑法》第114条中的"其他危险方法"应当在行为的危险性质上与放火、决水、爆炸等属于同类，而放火、决水、爆炸的特点是具有不可控性和蔓延性，因此，其他危险方法应当与这些方法的危险性相当。

（四）疑难问题解析

面对以危险方法危害公共安全罪容易被扩大适用的情况，对此需要明确的是：第一，根据该罪所处的体系位置，"以其他危险方法"只是《刑法》第114条和第115条的兜底规定，而不是刑法分则第二章的兜底规定。对于那些与放火、爆炸等危险方法不相当的行为，即使危害公共安全，也不宜认定为以危险方法危害公共安全罪。第二，以危险方法危害公共安全不仅要求在结果上危害了公共安全，还要求在方法上具有危害公共安全的危险，即要兼具"方法危险"与"结果危险"。因此，以危险方法危害公共安全罪的适用应当采取严格解释的立场，毕竟该罪属于重罪，应当避免不当扩大刑事处罚的范围。

六、破坏交通工具罪，破坏交通设施罪的概念、犯罪构成与处罚

（一）难度与热度

难度：☆☆　热度：☆☆

（二）基本概念分析

破坏交通工具罪是指故意破坏火车、汽车、电车、船只、航空器，足以使其发生倾覆、毁坏危险的行为。本罪是典型的具体危险犯，本罪的法益为交通领域的公共安全，即具体到交通领域的不特定多数人的生命、健康或重大公私财产安全。本罪构成要件的内容为破坏火车、汽车、电车、船只、航空器，足以使其发生倾覆、毁坏危险。行为破坏的对象是关涉不特定或者多数人的生命、健康安全的火车、汽车、电车、船只、航空器。刑法理论一般对"汽车"作扩大解释，包括大型拖拉机等，因为破坏大型拖拉机也会发生危害公共安全的结果。只有当火车、汽车等交通工具关涉公共安全时，才能成为

本罪的对象。实施了破坏行为通常是指对上述交通工具的整体或重要部件的破坏，包括物理性破坏与功能性破坏。倾覆是指火车出轨、汽车与电车翻车、船只翻沉、航空器坠落等；毁坏是指造成交通工具的功能丧失或减损、报废或者其他重大毁损，因而对人的生命、身体产生危险；危险是指具有倾覆、毁坏的具体危险，实际上的倾覆与毁坏是本罪法定刑升格的条件。本罪的责任形式为故意，即明知自己破坏火车、汽车、电车、船只、航空器的行为具有使交通工具发生倾覆、毁坏的危险，并且希望或者放任这种结果的发生。本罪的主体为一般主体，即年满 16 周岁、具备刑事责任能力的自然人。犯本罪的，根据《刑法》第 116 条和第 119 条第 1 款的规定，尚未造成严重后果的，处 3 年以上 10 年以下有期徒刑；造成严重后果的，处 10 年以上有期徒刑、无期徒刑或者死刑。

破坏交通设施罪是指故意破坏轨道、桥梁、隧道、公路、机场、航道、灯塔、标志或者进行其他破坏活动，使火车、汽车、电车、船只、航空器发生倾覆、毁坏危险的行为。本罪是典型的具体危险犯，本罪的法益为交通领域的公共安全，即交通领域的不特定多数人的生命、健康或重大公私财产安全。本罪构成要件的内容为破坏轨道、桥梁、隧道、公路、机场、航道、灯塔、标志或者进行其他破坏活动，使火车、汽车、电车、船只、航空器发生倾覆、毁坏危险。行为对象是关涉公共安全的交通设施。实施破坏行为包括使交通设施本身遭受毁损和使交通设施丧失应有功能。破坏行为使火车、汽车、电车、船只或者航空器发生倾覆、毁坏危险，实际上的倾覆与毁坏是本罪法定刑升格的条件。本罪的责任形式为故意。本罪的主体为一般主体，即年满 16 周岁、具备刑事责任能力的自然人。犯本罪的，根据《刑法》第 117 条和第 119 条第 1 款的规定，尚未造成严重后果的，处 3 年以上 10 年以下有期徒刑；造成严重后果的，处 10 年以上有期徒刑、无期徒刑或者死刑。

（三）学说理论探讨

刑法理论对破坏交通工具罪是否存在既遂与未遂之分存在不同看法。否定说认为：只要发生使交通工具倾覆、毁坏的危险，就成立本罪的既遂；如果没有发生这种危险，则不构成本罪。所以，本罪没有成立未遂的余地。肯定说认为，行为人已着手实行破坏交通工具的行为，但尚未造成倾覆、毁坏危险的，成立破坏交通工具罪的未遂犯。有的观点认为，由于我国《刑法》第 116 条和第 119 条第 1 款按照是否造成严重后果规定了不同的法定刑，所以，按照《刑法》第 114 条与第 115 条第 1 款的关系处理第 116 条与第 119 条第 1 款的关系即可。行为人着手实行破坏交通工具的行为后，在使交通工具发生倾覆、毁坏的危险的前提下，使交通工具遭到破坏，即交通工具的功能丧失或者减损的，构成第 116 条的既遂；没有导致交通工具的功能丧失或者减损的，构成第 116 条的未遂犯。应当承认的是，《刑法》第 116 条规定的犯罪是存在既遂与未遂之分的。

（四）疑难问题解析

行为人窃取交通工具的部件且数额较大或者多次窃取，但不可能发生交通工具的倾覆、毁坏危险的，仅成立盗窃罪，所以，并不是任何破坏交通工具的行为都成立本罪。法条中的"足以使火车、汽车、电车、船只、航空器发生倾覆、毁坏危险"是指"足以使火车、汽车、电车、船只、航空器倾覆、毁坏"，或者"使火车、汽车、电车、船只、航空器发生倾覆、毁坏危险"。破坏行为必须足以造成实害，而不是足以产生危险。行为人着手实行破坏交通设施的行为后，使交通设施遭到破坏，即交通设施的功能丧失或者减损的，构成《刑法》第117条的既遂；没有导致交通设施的功能丧失或者减损的，构成第117条的未遂犯。严重后果必须是破坏行为使火车、汽车、电车、船只或者航空器发生倾覆、毁坏危险的现实化，而不是破坏行为造成的任何严重后果。行为人破坏轨道，导致火车产生倾覆、毁坏的危险而中途紧急停止运行，直接影响其他火车运行，造成严重后果的，应当认定为危险的直接现实化，适用《刑法》第119条的规定处罚。

实践中出现的盗窃非机动车道的窨井盖的行为不可能使交通工具发生倾覆或毁坏危险，故不能认定为破坏交通设施罪，也不能认定为以危险方法危害公共安全罪。盗窃、破坏行为没有造成人员伤亡的，应认定为盗窃罪或者故意毁坏财物罪；导致人员伤亡的，应认定为故意杀人罪、故意伤害罪。

七、破坏电力设备罪，破坏易燃易爆设备罪的概念、犯罪构成与处罚

（一）难度与热度
难度：☆☆　热度：☆☆

（二）基本概念分析
破坏电力设备罪是指故意破坏电力设备，危害公共电力安全的行为。本罪是典型的具体危险犯，本罪的法益为电力领域的公共安全。本罪构成要件的内容为破坏电力设备，危害公共电力安全。行为对象是关涉公共电力安全的电力设备，即正在使用或者已经交付使用的公共电力设备。电力设备包括各种发电设备、供电设备与输变电设备。破坏行为既可以是作为，也可以是不作为；既可以是物理性破坏，也可以是功能性破坏。破坏行为必须危害公共电力安全。本罪的责任形式为故意，即明知自己破坏电力设备的行为会发生危害公共供电安全的结果，并且希望或者放任这种结果的发生。本罪的主体为一般主体，即年满16周岁、具备刑事责任能力的自然人。

根据《刑法》第118条和第119条第1款的规定，犯本罪尚未造成严重后果的，处3年以上10年以下有期徒刑；造成严重后果的，处10年以上有期徒刑、无期徒刑或者死刑。

破坏易燃易爆设备罪是指故意破坏燃气或者其他易燃易爆设备，危害公共安全的行为。本罪是典型的具体危险犯，本罪的法益为能源领域以及易燃易爆设备领域的公共安全。本罪构成要件的内容为破坏燃气或者其他易燃易爆设备，危害公共安全。破坏的方式没有限定：既可以是作为，也可以是不作为；既可以是物理性破坏，也可以是功能性破坏。本罪的责任形式为故意，即明知自己破坏燃气或者其他易燃易爆设备的行为会发生危害公共安全的结果，并且希望或者放任这种结果的发生。本罪的主体为一般主体，即年满16周岁、具备刑事责任能力的自然人。根据《刑法》第118条和第119条第1款的规定，犯本罪尚未造成严重后果的，处3年以上10年以下有期徒刑；造成严重后果的，处10年以上有期徒刑、无期徒刑或者死刑。

（三）学说理论探讨
破坏电力设备罪的对象是正在使用中的电力设备，对"正在使用"的理解应当作扩大解释。根据相关司法解释的规定，本罪中的电力设备是指处于运行、应急等使用中的

电力设备；已经通电使用，只是由于枯水季节或电力不足等原因暂停使用的电力设备；已经交付使用但尚未通电的电力设备。其不包括尚未安装完毕，或者已经安装完毕但尚未交付使用的电力设备。只要是安装完毕并交付使用的电力设备，无论是运行中还是因为一些原因而暂停运行的设备，均属于这里的正在使用中的电力设备。

（四）疑难问题解析

在实践中，破坏电力设备的案件时有发生，涉及罪与非罪的界限，也涉及本罪与盗窃罪等犯罪的关系。行为人盗走电线等行为不会对公共安全造成危害，例如，尽管属于架设安装完毕的电力设备，但未交付使用的，对其行为应以盗窃罪定性。在一个行为同时触犯数个罪名的情况下，应按照想象竞合从一重罪处罚。

八、组织、领导、参加恐怖组织罪的概念、犯罪构成与处罚

（一）难度与热度

难度：☆☆　热度：☆☆

（二）基本概念分析

组织、领导、参加恐怖组织罪是指组织、领导或者参加恐怖活动组织的行为。本罪的法益为公共安全，即不特定多数人的生命、健康与重大公私财产安全。根据《反恐怖主义法》第3条的规定，恐怖主义是指通过暴力、破坏、恐吓等手段，制造社会恐慌、危害公共安全、侵犯人身财产，或者胁迫国家机关、国际组织，以实现其政治、意识形态等目的的主张和行为。恐怖活动组织是指3人以上为实施恐怖活动而组成的犯罪组织。本罪的责任形式为故意，即明知恐怖活动危害公共安全，但以实施恐怖活动为目的组织、领导或者参加恐怖活动组织。本罪的主体为一般主体，即年满16周岁、具备刑事责任能力的自然人。

根据《刑法》第120条的规定，组织、领导恐怖活动组织的，处10年以上有期徒刑或者无期徒刑，并处没收财产；积极参加的，处3年以上10年以下有期徒刑，并处罚金；其他参加的，处3年以下有期徒刑、拘役、管制或者剥夺政治权利，可以并处罚金。

（三）学说理论探讨

一是此罪与彼罪的界限。在组织、领导、参加恐怖组织罪与组织、领导、参加一般犯罪集团的区分方面，首先是故意的内容不同，前者具有恐怖活动的目的，后者则是出于其他犯罪目的；其次是前者只要实施组织、领导、参加行为，就构成本罪，而后者不构成独立的犯罪，只能根据犯罪集团具体实施的行为确定罪名。二是既遂与未遂的界限。行为人只要实施了组织、领导、参加恐怖活动组织的行为，即满足了本罪的既遂条件，反之则是未遂，本罪的既遂不需要行为人实施具体的恐怖活动行为。三是一罪与数罪的界限。本罪属于选择性罪名，行为人只要实施其中的行为之一就构成本罪。参加恐怖活动组织的犯罪分子只对其实施或参与实施的犯罪承担刑事责任，对于组织、领导、参加恐怖活动罪之外的犯罪，组织、领导恐怖活动组织的犯罪分子除对其亲自参加的犯罪活动承担刑事责任外，还要对恐怖活动组织所犯的全部罪行承担刑事责任。

（四）疑难问题解析

根据《反恐怖主义法》第30条的规定，对恐怖活动罪犯和极端主义罪犯被判处徒刑

以上刑罚的，监狱、看守所应当在刑满释放前根据其犯罪性质、情节和社会危害程度，服刑期间的表现，释放后对所居住社区的影响等进行社会危险性评估。罪犯服刑地的中级人民法院对于确有社会危险性的，应当在罪犯刑满释放前作出责令其在刑满释放后接受安置教育的决定。安置教育由省级人民政府组织实施。安置教育机构应当每年对被安置教育人员进行评估，对于确有悔改表现，不致再危害社会的，应当及时提出解除安置教育的意见，报决定安置教育的中级人民法院作出决定。被安置教育人员有权申请解除安置教育。

九、帮助恐怖活动罪、准备实施恐怖活动罪的概念、犯罪构成与处罚

（一）难度与热度

难度：☆☆　热度：☆☆

（二）基本概念分析

帮助恐怖活动罪是指故意资助恐怖活动组织、实施恐怖活动的个人，或者资助恐怖活动培训，以及为恐怖活动组织、实施恐怖活动培训招募、运送人员的行为。本罪的法益为公共安全，即不特定多数人的生命、健康与重大公私财产安全。本罪的构成要件行为包括以下类型：（1）资助恐怖活动组织；（2）资助实施恐怖活动的个人；（3）资助恐怖活动培训；（4）为恐怖活动组织招募、运送人员；（5）为实施恐怖活动招募、运送人员；（6）为恐怖活动培训招募、运送人员。资助是指为恐怖活动组织、实施恐怖活动的个人或者恐怖活动培训筹集、提供经费、物资或者提供活动场所、训练基地以及其他物质便利的行为。恐怖活动组织既包括境内的恐怖活动组织，也包括境外的恐怖活动组织。实施恐怖活动的个人既包括我国公民，也包括外国公民与无国籍人。恐怖活动培训既包括为实施恐怖活动而组织培训的行为，也包括参加或者接受恐怖活动培训的行为，不论培训是在境内还是境外。招募是指通过各种途径与方法，面向特定或者不特定的群体募集、征集人员。运送是指利用各种交通工具运送自己或者他人招募的人员。本罪的责任形式为故意。帮助恐怖活动罪的主观故意应当根据案件具体情况，结合行为人的具体行为、认知能力、一贯表现和职业等综合认定。本罪的主体为一般主体，即年满16周岁、具备刑事责任能力的自然人；本罪的主体也可以由单位构成。根据《刑法》第120条之一的规定，犯本罪的，处5年以下有期徒刑、拘役、管制或者剥夺政治权利，并处罚金；情节严重的，处5年以上有期徒刑，并处罚金或者没收财产。单位犯本罪的，对单位判处罚金，并对直接负责的主管人员和其他直接责任人员，依照上述法定刑处罚。

准备实施恐怖活动罪是指为实施恐怖活动准备凶器、危险物品或者其他工具，组织恐怖活动培训或者积极参加恐怖活动培训，为实施恐怖活动与境外恐怖活动组织或者人员联络，以及为实施恐怖活动进行策划或者其他准备行为。本罪的法益为公共安全，即不特定多数人的生命、健康与重大公私财产安全。本罪的构成要件行为主要体现为恐怖活动的准备行为。凶器是足以致人伤亡的武器、刀具等器具；危险物品是指具有燃烧性、爆炸性、腐蚀性、毒害性、放射性等特性的物品；其他工具是指其他类似的实施恐怖活动犯罪所需要的工具。准备的方法没有限定，包括购买、制造、租用等。恐怖活动培训既包括传授、灌输恐怖主义思想、主张的培训，也包括实施具体恐怖活动的方法、技能

的培训。为实施恐怖活动进行策划是指就实施恐怖活动的时间、地点、目标、方法等进行筹划、谋划。本罪的责任形式为故意。其中有些类型属于目的犯，例如，准备凶器、危险物品或者其他工具的行为，以及与境外恐怖活动组织或者人员联络的行为，必须以实施恐怖活动为目的。本罪的主体为一般主体，即年满16周岁、具备刑事责任能力的自然人。根据《刑法》第120条之二的规定，犯本罪的，处5年以下有期徒刑、拘役、管制或者剥夺政治权利，并处罚金；情节严重的，处5年以上有期徒刑，并处罚金或者没收财产。实施本罪行为同时构成其他犯罪的，依照处罚较重的规定定罪处罚。

（三）学说理论探讨

帮助恐怖活动罪的主要内容是帮助犯的正犯化，因此，资助行为以及招募、运送行为本身就是正犯行为。这种行为对公共安全虽然只有抽象的危险，但由于恐怖活动组织实施的犯罪具有极大的法益侵害性，恐怖活动组织本身具有实施犯罪的极大危险性，一般预防与特别预防的必要性均很大，所以，将这种抽象危险行为规定为犯罪具有相应的正当性。

（四）疑难问题解析

由于帮助恐怖活动罪的行为就是正犯行为，故本罪的成立不以恐怖活动组织或者人员实施具体的恐怖活动犯罪为前提。教唆或者帮助他人实施本罪的资助行为或者招募、运送人员的，成立本罪的教唆犯与帮助犯。如果行为超出了资助的范围，与恐怖活动组织或者个人共同故意组织、领导恐怖活动组织，策划、实施恐怖犯罪活动，则同时触犯本罪与相关恐怖活动犯罪，根据具体情况认定为想象竞合或者数罪。行为没有超出资助的范围，但同时触犯其他恐怖活动犯罪的，应根据具体案件认定为包括的一罪或者想象竞合。

由于准备实施恐怖活动罪属于预备行为的正犯化，其具有预防刑法的属性，所以，对于教唆、帮助他人实施本罪行为的，应当以教唆犯、帮助犯论处。行为人完成了本罪行为的即构成犯罪既遂，不适用刑法总则关于预备犯的规定。行为人已经着手实行本罪的准备行为，由于意志以外的原因而没有完成准备行为的，成立本罪的未遂犯。为了实施本罪而实施的准备行为，如果具有危害公共安全的抽象危险，也可能适用《刑法》第22条关于从属预备罪的规定。

十、劫持航空器罪、暴力危及飞行安全罪的概念、犯罪构成与处罚

（一）难度与热度

难度：☆☆ 热度：☆☆

（二）基本概念分析

劫持航空器罪是指以暴力、胁迫或者其他方法劫持航空器的行为。本罪是抽象的危险犯，保护的法益是航空运输的公共安全。本罪的构成要件内容是以暴力、胁迫或者其他方法劫持航空器。行为对象是航空器，行为主体没有特别限制，航空器的驾驶人员与乘务人员均可以成为本罪的主体。本罪的责任形式为故意，即明知劫持航空器的行为会发生危害航空安全的结果，并且希望或者放任这种结果的发生。本罪的主体为一般主体，即年满16周岁、具备刑事责任能力的自然人。

根据《刑法》第121条的规定，犯本罪的，处10年以上有期徒刑或者无期徒刑；致人重伤、死亡或者使航空器遭受严重破坏的，处死刑。

暴力危及飞行安全罪是指对飞行中的航空器上的人员使用暴力，危及飞行安全的行为。本罪的法益为航空器的飞行安全与乘客、机组人员的人身、财产安全。本罪构成要件的内容为对飞行中的航空器上的人员使用暴力，危及飞行安全。首先，必须使用了暴力，即不法地对人行使有形力的一切行为。其次，必须对航空器上的人员使用暴力，也包括机组成员与乘客。再次，航空器必须处于飞行中。最后，行为必须危及飞行安全，即对飞行安全构成威胁，产生了具体危险。本罪的责任形式为故意。本罪的主体为一般主体，即年满16周岁、具备刑事责任能力的自然人。

根据《刑法》第123条的规定，犯本罪，尚未造成严重后果的，处5年以下有期徒刑或者拘役；造成严重后果的，处5年以上有期徒刑。

（三）学说理论探讨

对于劫持航空器罪中的航空器种类，有的观点认为，只有劫持民用航空器的行为，才成立劫持航空器罪；有的观点认为这种观点混淆了本罪的构成要件与普遍管辖权问题。作为本罪对象的航空器既可以是民用航空器，也可以是国家航空器，如用于军事、海关、警察部门的航空器。虽然根据有关国际公约，劫持航空器犯罪中的航空器仅限于民用航空器，但是不能完全根据国际刑法规范解释国内刑法，国内刑法也未对航空器作出任何限定，因为国内刑法在规定成立某种犯罪时完全可能超出国际犯罪的外延；劫持供军事、海关、警察部门使用的国际航空器的犯罪行为也可能发生，且必然危害公共安全，应以本罪论处。诚然，无论从体系解释的方法来看，还是从公共安全的法益内容展开，劫持非民用航空器的行为应当被认定为劫持航空器罪。但相关国际公约之所以强调民用航空器的类型，应该是因为在旅客运输方面，民用航空器的人流量要远远大于非民用航空器，涉及的公众人身与财产安全更为明显，尽管对于航空器之外的地面安全，民用航空器与非民用航空器可以等置，但对于航空器内的人员，民用航空器涉及面更为广泛，并且直接与民众的出行安全感相关。

劫持航空器罪的既遂与未遂区分标准，理论上存在不同的观点。一是着手说。该说认为本罪属于行为犯，只要行为人已经开始着手实施劫机行为，即构成劫持航空器罪的既遂。二是离境说。该说认为行为人劫持的航空器飞离国境就成立劫持航空器罪的既遂。三是目的说。该说认为劫持航空器的目的得以实现时，才成立劫持航空器罪的既遂。四是控制说。该说认为行为人实际控制航空器即构成劫持航空器罪的既遂。着手说容易将预备行为作为犯罪未遂处理，目的说与离境说将既遂的认定过于推迟，不利于对法益的保护。劫持航空器罪的本质是侵害航空飞行安全，只要实际控制航空器，就会对航空飞行安全造成威胁，因此，控制说更为合理。

（四）疑难问题解析

劫持航空器罪的暴力是最狭义的暴力，只要是对机组成员等人不法地行使有形力，并达到足以抑制其反抗的程度，便属于本罪的暴力。本罪中的胁迫应限于最狭义的胁迫，行为人为了使机组成员等人产生恐惧心理，实施对物暴力行为，足以抑制其反抗的，应属于本罪的胁迫。其他方法是指与暴力、胁迫性质相当的，使航空器内的机组成员或者其他人员不能反抗、不敢反抗或者不知反抗的方法。劫持主要表现为两种情形：一是劫夺航空器，犯罪人直接驾驶或者操作航空器；二是强迫航空器驾驶、操作人员按照自己的意志驾驶、操作，从而控制航空器的起飞、航行线路、速度与降落地点。行为人控制了航空器或者控制了航空器的航行，成立本罪的既遂。因此，如果不考虑航空器内的人员情况，从公共安全的法益内容出发，无论是劫持民用航空器还是非民用航空器，均应当以是否对公共安全造成危险或者实害，认定行为是否构成劫持航空器罪。

劫持航空器罪中的劫持对象是使用中的航空器，根据《蒙特利尔公约》第2条第2款的规定，使用中的航空器是指航空器从地面人员或机组人员为某一次飞行而进行航空器飞行前准备时起，到任何降落后24小时止。航空器从装载完毕，机舱外部各门均已关闭时起，到打开任何一扇机舱门以卸载时止，均应被认为在飞行中。航空器被迫降落时，在主管当局接管该航空器及机上人员与财产以前，均应被视为仍在飞行中。尽管劫持航空器罪与暴力危及飞行安全罪的行为均会对航空飞行安全造成威胁，但二者之间存在区别，劫持航空器罪与暴力危及飞行安全罪之间的区别，主要存在三个方面。一是目的不同。劫持航空器罪有劫持航空器的目的，而暴力危及飞行安全罪并无此目的。二是客观行为不同。劫持航空器罪的行为除了暴力行为，还包括胁迫及其他行为，而暴力危及飞行安全罪的行为只有暴力行为。三是行为对象不同。劫持航空器罪中的暴力可以针对人身，也可以针对航空器实施，而暴力危及飞行安全罪中的暴力针对的是航空器上的人员。

十一、非法制造、买卖、运输、邮寄、储存枪支、弹药、爆炸物罪，非法持有、私藏枪支、弹药罪，非法出租、出借枪支罪，丢失枪支不报罪的概念、犯罪构成与处罚

（一）难度与热度

难度：☆☆　热度：☆☆

（二）基本概念分析

非法制造、买卖、运输、邮寄、储存枪支、弹药、爆炸物罪是指违反国家有关枪支、弹药、爆炸物管理法规，擅自制造、买卖、运输、邮寄储存枪支、弹药、爆炸物，危害公共安全的行为。由于枪支、弹药、爆炸物的杀伤力与破坏力相当大，故刑法将本罪以及其他有关枪支、弹药、爆炸物的犯罪规定为危害公共安全的犯罪，并将本罪及其他重大犯罪规定为抽象的危险犯。对枪支、弹药、爆炸物的判断，必须考虑到本罪危害公共安全的性质，不能将不具有明显杀伤力的物品认定为本罪中的枪支、弹药、爆炸物。本罪的法益是社会公共安全与国家对枪支、弹药、爆炸物的管理秩序。本罪构成要件的内容是违反国家有关枪支、弹药、爆炸物管理法规，擅自制造、买卖、运输、邮寄、储存枪支、弹药、爆炸物。行为主体既可以是自然人，也可以是单位。本罪的责任形式为故意，行为人明知是枪支、弹药、爆炸物而非法制造、买卖、运输、邮寄或者储存。本罪的主体为一般主体，即年满16周岁、具备刑事责任能力的自然人，单位也可以成为本罪的主体。

根据《刑法》第125条第1款与第3款的规定，犯本罪的，处3年以上10年以下有期徒刑；情节严重的，处10年以上有期徒刑、无期徒刑或者死刑。单位犯本罪的，对单

位判处罚金，并对其直接负责的主管人员和其他直接责任人员，依照上述法定刑处罚。

非法持有、私藏枪支、弹药罪是指违反枪支、弹药管理规定，非法持有、私藏枪支、弹药的行为。本罪的法益是社会公共安全与国家对枪支、弹药的管理秩序。非法持有是指没有合法根据地实际占有或者控制枪支、弹药，非法替他人保管枪支、弹药的行为，也属于非法持有。接受枪支、弹药质押而实际占有或者控制枪支的，属于非法持有枪支、弹药。行为人非法持有的枪支、弹药的来源没有限制，如他人赠与、自己拾得，又持有、私藏的，应以非法持有、私藏枪支、弹药罪论处。本罪的责任形式为故意。本罪的主体为一般主体，即年满 16 周岁、具备刑事责任能力的自然人。根据《刑法》第 128 条第 1 款的规定，犯本罪的，处 3 年以下有期徒刑、拘役或者管制；情节严重的，处 3 年以上7 年以下有期徒刑。

非法出租、出借枪支罪是指依法配备公务用枪的人员与单位，非法出租、出借枪支，或者依法配置枪支的人员与单位，非法出租、出借枪支，造成严重后果的行为。本罪的法益是社会公共安全与国家对枪支的管理秩序。本罪的责任形式为故意。本罪的主体为特殊主体，即依法配备公务用枪的人员或单位以及依法配置枪支的人员或单位。根据《刑法》第 128 条的规定，犯本罪的，处 3 年以下有期徒刑、拘役或者管制；情节严重的，处 3 年以上 7 年以下有期徒刑。单位犯本罪的，对单位判处罚金，并对其直接负责的主管人员和其他直接责任人员，依照上述法定刑处罚。

丢失枪支不报罪是指依法配备公务用枪的人员，违反枪支管理规定，丢失枪支不及时报告，造成严重后果的行为。本罪的构成要件内容是依法配备公务用枪的人员，丢失枪支不及时报告，并且造成了严重后果。本罪的法益是公共安全和国家对枪支的管理秩序。造成严重后果主要是指丢失的枪支被他人用来进行犯罪活动，造成人员伤亡或财产损失等严重后果。本罪的主体是特殊主体，是依法配备公务用枪的人员。本罪的责任形式应考察行为人对丢失枪支不及时报告造成的严重后果所持的心理态度，行为人对严重后果的发生在主观上属于过失，丢失枪支后不及时报告属于故意。根据《刑法》第 129条的规定，犯本罪的，处 3 年以下有期徒刑或者拘役。

（三）学说理论探讨

对枪支的认定存在一定的争议。有的观点认为，这里的枪支应当按照行政法上的枪支标准。有的观点认为，刑法上的枪支标准完全可以而且应当高于行政法规、部门规章上的枪支认定标准。因为本罪属于重罪，对构成要件必须进行实质的限制解释。行为人确因合法生产、生活所需而非法制造、买卖、运输枪支、弹药、爆炸物，数量较小，没有造成危害后果的，不宜轻易认定为本罪，对此应当在秉持适当出罪解释的基础上，加强行政法的有效规制。

在有关枪支的犯罪中，丢失枪支不报罪的责任形式在理论上存在争议，主要存在该罪的责任形式是故意、该罪的责任形式只能是过失、该罪的责任形式是过失与间接故意的观点。首先，持该罪责任形式是故意的观点主要着眼于行为人在丢失枪支后不及时报告的行为。其次，持该罪责任形式是过失的观点主要着眼于行为人对造成严重后果的心理态度是过失。最后，持该罪责任形式是过失与间接故意的观点主要着眼于行为人对发生严重后果的心理态度是过失，行为人对丢失枪支造成严重后果这一事实，既可能是过失也可能是间接故意。综合不同的观点来看，该罪的责任形式是故意的观点应当更为合理。因为对于不慎丢失枪支来说，行为人肯定是过失的，但在已经知道枪支丢失之后，行为人的不作为显然是故意的，而且对于因这样的一种不及时作为，可能会造成的严重后果，行为人是存在认识的。

（四）疑难问题解析

一是需要正确区分非法持有、私藏枪支、弹药罪与非法储存枪支、弹药罪的关系。非法储存与非法持有、私藏都是非法保存、控制、支配枪支、弹药的行为，难以从行为本身的表现形式上区分这两种犯罪。有的观点认为，对与非法制造、买卖、运输没有直接关联，但保存、控制大量枪支、弹药的行为，宜认定为非法持有、私藏枪支、弹药罪。因此，应当结合法益与构成要件解释来明确相关行为的性质。二是涉及罪数的问题。行为人盗窃、抢夺、抢劫枪支、弹药的，由于仅侵犯一个法益，属于共罚的事后行为，应分别认定为盗窃、抢夺枪支、弹药罪或者抢劫枪支、弹药罪，不另认定为非法持有枪支、弹药罪。

十二、交通肇事罪的概念、犯罪构成与处罚

（一）难度与热度

难度：☆☆☆☆　热度：☆☆☆☆

（二）基本概念分析

交通肇事罪是指违反交通运输管理法规，因而发生重大交通事故，致人重伤、死亡或者使公私财产遭受重大损失的行为。本罪的法益是交通运输安全。本罪的构成要件内容为违反交通运输管理法规，因而发生重大交通事故，致人重伤、死亡或者使公私财产遭受重大损失。公路、水上运输人员以及其他相关人员造成公路、水上交通事故的，成立本罪；航空人员、铁路职工以外的人员造成重大飞行事故或铁路运营事故的，成立本罪；航空人员违反交通运输管理法规，造成飞行事故以外的交通事故的，成立本罪；铁路职工违反交通运输法规，造成铁路运营事故以外的交通事故的，成立本罪。重大交通事故是指车辆在道路上造成的人身伤亡或者重大财产损失的事件。重大交通事故必须发生在交通过程中以及与交通有直接关系的活动中。交通肇事的结果必须由违反规范保护目的的行为所引起。例如，禁止驾驶没有经过年检的车辆的目的是防止因车辆故障导致交通事故，如果行为人驾驶没有经过年检的车辆，但该车并无故障，而是由于被害人横穿高速公路造成了交通事故，对行为人不以交通肇事罪论处。本罪的责任形式通常为过失，既可能是疏忽大意的过失，也可能是过于自信的过失。本罪的主体为一般主体，即年满16周岁、具备刑事责任能力的自然人。

根据《刑法》第133条的规定，犯交通肇事罪的，处3年以下有期徒刑或者拘役；交通运输肇事后逃逸或者有其他特别恶劣情节的，处3年以上7年以下有期徒刑；因逃逸致人死亡的，处7年以上有期徒刑。对具体情节的认定，需要依照2000年11月10日最高人民法院《关于审理交通肇事刑事案件具体应用法律若干问题的解释》，从而作出相应的解释适用。

（三）学说理论探讨

根据相关司法解释的规定，交通运输肇事后逃逸是指行为人在发生了构成交通肇事罪的交通事故后，为逃避法律追究而逃跑的行为。然而，对于何为交通运输肇事后的逃逸，存在不同的观点。有的观点认为，逃逸是指行为人在发生交通事故后逃离现场，没有在原地等待与配合交警的处理；有的观点认为，犯罪后为逃避法律追究而逃跑，是不具有期待可能性的行为。正因为如此，自首成为法定的从宽处罚情节。刑法之所以仅在交通肇事罪中将逃逸规定为法定刑升格的情节，是因为在交通肇事的场合，有需要救助的被害人，需要促使行为人救助被害人。之所以要求行为人救助被害人，就是因为行为人的先前义务使他人的生命处于危险状态，产生了作为义务，不履行作为义务的行为当然能够成为法定刑升格的根据。所以，应当以不救助被害人的不作为来理解和认定逃逸。如果结合现实情况与不同观点来看，逃逸在客观文义上就是指行为人在发生交通事故后逃离了现场。但有些情节可以阻却逃逸情形的认定，例如，行为人及时报警，让其他人员在现场等候，建立周围安全隔离带，向周围群众呼救等，在现场能够有效处置时，即使后来行为人暂时离开了事故现场，也可以视情况阻却逃逸情节的认定。

（四）疑难问题解析

应当正确区分交通肇事罪与一般违章行为。行为人主观没有过失或者如果行为人对事故不应负全部责任或主要责任，不能认定为交通肇事罪。行为是否构成交通肇事罪，在很大程度上取决于对行为人责任的认定。在发生交通事故的场合，通常由交通管理部门认定行为人的责任，而交通管理部门只是根据交通运输管理法规认定责任，这种认定常常是出于交通管理的需要，并不是刑法上的责任。因此，法院在审理行为是否构成交通肇事罪时，不能直接采纳交通管理部门的责任认定，而应根据刑法所规定的交通肇事罪的构成要件进行实质的分析判断。本罪既可能是危险驾驶罪、妨害安全驾驶罪的结果加重犯，也可能与危险驾驶罪、妨害安全驾驶罪构成包括的一罪或者想象竞合。危险驾驶罪、妨害安全驾驶罪是故意犯罪，但危险驾驶行为、妨害安全驾驶行为过失造成他人伤亡，符合交通肇事罪的犯罪构成的，应以交通肇事罪论处。当危险驾驶罪、妨害安全驾驶罪与交通肇事罪构成包括的一罪或者想象竞合时，行为人虽然对危险驾驶罪、妨害安全驾驶罪是故意的，但对交通肇事罪仍然出于过失。

十三、危险驾驶罪、妨害安全驾驶罪的概念、犯罪构成与处罚

（一）难度与热度

难度：☆☆☆☆　热度：☆☆☆☆

（二）基本概念分析

危险驾驶罪是指在道路上驾驶机动车追逐竞驶，情节恶劣，或者在道路上醉酒驾驶机动车，以及从事校车业务或者旅客运输，严重超过额定成员载客或者严重超过规定时速行驶，或者违反危险化学品管理规定运输危险化学品，危及公共安全的行为。本罪的法益是道路交通运输安全。根据《道路交通安全法》第119条的规定，道路是指公路、城市道路和虽在单位管辖范围内但允许社会机动车通行的地方，包括广场、公共停车场等用于公众通行的场所。机动车是指以动力装置驱动或牵引，上道路行驶的供人员乘用

或者用于运送物品以及进行工程专项作业的轮式车辆。追逐竞驶是指行为人在道路上高速、超速行驶,随意追逐、超越其他车辆,频繁、突然并线,近距离驶入其他车辆之前的危险驾驶行为。追逐竞驶属于危害公共安全的危险犯,但刑法没有将本罪规定为具体的公共危险犯,而是以情节恶劣限制处罚范围。换言之,只要追逐竞驶行为具有类型化的抽象危险,并且情节恶劣,就构成犯罪。醉酒驾驶是指在醉酒状态下在道路上驾驶机动车的行为。醉酒型危险驾驶罪属于抽象危险犯,不需要司法人员具体判断醉酒行为是否具有公共危险。超员、超速行驶是指从事校车业务或者旅客运输,严重超过额定成员载客,或者严重超过规定时速行驶的行为。本类型的危险驾驶罪属于抽象危险犯。违规运输危险化学品是指违反危险化学品安全管理规定运输危险化学品,危及公共安全的行为。本类型的危险驾驶罪属于具体危险犯。危险化学品是指具有毒害、腐蚀、爆炸、燃烧、助燃等性质,对人体、设施、环境具有危害的剧毒化学品和其他化学品。本罪的责任形式为故意。本罪的主体为一般主体,即年满 16 周岁、具备刑事责任能力的自然人。

根据《刑法》第 133 条之一的规定,犯危险驾驶罪的,处拘役,并处罚金。根据2023 年 12 月的《关于办理醉酒危险驾驶刑事案件的意见》,醉驾具有下列情形之一,尚不构成其他犯罪的,从重处理:(1) 造成交通事故且负事故全部或者主要责任的;(2) 造成交通事故后逃逸的;(3) 未取得机动车驾驶证驾驶汽车的;(4) 严重超员、超载、超速驾驶的;(5) 服用国家规定管制的精神药品或者麻醉药品后驾驶的;(6) 驾驶机动车从事客运活动且载有乘客的;(7) 驾驶机动车从事校车业务且载有师生的;(8) 在高速公路上驾驶的;(9) 驾驶重型载货汽车的;(10) 运输危险化学品、危险货物的;(11) 逃避、阻碍公安机关依法检查的;(12) 实施威胁、打击报复、引诱、贿买证人、鉴定人等人员或者毁灭、伪造证据等妨害司法行为的;(13) 二年内曾因饮酒后驾驶机动车被查获或者受过行政处罚的;(14) 五年内曾因危险驾驶行为被判决有罪或者作相对不起诉的;(15) 其他需要从重处理的情形。醉驾具有下列情形之一的,从宽处理:(1) 自首、坦白、立功的;(2) 自愿认罪认罚的;(3) 造成交通事故,赔偿损失或者取得谅解的;(4) 其他需要从宽处理的情形。

妨害安全驾驶罪是指对行驶中的公共交通工具的驾驶人员使用暴力或者抢控驾驶操纵装置,干扰公共交通工具正常行驶,危及公共安全的行为,以及行驶中的公共交通工具的驾驶人员在行驶的公共交通工具上擅离职守,与他人互殴或者殴打他人,危及公共安全的行为。本罪的法益是道路交通运输安全。本罪属于具体危险犯,其责任形式为故意。本罪的主体为一般主体,即年满 16 周岁、具备刑事责任能力的自然人。

根据《刑法》第 133 条之二的规定,犯本罪的,处 1 年以下有期徒刑、拘役或者管制,并处或者单处罚金。

(三) 学说理论探讨

关于醉酒型危险驾驶罪的责任形式,刑法理论上存在不同的观点。有的观点认为,本罪的责任形式为过失,如果行为人持故意,则构成以危险方法危害公共安全罪。有的观点认为,本罪是过失的抽象危险犯,但故意醉酒驾驶的行为没有发生具体公共危险的,依然成立危险驾驶罪。有的观点认为,醉酒驾驶属于故意犯罪,这也是较为普遍的观点。行为人必须认识到自己是在醉酒状态下驾驶机动车,但对醉酒状态的认识不需要十分具体，只要有大体的认识即可。只要行为人知道自己喝了一定量的酒，事实上又达到了醉酒状态，并驾驶机动车，就可以认定其具有醉酒驾驶的故意。行为人认为自己只是酒后驾驶而不是醉酒驾驶的辩解，不能排除故意的成立。

（四）疑难问题解析

危险驾驶行为同时构成其他犯罪的，依照处罚较重的规定定罪处罚。例如，追逐竞驶或者醉酒驾驶行为，过失造成他人伤亡或者重大财产损失结果，构成交通肇事罪的，应以交通肇事罪论处。如果危险驾驶行为具有与放火、爆炸等相当的具体公共危险，行为人对该具体的公共危险具有故意的，应当认定以危险方法危害公共安全罪。例如，在高速公路上逆向追逐竞驶或者醉酒高速驾驶，但没有造成严重后果的，应当适用《刑法》第 114 条，认定为以危险方法危害公共安全罪；造成严重后果的，应适用《刑法》第 115 条第 1 款。实施危险驾驶行为，以暴力、威胁方法阻碍公安机关依法检查，又构成妨害公务罪等其他犯罪的，依照数罪并罚的规定处罚。

十四、重大责任事故罪，强令、组织他人违章冒险作业罪，危险作业罪，重大劳动安全事故罪的概念、犯罪构成与处罚

（一）难度与热度

难度：☆☆☆　热度：☆☆☆

（二）基本概念分析

重大责任事故罪是指在生产、作业中违反有关安全管理的规定，因而发生重大伤亡事故或者造成其他严重后果的行为。本罪的法益是生产、作业安全。行为主体包括对生产、作业负有组织、指挥或者管理职责的负责人、管理人员、实际控制人、投资人等人员，以及直接从事生产、作业的人员。本罪的责任形式为过失。本罪的主体为一般主体，即年满 16 周岁、具备刑事责任能力的自然人。

根据《刑法》第 134 条第 1 款的规定，犯本罪的，处 3 年以下有期徒刑或者拘役；情节特别恶劣的，处 3 年以上 7 年以下有期徒刑。

强令、组织他人违章冒险作业罪是指强令他人违章冒险作业，或者明知存在重大事故隐患而不排除，仍冒险组织作业，因而发生重大伤亡事故或其他严重后果的行为。本罪的法益是生产、作业安全。本罪行为主要分为两种类型：一是强令他人违章冒险作业因而发生重大伤亡事故或其他严重后果的行为；二是明知存在重大事故隐患而不排除，仍冒险组织作业因而发生重大伤亡事故或其他严重后果的行为。第一，强令的行为主要体现为在工人不愿意进行生产、作业的情形下，相关的管理人员利用职权或者其他手段强迫、命令工人进行违章冒险作业。这种强令不一定表现为恶劣的态度、强硬的语言或者行动，只要是利用组织、指挥、管理职权，能够对工人产生精神强制，使其不敢违抗命令，不得不违章冒险作业的，均构成强令。第二，明知存在重大事故隐患而不排除，仍冒险组织作业的行为包括对重大事故隐患的认定、对存在重大事故隐患的明知以及不排除的做法、依旧冒险组织作业。其中，重大事故隐患应当按照相关法律、行政法规以及有关的国家与行业标准进行认定。本罪的责任形式为过失。尽管行为人应当对其实施的强令或者组织行为会危害生产、作业安全具有明确认识，但对于发生的后果是过失的，

即主观上并不希望结果的发生。本罪的主体为一般主体，即年满 16 周岁、具备刑事责任能力的自然人。根据《关于办理危害生产安全刑事案件适用法律若干问题的解释》第 2 条的规定，该罪的犯罪主体具体包括对生产、作业负有组织、指挥或者管理职责的负责人、管理人员、实际控制人、投资人等人员。强令他人违章冒险作业的主体通常是负有生产、作业指挥和管理职责的人员，组织冒险作业的主体是冒险作业的组织者和指挥者。根据《刑法》第 134 条第 2 款的规定，犯本罪的，处 5 年以下有期徒刑或者拘役；情节特别恶劣的，处 5 年以上有期徒刑。

危险作业罪是指在生产、作业中违反有关安全管理的规定，存在法定情形之一的，具有发生重大伤亡事故或者其他严重后果的现实危险的行为。根据《刑法》第 134 条之一的规定，其主要分为三种行为类型。一是关闭、破坏直接关系生产安全的监控、报警、防护、救生设备、设施，或者篡改、隐瞒、销毁其相关数据、信息的行为。二是因存在重大事故隐患被依法责令停产停业、停止施工、停止使用有关设备、设施、场所或者立即采取排除危险的整改措施，而拒不执行的行为。三是涉及安全生产的事项未经依法批准或者许可，擅自从事矿山开采、金属冶炼、建筑施工，以及危险物品生产、经营、储存等高度危险的生产作业活动的行为。本罪的法益是生产、作业安全。本罪的责任形式为故意，行为人应当对其实施的行为会危害生产、作业安全具有认识。本罪的主体为一般主体，即年满 16 周岁、具备刑事责任能力的自然人，具体包括一切对生产、作业安全能够施加影响的人员。根据《刑法》第 134 条之一的规定，犯本罪的，处 1 年以下有期徒刑、拘役或者管制。

重大劳动安全事故罪是指安全生产实施或者安全生产条件不符合国家规定，因而发生重大伤亡事故或者造成其他严重后果的行为。本罪的法益是生产、作业安全。本罪的行为主体是直接负责的主管人员和其他直接责任人员，即对安全生产设施或者安全生产条件不符合国家规定负有直接责任的生产经营单位负责人、管理人员、实际控制人、投资人，以及其他对安全生产设施或者安全生产条件负有管理、维护职责的人员。本罪的责任形式为过失。本罪的主体为特殊主体，包括主管和直接管理安全生产设施或安全生产条件的人员，如安全员等。

根据《刑法》第 135 条的规定，犯本罪的，处 3 年以下有期徒刑或者拘役；情节特别恶劣的，处 3 年以上 7 年以下有期徒刑。

（三）学说理论探讨

危险作业罪属于法定犯，但危险作业罪的法益内容不包括行政管理秩序，该罪的法益内容具体为受生产、作业领域影响的公共安全。对行为造成现实危险的判断应当围绕行为是不是对受生产、作业领域影响的公共安全这一法益对象造成了具体危险展开。在构成要件的立法规定方面，行政违法要件的设置反而有利于限缩危险作业罪的成立范围，因为单纯造成现实危险的行为如果没有违反相关的行政管理规定，那么就不能按照危险作业罪论处，这是从构成要件符合性的层面在立法上限缩了危险作业罪的成立范围。行政许可或者审批除了可以对安全资质与作业条件进行事先把关，还可以对主体范围进行有效控制，即至少应当与生产、作业领域有关。本罪的成立需要具有发生重大伤亡事故或者其他严重后果的现实危险，这种现实危险的成立需要结合具体情形予以认定。

（四）疑难问题解析

对于重大责任事故罪来说，在安全事故发生后积极组织、参与事故抢救，或者积极配合调查、主动赔偿损失的，可以酌情从轻处罚。国家工作人员违反规定投资入股生产经营，构成本罪的，或者国家工作人员的贪污、受贿犯罪行为与安全事故发生存在关联性的，从重处罚；同时构成贪污、受贿犯罪和危害生产安全犯罪的，依照数罪并罚的规定处罚。对于实施本罪适用缓刑的犯罪分子，可以根据犯罪情况，禁止其在缓刑考验期内从事与安全生产相关联的特定活动；对于被判处刑罚的犯罪分子，可以根据犯罪情况和预防再犯罪的需要，禁止其自刑罚执行完毕之日或者假释之日起 3 年至 5 年内从事与安全生产相关的职业。

强令、组织他人违章冒险作业罪属于实害犯。行为人实施了强令违章冒险作业或者组织冒险作业的行为，还需要发生重大伤亡事故或其他严重后果的实害结果才成立本罪。如果只是造成了现实危险，且并不符合危险作业罪的构成要件，则行为不构成犯罪。本罪属于法定犯，其具有行政违法的属性。行为存在违章或者存在相关行政规范所规定的重大事故隐患而不排除，从而构成行政违法，其属于刑事违法性的前置要件。本罪保护的法益是生产、作业领域中的公共安全，与危险作业罪保护的法益相同。本罪的成立应当存在强令或者组织违章冒险作业的行为，此时的行为判断侧重行政违法性的判断，同时应当因之而发生重大伤亡事故或者造成其他严重后果，此时的行为结果判断侧重刑事违法性的判断。

在生产、作业领域，强令、组织他人违章冒险作业的行为可能还会构成危险作业罪、重大责任事故罪、重大劳动安全事故罪等。本罪与危险作业罪的区别主要在于二者分别属于实害犯与危险犯。除此之外，在具体的构成要件层面也存在一定区别，本罪的构成要件行为侧重于生产、作业的冒险性，危险作业罪的构成要件行为侧重于生产、作业的危险性。本罪与重大责任事故罪的区别主要在于是否存在强令或者组织冒险作业的行为，重大责任事故罪不存在类似行为，只是在违反有关安全管理规定的情形下从事生产、作业活动，因而发生重大伤亡事故或者造成其他严重后果。重大劳动安全事故罪与重大责任事故罪较为接近，前者是安全生产设施或者安全生产条件不符合国家规定，后者是在生产、作业中违反有关安全管理的规定。在行为同时成立不同犯罪时，应当按照想象竞合从一重罪处理。

十五、危险物品肇事罪，工程重大安全事故罪，教育设施重大安全事故罪，不报、谎报安全事故罪的概念、犯罪构成与处罚

（一）难度与热度

难度：☆☆　热度：☆☆

（二）基本概念分析

危险物品肇事罪是指违反爆炸性、易燃性、放射性、毒害性、腐蚀性物品的管理规定，在生产、储存、运输、使用中发生重大事故，造成严重后果的行为。本罪的法益是公共安全和国家对危险物品的管理秩序。本罪的责任形式为过失，行为人通常轻信能够避免结果发生。除此之外，在危险驾驶罪的具体类型中，存在这样一种类型，危险驾驶

罪是故意犯罪，但危险驾驶行为过失造成他人伤亡，符合危险物品肇事罪的犯罪构成的，应以危险物品肇事罪论处。本罪的主体为一般主体，即年满 16 周岁、具有刑事责任能力的自然人。

根据《刑法》第 136 条的规定，犯本罪的，处 3 年以下有期徒刑或者拘役；后果特别严重的，处 3 年以上 7 年以下有期徒刑。

工程重大安全事故罪是指建设单位、设计单位、施工单位、工程监理单位违反国家规定，降低工程质量标准，造成重大安全事故的行为。本罪的构成要件行为是违反国家规定，降低建设工程质量标准，具有导致结果发生危险的一切行为。本罪的责任形式为过失，即对于违反国家规定、降低工程质量标准的行为，可能发生重大安全事故，具有预见可能性，或者已经预见而轻信能够避免。本罪的主体是特殊主体，即建设单位、设计单位、施工单位以及工程监理单位的直接责任人员。根据《刑法》第 137 条的规定，犯本罪的，对直接责任人员，处 5 年以下有期徒刑或者拘役，并处罚金；后果特别严重的，处 5 年以上 10 年以下有期徒刑，并处罚金。

教育设施重大安全事故罪是指明知校舍或者教育教学设施有危险，而不采取措施或者不及时报告，致使发生重大伤亡事故的行为。本罪的构成要件内容是在校舍或其他教育教学设施存在危险的情况下，不采取措施消除、避免危险或者不及时向有关部门报告，以致发生重大伤亡事故。建设单位、设计单位、施工单位、工程监理单位违反国家规定，降低校舍质量标准，有关人员明知校舍有危险，而不采取措施或者不及时报告，致使发生重大伤亡事故的，前者成立工程重大安全事故罪，后者成立教育设施重大安全事故罪。本罪的主体是特殊主体，即对校舍、教育教学设施负有管理责任的人员，包括该教育机构中对校舍、教育教学设施的安全负有直接责任的人员。根据《刑法》138 条的规定，犯本罪的，对直接责任人员，处 3 年以下有期徒刑或者拘役；后果特别严重的，处 3 年以上 7 年以下有期徒刑。

不报、谎报安全事故罪是指在安全事故发生后，负有报告职责的人员不报或者谎报事故情况，贻误事故抢救，情节严重的行为。对安全事故本身负有责任的人员，在生产经营单位负责或者直接从事安全管理事务的人员，属于负有报告职责的人员。在安全事故发生后，教唆或者帮助负有报告职责的人员不报或者谎报情况，贻误事故抢救，情节严重的，构成本罪的共犯。本罪的责任形式为故意，即明知不报或者谎报事故情况的行为，会发生贻误事故抢救的结果，并且希望或者放任这种结果发生。本罪的主体为特殊主体，即对安全事故负有报告职责的人。根据有关司法解释的规定，负有报告职责的人员是指负有组织、指挥或者管理职责的负责人、管理人员、实际控制人、投资人，以及其他负有报告职责的人员。

（三）学说理论探讨

一般认为，教育设施重大安全事故罪的责任形式为过失，法条规定的明知并不等同于故意犯罪中的明知，只是表明行为人已经认识到发生侵害结果的危险。或者说本罪是故意犯，重大伤亡事故属于客观的超过要素，不需要行为人具有故意，只要有过失即可。实际上，不仅是教育设施重大安全事故罪，在生产、作业领域的一些事故类犯罪以及在交通运输领域的一些实害犯，行为人通常是对结果持过失心态的，而对相关规定的违反持故意心态，对此，理论上通常仍倾向于将这类犯罪定性为过失犯罪。

（四）疑难问题解析

对于工程重大安全事故罪，教育设施重大安全事故罪来说，如果是在施工完成之后的相对长时间才发生重大安全事故，由于这类犯罪属于过失犯，因此其追诉时效应从结果发生之日起计算。对于不报、谎报安全事故罪来说，不报或者谎报行为必须发生在安全事故出现之后，但不要求发生在安全事故完全结束。如果发生了没有必要抢救的安全事故，因为缺乏本罪的结果要素，所以不会成立本罪。只有在结果可能加重或者扩大的情况下，不报或者谎报事故情况的行为，才可能成立本罪。在此罪与彼罪方面，如果在事故发生后，负有救助他人生命、身体损害职责的人员，故意不报或者谎报事故情况，也不履行救助义务，或者直接负责的主管人员和其他直接责任人员故意阻挠开展抢救，或者为了逃避法律追究，对被害人进行隐藏、遗弃，导致他人死亡、重伤的，属于想象竞合，按照不作为的故意杀人罪、故意伤害罪论处。

第三部分 拓展延伸阅读、案例研习与同步训练

第一节 拓展延伸阅读

1. 高铭暄，马克昌. 刑法学. 北京：北京大学出版社，高等教育出版社，2019.

2. 张明楷. 刑法学. 北京：法律出版社，2021.

3. 曲新久. 论刑法中的"公共安全". 人民检察，2010（9）.

4. 张亚平. 放火罪"危险犯说"之检讨. 法商研究，2020（5）.

5. 张明楷. 论以危险方法危害公共安全罪. 国家检察官学院学报，2012（4）.

6. 冯军. 论《刑法》第133条之一的规范目的及其适用. 中国法学，2011（5）.

7. 段蓓. 交通肇事罪中"逃逸"问题的限缩性解读：基于对651份裁判文书的分析. 政治与法律，2022（3）.

8. 杨绪峰. 强令、组织他人违章冒险作业罪的司法误识与纠偏. 政治与法律，2022（2）.

9. 江溯. 以危险方法危害公共安全罪认定规则研究. 中国法学，2021（4）.

10. 阎二鹏. 持有型犯罪立法动向及其正当化根据. 国家检察官学院学报，2019（3）.

11. 陈兴良. 公共安全犯罪的立法思路嬗变：以《刑法修正案（十一）》为视角. 法学，2021（1）.

12. 夏娜，刘晓山. 劫持航空器罪比较研究. 人民检察，2021（7）.

13. 刘艳红. 注意规范保护目的与交通过失犯的成立. 法学研究，2010（4）.

14. 陈冉. 论危险作业罪中"现实危险"的司法认定. 法律适用，2022（11）.

15. 王秀梅. 全球恐怖主义犯罪：形势、应对与执法合作. 法学，2020（11）.

第二节　本章案例研习

案例：施某以危险方法危害公共安全案

（一）基本案情

2019年4月8日16时许，被告人施某驾驶牵引半挂车行驶至省道某交通警察大队检查站点时，未按交警示意停车接受检查，加速闯过检查站点。交警怀疑其有酒驾或者其他违法行为，遂驾驶警车对其拦截并警示停车，施某不听从交警的警告，在公路上超速驾驶并有闯卡、阻拦警车的超车行为。施某后来被交警截停，仍拒不下车接受检查。当地派出所警察赶到现场后多次要求其下车配合检查，并发出警告，施某仍拒绝配合检查。在警察准备强行打开车门时，施某用拳头和铁棍袭击警察，施某不顾车上警察和周围警察、群众的安危，突然发动车辆急速冲向人群，致使其妻子兰某被撞死亡，6名警察受轻微伤。施某撞人后继续挑衅现场警察，并驾车逃离现场，逃离现场时剐蹭2辆车辆，在驾车逃至某站点时被抓获。

（二）法院判决

一审法院认为：被告人施某驾车故意冲撞人群，危害了公共安全，并致兰某死亡，多人受轻微伤，财物受损，其行为已构成以危险方法危害公共安全罪。公诉机关指控的罪名成立。鉴于被告人施某积极赔偿被害人及被害人亲属的经济损失，取得了被害人及被害人亲属的谅解，有悔罪表现，依法可对其从轻处罚。考虑被告人施某实施犯罪行为的起因、情节、后果和悔罪表现等具体情况，依据《刑法》第115条、第64条之规定，认定被告人施某犯以危险方法危害公共安全罪，判处有期徒刑14年，将作案工具牵引半挂车予以没收。

施某上诉后，二审法院认为：上诉人施某在检查站被交警示意停车接受检查，后驾车超速闯关，被警车拦截后仍拒绝下车接受检查。民警发出警告，施某仍不配合检查。在民警准备强行打开车门时，施某为逃离现场用拳头和铁棍袭击民警，且不顾车上和周围民警、群众的生命和财产安全，突然发动汽车急速冲向人群，致使妻子兰某被撞死亡、6名民警受伤，并逃离现场。上诉提到没有犯罪的主观故意，不能成立。上诉人施某驾驶营运车辆属实，但其作为犯罪工具实施犯罪，原判决予以没收于法有据。上诉所称积极赔偿，已取得被害人及被害人亲属的谅解属实，原判决予以认定。二审法院认为：上诉人施某不顾车上和周围民警、群众的生命和财产安全，突然发动汽车急速冲向人群，致1人死亡、6人受伤，其行为已构成以危险方法危害公共安全罪，论罪应依法惩处。原判决认定事实和适用法律正确，审判程序合法，鉴于上诉人施某有悔罪表现，并对被害人及被害人亲属进行了积极赔偿且出具了谅解书，依法判处其有期徒刑14年，量刑适当。依照《中华人民共和国刑事诉讼法》第236条第1款第1项、第244条之规定，裁定如下：驳回上诉，维持原判。

（三）案例解析

以危险方法危害公共安全罪是指使用与放火、决水、爆炸、投放危险物质等危险性相当的其他方法，危害公共安全的行为。本罪的保护法益是公共安全。就本案而言，施某不听从交警的警告，在公路上超速驾驶、闯卡、阻拦警车，拒不下车接受检查，在警察准备强行打开车门时，施某用拳头和铁棍袭击警察，不顾车上警察和周围警察、群众的安危，突然发动车辆急速冲向人群，致使其妻子兰某被撞死亡，6 名警察受轻微伤，施某撞人后继续挑衅现场警察，并驾车逃离现场，逃离现场时又刮蹭 2 辆车辆，这一系列行为属于使用放火、决水、爆炸、投放危险物质等危险性相当的其他方法对公共安全造成了现实损害的行为，因而符合以危险方法危害公共安全罪的构成要件。

第三节　本章同步训练

一、选择题

（一）单选题

1. 我国刑法中的危害公共安全罪包括结果加重犯，普通的实害犯，具体的危险犯，抽象的危险犯，这是从（　　）所作出的分类。

A. 行为类型上　　　　　　　　　B. 法益内容上

C. 处罚根据上　　　　　　　　　D. 处罚轻重上

2. 决水罪的行为方式（　　）。

A. 只能是作为　　　　　　　　　B. 只能是不作为

C. 需要具体判断　　　　　　　　D. 作为或者不作为

（二）多选题

1. 围绕危害公共安全罪中"公共"的含义，主要的观点有（　　）

A. 不特定人　　　　　　　　　　B. 多数人

C. 不特定且多数人　　　　　　　D. 不特定或多数人

2. 破坏电力设备罪中的电力设备正在使用中的情形有（　　）

A. 处于运行、应急等使用中的电力设备

B. 已经建设完毕但未正式交付的电力设备

C. 已经通电使用，但由于枯水季节或电力不足等原因而暂停使用的电力设备

D. 已经交付使用但尚未通电的电力设备

二、案例分析题

2020 年 9 月，甲登上公交车后，乙要求甲佩戴口罩，否则不能上车。车上的乘客给了甲一个口罩之后，乙启动车辆在路上正常行驶，甲突然踩向乙的右脚（此时在汽车油门处），乙随即拉手刹并停车，车上乘客丙见状随即报警，当时车上有乘客三十余人。

问：应当如何认定甲的行为？

三、论述题

1. 如何认定放火罪的既遂标准？

2. 劫持航空器罪与暴力危及飞行安全罪的区别是什么？

参考答案及解析

一、选择题

（一）单选题

1. 参考答案：C

解析：对于危害公共安全的犯罪，可以从处罚根据上分为四类，分别是结果加重犯，普通的实害犯，具体的危险犯，抽象的危险犯。有的条款规定的是一个罪名，但同时包括具体危险犯与抽象危险犯，或者抽象危险犯与实害犯。

2. 参考答案：D

解析：决水罪的行为方式主要是作为，但也包括不作为的方式。例如，负有管理堤坝责任的人员，在洪水期应当及时而科学地开闸放水，但行为人故意不开闸放水，从而导致堤坝决堤的情形，构成不作为的决水罪。再如，负有检查水利设施安全的人员，发现相关设施存在将要崩塌的迹象，但不报告也不及时采取补救措施，进而导致水灾的，构成不作为的决水罪。

（二）多选题

1. 参考答案：ABCD

解析：围绕危害公共安全罪中"公共"的含义，存在不同的观点。第一种观点认为，公共针对的是不特定人；第二种观点认为，公共针对的是多数人；第三种观点认为，公共针对的是不特定且多数人；第四种观点认为，公共针对的是不特定或多数人。现在较为普遍的观点是，公共是指不特定人或多数人，但对于不特定人的定义也需要根据事实、围绕公共安全的属性予以具体判断。

2. 参考答案：ACD

解析：破坏电力设备罪的对象是正在使用中的电力设备，对于"正在使用"应当作扩大解释。根据相关司法解释的规定，本罪中的电力设备是指处于运行、应急等使用中的电力设备；已经通电使用，只是由于枯水季节或电力不足等原因暂停使用的电力设备；已经交付使用但尚未通电的电力设备。其不包括尚未安装完毕，或者已经安装完毕但尚未交付使用的电力设备。只要是安装完毕并交付使用的电力设备，无论是运行中还是因为一些原因而暂停运行的设备，均属于这里的正在使用中的电力设备。

二、案例分析题

参考答案：甲的行为构成妨害安全驾驶罪。

解析：在本案中，甲突然踩向公交车的油门处，加之车上的人员密集与司机的毫无防备，产生了危及公共安全的紧迫现实危险，尽管行为人并未直接针对司机实施任何的暴力行为。

三、论述题

1. 参考答案：

对于放火罪的既遂与未遂界限来说，国内外刑法理论主要有独立燃烧说、丧失效用说、重要部分燃烧说与毁弃说。其中，独立燃烧说认为，当放火行为导致对象物在离开媒介物的情况下能够独立燃烧时就是烧毁，该说重视放火罪的危害公共安全这一性质。丧失效用说认为，目的物的重要部分由于被燃烧而失去效用时就是烧毁，该说强调放火罪的财产犯罪性质，但被认为忽视了放火罪的公共危险性质。重要部分燃烧说认为，对象物的重要部分起火开始燃烧时就是烧毁。毁弃说认为，由于火力而使目的物达到了毁弃罪或者说故意毁坏财物罪中的损坏程度时就是烧毁。后两种学说显然忽视了放火罪的公共危险属性，容易不当扩大放火罪的处罚范围。

使对象物燃烧的行为是否属于放火行为，关键在于它是否危害公共安全，应当围绕这个方面进行综合判断。首先，要将所有客观事实作为判断资料，如行为本身的危险性，对象物本身的性质、结构、价值，对象物周围的状况，对象物与周围可燃物的距离，行为时的风力和气温等。其次，要根据因果法则进行判断，对象物燃烧的行为是否足以形成在时间上或空间上失去控制的燃烧状态。放火罪属于具体危险犯而不是抽象危险犯，对具体危险的判断需要考虑的因素有很多，而围绕放火罪的既遂标准也应当具体案件具体分析。

针对放火罪的既遂与未遂界限标准究竟应当采取何种学说进行认定取决于多种因素，其中最为重要的是各国建筑物的主要材质。例如，欧洲国家的建筑物多为砖石材质，放火行为使目的物独立燃烧需要相当长的时间，故这些国家多倾向于采用独立燃烧说。日本以往的建筑物多为木质材质，尽管有利于适应多地震的自然环境，但其木质材质容易燃烧，如果采用独立燃烧说将使放火罪难以成立未遂和中止，但随着"二战"之后日本的建筑物结构发生变化，独立燃烧说的赞成者也在增加。修正的独立燃烧说认为，当放火行为导致对象物在离开媒介物的情况下已经开始独立燃烧时，是放火罪既遂。主张修正的独立燃烧说的理由主要有三个：其一，传统的独立燃烧说将"能够"或"可以"独立燃烧作为既遂标准，会缺乏明确的判断标准，也可能使既遂过于提前；其二，我国刑法将放火罪规定在危害公共安全罪中，重视的是其公共危险性质，故采取修正的独立燃烧说符合放火罪的本质；其三，放火的对象主要是建筑物，而我国建筑物的结构材质决定了要使其独立燃烧需要一定的时间，而且要使其丧失效用并不容易。故采取修正的独立燃烧说比较适当，其也有利于鼓励犯罪人中止放火行为，从而有效地维护公共安全。尽管修正的独立燃烧说相对更为合理，但立足于放火罪作为具体危险犯的属性，在具体个案中仍然需要综合判断，以防止不当扩大放火罪的处罚范围。

2. 参考答案：

劫持航空器罪与暴力危及飞行安全罪之间的区别，主要存在三个方面。一是目的不同。劫持航空器罪有劫持航空器的目的，而暴力危及飞行安全罪并无此目的。二是客观行为不同。劫持航空器罪的行为除了暴力行为，还包括胁迫及其他行为，而暴力危及飞行安全罪的行为只有暴力行为。三是行为对象不同。劫持航空器罪中的暴力可以针对人身，也可以针对航空器实施，而暴力危及飞行安全罪中的暴力针对的是航空器上的人员。

第十九章　破坏社会主义市场经济秩序罪

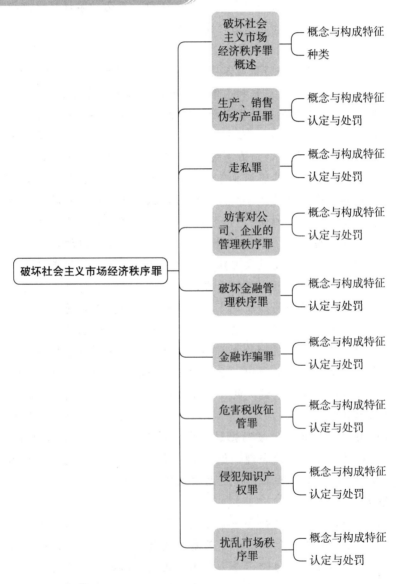

第二部分　本章核心知识要点解析

第一节　破坏社会主义市场经济秩序罪概述

一、破坏社会主义市场经济秩序罪的概念与构成特征

（一）难度与热度

难度：☆　热度：☆

（二）基本概念分析

破坏社会主义市场经济秩序罪，是指违反我国市场经济管理法规，破坏和扰乱市场经济秩序，妨害国民经济正常发展的行为。破坏社会主义市场经济秩序罪并非单独的罪名，而是规定于刑法分则第三章的所有罪名的集合。

破坏社会主义市场经济秩序罪的构成特征表现在四个方面：犯罪客体主要是我国的市场经济秩序和市场主体的经济利益，部分特定罪名还侵犯了广大人民群众的身体健康；客观方面表现为违反国家法律法规，破坏和扰乱市场经济秩序，严重危害市场秩序的行为；主体多为一般主体，且多可以由单位或自然人构成；主观方面绝大多数表现为故意，少数犯罪可以由过失构成。

（三）学说理论探讨

破坏社会主义市场经济秩序罪必然会侵犯市场经济秩序和市场主体的经济利益。市场经济秩序是人与人之间的社会关系得以存续和发展的重要条件。社会生活离不开财富的生产、分配、交换和消费等经济活动，这些经济活动必须在一定的框架和制度下进行，才能保障和维护经济利益。因此，国家和政府需要对经济活动设定相应规则，建立起良好的市场经济秩序，规范好市场经济活动，使我国的市场经济走上健康发展的道路。

（四）疑难问题解析

破坏社会主义市场经济秩序罪属于法定犯，必须首先违反了相关经济、行政法律法规，如《海关法》《公司法》《产品质量法》《商业银行法》《证券法》《著作权法》《商标法》《反不正当竞争法》《反垄断法》等。

二、破坏社会主义市场经济秩序罪的种类

（一）难度与热度

难度：☆　热度：☆

（二）基本概念分析

破坏社会主义市场经济秩序罪可分为八类犯罪：生产、销售伪劣商品罪，走私罪，妨害对公司、企业的管理秩序罪，破坏金融管理秩序罪，金融诈骗罪，危害税收征管罪，侵犯知识产权罪，扰乱市场秩序罪。

（三）学说理论探讨

破坏社会主义市场经济秩序罪规定在《刑法》第三章，共有110个罪名，分为八节。

根据上述立法，理论上相应地将破坏社会主义市场经济秩序罪划分为八类。

（四）疑难问题解析

破坏社会主义市场经济秩序罪中的金融诈骗罪，包括集资诈骗罪、贷款诈骗罪、票据诈骗罪、金融凭证诈骗罪、信用证诈骗罪、信用卡诈骗罪、有价证券诈骗罪、保险诈骗罪。在金融诈骗罪中，行为人往往具有非法牟利的目的。

第二节　生产、销售伪劣产品罪

一、生产、销售伪劣产品罪的概念与构成特征

（一）难度与热度

难度：☆☆　热度：☆☆☆

（二）基本概念分析

生产、销售伪劣产品罪，是指生产者、销售者在产品中掺杂、掺假，以假充真，以次充好或者以不合格产品冒充合格产品，数额较大的行为。

生产、销售伪劣产品罪的构成特征表现在四个方面：侵犯的客体为复杂客体，即国家对产品质量的管理制度和广大消费者的合法权益；客观方面表现为违反产品质量管理法规，在生产、销售的产品中掺杂、掺假，以假充真，以次充好或者以不合格产品冒充合格产品，数额较大的行为；主体为一般主体，既可由自然人构成，也可以由单位构成；主观方面为直接故意，不需要具有非法牟利目的。

（三）学说理论探讨

"以假充真"与"掺假"的区别在于：前者全部是假的，后者仅部分是假的。有一种观点认为，假冒他人的品牌、产地、厂名、厂址的行为属于"以假充真"。这种观点并不妥当，因为：（1）"以假充真"中的"假"是就产品的使用性能而言的，并非针对品牌和产地等；（2）《产品质量法》第53条并未规定"构成犯罪的，依法追究刑事责任"；（3）假冒他人品牌、产地、厂名、厂址，侵犯相关权利人知识产权的，应当以侵犯知识产权犯罪认定，不应认定为生产、销售伪劣产品罪。

（四）疑难问题解析

"以不合格产品冒充合格产品"，是指以不符合《产品质量法》第26条第2款规定的质量要求的产品，来冒充合格产品。《产品质量法》第26条第2款规定，产品符合以下要求才属于合格产品：（1）不存在危及人身、财产安全的不合理的危险，有保障人体健康和人身、财产安全的国家标准、行业标准的，应当符合相应标准；（2）具备产品应当具备的使用性能，但是，对产品存在使用性能的瑕疵已作出说明的除外；（3）符合在产品或者在其包装上注明采用的产品标准，符合以产品说明、实物样品等方式表明的质量状况。

二、生产、销售伪劣产品罪的认定与处罚

（一）难度与热度

难度：☆☆　热度：☆

（二）基本概念分析

生产、销售伪劣产品罪中的"伪劣产品"，包括《刑法》第 141 条至第 148 条规定的特定伪劣产品。在既遂、未遂的认定中，必须达到法定的销售金额较大的程度才成立犯罪既遂。如果伪劣产品尚未销售，但货值金额达到《刑法》第 140 条规定的销售金额 3 倍以上，以生产、销售伪劣产品罪（未遂）定罪处罚。

犯生产、销售伪劣产品罪，销售金额 5 万元以上不满 20 万元的，处 2 年以下有期徒刑或者拘役，并处或单处销售金额 50％以上 2 倍以下罚金；销售金额 20 万元以上不满 50 万元的，处 2 年以上 7 年以下有期徒刑，并处销售金额 50％以上 2 倍以下罚金；销售金额 50 万元以上不满 200 万元的，处 7 年以上有期徒刑，并处销售金额 50％以上 2 倍以下罚金；销售金额 200 万元以上的，处 15 年有期徒刑或者无期徒刑，并处销售金额 50％以上 2 倍以下罚金或者没收财产。

（三）学说理论探讨

生产、销售伪劣产品罪的条款与《刑法》第 141 条至第 148 条特定伪劣产品的条款，属于一般法与特别法的关系，一般法中的伪劣产品包括特别法中的特定伪劣产品。根据《刑法》第 149 条第 2 款的规定，生产、销售《刑法》第 141 条至第 148 条所列产品，构成各该条规定的犯罪，又构成《刑法》第 140 条规定之罪的，依照处罚较重的规定定罪处罚。

（四）疑难问题解析

在司法实务中，很多时候行为人尚未完成销售行为，即被相关部门查获。在此情况下，其货值金额以违法生产、销售的伪劣产品的标价计算。没有标价的，按照同类合格产品的市场中间价格计算。

第三节　生产、销售、提供假药罪

一、生产、销售、提供假药罪的概念与构成特征

（一）难度与热度
难度：☆☆☆　热度：☆☆

（二）基本概念分析

生产、销售、提供假药罪，是指违反国家药品管理法律法规，生产、销售、提供假药的行为，以及药品使用单位的人员明知是假药而提供给他人使用的行为。

生产、销售、提供假药罪的构成特征表现在四个方面：侵犯的客体为复杂客体，即国家对药品的管理制度和不特定多数人的身体健康或生命安全；客观方面表现为违反国家药品管理法律法规，生产、销售、提供假药的行为；主体为一般主体，既可由自然人构成，也可以由单位构成；主观方面为故意，不需要具有非法营利的目的。

（三）学说理论探讨

生产、销售、提供假药罪的对象为假药。依据《药品管理法》第 98 条的规定，假药

包括以下几种情形：（1）药品所含成分与国家药品标准规定的成分不符；（2）以非药品冒充药品或者以他种药品冒充此种药品；（3）变质的药品；（4）药品所标明的适应症或者功能主治超出规定范围。

（四）疑难问题解析

生产、销售、提供假药罪中，生产、销售、提供三种行为虽有联系但并不相同。行为人可能只实施了生产行为而未实施销售或提供行为，也可能只实施了销售或提供行为但未实施生产行为。但是，只要行为人实施了生产、销售、提供行为之一，即可构成生产假药罪、销售假药罪或提供假药罪。行为人既生产假药，又销售或提供假药的，构成生产、销售、提供假药罪，不实行数罪并罚。

二、生产、销售、提供假药罪的认定与处罚

（一）难度与热度

难度：☆☆　热度：☆

（二）基本概念分析

生产、销售、提供假药罪的认定，可从两个方面把握：（1）是否属于情节显著轻微，危害不大。如果情节显著轻微危害不大，则可认定为一般行政违法行为。（2）是否具有主观故意。生产、销售、提供假药罪与以危险方法危害公共安全罪之间属于法条竞合关系，应以特别法即生产、销售、提供假药罪论处。

犯生产、销售、提供假药罪，处3年以下有期徒刑或者拘役，并处罚金；对人体健康造成严重危害或者有其他严重情节的，处3年以上10年以下有期徒刑，并处罚金；致人死亡或者有其他特别严重情节的，处10年以上有期徒刑、无期徒刑或者死刑，并处罚金或者没收财产。

（三）学说理论探讨

生产、销售、提供假药罪为行为犯或者抽象危险犯，一般不需要认定行为是否足以严重危害身体健康、生命安全，只要实施了生产、销售、提供假药的行为就可认定犯罪。

（四）疑难问题解析

生产、销售、提供假药行为构成犯罪必须在主观上具有故意。出于过失实施生产、销售、提供假药行为，且未对人体健康造成严重危害的，不构成犯罪。

第四节　生产、销售、提供劣药罪

一、生产、销售、提供劣药罪的概念与构成特征

（一）难度与热度

难度：☆☆　热度：☆

（二）基本概念分析

生产、销售、提供劣药罪，是指违反国家药品管理法律法规，生产、销售、提供劣

药，对人体健康造成严重危害，或药品使用单位的人员明知是劣药而提供给他人使用的行为。

生产、销售、提供劣药罪的构成特征表现为四个方面：犯罪客体为复杂客体，即国家对药品的管理制度和不特定多数人的身体健康、生命安全；客观方面表现为违反国家药品管理法律法规，生产、销售、提供劣药，对人体健康造成严重危害，或者药品使用单位的人员明知是劣药而提供给他人使用的行为；主体为一般主体，既可由自然人构成，也可以由单位构成；主观方面为故意。

（三）学说理论探讨

生产、销售、提供劣药罪的对象为劣药。依据《药品管理法》第 98 条的规定，劣药包括以下几种情形：（1）药品成分的含量不符合国家药品标准；（2）被污染的药品；（3）未标明或者更改有效期的药品；（4）未注明或者更改产品批号的药品；（5）超过有效期的药品；（6）擅自添加防腐剂、辅料的药品；（7）其他不符合药品标准的药品。

（四）疑难问题解析

生产、销售、提供劣药罪中，以生产、销售、提供劣药为目的，合成、精制、提取、储存、加工炮制药品原料，或者在将药品原料、辅料、包装材料制成成品过程中，进行配料、混合、制剂、储存、包装的，应当认定为"生产"；药品使用单位及其工作人员明知是劣药而有偿提供给他人使用的，应当认定为"销售"；无偿提供给他人使用的，应当认定为"提供"。

二、生产、销售、提供劣药罪的认定与处罚

（一）难度与热度

难度：☆　热度：☆

（二）基本概念分析

生产、销售、提供劣药罪的认定，可从两个方面把握：（1）是否造成严重危害人体健康的结果。生产、销售、提供劣药罪为结果犯，以对人体健康造成严重危害为犯罪成立的构成要件。（2）是否具有主观故意。生产、销售、提供劣药罪主观上必须具有故意。

犯生产、销售、提供劣药罪，处 3 年以上 10 年以下有期徒刑，并处罚金；后果特别严重的，处 10 年以上有期徒刑或者无期徒刑，并处罚金或者没收财产。

（三）学说理论探讨

生产、销售、提供劣药罪为结果犯，以对人体健康造成严重危害为犯罪成立的构成要件，否则就不构成生产、销售、提供劣药罪。

（四）疑难问题解析

生产、销售、提供劣药罪与生产、销售、提供假药罪的区别在于：（1）犯罪对象不同。生产、销售、提供劣药罪的犯罪对象为劣药，而生产、销售、提供假药罪的犯罪对象为假药。（2）性质不同。生产、销售、提供劣药罪为结果犯，必须要造成严重危害人体健康的结果才能成立犯罪；生产、销售、提供假药罪为行为犯，只要实施了生产、销售、提供假药行为，且不属于情节显著轻微、危害不大的情形，就可以成立犯罪。

第五节　妨害药品管理罪

一、妨害药品管理罪的概念与构成特征

（一）难度与热度

难度：☆☆　热度：☆☆

（二）基本概念分析

妨害药品管理罪，是指违反国家药品管理法律法规，实施妨害药品管理，足以严重危害人体健康的行为。

妨害药品管理罪的构成特征表现为四个方面：侵犯的客体为复杂客体，即国家对药品的管理制度和不特定多数人的身体健康、生命安全；客观方面表现为违反国家药品管理法律法规，实施妨害药品管理，足以严重危害人体健康的行为；主体为一般主体，既可由自然人构成，也可以由单位构成；主观方面为故意。

（三）学说理论探讨

妨害药品管理罪的客观方面具体包括四种行为方式：（1）生产、销售国务院药品监督管理部门禁止使用的药品；（2）未取得药品相关批准证明文件生产、进口药品或者明知是上述药品而销售；（3）药品申请注册中提供虚假的证明、数据、资料、样品或者采取其他欺骗手段；（4）编造生产、检验记录。

（四）疑难问题解析

国务院药品监督管理部门禁止使用的药品，包括我国《药品管理法》规定的，经评价，疗效不确切、不良反应大或者因其他原因危害人体健康的，以及依法被注销药品注册证书，不得生产或者进口、销售和使用的药品。对上述禁止使用的药品的生产或销售，必须达到足以严重危害人体健康的程度，才构成妨害药品管理罪。

二、妨害药品管理罪的认定与处罚

（一）难度与热度

难度：☆　热度：☆

（二）基本概念分析

妨害药品管理罪的认定，可从九个方面把握"足以严重危害人体健康"：（1）生产、销售国务院药品监督管理部门禁止使用的药品，综合生产、销售的时间、数量、禁止使用原因等情节，认为具有严重危害人体健康的现实危险的；（2）未取得药品相关批准证明文件生产药品或者明知是上述药品而销售，涉案药品属于特定药品的；（3）未取得药品相关批准证明文件生产药品或者明知是上述药品而销售，涉案药品的适应症、功能主治或者成分不明的；（4）未取得药品相关批准证明文件生产药品或者明知是上述药品而销售，涉案药品没有国家药品标准，且无核准的药品质量标准，但检出化学药成分的；（5）未取得药品相关批准证明文件生产药品或者明知是上述药品而销售，涉案药品在境外也未合法上市的；（6）在药物非临床研究或者药物临床试验过程中故意使用虚假试验

用药品，或者瞒报与药物临床试验用药品相关的严重不良事件的；（7）故意损毁原始药物非临床研究数据或者药物临床研究数据，或者编造受试实验动物信息、受试者信息、主要实验过程记录、研究数据、检测数据等药物非临床研究数据或者药物临床试验数据，影响药品的安全性、有效性和质量可控性的；（8）编造生产、检验记录，影响药品的安全性、有效性和质量可控性的；（9）其他足以严重危害人体健康的情形。

犯妨害药品管理罪，处3年以下有期徒刑或者拘役，并处或者单处罚金；对人体健康造成严重危害或者有其他严重情节的，处3年以上7年以下有期徒刑，并处罚金。

（三）学说理论探讨

妨害药品管理罪，与生产、销售、提供假药罪以及生产、销售、提供劣药罪等罪名之间存在竞合关系，行为人的行为同时构成妨害药品管理罪，生产、销售、提供假药罪，生产、销售、提供劣药罪以及其他犯罪的，依照处罚较重的规定定罪处罚。

（四）疑难问题解析

在妨害药品管理罪中，在未取得特定药品相关批准证明文件生产特定药品或者明知是上述药品而销售时成立"足以严重危害人体健康"。关于特定药品的范围，包括：（1）涉案药品以孕产妇、儿童或者危重病人为主要使用对象的；（2）涉案药品属于麻醉药品、精神药品、医疗用毒性药品、放射性药品、生物制品，或者以药品类易制毒化学品冒充其他药品的；（3）涉案药品属于注射剂药品、急救药品的。

第六节　生产、销售有毒、有害食品罪

一、生产、销售有毒、有害食品罪的概念与构成特征

（一）难度与热度

难度：☆☆☆　热度：☆☆

（二）基本概念分析

生产、销售有毒、有害食品罪，是指违反国家食品安全管理法律法规，在生产、销售的食品中掺入有毒、有害的非食品原料，或者销售明知掺有有毒、有害的非食品原料的食品的行为。

生产、销售有毒、有害食品罪的构成特征表现为四个方面：侵犯的客体为复杂客体，即国家对食品安全的管理制度和不特定多数人的身体健康、生命安全；客观方面表现为在生产、销售的食品中掺入有毒、有害的非食品原料，或者销售明知掺有有毒、有害的非食品原料的食品的行为；主体为一般主体，既可由自然人构成，也可以由单位构成；主观方面为故意，非法牟利目的不属于生产、销售有毒、有害食品罪的主观构成要件。

（三）学说理论探讨

生产、销售有毒、有害食品罪的对象为"非食品原料"，"非食品原料"与"食品原料"相对，二者是互相排斥的关系。因此，即使是有毒、有害的"食品原料"，也不能认定为"非食品原料"。如果将食品原料掺入食品中，即使由于某种原因，如被污染、变质，这种

食品原料对人体产生毒性或者造成损害，仍属于"有毒、有害的食品原料"，不会因为有毒或有害就变成"非食品原料"。

（四）疑难问题解析

对非食品原料的"有毒、有害"的认定，应当根据相关司法解释进行判断。以下几种物质可以认定为"有毒有害非食品原料"：（1）因危害人体健康，被法律、法规禁止在食品生产经营中添加、使用的物质；（2）因危害人体健康，被国务院有关部门列入"食品中可能违法添加的非食用物质名单""保健食品中可能非法添加的物质名单"、国务院有关部门公告的禁用农药、"食品动物禁止使用的药品及其他化合物清单"等名单上的物质；（3）其他有毒、有害物质。另外，如果特定物质虽未列入上述名单，但是该物质与上述名单中所列物质具有同等属性，且根据检验报告和专家意见等相关材料能够确定该物质具有同等危害，也可以认定该物质为"有毒、有害非食品原料"。

二、生产、销售有毒、有害食品罪的认定与处罚

（一）难度与热度

难度：☆☆　热度：☆

（二）基本概念分析

生产、销售有毒、有害食品罪与生产、销售不符合安全标准的食品罪存在两个方面的区别：（1）犯罪对象不同。生产、销售有毒、有害食品罪的犯罪对象为掺有有毒、有害非食品原料的食品；生产、销售不符合安全标准的食品罪的犯罪对象则为不符合安全标准的食品。（2）犯罪属性不同。生产、销售有毒、有害食品罪属于抽象危险犯，不需要具体损害或具体危险即可成立；生产、销售不符合安全标准的食品罪则属于具体危险犯，需要达到"足以造成严重食物中毒事故或者其他严重食源性疾病"的具体危险状态才能成立犯罪。生产、销售有毒、有害食品罪与以其他危险方法间接故意危害公共安全罪之间存在法条竞合关系，应当根据特别法优于一般法、重法优于轻法的原则确定罪名。

犯生产、销售有毒、有害食品罪，处5年以下有期徒刑或者拘役，并处罚金；对人体健康造成严重危害或者有其他严重情节的，处5年以上10年以下有期徒刑，并处罚金；致人死亡或者有其他特别严重情节的，处10年以上有期徒刑、无期徒刑或者死刑，并处罚金或者没收财产。

（三）学说理论探讨

生产、销售有毒、有害食品罪的犯罪对象只能是"非食品原料"，但在生产、销售不符合安全标准的食品罪中，犯罪对象则可能包括有毒、有害的食品原料。在不符合安全标准却又不存在有毒、有害原料的情形中，可以构成生产、销售不符合安全标准的食品罪，但不能够构成生产、销售有毒、有害食品罪。

（四）疑难问题解析

在行为同时构成生产、销售有毒、有害食品罪和以其他危险方法间接故意危害公共安全罪的场合，应当根据行为所处的不同的法定刑框架来确定罪名。如果生产、销售有毒、有害食品行为导致他人死亡或具有其他特别严重情节，认定为生产、销售有毒、有害食品罪，适用10年以上有期徒刑、无期徒刑或者死刑，并处罚金或者没收财产的法定刑。因为

生产、销售有毒、有害食品罪的最高法定刑与以其他危险方法间接故意危害公共安全罪相比，还包括了并处罚金或者没收财产，整体上重于以其他危险方法间接故意危害公共安全罪的最高法定刑。

第七节　走私普通货物、物品罪

一、走私普通货物、物品罪的概念与构成特征

（一）难度与热度

难度：☆☆☆　热度：☆☆☆

（二）基本概念分析

走私普通货物、物品罪，是指违反海关法律法规、逃避海关监管，非法运输、携带、邮寄普通货物、物品进出国（边）境，偷逃应缴税额较大的行为。

走私普通货物、物品罪构成特征表现为四个方面：犯罪客体为国家的海关监管制度；客观方面表现为违反海关法律法规、逃避海关监管，非法运输、携带、邮寄普通货物、物品进出国（边）境，偷逃应缴税额较大的行为；主体为一般主体，既可由自然人构成，也可以由单位构成；主观方面为故意，非法牟利目的不属于走私普通货物、物品罪的主观构成要件。

（三）学说理论探讨

走私普通货物、物品罪的行为人逃避海关监管的具体形式包括四种：夹藏走私、瞒关走私、绕关走私、后续走私。其中，"后续走私"又被称为"变相走私"，主要表现为两种方式：（1）未经海关许可并且未补缴应缴税额，擅自将批准进口的来料加工、来件装配、补偿贸易的原材料、零件、制成品、设备等保税货物在境内销售牟利的；（2）未经海关许可并且未补缴应缴税额，擅自将特定减税、免税进口的货物、物品，在境内销售牟利的。

（四）疑难问题解析

走私普通货物、物品罪的成立，需要满足"偷逃应缴税额较大"的条件。"应缴税额"即指进出口货物、物品应当缴纳的进出口关税和进口环节海关代征税的税额。应缴税额应当以走私行为实施时所适用的税则、税率、汇率和海关审定的完税价格计算，并以海关出具的证明为准。多次走私的，以每次走私行为实施时的税则、税率、汇率和完税价格逐票计算。走私行为实施时间无法确定的，以案发时的税则、税率、汇率和完税价格计算。

二、走私普通货物、物品罪的认定与处罚

（一）难度与热度

难度：☆☆　热度：☆

（二）基本概念分析

走私普通货物、物品罪与走私其他特定货物、物品犯罪之间存在法条竞合关系。但是，走私普通货物、物品罪与走私其他特定货物、物品犯罪之间在犯罪对象和犯罪成立

条件两个方面存在明显区别：（1）犯罪对象方面，走私普通货物、物品罪仅限于特定货物、物品之外的普通货物、物品；走私其他特定货物、物品犯罪的犯罪对象则包括武器、弹药、文物、贵金属等法定特殊物品。（2）在犯罪成立条件方面，走私普通货物、物品罪必须满足"偷逃应缴税额较大"条件才能成立；走私其他特定货物、物品犯罪则不需要满足"偷逃应缴税额较大"条件。

行为人实施"间接走私"行为，也可构成走私普通货物、物品罪。"间接走私"行为方式包括：（1）直接向走私人非法收购国家禁止进口物品的，或者直接向走私人非法收购走私进口的其他货物、物品，数额较大的；（2）在内海、领海、界河、界湖运输、收购、贩卖国家禁止进出口物品的，或者运输、收购、贩卖国家限制进出口货物，数额较大且无合法证明的。

犯走私普通货物、物品罪，偷逃应缴税额较大或者1年内曾因走私被给予2次行政处罚后又走私的，处3年以下有期徒刑或者拘役，并处应缴税额1倍以上5倍以下罚金；偷逃应缴税额巨大或者有其他严重情节的，处3年以上10年以下有期徒刑，并处应缴税额1倍以上5倍以下罚金；偷逃应缴税额特别巨大或者有其他特别严重情节的，处10年以上有期徒刑或者无期徒刑，并处应缴税额1倍以上5倍以下罚金或者没收财产。

（三）学说理论探讨

走私普通货物、物品罪在以下三种情形中可以认定为既遂：（1）在海关监管现场被查获的；（2）以虚假申报方式走私，申报行为实施完毕的；（3）以保税货物或者特定减税、免税进口的货物、物品为对象走私，并在境内销售或申请核销行为实施完毕的。

（四）疑难问题解析

在走私普通货物、物品罪中，关于"其他严重情节"和"其他特别严重情节"的认定，除分别要求具有偷逃应缴税额30万元以上不满50万元和偷逃应缴税额150万元以上不满300万元的数额要素外，具有下列情形的可以认定为"其他严重情节"和"其他特别严重情节"：（1）犯罪集团的首要分子；（2）使用特种车辆从事走私活动；（3）为实施走私犯罪，向国家机关工作人员行贿；（4）教唆、利用未成年人、孕妇等特殊人群走私；（5）聚众阻挠缉私。

关于"一年内曾因走私被给予二次行政处罚后又走私"的认定，应当把"一年内"界定为因走私第一次受到行政处罚的生效日与第二次走私行为的实施日之间的时间间隔。"因走私被给予二次行政处罚"中的走私行为可区分为第一次走私与第二次走私；前者不仅包括走私普通货物、物品行为，也包括走私其他特定货物、物品行为；后者则只包括走私普通货物、物品行为。

第八节　非国家工作人员受贿罪

一、非国家工作人员受贿罪的概念与构成特征

（一）难度与热度

难度：☆☆☆　热度：☆☆☆

（二）基本概念分析

非国家工作人员受贿罪，是指公司、企业或者其他单位的工作人员，利用职务上的便利，索取他人财物或者非法收受他人财物，为他人谋取利益，数额较大的行为。

非国家工作人员受贿罪构成特征表现为四个方面：侵犯的客体为公司、企业或者其他单位的正常管理制度；客观方面表现为公司、企业或者其他单位的工作人员，利用职务上的便利，索取他人财物或者非法收受他人财物，为他人谋取利益，数额较大的行为；主体为特殊主体，即公司、企业或者其他单位的工作人员；主观方面为故意，且需具有为他人谋取利益的目的。

（三）学说理论探讨

非国家工作人员包括公司、企业或者其他单位的工作人员。"其他单位"，包括事业单位、社会团体、村民委员会、居民委员会、村民小组等常设性的组织，还包括为组织体育赛事、文艺演出或者其他正当活动而成立的组委会、筹委会、工程承包队等非常设性的组织。

（四）疑难问题解析

非国家工作人员受贿罪的行为方式包括索取他人财物和非法收受他人财物，为他人谋取利益。"为他人谋取利益"，是指行为人索取或收受他人财物，利用职务之便为他人或允诺为他人实现某种利益。此处的利益既包括合法利益，也包括非法利益；既包括物质利益，也包括非物质利益。构成本行为并不需要行为人实际上已经完成或者实现了为他人谋利的行为，只要其有承诺、实行、完成为他人谋利的任一情形即可。

二、非国家工作人员受贿罪的认定与处罚

（一）难度与热度

难度：☆☆　热度：☆

（二）基本概念分析

非国家工作人员受贿罪的成立，需要达到"数额较大"的程度。如果行为人受贿行为未达到数额较大的程度，就不能成立非国家工作人员受贿罪。非国家工作人员受贿罪与"礼尚往来"的主要区别为：（1）礼尚往来通常数额有限，非国家工作人员受贿罪则要求数额较大才成立犯罪；（2）礼尚往来一般互有馈赠，为双向行为，而非国家工作人员受贿罪一般为单方给予，为单向行为；（3）礼尚往来所给予的财物不涉及权钱交易，非国家工作人员受贿罪则涉及权钱交易。

非国家工作人员受贿罪与受贿罪的犯罪主体存在明显差异：前者的主体为公司、企业或者其他单位的工作人员，后者的主体必须是国家工作人员。

犯非国家工作人员受贿罪，数额较大的，处 3 年以下有期徒刑或者拘役，并处罚金；数额巨大或者有其他严重情节的，处 3 年以上 10 年以下有期徒刑，并处罚金；数额特别巨大或有其他特别严重情节的，处 10 年以上有期徒刑或者无期徒刑，并处罚金。

（三）学说理论探讨

非国家工作人员受贿，如果数额未达到较大的程度，不成立非国家工作人员受贿罪，但可以由公司、企业或者其他单位给予纪律处分。

（四）疑难问题解析

在国有公司、企业中从事公务的人员以及国有公司、企业委派到非国有公司、企业从事公务的人员实施受贿行为的，可认定为受贿罪。

第九节　背信损害上市公司利益罪

一、背信损害上市公司利益罪的概念与构成特征

（一）难度与热度

难度：☆☆☆　热度：☆

（二）基本概念分析

背信损害上市公司利益罪，是指上市公司的董事、监事、高级管理人员违背对公司的忠实义务，利用职务便利，操纵上市公司，致使上市公司利益遭受重大损失的行为。

背信损害上市公司利益罪构成特征表现为四个方面：犯罪客体为上市公司的正常管理秩序和合法权益；客观方面表现为违背对公司的忠实义务，利用职务便利，操纵上市公司，致使上市公司利益遭受重大损失的行为；主体为特殊主体，即上市公司的董事、监事、高级管理人员，以及上市公司的控股股东或者实际控制人；主观方面为故意。

（三）学说理论探讨

背信损害上市公司利益罪的成立，以行为人违背对上市公司的忠实义务为前提。所谓对上市公司的忠实义务，主要指公司法明确规定的上市公司的董事、监事、高级管理人员应当遵守法律、行政法规和公司章程，对上市公司负有的忠实义务和勤勉义务。因此，即使存在损害上市公司利益的行为，也必须结合特定行为是否"违背对公司的忠实义务"进行具体分析。如果行为人是基于对市场行情的判断失误，而给上市公司利益造成损害的，就不能认定为背信损害上市公司利益罪。

所谓操纵上市公司、损害上市公司利益的行为，具体包括6种方式：（1）无偿向其他单位或者个人提供资金、商品、服务或者其他资产的；（2）以明显不公平的条件，提供或者接受资金、商品、服务或者其他资产的；（3）向明显不具有清偿能力的单位或者个人提供资金、商品、服务或者其他资产的；（4）向明显不具有清偿能力的单位或者个人提供担保，或者无正当理由为其他单位或者个人提供担保的；（5）无正当理由放弃债权、承担债务的；（6）采用其他方式损害上市公司利益的。

（四）疑难问题解析

背信损害上市公司利益罪的犯罪主体，不仅包括上市公司的董事、监事、高级管理人员，还包括上市公司的控股股东或者实际控制人。但是，对于上市公司的控股股东或者实际控制人而言，其直接实施操纵上市公司、损害上市公司利益的行为，不构成背信损害上市公司利益罪。只有其指使上市公司的董事、监事、高级管理人员实施操纵上市公司、损害上市公司利益的行为时，才能成立背信损害上市公司利益罪。

二、背信损害上市公司利益罪的认定与处罚

（一）难度与热度

难度：☆☆　热度：☆

（二）基本概念分析

背信损害上市公司利益罪的成立，需要将合法经济行为与一般违法行为相区分。一方面，如果行为人在法律法规、公司章程规定的职权范围内实施相关经济行为，即使造成上市公司利益受损，也属于合法经济行为，不成立背信损害上市公司利益罪；另一方面，如果行为人造成上市公司利益受损，但未达到重大损失的程度，就属于一般违法行为，不成立背信损害上市公司利益罪。

背信损害上市公司利益罪与挪用资金罪的主要区别在于：（1）犯罪主体不同。背信损害上市公司利益罪的主体仅限于上市公司的董事、监事、高级管理人员，以及上市公司的控股股东或者实际控制人；挪用资金罪的主体则包括公司、企业或者其他单位的工作人员，范围更大。（2）犯罪客观方面不同。背信损害上市公司利益罪的客观方面为违背对公司的忠实义务，利用职务便利，操纵上市公司，致使上市公司利益遭受重大损失的行为；挪用资金罪的客观方面则表现为利用职务便利，挪用本单位资金归个人使用或者借贷给他人。（3）犯罪主观方面不同。背信损害上市公司利益罪的行为人对于背信行为导致上市公司利益重大损失具有故意，在将本单位资金提供给其他单位或个人的情形中，缺乏希望他人归还资金的意图；挪用资金罪在将本单位资金提供给其他单位或个人的情形中，则具有希望他人归还资金的意图。

犯背信损害上市公司利益罪，处3年以下有期徒刑或者拘役，并处或单处罚金；致使上市公司利益遭受特别重大损失的，处3年以上7年以下有期徒刑，并处罚金。

（三）学说理论探讨

背信损害上市公司利益罪的行为方式包括挪用资金等方式，与挪用资金罪的行为方式具有相似性。但是，背信损害上市公司利益罪客观行为的具体方式更多，挪用资金的行为方式只是背信损害上市公司利益罪客观行为方式的类型之一。

（四）疑难问题解析

上市公司的董事、监事、高级管理人员，以及上市公司的控股股东或者实际控制人，在背信实施可能给上市公司利益造成损害的行为后，如果能够及时实施其他行为予以补救，最终未使上市公司利益实际受损，就不能认定为背信损害上市公司利益罪。

第十节　伪造货币罪

一、伪造货币罪的概念与构成特征

（一）难度与热度

难度：☆☆　热度：☆

（二）基本概念分析

伪造货币罪，是指仿照真货币的图案、形状、色彩等，使用各种方法，非法制造假币，冒充真币，并意图进入流通的行为。

伪造货币罪的构成特征表现为四个方面：侵犯的客体为国家的货币管理制度，特别是货币的公共信用；客观方面表现为仿照真货币的图案、形状、色彩等，使用各种方法，非法制造假币，冒充真币，并意图使其进入流通的行为；主体为一般主体，仅限于年满16周岁、具备刑事责任能力的自然人；主观方面为故意。

（三）学说理论探讨

伪造货币罪的主观方面是否需要具有特定目的，存在争议。有观点认为，伪造货币罪的主观方面应当以将伪造的货币置于流通为目的，也有观点认为，伪造货币罪的主观方面应当以使用伪造的货币为目的。但是，我国刑法并没有明确规定伪造货币罪为目的犯，基于伪造货币行为的严重社会危害性，只要行为人明知自己的行为是在伪造货币，并希望或者积极追求实现，就可以认定符合伪造货币罪的主观要件。

（四）疑难问题解析

对于在我国不可以自由兑换的外国货币，是否可以认定为伪造货币罪的犯罪对象？伪造货币罪的犯罪对象为正在流通的人民币、港币、澳币、新台币以及其他国家或地区的法定货币。其他国家或地区的法定货币，不仅包括可在我国自由兑换的外国货币，也包括目前尚不可以在我国自由兑换的外国货币。当然，构成伪造货币罪犯罪对象的货币必须具有流通性，行为人所伪造的货币必须是正在流通的货币。因此，境外正在流通的货币，即使在我国不能自由兑换，也是伪造货币罪的犯罪对象。

二、伪造货币罪的认定与处罚

（一）难度与热度

难度：☆　热度：☆

（二）基本概念分析

伪造货币罪的成立，需要受到《刑法》第13条"但书"的限制。根据相关司法解释，伪造货币的总面额需要达到2 000元以上或币量在200张（枚）以上的，才构成犯罪。行为人实施了伪造货币行为，但是情节显著轻微危害不大的，不成立伪造货币罪。

犯伪造货币罪，处3年以上10年以下有期徒刑，并处罚金；具备以下情形的，处10年以上有期徒刑或者无期徒刑，并处罚金或者没收财产：（1）伪造货币集团的首要分子；（2）伪造货币数额特别巨大的；（3）有其他特别严重情节的。

（三）学说理论探讨

伪造货币罪与诈骗罪不同：伪造货币行为一般表现为仿照真货币的图案、形状、色彩等制造出与真货币外观相同的假币；诈骗罪中的伪造货币行为则是自行设计制作足以使一般人误认为是真货币的假币，如依据人民币的一般形状、基本特征等自行设计制作出200元或2 000元面额的假币，并以此假币骗取他人财物，就属于诈骗罪的诈骗行为。

（四）疑难问题解析

当行为人伪造货币后又自行出售或运输伪造的货币时，只成立伪造货币罪，并从重处罚。如果行为人出售或运输的假币既有自己伪造的货币，也有他人伪造的货币，即伪造的假币和出售、运输的假币不具有同一性，应当同时成立伪造货币罪与出售、运输货币罪，并数罪并罚。

第十一节　变造货币罪

一、变造货币罪的概念与构成特征

（一）难度与热度

难度：☆　热度：☆

（二）基本概念分析

变造货币罪，是指对真货币采用剪贴、挖补、揭层、涂改、移位、重印等方法加工处理，改变真币形态、价值，数额较大的行为。

变造货币罪的构成特征表现为四个方面：侵犯的客体为国家的货币管理制度，特别是货币的公共信用；客观方面表现为对真货币采用剪贴、挖补、揭层、涂改、移位、重印等方法加工处理，改变真币形态、价值，数额较大的行为；主体为一般主体，仅限于年满 16 周岁的自然人；主观方面为故意。

（三）学说理论探讨

变造货币罪中的变造行为必须针对真货币，即必须以真货币作为基础，并在真货币基础上采用多种方式，实现对真货币形态和价值的改变。

（四）疑难问题解析

变造货币罪中的变造行为，是否必须达到足以乱真的程度？一般而言，如果变造行为导致真货币足以让一般人相信其记载的面额或价值，才属于变造行为。如果行为人实施的变造行为，明显无法让一般人认识到可能是真面额或真价值，就不可能属于变造行为。

二、变造货币罪的认定与处罚

（一）难度与热度

难度：☆　热度：☆

（二）基本概念分析

变造货币罪与伪造货币罪存在的主要区别在于行为方式的不同：伪造货币罪的行为方式主要是仿照正在流通的货币的样式、票面、图案、颜色、质地和防伪标记等，使用描绘、复印、影印、制版印刷和计算机扫描打印等方法，非法制造假币，冒充真币；伪造货币罪的行为本质在于通过非法的伪造行为，实现货币的“从无到有”，凭空制造出新的假币。变造货币罪行为的本质在于“从少到多”，即通过对真货币的改造，增加真货币的票面价值。

犯变造货币罪，处 3 年以下有期徒刑或者拘役，并处或单处 1 万元以上 10 万元以下罚金；数额巨大的，处 3 年以上 10 年以下有期徒刑，并处 2 万元以上 20 万元以下罚金。

（三）学说理论探讨

变造货币罪与伪造货币罪的本质区别在于，前者为"从少到多"，后者为"从无到有"。申言之，前者是以真实的货币为基础，旨在对真实货币进行加工处理，以提高真实货币的价值或票面金额；后者则不存在真实货币的基础，行为人通过伪造行为创造出假币。

（四）疑难问题解析

如果行为人大量收集低面额的硬币，并将其熔化后制成高面额的硬币，成立变造货币罪还是伪造货币罪？应当说，该行为构成伪造货币罪。因为，尽管在整个行为过程中确实存在真货币，但是在行为人将真货币熔化后，货币的同一性就已经丧失，不存在真实的货币，而只存在生产货币的原材料。行为人在此基础上所进行的制造，不能理解为对真货币的改造，只能认定为是"从无到有"的伪造。因此，伪造货币和变造货币的真正区别在于是否在"失去货币同一性"的物体基础上进行。

第十二节　高利转贷罪

一、高利转贷罪的概念与构成特征

（一）难度与热度

难度：☆☆　热度：☆☆☆

（二）基本概念分析

高利转贷罪，是指以转贷牟利为目的，套取金融机构信贷资金高利转贷他人，违法所得数额较大的行为。

高利转贷罪的构成特征表现为四个方面：犯罪客体为金融机构的存贷管理秩序及金融机构信贷资金安全；客观方面表现为套取金融机构信贷资金高利转贷他人，违法所得数额较大的行为；主体为一般主体，仅限于年满 16 周岁的自然人；主观方面为故意，并需要具有转贷牟利的目的。

（三）学说理论探讨

在高利转贷罪的客观方面中，"套取金融机构信贷资金"，是指行为人虚设贷款用途，采取担保贷款或者信用贷款的方式，从银行或者其他金融机构取得信贷资金。"高利转贷他人"，是指行为人在取得信贷资金后，又以高于银行或其他金融机构根据中国人民银行的利率规定确定的同期贷款利率幅度，将取得的信贷资金转贷给他人，从中谋取非法利益。

（四）疑难问题解析

高利转贷罪中的"套取"行为认定，应当以行为人是否虚设贷款用途作为判断依据。如果行为人不按照正常贷款用途使用贷款，就可以推定其贷款理由和贷款条件具有虚假性。

二、高利转贷罪的认定与处罚

（一）难度与热度

难度：☆☆　热度：☆

（二）基本概念分析

高利转贷罪的认定中，要重视其目的的确定。行为人在主观方面表现为直接故意，并且以转贷牟利为目的，行为人必须在转贷牟利目的的支配下实施转贷牟利的行为才能构成犯罪，间接故意或过失均不能成立高利转贷罪。

犯高利转贷罪，处 3 年以下有期徒刑或者拘役，并处违法所得 1 倍以上 5 倍以下罚金；数额巨大的，处 3 年以上 7 年以下有期徒刑，并处违法所得 1 倍以上 5 倍以下罚金。

（三）学说理论探讨

高利转贷罪中的转贷牟利目的，不需要在现实中已经达成。行为人转贷牟利目的产生的时间点，不影响高利转贷罪的成立。即使行为人在套取金融机构信贷资金之后才产生转贷牟利目的，也可以认定为高利转贷罪；行为人的转贷牟利目的产生于套取金融机构信贷资金之前，同样也应当认为构成高利转贷罪。

（四）疑难问题解析

如果行为人是为了帮助他人摆脱经营上的困境，而将从金融机构贷取的信贷资金转贷他人，且没有谋取超额利益的目的，就不应当认定为构成高利转贷罪。

第十三节　骗取贷款、票据承兑、金融票证罪

一、骗取贷款、票据承兑、金融票证罪的概念与构成特征

（一）难度与热度

难度：☆　热度：☆

（二）基本概念分析

骗取贷款、票据承兑、金融票证罪，是指以欺骗手段取得银行或者其他金融机构贷款、票据承兑、信用证、保函等，给银行或者其他金融机构造成重大损失的行为。

骗取贷款、票据承兑、金融票证罪的构成特征表现为四个方面：犯罪客体为金融管理秩序及金融安全；客观方面表现为以欺骗手段取得银行或者其他金融机构贷款、票据承兑、信用证、保函等，给银行或者其他金融机构造成重大损失的行为；主体为一般主体，仅限于年满 16 周岁、具备刑事责任能力的自然人；主观方面为故意。

（三）学说理论探讨

在骗取贷款、票据承兑、金融票证罪的客观方面中，所谓的"欺骗手段"，是指行为人之所以取得银行或者其他金融机构贷款、票据承兑、信用证、保函，乃是因为其采用了虚构事实、隐瞒真相等手段，并基于此手段使银行或者其他金融机构陷入了错误认识。在"欺骗手段"的具体认定中，必须把实质性事项作为判断"欺骗手段"是否存在的重要依据。如编造虚假的资信证明、资金用途、抵押物价值证书等虚假的材料，就属于对实质性事项的编造，并可严重影响银行或者其他金融机构对借款人还款能力的准确判断。

（四）疑难问题解析

骗取贷款、票据承兑、金融票证罪的犯罪对象为银行或者其他金融机构的贷款、票

据承兑、信用证、保函等。其中，"贷款"是指银行或者其他金融机构基于借款人提供的信贷资金。"票据承兑"是指汇票付款人承诺在汇票到期日支付汇票记载金额的票据行为。"信用证"是指开证银行根据申请人的请求或主动向另一方发放的一种书面约定，约定如果受益人满足了该书面约定的各项条款，开证银行就向受益人支付书面约定款项。"保函"是指银行以自身的信用为他人承担责任的担保文件。

二、骗取贷款、票据承兑、金融票证罪的认定与处罚

（一）难度与热度
难度：☆　热度：☆

（二）基本概念分析
骗取贷款、票据承兑、金融票证罪为选择性罪名，其中以骗取贷款方式实施的行为成立骗取贷款罪，与贷款诈骗罪之间的区别主要表现为：

（1）主观目的不同。骗取贷款罪主观上不需要具有非法占有目的；贷款诈骗罪则必须具有主观上的非法占有目的才能成立。

（2）成立犯罪的条件不同。骗取贷款罪需要达到"给银行或者其他金融机构造成重大损失"程度才可以成立；贷款诈骗罪则只要求达到所骗取的贷款"数额较大"。

（3）主体不同。骗取贷款罪的犯罪主体包括自然人和单位，贷款诈骗罪的主体则仅限于自然人。

犯骗取贷款、票据承兑、金融票证罪，处3年以下有期徒刑或者拘役，并处或者单处罚金；给银行或者其他金融机构造成特别重大损失或者有其他特别严重情节的，处3年以上7年以下有期徒刑，并处罚金。

（三）学说理论探讨
骗取贷款、票据承兑、金融票证罪与高利转贷罪在获取贷款的手段方面具有相似性，但是，两者的主观目的不同。骗取贷款罪不需要行为人具有特别的主观目的，高利转贷罪则要求行为人必须具有转贷牟利的特定目的。

（四）疑难问题解析
成立骗取贷款、票据承兑、金融票证罪，必须达到"给银行或者其他金融机构造成重大损失"的程度。根据司法解释的规定，以欺骗手段取得银行或者其他金融机构贷款、票据承兑、信用证、保函等，给银行或者其他金融机构造成直接经济损失在20万元以上的，就可以认定为"给银行或者其他金融机构造成重大损失"。

第十四节　非法吸收公众存款罪

一、非法吸收公众存款罪的概念与构成特征

（一）难度与热度
难度：☆☆☆　热度：☆☆☆

（二）基本概念分析
非法吸收公众存款罪，是指非法吸收公众存款或者变相吸收公众存款，扰乱金融秩

序的行为。

非法吸收公众存款罪的构成特征表现为四个方面：犯罪客体为国家的金融管理秩序；客观方面表现为非法吸收公众存款或者变相吸收公众存款的行为；主体为一般主体，仅限于年满16周岁的自然人；主观方面为故意，且需要具有非法牟利目的。

（三）学说理论探讨

在非法吸收公众存款罪的客观方面中，所谓的"非法吸收公众存款"，是指行为人违反国家法律、法规的规定，在社会上以存款的形式和名义公开吸收公众资金的行为。具体包括：（1）行为人不具有吸收存款的法定主体资格而吸收公众存款的行为；（2）行为人虽然具有吸收存款的法定主体资格，但是其采用的吸收公众存款方式或方法不符合法律规定。

（四）疑难问题解析

所谓"变相吸收公众存款"，是指行为人不是以存款的名义吸收公众资金，而是以其他形式对公众资金进行吸收。因此，即使不具有存款的名义，行为人只要按照特定的利息进行支付和吸收资金，就属于"变相吸收公众存款"。如一些单位未经批准所设立的资金互助组织对公众资金进行吸收，还有一些企业以投资、集资入股等名义吸收公众资金，但并不按照投资和集资的相关规定进行利润和股息分配，而是以一定的利息进行支付。

二、非法吸收公众存款罪的认定与处罚

（一）难度与热度

难度：☆☆　热度：☆

（二）基本概念分析

非法吸收公众存款罪的认定，重点在于确定"非法吸收公众存款或者变相吸收公众存款"。一般而言，具备下列四种情形，除刑法另有规定以外，就可以认定为"非法吸收公众存款或者变相吸收公众存款"：（1）未经有关部门依法许可或者借用合法经营的形式吸收资金；（2）通过网络、媒体、推介会、传单、手机信息等途径向社会公开宣传；（3）承诺在一定期限内以货币、实物、股权等方式还本付息或者给付回报；（4）向社会公众即不特定对象吸收资金。

犯非法吸收公众存款罪，处3年以下有期徒刑或者拘役，并处或者单处罚金；数额巨大或者有其他严重情节的，处3年以上10年以下有期徒刑，并处罚金。数额特别巨大或者有其他特别严重情节的，处10年以上有期徒刑，并处罚金。

（三）学说理论探讨

非法吸收公众存款罪在行为方式上具有非法性，在吸收对象上具有不特定性。所谓非法性，是指行为人吸收公众存款的行为缺乏法律上的依据。因为，任何向公众吸收存款的行为，都必须经过国务院金融监督管理机构的许可才可以实施。所谓不特定性，是指吸收存款所面向的对象为不特定的对象。即是说，行为人开展非法吸收存款面向的是社会上的不特定多数人，而不是特定的人群或对象。

（四）疑难问题解析

在界定"公众"时，要注意区分特定少数人与不特定多数人。在企业内部的入股、集资行为，其对象就属于特定少数人，主要由特定单位内部成员组成，且其形式也不具有存款形式，一般不应当认定为面向"公众"的非法吸收公众存款罪。

第十五节　内幕交易、泄露内幕信息罪

一、内幕交易、泄露内幕信息罪的概念与构成特征

（一）难度与热度
难度：☆☆☆　热度：☆

（二）基本概念分析

内幕交易、泄露内幕信息罪，是指证券、期货交易内幕信息的知情人员或者非法获取证券、期货交易内幕信息的人员，在涉及证券的发行，证券、期货交易或者其他对证券、期货交易价格有重大影响的信息公开前，买入或者卖出该证券，或者从事与该内幕信息有关的期货交易，或者泄露该信息，或者明示、暗示他人从事上述交易活动，情节严重的行为。

内幕交易、泄露内幕信息罪的构成特征表现为四个方面：侵犯的客体为证券、期货市场的管理秩序和其他证券、期货投资者的合法权益；客观方面表现为在涉及证券的发行，证券、期货交易或者其他对证券、期货交易价格有重大影响的信息公开前，买入或者卖出该证券，或者从事与该内幕信息有关的期货交易，或者泄露该信息，或者明示、暗示他人从事上述交易活动，情节严重的行为；主体为特殊主体，仅限于证券、期货交易内幕信息的知情人员或者非法获取证券、期货交易内幕信息的人员；主观方面为直接故意，且需要具有牟利或者减少损失的目的。

（三）学说理论探讨

内幕交易、泄露内幕信息罪的具体行为方式包括：（1）在内幕信息公开前，买入该种证券或者从事与该内幕信息有关的期货交易，以获取非法利益；（2）在内幕信息公开前，卖出该种证券或者从事与该内幕信息有关的期货交易，以减少利益损失；（3）在内幕信息公开前，泄露该信息使他人买入或卖出该种证券或者从事与该内幕信息有关的期货交易，以减少利益损失；（4）明示、暗示他人从事上述交易活动。

（四）疑难问题解析

内幕交易、泄露内幕信息罪的主体分为两类人员：第一类人员为证券、期货交易内幕信息的知情人员；第二类人员为非法获取证券、期货交易内幕信息的人员。其中，证券、期货交易内幕信息的知情人员包括发行人的董事、监事、高级管理人员，拥有公司5％以上股份的股东及其董事、监事、高级管理人员等。非法获取证券、期货交易内幕信息的人员，则指以非法手段获取内幕信息的其他人员。

关于"非法手段"的范围，特别是其是否包括无意、被动听取或者拾得内幕信息资料

等手段，存在不同的观点。应当认为，"非法手段"的范围不能限定为积极且有违法性的手段，而应当理解为"不该获取而获取"的情形。"不该获取而获取"的情形包括：（1）利用窃取、骗取、套取、窃听、利诱、刺探或者私下交易手段获取内幕信息的；（2）内幕信息知情人员的近亲属或者其他与内幕信息知情人员关系密切的人员，在内幕信息敏感期内，从事或者明示、暗示其他人从事，或者泄露内幕信息导致他人从事与该内幕信息有关的证券、期货交易，相关交易行为明显异常，且无正当理由或者正当信息来源的；（3）在内幕信息敏感期内，与内幕知情人员联络、接触，从事或者明示、暗示其他人从事，或者泄露内幕信息导致他人从事与该内幕信息有关的证券、期货交易，相关交易行为明显异常，且无正当理由或者正当信息来源的。

二、内幕交易、泄露内幕信息罪的认定与处罚

（一）难度与热度
难度：☆☆　热度：☆

（二）基本概念分析
内幕信息的界定，应当依据《证券法》和《期货交易管理条例》确定。根据《证券法》的规定，内幕信息，是指证券交易活动中，涉及发行人的经营、财务或者对该发行人证券的市场价格有重大影响的尚未公开的信息。根据《期货交易管理条例》的规定，内幕信息，是指可能对期货交易价格产生重大影响的尚未公开的信息。因此，内幕交易、泄露内幕信息罪中的内幕信息，就是指在证券、期货交易活动中，对证券的市场价格或者对期货交易价格产生重大影响的尚未公开的信息。

泄露内幕信息的行为，是指行为人将处于保密状态的内幕信息公开化，并通过明示、暗示、书面或口头等方式，透露、提供给不应当知悉该信息的人员，使信息受领人据此而进行证券、期货交易。

犯内幕交易、泄露内幕信息罪，情节严重的，处 5 年以下有期徒刑或者拘役，并处或者单处违法所得 1 倍以上 5 倍以下罚金；情节特别严重的，处 5 年以上 10 年以下有期徒刑，并处违法所得 1 倍以上 5 倍以下罚金。

（三）学说理论探讨
内幕交易、泄露内幕信息罪中的内幕信息具有两大特征：（1）秘密性。所谓秘密性，是指某个信息还没有被公开，没有被证券、期货市场上的投资者所获悉。以下几种情形可以认为信息已经公开：在全国性的新闻媒介上公布该信息；通过新闻发布会公布该信息；市场消化了该信息，并基于该信息已作出反应。（2）重要性。所谓重要性，即价格敏感性。在重要性的判断中，可以综合考虑以下因素：信息公开后是否对相关股价造成了影响，信息公开后是否对市场和投资者造成了影响。

（四）疑难问题解析
内幕交易、泄露内幕信息罪中的泄露，既包括公开范围上的泄露，也包括时间范围上的泄露。前者主要是指将内幕信息告知不应或无权知道该信息的人员；后者则指在保密期届满前解密，让可以知悉或有权知悉的人员提前知悉。泄露的内容必须是使受领人得知后可以作为证券、期货交易依据的内幕信息的全部或主要事实。

第十六节　洗钱罪

一、洗钱罪的概念与构成特征

（一）难度与热度

难度：☆☆☆　热度：☆☆☆

（二）基本概念分析

洗钱罪，是指为掩饰、隐瞒毒品犯罪、黑社会性质的组织犯罪、恐怖活动犯罪、走私犯罪、贪污贿赂犯罪、破坏金融管理秩序犯罪、金融诈骗犯罪的所得及其产生的收益的来源和性质，而采取一些手段掩饰、隐瞒其来源和性质的行为。

洗钱罪的构成特征表现为四个方面：侵犯的客体为国家的金融管理秩序；客观方面表现为实施掩饰、隐瞒毒品犯罪、黑社会性质的组织犯罪、恐怖活动犯罪、走私犯罪、贪污贿赂犯罪、破坏金融管理秩序犯罪、金融诈骗犯罪的所得及其产生的收益的来源和性质的行为；主体为一般主体；主观方面为故意。

（三）学说理论探讨

洗钱罪的具体行为方式包括：（1）提供资金账户；（2）将财产转化为现金、金融票据、有价证券；（3）通过转账或其他支付结算方式转移资金；（4）跨境转移资产；（5）以其他方式掩饰、隐瞒犯罪所得及其收益的来源和性质。

"以其他方式掩饰、隐瞒犯罪所得及其收益的来源和性质"，一般包括以下几种情形：（1）通过典当、租赁、买卖、投资等方式，协助转移、转换犯罪所得及其收益的；（2）通过与商场、饭店、娱乐场所等现金密集型场所的经营收入相混合的方式，协助转移、转换犯罪所得及其收益的；（3）通过虚构交易、虚设债权债务、虚假担保、虚报收入等方式，协助将犯罪所得及其收益转化为"合法"财物的；（4）通过买卖彩票、奖券等方式，协助转换犯罪所得及其收益的；（5）通过赌博方式，协助将犯罪所得及其收益转换为赌博收益的；（6）协助将犯罪所得及其收益携带、运输或者邮寄出入境的；（7）通过前述规定之外的方式协助转移、转换犯罪所得及其收益的。

（四）疑难问题解析

关于洗钱罪的主体是否包括上游犯罪的行为人本人，存在一定争议。在《刑法修正案（十一）》出台以前，一般认为，上游犯罪的行为人本人不能作为洗钱罪的犯罪主体。但是，《刑法修正案（十一）》将洗钱罪中的"明知是"修改为"为掩饰、隐瞒"，并将原条文中的"协助"一词全部删除，表明《刑法修正案（十一）》把上游犯罪的行为人本人也纳入了洗钱罪的犯罪主体范围。

二、洗钱罪的认定与处罚

（一）难度与热度

难度：☆☆　热度：☆☆

（二）基本概念分析

洗钱罪的上游犯罪，包括毒品犯罪、黑社会性质的组织犯罪、恐怖活动犯罪、走私犯罪、贪污贿赂犯罪、破坏金融管理秩序犯罪、金融诈骗犯罪七类犯罪。洗钱罪与掩饰、隐瞒犯罪所得、犯罪所得收益罪之间，在侵犯客体、行为对象、行为方式三个方面存在不同。

犯洗钱罪，应当没收实施毒品犯罪、黑社会性质的组织犯罪、恐怖活动犯罪、走私犯罪、贪污贿赂犯罪、破坏金融管理秩序犯罪、金融诈骗犯罪的所得及其产生的收益，处 5 年以下有期徒刑或者拘役，并处或者单处罚金；情节严重的，处 5 年以上 10 年以下有期徒刑，并处罚金。

（三）学说理论探讨

洗钱罪侵犯的客体为金融管理秩序，并不会对司法机关的正常活动或特定个体财产权益造成现实损害。因此，即使洗钱罪与掩饰、隐瞒犯罪所得、犯罪所得收益罪之间具有某些行为手段或行为目的上的相似性，也体现着不同的规范保护目的。

（四）疑难问题解析

在行为方式方面，洗钱罪与掩饰、隐瞒犯罪所得、犯罪所得收益罪并不相同。洗钱罪的行为方式主要包括：提供资金账户，将财产转化为现金、金融票据、有价证券，通过转账或其他支付结算方式转移资金，跨境转移资产，以其他方式掩饰、隐瞒犯罪所得及其收益的来源和性质。掩饰、隐瞒犯罪所得、犯罪所得收益罪的行为方式主要是窝藏、转移、收购、代为销售或者以其他方法掩饰、隐瞒犯罪所得及其收益的来源与性质等五种具体方式。

第十七节　集资诈骗罪

一、集资诈骗罪的概念与构成特征

（一）难度与热度

难度：☆☆　热度：☆☆

（二）基本概念分析

集资诈骗罪，是指以非法占有为目的，使用诈骗的方法非法集资，数额较大的行为。

集资诈骗罪的构成特征表现为四个方面：犯罪客体为复杂客体，包括国家正常的金融管理秩序和公司财产所有权；客观方面表现为使用诈骗的方法非法集资，数额较大的行为；主体为一般主体；主观方面为故意，且需要具有非法占有目的。

（三）学说理论探讨

集资诈骗罪的客观方面具体包括：（1）行为人使用了诈骗方法，即行为人虚构集资用途，以虚假的证明文件、良好的经济效益和高回报率为诱饵，骗取集资款；（2）行为人实施了非法集资行为，即行为人为实现某种经济目的，未经有权机关批准，向社会公众募集资金的行为；（3）行为人非法集资的数额达到数额较大的标准。

（四）疑难问题解析

一般而言，在单位内部或者亲友间针对特定对象的吸收资金行为，不应当认定为非法吸收或者变相吸收公众存款，也不应当认定为集资诈骗罪。但是，以下三种情形即使发生在单位内部或亲友之间，也可以认定为非法吸收或者变相吸收公众存款，存在非法占有目的时，还可以认定为集资诈骗罪：（1）在向亲友或者单位内部人员吸收资金的过程中，明知亲友或者单位内部人员向不特定对象吸收资金而予以放任的；（2）以吸收资金为目的，将社会人员吸收为单位内部人员，并向其吸收资金的；（3）向社会公开宣传，同时向不特定对象、亲友或者单位内部人员吸收资金的。

关于"以非法占有为目的"，可以根据以下几种情形予以认定：（1）集资后不用于生产经营活动或者用于生产经营活动与筹集资金规模明显不成比例，致使集资款不能返还的；（2）肆意挥霍集资款，致使集资款不能返还的；（3）携带集资款逃匿的；（4）将集资款用于违法犯罪活动的；（5）抽逃、转移资金、隐匿财产，逃避返还资金的；（6）隐匿、销毁账目，或者搞假破产、假倒闭，逃避返还资金的；（7）拒不交代资金去向，逃避返还资金的；（8）其他可以认定非法占有目的的情形。

二、集资诈骗罪的认定与处罚

（一）难度与热度
难度：☆　热度：☆

（二）基本概念分析

集资诈骗罪，需要达到数额较大的程度和具有非法占有目的才可以成立。如果集资的数额未达到数额较大的程度，或者在筹措资金时虽然存在虚假但并未将集资款据为己有，就不能认定为集资诈骗罪。

集资诈骗罪区别于集资借贷的民事纠纷。如果行为人为了正常的经济需要临时集资借钱，后因为客观上的原因无力归还或者未能及时归还产生的经济纠纷属于民事纠纷，即使行为人主观上可能存在一定的欺骗成分，也不能够认定为集资诈骗罪。

犯集资诈骗罪，数额较大的，处 3 年以上 7 年以下有期徒刑，并处罚金；数额特别巨大或者有其他严重情节的，处 7 年以上有期徒刑或者无期徒刑，并处罚金或者没收财产。

（三）学说理论探讨

集资诈骗罪与非法吸收公众存款罪在三个方面存在区别：（1）侵犯的客体不同。前者侵犯的客体为复杂客体，即金融管理秩序与公司财产所有权；后者侵犯的客体为单一客体，即金融管理秩序。（2）客观方面不同。前者表现为使用诈骗的方法，进行非法集资数额较大的行为；后者则表现为行为人不具有吸收公众存款的主体资格而非法吸收公众存款，或者虽然具有吸收公众存款的主体资格，但采取非法的方法吸收公众存款的行为。（3）主观方面不同。前者需要具有将集资款非法占为己有的目的；后者则不需要具有非法占有目的。

（四）疑难问题解析

集资诈骗罪在认定中与擅自发行股票、公司、企业债券罪容易存在混淆，因为两者都可能采用发行股票或债券的方式。但是，集资诈骗罪在认定中与擅自发行股票、公司、企业债券罪在三个方面存在明显区别：（1）侵犯的客体不同。前者同时侵犯了金融管理秩序与公司财产所有权；后者则只侵犯了国家对股票、债券的管理制度。（2）客观方面不同。前者在采用发行股票、债券方式集资时，其具体行为方式表现为使用虚构事实、隐瞒真相的诈骗手段加以实施；后者则表现为在未经有关主管部门许可的情况下加以实施。（3）主观方面不同。前者必须具有非法占有集资款的目的；后者则不需要具有非法占有筹集资金的目的。

第十八节　贷款诈骗罪

一、贷款诈骗罪的概念与构成特征

（一）难度与热度
难度：☆☆☆　热度：☆☆

（二）基本概念分析
贷款诈骗罪，是指以非法占有为目的，诈骗银行或者其他金融机构的贷款，数额较大的行为。

贷款诈骗罪的构成特征表现为四个方面：侵犯的客体为金融管理秩序和银行或者其他金融机构的财产权利；客观方面表现为诈骗银行或者其他金融机构的贷款，数额较大的行为；主体为一般主体；主观方面为故意，且需要具有非法占有目的。

（三）学说理论探讨
贷款诈骗罪在客观方面的诈骗方法具体包括：（1）编造引进资金、项目等虚假理由；（2）使用虚假的经济合同；（3）使用虚假的证明文件；（4）使用虚假的产权证明作担保或者超出抵押物价值重复担保；（5）以其他方法诈骗贷款。

（四）疑难问题解析
贷款诈骗罪不仅侵害了国家的金融管理秩序，还侵害了银行或者其他金融机构的财产权利。对于金融管理秩序而言，贷款诈骗行为不仅影响了银行等金融机构贷款业务的正常进行，也破坏了金融秩序的稳定。对于银行等金融机构的财产权利而言，贷款诈骗行为使银行或者其他金融机构的资金处于可能无法收回的危险状态，甚至还可能产生现实的财产损失。

二、贷款诈骗罪的认定与处罚

（一）难度与热度
难度：☆☆　热度：☆

（二）基本概念分析
贷款诈骗罪，需要达到数额较大的程度和具有非法占有目的才可以成立。如果贷款的数额未达到数额较大的程度，或者在贷款中不存在将贷款非法占有的目的，就不能认定为贷款诈骗罪。

犯贷款诈骗罪，数额较大的，处 5 年以下有期徒刑或者拘役，并处 2 万元以上 20 万元以下罚金；数额巨大或者有其他严重情节的，处 5 年以上有期徒刑 10 年以下有期徒刑，并处 5 万元以上 50 万元以下罚金；数额特别巨大或者有其他特别严重情节的，处 10 年以上有期徒刑或者无期徒刑，并处 5 万元以上 50 万元以下罚金或者没收财产。

（三）学说理论探讨

关于单位是否能够成为贷款诈骗罪的犯罪主体，有观点认为实施贷款诈骗行为的单位可以作为合同诈骗罪的犯罪主体。如相关司法解释就指出，对于单位十分明显地以非法占有为目的，利用签订、履行借款合同诈骗银行或者其他金融机构贷款的情形，可以作为单位实施的合同诈骗罪认定。但是，不能直接将上述行为认定为单位实施的贷款诈骗罪。因为，将单位实施的贷款诈骗行为以合同诈骗罪的单位犯罪加以认定，可以理解为是依刑法分则已有规定追究单位犯罪的情形，即对于单位实施的贷款诈骗行为，依据法条竞合的原则，以刑法分则中的合同诈骗罪的单位犯罪认定。

（四）疑难问题解析

对事后才产生非法占有目的的"事后故意不归还贷款行为"的认定，争议较大。对此问题，应当从以下两个方面进行具体分析：（1）合法取得贷款后到期没有归还的情形。如果行为人在事前、事后均无非法占有目的，即使其未按照规定用途使用贷款导致无法准时归还贷款，也不应当认定为贷款诈骗罪。行为人合法取得贷款后，采用抽逃、转移资金、隐匿财产等手段，逃避归还贷款的，可认定为贷款诈骗罪。因为，在此情况下，行为人虽是事后产生的非法占有目的，但其基于此非法占有目的实施了逃避贷款归还的行为，可以推定其之前的贷款取得行为属于欺骗行为。（2）不具备贷款条件而采取了欺骗手段获取贷款后到期未能归还的情形。在此情形中，应当以行为人是否具有非法占有目的作为判断标准。如果确有证据证明行为人不具有非法占有目的，即使行为人使用诈骗手段获取贷款后到期不能归还也不应当认定为贷款诈骗罪。行为人事后产生非法占有目的，且不能到期归还贷款的，就可以认定为贷款诈骗罪。

第十九节　信用卡诈骗罪

一、信用卡诈骗罪的概念与构成特征

（一）难度与热度

难度：☆☆　热度：☆☆☆

（二）基本概念分析

信用卡诈骗罪，是指以非法占有为目的，利用虚假的信用卡或者其他与信用卡有关的方法，进行诈骗活动，数额较大的行为。

信用卡诈骗罪的构成特征表现为四个方面：侵犯的客体为复杂客体，即国家对信用卡的管理制度和他人的财产所有权；客观方面表现为利用虚假的信用卡或者其他与信用卡有关的方法，进行诈骗活动，数额较大的行为；主体为一般主体；主观方面为故意，且需要具有非法占有资金的目的。

（三）学说理论探讨

贷款诈骗罪的客观方面具体包括：（1）行为人利用信用卡实施了诈骗行为，包括使用伪造的信用卡、使用以虚假的身份证明骗领的信用卡、使用作废的信用卡、冒用他人的信用卡、恶意透支五种具体方式。（2）诈骗数额较大。数额较大包括两种情形：使用伪造的信用卡、使用以虚假的身份证明骗领的信用卡、使用作废的信用卡、冒用他人的信用卡，数额在 5 000 元以上不满 5 万元的；恶意透支，数额在 5 万元以上不满 50 万元的。

（四）疑难问题解析

信用卡诈骗罪的行为对象为信用卡，刑法中的"信用卡"不同于日常语言中的信用卡，是指由商业银行或者其他金融机构发行的具有消费支付、信用贷款、转账结算、存取现金等全部功能或部分功能的电子支付卡；既包括贷记卡，也包括借记卡。

信用卡诈骗罪中的"使用伪造的信用卡"，必须是明知是他人伪造的信用卡而自己使用的情形；如果行为人自己伪造信用卡而使用，就属于刑法上的牵连犯，按照"从一重处断"或"从一重重处断"原则进行认定。

信用卡诈骗罪中的"恶意透支"，是指行为人以非法占有为目的，超过规定限额或者规定期限透支，经发卡银行两次催收后超过 3 个月仍不归还的情形。恶意透支与善意透支的区别为：恶意透支是以非法占有为目的，缺乏归还透支资金的意愿；善意透支则是先用后还，并在法定期限内还本付息。

二、信用卡诈骗罪的认定与处罚

（一）难度与热度

难度：☆　热度：☆☆

（二）基本概念分析

信用卡诈骗罪的认定中，要区分盗窃罪与信用卡诈骗罪的相似行为方式。如盗窃信用卡并加以使用的情形，就应当认定为盗窃罪。如果盗窃他人信用卡，但还未使用的情形，可以认定为盗窃罪未遂。

在实践中出现的"以卡养卡"行为，是指行为人将数张信用卡的还款日期错开，日常消费使用其中一张信用卡，在该卡的还款期限之前，再使用还款日期相对较晚的另一张信用卡透支提现，以此偿还第一张信用卡的透支款项，以此类推，数张信用卡轮换透支偿还。如果行为人最终能全额偿还透支款项，就不应当认定为信用卡诈骗罪。如果行为人明知自己没有还款能力仍然使用"拆东墙补西墙"的方式"以卡养卡"，最终导致无法在规定期限内归还信用卡的透支款项，并经发卡银行两次催收后超过 3 个月仍未归还，就可能成立信用卡诈骗罪。

犯信用卡诈骗罪，数额较大的，处 5 年以下有期徒刑或者拘役，并处 2 万元以上 20 万元以下罚金；数额巨大或者有其他严重情节的，处 5 年以上有期徒刑 10 年以下有期徒刑，并处 5 万元以上 50 万元以下罚金；数额特别巨大或者有其他特别严重情节的，处

10 年以上有期徒刑或者无期徒刑，并处 5 万元以上 50 万元以下罚金或者没收财产。

（三）学说理论探讨

盗窃信用卡并使用中的"使用"还应当包括"出售行为"。因为，出售行为一般也具有诈骗性质，且出售者将盗窃所得的信用卡卖给他人，主观上也属于让买入者使用这张卡，与"使用"的通常含义不存在实质区别。因此，把出售行为界定为盗窃信用卡并使用中的使用行为，并将其认定为盗窃罪，符合刑法立法原意。

（四）疑难问题解析

盗窃信用卡并使用的，按照盗窃罪定罪处罚，是基于刑法中的法律拟制规定，即法律将本该构成信用卡诈骗罪的情形拟制为盗窃罪。关于盗窃信用卡并使用的数额确定，在记名的场合，盗窃记名的有价支付凭证（包括信用卡），已经兑现的，按照兑现部分的财物价值计算盗窃数额；没有兑现的，但失主无法通过挂失、补领、补办手续等方式避免损失的，按照给失主造成的实际损失计算盗窃数额。

第二十节　保险诈骗罪

一、保险诈骗罪的概念与构成特征

（一）难度与热度
难度：☆☆　热度：☆☆

（二）基本概念分析

保险诈骗罪，是指行为人以非法占有为目的，利用虚假的保险事实进行诈骗活动，骗取保险金，数额较大的行为。

保险诈骗罪的构成特征表现为四个方面：侵犯的客体为复杂客体，即保险管理制度和保险人的财产权；客观方面表现为利用虚假的保险事实进行诈骗活动，骗取保险金，数额较大的行为；主体为特殊主体，包括投保人、被保险人或者受益人；主观方面为故意，且需要具有非法占有的目的。

（三）学说理论探讨

贷款诈骗罪的客观方面具体包括五种行为方式：（1）投保人故意虚构保险标的，骗取保险金；（2）投保人、被保险人或者受益人对保险事故编造虚假的原因或者夸大损失的程度，骗取保险金；（3）投保人、被保险人或者受益人编造未曾发生的保险事故，骗取保险金；（4）投保人、被保险人故意造成财产损失的保险事故，骗取保险金；（5）投保人、受益人故意造成被保险人死亡、伤残或者疾病，骗取保险金。

（四）疑难问题解析

保险诈骗罪的犯罪主体为特殊主体，包括投保人、被保险人、受益人。其中，投保人是指对保险标的具有保险利益，向保险人申请订立保险合同，并负有交纳保险费义务的人。被保险人，是指在保险合同中表明的保险对象。受益人，则指投保人或者被保险人在保险合同中明确指定或者依照法律有权取得保险金的人。投保人、被保险人、受益人既可以是同一人，也可以是不同的人。

二、保险诈骗罪的认定与处罚

（一）难度与热度
难度：☆　热度：☆

（二）基本概念分析

在保险诈骗罪的罪数认定中，如果行为人基于骗取保险金的意图，在行为方式或结果上又触犯了刑法规定的其他罪名，一般不应当认定为牵连犯而择一重罪定罪处罚，而应当数罪并罚。因为，在以故意杀人手段等实施保险诈骗行为的情形中，行为人的保险诈骗行为与杀人等手段行为虽然具有一定的联系，但并不符合刑法理论中牵连犯的构成要件。行为人的保险诈骗行为与故意杀人行为在构成要件中缺乏相互包容的关系，故意杀人行为根本无法被保险诈骗罪中的"虚构事实、隐瞒真相"客观要件所包含，因此不能成立牵连犯。

犯保险诈骗罪，数额较大的，处 5 年以下有期徒刑或者拘役，并处 1 万元以上 10 万元以下罚金；数额巨大或者有其他严重情节的，处 5 年以上有期徒刑 10 年以下有期徒刑，并处 2 万元以上 20 万元以下罚金；数额特别巨大或者有其他特别严重情节的，处 10 年以上有期徒刑或者无期徒刑，并处 2 万元以上 20 万元以下罚金或者没收财产。

（三）学说理论探讨

在行为人不知情的情况下，存在保险事故的鉴定人、证明人、财产评估人故意提供虚假文件，为行为人的保险诈骗行为提供便利条件的情形。在此情形中，尽管保险事故的鉴定人、证明人、财产评估人与行为人之间缺乏犯意上的积极联络，但是，根据《刑法》第 198 条第 4 款的规定，保险事故的鉴定人、证明人、财产评估人故意提供虚假的证明文件，为行为人的诈骗行为提供便利条件的，以保险诈骗罪的共犯论处。

（四）疑难问题解析

保险诈骗罪可以由自然人实施，也可由单位实施。如果单位构成保险诈骗罪，对单位判处罚金后就不应当对主管人员或直接责任人员再判处罚金。对于单位犯罪中的直接负责的主管人员和其他直接责任人员，处 5 年以下有期徒刑或者拘役；数额巨大或者有其他严重情节的，处 5 年以上 10 年以下有期徒刑；数额特别巨大的或者有其他特别严重情节的，处 10 年以上有期徒刑。

第二十一节　逃税罪

一、逃税罪的概念与构成特征

（一）难度与热度
难度：☆☆　热度：☆☆☆

（二）基本概念分析
逃税罪，是指纳税人或者扣缴义务人违反税收法律法规，逃税数额较大且达到应纳税额一定比例的行为。

逃税罪的构成特征表现为四个方面：侵犯的客体为税收征收管理秩序；客观方面表现为纳税人采取欺骗、隐瞒手段进行虚假纳税申报或者不申报，逃避缴纳税款数额较大且占应纳税额 10% 以上，或者扣缴义务人采取欺骗、隐瞒手段，不缴或者少缴已扣、已收税款，数额较大的行为；主体为特殊主体，包括纳税人和扣缴义务人；主观方面为故意，且需要具有非法占有应缴税款的目的。

（三）学说理论探讨

逃税罪客观方面的数额较大的认定，应当区分纳税人与扣缴义务人。对于纳税人而言，数额较大是指逃避缴纳税款数额 10 万元以上且占应纳税额 10% 以上；对于扣缴义务人而言，数额较大仅要求逃避缴纳税款数额 10 万元以上，不需要再符合占应纳税额 10% 以上的条件。

（四）疑难问题解析

关于逃税罪的行为方式是作为还是不作为，存在一定争议。有观点认为，逃税罪的行为方式属于不作为，具体表现为一种不履行纳税义务的行为。另有观点则认为，逃税罪的客观方面表现为作为，因为从行为的手段来看，逃税必须通过"逃"的行为方式实现，就应当认为属于作为方式。比较上述两种观点，应当认为逃税罪的行为方式仅限于不作为方式。因为，判断某一犯罪的客观行为方式属于作为还是不作为，应当以行为人是否具有特定的义务作为依据。在逃税罪中，纳税人和扣缴义务人具有缴纳税款的义务却违背了该义务，属于不作为的行为方式。

二、逃税罪的认定与处罚

（一）难度与热度

难度：☆　热度：☆☆

（二）基本概念分析

在逃税罪的具体认定中，关键在于两个方面的判断：（1）逃税数额是否达到较大的程度并具备相应的法定情节；（2）行为人是否具有非法占有应缴税款的目的。

犯逃税罪，数额较大且占应纳税额 10% 以上的，处 3 年以下有期徒刑或者拘役，并处罚金；数额巨大并且占应纳税额 30% 以上的，处 3 年以上 7 年以下有期徒刑，并处罚金。

（三）学说理论探讨

在逃税数额达到较大程度且占应纳税额 10% 以上时，并不会都成立逃税罪。因为，即使符合上述情形，也还需要具有相应的法定情节才能成立逃税罪。相应的法定情节即在税务机关下达追缴通知后，仍不补缴应纳税额，也不缴纳滞纳金，且不接受行政处罚的情节。如果在税务机关下达追缴通知后，行为人能够补缴应纳税额和滞纳金，并积极接受行政处罚，即使其逃税数额达到较大程度且占应纳税额 10% 以上，也不成立逃税罪。

（四）疑难问题解析

逃税罪与走私罪之间存在容易混淆之处，但也存在明显区别。首先，逃税罪与走私罪侵犯的客体不同。前者只侵犯了国家的税收征管制度；后者则同时侵犯了国家的税收征管制度和海关监管制度。其次，逃税罪与走私罪的客观方面不同。前者主要表现为纳税人采取欺骗、隐瞒手段进行虚假纳税申报或者不申报，逃避缴纳税款数额较大且占应纳税额 10％以上，或者扣缴义务人采取欺骗、隐瞒手段，不缴或者少缴已扣、已收税款，数额较大的行为；后者则主要表现为逃避海关监管，偷逃应缴税款的行为。

第二十二节　假冒注册商标罪

一、假冒注册商标罪的概念与构成特征

（一）难度与热度
难度：☆　热度：☆

（二）基本概念分析
假冒注册商标罪，是指行为人违反国家商标管理法律法规，未经注册商标所有人许可，在同一种商品、服务上使用与其注册商标相同的商标，情节严重的行为。

假冒注册商标罪的构成特征表现为四个方面：侵犯的客体为复杂客体，包括国家的商标管理制度和权利人的商标权；客观方面表现为未经注册商标所有人许可，在同一种商品、服务上使用与其注册商标相同的商标，情节严重的行为；主体为一般主体，包括自然人和单位；主观方面为故意，一般都具有牟利目的。

（三）学说理论探讨
假冒注册商标罪所侵犯的必须是他人已经注册的商标。因为，我国采用的是注册商标保护制，如果他人没有将商标进行注册，就不存在假冒注册商标的问题。同时，如果行为人不在同一商品或服务上使用他人已经注册的商标，也不成立假冒注册商标罪。

（四）疑难问题解析
假冒注册商标罪除了侵害国家的商标管理制度，还侵害了权利人的商标权。因为，商标权是一种无形财产权，具有财产性利益。假冒注册商标的行为对权利人基于商标权所拥有的财产性利益具有侵犯性。

二、假冒注册商标罪的认定与处罚

（一）难度与热度
难度：☆　热度：☆

（二）基本概念分析
在假冒注册商标罪的具体认定中，要区分假冒注册商标罪与生产、销售伪劣商品罪。因为，在实践中，不少行为人不仅生产、销售伪劣商品，还在伪劣商品上使用他人注册商标。如果行为人生产、销售质量合格的商品，同时使用他人注册商标，应当只成立假冒注册商标罪；如果行为人生产、销售伪劣商品，却并未使用他人注册商标，应当只成立生产、销售伪劣商品罪。如果行为人既生产、销售伪劣商品，又非法使用他人注册商

标，应当成立牵连犯，并按照牵连犯的处理原则择一重罪处断。

犯假冒注册商标罪，情节严重的，处 3 年以下有期徒刑，并处或单处罚金；情节特别严重的，处 3 年以上 10 年以下有期徒刑，并处罚金。

（三）学说理论探讨

假冒注册商标罪的认定中，具有下列情形之一的，就可以认定为"与其注册商标相同的商标"：（1）改变注册商标的字体、字母大小写或者文字横竖排列，与注册商标之间基本无差别；（2）改变注册商标的文字、字母、数字之间的间距，与注册商标之间基本无差别；（3）改变注册商标颜色，不影响体现注册商标显著特征；（4）在注册商标上仅增加商品通用名称、型号等缺乏显著特征要素，不影响体现注册商标显著特征；（5）与立体注册商标的三维标志及平面要素基本无差别；（6）其他与注册商标基本无差别、足以对公众产生误导的商标。

（四）疑难问题解析

在假冒注册商标罪的客观方面，"同一种商品、服务"，是指名称相同的商品、服务以及名称不同但指同一事物的商品、服务。具体而言，"名称"是指国家知识产权局商标局在商标注册工作中对商品、服务使用的名称。"名称不同但指同一事物的商品、服务"，是指在功能、用途、主要原料、消费对象、销售渠道等方面相同或基本相同，相关公众一般认为是同一事物的商品、服务。

第二十三节　侵犯著作权罪

一、侵犯著作权罪的概念与构成特征

（一）难度与热度

难度：☆　热度：☆

（二）基本概念分析

侵犯著作权罪，是指行为人以营利为目的，违反国家著作权管理法律法规，侵犯他人著作权或者与著作权相关的权利，违法所得数额较大或者有其他严重情节的行为。

侵犯著作权罪的构成特征表现为四个方面：侵犯的客体为复杂客体，包括国家对著作权及与著作权相关的权利的管理制度，还包括著作权人的著作权或者与著作权相关的权利；客观方面表现为侵犯他人著作权或者与著作权有关的权利，违法所得数额较大或者有其他严重情节的行为；主体为一般主体，包括自然人和单位；主观方面为故意，并且需要具有营利目的。

（三）学说理论探讨

侵犯著作权罪在客观方面具体包括六种行为方式：（1）未经著作权人许可，复制发行、通过信息网络向公众传播其文字作品、音乐、美术、视听作品、计算机软件及法律、行政法规规定的其他作品；（2）出版他人享有专有出版权的图书；（3）未经录音录像制作者许可，复制发行、通过信息网络向公众传播其制作的录音录像；（4）未经表演者许可，复制发行录有其表演的录音录像制品，或者通过信息网络向公众传播其表演；（5）制作、出售假冒他人署名的美术作品；（6）未经著作权人或者与著作权有关的权利人许可，故意避开或者破坏权利人为其作品、录音录像制品等采取的保护著作权或与著作权有关的权利的技术措施。

（四）疑难问题解析

侵犯著作权罪侵犯的客体为复杂客体，不仅侵犯了国家对著作权及与著作权相关的权利的管理制度，也侵犯了著作权或者与著作权相关的权利。所谓著作权或者与著作权相关的权利，是指作者依法对文学、艺术、科学作品所享有的专有权利，包括作品的发表权、署名权、修改权、保护作品的完整权以及使用权和获得报酬权等。

二、侵犯著作权罪的认定与处罚

（一）难度与热度

难度：☆　热度：☆

（二）基本概念分析

侵犯著作权罪中的"复制发行"，包括复制或发行两种择一的行为方式，也可以包括同时复制和发行两种行为方式。在司法实践中大量出现的出租、展销侵权复制品以及互联网中的"私服"等行为，都可以认定为"复制发行"。

"未经著作权人许可"，应当根据著作权人或者其授权的代理人、著作权集体管理组织、国家著作权行政管理部门指定的著作权认证机构出具的涉案作品版权认证文书，或者证明出版者、复制发行者伪造、涂改授权许可文件或者超出授权许可范围的证据，结合其他证据，综合予以认定。

"以营利为目的"，具体可分为以下几种情形：（1）以在他人作品中刊登收费广告、捆绑第三人作品等方式直接或间接收取费用的；（2）通过信息网络传播他人作品，或者利用他人上传的侵权作品，在网站或者网页上提供刊登收费广告服务，直接或间接收取费用的；（3）以会员制方式通过信息网络传播他人作品，收取会员注册费或者其他费用的；（4）其他利用他人作品牟利的情形。

犯侵犯著作权罪，违法所得数额较大或者有其他严重情节的，处3年以下有期徒刑，并处或单处罚金；违法所得数额巨大或者有其他特别严重情节的，处3年以上10年以下有期徒刑，并处罚金。

（三）学说理论探讨

侵犯著作权罪的客观方面包含了"销售侵权复制品"的行为方式，与销售侵权复制品罪中的行为方式之间存在交叉关系。但是，侵犯著作权罪与销售侵权复制品罪之间存在明显区别：侵犯著作权罪的销售行为所针对的是行为人自行复制、出版、制作的侵权复制品；销售侵权复制品罪的销售行为所针对的则是他人所复制、出版、制作的侵权复制品。另外，侵犯著作权罪在客观方面除包括销售行为之外，还包括擅自复制、出版、制作等行为；销售侵权复制品罪的客观方面仅包括销售行为。

（四）疑难问题解析

在涉案作品、录音制品种类众多且权利人分散的情形中，如果有证据证明涉案复制品系非法出版、复制发行，且出版者、复制发行者不能提供获得著作权人、录音制作者许可的相关证据材料，可以推定行为人"未经著作权人许可""未经录音制作者许可"。但是，如果有证据证明权利人放弃权利、涉案作品和录音制品的相关权利不受我国著作权法保护、权利保护期限已经届满，不能认定为"未经著作权人许可""未经录音制作者许可"。

第二十四节　侵犯商业秘密罪

一、侵犯商业秘密罪的概念与构成特征

（一）难度与热度
难度：☆☆　热度：☆☆

（二）基本概念分析
侵犯商业秘密罪，是指行为人违反商业秘密保护法律法规，采取不正当手段，侵犯他人的商业秘密，情节严重的行为。

侵犯商业秘密罪的构成特征表现为四个方面：侵犯的客体为复杂客体，包括国家对商业秘密的保护制度，还包括商业秘密的专用权；客观方面表现为违反商业秘密保护法律法规，采取不正当手段，侵犯他人的商业秘密，情节严重的行为；主体为一般主体，包括自然人和单位；主观方面为故意。

（三）学说理论探讨
侵犯商业秘密罪在客观方面包括四种具体行为方式：（1）以盗窃、贿赂、欺诈、胁迫、电子侵入或者其他不正当手段获取权利人的商业秘密；（2）披露、使用或者允许他人使用以前项手段获取的权利人的商业秘密；（3）违反保密义务或者违反权利人有关保守商业秘密的要求，披露、使用或者允许他人使用其所掌握的商业秘密；（4）明知前述所列行为，获取、披露、使用或者允许他人使用该商业秘密。

（四）疑难问题解析
"商业秘密"，是指不为公众所知悉、具有商业价值并经权利人采取相应保密措施的技术信息、经营信息等商业信息。"商业秘密"的认定，可根据其所具有的非知性、商业价值性和保密性三个特征进行。所谓"非知性"，是指技术信息或者经营信息并未进入公共领域，社会公众或一般行内人员无法根据行业常识或公共知识获取特定的技术信息和经营信息；所谓"商业价值性"，是指特定技术信息或经营信息所具有的现实商业价值或潜在的商业价值；所谓"保密性"，是指特定技术信息或经营信息的权利人已经积极实施了保护内容明确的保护措施。

二、侵犯商业秘密罪的认定与处罚

（一）难度与热度
难度：☆　热度：☆

（二）基本概念分析
侵犯商业秘密罪与内幕交易罪的区别在于：（1）犯罪主体不同。侵犯商业秘密罪的主

体为一般主体；内幕交易罪的主体为特殊主体，即证券、期货交易内幕信息的知情人员或者非法获取证券、期货交易内幕信息的人员。（2）犯罪对象不同。侵犯商业秘密罪的对象是商业秘密；内幕交易罪的对象是内幕信息。

侵犯商业秘密罪与非法获取国家秘密罪的区别在于：（1）犯罪对象不同。侵犯商业秘密罪的对象是商业秘密，非法获取国家秘密罪的对象是国家秘密。（2）犯罪主体不同。侵犯商业秘密罪的主体是一般主体，非法获取国家秘密罪的主体是国家工作人员。

犯侵犯商业秘密罪，情节严重的，处 3 年以下有期徒刑，并处或单处罚金；情节特别严重的，处 3 年以上 10 年以下有期徒刑，并处罚金。

（三）学说理论探讨

侵犯商业秘密罪中的商业秘密可能同时具有内幕信息的特点。如果行为人非法获取同为商业秘密和内幕信息的信息，利用此种信息进行内幕交易或者明示、暗示他人进行内幕交易，应当认定为内幕交易罪。如果行为人是为了在市场竞争中获得优势而非法获取此类信息，就应当认定为侵犯商业秘密罪。

（四）疑难问题解析

侵犯商业秘密罪中，某些特定的商业秘密事关国家利益，同时属于国家秘密。如果行为人实施了非法获取这类特定的秘密的行为，即使其是为了获取竞争优势等经济目标，也应当按照从一重罪处断的原则，认定为非法获取国家秘密罪。

第二十五节　合同诈骗罪

一、合同诈骗罪的概念与构成特征

（一）难度与热度

难度：☆☆☆　热度：☆☆

（二）基本概念分析

合同诈骗罪，是指行为人以非法占有为目的，在签订、履行合同过程中，骗取对方当事人财物，数额较大的行为。

合同诈骗罪的构成特征表现为四个方面：侵犯的客体为复杂客体，包括国家对经济合同的管理秩序，还包括公私财产所有权；客观方面表现为在签订、履行合同过程中，以虚构事实或者隐瞒真相的方法，骗取对方当事人财物，数额较大的行为；主体为一般主体，包括自然人和单位；主观方面为故意，且必须具有非法占有目的。

（三）学说理论探讨

合同诈骗罪在客观方面表现为五种行为方式：（1）以虚构的单位或者冒用他人的名义签订合同；（2）以伪造、变造、作废的票据或者其他虚假的产权证明作担保；（3）没有实际履行能力，以先履行小额合同或者部分履行合同的方法，诱骗对方当事人继续签订和履行合同；（4）收受对方当事人给付的货物、货款、预付款或者担保财产后逃匿；（5）以其他方法骗取对方当事人财物。

（四）疑难问题解析

合同诈骗罪客观方面的"以其他方法骗取对方当事人财物"中的"其他方法"，是指在签订、履行经济合同过程中，以经济合同为手段、采用上述四种特定行为方式之外、以骗取合同约定的由对方当事人交付的货物、预付款、货款、定金以及其他担保财物为目的的一切手段。

二、合同诈骗罪的认定与处罚

（一）难度与热度

难度：☆☆　热度：☆☆

（二）基本概念分析

合同诈骗罪罪与非罪的认定中，有必要区分合同诈骗罪与民法中的合同欺诈。合同欺诈是指签订经济合同的一方当事人，用虚构事实、隐瞒真相的方法，引诱对方当事人在不明真相、违背其真实意思表示的情况下，签订合同的行为。合同诈骗罪与合同欺诈的区别在于：

1. 主观方面不同

合同诈骗罪要求行为人主观上具有非法占有的目的；合同欺诈的主观目的则一般是通过瑕疵履行减少成本或增加利润，并不是非法占有目的。

2. 客观行为方式不同

合同诈骗罪的行为人一般采用虚构事实、隐瞒真相的方法占有他人财物；合同欺诈的行为人一般会履行合同，只不过在履行方式上存在一定的瑕疵。

犯合同诈骗罪，数额较大的，处 3 年以下有期徒刑或者拘役，并处或单处罚金；数额巨大或者有其他严重情节的，处 3 年以上 10 年以下有期徒刑，并处罚金；数额特别巨大或者有其他特别严重情节的，处 10 年以上有期徒刑或者无期徒刑，并处罚金或者没收财产。

（三）学说理论探讨

合同诈骗罪与金融诈骗犯罪存在一定的相似性，但也存在明显的区别：（1）侵犯的主要客体不同。合同诈骗罪侵犯的主要客体是国家对经济合同的管理秩序；金融诈骗犯罪侵犯的主要客体则是金融管理秩序。（2）犯罪发生的领域不同。合同诈骗罪主要发生于市场主体经济活动领域；金融诈骗犯罪则发生于金融领域。

（四）疑难问题解析

合同欺诈与合同诈骗都在客观上表现为一种合同欺诈行为方式，两者都表现为通过签订合同的方式获取非法利益，且签订的合同都属于无效合同。但是，合同欺诈往往缺乏非法占有目的，不存在对他人货物或货款的直接侵吞意图。

第二十六节　组织、领导传销活动罪

一、组织、领导传销活动罪的概念与构成特征

（一）难度与热度

难度：☆☆☆　热度：☆☆☆

（二）基本概念分析

组织、领导传销活动罪，是指行为人组织、领导以推销商品、提供服务等经营活动为名，要求参加者以缴纳费用或者购买商品、服务等方式获得加入资格，并按照一定顺序组成层级，直接或间接以发展人员的数量作为计酬或者返利依据，引诱、胁迫参加者继续发展他人参加，骗取财物，扰乱经济社会秩序的传销活动的行为。

组织、领导传销活动罪的构成特征表现为四个方面：侵犯的客体为复杂客体，包括市场经济秩序，还包括公民财产所有权；客观方面表现为组织、领导传销活动；主体为一般主体，包括自然人和单位；主观方面为故意，且必须具有非法牟利目的。

（三）学说理论探讨

组织、领导传销活动罪中的"传销活动"主要表现为三种形式：（1）"拉人头"，以发展下线的数量为依据计提报酬的传销行为；（2）"入门费"，直接收取或者以认购商品等方式间接收取加入费的传销行为；（3）"团队计酬"，以发展的线下的推销业绩为依据计提报酬的传销行为。

（四）疑难问题解析

组织、领导传销活动罪中的行为人主要包括传销行为的组织策划者，多次介绍、诱骗、胁迫他人加入传销组织的积极参与者。对于传销活动或传销行为的一般参加者，不作为组织、领导传销活动罪认定。

二、组织、领导传销活动罪的认定与处罚

（一）难度与热度

难度：☆☆　热度：☆☆

（二）基本概念分析

组织、领导传销活动罪中"组织者、领导者"主要包括：（1）在传销活动中发起、策划、操纵作用的人员；（2）在传销活动中承担管理、协调等职责的人员；（3）在传销活动中承担宣传、培训等职责的人员；（4）曾因组织、领导传销活动受过刑事处罚，或者1年以内因组织、领导传销活动受过行政处罚，又直接或者间接发展参与传销活动人员在15人以上且层级在3级以上的人员；（5）其他对传销活动的实施、传销组织的建立、扩大等起关键作用的人员。

犯组织、领导传销活动罪，处5年以下有期徒刑或者拘役，并处罚金；情节严重的，处5年以上有期徒刑，并处罚金。

（三）学说理论探讨

组织、领导传销活动罪可以由自然人实施，也可以由单位实施。如果传销活动中的部分参与者以单位名义实施，且违法所得归于单位，就可以把该单位作为组织、领导传销活动罪的犯罪主体。

（四）疑难问题解析

组织、领导传销活动罪中的"骗取财物"，是指传销活动的组织者、领导者采取编造、歪曲国家政策，虚构、夸大经营、投资、服务项目及盈利前景，掩饰计酬、返利真实来源或者其他欺诈手段，实施《刑法》第224条之一规定的行为。至于其他参与传销

活动的人员自己是否认为被骗，不影响"骗取财物"的认定。

第二十七节 非法经营罪

一、非法经营罪的概念与构成特征

（一）难度与热度

难度：☆☆☆ 热度：☆☆☆

（二）基本概念分析

非法经营罪，是指行为人违反国家规定，非法进行经营活动，扰乱市场秩序，情节严重的行为。

非法经营罪的构成特征表现为四个方面：侵犯的客体为国家对市场的管理秩序；客观方面表现为违反国家规定，非法进行经营活动，扰乱市场秩序，情节严重的行为；主体为一般主体，包括自然人和单位；主观方面为故意，且必须具有非法牟利目的。

（三）学说理论探讨

非法经营罪中的"非法经营"主要表现为四种行为形式：（1）未经许可经营法律、行政法规规定的专营、专卖物品或者其他限制买卖的物品；（2）买卖进出口许可证、进出口原产地证明以及其他法律、行政法规规定的经营许可证或者批准文件；（3）未经国家有关主管部门批准非法经营证券、期货、保险业务，或者非法从事资金支付结算业务；（4）其他严重扰乱市场秩序的非法经营行为。

（四）疑难问题解析

所谓"专营、专卖物品"，是指国家法律、行政法规规定的只允许特定部门或者单位经营的物品，如烟草、黄金及其他贵重金属、民用枪支、民用爆炸物、有毒药物等。所谓"进出口许可证"，是指进出口配额的批件，允许进出口货物、物品的凭证。所谓"进出口原产地证明"，是指用来证明进出口货物、物品的原产地的有效凭证，它是进口国和地区根据原产地的不同，征收差别关税和实行其他进口差别待遇的证明。所谓"其他法律、行政法规规定的经营许可证或者批准文件"，是指法律、行政法规规定从事某些生产经营活动必须具备的经营许可证或者批准文件，如森林采伐、矿产开采、野生动物狩猎等许可证。

二、非法经营罪的认定与处罚

（一）难度与热度

难度：☆☆☆ 热度：☆☆

（二）基本概念分析

非法经营罪中"其他严重扰乱市场秩序的非法经营行为"属于兜底条款，2011 年发布的最高人民法院《关于准确理解和适用刑法中"国家规定"的有关问题的通知》第 3 条载明："各级人民法院审理非法经营犯罪案件，要依法严格把握刑法第二百二十五条第（四）的适用范围。对被告人的行为是否属于刑法第二百二十五条第（四）规定的'其他严重扰乱市场秩序的非法经营行为'，有关司法解释未作明确规定的，应当作为法律适用问题，逐级向最高人民法院请示。"因此，"其他严重扰乱市场秩序的非法经营行为"的认定，在形式上必须向最高人民法院请示，在实质上必须与其他明确规定的行为方式具有同质性。

犯非法经营罪，情节严重的，处5年以下有期徒刑或者拘役，并处或者单处违法所得1倍以上5倍以下罚金；情节特别严重的，处5年以上有期徒刑，并处违法所得1倍以上5倍以下罚金或者没收财产。

（三）学说理论探讨

非法经营罪与擅自设立金融机构罪的主要区别在于：（1）评价的侧重点不同。非法经营罪侧重于评价非法经营行为；擅自设立金融机构罪侧重于评价设立金融机构的行为。（2）犯罪对象不同。非法经营罪的犯罪对象为经营活动；擅自设立金融机构罪的犯罪对象则为金融机构。

（四）疑难问题解析

非法经营罪中"其他严重扰乱市场秩序的非法经营行为"的适用，必须坚持同质性判断。所谓同质性要求，即行为不仅侵犯了与相应罪名相同的犯罪客体，且在行为手段上与相应罪名的明示性行为具有相同的特征。因此，在适用非法经营罪中的"其他严重扰乱市场秩序的非法经营行为"时，只有相关行为侵犯了国家对市场的管理秩序，而且该行为在方式上与非法经营罪的其他明示性行为具有相同的特征，亦即未经批准非法进行经营活动时，才能将此行为作为"其他严重扰乱市场秩序的非法经营行为"认定。

第三部分　拓展延伸阅读、案例研习与同步训练

第一节　拓展延伸阅读

1. 高铭暄，郭玮. 平台经济犯罪的刑法解释研究. 法学杂志，2023（1）.
2. 刘宪权. 操纵证券期货市场犯罪的本质与认定. 国家检察官学院学报，2018（4）.
3. 刘宪权. 我国金融犯罪刑事立法的逻辑与规律. 政治与法律，2017（4）.
4. 刘宪权. 伪造信用卡犯罪中的伪造行为内涵与对象研究. 政治与法律，2016（4）.
5. 刘宪权. 金融犯罪刑法学原理. 上海：上海人民出版社，2023.
6. 刘宪权. 涉信用卡犯罪研究. 上海：上海人民出版社，2020.
7. 陈兴良. 非法经营罪范围的扩张及其限制. 法学家，2021（2）.
8. 陈兴良. 金融犯罪若干疑难问题的案例解读. 江西警察学院学报，2017（6）.
9. 陈兴良. 高利放贷的法律规制. 华东政法大学学报，2021（6）.
10. 陈兴良. 民事欺诈与刑事欺诈的界分. 法治现代化，2019（5）.
11. 张明楷. 传销犯罪的基本问题. 政治与法律，2009（9）.
12. 张明楷. 论信用卡诈骗罪中的持卡人. 政治与法律，2018（1）.
13. 张明楷. 骗取贷款罪的构造. 清华法学，2019（5）.
14. 刘艳红. 民刑共治：中国式现代犯罪治理新模式. 中国法学，2022（6）.

15. 刘艳红. 生产、销售有毒、有害食品案件法律适用解析. 中国法学, 2024 (4).
16. 姜涛. 经济刑法的保护法益及其实现路径. 江西社会科学, 2023 (3).
17. 何荣功. 经济自由与经济刑法正当性的体系思考. 法学评论, 2014 (6).
18. 何荣功. 经济自由与刑法理性: 经济刑法的范围界定. 法律科学, 2014 (3).
19. 高巍. 欺诈发行股票、债券罪的危险犯性质与解释路径. 政治与法律, 2018 (4).
20. 高巍. 经济刑法要论. 北京: 中国社会科学出版社, 2007.

第二节　本章案例研习

案例 1: 张某甲等人生产、销售伪劣产品案

（一）基本案情

张某甲系沈阳某肉业有限公司实际经营者，王某乙系该公司生产厂长。2017 年 8 月左右，蒋某甲经陈某介绍认识王乙，后经王乙介绍认识张甲。蒋甲称可通过给屠宰厂内待宰生猪打药、注水后达到增加生猪出肉率的目的。张甲为谋取非法利益，同意雇佣蒋甲等人给其屠宰厂的待宰生猪打药、注水，并约定每注水一头生猪支付给蒋甲 8 元报酬。2017 年 8 月至 2018 年 5 月，蒋甲先后雇佣蒋丁、高某某、朱某某、代甲、蒋乙、蒋丙、于某某、潘某某、张乙、蒋戊、汪某某、代丙等人来到沈阳某肉业有限公司，分工协作，通过先给待宰生猪注射兽用肾上腺素和阿托品，后再进行注水的方式，共计给 55 000 余头待宰生猪打药、注水。经鉴定，沈阳某肉业有限公司共计生产、销售打药、注水猪肉及猪产品总金额 82 503 000 元。

（二）法院判决

辽宁省锦州市中级人民法院于 2020 年 10 月 9 日作出（2019）辽 07 刑初 44 号刑事判决：被告人张甲犯生产、销售伪劣产品罪，判处有期徒刑 15 年，并处罚金人民币 4 200 万元。

（三）案例解析

在司法实践中，部分不法分子为了牟取非法利益，在生猪屠宰前给生猪注水。为了增强效果，在注水的同时还给生猪注射肾上腺素和阿托品等允许使用的兽药，躲避药物残留检测，导致对此类违法犯罪行为的取证难、鉴定难、定性难，一定程度上影响了惩治效果。最高人民法院、最高人民检察院《关于办理危害食品安全刑事案件适用法律若干问题的解释》第 17 条第 2 款对屠宰相关环节打药、注水的不同情况作出了明确规定：对于给生猪等畜禽注入禁用药物的，以生产、销售有毒、有害食品罪定罪处罚；对于注入肾上腺素和阿托品等非禁用药物的，足以造成严重食物中毒事故或者其他严重食源性疾病的，以生产、销售不符合安全标准的食品罪定罪处罚；虽不足以造成严重食物中毒事故或者其他严重食源性疾病，但销售金额在 5 万元以上的，以生产、销售伪劣产品罪定罪处罚。

案例 2: 朱某华妨害药品管理案

（一）基本案情

2021 年 12 月，被告人朱某华与上线商家"小丸子"（身份不明）商定，由"小丸子"

通过快递将各类韩国品牌 A 型肉毒素产品发货至朱某华的租房囤放，"小丸子"与国内买家谈好价格并收款后，再由朱某华通过快递发货给买家，"小丸子"每月支付朱某华工资 5 000 元。此外，朱某华还向"小丸子"购买各类韩国品牌 A 型肉毒素产品，自行销售牟利。2022 年 3 月 8 日，浙江省诸暨市市场监督管理局进行执法检查，在朱某华租房内查获各类韩国品牌 A 型肉毒素产品 3 000 余盒（瓶）。朱某华通过协助"小丸子"销售或个人销售获利共计 10 万元。经韩国大检察厅国际合作专员办公室申请韩国食品药品安全处调查后确定，朱某华销售的 A 型肉毒素产品在韩国未合法上市。案发后，朱某华退缴违法所得 10 万元。

（二）法院判决

浙江省诸暨市人民法院于 2022 年 12 月 8 日以（2022）浙 0681 刑初 1076 号刑事判决，认定被告人朱某华犯妨害药品管理罪，判处有期徒刑 1 年，并处罚金人民币 10 万元。宣判后，在法定期限内当事人没有上诉，检察机关抗诉。

（三）案例解析

根据最高人民法院、最高人民检察院《关于办理危害药品安全刑事案件适用法律若干问题的解释》（法释〔2021〕1 号）第 7 条第 5 项的规定，未取得药品相关批准证明文件进口药品或者明知是上述药品而销售，涉案药品在境外也未合法上市的，应当认定为《刑法》第 142 条之一妨害药品管理罪规定的"足以严重危害人体健康"。被告人朱某华违反药品管理法规，未取得药品相关批准证明文件进口药品并销售上述药品，且涉案药品在境外也未合法上市，其行为已构成妨害药品管理罪。朱某华部分犯罪系共同犯罪，在共同犯罪中系从犯，且退缴个人全部违法所得，认罪认罚，可予以从轻处罚。

案例 3：邓某均、符某宣生产、销售有毒、有害食品案

（一）基本案情

2015 年 5 月 1 日始，被告人邓某均、符某宣在温州市瓯海区郭溪街道梅屿村××号共同经营一家"老四川火锅店"，并于同年 6 月 24 日依法登记为温州市瓯海区郭溪符某宣火锅店，符某宣为该店的负责人。邓某均、符某宣在经营该火锅店的过程中，为节约成本，将顾客吃剩的火锅汤料回收后过滤到水桶内，再放在锅里进行熬制，将回收的废弃油再供顾客食用，进行循环销售从中牟利。2016 年 11 月 30 日 20 时许，该火锅店被执法人员查获，现场缴获已回收尚未熬制的火锅汤料油水 9.865 公斤。

（二）法院判决

浙江省温州市瓯海区人民法院于 2017 年 6 月 19 日作出（2017）浙 0304 刑初 108 号刑事判决：被告人邓某均犯生产、销售有毒、有害食品罪，判处有期徒刑 9 个月，并处罚金人民币 1 万元。被告人符某宣犯生产、销售有毒、有害食品罪，判处有期徒刑 7 个月，并处罚金人民币 1 万元。一审宣判后，无上诉、抗诉。

（三）案例解析

根据最高人民法院、最高人民检察院《关于办理危害食品安全刑事案件适用法律若干问题的解释》（2021 年）第 9 条的规定，国务院有关部门公布的"食品中可能违法添加的非食用物质名单"上的物质应当认定为"有毒、有害的非食品原料"，使用有毒、有

害的非食品原料加工食品的，依照《刑法》第144条的规定以生产、销售有毒、有害食品罪定罪处罚。"口水油"作为废弃食用油脂，属于国家卫生主管机关明令禁止使用的非食用物质，属于刑法概念中的有毒、有害的非食品原料，使用"口水油"这一非食品原料加工食品并用于出售，构成生产、销售有毒、有害食品罪。鉴于生产、销售有毒、有害食品罪属于行为犯，只要实施该行为，无论有无造成危害后果，均构成犯罪。

案例4：顾某内幕交易案

（一）基本案情

北京市某国际资讯有限公司法定代表人为郭某（另案处理）。北京某科技有限公司的股东为郭某、刘某。北京某科技有限公司运营某网站及相关资产的日常业务，北京市某国际资讯有限公司实际拥有北京某科技有限公司的控制权。2015年12月28日或29日，郭某与上海某公司董事长朱某在江西省南昌市就朱某所在公司收购北京某科技有限公司控股的某网站优质资产进行了商议并达成初步意向，后双方对收购事项开展了多次磋商。2016年2月25日，上海某公司发布重大事项停牌公告；同年4月27日，上海某公司发布公告，拟通过发行股份及支付现金方式购买北京市某国际资讯有限公司控股的北京某科技有限公司100%股权。郭某作为上述内幕信息的知情人员，于2015年年底或2016年1月初，将"上海某公司拟收购北京市某国际资讯有限公司优质资产"等内幕信息泄露给被告人顾某。2016年1月至2月期间，顾某通过潘某证券账户合计买入上海某公司股票18.203万股，成交金额人民币766.70万余元（以下币种均为人民币），股票卖出后共获利126.65万元。

（二）法院判决

上海市第二中级人民法院于2018年9月3日以（2018）沪02刑初28号刑事判决，认定被告人顾某犯内幕交易罪，判处有期徒刑5年，并处罚金人民币130万元；违法所得予以追缴。宣判后，被告人顾某不服，提起上诉。上海市高级人民法院于2019年7月24日作出（2018）沪刑终86号刑事裁定：驳回上诉，维持原判。

（三）案例解析

顾某属于非法获取证券交易内幕信息的人员。根据《刑法》第180条第1款的规定，内幕交易、泄露内幕信息罪的犯罪主体包括证券、期货交易内幕信息的知情人员和非法获取证券、期货交易内幕信息的人员。根据最高人民法院、最高人民检察院《关于办理内幕交易、泄露内幕信息刑事案件具体应用法律若干问题的解释》（以下简称《内幕交易刑事解释》）第2条的规定，非法获取证券、期货交易内幕信息的人员包括三类人员，即非法手段型获取内幕信息的人员、特定身份型获取内幕信息的人员和积极联系型获取内幕信息的人员。

首先，顾某与涉案内幕信息知情人员郭某相识多年，在借贷业务上有合作，关系较好，顾某属于与郭某关系密切的人员。郭某作为内幕信息知情人员，向顾某泄露了该内幕信息；顾某作为与郭某关系密切的人员，从郭某处获取了不应该获取的内幕信息，根据《内幕交易刑事解释》第2条第2项的规定，无论是主动获取还是被动获取内幕信息，其都属于特定身份型获取内幕信息的人员。其次，顾某实施了内幕交易行为，其行为构成内幕交易罪，且情节特别严重。顾某作为非法获取证券交易内幕信息的人员，从他人处非法获取证券交易内幕信息后，在涉及证券的发行或其他对证券交易价格有重大影响的信息公开前，合计买入上海某公司股票共计 766.70 万余元，抛售后获利 126.65 万余元，相关交易行为明显异常，且无正当理由或者正当信息来源。根据《内幕交易刑事解释》第 7 条的规定，证券交易成交额在 50 万元以上，或者获利数额在 15 万元以上的，属于"情节严重"；证券交易成交额在 250 万元以上，或者获利数额在 75 万元以上的，属于"情节特别严重"。结合本案，无论是证券交易成交额还是获利数额，均已达到情节特别严重标准，故顾某的行为构成内幕交易罪，且情节特别严重。

案例 5：宋某亮变造货币案

（一）基本案情

2010 年至 2016 年 12 月份期间，被告人宋某亮在其位于阜南县柴东村的家中，利用刀片、剪刀、透明胶布等工具，对中国人民银行发行的第五版面额百元的人民币通过剪切、拼凑、粘贴的方式进行变造。宋某亮每次分别从 4 张完整的面额百元的人民币上，各剪切出不同的部位 1/8 左右的人民币残币。用剪切的 4 块 1/8 残币拼接成半张残币，再从 1 张完整的面额百元人民币上，剪切出带有冠字号的 1/2 人民币残币，与之前用 4 张 1/8 残币拼凑出的 1/2 拼凑成一张变造币。宋某亮将被剪掉 1/8 的剩余 7/8 的残币到银行兑换一张完整的面额百元的人民币，用 1/2 的不带冠字号的残币到银行兑换 50 元的人民币。将拼凑好的变造币混杂在真币内，通过银行柜台存款后再取出的方式换出完整的人民币。通过此种方式达到每变造出一张货币可以获利 50 元的目的。

2016 年 12 月 19 日至 2017 年 1 月 10 日期间，宋某亮在阜南县、临泉县部分银行网点使用变造币 42 张。2017 年 1 月 10 日，宋某亮在临泉县农村商业银行张集支行办理业务时被抓获。经中国人民银行阜阳市中心支行临泉县支行鉴定，临泉县公安局送检的 329 张拼凑型货币为拼凑型假人民币（其中 120 张为拼凑完整的假币，209 张为未拼凑完整的假币），另有为变造货币剪切的人民币主要防伪图像特征的残币 775 块。

（二）法院判决

安徽省临泉县人民法院 2017 年 7 月 21 日作出判决，认定被告人宋某亮犯变造货币罪，判处有期徒刑 1 年，并处罚金 1 万元。

（三）案例解析

被告人宋某亮使用剪切、粘贴等方式，对中国人民银行发行的人民币进行加工，使其改变为形态不同的变造的货币，数额较大，其行为构成变造货币罪。

案例 6：宿某、邓某等组织、领导传销活动案

（一）基本案情

2019 年，被告人宿某成立公司，搭建某 App 平台并制定规则，以推销平台内书画、提供书画代卖服务等经营活动为名，设立普通会员、经销商、金牌经销商、合伙人和业绩股东五个级别。经他人推荐可在某 App 平台注册成为普通会员；在平台购买书画即可成为经销商，获得推荐他人的资格，并享受出售字画的 1% 利润；经销商直接推荐 5 名会

员成为金牌经销商，并享受其直接推荐会员业绩1‰的提成；金牌经销商的团队下线3层内满20名经销商，升级为合伙人，享受其下线3层内的会员业绩的1‰的提成；合伙人直接推荐3人成为合伙人，且其团队内满80名经销商，升级为业绩股东，享受其下线3层内的会员业绩的1‰的提成，并获得公司奖励的汽车1辆。会员购买字画后可在次日规定时间内将书画在平台上出售，出售价格比购买价格上浮2%，会员需先向平台支付购买价格1%的委托代卖费，平台于次日上架出售，购买者将款项转至售画会员账户后交易完成。此过程全部为平台虚拟交易，并不实际交易书画，购画会员可在次日继续以上浮2%的价格在平台上出售已购书画，当价格超过5 000元时，平台将书画拆分为3～5幅总价相同的小额书画，并将超过5 000元的书画邮寄给购画会员。被告人宿某作为公司及平台的发起人、实际控制人，全面管理该公司及平台，通过线下推介会及互联网推广宣传该平台，引诱他人参加，共发展会员27 072人，层级20层；被告人徐某作为公司财务负责人，负责管理该公司及平台的财务及日常经营，收取委托代卖费，发放会员推荐奖励及佣金；被告人张某作为公司的法定代表人、股东及平台业绩股东，被告人邓某作为公司股东及平台业绩股东，被告人张某梅、王某、杨某作为平台业绩股东，分别通过推介会及抖音、快手等互联网平台推广宣传该平台，引诱、发展他人参加。

（二）法院判决

山东省滨州市滨城区人民法院于2022年7月7日作出（2021）鲁1602刑初342号刑事判决：被告人宿某犯组织、领导传销活动罪，判处有期徒刑7年6个月，并处罚金人民币50万元；被告人徐某犯组织、领导传销活动罪，判处有期徒刑6年6个月，并处罚金人民币40万元；被告人张某犯组织、领导传销活动罪，判处有期徒刑5年，并处罚金人民币25万元；被告人张某梅犯组织、领导传销活动罪，判处有期徒刑4年，并处罚金人民币20万元；被告人邓某犯组织、领导传销活动罪，判处有期徒刑3年，并处罚金人民币15万元；被告人王某犯组织、领导传销活动罪，判处有期徒刑3年，缓刑3年，并处罚金人民币15万元；被告人杨某犯组织、领导传销活动罪，判处有期徒刑2年，缓刑2年，并处罚金人民币10万元。依法追缴各被告人违法所得。宣判后，被告人邓某提起上诉。山东省滨州市中级人民法院于2022年9月29日作出（2022）鲁16刑终203号刑事裁定：驳回上诉，维持原判。

（三）案例解析

宿某、徐某、张某等采用发展下线、会员制、佣金制等方式建立的组织，属于典型的传销组织。宿某、徐某、张某组织、领导整个传销组织开展传销活动，在共同犯罪中起主要作用，系主犯；被告人邓某、张某梅、王某、杨某仅在各自的分工内组织、领导传销活动，在共同犯罪中起次要作用，系从犯，依法减轻处罚。张某、徐某所起作用较宿某稍小，被告人杨某、王某、邓某所起作用较张某梅稍小，量刑时酌情予以考虑。综合各被告人在组织、领导传销活动中的地位、作用、发展人员数量等基本事实以及各量刑情节，对各被告人予以区别量刑。其中，邓某在公司享有6%股份，实际获取股份分红15万元，且所处层级为第二层，积极发展人员，发展下线11层1 406人，从平台非法提现192 464.23元；邓某作为获取分红的公司股东，积极发展下线人员，根据其在公司的地位、层级、发展人员数量等，依法认定其为从犯。

第三节 本章同步训练

一、选择题

（一）单选题

1. 下列哪一说法是正确的？（ ）

A. 甲违反海关法规，将大量黄金运输进境，不予申报，逃避关税。甲的行为成立走私贵重金属罪

B. 乙生产、销售劣药，没有对人体健康造成严重危害，但销售金额超过了 5 万元。乙的行为成立生产、销售伪劣产品罪

C. 丙在自己的 35 名同学中高息揽储，吸收存款 100 万元，然后以更高的利息贷给他人。丙向其同学还本付息后，违法所得达到数额较大标准。丙的行为成立非法经营罪与高利转贷罪的想象竞合犯

D. 承担资产评估职责的丁，非法收受他人财物后，故意提供虚假证明文件。丁的行为构成公司、企业人员受贿罪与提供虚假证明文件罪，应实行数罪并罚

2. 张某窃得同事一张银行借记卡及身份证，向丈夫何某谎称路上所拾。张某与何某根据身份证号码试出了借记卡密码，持卡消费 5 000 元。关于本案，下列哪一说法是正确的？（ ）

A. 张某与何某均构成盗窃罪

B. 张某与何某均构成信用卡诈骗罪

C. 张某构成盗窃罪，何某构成信用卡诈骗罪

D. 张某构成信用卡诈骗罪，何某不构成犯罪

3. 关于走私犯罪，下列哪一选项是正确的？（ ）

A. 甲误将淫秽光盘当作普通光盘走私入境。虽不构成走私淫秽物品罪，但如按照普通光盘计算，其偷逃应缴税额较大时，应认定为走私普通货物、物品罪

B. 乙走私大量弹头、弹壳。由于弹头、弹壳不等于弹药，故乙不成立走私弹药罪

C. 丙走私枪支入境后非法出卖。此情形属于吸收犯，按重罪吸收轻罪的原则论处

D. 丁走私武器时以暴力抗拒缉私。此情形属于牵连犯，从一重罪论处

4. 关于货币犯罪，下列哪一选项是正确的？（ ）

A. 以货币碎片为材料，加入其他纸张，制作成假币的，属于变造货币

B. 将金属货币熔化后，制作成较薄的、更多的金属货币的，属于变造货币

C. 将伪造的货币赠与他人的，属于使用假币

D. 运输假币并使用假币的，按运输假币罪从重处罚

5. 甲将自己的汽车藏匿，以汽车被盗为由向保险公司索赔。保险公司认为该案存有疑点，随即报警。在掌握充分证据后，侦查机关安排保险公司向甲"理赔"。甲到保险公司二楼财务室领取 20 万元赔偿金后，刚走到一楼即被守候的多名侦查人员抓获。关于甲的行为，下列哪一选项是正确的？（ ）

A. 保险诈骗罪未遂　　　　　　　B. 保险诈骗罪既遂

C. 保险诈骗罪预备　　　　　　　D. 合同诈骗罪

6. 关于洗钱罪的认定，下列哪一选项是错误的？（　　）

A. 《刑法》第 191 条虽未明确规定侵犯财产罪是洗钱罪的上游犯罪，但是，黑社会性质组织实施的侵犯财产罪，依然是洗钱罪的上游犯罪

B. 将上游的毒品犯罪所得误认为是贪污犯罪所得而实施洗钱行为的，不影响洗钱罪的成立

C. 上游犯罪事实上可以确认，因上游犯罪人死亡依法不能追究刑事责任的，不影响洗钱罪的认定

D. 单位贷款诈骗应以合同诈骗罪论处，合同诈骗罪不是洗钱罪的上游犯罪。为单位贷款诈骗所实施洗钱行为的，不成立洗钱罪

7. 下列选项，应当认定为信用卡诈骗罪的是（　　）。

A. 窃取信用卡信息在网上购物消费

B. 使用虚假身份证明骗领信用卡

C. 透支信用卡后因故无力偿还

D. 捡拾手机后利用微信转出所绑定的银行卡内资金

（二）多选题

1. 关于生产、销售伪劣商品罪，下列哪些选项是不正确的（不考虑数额和情节）？（　　）

A. 甲未经批准进口大批药品销售给医院。虽该药品质量合格，甲的行为仍构成销售假药罪

B. 甲大量使用禁用农药种植大豆。甲的行为属于"在生产的食品中掺入有毒、有害的非食品原料"，构成生产有毒、有害食品罪

C. 甲将纯净水掺入到工业酒精中，冒充白酒销售。甲的行为不属于"在生产、销售的食品中掺入有毒、有害的非食品原料"，不成立生产、销售有毒、有害食品罪

D. 甲利用"地沟油"大量生产"食用油"后销售。因不能查明"地沟油"的具体毒害成分，对甲的行为不能以生产、销售有毒、有害食品罪论处

2. 下列哪些选项成立走私普通货物、物品罪？（　　）

A. 明知是走私进口的汽车而直接收购的

B. 未经依法批准，也未补缴关税，将境外为灾区捐赠的物资在境内销售牟利的

C. 误将珍贵文物当作贵重金属而走私出境的

D. 走私管制刀具与仿真枪的

3. 关于货币犯罪的认定，下列哪些选项是正确的？（　　）

A. 以使用为目的，大量印制停止流通的第三版人民币的，不成立伪造货币罪

B. 伪造正在流通但在我国尚无法兑换的境外货币的，成立伪造货币罪

C. 将白纸冒充假币卖给他人的，构成诈骗罪，不成立出售假币罪

D. 将一半真币与一半假币拼接，制造大量半真半假面额 100 元纸币的，成立变造货币罪

4. 甲急需 20 万元从事养殖，向农村信用社贷款时被信用社主任乙告知，一个身份证只能贷款 5 万元，再借几个身份证可多贷。甲用自己的名义贷款 5 万元，另借用 4 个身份证贷款 20 万元，但由于经营不善，不能归还本息。关于本案，下列哪些选项是错误的？（　　）

A. 甲构成贷款诈骗罪，乙不构成犯罪

B. 甲构成骗取贷款罪，乙不构成犯罪

C. 甲构成骗取贷款罪，乙构成违法发放贷款罪

D. 甲不构成骗取贷款罪，乙构成违法发放贷款罪

5. 关于洗钱罪的认定，下列哪些选项是正确的？（　　）

A.《刑法》第 191 条虽未明文规定侵犯财产罪是洗钱罪的上游犯罪，但是，黑社会性质组织实施的侵犯财产罪，依然是洗钱罪的上游犯罪

B. 将上游的毒品犯罪所得误认为是贪污犯罪所得而实施洗钱行为的，不影响洗钱罪的成立

C. 上游犯罪事实上可以确认，因上游犯罪人死亡依法不能追究刑事责任的，不影响洗钱罪的认定

D. 单位贷款诈骗应以合同诈骗罪论处，合同诈骗罪不是洗钱罪的上游犯罪。为单位贷款诈骗所得实施洗钱行为的，不成立洗钱罪

6. 关于涉税犯罪，下列说法正确的是？（　　）

A. 甲应缴税款 200 万元，采用欺骗方法只缴纳 190 万元，构成逃税罪

B. 甲公司总经理乙号召单位员工暴力抗税，甲公司成立抗税罪

C. 甲在抗税过程中使用暴力致使税务机关工作人员重伤的，应当认定为故意伤害罪

D. 扣缴义务人逃避缴纳税款后，补缴税款缴纳滞纳金，接受行政处罚的，仍应追究刑事责任

7. 关于贿赂犯罪的认定，下列哪些选项是正确的？（　　）

A. 甲是公立高校普通任课教师，在学校委派其招生时，利用职务便利收受考生家长 10 万元。甲成立受贿罪

B. 乙是国有医院副院长，收受医药代表 10 万元，承诺为病人开处方时多开相关药品。乙成立非国家工作人员受贿罪

C. 丙是村委会主任，在村集体企业招投标过程中，利用职务收受他人财物 10 万元，为其谋利。丙成立非国家工作人员受贿罪

D. 丁为国有公司临时工，与本公司办理采购业务的副总经理相勾结，收受 10 万元回扣归二人所有。丁构成受贿罪

8. 赵某多次临摹某著名国画大师的一幅名画，然后署上该国画大师姓名并加盖伪造印鉴，谎称真迹售得收入 6 万元。下列哪些选项是不正确的？（　　）

A. 按诈骗罪和侵犯著作权罪，数罪并罚

B. 按侵犯著作权罪处罚

C. 按生产、销售伪劣产品罪处罚

D. 按非法经营罪处罚

二、案例分析题

(事实一) 王某系 A 公司(具有法人资格的私营企业)的董事长兼总经理。2017 年年底,使用虚假的证明文件,以 A 公司名义,向 B 银行(国有控股银行)申请贷款 200 万元,欲用于 A 公司生产、销售伪劣白酒。

(事实二) B 银行信贷部主任张某(非国家工作人员)在审核 A 公司的贷款申请时,发现证明文件有假,贷款条件不符合。为此,王某送与张某 20 万元,希望网开一面,保证贷款会如期归还,张某遂将款项贷出。

(事实三) 王某将贷款投入 A 公司生产、销售伪劣白酒。后因遭人举报,伪劣白酒未及售出即被查封。经查,该酒含有对人体有害的工业酒精,货值金额为 20 万元,导致投资款均不能收回。

(事实四) 为了弥补亏空,王某编造引资理由,许诺年利率 40% 的高额利息回报,以 A 公司名义向社会集资 1 000 万元。A 公司将此款多途使用,因为利率太高,资金无法周转。王某只好又集资 3 000 万元,其中 2 000 万元王某欲用于归还之前的利息,属于明知不能归还,结果也确实未能归还。经查 A 公司另有其他合法经营业务。

(事实五) 另有 1 000 万元,被王某从 A 公司挪出,与蒋某合伙,从国外走私香烟入境。但蒋某却瞒着王某,在香烟中夹带十支钢珠枪走私入境。后王某、蒋某在销售走私的香烟时被查获。经查,二人无烟草销售许可证。香烟及涉案款项均被没收。

根据以上案件事实,请分析:

1. 基于事实一,王某的行为构成何罪? A 公司的行为是否构成犯罪?司法实务中如有不同处理方法,可予以分别说明。

2. 基于事实二,王某、张某的行为构成何罪? A 公司的行为是否构成犯罪?说明理由。

3. 基于事实三,王某的行为构成何罪? A 公司的行为是否构成犯罪?说明理由。

4. 基于事实四,王某的行为构成何罪? A 公司的行为是否构成犯罪?说明理由。

5. 基于事实五,王某、蒋某的行为构成何罪? A 公司的行为是否构成犯罪?说明理由。

三、论述题

1. 试述集资诈骗罪与非法吸收公众存款罪的区别。
2. 试述洗钱罪的犯罪构成。

参考答案及解析

一、选择题

(一) 单选题

1. 参考答案: B

解析: (1) 走私贵重金属罪的行为表现为单向走私,即从境内走私到境外。甲将大量黄金运输进境，而不是运输出境，不构成走私贵重金属罪。如果甲逃避关税的数额达到了《刑法》第153条规定的标准，则构成走私普通货物、物品罪。故A选项说法错误。

（2）乙生产、销售劣药，没有对人体健康造成严重危害，所以不构成生产、销售劣药罪。但是其销售金额又达到5万元，符合生产、销售伪劣产品罪的构成要件，所以，乙的行为成立生产、销售伪劣产品罪。故B选项说法正确。

（3）丙并没有套取金融机构信贷资金后高利转贷他人，故其行为不成立高利转贷罪。丙不仅非法吸收存款数额巨大，而且非法贷给他人，符合扰乱金融秩序的要件，所以丙的行为成立非法吸收公众存款罪。故C选项说法错误。

（4）丁收受贿赂后提供虚假证明文件，应认定为提供虚假证明文件罪的加重情形，而不能与非国家工作人员受贿罪数罪并罚。故D选项说法错误。

2. 参考答案：C

解析：根据《刑法》第196条第3款的规定，盗窃信用卡并使用的，依照本法第264条（盗窃罪）的规定定罪处罚。本案中，张某窃得同事一张银行借记卡并使用的行为，构成盗窃罪。但是，由于何某并不知道张某盗窃借记卡的事实，即以为是张某拾得的，故其主观上只有与张某一起冒用他人信用卡的故意，客观上刷卡消费骗取财物的行为也符合信用卡诈骗罪的客观要件，因此何某的行为构成信用卡诈骗罪。C选项说法正确，ABD选项说法错误。

3. 参考答案：A

解析：（1）甲客观上实施了走私淫秽物品的行为，但甲没有认识到走私的对象是淫秽物品，故其行为不成立走私淫秽物品罪。甲认识到走私的对象是普通光盘，而应认定为走私普通货物、物品罪（属于抽象的事实认识错误）。由于淫秽光盘也属于光盘，可以评价为普通财物，所以甲的行为同样符合走私普通货物、物品罪的构成要件，只要偷逃税额较大，当然应当认定为走私普通货物、物品罪。故A选项说法正确。

（2）按照司法解释的规定，走私可以组装并使用的弹头、弹壳的，成立走私弹药罪，即将走私弹药罪中的"弹药"扩大解释为包括弹头、弹壳。故B选项说法错误。

（3）走私枪支入境与之后非法出卖的行为在社会生活中没有必然的关系，不属于吸收犯。当然，如果行为人在境外购买枪支后再走私进境，则属于吸收犯，因为二者之间存在必然经过与必然结果的关系。故C选项说法错误。

（4）按照《刑法》第157条第2款的规定，以暴力、威胁方法抗拒缉私的，以相应的走私犯罪与妨害公务罪并罚。如果暴力行为导致缉私人员重伤或者死亡，则以相应的走私犯罪与故意伤害罪（重伤或者致死）并罚。故D选项说法错误。

4. 参考答案：C

解析：（1）根据《刑法》第172条的规定，使用假币是指在对方不知情的情况下，以假币当作真币流通、使用，既可以是以外表合法的方式使用假币，如购买商品、存入银行、赠与他人，或者将假币用于交纳罚金或者罚款等，也可以是以非法的方式使用货币，如将假币用于赌博。此外，将假币交付给不知情的他人使用的，以及向自动售货机中投入假币以取得商品的，均成立使用假币罪。故C选项说法是正确的。

（2）根据《刑法》第173条的规定，变造货币，是指没有货币发行权的人采用挖补、剪贴、涂改、拼凑等方法对真币进行变更、加工，做成类似于真货币的货币，改变货币面额的行为。但如果加工的程度导致变造后的货币与变造前的货币丧失同一性，则属于伪造货币，即指没有货币发行权的人仿造真币的外观制作类似于真币的货币。选项 A 与选项 B 中，加工后的纸币或金属货币与加工前的货币都已经丧失同一性，所以属于伪造货币。因此 AB 选项说法都是错误的。

（3）根据《关于审理伪造货币等案件具体应用法律若干问题的解释》第 2 条第 2 款的规定，行为人运输假币构成犯罪又有使用假币行为的，构成运输假币罪与使用假币罪，应当实行数罪并罚。因此 D 选项说法是错误的。

5. 参考答案：A

解析： 甲编造未曾发生的保险事故，欺骗保险公司，意图骗取保险赔偿金，属于保险诈骗的行为。只要甲向保险公司提出保险理赔申请，其保险诈骗行为就已经着手，所以保险诈骗罪预备的说法错误。但保险公司识破了骗局，并且为了配合警方抓捕行为人甲而向其支付了 20 万元赔偿金，即保险公司并非因为被骗产生处分财产的错误认识而处分财产。显然，甲的欺骗行为与取得保险赔偿金之间不存在刑法上的因果关系，即本案中，甲的欺骗行为没有导致被害人财产损失的结果，所以甲的行为成立保险诈骗罪未遂。因为诈骗罪的既遂要求被骗人陷于财产处分的错误认识，并基于这种错误认识而处分财产。本题 A 选项说法正确，BCD 选项说法错误。

6. 参考答案：D

解析： 洗钱罪的上游犯罪包括黑社会性质的组织犯罪。这里的黑社会性质的组织犯罪，不仅包括《刑法》第 294 条规定的组织、领导、参加黑社会性质组织罪这个具体罪名，还包括以黑社会性质组织为主体实施的各种犯罪，如绑架罪、抢劫罪等。故 A 项说法正确。洗钱罪的上游犯罪共有七种。行为人在这七种犯罪所得及其收益范围内产生对象认识错误，属于同一犯罪构成内的认识错误，不影响洗钱罪的成立。故 B 项说法正确。洗钱罪的成立，应当以上游犯罪事实成立为认定前提。但是，上游犯罪事实的确认，只要求在事实证据上确认，不要求经法院判决有罪才算确认。上游犯罪尚未依法裁判，但查证属实的，不影响对洗钱罪的审判。上游犯罪事实可以确认，因行为人死亡等原因依法不予追究刑事责任的，不影响洗钱罪的认定。故 C 项说法正确。洗钱罪的上游犯罪包括贷款诈骗罪，不包括合同诈骗罪。按照全国人大常委会《关于〈中华人民共和国刑法〉第三十条的解释》，单位贷款诈骗，定相关自然人的贷款诈骗罪，该犯罪所得是洗钱罪的对象。所以，D 项说法错误。综上所述，本题答案为 D。

7. 参考答案：A

解析： 根据司法解释，以非法方式获取他人信用卡信息资料，并通过互联网通讯终端使用的，属于冒用他人信用卡信息资料，应当认定为信用卡诈骗罪。故 A 项正确。B 项，使用虚假身份证明骗领信用卡的，应当认定为妨害信用卡管理罪，又使用该卡的，才应当认定为信用卡诈骗罪。故 B 项错误。C 项，以非法占有为目的，恶意透支的应当认定为信用卡诈骗罪。但是，透支后因客观原因没有能力归还的，不构成犯罪，属于信用卡合同纠纷。因此，透支信用卡后因故无力偿还，属于客观不能，不构成犯罪。故 C 项错误。D 项，捡拾手机后利用微信转出所绑定的银行卡内资金，行为人并没有非法获取他人的信用卡信息资料，也并未妨害信用卡管理秩序，即仅侵害简单客体，故应当认定为盗窃罪。故 D 项错误。

（二）多选题

1. 参考答案：ACD

解析：（1）《药品管理法》第 98 条第 2 款规定："有下列情形之一的，为假药：（一）药品所含成份与国家药品标准规定的成份不符；（二）以非药品冒充药品或者以他种药品冒充此种药品；（三）变质的药品；（四）药品所标明的适应症或者功能主治超出规定范围。"显然，未经批准进口的药品，不属于假药。因此，销售未经批准进口的药品的，不成立销售假药罪。按照《刑法》第 142 条之一的规定，未取得药品相关批准证明文件生产、进口药品或者明知是上述药品而销售，足以严重危害人体健康的，成立违反药品管理规定罪。故 A 选项说法错误。

（2）2021 年 12 月 30 日最高人民法院、最高人民检察院《关于办理危害食品安全刑事案件适用法律若干问题的解释》第 11 条规定：在食品生产、销售、运输、贮存等过程中，掺入有毒、有害的非食品原料，或者使用有毒、有害的非食品原料生产食品的，依照《刑法》第 144 条的规定以生产、销售有毒、有害食品罪定罪处罚。在食用农产品种植、养殖、销售、运输、贮存等过程中，使用禁用农药、食品动物中禁止使用的药品及其他化合物等有毒、有害的非食品原料，适用前述规定定罪处罚。在保健食品或者其他食品中非法添加国家禁用药物等有毒、有害的非食品原料的，适用第 1 款的规定定罪处罚。因此，甲大量使用禁用农药种植大豆的行为成立生产有毒、有害食品罪。甲将纯净水掺入到工业酒精中，冒充白酒销售的，属于"在生产、销售的食品中掺入有毒、有害的非食品原料"，成立生产、销售有毒、有害食品罪。故 B 选项说法正确，C 选项说法错误。

（3）2012 年 1 月 9 日最高人民法院、最高人民检察院、公安部《关于依法严惩"地沟油"犯罪活动的通知》指出，对于利用"地沟油"生产"食用油"的，依照《刑法》第 144 条生产有毒、有害食品罪的规定追究刑事责任。明知是利用"地沟油"生产的"食用油"而予以销售的，依照《刑法》第 144 条销售有毒、有害食品罪的规定追究刑事责任。只要证明行为人明知是地沟油，而将其加工为食用油并销售的，无论是否查明其具体毒害成分，其行为成立均生产、销售有毒、有害食品罪。当然，如果无法查明"食用油"是否系利用"地沟油"生产、加工，但犯罪嫌疑人、被告人明知该"食用油"来源可疑而予以销售的，应分别情形处理：经鉴定，检出有毒、有害成分的，依照《刑法》第 144 条销售有毒、有害食品罪的规定追究刑事责任；属于不符合安全标准的食品的，依照《刑法》第 143 条销售不符合安全标准的食品罪追究刑事责任；属于以假充真、以次充好、以不合格产品冒充合格产品或者假冒注册商标，构成犯罪的，依照《刑法》第 140 条销售伪劣产品罪或者第 213 条假冒注册商标罪、第 214 条销售假冒注册商标的商品罪追究刑事责任。故 D 选项说法错误。

2. 参考答案：AB

解析：（1）《刑法》第 155 条第 1 项规定，直接向走私人非法收购国家禁止进口物品的，或者直接向走私人非法收购走私进口的其他货物、物品，数额较大的，以走私犯罪论处。此即间接走私，要求行为人认识到他人走私的事实。行为人明知是走私进口的汽车而直接收购的，成立走私普通货物、物品罪。

（2）《刑法》第154条规定，未经海关许可并且未补缴应缴税额，擅自将批准进口的来料加工、来件装配、补偿贸易的原材料、零件、制成品、设备等保税货物，在境内销售牟利的，或者未经海关许可并且未补缴应缴税额，擅自将特定减税、免税进口的货物、物品，在境内销售牟利的，成立走私普通货物、物品罪。行为人未经依法批准，也未补缴关税，将境外为灾区捐赠的物资在境内销售牟利的，成立走私普通货物、物品罪。

（3）《刑法》第151条第2款规定了走私文物罪、走私贵重金属罪，即走私国家禁止出口的文物出境的行为，走私黄金、白银和其他贵重金属出境的行为。行为人误将珍贵文物当作贵重金属而走私出境的，客观上是走私文物罪的违法行为，主观上是走私贵重金属罪的犯罪故意，属于抽象的事实认识错误。按照法定符合说，文物与贵重金属具有等价性与等质性，应以客观事实定罪，以走私文物罪论处。

（4）2014年8月12日最高人民法院、最高人民检察院《关于办理走私刑事案件适用法律若干问题的解释》第5条规定，走私国家禁止或者限制进出口的仿真枪、管制刀具，构成犯罪的，依照《刑法》第151条第3款的规定，以走私国家禁止进出口的货物、物品罪定罪处罚。因此，行为人走私管制刀具与仿真枪的，成立走私国家禁止进出口的货物、物品罪。

3. 参考答案：ABC

解析：（1）依据《关于审理伪造货币等案件具体应用法律若干问题的解释（二）》〔以下简称《假币案解释（二）》〕第5条的规定，以使用为目的，伪造停止流通的货币或者使用停止流通的货币的，以诈骗罪定罪处罚，故A选项说法正确。

（2）依据《关于审理伪造货币等案件具体应用法律若干问题的解释》第7条规定，假币犯罪对象之"货币"是指可在国内市场流通或兑换的人民币（含普通纪念币、贵重金属纪念币、港澳元和新台币）和境外货币（法定货币）。故B选项说法正确。

（3）假币犯罪侵犯的客体是货币的公共信用。白纸不属于假币犯罪的对象，用白纸冒充假币卖给他人仅侵犯了他人的财产权，因此，不构成假币犯罪，而成立诈骗罪，故C选项说法正确。

（4）依据《假币案解释（二）》第2条的规定，同时采用伪造和变造的手段，制造真伪拼凑货币的行为，以伪造货币罪论处。这是因为这种拼凑的货币已经失去了与真币的同一性，是伪造的货币。因此，D选项说法错误。

4. 参考答案：ABC

解析：骗取贷款罪和贷款诈骗罪的成立，要求行为人使用欺骗方法骗取银行或者其他金融机构贷款：如果行为人具有非法占有目的，则构成贷款诈骗罪；如果无法证明行为人具有非法占有目的，则构成骗取贷款罪。本案中，甲没有使用欺骗手段骗取农村信用社中决定发放贷款的乙，甲既不成立贷款诈骗罪，也不成立骗取贷款罪，因为要成立骗取财物类型的犯罪，要求行为人实施欺骗行为，欺骗有权处分财物的人，使其陷入处分财产的错误认识，进而处分财产。农村信用社主任乙明知甲不符合贷款条件，仍然发放贷款，造成重大经济损失的，成立违法发放贷款罪。综上，本案中甲不成立犯罪，乙

428

构成违法发放贷款罪。ABC 选项说法错误，D 选项说法正确。

5. 参考答案：ABC

解析：（1）洗钱罪上游犯罪中的黑社会性质犯罪、恐怖活动犯罪所得及其收益包括黑社会性质组织、恐怖组织实施的各种犯罪所得及其收益，当然包括侵犯财产犯罪所得。故 A 项说法正确。

（2）洗钱罪的上游犯罪包括 7 种类型犯罪，将毒品犯罪所得误认为贪污犯罪所得，属于同一犯罪构成内的对象认识错误，不影响本罪故意的成立。故 B 项正确。

（3）洗钱罪以认定上游犯罪事实成立为认定前提，故上游犯罪依法查证属实，即使行为人死亡等原因不予追究刑事责任，也不影响洗钱罪的认定。故 C 项说法正确。

（4）洗钱罪上游犯罪事实可以确认，依法以其他罪名定罪处罚的，不影响洗钱罪的认定。故 D 项说法错误。

6. 参考答案：CD

解析：逃税罪，是指纳税人采取欺骗、隐瞒手段进行虚假的纳税申报或者不申报，逃避缴纳税款数额较大并且占应纳税额 10% 以上或者扣缴义务人采取欺骗、隐瞒手段，不缴或少缴已扣、已收税款，数额较大的行为。A 项，纳税人构成逃税罪，要求满足两项条件：一是，逃避缴纳税款数额较大（10 万元）；二是，占应纳税额 10% 以上。甲应纳税款 200 万元，采取欺骗手段只缴纳 190 万元。虽然逃缴的数额达到 10 万元以上，但并未占 10% 以上，故甲不构成逃税罪。故 A 项错误。B 项，单位犯罪应由法律明文规定，法律未规定单位可构成抗税罪，应当对相关自然人认定为抗税罪。故 B 项错误。C 项，在抗税过程中使用暴力致人重伤的，应当认定为故意伤害罪。故 C 项正确。D 项，根据《刑法》第 201 条第 4 款，纳税人逃避缴纳税款，经税务机关依法下达追缴通知后，补缴应纳税款，缴纳滞纳金，已受行政处罚的，不予追究刑事责任；但是，5 年内因逃避缴纳税款受过刑事处罚或者被税务机关给予 2 次以上行政处罚的除外。本规定不适用于扣缴义务人。故 D 项正确。

7. 参考答案：ABCD

解析：非国家工作人员受贿罪是非国家工作人员利用职务之便收取财物的犯罪。选项 A：甲虽然是公立高校普通任课教师，但他是在学校委派其招生时受贿的，甲此时是代表学校，履行公务的国家工作人员。因此甲成立受贿罪而不是非国家工作人员受贿罪。故选项 A 正确。

选项 B，最高人民法院、最高人民检察院《关于办理商业贿赂刑事案件适用法律若干问题的意见》规定："……医疗机构中的医务人员，利用开处方的职务便利，以各种名义非法收受药品、医疗器械、医用卫生材料等医药产品销售方财物，为医药产品销售方谋取利益，数额较大的，依照刑法第一百六十三条的规定，以非国家工作人员受贿罪定罪处罚。"乙虽然是国有医院副院长，但他收钱时承诺的是为病人开处方时多开相关药品。因此，乙以医务人员的身份，利用开处方的职务便利受贿的。这种行为构成非国家工作人员受贿罪。故选项 B 正确。

选项 C：《全国人民代表大会常务委员会关于〈中华人民共和国刑法〉第九十三条第二款的解释》规定："全国人民代表大会常务委员会讨论了村民委员会等村基层组织人员

在从事哪些工作时属于刑法第九十三条第二款规定的'其他依照法律从事公务的人员'，解释如下：村民委员会等村基层组织人员协助人民政府从事下列行政管理工作，属于刑法第九十三条第二款规定的'其他依照法律从事公务的人员'：（一）救灾、抢险、防汛、优抚、扶贫、移民、救济款物的管理；（二）社会捐助公益事业款物的管理；（三）国有土地的经营和管理；（四）土地征收、征用补偿费用的管理；（五）代征、代缴税款；（六）有关计划生育、户籍、征兵工作；（七）协助人民政府从事的其他行政管理工作。村民委员会等村基层组织人员从事前款规定的公务，利用职务上的便利，非法占有公共财物、挪用公款、索取他人财物或者非法收受他人财物，构成犯罪的，适用刑法第三百八十二条和第三百八十三条贪污罪、第三百八十四条挪用公款罪、第三百八十五条和第三百八十六条受贿罪的规定。"丙虽然是村委会主任，但他不是在协助人民政府从事行政管理工作时受贿的，而是在村集体企业招标程中受贿的。此时，丙的身份非国家工作人员，成立非国家工作人员受贿罪。故选项C正确。

选项D：前述意见规定："十一、非国家工作人员与国家工作人员通谋，共同收受他人财物，构成共同犯罪的，根据双方利用职务便利的具体情形分别定罪追究刑事责任：（1）利用国家工作人员的职务便利为他人谋取利益的，以受贿罪追究刑事责任。（2）利用非国家工作人员的职务便利为他人谋取利益的，以非国家工作人员受贿罪追究刑事责任。（3）分别利用各自的职务便利为他人谋取利益的，按照主犯的犯罪性质追究刑事责任，不能分清主从犯的，可以受贿罪追究刑事责任。"丁为国有公司临时工，他与本公司办理采购业务的副总经理相勾结，收受10万元回扣归二人所有。在这个共同犯罪中，双方利用的是副总经理的职务便利，因此丁和副总经理共同构成受贿罪的共犯。故选项D正确。

8. 参考答案：ACD

解析：侵犯著作权罪的行为方式之一是"制作、出售假冒他人署名的美术作品"。赵某的行为构成侵犯著作权罪。第二，赵某出售时，欺骗买家，骗取钱财，构成诈骗罪。第三，赵某伪造的画作属于伪劣产品，销售金额达到五万元以上，构成生产、销售伪劣产品罪。赵某同时触犯以上三个罪名，属于想象竞合，择一重罪论处，应按照侵犯著作权罪处罚。根据司法解释，非法经营罪中有一种类型是经营非法出版物。这种情况与侵犯著作权罪的区分在于，前者所经营的非法出版物没有侵犯某个人的著作权，而侵犯著作权罪侵犯了某个人的著作权。赵某侵犯了他人的著作权，不构成非法经营罪。

二、案例分析题

1. 参考答案：

（1）A公司使用虚假的证明文件骗取银行贷款，用于生产、销售伪劣白酒，根据相关司法解释的规定，系使用骗取的资金进行违法犯罪活动，可认为具有非法占有目的，A公司实施的行为应认定为贷款诈骗行为。

（2）由于刑法规定贷款诈骗罪只能由自然人构成，不能由单位构成。对于单位实施贷款诈骗行为，司法实务中有两种处理方法：其一，依据是全国人民代表大会常务委员会《关于〈中华人民共和国刑法〉第三十条的解释》的规定，对单位认为不构成单位犯罪，但对组织、策划、实施者以贷款诈骗罪自然人犯罪论处。由此可见A公司不构成犯罪，王某构成贷款诈骗罪。其二，根据《全国法院审理金融犯罪案件工作座谈会纪要》的规定，A公司构成合同诈骗罪，王某因A公司犯罪而承担合同诈骗罪刑事责任。

2. 参考答案：

（1）张某构成非国家工作人员受贿罪、违法发放贷款罪，应当数罪并罚。张某是国有控股银行中的职员，系非国家工作人员，利用职务便利收受他人贿赂，为他人谋取利益，构成非国家工作人员受贿罪。在处理贷款业务时，明知证明文件有假，贷款条件不符合，仍然发放贷款，构成违法发放贷款罪。因为并不明知骗贷人的非法占有目的，与骗贷人没有贷款诈骗的共同故意，不构成贷款诈骗罪的共同犯罪。

（2）王某构成对非国家工作人员行贿罪（单位犯罪）、贷款诈骗罪，应当数罪并罚。王某为了谋取不正当利益，送与非国家工作人员张某20万元，可构成对非国家工作人员行贿罪。与贷款诈骗罪数罪并罚。

（3）王某送与贿赂，是为A公司谋利，对非国家工作人员行贿罪可由单位构成，故而A公司构成对非国家工作人员行贿罪。

3. 参考答案：

（1）A公司生产、销售有毒有害的伪劣白酒，构成生产、销售有毒、有害食品罪。

（2）A公司生产、销售伪劣产品，货值金额超过15万元，构成生产、销售伪劣产品罪未遂。

（3）应当择一重罪处断。

（4）王某因为A公司单位犯罪而应承担刑事责任。

4. 参考答案：

（1）对于之前非法集资1 000万元的行为，以及之后集资3 000万元中的1 000万元，A公司违反国家金融管理法律规定，未经批准、公开宣传、承诺返本付息、向社会公众吸收资金，构成非法吸收公众存款罪。

（2）对于之后非法集资3 000万元中的2 000万元，A公司明知没有归还能力而大量骗取资金，导致资金不能归还，认定具有非法占有目的，构成集资诈骗罪，应当数罪并罚。

（3）王某因为A公司单位犯罪而应承担刑事责任。

5. 参考答案：

（1）王某构成挪用资金罪，走私普通货物、物品罪，非法经营罪，数罪并罚。

（2）蒋某构成走私普通货物、物品罪，走私武器罪，非法经营罪，数罪并罚。

（3）王某对蒋某实施的走私武器行为没有共同故意，不成立共同犯罪。

（4）所涉罪名为王某、蒋某的共同犯罪，不是单位犯罪，A公司不构成犯罪。参考答案：甲和丙的行为不构成犯罪。

解析：贷款诈骗罪，是指以非法占有为目的，使用欺诈方法，诈骗银行或者其他金融机构的贷款，数额较大的行为；骗取贷款罪，是指以欺骗手段取得银行或者其他金融机构贷款，给银行或者其他金融机构造成重大损失或者有其他严重情节的行为。两罪之间的主要区分在于，行为人主观上是否具有非法占有目的。行为人实施了骗取贷款的行为，具有非法占有目的，就可认定为贷款诈骗罪；如果行为人实施了骗取贷款行为，但并不具有非法占有目的，构成骗取贷款罪。根据《全国法院审理金融犯罪案件工作座谈会纪要》的规定，具有以下 7 种情形之一者，即认为具有"非法占有目的"：（1）明知没有归还能力而大量骗取资金的；（2）非法获取资金后逃跑的；（3）肆意挥霍骗取资金的；（4）使用骗取的资金进行违法犯罪活动的；（5）抽逃、转移资金，隐匿资产，以逃避返还资金的；（6）隐匿、销毁账目，或者搞假破产、假倒闭，以逃避返还资金的；（7）其他非法占有资金、拒不返还的。

三、论述题

1. 参考答案：

集资诈骗罪是指以非法占有为目的，违反有关金融法律、法规的规定，使用诈骗方法进行非法集资，扰乱国家正常金融秩序，侵犯公私财产所有权，且数额较大的行为；非法吸收公众存款罪是指违反国家金融管理法规非法吸收公众存款或变相吸收公众存款，扰乱金融秩序的行为。两罪的主要区别如下：

（1）二者所侵犯的客体不同。集资诈骗罪侵犯的客体是复杂客体，不仅侵犯了国家的金融管理秩序，而且同时侵犯了出资人的财产所有权；而非法吸收公众存款罪，侵犯的则是单一客体，即国家的金融管理秩序。

（2）犯罪客观方面不同。集资诈骗罪中，行为人必须以实施虚构事实、隐瞒真相的诈骗方法，作为构成犯罪的要件之一；而非法吸收公众存款罪，则不以行为人是否使用了诈骗方法作为构成犯罪的要件之一，而且行为人通常在吸收存款或者募集资金时，虽有可能实施虚构事实、隐瞒真相的行为，但不会遮掩其盈利的主观意图。

（3）主观方面，虽然两者都是直接故意犯罪，但是两者的犯罪目的是不同的。集资诈骗罪的犯罪目的是非法占有募集的资金；而非法吸收公众存款罪的犯罪目的则是企图通过吸收公众存款的方式，筹集资金，进行营利，在主观上，并不具有非法占有公众存款的目的。犯罪目的的不同是两者之间最为本质的区别。

2. 参考答案：

洗钱罪是指为掩饰、隐瞒毒品犯罪、黑社会性质的组织犯罪、恐怖活动犯罪、走私犯罪、贪污贿赂犯罪、破坏金融管理秩序犯罪、金融诈骗犯罪的所得及其产生的收益的来源和性质，而采取的一些手段掩饰、隐瞒其来源和性质的行为。该罪的构成特征是：

犯罪客体：洗钱罪侵犯的是国家金融管理制度。

客观方面：洗钱罪在客观方面表现为明知是毒品犯罪、黑社会性质的组织犯罪、走私犯罪、贪污贿赂犯罪、破坏金融管理秩序犯罪、金融诈骗犯罪的违法所得及其产生的收益，为了掩饰、隐瞒其来源和性质，而实施了洗钱行为。这包括提供资金账户、将财产转换为现金、金融票据，通过转账或其他支付结算方式转移资金、跨境转移资产或者以其他方式掩饰、隐瞒犯罪所得及其收益的来源和性质。

犯罪主体：洗钱罪的主体可以是自然人也可以是单位。

主观方面：行为人在实施洗钱行为时，必须具有故意的心态，即明知其行为可能导致犯罪所得合法化。

第二十章 侵犯公民人身权利、民主权利罪

第一部分 本章知识点速览

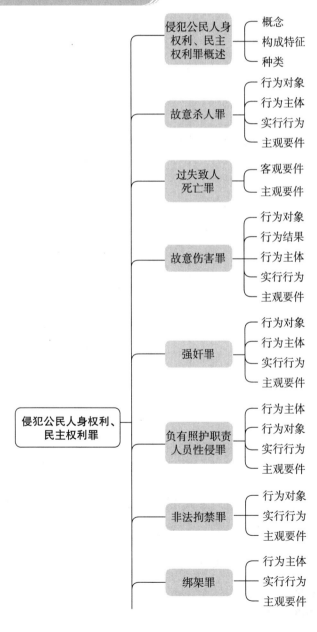

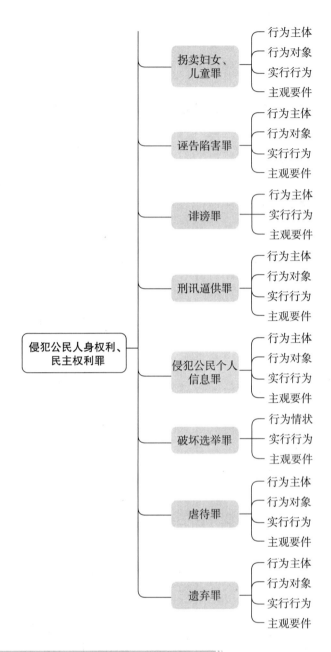

第二部分　本章核心知识要点解析

第一节　侵犯公民人身权利、民主权利罪概述

一、侵犯公民人身权利、民主权利罪的概念

（一）难度与热度

难度：☆☆　热度：☆☆

（二）基本概念分析

侵犯公民人权权利、民主权利罪，是指故意或者过失地侵犯他人的人身权利和其他与人身直接相关的权利，非法剥夺、限制或者破坏公民自由行使宪法和法律所赋予的参与管理国家事务、参加政治活动的权利和其他民主权利等类型化犯罪。《刑法》第 232 条至第 262 条之二规定了侵犯公民人身权利、民主权利罪，共有 43 个罪名。

二、侵犯公民人身权利、民主权利罪的构成特征

（一）难度与热度

难度：☆☆☆　热度：☆☆☆

（二）基本概念分析

侵犯公民人身权利、民主权利罪具有如下的构成特征：

（1）本类罪侵犯的法益是公民的人身权利、民主权利以及与人身直接相关的其他权利。其中，所谓"人身权利"，是指公民依法享有的与其人身不可分离的权利，包括生命权、健康权、性自由权、人身自由权、人格权和名誉权等。所谓"民主权利"，是指公民依法所享有的参与管理国家事务、参加政治活动的权利和其他民主权利，主要包括批评权、申诉权、控告权、检举权及选举权和被选举权、宗教信仰自由权等。与人身直接有关的其他权利，主要包括住宅不受侵犯权、劳动权、休息权、受扶养权等。

（2）本类罪的实行行为是行为人以各种方法侵犯公民的人身权利、民主权利以及其他与人身直接有关的权利的行为。绝大多数犯罪只能以作为的行为方式实施，如强奸罪、侮辱罪、诬告陷害罪等；也有少数犯罪的行为方式，既可以表现为作为，也可以表现为不作为，如故意杀人罪、故意伤害罪等。从刑法规定看，有的犯罪要求造成一定的结果才构成既遂，如故意杀人罪、故意伤害罪、强奸罪等；有的犯罪只要行为实施达到一定的程度，即构成既遂，而不问具体发生的是何种结果，如绑架罪等。

（3）本类犯罪的行为主体多为一般主体，即达到法定刑事责任年龄、具有刑事责任能力的自然人均可构成，如故意杀人罪、故意伤害罪、强奸罪等。也有少数犯罪的主体为特殊主体，如刑讯逼供罪的主体只能是司法工作人员。

（4）本类犯罪的主观构成要件，除过失致人死亡罪和过失致人重伤罪由过失构成外，其他罪均由故意构成。其中，有些犯罪既可出于直接故意也可出于间接故意，如故意杀人罪；有些犯罪只能出于直接故意，如绑架罪；有个别犯罪还以存在法定的犯罪目的作为必要要件，如拐卖妇女、儿童罪。

三、侵犯公民人身权利、民主权利罪的种类

（一）难度与热度

难度：☆☆　热度：☆☆

（二）基本概念分析

根据刑法分则第四章中各具体犯罪所侵害的直接客体以及其他主要构成要件的特征，可以将它们分为以下 10 类：

（1）侵犯公民生命权利的犯罪，具体包括故意杀人罪和过失致人死亡罪。

（2）侵犯公民身体健康权利的犯罪，具体包括故意伤害罪，组织出卖人体器官罪，过失致人重伤罪和虐待被监护、看护人罪。

（3）侵犯公民性自由权利或健康权利的犯罪，具体包括强奸罪，强制猥亵、侮辱罪，猥亵儿童罪。

（4）侵犯公民人身自由权利的犯罪，具体包括非法拘禁罪，绑架罪，拐卖妇女、儿童罪，收买被拐卖的妇女、儿童罪，聚众阻碍解救被收买的妇女、儿童罪，组织残疾人、儿童乞讨罪，组织未成年人进行违反治安管理活动罪。

（5）侵犯公民其他自由权利的犯罪，具体包括强迫劳动罪，雇用童工从事危重劳动罪，非法搜查罪，非法侵入住宅罪，侵犯通信自由罪，私自开拆、隐匿、毁弃邮件、电报罪，侵犯公民个人信息罪。

（6）侵犯公民人格权、名誉权的犯罪，具体包括诬告陷害罪、侮辱罪、诽谤罪。

（7）司法工作人员侵犯公民权利的犯罪，具体包括刑讯逼供罪、暴力取证罪、虐待被监管人罪。

（8）侵犯宗教信仰、少数民族有关权利的犯罪，具体包括煽动民族仇恨、民族歧视罪，出版歧视、侮辱少数民族作品罪，非法剥夺宗教信仰自由罪，侵犯少数民族风俗习惯罪。

（9）侵犯公民民主权利的犯罪，具体包括报复陷害罪，打击报复会计、统计人员罪，破坏选举罪。

（10）侵犯婚姻家庭权利的犯罪，具体包括暴力干涉婚姻自由罪、重婚罪、破坏军婚罪、虐待罪、遗弃罪、拐骗儿童罪。

第二节　故意杀人罪

一、故意杀人罪的概念

（一）难度与热度

难度：☆☆　热度：☆☆

（二）基本概念分析

故意杀人罪，是指故意地非法剥夺他人生命的行为，是一种最严重的侵犯公民人身权利的犯罪。本罪保护的法益是生命。

二、故意杀人罪的构成特征

（一）难度与热度

难度：☆☆☆　热度：☆☆☆

（二）基本概念分析

（1）本罪的行为对象是处于有生命状态的自然人。生命，始于出生，终于死亡。由于动物、植物或单位、法人等组织不是自然人，其无法成为本罪的行为对象。行为人以尸体作为侵害对象的，由于尸体已经不再具有生命，因此，它无法成为本罪的对象，最多只能考虑成立《刑法》第302条的侮辱、故意毁坏尸体罪。虽然法条中并未明确规定故意杀人罪中的人仅指他人，但在解释上仍应以他人为限，如此才符合故意杀人罪的本质和高度不法内容。因此，结束自己生命的自杀不会构成故意杀人罪，即便自杀者自杀失败，也不能以故意杀人罪未遂论处。此外，在现行法没有独立处罚规定的前提下，教唆或者帮助他人自杀的，也不会成立故意杀人罪的教唆犯或者帮助犯，因为此时欠缺构成杀人的故意违法主行为。

（2）本罪的行为主体是一般主体，即年满12周岁、具有刑事责任能力的自然人。其中，已满12周岁不满14周岁的人，犯故意杀人罪，致人死亡或者以特别残忍手段致人重伤造成严重残疾，情节恶劣，经最高人民检察院核准追诉的，应当负刑事责任。已满14周岁不满16周岁的人，犯故意杀人罪的，应当负刑事责任。对于依法被追究故意杀人罪刑事责任的不满18周岁的人，应当从轻或者减轻处罚。

（3）本罪的实行行为是杀害行为，即在他人自然死亡之前非法剥夺其生命的行为。关于具体的杀害手段、方法和工具等，法律上并无限制，其既可以是有形的，如刀砍、斧劈、拳击、枪杀等，也可以是无形的，如施加精神折磨导致心脏病患者死亡等；既可以是直接着手杀人，也可以是间接"借刀杀人"；既可以是作为，也可以是不作为。此外，杀害行为必须在客观上具有引起他人死亡的现实危险性。例如，行为人因严重无知认为砂糖可以杀人，并在他人的饮食中投入砂糖的，由于投放砂糖行为在该具体个案中自始就无法引起他人死亡的结果，该行为不构成杀害行为。又如，行为人因迷信怪力乱神，果真以为"扎小人"可以置他人于死地而实施的，因为该行为根本不会对他人的生命造成任何危险，所以也不是杀害行为。

（4）本罪的主观要件是故意。行为人不仅要认识到行为对象是其他的自然人，以及自己的行为一定或可能缩短他人的生命长度，还必须追求或者放任这种结果的发生。本罪的故意至少应当达到未必故意的程度。在主观要件方面，实务中经常会面临的问题是，如何区分故意杀人罪的间接故意与过失致人死亡罪的有认识的过失，以及如何区分杀人故意与伤害故意。

对此，德国实务中发展出所谓的"心理障碍理论"（Hemmschwellentheorie），即在其行为危及他人生命的情形下，容忍或同意死亡发生的行为人必须克服一个较高的心理障碍。从中足见，心理障碍理论非常看重故意的意欲要素。但德国联邦最高法院后来放弃了该理论，其以澄清的方式强调，心理障碍的意义仅仅在于表明法院必须在完整评价所有间接证据的基础上特别谨慎地审查意欲要素。因此，法院在判决理由中应详细交代行为人具有杀人故意的确信是如何形成的，并在经过充分调查案件事实仍不明确的时候，遵守存疑有利于被告人原则，作出对被告人有利的事实认定。例如，行为人明知自己已经感染了艾滋病病毒，却仍然和他人发生无保护措施的性关系，原则上应认为行为人不具有杀人故意，最多仅具有伤害故意。这一论断的理由主要在于，基于医学治疗的发展以及预期取得的进步，感染艾滋病病毒者与他人发生无保护措施的性关系是否必然会导致他人患上艾滋病（通常是在多年以后），以及是否会在更多年以后导致他人过早地死亡，是令人怀疑的。我国实务中的见解则认为，实践中一些致人死亡的犯罪是故意杀人还是故意伤害，往往难以区分，在认定时除从作案工具、打击的部位和力度等方面进行判断外，也要注意考虑犯罪的起因等因素。对于因民间纠纷引发的案件，如果难以区分是故意杀人还是故意伤害，一般可考虑定故意伤害罪。

（三）学说理论探讨

1. 生命开始的认定

由于我国没有堕胎罪或者其他单纯保护胎儿身体或健康的刑法规定，对于胎儿的保护，最多只能考虑通过对母体生命或身体健康的保护来间接实现。关于如何判断人与胎儿之间的分界，文献上有独立生存可能性说、阵痛开始说、部分露出说、全部露出说、独立呼吸说等说法。

第一，独立生存可能性说认为，胎儿只要开始具有在母体外独立生存的可能性，就属于人。该说将导致诸多堕胎行为构成故意杀人罪，过度扩张故意杀人罪的处罚范围，因此只有极少数的学者赞同该说。

第二，阵痛开始说认为，人与胎儿的分界应为分娩程序开始时，即通常从子宫尝试排挤胎儿而导致的分娩阵痛开始时起，就将胎儿判定为人。至于剖宫产的情形，则以医生动刀实施剖开子宫手术时作为生命的始期。该说也是德国的通说见解，被认为可以使面临生产高风险的初生婴儿受到较为严密的故意杀人罪等相关规定的保障，而非停留在保障较为不足的堕胎罪相关规定。但也有论者批评，在胎儿尚在母体内时，无法对其生命、身体安全加以侵害，故而不宜将其作为故意杀人罪的对象。

第三，部分露出说认为，当胎儿身体的一部分露出母体时，就是人的开始时期。只要胎儿露出一部分，其他人就可能在母体之外对其直接进行侵害，此时的生命个体就值得加以保护。日本刑法理论和实务的主流见解以保护生命不宜过晚为由而倾向于部分露出说，但该说除被批评"根据侵害的样态是否具有直接性来划定'人'的范围，不符合生命的本质"之外，在操作可行性上也值得进一步商榷。特别是，在现实生活中，胎儿露出一部分身体后又缩回母体的，倘若严格按照部分露出说，则意味着该胎儿在已经变成人后又再次变回了胎儿，这种结论显然是令人难以接受的。

第四，全部露出说认为，胎儿完全露出母体的时候，才是人的开始时期。由于从社会意识来看，全部露出说较为自然，因此，该说通常也是各国民法的通说见解。不过，也有论者指出，民法和刑法在确定生命的始期上的规范目的有所差异，民法主要是为了赋予个人民事权利能力，使其成为民事权利主体；而刑法则是为了切实保护生命法益，故而没有必要要求民法和刑法在确定生命的始期问题上采用完全相同的标准。此外，全部露出说也被批评对生命的保护失之过晚。

第五，独立呼吸说认为，当胎儿全部露出母体，并且从胎盘呼吸转为利用自己的肺进行呼吸的时候，才是人的开始时期。这是因为只有此时胎儿才有在母体外生存的可能性，同时也才有遭受侵害的可能性。但除被批评"对人的生命保护得过晚""弱化对人的生命的刑法保护"之外，该说也难以确定究竟什么时候才算是开始呼吸，因此，该说不太受到支持。

人的生命始于何时，这一问题与一国的医疗水平、司法状况以及内国法秩序对生命的态度立场与价值选择等要素息息相关，无法一概而论。我国刑事司法实务实际采纳的

438

是独立呼吸说，这一做法可能较为契合我国的实际国情。但也有观点认为，为了避免对人的生命保护得过晚，有必要在"现在占通说地位的独立呼吸说的基础上将人出生的时间适度提前，即承认部分露出说"。本书则认为，前述的学说理论探讨主要立足于未出生生命的"主观权利"（subjektiven Recht）这一前提。由于主观权利不可以分阶段，只有有无的问题，因此，对生命的保护也被简化为"一刀切的是否保护"问题。对于未出生生命的保护，可以考虑基于一种阶段式的价值体系（abgestuftes Wertesystem），自着床后对生命的阶段式保护意味着，未出生生命的价值可以随着它的发展程度而不断提高。

2. 生命终止的认定

生命终止的认定，攸关人与尸体的界限。早期的学说采取的是所谓的"心脏死亡说"或"临床死亡说"，以呼吸或循环系统的终局停止（Stillstand der Atmungs- und Kreislauftätigkeit）作为认定死亡的时点。但自 20 世纪 60 年代以来，随着医疗科技的发展以及器官移植的需要，即便危重病人的心脏停止跳动，也可以通过药物或医疗设备的帮助来维持心跳或呼吸，因此，心肺功能丧失不再适合作为死亡的判断标准，一些国家纷纷改采所谓的"脑死亡说"，以进入无法逆转的所有脑功能丧失作为判断标准。以德国为例，德国《器官移植法》第 3 条第 2 款第 2 项的脑死亡定义采取的是所谓的"全脑死"，即大脑、小脑、脑干的整体功能终局且不可排除地丧失。但也有部分国家采取的是相对宽松的脑干死标准。从医学的角度来看，采用脑死亡说有其合理性，一方面可以避免浪费有限的医疗资源，减轻死者家属的负担；另一方面，根据现有的技术和标准，基本上可以保障脑死亡判断的客观性、准确性。但从国外学说的发展来看，脑死亡说的出现背景是器官移植，该说能否被援引至其他情形，仍有待进一步探讨。并且，死亡本身也具有社会意义，其认定也应当契合社会一般观念。

我国部分学者认为，存在着不当运用或者滥用脑死亡说的可能性，"人们完全有理由质疑医疗机构有时因为器官移植的需要而滥用死亡宣告权，或出现判断误差，使脑死亡标准在实际执行中'走样'"。考虑到我国目前的医患关系较为紧张，部分医疗机构的社会公信力受到质疑的情况，并且我国自 2024 年 5 月 1 日起施行的《人体器官捐献和移植条例》并未明文规定采用脑死亡标准，在刑法上采用脑死亡说是不现实的做法。因此，原则上仍应承认以心脏死亡说作为刑法上生命终止的判断标准及其现实合理性。

（四）疑难问题解析

1. 不作为故意杀人的认定问题

对他人生命负有保护义务的行为人，在他人的死亡结果并非基于其自我负责的决定时，有义务介入阻止死亡结果的发生，行为人有能力阻止却不阻止的，成立不作为的故意杀人罪。

相较于作为犯情形，不作为情形下的故意杀人罪除要求行为人具有保证人地位和作为义务之外，还要求不作为与作为之间具有等价性，即可以将不作为行为认定为分则规定的"杀"的行为，不作为者对他人生命具有支配力。据此，当自杀者对其自杀决定可以自我负责时，其对自己的生命具有支配力，故而保证人不会构成不作为的故意杀人罪；当自杀者对其自杀决定无法自我负责时，保证人对自杀者的生命具有支配力，成立不作为的故意杀人罪。这一见解的优势在于，可以合理区分不作为的故意杀人罪与遗弃罪。

如果行为人的不作为或不救助在客观上有很大的概率不会造成他人死亡，则无法成立故意杀人罪，最多只能成立遗弃罪。例如，母亲将新生婴儿放在福利院门口，希望有人能捡走收养，结果当晚骤然降温导致婴儿被冻死，应当认定为遗弃罪（同时触犯了过失致人死亡罪，两罪成立想象竞合犯）；但如果母亲在荒郊野外生下婴儿后就弃之不顾，最终婴儿被活活饿死，则应认定为故意杀人罪。虽然上述观点在结论上值得认可，但仍需澄清的一点是，不作为本身并不具有支配力，因此，重点仍应在于行为人放任不具有自我负责性的被害人遭受伤亡，违反法律要求的保护义务。

争议较大的问题还有：当原本具有自我负责能力的自杀者，在实施完自杀行为后陷入昏迷等无法负责的状态时，具有保证人地位的行为人是否需要在此时开始采取救助措施？如不予以救助，是否应成立不作为的故意杀人罪？对此，德国实务中有见解曾认为，由于被害人在昏迷后已陷入无意识状态，无法再支配因果历程的进行，保证人在此时取得了支配地位，必须承担起不作为的故意杀人罪的刑责，最多只能考虑无期待可能性的罪责排除。但该见解值得商榷，一方面，在此时课予保证人救助义务无异于否定被害人先前早已明确作出的意思表示，侵犯了被害人的自我决定权；另一方面，此说容易造成评价上的失衡与矛盾，因为如果行为人提供过量的安眠药给自杀者服用的积极作为，只能被评价为不可罚的、对自我负责的自杀的参与，而行为人在自杀者陷入昏迷后的消极不作为，却反而可以被评价为不作为的故意杀人，两者相较之下明显轻重失衡。此外，此说在结果论上还会导致不合理的结论，使保证人的刑责认定荒谬地取决于自杀者所吞食的药物内容这一偶然因素。因为，严格按照此说，如果自杀者吞服的是迅速致命的毒药，则其在吞服后没有任何救助可能性，保证人不会成立任何犯罪；但如果自杀者吞服的是大量安眠药，由于还有救助的机会，保证人则会成立不作为的故意杀人罪。

2. 引起他人自杀的问题

诚如前述，刑法中的杀人仅指杀害"他人"，杀害本人的自杀行为，并不是刑法中的不法行为。基于共犯从属性，以教唆或帮助等方式引起他人自杀的行为，由于"实行者"（自杀者）并未实施不法行为，故而教唆者、帮助者也无法成立故意杀人罪的教唆犯、帮助犯。这里，自杀在刑法评价上必须具备两大特征：一是死者必须出于自我负责的自杀决定，二是死者必须对直接结束自己生命的行为具有支配。倘若不满足这两个基本特征，则其应构成他杀而非自杀。

具体而言，如果自杀者对生死没有认知能力、不能理解自杀的真实意义和结果，或者自杀者陷入一种类似免责状态的意思瑕疵，则自杀者的决定不构成自我负责的自杀决定，引起他人自杀的行为人应成立故意杀人罪的间接正犯。例如，行为人持枪逼迫被害人，要么下毒毒杀其孩子，要么只能选择自行服毒。被害人万般无奈之下选择服毒自杀的，行为人构成故意杀人罪的间接正犯。学说上和实务中争议比较大的问题是：虽然自杀者因为他人的强制、胁迫、欺骗或者其他手段而陷入意思瑕疵，但尚未达到"类似免责状态"，此时自杀者的自杀决定是否仍然属于自我负责的决定？例如，行为人甲欺骗其女友乙共同殉情，导致乙自行服下毒药，但甲实际上想在乙死亡后与其新欢丙顺利交往。对此，主要存在着"承诺标准说"和"类似免责说"。前者认为，只要自杀者的决定存在意思瑕疵，就不再属于自我负责的自杀，因此，引起他人自杀的行为人应成立故意杀人罪的间接正犯；后者则认为，此种情形下的自杀者仍然是自我负责的自杀，因为一方面，出于自我保存的自私心理，自杀决定并不是轻易就能作出的；另一方面，在规范评价下，享有生命的主体也不应仅仅因为旁人的轻微压力或误导所带来的动机错误，就选择舍弃生命。

3. 罪数认定的问题

行为人既实施了刑法中的其他犯罪，同时又故意致人死亡的，可分别按照以下情形处理：第一，以其他犯罪定罪处罚的情形。例如，行为人为劫取财物而预谋故意杀人，或者在劫取财物过程中，为制服被害人反抗而故意杀人的，以抢劫罪定罪处罚。第二，转化犯的情形。根据《刑法》第 238 条、第 247 条、第 248 条、第 289 条、第 292 条的规定，对非法拘禁使用暴力致人死亡的，刑讯逼供或暴力取证致人死亡的，虐待被监管人致人死亡的，聚众"打砸抢"致人死亡的，聚众斗殴致人死亡的，应以故意杀人罪论处。第三，数罪并罚的情形。例如，行为人在实施抢劫完毕后，为灭口而故意杀人的，以抢劫罪和故意杀人罪定罪，实行数罪并罚。

第三节 过失致人死亡罪

一、过失致人死亡罪的概念

（一）难度与热度
难度：☆ 热度：☆
（二）基本概念分析
过失致人死亡罪，是指因过失行为而导致他人死亡的情形。

二、过失致人死亡罪的构成特征

（一）难度与热度
难度：☆☆ 热度：☆☆
（二）基本概念分析
（1）本罪的客观构成要件为过失行为致他人死亡。被害人的死亡结果，必须与行为人的过失行为具有因果关系，且系客观可归责的，才能构成本罪。亦即，在过失致人死亡罪的客观构成要件的审查上，必须首先确定死亡结果的发生，之后再通过条件理论判断行为与结果之间的因果关系，最后再通过客观归责理论审查行为是否违反了注意义务、结果与行为之间是否具备义务违反关联性、结果是否属于规范保护目的的范围、结果是否具有可避免性等问题。

（2）本罪的主观构成要件为过失，包括疏忽大意的过失和过于自信的过失。亦即，行为人对自己的行为造成他人的死亡结果具有预见义务和预见可能性，或者已经预见而轻信能够避免。不是出于过失，而是由不能预见的原因引起他人死亡结果的，属于意外事件，不成立本罪。

（三）学说理论探讨

我国《刑法》第 233 条第二句规定，本法另有规定的，依照规定。我国部分论者认为，刑法分则中作为例外情况规定的过失致人死亡，一般来说属于业务上过失致人死亡的情形。其中，业务上过失致人死亡中的业务，是指社会生活上能够反复进行、对人的生命健康具有高度危险性的业务。由于这些业务对维持社会生活而言非常重要，且具有引发结果的危险性，因此刑法对这些行为作特殊规定是必要的。并且，由于从事特定业务者具有高度的注意义务，有较强的注意能力，因此，业务上过失致人死亡的行为一般应当受到比普通过失致人死亡的行为更严重的处罚。业务上过失致人死亡的特殊规定和过失致人死亡罪之间是法条竞合关系，按照特别法条优于普通法条的原则，应当适用业务上过失致人死亡的特殊规定。

不过，文献上也存在批评的观点：一方面，认为从事业务之人对一定危险有比较高的预见可能性的看法，不是不切实际，就是没有意义的。从事业务之人所会做的行为不外乎两种类型：一种是不具有专属性的事情，如开车（出租车司机和一般人一样都可能天天开车）；另一种则是具有专属性的事情，如手术开刀（一般人不会像医生那样实施开刀手术）。对于前者，从事业务的司机并不会因为他的职业是司机就一定比一般人对车祸的发生在事实上具有较高的预见可能性。以驾车肇事为例，在驾驶技术上，除赛车手之外，没有一个人会因为持续不断地开车，驾驶技术就会变得越来越好，对可能出现的种种驾驶环境的认知也是如此。对于后者，既然一般人根本就不会去做这种具有专属性的事情，比较一个医生开刀和一个幻想中的普通人开刀的预见可能性，就是明显没有意义的。另一方面，从事业务之人也不会单纯因为所从事的业务本身，就可以形成更高度的注意义务。以出租车驾驶为例，仅仅基于出租车驾驶人以载客为业而在马路上开车的事实，并不能得出出租车司机在开车时就必须更加注意路上行人的安全，而一般自用小汽车的驾驶人在开车时就可以不注意路上行人的安全。因此，以高度的预见义务或注意义务作为业务过失致人死亡特殊规定的加重刑罚理由，事实基础并不稳固。

（四）疑难问题解析

行为人促使被害人实施自我负责的、有意识的自我危害（bewusste Selbstgefährdung）的，纵使行为人的促使或诱发行为违反了注意义务，并且被害人自身也不希望死亡结果出现，行为人也不会构成过失致人死亡罪，因为死亡结果不是来自行为人所创设的不被容许的风险，而是来自被害人自我负责下承受的风险，结果欠缺客观可归责性。

第四节　故意伤害罪

一、故意伤害罪的概念

（一）难度与热度
难度：☆☆☆　　热度：☆☆☆

（二）基本概念分析

故意伤害罪，是指行为人故意地非法损害他人的身体健康，致人轻伤、重伤或者死亡的情形。通说认为，本罪的保护法益是生理机能的健全，即身体功能的正常运作，包括器官功能健全、精神正常、健康无疾病等。仅侵犯他人身体的完整性但不使生理机能发生障碍，如使用暴力强行剪掉他人的头发或指甲的，不构成故意伤害罪，最多成立侮辱罪或寻衅滋事罪。

二、故意伤害罪的构成特征

（一）难度与热度

难度：☆☆☆　　热度：☆☆☆

（二）基本概念分析

（1）本罪的行为对象为他人的身体。伤害自己的身体，不会成立故意伤害罪；但如果自伤行为在满足其他构成要件的同时侵犯了其他的法益，则可能构成其他犯罪。例如，我国《刑法》第 434 条规定，军人战时自伤身体，逃避军事义务的，构成战时自伤罪。身体，是指具有生命的整个肉体，既包括体外的四肢与躯干，也包括体内的内脏器官以及口腔内的牙齿、舌头。他人的身体不包括假肢、假发与假牙。但是，已经成为身体组成部分的人工骨、镶入的牙齿，也是身体的一部分。

（2）本罪的行为结果为轻伤（基本犯结果）、重伤（加重犯结果之一）、死亡（加重犯结果之二）三种。故意伤害致人轻微伤的，不构成本罪。轻伤、重伤的区分应当以最高人民法院、最高人民检察院、公安部、国家安全部、司法部联合发布的《人体损伤程度鉴定标准》为准，该鉴定标准明确规定了人体损伤程度鉴定的原则、方法、内容和等级划分。我国《刑法》第 95 条规定，重伤是指："（一）使人肢体残废或者毁人容貌的；（二）使人丧失听觉、视觉或者其他器官机能的；（三）其他对于人身健康有重大伤害的。"

（3）本罪的行为主体为一般主体。但需要注意的是，根据我国《刑法》第 17 条第 2 款，已满 14 周岁不满 16 周岁的相对刑事责任能力人，犯故意伤害（致人重伤或者死亡）罪的，应当负刑事责任。此外，根据我国《刑法》第 17 条第 3 款，已满 12 周岁不满 14 周岁的人，犯故意伤害罪，致人死亡或者以特别残忍手段致人重伤造成严重残疾，情节恶劣，经最高人民检察院核准追诉的，应当负刑事责任。

（4）本罪的实行行为为非法伤害他人身体的行为。首先，伤害身体的行为必须是非法的。某种行为虽然从表面上或形式上来看，确实损害了他人的身体健康，但只要是法律一般性容许的框架内，就不属于本罪的身体伤害行为。典型的例子如医生的医疗干预行为，由于医疗行为本身是为了促进病人身体健康的整体活动，医疗服务也属于社会承认的正当职业，故而不应将其理解为一种从事伤害的营利活动。其次，关于非法损害的方法，并无类型方面的限制，其既可以是物理或化学的手段，也可以是有形或无形的方法，还可以是作为或者不作为。只要该行为能够作用于他人的肉体或者精神，最终使他人身体的生理机能发生障碍的，均属于伤害身体的行为。至于被害人是否有疼痛感觉，并不重要。

（5）本罪的主观构成要件为故意，即行为人明知自己的行为会使他人身体遭受轻伤以上的损害结果，仍希望或者放任这种结果的发生。

（三）学说理论探讨

关于伤害胎儿的定性：对胎儿实施侵害，未导致母体健康受损的后果，但使胎儿出生后出现畸形发育的，能否构成故意伤害罪，对此，我国学说上目前仍存在争论。部分学说见解认为，故意使用药物伤害胎儿，旨在使该胎儿出生后严重残疾，事实上也造成了这种伤害的，虽然行为时对象还不是人，但只要行为对象存在于行为产生影响或发挥作用之时，就能满足行为对象的要求。若伤害行为在发挥作用的过程中，胎儿发育成人，那么，该行为可以成立故意伤害罪。但也有相关的观点指出，在我国是很难追究行为人的故意伤害罪刑责的。因为我国刑法中并没有堕胎方面的犯罪，在对胎儿生命都不予以保护的前提下，更遑论保护胎儿的身体健康，并且，将伤害胎儿的行为都作为犯罪处理，也会产生不必要的波及效果。

（四）疑难问题解析

（1）故意伤害罪的形态。由于我国刑法将故意伤害罪的危害结果划分为轻伤、重伤和致人死亡三种程度，行为人主观上对伤害程度的认识、客观上的伤害程度，以及两者之间的对应情况，会直接影响本罪的成立和法定刑的适用范围。在我国司法实践中，一般是采取"唯结果论"，即按照实际造成的伤害程度结果来处理。对此，在行为人对伤害程度具有确定性认识或者概然性认识的情形下，由于实际造成的伤害程度均在行为人的故意内容之中，因此"唯结果论"的做法并不会导致客观归罪，且便于司法操作。不过，在行为人对被害人已经实施了明显具有重伤害故意内容的行为，只是出于意志以外的原因而未造成任何程度的伤害时，应认为符合故意犯罪的未遂形态，以故意伤害致人重伤（未遂）论处。另需注意的是，故意轻伤，但未造成轻伤结果的，不成立犯罪，不存在未遂问题。

（2）结果加重犯的认定。故意伤害罪有两种结果加重犯的情形，分别是故意伤害致人重伤，以及故意伤害致人死亡。在结果加重犯的场合，除了要求暴力和加重结果之间具有客观上的因果联系，在主观上还要求行为人具有伤害故意，且对加重的重伤或者死亡结果至少应当具有过失。另外，在故意伤害致人死亡的情形中，致死对象与伤害对象既可以是同一人，也可以是不同的人。例如，认识错误、打击错误导致第三人死亡的，也属于故意伤害致人死亡。

（3）故意杀人罪与故意伤害罪的区别。通常认为，凡具有杀人故意而侵犯他人人身的，均应认定为故意杀人罪；若只具有伤害故意而致人轻伤以上程度，则应认定为故意伤害罪。至于实际造成的客观危害结果，只是在评价既遂或者未遂的形态时予以考虑，不会影响对行为性质的认定。关于杀人故意和伤害故意之间的关系，应当认为杀人故意并不会排斥伤害故意的存在（一体理论），杀人既遂的行为人也会该当伤害既遂，只是两者具有法条竞合关系，以故意杀人罪既遂论处即可。如果故意杀人仅停留在未遂阶段，却出现了伤害既遂的结果，则两罪成立想象竞合犯的关系，以澄清行为人除着手杀人外，还造成了伤害结果。

<h1 style="text-align: center;">第五节　强奸罪</h1>

一、强奸罪的概念

（一）难度与热度
难度：☆☆　热度：☆☆

（二）基本概念分析
强奸罪，是指行为人违背妇女的意志，使用暴力、胁迫或者其他手段，强行与其发生性关系，或者奸淫不满 14 周岁的幼女的行为。根据不同的侵害对象，本罪的保护法益也有所差异。在被害人是妇女的情形，本罪侵犯的法益是妇女的性自主权（性行为的自我决定权），即妇女对性行为发生的时间、地点、形式与对象所拥有的自主决定的权利；在被害人是幼女的场合，本罪侵犯的法益则是幼女的身心健康。

二、强奸罪的构成特征

（一）难度与热度
难度：☆☆☆☆　热度：☆☆☆☆

（二）基本概念分析
（1）本罪的行为对象为女性，包括妇女和幼女。按照我国现行法，男性无法成为强奸罪的行为对象。行为人强行与男性发生性关系的，最多只能以故意伤害罪或强制猥亵、侮辱罪等其他犯罪论处。至于被害女性的婚姻状况、身体状况、生活作风、思想品德等个人因素，并不会影响强奸罪的成立与否。行为人明知是已经死亡的女性而实施奸淫的，不构成强奸罪，但可能成立侮辱尸体罪。根据被害女性的性承诺能力和生理发育状况，我国现行法将强奸罪的行为对象区分"已满十四周岁的女性"以及"不满十四周岁的幼女"，并在构成要件的设计上有所差异。

（2）本罪的行为主体为一般主体。根据我国《刑法》第 17 条第 2 款，已满 14 周岁不满 16 周岁的相对刑事责任能力人，犯强奸罪的，应当负刑事责任。本罪的行为主体只能是男性，女性不能成为强奸罪的正犯。但女性教唆、帮助男性强奸其他妇女或奸淫幼女的，应当以强奸罪的共犯论处。

（3）本罪的实行行为为强奸妇女或奸淫幼女。就强奸妇女行为而言，我国学说一般将其理解为违背妇女的性意志，使用暴力、胁迫或者其他手段，强行与妇女性交的行为。虽然我国刑法中并未明确"违背妇女的性意志"，但通常将其当作强奸罪的本质特征。对于"违背妇女的性意志"的理解，需要加以注意的要点包括：第一，如果妇女已经明确表示不同意发生性关系，强行与之发生性关系的行为当然违背了妇女的性意志。第二，如果没有取得妇女的同意，如行为人使用麻醉方法或者冒充妇女的丈夫而与被害人发生性关系的，也属于违背妇女的性意志。第三，对于是否违反妇女的性意志的判断，不能仅以妇女是否反抗作为认定的条件。在特殊情形下，妇女不敢反抗、来不及反抗、不知反抗、明知反抗无用而未反抗的，虽然欠缺被害人反抗这一表征性事实，但也仍然属于违反妇女的性意志。例如，明知被害人是精神病患者或者痴呆者（程度严重）而与其发生性关系的，由于这些妇女无法正常表达自己的真实意愿，因此，无论其是否"同意"，与其发生性关系的行为均构成强奸罪。与间歇性精神病患者在未发病期间发生性关系，妇女本人作出同意的，不构成强奸罪。第四，通过是否"违反妇女的性意志"的判断，可以区分不可罚的通奸与可罚的强奸。通奸是双方当事人基于自愿而发生性关系的行为，其并未违反女性的性意志。不过，如果男女双方先实施通奸，后来女方不愿意通奸，而男方继续纠缠不休并以暴力或毁坏名誉等胁迫手段强行与女方发生性关系的，其行为以强奸罪论处。第五，行为人利用职务上的优越条件，引诱已满 14 周岁的女性，女方基于互相利用而与之发生性关系的，这没有违背女性的性意志，一般不宜以强奸罪论处。

根据现行法规定，强奸罪的手段行为主要有三种，分别是：第一，"暴力"手段，即行为人直接对被害妇女采取身体强制，如直接对被害妇女采取殴打、捆绑、堵嘴、按倒等危害人身安全和人身自由、使妇女不能反抗的手段。第二，"胁迫"手段，指行为人通过猥亵、恫吓等方式，对被害妇女施加精神强制，迫使妇女就范，使其不敢反抗的手段，如以杀害被害人或其亲属相威胁，以揭发被害人的隐私相威胁，利用职权、教养关系、从属关系等形成的优势地位等。第三，其他手段，即其他使被害妇女不知反抗、不敢反抗或不能抗拒的手段，如假冒为妇女治病而进行奸淫、利用妇女患病或熟睡等机会进行奸淫、将妇女灌醉或麻醉后进行奸淫等。

就奸淫幼女而言，其是指与不满 14 周岁的幼女发生性关系的行为。相较于强奸妇女行为，奸淫幼女行为不要求行为人使用暴力、胁迫或者其他手段，无论幼女是否同意，与之发生性关系均以强奸罪论处。这主要是因为不满 14 周岁的幼女缺乏辨别和反抗的能力，没有性承诺能力，其在生理和心理方面上尚处于不成熟状态，并且，一旦幼女被奸淫，其身心健康会受到摧残，不利于幼女正常的发育与成长，因此，我国刑法才将幼女作为特殊的保护对象，并在强奸罪的实行行为上作不同的要求。

（4）本罪的主观构成要件为故意。在强奸妇女的情形，行为人必须认识到自己所实施的强迫、胁迫或其他手段会使被害妇女陷入不知反抗、不敢反抗或不能抗拒的状态，进而违反被害妇女的性意志而与之发生性关系，并希望或放任此种危害结果的发生。在奸淫幼女的场合，行为人必须认识到被害人是幼女，并希望或放任与之发生性关系。

（三）学说理论探讨

1. 关于"婚内强奸"的成立范围

"婚内强奸"是否构成强奸罪，或者说丈夫能否成为强奸妻子的行为主体，在实务和理论上尚存争议。肯定说认为，从强奸罪的本质特征来看，无论是婚内还是婚外，只要行为人侵害了妇女的性自主权而强行与其发生性关系的，均可以成立强奸罪，因此，婚内强奸均应以强奸罪论处。否定说则认为，由于在夫妻婚姻关系存续期间，夫妻之间具有同居的义务，虽然丈夫强行与妻子发生性关系的行为侵害了妻子的性自由，但这种情形与强奸罪的典型形象存在着本质的差异，故而，婚内强奸不宜以强奸罪论处。我国司法实践则采取一种相对折中的做法：对于婚内强奸，原则上不宜认定构成强奸罪；但在婚姻关系的非正常存续期间，例如婚姻关系已经进入了法定的解除程序，则婚内强奸可以构成强奸罪。

2. 关于强奸罪的主观构成要件是否包括奸淫目的

我国刑法理论认为，除故意之外，强奸罪的主观构成要件还要求行为人具有奸淫目的，即意图与被害女性性交的目的。如果行为人不以奸淫为目的，而是以搂抱、抠摸、吸吮妇女等性交以外的其他方式满足其性欲的，则不能构成强奸罪。我国司法实践先入为主地考虑行为人是否具有奸淫目的来扩大强奸罪的成立范围，因为奸淫目的是一种较为含混的概念。但也有观点指出，如果严格且正确地要求强奸罪的主观要件还需要包括奸淫目的，反而应会缩小强奸罪的成立范围。一方面，因为我国刑法理论认为，只有直接故意才具有犯罪目的，间接犯罪不具有犯罪目的。如此一来，强奸罪的故意会被进一步要求为直接故意；另一方面，虽然实施强奸的行为人的内心倾向大多是为了满足性要求，但也可能是为了报复、侮辱妇女、强迫妇女嫁给自己等。倘若奸淫目的是强奸罪主观构成要件的一部分，这些情形显然都无法定为强奸罪。实际上，能否成立强奸罪的关键，根本不在于行为人是否具有奸淫目的，而是行为人是否以暴力、胁迫或其他手段侵犯了妇女的性自主决定权。因此，行为人的内心倾向如何、是否具有奸淫目的，与本罪的成立无关。寻求刺激或者满足性欲的目的或倾向不是强奸罪的主观构成要件之一。

（四）疑难问题解析

1. 强奸罪的既遂、未遂认定标准

对于强奸妇女和奸淫幼女，强奸罪的既遂、未遂认定标准有所不同。对于强奸妇女，在我国一般采取所谓的"插入说"作为认定强奸妇女既遂与未遂的标准；对于奸淫幼女，司法实务则采取所谓的"接触说"。

2. 明知对方是幼女的认定

就强奸罪（奸淫幼女型）的成立而言，明知对方是幼女是必不可少的要件之一。对此，2023年最高人民法院、最高人民检察院、公安部、司法部《关于办理性侵害未成年人刑事案件的意见》第17条规定："知道或者应当知道对方是不满十四周岁的幼女，而实施奸淫等性侵害行为的，应当认定行为人'明知'对方是幼女。对不满十二周岁的被害人实施奸淫等性侵害行为的，应当认定行为人'明知'对方是幼女。对已满十二周岁不满十四周岁的被害人，从其身体发育状况、言谈举止、衣着特征、生活作息规律等观察可能是幼女，而实施奸淫等性侵害行为的，应当认定行为人'明知'对方是幼女。"

3. 加重处罚事由的认定

根据现行刑法规定，强奸罪具有六种加重处罚事由，分别是：

第一，强奸妇女、奸淫幼女情节恶劣的。这里的"情节恶劣"是指本款规定已经列举之外的其他各种恶劣情节、欺凌等恶劣手段。

第二，强奸妇女、奸淫幼女多人的。这既包括一次多人，也包括多次累积多人等情形。司法实践一般将这里的"多人"理解为三人以上。

第三，在公共场所当众强奸妇女、奸淫幼女的。这里的"公共场所"既包括群众进行公开活动的各种场所，如商店、体育场、街道等，也包括各类单位，如机关、团体、事业单位的办公场所，企业生产经营场所、医院、学校等，还包括公共交通工具。"当众"既包括故意使他人看到，也包括不避讳他人看到的情形。在公共场所强奸妇女、奸淫幼女的，只要有其他人在场，无论在场人员是否看到，均可以认定为在公共场所当众强奸妇女、奸淫幼女。由于此种情形表现了行为人对公序良俗的蔑视，同时强化了被害人的羞辱感，其相较于一般的强奸罪情形具有更为恶劣的社会影响和严重后果。

第四，二人以上轮奸的。这里所说的"轮奸"是指两名以上的男子基于共同强奸的故意，在同一接近的时间内，先后轮流对同一名妇女或幼女实施强奸或奸淫的行为。学说上和实务中争议比较大的问题是：二人以上轮奸的场合，一人既遂，其他人未遂的，是否所有人都成立轮奸既遂。对此，存在着一概既遂说和分别处理说。一概既遂说将轮奸规定当作一般情形下的犯罪共犯，认为对共犯的既遂判断应当按照部分行为全部责任原则来处理。因此，对于参与轮奸的共犯，只要其中有人强奸得逞，其他共犯无论强奸是否得逞，一律以强奸既遂或轮奸既遂论处。相对地，分别处理说则立足于强奸罪是己手犯的假设，认为强奸罪既遂必须是行为人与妇女或幼女发生性关系，行为人如果没有与妇女或幼女实际发生性行为，则不构成强奸罪既遂。较为合理的一种见解是折中做法，即在轮奸中，一人奸淫得逞，其他人因意志以外的原因而未得逞或者中止的，全案依然可以成立轮奸，但对未遂和中止者可以从轻、减轻或者免除处罚；如果两个以上的行为人均未得逞或者中止，或者部分未得逞、部分中止的，则全案不成立轮奸，分别对各个参与人认定为强奸罪未遂或中止。

第五，奸淫不满10周岁的幼女或者造成幼女伤害的。"奸淫不满十周岁的幼女"与"造成幼女伤害"是两种并列的情形，行为人有奸淫幼女的行为，一旦符合上述条件之一的，就可以加重处罚。其中，"奸淫不满十周岁的幼女"，通常会给幼女造成严重的身体损害，同时也会给幼女的身心健康带来严重的不良影响，应当予以严惩。"造成幼女伤害"则指奸淫幼女行为给幼女造成身体、精神伤害结果。

第六，致使被害人重伤、死亡或者造成其他严重后果的。"致使被害人重伤、死亡"，是指行为人在强奸过程中，使用暴力导致被害人的性器官受到严重损害，甚至死亡。"造成严重后果"则指强奸行为引起被害人自杀、精神失常等严重后果。不过，如果行为人在完成强奸后为了灭口而故意实施杀人行为或者伤害行为，则不能适用该款加重处罚事由，而应实行数罪并罚。

第六节　负有照护职责人员性侵罪

一、负有照护职责人员性侵罪的概念

（一）难度与热度
难度：☆☆　热度：☆☆

（二）基本概念分析

负有照护职责人员性侵罪，是指对已满14周岁不满16周岁的未成年女性负有监护、收养、看护、教育、医疗等特殊职责的人员，与该未成年女性发生性关系的行为。本罪是《刑法修正案（十一）》第27条增设的新罪名。增设本罪主要是为了进一步保护未成年人的身心健康；已满 14 周岁不满 16 周岁的未成年女性尚处于生长发育过程中，其生活经验、社会阅历还比较浅，对性的认知能力尚有不足，在面对一些特定关系人利用特殊职责等便利条件实施性侵扰时，还不具备完全的自我保护能力。因此，刑法明确规定，对已满 14 周岁不满 16 周岁的未成年女性负有监护、收养、看护、教育、医疗等特殊职责的人员与其发生性关系，即便该未成年女性"同意"发生性关系的，也要追究负有监护、收养、看护、教育、医疗等特殊职责的人员的刑事责任。

二、负有照护职责人员性侵罪的构成特征

(一) 难度与热度

难度：☆☆　热度：☆☆

(二) 基本概念分析

(1) 本罪的行为主体是特殊主体，只能由负有监护、收养、看护、教育、医疗等特殊职责的人员构成。

(2) 本罪的行为对象只能是已满 14 周岁不满 16 周岁的未成年女性，不包括未成年男性在内。

(3) 本罪的实行行为是负有特殊职责的人员与已满 14 周岁不满 16 周岁的未成年女性发生性关系，且情节恶劣。负有特殊职责的人员，是指对未成年负有监护、收养、看护、教育、医疗等职责的人员，包括与未成年人具有共同生活关系且事实上负有照顾、保护等职责的人员。对负有特殊照护职责的人员的判断，要求具有一定的依据，比如法律、法规规定的监护关系，法律上或事实上的收养关系，合同等，但这些照护关系并不以合法为前提。例如，在非法开设的教育机构或医疗机构中，负有特殊照护职责的人员与未成年女性发生性关系的，均可以成立本罪。如果负有特殊照护职责的人员对已满 14 周岁不满 16 周岁的未成年女性仅实施亲吻、抚摸性器官等猥亵行为，倘若该未成年女性不同意的，不构成本罪，最多只能构成强制猥亵罪；倘若该未成年女性同意的，则应当承认未成年女性有限的性自主决定权，行为人的行为不成立犯罪。如果负有特殊照护职责的人员采用暴力、胁迫等手段强行与该未成年女性发生性关系，则同时成立本罪和强奸罪，依照处罚较重的规定定罪处罚。此外，本罪还要求达到"情节恶劣"，我国司法实践认为，具有下列情形之一的，应当认定为"情节恶劣"：1) 长期发生性关系的；2) 与多名被害人发生性关系的；3) 致使被害人感染艾滋病病毒或者患梅毒、淋病等严重性病的；4) 对发生性关系的过程或者被害人身体隐私部位制作视频、照片等影像资料，致使影像资料向多人传播，暴露被害人身份的；5) 其他情节恶劣的情形。

(4) 本罪的主观构成要件为故意，即负有特殊照护职责的行为人认识到对方是已满 14 周岁不满 16 周岁的未成年女性，并希望或放任与其发生性关系。由于负有监护、收养、看护、教育、医疗等特殊职责的人员，与未成年女性之间存在一定时期的特殊照护关系，通常对未成年女性的年龄会有明确的认识，因此即便行为人不具有明确的认识，但只要其明知对方可能是已满 14 周岁不满 16 周岁的未成年女性而仍然与其发生性关系的，也满足故意的要求。

<h1 style="text-align:center">第七节 非法拘禁罪</h1>

一、非法拘禁罪的概念

（一）难度与热度
难度：☆☆ 热度：☆☆

（二）基本概念分析
非法拘禁罪，是指以拘禁或其他方法非法剥夺他人人身自由的行为。本罪的保护法益是人的身体活动自由，即行动和移动的自由。

二、非法拘禁罪的构成特征

（一）难度与热度
难度：☆☆☆☆ 热度：☆☆☆☆

（二）基本概念分析
（1）本罪的行为对象是具有身体活动自由的自然人。作为意思活动自由的体现，身体活动自由是一种事实状态，并不以行动者在法律上具有责任能力和法律能力为限。因此，诸如婴儿、重度精神病人等群体，由于在事实上完全没有行动自由，不能成为本罪的行为对象。

（2）本罪的实行行为是拘禁或者以其他方法非法剥夺他人的人身自由。首先，非法拘禁罪要求剥夺他人人身自由的行为必须具有非法性。这也意味着，虽然某种行为在客观上剥夺了他人的人身自由，但只要其属于合法的范畴，就不会构成非法拘禁罪，典型的例子如司法机关依法对犯罪嫌疑人、被告人采取的拘留、逮捕等强制措施，公民依法扭送通缉犯等。其次，我国现行法规定对非法拘禁罪的实施方法采取了所谓的"列举＋概括"式的规定，立法者列举了"非法拘禁"这一最为常见的剥夺方法，同时还规定了"其他方法"作为兜底性规定。其中，"非法拘禁"是指行为人违背他人的真实意愿，以强制性的手段使他人丧失行动的自由。至于"其他方法"，其既可以是直接的手段，也可以是间接的手段；既可以是有形的手段，也可以是无形的手段；既可以以作为的形式实施，也可以以不作为的形式实施。当被害人具有离开特定场所的意思时，只要行为人强行使被害人处于丧失行动自由的状态，就属于剥夺他人人身自由的方法。最后，非法拘禁罪属于持续犯，在非法拘禁行为实施后，被害人的人身自由被非法剥夺的不法状态必须在一定的时间内持续存在，才可能成立本罪。虽然我国刑法并未明确规定拘禁时间的长短，但根据我国目前的实务中与学说上的观点，应依据非法拘禁的人数、时间、致人伤亡后果等事实加以综合判断。原则上，非法剥夺他人人身自由 24 小时以上的，就可以认定构成非法拘禁罪；但如果涉及的是黑恶势力犯罪案件或者实施"软暴力"的刑事案件，非法拘禁他人 3 次以上、每次持续时间在 4 小时以上，或者非法拘禁他人累计时间在 12 小时以上的，即应当以非法拘禁罪定罪处罚。

（3）本罪的主观构成要件为故意。行为人主观上必须具有非法剥夺他人身体活动自由的意思。本罪的故意既包括直接故意，也包括间接故意。具体而言，行为人必须认识到自己的行为足以剥夺他人的身体活动自由，且他人离开现场的意思决定随时可能发生，却仍希望或放任他人的身体活动自由被非法剥夺。倘若行为人过失地将他人锁于特定的场所，并持续相当长的时间，乃至于发生被害人死伤的结果，也不会构成非法拘禁罪，但可能构成过失致人死亡罪、过失致人重伤罪等其他犯罪。

（三）学说理论探讨

这里探讨一下身体活动自由的性质认定问题。关于非法拘禁罪，学说上经常出现的一个重要理论问题是，这里的身体活动自由，是一种现实的自由，还是一种可能的自由。亦即，成立非法拘禁罪，是否要求被剥夺人身自由的被害人意识到自己的身体活动自由已经被他人剥夺。对此，可能的自由说认为，身体活动自由是一种可能的、潜在的自由，因一时的原因而丧失行动自由或陷入短暂昏迷状态的人，如烂醉如泥者，仍可以成为非法拘禁罪的侵害对象，因为这些人在被拘禁后一旦从中醒过来，将无法自由移动身体使自己离开当下所停留的场所，其权利就受到了侵害。与之相反，现实的自由说则认为，当被害人没有认识到自己的身体活动自由被剥夺，或者被害人自身根本就不想外出或移动自己的身体时，即便他人客观上实施了非法拘禁行为，也谈不上已经侵犯了被害人的身体活动自由，故而不会成立非法拘禁罪。

（四）疑难问题解析

1. 非法拘禁罪的结果加重犯与转化犯

非法拘禁罪的结果加重犯，是指在非法拘禁过程中，行为人过失致人重伤或者死亡的。此时，行为人非法拘禁行为的性质并未发生转变，仍应定性为非法拘禁罪，但构成非法拘禁罪的结果加重犯。例如，行为人用绳子捆绑住被害人的身体，非法剥夺其人身自由，但绳子捆绑过紧或者用东西堵住嘴的时间过长导致被害人窒息死亡。实务中和理论上较具争议性的情形之一是：能否将被拘禁者自杀或因自身原因而死伤的情形认定为非法拘禁罪的结果加重犯。对此，较为合理的主张是，不能一概而论，而应注意区分非法拘禁的时间、情节等因素对因果关系的影响。如果被害人已经被长时间拘禁，且持续遭受殴打、侮辱，最终不堪忍受而自杀，或者被害人为了逃离此种拘禁场所，不惜铤而走险，导致自己遭受死伤的，仍应认为死伤结果与非法拘禁行为之间具有直接性因果关联，可以成立非法拘禁罪的结果加重犯。相反，在非法拘禁环境较为宽松，且持续时间不长的情形下，被害人为了离开拘禁场所，在行为人看管松懈时翻越窗户，最终发生意外坠楼而死的，则仅成立非法拘禁罪，被害人死亡的事实最多只能作为一种从重量刑的情节。

非法拘禁罪的转化犯则指，行为人在非法拘禁的过程中使用暴力致人伤残、死亡，此时行为人非法拘禁的性质已经发生了转变，应根据我国《刑法》第238条第2款的规定，认定为故意伤害罪或者故意杀人罪。例如，行为人非法拘禁了被害人，由于被害人在拘禁过程中的顽强抵抗激怒了行为人，因此行为人对被害人拳打脚踢，导致被害人遭受重伤。

从理论上来看，非法拘禁罪的结果加重犯与转化犯之间的差别主要表现在：第一，行为人对作为加重结果的死伤结果的主观态度有所不同。在结果加重犯情形，行为人对被害人的死伤结果通常仅具有过失，而在转化犯情形，行为人对被害人的死伤结果则具有故意。第二，导致被害人死伤结果的暴力程度有所不同。在结果加重犯情形，导致被害人死伤结果的暴力并未超出非法拘禁目的，或者说暴力并未超出拘禁行为所需要的范围。在通常情形下，非法拘禁行为可能伴随着较低程度的暴力，如捆绑、推搡、拉扯等行为。即便发生了被害人死伤的严重后果，但该结果仍然是非法拘禁行为所制造的不容许风险的现实化，故而，被害人死伤结果与非法拘禁行为之间仍具有直接性关联。相反，在转化犯情形，行为人施加了超出非法拘禁目的的暴力。此时，被害人死伤结果并不是非法拘禁行为所制造的风险的现实化，而是该暴力行为所制造的不容许风险的现实化。

2. 索债型非法拘禁的定性

根据我国《刑法》第238条第3款，为索取债务非法扣押、拘禁他人的，以非法拘禁罪论处。2000年最高人民法院《关于对为索取法律不予保护的债务非法拘禁他人行为如何定罪问题的解释》进一步规定："行为人为索取高利贷、赌债等法律不予保护的债务，非法扣押、拘禁他人的，依照刑法第二百三十八条的规定定罪处罚。"换言之，行为人为索取债务而非法扣押、绑架他人的，只要债务关系真实、现实存在的，无论债务本身是否合法，均以非法拘禁罪定罪处罚；即便行为人为逼人还债，而非法关押债务人以外的第三人，其最多也只能构成非法拘禁罪，而非绑架罪。对此，理论上所给出的理由是，在此种情形中，行为人的目的是胁迫他人履行债务（可以排除非法占有目的），其在主观恶性方面与以勒索财物为目的的绑架罪有着显著的差异，故而，此种情形不宜以绑架罪论处。虽然以剥夺他人人身自由为手段来胁迫他人履行债务的做法与一般的非法拘禁情形有所不同，但也不能放任这种非法行为，故而对此类犯罪也应认定为非法拘禁罪。

第八节　绑架罪

一、绑架罪的概念

（一）难度与热度

难度：☆☆　热度：☆☆

（二）基本概念分析

绑架罪，是指行为人利用被绑架人的近亲属或其他人对被绑架人人身安危的忧虑，以勒索财物为目的，绑架他人或偷盗婴幼儿，或者绑架他人作为人质的行为。本罪的保护法益是被绑架人的人身安全及被绑架人的亲权者的保护监督权，在个别情况下通常还包括他人的财产权。由于立法者更加侧重于保护被绑架人的人身安全，因此将绑架罪归为侵犯公民人身权利的犯罪，而非财产犯罪。从法定刑来看，绑架罪是一种性质极其严重的犯罪。

二、绑架罪的构成特征

（一）难度与热度

难度：☆☆☆☆　热度：☆☆☆☆

（二）基本概念分析

（1）本罪的行为主体是一般主体。已满 16 周岁（完全刑事责任年龄）、具有刑事责任能力的自然人，均能触犯本罪。由于已满 14 周岁不满 16 周岁的相对刑事责任能力人承担刑事责任的八种法定情形中并没有列举出绑架（罪），相对刑事责任能力人能否成为绑架罪的行为主体，不无疑问。在此，实务上出现的一个重大争议问题是：相对刑事责任能力人在犯绑架罪后杀害被绑架人的，是否以及如何追究其刑事责任。对此，我国最高人民法院和最高人民检察院之间达成的共识是，应当追究行为人的刑事责任，只是最终以何种犯罪论处，仍有分歧。具体而言，2001 年最高人民法院刑事审判第一庭审判长会议在《关于已满 14 周岁不满 16 周岁的人绑架并杀害被绑架人的行为如何适用法律问题的研究意见》中认为：《刑法》第 17 条第 2 款中的"故意杀人"泛指一种犯罪行为，而不是特指故意杀人罪这一具体罪名；所谓"绑架并杀害被绑架人的"，实质上是绑架和杀人两个行为的结合规定。虽然已满 14 周岁不满 16 周岁的人不对绑架行为负刑事责任，但仍应对故意杀人行为负刑事责任，故应以故意杀人罪追究其刑事责任；至于已满 16 周岁的人绑架并杀害被绑架人的，仍应直接以绑架罪定罪处罚。与之相反，最高人民检察院并不认同这种做法，2003 年最高人民检察院《关于对相对刑事责任年龄的人承担刑事责任范围有关问题的答复》明确规定："相对刑事责任年龄的人实施了刑法第十七条第二款规定的行为，应当追究刑事责任的，其罪名应当根据所触犯的刑法分则具体条文认定。对于绑架后杀害被绑架人的，其罪名应认定为绑架罪。"亦即，无论是已满 14 周岁不满 16 周岁的人，还是已满 16 周岁的人，只要其绑架后杀害被绑架人的，都统一以绑架罪论处。

（2）本罪的实行行为有两种，分别是绑架他人以及偷盗婴幼儿。其中，绑架他人是典型的绑架行为类型，其是指行为人使用暴力、胁迫或者麻醉等手段劫持或强行控制他人，并以此要挟与被绑架人有关的第三人，在特定期限内交出一定的财物，或满足其他非法目的来赎人的行为。偷盗婴幼儿，主要是指趁婴幼儿亲属或者监护人不备，将该婴幼儿抱走或带走的行为，如潜入他人住宅将婴儿抱走，趁家长不备将正在玩耍的幼儿带走，以及采取利诱、拐骗方法将婴幼儿哄骗走等。我国刑法并未对婴幼儿的具体年龄界限作出规定，实践中一般认为婴幼儿是指未满 6 周岁的未成年人。成立绑架罪要求实际扣押、控制他人，而不是假扣押、假控制。行为人没有实际扣押、控制却谎称已经扣押、控制他人（所谓的"假绑架"），以此向第三人勒索财物的，不构成绑架罪，但可以成立敲诈勒索罪或诈骗罪。

（3）本罪的主观构成要件是故意，且行为人具有勒索财物或者以他人作为人质的目的。根据行为人不同的主观目的，绑架罪可以区分为以下两种类型：第一种是以勒索财物为目的，绑架他人或者偷盗婴幼儿。这也被称作"绑票"或"掳人勒赎"。具体而言，"勒索财物"是指行为人在绑架他人以后，以不答应要求就杀害或伤害人质相威胁，勒令与人质有特殊关系的人于指定时间，以特定方式，在指定地点交付一定数量的金钱或财物。第二种是以将他人作为人质为目的，绑架他人。亦即，行为人实施绑架行为是为了要求对方作出妥协、让步或满足某种要求，有时还可能具有政治目的。绑架罪属于单行为犯，不要求勒索财物或以他人作为人质的目的在客观上存在相对应的事实。此外，在行为人强行扣押、控制他人，乃至于杀害他人的时候，主观上必须同时存在故意与特定目的，只有这样才可能成立绑架罪。行为人倘若出于其他的目的实施杀害行为之后，才产生勒索目的的，由于行为人在实施暴力时没有勒索财物的目的，因此其不构成绑架罪。此时，可以考虑将后续的勒索行为定敲诈勒索罪，将先前的杀人行为定故意杀人罪，数罪并罚。

（三）疑难问题解析

（1）绑架罪的既遂标准。对于以勒索财物为目的的绑架，只要行为人将被绑架人置于行为人的实力控制之下，或者行为人向被绑架人的近亲属或与被绑架人有关的第三人作出要求支付财物的意思，绑架罪就既遂，不要求财物被实际支付。对于以他人作为人质的目的的绑架，行为人只要实际控制人质，就成立绑架罪既遂。

（2）绑架罪的罪数问题。第一，在绑架过程中故意杀人、故意伤害被绑架人的，根据我国《刑法》第239条第2款的规定，犯绑架罪，杀害被绑架人的，或者故意伤害被绑架人，致人重伤、死亡的，处无期徒刑或者死刑，并处没收财产。对于以下两种情形，只定绑架罪一罪，对故意杀人、故意伤害行为不再另行定罪：1）行为人在绑架过程中，直接杀害被绑架人，也就是所谓的"撕票"。这里的"杀害"只要求行为人具有杀人故意以及相应的杀人行为，不要求出现"杀死"被绑架人的结果。杀害行为既可以是积极作为，也可以是消极不作为。被绑架人基于各种原因最终生还的，并不会影响"杀害"的认定。不过，如果是绑架行为本身致人死亡，则不适用该款规定，而应直接适用普通情形下的绑架罪规定（法定最高刑是无期徒刑而非死刑）。2）行为人在绑架过程中，故意伤害被绑架人，致人重伤或死亡的。需要注意的是，故意伤害行为和被绑架人重伤、死亡的加重结果之间必须具有直接性关联。倘若行为人在绑架过程中故意伤害被绑架人，但只造成轻伤结果，则可以以普通情形下的绑架罪和故意伤害罪（轻伤害）数罪并罚。第二，行为人在绑架过程中，过失致使被绑架人死亡的（例如，在绑架过程中，行为人为控制被害人，使其无法逃跑而对其进行监禁、殴打、捆绑、麻醉、冻饿，最终过失致其死亡），成立普通情形的绑架罪（适用《刑法》第239条第1款的法定刑），不再以过失致人死亡罪论处。第三，行为人在绑架过程中又当场劫夺被害人随身携带财物的，同时触犯绑架罪和抢劫罪两个罪名，应择一重罪定罪处罚。但如果行为人在抢劫结束以后再实施绑架，则应当以抢劫罪与绑架罪数罪并罚。第四，行为人在绑架过程中，实施了强奸行为的，则以绑架罪和强奸罪实行数罪并罚。

第九节 拐卖妇女、儿童罪

一、拐卖妇女、儿童罪的概念

（一）难度与热度

难度：☆☆☆　热度：☆☆☆

（二）基本概念分析

拐卖妇女、儿童罪，是指以出卖为目的，拐骗、绑架、收买、贩卖、接送、中转妇女、儿童的行为。将妇女、儿童进行商品化、工具化和奴役化的拐卖，不仅严重摧残妇女、儿童的身心健康，还给被害人的家庭造成巨大的精神伤害和痛苦，严重侵犯了公民人身自由和基本人权，并引发一系列社会问题。本罪的保护法益是妇女、儿童的行动自由与人身安全。

二、拐卖妇女、儿童罪的构成特征

（一）难度与热度

难度：☆☆☆　热度：☆☆☆

（二）基本概念分析

（1）本罪的行为主体是一般主体。已满 16 周岁、具有刑事责任能力的人犯拐卖妇女、儿童罪的，应当负刑事责任。

（2）本罪的行为对象是妇女或儿童。其中，"妇女"既包括具有中国国籍的妇女，也包括拥有外国国籍的妇女或无国籍的妇女。至于被拐卖的妇女是否具有身份证件，或者是否从事卖淫活动等，并不会对本罪的保护范围产生任何的影响。"儿童"则指不满 14 周岁的人，不分性别。其中，不满 1 周岁的为婴儿，1 周岁以上不满 6 周岁的为幼儿。儿童既包括中国儿童也包括外国儿童。由于已满 14 周岁的男性无法成为本罪的行为对象，因此倘若其被他人非法拐卖，最多就只能成立强迫劳动罪、非法拘禁罪等其他犯罪。此外，由于已满 14 周岁的双性人在医学上无法严格地被归入妇女的范畴，因此，行为人对其实施拐卖行为的，也不能以本罪定罪处罚。

（3）本罪的实行行为是拐卖行为。根据我国《刑法》第 240 条第 2 款的规定，拐卖行为可细分为以下六种行为类型：1）拐骗，是指犯罪分子以欺骗、引诱的方法带走妇女、儿童的行为；2）绑架，是指犯罪分子以暴力胁迫或其他方法，强行控制妇女、儿童的身体的行为；3）收买，是指以金钱或者其他财产性利益买取妇女、儿童的行为；4）贩卖，是指将妇女、儿童出售给他人以换取对价的行为；5）接送，是指接应、运送被拐卖的妇女、儿童的行为；6）中转，是指将被拐卖的妇女、儿童转手交给其他人贩子的行为，也包括为人贩子找买主，为人贩子在拐卖途中窝藏被拐卖的妇女、儿童的行为。此外，以出卖为目的，使用暴力、胁迫或者麻醉方法绑架妇女、儿童，或者以出卖为目的，偷盗婴幼儿的，也都属于本罪意义上的拐卖行为。根据我国司法实践，对婴幼儿采取欺骗、利诱等手段使其脱离监护人或者看护人的，视为"偷盗婴幼儿"。

本罪属于选择性罪名，只要行为人以出卖为目的，实施上述行为之一的，就可以成立拐卖妇女、儿童罪。行为人同时实施两种或者两种以上行为的，仍定一罪，不实行数罪并罚。

（4）本罪的主观构成要件为故意，且行为人必须以出卖为目的。这意味着：一方面，行为人必须认识到自己是在实行拐卖行为，且行为所指向的对象是妇女、儿童；另一方面，行为人希望出卖妇女、儿童，并获得相应的财物（也有学者将其归纳为"以非法获利为目的"）。至于行为人实际上是否真的获得财物，并不会对本罪的成立产生任何的影响。2000 年最高人民法院、最高人民检察院、公安部等《关于打击拐卖妇女儿童犯罪有关问题的通知》第 4 条规定："凡是拐卖妇女、儿童的，不论是哪个环节，只要是以出卖为目的，有拐骗、绑架、收买、贩卖、接送、中转、窝藏妇女、儿童的行为之一的，不论拐卖人数多少，是否获利，均应以拐卖妇女、儿童罪追究刑事责任。"

司法实践中，是否具有出卖目的或非法获利目的，通常是区分借送养之名出卖亲生子女与民间送养行为的重要争点。对此，2010 年最高人民法院、最高人民检察院、公安部、司法部《关于依法惩治拐卖妇女儿童犯罪的意见》第 17 条规定：要严格区分借送养之名出卖亲生子女与民间送养行为的界限。区分的关键在于行为人是否具有非法获利的目的。应当通过审查将子女"送"人的背景和原因、有无收取钱财及收取钱财的多少、对方是否具有抚养目的及有无抚养能力等事实，综合判断行为人是否具有非法获利的目的。具有下列情形之一的，可以认定属于出卖亲生子女，应当以拐卖妇女、儿童罪论处：1）将生育作为非法获利手段，生育后即出卖子女的；2）明知对方不具有抚养目的，或者根本不考虑对方是否具有抚养目的，为收取钱财将子女"送"给他人的；3）为收取明显不属于"营养费""感谢费"的巨额钱财将子女"送"给他人的；4）其他足以反映行为人具有非法获利目的的"送养"行为的。不是出于非法获利目的，而是迫于生活困难，或者受重男轻女思想影响，私自将没有独立生活能力的子女送给他人抚养，包括收取少量"营养费""感谢费"的，属于民间送养行为，不能以拐卖妇女、儿童罪论处。对私自送养导致子女身心健康受到严重损害，或者具有其他恶劣情节，符合遗弃罪特征的，可以遗弃罪论处；情节显著轻微危害不大的，可由公安机关依法予以行政处罚。

（三）学说理论探讨

关于拐卖妇女、儿童罪的既遂标准，即拐卖行为何时属于犯罪既遂，学说上尚有争议。有力见解认为，由于该罪属于侵犯妇女、儿童行动自由、人身权利的犯罪，故当被害人处于行为人的实力支配之时，就成立拐卖妇女、儿童罪既遂。因此，拐卖妇女、儿童罪的既遂不以被拐卖的妇女、儿童最终被成功"卖出"作为标准。行为人对妇女、儿童在事实上的支配关系尚未形成，只是使被害人从保护监督状态中暂时脱离的，最多也只能以本罪的未遂论处。因此，虽然拐卖活动是由诸多环节相扣而成的（其包括了作为手段行为的拐骗、绑架，作为中间行为的收买、中转、接送，以及作为结果行为的贩卖），拐卖的行为方式在形式上有显著的差异，但既遂标准并无任何的不同。

（四）疑难问题解析

（1）拐卖妇女、儿童罪的加重处罚事由。我国《刑法》第 240 条第 1 款规定了八种加重处罚事由，分别是：1）拐卖妇女、儿童集团的首要分子，即在拐卖妇女、儿童的犯罪集团中起组织、策划、指挥作用的犯罪分子。2）拐卖妇女、儿童 3 人以上的，这既包括行为人在一次拐卖行动中同时拐卖 3 名以上的妇女或儿童，也可以是在多次拐卖行动中累计拐卖 3 名以上的妇女或儿童，但行为人连续拐卖同一个妇女、儿童 3 次以上的，不构成此种加重处罚事由。3）奸淫被拐卖的妇女的，即行为人在拐卖妇女的过程中与被拐卖妇女发生性关系的行为，这既包括犯罪分子利用被拐卖妇女出于不敢反抗的心理与其发生性关系的情形，也包括以暴力、胁迫或者其他手段强奸被拐卖妇女的情形。4）诱骗、强迫被拐卖的妇女卖淫或者将被拐卖的妇女卖给他人迫使其卖淫的。5）以出卖为目的，使用暴力、胁迫或者麻醉方法绑架妇女、儿童的。相较于绑架罪，本加重处罚事由的特殊之处在于，一方面行为人在主观方面必须"以出卖为目的"，另一方面该情形的危害行为仅限于暴力、胁迫或者麻醉方法。6）以出卖为目的，偷盗婴幼儿的。7）造成被拐卖的妇女、儿童或者其亲属重伤、死亡或者其他严重后果的。8）将妇女、儿童卖往境外的，即行为人通过正常或非法的出境渠道，将妇女、儿童从我国境内卖往国（境）外的。

（2）拐卖妇女、儿童罪的罪数。在以下情形中，仅定拐卖妇女、儿童罪，而不适用数罪并罚：1）行为人在拐卖过程中还奸淫被拐卖的妇女。原本奸淫行为应构成强奸罪，并与拐卖妇女罪实行数罪并罚。但由于立法者将奸淫被拐卖的妇女直接规定为加重处罚事由，故而不再适用数罪并罚的规定。2）行为人诱骗、强迫被拐卖的妇女卖淫或者将被拐卖的妇女卖给他人迫使其卖淫。诱骗卖淫、强迫卖淫的行为原本应成立引诱卖淫罪、强迫卖淫罪，并与拐卖妇女罪实行数罪并罚。但由于立法者将此种情形直接规定为加重处罚事由，故而不再适用数罪并罚的规定。3）造成被拐卖的妇女、儿童或者其亲属重伤、死亡或者其他严重后果的。如果行为人拐卖妇女、儿童的行为，直接或间接地导致被拐卖的妇女、儿童或者其亲属重伤、死亡或者造成其他严重后果（拐卖行为与上述严重后果之间具有因果关联），则仅适用拐卖妇女、儿童罪的加重处罚规定。但需要注意的是：如果行为人在拐卖过程中，故意杀害或者伤害妇女、儿童，或者为了排除拐卖的障碍而故意杀害、伤害被拐卖人的亲属，则不能适用该加重处罚事由，应以拐卖妇女、儿童罪与故意杀人罪或故意伤害罪数罪并罚。4）将妇女、儿童卖往境外的。原本将妇女、儿童非法卖往境外的行为应构成运送他人偷越国（边）境罪，并与拐卖妇女罪实行数罪并罚。但由于立法者将此种情形直接规定为加重处罚事由，故而不再适用数罪并罚的规定。

第十节　诬告陷害罪

一、诬告陷害罪的概念

（一）难度与热度
难度：☆☆　热度：☆☆

（二）基本概念分析
诬告陷害罪，是指捏造犯罪事实，向国家机关或者有关单位进行虚假告发，意图使他人受到错误的刑事追究，情节严重的行为。由于诬告陷害罪规定在侵犯公民人身权利、民主权利罪章而非妨害司法罪章中，因此，绝大多数的学说认为，本罪的保护法益是公民的人身自由（行动自由）权利，而不是国家司法机关的正常活动。

二、诬告陷害罪的构成特征

（一）难度与热度
难度：☆☆　热度：☆☆

（二）基本概念分析
（1）本罪的行为主体是一般主体，只能由自然人构成。根据我国《刑法》第 243 条第 2 款的规定，国家机关工作人员犯本罪的，从重处罚。

（2）本罪的行为对象为特定的他人。虽然本罪不要求行为人的诬告必须达到指名道姓的特定化程度，但至少虚假告发的事实，使人能够看出被诬陷的对象。因此，如果行为人诬告陷害自己，或者行为人仅捏造某种犯罪事实，其并未针对具体的特定个人加以诬陷的，则不会构成本罪。

（3）本罪的实行行为为捏造犯罪事实，进行虚假告发，情节严重。第一，"捏造"是指无中生有、凭空地编造事实，并且，捏造的内容必须是犯罪事实。如果行为人捏造的仅是一般的违法事实，则无法成立诬告陷害罪，但可能构成诽谤罪。第二，行为人必须进行虚假告发。告发的形式并无限制，既可以是书面告发，也可以是口头告发；既可以是当面告发，也可以是投信告发或委托他人告发；既可以是明示告发，也可以是匿名告发。并且，告发的对象既可以是司法机关，也可以是其他有关的国家机关或者人员。诬告陷害罪与诽谤罪的差异之一在于，诬告陷害罪的告发对象是特定的，而诽谤罪的散布对象则是不特定的多数人。第三，诬告陷害行为必须情节严重，才能构成本罪。情节严重通常是指诬陷的手段恶劣，多次进行诬陷，造成被害人精神失常、自残、自杀等严重后果，或者造成恶劣的社会影响等情形。

（4）本罪的主观构成要件为故意，且行为人必须具有使他人受到刑事追究的目的。我国《刑法》第 243 条第 3 款明确规定："不是有意诬陷，而是错告，或者检举失实的，不适用前两款的规定。"其中，错告是指行为人对情况不清楚，或者认识片面，其在控告、检举中发生差错。错告或检举失实与诬告陷害罪的差异恰恰在于，前者并不要求具有诬告陷害的故意以及使他人受到刑事追究的非法目的。此外，这里的"刑事追究"并不局限于刑事处罚，还包括刑事拘留、逮捕等基本权干预处分措施。

第十一节　诽谤罪

一、诽谤罪的概念

（一）难度与热度
难度：☆☆　热度：☆☆

（二）基本概念分析
诽谤罪，是指行为人故意捏造事实，并散布捏造的事实，损害他人的人格、名誉的行为。本罪的保护法益是复合法益，具体包括了个人的外部名誉即社会对人的积极评价，以及个人的名誉情感即个人对自我价值的认识。

本罪属于告诉才处理的罪名，只有被害人亲自向人民法院提出控告，人民法院才能受理。被害人未提出控告的，司法机关不能主动追究行为人的刑事责任。立法者将本罪设计为告诉才处理的犯罪，主要是为了更好地保护当事人的隐私，维护其合法权利。但是，诽谤罪作为告诉才处理的犯罪也存在着例外情形，即"严重危害社会秩序和国家利益的"。关于应予以立案追诉的"例外"情形，2013 年最高人民法院、最高人民检察院

《关于办理利用信息网络实施诽谤等刑事案件适用法律若干问题的解释》第 3 条规定："利用信息网络诽谤他人，具有下列情形之一的，应当认定为刑法第二百四十六条第二款规定的'严重危害社会秩序和国家利益'：（一）引发群体性事件的；（二）引发公共秩序混乱的；（三）引发民族、宗教冲突的；（四）诽谤多人，造成恶劣社会影响的；（五）损害国家形象，严重危害国家利益的；（六）造成恶劣国际影响的；（七）其他严重危害社会秩序和国家利益的情形。"

二、诽谤罪的构成特征

（一）难度与热度
难度：☆☆☆　热度：☆☆☆

（二）基本概念分析

（1）本罪的行为主体是一般主体。任何已满 16 周岁且具有刑事责任能力的人，均可以成为诽谤罪的行为主体。

（2）本罪的实行行为是行为人捏造并散布虚构的事实，情节严重的情形。首先，"捏造事实"是指无中生有，凭空制造虚假的事实，并且这些内容已经或足以给被害人的人格、名誉造成损害。"散布捏造的事实"则指将捏造的事实加以扩散。相较于侮辱罪要求公然侮辱的形式，《刑法》对诽谤罪中"散布"的具体方式没有作限制，其既能以言语的形式散布，也可以是利用报刊、书信、出版物或者图画等方式的散布。随着网络技术与自媒体技术的发展，利用信息网络是日常生活中较常见的散布方式之一。对此，2013 年最高人民法院、最高人民检察院《关于办理利用信息网络实施诽谤等刑事案件适用法律若干问题的解释》第 1 条规定："具有下列情形之一的，应当认定为刑法第二百四十六条第一款规定的'捏造事实诽谤他人'：（一）捏造损害他人名誉的事实，在信息网络上散布，或者组织、指使人员在信息网络上散布的；（二）将信息网络上涉及他人的原始信息内容篡改为损害他人名誉的事实，在信息网络上散布，或者组织、指使人员在信息网络上散布的；明知是捏造的损害他人名誉的事实，在信息网络上散布，情节恶劣的，以'捏造事实诽谤他人'论。"我国多数学说认为，本罪属于复数行为犯，除在网络上实施这种情形之外，捏造事实的行为与散布事实的行为必须同时具备，才能构成诽谤罪。如果只有"捏造"没有"散布"，或者只有"散布"但没有"捏造"，均不构成诽谤罪。但也有一些论者认为：本罪是单一行为犯而非复数行为犯，实行行为不是由捏造和散布共同组成，其核心是利用或散布。要求捏造和散布同时存在，可能使本罪的着手和未遂成立过早；且容易放纵那些并不捏造的人，对单纯利用不是共犯的他人所捏造的事实实施诽谤的人无法处罚，明显不利于保护法益。

其次，行为人所捏造或散布的事实必须具有相当程度的具体性，足以使他人误信，降低社会对被害人的评价。如果行为人捏造并散布的内容不针对特定的对象，则无法成立本罪。捏造的事实不一定与被害人的某种行为相关，其也可能与被害人的品德、身体功能缺陷等有关；这种事实既可能与被害人的过去相关，也可能涉及被害人的未来。因此，如果行为人散布的是客观事实而非捏造的虚假事实，即便有损于他人的人格、名誉，其也不会构成诽谤罪。

最后，利用虚假事实诽谤他人，必须达到情节严重的程度，才能构成本罪。根据2013 年最高人民法院、最高人民检察院《关于办理利用信息网络实施诽谤等刑事案件适用法律若干问题的解释》第 2 条的规定，利用信息网络诽谤他人，具有下列情形之一的，应当认定为《刑法》第 246 条第 1 款规定的"情节严重"：1）同一诽谤信息实际被点击、浏览次数达到 5 000 次以上，或者被转发次数达到 500 次以上的；2）造成被害人或者其近亲属精神失常、自残、自杀等严重后果的；3）2 年内曾因诽谤受过行政处罚，又诽谤他人的；4）其他情节严重的情形。

（3）本罪的主观构成要件为故意。多数学说认为，诽谤罪的故意仅限于直接故意，并且行为人具有贬低和损害他人人格、破坏他人名誉的目的。行为人仅具有间接目的或者过失的，不构成本罪。但也有相反的观点指出，诽谤罪的成立事实上只要求行为人主观上具有诽谤的故意，这种故意应当包括间接故意。行为人认识到自己编造的事实与真相不符，并放任损害他人名誉的结果发生的，就具备诽谤故意。如果行为人确信其所散布的事实内容真实，即便该事实实际上是虚假的，其也不具有诽谤故意。

（三）疑难问题解析

（1）诽谤罪与一般民事侵权诽谤的区别。首先，诽谤罪要求行为人捏造事实并加以散布，而一般民事侵权诽谤中的内容中即便编造的比例较低，但只要法律禁止公开宣扬，一旦公开就有损他人名誉的，可能构成民事侵权。其次，诽谤罪的侵害对象只能是自然人，而一般民事侵权诽谤的行为对象可能是法人、非法人团体。最后，诽谤罪的主观构成要件必须是故意，但一般民事侵权诽谤可能是一种出于过失的行为。

（2）诽谤罪与诬告陷害罪的区别。首先，在诬告陷害罪中，捏造的内容必须是犯罪事实，只有这样才能使被诬陷者受到错误的刑事追究。但在诽谤罪中，捏造的事实可以是一般的事实，只要所捏造的事实可以损害他人的人格、名誉，就满足诽谤罪的要求。其次，诬告陷害罪在散布形式上要求行为人必须向司法机关或其他有关国家机关或者人员等特定主体告发，但诽谤罪则是要求向不特定的多数人扩散所捏造的事实。最后，诬告陷害罪在主观构成要件上还要求行为人必须具有使他人受到刑事追究的目的，而诽谤罪并未作此要求。

第十二节　刑讯逼供罪

一、刑讯逼供罪的概念

（一）难度与热度
难度：☆☆　热度：☆☆

（二）基本概念分析
刑讯逼供罪，是指司法工作人员对犯罪嫌疑人、被告人使用肉刑或者变相肉刑逼取口供的行为。本罪的保护法益是一种复数法益，既包括公民的人身权利，又包括司法机关的正常运作。

二、刑讯逼供罪的构成特征

（一）难度与热度

难度：☆☆☆　热度：☆☆☆

（二）基本概念分析

（1）本罪的行为主体是特殊主体，只有司法工作人员才能成为本罪的行为主体。根据我国《刑法》第 94 条，司法工作人员，是指有侦查、检察、审判、监管职责的工作人员。非司法工作人员私设公堂，使用暴力"审讯"他人，无法构成刑讯逼供罪，但可以非法拘禁罪、故意伤害罪定罪处罚。

（2）本罪的行为对象是犯罪嫌疑人、被告人。

（3）本罪的实行行为是使用肉刑或者变相肉刑，逼取口供。刑讯逼供是一种复数行为犯，其由手段行为和目的行为共同组成。其中，手段行为是使用肉刑或者变相肉刑。所谓的"肉刑"，是指对犯罪嫌疑人、被告人的肉体施加暴力，使其遭受剧烈疼痛的手段，如捆绑、殴打、悬吊、电击等。"变相肉刑"，则指采用类似于暴力的手段来折磨犯罪嫌疑人、被告人的身体，如罚站、罚饿、不许睡觉、强烈的精神刺激等。目的行为则是逼取口供，即迫使犯罪嫌疑人、被告人在违背其真实意愿的情形下作出某种供述。至于司法工作人员最终是否真的取得口供，对本罪的成立并无任何的影响。

虽然我国刑法并未对刑讯逼供罪规定定量标准，但我国司法实务通常要求存在一定的情节，才可以立案追诉。例如，根据 2006 年最高人民检察院《关于渎职侵权犯罪案件立案标准的规定》，司法工作人员对犯罪嫌疑人、被告人使用肉刑或者变相肉刑逼取口供，并且涉嫌下列情形之一的，应予立案：1）以殴打、捆绑、违法使用械具等恶劣手段逼取口供的；2）以较长时间冻、饿、晒、烤等手段逼取口供，严重损害犯罪嫌疑人、被告人身体健康的；3）刑讯逼供造成犯罪嫌疑人、被告人轻伤、重伤、死亡的；4）刑讯逼供，情节严重，导致犯罪嫌疑人、被告人自杀、自残造成重伤、死亡，或者精神失常的；5）刑讯逼供，造成错案的；6）刑讯逼供 3 人次以上的；7）纵容、授意、指使、强迫他人刑讯逼供，具有上述情形之一的；8）其他刑讯逼供应予追究刑事责任的情形。

（4）本罪的主观构成要件为故意，且行为人必须具有逼取口供的目的。亦即行为人是为了逼取口供，而故意对犯罪嫌疑人、被告人使用肉刑或者变相肉刑。如果司法工作人员对犯罪嫌疑人、被告人使用肉刑或者变相肉刑仅仅是为了泄愤报复，不具有逼取口供的目的，就无法成立本罪。至于司法工作人员实施刑讯逼供的动机如何（如为了争取立功受奖或为了不再承受破案压力等），不会影响本罪的成立。

（三）疑难问题解析

（1）刑讯逼供罪的转化犯。根据我国《刑法》第 247 条后段的规定，司法工作人员实施刑讯逼供行为，致人伤残、死亡的，按照故意伤害罪、故意杀人罪定罪处罚。该规定属于转化犯或法律拟制，适用的前提是刑讯逼供直接造成被害人重伤或严重残疾、死亡的结果，不包括被害人自杀、自残的情形。这意味着，在刑讯逼供过程中，无论是故意杀害、伤害犯罪嫌疑人、被告人，致人伤残、死亡，还是过失导致被害人伤残、死亡，都应以故意杀人罪、故意伤害罪论处，排除刑讯逼供罪或过失致人死亡罪、过失致人重伤罪的适用。

（2）刑讯逼供罪与非法拘禁罪的区别。第一，二者的行为主体不同。刑讯逼供罪的行为主体只能是司法工作人员，而非法拘禁罪的行为主体是一般主体。第二，二者的行为对象不同。刑讯逼供罪的行为对象只能是犯罪嫌疑人、被告人，而非法拘禁罪的行为对象则是依法享有人身自由权利的任何公民。第三，二者的实行行为不同。刑讯逼供罪的实行行为是对犯罪嫌疑人、被告人使用肉刑或变相肉刑，逼取口供；而非法拘禁罪的实行行为则是以拘禁或者其他方法非法剥夺他人的人身自由。第四，刑讯逼供罪要求行为人必须具有逼取犯罪嫌疑人、被告人口供的目的，但非法拘禁罪并没有这一要求。

第十三节 侵犯公民个人信息罪

一、侵犯公民个人信息罪的概念

（一）难度与热度

难度：☆☆　热度：☆☆

（二）基本概念分析

侵犯公民个人信息罪，是指自然人或单位违反国家有关规定，向他人出售或者提供公民个人信息，或者窃取或以其他方法非法获取公民个人信息，情节严重的行为。多数学说认为，本罪的保护法益是公民个人的信息自决权，但也有一些论者主张，本罪的保护法益还应包括与个人信息相关联的（狭义的）社会管理秩序。

二、侵犯公民个人信息罪的构成特征

（一）难度与热度

难度：☆☆☆☆　热度：☆☆☆☆

（二）基本概念分析

1. 本罪的行为主体是一般主体

任何年满 16 周岁的人，违反国家有关规定，向他人出售或者提供公民个人信息的行为，不论个人信息来源如何，只要符合侵犯公民个人信息罪构成的，都可以定罪处罚予以惩治。单位也可以成为本罪的行为主体。此外，行为人违反国家有关规定，将在履行职责或者提供服务过程中获得的公民个人信息，出售或者提供给他人的，从重处罚。

2. 本罪的行为对象为公民个人信息

根据 2017 年最高人民法院、最高人民检察院《关于办理侵犯公民个人信息刑事案件适用法律若干问题的解释》第 1 条的规定，《刑法》第 253 条之一规定的"公民个人信息"，是指以电子或者其他方式记录的能够单独或者与其他信息结合识别特定自然人身份或者反映特定自然人活动情况的各种信息，包括姓名、身份证件号码、通信联系方式、住址、账号密码、财产状况、行踪轨迹等。

3. 本罪的实行行为是，违反国家有关规定，向他人出售或者提供公民个人信息，或者窃取或以其他方法非法获取公民个人信息，情节严重的行为。

具体而言，本罪的实行行为包含以下要件。

（1）前提要件，即违反国家有关规定。"违反国家有关规定"，是指违反法律、行政法规、部门规章有关公民个人信息保护的规定。需要注意的是，这里的"国家有关规定"在范围上要比"国家规定"广，根据我国《刑法》第96条的规定，"国家规定"仅限于全国人民代表大会及其常务委员会制定的法律和决定，国务院制定的行政法规、规定的行政措施、发布的决定和命令；而"国家有关规定"还包括部门规章，这些规定散见于金融、电信、交通、教育、医疗、统计等领域。

（2）具体形态。根据现行刑法的规定，侵犯公民个人信息行为的具体形态有三种：第一种是"出售"，即行为人将自己掌握的公民个人信息卖给他人，自己从中牟利的行为。第二种是"非法提供"，即行为人违反国家有关规定，将自己掌握的公民个人信息提供给他人，并且不以获得对价为条件。根据2017年最高人民法院、最高人民检察院《关于办理侵犯公民个人信息刑事案件适用法律若干问题的解释》第3条的规定，向特定人提供公民个人信息，以及通过信息网络或者其他途径发布公民个人信息的，应当认定为《刑法》第253条之一规定的"提供公民个人信息"。未经被收集者同意，将合法收集的公民个人信息向他人提供的，属于《刑法》第253条之一规定的"提供公民个人信息"，但是经过处理无法识别特定个人且不能复原的除外。第三种是"窃取或者以其他方式获取"，即违反国家有关规定，通过购买、收受、交换等方式获取公民个人信息，或者在履行职责、提供服务过程中收集公民个人信息的行为。前两种行为形态侧重于公民个人信息的"非法提供端"，而第三种行为形态则强调公民个人信息的"非法获取端"。

（3）定量标准，即情节严重。本罪以"情节严重"作为入罪门槛。前述的《关于办理侵犯公民个人信息刑事案件适用法律若干问题的解释》第5条和第6条确立了10余种不同类型的认定标准。

4. 本罪的主观构成要件为故意

行为人明知自己的行为违反了国家有关规定，却仍然将公民个人信息出售或提供给他人，以及窃取或者以其他方法非法获取公民个人信息；过失泄露公民个人信息的，不构成犯罪。

（三）学说理论探讨

对处理已公开个人信息行为的犯罪定性：对于未经被收集者同意，获取部分已经在公众网络上公开的企业登记信息、征信信息并出售或提供给他人的情形，能否成立侵犯公民个人信息罪，在我国学说上和实务中尚无定论。

其中，有罪说认为，此种行为成立侵犯公民个人信息罪。虽然公民个人信息已经被公开，但它仍然具有识别个人的功能，因此获取或者利用已公开的公民个人信息，仍可能会侵害公民个人私生活的安宁，危及公民的人身安全或者财产安全。

与之相反，无罪说则认为，对此类行为应作无罪处理。一旦任何人都可以公开查询公民个人信息，就意味着与之相关的公民个人信息不再是刑法意义上的公民个人信息，或者说此类已公开的个人信息不再值得刑法保护。我国有个别的前置法规范就采取类似的做法。例如，《征信业管理条例》第13条明确规定："采集个人信息应当经信息主体本人同意，未经本人同意不得采集。但是，依照法律、行政法规规定公开的信息除外。企业的董事、监事、高级管理人员与其履行职务相关的信息，不作为个人信息。"对于前置法规范中不再保护的、已公开信息中的个人信息，将其作为本罪对象是一种不妥当的做法，将会不当地扩大处罚面。

此外，学说上还出现折中说。按照折中说的看法，问题并不在于已公开的公民个人信息是否仍然属于本罪意义下的公民个人信息，而是如何确定本罪保护法益的范围，并最终确定此种情形下的处罚范围。根据我国《民法典》第 1036 条第 2 项的规定，合理处理该自然人自行公开的或者其他已经合法公开的信息，行为人不承担民事责任，但是该自然人明确拒绝或者处理该信息侵害其重大利益的除外。从这条规定来看，处理已公开的个人信息，并未被一概地容许或禁止。问题在于，如何界定这里的"合理处理"已公开的个人信息。对此，学说上的一种有力观点认为，仍应结合、对照个人信息公开的目的或者用途来判断。个人公开其信息的目的、信息的用途属于法益的一部分。以企业登记信息中的个人信息为例，个人选择在企业公开信息时，对自己的姓名、通信方式等予以公开，是出于特定的目的：使自己所在的企业的设立和运作符合国家行政主管部门的要求，为企业合法获取商业利益创造机会。因此，处理已公开的公民个人信息且未偏离该信息公开的目的、没有改变其用途的行为，没有侵犯法益主体的法益处分自由，不构成本罪。

第十四节　破坏选举罪

一、破坏选举罪的概念

（一）难度与热度
难度：☆☆　热度：☆☆

（二）基本概念分析
破坏选举罪，是指在选举各级人民代表大会代表和国家机关领导人时，以暴力、威胁、欺骗、贿赂、伪造选举文件、虚报选举票数等手段，破坏选举或者妨害选民和代表自由行使选举权和被选举权，情节严重的行为。本罪的保护法益是公民的选举权和被选举权，以及选举活动的公正性。

二、破坏选举罪的构成特征

（一）难度与热度
难度：☆☆　热度：☆☆

（二）基本概念分析
（1）本罪的行为情状是在选举各级人民代表大会代表和国家机关领导人时。在其他选举场合实施破坏选举行为，如在选举村民委员会或者居民委员会组成人员、企事业单位领导人、工会主席等活动中实施破坏行为的，不会构成本罪。

（2）本罪的实行行为是，以暴力、威胁、欺骗、贿赂、伪造选举文件、虚报选举票数等手段，破坏选举或者妨害选民和代表自由行使选举权和被选举权，且情节严重的。

其中，这里的"暴力"，是指对选民、各级人民代表大会代表、候选人、选举工作人员等进行人身打击或者实行强制，如殴打、捆绑等，也包括以暴力故意捣乱选举场所，使选举工作无法进行等情况。"威胁"，是指以杀害、伤害、毁坏财产、破坏名誉等手段进行要挟，迫使选民、各级人民代表大会代表、候选人、选举工作人员等不能自由行使选举权和被选举权或者在选举工作中不能正常履行组织和管理的职责。"欺骗"，是指捏造事实、颠倒是非，并加以散播、宣传，以虚假的事实扰乱正常的选举活动，影响选民、各级人民代表大会代表、候选人自由地行使选举权和被选举权。"贿赂"，是指用金钱或者其他物质利益收买选民、各级人民代表大会代表、候选人、选举工作人员，使其违反自己的真实意愿参加选举或者在选举工作中进行舞弊活动。"伪造选举文件"，是指采用伪造选民证、选票等选举文件的方法破坏选举。"虚报选举票数"，是指选举工作人员对统计出来的选票数、赞成票数、反对票数等选举票数进行虚报、假报的行为，既包括多报，也包括少报。对于上述列举的破坏选举的手段，行为人具体采用哪种，不影响破坏选举罪的构成。只要行为人在选举各级人民代表大会代表和国家机关领导人员时采用了上述手段之一，破坏了选举或者妨害了选民和代表自由行使选举权和被选举权，情节严重的，就构成了本罪。

此外，成立本罪还要求达到情节严重。根据 2006 年最高人民检察院《关于渎职侵权犯罪案件立案标准的规定》，国家机关工作人员利用职权破坏选举，涉嫌下列情形之一的，应予立案：1）以暴力、威胁、欺骗、贿赂等手段，妨害选民、各级人民代表大会代表自由行使选举权和被选举权，致使选举无法正常进行，或者选举无效，或者选举结果不真实的；2）以暴力破坏选举场所或者选举设备，致使选举无法正常进行的；3）伪造选民证、选票等选举文件，虚报选举票数，产生不真实的选举结果或者强行宣布合法选举无效、非法选举有效的；4）聚众冲击选举场所或者故意扰乱选举场所秩序，使选举工作无法进行的；5）其他情节严重的情形。

（3）本罪的主观构成要件为故意。行为人对于破坏选举行为发生在选举各级人民代表大会代表和国家机关领导人时具有明确的认识，并且希望发生破坏选举的结果。因疏忽大意，在制作选举文件、统计选票过程中出现重大错误的，欠缺本罪所要求的故意，不构成本罪。

第十五节　虐待罪

一、虐待罪的概念

（一）难度与热度

难度：☆☆　热度：☆☆

（二）基本概念分析

虐待罪，是指对共同生活的家庭成员持续地进行肉体或者精神上的摧残、折磨，情节恶劣的行为。本罪的保护法益是公民在家庭中依法享有的平等权利，以及被害人的人身权利。

本罪属于告诉才处理的犯罪。一般情形下，对于犯虐待罪，在没有致使被害人重伤、死亡的情况下，只有被害人提出控告的，司法机关才处理；对于被害人不控告的，司法机关不能主动受理、追究行为人的刑事责任。这一制度设计背后的考量是，虐待行为发生在家庭成员之间，法律将是否告诉的选择权赋予被害人，有利于保护家庭关系，切实维护被害人权益。不过，如果被害人没有能力告诉，或者因受到强制、威吓无法告诉的，不适用告诉才处理的规定，而应作为公诉案件处理。此外，行为人犯虐待罪，造成被害人重伤、死亡的，也不适用告诉才处理的规定。

二、虐待罪的构成特征

（一）难度与热度
难度：☆☆☆　　热度：☆☆☆

（二）基本概念分析
（1）本罪的行为主体是一般主体，但只能由自然人构成。这也是本罪与虐待被监护、看护人罪的区别之一。

（2）本罪的行为对象是共同生活的家庭成员。非家庭成员间实施的虐待行为，不构成本罪。这里所说的"家庭成员"，是指在同一家庭中共同生活的成员，如夫妻、父母、子女、兄弟、姐妹等。根据我国有关法律的规定，家庭成员关系主要有以下四种情形：1）由婚姻关系形成的家庭成员关系，如丈夫和妻子，夫妻关系是父母、子女关系产生的前提和基础；2）由血缘关系形成的家庭成员关系，包括由直系血亲关系而联系起来的父母、子女、孙子女、曾孙子女以及祖父母、曾祖父母、外祖父母等，也包括由旁系血亲而联系起来的兄、弟、姐、妹、叔、伯、姑、姨、舅等；3）由收养关系而形成的家庭成员关系，即养父母和养子女之间的关系；4）由其他关系所产生的家庭成员，现实生活中还存在区别于前三种情形而形成的非法定义务下的扶养关系，如同居关系、对孤寡老人的自愿赡养关系等。我国多数学说对共同生活的家庭成员采取狭义的理解，认为只有基于法律上的婚姻家庭关系而共同生活在一起的家庭成员，才是虐待罪意义下的家庭成员。但也有一些论者主张作适当的扩大解释，那些长年共同生活在一起、事实上已经成为家庭成员的人，也可以成为虐待罪的行为对象。我国司法实务中也是倾向于扩大解释的立场。例如，最高人民法院指导性案例第 226 号陈某某、刘某某故意伤害、虐待案的裁判要旨指出，与父（母）的未婚同居者处于较为稳定的共同生活状态的未成年人，应当认定为《刑法》第 260 条规定的"家庭成员"。又如，夫妻离婚后仍然共同生活的，属于虐待罪意义上的家庭成员。

（3）本罪的实行行为是行为人对被害人持续地进行肉体摧残、精神折磨，且情节恶劣的。虐待行为通常表现为打骂、冻饿、捆绑、强迫超体力劳动、限制自由、凌辱人格等行为。偶尔发生的打骂、冻饿等行为，不构成虐待罪。此外，本罪还要求虐待家庭成员必须是情节恶劣的。2015 年最高人民法院、最高人民检察院、公安部、司法部《关于依法办理家庭暴力犯罪案件的意见》第 17 条规定："根据司法实践，具有虐待持续时间较长、次数较多；虐待手段残忍；虐待造成被害人轻微伤或者患较严重疾病；对未成年人、老年人、残疾人、孕妇、哺乳期妇女、重病患者实施较为严重的虐待行为等情形，属于刑法第二百六十条第一款规定的虐待'情节恶劣'，应当依法以虐待罪定罪处罚。"

（4）本罪的主观构成要件为故意，即行为人必须认识到自己的行为可能会给被害人带来肉体或精神上的痛苦或折磨，并且希望或放任这种结果的出现。从理论上来说，虐待故意和伤害故意是有所不同的：虐待故意的内容是造成被害人的肉体痛苦或精神折磨，而伤害故意的内容则是使被害人身体的生理机能受到不可逆转的损害。但两者的区分是相对的。在司法实践过程中，不能仅听信行为人的供述，还要结合行为人实施的暴力手段与方式、是否立即或者直接造成被害人伤亡后果等进行综合判断。

（三）疑难问题解析

对虐待罪的罪数认定问题：第一，行为人犯虐待罪，致使被害人重伤、死亡的，仍构成虐待罪，但应适用结果加重犯的法定刑。这里的"致使被害人重伤、死亡"，是指被害人因经常受到虐待，身体和精神受到严重的损害而死亡，或者不堪忍受而自杀造成死亡或重伤等情形。第二，在经常性的虐待过程中，行为人对被害人实施严重暴力，主观上希望或者放任、客观上造成被害人轻伤以上后果的，应当认定为故意伤害罪；但如果将该伤害行为独立评价后，其他虐待行为仍符合虐待罪构成要件的，应当以故意伤害罪与虐待罪数罪并罚。

第十六节　遗弃罪

一、遗弃罪的概念

（一）难度与热度

难度：☆☆　热度：☆☆

（二）基本概念分析

遗弃罪，是指负有扶养义务的人，对年老、年幼、患病或者其他没有独立生活能力的人拒绝扶养，情节恶劣的情形。遗弃罪所侵犯的法益是生命、身体的安全。本罪属于抽象危险犯而非具体危险犯，即遗弃无独立生活能力、无自救能力者，只要使其陷入生存上的困境，在生命、身体健康方面存在抽象危险的，就可能构成遗弃罪。反之，倘若将遗弃罪理解为具体危险犯，将无法区分杀人故意与遗弃故意，会模糊故意杀人罪和遗弃罪之间的界限。

二、遗弃罪的构成特征

（一）难度与热度

难度：☆☆☆☆　热度：☆☆☆☆

（二）基本概念分析

（1）本罪的行为主体是特殊主体，即负有扶养义务的人。所谓的"负有扶养义务"，是指行为人对于年老、年幼、患病或者其他没有独立生活能力的人，依法负有的对上述被扶养人在经济、生活等方面予以供给、照顾、帮助，以维护其正常生活的义务。"扶养义务"主要包括夫妻间有相互扶养的义务；父母对子女有抚养、教育的义务；子女对父母有赡养、扶助的义务；养父母与养子女、继父母与继子女之间有相互扶养的义务；有负担能力的祖父母、外祖父母对父母已经死亡的未成年的孙子女、外孙子女有抚养义务；有负担能力的孙子女、外孙子女，对子女已经死亡的祖父母、外祖父母有赡养义务；有负担能力的兄姐对父母已经死亡或者父母无力抚养的未成年弟妹有抚养的义务等。如果行为人对没有独立生活能力的人不负有扶养义务，就不存在拒绝扶养的问题，自然也就不能构成本罪。

（2）本罪的行为对象是年老、年幼、患病或者其他没有独立生活能力的人。其中，所谓的"没有独立生活能力"，是指不具备或者丧失劳动能力，无生活来源而需要他人在经济上予以供给、扶养，或者虽有经济收入，但生活不能自理而需要他人照顾等情况。

（3）本罪的实行行为是拒绝扶养，且情节恶劣的行为。遗弃在实质上都表现为不履行扶养义务。对本罪的拒绝扶养应作广义的理解，其应当包括以下行为：1）将需要扶养的人移置于危险场所；2）将需要扶养的人从一种危险场所转移到另一种更为危险的场所；3）将需要扶养的人遗留在危险场所；4）离开需要扶养的人，使应当受其扶养的人得不到扶养；5）妨碍需要扶养的人接近扶养人；6）不提供扶助。

此外，遗弃行为必须情节恶劣才能构成本罪。2015年最高人民法院、最高人民检察院、公安部、司法部《关于依法办理家庭暴力犯罪案件的意见》第17条规定："根据司法实践，具有对被害人长期不予照顾、不提供生活来源；驱赶、逼迫被害人离家，致使被害人流离失所或者生存困难；遗弃患严重疾病或者生活不能自理的被害人；遗弃致使被害人身体严重损害或者造成其他严重后果等情形，属于刑法第二百六十一条规定的遗弃'情节恶劣'，应当依法以遗弃罪定罪处罚。"

（4）本罪的主观构成要件为故意，即行为人明知自己负有扶养义务，不履行该义务会使他人处于危险境地，却拒绝履行该义务。

（三）学说理论探讨

遗弃罪的行为对象是否仅限于共同生活的家庭成员，或者说非家庭成员之间的遗弃行为能否构成遗弃罪呢？对此，我国目前的学说与实务见解尚无定论。从条文用语上来看，我国遗弃罪规定并没有明确地给出肯定或否定的结论，因此从文义解释来说，非家庭成员之间的遗弃行为均属于遗弃罪的概念外延。无论是肯定说还是否定说，都在可能的解释范围之内，只是法官采取了某种文义解释后，不能直接结束讨论，而是必须进一步援引其他的观点来补强论证这种解释。具体而言，主张非家庭成员之间的遗弃行为可以构成遗弃罪的观点认为，1997年《刑法》修订时，遗弃罪连同其他"妨害婚姻、家庭罪"一起被归入到"侵犯公民人身权利、民主权利罪"一章中，故遗弃罪的主体不限于家庭成员。与之相对立的观点则认为，虽然遗弃罪在《刑法》中的位置从1979年《刑法》的"妨害婚姻、家庭罪"变更为1997年《刑法》的"侵犯公民人身权利、民主权利罪"，但条文用语本身没有重大变动，且前述的位置变动主要是一种单纯的技术考量，即

1979年《刑法》中，妨害婚姻、家庭罪只有6个条文，显得十分单薄，与其他章的犯罪条文数量相比极不协调，因此1997年《刑法》没有再对其单独设章。据此，不能认为本罪的保护指向已经发生了重大变动。

（四）疑难问题解析

关于遗弃罪的罪数认定，司法实践中经常出现的争议问题是，遗弃罪与故意杀人罪的区分。对此，2015年最高人民法院、最高人民检察院、公安部、司法部《关于依法办理家庭暴力犯罪案件的意见》第17条指出：准确区分遗弃罪与故意杀人罪的界限，要根据被告人的主观故意、所实施行为的时间与地点、是否立即造成被害人死亡，以及被害人对被告人的依赖程度等进行综合判断。对于只是为了逃避扶养义务，并不希望或者放任被害人死亡，将生活不能自理的被害人弃置在福利院、医院、派出所等单位或者广场、车站等行人较多的场所，希望被害人得到他人救助的，一般以遗弃罪定罪处罚。对于希望或者放任被害人死亡，不履行必要的扶养义务，致使被害人因缺乏生活照料而死亡，或者将生活不能自理的被害人带至荒山野岭等人迹罕至的场所扔弃，使被害人难以得到他人救助的，应当以故意杀人罪定罪处罚。

第三部分　拓展延伸阅读、案例研习与同步训练

第一节　拓展延伸阅读

1. 司伟森. 侵犯公民人身权利、民主权利罪浅析. 中国刑事法杂志, 2015（3）.
2. 王复春. 故意杀人罪死刑裁量机制的反思与改进. 环球法律评论, 2022（2）.
3. 王复春. 故意杀人罪死缓限制减刑的适用状况实证研究. 法学家, 2020（6）.
4. 江溯. 不作为的故意杀人罪司法认定实证研究. 国家检察官学院学报, 2020（4）.
5. 付立庆. 案例指导制度与故意杀人罪的死刑裁量. 环球法律评论, 2018（3）.
6. 王越. 故意杀人罪死刑裁量机制的实证研究. 法学研究, 2017（5）.
7. 陈兴良. 故意杀人罪的手段残忍及其死刑裁量：以刑事指导案例为对象的研究. 法学研究, 2013（4）.
8. 张心向. 目的性限缩与空缺刑法规范的创造性适用：以不作为的故意杀人罪为分析视角. 中国刑事法杂志, 2008（5）.
9. 何荣功. 轻微暴力引起被害人死亡的刑法学分析. 法学, 2024（2）.
10. 刘之雄. 法律推定的故意伤害罪、故意杀人罪研究：以聚众斗殴致人重伤、死亡为焦点. 法学家, 2018（1）.
11. 张明楷. 故意伤害罪司法现状的刑法学分析. 清华法学, 2013, 7（1）.
12. 郑泽善. 故意伤害罪新论. 法学论坛, 2012（1）.
13. 田宏杰. 故意伤害罪若干疑难问题探讨. 法学家, 2001（4）.
14. 张明楷. 故意伤害罪探疑. 中国法学, 2001（3）.

15. 向燕. 强制、同意与性别平等: 强奸罪入罪模式及其改革. 政治与法律, 2024 (6).

16. 田刚. 强奸罪司法认定面临的问题及其对策. 法商研究, 2020 (2).

17. 李翔. 论负有照护职责人员性侵罪的规范构造与实践逻辑. 华东政法大学学报, 2024 (5).

18. 姚建龙. 负有照护职责人员性侵罪的法益证立与实质认定. 清华法学, 2024 (4).

19. 朱金阳. 负有照护职责人员性侵罪规范保护目的辨析. 法学论坛, 2023 (2).

20. 王焕婷. 性侵犯罪的不法内涵: 以负有照护职责人员性侵罪为中心. 中国刑事法杂志, 2022 (6).

21. 赵冠男. 中德负有照护职责人员性侵罪中"照护职责"之规范比较分析. 环球法律评论, 2022 (4).

22. 杨金彪. 负有照护职责人员性侵罪构成要素比较分析. 环球法律评论, 2022 (3).

23. 侯毅. 非法拘禁罪法律适用问题浅析. 中国刑事法杂志, 2014 (2).

24. 冯军. 非法拘禁罪的司法认定: 兼论检察官办案中的总体感觉与刑法教义. 国家检察官学院学报, 2012 (4).

25. 李世阳. 论绑架罪的基本构造. 中外法学, 2023 (4).

26. 徐光华. 索债型非法拘禁罪扩张适用下对绑架罪的再认识. 中国法学, 2020 (3).

27. 张明楷. 绑架罪的基本问题. 法学, 2016 (4).

28. 杨金彪. 拐卖妇女儿童罪的几个问题. 现代法学, 2004 (5).

29. 王志祥. 拐卖妇女罪中"奸淫被拐卖的妇女"新论. 法商研究, 2014 (1).

30. 李希慧. 诬告陷害罪若干问题研析. 法学评论, 2001 (6).

31. 高铭暄, 张海梅. 网络诽谤构成诽谤罪之要件: 兼评"两高"关于利用信息网络诽谤的解释. 国家检察官学院学报, 2015 (4).

32. 张开骏. 名誉保护与言论自由的衡平: 诽谤罪比较研究. 政治与法律, 2011 (6).

33. 郑金火. 信守诽谤罪构成的法律底线: 从"王鹏案"说起. 法学, 2011 (5).

34. 童云峰. 个人信息保护法与侵犯公民个人信息罪的衔接机制. 中外法学, 2024 (2).

35. 罗翔. 自然犯视野下的侵犯公民个人信息罪. 中国法律评论, 2023 (3).

36. 刘浩. 侵犯公民个人信息罪的法益构造及其规范解释. 环球法律评论, 2023 (3).

37. 王芳. 破坏选举罪中"贿选"若干法律问题探讨. 中国刑事法杂志, 2014 (6).

38. 唐冬平. 虐待罪的刑罚配置检讨: 一个宪法与刑法融贯的视角. 政治与法律, 2022 (11).

39. 高铭暄, 李彦峰. 虐待罪"告诉才处理"除外规定的司法适用. 法学, 2016 (11).

40. 唐冬平. 虐待罪的刑罚配置检讨：一个宪法与刑法融贯的视角. 政治与法律，2022（11）.

41. 王志远，齐一村. 遗弃罪规制方式的社会转向. 国家检察官学院学报，2018（2）.

42. 高铭暄，李彦峰. 虐待罪"告诉才处理"除外规定的司法适用. 法学，2016（11）.

43. 尹彦品. 以遗弃罪为视角再谈弱势群体的刑法保护：由几则案例引发的思考. 河北法学，2010（3）.

44. 张送智，麻侃. 阻止他人救助被害人的该当何罪. 政治与法律，2008（6）.

第二节　本章案例研习

案例：刘某枝故意杀人案

（一）基本案情

被告人刘某枝系被害人秦某明之妻。秦某明因患重病长年卧床，一直由刘某枝扶养和照料。2010 年 11 月 8 日 3 时许，刘某枝在其暂住地出租房内，不满秦某明病痛叫喊，认为影响他人休息，与秦发生争吵。后刘某枝将存放在暂住地的敌敌畏倒入杯中提供给秦某明，由秦某明自行服下，造成秦某明服毒死亡。

（二）法院判决

北京市第二中级人民法院经审理认为：刘某枝在与秦某明发生言语冲突后，明知将敌敌畏提供给长年患病卧床并有轻生念头的秦某明，会导致秦某明服毒身亡的后果发生，仍不计后果而为之，事发后又不积极送秦某明到医院救治，放任危害后果的发生，导致秦某明死亡。秦某明虽是自行服下刘某枝提供的敌敌畏，但刘某枝的行为与死亡结果之间存在因果关系，故刘某枝的行为已构成故意杀人罪，应当承担相应的刑事责任。最终判决刘某枝犯故意杀人罪，判处有期徒刑 7 年，剥夺政治权利 1 年。

（三）案例解析

按照法院的裁判理由，认定刘某枝构成故意杀人罪，主要基于两个阶段的行为：

第一阶段的行为是刘某枝向秦某明提供农药，并对秦某明进行言语刺激，导致秦某明喝下农药中毒身亡。对此，有观点认为，如果帮助者主观上明知他人有强烈的自杀倾向，客观上仍通过言行进一步强化他人自杀的决意，并提供自杀工具或者帮助他人完成自杀行为，应当认定帮助行为与他人死亡后果之间具有刑法上的因果关系，对帮助者应当以故意杀人罪追究刑事责任。但这种观点恰恰未能正确认识到自杀与他杀的区别。在本案中，虽然秦某明所喝下的农药是刘某枝提供的，但在这个阶段中对死亡结果的支配权是完全掌握在秦某明手上的，无论刘某枝如何提供农药，提供行为本身并没有致人死亡的可能性，并且，秦某明也没有处于一种类似于免责状态的意思瑕疵之中，因此，对这一阶段的行为应定性为自杀而非他杀。刘某枝的提供行为最多只是一种对自杀行为的参与，不是故意杀人行为。

第二阶段的行为是刘某枝在秦某明喝下农药毒性发作后未采取任何救助措施，导致秦某明中毒身亡后果的行为，符合不作为故意杀人罪的特征。这里需要首先审查的是秦某明的服毒自杀决定是否是一种自我负责的自杀决定。从法院的判决立场来看，似乎认为，因为家庭矛盾、争吵而引发的自杀决定并不是一种自我负责的决定，被害人的自杀决定从长远来看未必是一种理性的决定，其很有可能会后悔当时作出的决定。既然被害人对其自杀决定无法自我负责，则刘某枝基于其先行行为产生的义务、法律明文规定的义务以及社会公共伦理所产生的道德义务，具有相应的救助义务。在具有救助义务和救助可能的情形下，行为人拒绝救助的，构成不作为的故意杀人罪。但如果按照前文中提到的"类似免责说"，即便被害人是因一时的鲁莽或冲动而作出自杀决定，但这种意思瑕疵还达不到排除自我负责性的程度。因为一方面出于自我保存的自私心理，自杀决定并不是轻易就能作出的；另一方面在规范评价下，享有生命的主体也不应仅仅因为旁人的轻微压力或误导所带来的动机错误，就选择舍弃生命。就此而论，秦某明的自杀决定仍有其自我负责性，刘某枝的不救助行为无法成立不作为的故意杀人罪。

第三节 本章同步训练

一、选择题

（一）单选题

1. 甲以伤害的故意砍乙两刀，随即心生杀意又朝着乙砍了两刀，但四刀中仅有一刀砍中乙并致其死亡，且无法查明四刀中的哪一刀造成乙的死亡。如何评价甲的行为？（　　）

A. 甲想要砍死乙，最终也砍死了乙，应以故意杀人罪（既遂）论处

B. 由于无法确定乙的死亡结果是甲的哪一刀造成的，不能将死亡结果归责给甲，甲的行为构成故意伤害罪（既遂）

C. 因为杀人故意可以包括伤害故意，对甲的行为应当以故意伤害（致人死亡）罪论处

D. 基于存疑有利于被告人原则而分别适用，在判断甲的前两刀行为定性时，应假设致死一刀是后两刀中的一刀，故甲的前两刀没有导致乙受到任何伤害，不构成犯罪；在判断甲的后两刀行为定性时，应假设致命一刀是前两刀中的一刀，故甲的后两刀行为没有导致乙受到任何伤害，该行为构成故意杀人罪（未遂）

2. 甲为了索债，将乙关在小黑屋里面，但乙当时身上还留有手机可与外界联系。在非法拘禁期间，甲外出。乙认为自己无力还债，于是跳楼身亡。甲的刑事责任如何认定？（　　）

A. 甲的行为成立非法拘禁罪致人死亡

B. 甲的行为成立非法拘禁罪以及过失致人死亡罪，两罪实行数罪并罚

C. 甲的行为仅构成非法拘禁罪

D. 甲的行为成立绑架罪

3. 甲出于勒索财物的目的，将乙的孩子丙劫持到自己的暂住地。在扣押期间，由于乙出国，甲迟迟无法联系到乙。三天后，甲无奈将丙放回去。丙在回家路上，不幸溺水身亡。关于甲的刑事责任，下列哪一个选项是正确的？（　　）

A. 甲对丙实施了绑架行为，丙最后不幸死亡，对甲应适用绑架罪的加重处罚规定，法定最高刑为死刑

B. 甲对丙实施了绑架行为，但他在绑架过程中并未实施伤害或杀害行为，因此，对甲的行为最多只能适用一般情形下的绑架罪（致人死亡），法定最高刑为无期徒刑

C. 由于甲未能向乙提出勒索请求，甲的行为成立绑架罪未遂

D. 由于不能将丙的死亡结果归属给甲，因此，甲对丙的死亡结果不用负责。甲的行为仅成立绑架罪既遂

（二）多选题

1. 关于拐卖妇女罪，以下说法中正确的有哪些？（　　）

A. 甲与乙通谋，将乙"卖给"丙。在甲获得钱财后，两人便逃离。甲的行为不构成拐卖妇女罪

B. 甲在拐卖过程中，还强迫被拐卖的妇女乙卖淫的，仅构成拐卖妇女罪

C. 甲出于结婚目的，收买被拐卖的妇女乙，但发现乙越看越丑，就将乙卖给丙。甲的行为仅构成拐卖妇女罪

D. 甲拐卖妇女，急公好义的路人乙前来阻挡。甲为了排除障碍，将乙打成重伤，最终顺利拐卖了妇女。对甲的行为仅仅以拐卖妇女罪论处，同时适用法定刑加重事由

2. 乙向甲借高利贷，虽归还本金但还欠 10 万元的利益尚未归还。于是，甲持刀拦住乙，让乙还债。乙拒绝，甲强行搜身，从乙的身上搜出 2 万元。接着，甲将乙捆绑到一间空房内，并要乙打电话给其妻子丙归还剩下的 8 万元。其间，乙因被捆绑得太紧而窒息身亡。关于甲的行为的说法，不正确的选项有哪些？（　　）

A. 触犯非法拘禁罪、催收非法债务罪，应以催收非法债务罪论处

B. 触犯抢劫罪

C. 应以故意杀人罪论处

D. 应以绑架罪论处

3. 关于刑讯逼供罪，下列哪些选项是错误的？（　　）

A. 甲系机关保卫处长，采用多日不让小偷睡觉的方法，迫使其承认偷盗事实。甲构成刑讯逼供罪

B. 乙系教师，受聘为法院人民陪审员。因庭审时被告人刘某气焰嚣张，乙气愤不过，一拳致其轻伤。乙的行为不构成刑讯逼供罪

C. 丙系检察官，为逼取口供殴打犯罪嫌疑人郭某，致其重伤。对丙应以刑讯逼供罪论处

D. 丁系警察，讯问时佯装要实施酷刑，犯罪嫌疑人因害怕，承认犯罪事实。丁构成刑讯逼供罪

二、论述题

1. 论述诽谤罪与诬告陷害罪的区别。
2. 论述轮奸与强奸罪共同犯罪的区别。

参考答案及解析

一、选择题

(一) 单选题

1. 参考答案：C

解析：由于杀人故意和伤害故意之间并不是一种互斥的关系，杀人故意一定可以包括伤害故意，所以，甲的前两刀行为和后两刀行为均可以评价为伤害行为。所以，无论乙的死亡结果事实上是前两刀造成的，还是后两刀造成的，该死亡结果均与伤害行为之间具有归因归责关系，故而，对于甲的行为仅以故意伤害（致人死亡）罪论处即可。

2. 参考答案：C

解析：甲的行为非法剥夺了乙的人身自由，构成非法拘禁罪，并无任何的疑问。问题关键在于，乙的死亡结果能否归属给甲。虽然甲对乙实施了非法拘禁行为，但甲的拘禁行为的暴力程度并没有致人死伤的危险，并且甲对乙的自杀也没有预见可能性，因此，乙的死亡结果不能归属给甲。甲的行为仅成立非法拘禁罪。

3. 参考答案：D

解析：甲在绑架过程中，并未对丙实施任何的杀害或伤害行为，故而，本案不能适用绑架罪的加重处罚规定（法定最高刑为死刑）；由于丙的死亡结果不能归属给甲的绑架行为，因此，也不能适用一般情形下的绑架罪（致人死亡）。绑架罪的既遂标准是，行为人将被绑架人置于行为人的实力控制之下，或者行为人向被绑架人的近亲属或与被绑架人有关的第三人作出要求支付财物的意思，不要求成功勒索到财物。因此，本案中，甲的行为仅构成绑架罪（既遂）。

(二) 多选题

1. 参考答案：ABC

解析：选项A中，甲与乙通谋，将乙"卖给"丙。在甲获得钱财后，两人便逃离。此种情形由于得到被拐卖者的承诺，具有拐卖故意的甲只能构成诈骗罪。选项B中，甲在拐卖过程中，还强迫被拐卖的妇女乙卖淫，构成拐卖妇女罪的加重处罚事由"强迫被拐卖的妇女卖淫"，因此仅定拐卖妇女罪即可。选项C中，甲最初实施收买被拐卖的妇女的行为并非出于出卖目的，因此，只能以收买被拐卖的妇女罪论处。但我国《刑法》第241条规定，收买被拐卖的妇女又出卖的，根据拐卖妇女罪定罪处罚，因此，甲的行为仅构成拐卖妇女罪。选项D中，拐卖妇女、儿童罪的加重处罚事由是"造成被拐卖的妇女、儿童或者其亲属重伤、死亡或者其他严重后果的"，本案中遭受重伤的是路人乙，而非被拐卖的妇女、儿童或者其亲属，因此，甲的行为成立拐卖妇女罪和故意伤害罪，两罪实行数罪并罚。

2. 参考答案：ABCD

解析：根据我国《刑法》第238条第3款的规定，为索取债务非法扣押、拘禁他人的，原则上应以非法拘禁罪定罪处罚。这里的债务包括非法债务，因此，本案的考虑方向应该是非法拘禁罪。本案中，乙的死亡结果是非法拘禁行为所制造的不容许风险的现实化，不属于（在非法拘禁期间）"使用暴力致人伤残、死亡"的情形，因此，对甲的行为直接以非法拘禁罪（致人死亡）论处即可，不会转化为故意杀人罪或故意伤害罪（致人死亡）。此外，本案的情形也不同于绑架罪的典型行为，因为甲只是为了索债，而非利用丙对乙的人身安全的担忧向丙勒索财物。

3. 参考答案：ACD

解析：刑讯逼供罪的行为主体只能是司法工作人员，选项A中的甲是机关保卫处长，不属于司法工作人员，行为主体不适格。刑讯逼供罪要求行为人实施刑讯行为是出于逼供的目的，选项B中乙实施殴打行为是为了泄愤，故而不构成刑讯逼供罪。刑讯逼供过程中，致人伤残的，按照故意伤害罪定罪处罚，选项C中丙的殴打行为成立故意伤害罪，而非刑讯逼供罪。成立刑讯逼供罪要求行为人实施了肉刑或变相肉刑，佯装要实施酷刑本身既非肉刑也非变相肉刑，因此，选项D中丁的行为不会成立刑讯逼供罪。

二、论述题

1. 参考答案：

（1）诬告陷害罪中，捏造的内容必须是犯罪事实，但在诽谤罪中，捏造的事实可以是一般的事实，只要所捏造的事实可以损害他人的人格、名誉，就能满足诽谤罪的要求。（2）诬告陷害罪在散布形式上要求，行为人必须向司法机关或其他有关国家机关或者人员等特定主体告发，但诽谤罪则是向不特定的多数人扩散所捏造的事实。（3）诬告陷害罪在主观构成要件上还要求行为人必须具有使他人受到刑事追究的目的，而诽谤罪并未作此要求。

2. 参考答案：

"轮奸"是指两个以上的男子基于共同强奸的故意，在同一接近的时间内，先后轮流对同一名妇女或幼女实施强奸或奸淫的行为。"强奸罪共同犯罪"则指，二人以上（其中至少有一名男子）基于共同的强奸决意，着手对妇女或幼女实施强奸或奸淫的行为。二者之间的差别主要体现在：

（1）轮奸合意有别于共同的强奸犯罪合意。轮奸合意的内容，通常是两个以上的男子，在同一接近的时间内，先后轮流对同一名妇女或幼女实施强奸或奸淫。共同的强奸犯罪合意的内容则不是如此，通常情形下只有一名男子对妇女或幼女实施强奸或奸淫。

（2）犯罪既遂的成立标准不同。在轮奸的情形，若其中仅有一人成功强奸，对于未成功强奸的行为人，仍然成立轮奸，但必须适用未遂的规定。在强奸罪共同犯罪的情形中，若其中一人成功强奸妇女或奸淫幼女，按照部分行为全部责任原则，其他人也要为该结果负责，成立强奸罪既遂。

第二十一章　侵犯财产罪

第一部分　本章知识点速览

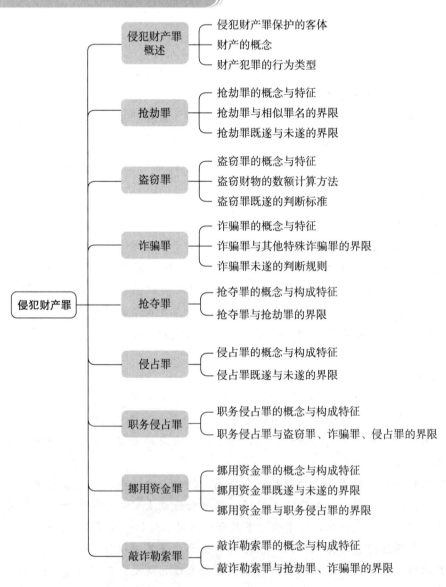

- 侵犯财产罪概述
  - 侵犯财产罪保护的客体
  - 财产的概念
  - 财产犯罪的行为类型
- 抢劫罪
  - 抢劫罪的概念与特征
  - 抢劫罪与相似罪名的界限
  - 抢劫罪既遂与未遂的界限
- 盗窃罪
  - 盗窃罪的概念与特征
  - 盗窃财物的数额计算方法
  - 盗窃罪既遂的判断标准
- 诈骗罪
  - 诈骗罪的概念与特征
  - 诈骗罪与其他特殊诈骗罪的界限
  - 诈骗罪未遂的判断规则
- 抢夺罪
  - 抢夺罪的概念与构成特征
  - 抢夺罪与抢劫罪的界限
- 侵占罪
  - 侵占罪的概念与构成特征
  - 侵占罪既遂与未遂的界限
- 职务侵占罪
  - 职务侵占罪的概念与构成特征
  - 职务侵占罪与盗窃罪、诈骗罪、侵占罪的界限
- 挪用资金罪
  - 挪用资金罪的概念与构成特征
  - 挪用资金罪既遂与未遂的界限
  - 挪用资金罪与职务侵占罪的界限
- 敲诈勒索罪
  - 敲诈勒索罪的概念与构成特征
  - 敲诈勒索罪与抢劫罪、诈骗罪的界限

（侵犯财产罪）

》 第二部分　本章核心知识要点解析

第一节　侵犯财产罪的概念和构成特征

一、侵犯财产罪保护的客体

（一）难度与热度

难度：☆☆☆☆　热度：☆☆☆☆

（二）基本概念分析

侵犯财产罪保护的客体为财物支配关系，而关于如何理解财物支配关系存在多种学说。

通说是公私财产所有权说，其主张侵犯财产犯罪所保护的客体是公私财产的所有权，所有权的权能包括占有、使用、收益、处分四个方面。

本权说主张侵犯财产罪所保护的客体是所有权以及其他本权，其他本权主要是指各项可以合法占有的权利，如质押权等。

占有说主张侵犯财产罪所保护的客体是他人对财物的占有，占有是指对财物事实上支配、控制、管领的权利。

折中说（中间说）综合了上述三种观点，认为侵犯财产罪所保护的客体是公私财产所有权基础上的本权和其他事实占有。

（三）学说理论探讨

公私财产所有权说源自我国宪法和民法的规定：我国《宪法》第 12、13 条明确规定，公共财产和私有财产受到保护；我国《民法典》第 114 条规定，民事主体依法享有所有权。所有权是基于物权而对财物所形成的一种对物的支配关系，其作为宪法、民法所保护的权利，也需要刑法予以保护。

《民法典》不仅规定了所有权，还规定了其他具备排他关系的权利，本权说有其存在基础。本权是指合法占有的权利，例如基于质押权而占有他人财物的权利、基于租赁而占有他人财物的权利等。根据该说，盗窃罪的被害人从盗窃犯处窃回原被盗财物的，不成立盗窃罪；债权人在合同期满后取回财产的，不成立盗窃罪。显然，本权说不当缩小了盗窃罪的处罚范围。

占有说主张，《民法典》不仅保护所有权，还设有专门章节保护占有的稳定。虽然依照法律规定可以直接确定所有权的归属，但财物由所有权人之外的第三人基于各种原因"事实上"占有的情况也经常发生，基于所有权不明而产生占有事实的情形也并不少见。此外，在行为人享有所有权但财物被他人占有的场合，所有权说的观点可能导致行为人任意行使权利的情形。然而，如果认为任何占有状态都值得保护，那么权利人从盗窃犯手中夺回自己的财物，也符合盗窃罪的构成要件，这反映了占有说可能会扩大侵犯财产罪的成立范围。

折中说（中间说）综合了前述学说，旨在既不扩大侵犯财产罪的范围，也不缩小侵犯财产罪的范围。目前主要存在以本权为基础的折中说和以占有为基础的折中说等学说。

（四）疑难问题解析

公私财产所有权说具有较强的优越性，在绝大部分的侵犯财产犯罪中，完全可以依照该说来确定是否构成犯罪。一方面，我国侵犯财产罪的大部分规定使用了"公私财物"一词，公私财产所有权说更符合刑法规定；另一方面，该说考虑了绝大多数侵犯财产罪的侵害客体为公私财产所有权的情况。同时，对实务机关而言，以所有权为基础确定犯罪行为、犯罪人以及受害人的做法最为便捷。此外，该说考虑了民法规定，遵从了刑法的从属性、补充性的要求。当然，该说也存在缺陷，举例而言，当国家依法扣押物品后，扣押物的所有权没有转移给国家，所有权人盗回扣押物，并没有侵犯自己的所有权，依照该说会得出不构成犯罪的不当结论。

本权说是以权利的存在与否来界定客体的有无，刑法作为"保障法"，需要保护宪法、民法等所明确保护的权利。但是，纯粹的本权说几乎完全以民法的规定作为判断是否侵犯了财产客体的根据，实质上否定了刑法的相对独立性，目前学界基本不采用过于限缩犯罪范围的本权说。

占有说存在扩大侵犯财产罪成立的问题。如果不对占有的性质进行合理限制，那么基于该说，几乎所有的占有都应当受到刑法保护，这会导致入罪范围不当扩大的情形。日本学者修正后的平稳占有说和合理占有说试图减少该说的缺陷，但是"平稳"和"合理"的界定不够明确，在一定程度上超脱了民法体系，并不能完全解决占有说扩大处罚的问题。

折中说（中间说）虽然在形式上可以调和本权说和占有说，但是本权与事实上的占有是对立的概念，对两者进行调和最终还是会产生扩大财产犯罪成立范围的问题。因此，有观点主张通过限制占有的范围来限制折中说的适用范围，但其本质上还是修正的占有说，而非修正的折中说。

二、财产的概念

（一）难度与热度

难度：☆☆☆☆☆　　热度：☆☆☆☆☆

（二）基本概念分析

侵犯财产罪的对象是财产。关于对财产的理解，目前存在经济的财产说（纯粹的经济财产说）、法律的财产说以及综合两者的法律—经济的财产说。

法律的财产说主张财产犯罪的对象是财产之上的权利，可以据此认为财产犯罪是在保护民法上认可的财产之上的权利。相对于经济的财产说而言，法律的财产说不需要借助经济利益的损失进行判断，只需要考虑权利是否受到侵害。

经济的财产说主张财产犯罪侵犯的财产是指一切具有经济利益的物品，经济价值的多少是衡量财产价值的标准。这一学说与我国财产犯罪的主要入罪标准——"数额"具有天然的贴合性。

法律—经济的财产说是一种折中说。其认为财产是指法秩序所保护的、具有经济价值的利益。对于基于不法原因给付的财产，即便其具备经济价值，也不是刑法所保护的财产。

（三）学说理论探讨

法律的财产说主张，刑法规定侵犯财产罪是为了保护民法上的权利。因此，侵犯财产犯罪的成立不以行为造成经济损害为前提，只要行为侵害了民法上的权利即可。其基本理由是，经济生活中存在各种各样的经济利益、财产关系，由民法决定哪些内容受法秩序保护。刑法规定侵犯财产罪是为了保护民法上的权利，刑法上的财产便是民法上的权利的总和。但是，法律的财产说也存在缺陷，其无法有效区分财物，也不利于保护财产，目前学界基本不采纳该学说。

经济的财产说主张，在现代社会中，财产是指具有金钱价值的财的总计，即作为财产的物品必须存在经济价值。该说内部又存在整体财产损失和个别财产损失说。整体财产损失说认为，需要在财产的整体视角下将财产的丧失与取得作为整体进行综合评价，如果没有损失，则否认犯罪的成立；而个别财产损失说认为，应当个别地考察财产丧失，只要个别财产遭受损失就应认定为构成财产损失，至于被害人在丧失财产的同时，是否取得财产或者取得财产的多寡，都不是认定犯罪所要考虑的问题。但经济的财产说没有注意到刑法在客体保护方面的辅助性，扩张了财产犯罪的成立范围，将部分民法上合法的行为认定为刑法上的犯罪行为，因此存在缺陷。

法律—经济的财产说虽然原则上认为，有经济价值的物或者利益都是财产，但是同时又要求相应的物或利益必须为法秩序所承认，是目前学界的通说。法律—经济的财产说符合法秩序统一性的原理，即刑法最重要的任务在于保护客体，而客体必须得到法秩序的承认。违反法秩序的利益，即使从纯粹经济的角度上看是有价值的，也不值得刑法的保护。

（四）疑难问题解析

从刑事政策的角度上看，认为具有经济价值的财产应当受到刑法保护的经济的财产说具有一定优越性，其可以尽可能地避免处罚漏洞，但是该说需要明确经济价值损失的判断标准。

法律的财产说形式化地认为刑法从属于民法，这会造成没有侵害民法所保护的权利但是严重侵害财产权益的行为无法构成财产犯罪的情形，与现在经济社会的实际状况不相符。但是，法律的财产说也指明了刑法需要重视民法的权利保护体系，补充了侵犯财产罪的适用范围。

法律—经济的财产说寻求财产的刑法保护与民法保护的实质调和，将财产犯罪的保护客体限定为值得刑法保护的经济利益。其以在法秩序中共通的一般违法性为前提，遵循了缓和的违法一元论主张，契合当下的实务需要。

三、财产犯罪的行为类型

（一）难度与热点
难度：☆☆　　热度：☆☆

（二）基本概念分析
我国的侵犯财产罪章节具体规定了 13 种罪名，一般通过三分法将侵犯财产行为分为取得型犯罪、毁坏（弃）型犯罪、拒不交付型犯罪。取得型犯罪是指以占有为目的或者以挪用为目的的财产犯罪，其包含占有型犯罪和挪用型犯罪。而占有型犯罪又可以被细分为夺取型犯罪、交付型犯罪和侵占型犯罪。毁坏（弃）型犯罪是指以毁坏为目的的财产犯罪。拒不交付型犯罪一般具体指拒不支付劳动报酬罪。

（三）学说理论探讨

取得型犯罪的认定重点在于判断犯罪人是否取得了财产，取得不仅仅是指永久取得，也可以是一定期限内的取得。对于取得型犯罪而言，主观上的非法占有目的不可或缺，如何理解并证实非法占有目的是重点。在夺取型犯罪的认定中，需要考察被害人的主观意思，确定其没有转移财产的意思。当然还有观点将取得型犯罪进一步划分为和平取得和暴力取得，以是否存在暴力或者是否以暴力相威胁作为判断标准。交付型犯罪的认定需要考察被害人转移财产的主观意思。挪用型犯罪的认定需要重点判断犯罪人的归还财产意思。侵占型犯罪的认定则需要考察犯罪人对财产是否具备一定程度的支配力。

在毁坏型犯罪的认定中，由于犯罪人不具有非法占有为目的，因此只需证实犯罪人具有追求毁坏财物的故意即可。

作为拒不支付型犯罪的拒不支付劳动报酬罪是指，负有向劳动者支付劳动报酬义务的雇主和用人单位，以转移财产、逃匿等方法逃避支付劳动者的劳动报酬或者有能力支付而不支付劳动者的劳动报酬，数额较大，经政府有关部门责令支付仍不支付的行为。

（四）疑难问题解析

取得型犯罪的认定重点是"非法占有目的"，我国刑法中不少侵犯财产罪明文规定了"非法占有目的"这一主观要素。"非法占有目的"是指明知是公共或他人的财产，而意图把他非法转归自己或第三人占有。通说使用排除意思、利用意思两个方面来解释非法占有目的。排除意思是指排除原权利人的管理可能性；利用意思则是指对财物按照其可能具有的用途进行利用、取得收益的意思。目前通说主张，应当以财物可能具有的用途而非本来用途来判断行为人是否具有利用意思。例如，行为人盗窃女性内衣用以满足自己性癖好的，也符合利用意思的要求。

毁坏型犯罪中的"毁坏"也存在多种理解，比如，窃得他人价格不菲的家用厨具后，浸泡在排泄物中再返还给被害人的，虽然形式上厨具并没有受到任何毁坏，但是实质上权利人继续使用的可能性也微乎其微；再比如，行为人将他人的钻戒直接扔进海里的，虽然钻石坚硬程度较高难以受到损坏，但是被害人再找到该钻石的可能性微乎其微，行为人的行为也构成"毁坏"。因此，通说主张毁坏的含义相对广泛，毁坏不仅包含物理上的毁坏，也包含刻意降低效能的毁坏。

第二节　抢劫罪

一、抢劫罪的概念与构成特征

（一）难度与热点

难度：☆☆☆☆☆　　热度：☆☆☆☆☆

（二）基本概念分析

抢劫罪是指以非法占有为目的，以暴力、胁迫或者其他方法，当场强行劫取公私财物的行为。

本罪侵犯的客体是复杂客体，即公私财产所有权和人身权。本罪的客观方面是以暴力、胁迫或者其他方法，当场强行劫取公私财物的行为。抢劫行为是一种复合行为，包括方法行为和目的行为，前者包括暴力、胁迫或者其他方法，后者是指当场劫取公私财物。本罪的主观方面是直接故意，并且需要有非法占有目的。本罪的主体是一般主体，14周岁以上的人均可能构成本罪。此外，根据最高人民法院于2005年12月12日通过的《关于审理未成年人刑事案件具体应用法律若干问题的解释》第10条第1款规定，已满14周岁不满16周岁的人盗窃、诈骗、抢夺他人财物，为窝藏赃物、抗拒抓捕或者毁灭罪证，当场使用暴力，故意伤害致人重伤或者死亡，或者故意杀人的，应当分别以故意伤害罪或者故意杀人罪定罪处罚。

我国刑法规定了八种加重的抢劫罪，分别是：入户抢劫；在公共交通工具上抢劫；抢劫银行或者其他金融机构；多次抢劫或者抢劫数额巨大；抢劫致人重伤、死亡；冒充军警人员抢劫；持枪抢劫；抢劫军用物资或者抢险、救灾、救济物资。学界一般以加重犯或者加重的构成要件来统称这八类情况。

我国《刑法》第269条规定，"犯盗窃、诈骗、抢夺罪，为窝藏赃物、抗拒抓捕或者毁灭罪证而当场使用暴力或者以暴力相威胁的，依照本法第二百六十三条的规定定罪处罚"，学界一般将其称为事后抢劫、准抢劫罪或者是转化型抢劫。

（三）学说理论探讨

1. 抢劫罪构成要件的学说理论探讨

（1）抢劫罪客体的学说理论探讨。

学界对抢劫罪保护的复杂客体存在不同认知。通说认为公私财产所有权是本罪的主要客体，理由在于本罪被规定在侵犯财产罪章中。但有观点认为人身权是本罪主要客体，理由是暴力手段对人身权的侵犯危害更大；也有观点认为对抢劫罪的两款规定应当区别对待，《刑法》第263条第1款主要保护公私财产所有权，《刑法》第263条第2款主要保护人身权。整体而言，通说更具有合理性，抢劫罪的本质是强取他人财物的犯罪，大陆法系国家也都将抢劫罪归入侵犯财产犯罪。

（2）抢劫罪客观方面的学说理论探讨。

本罪的手段行为包含"暴力"、"胁迫"以及"其他方法"三类。暴力，通常是指为达到某种目的，而采取的具有攻击性的强烈行动，包括对人身的暴力和对财物的暴力。对于暴力程度是否需要达到一定程度，存在两类学说。通说主张，抢劫罪的暴力是指足以压制或者排除被害人反抗的暴力，一般包括殴打、伤害、捆绑等行为。否定说主张，只要行为人有抢劫的意图，并且为了非法占有财物而对被害人施加暴力，原则上就应以抢劫罪论处。由于抢劫罪的法定刑重于其他财产犯罪，将手段行为限制在压制被害人反抗的通说更具合理性。胁迫，是指以当场实施暴力相威胁，导致被害人产生恐惧而不能反抗，胁迫的方式一般包括言语胁迫、行动胁迫等方式。通说认为，用来胁迫的暴力也需要达到相当的程度。其他方法，是指暴力、胁迫之外使被害人处于不能反抗或不知反抗状态的方法，例如，用酒灌醉、用药物麻醉等。

对于手段行为是否需要造成被害人产生恐惧心理，目前存在客观说和主观说。前者认为，只要客观上采用了抢劫方法，并且取得了对方的财物，就构成抢劫罪既遂；后者认为，只有行为人以暴力、胁迫的方式抑制了被害人的反抗，在此基础上取得财物时才能成立抢劫罪既遂。两类学说在被害人没有被实际压制反抗时，关于如何认定抢劫罪既遂存在分歧。

目的行为是指当场强行夺取公私财物的行为。当场一般指暴力、胁迫等手段行为与取得财物的行为具有时间上和空间上的紧密联系性，而强取则是指使用暴力、胁迫等手段行为后取得财物的行为，包括但不限于被害人主动交付财物、被害人放置财物后离开或者行为人直接夺取财物的行为。

对于手段行为与目的行为之间的因果关系认定，存在不同观点，其中：不要说认为实施暴力、胁迫后才产生了强行夺取财物的意思的，也可以构成抢劫罪。必要说认为暴力、胁迫手段必须是基于强取的意思实施的，否则根据行为与责任同时存在原则，行为人不构成抢劫罪。

2. 抢劫罪加重犯的学说理论探讨

对于各类抢劫罪的加重犯如何认定，目前存在争议。

关于如何理解"入户抢劫"中的"户"，存在较大争议。第一种观点认为，"户"仅指居民家中，不包括机关、团体、企业事业单位的办公室、教室、仓库，以及公共娱乐场所等。第二种观点认为，"户"是指公民长期固定生活、起居或者栖息的场所，所以除上述私人住宅之外，以船为家的渔民的渔船、牧民居住的帐篷，甚至宾馆房间、固定值班人员的宿舍等在实际功能和心理感觉上与私人住宅相当的场所，也应纳入"户"的范围。第三种观点认为，"户"不仅包括用于生活的场所，还包括各种用于生产等活动的封闭性场所，国家机关、企业事业单位、人民团体、社会团体的办公场所，也在"户"的范围之内。第四种观点认为，"户"是指允许特定人员出入、生活、工作的地方，这里的"户"既包括公民的住宅和院落，也包含机关、团体、企业事业等单位的院落和办公室，还包括以船为家的渔民的渔船和旅客在旅店居住的房间等。

关于"在公共交通工具上抢劫"，学界一般认可城市公共汽车、有轨电车和无轨电车、客运中巴车、高架列车、地铁列车、长途客车、旅客列车、民航客机、载客船只等大型公共交通工具属于"公共交通工具"。但是对于其他类型的交通工具能否属于本罪中的"公共交通工具"，存在争论。有观点认为，不应以公共交通工具实际乘坐的人数作为认定标准，只有这样才有利于遏制和消除以公共交通工具为袭击目标的犯罪现象。还有观点认为，"公共交通工具"是指供公众（不特定的多数人）使用的交通工具，因而供单位内部使用的交通工具，如工厂、学校班车等并非"公共交通工具"。

"抢劫银行或者其他金融机构"的认定关键在于如何解释银行和金融机构。依照我国目前的法律体系，"其他金融机构"的范围较广，中国人民银行于 2014 年 9 月发布的《金融机构编码规范》列举了我国目前的主要金融机构类型，包括货币当局、监管当局、银行业存款类金融机构、银行业非存款类金融机构、证券业金融机构、保险业金融机构和交易及结算类金融机构等金融机构。

"多次抢劫"是指抢劫3次以上。通说主张：行为人基于一个犯意实施犯罪，如在同一地点同时对在场的多人实施抢劫的；或基于同一犯意在同一地点实施连续抢劫犯罪，如在同一地点连续地对途经此地的多人进行抢劫的；或在同一次犯罪中对一栋居民楼房中的几户居民连续实施入户抢劫的，一般应认定为一次犯罪。

对于本罪中"数额巨大"的认定，可以参照盗窃罪"数额巨大"的认定规则。此种情形下存在的争议是，行为人以抢劫数额巨大的财产为目标进行抢劫而未遂时，应当依照哪种法定刑处理。有观点认为，"抢劫数额巨大"只是量刑规则，而不是加重构成要件，因此不存在未遂。该观点为少数学说。

"抢劫致人重伤、死亡"是指抢劫行为本身而非其他额外采取的行为致人重伤、死亡。通说主张，"致人重伤、死亡"既包括过失致人重伤、死亡，也包括故意致人重伤、死亡。关于本情形是否包含故意杀人目前存在争议，多数观点持肯定说。此外，对于致人重伤、死亡的对象，也存在争议。有观点认为"抢劫致人重伤、死亡"的对象仅为财物所有权人。相反观点认为，行为人在抢劫财物的过程中，对财物所有权人之外的人使用暴力且致人重伤或死亡的，也符合该加重情形。

"冒充军警人员抢劫"是指以自己并不具备的军警人员的身份进行抢劫的行为。通说认为，冒充行为并不要求行为人非法身穿军警人员制服、配备军警械具、向被害人出示非法获得的身份证明等，只要具有假冒军警身份的行为，哪怕是口头表示，即构成该加重情形。

"持枪抢劫"是指行为人使用枪支或者向被害人显示持有、佩带的枪支进行抢劫的行为。对于"枪支"是否包含仿真枪，目前存在不同观点。肯定说主张，仿真枪也有可能随时给被害人造成人身生命安全损害，此外，仿真枪也足以给被害人造成巨大心理恐惧和胁迫；而否定说则认为，设立"持枪抢劫"的主要原因是枪支具有杀伤性，而仿真枪并不具备杀伤性。

在认定"抢劫军用物资或者抢险、救灾、救济物资"时，对"军用物资或者抢险、救灾、救济物资"的理解是重点。通说认为，"军用物资"是指除枪支、弹药、爆炸物之外的，供军事上使用的其他物资，如军用被服、粮食、油料、建筑材料、药品等。而"抢险、救灾、救济物资"是指已经确定将要用于或者正在用于抢险、救灾、救济的物资，包括正处于保管、运输、调拨、储存过程中，但已确定其抢险、救灾、救济之特定用途的物资。

3. 转化型抢劫的学说理论探讨

对于转化型抢劫的性质，通说将其视为法律拟制，同时认为转化型抢劫的成立需要满足三个要件：一是必须有"盗窃、诈骗、抢夺"行为之一。二是行为人必须当场实施暴力或者以暴力相威胁。暴力、威胁与抢劫罪中的暴力、胁迫作相同的要求。三是行为人在实施了盗窃、诈骗、抢夺行为并进而实施暴力或者胁迫行为时，必须出于窝藏赃物、抗拒抓捕、毁灭罪证的目的。但是每个要件都存在一定争论，即第一个要件中的犯罪主体和犯罪形态如何确定，第二个要件中如何理解"当场"，第三个要件中如何认定行为具有窝藏赃物等目的。

（四）疑难问题解析

1. 抢劫罪客体的疑难问题解析

应当将公私财产所有权作为抢劫罪保护的主要客体，人身权利只是本罪保护的次要客体。尽管抢劫、盗窃、诈骗、抢夺、敲诈勒索等财产犯罪的区分标志主要是取得财产的手段，但不同手段的目的都是取得财产，因此抢劫罪的主要客体依然是公私财产所有权。值得注意的是，人身权利虽然只是抢劫罪的次要客体，但它对抢劫罪的社会危害性程度判断有重要影响。对于某个行为能否认定为抢劫罪，依照目前的复杂客体标准，除了需要考察行为是否压制了被害人的反抗，还需要判断手段行为是否达到侵犯人身权利的暴力程度。

2. 抢劫罪客观方面的疑难问题解析

在抢劫罪手段行为的暴力程度界定上，如何认定足以压制被害人反抗，存在争议。根据主观说，如果行为人认识到采用轻微的暴力、胁迫方法就能抑制对方的反抗，手段行为就可以被视为抢劫罪的暴力、胁迫。而根据客观说，需要以一般人视角判断手段行为是否达到足以抑制被害人反抗的程度。客观说相对而言更为合理，事实上也应当考虑案件的各种具体因素，不考虑行为人对某种事实认识与否。此外，贯彻主观说会过分扩张抢劫罪既遂的范围。

我国刑法的规定明确了抢劫罪手段行为和目的行为必须具备因果关系，虽然此种因果关系在通常情况下是以先手段行为后目的行为的形式出现，但是在抢劫意思支配下，行为人的手段行为与目的行为在先后顺序上可能存在颠倒。

3. 抢劫罪加重犯的疑难问题解析

对于抢劫罪的八种加重情形而言，司法解释尝试确定标准以解决学说争议。对于"入户抢劫"而言，最高人民法院2016年1月6日发布的《关于审理抢劫刑事案件适用法律若干问题的指导意见》规定：在非营业时间强行入内抢劫或者以购物等为名骗开房门入内抢劫的，应认定为"入户抢劫"。对于部分用于经营、部分用于生活且之间有明确隔离的场所，行为人进入生活场所实施抢劫的，应认定为"入户抢劫"；如场所之间没有明确隔离，行为人在营业时间入内实施抢劫的，不认定为"入户抢劫"，但行为人在非营业时间入内实施抢劫的，应认定为"入户抢劫"。最高人民法院于2020年11月17日发布的《关于审理抢劫案件具体应用法律若干问题的解释》规定，"户"是他人生活的与外界相对隔离的住所，包括封闭的院落、牧民的帐篷、渔民作为家庭生活场所的渔船、为生活租用的房屋等。换言之，司法解释结合了形式解释和实质解释，扩充了"户"的范围，将实质上可以用于生活的隔离场所都视为"户"。

对于"在公共交通工具上抢劫"而言，最高人民法院于2016年1月6日发布的《关于审理抢劫刑事案件适用法律若干问题的指导意见》将"公共交通工具"细化为"从事旅客运输的各种公共汽车，大、中型出租车，火车，地铁，轻轨，轮船，飞机等，不含小型出租车"以及"虽不具有商业营运执照，但实际从事旅客运输的大、中型交通工具"和"接送职工的单位班车、接送师生的校车等大、中型交通工具"。《关于审理抢劫案件具体应用法律若干问题的解释》规定，"公共交通工具"包括从事旅客运输的各种公共汽车、大中型出租车、火车、船只、飞机等正在运营中的机动公共交通工具。考虑到该情形下加重处罚的原因在于犯罪分子在公共交通工具上抢劫，不仅会危害广大乘客的人身和财产安全，而且容易引起社会的恐慌。因此在不具备公共性质的出租车等车辆上抢劫则不构成这一加重犯；虽然单位的通勤车专供本单位人员乘坐，但其中大多数也属于公共交通工具。

此外，《关于审理抢劫案件具体应用法律若干问题的解释》规定，抢劫正在使用中的银行或者其他金融机构的运钞车的，视为抢劫其他金融机构。在银行门口或者银行大厅内抢劫客户刚取出或者正准备存入的资金的，因为该资金已经不属于或者尚不属于银行资金，行为人的行为不属于本情况。

对于"多次抢劫"而言，"多次抢劫"应不包括多次预备抢劫、多次抢劫未遂的情形，因为"多次抢劫"作为抢劫罪的加重犯，其法定刑比普通抢劫罪重得多，而且作案的次数对抢劫罪的社会危害性大小并不起决定作用，起决定作用的仍是抢劫的手段和侵害的对象乃至抢劫数额的多少以及造成的危害后果。

对于"抢劫数额巨大"情形，最高人民法院于 2016 年 1 月 6 日发布的《关于审理抢劫刑事案件适用法律若干问题的指导意见》规定，对以数额巨大的财物为明确目标，由于意志以外的原因，未能抢到财物或实际抢得的财物数额不大的，应认定"抢劫数额巨大"未遂。然而，结合未遂犯的处理原则以及考虑到罪刑相适应原则，现有的客观处罚条件说的观点可能更合适。

"抢劫致人死亡"虽然包括故意杀人，但并不代表抢劫中发生的一切杀人行为都只成立本罪，"抢劫致人死亡"中的杀人行为必须是为了抢劫而实施的。此外，这里的"人"并不限于财产所有权人，只要是抢劫行为引起他人的死伤结果，都应以抢劫致人重伤、死亡罪论处。

依照《关于审理抢劫刑事案件适用法律若干问题的指导意见》的规定，"冒充军警人员抢劫"的认定需要注重综合审查行为人是否穿着军警制服、是否携带枪支、是否出示军警证件等情节，判断是否足以使他人误以为是军警人员。对于行为人仅穿着类似军警的服装或仅以言语宣称系军警人员但未携带枪支，也未出示军警证件而实施抢劫的，要结合抢劫地点、时间、暴力或威胁的具体情形，依照一般人标准认定是否为"冒充军警人员抢劫"。最高人民法院《关于审理抢劫刑事案件适用法律若干问题的指导意见》还规定，军警人员利用自身的真实身份实施抢劫的，不认定为"冒充军警人员抢劫"。

对"持枪抢劫"中的枪支判断需要依照前置法的规定，《枪支管理法》第 46 条规定：枪支，是指以火药或者压缩气体等为动力，利用管状器具发射金属弹丸或者其他物质，足以致人伤亡或者丧失知觉的各种枪支。《公安机关涉案枪支弹药性能鉴定工作规定》对枪支进行了更为详细的定义，具有参考意义。基于前置法的规定，仿真枪本身就已经被排除在枪支的范围外，因此前述认为持仿真枪抢劫不构成持枪抢劫的观点更为合理。

4. 转化型抢劫的疑难问题解析

转化型抢劫第一个要件是行为人实施了盗窃、诈骗或者抢夺行为。学界认为，这里的盗窃、诈骗或者抢夺仅仅是指不法上而非有责上的行为，即 14 周岁至 16 周岁的未成年人也可能成为转化型抢劫的主体。同时，成立转化型抢劫并不要求盗窃、诈骗、抢夺这三类行为既遂，但是至少需要着手。行为人盗窃、诈骗、抢夺数额较低的财物的，同样可能构成转化型抢劫。转化型抢劫的第二个要件是当场实施暴力或者以暴力相威胁。对于"当场"的认定，要求实施暴力或者以暴力相威胁的行为与"盗窃、诈骗、抢夺"行为具有较高程度的时间与空间的紧密联系性。不过，当暴力、胁迫是行为人在盗窃等的现场的延长状况下实施时（行为人盗窃后被他人不间断地追赶等的过程中），依然可以认定为"当场"。如果行为人对除财产所有人之外的抓捕主体实施暴力或者胁迫行为，符合"当场"条件的，也可以构成转化型抢劫。转化型抢劫的第三个要件是行为人实施暴力或者以暴力相威胁是出于窝藏赃物、抗拒抓捕或者毁灭罪证的目的，但该目的是否实现不影响事后抢劫罪的成立与既遂的认定。此外，也需要注意区分一般摆脱行为和抗拒抓捕行为之间的界限，可通过行为人的行为是消极防御还是积极反抗进行判断。

二、抢劫罪与相似罪名的界限

（一）难度与热点
难度：☆☆☆☆　热度：☆☆☆

（二）基本概念分析
抢劫罪是指"以暴力、胁迫或者其他方法抢劫公私财物"的行为，由于绑架罪、抢夺罪、强迫交易罪、寻衅滋事罪等罪名中也涉及使用暴力行为，所以实务界和理论界都注意抢劫罪与前述罪名的区分。

（三）学说理论探讨
首先是抢劫罪与绑架罪的界限。由于两罪都主要是利用暴力获得财物的行为，所以具有高度相似性。抢劫罪被规定在侵犯财产罪章节下，而绑架罪主要是侵害他人人身自由权利的犯罪。对于两者的界分标准，目前存在多种学说。有观点认为，两罪的区分点在于索取财物的对象不同：绑架罪的行为人是向被绑架人的近亲属或者其他有关人员勒索财物，抢劫罪则是直接迫使被害人交付财物。也有观点认为，抢劫罪的重点在于行为人在压制被害人的状态下转移了财物，而绑架罪中的行为并非如此。还有观点认为，抢劫罪与绑架罪在客体、犯罪对象以及取财行为三方面均存在区别。这些观点都在不同程度上发现了两罪的部分区别。

抢夺罪与抢劫罪是最容易混淆的两个概念，通说是以对物暴力和对人暴力作为区分标准，即抢夺行为是对物暴力，抢劫行为是对人暴力。诚然这一标准在绝大部分情况下可以区分两罪，但是在实践中存在着伴随高度伤人危险的对物暴力行为。考虑到抢劫罪中的暴力的主要目的在于压制被害人反抗，如果对物暴力同样只是存在高度伤人风险，不会压制或者造成被害人不能反抗，则其依然只是构成抢夺罪。

其次是抢劫罪与寻衅滋事罪的界限。学界一般认为：寻衅滋事罪的行为人主观上具有逞强好胜和通过强拿硬要来填补其精神空虚等目的，抢劫罪的行为人一般只具有非法占有他人财物的目的；且寻衅滋事罪中，行为人客观上一般不以严重侵犯他人人身权利的方法强拿硬要财物，而抢劫罪行为人则以暴力、胁迫等方式劫取他人财物。也有观点认为，寻衅滋事罪与抢劫罪之间不存在对立关系，一个行为完全可能构成两罪，因而无须区分两罪。

（四）疑难问题解析

关于抢劫罪与不同罪名之间的界限问题，目前存在较多学说，现有的司法解释也试图提出相关区分标准以解决争议。

最高人民法院于 2005 年 6 月 8 日发布的《关于审理抢劫、抢夺刑事案件适用法律若干问题的意见》明确了抢劫罪与绑架罪的界分标准：第一，主观方面的差异。抢劫罪中，行为人一般出于非法占有目的而实施犯罪。绑架罪中，行为人实施行为是出于非法占有之外的目的的，也可以构成此罪。第二，行为客观方面的差异。抢劫罪表现为行为人实施暴力、威胁与劫取财物之间具有"当场性"；绑架罪中，通常不要求行为人取得财物具有"当场性"。第三，索取财物对象的差异。抢劫罪的抢劫行为一般直接针对暴力的承受方，而绑架罪中行为人则是向除被绑架者之外的人索取财物。两罪最根本的区别在于：绑架罪是绑架他人作为人质而向第三者勒索财物，抢劫罪则是直接迫使被害人交付财物。如果行为人采用暴力、胁迫手段将被害人关押在某场所或押往某场所，仍然向其勒索财物的，只能认定为抢劫罪；若是向被绑架者的亲属或其他有关人员勒索财物的，则成立绑架罪。

最高人民法院、最高人民检察院于 2013 年 7 月 15 日发布的《关于办理寻衅滋事刑事案件适用法律若干问题的解释》规定：寻衅滋事罪的成立需要行为人主观上具有"寻求刺激、发泄情绪、逞强耍横"等目的，而抢劫罪只要求行为人具有非法占有的目的；寻衅滋事罪中的"强拿硬要"行为没有暴力程度的要求，一般为轻微的对物暴力行为，而抢劫罪的成立需要行为人对人实施暴力。关于两罪的关系，司法解释倾向明确界分说，即由于寻衅滋事罪是扰乱公共秩序罪一节下的罪名，判断其成立与否需要重视对公共秩序的破坏程度，而抢劫罪的成立以对财产权利的侵犯和人身权利的侵害为判断标准。不过，行为人完全可能同时基于无事生非动机和非法占有目的实施强拿硬要行为，此时通过竞合方法处理可能会优于明确界分说。

根据最高人民法院《关于审理抢劫、抢夺刑事案件适用法律若干问题的意见》的规定，强迫交易罪和抢劫罪的区分重点是：从事正常商品买卖、交易或者劳动服务的人，以暴力、胁迫手段迫使他人交出与合理价钱、费用相差不大的钱物，情节严重的，以强迫交易罪定罪处罚；以买卖、交易、服务为幌子采用暴力、胁迫手段迫使他人交出与合理价钱、费用相差悬殊的钱物的，以抢劫罪定罪处罚。抢劫罪的威胁通常是当场直接对被害人实施的，而强迫交易罪的威胁一般不受到限制。两者之间最主要的区别是，行为人与被害人之间是否存在具有合理对价的交易关系。

三、抢劫罪既遂与未遂的界限

（一）难度与热点
难度：☆☆☆　热度：☆☆☆

（二）基本概念分析
抢劫行为同时侵犯了被害人的人身权利以及财产权利，因而对抢劫罪既遂的判断存在不同标准。最高人民法院《关于审理抢劫、抢夺刑事案件适用法律若干问题的意见》规定："抢劫罪侵犯的是复杂客体，既侵犯财产权利又侵犯人身权利，具备劫取财物或者造成他人轻伤以上后果两者之一的，均属抢劫既遂；既未劫取财物，又未造成他人人身伤害后果的，属抢劫未遂。"

（三）学说理论探讨

关于抢劫罪既遂与未遂的区分标准，理论上存在不同主张。有观点认为，抢劫罪侵犯的主要客体是财产所有权，因而抢劫罪既遂与未遂的区别应当以行为人是否非法占有公私财物为标准。也有观点认为，抢劫罪不仅侵犯财产权利，同时还侵犯人身权利，而人身权是更重要的权利。行为人虽未抢到财物但已给被害人的人身造成危害的，也应认定为抢劫罪既遂。折中观点则认为，行为人侵犯人身权利或财产权利之一的，即可既遂。

最高人民法院于 2005 年 6 月 8 日发布的《关于审理抢劫、抢夺刑事案件适用法律若干问题的意见》没有明确抢劫罪加重情形的既遂、未遂标准。通说认为，除"抢劫致人重伤、死亡"这一结果加重犯没有未遂情形外，其余七种情形均存在未遂。也存在观点认为，一旦行为人着手实行属于《刑法》第 263 条规定的八种情形之一的行为的，均为抢劫既遂，不存在未遂问题。还有观点认为，虽然成立加重构成以具备抢劫罪的八种情形之一为必备要件，但完全可能出现行为符合加重构成要件，而基本犯的行为反而未遂的情形，此时也可成立抢劫未遂。

（四）疑难问题解析

以折中观点作为抢劫罪的既遂标准可以最大限度地避免惩罚漏洞。事实上，如何区分抢劫罪既遂与未遂形态，以及如何解释在抢劫罪既遂与未遂问题上会出现众多观点的关键在于对抢劫罪客体的理解，目前通说将抢劫罪的客体定位为复杂客体，需要坚持折中观点判断抢劫罪的既遂。

对于抢劫罪的八种加重构成要件而言，通说主张采用不同的既遂标准。学界一般立足结果加重犯、情节加重犯、数额加重犯（量刑规则）等方面探讨加重犯的既遂标准。诚然类型化的解决方式有利于具体情况具体分析，然而必须注意的是：加重犯具有不同于基本犯的独立的构成要件，其既遂标准无须拘泥于基本犯的既遂标准。加重犯在内部结构上由基本犯和加重因素两部分组成，脱离这两部分中的任何一部分对加重犯的既遂问题进行讨论，都是不合适的做法。

第三节 盗窃罪

一、盗窃罪的概念与构成特征

（一）难度与热度

难度：☆☆☆☆ 热度：☆☆☆☆☆

（二）基本概念分析

盗窃罪是指以非法占有为目的，秘密窃取公私财物，数额较大，或者多次盗窃、入户盗窃、携带凶器盗窃、扒窃公私财物的行为。

本罪的客体为公私财产所有权。本罪的客观方面是指以秘密的方式，将非本人所有的财物窃取到自己的控制之下，并非法占有的行为。秘密窃取一般是指行为人采用自认为不使他人发觉的方法占有他人财物（秘密的主观性）。本罪的主体是一般主体，即年满16周岁、具有刑事责任能力的自然人即可构成本罪。本罪的主观方面是直接或者间接故意，并且需要具备非法占有的目的。

我国《刑法》第265条规定，以牟利为目的，盗接他人通信线路、复制他人电信码号或者明知是盗接、复制的电信设备、设施而使用的，依照《刑法》第264条的规定定罪处罚，即明确了电信资源也属于本罪所侵犯的对象。《刑法》第196条、第210条规定：盗窃信用卡并使用的，以盗窃罪定罪处罚；盗窃增值税专用发票或者用于骗取出口退税、抵扣税款的其他发票的，以盗窃罪定罪处罚。

最高人民法院于2006年1月11日发布的《关于审理未成年人刑事案件具体应用法律若干问题的解释》第9条规定，已满16周岁不满18周岁的人实施盗窃行为未超过3次，盗窃数额虽已达到"数额较大"标准，但案发后能如实供述全部盗窃事实并积极退赃，且具有下列情形之一的，可以认定为"情节显著轻微危害不大"，不认为是犯罪：（1）系又聋又哑的人或者盲人；（2）在共同盗窃中起次要或者辅助作用，或者被胁迫；（3）具有其他轻微情节的。已满16周岁不满18周岁的人盗窃未遂或者中止的，可不认为是犯罪。已满16周岁不满18周岁的人盗窃自己家庭或者近亲属财物，或者盗窃其他亲属财物但其他亲属要求不予追究的，可不按犯罪处理。

（三）学说理论探讨

1. 盗窃罪构成要件的学说理论探讨

（1）盗窃罪对象的学说理论探讨。

对于盗窃罪的对象是否包括财产性利益的问题，目前尚存在争议。有观点主张，将财产性利益排除在盗窃罪的对象外，事实上，很多财产性利益不能被自然人在事实上占有，只能在观念上占有。还有观点主张，我国刑法中的财物既包括狭义财物，也包括财产性利益，所以，盗窃财产性利益的行为也成立盗窃罪。

（2）盗窃罪客观方面的学说理论探讨。

窃取的本义是秘密取走财物。通说主张，只要行为人采取秘密的、自认为不为财物的所有权人或保管人所知晓的方法将财物取走，不管第三人是否知晓，不影响盗窃罪的成立。换言之，秘密性应当是主观的秘密性，而非客观的秘密性。通说排除了公然窃取财物这类行为成立盗窃罪的可能性。日本的刑法理论大多否认盗窃行为的秘密性，国内也有观点试图以平和手段说来取代秘密说，此说适当弥补了主观的秘密说的缺点。

（3）盗窃罪主体的学说理论探讨。

在司法实践中，盗窃罪大多数是由自然人实施，但随着社会经济的不断发展，以单位名义实施盗窃的案件也开始出现。然而，单位犯罪以法律明文规定为限，盗窃罪的条款却并没有相应规定。关于以单位名义实施盗窃应如何定性，存在如下争议：一种观点认为，既不能追究单位的刑事责任，也不能追究单位中直接负责的主管人员和其他直接责任人员的刑事责任；另一种观点认为，即使是单位实施的犯罪，也应该追究直接负责的主管人员和其他直接责任人员的刑事责任。

2. 盗窃罪入罪标准的学说理论探讨

"多次盗窃"是指3次以上盗窃。根据2013年4月2日最高人民法院、最高人民检察院发布的《关于办理盗窃刑事案件适用法律若干问题的解释》第3条之规定,2年内盗窃3次以上的,应当认定为"多次盗窃"。因而,目前"多次盗窃"是指2年内盗窃3次以上的。然而,对于短时间内连续盗窃的行为如何定性,仍存在争论。有观点指出,基于一个概括的犯意,连续实施盗窃的,应当按客观行为认定为多次盗窃。但通说主张,基于一个犯意连续实施盗窃行为,应评价为一个盗窃行为。

"入户盗窃"是指非法进入他人住所内盗窃。此处"户"的定义与"入户抢劫"中的"户"的定义几乎不存在区别,通说要求"户"需要具备功能特征和场所特征,前者是指供他人家庭生活,后者是指与外界相对隔离。关于"入户盗窃"是否要求身体入户以及通过道具窃取室内物品是否属于入户盗窃,通说认为借助工具而身体未进入室内的情形不属于"入户",原因在于这类盗窃对被害人的居住安宁并不构成威胁。

"携带凶器"是指携带对人具有杀伤力的凶器进行盗窃。学界对"凶器"有两种理解——性质上的"凶器"和用法上的"凶器",前者是指本身就用于杀伤人的枪支弹药、管制刀具等物品,后者是指从使用的方法来看,可能用于杀伤他人的物品。现有理论对"凶器"的杀伤力程度要求也存在不同见解:有观点认为"凶器"要有一定的杀伤力,且通常不是盗窃所用的工具;相反观点则认为,只要工具具有使人产生危险感、攻击他人的可能,即可成为"凶器",不需要具有明显的杀伤力。关于对"携带"的理解,通说认为,只要行为人将凶器带在身上或者置于身体附近,使凶器处于自己现实的控制下,就可以认定为携带,至于行为人是否具有随时使用"凶器"的意思,并不重要。但也有观点强调,对于成立用法上的"凶器",需要行为人具备使用意思。

"扒窃"一般是指在公共场所或者公共交通工具上盗窃他人随身携带的财物的行为,对其解释也存在争论。有观点主张,"扒窃"是指采用掏包、割包、拎包的方式窃取他人随身携带的财物。也有观点主张,"扒窃"是指在公共场所窃取他人随身携带的值得刑法保护的财物的行为。还有观点认为,"扒窃"是指行为人以非法占有为目的,在公共场所秘密窃取他人随身携带的财物的行为。综合这些观点,"扒窃"的主要特征为:一方面,行为在公共场所、公共交通工具等场所内实施。另一方面,行为对象必须是被害人随身携带的物品,但是物品的金额并不以数额较大为要求。

(四)疑难问题解析

1. 盗窃罪构成要件的疑难问题解析

(1)盗窃罪对象的疑难问题解析。

自然人对财产性利益一般也具有民法上的权利或者能实施占有,因此财产性利益也属于盗窃罪的对象。我国的盗窃罪成立条件本身相对严格,承认财产性利益可以被盗窃,不会出现扩大处罚的情形。有观点总结了可以成为盗窃罪对象的财物的主要特征:具有管理可能性、具有转移可能性、具有价值性,而财产性利益也具备这些特征。我国刑法也并没有对财产性利益进行单独保护,而且财产性利益与狭义财产并非互不兼容,承认财产性利益可以成为盗窃罪对象更符合中国实践。

(2)盗窃罪客观方面的疑难问题解析。

只要行为人主观上是意图秘密窃取,即使客观上已被他人发觉或者注视,也不影响盗窃性质的认定。换言之，对于部分"公开盗窃"行为，主观的秘密说与平和手段说的处理没有区别。但是主观的秘密说在实质上混淆了主观要素与客观要素，会让盗窃罪的定罪陷入主观主义的泥潭。因此，目前的学界和实务界也并没有严格遵循主观的秘密说。

（3）盗窃罪主体的疑难问题解析。

对于盗窃罪的主体，2002年8月9日最高人民检察院发布的《关于单位有关人员组织实施盗窃行为如何适用法律问题的批复》规定，单位有关人员为谋取单位利益组织实施盗窃行为，情节严重的，应当依照《刑法》第264条的规定以盗窃罪追究直接责任人员的刑事责任。这一解释事实上承认了单位进行犯罪的，即便相关罪名没有单位犯罪的规定，也可以追究相应人员的责任。

2. 盗窃罪入罪标准的疑难问题解析

主客观一致原则要求行为人对自己实施的客观行为具有主观认识，但行为人并不需要对"多次盗窃"具备明确认识。换言之，只要行为人在每一次盗窃中认识到自己的窃取行为即可。理由在于，如果要求行为人必须主观上认识到"多次"，那么行为人记忆力的强弱就会影响主观认识，记忆力弱的行为人反而可能无法受到刑法规制。

对于"携带凶器盗窃"，最高人民法院、最高人民检察院于2013年4月2日发布的《关于办理盗窃刑事案件适用法律若干问题的解释》综合了用法上的"凶器"和性质上的"凶器"两类概念，规定携带枪支、爆炸物、管制刀具等国家禁止个人携带的器械盗窃，或者为了实施违法犯罪携带其他足以危害他人人身安全的器械盗窃的，应当认定为"携带凶器盗窃"。该规定排除了携带部分兼具"凶器"性质和劳动用具性质的物品进行盗窃而构成"携带凶器盗窃"的情况，具备一定合理性。但是这一规定没有明确"凶器"的杀伤性程度要求。考虑到"凶器"本身的含义以及司法解释的规定，要求凶器一定程度上具有杀伤力的观点可能更加符合该条款的设立初衷。由于携带凶器盗窃对犯罪数额要求较低，如果对"凶器"的杀伤力不作要求，这会导致入罪范围过宽。

"扒窃"手段应具有平和性。行为人使用割包、掏包等方式扒窃的，在本质上对人和物都没有实施暴力。如果行为人对物使用暴力，则需以抢夺罪进行评价，对人使用暴力则可以纳入抢劫罪的评价范围。此外，不要求"扒窃"手段具有技术性：一方面，对技术性很难以通过量化的标准进行判断。另一方面，如果要求技术性，那么对技术不佳的扒窃如何定性也成为问题。

二、盗窃财物的数额计算方法

（一）难度与热度
难度：☆☆☆　热度：☆☆☆

（二）基本概念分析

盗窃数额，是指犯罪人通过盗窃行为实际控制的货币及财物折算而成的货币数量。在一般情况下，财物数额往往由法定估价机构按照人民币计算得出。

最高人民法院、最高人民检察院于2013年4月2日发布的《关于办理盗窃刑事案件适用法律若干问题的解释》大致将财物计算分为一般物品的数额计算，有价支付凭证、有价证券、有价票证的数额计算，文物的数额计算以及违禁物品的数额计算四类。

（三）学说理论探讨

在早期阶段，对于数额的计算方式，学界主要讨论了三个问题：首先是财物本身的经济价值的计算问题。早期观点认为：被盗窃物的价格一般应按市场价格计算直接损失数额，不包括间接损失数额；对于有价证券，则一般应按票面数额计算；对于不能随即实现的证券，不宜按票面数额计算。尔后，也有观点进一步指出，应以失主购进物品价格计算盗窃数额或者以作案当时、当地被盗物品价格计算盗窃数额。以销赃数额计算盗窃数额的做法，容易让刑罚成为对犯罪的报复工具。目前司法解释确定的计算方法，一方面主要以实际的价值计算数额；另一方面也注意区分不同物品的价值计算方式。

其次是在共同犯罪中，是按共同盗窃的财物数额还是按个人实际所得的财物数额来计算数额。早期观点要求分别依照共同窃取的财物数额、个人独自窃取的财物数额、个人分赃所得的数额、尚未分赃的数额来确定犯罪人的量刑。但也有观点认为，虽然共同犯罪人要对共同侵犯的财物数额负责，但这不意味着每个共犯要受到同样的刑罚。考虑到共同犯罪的处罚原则，后一观点更为合理。

最后是对实施犯罪前后价格有变化的财物，是按实施犯罪时的价格还是按变化之前或之后的价格来计算数额。早期观点指出，应该以实施犯罪时的价格为准，这样才反映了犯罪当时的实际情况，而且有些被犯罪分子非法占有的物资在计算数额时本身就要按照成色合理折旧。还有观点进一步指出，在计算财物价值时，应该以当时当地价格为原则，以价格变化为参考，适当考虑价格变化引起的财产增值和贬值问题。

（四）疑难问题解析

虽然最高人民法院、最高人民检察院于 2013 年 4 月 2 日发布的《关于办理盗窃刑事案件适用法律若干问题的解释》和通说都主张依照物品实际价格确定一般物品的数额，但是面对偷开机动车这一情形，这一方式并不合适。比如，行为人趁被害人出国旅游，盗窃他人价值高达 300 万元人民币的汽车，并在使用一个月后归还汽车，如果直接按照汽车本身的价格计算数额，就需要对行为人判处较高的刑罚。反之，应当以行为人获得的经济价值（或者是被害人的损失价值）计算数额。当然如果偷开机动车的行为造成机动车丢失、被遗弃或者行为人直接占为己有，依照该车的价格计算数额是准确的。

对于价格发生变化的财物，依照最高人民法院、最高人民检察院于 2013 年 4 月 2 日发布的《关于办理盗窃刑事案件适用法律若干问题的解释》的规定，应当首先按照有效的价格证明计算数额，无有效价格证明，或者根据价格证明认定盗窃数额明显不合理的，应当按照有关规定委托估价机构估价。换言之，原则上应当依照盗窃时的价格进行数额计算，当价格变化过大时，则应当充分考虑各种因素来进行估价。

三、既遂的判断标准

（一）难度与热度

难度：☆☆☆　热度：☆☆☆

（二）基本概念分析

盗窃罪的既遂是指行为人取得了被害人财产。关于既遂的标准，存在多种学说，主要有：（1）"接触说"，认为应以行为人是否接触到被盗财物为标准。（2）"转移说"，认为应以行为人是否将被盗财物转移到行为人认可的安全地带为标准。（3）"控制说"，认为应以行为人是否已经取得对被盗财物的实际控制为标准。（4）"隐藏说"，认为根据行为人是否将目的物隐藏起来作为判断既遂与未遂的标准。（5）"取得说"，认为以行为人是否将他人财物置于自己的控制之下作为判断既遂与未遂的标准。只要行为人取得财物，不论其是否离开现场都认定为既遂。（6）"失控说"，认为应以被害人是否失去对财物的控制为标准。（7）"失控加控制说"，认为应以被害人是否失去对财物的控制，并且该财物是否已被置于行为人的实际控制之下为标准。

（三）学说理论探讨

"接触说"以行为人是否接触财物为标准，事实上将盗窃罪定性为行为犯，即只要行为人实施了盗窃行为就构成盗窃罪既遂，存在认定标准过宽的问题。"转移说"的标准模糊不清。例如，行为人在大型商超内进行盗窃时，难以认定行为人在转移财物后就成立既遂。"隐藏说"以财物是否被隐藏进行判断，缩小了盗窃罪既遂的范围。在大部分盗窃案件中，行为人盗窃财产后并不会主动去藏匿赃物，而是更有可能进行使用。"取得说"同样存在标准不明确的问题，因为取得财物不代表已经控制了财物。因此，上述四类学说并不是现在的主流学说。

所有权的损害结果表现为所有权人或持有人控制之下的财物因被盗窃而脱离了其实际控制，也意味着被盗财物已被行为人控制。因此，从对客体的损害来看，以财物的所有权人或持有人失去对被盗财物的控制作为既遂的标准，符合盗窃罪的本质特征，即应当以"控制说"、"失控说"或者"失控加控制说"为标准来判断盗窃罪的既遂。

（四）疑难问题解析

如上所言，本罪既遂的判断仍需具体分析行为人是否对财物具备了控制以及被害人对财物的控制是否已经存在严重阻碍。例如，行为人登录被害人银行账户，将存款转入自己的账户的，已构成本罪既遂。再如，如果行为人是在警方密切监视下进行盗窃的，根据"控制说"、"失控说"或者"失控加控制说"会得出不同结论。如果以"控制说"为标准，由于行为人已控制财产，其行为已经既遂。如果以"失控说"为标准，由于财物始终在警方的密切监控下，被害人事实上没有丧失对财物的控制，行为人构成盗窃罪未遂。考虑到盗窃罪的设立旨趣，"控制说"更为合理。

对于行为人在设有安保措施的场所内进行盗窃的，如何判断既遂时点同样存在疑难之处。目前的超市内大多设有安保措施，行为人未付款带离商品时会触发安保措施，虽然行为人在取得财物后已经控制了财物，但事实上其很难将商品进一步带离超市。考虑到目前"控制说"和"失控说"相结合的既遂判断标准，在安保措施可以有效阻止物品失窃时，行为人只有顺利将物品带离该场所的，才构成既遂。

此外，对盗窃既遂的判断还应结合财物的形状、他人占有财物的状态、窃取行为等情况进行综合考虑。对形状较小、容易搬动的财物而言，行为人接触该财物并控制的，就是既遂。例如，行为人在不设安保措施的商店中窃走小件物品并随身夹带的，即可以认定既遂。而对于存在运送困难的大件物品，行为人只有在运走物品时才构成既遂。行为人在被害人控制区域盗窃的，原则上应以财物被盗出室外（或控制区外）作为既遂的标志。

第四节　诈骗罪

一、诈骗罪的概念与构成特征

(一) 难度与热度
难度：☆☆☆☆　热度：☆☆☆☆☆

(二) 基本概念分析

诈骗罪是指以非法占有为目的，用虚构事实或者隐瞒真相的方法，骗取公私财物，数额较大的行为。

本罪的客体和绝大多数侵犯财产罪一样，是公私财产所有权。犯罪对象包括财物、财产性利益等，但是如果对象是金融诈骗罪中的特殊对象，则需要依照法条竞合的原则进行处理。本罪的客观方面是以诈骗手段取得财产，行为的构造一般为：行为人实施欺骗行为→对方(受骗者)产生(或继续维持)错误认识→对方基于错误认识处分财产→行为人或第三者取得财产→被害人遭受财产损害。本罪的主体为 16 周岁以上的，具有刑事责任能力的自然人。本罪的主观方面为直接故意，且必须具有非法占有目的。

最高人民法院于 2000 年 5 月 12 日发布的《关于审理扰乱电信市场管理秩序案件具体应用法律若干问题的解释》还规定，以虚假、冒用的身份证件办理入网手续并使用移动电话，造成电信资费损失数额较大的，以诈骗罪定罪处罚。

(三) 学说理论探讨

1. 诈骗罪构成要件的学说理论探讨

(1) 诈骗罪客体的学说理论探讨。

通说认为诈骗罪的客体是公私财产所有权，但也有观点认为诈骗罪的客体是复杂客体，它不仅包括公私财产的所有权，还包括社会主义经济秩序；还有观点认为传统类型诈骗罪的客体是简单客体，但新型诈骗罪的客体是复杂客体。考虑到犯罪的客体是犯罪必然侵犯的对象，对于普通的诈骗罪而言，通说具有合理性。

(2) 诈骗罪对象的学说理论探讨。

关于劳务、抛弃物以及不法原因给付物等对象是否可以被诈骗，学界有争论。通说认为，财产性利益可以成为侵犯财产罪的对象，作为财产性利益一类的劳务也可能被诈骗。日本学界对此存在不同观点：有观点认为所有劳务都是财产性利益；也有观点认为只有附带等价报酬的劳务才是财产性利益；还有观点指出，劳务不是财产性利益，劳务报酬才是财产性利益。

诈骗抛弃物，一般是指行为人实施欺诈行为，使他人抛弃财物，后行为人拾得该财物。关于该行为能否构成诈骗罪，当前存在不同的观点。有观点指出，行为人欺骗他人，使之抛弃财物而后拾得的，这种行为具有侵害占有的性质，不通过对方交付而对财物取得事实上支配的，应视为盗窃罪。还有观点认为，被抛弃的财物已经变成失去占有之物，行为人拾得该财物不存在夺取占有，自然不可能构成盗窃罪、诈骗罪这类侵害占有的犯罪，只能构成侵占罪。也有观点认为，被欺诈者基于认识错误抛弃财物的行为，仍然是一种处分行为，行为人虽然是事后取得财物，但从整体而言应该说是骗取。考虑到抛弃财物与欺骗行为的紧密联系性，且被害人主动抛弃物品的处分行为与行为人取得财产的行为具有高度的伴随性，将该行为定为诈骗罪具有合理性。

关于不法原因给付物能否成为诈骗罪的对象，尚存在一定争议。有观点认为，用来从事非法活动的财物不受国家法律保护，当然不能成为诈骗罪的侵害对象。也有观点认为，用来从事违法犯罪活动的财物，应该收归国有，行为人骗取这类财物，侵犯了国家对这类财物的所有权，可以构成犯罪。无论是基于所有权说还是占有说，不法原因给付物的物权变动仍然需要经过国家机关运作，通过诈骗方式取得不法原因给付物也应是刑事不法行为。

（3）诈骗罪客观方面的学说理论探讨。

欺骗行为是指通过虚构事实或者隐瞒真相的方式欺骗对方。行为人所实施的行为必须能发挥欺骗作用，如果只具有戏谑效果，不属于欺骗行为。欺骗行为也必须针对事实展开，即虚构、歪曲或隐瞒真正的事件。一般情况下，欺骗行为以作为的形态出现，但是也存在隐瞒真相等消极不作为的欺骗行为，比如被保险人隐瞒自身的疾病情况以骗取钱财。多数观点认为，不作为的欺骗行为也可以构成诈骗罪。

受害人产生（维持）认识错误是指由于行为人的欺骗行为，被害人产生了认识错误。换言之，被害人的认识错误与行为人的欺骗行为之间必须具备因果关系。这里的错误，不是泛指任何错误，而是仅指使受害人产生交付财产之动机的错误。一般来说，人会陷入认识错误，机械不会陷入认识错误，所以通说认为机器不可能成为诈骗的对象。但是，也存在主张机器的运行也是人意志的体现，机器可以被欺骗的反对观点。

基于认识错误处分财产是指被害人陷入错误认识并在此基础上处分财产，而这里的处分财产不仅包含转移占有，还包括处分所有权的任意权能。关于处分财产行为是否为必要，目前存在必要说和不要说两类观点。不要说认为，诈骗罪包括非法占有目的、欺骗手段、他人的错误、无偿取得财物四方面的成立条件，但被害人处分财物并非诈骗罪的必备要件；必要说认为，区分盗窃罪与诈骗罪的关键，在于被害人是否因受骗而自愿将财物交付行为人。目前必要说是通说，如果不考虑被害人的处分行为，诈骗罪和敲诈勒索罪的区别标准就会变得模糊不清。

被害人遭受损失是指被害人损失了一定经济价值的财产。由于我国刑法明文规定"诈骗公私财物，数额较大的"，因此财产损失的计算方式尤为重要。接近整体财产损失说的观点认为，"数额较大"是指受骗人因行骗人的行骗行为而受到的直接损失数额较大。个别财产损失说认为，行为人使用欺诈手段使他人陷于错误认识进而骗取财物的，即使支付了相当价值的物品，也应认定为诈骗罪。

2."三角诈骗"的学说理论探讨

一般情况下，受骗者（财产处分人）与被害人具有同一性。但是，也存在受骗者（财产处分人）与被害人不是同一人（或不具有同一性）的现象，这就是"三角诈骗"。"三角诈骗"与普通诈骗的客体侵害性并没有显著区别，但是值得注意的是，"三角诈骗"中的受骗人必须是具备处分权限的人，比如欺骗富豪的管家骗取富豪的藏品的情况。如果受骗人没有处分权限，行为人应当构成盗窃罪的间接正犯。

（四）疑难问题解析

1. 诈骗罪构成要件的疑难问题解析

（1）诈骗罪客体的疑难问题解析。

诈骗罪的客体是公私财产所有权。在我国刑法语境下的复杂客体，是指某种犯罪一经实施必定侵犯两种以上社会关系的情形。换言之，如果认为诈骗罪同时包容普通诈骗罪和特殊诈骗罪，那么这种诈骗罪的客体就只可能是简单客体。但是如果分类界定普通诈骗罪与特殊诈骗罪，那么普通诈骗罪的客体是简单客体，特殊诈骗罪的客体则是复杂客体。

（2）诈骗罪对象的疑难问题解析。

诈骗罪的对象包含财产性利益，也包括作为财产性利益类的劳务。通说主张，应广义理解诈骗罪对象之"公私财物"，即凡是有价值或有效用的财物，包括财产性利益都可成为诈骗罪的侵害对象。如果劳务存在对价，骗取劳务的行为就是免除劳务债务的行为。

诈骗罪的对象也包括抛弃物，但并非所有的骗取抛弃物的行为都构成诈骗罪。如果财物在行为人实施骗取行为之前就已被所有权人抛弃，其自然不能成为诈骗罪的对象；但如果财物依然在他人的占有之下，行为人谎称是自己遗失之物而骗取的，依然可以构成诈骗罪。行为人通过欺骗手段使得被害人主动抛弃物品后取得的，由于被害人的抛弃行为属于处分行为，其主观上也有放弃处分意思，行为人构成诈骗罪。

行为人采用欺骗手段骗取不法原因给付物的，应构成诈骗罪。被害人虽然是基于不法原因而交付财物，即便民法上不承认交付者有返还请求权，但在国家没收该财物前，行为人采用欺骗手段骗取财物的，依然构成侵害财产所有权。

（3）诈骗罪客观方面的疑难问题解析。

欺骗行为必须有使一般人陷入错误的可能性。因而，在市场交易中，合乎商业惯例的夸大宣传一般不构成诈骗罪。如果行为人利用对方本就存在的认识错误而取得财物，可以认定为不作为的诈骗罪。但是考虑到民法存在不当得利的规定，如果行为人只是单纯利用被害人认识错误取得财物，且不具有说明真相的义务，优先按照前置法的相关规定处理。

关于对机器是否存在认识错误的问题：虽然目前通说认为机器不能被骗，但是根据"预设的同意"理论，机器设置者从一开始设置机器的运行条件时，就必然要求行为人按照要求进行操作，机器可以视为设置者意志的延伸，如果行为人采取违背条件的方式运行机器，机器也存在被骗的可能。

被害人的处分行为的认定与处分意思的认定同样重要。如果被害人欠缺处分行为，即没有自主地将财产转移给行为人，行为人可能构成盗窃罪等其他犯罪。同时，被害人需要对其处分财产的行为和转移占有的后果具备清晰的认识，否则，不能认定被害人自主地处分了财产。例如，行为人在超市购物时，将包装盒内的低价商品替换为同类型的高价商品并以低价格商品进行支付的，此时收银员认识到其是在处分财产，行为人可能构成诈骗罪。

个别财产损失说和整体财产损失说各有优劣。理论上而言，个别财产损失说可能更为合理。即便被害人获得了对应的财产，被害人对原物的支配关系也已经被破坏，对价并不足以完美补偿损害；立足司法实践而言，整体财产损失说也有一定价值。目前的市场经济体制使各类财产都以其经济价值作为评判标准，若被害人获得充足的对价后依然惩治行为人，反而不太符合自由流通的需求。

2. 诉讼诈骗的疑难问题解析

诉讼诈骗的认定也是目前学界重点讨论的对象。诉讼诈骗符合"三角诈骗"的构造，即虽然被害人不是基于错误认识而处分财产，但是受骗的法官基于错误认识处分了被害人的财产，法官在事实上也具备处分财产的权限和地位。通说反对将诉讼诈骗定性为诈骗罪，认为民事诉讼中的法官是居中裁判的角色，只会基于双方提供的证据作出判决，不存在主观上被骗的情况，因此不符合诈骗罪的基本构造。但应当承认的是，诉讼诈骗确实符合"三角诈骗"的特征，但是由于其是建立在诉讼程序上的诈骗行为，应当按照竞合原则处理相关罪名的罪数关系。

二、诈骗罪与其他特殊诈骗犯罪的界限

（一）难度与热度
难度：☆☆☆　热度：☆☆☆☆

（二）基本概念分析

我国刑法规定了数量繁多的特殊诈骗罪（具体诈骗罪），主要包含了金融诈骗罪一节的八类金融诈骗犯罪（集资诈骗罪、贷款诈骗罪、票据诈骗罪、金融凭证诈骗罪、信用证诈骗罪、信用卡诈骗罪、有价证券诈骗罪、保险诈骗罪）和合同诈骗罪等罪名。

当行为人实施某种特别诈骗罪时，其行为不仅符合特别诈骗罪的构成要件，也符合普通诈骗罪的构成要件，从而形成特别法与普通法之间的法条竞合关系。《刑法》第 266 条后段所述"本法另有规定的，依照规定"，就是指明了在上述情况下要适用特别法优于普通法的原则，而不能按普通诈骗罪定罪处罚。

（三）学说理论探讨

金融诈骗罪和合同诈骗罪本身就是从诈骗罪中分离出的特殊法条，因此属于特别法与一般法的关系。

学界对它们的区别作了如下总结：（1）犯罪主体不完全相同。普通诈骗罪的主体是一般主体，不包括单位，但特殊诈骗罪中有一部分犯罪的主体包括单位，如集资诈骗罪、票据诈骗罪、金融凭证诈骗罪、信用证诈骗罪、合同诈骗罪等。（2）犯罪客观方面不完全相同。特殊诈骗罪发生在集资、贷款、保险等特定的经济领域中，或者是信用卡、信用证、有价证券等特定金融物品的使用活动中，或者是在经济合同的签订、履行过程中，行为人的诈骗手段具有一定的特殊性；而普通诈骗罪的诈骗活动大多发生在一般社会生活领域，行为人的犯罪手段具有一般性。（3）犯罪客体不完全相同。普通诈骗罪只侵犯财产所有权，而特殊诈骗罪还侵犯了金融管理制度或合同制度。此外，也有不少观点指出，考虑到罪刑均衡原则，法条竞合的处理并不一定必须依照特别法优于一般法的原则。

（四）疑难问题解析

由于普通诈骗罪与特殊诈骗罪在入罪数额和法定刑的轻重上存在不同，完全依照特别法优于一般法的原则进行处理可能造成罪责刑不协调。比如，对于集资诈骗罪与诈骗罪而言，如果行为人的诈骗数额已经达到特别巨大，依照集资诈骗罪的规定，应当适用"数额巨大或者有其他严重情节的，处七年以上有期徒刑或者无期徒刑，并处罚金或者没收财产"的规定，但是诈骗罪规定了"数额特别巨大或者有其他特别严重情节的，处十年以上有期徒刑或者无期徒刑，并处罚金或者没收财产"，如果依照特别法优于一般法的原则处理，反而可能得出对行为人按处罚较轻的特殊诈骗罪处理的不当结论。此时，应当允许重法优于轻法原则的适用。

特殊诈骗罪与普通诈骗犯罪在构成条件上存在区别，部分情况下，如果行为人实施特殊诈骗行为，但按照特殊诈骗罪的构成要件不能定罪的，不能转而以普通诈骗罪论处。举例而言：行为人实施信用卡诈骗行为，但银行未催收的，不符合信用卡诈骗罪的构成要件。即便该行为符合《刑法》第266条所规定的诈骗罪的构成要件，亦不应当依照《刑法》第266条的规定定罪处罚。

部分特殊诈骗罪与普通诈骗罪在犯罪主体上有所区别，前者有单位犯罪的规定。在单位直接负责的主管人员和其他直接责任人员以单位名义实施特殊诈骗行为，诈骗所得归单位所有时，如果行为尚不构成特殊诈骗罪，但是已经符合了普通诈骗罪的构成要件的，应对个人以诈骗罪追究刑事责任。

合同诈骗罪中的合同应当体现国家对经济合同的管理制度。因此，与市场秩序无关的身份协议、赡养协议等不是经济合同，对以这些合同为内容进行诈骗的行为应当以普通诈骗罪定罪处罚。

三、诈骗罪未遂的判断规则

（一）难度与热度

难度：☆☆☆☆　热度：☆☆☆☆

（二）基本概念分析

依照我国刑法总则的规定，犯罪未遂是指犯罪分子已经着手实行犯罪，由于犯罪分子意志以外的原因而未得逞的犯罪停止形态。

诈骗罪的未遂就是指行为人已经着手诈骗行为，但是基于行为人意志以外的原因没有得逞的情况。

（三）学说理论探讨

学界对诈骗罪的未遂标准存在两种观点：一种观点认为，应当以被骗者是否已交付财物并遭受财产损失为标准，而行为人是否取得财产则不重要；另一种观点认为，需要以行为人是否取得财产为标准。后者与司法解释确定的诈骗罪未遂标准是一致的。这两种观点在绝大多数案件中并不会出现分歧，一般情况下，被害人丧失财产时，行为人也取得了财产。

对于被害人并没有陷入认识错误而交付财产的情况，通说认为行为人构成诈骗罪未遂，主要理由在于，行为人并未基于自己实行的诈骗行为而取得财产，即行为人因为意志之外的原因取得财产的，属于犯罪未得逞。

但是需要注意的是，司法解释限缩了诈骗罪未遂的成立范围。最高人民法院、最高人民检察院于 2011 年 3 月 1 日发布的《关于办理诈骗刑事案件具体应用法律若干问题的解释》规定，诈骗未遂，以数额巨大的财物为诈骗目标的，或者具有其他严重情节的，应当定罪处罚。换言之，司法解释认为，需要通过数额巨大和其他严重情节限制诈骗罪未遂的处罚范围。

（四）疑难问题解析

对于涉及转账的案件，由于被害人转出财产与行为人收款之间存在时间的间隔，关于如何判断诈骗罪既遂存在分歧。相对而言，"取得财产"标准可能更为合理，其考虑到了行为人是否形成对财产的支配。质言之，对通过银行转账的情形而言，当款项未到行为人指定或控制的账户时，行为人始终无法支配这笔转账，自然不构成既遂。

被害人非基于错误认识交付财产的，诈骗不可能既遂。行为人虽然实施欺诈行为，但尚未使对方陷入认识错误，对方只是基于怜悯、不堪其扰等原因交付财物的，或者为抓住行为人的把柄在警方安排下交付财物的，欺诈行为和财物转移行为之间不具有因果关系，行为人属于诈骗罪未遂。

第五节　抢夺罪

一、抢夺罪的概念与构成特征

（一）难度与热度
难度：☆☆　热度：☆☆

（二）基本概念分析
抢夺罪是指以非法占有为目的，公然夺取公私财物，数额较大或者多次抢夺的行为。

本罪侵犯的客体为公私财物所有权。若抢夺对象为某些特定财物，则按法条竞合处理。本罪的客观方面表现为公然夺取公私财物的行为。公然夺取要求行为人采用可以使被害人立即发觉的方式，直接夺取其持有或管理下的财物。公然夺取不要求行为人在公共场所或者当着众人夺取，即便现场只有被害人和行为人，也可以理解为"公然"。本罪的行为主体为一般主体，即已满 16 周岁、具有刑事责任能力的自然人。本罪的主观方面为直接故意，且具有非法占有目的。

（三）学说理论探讨
关于公然夺取是否要求"乘人不备"，存在肯定说与否定说两种观点。肯定说认为，抢夺本身具有出其不意之含义，要求行为人"乘人不备"而让被害人来不及抗拒。否定说则认为，公然性的本质特征在于被害人来不及夺回财物，至于行为人是否"乘人不备"夺取他人财物，不影响本罪成立。

对于公然夺取是否需要暴力属性，存在公然性说与暴力性说两种观点。公然性说认为，公然夺取只要公然性即可，即便采取平和的方式也应构成抢夺罪。暴力性说则认为：

一方面，公然性说的判断标准是采取行为人标准还是被害人标准尚不明确；另一方面，公开盗窃的情形大量存在。为了区分本罪与盗窃罪，公然夺取行为必须具有暴力性，即具有人身伤亡可能性。修正说总体持暴力性说的立场，只是将暴力性的判断范畴扩张至取得财物后以实力控制和稳固财物的行为。

（四）疑难问题解析

通说认为，抢夺罪中的公然夺取无须"乘人不备"。一方面，行为人乘人有备夺取的手段未达压制被害人反抗的程度的，无法成立抢劫罪，同时，公开取得财物具有公然性，也不符合盗窃罪的"秘密"要件。如此，将导致乘人有备夺取的行为反而无法入罪的情形。另一方面，从对生活现象完整的类型归纳而言，公开夺取既包括乘人不备，也包括乘人有备，只是后者的情形更为普遍。从法理分析来看，无论是"乘人不备"夺取还是乘人有备夺取，都属于公开回避被害人意志的行为。

公然夺取也不要求具有暴力性，只需公然性。公然夺取是否要求暴力性，关乎行为人公然且以平和手段取得财物的行为如何定性问题，需要考虑我国刑法罪名体系的实际设置和相应刑罚配比的情况。从语义解释来看，盗窃是指以秘密的方式取得财物，抢夺是指公然以暴力的方式强取财物，后者往往给人留下暴力性的印象。然而，相较于德日刑法仅设立盗窃罪和抢劫罪而言，我国刑法对抢夺罪以及盗窃罪的刑罚配比并未明显区分。倘若认为抢夺行为必须具有暴力性，暴力性又伴随对人身权利的侵害，抢夺罪的刑罚配置理应整体高于采用平和手段的盗窃罪。

二、抢夺罪与抢劫罪的界限

（一）难度与热度

难度：☆☆☆　热度：☆☆

（二）基本概念分析

抢夺罪是指以非法占有为目的，公然夺取公私财物。抢劫罪是指以暴力、胁迫或者其他方式当场强行劫取公私财物。抢夺罪与抢劫罪的界限在于：（1）侵犯的客体不同。抢夺罪侵犯的客体为简单客体，抢劫罪侵犯的是复杂客体，即公私财产所有权和他人人身权利。（2）犯罪的客观方面表现不同。抢夺罪的暴力对象是物而不是人；抢劫罪的实行行为是复合行为，即行为人先对人实施暴力、胁迫等手段行为，后取得财物。

（三）学说理论探讨

关于抢夺罪与抢劫罪的界分，目前主要存在对象区分说与暴力程度说。对象区分说为通说，认为从两罪保护的客体来看，抢夺罪中的行为人不可能直接对被害人采取暴力，抢夺罪侵犯的客体不包括人身权利。此外，对象区分说也能合理解释抢夺罪与抢劫罪的主观方面之间的差异。在抢夺罪中，行为人的暴力行为指向物而非被害人，其对被害人受伤（轻伤）的结果持过失心理，至多对轻微伤的结果持故意心理。而在抢劫罪中，行为人的暴力行为指向被害人，其对被害人受伤持故意心理。最高人民法院、最高人民检察院于 2013 年 11 月 11 日发布的《关于办理抢夺刑事案件适用法律若干问题的解释》第 3 条将"导致他人重伤的"而非"导致他人轻伤的"纳入"其他严重情节"作为法定刑升格条件，也是考虑到行为人在暴力抢夺时，暴力对象是物而非人，对被害人轻伤结果仅持过失心理，而我国刑法仅规制过失致人重伤的行为并不规制过失致人轻伤的行为。

暴力程度说认为，本罪与抢劫罪的界分标准在于暴力手段是否达到足以压制被害人反抗的程度。一方面，行为人完全可能对被害人实施暴力抢夺财物而不触犯抢劫罪。夺取，既包括迅速破坏占有取得财物，也包括迅速控制财物建立新占有，这两个环节中均可能存在对人的暴力行为并伴随人身伤亡可能性：在取得环节中，行为人为了打破被害人的紧密占有，可能施加绊倒、撞击等行为。在建立新占有的环节中，行为人往往迅速夺走财物、逃离现场，在被害人采取制止和追讨财物行为的过程中同样伴随人身伤亡可能性。另一方面，从严密刑事法网的角度来看，抢夺罪不包含对人暴力行为的观点，将导致行为人抢夺时实施了对人暴力但不构成抢劫罪的行为不构成任何犯罪的情形。

（四）疑难问题解析

暴力程度说从实质上提出了两罪的区分标准，对象区分说从形式上进行了总结概括，二者均有合理性。其一，如上所言，抢夺罪中也可能存在对人暴力的情形。其二，对象区分说实则也考虑到两罪暴力程度的差异，只是在表述上对暴力的主要对象有所侧重。尽管行为人在抢夺的过程中也可能对人施加暴力行为，但此时实施暴力的主要目的是实现对物的占有，行为人对物施加暴力在程度上都要大于对人的暴力。反之，在抢劫罪中，行为人为了压制他人反抗，势必会对被害人采取殴打、伤害等严重暴力侵害行为，对人施加暴力才是主要目的。相比于抢夺中的暴力行为具有的人身伤亡可能性而言，抢劫中的暴力行为必然伴随严重人身权利侵害的高度紧迫性。

同理，对于驾驶车辆抢夺的，需要综合行为对被害人的人身权利侵害程度，判断究竟是对物暴力还是对人暴力。司法解释规定了三种飞车抢夺的情形以抢劫罪论，这是注意规定而非法律拟制。最高人民法院《关于办理抢劫、抢夺刑事案件适用法律若干问题的意见》第 11 条规定，具有下列情形之一，应当以抢劫罪定罪处罚：（1）驾驶车辆，逼挤、撞击或强行逼倒他人以排除他人反抗，乘机夺取财物的；（2）驾驶车辆强抢财物时，因被害人不放手而采取强拉硬拽方法劫取财物的；（3）行为人明知其驾驶车辆强行夺取他人财物的手段会造成他人伤亡的后果，仍然强行夺取并放任造成财物持有人轻伤以上后果的。其一，作为抢夺罪从重处罚情节的飞车抢夺，相较于徒步抢夺而言具有更高的人身伤亡可能性，但暴力对象依然不是人。其二，作为抢劫罪的飞车抢夺，第一种情形是先采用暴力压制被害人反抗后取财，第二种情形属于先抢夺后抢劫的罪行、犯意转化，第三种情形是借助车辆同时实现对被害人的暴力压制和取财。由于上述仅为注意规定，除上述三种情形外还可以存在其他飞车抢劫的情形。

基于上述分析，关于行为人携带凶器抢夺时的行为定性，应注意以下两点：其一，按抢劫罪定罪的规定是拟制条款而非注意规定，不要求行为人现实地借助凶器实施暴力胁迫行为。本条款的设立与扩大人身权利保护所需相符，行为人为抗拒抓捕、窝藏赃物极容易使用凶器，携带凶器本身具有导致人身伤亡的严重危险。其二，本条款的适用虽然不要求行为人显示凶器，但仍需判断凶器是否具有随时可能使用或当场能够及时使用的特点。例如，在携带凶器抢夺时，被害人已远离现场的，行为人不构成抢劫罪。此外，最高人民法院于 2005 年 6 月 8 日发布的《关于审理抢劫、抢夺刑事案件适用法律若干问题的意见》第 4 条规定，"有证据证明该器械确实不是为了实施犯罪准备的，不以抢劫罪定罪"。上述规定也表明，器械是基于其他原因准备、行为人不具有随时使用可能的，不构成抢劫罪。

第六节　侵占罪

一、侵占罪的概念与构成特征

（一）难度与热度
难度：☆☆☆　热度：☆☆☆

（二）基本概念分析
侵占罪是指以非法占有为目的，将代为保管的他人财物或者他人的遗忘物、埋藏物非法占为己有，数额较大且拒不退还或者拒不交出的行为。

本罪侵犯的客体为公私财产所有权。其客观方面表现为，将代为保管的他人财物或他人的遗忘物、埋藏物非法占为己有，数额较大且拒不退还或者拒不交出的行为。"代为保管"不限于狭义的"受他人直接委托暂时保管或看护财物"，其他广泛的原因均可引起"代为保管"，具体包括但不限于租赁、借用、担保、无因管理等情形。本罪的行为主体为一般主体，即已满16周岁、具有刑事责任能力的自然人。其主观方面为直接故意，且具有非法占有的目的。

（三）学说理论探讨
关于侵占罪的客体是否还包括当事人之间的委托信任关系，目前尚存在一定争议。肯定说认为，行为人在侵占代为保管财物时，还额外破坏了委托信任关系。《刑法》第270条之所以要特别规定第2款，是因为第1款的委托信任关系相比于后者更具特殊性。否定说认为，我国《刑法》第270条第1款对委托物侵占规定的法定刑与侵占遗忘物完全相同，不能认为其还特别保护了委托信任关系。

关于侵占罪的犯罪对象，存在如下争议：

第一，关于侵占基于不法原因给付的财物能否成立本罪，主要存在肯定说、否定说、区分说。肯定说认为，即使民法排除交付人的返还请求权，受托人不能由此当然取得对该物的所有权，受托人依然可以构成侵占罪。在肯定说内部，有的观点认为交付人没有丧失所有权，有的观点认为受托物的所有权已经被转移至国家。否定说认为，基于法秩序统一性原理，既然民法上交付人与受托人之间的委托信任关系不受法律保护，受托人对交付人不负有返还财物的义务，刑法也不予保护。区分说主张划分不法原因给付与不法原因委托，前者是基于不法原因终局性地转移财物，后者是基于不法原因暂时委托给他人。对于前者，由于法律效果上形成了民法不予保护的结果，受托人据为己有的，不构成侵占罪；对于后者，认可委托人具有返还请求权可以及时抑制不法，受托人仍然构成侵占罪。

第二，本罪仅规定犯罪对象为遗忘物，而《民法典》仅规定拾得遗失物的处理情形，关于是否应当区分遗忘物与遗失物，存在区分必要说与区分不必要说之间的争论。区分必要说认为，遗忘物与遗失物的区分会影响罪与非罪，此罪与彼罪的认定。区分必要说内部就如何区分遗失物与遗忘物，也存在两种不同的观点。传统观点采用主观标准，认为遗忘物是物主一经回忆就较为容易找回，物主没有失去占有，而遗失物是物主很难回忆起遗失在什么地方，物主彻底失去对物的占有。另一种观点采用客观标准，认为遗忘物是物主遗留在他人能有效管理之场所的财物，遗失物是丢失在无人管理之场所或有很多人进出、管理人不能有效控制之公共场所的财物。区分不必要说认为，结合丢失财物的时间、场所、原物主主观的记忆能力等因素，实则难以区分遗失物和遗忘物，也无须过分强调二者的区分，完全可以把遗忘物解释为遗失物。

第三，对埋藏物占有的判断，主要存在主观标准说与客观标准说。传统观点采用主观标准说，认为侵占埋藏物的行为，表现为行为人偶然发现地下埋藏物，如果行为人"明知"某处埋藏有某人的财物，仍占为己有的，应构成盗窃罪。客观标准说则认为，行为人是否"明知"不能决定挖掘行为的性质，依旧需要判断埋藏人是否对埋藏物失去占有。埋藏人将物品置于有重大风险失去有效控制持有的地方的，该物属于无人占有的埋藏物。埋藏人将物品埋藏于他人有权控制范围的，控制者才是埋藏物的占有人。

（四）疑难问题解析

侵占罪保护的客体仅为财产所有权，并不包括委托信任关系。为了突出对委托信赖利益的保护且避免争议，德日刑法均设置不同的条款明确规定不同的侵占类型，并分别配置轻重相区别的刑罚。例如，日本《刑法》第252条规定了委托物侵占罪，同时，该法第254条又规定"侵占遗失物、漂流物或者其他脱离占有的他人财物的"也构成侵占罪。德国《刑法》第246条第1款规定，"若某人非法将他人的动产占为己有或者为第三人所有，则在其他条文未规定更重刑罚的情况下，处三年以下有期徒刑或者罚金"；该条第2款规定，"在第1款规定的情形中，若物是委托给行为人的，则所处刑罚为五年以下有期徒刑或者罚金"。而在我国，现有规定将两种情形置于同一罪名之下规制，也并未明确区分两种情形的刑罚差异。因此，委托信任并非本罪额外保护的客体，仅是"代为保管"形成的诸多原因之一。

在对侵占罪犯罪对象的理解上，应注意以下几点：

第一，在行为人侵占不法原因给付物能否成立侵占罪的问题上，依然需要遵从法秩序统一原理进行判断，即民法上的合法行为，不可能成为刑法上的违法行为，而民法上的违法行为，并不当然具有刑法上的违法性。因此，具体认定思路为：首先，判断行为是否构成不法原因给付；其次，在成立不法原因给付的情形下，讨论不法原因给付物的所有权归属。换言之，在国家收缴不法原因给付物之前，不法原因给付物的所有权并不当然转移至国家。同时，民法不法原因给付制度虽然排除给付人返还请求权，但并没有直接剥夺给付人享有的所有权，受托人依然可能成立侵占罪。

第二，在遗忘物和遗失物的区分问题上，区分不必要说更具合理性。在对本罪遗忘物的理解上，无论是否区分遗忘物或遗失物等类型，各种观点之争所映射的问题仍是如何判断财物的实际占有情况，从而划分出财物由所有权人继续占有、财物转为由公共空间或私人空间的第二控制人占有、财物处于无人占有三种情形。上述三种情形影响行为人是构成侵占罪还是盗窃罪。仅在形式上区分出遗忘物与遗失物，会引发不必要的概念之争。此外，一旦认定原物主对财物失去占有，无论该物是遗失物还是遗忘物，在行为人已经通过实际控制建立了新的占有时，行为人非法占为己有、拒不返还的，均构成侵占罪。

第三，在对埋藏物占有的判断上，客观标准说更具有合理性。在物主有意埋藏的情况下，无论行为人是否"明知"，物主对埋藏物都具有占有意思，因此，对埋藏物占有状态的判断的关键仍在于物主在客观上是否仍实际控制着财物。如果埋藏物是被埋藏在房子、院落、墙壁、田地等特定区域内，则埋藏物依然由物主占有。如果埋藏物是被埋藏在荒山等地，因为埋藏人不能确保能阻止其他人上山从事挖掘活动，此时，埋藏物已经脱离物主占有。

二、侵占罪既遂与未遂的界限

（一）难度与热度
难度：☆☆☆　　热度：☆☆☆

（二）基本概念分析
通说认为，侵占罪的既遂以行为人表示拒绝退还或者拒绝交出为标准。由于非法占为己有与拒不退还同时存在于侵占罪的规定当中，因此，准确把握侵占罪既遂与未遂界限，需明确非法占为己有与拒不退还之间的关系。

（三）学说理论探讨
关于非法占为己有与拒不退还之间的关系，目前主要有以下三种学说：独立说认为，侵占罪的既遂具有特殊性，只有拒不退还的，才能证明他人财物被行为人非法占为己有。一体说则认为，非法占为己有才是本罪的既遂要件，拒不退还只是证明非法占为己有的具体情节，非法占为己有与拒不退还表达的是一个意思。新独立说则将拒不退还作为刑事政策考虑下的客观处罚条件，认为拒不退还与侵占罪的不法、罪责无关。非法占为己有的行为已经侵害了财物所有权，犯罪已达既遂的状态，行为人拒不返还的，不会进一步侵害客体。同理，行为人最终退还的，退还行为也不能回溯否定先前的客体侵害结果。因此，应将拒不退还视为独立的客观处罚条件来限缩侵占罪的处罚范围。

（四）疑难问题解析
在对非法占为己有与拒不退还的关系的理解上，应严格区分犯罪论与刑罚论之间的差异，明确拒不退还具有的双重含义。换言之，犯罪是否成立不同于犯罪成立后是否需要承担刑事责任。客体侵害与客体恢复是递进关系而非抵消关系。从犯罪成立角度而言，犯罪论体系必须首先对侵害客体的不法行为作出否定性评价。非法占为己有与拒不退还是实质与形式的关系，只要行为人具有拒不退还的行为，即可认定行为人具有非法占有目的，行为人构成侵占罪既遂。从司法证明的角度而言，拒不退还的客观行为认定才是判定本罪既遂的关键。拒不退还的情形不限于被害人要求归还时行为人明确口头拒绝，即便被害人没有提出归还的请求，行为人将代为保管的财物出卖、赠与、使用等，就足以表明拒不退还。此外，在行为人超过归还期限没有及时返还且所有权人未明确提出返还的要求时，只要行为人一直保管财物而没有以所有权人身份自居利用财物的，一般也难以认定拒不退还。

新独立说是从刑罚论的角度理解拒不退还的，考虑的是在轻罪背景下构建本罪的出罪路径，因而也具有合理性。轻罪时代的犯罪治理要求刑罚应整体趋轻，应将客体恢复纳入刑事责任承担大小的考量中。故而，行为人在本罪既遂后又最终选择退还财物，实现了客体恢复效果而又不构成拒不退还的，影响的是犯罪成立之后行为人承担的刑事责任大小，在本罪表现为免于追究刑事责任。

第七节　职务侵占罪

一、职务侵占罪的概念与构成特征

（一）难度与热度

难度：☆☆☆☆　热度：☆☆☆☆

（二）基本概念分析

职务侵占罪是指公司、企业或者其他单位的工作人员，利用职务上的便利，将本单位财物非法占为己有，数额较大的行为。

本罪侵犯的客体为公司、企业或者其他单位的财产所有权。关于本罪是否保护其他次要客体，总体存在单一客体说和复合客体说，单一客体说为通说。本罪的客观方面表现为利用职务上的便利，将本单位财物非法占为己有，数额较大的行为。"本单位财物"既包括现存财物，也包括确定的收益和财产性利益。"利用职务上的便利"是指利用本人的职权范围内或者因执行职务而产生的主管、经手、管理单位财物的便利条件。此外，只是利用在单位工作而熟悉作案环境的，不能视为利用职务上的便利。本罪的行为主体为特殊主体，仅限于公司、企业或者其他单位的工作人员。其主观方面为直接故意，且具有非法占有的目的。

（三）学说理论探讨

关于职务侵占罪保护的客体，单一客体说认为本罪与其他财产犯罪一样，仅侵害了财物所有权。复合客体说认为，单一客体说无法合理确定"利用职务上的便利"的范围，有必要通过明确次要客体进行辅助判断。复合客体说内部主要包括单位公共权力说与信赖利益说。单位公共权力说认为，从本罪的立法沿革来看，本罪源于贪污罪，企业为了存续和发展，必然赋予员工职权，也要求员工履行职务。无论是公务行为还是非公务行为，都要求保护职务行为的廉洁性和公共性。信赖利益说认为，当企业与受雇佣或委托的个人之间的信赖受到一定程度的损害时，市场经济秩序将面临瘫痪，此种信赖利益值得保护。

关于对本罪中"利用职务便利"的理解，主要存在经手说、管理性说、控制支配说以及委托信任说。经手说认为，利用职务上的便利不仅指利用职务形成的权力或从事管理性工作而主管、管理、经管、经手本单位财物的便利，还包括利用自己从事劳务性工作并暂时经手本单位财物的便利。管理性说认为，利用职务上的便利要求行为人必须是有资格从事管理活动的人员，即利用职务上的便利体现了决定权、支配权和管理权。行为人在"握有"单位财物时，如果仅仅是"过一下"的，不是利用职务上的便利。控制支配说认为，经手本身无须管理意义上的"权限"属性，利用职务上的便利不仅仅包含"利用主管、管理、经手单位财物的便利条件"，也包含利用因职务而具有的支配和控制单位财产地位的情形。委托信任说认为，利用职务便利要求利用单位给予的信任。信赖不仅包括单位的直接信赖，还包括单位其他工作人员的间接信赖。利用单位的信赖能自由进出场所的，利用其他员工信赖而避开阻碍取得财物的，均可构成利用职务便利。总体而言，委托信任说对"利用职务上的便利"的界定范围最广，经手说与控制支配说的界定范围相近，管理性说对"利用职务上的便利"的界定范围最窄。

（四）疑难问题解析

职务侵占罪保护的客体仅为公司、企业或者其他单位的财产所有权，不包括其他次要客体。一方面，企业的管理制度与公权力只是保护财产的手段而非目的，单位公共权力说将企业管理制度和企业公权力作为本罪保护的客体，忽视了手段与目的的隶属关系。另一方面，相比于国家工作人员，如果将非国家工作人员职务行为的廉洁性也上升为刑法保护的客体，反而会稀释国家工作人员角色义务的特殊性。信赖利益说存在两方面的问题。其一，同单位公共权力说一样，非国家工作人员之间的信赖利益尚不值得刑法保护。实质刑法观认为，必须甄别值得刑法处罚的客体侵害行为。信赖存在于个体交往乃至社会运转的各个方面，信赖可以作为一种实在的利益受到法律保护，但是仍需慎重考虑将其上升至刑法保护的合理性。与之不同，国家工作人员具有管理公共事务的特殊职权，本身承载着最高的守法期许，认为在贪污罪当中保护信赖的观点反而合理。其二，信赖利益不能有效解释当前职务侵占罪刑罚设置的原因。在论及职务侵占罪的刑罚设置重于侵占罪时，该观点认为，行为人要突破企业的信赖才能获得对财物的占有，不法程度更高、在可谴责性上更严重。但在论及职务侵占罪的刑罚设置低于盗窃罪、诈骗罪时，该说又认为行为人是基于信赖占有财物的，财物对其具有较大诱惑，职务侵占罪可谴责性较低。

应将"利用职务上的便利"解释为行为人利用直接或间接支配财物流向的便利，利用职务上的便利不限于利用"权限"与"管理"属性。职务包括工作职责、工作任务，既包括经常性的工作，也包括行为人受所在单位临时委派或授权所从事某项事务。既然职务有助于行为人更加便利地实现犯罪，就要求行为人对公共财物流向或者公共事务结果具有支配或者决策的可能。其中，支配是指直接支配，既可以表现为管理财物，也可以表现为领取、使用单位财物等各种经手情形，决策属于间接支配财物。

二、职务侵占罪与盗窃罪、诈骗罪、侵占罪的界限

（一）难度与热度
难度：☆☆☆☆　热度：☆☆☆☆

（二）基本概念分析
职务侵占罪是指利用职务上的便利，将本单位财物非法占为己有。侵占罪是指将代为保管或者他人遗忘物、埋藏物非法占为己有，盗窃罪主要是指秘密窃取公私财物，诈骗罪主要是指用虚构事实或隐瞒真相的方法骗取公私财物。

本罪与盗窃罪、诈骗罪的界限在于：（1）侵犯对象不同。职务侵占罪侵犯的对象只能是公司、企业或其他单位的财物，而盗窃罪、诈骗罪侵犯的对象可以是任何公私财物。（2）犯罪客观方面的表现不同。职务侵占罪只能利用职务上的便利实施，行为方式包括窃取、骗取、侵吞等多种。盗窃罪、诈骗罪的实施与职务无关，行为方式只能是盗窃或骗取。（3）犯罪主体不同。职务侵占罪的主体是特殊主体，而盗窃罪、诈骗罪的主体是一般主体。

本罪与侵占罪的界限在于：（1）侵犯对象不同。职务侵占罪侵犯的对象只能是公司、企业或其他单位的财物，而侵占罪侵犯的对象是代为保管的他人财物以及他人的遗忘物、埋藏物。（2）犯罪的客观方面表现不同。职务侵占罪只能利用职务上的便利实施，行为方式包括窃取、骗取、侵吞等。侵占罪的实施与职务无关，行为方式为将代为保管的他人财物以及他人的遗忘物、埋藏物非法占为己有、拒不交出。（3）犯罪的主体不同。职务侵占罪的主体是特殊主体，而侵占罪的主体是一般主体。

（三）学说理论探讨

职务侵占罪的行为方式界定影响其与盗窃罪、诈骗罪、侵占罪的界分。综合手段说为通说，认为行为人利用职务便利侵吞、窃取、骗取的行为均能构成职务侵占罪，职务侵占罪与有关罪名的区分在于行为人是否利用了职务上的便利。其一，从立法沿革来看，立法机关是将原部分贪污罪的主体划归至职务侵占罪的主体范围，而对职务侵占罪的行为方式未加任何限制。其二，我国《刑法》第183条第1款规定：保险公司的工作人员利用职务上的便利，故意编造未曾发生的保险事故进行虚假理赔，骗取保险金归自己所有的，依照职务侵占罪的规定定罪处罚。上述规定表明，骗取也属于职务侵占的行为。其三，《刑法》第271条第2款规定：国有公司、企业或者其他国有单位中从事公务的人员和国有公司、企业或者其他国有单位委派到非国有公司、企业以及其他单位从事公务的人员有前款行为的，依照贪污罪规定定罪处罚。通过"前款行为"与"依照贪污罪规定定罪处罚"的对应关系，"前款行为"应包括侵吞、窃取、骗取。

单一手段说认为，只有狭义的侵占行为才能构成职务侵占罪，职务侵占罪与侵占罪的界限在于是否利用职务便利，职务侵占罪与盗窃罪、诈骗罪的界限在于是否实施了盗窃、诈骗行为。其一，从刑罚配置来看，职务侵占罪轻于盗窃罪、诈骗罪，认为职务侵占手段包括盗窃、诈骗，必然导致处罚不协调。而将职务侵占罪理解为普通侵占罪的加重构成更合理。其二，将转移占有的盗窃、诈骗与不转移占有的侵占混合在一个构成要件内并不合理。其三，能够利用职务便利同时实施盗窃、诈骗行为的情形罕见，例如，只有在共同占有时，行为人才有可能利用职务便利实施盗窃。

（四）疑难问题解析

职务侵占罪的行为方式包括侵吞、窃取、骗取，职务侵占罪与盗窃罪、诈骗罪、侵占罪的区别在于是否利用职务便利。其一，通过对利用职务便利类型化解构，利用职务便利的行为方式可以包括侵占、盗窃与诈骗。行为人已单独占有单位财物而据为己有的，属于侵占；行为人与其他占有人共同占有并躲避其他占有人秘密取得财物或作为占有辅助者秘密取得财物的，属于盗窃；行为人欺骗财物直接控制人员而取得单位财物的，属于诈骗。其二，综合手段说也不存在刑罚设置矛盾的问题。一方面，《刑法修正案（十一)》对职务侵占罪的法定刑已进行调整，职务侵占罪的法定刑幅度已和盗窃罪、诈骗罪持平。另一方面，虽然根据最高人民法院、最高人民检察院于 2016 年 4 月 18 日发布的《关于办理贪污贿赂刑事案件适用法律若干问题的解释》的有关规定，职务侵占罪的入罪标准依然高于盗窃罪、诈骗罪，在刑罚严厉程度上仍弱于盗窃罪和诈骗罪，但本罪设置较高的入罪标准主要基于如下考虑：第一，就预防必要性而言，本罪总体上发生率较低，行为人一般不会为了占有小额财物而自毁前程；第二，单位财物对行为人具有更高诱惑性，行为人实施犯罪具有较弱可谴责性。

关于职务侵占罪与侵占罪、盗窃罪、诈骗罪的罪数关系，应把握以下两点：其一，职务侵占罪与侵占罪、盗窃罪、诈骗罪属于法条竞合关系而非想象竞合关系。法条竞合的实质标准是逻辑的包容性、客体的同一性以及不法的包容性。从行为方式、侵犯客体以及侵害客体程度来看，职务侵占罪与侵占罪、盗窃罪、诈骗罪属于包容的法条竞合关系。其二，在处罚原则上，适用特别法优于一般法原则，在不构成特别法条而构成一般法条时，可以适用一般法条。质言之，行为人同时构成职务侵占罪与上述三种财产犯罪时，由于前者已能对不法程度进行充分评价，因此优先适用职务侵占罪；行为人未达职务侵占罪入罪标准但成立上述三种财产犯罪时，根据罪刑均衡原则，应按照侵占罪（或诈骗罪、盗窃罪）处罚。

第八节　挪用资金罪

一、挪用资金罪的概念与构成特征

（一）难度与热度
难度：☆☆☆☆　　热度：☆☆☆

（二）基本概念分析
挪用资金罪是指公司、企业或者其他单位的工作人员，利用职务上的便利，挪用本单位资金归个人使用或者借贷给他人，数额较大、超过 3 个月未还或者虽未超过 3 个月，但数额较大进行营利活动，或者进行非法活动的行为。

本罪侵犯的客体为公司、企业或者其他单位的财产权，即单位对财产的占有权、使用权和收益权。其客观方面表现为利用职务上的便利，挪用本单位资金归个人使用或者借贷给他人。根据全国人民代表大会常务委员会于 2002 年 4 月 28 日通过的《关于〈中华人民共和国刑法〉第三百八十四条第一款的解释》的规定，归个人使用包括：（1）将公款供本人、亲友或者其他自然人使用的；（2）以个人名义将公款供其他单位使用的；（3）个人决定以单位名义将公款供其他单位使用，谋取个人利益的。本罪的行为主体为特殊主体，仅限于公司、企业或者其他单位中从事一定管理性职务的人员。本罪的主观方面为直接故意，且具有非法占有的目的。

（三）学说理论探讨
在挪用资金罪之"归个人使用"的理解上，存在如下相关争议：

第一，本罪相较于挪用公款罪而言，还额外规定了"借贷给他人"要件，关于"归个人使用"与"借贷给他人"之间是何种关系，存在区分说与包容说。区分说认为，二者处于独立关系，"归个人使用"是指用于本人生活、经营活动以及非法活动，"借贷给他人"是指以本人名义或者私自以单位名义借贷给他人使用。包容说认为，"借贷给他人"属于"归个人使用"。之所以在条文中再规定"借贷给他人"这一类型，是为了提示适用者在认定本罪时不能遗漏该类型。

第二，在对"归个人使用"之"个人"的理解上，存在数量说、视角说以及权限说。数量说认为，"个人"是就数量上一个人或者少部分人与大部分的集体对比而言的。视角说认为，"个人"等同于第二人称中的"我"，与除本人以外的其他人相对。权限说认为，"个人"是相对单位、集体而言的，不能从数量对比关系进行判断，而应考察决策主体是否具有决策权限。

第三，如何理解"归个人使用"的三种具体情形，存在以下问题：其一，"以个人名义"与"个人决定以单位名义"之间有何区别？最高人民法院于2003年11月13日印发的《全国法院审理经济犯罪案件工作座谈会纪要》认为："认定是否属于'以个人名义'，不能只看形式，要从实质上把握。对于行为人逃避财务监管，或者与使用人约定以个人名义进行，或者借款、还款都以个人名义进行，将公款给其他单位使用的，应认定为'以个人名义'。"部分观点以此为基础，将"以个人名义"分为形式上的以个人名义与实质上的以个人名义。另一部分观点则认为，"个人决定以单位名义"与"以个人名义"之间不存在实质差异，只是对应不同的表现形式。其二，关于"以个人名义"挪用资金是否不要求谋取个人利益，存在入罪说与出罪说两种观点。入罪说认为，在"个人决定以单位名义"挪用资金时，法规范额外规定了"谋取个人利益"，而在"以个人名义"挪用资金时，并没有明文规定"谋取个人利益"。按照形式入罪的观点，在"以个人名义"挪用资金时，无论行为人为了谁的利益，均可入罪。出罪说认为，实质出罪是贯彻罪刑法定原则的核心要义，为保证类型之间的逻辑自洽，"以个人名义"挪用资金也要求谋取个人利益。其三，关于在将资金给自然人使用时，是否同样要求"个人决定"或"以个人名义"，存在要求说与不要求说。

（四）疑难问题解析

在对"归个人使用"与"借贷给他人"之间的关系的理解上，通说持包容说。区分说不具有合理性。"使用"的范围宽于"借贷"，按照区分说的观点，以非借贷方式挪用本单位资金供他人使用的反而不构成犯罪。实际上，行为人在擅自挪用资金后，无论借贷给谁使用都只是"个人使用"的用途之一，"借贷给他人"仅起到提示作用。全国人民代表大会常务委员会法制工作委员会刑法室于2004年作出的《关于挪用资金罪有关问题的答复》中也明确提及，针对当时挪用资金中比较突出的情况，立法者在规定"归个人使用"时，进一步提示了"借贷给他人"这一常见情形。

关于"归个人使用"之"个人"，应通过行为人所拥有的权限进行判断。其一，视角说将"个人"理解为"本人"明显不当。如上所言，只要行为人将资金挪出，无论是由自己使用还是给他人使用，均属于"个人使用"中的不同具体用途。其二，相比于权限说，作为经验归纳的数量说也缺乏法理根基。单位工作人员必须按照单位的意志行事，单位意志体现为某一个体或者股东会在公司章程赋予的职权范围内开展相关活动。因此，超过总人数半数的人共同作出的决议不符合单位章程赋予的权限，可以属于"个人"；决定是由单位负责人超过职权范围作出的，同样属于"个人"；但"以个人名义"挪用单位财物，而由股东会依章程作出决议而允许时，不是归"个人"使用。

在对"归个人使用"的三种具体情形的理解上，应把握以下几点：其一，"以个人名义"与"个人决定以单位名义"两种情形仅存在形式差别而不存在实质差别，均以"个人决定"为实质条件。一方面，"归个人使用"的本质在于违背单位意志而擅自越权侵害单位对资金享有的占有、使用、收益权。尽管在"以个人名义"挪用资金时，相关规范没有明示"个人决定"要件，但根据实质解释，应受处罚的行为须具有"个人决定"属性。另一方面，"以个人名义"与"个人决定以单位名义"的差异在于，"以个人名义"挪用属于形式上的以个人名义，例如，行为人在口头约定或书面记载中就已明示自己是资金的实际控制人。"个人决定以单位名义"挪用属于实质上的以个人名义，例如，行为人并没有宣称自己是资金的实际控制人，依然对外以单位的名义开展活动。其二，"以个人名义"挪用资金同样要求行为人"为个人谋取利益"。尽管个人擅自挪用资金的行为已经侵害了单位对资金享有的占有权、使用权、收益权，但现有规范基于刑法谦抑以及比例原则的考量，对行为人擅自挪用资金但为单位谋取利益的行为持出罪立场。由此，值得刑法处罚的"归个人使用"的完整内涵为"个人决定＋为个人谋取利益"。在形式上"以个人名义"挪用与"个人决定以单位名义"挪用就是否要求"为个人谋取利益"存在区别，这主要是基于司法证明的考量。在"以个人名义"挪用时，认定"为个人谋取利益"相对容易，因为单位一般不会也无必要允许员工以个人的名义对外使用单位资金。反之，在"个人决定以单位名义"挪用时，行为人是以"单位名义"掩盖"归个人使用"的事实，此时明确"为个人谋取利益"旨在提醒司法机关应主动刺破不法事实。其三，在将资金给自然人使用时，也同样要求"个人决定以单位名义"或"以个人名义"以及"谋取个人利益"。无论是擅自将单位资金给自然人使用还是给单位使用，都侵犯了单位对资金的占有、使用、收益权。上述对"个人决定""以个人名义"以及"为个人谋取利益"要件的理解同样适用于供自然人使用的情形。

二、挪用资金罪既遂与未遂的界限以及与挪用资金罪与职务侵占罪的界限

（一）难度与热度
难度：☆☆☆　热度：☆☆☆

（二）基本概念分析
挪用一词本是"挪"和"用"的结合体，挪是前提，用是目的。但在挪用资金罪的既遂认定标准上，挪用资金罪的既遂标准为行为人实际控制单位资金，即行为人挪而未用的，构成本罪既遂。

挪用资金罪是指利用职务便利将本单位资金归个人使用，职务侵占罪是指利用职务便利将本单位财物非法占为己有。挪用资金罪与职务侵占罪的界限在于：（1）犯罪对象不同。挪用资金罪侵犯的对象是资金；职务侵占罪的侵害对象除了资金外，还包括其他财物。（2）犯罪的客观方面不同。挪用资金罪表现为挪用资金归个人使用，而职务侵占

罪表现为利用侵吞、盗窃、诈骗等手段将单位财物非法占为己有。（3）犯罪目的不同。挪用资金罪的行为人只有暂时使用的目的，而职务侵占罪的行为人具有非法占有目的。

（三）学说理论探讨

关于挪用资金罪中的"挪"与"用"的关系，理论上存在挪出说、挪出且使用说、混合说，不同立场影响本罪既遂与未遂的判断标准。挪出说认为，本罪保护的客体是单位对资金的占有、使用、收益权，只要行为人将资金转移到自身的实际控制之下即为既遂，不要求行为人有使用行为。该观点内部就"进行非法活动""进行营利活动""超过三个月未还"三种类型的理解也存在不同的立场。客观要件说认为，用途不同只是说明行为的危险程度不同而已。主观要件说认为，"归个人使用"表征行为人的目的，"超过三个月未还""进行非法活动""进行营利活动"都属于主观超过要素。挪出且使用说认为，三种不同的使用行为分别导致程度不同的单位资金流失危险，只有最终使用的行为才构成犯罪既遂。混合说认为，"超期未还型"不存在犯罪既遂与未遂形态，只有犯罪成立与否的问题，该种情形下的犯罪成立，不要求行为人实际使用单位资金，只需要资金在行为人实际控制之下。针对"进行非法活动""进行营利活动"两种情形，有的观点认为行为人挪出即既遂，还有的观点认为只有挪出并使用才既遂。

（四）疑难问题解析

从加大企业产权保护力度的角度出发，挪出说更为合理。挪出且使用说更关注单位资金流失风险的具体判断，行为人挪而未用时，资金尚未实际流入普通活动、营利活动与非法活动中的具体领域，未用的风险远小于实际投入运用的风险。挪出说更注重企业所有权的保护，即便行为人挪而未用，仅挪出的行为就足以侵害企业对资金的正常占有、使用与收益。同时，非基于单位意志而让单位资金脱离控制的行为，本身就让单位承担了不合理的资金流失风险。

面对疑难案件以及在缺乏行为人直接有罪供述的情形下，判断行为人是否具有非法占有目的是界分挪用资金罪与职务侵占罪的关键。一般而言，行为人具有非法占有目的而实施的职务侵占行为表现为：（1）携带单位资金潜逃或者汇往境外；（2）采用虚假发票平账、销毁账目；（3）截取单位收入而未入账；（4）用于挥霍消费或者用于赌博等高风险活动而明显超出行为人偿还能力的。一般而言，除第一种情形外，其他情形仍需结合案情具体分析：行为人实施平账行为的，可能只是为了暂时掩盖挪用资金的事实；行为人实施部分还款行为的，可能是为了掩盖继续占有资金的事实；将资金用于挥霍消费或者用于赌博等高风险活动的，实践中也存在行为人短时应急而及时归还的情形，因此，仍需判断行为人挪用后归还资金的可能性大小。

第九节　敲诈勒索罪

一、敲诈勒索罪的概念与构成特征

（一）难度与热度
难度：☆☆☆　热度：☆☆

（二）基本概念分析

敲诈勒索罪是指以非法占有为目的，以威胁或者要挟的方法，强索公私财物，数额较大或者多次敲诈勒索的行为。

本罪侵犯的客体为复杂客体，主要客体是公私财产所有权，次要客体为他人的人身权利或者其他权益。其客观方面表现为以威胁或者要挟的方法，向公私财物的所有权人或持有人强索财物的行为。其行为主体为一般主体，即已满16周岁、具有刑事责任能力的自然人。主观方面为直接故意，且具有非法占有的目的。

（三）学说理论探讨

关于敲诈勒索罪保护的客体，主要存在复杂客体说、单一客体说、财产所有权与意志自由说、财产所有权与人身权利说。复杂客体说为通说，认为本罪保护的主要客体是公私财产所有权，次要客体为他人人身权利或其他权益，后者包括生命健康、人身自由、名誉等。单一客体说认为，次要客体并不是敲诈勒索罪的保护客体。尽管敲诈勒索的行为可能将上述权益置于一定危险当中，但是一般而言，上述危险难以实现，即便危险实现，相关行为也会受到诸如故意伤害罪、侮辱诽谤罪等罪名的合理规制。晚近以来的观点以意志自由说（或处分自由说、自我决定权说）为主，认为应把主体的内在意志也纳入客体建构当中。财产是被害人支配意愿指向的对象，财产犯罪除考察外在的财产侵害外，更要关注被害人对财物的支配自由被侵扰的形式和程度。此外，财产所有权与人身权利说认为，仅强调手段行为对意志自由侵害难以符合罪刑相适应原则，敲诈勒索罪保护的次要客体仅为人身权利。

关于敲诈勒索罪之手段行为的理解，主要存在如下争议：

第一，关于敲诈勒索罪的手段是否包括暴力行为，存在肯定说与否定说。传统刑法理论持否定说立场，认为敲诈勒索罪的手段仅限于威胁或要挟而不包括暴力，行为人以暴力为手段进行敲诈勒索是极为罕见的。晚近以来的观点以肯定说为主，其中一种观点认为，使用暴力迫使行为人答应在未来交付财物的，此时的暴力手段所起的作用实则和胁迫一致；另一种观点认为，不论行为人是否当场取得财物，暴力都可以作为敲诈勒索的手段行为，敲诈勒索罪所使用的暴力必须轻微，尚未达到压制被害人反抗的程度。

第二，关于行为人为了行使自己的民事权利而使用敲诈勒索手段是否构成本罪，存在无罪说与入罪说。无罪说认为，行为人行使自己的正当权利并没有非法占有财物的目的，敲诈勒索的行为只是实现手段。入罪说则认为，使用胁迫而取得他人财物的，完全符合敲诈勒索罪的构成要件。

第三，关于如何理解行为人取得财物时因冒充身份的不同而成立不同的犯罪，存在否定说与肯定说。2005年6月8日最高人民法院发布的《关于审理抢劫、抢夺刑事案件适用法律若干问题的意见》第9条规定：冒充警察抓赌、抓嫖的，定招摇撞骗罪；冒充治安联防队员抓赌、抓嫖的定敲诈勒索罪；在实施上述行为中，使用暴力或者暴力威胁的，定抢劫罪。否定说认为，上述司法解释并不合理，因为无论行为人冒充什么身份，被害人都是基于对被冒充身份的威慑而交付财物，行为人都只触犯敲诈勒索罪。肯定说则认为，上述司法解释具有合理性，警察与治安联防队员具有本质区别，前者属于国家工作人员，后者仅是公权力行使的辅助者。对于先前已经违法的被害人而言，如果承认被害人意志会受到警察身份的压制，将会得出公众是因为害怕公权力而非因为不法行为本身的代价而交出财物的不当结论。

（四）疑难问题解析

敲诈勒索罪保护的客体应为复杂客体。单一客体说无法发挥界分此罪与彼罪的作用，尤其是在行为人既采用欺诈的方式又采用暴力手段进行威胁时，通过单一客体说只能确定行为人构成财产犯罪，但无法界分构成何种财产犯罪。行为人处分自由说虽然引入被害人教义学，强调通过法理构建而非经验总结来界定保护客体，但会导致被告人的罪责依附于个别情形下的被害人的习性。此外，被害人意志自由在实务上也难以判断，起决定性作用的，仍是被告人行为本身的压迫性而非被害人反应。

在对敲诈勒索罪之手段行为的理解上，应把握以下几点：

第一，暴力可以成为敲诈勒索罪的手段行为。敲诈勒索罪的本质特征在于，行为人所实施的行为尚未达到压制被害人意志的程度，被害人作出的是有意志瑕疵的财产处分行为。行为人对被害人实施一定的暴力行为后，也会对被害人形成若不交付财物可能继续受到暴力的意志压制。敲诈勒索罪所强调的胁迫，既包括非暴力式的胁迫（例如以被害人的名誉相胁迫），也包括暴力式的胁迫（例如先实施轻微暴力进行胁迫）。

第二，行为人通过"敲诈勒索"的方式行使合理权利的，原则上不构成敲诈勒索罪。行为人没有超出权利的行使范围时，考虑到胁迫手段对维护权利的必要性以及行为人本身没有非法占有目的，不宜认定行为人构成犯罪。但是行为人以行使正当权利为由索取明显超出权利范畴之外的财物时，例如天价赔偿等，应以敲诈勒索罪论处。

第三，在行为人冒充警察或者治安联防队员而索取财物时，需要结合具体的情形进行判断。其一，行为人冒充身份后，以没收财物或者进行罚款等为名而索取财物的，肯定说具有合理性，即冒充警察的构成招摇撞骗罪，冒充治安联防队员的构成诈骗罪。此种情形中，欺骗的因素大于威胁的因素，被害人不是基于恐惧警察或治安联防队员的身份而交付财物，而是误以为自己的不法行为会被相关人员处罚才交付财物。其二，行为人冒充身份后，以散播被害人违法事实等为由，要求被害人交付财物以"私了"的，否定说具有合理性，即无论行为人冒充何种身份，均构成敲诈勒索罪。此种情形中，被害人更多的是出于害怕自己的违法行为被公众知晓的恐惧心理而交付财物。此外，如果行为人还实施了欺骗行为，例如行为人谎称自己是警察，要将被害人的违法事实进行公开通报，则此时被害人的恐惧也源于错误认识，对行为人应按招摇撞骗罪与敲诈勒索罪的想象竞合处理。

二、敲诈勒索罪与抢劫罪、诈骗罪的界限

（一）难度与热度

难度：☆☆☆☆　热度：☆☆☆

（二）基本概念分析

敲诈勒索罪是指以威胁或者要挟的方法强索公私财物，抢劫罪是指以暴力、胁迫或者其他方法当场强行劫取公私财物，诈骗罪是指以虚构事实或隐瞒真相的方法骗取财物。敲诈勒索罪与抢劫罪的界限在于行为人是否当场采用暴力或胁迫的手段以及是否当场取得财物（两个当场标准）。敲诈勒索罪与诈骗罪的界限在于是诈骗手段还是胁迫手段对被

害人交付财物起决定性作用。

（三）学说理论探讨

关于敲诈勒索罪与抢劫罪的界分标准，2005年6月8日最高人民法院发布的《关于审理抢劫、抢夺刑事案件适用法律若干问题的意见》第9条的规定持通说（两个当场标准）立场。除通说外，还存在压制被害人反抗说、意志自由说、人身危险说。压制被害人反抗说认为，两罪区分的标准不是"两个当场"，而是暴力或者胁迫手段本身对人意志的压制程度。敲诈勒索罪的暴力、胁迫手段只要足以使被害人产生恐惧心理即可，而抢劫罪中的暴力、胁迫手段必须达到足以压制他人反抗的程度。意志自由说认为，抢劫罪仅规定了"暴力、胁迫"而未明确手段程度，过往学说提出的是否压制反抗或者严重威胁人身权利等区分标准，缺乏实定法和理论的支撑。此外，敲诈勒索罪属于抑制被害人的意志，抢劫罪则是正面压制、剥夺被害人的意志处分自由。人身侵害危险说认为，"两个当场"和"足以压制被害人的反抗"的标准均有违罪刑均衡原则，无须考虑被害人意志，应以人身权利侵害的严重程度作为敲诈勒索罪与抢劫罪的界分标准，抢劫罪的手段行为对人身权利的侵害或威胁的程度更为严重。

（四）疑难问题解析

对敲诈勒索罪与抢劫罪的界分应从形式与实质两个方面展开。从形式上而言，作为经验总结的"两个当场"标准能在多数情况下区分敲诈勒索罪与抢劫罪：敲诈勒索罪以当场实现或日后实现的内容相恐吓，抢劫罪必须是以当场实现的内容相恐吓；敲诈勒索罪可以是迫使被害人于当场或日后交出财物，抢劫罪必须是当场取得财物。从实质上而言，敲诈勒索罪与抢劫罪的区分标准在于判断暴力或者胁迫手段能否足以压制被害人反抗。符合"两个当场"的情形之所以在大多数情况下构成抢劫罪，是因为在行为人采用轻暴力（或胁迫）当场取财或者采用重暴力（或胁迫）而不当场取财时，一般也难以被认定为足以压制被害人反抗。此外，还应注意以下三种疑难情况的处理：第一，行为人利用假枪或假炸弹等外观上足以压制被害人反抗的物品恐吓被害人而索取财物的，应构成抢劫罪而非敲诈勒索罪。暴力、胁迫手段是否达到足以压制对方反抗的程度，应从行为当时的视角进行判断，而非以事后视角的回溯。第二，即便某些场合中的行为人并未在同一时空当场取得财物，但暴力、胁迫手段足以抑制压制对方反抗的，应构成抢劫罪而非敲诈勒索罪。例如，被害人被困于物资匮乏的山中，即便行为人第二天才取得财物，也不影响抢劫罪的成立。第三，利用行为人在乎的名誉或其他利益进行胁迫的，一般构成敲诈勒索罪。经过对家长主义与个人自决权的衡平，除生命与财产之间存在明显价值位阶外，其他利益与财产的轻重由受害人自行衡量。例如，行为人以被害人不雅照威胁而取得财物的，除非特殊个体（极为看重名誉），一般而言，应认为被害人尚有选择空间，行为人构成敲诈勒索罪而非抢劫罪。

在敲诈勒索罪与诈骗罪的界分上，敲诈勒索罪是被害人基于恐惧而被迫交付财物，强调意志因素，而诈骗罪是被害人受欺骗而"自愿"交付财物，强调认识因素。在行为人所实施的行为同时具有恐吓和欺骗性质时，需判断何者发挥的作用更大，如果同时发挥作用，应按想象竞合处理。其一，行为仅有欺骗性质的，仅构成诈骗罪。例如：甲对乙说，乙的孩子在外得罪了丙，丙即将开展报复，乙若能给甲钱，甲能出面摆平。此时，乙不是出于恐惧甲而交付财物，相反，乙是选择相信甲能帮助解决事情而被骗财物。其二，行为同时具有恐吓与欺骗性质，但是只有欺骗行为发挥作用的，仅构成诈骗罪。例如：行为人冒充警察来没收违法所得时，被害人是基于要受处罚的认识错误而非恐惧警察本身而交付财物。其三，行为同时具有恐吓与欺骗性质，但是只有恐吓行为发挥作用的，仅构成敲诈勒索罪。例如：行为人冒充警察并宣称若被害人不交付财物就将被害人的违法行为通过公安的官方账号进行传播，被害人明知行为人不是警察但害怕违法行为被公开而交付财物。其四，行为同时具有恐吓与欺骗性质，且同时发挥作用的，构成敲诈勒索罪与诈骗罪想象竞合。例如：行为人谎称自己是黑社会成员而向被害人索取"保护费"的，一方面，被害人是基于恐惧心理而交付财物；另一方面，被害人的恐惧心理又源于对行为人身份的错误认识，错误认识与恐惧心理并不对立，行为人的行为构成敲诈勒索罪与诈骗罪的想象竞合犯。

第三部分　拓展延伸阅读、案例研习与同步训练

第一节　拓展延伸阅读

（一）侵犯财产罪的概念和构成特征

1. 付立庆. 再论刑法中的财产概念：梳理与回应. 政治与法律，2021（8）.

2. 周光权. 财产犯罪刑法对民法的从属与变通. 中国法律评论，2023（4）.

3. 车浩. 重构财产犯罪的法益与体系. 中国法律评论，2023（4）.

4. 刘艳红，周少华，欧阳本祺. 财产犯研究. 南京：东南大学出版社，2017.

（二）抢劫罪

1. 姚万勤. 论事后抢劫罪未遂形态. 中国刑事法杂志，2011（9）.

2. 付立庆. 论抢劫罪与强拿硬要型寻衅滋事罪之间的关系：以孙某寻衅滋事案为切入点. 法学，2015（4）.

3. 马寅翔. 抢劫罪中暴力概念的精神化及其限定. 法学，2021（6）.

4. 张梓弦. 抢劫罪与敲诈勒索罪的界分：以抢劫罪的构造为出发点. 法学评论，2021（4）.

（三）盗窃罪

1. 陈家林. 论刑法中的扒窃：对《刑法修正案（八）》的分析与解读. 法律科学（西北政法大学学报），2011（4）.

2. 张明楷. 论盗窃财产性利益. 中外法学，2016（6）.

3. 刘明祥. 论窃取财产性利益. 政治与法律，2019（8）.

4. 王骏. 财产性利益盗窃的客观构造. 政治与法律，2021（3）.

（四）诈骗罪

1. 陈少青. 权利外观与诈骗罪认定. 法学家，2020（2）.

2. 劳东燕. 金融诈骗罪保护法益的重构与运用. 中国刑事法杂志，2021（4）.

3. 付立庆. 诈骗罪中处分行为的认定困境与机能定位. 法学评论，2023（5）.

4. 张明楷. 诈骗犯罪论. 北京：法律出版社，2021.

（五）抢夺罪

1. 张明楷. 盗窃与抢夺的界限. 法学家，2006（2）.

2. 何荣功. 也论盗窃与抢夺的界限：兼与张明楷教授商榷. 当代法学，2012（4）.

3. 阮齐林. 论盗窃与抢夺界分的实益、倾向和标准. 当代法学，2013（1）.

4. 张开骏. 抢夺罪构成要件及本质特征的新解释：由合理区分抢夺罪与盗窃罪展开的分析. 政治与法律，2021（9）.

（六）侵占罪

1. 周光权. 侵占罪疑难问题研究. 法学研究，2002（3）.

2. 陈璇. 论侵占罪处罚漏洞之填补. 法商研究，2015（1）.

3. 晋涛. 侵占罪：一个被误解已久的立法范例. 政治与法律，2020（1）.

4. 陈少青. 侵占不法原因给付物的法律规制：以刑民评价冲突的消解为切入点. 法律科学（西北政法大学学报），2021（3）.

（七）职务侵占罪

1. 刘伟琦. "利用职务上的便利"的司法误区与规范性解读：基于职务侵占罪双重法益的立场. 政治与法律，2015（1）.

2. 周啸天. 职务侵占罪中"利用职务上的便利"要件之再解读：以单一法益论与侵占手段单一说为立场. 政治与法律，2016（7）.

3. 魏东. 职务侵占的刑法解释及其法理. 法学家，2018（6）.

4. 张明楷. 论刑法中的利用职务上的便利. 法治社会，2022（5）.

5. 王若思. 职务侵占罪法益观的重塑：以信赖利益的刑法保护为出发点. 法制与社会发展，2023（2）.

（八）挪用资金罪

戴民杰. 挪用资金罪中"归个人使用"的教义学诠释. 政治与法律，2020（2）.

（九）敲诈勒索罪

1. 李会彬. 抢劫罪与敲诈勒索罪的界分："两个当场"实质内涵新探. 江西社会科学，2016（12）.

2. 车浩. 抢劫罪与敲诈勒索罪之界分：基于被害人的处分自由. 中国法学，2017（6）.

3. 刘鹿鸣. 自我决定权视域下抢劫罪与敲诈勒索罪的界分. 法治现代化研究，2021（3）.

4. 郭晓红. 抢劫罪手段行为的界定：实务考察与标准重塑. 法学家，2021（5）.

第二节　本章案例研习

案例1：杨某慧、马某明盗窃机动车号牌案（最高人民法院指导案例第582号）

（一）基本案情

被告人杨某慧以盗取他人机动车号牌后敲诈钱财为目的，组织并伙同多人，先后在多地，采取强掰车牌的方式多次盗窃机动车号牌。其中，被告人杨某慧盗窃作案 13 起，窃得机动车号牌 14 副；被告人马某明盗窃作案 7 起，窃得机动车号牌 8 副。被害人补办车牌所需的费用为人民币 105 元/副，被告人杨某慧盗窃的机动车号牌补办费用共计人民币 1 470 元。

（二）法院判决

江苏省苏州市平江区人民检察院以被告人杨某慧犯盗窃国家机关证件罪向苏州市平江区人民法院提起公诉。苏州市平江区人民法院审理后认为，公诉机关指控被告人杨某慧犯盗窃国家机关证件罪的法律依据不足，并建议公诉机关变更起诉。苏州市平江区人民检察院在补充侦查完毕后以盗窃罪变更起诉。苏州市平江区人民法院认为，被告人杨某慧以非法占有为目的，采用秘密手段窃取他人财物，数额共计人民币 1 470 元，属盗窃数额较大，其行为已构成盗窃罪。

（三）案例解析

被告人杨某慧盗窃他人机动车号牌是为了以此向有关号牌所有人勒索钱财，因为单纯的盗窃机动车牌照对其而言并不具有实质性的意义，机动车号牌本身没有什么经济价值，其盗窃机动车号牌系为了向号牌所有权人实施敲诈勒索的行为，达到非法获取钱财的目的。因此，盗窃机动车号牌的行为属于手段行为，勒索钱财行为属于目的行为，所以盗窃行为与勒索行为具有牵连关系。对于牵连犯，应择一重罪进行定罪处罚。如果行为人敲诈得手后归还所窃取的车牌，并达到追诉标准的，以敲诈勒索予以定罪是无异议的。如果行为人未能敲诈到钱财并且将车牌随意丢弃，在此情况下可以盗窃罪予以定罪。

案例 2：韩某职务侵占案 ［《刑事审判参考》（第 129 辑）］

（一）基本案情

被告人韩某在长春金达洲公司销售计划与控制岗位任职，并负责公司代交车业务。按照该公司代交车业务流程，韩某只有从单位车辆管理人员姚某处取得车钥匙和车辆出门证，才能完全取得管理、经手车辆的权限。从 2013 年至 2015 年，韩某盗窃公司作废发票，以办理代交车业务的名义向姚某骗领车辆合格证、车钥匙、部分车辆出门证，以及在部分车辆出门证上伪造姚某签名，将取得的公司 17 辆大众牌途观汽车（价值408.748 万元）私自销售，并将销售所得据为己有。

（二）法院判决

吉林省长春市人民检察院指控被告人韩某犯盗窃罪，向吉林省长春市中级人民法院提起公诉，认为韩某的犯罪行为并非利用职务之便而是利用工作之便，欺诈的是车辆合格证、发票等提取车辆所需的程序材料而非涉案车辆，其行为构成盗窃罪。长春市中级人民法院认为：被告人韩某具有办理公司代交车业务的权限，利用管理或经手本单位财物的便利条件，将本单位财物非法占为己有，其行为已构成职务侵占罪。无论被告人采取的是侵吞、窃取手段，还是骗取手段，均不影响其行为构成职务侵占罪。

（三）案例解析

只要行为人非法占有单位财物系利用职务上的便利，无论是采取窃取、骗取还是其他手段，均不影响行为构成职务侵占罪。本案定性的关键在于：在行使职权存在上下级之间的监督制约关系时，处于下位的员工侵占单位财产的行为是否属于利用职务上的便利？利用职务上的便利不限于利用"具有直接的权力或者管理性职能"，还包括行为人对企业财物的流向具有一定的支配。在本案中，对韩某占有涉案车辆起重要作用的环节是，在办理代交车业务过程中，只要韩某从姚某处领取车钥匙和车辆出门证（姚某签字）即可将车辆提出公司，韩某在其职责的范围内有间接管理、经手单位车辆的权限。韩某负责办理公司代交车业务的便利使其具有诈骗基础，即该便利让其顺利地以办理代交车业务的名义从姚某处骗取车辆钥匙以及车辆出门证。同时，也是该便利使其能顺利进入姚某办公室以伪造姚某签字。

第三节　本章同步训练

一、选择题

（一）单选题

1. 行为人明知债务人的借款已经全部归还，仍然故意捏造事实，起诉要求借款人及担保人再次归还借款及利息，法院判决支持了行为人请求。问：行为人的行为构成什么罪？（　　）

A. 诈骗罪

B. 敲诈勒索罪

C. 侵占罪

D. 不构成犯罪，仅属于不当得利

2. 行为人准备水果刀，在夜晚乘坐被害人的出租轿车，要求被害人在高速公路停车，随即在车内持刀对被害人实施抢劫致其受伤。被害人下车呼救，被其他车辆撞倒，经抢救无效死亡，行为人趁机逃离现场。对行为人的行为评价准确的是（　　）。

A. 行为仅构成抢劫罪的基本犯

B. 行为构成抢劫致人死亡

C. 行为构成故意杀人罪

D. 行为同时构成抢劫罪和故意杀人罪

3. 甲驾驶车辆在加油站加完汽油后，为逃避加油费，先假意操作手机付款，后乘加油站工作人员乙不注意，加大油门驶离加油站。乙察觉后，为阻止甲逃离，抓住驾驶室门把手阻拦，被拖行数十米远（未受伤）。下列说法正确的是（　　）。

A. 甲取得财物时并未对乙使用暴力，构成盗窃罪

B. 甲乘乙不备驾车逃避支付加油费，构成抢夺罪

C. 甲假意付款的行为让单位员工陷入错误认识，构成诈骗罪

D. 甲采用暴力、胁迫等方式免除加油费，构成一般的抢劫罪

4. 甲与乙约定，乙以自己的名义开设银行账户供甲使用，该银行账户的密码以及实体银行卡由甲掌握。不日，乙将该银行卡挂失，并重新补办新的银行卡，并通过银行转

账的方式将原银行卡内的资金转入该新银行卡内。甲发现资金被转移后，多次向乙催讨，甲拒绝返还。下列说法正确的是（　　）。

A. 甲是实质存款人，且掌握账户密码，涉案账户由甲实际所有和控制

B. 乙私自转移资金的行为，系秘密将他人持有的财物转为己有，构成盗窃罪

C. 乙将代为保管的存款非法据为己有且拒不退还，构成侵占罪

D. 乙伪造银行卡丢失事实，冒充存款所有人欺骗银行，构成诈骗罪

（二）多选题

1. 行为人翻墙入室进行盗窃，窃取现金300元。行为人欲离开时被被害人发现，为抗拒抓捕在户内将被害人打伤造成其受到轻伤，行为人随即逃离。以下对其行为的评价准确的是（　　）。

A. 仅构成盗窃罪　　　　　　　　B. 构成抢劫罪

C. 属于转化型抢劫　　　　　　　D. 属于入户抢劫

2. 行为人多次冒充帮助民警办案的工作人员，以发生案件需要辨认犯罪嫌疑人、需向被害人借手机拍照等为由，借得被害人手机等财物，在让被害人原地等候时逃离。以下对其行为的评价准确的是（　　）。

A. 构成盗窃罪　　　　　　　　　B. 构成招摇撞骗罪

C. 构成诈骗罪　　　　　　　　　D. 被害人有处分意思

3. 甲至A景区游玩后，认为该景区宣传与实际差距过大，后以要在网络论坛上发帖曝光为由，要求该景区负责人赔偿其门票以及来回的路费。次年，甲至B景区游玩后，再次以同样的理由，向该景区负责人索要20万元。事后查明，两个景区的景点与宣传存在较大出入。针对甲前后两次行为，下列说法正确的是（　　）。

A. 景区存在违规经营的情形，甲具有维权的正当权利基础

B. 甲的前一次行为属于要挟，但属于正当行使权利，不构成敲诈勒索罪

C. 景区存在违法行为，甲的维权手段行为合法，甲的第二次行为也不构成犯罪

D. 即便景区存在违法行为，也不允许甲滥用维权手段而要挟，甲的两次行为均构成敲诈勒索罪

4. 甲被乙引诱至某KTV接受性服务，在结清相关费用后，又被乙带入另一处私密包厢，乙持虚开的酒水、零食等消费清单向甲索取20 000元。甲拒绝支付欲离开，乙等人便通过言语威胁、拦堵、捂嘴等行为，迫使甲支付20 000元。关于本案，下列说法正确的是（　　）。

A. 乙强迫甲购买酒水、零食等商品，构成强迫交易罪

B. 尽管乙采用诱骗等方式将甲带至KTV消费，但无论是前一环节的诱骗甲到目的地，还是后一环节的虚开消费清单，都没有让甲产生错误认识而交付财物，不构成诈骗罪

C. 乙索取财物并采用较重的暴力手段，而是利用甲嫖娼的把柄，构成敲诈勒索罪

D. 乙采用轻微暴力、言语威胁以及拦堵等方式足以让甲在客观上无法反抗，构成抢劫罪

二、案例分析题

1. 纪某在14岁之前盗窃各类财物总计7 000余元。14岁生日那天，纪某看到一人手拿一个提包，即掏出随身携带的弹簧刀将持包人刺伤把包抢走，包内有手提电话一部、现金5 000余元。第二天纪某出门，见路边停着一辆车，即设法打开车门，将车开走。行驶途中，纪某将3人撞倒，造成2死1伤。随后，纪某开车逃走。当日下午，纪某将汽车以2万元的价格卖出，后被抓获。

请对纪某的上述行为从刑法角度进行分析并说明理由。（考研）

2. 甲在担任某公司售楼部销售经理期间，明知公司尚未决定对外销售某项目商铺，而对到项目部咨询的乙、丙等人谎称商铺即将对外销售的事实，并要求乙、丙等人将购买商铺的款项汇入其个人银行账户。为获取乙、丙等人的信任，甲还利用其保管的购房合同、房屋销售专用章、总经理印章与乙、丙等人签订房屋买卖合同，共计获得1 000万元。

请分析甲的行为构成什么罪名。

三、论述题

1. 简述敲诈勒索罪与抢劫罪暴力手段的差异。
2. 简述职务侵占罪与侵占罪、盗窃罪、诈骗罪的界分。

参考答案及解析

一、选择题

（一）单选题

1. 参考答案： A

解析： 诈骗罪的受骗人与被害人可以是不同主体，"三角诈骗"的行为符合诈骗罪的构成要件。此外，刑法规定诈骗罪的目的是保护公私财产，"三角诈骗"在侵犯公私财产权益方面与普通诈骗不存在任何区别，"单方欺诈型"虚假诉讼行为也属于"三角诈骗"。

2. 参考答案： B

解析： 行为人选择在夜晚的高速公路持刀抢劫，并且已经刀刺伤被害人，行为人应当预见被害人会下车呼救而被高速公路上高速行驶的来往车辆撞死。同时，行为人的抢劫行为与被害人逃离行为之间具有因果关系。行为人的暴力威胁还在继续，被害人尽快脱离并无过错。过往车辆司机也无法预料会突然有人闯入高速快车道，过往车辆司机的行为与被害人的死亡无因果关系。

3. 参考答案： B

解析： 甲乘乙不注意而发动车辆迅速逃离现场时，其已经取得财物，后续对乙的拖行行为是为了避免乙的进一步阻碍而非为了获取财物。因此，仅就前一取得财物的阶段而言，甲并未对乙实施任何暴力和胁迫，不构成抢劫罪。甲加油门逃离现场的行为，能够被乙及时发现，甲取得财物的行为不具有秘密性，应属于公然夺取财物的抢夺罪。甲的假意支付动作不是诈骗行为，乙也没有因该动作陷入认识错误而免除甲的加油费，因此，甲也不构成诈骗罪。就后一阶段而言，甲拖行乙的行为属于为抗拒抓捕而当场使用暴力的行为，最终对甲按转化型抢劫罪定罪处罚。

4. 参考答案：C

解析： 货币作为种类物，按照占有即所有原则，存款人将货币存入银行后，存款人对银行享有提取存款和利息的债权。尽管乙是名义上的存款人，但基于合同相对性原则，乙作为银行账户户主，依然享有对银行的债权。此外，乙能随时通过挂失账户、更改账户密码等方式控制账户，从而进一步占有和控制账户拥有的债权，A 选项错误。同时，银行在办理业务时，只需进行简单的人证一致的形式审查而非实质审查。面对乙持自己的身份证进行挂失、更改密码等行为，银行在完成形式审查后也并未因此受到欺骗，D 选项错误。尽管甲暂时拥有银行卡与密码，但在银行、甲、乙三者之间，甲只能以代理的名义与银行进行交易。而在甲与乙之间，甲是将存款（债权）交付给乙代为保管，乙构成侵占罪。

（二）多选题

1. 参考答案：BC

解析： 虽然转化型抢劫与抢劫罪在获取财物与实施暴力上的顺序不同，但两者均以抢劫罪定罪处罚，即两行为的否定性评价一致。因此，抢劫罪的构成要件中没有数额方面的要求，对转化型抢劫也不应该有类似要求，即不应对转化前的盗窃、诈骗和抢夺行为提出数额方面的限定。而且认定"入户抢劫"，要求只有在户内实施暴力或者以暴力相威胁，才能体现出"入户"的非法性。对于入户实施盗窃、诈骗、抢夺，为窝藏赃物、抗拒抓捕或者毁灭罪证的，也必须是在户内使用暴力或者以暴力相威胁，才能认定"入户抢劫"。

2. 参考答案：CD

解析： 以借用为名非法占有他人财物行为的定性，应当从行为人采取的主要手段和被害人有无处分财物等方面进行判断。行为人采取欺骗手段使被害人交付财物，在被害人同意行为人携带财物离开现场后，行为人非法占有所涉财物的，依法以诈骗罪论处。本案系因被害人错误认识、处分财物，进而导致财产损失，故行为人应当构成诈骗罪。

3. 参考答案：AB

解析： 区分正当维权与实施敲诈勒索罪的关键在于，判断行为人是否有正当的权利基础，以及行为人是否在正当的范围内合理行使原有的权利。在景区存在虚假宣传的情况下，甲索取财物具有法律上的依据。但是，即便行为人具有维权的基础，行为人只有在正当的范围行使，才不会被评价为不法。具体而言，尽管行为人第一次主张的赔偿金额不一定得到全部实现，但索取的财物尚在合理范畴。行为人第二次索要的金额属于天价赔偿，已超出权利的范围，在具有非法占有目的的情况下，应构成敲诈勒索罪。

4. 参考答案：BD

解析： 强迫交易罪的犯罪客体是正常的市场商品交易秩序，与敲诈勒索罪的区别在于，前者依旧取得的是合理的商品对价，而后者具有非法占有目的。本案中，后一环节酒水的消费属于行为人为了非法占有他人财物而虚构的事实，不具有正常经营的性质，乙不构成强迫交易罪。同时，甲虽然是在被引诱至KTV后损失财物，但是对于嫖娼服务以及行为人非法占有财物的行为具有清楚认知，甲并没有陷入错误认识，乙不构成诈骗罪。此外，在敲诈勒索罪与抢劫罪的界分上，尽管甲当时并没有遭受严重的身体侵害，但是综合案发现场来看，甲受困于封闭环境且遭多人围堵，一旦甲有所不从就有可能继续受到殴打或者被限制人身自由。因此，可以认定行为人采用当场胁迫的方式，当场取得财物，乙构成抢劫罪。

二、案例分析题

1. 参考答案：

（1）纪某14岁之前盗窃7 000余元财物不构成犯罪，因为纪某未满16周岁，没有达到刑事责任年龄。

（2）纪某14岁生日那天的行为是抢劫行为。但刑法规定的刑事责任年龄是按实足年龄计算，只有过了14、16周岁生日，从第二天起，才认为已满14、16周岁，因此纪某实施抢劫行为时未满14周岁，不负刑事责任。

（3）纪某偷开汽车并造成重大交通事故的行为是交通肇事行为，但纪某未满16周岁，根据法律规定，不负刑事责任。

（4）纪某偷开汽车并出卖的行为是盗窃行为，因其未满16周岁，根据法律规定，纪某不负刑事责任。

（5）因不满16周岁不负刑事处罚的，责令他的家长或者监护人加以管教，在必要的时候，也可以由政府收容教养。

2. 参考答案：

甲构成诈骗罪而非职务侵占罪。

第一，甲采取欺骗方法骗取他人财物。本案中，甲虚构房屋出售事实，同时利用自己的职务身份以及所保管的房屋销售专用章、总经理印章等虚构交易外观，让被害人误以为自己存在真实的房屋关系以及交易的对方是某公司，最终房屋认购款被甲所占有。

第二，甲不构成职务侵占罪。诈骗罪与职务侵占罪区分的关键在于行为人是否利用职务便利且是否侵占了本单位的财物。具体到本案而言，甲所利用的销售经理身份，以及自己接触合同、印章的便利只是为了获取被害人乙、丙的信任，而非让单位内部人员基于错误认识将单位财物转移至甲占有。简言之，在本案中，即便甲利用了职务便利，但其侵害的对象不是单位财产而是乙、丙等的个人财产。如若本案是乙、丙先将购房款项汇至单位的账户，甲再将上述金额转移至自己名下，则甲可成立职务侵占罪。

三、论述题

1. 参考答案：

敲诈勒索罪、抢劫罪的手段行为都可以包括暴力行为，二者的暴力主要存在以下区别：（1）暴力的目的不同。抢劫罪中的暴力是使被害人彻底丧失处分财物的自由意志，从而行为人取得财物；敲诈勒索罪中的暴力只是为被害人施加心理压力，让被害人在恐惧中交付财物。（2）暴力的对象不同。抢劫罪的暴力对象直接针对被害人人身，限于生命健康；而敲诈勒索罪的暴力对象可以是被害人，也可以是被害人的家人朋友。此外，敲诈勒索罪的暴力对象不限于被害人的生命健康，也可以针对被害人拥有的财物等，并以此给被害人造成心理恐惧。（3）暴力的程度不同。抢劫罪的暴力是使被害人不能或者不敢反抗，因而一般而言，暴力程度明显较重；而敲诈勒索罪中的暴力只是让被害人产生心理恐惧，暴力程度明显偏轻。不过，并非所有抢劫罪中的暴力行为程度均会大于敲诈勒索罪中的暴力行为。行为人完全可以采用较轻的暴力行为并配合其他手段，压制被害人反抗。故而，在区分两罪时，仍需综合考虑行为人所采取的全部手段以及被害人所处的案发环境，判断行为是否足以压制被害人反抗。

2. 参考答案：

职务侵占罪与侵占罪、盗窃罪、诈骗罪的界分，应从形式与实质展开。其一，在形式上而言，其与盗窃罪、诈骗罪、侵占罪存在以下区别：（1）职务侵占罪的对象只能是公司、企业或其他单位的财物，盗窃罪、诈骗罪、侵占罪的对象可以是任何公私财物。（2）职务侵占罪的主体是特殊主体，只有公司、企业或其他单位内的人员才有可能成立本罪，而盗窃罪、诈骗罪、侵占罪的主体是一般主体。（3）职务侵占罪的行为方式可以是侵吞、窃取、骗取多种，而盗窃罪、诈骗罪、侵占罪只能分别对应窃取、骗取、侵吞。其二，就实质而言，需重点关注利用职务便利的认定：（1）就概念而言，利用职务便利是行为人利用职权或者因执行职务而产生的主管、经手、管理单位财物的便利条件。（2）在对利用职务便利的具体理解上，利用职务便利不限于利用"权限"与"管理"属性。职务包括工作职责、工作任务甚至劳务，既包括经常性的工作，也包括行为人受所在单位临时委派或授权所从事某项事务。既然职务能够有助于行为人更加便利地实现犯罪，就要求行为人对公共财物流向或者公共事务结果具有支配或者决策的可能。其既可以表现为管理财物，也可以表现为领取、使用单位财物等各种经手情形，还包括决策等间接支配。

第二十二章 妨害社会管理秩序罪

第一部分 本章知识点速览

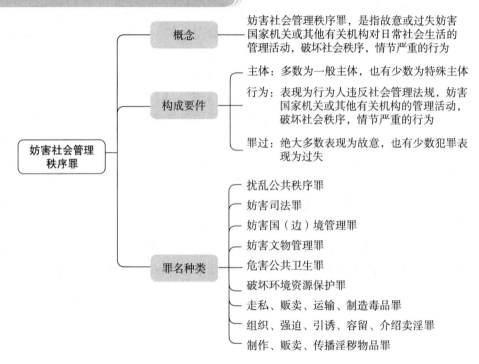

概念　妨害社会管理秩序罪，是指故意或过失妨害国家机关或其他有关机构对日常社会生活的管理活动，破坏社会秩序，情节严重的行为

主体：多数为一般主体，也有少数为特殊主体

构成要件 行为：表现为行为人违反社会管理法规，妨害国家机关或其他有关机构的管理活动，破坏社会秩序，情节严重的行为

罪过：绝大多数表现为故意，也有少数犯罪表现为过失

妨害社会管理秩序罪

扰乱公共秩序罪

妨害司法罪

妨害国（边）境管理罪

妨害文物管理罪

罪名种类 危害公共卫生罪

破坏环境资源保护罪

走私、贩卖、运输、制造毒品罪

组织、强迫、引诱、容留、介绍卖淫罪

制作、贩卖、传播淫秽物品罪

第二部分 本章核心知识要点解析

第一节 妨害社会管理秩序罪概述

一、妨害社会管理秩序罪的概念

（一）难度与热度

难度：☆☆　热度：☆☆

（二）基本概念分析

妨害社会管理秩序罪，是指故意或过失妨害国家机关或其他有关机构对日常社会生

活的管理活动，破坏社会秩序，情节严重的行为。

二、妨害社会管理秩序罪的构成要件

（一）难度与热度

难度：☆☆☆☆　热度：☆☆☆☆

（二）基本概念分析

（1）本类罪侵害的法益是社会管理秩序。所谓社会管理秩序可以从广义和狭义两个层次进行理解。广义的社会管理秩序，是国家对社会各个方面管理所形成的秩序，包括国家安全秩序、政治秩序、市场经济秩序、文化秩序、社会生活秩序，等等。狭义的社会管理秩序，是国家对日常社会生活进行管理所形成的有序状态。由于刑法分则其他章节已经对政治秩序、经济秩序等作出规定，因此本章的社会管理秩序仅指狭义层面的社会管理秩序。需要注意的是，在具体罪名的司法适用中，需要将社会管理秩序具体化。

（2）本类罪的实行行为表现为行为人违反社会管理法规，妨害国家机关或其他有关机构的管理活动，破坏社会秩序，情节严重的行为。国家机关或其他有关机构对社会的管理活动都是以国家颁布的各项社会管理法规为依据，并由各有关机关或机构实施的。因此，妨害社会管理秩序的犯罪行为，首先，违反了前置法即国家的各项社会管理法规。应注意的是，在本类罪所违反的社会管理法规中，有一部分是由道德规范上升为法律规范的，是基于社会公序良俗的规定，还有一部分是为了维护特定管理秩序而人为创设的。因此，这一类罪中既有传统型的自然犯，如盗窃、侮辱、故意毁坏尸体、尸骨、骨灰罪，又有现代型的法定犯如非法集会、游行、示威罪。其次，这一类罪的核心在于妨害了国家机关或其他机构对日常社会生活的管理活动。管理活动的多样性，导致这一类罪的犯罪行为的具体内容和表现形式多种多样。最后，情节严重是这一类罪的必备要件，是划分妨害社会管理秩序行为人的一般违法行为和犯罪行为的重要标准。情节是否严重，则应根据行为的手段、后果，结合各个具体犯罪加以确定，例如高空抛物罪。

（3）本类罪的犯罪主体多数为一般主体，也有少数为特殊主体。例如，医疗事故罪的主体只能是医务人员。需要注意的是，虽然该类罪名的一般主体多是已满16周岁、具有刑事责任能力的自然人，但对贩卖毒品罪而言，根据《刑法》第17条第2款的规定，已满14周岁未满16周岁也可成立该罪。此外，本章多数犯罪的主体只限于自然人，也有少数犯罪主体既可以由自然人构成也可以由单位构成，还有个别罪的主体只能是单位，如采集、供应血液、制作、供应血液制品事故罪。

（4）本类罪的主观构成要件要素绝大多数表现为故意，也有少数犯罪表现为过失。在故意犯罪中，有的还要求具有特定的犯罪目的，如赌博罪、倒卖文物罪。

三、妨害社会管理秩序罪的种类

（一）难度与热度

难度：☆☆　热度：☆☆

（二）基本概念分析

妨害社会管理秩序的犯罪，由刑法分则第六章规定，共计108个条文，包括146个罪名，是刑法分则十章犯罪中罪名最多的一章，具体可分为如下九类：（1）扰乱公共秩序罪，如妨害公务罪、袭警罪、煽动暴力抗拒法律实施罪等；（2）妨害司法罪，如伪证罪，辩护人、诉讼代理人毁灭证据、伪造证据、妨害作证罪，妨害作证罪等；（3）妨害国（边）境管理罪，如组织他人偷越国（边）境罪，骗取出境证件罪，提供伪造、变造的出入境证件罪等；（4）妨害文物管理罪，如故意损毁文物罪、故意损毁名胜古迹罪、过失损毁文物罪等；（5）危害公共卫生罪，如妨害传染病防治罪，传染病菌种、毒种扩散罪、妨害国境卫生检疫罪等；（6）破坏环境资源保护罪，如污染环境罪、非法处置进口的固体废物罪、擅自进口固体废物罪等；（7）走私、贩卖、运输、制造毒品罪，如走私、贩卖、运输、制造毒品罪，非法持有毒品罪，包庇毒品犯罪分子罪等；（8）组织、强迫、引诱、容留、介绍卖淫罪，如组织卖淫罪、强迫卖淫罪、协助组织卖淫罪等；（9）制作、贩卖、传播淫秽物品罪，如制作、复制、出版、贩卖、传播淫秽物品牟利罪，为他人提供书号出版淫秽书刊罪，传播淫秽物品罪等。

第二节　扰乱公共秩序罪

一、妨害公务罪

（一）难度与热度

难度：☆☆☆☆　热度：☆☆☆☆

（二）基本概念分析

妨害公务罪，是指以暴力、威胁方法阻碍国家机关工作人员、人大代表依法执行职务，或在自然灾害和突发事件中，以暴力、威胁方法阻碍红十字会工作人员依法履行职责，以及故意阻碍国家安全机关、公安机关依法执行国家安全工作任务，虽未使用暴力、威胁方法，但造成严重后果的行为。本罪的保护法益是依法执行的公务。"公务"的范围包括国家机关工作人员与人大代表依法执行职务的活动，红十字会工作人员依法履行职责的活动，以及国家安全机关和公安机关工作人员依法执行国家安全工作任务的活动。

本罪的主体是一般主体。

本罪的客观方面表现为行为人以暴力、威胁的方法阻碍国家机关工作人员、人大代表依法执行职务，或者在自然灾害和突发事件中以暴力、威胁方法阻碍红十字会工作人员依法履行职责，或者虽未使用暴力、威胁的方法，但故意阻碍国家安全机关与公安机关工作人员依法执行国家安全工作任务，且造成了严重后果的行为。

首先，行为对象必须是依法执行职务或职责的国家机关工作人员、人大代表，以及红十字会工作人员。这里的"依法"要求上述公务行为具有合法性，即公务行为的主体合法，公务行为属于主体的权限范围，以及公务行为符合法律规定的重要条件、程序和方式。

其次，本罪只能发生在前述人员依法履行职务或职责的时间范围之内。对于红十字会工作人员，还要求存在自然灾害和突发事件。当然，按照立法精神，执行职务行为的准备过程以及与执行职务密切联系的待机状态应当认定为执行职务的过程中。

最后，从行为方式来看，本罪针对不同对象设置了不同的行为方式。对于妨碍国家机关工作人员、人大代表、红十字会工作人员依法执行职务或履行职责，必须使用暴力、威胁的方法。所谓暴力，是指对上述人员实施殴打、捆绑或者其他人身强制行为，致使其不能正常履行职务或者职责。所谓威胁，是指行为人以杀害、伤害、毁坏财产、破坏名誉等相恐吓，对上述人员进行精神强制，以迫使其放弃或者不正确履行职务或职责。对于故意阻碍国家安全机关、公安机关依法执行国家安全工作任务，则不以行为人使用暴力或威胁方法为必要，但要求行为人的行为造成了严重的后果。

本罪的主观方面是故意。也即行为人明知他人在合法执行公务，而故意实施暴力、威胁加以妨害。犯罪动机如何，并不影响本罪成立。

根据《刑法》第 277 条第 1 款的规定，犯本罪的，处 3 年以下有期徒刑、拘役、管制或者罚金。

（三）学说理论探讨

对于国家机关工作人员等的亲友能否成为本罪的犯罪对象的问题，理论上存在两种观点。

肯定说认为，由于国家机关工作人员等与其亲友休戚相关、密切联系，为阻碍国家机关工作人员等执行公务而对其亲友实施暴力、威胁的，应当认定为本罪。

否定说认为，由于国家机关工作人员等与其亲友在人身、行为上均相互独立，且此类行为可以通过其他罪名予以规制，对亲友的侵害虽能够影响与之相关的国家机关工作人员等的情绪和行为，但不宜以妨害公务罪论处。

基于本罪的立法现状及精神，本书持否定说的立场。

（四）疑难问题解析

（1）既遂标准问题。只要客观上实施了暴力、威胁的行为，就可以构成本罪既遂。是否造成公务行为的放弃或不能实施，不影响既遂的构成。但对于故意阻碍国家安全机关、公安机关依法执行国家安全工作任务的情形，则以"造成严重后果"为构成要件，因此该情形下不存在未遂的问题。

（2）本罪与非罪的界限。对于人民群众同国家机关工作人员等的违法乱纪行为作斗争的行为，由于前者行为存在《宪法》上的正当性，后者的行为缺乏合法性要件，因此不构成本罪。对于人民群众因其合理要求未得到解决而对某些国家机关工作人员等进行顶撞或产生轻微冲突的行为，由于行为违法性未达到刑法责罚的程度，其未导致公务无法执行的后果，因此正确疏导即可，不宜认定为本罪。

（3）本罪与彼罪的界限。《刑法》第 242 条第 2 款规定了聚众阻碍解救被收买的妇女、儿童罪，也即针对聚众阻碍国家机关工作人员解救被收买的妇女、儿童的首要分子予以定罪处罚。二者的区别在于：1）公务的范围不同，后者公务范围是特定的，即国家机关工作人员解救被收买的妇女、儿童的行为，而本罪的公务范围较之更为广泛；2）行为方式不同，后者要求通过聚众的方式阻碍公务执行，本罪无此要求；3）主体不同，后者只处罚首要分子，对于其他参与者，仍可能按照本罪定罪处罚。

（4）罪数问题。本罪的暴力行为如果触犯了其他罪名，如暴力行为触犯故意伤害罪、故意杀人罪等，原则上应当按照想象竞合犯择一重罪论处。如果将本罪作为其他犯罪的手段，则应当按照牵连犯从一重罪处罚，但刑法有特别规定的，按照其规定处理。例如《刑法》第 157 条第 2 款规定，以暴力、威胁方法抗拒缉私的，以走私罪和本罪实行数罪并罚。

二、袭警罪

（一）难度与热度
难度：☆☆☆　热度：☆☆☆

（二）基本概念分析

袭警罪，是《刑法修正案（十一）》增设的罪名，指暴力袭击正在依法执行职务的人民警察的行为。本罪的保护客体是人民警察依法执行的公务与其人身权利。

本罪的主体是一般主体。

本罪的客观方面表现为行为人实施了暴力袭击正在依法执行职务的人民警察的行为。所谓暴力袭击，即使用有形力对警察实施人身侵害，具有多种表现形式，通常表现为拳打脚踢。暴力程度不要求压制警察反抗，也不要求造成轻伤以上的后果，但应当局限为"硬暴力"，即以对警察的人身权利造成损害或威胁为目的的暴力，不包括滋扰、纠缠、哄闹、聚众造势等"软暴力"情形。所谓依法执行职务，其同妨害公务罪相同，具有合法性以及时间要件的限制，即警察的执法活动应当符合《人民警察法》《治安管理处罚法》等法律法规的要求，对非法的执法活动实施暴力，存在成立正当防卫的空间。同时暴力袭击行为应当发生在执法活动过程中。在此需要注意，由于人民警察职责的特殊性，《人民警察法》第 19 条明确了人民警察在非工作时间，遇到其职责范围内的紧急情况，应当履行职责的义务。因此，暴力袭击非工作时间执法的警察的，也成立本罪。此外，本罪的行为对象是依照《人民警察法》的规定取得执法资格的人民警察，包括公安机关、国家安全机关、监狱的人民警察和人民法院、人民检察院的司法警察。

本罪的主观方面是故意，行为人只要认识到其以暴力袭击正在依法执行职务的人民警察，即可成立本罪。

根据《刑法》第 277 条第 5 款的规定，犯本罪的，处 3 年以下有期徒刑、拘役或者管制；使用枪支、管制刀具，或者以驾驶机动车撞击等手段，严重危及其人身安全的，处 3 年以上 7 年以下有期徒刑。

（三）学说理论探讨

关于警察的辅助人员（辅警、临时工等）能否成为本罪的犯罪对象，存在不同观点。

否定说认为，依照《人民警察法》的规定，取得执法资格的人民警察，不包括警察的辅助人员（辅警、临时工等）。因此，在警察的辅助人员单独执行任务时对其进行妨害的，并不构成本罪。但是，在人民警察在场时，即便仅对协助警察执行职务的辅警等实施暴力袭击，也是对人民警察正在依法执行职务的进行妨碍，可以构成本罪。肯定说则认为，警察的辅助人员执行公务，具有公务属性，理应将其视为人民警察，否则会出现对辅助人员的法益差别对待的现象，违背宪法的平等保护原则。考虑到本罪的立法精神，我们持肯定说的立场。

（四）疑难问题解析

（1）本罪与妨害公务罪的界限。两罪是特别罪名与一般罪名的关系。成立本罪一定成立妨害公务罪，不成立本罪也可能成立妨害公务罪。因此，成立本罪要求具备妨害公务罪的构成要件，对于尽管存在暴力行为，但未妨害警察执行公务的，不成立本罪，也不成立妨害公务罪，应当按照相关暴力犯罪论处。例如，因受交警处罚之后心生不满，而对交警实施了暴力行为的，由于公务已经执行完毕，因此不能成立妨害公务罪和袭警罪。

（2）本罪的罪数问题。暴力袭警同时成立其他罪名的，按照想象竞合犯择一重罪论处。

三、冒名顶替罪

（一）难度与热度

难度：☆☆☆　热度：☆☆☆

（二）基本概念分析

冒名顶替罪是《刑法修正案（十一）》增设的罪名，是指盗用、冒用他人身份，顶替他人取得的高等学历教育入学资格、公务员录用资格、就业安置待遇的行为。本罪的保护客体是高等学历教育入学资格、公务员录用资格、就业安置的公正性。

本罪的主体是一般主体。

本罪的客观方面表现为如下几个方面：首先，行为方式表现为盗用和冒用他人身份。盗用指违背他人意愿，未经同意使用他人身份；冒用则指经过被冒用者同意而冒用其名义。由于本罪保护的并非个人法益，而是社会法益，因此冒用行为中虽存在被害人的承诺，但不会影响犯罪的成立。其次，行为对象是他人取得的高等学历教育入学资格、公务员录用资格、就业安置待遇，初中、小学教育入学资格，事业单位的录用资格等均不属于本罪的犯罪对象。最后，对于组织、指使他人实施本罪的，也成立本罪。

本罪的主观方面是故意，即行为人明知他人取得的高等学历教育入学资格、公务员录用资格、就业安置待遇，而冒用、盗用他人身份进行顶替或组织、指使他人顶替。

根据《刑法》第280条之二的规定，犯本罪的，处3年以下有期徒刑、拘役或者管制，并处罚金。组织、指使他人实施前款行为的，依照前款的规定从重处罚。国家工作人员有前两款行为，又构成其他犯罪的，依照数罪并罚的规定处罚。

（三）疑难问题解析

关于罪数问题，行为人伪造他人身份证件并实施本罪的，按照牵连犯从一重罪论处；行为人伪造、变造国家机关公文、证件、印章实施冒名顶替行为的，不数罪并罚，从一重罪论处；盗用、冒用他人身份，顶替他人取得的公务员录用资格、就业安置待遇取得财物的，构成本罪和诈骗罪的想象竞合犯，应从一重罪论处。

四、非法侵入计算机信息系统罪

（一）难度与热度

难度：☆☆☆☆　热度：☆☆☆☆

（二）基本概念分析

非法侵入计算机信息系统罪，是指违反国家规定，侵入国家事务、国防建设、尖端科学技术领域的计算机信息系统的行为。本罪的保护客体是国家事务、国防建设、尖端科学技术领域的计算机信息系统的安全。

本罪的主体是一般主体，单位可以成为本罪主体。

本罪的客观方面表现包括如下几个方面：首先，非法是指违反国家规定，主要包括违反《网络安全法》《计算机信息系统安全保护条例》《计算机信息网络国际联网管理暂行规定》《中国公用计算机互联网国际联网管理办法》等计算机安全保护法规和保守国家秘密的一般性法规。从表现形式上看，非法侵入既包括无访问权限而非法侵入，也包括有访问权限但越权侵入。其次，非法侵入的对象是计算机信息系统，且该系统必须属于国家事务、国防建设、尖端科学技术领域。根据相关司法解释的规定，"计算机信息系统"和"计算机系统"，是指具备自动处理数据功能的系统，包括计算机、网络设备、通信设备、自动化控制设备等。对于是否属于"国家事务、国防建设、尖端科学技术领域的计算机信息系统"难以确定的，应当委托省级以上负责计算机信息系统安全保护管理工作的部门检验。司法机关根据检验结论，并结合案件具体情况认定。

本罪的主观方面是故意，即行为人应当认识到所侵入的计算机信息系统是国家事务、国防建设、尖端科学技术领域的计算机信息系统。

根据《刑法》第 285 条第 1 款的规定，犯本罪的，处 3 年以下有期徒刑或者拘役。单位犯本罪的，对单位判处罚金，并对其直接负责的主管人员和其他直接责任人员，依照第 285 条第 1 款的规定处罚。

（三）疑难问题解析

（1）本罪性质。本罪是行为犯，行为人一旦实施了非法侵入上述计算机信息系统的行为，即成立本罪既遂。

（2）罪数问题。行为人基于其他犯罪目的而非法侵入国家事务、国防建设、尖端科学技术领域的计算机信息系统的，按照牵连犯择一重罪论处。例如，为了窃取国家秘密而非法侵入国防建设领域的计算机信息系统的，成立本罪与非法获取国家秘密罪的牵连犯。

五、非法获取计算机信息系统数据、非法控制计算机信息系统罪

（一）难度与热度

难度：☆☆　热度：☆☆

（二）基本概念分析

非法获取计算机信息系统数据、非法控制计算机信息系统罪，是指违反国家规定，侵入国家事务、国防建设、尖端科学技术领域以外的计算机信息系统或者采用其他技术手段，获取该计算机信息系统中存储、处理或者传输的数据，或者对该计算机信息系统实施非法控制，情节严重的行为。

本罪的主体是一般主体，单位可以成为本罪主体。

本罪的对象是国家事务、国防建设、尖端科学技术领域以外的计算机信息系统。客观方面表现包括两种：其一是非法获取行为，即通过非法侵入或非法侵入以外的技术手

段获取前述计算机信息系统中存储、处理或者传输的数据；其二是非法控制行为，即通过各种技术手段使前述计算机信息系统处于其掌控之中。成立本罪要求情节严重，对此相关司法解释作出了明确规定。

本罪的主观方面是故意。

根据《刑法》第 285 条第 2 款规定，犯本罪的，处 3 年以下有期徒刑或者拘役，并处或者单处罚金；情节特别严重的，处 3 年以上 7 年以下有期徒刑，并处罚金。单位犯本罪的，对单位判处罚金，并对其直接负责的主管人员和其他直接责任人员，依照该款的规定处罚。

六、破坏计算机信息系统罪

（一）难度与热度

难度：☆☆☆☆　热度：☆☆☆☆

（二）基本概念分析

破坏计算机信息系统罪，是指违反国家规定，对计算机信息系统功能进行删除、修改、增加、干扰，造成计算机信息系统不能正常运行，以及违反国家规定，对计算机信息系统中存储、处理或者传输的数据和应用程序进行删除、修改、增加的操作，或者故意制作、传播计算机病毒等破坏性程序，影响计算机系统正常运行，后果严重的行为。

本罪的主体是一般主体，单位可以成为本罪主体。

本罪的客观方面表现具有三种样态。其一是破坏计算机信息系统功能，即对计算机信息系统功能进行删除、修改、增加、干扰，造成计算机信息系统不能正常运行，其行为对象是计算机信息系统功能。其二是破坏计算机信息系统中的数据和应用程序，即全部或部分删除、修改、增加计算机信息系统中存储、处理或者传输的数据和应用程序，其行为对象是计算机信息系统中的数据和应用程序。其三是制作、传播计算机病毒等破坏性程序的行为，所谓计算机病毒等破坏性程序，是指：（1）能够通过网络、存储介质、文件等媒介，将自身的部分、全部或者变种进行复制、传播，并破坏计算机系统功能、数据或者应用程序的；（2）能够在预先设定条件下自动触发，并破坏计算机系统功能、数据或者应用程序的；（3）其他专门设计用于破坏计算机系统功能、数据或者应用程序的程序。上述三种行为均须达到"后果严重"才能成立本罪，其中，行为一和行为二后果严重的标准相同，行为三后果严重的标准与前者不同。

本罪的主观方面是故意。

根据《刑法》第 286 条的规定，犯本罪的，处 5 年以下有期徒刑或者拘役；后果特别严重的，处 5 年以上有期徒刑。单位犯本罪的，对单位判处罚金，并对其直接负责的主管人员和其他直接责任人员，依照该条第 1 款的规定处罚。

（三）疑难问题解析

（1）本罪与非法侵入计算机信息系统罪的界限。1）行为对象不同。本罪的行为对象指所有的计算机信息系统，后者则仅限于国家事务、国防建设、尖端科学技术领域的计算机信息系统。2）行为方式不同。本罪三种表现方式均是破坏行为的具体体现，而后者只评价非法侵入行为。3）犯罪成立标准不同。本罪以后果严重为要件，后者则是行为犯，不要求发生法定结果。此外，在破坏计算机信息系统的过程中可能存在非法侵入计算机信息系统的行为，应当按照想象竞合犯择一重罪论处。

（2）本罪与非法控制计算机信息系统罪的界限。二者均可能存在对计算机信息系统中的数据、应用程序进行修改、删除和增加的行为，区分的关键在于该行为是否破坏了计算机信息系统功能的正常运行，是否导致了计算机信息系统功能的不能运行或不能按照原有的设计功能运行。当然，二者存在竞合的可能，即一个行为可能既破坏了计算机信息系统的功能，又非法控制了计算机信息系统，此时按照想象竞合择一重罪论处。

七、非法利用信息网络罪

（一）难度与热度
难度：☆☆☆☆　热度：☆☆☆☆☆

（二）基本概念分析
非法利用信息网络罪，是指利用信息网络为实施违法犯罪活动设立网站、发布信息等情节严重的行为。本罪是犯罪预备的正犯化，根据最高人民法院、最高人民检察院《关于办理非法利用信息网络、帮助信息网络犯罪活动等刑事案件适用法律若干问题解释》（以下简称《信息网络刑案解释》）第7条，这里的"违法犯罪"包括犯罪行为和属于刑法分则规定的行为类型但尚未构成犯罪的违法行为。本罪的客体是信息网络的安全管理制度。

本罪的主体是一般主体，单位可以构成本罪主体。

本罪的客观方面表现为三种样态。其一是设立用于实施诈骗、传授犯罪方法、制作或者销售违禁物品和管制物品等违法犯罪活动的网站、通讯群组。根据《信息网络刑案解释》第8条，其包括以实施违法犯罪活动为目的而设立或者设立后主要用于实施违法犯罪活动的网站、通讯群组。其二是发布有关制作或者销售毒品、枪支、淫秽物品等违禁物品、管制物品或者其他违法犯罪信息。其三是为实施诈骗等违法犯罪活动发布信息。根据《信息网络刑案解释》第9条，利用信息网络提供信息的链接、截屏、二维码、访问账号密码及其他指引访问服务的，应当认定为前述两种行为中的"发布信息"。此外，成立本罪要求达到情节严重的程度，根据《信息网络刑案解释》第10条，情节严重是指：（1）假冒国家机关、金融机构名义，设立用于实施违法犯罪活动的网站的。（2）设立用于实施违法犯罪活动的网站，数量达到3个以上或者注册账号数累计达到2 000以上的。（3）设立用于实施违法犯罪活动的通讯群组，数量达到5个以上或者群组成员账号数累计达到1 000以上的。（4）发布有关违法犯罪的信息或者为实施违法犯罪活动发布信息，具有下列情形之一的：在网站上发布有关信息100条以上的，向2 000个以上用户账号发送有关信息的，向群组成员数累计达到3 000以上的通讯群组发送有关信息的，利用关注人员账号数累计达到30 000以上的社交网络传播有关信息的。（5）违法所得10 000元以上的。（6）2年内曾因非法利用信息网络、帮助信息网络犯罪活动、危害计算机信息系统安全受过行政处罚，又非法利用信息网络的。（7）其他情节严重的情形。

本罪的主观方面是故意。

根据《刑法》第287条之一的规定，犯本罪的，处3年以下有期徒刑或者拘役，并处或者单处罚金；单位犯前款罪的，对单位判处罚金，并对其直接负责的主管人员和其他直接责任人员，依照第 287 条之一第 1 款的规定处罚。

（三）疑难问题解析

关于竞合问题：犯本罪同时构成其他犯罪的，依照处罚较重的规定定罪处罚。2019 年 9 月 2 日最高人民法院、最高人民检察院《关于办理组织考试作弊等刑事案件适用法律若干问题的解释》第 11 条明确规定：设立用于实施考试作弊的网站、通讯群组或者发布有关考试作弊的信息，情节严重的，以非法利用信息网络罪定罪处罚；同时构成组织考试作弊罪，非法出售、提供试题、答案罪，非法获取国家秘密罪等其他犯罪的，依照处罚较重的规定定罪处罚。2017 年 5 月 8 日最高人民法院、最高人民检察院《关于办理侵犯公民个人信息刑事案件适用法律若干问题的解释》第 8 条指出：设立用于实施非法获取、出售或者提供公民个人信息违法犯罪活动的网站、通讯群组，情节严重的，以非法利用信息网络罪定罪处罚；同时构成侵犯公民个人信息罪的，依照侵犯公民个人信息罪定罪处罚。2016 年 4 月 1 日最高人民法院《关于审理毒品犯罪案件适用法律若干问题的解释》第 14 条明确规定：利用信息网络，设立用于实施传授制造毒品、非法生产制毒物品的方法，贩卖毒品，非法买卖制毒物品或者组织他人吸食、注射毒品等违法犯罪活动的网站、通讯群组，或者发布实施前述违法犯罪活动的信息，情节严重的，以非法利用信息网络罪定罪处罚。同时构成贩卖毒品罪、非法买卖制毒物品罪、传授犯罪方法罪等犯罪的，依照处罚较重的规定定罪处罚。

八、帮助信息网络犯罪活动罪

（一）难度与热度

难度：☆☆☆☆☆　　热度：☆☆☆☆☆

（二）基本概念分析

帮助信息网络犯罪活动罪，是指明知他人利用信息网络实施犯罪，为其犯罪提供帮助，情节严重的行为。本罪的保护客体是信息网络安全的管理制度。

本罪的主体是一般主体，自然人和单位均可成为本罪主体。

本罪的客观方面表现是为他人犯罪提供互联网接入、服务器托管、网络存储、通讯传输等技术支持，或者提供广告推广、支付结算等帮助。此外，构成本罪还要求具备情节严重的罪量要素，根据《信息网络刑案解释》第 12 条，具有下列情形之一的，应当认定为本罪的情节严重：（1）为 3 个以上对象提供帮助的；（2）支付结算金额 20 万元以上的；（3）以投放广告等方式提供资金 5 万元以上的；（4）违法所得 1 万元以上的；（5）2 年内曾因非法利用信息网络、帮助信息网络犯罪活动、危害计算机信息系统安全受过行政处罚，又帮助信息网络犯罪活动的；（6）被帮助对象实施的犯罪造成严重后果的；（7）其他情节严重的情形。实施前款规定的行为，确因客观条件限制无法查证被帮助对象是否达到犯罪的程度，但相关数额总计达到前款第 2 项至第 4 项规定标准 5 倍以上，或者造成特别严重后果的，应当以帮助信息网络犯罪活动罪追究行为人的刑事责任。

本罪的主观方面是故意，即行为人必须明知他人利用信息网络实施犯罪。这里的"明知"包括实际知道与推定知道，但不包括应当知道。根据《信息网络刑案解释》第 11 条，为他人实施犯罪提供技术支持或者帮助，具有下列情形之一的，可以认定行为人明知他人利用信息网络实施犯罪，但是有相反证据的除外：（1）经监管部门告知后仍然实施有关行为的；（2）接到举报后不履行法定管理职责的；（3）交易价格或者方式明显异常的；（4）提供专门用于违法犯罪的程序、工具或者其他技术支持、帮助的；（5）频繁采用隐蔽上网、加密通信、销毁数据等措施或者使用虚假身份，逃避监管或者规避调查的；（6）为他人逃避监管或者规避调查提供技术支持、帮助的；（7）其他足以认定行为人明知的情形。

根据《刑法》第 287 条之二规定，犯本罪的，处 3 年以下有期徒刑或者拘役，并处或者单处罚金。单位犯本罪的，对单位判处罚金，并对其直接负责的主管人员和其他直接责任人员，依照第 287 条之二第 1 款的规定处罚。有第 287 条之二前两款行为，同时构成其他犯罪的，依照处罚较重的规定定罪处罚。

（三）学说理论探讨

（1）本罪是否属于帮助行为的正犯化。对此，理论上存在不同的观点。肯定说认为，由于网络犯罪具备时空跨越性、一对多的属性，传统的帮助犯模式无法适应打击网络犯罪的需要，因此《刑法修正案（九）》增设本罪是将帮助行为正犯化，即拟制的正犯。将本罪认定为拟制的正犯，将导致本罪进而出现教唆犯、帮助犯等共犯，同时本罪将脱离共犯从属性理论（限制从属性说），帮助犯的成立与否不受正犯不法的影响。如此可能导致本罪的适用范围大大拓宽，因而出现了否定说，认为本罪并非帮助行为的正犯化，而是将帮助犯的量刑规则以立法的形式予以独立。该观点认为，帮助犯的成立与否受制于正犯的不法性，帮助行为能否作用到正犯的不法结果，进而产生因果关系影响帮助犯的成立，将本罪理解为帮助行为的正犯化，显然背离了共犯从属性理论。按照该说所依据的限制从属性说，只要正犯实施的符合构成要件的不法行为，无论其是否具有责任能力，是否到案，只要帮助行为作用到正犯行为，均具备本罪的不法，当具有责任故意时，即可成立本罪。对此，《信息网络刑案解释》第 13 条指出：被帮助对象实施的犯罪行为可以确认，但尚未到案、尚未依法裁判或者因未达到刑事责任年龄等原因依法未予追究刑事责任的，不影响帮助信息网络犯罪活动罪的认定。从文义上来看，司法解释似乎倾向于后者。

（2）关于中立帮助行为成立本罪的限缩。由于司法实践中本罪存在扩大适用的问题，理论上通说主张限缩本罪的适用，其中对中立帮助行为入罪的限缩即可见一斑。整体而言，理论上往往从如下几个方面主张作出限缩：其一，对入罪主体进行限缩，即只有狭义的网络服务提供者才能成为本罪的主体；其二，要成立本罪，需要查明该类行为是否违反了相关行业规范，是否属于基于明确的帮助故意提供专门用于犯罪活动的网络技术支持或其他帮助的行为；其三，只有情节严重的中立的帮助行为，才成立犯罪。情节严重是指不法方面的情节，但这并不意味着只要不法方面的情节严重，就一定成立犯罪，因为没有责任的不法既不能成立犯罪，也不能影响量刑，所以，前提是不法方面的情节严重，而且行为人对情节严重的不法具有责任。

九、聚众扰乱社会秩序罪

（一）难度与热度

难度：☆☆☆　热度：☆☆☆

（二）基本概念分析

聚众扰乱社会秩序罪，是指聚众扰乱社会秩序，情节严重，致使工作、生产、营业和教学、科研、医疗无法进行，造成严重损失的行为。本罪的保护客体是社会的管理秩序。

本罪的主体是一般主体，但本罪只处罚首要分子和积极参加者。

本罪的客观方面表现为以下几个方面。首先，行为人实施了聚众扰乱社会秩序的行为。聚众指纠集多人（通常为 3 人以上）于特定的时间、地点，实施共同的行为。扰乱是指干扰国家机关、企事业团体正常的秩序，行为方式可以是暴力扰乱，也可以是非暴力形式的干扰，例如挤占重要出入通道、生产线等。其次，聚众扰乱行为达到了情节严重的程度，导致工作、生产、营业和教学、科研、医疗无法进行，造成严重损失的程度。从此立法文义来看，本罪在适用上应当保持审慎态度，除了具备聚众扰乱行为，还要求达到"情节严重""致使工作、生产、营业和教学、科研、医疗无法进行""造成严重损失"的程度。情节严重通常指聚众扰乱的时间长、规模大、造成的影响恶劣；造成严重损失应当是指由聚众扰乱导致工作、生产、营业和教学、科研、医疗无法进行而产生的结果，例如聚众扰乱导致医院无法正常运行，导致病人死亡或出现延误治疗等严重损害后果。

本罪的主观方面是故意。

根据《刑法》第 290 条第 1 款规定，犯本罪的，对首要分子，处 3 年以上 7 年以下有期徒刑；对其他积极参加的，处 3 年以下有期徒刑、拘役、管制或者剥夺政治权利。

（三）疑难问题解析

（1）罪与非罪的界限。对本罪的适用应当保持审慎态度，尤其是对于因民众合理诉求无法得到及时、有效满足而产生的聚众事件，应当秉持教育、安抚的策略。对于尚未达到情节严重，或者虽达到情节严重，但未产生严重损害后果的聚众扰乱行为，应当认定为一般违法行为，通过前置法予以处置。此外，对于一般的参与人员，应当采用批评、教育、前置法处置的方法，避免不当扩大本罪的适用范围。

（2）本罪与破坏生产经营罪的界限。1）法益不同，本罪侵犯的是国家的社会秩序，后者侵犯的是公司财产权；2）行为表现不同，本罪表现为"聚众"扰乱生产经营秩序，后者表现为毁坏机器设备、生产工具等方法；3）罪过不同，成立本罪不要求特定的目的动机，后者要求行为人出于泄愤、报复或其他个人目的。

十、高空抛物罪

（一）难度与热度

难度：☆☆☆☆　热度：☆☆☆☆

（二）基本概念分析

高空抛物罪，本罪是《刑法修正案（十一）》增设罪名，是指从建筑物或者其他高空抛掷物品，情节严重的行为。本罪的保护客体是公共秩序。

本罪的主体是一般主体。

本罪的客观方面表现为从建筑物或者其他高空抛掷物品。关于高空的认定，《刑法》

第 244 条之一雇用童工从事危重劳动罪中明确了高空作业的概念，国家标准 GB/T 3608—2008《高处作业分级》中明确：凡距坠落高度基准面 2 米以上（含 2 米）有可能坠落的高处进行的作业均属于高空作业。因此，按照体系解释，此处的高空一般理解为 2 米以上的高度。关于所抛物品，立法并未作出限定，因此一般而言，不论物品的大小、轻重、形态等如何，原则上均可成为本罪的所抛物品。然而，并非所有的高空抛物行为均成立本罪，还需具备"情节严重"的条件，即认定高空抛物行为应当是一个综合判断的过程，需要综合高空的高度，所抛物品的轻重、数量，危险程度，高空抛物的区域，抛物的次数等考量，判断其是否达到扰乱公共秩序的程度。

本罪的主观方面是故意，只要行为人明知自己处于相对的高空，故意实施了抛物行为，就可以成立本罪。

根据《刑法》第 291 条之二的规定，犯本罪的，处 1 年以下有期徒刑、拘役或者管制，并处或者单处罚金。有前述行为，同时构成其他犯罪的，依照处罚较重的规定定罪处罚。

（三）学说理论探讨

关于本罪的保护法益，理论上存在不同观点，进而导致本罪成立的标准存在差异。其核心区别在于本罪是否保障公民的人身安全，换言之，成立本罪是否需要达到足以给他人造成人身损害的程度。

肯定说认为，高空抛物罪是具体危险犯，高空抛物行为必须足以危及他人人身安全。不具有造成人身危害可能性的高空抛物行为，则无法成立本罪。否定说则认为，本罪保护的法益是公共秩序，高空抛物行为并不要求达到足以危及他人人身安全的程度，只要能够让人受到惊吓，感觉此处不安全，从而破坏了公共秩序即可成立本罪。由此，对于从高空向楼下烧烤摊泼水的行为，前者认为不足以危及人身安全，因此不能成立本罪，后者则认为扰乱了公共秩序，使人感到不安，应当成立本罪。对此，我们认为，由于本罪规定在妨害社会管理秩序罪一章，若认为成立本罪至少要具有伤害的可能，则无异于变相处罚给身体造成具体甚至抽象危险的行为，与我国司法实践中不处罚轻伤的未遂/轻微伤存在抵牾，因而应当认可后者观点。

（四）疑难问题解析

关于本罪同时构成其他犯罪的理解，成立本罪同时构成其他犯罪的，按照想象竞合犯择一重罪论处。例如：故意从高空扔掷足以危害公共安全的危险物的，应当认定为以危险方法危害公共安全罪；明知所抛之物能够导致他人死亡或受伤，而故意高空抛掷的，若不足以危及公共安全，但造成死亡或伤害结果的，按照故意杀人罪或故意伤害罪论处；能够预见高空下有人的情形，但出于疏忽大意或侥幸心理高空抛物，致人死亡或重伤的，成立过失致人死亡罪或过失致人重伤罪。

十一、聚众斗殴罪

（一）难度与热度
难度：☆☆☆　　热度：☆☆☆

（二）基本概念分析

聚众斗殴罪，是指纠集多人、结伙成帮地进行打斗的行为。本罪的保护客体是社会公共秩序。

本罪的主体是一般主体，但只处罚首要分子和其他积极参加者。

本罪的客观方面表现为聚集多人实施斗殴的行为。关于聚众：（1）一般指 3 人以上，且聚众并不要求具有对合性，不要求各方均为 3 人以上。（2）聚众并不限于双方，包括三方和四方斗殴的场合。（3）一人相约与对方多人斗殴，也可能成立本罪。（4）双方多人相约斗殴，但到达现场后，双方均只有一人相互斗殴的，也可能成立本罪。关于斗殴，并不需要持有武器、工具，赤手空拳仍可成立本罪。但斗殴需要具有对合性，即各方均具有斗殴的故意。由于斗殴的各方均存在伤害对方的不法意图，缺乏正当防卫的正当性和防卫意图，且存在推定的被害人承诺，因此一般而言"斗殴无防卫"。但如果斗殴过程中，一方明显放弃斗殴，另一方仍然继续追赶并实施伤害乃至杀人行为，则存在正当防卫的可能。

本罪的主观方面是故意。

根据《刑法》第 292 条第 1 款规定，犯本罪的，对首要分子和其他积极参加的，处 3 年以下有期徒刑、拘役或者管制；有下列情形之一的，对首要分子和其他积极参加的，处 3 年以上 10 年以下有期徒刑：（1）多次聚众斗殴的；（2）聚众斗殴人数多，规模大，社会影响恶劣的；（3）在公共场所或者交通要道聚众斗殴，造成社会秩序严重混乱的；（4）持械聚众斗殴的。

（三）疑难问题解析

（1）罪与非罪的界分。对于一般的打群架行为，如果没有使用器械，也未造成人身伤亡、财产损失或其他严重后果，未导致社会秩序受到过多影响的，应当认定为情节显著轻微，不作为犯罪处理。

（2）本罪与故意杀人罪、故意伤害罪的界限。如果斗殴致人死亡或者重伤，应当以故意杀人罪、故意伤害罪致人重伤定罪处罚。但此时不能将所有参与斗殴的人均认定为故意杀人罪和故意伤害罪，只能将直接导致死亡、重伤结果的行为人以及聚众斗殴的首要分子认定为上述犯罪。如果不能查清直接行为人是谁，则仅应对首要分子以故意杀人罪、故意伤害罪定罪处罚。

（3）本罪与聚众扰乱社会秩序罪的界限。1）行为表现不同。本罪是聚众斗殴，后者是聚众扰乱社会公共秩序。2）行为对象不同。本罪是互殴双方或群众，后者是不特定的党政机关、企事业单位、团体。3）性质不同。本罪是行为犯，后者是结果犯。

十二、寻衅滋事罪

（一）难度与热度

难度：☆☆☆☆　　热度：☆☆☆☆

（二）基本概念分析

寻衅滋事罪，是指肆意挑衅、无事生非、起哄闹事，进行骚扰破坏，影响社会秩序，情节恶劣的行为。本罪的保护客体是社会公共秩序。

本罪的主体是一般主体。

本罪的客观方面表现具有如下四种情形：（1）随意殴打他人，情节恶劣的。2013 年 7 月 15 日最高人民法院、最高人民检察院《关于办理寻衅滋事刑事案件适用法律若干问题的解释》（法释〔2013〕18 号，以下简称《寻衅滋事刑案解释》）第 2 条明确了随意殴打他人，情节恶劣的情形：1）致 1 人以上轻伤或者 2 人以上轻微伤的；2）引起他人精神失常、自杀等严重后果的；3）多次随意殴打他人的；4）持凶器随意殴打他人的；5）随意殴打精神病人、残疾人、流浪乞讨人员、老年人、孕妇、未成年人，造成恶劣社会影响的；6）在公共场所随意殴打他人，造成公共场所秩序严重混乱的；7）其他情节恶劣的情形。（2）追逐、拦截、辱骂、恐吓他人，情节恶劣的。《寻衅滋事刑案解释》第 3 条将其细化为：1）多次追逐、拦截、辱骂、恐吓他人，造成恶劣社会影响的；2）持凶器追逐、拦截、辱骂、恐吓他人的；3）追逐、拦截、辱骂、恐吓精神病人、残疾人、流浪乞讨人员、老年人、孕妇、未成年人，造成恶劣社会影响的；4）引起他人精神失常、自杀等严重后果的；5）严重影响他人的工作、生活、生产、经营的；6）其他情节恶劣的情形。（3）强拿硬要或者任意损毁、占用公私财物，情节严重的。《寻衅滋事刑案解释》第 4 条将其细化为：1）强拿硬要公私财物价值 1 000 元以上，或者任意损毁、占用公私财物价值 2 000 元以上的；2）多次强拿硬要或者任意损毁、占用公私财物，造成恶劣社会影响的；3）强拿硬要或者任意损毁、占用精神病人、残疾人、流浪乞讨人员、老年人、孕妇、未成年人的财物，造成恶劣社会影响的；4）引起他人精神失常、自杀等严重后果的；5）严重影响他人的工作、生活、生产、经营的；6）其他情节严重的情形。（4）在公共场所起哄闹事，造成公共场所秩序严重混乱的。关于是否"造成公共场所秩序严重混乱"，应当根据公共场所的性质、公共活动的重要程度、公共场所的人数、起哄闹事的时间、公共场所受影响的范围与程度等因素综合判断。

本罪的主观方面是故意，且主观上通常带有寻求刺激、发泄情绪、逞强耍横的动机。

根据《刑法》第 293 条的规定，犯本罪的，处 5 年以下有期徒刑、拘役或者管制；纠集他人多次实施前款行为，严重破坏社会秩序的，处 5 年以上 10 年以下有期徒刑，可以并处罚金。

（三）疑难问题解析

（1）网络寻衅滋事的认定。对于在网络空间中编造、散布虚假信息或起哄闹事的行为，目前司法解释已有明确规定。2013 年 9 月 6 日最高人民法院、最高人民检察院《关于办理利用信息网络实施诽谤等刑事案件适用法律若干问题的解释》（法释〔2013〕21 号）第 5 条明确规定：利用信息网络辱骂、恐吓他人，情节恶劣，破坏社会秩序的，以寻衅滋事罪定罪处罚；编造虚假信息，或者明知是编造的虚假信息，在信息网络上散布，或者组织、指使人员在信息网络上散布，起哄闹事，造成公共秩序严重混乱的，以寻衅滋事罪定罪处罚。

（2）竞合问题。寻衅滋事致人死亡、重伤、侮辱人身、限制他人自由、毁坏他人财物、聚众侵占他人财物的，完全可以同时成立过失致人死亡罪、过失致人重伤罪、侮辱罪、非法拘禁罪、故意毁坏财物罪、聚众哄抢罪等。此时，应当按照想象竞合犯择一重罪论处。

十三、催收非法债务罪

(一) 难度与热度

难度：☆☆☆　热度：☆☆☆

(二) 基本概念分析

催收非法债务罪，是《刑法修正案（十一）》增设的罪名，是指催收高利放贷等产生的非法债务，情节严重的行为。由于本罪条文没有将扰乱社会公共秩序规定为构成要件，也未要求行为发生在公共场所，且本罪的行为只针对特定的个人，因而难以认为本罪的保护法益包括公共秩序，因此，我们认为，本罪的保护客体是公民私生活的安宁。

本罪的主体是一般主体。

本罪的客观方面表现为就高利放贷等产生的非法债务实施了如下催收行为：（1）使用暴力、胁迫方法。此处的暴力、胁迫只要能够使被害人产生恐惧心理即可。（2）限制他人人身自由或者侵入他人住宅。此处的限制人身自由不要求达到非法拘禁罪的限制程度，侵入他人住宅也不要求达到非法侵入住宅罪的程度，否则，应当按照非法拘禁罪和非法侵入住宅罪论处。（3）恐吓、跟踪、骚扰他人。恐吓是指通过威胁性语言或行动吓唬他人，使其产生心理恐惧或者形成心理强制。跟踪是指对他人及其亲友实施跟随、守候、盯梢、监视等行为。骚扰是指通过扰乱他人正常生活、工作、生产、经营秩序的方式，影响并限制他人正常的生产生活。

本罪的行为对象是非法债务，包括高利放贷等产生的具有事实根据的非法债务，主要指超过国家规定的利息部分和赌债，既不包括合法债务（如高利放贷中的本金与合法利息），也不包括不具有任何事实依据的非法债务（如捏造的债务）。催收合法债务的不能成立本罪，如果合法催收债务的手段构成了其他犯罪，则按照相关犯罪论处。对于催收没有任何事实依据的"债务"，则可根据其手段不同成立敲诈勒索罪或抢劫罪。

本罪的主观方面是故意，只要行为人明知自己催收的是非法债务，故意实施了催收行为就可以成立本罪。

根据《刑法》第293条之一规定，犯本罪的，处3年以下有期徒刑、拘役或者管制，并处或者单处罚金。

十四、组织、领导、参加黑社会性质组织罪

(一) 难度与热度

难度：☆☆☆　热度：☆☆☆

(二) 基本概念分析

组织、领导、参加黑社会性质组织罪，是指组织、领导或积极参加黑社会性质组织的行为。本罪的客体是平稳平和的社会秩序。

本罪的主体是一般主体，但本罪的处罚对象主要是黑社会性质组织的组织者、领导者和积极参加者。

本罪的客观方面表现为组织、领导或积极参加黑社会性质的组织。首先，关于黑社会性质的组织，其与黑社会组织有细微的不同。黑社会组织，通常指秘密从事卖淫、盗

窃、敲诈勒索、走私、贩毒等一系列非法活动的犯罪组织。黑社会性质的有组织犯罪与黑社会犯罪不应被等同视之，因为黑社会犯罪的显著特征之一是其具有一个"社会化"的组织，具备了社会的结构、功能、运转管理方式和人数众多的特征。而黑社会性质组织，是具有黑社会犯罪的某些特征，但尚未形成较为严密的黑社会组织结构的一种组织，它是黑社会组织的雏形，在危害性上没有达到黑社会组织的危害程度。《刑法》294条第5款明确了黑社会性质的组织应当同时具备如下特征：（1）形成较稳定的犯罪组织，人数较多，有明确的组织者、领导者，骨干成员基本固定；（2）有组织地通过违法犯罪活动或者其他手段获取经济利益，具有一定的经济实力，以支持该组织的活动；（3）以暴力、威胁或者其他手段，有组织地多次进行违法犯罪活动，为非作恶，欺压、残害群众；（4）通过实施违法犯罪活动，或者利用国家工作人员的包庇或者纵容，称霸一方，在一定区域或者行业内，形成非法控制或者重大影响，严重破坏经济、社会生活秩序。对此，我国学者将其总结为组织特征、经济特征、行为特征和危害性特征。2002年5月13日最高人民检察院《关于认真贯彻执行全国人大常委会〈关于刑法第二百九十四条第一款的解释〉和〈关于刑法第三百八十四条第一款的解释〉的通知》中明确，黑社会性质组织是否有国家工作人员充当"保护伞"，即是否要有国家工作人员参与犯罪或者为犯罪活动提供非法保护，不影响黑社会性质组织的认定。

其次，关于组织、领导行为。2018年1月16日最高人民法院、最高人民检察院、公安部、司法部印发的《关于办理黑恶势力犯罪案件若干问题的指导意见》（法发〔2018〕1号）第4条明确，发起、创建黑社会性质组织，或者对黑社会性质组织进行合并、分立、重组的行为，应当认定为"组织黑社会性质组织"；实际对整个组织的发展、运行、活动进行决策、指挥、协调、管理的行为，应当认定为"领导黑社会性质组织"。黑社会性质组织的组织者、领导者，既包括通过一定形式产生的有明确职务、称谓的组织者、领导者，也包括在黑社会性质组织中被公认的事实上的组织者、领导者。

最后，关于积极参加行为。前述司法解释第5条明确，知道或者应当知道是以实施违法犯罪为基本活动内容的组织，仍加入并接受其领导和管理的行为，应当认定为"参加黑社会性质组织"。没有加入黑社会性质组织的意愿，受雇到黑社会性质组织开办的公司、企业、社团工作，未参与黑社会性质组织违法犯罪活动的，不应认定为"参加黑社会性质组织"。参加黑社会性质组织并具有以下情形之一的，一般应当认定为"积极参加黑社会性质组织"：多次积极参与黑社会性质组织的违法犯罪活动，或者积极参与较严重的黑社会性质组织的犯罪活动且作用突出，以及其他在组织中起重要作用的情形，如具体主管黑社会性质组织的财务、人员管理等事项。

本罪的主观方面是故意，但并不要求行为人明确知道该组织是黑社会性质的组织，只要其认识到该组织具有一定的规模，且以实施违法犯罪活动为主即可。

根据《刑法》第294条第1款规定，犯本罪的，对组织者、领导者处7年以上有期徒刑，并处没收财产；积极参加的，处3年以上7年以下有期徒刑，可以并处罚金或者没收财产；其他参加的，处3年以下有期徒刑、拘役、管制或者剥夺政治权利，可以并处罚金。

此外，根据2000年12月5日最高人民法院《关于审理黑社会性质组织犯罪的案件具体应用法律若干问题的解释》第 3 条，组织、领导、参加黑社会性质的组织又有其他犯罪行为的，根据《刑法》第 294 条第 3 款的规定，依照数罪并罚的规定处罚；对于黑社会性质组织的组织者、领导者，应当按照其所组织、领导的黑社会性质组织所犯的全部罪行处罚；对于黑社会性质组织的参加者，应当按照其所参与的犯罪处罚。对于参加黑社会性质的组织，没有实施其他违法犯罪活动的，或者受蒙蔽、胁迫参加黑社会性质的组织，情节轻微的，可以不作为犯罪处理。

（三）疑难问题解析

关于黑社会性质组织与一般犯罪集团的界分：黑社会性质组织是处于一般犯罪集团与黑社会组织之间的一种过渡形态。黑社会性质组织应同时具备《刑法》第 294 条第 5 款规定的"组织特征"、"经济特征"、"行为特征"和"危害性特征"。由于实践中许多黑社会性质组织并非这"四个特征"都很明显，因而在具体认定时，应根据立法本意，认真审查、分析黑社会性质组织"四个特征"相互间的内在联系，准确评价涉案犯罪组织所造成的社会危害，做到不枉不纵。而一般的犯罪集团，根据《刑法》第 26 条第 2 款，是指 3 人以上共同实施犯罪而组成的较为固定的犯罪组织。二者的区别整体如下：（1）犯罪组织严密程度不同。黑社会性质组织具有一般犯罪集团的组织特征，但其组织规模更大，人数更多，分工更为明确，组织纪律更为严格。（2）对经济实力的要求不同。黑社会性质组织必是有组织地通过违法犯罪活动或者其他手段获取经济利益，具有一定的经济实力。一般犯罪集团的成立则没有经济实力上的要求。（3）犯罪活动的区域性不同。黑社会性质组织称霸一方，在一定区域或者行业内，形成非法控制或者重大影响，严重破坏经济、社会生活秩序，这是一般犯罪集团难以达到的。（4）社会秩序侵害的严重性不同。黑社会性质组织具有强烈的反社会意识，为了壮大势力、逃避打击，它们往往披着某种合法的外衣，通过暴力、威胁、物质利诱等手段拉拢国家工作人员，建立其强大的保护网，这一点是普通刑事犯罪集团所无法比拟的。（5）罪名确定的差异性。组织、领导、参加黑社会性质的组织构成《刑法》第 294 条第 1 款规定的组织、领导、参加黑社会性质组织罪；而组织、领导一般犯罪集团则成立共同犯罪，其具体罪名根据行为人所具体实施的行为内容来确定，作为组织、领导者的行为人，应作为共同犯罪的主犯来处罚。

十五、侵害英雄烈士名誉、荣誉罪

（一）难度与热度

难度：☆☆☆　热度：☆☆☆

（二）基本概念分析

侵害英雄烈士名誉、荣誉罪，是《刑法修正案（十一）》增设的罪名，是指侮辱、诽谤或者以其他方式侵害英雄烈士的名誉、荣誉，损害社会公共利益，情节严重的行为。本罪的保护客体是英雄烈士的名誉、荣誉。

本罪的主体是一般主体。

本罪的客观方面表现包括如下三种样态：（1）侮辱，即对英雄烈士予以轻蔑的价值判断，包括言语侮辱和动作侮辱。（2）诽谤，即捏造并散布足以贬损他人人格的虚构事实，侵害英雄烈士的荣誉、名誉。（3）其他方式，即侮辱、诽谤以外足以贬损英雄、烈士名誉、荣誉的行为，例如损坏烈士陵园、损坏纪念设施等。

行为对象是英雄烈士的名誉、荣誉。英雄烈士的名誉是指英雄烈士的社会评价，英雄烈士的荣誉是指英雄烈士所取得的成就。根据《中华人民共和国英雄烈士保护法》和最高人民法院、最高人民检察院、公安部《关于依法惩治侵害英雄烈士名誉、荣誉违法犯罪的意见》（公通字〔2022〕5号）的规定，英雄烈士是指近代以来，为了争取民族独立和人民解放，实现国家富强和人民幸福，促进世界和平和人类进步而毕生奋斗、英勇献身的英雄烈士。司法适用中，对英雄烈士的认定，应当重点注意把握以下几点：（1）英雄烈士的时代范围主要为"近代以来"，重点是中国共产党、人民军队和中华人民共和国历史上的英雄烈士。英雄烈士既包括个人，也包括群体；既包括有名英雄烈士，也包括无名英雄烈士。（2）对经依法评定为烈士的，应当认定为《刑法》第299条之一规定的"英雄烈士"；已牺牲、去世，尚未评定为烈士，但其事迹和精神为我国社会普遍公认的英雄模范人物或者群体，可以认定为"英雄烈士"。（3）英雄烈士是指已经牺牲、去世的英雄烈士。对侮辱、诽谤或者以其他方式侵害健在的英雄模范人物或者群体名誉、荣誉，构成犯罪的，适用刑法有关侮辱罪、诽谤罪等规定追究刑事责任，符合适用公诉程序条件的，由公安机关依法立案侦查，人民检察院依法提起公诉。但是，被侵害英雄烈士群体中既有已经牺牲的烈士，也有健在的英雄模范人物的，可以统一适用侵害英雄烈士名誉、荣誉罪。

成立本罪须达到情节严重。根据前述司法解释的规定，司法实践中，对侵害英雄烈士名誉、荣誉的行为是否达到"情节严重"，应当结合行为方式、涉及英雄烈士的人数、相关信息的数量、传播方式、传播范围、传播持续时间，相关信息实际被点击、浏览、转发次数，引发的社会影响、危害后果以及行为人前科情况等综合判断。根据案件具体情况，必要时，可以参照适用最高人民法院、最高人民检察院《关于办理利用信息网络实施诽谤等刑事案件适用法律若干问题的解释》（法释〔2013〕21号）第2条的规定：（1）同一诽谤信息实际被点击、浏览次数达到5 000次以上，或者被转发次数达到500次以上的；（2）造成被害人或者其近亲属精神失常、自残、自杀等严重后果的；（3）2年内曾因诽谤受过行政处罚，又诽谤他人的；（4）其他情节严重的情形。

本罪的主观方面是故意。

根据《刑法》第299条之一的规定，犯本罪的，处3年以下有期徒刑、拘役、管制或者剥夺政治权利。

十六、赌博罪

（一）难度与热度

难度：☆☆☆   热度：☆☆☆

（二）基本概念分析

赌博罪，指以营利为目的，聚众赌博或者以赌博为业的行为。本罪的保护客体是国民健全的经济生活方式与秩序。

本罪的主体是一般主体。

客观方面表现为：（1）聚众赌博。根据2005年5月11日最高人民法院、最高人民检察院《关于办理赌博刑事案件具体应用法律若干问题的解释》，以营利为目的，有下列情形之一的，属于聚众赌博：1）组织 3 人以上赌博，抽头渔利数额累计达到 5 000 元以上的；2）组织 3 人以上赌博，赌资数额累计达到 5 万元以上的；3）组织 3 人以上赌博，参赌人数累计达到 20 人以上的；4）组织中华人民共和国公民 10 人以上赴境外赌博，从中收取回扣、介绍费的。（2）以赌博为业，是指以赌博所得作为其生活的主要来源。

本罪的主观方面是故意，且行为人具有营利目的。赌博罪必须以营利为目的，是法定的目的犯。若行为人具有营利目的，无论赌博输赢，不影响该罪成立。若不以营利为目的，进行带有少量财物输赢的娱乐活动，以及提供棋牌室等娱乐场所只收取正常的场所和服务费用的经营行为等，不以赌博论处。

根据《刑法》第 303 条第 1 款，犯本罪的，处 3 年以下有期徒刑、拘役或者管制，并处罚金。

（三）疑难问题解析

（1）共犯问题。明知他人实施赌博犯罪活动，而为其提供资金、计算机网络、通信、费用结算等直接帮助的，以赌博罪的共犯论处。

（2）本罪与其他犯罪的界限。赌博本身带有输赢偶然性的特征，对于以交易形式开展的赌博行为，具备输赢偶然性的实质特征的，可以成立本罪。此外，本罪与诈骗罪应当有所区分。设置骗局引诱他人"赌博"，输赢完全能够由一方操控，名义上属于赌博行为，但本质上是诈骗行为，应当按照诈骗罪论处。然而，1991 年 3 月 12 日最高人民法院研究室《关于设置圈套诱骗他人参赌获取钱财的案件应如何定罪问题的电话答复》（现已失效）指出：对于行为人以营利为目的，设置圈套，诱骗他人参赌的行为，需要追究刑事责任的，应以赌博罪论处。1995 年 11 月 6 日最高人民法院《关于对设置圈套诱骗他人参赌又向索还钱财的受骗者施以暴力或暴力威胁的行为应如何定罪问题的批复》中指出：行为人设置圈套诱骗他人参赌获取钱财，属赌博行为，构成犯罪的，应当以赌博罪定罪处罚。参赌者识破骗局要求退还所输钱财，设赌者又使用暴力或者以暴力相威胁，拒绝退还的，应以赌博罪从重处罚；致参赌者伤害或者死亡的，应以赌博罪和故意伤害罪或者故意杀人罪，依法实行数罪并罚。上述司法解释在理论上存在争议，我们认为，应当限缩该司法解释的适用范围。如果设置圈套诱骗参赌的行为具备偶然性的特征，成立赌博罪，应当按照上述司法解释的规定执行。如果名义上是赌博行为，实质上是一方借助赌博之名实施的诈骗行为，则应当认定为诈骗罪，设赌者使用暴力或者以暴力相威胁拒不返还钱财的，属于转化抢劫。

第三节　妨害司法罪

一、伪证罪

（一）难度与热度

难度：☆☆☆☆　热度：☆☆☆☆

（二）基本概念分析

伪证罪，是指在刑事诉讼中，证人、鉴定人、记录人、翻译人对与案件有重要关系的情节，故意作虚假证明、鉴定、记录、翻译，意图陷害他人或者隐匿罪证的行为。本罪的保护客体是司法机关的正常刑事诉讼活动，具体而言则是证明过程的客观真实性。

本罪的主体是特殊主体，只能是证人、鉴定人、记录人、翻译人。"证人"是指与刑事案件无直接利害关系的、向司法机关提供自己知道的案件情况的诉讼参与人。"鉴定人"是指受司法机关的指派、聘请，对案件中某些专门性的问题进行鉴定，并作出书面结论的、具有专门知识的诉讼参与人。"记录人"是指司法机关在案件的侦查、起诉和审判过程中，为调查、搜查、询问证人、被害人或审讯被告人担任文字记录的人。"翻译人"是在诉讼中受司法机关的指派或聘请担任外国语、民族语言或哑语翻译，以及为案件中的法律文书或证据材料等有关资料作翻译的诉讼参与人。

本罪的客观方面表现为行为人在刑事诉讼中，对与案件有重要关系的情节故意作虚假证明、鉴定、记录、翻译的行为。"在刑事诉讼中"是指刑事案件的侦查、起诉、审判的全过程。"与案件有重要关系的情节"是指在案件的实体或程序方面足以直接影响到定罪量刑的情节。"虚假"一般包括两种情况：一是捏造或者夸大事实以陷人入罪，二是掩盖或者缩小事实以开脱罪责。伪证行为的方式没有限制，如在口头陈述中作虚假陈述，在文字鉴定中作虚假鉴定，不记录或者擅自增添重要事实，删除录音录像中记录的重要事实，在笔译或者口译中作虚假翻译等。伪证行为不限于作为，证人在陈述过程中，对自己记忆中的事项全部或者部分保持沉默，使整体上的陈述成为虚假陈述时，成立不作为的伪证罪。但是，单纯保持沉默而不作任何陈述的行为，不成立伪证罪。

本罪的主观方面是故意，即行为人对于证明、鉴定、记录或翻译的虚假性是明知的。行为人除有故意外，还要求有陷害他人，或者隐匿罪证、包庇罪犯的目的。

根据《刑法》第305条规定，犯本罪的，处3年以下有期徒刑或者拘役；情节严重的，处3年以上7年以下有期徒刑。

（三）学说理论探讨

关于本罪中"虚假"的本质，国外刑法学界存在主观说和客观说之分。主观说认为，虚假是指违反证人记忆。虚假陈述应当以证人的主观记忆为标准，与自己的体验、观察、确信相反的陈述就是虚假陈述。客观说认为，虚假是指违反客观事实，即陈述的内容与客观事实相反的场合，才是虚假陈述。目前，我国刑法学界通说坚持主客观相统一的原则，对主观说和客观说进行折中，认为虚假是指违反行为人的记忆且不符合客观事实的陈述。如果违反证人的记忆但符合客观事实，对于司法活动并无妨碍，不能认定为伪证罪；如果符合证人的记忆但与客观事实不符，则因行为人没有伪证罪的故意，不可能成立伪证罪。

（四）疑难问题解析

（1）本罪与非罪的界限。结合折中说，可以认为本罪的司法认定重点如下：第一，本罪之成立需要故意，且行为人作伪证时应同时具备陷害他人或者隐匿罪证的目的。若行为人并不存在上述故意，而是因为记忆错误而导致证词失实，或者因为业务水平不强、工作粗心大意而导致鉴定、记录、翻译出现差错，就不能认定为犯罪。第二，本罪之行为须发生在刑事诉讼过程中，且行为人作伪证涉及的情节应与案件有重要关系。即使行为人主观上有作伪证的故意，但其行为不是发生在刑事诉讼过程中，或者虽然发生在刑事诉讼过程中，但其所作伪证涉及的并非与案件有重要关系的情节，也不能以犯罪论处。

（2）本罪与诬告陷害罪的界限。由于诬告陷害罪的行为人为了达到陷害他人的目的，常常虚构事实、伪造证据，因此诬告陷害罪就有可能在表现形式上与本罪相同。两罪的显著区别在于：第一，侵犯的法益不同。本罪侵犯的法益是司法机关的正常刑事诉讼活动，并不必然侵犯他人的人身权利；而诬告陷害罪主要侵犯的是他人的人身权利，至于司法机关的正常活动，只是该罪侵犯的次要法益，故而两罪分属于刑法分则的不同章节。第二，犯罪主体不同。本罪的主体是特殊主体，即只能是参加刑事诉讼的证人、鉴定人、记录人或翻译人，而诬告陷害罪的主体则是一般主体。第三，行为所针对的对象不同。本罪行为针对的对象是进入诉讼程序的犯罪嫌疑人，而诬告陷害罪所针对的对象则未必是进入刑事诉讼程序的人。第四，构成要件行为不同。本罪只是在与案件有重要关系的个别情节上作伪证，而诬告陷害罪是捏造整个犯罪事实。第五，犯罪的时间要件不同。本罪只能发生在刑事诉讼过程中，而诬告陷害罪则发生在刑事诉讼活动开始之前。第六，犯罪的责任要素不同。除故意外，本罪在主观上还要求具有陷害他人或隐匿罪证、包庇罪犯的目的，而诬告陷害罪的主观目的仅为陷害他人。

二、窝藏、包庇罪

（一）难度与热度
难度：☆☆☆☆　热度：☆☆☆☆

（二）基本概念分析
窝藏、包庇罪，是指明知是犯罪的人而为其提供隐藏处所、财物，帮助其逃匿或者作假证明包庇的行为。本罪的保护客体是司法机关的正常活动。

本罪的主体是一般主体，客观方面表现为行为人实施了为明知是犯罪的人提供隐藏处所、财物，帮助其逃匿或者作假证明包庇的行为。"犯罪的人"是指因具有犯罪嫌疑而被刑事侦查、追诉的人。"窝藏"是指明知是犯罪的人，为帮助其逃匿，而实施下列行为之一的：第一，为犯罪的人提供房屋或者其他可以用于隐藏的处所的；第二，为犯罪的人提供车辆、船只、航空器等交通工具，或者提供手机等通信工具的；第三，为犯罪的人提供金钱的；第四，其他为犯罪的人提供隐藏处所、财物，帮助其逃匿的情形。"包庇"是指为犯罪的人作假证明以掩盖其犯罪事实。明知是犯罪的人，为帮助其逃避刑事追究，或者帮助其获得从宽处罚，实施下列行为之一的，属于包庇行为：第一，故意顶替犯罪的人欺骗司法机关的；第二，故意向司法机关作虚假陈述或者提供虚假证明，以证明犯罪的人没有实施犯罪行为，或者犯罪的人所实施行为不构成犯罪的；第三，故意向司法机关提供虚假证明，以证明犯罪的人具有法定从轻、减轻、免除处罚情节的；第四，其他作假证明包庇的行为。本罪是选择性罪名，行为本质是帮助犯罪的人逃匿，只要行为人实施了窝藏或包庇犯罪的人的行为之一，便足以成立本罪。

本罪的主观方面是故意。

根据《刑法》第310条规定，犯本罪的，处3年以下有期徒刑或者拘役；情节严重的，处3年以上10年以下有期徒刑。

（三）疑难问题解析

（1）本罪的法律拟制。《刑法》第 362 条规定，旅馆业、饮食服务业、文化娱乐业、出租汽车业等单位的人员，在公安机关查处卖淫、嫖娼活动时，为违法犯罪分子通风报信，情节严重的，依照《刑法》第 310 条的规定定罪处罚。卖淫、嫖娼行为本身不构成犯罪，故而该条规定以窝藏、包庇罪处罚系法律拟制。

（2）本罪与非罪的界限。明知发生犯罪事实或者明知犯罪的人的去向而不主动向公安、司法机关举报的行为，属于单纯的知情不报行为，不成立窝藏、包庇罪。知道犯罪事实，在公安、司法机关调查取证时，单纯不提供证言的，也不构成窝藏、包庇罪，但如果提供虚假证明包庇犯罪的，则成立包庇罪或伪证罪。如果拒不提供间谍犯罪、恐怖主义犯罪、极端主义犯罪证据，则成立拒绝提供间谍犯罪、恐怖主义犯罪、极端主义犯罪证据罪。

（3）本罪与事前通谋的共同犯罪的界限。窝藏、包庇行为是在被窝藏、包庇的人犯罪后实施的，其犯罪故意也是在他人犯罪后产生的，即只有在与犯罪的人没有事前通谋的情况下，实施窝藏、包庇行为的，才成立本罪。如果行为人事前与犯罪的人通谋，待犯罪的人实施犯罪后予以窝藏、包庇的，则成立所实施犯罪的共同犯罪。

（4）本罪与伪证罪的界限。包庇行为涉及作假证明，其与伪证罪在行为样态上具备共性。但是两罪在以下方面存在区别：第一，犯罪主体不同。本罪为一般主体，而伪证罪是特殊主体，即只能是参加刑事诉讼的证人、鉴定人、记录人或翻译人。第二，行为所针对的对象不同。本罪行为针对的对象可以是未决犯或已决犯，而伪证罪行为针对的对象只能是已决犯。第三，犯罪的时间要件不同。本罪的发生时间没有限制，而伪证罪只能发生在刑事诉讼过程中。第四，犯罪的责任要素不同。本罪的主观目的仅包括隐匿罪证、包庇罪犯，伪证罪在主观上除了具有隐匿罪证、包庇罪犯的目的，还包括陷害他人的目的。

三、掩饰、隐瞒犯罪所得、犯罪所得收益罪

（一）难度与热度

难度：☆☆☆☆　　热度：☆☆☆☆

（二）基本概念分析

掩饰、隐瞒犯罪所得、犯罪所得收益罪，是指明知是犯罪所得及其产生的收益而予以窝藏、转移、收购、代为销售或者以其他方法掩饰、隐瞒的行为。本罪的保护客体是司法机关的正常活动。

本罪的主体是一般主体，行为对象是犯罪所得和犯罪所得收益。这里的"犯罪所得"仅限通过犯罪行为直接获得的、狭义的赃物，犯罪工具并非犯罪所得。"犯罪所得收益"则是指利用犯罪所得、广义的赃物获得的利益。

本罪的客观方面表现为行为人实施了明知是犯罪所得及其产生的收益而予以窝藏、转移、收购、代为销售或者以其他方法掩饰、隐瞒的行为。"窝藏"是指行为人为犯罪分子藏匿犯罪所得及其产生的收益。"转移"是指行为人把犯罪分子犯罪所得及其产生的收益由一地运往另一地。"收购"是指行为人购买犯罪分子犯罪所得及其产生的收益。"代为销售"是指行为人代犯罪分子将犯罪所得及其产生的收益卖出。"以其他方

法掩饰、隐瞒"是指采用窝藏、转移、收购、代为销售以外的方法掩盖犯罪所得及其收益的性质的行为。本罪属选择性罪名，只要行为人实施了上述五种行为之一，就可以构成本罪。

本罪的主观方面是故意。根据 2009 年最高人民法院《关于审理洗钱等刑事案件具体应用法律若干问题的解释》第 1 条的规定，对明知的认定应当结合被告人的认知能力、接触他人犯罪所得及其收益的情况，犯罪所得及其收益的种类、数额，犯罪所得及其收益的转换、转移方式以及被告人的供述等主客观因素进行认定。具有下列情形之一的，可以认定被告人明知系犯罪所得及其收益，但有证据证明确实不知道的除外：（1）知道他人从事犯罪活动，协助转换或者转移财物的；（2）没有正当理由，通过非法途径协助转换或者转移财物的；（3）没有正当理由，以明显低于市场的价格收购财物的；（4）没有正当理由，协助转换或者转移财物，收取明显高于市场的"手续费"的；（5）没有正当理由，协助他人将巨额现金散存于多个银行账户或者在不同银行账户之间频繁划转的；（6）协助近亲属或者其他关系密切的人转换或者转移与其职业或者财产状况明显不符的财物的；（7）其他可以认定行为人明知的情形。

根据《刑法》第 312 条规定，犯本罪的，处 3 年以下有期徒刑、拘役或者管制，并处或者单处罚金；情节严重的，处 3 年以上 7 年以下有期徒刑，并处罚金。

（三）疑难问题解析

（1）本罪与非罪的界限。2021 年修订的最高人民法院《关于审理掩饰、隐瞒犯罪所得、犯罪所得收益刑事案件适用法律若干问题的解释》第 8 条规定，认定掩饰、隐瞒犯罪所得、犯罪所得收益罪，以上游犯罪事实成立为前提。如若因不满足上游犯罪的构成要件而不成立上游犯罪，则不成立本罪。譬如国家工作人员受贿人民币 5 000 元，因不满足受贿的入罪标准而不成立犯罪，所以不能将该 5 000 元认定为犯罪所得，最终不成立本罪。上游犯罪尚未依法裁判，但查证属实的，不影响掩饰、隐瞒犯罪所得、犯罪所得收益罪的认定。上游犯罪事实经查证属实，但因行为人未达到刑事责任年龄等原因依法不予追究刑事责任的，不影响掩饰、隐瞒犯罪所得、犯罪所得收益罪的认定。

（2）本罪与洗钱罪的界限。根据《刑法》第 191 条，洗钱罪只限于掩饰、隐瞒毒品犯罪、黑社会性质的组织犯罪、恐怖活动犯罪、走私犯罪、贪污贿赂犯罪、破坏金融管理秩序犯罪、金融诈骗犯罪的所得及其产生的收益的来源和性质的行为，而本罪包括对一切犯罪所得及其产生的收益的掩饰与隐瞒。并且，洗钱罪包括各种掩饰、隐瞒犯罪所得及其收益的来源和性质的行为，而本罪是对犯罪所得及其产生的收益本身的掩饰与隐瞒。因此，两罪在具有上述构成要件范围层面区别的同时，也具有成立想象竞合犯的情形。

（3）本罪与事前通谋的共同犯罪的界限。本罪的掩饰、隐瞒行为是在上游犯罪发生后实施的，其犯罪故意也是在上游犯罪发生后产生的，即只有在与上游犯罪的行为人没有事前通谋的情况下，实施掩饰、隐瞒行为的，才成立本罪。如果行为人事前与上游犯罪的行为人通谋，待其实施上游犯罪后予以掩饰、隐瞒的，则成立上游犯罪的共同犯罪。

四、脱逃罪

（一）难度与热度
难度：☆☆☆　热度：☆☆☆

（二）基本概念分析
脱逃罪，是指依法被关押的罪犯、被告人、犯罪嫌疑人从被关押的处所脱逃的行为。本罪的保护客体是国家监管机关的监押管理秩序。

本罪的主体是特殊主体，即依法被关押的罪犯、被告人、犯罪嫌疑人。未被关押的罪犯、被告人、犯罪嫌疑人不是本罪的主体。

本罪的客观方面表现为行为人实施了从被关押的处所脱逃的行为。"脱逃"是指行为人从被关押的处所逃走的行为，逃走的方式、是否秘密逃走不限。"被关押的处所"既可以是监狱、看守所等固定羁押处所，也可以是其他临时被关押的场所或者是被押解的交通工具。

本罪的主观方面是故意，其目的是逃避国家监管机关的监押管理。

根据《刑法》第316条第1款规定，犯本罪的，处5年以下有期徒刑。

（三）学说理论探讨
关于本罪的既遂与未遂的界限，刑法学界有以下几种观点：脱离说认为，应以行为人是否从被关押的处所逃出为准；控制说认为，应以行为人是否逃出了监管人员的控制范围为准；程度说认为，应以脱逃行为是否达到逃离羁押、关押的程度为标准；脱离、控制结合说认为，应以行为人是否摆脱了监管机关和监管人员的实力支配为标准。我国通说认为"被关押的处所"应是固定羁押处所，只要行为人仍处于被关押的处所内，就不可能逃出监管人员的控制范围，故而采用控制说。然而，控制说关于被关押的处所以及控制范围的论据过于绝对，脱离说对既遂的标准过于扩张，程度说所提出的标准则过于模糊。监管应体现在受特定的监管机关和特定监管人员的支配。如果行为人仍处于监管机关内，虽然暂时脱离了监管人员的控制但并未逃离监管机关和监管人员的实力支配，则应认为是未遂。而且逃出监管机关的并不都摆脱了监管机关和监管人员的实力支配。行为人逃脱之后，只要仍处于司法机关的追捕过程中，就应当认定为逃脱未遂。脱离、控制结合说分别从两方面对实力支配进行综合考察，更具有实质的可行性。

第四节　妨害国（边）境管理罪

本节重点罪名介绍组织他人偷越国（边）境罪。

（一）难度与热度
难度：☆☆　热度：☆☆

（二）基本概念分析
组织他人偷越国（边）境罪，是指违反国家出入境管理法规，非法组织他人偷越国

（边）境的行为。本罪的保护客体是国家出入境管理秩序。

本罪的主体是一般主体，客观方面表现为行为人违反国家出入境管理法规，实施了非法组织他人偷越国（边）境的行为。"违反国家出入境管理法规"是指违反《中华人民共和国出境入境管理法》等明确规定我国公民和外国人出入我国国（边）境的条件、程序等内容的管理法规。

本罪的主观方面是故意。

根据《刑法》第 318 条第 1 款规定，犯本罪的，处 2 年以上 7 年以下有期徒刑，并处罚金；有下列情形之一的，处 7 年以上有期徒刑或者无期徒刑，并处罚金或者没收财产：（1）组织他人偷越国（边）境集团的首要分子；（2）多次组织他人偷越国（边）境或者组织他人偷越国（边）境人数众多的；（3）造成被组织人重伤、死亡的；（4）剥夺或者限制被组织人人身自由的；（5）以暴力、威胁方法抗拒检查的；（6）违法所得数额巨大的；（7）有其他特别严重情节的。

第五节　妨害文物管理罪

一、故意损毁文物罪

（一）难度与热度
难度：☆　热度：☆

（二）基本概念分析

故意损毁文物罪，是指故意损毁国家保护的珍贵文物或者被确定为全国重点文物保护单位、省级文物保护单位的文物的行为。本罪的保护客体是国家文物管理秩序。

本罪的主体是一般主体，行为对象是国家保护的珍贵文物或者被确定为全国重点文物保护单位、省级文物保护单位的文物。

本罪的客观方面表现为行为人实施了故意损毁国家保护的珍贵文物或者被确定为全国重点文物保护单位、省级文物保护单位的文物的行为。"损毁"是指损坏、毁坏、破坏文物以及其他使文物的历史艺术、科学、史料、经济价值或纪念意义、教育意义丧失或者减少的行为。

本罪的主观方面是故意。

根据《刑法》第 324 条第 1 款规定，犯本罪的，处 3 年以下有期徒刑或者拘役，并处或者单处罚金；情节严重的，处 3 年以上 10 年以下有期徒刑，并处罚金。

二、过失损毁文物罪

（一）难度与热度
难度：☆　热度：☆

（二）基本概念分析
过失损毁文物罪，是指过失损毁国家保护的珍贵文物或者被确定为全国重点文物保

护单位、省级文物保护单位的文物，造成严重后果的行为。本罪的保护法益是国家文物
管理秩序。

本罪的主体是一般主体，行为对象是国家保护的珍贵文物或者被确定为全国重点文
物保护单位、省级文物保护单位的文物。

本罪的客观方面表现为行为人实施了过失损毁国家保护的珍贵文物或者被确定为全
国重点文物保护单位、省级文物保护单位的文物，造成严重后果的行为。成立本罪，以
造成严重后果为前提。

本罪的罪过只能是过失，否则成立故意损毁文物罪。

根据《刑法》第 324 条第 3 款规定，犯本罪的，处 3 年以下有期徒刑或者拘役。

第六节　危害公共卫生罪

一、妨害传染病防治罪

（一）难度与热度

难度：☆☆☆☆　热度：☆☆☆☆

（二）基本概念分析

妨害传染病防治罪，是指违反传染病防治法的规定，引起甲类传染病以及依法确定
采取甲类传染病预防、控制措施的传染病传播或者有传播严重危险的行为。本罪的保护
客体是国家传染病防治管理秩序。

本罪的主体是一般主体，客观方面表现为行为人违反传染病防治法的规定，实施
了引起甲类传染病以及依法确定采取甲类传染病预防、控制措施的传染病传播或者有
传播严重危险的行为。具体而言则包括：（1）供水单位供应的饮用水不符合国家规定
的卫生标准的；（2）拒绝按照疾病预防控制机构提出的卫生要求，对传染病病原体污
染的污水、污物、场所和物品进行消毒处理的；（3）准许或者纵容传染病病人、病原
携带者和疑似传染病病人从事国务院卫生行政部门规定禁止从事的易使该传染病扩散
的工作的；（4）出售、运输疫区中被传染病病原体污染或者可能被传染病病原体污染
的物品，未进行消毒处理的；（5）拒绝执行县级以上人民政府、疾病预防控制机构依
照传染病防治法提出的预防、控制措施的。依照《中华人民共和国传染病防治法》和
国务院有关规定，"甲类传染病"具体是指鼠疫、霍乱。行为人使用暴力阻碍国家卫生
行政管理机关工作人员进行传染病防治工作的，同时成立本罪与妨害公务罪的想象竞
合犯。

本罪的主观方面是故意。

根据《刑法》第 330 条第 1、2 款规定，犯本罪的，处 3 年以下有期徒刑或者拘役；
后果特别严重的，处 3 年以上 7 年以下有期徒刑。单位犯本罪的，对单位判处罚金，并
对其直接负责的主管人员和其他直接责任人员，依照上述规定处罚。

（三）学说理论探讨

关于本罪的责任要素，通说认为，本罪系过失犯罪，即行为人对"引起甲类传染病

以及依法确定采取甲类传染病预防、控制措施的传染病传播或者有传播严重危险"具有疏忽大意的过失或过于自信的过失，但行为人对于"违反传染病防治法的规定"具有事实上的明知。有观点认为，本罪具有"违反传染病防治法的规定"的构成要件前提，因此系故意犯罪，至于"引起甲类传染病以及依法确定采取甲类传染病预防、控制措施的传染病传播或者有传播严重危险"则是客观的超过要素，仅需行为人存在认识的可能性即可。上述观点均存在一定问题：其一，《刑法》第 15 条第 2 款规定，"过失犯罪，法律有规定的才负刑事责任"，如果采通说认定过失犯罪，则与该总则规定相悖；其二，将本罪的实害结果或行为危险视为客观的超过要素，等同于将本罪认定为纯粹的行为犯，有违法益保护原则。

（四）疑难问题解析

（1）本罪与以危险方法危害公共安全罪的界限。2020 年最高人民法院、最高人民检察院、公安部、司法部《关于依法惩治妨害新型冠状病毒感染肺炎疫情防控违法犯罪的意见》规定，故意传播新型冠状病毒感染肺炎病原体，具有下列情形之一，危害公共安全的，依照《刑法》第 114 条、第 115 条第 1 款的规定，以以危险方法危害公共安全罪定罪处罚：1）已经确诊的新型冠状病毒感染肺炎病人、病原携带者，拒绝隔离治疗或者隔离期未满擅自脱离隔离治疗，并进入公共场所或者公共交通工具的；2）新型冠状病毒感染肺炎疑似病人拒绝隔离治疗或者隔离期未满擅自脱离隔离治疗，并进入公共场所或者公共交通工具，造成新型冠状病毒传播的。其他拒绝执行卫生防疫机构依照传染病防治法提出的防控措施，引起新型冠状病毒传播或者有传播严重危险的，依照《刑法》第330 条的规定，以妨害传染病防治罪定罪处罚。事实上，上述规定具有危险的时效性，其前提是将新型冠状病毒感染肺炎依法确定为采取甲类传染病预防、控制措施的传染病，作为抽象危险犯，彼时传播新型冠状病毒感染肺炎的严重危险等同于放火、决水、爆炸、投放危险物质等行为的严重危险。

（2）本罪与传染病防治失职罪的界限。两罪在行为样态上相似，但存在显著区别：第一，犯罪主体不同。本罪为一般主体，而传染病防治失职罪是特殊主体，即只能是从事传染病防治的政府卫生行政部门的工作人员。第二，责任要素不同。本罪为故意犯罪，而传染病防治失职罪为过失犯罪。

二、医疗事故罪

（一）难度与热度

难度：☆☆☆　热度：☆☆☆

（二）基本概念分析

医疗事故罪，是指医务人员由于严重不负责任，造成就诊人死亡或者严重损害就诊人身体健康的行为。本罪的保护客体是国家医务工作管理秩序，以及就诊人的生命、健康权利。

本罪的主体是特殊主体，即医务人员。"医务人员"是指经过医药院校教育，或经各级机构培养训练后，经考核合格，并经过卫生行政机关批准，取得行医资格，从事医疗实践工作的各类医务人员。

本罪的客观方面表现为行为人由于严重不负责任，实施了造成就诊人死亡或者严重损害就诊人身体健康的行为。"严重不负责任"是指医务人员在医疗的各个环节中违反医疗规章制度，不履行或者不正确履行医疗护理等职责。其中"医疗规章制度"则是指国家或卫生行政部门、医疗单位制定的有关诊断、处方、用药、麻醉、手术、输血、护理、化验消毒、查房等各个医疗环节的规章制度和技术操作常规。

本罪的主观方面是过失。

根据《刑法》第335条规定，犯本罪的，处3年以下有期徒刑或者拘役。

（三）疑难问题解析

1. 本罪与非罪的界限

（1）本罪与医疗意外事故的界限。"医疗意外事故"是指由于医务人员不能预见或不可抗拒的原因而导致就诊人死亡或严重损害就诊人身体健康的事故。在医疗意外事故的情况下，医务人员主观上没有罪过，因此不成立犯罪。（2）本罪与医疗技术事故的界限。"医疗技术事故"是指医务人员因技术水平不高、缺乏临床经验等技术上的失误所导致的事故。如果行为人应当预见或者已经知道自己的医疗技术水平不能医治严重疾病，但仍然继续医治，贻误患者抢救时机，造成患者伤亡的，应当认定为过失。但是，在紧急情况下，行为人因医疗技术水平低而不能发现患者疾病的原因及其严重性，而进行常规处置，未能救助患者的，则不成立犯罪。另外，行为人因医疗技术水平低而建议患者到其他医院治疗，但患者或其家属执意要求行为人治疗，行为人进行常规处置的，即使造成严重后果，也不应当认定为犯罪。

2. 本罪与过失致人死亡罪、过失致人重伤罪的界限

两罪均系过失犯罪，但存在显著区别：第一，侵犯法益不同。本罪侵犯的法益同时包括国家医务工作管理秩序，以及就诊人的生命、健康权利；而过失致人死亡罪、过失致人重伤罪仅侵犯他人的生命、健康权利，故而两罪分属于刑法分则的不同章节。第二，犯罪主体不同。本罪是特殊主体，即医务人员，而过失致人死亡罪、过失致人重伤罪的主体则是一般主体。

3. 本罪与重大责任事故罪的界限

区别在于：第一，犯罪主体不同。虽然两罪主体均为特殊主体，但是本罪主体是医务人员，重大责任事故罪主体是直接从事生产和领导、指挥生产的人员。第二，犯罪的时间要件不同。本罪行为发生在医务人员的护理诊疗过程中，后者的行为发生于生产作业过程中。

4. 本罪与玩忽职守罪的界限

区别在于：第一，犯罪主体不同。虽然两罪主体均为特殊主体，但是本罪主体是医务人员，玩忽职守罪主体为国家机关工作人员。第二，构成要件行为不同。本罪表现为在诊疗护理工作中违反规章制度或诊疗操作常规，而玩忽职守罪表现为在行政管理中严重不负责任，不履行或不正确履行自己的职责。第三，危害后果不同。本罪的危害后果仅限于就诊人死亡或身体健康严重受损，玩忽职守罪的危害后果既可以是人员伤亡，也可以是财产损失，还可以是恶劣的政治影响。

第七节 破坏环境资源保护罪

本节重点罪名介绍污染环境罪。

（一）难度与热度

难度：☆☆☆ 热度：☆☆☆

（二）基本概念分析

污染环境罪，是指违反国家规定，排放、倾倒或者处置有放射性的废物、含传染病病原体的废物、有毒物质或者其他有害物质，严重污染环境的行为。

本罪在客观方面表现为违反国家规定，排放、倾倒或者处置有放射性的废物、含传染病病原体的废物、有毒物质或者其他有害物质。

本罪的主体既可以是自然人，也可以是单位。明知他人无经营许可证或者超出经营许可范围，向其提供或者委托其收集、贮存、利用、处置危险废物，严重污染环境的，以污染环境罪的共同犯罪论处。

本罪的主观方面是故意。

根据《刑法》第 338 条规定，犯本罪的，处 3 年以下有期徒刑或者拘役，并处或者单处罚金；情节严重的，处 3 年以上 7 年以下有期徒刑，并处罚金；有下列情形之一的，处 7 年以上有期徒刑，并处罚金：（1）在饮用水水源保护区、自然保护地核心保护区等依法确定的重点保护区域排放、倾倒、处置有放射性的废物、含传染病病原体的废物、有毒物质，情节特别严重的；（2）向国家确定的重要江河、湖泊水域排放、倾倒、处置有放射性的废物、含传染病病原体的废物、有毒物质，情节特别严重的；（3）致使大量永久基本农田基本功能丧失或者遭受永久性破坏的；（4）致使多人重伤、患严重疾病，或者致人严重残疾、死亡的。

（三）疑难问题解析

（1）本罪未遂的认定。根据 2019 年 2 月 20 日最高人民法院、最高人民检察院、公安部、司法部、生态环境部《关于办理环境污染刑事案件有关问题座谈会纪要》，我国当前环境执法工作形势比较严峻，一些行为人拒不配合执法检查、接受检查时弄虚作假、故意逃避法律追究的情形时有发生，因此对于行为人已经着手实施非法排放、倾倒、处置有毒有害污染物的行为，由于有关部门查处或者其他意志以外的原因未得逞的情形，可以污染环境罪（未遂）追究刑事责任。

（2）本罪与投放危险物质罪的界限。行为人违反国家规定，排放、倾倒、处置污染物，严重污染环境的行为，原则上应当认定为本罪。但如果行为人污染环境的行为非常恶劣，严重危害到公共安全，也可能同时符合投放危险物质罪的成立条件，此时应择一重罪即以投放危险物质罪论处。

第八节　走私、贩卖、运输、制造毒品罪

一、走私、贩卖、运输、制造毒品罪

（一）难度与热度

难度：☆☆☆　热度：☆☆☆

（二）基本概念分析

走私、贩卖、运输、制造毒品罪，是指违反国家毒品管理法规，走私、贩卖、运输、制造毒品的行为。本罪的保护客体是国家对毒品的管理制度。

本罪在客观方面表现为走私、贩卖、运输、制造毒品。走私毒品，是指违反海关法规，逃避海关监管，非法运输、携带、寄递毒品进出国（边）境或者在内海、领海、界河、界湖运输、收购、贩卖毒品以及直接向走私毒品的犯罪分子购买毒品等行为。贩卖毒品，是指明知是毒品而非法销售或者以贩卖为目的而非法收买的行为。贩卖方式既可能是公开的，也可能是秘密的；既可能是直接交付给对方，也可能是间接交付给对方。贩卖是有偿转让，但行为人交付毒品既可能是获取金钱，也可能是获取其他物质利益。贩卖的毒品既可能是自己制造的，也可能是自己所购买的，还可能是通过其他方法取得的。以卖出为目的而非法收购毒品的行为，也应认定为贩卖毒品。运输毒品，是指明知是毒品而采用携带、寄递、托运、利用他人或者使用交通工具等方法非法运送毒品的行为。运输毒品应限于我国领域内，否则属于走私毒品。制造毒品，通常是指对毒品的原材料进行配制、提炼、加工而制作成毒品的行为，制造毒品不仅包括非法用毒品原植物直接提炼和用化学方法加工、配制毒品的行为，也包括以改变毒品成分和效用为目的，用混合等物理方法加工、配制毒品的行为，如将甲基苯丙胺或者其他苯丙胺类毒品与其他毒品混合成麻古或者摇头丸。为便于隐蔽运输、销售、使用、欺骗购买者，或者为了增重，对毒品掺杂使假，添加或者去除其他非毒品物质，不属于制造毒品的行为。

本罪主体是一般主体，包括自然人和单位。根据《刑法》第17条第2款的规定，已满14周岁不满16周岁具有刑事责任能力的人实施贩卖毒品的行为，以贩卖毒品罪论处，走私、运输、制造毒品罪的主体则必须是已满16周岁具有刑事责任能力的人。

本罪主观方面是故意，即明知是毒品，而故意走私、贩卖、运输和制造。判断被告人对涉案毒品是否明知，不能仅凭被告人供述，而应当依据被告人实施毒品犯罪行为的过程、方式、毒品被查获时的情形等证据，结合被告人的年龄、阅历、智力等情况，进行综合分析判断。

犯本罪的，根据《刑法》第347条的规定，无论数量多少，都应当追究刑事责任，予以刑事处罚。走私、贩卖、运输、制造毒品，有下列情形之一的，处15年有期徒刑、无期徒刑或者死刑，并处没收财产：（1）走私、贩卖、运输、制造鸦片1 000克以上、海洛因或者甲基苯丙胺50克以上或者其他毒品数量大的；（2）走私、贩卖、运输、制造毒品集团的首要分子；（3）武装掩护走私、贩卖、运输、制造毒品的；（4）以暴力抗拒检查、拘留、逮捕，情节严重的；（5）参与有组织的国际贩毒活动的。走私、贩卖、运

输、制造鸦片 200 克以上不满 1 000 克、海洛因或者甲基苯丙胺 10 克以上不满 50 克或者其他毒品数量较大的，处 7 年以上有期徒刑，并处罚金。走私、贩卖、运输、制造鸦片不满 200 克、海洛因或者甲基苯丙胺不满 10 克或者其他少量毒品的，处 3 年以下有期徒刑、拘役或者管制，并处罚金；情节严重的，处 3 年以上 7 年以下有期徒刑，并处罚金。单位犯走私、贩卖、运输、制造毒品罪的，对单位判处罚金，并对其直接负责的主管人员和其他直接责任人员，依照上述规定处罚。利用、教唆未成年人走私、贩卖、运输、制造毒品，或者向未成年人出售毒品的，从重处罚。对多次走私、贩卖、运输、制造毒品，未经处理的，毒品数量累计计算。另外，根据《刑法》第 349 条第 3 款的规定，缉毒人员或者其他国家机关工作人员掩护、包庇走私、贩卖、运输、制造毒品的犯罪分子且事先通谋的，依照本罪从重处罚；根据《刑法》第 356 条的规定，因犯本罪和非法持有毒品罪被判过刑又犯本罪的，从重处罚。

（三）疑难问题解析

（1）本罪既遂与未遂的界限。我国对麻醉药品和精神药品实行管制。同时，为了加强麻醉药品和精神药品的管理，保证麻醉药品和精神药品的合法、安全、合理使用，防止流入非法渠道，国务院制定了《麻醉药品和精神药品管理条例》。该《条例》对麻醉药品和精神药品的实验研究、生产、经营、使用、储存、运输等活动进行了严格的规定。据此，凡是根据医疗、教学、科研等的需要，经政府有关部门按照该《条例》特许从事经营、运输、制造麻醉药品和精神药品的是合法行为，只有未经批准而非法买卖、运输、制造毒品的行为，才能认为是犯罪。

（2）本罪与其他毒品有关的犯罪的界限。盗窃、抢夺、抢劫毒品的，应当分别以盗窃罪、抢夺罪或抢劫罪定罪，但不计犯罪数额，根据情节轻重予以定罪量刑。盗窃、抢夺、抢劫毒品后又实施其他毒品犯罪的，对盗窃罪、抢夺罪、抢劫罪和所犯的具体毒品犯罪分别定罪，依法数罪并罚。如果行为人在一次走私活动中，既走私毒品又走私其他货物、物品的，应按走私毒品罪和其所犯的其他走私罪分别定罪，实行数罪并罚。

（3）本罪与诈骗罪的界限。行为人以骗取他人钱财为目的，制造假毒品出售，或明知是假毒品而冒充真毒品贩卖，如果数额较大，应当按诈骗罪论处。但如果行为人将假毒品误认为是真毒品而实施贩卖牟利行为，应以贩卖毒品罪（未遂）论处。

二、非法持有毒品罪

（一）难度与热度

难度：☆☆　热度：☆☆

（二）基本概念分析

非法持有毒品罪，是指明知是毒品而非法持有且数量较大的行为。本罪的保护客体是国家对毒品的管理制度。本罪的主体是一般主体，已满 16 周岁、具有刑事责任能力的自然人可构成本罪。

本罪的主观方面是故意。

根据《刑法》第 348 条的规定，非法持有鸦片 1 000 克以上、海洛因或者甲基苯丙胺 50 克以上或者其他毒品数量大的，处 7 年以上有期徒刑或者无期徒刑，并处罚金；非法持有鸦片 200 克以上不满 1 000 克、海洛因或者甲基苯丙胺 10 克以上不满 50 克或者其他毒品数量较大的，处 3 年以下有期徒刑、拘役或者管制，并处罚金；情节严重的，处 3 年以上 7 年以下有期徒刑，并处罚金。另外，根据《刑法》第 356 条的规定，因犯走私、贩卖、运输、制造毒品罪和本罪被判过刑，又犯本罪的，从重处罚。

三、窝藏、转移、隐瞒毒品、毒赃罪

（一）难度与热度

难度：☆　热度：☆

（二）基本概念分析

窝藏、转移、隐瞒毒品、毒赃罪，是指明知是走私、贩卖、运输、制造毒品的犯罪分子的毒品或者犯罪所得的财物，而加以窝藏、转移、隐瞒的行为。本罪的主体是一般主体，即已满 16 周岁、具有刑事责任能力的自然人。

本罪的主观方面是故意。

根据《刑法》第 349 条第 1 款、第 3 款的规定，犯本罪的，处 3 年以下有期徒刑、拘役或者管制；情节严重的，处 3 年以上 10 年以下有期徒刑。犯本罪事先通谋的，以走私、贩卖、运输、制造毒品罪的共犯论处。另外，《刑法》第 356 条规定，因走私、贩卖、运输、制造、非法持有毒品罪被判过刑，又犯本罪的，从重处罚。

四、妨害兴奋剂管理罪

（一）难度与热度

难度：☆☆　热度：☆☆

（二）基本概念分析

妨害兴奋剂管理罪，是指引诱、教唆、欺骗运动员使用兴奋剂参加国内、国际重大体育竞赛，或者明知运动员参加上述竞赛而向其提供兴奋剂，情节严重的行为，或者组织、强迫运动员使用兴奋剂参加国内、国际重大体育竞赛的行为。本罪为《刑法修正案（十一）》所增设的罪名。本罪的保护客体是国家对兴奋剂的管理制度以及运动员的身心健康。本罪的主体是一般主体。

本罪的主观方面是故意。

犯本罪的，根据《刑法》第 355 条之一的规定，处 3 年以下有期徒刑或者拘役，并处罚金。组织、强迫运动员使用兴奋剂参加国内、国际重大体育竞赛的，从重处罚。

（三）疑难问题解析

本罪与非法提供麻醉药品、精神药品罪的区别主要在于：其一，对象不同。本罪使用的是兴奋剂，并且应当在国内、国际重大体育竞赛中使用；后者的对象是国家管制的麻醉药品和精神药品。其二，行为方式不同。本罪涉及引诱、教唆、欺骗以及非法提供等多种行为方式，后者仅限于非法提供这一行为方式。其三，犯罪主体不同。本罪的犯罪主体只能是自然人，后者的犯罪主体包括自然人和单位。

第九节　组织、强迫、引诱、容留、介绍卖淫罪

一、组织卖淫罪

（一）难度与热度

难度：☆☆　热度：☆☆

（二）基本概念分析

组织卖淫罪，是指以招募、雇佣、引诱、容留等方式，纠集、控制他人卖淫的行为。本罪的保护客体是国家对社会风尚的管理秩序。

本罪的主体是一般主体，即已满16周岁、具有刑事责任能力的自然人。单位不是本罪主体。本罪只处罚组织者，因此对一般参与卖淫者则不以犯罪论处，而是按违反《治安管理处罚法》的行为来处理。旅馆业、饮食服务业、文化娱乐业、出租汽车业等单位的人员或者负责人，利用本单位的条件，组织他人卖淫的，应认定为组织卖淫罪。

本罪的主观方面是故意，不需要有营利的目的。

犯本罪的，根据《刑法》第358条的规定，处5年以上10年以下有期徒刑，并处罚金；情节严重的，处10年以上有期徒刑或者无期徒刑，并处罚金或者没收财产。组织未成年人卖淫的，从重处罚。组织他人卖淫，并有杀害、伤害、强奸、绑架等犯罪行为的，依照数罪并罚的规定处罚。

二、强迫卖淫罪

（一）难度与热度

难度：☆　热度：☆

（二）基本概念分析

强迫卖淫罪，是指使用暴力、胁迫、虐待等强制方法迫使他人卖淫的行为。本罪的保护客体是国家对社会风尚的管理秩序和公民的人身权利。

本罪的犯罪对象是不特定的公民，既包括女性，也包括男性。本罪的主体是一般主体。

本罪的主观方面是故意。是否具有营利目的，不影响本罪的成立。

犯本罪的，根据《刑法》第358条的规定，处5年以上10年以下有期徒刑，并处罚金；情节严重的，处10年以上有期徒刑或者无期徒刑，并处罚金或者没收财产。强迫未成年人卖淫的，从重处罚。强迫他人卖淫，并有杀害、伤害、强奸、绑架等犯罪行为的，依照数罪并罚的规定处罚。

三、引诱、容留、介绍卖淫罪

（一）难度与热度

难度：☆　热度：☆

（二）基本概念分析

引诱、容留、介绍卖淫罪，是指以金钱、物质或其他利益诱使他人卖淫，或者为他人卖淫提供场所，或者为卖淫进行介绍的行为。本罪的保护客体是国家对社会风尚的管理秩序。

本罪的对象既包括女性，也包括男性，但引诱行为的对象不包括幼女。本罪是选择性罪名，引诱、容留、介绍他人卖淫这三种行为，不论是同时实施还是只实施其中一种行为，均构成本罪。本罪的主体是一般主体。

本罪的主观方面是故意，不要求具备营利目的。

犯本罪的，根据《刑法》第359条第1款的规定，处5年以下有期徒刑、拘役或者管制，并处罚金；情节严重的，处5年以上有期徒刑，并处罚金。

第十节　制作、贩卖、传播淫秽物品罪

一、制作、复制、出版、贩卖、传播淫秽物品牟利罪

（一）难度与热度

难度：☆☆　热度：☆☆

（二）基本概念分析

制作、复制、出版、贩卖、传播淫秽物品牟利罪，是指以牟利为目的，制作、复制、出版、贩卖、传播淫秽物品的行为。本罪的保护客体是国家对与性道德风尚有关的文化市场的管理秩序。

本罪客观方面表现为制作、复制、出版、贩卖、传播淫秽物品。其中，制作是指采用生产、录制、摄取、编著、绘画、印刷等方法创造、生产淫秽物品的行为。复制是指采用复印、翻印、翻拍、拷贝、抄写等方法重复制作淫秽物品的行为。出版是指将淫秽物品编辑加工后，经过复制向公众发行的行为。贩卖是指以各种销售方式有偿转让淫秽物品的行为。传播是指通过播放、陈列、出租等方式使淫秽物品流传的行为。制作、复制、出版、贩卖、传播淫秽物品必须达到一定的数量标准，才能构成犯罪。本罪的主体为一般主体，包括自然人和单位。

本罪的主观方面是故意，且具有牟利的目的。是否具有牟利目的，要从行为人制作、复制、出版、贩卖淫秽物品的数量，向他人传播淫秽物品的人次与组织播放的次数，以及获利的数额等方面进行判断。

自然人犯本罪的，根据《刑法》第363条第1款与第366条的规定，处3年以下有期徒刑、拘役或者管制，并处罚金；情节严重的，处3年以上10年以下有期徒刑，并处罚金；情节特别严重的，处10年以上有期徒刑或者无期徒刑，并处罚金或者没收财产。

单位犯本罪的，对单位判处罚金，并对其直接负责的主管人员和其他直接责任人员，依照上述规定处罚。

二、传播淫秽物品罪

（一）难度与热度

难度：☆☆☆　热度：☆☆☆

（二）基本概念分析

传播淫秽物品罪，是指传播淫秽书刊、影片、音像、图片或者其他淫秽物品，情节严重的行为。本罪的保护客体是国家对与性道德风尚有关的文化市场的管理秩序。

本罪的客观方面表现为传播淫秽物品且情节严重。所谓情节严重，是指向他人传播淫秽的书刊、影片、音像、图片等出版物达 300 至 600 人次以上或者造成恶劣社会影响。本罪的主体既可以是自然人，也可以是单位。

本罪的主观方面是故意，但行为人主观上必须没有牟利目的，否则成立《刑法》第 363 条规定的传播淫秽物品牟利罪。

自然人犯本罪的，根据《刑法》第 364 条第 1 款、第 4 款以及第 366 条的规定，处 2 年以下有期徒刑、拘役或者管制；向不满 18 周岁的未成年人传播淫秽物品的，从重处罚。

单位犯本罪的，对单位判处罚金，并对其直接负责的主管人员和其他直接责任人员，依照自然人犯本罪的规定处罚。

》》 第三部分　拓展延伸阅读、案例研习与同步训练

第一节　拓展延伸阅读

1. 张明楷. 帮助信息网络犯罪活动罪的再探讨. 法商研究，2024（1）.

2. 张明楷. 论帮助信息网络犯罪活动罪. 政治与法律，2016（2）.

3. 张明楷. 污染环境罪的争议问题. 法学评论，2018（2）.

4. 张明楷. 电信诈骗取款人的刑事责任. 政治与法律，2019（3）.

5. 张明楷. 高空抛物案的刑法学分析. 法学评论，2020（3）.

6. 张明楷. 协助组织卖淫罪的重要问题. 中国刑事法杂志，2021（5）.

7. 陈兴良. 论黑社会性质组织的组织特征. 中国刑事法杂志，2020（2）.

8. 陈兴良. 论黑社会性质组织的经济特征. 法学评论，2020（4）.

9. 陈兴良. 论黑社会性质组织的行为特征. 政治与法律，2020（8）.

10. 陈兴良. 论黑社会性质组织的非法控制（危害性）特征. 当代法学，2020（5）.

11. 刘艳红. 帮助信息网络犯罪活动罪的司法扩张趋势与实质限缩. 中国法律评论，2023（3）.

12. 刘艳红. 催收非法债务罪"催收"行为的法教义学展开. 比较法研究，2023（2）.

13. 刘艳红. 袭警罪中"暴力"的法教义学分析. 法商研究，2022（1）.

14. 刘艳红. 法秩序统一原理下侵害英雄烈士名誉、荣誉罪的保护对象研究. 法律科学，2021（5）.

15. 刘艳红. 无罪的快播与有罪的思维："快播案"有罪论之反思与批判. 政治与法律，2016（12）.

16. 周光权. 非法采矿罪的关键问题. 中外法学，2022（4）.

17. 周光权. 侵犯公民个人信息罪的行为对象. 清华法学，2021（3）.

18. 彭文华.《刑法修正案（十一）》关于高空抛物规定的理解与适用. 苏州大学学报（哲学社会科学版），2021（1）.

19. 孙万怀. 从李庄案看辩护人伪造证据、妨害作证罪的认定. 中国检察官，2010（15）.

20. 石经海. 黑社会性质组织犯罪的重复评价问题研究. 现代法学，2014（6）.

21. 王充. 类型化的思考与多元保护法益：兼论污染环境罪保护法益的实践转向. 政法论坛，2022（2）.

22. 欧阳本祺. 妨害传染病防治罪客观要件的教义学分析. 东方法学，2020（3）.

第二节　本章案例研习

案例：洪某强、洪某沃、洪某泉、李某荣开设赌场案

（一）基本案情

2016 年 2 月 14 日，被告人李某荣、洪某沃、洪某泉伙同洪某 1、洪某 2（均在逃）以福建省南安市某出租房为据点，雇佣洪某 3 等人，运用智能手机、电脑等设备建立微信群［群名称为"寻龙诀"，经多次更名后为"（新）九八届同学聊天"］拉拢赌客进行网络赌博。洪某 1、洪某 2 作为发起人和出资人，负责幕后管理整个团伙；被告人李某荣主要负责财务、维护赌博软件；被告人洪某沃主要负责后勤；被告人洪某泉主要负责处理与赌客的纠纷；被告人洪某强为出资人，并介绍了陈某某等赌客加入微信群进行赌博。该微信赌博群将启动资金人民币 300 000 元分成 100 份资金股，并另设 10 份技术股。其中，被告人洪某强占资金股 6 股，被告人洪某沃、洪某泉各占技术股 4 股，被告人李某荣占技术股 2 股。

参赌人员加入微信群，通过微信或支付宝将赌资转至庄家（昵称为"白龙账房""青龙账房"）的微信或者支付宝账号计入分值（一元相当于一分）后，根据"PC 蛋蛋"等竞猜游戏网站的开奖结果，以押大小、单双等方式在群内投注赌博。该赌博群 24 小时运转，每局参赌人员数十人，每日赌注累计达数十万元。截至案发时，该团伙共接受赌资累计达 3 237 300 元。赌博群运行期间共分红 2 次，其中被告人洪某强分得人民币 36 000 元，被告人李某荣分得人民币 6 000 元，被告人洪某沃分得人民币 12 000 元，被告人洪某泉分得人民币 12 000 元。

（二）法院裁判

江西省赣州市章贡区人民法院于 2017 年 3 月 27 日作出（2016）赣 0702 刑初 367 号刑事判决：（1）被告人洪某强犯开设赌场罪，判处有期徒刑 4 年，并处罚金人民币 5 万元。（2）被告人洪某沃犯开设赌场罪，判处有期徒刑 4 年，并处罚金人民币 5 万元。（3）被告人洪某泉犯开设赌场罪，判处有期徒刑 4 年，并处罚金人民币 5 万元。（4）被告人李某荣犯开设赌场罪，判处有期徒刑 4 年，并处罚金人民币 5 万元。（5）将四被告人所退缴的违法所得共计人民币 66 000 元以及随案移送的 6 部手机、1 台笔记本电脑、3 台台式电脑主机等供犯罪所用的物品，依法予以没收，上缴国库。宣判后，四被告人均未提出上诉，判决已发生法律效力。

（三）案例解析

本案的核心争议焦点是，微信群能否被认定为赌场。

微信赌博群在特定条件下应解释为赌场。传统的赌博场所一般是私人住宅、宾馆、酒店等物理空间，随着信息网络技术的发展，网络虚拟空间逐渐成为刑法意义上场所的一部分。2005 年最高人民法院、最高人民检察院《关于办理赌博刑事案件具体应用法律若干问题的解释》（以下简称《解释》）及 2010 年最高人民法院、最高人民检察院、公安部《关于办理网络赌博犯罪案件适用法律若干问题的意见》（以下简称《意见》）均对赌场进行了解释，《解释》将"在计算机网络上建立赌博网站，或者为赌博网站担任代理，接受投注的"解释为开设赌场行为；《意见》进一步明确："利用互联网、移动通讯终端等传输赌博视频、数据，组织赌博活动"，具有"建立赌博网站并接受投注的；建立赌博网站并提供给他人组织赌博的；为赌博网站担任代理并接受投注的；参与赌博网站利润分成"之一的，属于开设赌场行为。但由于微信是 2011 年产生的新型事物，晚于《解释》和《意见》的出台时间，对于微信赌博能否构成赌博罪抑或开设赌场罪，无法根据立法及相关司法解释直接得出结论。笔者结合本案的具体情形分析如下：

第一，在特定情况下将微信群认定为赌场符合概念发展趋势。刑法中的概念用语不是僵化不变的，当规范条文不足以满足规制变动不居的社会现实之需时，就应根据规范精神，结合社会情势和社会需要进行合理解释，以填充规范漏洞或空白。《解释》先将赌场从有形的实体赌场扩大至计算机网络上的赌博网站，《意见》后又扩大为利用互联网、移动通讯终端的行为，赌场的范围不断扩大，既包括有形的物理空间，也包括虚拟的网络空间。之所以该两文件未明确微信群属于赌场，是因为微信这一新生事物的产生较晚，尚未被纳入司法解释和规范性文件中，而并非该两文件有意将微信群排斥在赌场之外。

第二，在特定情况下将相应微信群认定为赌场具有必要性。有人认为，将微信赌博行为认定为聚众赌博，以赌博罪定罪量刑，既足以进行定罪处罚，又可避免认定为开设赌场而遭受违反罪刑法定之诟病。笔者认为，开设赌场与聚众赌博的差异，决定了将利用微信群赌博认定为开设赌场罪具有必要性。从形式上看，聚众赌博和开设赌场都具有聚众性，但前者具有临时性、短暂性，后者具有连续性、稳定性；前者通常只是行为人实施召集、组织、聚集人员赌博等行为，对赌博场所、赌博规则及赌博活动等不具备控制性，而后者则对整个赌博活动进行控制或支配。上述差异决定了赌博罪不能完全涵摄特定情形下的微信赌博行为，更何况，微信赌博具有新型网络赌博行为的特点：犯罪成本低、隐蔽性强、传播速度快、流动性大、迷惑性强、影响面广，相比传统赌博活动，摆脱了对时间、空间、场所和服务人员的依赖，在侦查、处罚、预防上难度更大。因此，在符合开设赌场罪相关要件的情况下，将相应微信群解释为赌场，具有处罚上的合理性和必要性。

第三，在特定情况下将相应微信群认定为赌场不违反民众的预测可能性。《意见》第1条已经明确利用互联网、移动通讯终端等传输赌博视频、数据，组织赌博活动属于开设赌场行为，移动通讯终端实际上可以囊括以手机为载体的微信平台，将利用移动通讯终端传输赌博数据等的微信赌博群认定为赌场，未超出法律法规规定的内容。此外，只要严格把握将微信群赌博认定为开设赌场罪的要件，将亲友同事之间偶尔在微信群里发红包的娱乐行为和轻微的赌博行为与开设赌场行为区别开来，也不会违反普通民众的预测可能性。

第三节 本章同步训练

一、选择题

(一) 单选题

1. 某医院护士甲，没有医生执业资格，但答应同事乙的要求，商定以1 500元钱为其儿子丙戒除毒瘾。甲在没有对丙进行必要体格检查和并不了解其毒瘾程度的情况下，便照搬其利用工作之便抄来的一张戒毒处方为丙戒毒。在对丙使用大剂量药品时，丙出现不良反应，后经送医院抢救无效死亡。

请问下列说法正确的是（　　）。

A. 护士甲构成过失致人死亡罪

B. 护士甲构成医疗事故罪

C. 护士甲构成非法行医罪

D. 对护士甲应择一重罪处罚罪

2. 下列属于刑法执行过程中容易产生的犯罪行为，其中判断正确的是（　　）。

A. 虐待被监管人罪的犯罪对象，既可以是刑事案件中的已决犯，也可以是刑事案件中的未决犯，但不能是行政案件中的行政拘留人员

B. 拒不执行判决裁定罪的主体，只能是具有执行法院生效判决、裁定义务的自然人，而不能是单位。人民法院为依法执行仲裁裁决所作的裁定也属于该条规定的裁定

C. 脱逃罪的犯罪主体，只能是刑事案件中的已决犯，不能是刑事案件中的未决犯

D. 破坏监管秩序罪的犯罪主体，既可以是刑事案件中的已决犯，也可以是刑事案件中的未决犯

3. 黄某以开办个体旅馆作掩护，组织大批妇女进行卖淫，以牟取暴利。某日，公安机关扫黄部门欲搜查该旅馆，公安人员方某立即向黄某通报这一情况，致使不少卖淫女在搜查前已纷纷逃离，但公安机关仍及时抓获10名卖淫女和嫖客。方某的行为构成（　　）。

A. 协助组织卖淫罪　　　　　　B. 组织卖淫罪（共犯）

C. 帮助犯罪分子逃避处罚罪　　D. 包庇罪

4. 甲 15 周岁，系我国某边境小镇中学生。甲和乙一起上学，在路上捡到一手提包，打开后，发现内有 1 000 元钱和 4 小袋白粉末。甲说："这袋上有中文'海洛因'和英文'heroin'及'50g'的字样。我在电视上看过，这东西就是白粉，我们把它卖了，还能发一笔财。"二人遂将 4 袋白粉均分。甲先将一袋白粉卖与他人，后在学校组织去邻国旅游时，携带另一袋白粉并在境外出售。甲的行为（　　）。

A. 构成走私毒品罪
B. 构成非法持有毒品罪
C. 构成贩卖毒品罪
D. 构成走私、贩卖毒品罪

5. 方某的朋友赵某乘坐由刘某驾驶的出租车回家途中，用随身携带的匕首将刘某杀死，并将车内钱财洗劫一空。之后，赵某找到方某，将自己杀人劫财之事告诉了方某，让方某冒充作案人迷惑公安机关，以便自己能有足够的时间逃跑。方某出于哥们义气一口答应。由于方某的假自首行为，延误了警方的抓捕工作，赵某得以成功地逃避法律追究。对方某的行为应如何定性？（　　）

A. 包庇罪
B. 窝藏罪
C. 伪证罪
D. 帮助犯罪分子逃避处罚罪

6. 孙某制作、复制大量的淫秽光盘，除出卖外，还多次将淫秽光盘借给许多人观看。对其行为应如何处理？（　　）

A. 以制作、复制、贩卖、传播淫秽物品牟利罪处罚
B. 以组织播放淫秽音像制品罪从重处罚
C. 以制作、复制、贩卖淫秽物品牟利罪和传播淫秽物品罪数罪并罚
D. 以传播淫秽物品罪从重处罚

7. 某镇医院医生贾某在为患者输血时不按规定从县血站提取，而是习惯于直接从献血者身上采血后输给患者。住院病人于某因输了贾某采集的不符合国家规定的血液发生不良反应死亡。贾某的行为构成何罪？（　　）

A. 非法采集、供应血液罪
B. 采集、供应血液事故罪
C. 医疗事故罪
D. 过失致人死亡罪

8. 律师王某在代理一起民事诉讼案件时，编造了一份对自己代理的一方当事人有利的虚假证言，指使证人李某背熟以后向法庭陈述，致使本该败诉的己方当事人因此而胜诉。王某的行为构成何罪？（　　）

A. 伪证罪
B. 诉讼代理人妨害作证罪
C. 妨害作证罪
D. 帮助伪造证据罪

（二）多选题

1. 甲、乙二人向同住一旅馆的丙兜售毒品，遭到拒绝，于是甲、乙二人强行将丙捆住，给其注射了一针毒品。第二天丙主动上门要求购买毒品注射，甲、乙二人见丙携带有大量现金，便产生夺财之念，故意给其注射大剂量毒品，致丙昏迷，趁机抢走丙身上的现金，甲、乙二人构成（　　）。

A. 贩卖毒品罪
B. 强迫他人吸毒罪
C. 盗窃罪
D. 抢劫罪

2. 赵某是个体商贩，某日曾与其一起服过刑的刘某找到他，拿出 4 万元现金让赵某保管，当赵某问是什么钱时，刘某做了一个"偷"的手势，让赵某不要多问，半月后刘某取走 2 万元；数日后刘某又交给赵某一个塑料口袋，说是"白面"（毒品），让赵某保管，待其找到买主后就取走。当天晚上刘某、赵某就被警察抓获。按赵某的交代，警察从其家中起获毒品和剩余的 2 万元，赵某构成（ ）。

A. 掩饰、隐瞒犯罪所得、犯罪所得收益罪

B. 非法持有毒品罪

C. 窝藏毒品罪

D. 包庇毒品犯罪分子罪

3. 甲、乙二人因为丙看了他们一眼，就上前质问并殴打丙。在丙揪住甲衣领时，甲掏出牛角刀向丙的胸部猛刺一刀，致丙倒下。乙冲上前去也揪住丙的衣领，欲再次殴打丙。甲见状，喊："别打了，够了！"乙遂与甲一同离开。乙不解地问甲为何轻易放过丙，不打了。甲说，以后你就知道了。丙被刀扎而当场死亡。（ ）。

A. 甲构成故意杀人罪

B. 甲构成故意伤害罪

C. 乙构成甲故意杀人罪或者故意伤害罪的共犯

D. 乙构成寻衅滋事罪

二、案例分析题

2021 年 4 月，李某经人介绍认识了郭某某（女），李某谎称自己是某省法院处级审判员，可帮忙将郭某某的两个儿子安排到省法院汽车队和保卫处工作，骗取了郭某某的信任，不久两人同居几个月。随后李某因租房认识了房东邵某某（女），李某身着法官制服自称是某省法院刑一庭庭长，答应将邵某某的女儿调进法院工作，以需要进行疏通为名，骗取邵某某人民币 4 000 元。

2022 年 12 月，李某购得用于赌博作假的透视扑克牌及隐形眼镜，预谋在赌博中使用。某日下午，李某利用在家中赌博的机会，用该透视扑克牌与他人一起以打"梭哈"的形式进行赌博。李某在赌博过程中持续佩戴隐形眼镜。至赌博结束，李某共赢得现金 48 000 元。

2024 年 1 月，李某经人介绍负责谷中城公司经营、管理，李某与"乐天堂"网站联系，签订资金支付服务合同；利用该公司管理的在快钱公司中开设的账户，为"乐天堂"等赌博网站提供结算服务，并从中收取服务费。其中，2016 年 3 月，谷中城公司管理的与"乐天堂"赌博网站对应的系统账户进账人民币 650 余万元。

2024 年 12 月，李某酒后驾驶汽车行驶至某路口时遇民警检查。李某拒不配合检查，欲弃车逃离，被民警带至检查站内进行检查。在检查站内，李某告诉民警自己是省法院领导，希望民警通融，民警拒不理睬。李某推搡、拉扯民警，阻碍民警对其检查，将民警俞某警服撕破，并将其推倒在地，致俞某受轻伤。经鉴定，李某血液酒精含量为 206 毫克/100 毫升。民警后找法院核实李某身份，遂案发。

请回答以下问题：

（1）李某冒充法院工作人员的行为，应当如何处理？这种冒充行为，是否具备法定从重情节？为什么？

（2）李某用透视扑克牌赌博的行为，应当如何处理？为什么？

（3）李某为赌博网站提供结算服务，并从中收取服务费，应当如何处理？为什么？

（4）李某酒后驾车并阻碍民警检查的行为，应当如何处理？为什么？

三、论述题

1. 寻衅滋事罪与聚众斗殴罪如何区分？
2. 黑社会性质组织与恶势力犯罪集团如何区分？

参考答案及解析

一、选择题

（一）单选题

1. 参考答案：A

解析：非法行医罪解析：行医是以实施医疗行为作为职业的活动。非法行医罪属于职业犯。甲虽然没有医生执业资格，但她没有反复、继续、私自为他人戒毒治疗的意思，客观上也没有反复实施这种行为，故不能认定甲在从事非法医疗业务，因而不构成非法行医罪。对甲的行为应认定为过失致人死亡罪。所以只有A正确。

2. 参考答案：B

解析：犯罪主体解析：对于A项，虐待被监管人罪的犯罪对象可以是一切被监管机关监管的人，包括已被判刑而正在服刑的已决犯、被司法机关怀疑但未判决有罪而在看守所羁押的犯罪嫌疑人与被告人，以及被行政拘留、刑事拘留、司法拘留的人员。所以A错误。对于B项，负有执行人民法院判决、裁定义务的单位直接负责的主管人员和其他直接责任人员，为了本单位的利益实施拒不执行判决、裁定的行为，造成特别严重后果的，对该主管人员和其他直接责任人员依照本条的规定，以拒不执行判决、裁定罪定罪处罚。《刑法》第313条的立法解释规定：人民法院为依法执行支付令、生效的调解书、仲裁裁决、公证债权文书等所作的裁定也属于该条规定的裁定。所以B正确。对于C项，脱逃罪的犯罪主体，属特殊主体，包括三种人："依法被关押的罪犯"，"依法被关押的被告人"，"依法被关押的犯罪嫌疑人"。脱逃罪的犯罪主体既可以是已决犯，也可以是未决犯。所以C错误。对于D项，破坏监管秩序罪规定的犯罪主体为"依法被关押的罪犯"。所谓罪犯，是指经法院生效判决认定犯有罪行的人。可见，破坏监管秩序罪的犯罪主体仅限于被关押的罪犯。所以D错误。

3. 参考答案：C

解析：本题主要考查帮助犯罪分子逃避处罚罪的认定。《刑法》第417条规定："有查禁犯罪活动职责的国家机关工作人员，向犯罪分子通风报信、提供便利，帮助犯罪分子逃避处罚的，处三年以下有期徒刑或者拘役；情节严重的，处三年以上十年以下有期徒刑。"

4. 参考答案：C

解析： 本题考查已满14周岁不满16周岁的人承担刑事责任的范围。走私毒品的行为不属于已满14周岁不满16周岁的人承担刑事责任的范围；行为人拾到毒品后出卖的，同样成立贩卖毒品罪。

5. 参考答案：B

解析： 本题考查包庇罪与窝藏罪的区分。根据《刑法》第310条，在司法机关追捕的过程中，行为人出于某种特殊的原因为了使犯罪人逃匿，而自己冒充犯罪人的，属于包庇行为。

6. 参考答案：C

解析：《刑法》第363条第1款规定了制作、复制、出版、贩卖、传播淫秽物品牟利罪，《刑法》第364条第1款规定了传播淫秽物品罪，《刑法》第364条第2款规定了组织播放淫秽音像制品罪。制作、复制、出版、贩卖、传播淫秽物品牟利罪必须以牟利为目的。孙某有"出卖"的行为，这表明孙某"制作、复制大量的淫秽光盘"是为了牟利，孙某的行为符合制作、复制、出版、贩卖、传播淫秽物品牟利罪"以牟利为目的"这一要件，孙某构成制作、复制、出版、贩卖、传播淫秽物品牟利罪。传播淫秽物品罪和组织播放淫秽音像制品罪不需要"以牟利为目的"，孙某"多次将淫秽光盘借给许多人观看"，属于"情节严重"，但由于孙某只有出借淫秽光盘的行为，而没有组织播放淫秽光盘的行为，因此孙某这一行为只构成传播淫秽物品罪。一人犯数罪，应当数罪并罚，故应选择C项。

7. 参考答案：A

解析： 非法采集、供应血液罪，是指违反血液制品管理法规，未经有关机构许可，擅自采集、供应血液，不符合国家规定的标准，足以危害人体健康的行为。采集、供应血液事故罪，是指经国家主管部门批准采集、供应血液的部门，不依照规定进行检测或者违背其他操作规定，严重危害他人身体健康的行为，故选A。C、D项与A、B项之间存在法条竞合，适用特殊优于一般原则。

8. 参考答案：C

解析： A选项的犯罪主体为"证人、鉴定人、记录人、翻译人"。伪证罪和诉讼代理人妨害作证罪依照法律的规定必须是在刑事诉讼中才能构成，所以排除A、B选项。妨害作证罪和帮助伪造证据罪的区别在于是否是帮助当事人伪造证据的行为，即是否有和当事人共同伪造证据的行为，有共同行为的，对帮助者应定帮助伪造证据罪，否则定妨害作证罪。本案中王某自己编造虚假证言，指使证人作伪证，应定妨害作证罪。

（二）多选题

1. 参考答案：ABD

解析： 毒品类犯罪解析：（1）甲乙二人向同住一旅馆的丙兜售毒品，其行为已经构成《刑法》第347条贩卖毒品罪。贩卖毒品是指有偿转让毒品或者以贩卖为目的而非法收购毒品。有偿转让毒品，即行为人将毒品交付给对方，并从对方获取物质利益。贩卖方式既可以是公开的，也可以是秘密的；既可以是行为人请求对方购买，也可以是对方请求行为人转让；既可以是直接交付给对方，也可以是间接交付给对方。（2）在兜售毒品遭到拒绝后，甲、乙二人强行将丙捆住，给其注射了一针毒品，构成强迫他人吸毒罪。其行为已经构成《刑法》第353条第2款强迫他人吸毒罪。本罪在客观方面表现为行为人违背他人的意志，使用暴力、胁迫或者其他强制手段迫使他人吸食、注射毒品的行为。强迫他人吸毒的手段多种多样，但无论采取什么手段，客观上行为人只要实施了强迫他人吸毒的行为，就构成本罪，至于被强迫者是否因此成瘾，不是构成本罪的必要条件。（3）甲、乙二人见丙携带有大量现金，便产生夺财之念，故意给其注射大剂量毒品，致丙昏迷，趁机抢走丙身上的现金，构成抢劫罪。抢劫罪中的其他方法，是指使用暴力、胁迫以外的方法使被害人不知反抗或无法反抗，而当场劫取财物的行为。本案中，注射毒品使他人昏迷以获取财物的手段是抢劫罪中的"其他方法"。

2. 参考答案：AC

解析：赵某前后有两个窝藏行为，前者的对象是赃款，后者的对象是毒品，故构成二罪：掩饰、隐瞒犯罪所得、犯罪所得收益罪（《刑法》312条）和窝藏毒品罪（《刑法》349条）。毒品作为一种特殊的违禁品，可以成为某些毒品犯罪的犯罪对象，而非刑法一般意义上的赃物，不能成为掩饰、隐瞒犯罪所得、犯罪所得收益罪的对象，赵某非法保管毒品的行为构成窝藏毒品罪（《刑法》349条）。而非法持有毒品罪要求行为人持有毒品但又不以其他毒品犯罪为目的或者作为其他毒品犯罪的延续。所以赵某不构成非法持有毒品罪。包庇毒品犯罪分子罪是指包庇毒品犯罪分子，使其逃脱法律制裁的行为，赵某也不构成包庇毒品犯罪分子罪。

3. 参考答案：AD

解析：本题考查寻衅滋事罪的认定。甲属于携带凶器行凶不计后果，因而构成间接故意杀人；乙虽然与甲共同加害丙，但仅有伤害的故意，所以不构成故意杀人罪的共犯。乙属于无事生非随意打人，故构成寻衅滋事罪。

二、案例分析题

参考答案：

（1）在招摇撞骗过程中诈骗财物的，应当以诈骗罪和招摇撞骗罪从一重罪论处，故李某冒充法院工作人员的行为构成招摇撞骗罪。

冒充人民警察招摇撞骗的，属于招摇撞骗罪的法定从重情节，李某冒充的是法院工作人员，并非人民警察，因此，不属于招摇撞骗罪的法定从重情节。

（2）李某利用透视扑克牌赌博，控制赌博输赢，背离了赌博的射幸本质，属于诈骗。因此，李某构成诈骗罪。

（3）李某为赌博网站提供结算服务，并从中收取服务费的行为属于开设赌场罪的帮助犯，应当认定为开设赌场罪的从犯，从宽处理。同时，李某的行为还构成帮助信息网络犯罪活动罪，应当以本罪和开设赌场罪（从犯）从一重罪论处。

（4）李某酒后驾车并阻碍民警执行公务的行为符合危险驾驶罪和袭警罪的构成特征，

应当按照数罪并罚的原则予以处罚。其中，李某在袭警过程中故意致人轻伤，应当以袭警罪和故意伤害罪从一重罪论处，然后再与危险驾驶罪实行数罪并罚。

三、论述题

1. 参考答案：

寻衅滋事罪与聚众斗殴罪的区别如下：

（1）是否有聚众的行为。聚众斗殴罪的行为人必须都明知自己的犯罪故意的内容，具有共同斗殴的目的而故意共同实施，行为表现出统一性、一致性和针对性，且体现为很强的聚众性。这里的聚众一般是指一方纠集3人以上，但没有要求双方均达到3人以上，同时从立法本意来看，双方必须都有聚众的故意和行为。而寻衅滋事罪在人数上则没有这方面的限制，并不要求必须在3人以上。

（2）是否有较为明确的犯罪时间、地点、对象。聚众斗殴罪在纠集人员的同时，对斗殴的实施时间、地点都事先确定，并通知了对方，犯罪的对象是明确的。而寻衅滋事罪如果系二人以上共同犯罪，则表现为犯罪对象的随意性，没有事先的准备，往往表现为随意纠集几人，事件的发生具有突发性。

（3）暴力的程度不同。聚众斗殴罪对暴力的程度没有特别的要求，只要聚众斗殴的首要分子或积极参与者参与了聚众斗殴即构成本罪。寻衅滋事罪中的殴打他人则有特别要求，即殴打他人"情节恶劣"方构成犯罪。所谓"情节恶劣"是指随意持械殴打他人；随意殴打他人手段残忍，造成被害人轻伤后果；随意殴打多人多次或以未成年人为殴打对象或以打人为乐引起公愤；随意殴打他人，引起被害人自杀等严重后果。

2. 参考答案：

（1）组织特征的区别

黑社会性质组织在一定区域或者行业内，形成非法控制或者重大影响，严重破坏经济、社会生活秩序。

恶势力犯罪集团则是在一定区域或者行业内多次实施违法犯罪活动，为非作恶，欺压百姓，扰乱经济、社会生活秩序，造成较为恶劣的社会影响，但尚未形成黑社会性质组织的违法犯罪组织。2018年最高人民法院、最高人民检察院、公安部、司法部《关于办理黑恶势力犯罪案件若干问题的指导意见》增加"欺压百姓"，将"尚未形成黑社会性质组织的犯罪团伙"中的"犯罪团伙"修改为"违法犯罪组织"，将"纠集者、骨干成员相对固定"改为"纠集者相对固定"的表述，在组织特征认定上放宽了认定标准。

黑社会性质组织中，往往会有明确的组织、领导者，基本固定的骨干成员，相对稳定的积极参加者这三个层级，职责分工较为明确；而恶势力犯罪集团的组织结构相对松散，同时未达到对一定区域的非法控制。

（2）行为特征的区别

黑社会性质组织犯罪与恶势力犯罪集团犯罪的行为特性有着高度重合的特点，行为表现均有暴力、软暴力等违法犯罪活动，但是黑社会性质组织的成立必须伴随有硬暴力，仅有软暴力的组织不宜被认定为黑社会性质组织；而恶势力犯罪集团可以仅有软暴力。

（3）经济特征的区别

黑社会性质组织在其组织、发展过程中具有通过各种违法行为获得经济利益，或者调动一定规模的经济资源用以支持该组织活动的能力。通过上述方式获取的经济利益，可以是由部分组织成员个人掌控，也可以继续用于组织的发展。而恶势力犯罪集团的经济特征并不明显。

（4）非法控制特征的区别

非法控制特征即危害性特征，是对黑社会性质组织认定的核心所在。《现代汉语词典》曾将"黑社会"解释为"有一套与主流社会相悖的地下有组织的黑恶团伙集合"。黑社会性质组织是为了与主流社会相对抗而存在的，只有在一定区域、行业内形成了非法控制才意味着在主流社会之外还存在另一个非法的"黑"社会。是否在一定区域、行业内形成了非法控制，是认定黑社会性质组织是否成立的决定性标志，这与其他三个特征紧密关联，也是黑社会性质组织与恶势力团伙、一般共同犯罪的重要区别点。

第二十三章　危害国防利益罪

》》第一部分　本章知识点速览

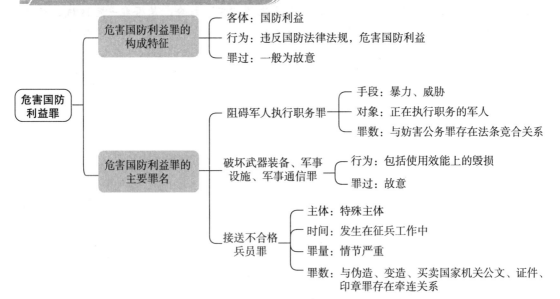

》》第二部分　本章核心知识要点解析

第一节　危害国防利益罪概述

一、危害国防利益罪的概念与特征

（一）难度与热度

难度：☆　热度：☆

（二）基本概念分析

（1）危害国防利益罪，是指违反国防法律法规，拒绝或者逃避国防义务，危害作战和军事行动，妨害国防管理秩序，或者以其他形式危害国防利益，依法应受刑罚处罚的行为。

（2）本类犯罪侵犯的客体是国防利益，其中，"国防"是指国家为防备和抵抗侵略，制止武装颠覆和分裂，保卫国家主权、统一、领土完整、安全和发展利益所进行的军事活动，以及与军事有关的政治、经济、外交、科技、教育等方面的活动。本类犯罪在客观方面表现为违反国防法律法规，严重危害国防利益的行为。本类犯罪的主体既有自然人，也有单位。本类犯罪的主观方面一般为故意。

（3）国防是国家生存与发展的基础，国防利益是国家的根本利益。对国防利益进行保护，不仅能够有效抵御外部侵略，维护国家主权、领土完整与安全，而且对个人与社会的生存发展具有重要意义。为了更好地维护国防利益，我国先后出台了《兵役法》《军事设施保护法》《预备役军官法》《国防法》《国防动员法》《武器装备质量管理条例》等法律法规，根据上述规定，国防利益涉及的主要内容有：武装力量建设，边防、海防、空防和其他重大安全领域防卫建设，国防科研生产，武器装备质量，军事设施安全，国防教育，国防动员等。

（三）疑难问题解析

基于国防利益的重要性，是否任何危害国防利益的行为都会构成犯罪？答案是否定的。《刑法》第13条但书规定，"情节显著轻微危害不大的，不认为是犯罪"。这表明危害国防利益的行为，如果属于"情节显著轻微危害不大的"，便"不认为是犯罪"。并且，即使该行为的客观危害性较重，但如果不符合本类犯罪的客观方面要件、主体要件、主观方面要件，该行为也不构成犯罪。因此，在理解和适用危害国防利益罪时，一方面，要重点判断行为的社会危害性，是否达到了值得科处刑罚的程度；另一方面，也要结合本类犯罪的具体规定，从客观与主观两个方面，全面审查行为是否符合相应的犯罪成立条件。

二、危害国防利益罪的种类

（一）难度与热度
难度：☆ 热度：☆

（二）基本概念分析
本章共有14个条文，计有23个罪名。依据"战时"是否被作为某种具体的危害国防利益罪的构成要件，可以把危害国防利益罪分为两类：一类是不以战时为构成要件的犯罪，另一类是以战时为构成要件的犯罪。实务中本类案件比较罕见，但由于其具有极其严重的社会危害性，故应当对其基本内容有所了解。

第二节 阻碍军人执行职务罪

一、阻碍军人执行职务罪的概念与特征

（一）难度与热度
难度：☆ 热度：☆

（二）基本概念分析
（1）阻碍军人执行职务罪，是指非军职人员以暴力、威胁方法阻碍军人依法执行职

务的行为。

（2）本罪的行为手段是暴力、威胁。

（3）本罪的犯罪对象是正在执行职务的军人。军人包括中国人民解放军的现役军官、文职干部、士兵及具有军籍的学员，中国武警部队的现役警官、文职干部、士兵及具有军籍的学员。执行军事任务的预备役人员和其他人员，以军人论。

（4）本罪的主观方面是直接故意。

（三）疑难问题解析

本罪在客观方面表现为以暴力、威胁方法阻碍军人依法执行职务的行为。其中，暴力是指对军人不法实施有形力的任何行为，通常表现为殴打、踢踹、抱摔等行为；威胁是指以恶害相通告，使军人产生恐惧心理，从而产生阻碍执行职务效果的行为。另外，这种阻碍行为必须发生在军人执行职务的过程中。

二、阻碍军人执行职务罪的认定

（一）难度与热度

难度：☆　热度：☆

（二）基本概念分析

（1）阻碍军人执行职务罪与妨害公务罪存在法条竞合的特别关系，两者也有如下区别：本罪侵犯的客体是军人正常的职务执行活动，犯罪对象是正在执行职务的军人，犯罪主体是除现役军人之外的自然人；妨害公务罪侵犯的客体是正常的职务执行活动，犯罪对象是正在执行职务的国家机关工作人员、人大代表、红十字会工作人员或国家安全机关、公安机关依法执行公务的人员，主体是自然人。

（2）故意使用暴力阻碍军人依法执行职务，造成轻伤的，构成本罪。造成重伤或死亡的，构成故意伤害罪或故意杀人罪，此时属于想象竞合的情形。

第三节　破坏武器装备、军事设施、军事通信罪

一、破坏武器装备、军事设施、军事通信罪的概念与特征

（一）难度与热度

难度：☆　热度：☆

（二）基本概念分析

（1）破坏武器装备、军事设施、军事通信罪，是指故意破坏武器装备、军事设施、军事通信的行为。

（2）本罪的破坏行为，既包括物理上的毁损行为，如砸毁、烧毁武器装备，也包括使用效能上的毁损，如使特定武器浸水，无法再使用；既包括作为，也包括不作为。

（3）本罪的主观方面是故意。过失损坏武器装备、军事设施、军事通信，造成严重后果的，不构成本罪，构成过失损坏武器装备、军事设施、军事通信罪。

二、破坏武器装备、军事设施、军事通信罪的认定

(一) 难度与热度

难度：☆　热度：☆

(二) 基本概念分析

(1) 本罪罪名是选择罪名，如果行为人既实施了破坏武器装备行为，又实施了破坏军事通信行为，行为人也只构成一罪，即破坏武器装备、军事通信罪。

(2) 故意破坏军事通信，危害公共安全的，同时构成破坏军事通信罪，属于想象竞合，依照处罚较重的规定定罪处罚。盗窃军事通信线路，不满足构成盗窃罪成立条件，但构成破坏军事通信罪的，依照破坏军事通信罪的规定定罪处罚。

第四节　接送不合格兵员罪

一、接送不合格兵员罪的概念与特征

(一) 难度与热度

难度：☆　热度：☆

(二) 基本概念分析

(1) 接送不合格兵员罪，是指征兵工作人员在征兵工作中徇私舞弊，将不符合条件的应征公民接送进部队，情节严重的行为。

(2) 行为构成本罪必须具备时间条件，即行为必须发生在征兵工作中。根据《兵役法》《征兵工作条例》等法律、法规的规定，征兵工作包括以下程序：兵役登记，体格检查，政治考核，审定新兵，交接运输新兵，检疫、复查和退回。

(3) 行为构成本罪必须达到"情节严重"的程度。根据《关于公安机关管辖的刑事案件立案追诉标准的规定 (一)》第93条的规定，"情节严重"包括：(1) 接送不合格特种条件兵员一名以上或者普通兵员三名以上的；(2) 发生在战时的；(3) 造成严重后果的；(4) 其他情节严重的情形。

二、接送不合格兵员罪的认定

(一) 难度与热度

难度：☆　热度：☆

(二) 基本概念分析

(1) 征兵工作人员为了将不符合条件的应征公民接送进部队，而事先伪造、变造、买卖国家机关公文、证件、印章的，由于手段行为与目的行为之间具有牵连关系，应按照处罚较重的犯罪定罪处罚。

(2) 本罪与玩忽职守罪的主要区别在于：1) 犯罪主体不同。本罪的犯罪主体是征兵工作人员，而玩忽职守罪的犯罪主体是国家机关工作人员。2) 犯罪主观方面不同。本罪

是故意犯罪，而玩忽职守罪是过失犯罪。

第三部分 拓展延伸阅读、案例研习与同步训练

第一节 拓展延伸阅读

1. 石吉洲. 维护国家军事利益的重要举措：对修订刑法增设危害国防利益罪和军人违反职责罪刍议. 政法论坛，1997（2）.

2. 黄林异. 论《刑法》中的危害国防利益罪. 法学杂志，1998（2）.

3. 王永. 冒充军人招摇撞骗罪与诈骗罪竞合的处断. 人民司法，2023（2）.

第二节 本章案例研习

案例：马某某、杨某某破坏军事设施案

（一）基本案情

2021 年 2 月 1 日 11 时许，马某某、杨某某各带一台切割机，由马某某驾驶三轮摩托车载杨某某至 A 部队射击靶场。二人明知该地为军事管理区，仍从铁丝网非法进入，意图将该部队靶场内存放的一辆金属坦克移动战斗靶运走当废铁卖掉。由于移动战斗靶体积过大，二人用切割机将靶切割成数块，装载在三轮摩托车上拉走。两名被告人在返回途中被巡逻民警查获。经鉴定，被破坏的军事设施价值人民币 29 335 元。

（二）法院判决

2021 年 8 月，法院以马某某、杨某某犯破坏军事设施罪，分别判处二人有期徒刑 2 年 8 个月、2 年 6 个月。

（三）案例解析

本案中，马某某、杨某某为了窃取军事管理区的金属坦克移动战斗靶，从铁丝网非法进入军事管理区，在用切割机将靶切割成数块后，非法将其拉走。根据《刑法》规定，马某某、杨某某的前述行为，属于采取破坏性手段盗窃部队军事设施的盗窃行为。一方面，两人在客观上非法窃取了军事管理区的金属坦克移动战斗靶，给军队造成了数额较大的财产损失；在主观上明知金属坦克移动战斗靶属于军事管理区内的有主物，意图非法占有该财物，故马某某、杨某某的行为构成盗窃罪。另一方面，两人在客观上同时损害了直接用于军事目的的军事设施，即金属坦克移动战斗靶，在主观上具有破坏军事设施的故意，故马某某、杨某某的行为也构成破坏军事设施罪。马某某、杨某某基于两个不同的罪过，实施一个危害社会行为，而触犯了盗窃罪与破坏军事设施罪，属于想象竞合，应从一重处断。本案中，破坏军事设施罪的处罚较重，因此，马某某、杨某某的行为构成破坏军事设施罪。

第三节　本章同步训练

一、选择题

（一）单选题

1. 下列选项中表述错误的是：（　　）。

A. 破坏武器装备罪只能以作为形式构成

B. 接送不合格兵员罪的主观方面是故意

C. 阻碍军人执行职务罪的行为手段是暴力、威胁

D. 阻碍军人执行职务罪与妨害公务罪存在法条竞合的特别关系

2. 某日晚上，中国人民解放军某部在辖区组织军事演习，士官薛某在偏远乡镇路口执行安全警戒任务。朱某骑车路过该路口时，不顾薛某劝告，要求强行通过。朱某趁薛某与他人交谈之际，突然下车用手掐住薛某脖子，导致薛某摔倒，造成薛某脚部、肘部受伤。经鉴定，薛某的伤情为轻微伤。关于本案，下列哪一选项是正确的？（　　）

A. 朱某构成阻碍军人执行职务罪

B. 朱某构成袭警罪

C. 朱某构成故意伤害罪

D. 朱某不构成犯罪

（二）多选题

下列选项中关于危害国防利益罪的表述正确的是：（　　）。

A. 危害国防利益罪侵犯的客体是国防利益

B. 危害国防利益罪在客观方面表现为违反国防法律法规，严重危害国防利益的行为

C. 危害国防利益罪的主体仅限于自然人

D. 危害国防利益罪的主观方面一般为故意

二、分析题

阻碍军人执行职务罪与妨害公务罪有何区别？

参考答案及解析

（一）单选题

1. 参考答案： A

解析： 本题主要考查破坏武器装备罪的概念与特征。A项错误。破坏武器装备罪的行为方式，既可以表现为作为方式，如砸毁武器装备，也可以表现为不作为方式，如不履行维修义务而使武器装备遭到重大损害。B项、C项、D项表述正确。

2. 参考答案： A

解析： 本题主要考查阻碍军人执行职务罪的概念与特征。A项正确：本案中的朱某采用暴力手段袭击正在依法执行职务的士官薛某，并且主观上具有故意，因此，朱某的

行为构成阻碍军人执行职务罪。B项错误：袭警罪的对象仅限于正在依法执行职务的人民警察，而本案中的薛某并不属于人民警察。C项错误：故意伤害行为只有造成轻伤或重伤，才能构成故意伤害罪，而本案中的伤害后果为轻微伤。D项错误：朱某的行为构成阻碍军人执行职务罪。

（二）多选题

参考答案： ABD

解析： 本题主要考查危害国防利益罪的概念与特征。A项、B项、D项正确。C项错误。对危害国防利益罪而言，大部分犯罪的主体是自然人，但也有少部分犯罪既可以由自然人也可以由单位构成，如非法生产、买卖武装部队制式服装罪。

二、分析题

参考答案：

阻碍军人执行职务罪，是指非军职人员以暴力、威胁方法阻碍军人依法执行职务的行为。妨害公务罪，是指以暴力、威胁方法阻碍国家机关工作人员、人大代表、红十字会工作人员依法执行职务、履行职责，或者故意阻碍国家安全机关、公安机关依法执行国家安全工作任务，未使用暴力、威胁方法，造成严重后果的行为。

两罪的主要区别在于：（1）侵犯的客体不同。阻碍军人执行职务罪侵犯的客体是军人正常的职务执行活动；妨害公务罪侵犯的客体是公共秩序。（2）犯罪对象不同。阻碍军人执行职务罪的对象是正在执行职务的军人，妨害公务罪的对象是国家机关工作人员、人大代表、红十字会工作人员或国家安全机关、公安机关依法执行国家安全工作任务的人员。（3）犯罪主体不同。阻碍军人执行职务罪的主体是指除现役军人外的自然人；妨害公务罪的主体为一般主体，现役军人也可构成。

第二十四章　贪污贿赂罪

第一部分　本章知识点速览

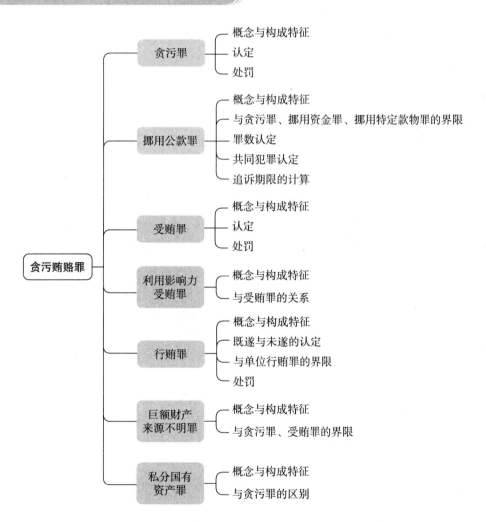

贪污贿赂罪
- 贪污罪
  - 概念与构成特征
  - 认定
  - 处罚
- 挪用公款罪
  - 概念与构成特征
  - 与贪污罪、挪用资金罪、挪用特定款物罪的界限
  - 罪数认定
  - 共同犯罪认定
  - 追诉期限的计算
- 受贿罪
  - 概念与构成特征
  - 认定
  - 处罚
- 利用影响力受贿罪
  - 概念与构成特征
  - 与受贿罪的关系
- 行贿罪
  - 概念与构成特征
  - 既遂与未遂的认定
  - 与单位行贿罪的界限
  - 处罚
- 巨额财产来源不明罪
  - 概念与构成特征
  - 与贪污罪、受贿罪的界限
- 私分国有资产罪
  - 概念与构成特征
  - 与贪污罪的区别

第二部分 本章核心知识要点解析

第一节 贪污罪

一、贪污罪的概念与构成特征

（一）难度与热度

难度：☆☆☆　热度：☆☆☆☆

（二）基本概念分析

贪污罪，是指国家工作人员利用职务上的便利，侵吞、窃取、骗取或者以其他手段非法占有公共财物的行为。

本罪的构成特征是：（1）本罪侵犯的客体是复杂客体，既侵犯公职人员的职务廉洁性，又侵犯公共财产所有权。（2）本罪在客观方面表现为行为人利用职务上的便利，侵吞、窃取、骗取或者以其他手段非法占有公共财物的行为。（3）本罪的主体是特殊主体，具体包括两类人员：第一类是国家工作人员，第二类是受委托管理、经营国有财产的人员。（4）本罪的主观方面是故意，并且以非法占有为目的，而非暂时地使用。

（三）疑难问题解析

1. 贪污罪犯罪对象的界定

有观点认为，本罪的对象是公共财物，特定情况下也可以是非公共财物。《刑法》第91条规定："本法所称公共财产，是指下列财产：（一）国有财产；（二）劳动群众集体所有的财产；（三）用于扶贫和其他公益事业的社会捐助或者专项基金的财产。""在国家机关、国有公司、企业、集体企业和人民团体管理、使用或者运输中的私人财产，以公共财产论。"第382条第2款规定："受国家机关、国有公司、企业、事业单位、人民团体委托管理、经营国有财产的人员，利用职务上的便利，侵吞、窃取、骗取或者以其他手段非法占有国有财物的，以贪污论。"第271条第2款规定："国有公司、企业或者其他国有单位中从事公务的人员和国有公司、企业或者其他国有单位委派到非国有公司、企业以及其他单位从事公务的人员有前款行为的，依照本法第三百八十二条、第三百八十三条的规定定罪处罚。"

那么，具有财产性利益的土地使用权能否成为该罪的犯罪对象？

根据我国《刑法》第382条第1款的规定，贪污罪的犯罪对象主要是公共财物。土地使用权具有财产性利益，关于其是否属于公共财物，能否成为贪污罪的对象，刑法没有具体规定，刑法理论界存在争议。最高人民法院2012年9月18日发布的指导性案例第11号"杨某虎等贪污案"对此持肯定意见，认为土地使用权具有财产性利益，属于《刑法》第382条第1款规定中的"公共财物"，可以成为贪污的对象。其主要理由是：土地使用权具有财产性利益，属于公共财物。根据《刑法》第91条有关公共财产的解释，公共财产包括国有财产、劳动群众集体所有的财产以及用于扶贫和其他公益事业的社会捐助或者专项基金的财产。根据《土地管理法》第2条、第9条的规定，我国土地实行社会主义公有制，即全民所有制和劳动群众集体所有制，并可以依法确定给单位或者个人使用。虽然土地所有权实行公有制，但是土地所有权与使用权可以分离，个人或者单位可以拥有土地使用权，对土地能够进行占有、使用、开发、经营，并可以取得相应经济收益。因此，土地使用权具有财产性利益。无论国有土地还是集体土地的使用权，都属于《刑法》第 382 条第 1 款规定中的"公共财物"，可以成为贪污的对象。

2. 贪污罪中犯罪主体"国家工作人员"的认定

本罪的主体是特殊主体，具体包括两类人员：第一类是国家工作人员，即《刑法》第 93 条规定的"国家机关中从事公务的人员"。第二类是受国有公司、企业、事业单位、人民团体委托管理、经营国有财产的人。

按照 2000 年 4 月 29 日第九届全国人民代表大会常务委员会第十五次会议通过的《全国人民代表大会常务委员会关于〈中华人民共和国刑法〉第九十三条第二款的解释》的规定："村民委员会等村基层组织人员协助人民政府从事下列行政管理工作，属于刑法第九十三条第二款规定的'其他依照法律从事公务的人员'：（一）救灾、抢险、防汛、优抚、扶贫、移民、救济款物的管理；（二）社会捐助公益事业款物的管理；（三）国有土地的经营和管理；（四）土地征用补偿费用的管理；（五）代征、代缴税款；（六）有关计划生育、户籍、征兵工作；（七）协助人民政府从事的其他行政管理工作。"村民委员会等村基层组织人员从事前款规定的公务，利用职务上的便利，非法占有公共财物，构成犯罪的，适用《刑法》第 382 条和第 383 条贪污罪的规定。

目前就"国家工作人员"的认定标准，理论界大致有三类学说：一是"身份论"，注重形式标准，认为贪污贿赂罪属于职务犯罪，国家工作人员的判定应当以身份编制为准，即行为人具有国家工作人员的身份就属于国家工作人员，适用于职务犯罪的主体，反之不适用。二是"职能论"，强调实质标准，认为"从事公务"是国家工作人员的本质特征，不论具备何种身份，"从事公务"就应认定是国家工作人员。三是"综合论"（"身份·职能二元论"），既注重编制资格，又要考察行为职能。

按照 2003 年 11 月 13 日最高人民法院发布的《全国法院审理经济犯罪案件工作座谈会纪要》的规定："一、关于贪污贿赂犯罪的主体。（一）国家机关工作人员的认定。刑法中所称的国家机关工作人员，是指在国家机关中从事公务的人员，包括在各级国家权力机关、行政机关、司法机关和军事机关中从事公务的人员。根据有关立法解释的规定，在依照法律、法规规定行使国家行政管理职权的组织中从事公务的人员，或者在受国家机关委托代表国家行使职权的组织中从事公务的人员，或者虽未列入国家机关人员编制但在国家机关中从事公务的人员，视为国家机关工作人员。在乡（镇）以上中国共产党机关、人民政协机关中从事公务的人员，司法实践中也应当视为国家机关工作人员。（二）国家机关、国有公司、企业、事业单位委派到非国有公司、企业、事业单位、社会团体从事公务的人员的认定。所谓委派，即委任、派遣，其形式多种多样，如任命、指派、提名、批准等。不论被委派的人身份如何，只要是接受国家机关、国有公司、企业、事业单位委派，代表国家机关、国有公司、企业、事业单位在非国有公司、企业、事业单位、社会团体中从事组织、领导、监督、管理等工作，都可以认定为国家机关、国有公司、企业、事业单位委派到非国有公司、企业、事业单位、社会团体从事公务的人员。

如国家机关、国有公司、企业、事业单位委派在国有控股或者参股的股份有限公司从事组织、领导、监督、管理等工作的人员，应当以国家工作人员论。国有公司、企业改制为股份有限公司后，原国有公司、企业的工作人员和股份有限公司新任命的人员中，除代表国有投资主体行使监督、管理职权的人外，不以国家工作人员论。（三）'其他依照法律从事公务的人员'的认定。刑法第九十三条第二款规定的'其他依照法律从事公务的人员'应当具有两个特征：一是在特定条件下行使国家管理职能；二是依照法律规定从事公务。具体包括：（1）依法履行职责的各级人民代表大会代表；（2）依法履行审判职责的人民陪审员；（3）协助乡镇人民政府、街道办事处从事行政管理工作的村民委员会、居民委员会等农村和城市基层组织人员；（4）其他由法律授权从事公务的人员。（四）关于'从事公务'的理解。从事公务，是指代表国家机关、国有公司、企业、事业单位、人民团体等履行组织、领导、监督、管理等职责。公务主要表现为与职权相联系的公共事务以及监督、管理国有财产的职务活动。如国家机关工作人员依法履行职责，国有公司的董事、经理、监事、会计、出纳人员等管理、监督国有财产等活动，属于从事公务。那些不具备职权内容的劳务活动、技术服务工作，如售货员、售票员等所从事的工作，一般不认为是公务。"

3. 贪污罪客观方面"利用职务便利"的界定

本罪在客观方面表现为行为人利用职务上的便利，侵吞、窃取、骗取或者以其他手段非法占有公共财物的行为。所谓利用职务上的便利，是指利用本人职务范围内的权力和地位所形成的便利条件，即主管、管理、经手公共财物的权力及方便条件，既包括利用本人职务上主管、负责、承办某项公共事务的职权，也包括利用职务上有隶属、制约关系的其他国家机关工作人员的职权。担任单位领导职务的国家工作人员通过不属自己主管的下级部门的国家工作人员的职务为他人谋取利益的，应当认定为"利用职务上的便利"为他人谋取利益。如果行为人利用的不是其职务上的便利，而是利用因工作关系熟悉作案环境、较易接近作案目标或对象等与职权无关的方便条件，那就不能构成本罪。例如，出纳员利用职务上保管现金的便利，盗窃由其保管的公款，构成贪污罪。如果出纳员仅是利用对本单位的情况熟悉的条件，盗窃由其他国家工作人员保管的公共财物，则构成盗窃罪。

4. 贪污罪主观方面"以非法占有为目的"的认定

本罪的主观方面是故意，并且以非法占有为目的，而非暂时使用。

学界对于"非法占有目的"内涵的界定主要存在三种观点。第一种是"排除权利者意思说"，认为非法占有目的的含义是永远占有他人财物的意思，只包括排除意思，不包含利用意思。第二种观点是"利用处分意思说"，该学说认为非法占有目的，是指按照财物的经济用法进行利用、处分的意思，即仅有利用意思即可。第三种观点是张明楷教授主张的"排除意思＋利用意思说"，认为非法占有目的，是指排除权利人，将他人的财物作为自己的财物进行支配，并遵从财物的用途进行利用、处分的意思。非法占有目的由排除意思与利用意思构成，前者重视的是法的侧面，后者重视的是经济的侧面，二者的机能不同。

以上三种观点中，对"非法占有目的"的解释采"排除意思＋利用意思说"较为妥当。"非法占有目的"应当有排除之意，行为人为了达到自己占有他人财物的目的，排除财物所有人的权利；同时，还应当具有利用而非损毁的意思，表现在以符合物品的经济属性、物品的自身用途等的形式来利用财物，否则可能构成故意毁坏财物罪，而非贪污罪。综上，张明楷教授对"非法占有目的"含义的界定是较为全面的，其对于司法实践中认定"非法占有目的"具有较强的应用价值。

实践中对于"非法占有目的"主要通过客观方面予以认定。国家工作人员利用职务上的便利，采用侵吞、窃取、骗取或者其他手段将公共财物据为己有，应认定具有非法占有的目的。但通过客观方面的证据认定"非法占有目的"时，实务中经常会出现仅根据"隐瞒事实、虚构事实"等客观行为即推定行为人具有非法占有目的。为避免这种"客观归罪"倾向，认定贪污案中行为人是否具有"非法占有目的"应综合考虑以下因素：(1) 坚持主客观相一致原则，坚持在客观基础上的主观判断，即在查明客观事实的前提下，根据日常经验法则或者逻辑规则，推定行为人的主观目的；(2) 贪污罪是职务犯罪，其对象被限定为公共财物，应当从行为人所得财物的来源推定行为人是否具有"非法占有公共财物"的主观故意；(3) 厘清涉案公共财物的具体去向，并结合行为人的处置意思，综合认定其是否具有非法占有目的。

二、贪污罪的认定

(一) 难度与热度

难度：☆☆☆☆　热度：☆☆☆☆

(二) 疑难问题解析

1. 国家工作人员与非国家工作人员共同贪污行为的定性

对于国家工作人员与非国家工作人员相勾结，共同侵占本单位财物的案件，应具体情况具体分析：非国家工作人员与国家工作人员相勾结，利用国家工作人员职务上的便利共同非法占有本单位财物的，按贪污罪的共同犯罪处理；国家工作人员与非国家工作人员相勾结，利用非国家工作人员职务上的便利共同非法占有本单位财物的，按职务侵占罪的共同犯罪处理；国家工作人员与非国家工作人员相勾结，分别利用各自的职务上的便利共同非法占有本单位财物的，按照主犯的犯罪性质定罪。如果根据案件的实际情况，各共同犯罪人在共同犯罪中的地位、作用相当，难以区分主从犯的，可以按贪污罪定罪处罚。

2. 贪污罪与科研人员不当套取国家科研经费行为的界限

最高人民检察院 2015 年《关于贯彻落实〈中共中央关于全面推进依法治国若干重大问题的决定〉的意见》指出："严肃查办和积极预防国家重大科研基础设施建设、科研资源管理分配等重点领域的职务犯罪，依法慎重办理科技活动和科技体制改革中出现的新类型案件。"由此可见，对于涉及科研经费的职务犯罪案件，既要严肃打击涉案领域重要的职务犯罪，同时也要避免扩大打击面。和贪污罪相比，科研人员从事的是科研活动，并非从事公务，科研人员也并不都是国家工作人员；套取科研经费的手段可能非法，但如其获得科研经费后依约完成研究任务、取得预期科研成果，也与利用职务便利套取公共财物的行为存在区别。因此，对于科研人员不当套取国家科研经费的行为，一般不宜认定为贪污罪。

3. 贪污罪与盗窃罪、诈骗罪、侵占罪的界限

盗窃罪、诈骗罪、侵占罪主观上都是故意，并且都以非法占有为目的，客观上贪污罪也可以使用侵占、盗窃、诈骗的手段实施，因此容易混淆。贪污罪与盗窃罪、诈骗罪、侵占罪的区别表现在：（1）犯罪的客体和对象不同。本罪的客体是复杂客体，即国家公职人员的职务廉洁性和公共财产所有权，对象是公共财物；盗窃罪、诈骗罪、侵占罪的客体是简单客体，即公私财产所有权，对象是公私财物。（2）客观方面不尽相同。本罪的侵吞、窃取、骗取是利用职务上的便利进行的，侵占罪、盗窃罪、诈骗罪的侵吞、窃取、骗取则不存在利用职务上的便利问题。（3）犯罪主体不同。本罪的主体是特殊主体，即国家工作人员和受国家机关、国有公司、企业、事业单位、人民团体委托管理、经营国有财产的人员；侵占罪、盗窃罪、诈骗罪的主体是一般主体。

4. 贪污罪既遂与未遂的区别

关于贪污罪既遂与未遂区分标准问题，刑法理论上存在以下三种不同观点：一是"失控说"。该说强调受害人对财物的控制，认为应以财产所有单位是否失去对公共财产的控制为界。二是"占有说"。该说主张贪污罪既遂的标准是行为人实际非法占有了公共财物，即实际取得财物。三是"控制说"。该说主张贪污罪既遂的标准应当以行为人取得对公共财物的实际控制与支配为标准。

"失控说"扩大了贪污罪既遂形态范围，从而变相加重了行为人的刑事责任；"占有说"忽视了贪污犯罪形式的复杂性，缩小了贪污罪既遂形态范围，可能放纵贪污犯罪；"控制说"既考虑所有人对财物的失控，又考虑行为人对财产的控制，抓住了财物被非法占有的实质，是刑法理论界的通说。

对此，2003年11月13日最高人民法院发布的《全国法院审理经济犯罪案件工作座谈会纪要》第2条第1项指出：贪污罪是一种以非法占有为目的的财产性职务犯罪，与盗窃、诈骗、抢夺等侵犯财产罪一样，应当以行为人是否实际控制财物作为区分贪污罪既遂与未遂的标准。对于行为人利用职务上的便利，实施了虚假平账等贪污行为，但公共财物尚未实际转移，或者尚未被行为人控制就被查获的，应当认定为贪污未遂。行为人控制公共财物后，是否将财物据为己有，不影响贪污既遂的认定。

5. 贪污罪的处罚

《刑法》第383条规定："对犯贪污罪的，根据情节轻重，分别依照下列规定处罚：（一）贪污数额较大或者有其他较重情节的，处三年以下有期徒刑或者拘役，并处罚金。（二）贪污数额巨大或者有其他严重情节的，处三年以上十年以下有期徒刑，并处罚金或者没收财产。（三）贪污数额特别巨大或者有其他特别严重情节的，处十年以上有期徒刑或者无期徒刑，并处罚金或者没收财产；数额特别巨大，并使国家和人民利益遭受特别重大损失的，处无期徒刑或者死刑，并处没收财产。

"对多次贪污未经处理的，按照累计贪污数额处罚。"

"犯第一款罪，在提起公诉前如实供述自己罪行、真诚悔罪、积极退赃，避免、减少损害结果的发生，有第一项规定情形的，可以从轻、减轻或者免除处罚；有第二项、第三项规定情形的，可以从轻处罚。"

"犯第一款罪，有第三项规定情形被判处死刑缓期执行的，人民法院根据犯罪情节等

情况可以同时决定在其死刑缓期执行二年期满依法减为无期徒刑后，终身监禁，不得减刑、假释。"

关于共同贪污犯罪中数额的认定，理论上存在不同主张，其中影响较大的主要有"分赃数额说"和"犯罪总额说"两种。"分赃数额说"主张，共同犯罪中各行为人要对其实际分得的赃款负责。理由是：每个罪犯在犯罪中的地位和作用不同，犯罪所得数额也不同，如果每起案件都以共同犯罪数额作为量刑的基础，那就是不加区别地要每个罪犯都承担其他共犯的罪责，不符合罪责自负的原则。"犯罪总额说"主张，对参与共同犯罪行为的各个共犯在定罪量刑上实施"部分实行，全部责任"的处罚原则。理由是，共同犯罪的结果是各共犯共同故意相互结合作用的结果，每个人的行为都与共同结果具有因果关系，当然应共同承担刑事责任。

"分赃数额说"认定各个共犯承担刑事责任的范围是所分得的赃款，割裂了共同犯罪行为的整体性，不能体现出共同犯罪行为比单独犯罪行为产生的更大危害性，与共同犯罪的规定相悖。如果按照"分赃数额说"来认定各共犯的犯罪数额，往往会出现很多人达不到定罪标准导致其在法律上并不构成犯罪的情况，这不符合共同犯罪危害性大于个人犯罪的实际情况。因此，应当采"犯罪总额说"，根据我国关于共同犯罪理论的规定，结合主客观相统一原则，应当认为各个共犯对其所参与的共同犯罪行为的全部数额承担刑事责任。具体来说，根据刑法总则及相关解释，认定共同贪污犯罪中共犯所负责的犯罪数额可遵循以下三条规则：第一，贪污犯罪集团的首要分子应对集团预谋以及组织所得的全部贪污的总额负责。第二，贪污罪一般共同犯罪中的主犯应对其参与的或者组织、指挥的共同贪污的总额负责。第三，贪污犯罪集团或一般共同贪污犯罪中的从犯应对其参与的共同贪污的数额负责，并依照《刑法》第27条第2款的规定，从轻、减轻处罚或免除处罚。

2003年11月13日最高人民法院发布的《全国法院审理经济犯罪案件工作座谈会纪要》第2条第4项指出：共同贪污犯罪中"个人贪污数额"的认定，"刑法第三百八十三条第一款规定的'个人贪污数额'，在共同贪污犯罪案件中应理解为个人所参与或者组织、指挥共同贪污的数额，不能只按个人实际分得的赃款数额来认定。对共同贪污犯罪中的从犯，应当按照其所参与的共同贪污的数额确定量刑幅度，并依照刑法第二十七条第二款的规定，从轻、减轻处罚或者免除处罚。"

第二节 挪用公款罪

一、挪用公款罪的概念与构成特征

（一）难度与热度
难度：☆☆☆ 热度：☆☆☆☆

（二）基本概念分析
挪用公款罪，是指国家工作人员利用职务上的便利，挪用公款归个人使用，进行非法活动的，或者挪用公款数额较大、进行营利活动的，或者挪用公款数额较大、超过3个月未还的行为。

本罪的构成特征是：（1）本罪的客体是复杂客体，既侵犯国家工作人员的职务廉洁性，也侵犯公共财产的占有、使用、收益权。（2）本罪的客观方面表现为行为人利用职务上的便利，挪用公款归个人使用，进行非法活动，或者挪用公款数额较大、进行营利活动，或者挪用公款数额较大、超过3个月未还，这包括三个方面的内容：第一，利用职务上的便利。第二，挪用公款归个人使用。第三，挪用行为的具体表现有三种。（3）本罪的主体为特殊主体，只能由国家工作人员构成。（4）本罪的主观方面为故意，即明知其是公款而有意违反有关规定予以挪用，其目的是暂时使用公款。

（三）学说理论探讨

1. 本罪中的实行行为是"挪"，还是"挪＋用"？"挪而未用"的，成立本罪的既遂吗

关于"挪而未用"的处理，理论上有无罪说、未遂说和既遂说三种代表性观点。主张挪用公款罪是所谓复行为犯的，通常主张未遂说；而主张其为单行为犯的，一般赞成既遂说。

第一种观点认为，如果能够查明国家工作人员意图将公款用于非法活动或营利活动，数额上达到立案标准的，则认定为非法活动型或营利活动型挪用公款罪的既遂；如果无法查明国家工作人员意图将公款用于何种用途，符合数额标准和挪用时间要求的，认定为其他活动型挪用公款罪；上述情形以外的"挪而未用"行为，由于不符合挪用公款罪的构成要件，因而无罪。

第二种观点主张，在难以确定行为人挪用意图的情况下以其他活动型挪用公款罪的规定进行定罪处罚，但在确有证据证明行为人挪用单位资金系进行非法活动或者营利活动的意图的情况下，不能排除对挪而未用的行为有按照非法活动型或营利活动型挪用公款罪的规定进行定罪处罚的可能。

第三种观点声称，"挪而未用"行为对社会造成的危害明显小于"挪而又用"对社会的危害，因此"挪而未用"行为按"挪用公款数额较大，超过3个月未还"的标准处理是符合罪责刑相适应这一刑法基本原则的。

因此，挪用公款罪的实行行为只有"挪"，"用"并非该罪的实行行为，不过是判断公款流失的风险性大小的资料与根据。

2. 挪用公款必须是使单位现实控制的公款脱离单位控制吗

挪用公款罪的本质是使自己基于职务即代表单位占有支配下的公款，脱离单位的控制而非法置于自己的控制之下。很显然，所挪用的公款必须是单位已有的即现实存在的公款，而不可能包括期待取得但尚不存在的公款。

3. 如何认定"变相挪用公款"

应该说，只要实质上可以评价为将自己基于职务占有、支配的单位现存的公款非法置于个人的控制支配之下，就可以认定为挪用公款。收回单位的应收款后不交回单位，而是由自己暂时使用的，就可谓变相挪用公款。

4. 以单位名义将财产挪用归个人或其他单位使用是否属"归个人使用"

根据2002年4月28日全国人大常委会《关于〈中华人民共和国刑法〉第三百八十

四条第一款的解释》，有下列情形之一的，属于挪用公款"归个人使用"：1）将公款供本人、亲友或者其他自然人使用的；2）以个人名义将公款供其他单位使用的；3）个人决定以单位名义将公款供其他单位使用，谋取个人利益的。即将公款供自然人使用的，无论何种名义都构成"归个人使用"，将公款供其他单位使用的，无论是国有或集体单位还是其他性质的单位，须以个人名义或虽以单位名义但谋取个人利益方构成"归个人使用"。根据最高人民法院《全国法院审理经济犯罪案件工作座谈会纪要》的规定，在司法实践中，对于将公款供其他单位使用的，认定是否属于"以个人名义"，不能只看形式，要从实质上把握。对于行为人逃避财务监管，或者与使用人约定以个人名义进行，或者借款、还款都以个人名义进行，将公款给其他单位使用的，应认定为"以个人名义"。"个人决定"既包括行为人在职权范围内决定，也包括超越职权范围决定。"谋取个人利益"，既包括行为人与使用人事先约定谋取个人利益实际尚未获取的情况，也包括虽未事先约定但实际已获取了个人利益的情况。其中的"个人利益"，既包括不正当利益，也包括正当利益；既包括财产性利益，也包括非财产性利益，但这种非财产性利益应当是具体的实际利益，如升学、就业等。

经单位领导集体研究决定将公款给个人使用，或者单位负责人为了单位的利益，决定将公款给个人使用的，不以挪用公款罪定罪处罚。上述行为致使单位遭受重大损失，构成其他犯罪的，依照刑法的有关规定对责任人员定罪处罚。

二、挪用公款罪与贪污罪、挪用资金罪、挪用特定款物罪的界限

（一）难度与热度
难度：☆☆☆☆　热度：☆☆☆☆

（二）学说理论探讨
1. 本罪与贪污罪的界限

第一，犯罪次要客体不同。本罪侵犯的次要客体限于公共财物的占有、使用、收益权，贪污罪侵犯的次要客体是公共财产所有权。

第二，犯罪对象不同。本罪的对象仅限于公款，例外情形下包括特定款物；贪污罪的对象既包括公款，也包括其他公共财物。

第三，犯罪客观方面不同。本罪的行为性质是挪用，即暂时性对公款的占有、使用和收益行为，且依挪用用途可表现为三种法定情形；贪污罪的行为性质是侵占所有，利用职务上的便利，以侵吞、窃取、骗取或者以其他手段非法占有公共财物。实施贪污罪的行为人往往有做假账、虚报账目等行为，而本罪则无。

第四，犯罪主体不同。本罪的犯罪主体只能是国家工作人员；贪污罪的主体除国家工作人员之外，还包括受国家机关、国有公司、企业、事业单位、人民团体委托管理、经营国有财产的人员。

第五，犯罪主观目的不同。本罪以暂时使用公款为目的；贪污罪以非法占有公共财物为目的，不具有归还的想法。

在特定情形下，本罪可向贪污罪转化：（1）根据最高人民法院《关于审理挪用公款案件具体应用法律若干问题的解释》（以下简称《挪用公款案件解释》），携带挪用的公款潜

逃的;(2)挪用公款后采取虚假冲账、平账或销毁账目不入账等手段,使所挪用的公款难以在单位财务账目上反映出来,且具有非法占有目的没有归还行为的;(3)截取单位收入不入账,非法占有,使所占有的公款难以在单位财务账目上反映出来,且没有归还行为的;(4)有证据证明行为人有能力归还挪用的公款而拒不归还并隐瞒公款去向的。

2. 本罪与挪用资金罪的界限

第一,犯罪客体不同。本罪侵犯的客体是复杂客体,本罪既侵犯了国家工作人员的职务廉洁性,也侵犯了公共财产的占有、使用、收益权;挪用资金罪只侵犯了单位资金的所有权。

第二,犯罪对象不同。本罪的对象是公款和特定款物;挪用资金罪的对象是本单位的财物,包括非国有公司、企业的资金。

第三,犯罪主体不同。本罪的主体是国家工作人员;挪用资金罪的犯罪主体是不具有国家工作人员身份的公司、企业及其他单位的工作人员。

3. 本罪与挪用特定款物罪的界限

第一,犯罪客体不同。本罪侵犯的客体是复杂客体,本罪既侵犯了国家工作人员的职务廉洁性,也侵犯了公共财产的占有、使用、收益权;挪用特定款物罪则同时侵犯了国家特定财物的财经管理制度。

第二,犯罪对象不同。本罪的犯罪对象包括公款和特定款物,挪用特定款物罪的犯罪对象仅限于特定款物。

第三,犯罪主体不同。本罪的主体是国家工作人员,挪用特定款物罪的主体是对保管、管理和使用特定款物直接负责的主管人员和其他直接责任人员。

第四,挪用内涵不同。本罪一般是挪用公款归个人,实质上是"公款私用";挪用特定款物罪是将本该用于专门用途的特定款物挪归单位其他事项使用,未能"专款专用",实质上仍具有"公款公用"性质。

三、挪用公款罪的罪数认定

(一) 难度与热度
难度:☆☆　热度:☆☆☆

(二) 基本概念分析

根据《挪用公款案件解释》的规定,行为人因挪用公款给他人使用,索取或者非法收受他人财物构成犯罪的,或者挪用公款进行非法活动,其非法活动又构成其他犯罪的,应分别按照本罪和受贿罪,或者本罪和其非法活动构成的有关犯罪实行数罪并罚。

明知他人使用公款进行犯罪活动,而挪用公款给他人使用的,数罪并罚。例如,明知他人使用公款用于贩卖毒品,而将公款挪用给他人的,成立挪用公款罪的正犯与贩卖毒品罪的帮助犯,数罪并罚。

四、挪用公款罪的共同犯罪认定

(一) 难度与热度
难度:☆☆☆　热度:☆☆☆

（二）基本概念分析

使用人与挪用人是否构成本罪的共同犯罪，应根据不同的情况分别处理：根据《挪用公款案件解释》的规定，挪用公款给他人使用，使用人与挪用人共谋、指使或者参与策划取得挪用款的，以本罪的共犯定罪处罚；如果使用人没有上述情况，只是简单地使用了挪用的公款，则不能按照本罪的共同犯罪处理。

五、挪用公款罪追诉期限的计算

（一）难度与热度

难度：☆☆　　热度：☆☆☆

（二）基本概念分析

挪用公款归个人使用，进行非法活动的，或者挪用公款数额较大、进行营利活动的，犯罪的追诉期限从挪用行为实施完毕之日起计算；挪用公款数额较大、超过 3 个月未还的，犯罪的追诉期限从挪用公款罪成立之日起计算。挪用公款行为有持续状态的，犯罪的追诉期限应当从最后一次挪用行为实施完毕之日或者犯罪成立之日起计算。

第三节　受贿罪

一、受贿罪的概念与构成特征

（一）难度与热度

难度：☆☆☆☆　　热度：☆☆☆☆☆

（二）基本概念分析

受贿罪，是指国家工作人员利用职务上的便利，索取他人财物，或者非法收受他人财物，为他人谋取利益的行为。

本罪的构成特征是：（1）本罪侵犯的客体是国家工作人员职务行为的廉洁性。（2）本罪在客观方面表现为行为人利用职务上的便利，索取他人财物，或者非法收受他人财物，为他人谋取利益的行为。按照《刑法》第 385 条的规定，本罪的客观方面包括两种基本行为方式：第一，索取型受贿，即利用职务上的便利，索取他人财物；第二，收受型受贿，即非法收受他人财物并为他人谋取利益。除上述两种基本受贿类型外，我国刑法还规定了在经济往来中受贿和斡旋受贿两种特殊类型的受贿，主要是指《刑法》第 385 条第 2 款规定的"国家工作人员在经济往来中，违反国家规定，收受各种名义的回扣、手续费，归个人所有的，以受贿罪论处"和《刑法》第 388 条规定的"国家工作人员利用本人职权或者地位形成的便利条件，通过其他国家工作人员职务上的行为，为请托人谋取不正当利益，索取请托人财物或者收受请托人财物的，以受贿罪论处"。（3）本罪的犯罪主体为特殊主体，即本罪只能由国家工作人员构成，具体包括：国家机关中从事公务的人员，国有公司、企业、事业单位、人民团体中从事公务的人员，国家机关、国有公司、企业、事业单位委派到非国有公司、企业、事业单位、社会团体中从事公务的人员，以及其他依照法律从事公务的人员。(4)本罪的主观方面表现为故意,即明知自己利用职务便利向他人索取财物或者收受他人财物的行为会造成侵害职务行为廉洁性的后果,希望或者放任危害结果发生的心理态度。

(三)学说理论探讨

1. 受贿罪的客体

根据"马工程"教材中的观点,本罪侵犯的客体为国家工作人员职务行为的廉洁性。国家工作人员的公务行为具有廉洁性,不可被收买,受贿行为破坏了公务行为的廉洁性。受贿罪侵犯的是单一客体还是复杂客体,这是多年来中外理论聚讼不休、观点纷呈的一个问题。

单一客体说认为,受贿罪是单一客体,即国家工作人员职务行为的廉洁性。如有观点认为,受贿罪侵犯的客体,是国家机关和国有公司、企业、事业单位、人民团体的正常工作秩序和国家的廉政建设制度,包括国家工作人员职务行为的廉洁性。

复杂客体说认为,受贿罪是复杂客体,张明楷教授就认为其侵犯的复杂客体具体包括:公务行为的纯洁与真实性、公务行为的不可收买性、确保社会大众对公务人员及其执行公务行为不可收买的信赖,以及使"国家意志"不因公务人员的图利渎职行为而受到阻挠或篡改。

对这两种观点,本书认为应采"单一客体说",理由在于:(1)受贿罪所采取的方法是多种多样的。它可以发生在许多不同的部门,凭借不同的职权,因此,除必然侵犯国家工作人员职务行为的廉洁性之外,很难确定它还必然侵犯到哪一种直接客体。(2)还有学者认为受贿罪除了侵犯国家机关的正常活动,还侵犯公私财物的所有权,但这种观点难以令人信服。实践中大量的行贿受贿都是双方自愿的,行贿人自动把贿赂交给国家工作人员,不能说受贿人侵犯了行贿人的财产权利,即使是在索贿的情况下,被勒索者的财产权被侵犯了,这也只是个别案件,不能由此以偏概全,得出普遍结论认为受贿罪侵犯了公私财物的所有权。(3)受贿罪是腐败的一种主要表现形式,廉洁奉公、禁止受贿是我国廉政制度建设的一项主要内容,也是国家和人民对国家工作人员的基本要求,受贿行为不仅背离了为政清廉的义务,而且其行为严重腐蚀了国家肌体,影响到国家的长治久安。所以,受贿罪的客体应是国家工作人员职务行为的廉洁性,这符合受贿罪构成的各种实际情况,有利于揭示受贿罪的本质特征。

2. 受贿罪的犯罪对象

本罪的犯罪对象是贿赂,我国刑法也将贿赂表述为财物。但刑法理论界对于贿赂的范围存在财物说、利益说和财产性利益说三种观点,其中财产性利益说为通说,认为贿赂应当指具有价值的有体物、无体物和财产性利益,非财产性利益不属于贿赂。2016年4月18日公布并施行的最高人民法院、最高人民检察院《关于办理贪污贿赂刑事案件适用法律若干问题解释》(以下简称2016年"两高"办理贪污受贿司法解释)第12条规定,贿赂犯罪中的"财物",包括货币、物品和财产性利益。财产性利益包括可以折算为货币的物质利益如房屋装修、债务免除等,以及需要支付货币的其他利益如会员服务、旅游等。后者的犯罪数额,以实际支付或者应当支付的数额计算。可见,受贿罪的本质是"权钱交易",将能够转移占有的财产性利益解释为贿赂,完全符合贿赂的本质,如设定债权、免除债务等，实际上这只是对方支付财物的方式不同，因为收受人无条件地获得了收取金钱的权利，或者没有支出本应支出的金钱，事实上都是财物所有权的转移，都是以权换利的表现形式。

3. 受贿罪客观方面的表现形式

本罪在客观方面表现为行为人利用职务上的便利，索取他人财物，或者非法收受他人财物，为他人谋取利益的行为。

所谓"利用职务便利"，按照前述 2016 年"两高"办理贪污受贿司法解释的规定，是指利用本人职务范围内的权力，即自己职务上主管、负责或者承办某项公共事务的职权及其形成的便利条件。"马工程"教材中将利用职务上的便利分成了三种情况：（1）利用本人职务上主管、负责、承办某项公共事务的职权。（2）利用职务上有隶属、制约关系的其他国家工作人员的职权。（3）担任单位领导职务的国家工作人员通过不属自己主管的下级部门的国家工作人员的职务为他人谋取利益。

所谓"为他人谋取利益"，按照 2016 年"两高"办理贪污受贿司法解释第 13 条的规定，包括：（1）实际或者承诺为他人谋取利益的；（2）明知他人有具体请托事项的；（3）履职时未被请托，但事后基于该履职事由收受他人财物的三种具体情形。此外，国家工作人员索取、收受具有上下级关系的下属或者具有行政管理关系的被管理人员的财物价值 3 万元以上，可能影响职权行使的，视为承诺为他人谋取利益。

具体来说，受贿罪客观方面包括两种基本行为方式：一是索取型受贿，即利用职务上的便利，索取他人财物。二是收受型受贿，即利用职务上的便利，非法收受他人财物，为他人谋取利益。除上述两种基本受贿类型外，我国刑法还规定了在经济往来中的受贿和斡旋受贿两种特殊类型的受贿。以下具体分析：

第一，索取型受贿，即利用职务上的便利，索取他人财物。

因索贿构成受贿罪的，不要求公务人员为他人谋取利益。显然，在索贿时，国家工作人员是利用职务上的便利索取财物，而不是利用职务上的便利为他人谋取利益。索贿是公务人员在他人有求于自己的职务行为时，利用他人的困境，直接、公开或者通过暗示主动向他人索要财物。但是，如果他人请托的事项与自己的职务行为没有关系，利用他人的困境，要求、索要、勒索财物时，则不构成受贿罪，而可能构成敲诈勒索罪。由此看来，在索贿时，利用职务上的便利表现为他人有求于自己的职务行为，公务人员以交付财物为前提而实施或者放弃职务监管行为，该财物成为其职务行为的不正当报酬。

何谓"索取他人财物"？有学者认为，所谓索取他人财物的行为，是指国家工作人员利用职务之便，敲诈勒索，主动向他人索要财物的行为。"马工程"教材认为，索贿是指主动向他人索要、勒索并收受财物，体现索贿人的主动性和交付财物者的被动性。索取他人财物的，不论是否"为他人谋取利益"，均可构成受贿罪。

第二，收受型受贿，即利用职务上的便利，非法收受他人财物，为他人谋取利益。

"非法收受他人财物"，是指对他人给付的财物予以接受，体现给付财物的主动性和收受财物的被动性。非法收受他人财物的，必须同时具备"利用职务上的便利，为他人谋取利益"的条件，才能构成受贿罪。受贿罪的本质是权钱交易，只要在给予财物和收受财物过程中双方实际上存在权钱交易的关系即可，所以在判断是否具备"利用职务上的便利，为他人谋取利益"的要件时，不受利益是否正当、是否实现以及实现时间是在非法收受他人财物的同时还是之前或者之后的影响。为他人谋取利益，包括承诺、实施和实现三个阶段的行为。只要具有其中一个阶段的行为，就具备了为他人谋取利益的要件。

第三，在经济往来中受贿。

关于在经济往来中收受回扣、手续费是否构成受贿罪的问题在学界也存在一定的讨论。《刑法》第385条第2款规定："国家工作人员在经济往来中，违反国家规定，收受各种名义的回扣、手续费，归个人所有的，以受贿罪论处。"对刑法该条的理解，马克昌教授认为，收受回扣、手续费构成受贿罪的条件如下：（1）接受回扣、手续费的人，必须是国家工作人员。（2）收取的回扣、手续费没有归公，而是归个人非法占有。（3）收受回扣、手续费者必须利用了职务上的便利，如果没有利用职务上的便利，不能定为受贿罪。（4）行为人所收取的回扣、手续费，不是按规定属于应得的合理的报酬和奖励。

第四，斡旋受贿，也称间接受贿。

《刑法》第388条规定："国家工作人员利用本人职权或者地位形成的便利条件，通过其他国家工作人员职务上的行为，为请托人谋取不正当利益，索取请托人财物或者收受请托人财物的，以受贿论处。"

斡旋受贿具有以下两个特征：（1）间接利用职权。行为人不是直接利用本人职权或者地位形成的便利条件，而是间接利用本人的职权或者地位形成的便利条件，通过其他国家工作人员职务上的行为为请托人实现利益。（2）谋取不正当利益。因为斡旋受贿属于间接利用职权，其违法性明显轻于直接利用职权的情况，所以刑法对斡旋受贿构成要件作出严于一般受贿罪的规定，即必须具有为请托人谋取不正当利益的目的。

4. 受贿罪的主观特征

本罪的主观方面表现为故意，即明知自己利用职务便利向他人索取财物或者收受他人财物的行为会造成侵害职务行为廉洁性的后果，希望或者放任危害结果发生的心理态度。司法实践中，受贿故意的重要判断标准是行为人认识到索取、收受财物与职务行为的关联性。如果国家工作人员为他人谋取利益，没有受贿的意图，后者以"酬谢"的名义把财物送到他家中，而前者并不知情，则不能以受贿罪论处。

在受贿罪的主观特征中，事后受财（贿）是一个存在争议的问题。国家工作人员在利用职务便利为请托人谋取利益时，没有与请托人约定收受财物，或者是没有证据证明存在这种约定，事后国家工作人员接受请托人财物的，能否认定为受贿罪？部分学者认为，"事后受财"，只要行为人明知是其利用职务为他人谋利益的结果，并故意接受，就应认为具有了受贿故意，可以构成受贿。如王作富教授认为，受贿的故意可以产生在为他人谋取利益之前，也可以产生于其后。实践中，有的行为人在为他人谋取利益时，并没有与他人约定贿赂，甚至并没有想到对方会在事后送其财物。而在为对方谋取利益之后，对方以感谢的名义送给其财物，行为人明知此财物是针对所实施的职务行为而送的，这种情况完全符合受贿罪的主客观特征，不应把这种事后故意的情况排除在受贿罪之外。还有的学者认为，在能够推定行为人执行职务行为时，具有事后收受来自他人职务行为对价的心理期待或者内心联想时，即便双方没有事先约定，也能认定事后受财行为是受贿。这是因为，行为人在履职时所具有的事后收受财物的预期或者心理联想，会影响行为人的职务裁量行为的公正性，从而产生将"职务行为置于贿赂影响之下的危险"。对此，2016年"两高"办理贪污受贿司法解释第13条规定，履职时未被请托，但事后基于该履职事由收受他人财物的，应当认定为"为他人谋取利益"。可见，事后受贿应当成立受贿已经获得理论和实践的共识。

除此以外，受贿罪还有如下问题需要明确：

1. "利用职务上的便利"的认定

《全国法院审理经济犯罪案件工作座谈会纪要》中关于"利用职务上的便利"的认定，指出："刑法第三百八十五条第一款规定的'利用职务上的便利'既包括利用本人职务上主管、负责、承办某项公共事务的职权，也包括利用职务上有隶属、制约关系的其他国家工作人员的职权。担任单位领导职务的国家工作人员通过不属自己主管的下级部门的国家工作人员的职务为他人谋取利益的，应当认定为'利用职务上的便利'为他人谋取利益。"

2. 斡旋受贿中"利用职权或者地位形成的便利条件"的认定

斡旋受贿是指国家工作人员利用本人职权或者地位形成的便利条件，通过其他国家工作人员职务上的行为，为请托人谋取不正当利益，索取请托人财物或者收受请托人财物的行为。最高人民法院《全国法院审理经济犯罪案件工作座谈会纪要》第3条第3项规定关于刑法第388条规定"利用职权或者地位形成的便利条件"，是指"行为人与被其利用的国家工作人员之间在职务上虽然没有隶属、制约关系，但是行为人利用了本人职权或者地位产生的影响和一定的工作联系，如单位内不同部门的国家工作人员之间、上下级单位没有职务上隶属、制约关系的国家工作人员之间、有工作联系的不同单位的国家工作人员之间等"。

3. 受贿罪共同犯罪问题

受贿罪的犯罪主体为特殊主体，即只能由国家工作人员构成。为规范受贿罪共同犯罪的实践认定，我国共有三部司法解释直接或间接地对受贿罪共同犯罪问题作出了规定。

2003年11月13日《全国法院审理经济犯罪案件工作座谈会纪要》中主要就近亲属及近亲属以外的人与国家工作人员成立受贿罪共同犯罪问题作出了规定。其明确了成立受贿罪共同犯罪取决于行为人双方有无共同受贿的故意和行为，还规定了两种典型的近亲属构成受贿罪共同犯罪的情形，即：近亲属代为转达请托事项，收受财物后告知国家工作人员的；以及国家工作人员明知近亲属收受请托人财物，仍按照近亲属要求为请托人谋取利益的。针对近亲属以外的其他人成立受贿罪共同犯罪的情形，该《纪要》规定，近亲属以外的其他人与国家工作人员通谋，由国家工作人员利用职务上的便利为请托人谋取利益，收受请托人财物后双方共同占有的，构成受贿罪共同犯罪。

认定非国家工作人员与国家工作人员是否构成共同受贿犯罪时，应注意把非国家工作人员向国家工作人员介绍贿赂区别开来。介绍贿赂的，只在国家工作人员与行贿人中间起牵线搭桥的作用，没有介入为行贿人谋取利益的具体行为。介绍贿赂人即使从行贿人处得到钱物，也只是行贿人单独给他的好处、感谢费，而不是行贿。共同受贿罪中的非国家工作人员，则参与了国家工作人员利用职务便利为他人谋取利益的行为。

2007 年 7 月 8 日最高人民法院、最高人民检察院《关于办理受贿刑事案件适用法律若干问题的意见》（以下简称《受贿刑案意见》）中主要就特定关系人及特定关系人以外的人与国家工作人员成立受贿罪共同犯罪问题作出了规定。《受贿刑案意见》认为，特定关系人与国家工作人员通谋，共同实施相关受贿行为的，应认定国家工作人员成立受贿罪，特定关系人以受贿罪的共犯论。针对特定关系人以外的其他人成立受贿罪共同犯罪的问题，《受贿刑案意见》明确指出，特定关系人以外的其他人与国家工作人员通谋，由国家工作人员利用职务上的便利为请托人谋取利益，收受请托人财物后与国家工作人员共同占有的，以受贿罪的共犯论处。其中，特定关系人是指与国家工作人员有近亲属、情妇（夫）以及其他共同利益关系的人。

2016 年"两高"办理贪污贿赂司法解释中关于受贿罪共犯的规定，实际上是对特定关系人成立受贿罪共犯的一种特殊认定：即在国家工作人员知道特定关系人收受请托人财物后，因未履行监督、退还义务而推定国家工作人员具有受贿故意，进而间接认定特定关系人与国家工作人员成立受贿罪的共犯。

二、受贿罪的认定

（一）难度与热度
难度：☆☆☆　　热度：☆☆☆

（二）学说理论探讨

1. 本罪与非罪的界限

第一，本罪与接受亲友馈赠的主要区别。区分两者的关键在于是否具有"权钱交易"的内容。具体需要判断以下两个方面：一是是否存在请托事项；二是馈赠的方式是否正当、数额是否正当。

第二，本罪与取得合法报酬的主要区别。合法报酬，是指行为人在法律、政策允许的范围内，利用自己的知识和劳动，在业余时间为他人提供服务而获得的报酬。获取合法报酬的行为，不存在行为人利用职务上的便利为他人谋取利益的问题，因此，与受贿罪有着本质的区别。

第三，本罪与一般受贿行为的主要区别。根据《刑法》第 386 条和第 383 条的规定，区别二者应从数额和情节两个方面把握。在有关数额的问题上，2016 年"两高"办理贪污受贿司法解释第 15 条规定，对多次受贿未经处理的，累计计算受贿数额；国家工作人员利用职务上的便利为请托人谋取利益前后多次收受请托人财物，受请托前收受的财物数额在 1 万元以上的，应当一并计入受贿数额。受贿行为构成犯罪的数额、情节标准与贪污罪相同，即个人受贿数额较大或者有其他较重情节的，构成受贿罪。故如果没有较重情节，在数额未达到较大程度的情况下，仅属于一般受贿违法行为。根据 2016 年"两高"办理贪污受贿司法解释第 1 条的规定，受贿数额达到 3 万元的，构成受贿罪；受贿数额虽未达到 3 万元但达到 1 万元，并具有其他较重情节的，也构成受贿罪。

2. 本罪与贪污罪的界限

受贿罪与贪污罪在犯罪主体上都是特殊主体，主观方面都表现为犯罪的故意，但是两罪也存在明显的区别：

第一，犯罪客体和对象不同。受贿罪的客体是国家工作人员职务行为的廉洁性，犯罪对象是财物，这种财物可以是私人财物，也可以是公共财物；而贪污罪的客体则是国家工作人员职务行为的廉洁性和公共财物的所有权（复杂客体），犯罪对象仅限于公共财物。

第二，客观方面表现不同。受贿罪在客观方面表现为利用职务上的便利，索取他人财物，或者非法收受他人财物并为他人谋取利益的行为；而贪污罪则表现为行为人利用职务上的便利，侵吞、窃取、骗取或者使用其他手段非法占有公共财物的行为。

第三，主体的范围不同。受贿罪的主体仅限于国家工作人员；而贪污罪的主体既包括国家工作人员，还包括非国家工作人员中受国家机关、国有公司、企业、事业单位、人民团体委托管理、经营国有财产的人员。

第四，两罪客观方面"利用职务上的便利"的含义不尽相同。在受贿罪中，"利用职务上的便利"既包括利用本人职务上主管、负责、承办某项公共事务的职权，也包括利用职务上有隶属制约关系的其他国家工作人员的职权。而贪污罪中"利用职务上的便利"，则指利用职务上主管、管理、经手公共财物的权力及方便条件。

3. 本罪与敲诈勒索罪的界限

收受型受贿罪与敲诈勒索罪不难区分，容易混淆的是索取型受贿罪与敲诈勒索罪，但是两罪的本质特征是截然不同的：

第一，客体不同。索取型受贿罪侵犯的客体是国家工作人员职务行为的廉洁性；而敲诈勒索罪侵犯的主要客体是公私财物的所有权，次要客体是他人的人身权利或者其他权益。

第二，主体不同。索取型受贿罪的主体必须是国家工作人员，而敲诈勒索罪的主体是一般主体。

第三，客观方面不同。索贿时必须利用职务上的便利，在他人有求于自己时，主动向对方索要财物，并不采取暴力、胁迫等手段；而敲诈勒索罪则不要求利用职务上的便利，其中的勒索行为表现为使用暴力、胁迫手段，使被害人产生精神上的恐惧而被迫交出财物。这一点在实践中正是两罪区分的关键所在。

4. 本罪既遂的认定

本罪通常以收取财物为既遂。只要行为人收受贿赂，无论是否实际给他人谋取利益，均不影响受贿罪既遂的成立。行为人在受贿之后，得知被举报、查处而将收受的财物退还给行贿人的，不影响受贿罪既遂的成立。

（三）疑难问题解析

1. 划清借款与受贿的界限

在认定受贿罪时应注意划清借款与受贿的界限。借款是一种正当、合法的民事行为，与受贿有本质的区别。司法实践中，行为人为逃避制裁，常常把受贿狡辩、歪曲成"借款"，对此需注意甄别。对于国家工作人员利用职务上的便利，以借为名向他人索取财物或者非法收受财物为他人谋取利益的，应当依法认定为受贿。具体认定时不能仅仅看是否有书面借款手续，还应当参照《全国法院审理经济犯罪案件工作座谈会纪要》第3条第6项"以借款为名索取或者非法收受财物行为的认定"，根据以下因素综合判定：（1）有无正当、合理的借款事由；（2）款项的去向；（3）双方平时关系如何、有无经济往来；（4）国家工作人员是否利用职务上的便利为出借方谋取利益；（5）借款后是否有归还的意思表示和行为；（6）是否有归还的能力；（7）未归还的原因等情形。

2. 新型受贿认定问题

《受贿刑案意见》规定了如下以受贿罪论处的各种情形。这是一个极为复杂的问题，涉及该罪与非罪在若干方面的界限。

第一，以交易形式收受贿赂问题。

《受贿刑案意见》指出，国家工作人员利用职务上的便利为请托人谋取利益，以下列交易形式收受请托人财物的，以受贿论处：（1）以明显低于市场的价格向请托人购买房屋、汽车等物品的；（2）以明显高于市场的价格向请托人出售房屋、汽车等物品的；（3）以其他交易形式非法收受请托人财物的。

关于受贿数额的认定，根据《受贿刑案意见》，受贿数额按照交易时当地市场价格与实际支付价格的差额计算。此外，如何正确认定市场价格，对界定是否构成受贿罪及受贿数额的认定有着重要的作用。《受贿刑案意见》指出："前款所列市场价格包括商品经营者事先设定的不针对特定人的最低优惠价格。根据商品经营者事先设定的各种优惠交易条件，以优惠价格购买商品的，不属于受贿。"

构成交易受贿罪的一个重要标准，就是交易价格与市场价格明显背离。实践中，应当如何判断是否"明显"呢？对此，实践中是否"明显低于"或"明显高于"应综合多种因素考量，包括当地的经济状况，以及案件具体情况等。

第二，收受干股问题。

《受贿刑案意见》指出，干股是指未出资而获得的股份。国家工作人员利用职务上的便利为请托人谋取利益，收受请托人提供的干股的，以受贿论处。进行了股权转让登记，或者相关证据证明股份发生了实际转让的，受贿数额按转让行为时的股份价值计算，所分红利按受贿孳息处理。股份未实际转让，以股份分红名义获取利益的，实际获利数额应当认定为受贿数额。

如果行为人实际支付了部分股金，但该股金明显低于股份价值的，不能认定为干股。但是，如果行为人之所以能够获得这种差价好处，是因为行为人是国家工作人员，利用了职务便利，为对方谋取利益，那么这就具有了权钱交易的本质特征，符合受贿罪要件，以受贿罪论处。这种情况下的受贿属于交易型受贿。

第三，以开办公司等合作投资名义收受贿赂问题。

国家工作人员利用职务上的便利为请托人谋取利益，由请托人出资，"合作"开办公司或者进行其他"合作"投资的，以受贿论处。受贿数额为请托人给国家工作人员的出资额。国家工作人员利用职务上的便利为请托人谋取利益，以合作开办公司或者其他合作投资的名义获取"利润"，没有实际出资和参与管理、经营的，以受贿论处。

第四，以委托请托人投资证券、期货或者其他委托理财的名义收受贿赂问题。

《受贿刑案意见》指出：国家工作人员利用职务上的便利为请托人谋取利益，以委托请托人投资证券、期货或者其他委托理财的名义，未实际出资而获取"收益"，或者虽然实际出资，但获取"收益"明显高于出资应得收益的，以受贿论处。受贿数额，前一情形，以"收益"额计算；后一情形，以"收益"额与出资应得收益额的差额计算。

在认定此类受贿过程中，需要区分行为人的行为是正常合法的投资理财活动还是违法受贿活动。首先要看行为人是否利用职务上的便利为请托人谋取利益。其次，理财活动是否有合理正常的投资理财项目，判定行为人的收益是否为正常收入，可以通过核实受托人进行的理财项目是否存在获得相当收益的可能性来进行。

第五，以赌博形式收受贿赂问题。

根据最高人民法院、最高人民检察院《关于办理赌博刑事案件具体应用法律若干问题的解释》第7条规定，国家工作人员利用职务上的便利为请托人谋取利益，通过赌博方式收受请托人财物的，构成受贿。实践中应注意区分贿赂与赌博活动、娱乐活动的界限。具体认定时，主要应当结合以下因素进行判断：（1）赌博的背景、场合、时间、次数；（2）赌资来源；（3）其他赌博参与者有无事先通谋；（4）输赢钱物的具体情况和金额大小。

第六，特定关系人"挂名"领取薪酬问题。

《受贿刑案意见》指出，国家工作人员利用职务上的便利为请托人谋取利益，要求或者接受请托人以给特定关系人安排工作为名，使特定关系人不实际工作却获取所谓薪酬的，以受贿论处。所谓"挂名"是指安排的工作只是借口之一，特定关系人并没有实际参加工作。根据法律相关规定，如果特定关系人实际参加了工作，不论其领取的薪酬是否明显高于其劳动，都不应将此种行为界定为受贿行为。

第七，由特定关系人收受贿赂问题。

国家工作人员利用职务上的便利为请托人谋取利益，授意请托人以本意见所列形式，将有关财物给予特定关系人的，以受贿论处。特定关系人与国家工作人员通谋，共同实施前款行为的，对特定关系人以受贿罪的共犯论处。特定关系人以外的其他人与国家工作人员通谋，由国家工作人员利用职务上的便利为请托人谋取利益，收受请托人财物后双方共同占有的，以受贿罪的共犯论处。

第八，收受贿赂物品未办理权属变更问题。

《受贿刑案意见》指出：国家工作人员利用职务上的便利为请托人谋取利益，收受请托人房屋、汽车等物品，未变更权属登记或者借用他人名义办理权属变更登记的，不影响受贿的认定。认定以房屋、汽车等物品为对象的受贿，应注意与借用的区分。具体认定时，除双方交代或者书面协议之外，主要应当结合以下因素进行判断：（1）有无借用的合理事由；（2）是否实际使用；（3）借用时间的长短；（4）有无归还的条件；（5）有无归还的意思表示及行为。

接受财物后退还或者上交的，《受贿刑案意见》认为，国家工作人员收受请托人财物后及时退还或者上交的，不是受贿。但是，国家工作人员受贿后，因自身或者与其受贿有关联的人、事被查处，为掩饰犯罪而退还或者上交的，则不影响受贿罪的认定。

三、受贿罪的处罚

（一）难度与热度
难度：☆☆　热度：☆☆☆

（二）基本概念分析

根据《刑法》第 386 条的规定，对犯本罪的，根据受贿所得数额及情节，依照《刑法》第 383 条（贪污罪）规定的法定刑处罚。索贿的从重处罚。

2016 年"两高"办理贪污受贿司法解释第 1 条对受贿"数额较大"或者"有其他较重情节"作了明确界定。受贿数额在 3 万元以上不满 20 万元的，应当认定为《刑法》第 383 条第 1 款规定的"数额较大"，依法判处 3 年以下有期徒刑或者拘役，并处罚金。受贿数额在 1 万元以上不满 3 万元，具有前款第 2 项至第 6 项规定的情形之一，或者具有下列情形之一的，应当认定为《刑法》第 383 条第 1 款规定的"其他较重情节"，依法判处 3 年以下有期徒刑或者拘役，并处罚金：（1）多次索贿的；（2）为他人谋取不正当利益，致使公共财产、国家和人民利益遭受损失的；（3）为他人谋取职务提拔、调整的。

2016 年"两高"办理贪污受贿司法解释第 2 条、第 3 条分别对受贿"数额巨大"、"其他严重情节"与"数额特别巨大""其他特别严重情节"作了明确界定。

（1）贪污或者受贿数额在 20 万元以上不满 300 万元的，应当认定为《刑法》第 383 条第 1 款规定的"数额巨大"，依法判处 3 年以上 10 年以下有期徒刑，并处罚金或者没收财产。

（2）受贿数额在 10 万元以上不满 20 万元，具有本解释第 1 条第 3 款规定的情形之一的，应当认定为《刑法》第 383 条第 1 款规定的"其他严重情节"，依法判处 3 年以上 10 年以下有期徒刑，并处罚金或者没收财产。

（3）贪污或者受贿数额在 300 万元以上的，应当认定为《刑法》第 383 条第 1 款规定的"数额特别巨大"，依法判处 10 年以上有期徒刑、无期徒刑或者死刑，并处罚金或者没收财产。

（4）受贿数额在 150 万元以上不满 300 万元，具有本解释第 1 条第 3 款规定的情形之一的，应当认定为《刑法》第 383 条第 1 款规定的"其他特别严重情节"，依法判处 10 年以上有期徒刑、无期徒刑或者死刑，并处罚金或者没收财产。

表 24-1　受贿数额：情节及处罚的界定

法定刑	受贿数额	（或）有其他情节	其他情形
3 年以下有期徒刑或者拘役，并处罚金	3 万元以上不满 20 万元	受贿数额在 1 万元以上不满 3 万元＋"其他情形"	（1）曾因贪污、受贿、挪用公款受过党纪、行政处分的； （2）曾因故意犯罪受过刑事追究的； （3）赃款赃物用于非法活动的；
3 年以上 10 年以下有期徒刑，并处罚金或者没收财产	20 万元以上不满 300 万元	受贿数额在 10 万元以上不满 20 万元＋"其他情形"	（4）拒不交代赃款赃物去向或者拒不配合追缴工作，致使无法追缴的； （5）造成恶劣影响或者其他严重后果的； （6）多次索贿的；
10 年以上有期徒刑、无期徒刑或者死刑，并处罚金或者没收财产	300 万元以上	受贿数额在 150 万元以上不满 300 万元＋"其他情形"	（7）为他人谋取不正当利益，致使公共财产、国家和人民利益遭受损失的； （8）为他人谋取职务提拔、调整的

（三）学说理论探讨

关于贪污受贿终身监禁问题：2016 年"两高"办理贪污受贿司法解释第 4 条规定了对受贿罪适用终身监禁的条件，即贪污、受贿数额特别巨大，犯罪情节特别严重、社会影响特别恶劣、给国家和人民利益造成特别重大损失的，可以判处死刑。符合前款规定的情形，但具有自首，立功，如实供述自己罪行、真诚悔罪、积极退赃，或者避免、减少损害结果的发生等情节，不是必须立即执行的，可以判处死刑缓期二年执行。符合第 1 款规定情形的，根据犯罪情节等情况可以判处死刑缓期二年执行，同时裁判决定在其死刑缓期执行二年期满依法减为无期徒刑后，终身监禁，不得减刑、假释。

有学者认为，终身监禁并非一种全新的刑罚制度，也不是一个新的刑种，而是在我国刑法总则确定的既有刑罚体系和刑罚制度的基础上，充分调度死刑缓期执行制度、无期徒刑执行制度的实有功能，仅适用于特定贪污受贿犯罪的刑罚裁量和刑罚执行特殊措施。

张明楷教授对终身刑持反对态度，他认为：其一，终身刑与死刑一样，是一种极为残酷的刑罚，严重侵害了人的尊严。"确切地讲，终身监禁也是一种死刑，一种'分期'执行的死刑，它损害了犯人的个性。"其二，终身刑缺乏刑罚的正当化根据，它只是一种单纯的报应（而且不是经过洗炼后的报应），因而与预防犯罪的目的（尤其是特殊预防目的）相冲突。其三，死刑的废止并不需要以终身刑替代。

（四）疑难问题解析

在适用《刑法》第 386 条规定处罚时，应当注意以下问题：

第一，不能单纯以受贿所得数额多少决定刑罚的轻重。受贿罪侵犯的客体主要是国家工作人员职务行为的廉洁性，而不是公私财物的所有权，因此，在适用《刑法》第 383 条规定，具体决定对受贿犯罪分子的刑罚时，应注意不能仅仅根据受贿所得数额大小，决定刑罚轻重。如果受贿所得数额与贪污所得数额相同，一般情况下，受贿行为给国家、集体利益造成的损害更大。根据刑法总则规定的罪责刑相适应的原则，受贿罪的刑罚也就应当重于贪污同样数额的犯罪分子的刑罚。因此，受贿案件中赃款赃物全部或者大部分追缴的，视具体情况可以酌定从轻处罚，而不是适用贪污案件中的"一般应当从轻处罚"。

第二，对索贿的从重处罚，是指在刑法规定的法定刑的幅度内，从重处罚。

第四节　利用影响力受贿罪

一、利用影响力受贿罪的概念与构成特征

（一）难度与热度

难度：☆☆☆　热度：☆☆☆☆

（二）基本概念分析

利用影响力受贿罪，是指国家工作人员的近亲属或者与该国家工作人员关系密切的

人，通过该国家工作人员职务上的行为，或者利用该国家工作人员职权或者地位形成的便利条件，通过其他国家工作人员职务上的行为，为请托人谋取不正当利益，索取请托人财物或者收受请托人财物，数额较大或者有其他严重情节的行为。离职的国家工作人员或者其近亲属以及其他与其关系密切的人，利用该离职的国家工作人员原职权或者地位形成的便利条件，实施前述行为的，依照本罪定罪处罚。

本罪的构成特征是：（1）本罪侵犯的客体是国家工作人员的职务廉洁性。（2）本罪的客观方面表现为法定的利用影响力受贿行为，主要包括三种：第一，国家工作人员的近亲属或者与该国家工作人员关系密切的人，通过该国家工作人员职务上的行为，为请托人谋取不正当利益，索取请托人财物或者收受请托人财物的行为；第二，国家工作人员的近亲属或者与该国家工作人员关系密切的人，利用该国家工作人员职权或者地位形成的便利条件，通过其他国家工作人员职务上的行为，为请托人谋取不正当利益，索取请托人财物或者收受请托人财物的行为；第三，离职的国家工作人员或者其近亲属以及其他与其关系密切的人，利用该离职的国家工作人员原职权或者地位形成的便利条件，为请托人谋取不正当利益，索取请托人财物或者收受请托人财物的行为。（3）本罪的主体为特殊主体，包括三类：第一，国家工作人员的近亲属或者与该国家工作人员关系密切的人；第二，离职的国家工作人员；第三，离职的国家工作人员的近亲属以及其他与其关系密切的人。（4）本罪的主观方面为故意，即明知自己利用影响力受贿的行为会侵害职务行为的廉洁性，并且希望或放任结果发生。

（三）疑难问题解析

1. 利用影响力受贿罪的主体问题：何谓"关系密切的人"

与国家工作人员（以及离职的国家工作人员）关系密切的非国家工作人员，包括国家工作人员的近亲属或者其他与该国家工作人员关系密切的人，以及离职的国家工作人员或者其近亲属以及其他与其关系密切的人。在立法机关审议增设利用影响力受贿罪的过程中，全国人大常委会法律委员会经研究认为：国家工作人员（以及离职的国家工作人员）的"近亲属"及"其他与其关系密切的人"，是与国家工作人员（以及离职的国家工作人员）关系密切的非国家工作人员，之所以将这两种人利用影响力受贿行为规定为犯罪，主要是考虑到他们与国家工作人员或者有血缘、亲属关系，有的虽不存在亲属关系，但属情夫、情妇，或者彼此是同学、战友、上下级或者老朋友，交往甚密，有些关系甚至可密切到相互称兄道弟的程度，这些人对国家工作人员（以及离职的国家工作人员）的影响力自然也非同一般。实践中以此影响力由在职的国家工作人员（或者离职的国家工作人员）为请托人办事，自己收受财物的案件屡见不鲜。所以，本罪主体中的"近亲属"和"其他与其关系密切的人"的范围，较之 2007 年最高人民法院、最高人民检察院《关于办理受贿刑事案件适用法律若干问题的意见》第 11 条中界定的"特定关系人"的范围，要更为广泛。

2. "不正当利益"的界定

参照 2012 年最高人民法院、最高人民检察院《关于办理行贿刑事案件具体应用法律若干问题的解释》第 12 条的规定，谋取不正当利益，是指请托人谋取的利益违反法律、法规、规章、政策规定，或者要求国家工作人员违反法律、法规、规章、政策、行业规范的规定，为自己提供帮助或者方便条件。违背公平、公正原则，在经济、组织人事管理等活动中谋取竞争优势的，应当认定为"谋取不正当利益"。根据 2008 年最高人民法院、最高人民检察院《关于办理商业贿赂刑事案件适用法律若干问题的意见》的规定，在行贿犯罪中谋取不正当利益，是指行贿人谋取违反法律、法规、规章或者政策规定的利益，或者要求对方违反法律、法规、规章、政策、行业规范的规定提供帮助或者方便条件。在招标投标、政府采购等商业活动中，违背公平原则，给予相关人员财物以谋取竞争优势的，属于"谋取不正当利益"。

3. 国家工作人员对行为主体的行为内容是否知情

前述指出的本罪三类行为的前两类行为不要求国家工作人员对行为主体的行为内容知情。如果国家工作人员知情并承诺或同意为请托人谋取不正当利益，则国家工作人员成立受贿罪，其近亲属或其他与该国家工作人员关系密切的人构成受贿罪的共犯。三类行为都要求为请托人谋取不正当利益，也都可体现为主动索取财物或被动收受财物两种行为。

4. "影响力"的定义

这里的"影响力"包括权力性影响力和非权力性影响力。前者是基于国家工作人员的职务或者职权获得的，具有公权力的性质，相对容易判断；后者范围比较广泛，如基于血缘、地缘、感情、一般事务性关系等产生的影响力，具有潜在性和便利性，实践中较难把握，但危害很大。本罪必须以为请托人谋取不正当利益条件，如果为请托人谋取正当利益则不构成犯罪。此外，必须达到数额较大或者有其他较重情节的标准才成立犯罪。根据 2016 年 4 月 18 日开始施行的最高人民法院、最高人民检察院《关于办理贪污贿赂刑事案件适用法律若干问题的解释》第 10 条第 1 款的规定，本罪数额较大或者有其他较重情节的标准，参照该解释关于受贿罪的规定执行。

二、利用影响力受贿罪与受贿罪的界限

（一）难度与热度

难度：☆☆☆　热度：☆☆☆☆

（二）学说理论探讨

1. 本罪与普通受贿罪的界限。

第一，犯罪客观方面的行为方式不同。本罪的主体因为没有相应的职权而缺乏受贿的直接条件，必须借助与其关系密切的国家工作人员的行为受贿，行为方式更为复杂；普通受贿罪的主体本身具有相应职权，可以直接利用自身职务之便受贿。

第二，犯罪主体不同。本罪的主体是国家工作人员的关系密切人、离职的国家工作人员及其关系密切人；普通受贿罪的主体只能是国家工作人员。

2. 本罪与斡旋受贿罪的界限。

第一，犯罪主体不同。本罪的主体是国家工作人员的关系密切人、离职的国家工作人员及其关系密切人；斡旋受贿罪的主体是国家工作人员。

第二，本罪的影响力来源复杂，既可以来自国家工作人员的职务和职权，也可以来自国家工作人员的职权或者地位形成的便利条件，还可以来自离职的国家工作人员原职

权或者地位形成的便利条件；斡旋受贿罪的影响力来源单一，仅仅来自本人职权或者地位形成的便利条件。所以，行为人尽管有国家工作人员的身份，但没有利用本人现任职务上的影响力的，不构成斡旋型受贿罪，而构成利用影响力受贿罪。

第五节 行贿罪

一、行贿罪的概念与构成特征

（一）难度与热度
难度：☆☆☆ 热度：☆☆☆☆

（二）基本概念分析
行贿罪，是指为谋取不正当利益，给予国家工作人员以财物的行为。在经济往来中，违反国家规定，给予国家工作人员以各种名义的回扣、手续费的，以行贿论。

本罪的构成特征是：（1）本罪侵犯的客体是国家工作人员的职务廉洁性，犯罪对象仅限于国家工作人员。（2）本罪的客观方面表现为谋取不正当利益，给予国家工作人员以财物的行为。客观方面主要表现为三个方面：第一，为了利用国家工作人员的职务行为（包括通过国家工作人员予以利用），主动给予国家工作人员以财物；第二，在有求于国家工作人员的职务行为时，由于国家工作人员的索取而给予国家工作人员以财物，但《刑法》第389条第3款规定的情形除外；第三，与国家工作人员约定，以满足自己的要求为条件给予国家工作人员以财物。（3）本罪的主体是一般主体，即已满16周岁、具有刑事责任能力的自然人。（4）本罪的主观方面是故意，行为人明知行贿行为侵害了职务行为的廉洁性，并且希望或者放任这种结果发生，构成本罪还需具备谋取不正当利益的目的。

（三）学说理论探讨
1. 正确区分本罪与一般行贿行为
二者的区分标准在于行贿数额和情节。

根据《贪贿刑案解释》的规定，谋取不正当利益，向国家工作人员行贿，数额在3万元以上的，以行贿罪追究刑事责任。行贿数额在1万元以上不满3万元，具有下列情形之一的，以行贿罪追究刑事责任：（1）向3人以上行贿的；（2）将违法所得用于行贿的；（3）通过行贿谋取职务提拔、调整的；（4）向负有食品、药品、安全生产、环境保护等监督管理职责的国家工作人员行贿，实施非法活动的；（5）向司法工作人员行贿，影响司法公正的；（6）造成经济损失数额在50万元以上不满100万元的。

2. 正确区分本罪和正当馈赠行为
两者的区别表现在：（1）目的不同。行贿的目的在于让对方利用职务之便为自己谋取不正当利益，馈赠则是为了增进亲朋好友的情谊。（2）内容和方式不同。行贿往往是秘密的、附条件的，馈赠则是公开的、无条件的。

出于社会关系和交往习惯向国家工作人员馈赠，如亲友的财物赠送，并非行贿行为，但实践中存在以正当馈赠的名义掩盖事实上的行贿行为的情形。是行贿罪还是正当馈赠需根据行贿罪的构成要件进行判断，即行为人是否通过向国家工作人员馈赠财物来谋取不正当利益。即便国家工作人员与行为人具有社会正常馈赠交往关系，如亲友间的礼尚往来关系，符合行贿罪的构成要件的，仍然不妨碍行贿罪的成立。是否构成行贿罪应结合犯罪构成要件综合考量。密切的社会交往关系只是认定行贿罪是否成立的考量因素之一，而非决定性的否定因素。根据最高人民法院、最高人民检察院《关于办理商业贿赂刑事案件适用法律若干问题的意见》的规定，办理商业贿赂犯罪案件，要注意区分贿赂与馈赠的界限。主要应当结合以下因素全面分析、综合判断：（1）发生财物往来的背景，如双方是否存在亲友关系及历史上交往的情形和程度；（2）往来财物的价值；（3）财物往来的缘由、时机和方式，提供财物方对于接受方有无职务上的请托；（4）接受方是否利用职务上的便利为提供方谋取利益。

3. 正确区分本罪和不当送礼行为

区分两者的关键在于，行为人主观上是否具有利用他人职务上的便利为自己谋取不正当利益的目的。实践中，以下三种情况是不当送礼，不按行贿罪论处：（1）行为人为谋取正当利益而向有关人员送财物。（2）行为人答谢他人的帮助而送少量财物。（3）行为人为谋取不正当利益，因被对方勒索而给予对方财物，最终没有获得不正当利益。

二、本罪既遂与未遂的认定

（一）难度与热度
难度：☆☆　热度：☆☆☆

（二）基本概念分析
认定本罪既遂与否的关键在于行为人是否已将财物交付给国家工作人员或者其他相关人员。财物已经交付的，构成犯罪既遂；如果只是着手实行交付财物的行为，但由于遭到拒绝或者其他原因没有交付成功，则按照犯罪未遂处理。综观其他国家或地区刑法对行贿罪的规定，很多都根据行贿行为的发展阶段，将行贿行为规定为行求、期约和交付三种行为。我国刑法仅规定"交付"一种行贿行为，从理论上讲对其他两种行为可以按照行贿罪预备或者未遂来处理，但是司法实践中对这两种行为基本上都未追究。

（三）学说理论探讨
学术界有关本罪的既遂与未遂存在以下几种观点：

第一种观点以行为人是否实现了谋取不正当利益的目的为标准。因为行贿人最终的目的是通过国家工作人员的职务便利，为其谋取不正当利益，从而侵犯了职务行为的不可收买性。给付财物的行为只是单纯的行贿行为，要成立既遂就要求行贿人达到谋取不正当利益的目的的，反之则是未遂。

第二种观点认为应当以行为人是否完成给付财物的行为为标准。该观点认为要成立既遂只要行为人实施了给付财物的行为，使财物在客观上被国家工作人员接受或者占有即可，即便国家工作人员事后退回或者及时上交，也不应当影响行贿罪的既遂，至于行贿行为人的谋取不正当利益目的是否实现，与行贿罪的既遂与否没有任何关系。

在司法实践中为了准确打击犯罪，通常会采用第二种观点，以行为人为谋取不正当利益给付财物，国家工作人员客观上接收或者占有该财物，作为行贿罪的既遂标准。

之所以会如此认定，还是由于行贿罪所保护的法益是国家工作人员职务行为的不可收买性，行贿人向国家工作人员给付财物，成功将财物转移到国家工作人员的控制之下，其行贿行为就已经侵犯了职务行为的不可收买性，所以一般应当以此作为既遂的标准。

三、本罪与单位行贿罪的界限

（一）难度与热度
难度：☆☆　热度：☆☆☆

（二）基本概念分析
第一，犯罪主体不同。本罪的主体是自然人，单位行贿罪的主体是单位。如果行为人是为了个人的不正当利益而行贿，构成个人行贿。反之，如果行为人是为了单位的不正当利益而行贿，构成单位行贿。

第二，在个人利益与单位利益存在重合或者交叉的情况下，两者可能会存在认定上的困难，关键从两方面区分：（1）行贿所体现的意志。如果行贿的决定由单位集体作出或者由单位负责人作出，行贿所体现的就是单位意志，构成单位行贿；反之，则体现个人意志，构成个人行贿。（2）不正当利益的归属。行贿罪是为个人谋取不正当利益，单位行贿罪是为单位谋取整体利益。对于司法实践中出现的单位中的自然人为单位谋取不正当利益的同时也顺带为自己谋取不正当利益的情况，自然人既要就自己所获得的利益承担行贿罪的责任，也要作为单位行贿罪中的直接负责的主管人员或者其他直接责任人员承担责任。

四、行贿罪的处罚

（一）难度与热度
难度：☆☆　热度：☆☆

（二）基本概念分析
犯本罪的，根据《刑法》第 390 条的规定，处 3 年以下有期徒刑或者拘役，并处罚金；因行贿谋取不正当利益，情节严重的，或者使国家利益遭受重大损失的，处 3 年以上 10 年以下有期徒刑，并处罚金；情节特别严重的，或者使国家利益遭受特别重大损失的，处 10 年以上有期徒刑或者无期徒刑，并处罚金或者没收财产。有下列情形之一的，依照前述规定从重处罚：（1）多次行贿、向多人行贿的。（2）国家工作人员行贿的。（3）在国家重点工程、重大项目中行贿的。（4）为谋取职务提拔、调整行贿的。（5）对监察、行政执法、司法工作人员行贿的。（6）在生态环境、财政金融、安全生产、食品药品、防灾救灾、社会保障、教育、医疗等领域行贿，实施违法犯罪活动的。（7）将违法所得用于行贿的。行贿人谋取不正当利益的行为构成犯罪的，应当与行贿犯罪实行数罪并罚。（8）行贿人在被追诉前主动交代行贿行为的，可以从轻或者减轻处罚。其中，犯罪较轻的，对侦破重大案件起关键作用的，或者有重大立功表现的，可以减轻或者免除处罚。

根据《贪贿刑案解释》的规定，对本罪量刑时应注意掌握以下标准：

（1）"情节严重"的标准。犯行贿罪，具有下列情形之一的，应当认定为"情节严重"：

1）行贿数额在 100 万元以上不满 500 万元的；2）行贿数额在 50 万元以上不满 100 万元，并具有该解释第 7 条第 2 款第 1 项至第 5 项规定的情形之一的；3）其他严重的情节。为谋取不正当利益，向国家工作人员行贿，造成经济损失数额在 100 万元以上不满 500 万元的，应当认定为"使国家利益遭受重大损失"。

（2）"情节特别严重"的标准。犯行贿罪，具有下列情形之一的，应当认定"情节特别严重"：1）行贿数额在 500 万元以上的；2）行贿数额在 250 万元以上不满 500 万元，并具有该解释第 7 条第 2 款第 1 项至第 5 项规定的情形之一的；3）其他特别严重的情节。为谋取不正当利益，向国家工作人员行贿，造成经济损失数额在 500 万元以上的，应当认定为"使国家利益遭受特别重大损失"。

（3）"犯罪较轻"的标准。根据行贿犯罪的事实、情节，可能被判处 3 年有期徒刑以下刑罚的，可以认定为"犯罪较轻"。

（4）"重大案件"的标准。根据犯罪的事实、情节，已经或者可能被判处 10 年有期徒刑以上刑罚的，或者案件在本省、自治区、直辖市或者全国范围内有较大影响的，可以认定为"重大案件"。

（5）"对侦破重大案件起关键作用"的标准。具有下列情形之一的，可以认定为"对侦破重大案件起关键作用"：1）主动交代办案机关未掌握的重大案件线索的；2）主动交代的犯罪线索不属于重大案件的线索，但该线索对于重大案件侦破有重要作用的；3）主动交代行贿事实，对于重大案件的证据收集有重要作用的；4）主动交代行贿事实，对于重大案件的追逃、追赃有重要作用的。

第六节　巨额财产来源不明罪

一、巨额财产来源不明罪的概念与构成特征

（一）难度与热度
难度：☆☆☆　热度：☆☆☆☆

（二）基本概念分析
巨额财产来源不明罪，是指国家工作人员的财产、支出明显超过合法收入，差额巨大，而本人又不能说明其来源合法的行为。

本罪的构成特征是：（1）本罪的客体是国家工作人员的职务廉洁性。（2）本罪的客观方面表现为行为人的财产或支出明显超过合法收入，差额巨大，而本人又不能说明其来源合法的行为。理解本罪的客观方面，主要需要注意以下问题：一是差额巨大的标准。根据 1999 年最高人民检察院《关于人民检察院直接受理立案侦查案件立案标准的规定（试行）》的规定，涉嫌巨额财产来源不明，数额在 30 万元以上的，应予立案。二是不能说明巨额财产来源合法的认定规则。关于行为人不能说明巨额财产来源合法的认定，2003 年最高人民法院《全国法院审理经济犯罪案件工作座谈会纪要》规定，《刑法》第 395 条第 1 款规定的"不能说明"包括以下情况：1）行为人拒不说明财产来源；2）行

为人无法说明财产的具体来源；3）行为人所说的财产来源经司法机关查证并不属实；4）行为人所说的财产来源因线索不具体等原因，司法机关无法查实，但能排除存在来源合法的可能性和合理性的。（3）本罪的主体是特殊主体，即只能由国家工作人员构成。（4）本罪的主观方面是故意。

（三）学说理论探讨

关于巨额财产来源不明罪实行行为的界定，刑法理论界主要有无行为要件说、作为说、不作为说、持有说、二元模式说等五种学说。"无行为要件说"认为，巨额财产来源不明罪是立法推定型犯罪，并不存在具体的客观行为要件。"作为说"认为，该罪的实行行为是非法获取巨额财产。"不作为说"认为，该罪的实行行为是拒绝说明巨额财产来源。"持有说"认为，该罪的实行行为是非法拥有巨额财产。"二元模式说"中的一种观点认为，本罪的客观方面应当由表现为作为形式的非法获取巨额财产和表现为不作为形式的拒绝说明巨额财产来源双重行为复合而成；另一种观点认为，本罪的客观方面应该是由持有巨额财产的状态和拒绝说明巨额财产来源的行为复合而成。

二、巨额财产来源不明罪与贪污罪、受贿罪的界限

（一）难度与热度

难度：☆☆　热度：☆☆☆

（二）基本概念分析

很多巨额财产的不明来源很可能就是没有被查明证实的贪污行为和受贿行为所得。但巨额财产来源不明罪作为一个独立的罪名有着自己的犯罪构成。第一，贪污罪和受贿罪的犯罪主体范围要比巨额财产来源不明罪的大一些，除国家机关工作人员，还包括国有公司、企业、事业单位及其他经手管理公共财产的人员和其他依法从事公务的人员。第二，在犯罪的客观方面，巨额财产来源不明罪只要求行为人拥有超过合法收入的巨额财产，而且行为人不能说明、司法机关又不能查明其来源的即可。也就是说，行为人拥有的来源不明的巨额财产既可能是来自贪污、受贿，也可能是来自走私、贩毒、盗窃、诈骗等行为，这些都不影响构成巨额财产来源不明罪。因此学界主流观点认为，本罪在客观方面是一种"持有状态"；也有观点认为，本罪的实质是一种不作为犯罪。这与贪污、受贿等作为犯罪有着本质的区别。

第七节　私分国有资产罪

一、私分国有资产罪的概念与构成特征

（一）难度与热度

难度：☆☆　热度：☆☆

（二）基本概念分析

私分国有资产罪，是指国家机关、国有公司、企业、事业单位、人民团体，违反国

家规定，以单位名义将国有资产集体私分给个人，数额较大的行为。

本罪的构成特征是：（1）本罪的客体是复杂客体，既侵犯国家工作人员的职务廉洁性，也侵犯国有资产的所有权。犯罪对象是国有资产。（2）本罪的客观方面表现为违反国家规定，以单位名义将国有资产集体私分给个人，数额较大的行为。具体包括三个方面：第一，违反国家规定。这是构成本罪的前提条件。第二，以单位名义将国有资产集体私分给个人。以单位名义，是指私分国有资产是单位领导共同研究决定的，体现了单位的意识和意志。集体私分给个人，是指将国有资产擅自分给单位的每一个成员或者绝大多数成员。如果在少数负责人或员工中间私分，应属贪污行为，不构成私分国有资产罪。集体私分的主管人员和其他直接责任人员是否分得财物，对于其行为是否构成犯罪没有影响。第三，私分数额较大。数额较大，并非指单个人分得的财产数额较大，而是指私分国有资产的总额较大。根据 1999 年最高人民检察院《关于人民检察院直接受理立案侦查案件立案标准的规定（试行）》的规定，涉嫌私分国有资产，累计数额在 10 万元以上的，应予立案。（3）本罪的主体是特殊主体，即本罪只能由国家机关、国有公司、企业、事业单位、人民团体等国有单位构成。（4）本罪的主观方面是直接故意，即行为人明知是国有资产，而故意进行集体私分。

二、私分国有资产罪与贪污罪的区别

（一）难度与热度

难度：☆☆☆　热度：☆☆☆

（二）基本概念分析

本罪认定问题主要体现在与贪污罪的区别上。两罪在主体上都可以由国家工作人员构成，主观方面的罪过形式都是故意，在客观方面的相似之处是单位领导私分国有资产的贪污犯罪行为与私分国有资产罪的客观行为。两者的区别表现在：

第一，犯罪的客观方面行为不尽相同。本罪的客观方面表现为以单位的名义将国有资产集体私分给单位的所有人员或者绝大多数人员。而贪污罪的客观方面则表现为利用职务上的便利，以侵吞、盗窃、骗取或者其他手段将公共财产非法占为己有。即使表现为单位领导私分国有资产的贪污犯罪行为，也是少数领导非法占有国有资产，而不是将国有资产分给单位所有成员或者绝大多数成员。此外，在行为是否具有隐秘性上，本罪一般采取的是奖励、补贴等看似合法的形式公开进行，而贪污罪则是单位少数经管公共财物的人员在小范围内秘密进行的。

第二，犯罪主体的范围不同。本罪的主体是单位即国家机关、国有公司、企业、事业单位、人民团体，实际上负刑事责任的是上述单位中的直接负责的主管人员和其他直接责任人员，因此，只有部分国家工作人员能够成为本罪的主体，而不是所有的国家工作人员都能成为该罪的主体。贪污罪的主体，不仅可以由所有的国家工作人员构成，而且可以由受国家机关、国有公司、企业、事业单位、人民团体委托管理、经营国有财产的人员构成。此外，本罪属于纯正单位犯罪，而贪污罪则属于自然人犯罪。

第三，犯罪的目的不同。本罪以单位成员共同非法分得国有财产为目的，贪污罪则以个人非法占有公共财产为目的。

▶▶ 第三部分 拓展延伸阅读、案例研习与同步训练

第一节 拓展延伸阅读

1. 赵秉志. 贪污受贿犯罪定罪量刑标准问题研究. 中国法学，2015（1）.

2. 陈兴良. 为他人谋取利益的性质与认定：以两高贪污贿赂司法解释为中心. 法学评论，2016（4）.

3. 刘艳红. 职务犯罪身份要素的认定、射程与机能：以"勾结型"共同骗取国家补偿款为视角. 郑州大学学报（哲学社会科学版），2023（5）.

4. 张明楷. 通过职务行为套取补偿款的行为性质. 法学评论，2021（2）.

5. 张军，苏德永. 两高《解答》是执行《关于惩治贪污罪贿赂罪的补充规定》的有力武器. 法律学习与研究，1990（2）.

6. 韩晓峰，高锋志，尚垚弘. 发挥职能作用 提升职务犯罪案件办理质效：最高人民检察院第二十批指导性案例解读. 人民检察，2020（16）.

7. 赵秉志. 论中国贪污受贿犯罪死刑的立法控制及其废止：以《刑法修正案（九）》为视角. 现代法学，2016（1）.

8. 张明楷. 贪污贿赂罪的司法与立法发展方向. 政法论坛，2017（1）.

9. 张明楷. 终身监禁的性质与适用. 现代法学，2017（3）.

10. 黎宏. 贿赂犯罪的保护法益与事后受财行为的定性. 中国法学，2017（4）.

11. 劳东燕. 论受贿罪的实行行为. 政法论坛，2020（3）.

12. 刘艳红. 轻罪时代刑事立法泛刑化与重刑化之理性反思：以《刑法修正案（十二）》为视角. 法学评论，2024（2）.

13. 王作富. 刑法分则实务研究. 北京：中国方正出版社，2013.

14. 高铭暄. 刑法专论. 北京：高等教育出版社，2006.

15. 马克昌. 百罪通论. 北京：北京大学出版社，2014.

16. 胡云腾，熊选国，高憬宏，万春. 刑法罪名精释. 北京：人民法院出版社，2022.

17. 张明楷. 刑法分则解释原理. 北京：高等教育出版社，2024.

18. 周道鸾，张军. 刑法罪名精释. 北京：人民法院出版社，2013.

19. 王作富. 挪用公款罪司法认定若干问题研究. 政法论坛，2001（4）.

20. 刘宪权. 贪污贿赂犯罪最新定罪量刑标准化体系化评析. 法学，2016（5）.

21. 张明楷. 受贿犯罪的保护法益. 法学研究，2018（1）.

22. 高铭暄，张慧. 论受贿犯罪的几个问题. 法学论坛，2015（1）.

23. 高铭暄，陈冉. 论利用影响力受贿罪司法认定中的几个问题. 法学杂志，2012（3）.

24. 张明楷. 行贿罪的量刑. 现代法学，2018（3）.

25. 张明楷. 论巨额财产来源不明罪的实行行为. 人民检察，2016（7）.

26. 陈兴良. 国家出资企业国家工作人员的范围及其认定. 法学评论，2015（4）.

27. 朱晓玉. "受委派"国家工作人员的认定. 人民法院报，2013-07-17，第6版.

第二节 本章案例研习

案例1：于某红贪污案

（一）基本案情

被告人于某红，原系某市房地产管理局某房产管理所房管科副科长。1992年年底，某市建设银行房地产综合开发公司（以下简称开发公司）归还因开发建银小区而占用某房产管理所（以下简称房管所）商企房面积321.52平方米（5户），被告人于某红利用负责房管所回迁工作之机将开发公司归还的面积填报为305.75平方米，并将其中4户面积加大，套取商品房1户，面积为52.03平方米，价值人民币93 133.70元，用于个人出租牟利。

同年，开发公司开发建银小区时，被告人于某红利用工作之机，在其母亲孙某香购买拆迁户房屋时，为其虚添拆迁面积17平方米，价格人民币16 320元，并将开发公司归还房管所面积顶交其母所购买房屋取暖费、热水费2 669.55元。

综上，被告人于某红利用职务上的便利，非法占有公共财物计价值人民币112 123.25元。

（二）法院判决

法院认为，被告人于某红利用职务之便，非法占有公共财物的行为已构成贪污罪。其提出不具有利用职务之便非法占有国有资产行为及其母买房是经所长苏某同意在动迁之前购买的上诉理由。经查，某房管所任命书及专干表，证实于某红为某房管所房管科副科长，负责房管所拆迁工作，套取商企房并占有使用的行为，已构成贪污犯罪；其母买房是经所长苏某同意在动迁之前购买的上述理由没有证据证实，不予支持。其辩护人提出认定于某红贪污52.03平方米房屋的所有权未发生转移的辩护意见。因被告人利用职务上的便利，骗取公有房屋并实际占用使用，故虽未办理私有产权证，仍应构成贪污罪既遂。

（三）案例解析

1. 不动产能否成为贪污罪的犯罪对象

贪污罪的对象不应仅仅限于动产，国家工作人员利用职务上的便利，采用欺骗手段非法占有公有房屋的行为，应以贪污罪定罪处罚。

公有房屋可以成为贪污罪的犯罪对象。依照《刑法》第91条的规定，"公共财产"包括国有财产、劳动群众集体所有的财产、用于扶贫和其他公益事业的社会捐助或者专项基金以及在国家机关、国有公司、企业、事业单位和人民团体管理、使用或者运输中的私人财产。《刑法》第382条规定的贪污罪对象的"公共财物"与《刑法》第91条规定的"公共财产"的内涵与外延应当是相同的，均未将不动产排除在公共财产或者公共财物之外。司法实践中，贪污行为人因其有着职务上的便利可资利用，故其非法占有不动产的行为在通常情况下更易于得逞。因此，有必要运用刑法手段对不动产予以保护。

本案中，被告人于某红利用负责还迁、拆迁工作之机，采取不下账、少下账、虚添拆迁面积和虚添住户的手段，从中套取商企房、住宅房各 1 户，加上用面积顶交的取暖费、热水费，总价值 112 123.25 元，其行为构成贪污罪。

2. 在未办理房屋产权变更、转移登记的情况下，如何认定行为人主观上的非法占有目的

对于非法侵占公有房产的贪污行为，即使客观上尚未办理产权变更登记，也可以通过其所采取的欺骗手段等行为事实，认定其具有非法占有的目的。

在很多情况下，行为人对于侵占的不动产往往由于取得方式的非法性而不敢去办理产权变更登记，因此不能以没有办理产权变更登记来证明行为人主观上不具有非法占有的目的。非法占有目的形成于产权变更登记之前，根据行为人客观上所采取的欺骗手段等行为事实是可以认定其主观上具有非法占有目的的。在本案中，一方面，被告人于某红利用负责还迁房屋职务上的便利，将其他公司归还房管所的商企房予以截留，而且该被截留的商企房在房管所的相关文件中不再有任何体现，证明被告人于某红主观上具有使该商企房脱离房管所管理的非法据为己有的故意；另一方面，被告人于某红将该截留的商企房用于个人出租牟利，说明被告人于某红已经在事实上将该房产视同为个人财产行使使用权、收益权。

3. 非法占有公有房屋，但未办理产权登记的，是贪污既遂还是未遂

被告人于某红利用职务上的便利，截留公有房屋并实际占有使用，虽未办理私有产权证，亦应认定为贪污既遂。作为以非法占有为目的的直接故意犯罪，贪污罪存在未遂形态；其既遂、未遂的判断标准，与盗窃、诈骗、抢夺等财产犯罪一样，应当视行为人是否实际取得财物而定。

具体到贪污不动产犯罪，只要行为人利用职务之便，采取欺骗等非法手段，使公有不动产脱离了公有产权人的实际控制，并被行为人现实地占有，或者行为人已经就所有权的取得进行了变更登记的，即可认定为贪污罪的既遂，而且，在办理不动产转移登记之后，即使不动产尚未实现事实上的转移，也不影响贪污罪既遂的成立。

在本案中，被告人于某红弄虚作假、欺瞒所在单位截留公房的行为本身即意味着被告人于某红实现了对该公房事实上的占有。由于该公房已经实际脱离了房管所的控制，因此，被告人于某红将来是否进行私有产权登记，并不影响对其已经将该公房据为己有事实的认定。

案例 2：李某等挪用公款案

（一）基本案情

2006 年，某政策性银行发行"黄河 3C 证券"，乙证券公司系承销商之一，该公司固定收益证券部副总经理赵某、业务经理钱某为追求个人利益，商议由赵某联系甲国有银行发行分级理财产品对接该证券。后赵某联系时任甲国有银行副行长李某、资金营运中心副总经理王某等人。经商议，李某决定由甲国有银行发行理财产品，再通过信托合同将理财产品所募集的资金用于购买"黄河 3C 证券"。2008 年 6 月，甲国有银行发行"天山 5 号"理财产品，募集资金人民币 4.25 亿元，通过丙信托公司发行信托计划投资"黄河 3C 证券"。该理财产品分为稳健级和进取级，其中稳健级募集人民币 3.65 亿元，由商业银行等金融机构认购；进取级募集人民币 0.6 亿元，由李某、赵某、王某等 70 余人认购。甲国有银行收取投资管理费。

2008 年年底，赵某经与钱某商议后，向李某、王某等人提议提前兑付"天山 5 号"理财产品，另行设立理财平台用于投资"黄河 3C 证券"。2009 年 7 月，在不符合提前终止条件且"黄河 3C 证券"预期收益较好的情况下，李某虚构了"黄河 3C 证券"存在较大风险的事实，隐瞒真实目的促使该国有银行作出了提前兑付决定。因短期内无法从其他渠道募集到足额资金，经赵某提议、李某同意，王某、余某、邵某审批或具体经办，违规使用甲国有银行备付金人民币 4.8 亿余元提前兑付了"天山 5 号"理财产品。

2009 年 8 月，李某经与王某等人商议，通过签订转让协议的方式，将甲国有银行持有的"黄河 3C 证券"的收益权以人民币 4.85 亿余元的价格，转让给丁信托公司另行设立的信托计划，并用该信托计划募集的资金归还了甲国有银行被挪用款项。经查，另行设立的信托计划募集资金人民币 4.9 亿元，6 名被告人及李某、王某、邵某、余某介绍的 15 名甲国有银行、金融监管机构的相关人员认购进取级产品共计 0.6 亿元。截至 2010 年 10 月到期兑付，上述 21 人共计获利人民币 1.26 亿余元，其中李某等 6 名被告人获利 0.8 亿余元，其余 15 人获利 0.4 亿余元。

（二）法院判决

2019 年 10 月 12 日、11 月 8 日，A 市人民检察院以李某等 6 人犯挪用公款罪分两个案件依法提起公诉。2020 年 10 月 13 日，A 市中级人民法院作出一审判决，认定上述 6 名被告人构成挪用公款罪，且分别具有自首、从犯等从轻、减轻处罚情节，判处 5 年 6 个月到 1 年 2 个月不等的有期徒刑。一审宣判后，李某、赵某提起上诉，2021 年 8 月 31 日，C 省高级人民法院二审裁定驳回上诉、维持原判。

（三）案例解析

1. 依法惩治金融领域挪用公款犯罪，应准确把握"个人决定""归个人使用"的本质特征

为了给下一步个人擅自挪用公款做铺垫准备，相关负责人在集体研究时采取虚构事实、隐瞒真相的方式，引导形成错误决策的，不影响对个人责任的认定。对于为个人从事营利活动而违规使用单位公款的行为，应重点审查使用公款的目的、公款流转去向、公款潜在风险、违法所得归属等要素，如公款形式上归单位使用、实质上为个人使用的，可以认定挪用公款"归个人使用"。

2. 对于挪用公款犯罪中"归个人使用"后进行营利活动取得的财物和孳息，如能排除系善意取得，应依法追缴

在特定情况下，其他不构成犯罪或未被追究刑事责任的相关人员也可能因行为人实施挪用公款行为获利，如能够证实该获利系因挪用公款犯罪行为而直接产生，相关人员主观上对收益的违法性有认知，不属于善意取得，检察机关可以建议监察机关根据《中华人民共和国刑法》《中华人民共和国监察法》《中华人民共和国监察法实施条例》等相关法律法规的规定，将该部分获利作为违法所得，依法予以没收、追缴。

案例3：邓某某利用影响力受贿案

（一）基本案情

2013 年至 2017 年，邓某某在担任中山市某镇党委委员期间，利用职务便利，多次从某镇政府财政资金中套取公款共计人民币 29 万余元并占为己有；在项目招标、工程款项支付等事项中为他人谋取利益，多次收受他人给予的财物共计人民币 134 万元，港币 10 万元；在某镇生活污水厂项目招标过程中，与招标代理负责人邓某 1（另案处理）、代表投标方利益的罗某串通投标，最终由罗某找来的公司顺利中标并签订合同，运营该项目。利用时任某镇党委书记黄某全（另案处理）的影响力，通过文某戈等国家工作人员职务上的便利，在处理某镇生活污水厂环保行政处罚和某道公司涉嫌串通投标等事项上为罗某提供帮助，先后收受罗某给予的好处费共计人民币 29 万元。

（二）法院判决

广东省中山市中级人民法院于 2019 年 11 月 15 日作出（2019）粤 20 刑初 56 号刑事判决：（1）邓某某犯贪污罪，判处有期徒刑 3 年，并处罚金人民币 20 万元；犯受贿罪，判处有期徒刑 2 年 6 个月，并处罚金人民币 40 万元；犯串通投标罪，判处有期徒刑 1 年，并处罚金人民币 30 万元；犯利用影响力受贿罪，判处有期徒刑 1 年 2 个月，并处罚金人民币 10 万元，决定执行有期徒刑 6 年 6 个月，并处罚金人民币 100 万元。（2）邓某某退出的贪污所得人民币 295 969.55 元、受贿所得人民币 134 万元、港币 10 万元、利用影响力受贿所得 29 万元予以没收，由中山市纪律检查委员会上缴国库，宣判后，被告人邓某某不服，提出上诉。广东省高级人民法院于 2020 年 6 月 12 日作出（2020）粤刑终 2 号刑事判决：（1）维持广东省中山市中级人民法院（2019）粤 20 刑初 56 号刑事判决第一项、撤销广东省中山市中级人民法院（2019）粤 20 刑初 56 号刑事判决第二项。（2）上诉人（原审被告人）邓某某退缴的贪污所得人民币 295 969.55 元返还给中山市某镇政府，受贿所得人民币 134 万元、港币 10 万元、利用影响力受贿所得 29 万元予以没收，上缴国库。

（三）案例解析

利用影响力受贿罪的主体通常是非国家工作人员，而《刑法》第 388 条规定的斡旋受贿的主体是国家工作人员，因此，一般情况下两罪不难区分。但是，需要注意的是，国家工作人员并非完全不可能成为利用影响力受贿罪的主体，斡旋受贿和利用影响力受贿均存在行为人利用影响力进行受贿的情形。当行为人自身具有国家工作人员身份，同时又与其他特定的国家工作人员具有密切联系时，如其通过该其他国家工作人员职务上的行为，为请托人谋取不正当利益，应当视其对其他国家工作人员施加的是何种性质的影响而予以定性。总体而言：如果施加的是权力性的影响，即是利用其本人职权或者地位形成的便利条件，或者施加的影响中有权力因素，均以斡旋受贿论处；如所施加的明显是、单纯是非权力性的影响，则应实事求是地依法以利用影响力受贿罪论处。

对于有关行为人究竟利用的是权力性影响还是非权力性影响，应当根据具体案件情况，结合社会公众的一般认知作出判定。当具有国家工作人员身份的关系密切人利用对其他国家工作人员的影响力受贿，所利用的影响力兼有权力性与非权力性时，宜优先考虑其利用的是其国家工作人员本身的职权或地位形成的权力性影响力，其行为应认定为斡旋受贿；但在权力性影响力不存在或不明显的情况下，宜认定其利用的是亲友等关系密切人身份形成的非权力性影响力，其行为应认定为利用影响力受贿。

案例4：谭某云、吴某莲行贿案

（一）基本案情

2014年至2018年，被告人谭某云、吴某莲夫妇在其实际控制的某文化公司股权出售过程中，为谋取不正当利益，先后就投资参股、提高收购价格等事项，请托某国有公司董事长廖某及该公司下属公司某溪公司董事长程某辉（均另案处理）帮忙。廖某、程某辉接受请托，利用各自职权最终促成某溪公司以2.3亿元的高价收购某文化公司股东全部权益。为感谢廖某和程某辉的帮助，谭某云、吴某莲共同给予廖某2 002万元、程某辉2万元，其中给予廖某的2 000万元由吴某莲代为保管。谭某云另外单独给予程某辉2万元。2018年上半年，谭某云、吴某莲与他人共同成立一家投资公司，廖某以吴某莲代为保管的2 000万元认缴出资，并由廖某指定的亲戚代持股份，经鉴定，谭某云、吴某莲利用行贿行为，共收到收购款项21 183.816 226万元（含代扣股权转让个人所得税1 506.164 389万元），谭某云、吴某莲在某文化公司股权出售过程中非法获利数额为1.07亿余元。

（二）法院判决

法院生效裁判认为，被告人谭某云、吴某莲为谋取不正当利益，给予国家工作人员财物，情节特别严重，其行为均构成行贿罪。谭某云、吴某莲在共同行贿犯罪中均积极主动，地位作用相当。谭某云、吴某莲在某文化公司股权出售过程中实际获得收购款2.27亿元，造成国家国有资产损失金额为1.34亿余元。以此1.34亿余元减去国有资产损失金额已缴纳的对应税款，按照谭某云在某文化公司所持股份比例认定非法获利1.07亿余元。故以行贿罪分别判处二人有期徒刑11年，并处罚金人民币300万元；依法追缴二人的犯罪所得1.07亿余元。

（三）案例解析

贿赂案件中，行贿人利用行贿手段所获取的不正当利益应当依法予以追缴。行贿人利用行贿手段获取交易机会，在该交易中所获取的利益均为不正当利益。在确定具体获利数额时，应当将行贿人在经营中已经缴纳的税款予以扣除。

案例5：浙江省某县图书馆及赵某、徐某某单位受贿、私分国有资产、贪污案

（一）基本案情

被告单位浙江省某县图书馆，是全额拨款的国有事业单位。被告人赵某，某县图书馆原馆长。被告人徐某某，某县图书馆原副馆长。

（1）单位受贿罪。从2012年至2016年，为提高福利待遇，经赵某、徐某某等人集体讨论决定，某县图书馆通过在书籍采购过程中账外暗中收受回扣的方式，收受A书社梁某某、B公司、C图书经营部潘某某所送人民币共计36万余元，用于发放工作人员福利及支付本单位其他开支。

（2）私分国有资产罪。从 2012 年至 2016 年，某县图书馆通过从 A 书社、B 公司、C 图书经营部虚开购书发票、虚列劳务支出、采购价格虚高的借书卡等手段套取财政资金 63 万余元，经赵某、徐某某等人集体讨论决定，将其中的 56 万余元以单位名义集体私分给本单位工作人员。

（3）贪污罪。2015 年，被告人徐某某利用担任某县图书馆副馆长，分管采购业务的职务之便，通过从 C 图书经营部采购价格虚高的借书卡的方式，套取财政资金 3.8 万元归个人所有。

（二）法院判决

2018 年 12 月 20 日，某县人民法院以单位受贿罪判处某县图书馆罚金人民币 20 万元；以单位受贿罪、私分国有资产罪判处赵某有期徒刑 1 年 2 个月，并处罚金人民币 10 万元。2019 年 1 月 10 日，某县人民法院以单位受贿罪、私分国有资产罪、贪污罪判处徐某某有期徒刑 1 年，并处罚金人民币 20 万元。

（三）案例解析

（1）检察机关对单位犯罪可依法直接追加起诉。人民检察院审查监察机关移送起诉的案件，应当查明有无遗漏罪行和其他应当追究刑事责任的人。对于单位犯罪案件，监察机关只对直接负责的主管人员和其他直接责任人员移送起诉，未移送起诉涉嫌犯罪单位的，如果犯罪事实清楚，证据确实、充分，经与监察机关沟通，检察机关对犯罪单位可以依法直接提起公诉。

（2）检察机关在审查起诉中发现遗漏同案犯或犯罪事实的，应当及时与监察机关沟通，依法处理。检察机关在审查起诉中，如果发现监察机关移送起诉的案件遗漏同案职务犯罪人或犯罪事实的，应当及时与监察机关沟通，依法处理。如果监察机关在本案审查起诉期限内调查终结移送起诉，且犯罪事实清楚，证据确实充分的，可以并案起诉；如果监察机关不能在本案审查起诉期限内调查终结移送起诉，或者虽然移送起诉，但因案情重大复杂等原因不能及时审结的，也可分案起诉。

第三节　本章同步训练

一、选择题

（一）单选题

1. 国有甲公司领导王某与私企乙公司签订采购合同，以 10 万元的价格向乙公司采购一批设备。后王某发现，丙公司销售的相同设备价格仅 6 万元。王某虽有权取消合同，但却与乙公司老总刘某商议，由王某花 6 万元从丙公司购置设备交给乙公司，再由乙公司以 10 万元的价格卖给甲公司。经王某签字批准，甲公司将 10 万元货款支付给乙公司后，刘某再将 10 万元返给王某。刘某为方便以后参与甲公司采购业务，完全照办。关于本案的分析，下列哪一选项是正确的？（　　）

A. 王某利用职务上的便利套取公款，构成贪污罪，贪污数额为 10 万元

B. 王某利用与乙公司签订合同的机会谋取私利，应以职务侵占罪论处

C. 刘某为谋取不正当利益，事后将货款交给王某，刘某的行为构成贪污罪

D. 刘某协助王某骗取公款，但因其并非国家工作人员，故构成诈骗罪

2. 甲是 A 公司（国有房地产公司）领导，因私人事务欠蔡某 600 万元。蔡某让甲还钱，甲提议以 A 公司在售的商品房偿还债务，蔡某同意。甲遂将公司一套价值 600 万元的商品房过户给蔡某，并在公司财务账目上记下自己欠公司 600 万元。三个月后，甲将账作平，至案发时亦未归还欠款。关于本案事实的分析，下列选项正确的是（　　）。

A. 甲将商品房过户给蔡某的行为构成贪污罪

B. 甲将商品房过户给蔡某的行为构成挪用公款罪

C. 甲虚假平账，不再归还 600 万元，构成贪污罪

D. 甲侵占公司 600 万元，应与挪用公款罪数罪并罚

3. 甲加盖违章建筑，并串通负责房屋征收的国家机关工作人员乙。乙利用职务上的便利帮甲违法多得了 200 万元征收补偿款，事后，甲将其中的 5 万元送给乙。对乙的行为应认定为（　　）。

A. 诈骗罪　　　　　B. 贪污罪　　　　　C. 受贿罪　　　　　D. 职务侵占罪

4. 甲（建委主任）与妻子乙商议后，由乙出面收受请托人现金 300 万元，甲为请托人办理建筑审批手续。乙的行为（　　）。

A. 构成受贿罪

B. 构成利用影响力受贿罪

C. 不构成犯罪

D. 构成受贿罪和利用影响力受贿罪

5. 朱某系某县民政局副局长，率县福利企业年检小组到同学黄某任厂长的电气厂年检时，明知该厂的材料有虚假、残疾员工未达法定人数，但朱某以该材料为准，使其顺利通过年检。为此，电气厂享受了不应享受的退税优惠政策，获取退税 300 万元。黄某动用关系，帮朱某升任民政局局长。检察院在调查朱某时发现，朱某有 100 万元财产明显超过合法收入，但其拒绝说明来源。在审查起诉阶段，朱某交代 100 万元系在澳门赌场所赢，经查证属实。关于朱某 100 万元财产的来源，下列分析正确的是：（　　）。

A. 其财产、支出明显超过合法收入，这是巨额财产来源不明罪的实行行为

B. 在审查起诉阶段已说明 100 万元的来源，故不能以巨额财产来源不明罪提起公诉

C. 在澳门赌博，数额特别巨大，构成赌博罪

D. 作为国家工作人员，在澳门赌博，应依属人管辖原则追究其赌博的刑事责任

6. 私分国有资产罪的犯罪主体是（　　）。

A. 自然人　　　　　　　　　　　B. 单位

C. 自然人或单位　　　　　　　　D. 自然人和单位

（二）多选题

1. 甲为某国有企业出纳，为竞争公司财务部主任职位欲向公司副总经理乙行贿。甲通过涂改账目等手段从公司提走 20 万元，委托总经理办公室秘书丙将 15 万元交给乙，并要丙在转交该款时一定为自己提升一事向乙"美言几句"。乙收下该款。八天后，乙将收受钱款一事报告了公司总经理，并将 15 万元交到公司纪检部门。

一个月后，甲得知公司委任其他人担任财务部主任，恼羞成怒找到乙说："还我15万元，我去把公司钱款补上。你还必须付我10万元精神损害赔偿，否则我就将你告到检察院。"乙反复向甲说明钱已上交不能退还，但甲并不相信。数日后，甲携带一桶汽油闯入乙办公室纵火，导致室内空调等财物被烧毁。关于甲从公司提出公款20万元并将其中一部分行贿给乙的行为，下列选项错误的是（　　）。

A. 甲构成贪污罪，数额是20万元；行贿罪与贪污罪之间是牵连关系，不再单独定罪

B. 甲构成贪污罪、行贿罪，数罪并罚，贪污数额是5万元，行贿15万元

C. 甲构成贪污罪、行贿罪，数罪并罚，贪污数额是20万元，行贿15万元

D. 甲对乙说过要"去把公司钱款补上"，应当构成挪用公款罪，数额是20万元，再与行贿罪并罚

2. 关于贪污罪的认定，下列哪些选项是正确的？（　　）

A. 国有公司中从事公务的甲，利用职务便利将本单位收受的回扣据为己有，数额较大。甲的行为构成贪污罪

B. 土地管理部门的工作人员乙，为农民多报青苗数，使其从房地产开发商处多领取20万元补偿款，自己分得10万元。乙的行为构成贪污罪

C. 村民委员会主任丙，在协助政府管理土地征用补偿费时，利用职务便利将其中数额较大款项据为己有。丙的行为构成贪污罪

D. 国有保险公司工作人员丁，利用职务便利编造未发生的保险事故进行虚假理赔，将骗取的5万元保险金据为己有。丁的行为构成贪污罪

3. 某地政府为村民发放扶贫补贴，由各村村委会主任审核本村申请材料并分发补贴款。某村村委会主任王某、会计刘某以及村民陈某合谋伪造申请材料，企图每人套取5万元补贴款。王某任期届满，周某继任村委会主任后，政府才将补贴款拨到村委会。周某在分发补贴款时，发现了王某、刘某和陈某的企图，便只发给三人各3万元，将剩余6万元据为己有。三人心知肚明，但不敢声张。（事实一）后周某又想私自非法获取土地征收款，欲找县国土局局长张某帮忙，遂送给县工商局局长李某10万元，托其找张某说情。李某与张某不熟，送5万元给县财政局局长胡某，让胡某找张某。胡某找到张某后，张某碍于情面，违心答应，但并未付诸行动。（事实二）周某为感谢胡某，从村委会账户取款20万元购买玉器，并指使会计刘某将账做平。周某将玉器送给胡某时，被胡某拒绝。周某只好将玉器退还商家，将退款20万元返还至村委会账户，并让刘某再次平账。（事实三）

关于事实二的分析，下列选项正确的有：（　　）。

A. 周某为达非法目的，向国家工作人员行贿，构成行贿罪

B. 李某请托胡某帮忙，并送给胡某5万元，构成行贿罪

C. 李某未利用自身职务行为为周某谋利，但构成受贿罪既遂

D. 胡某收受李某财物进行斡旋，但未成功，构成受贿罪未遂

4. 甲向乙行贿5万元，乙收下后顺手藏于自家沙发垫下，匆忙外出办事。当晚，丙潜入乙家盗走该5万元。事后查明，该现金全部为假币。下列哪些选项是正确的？（　　）

（法考 2009 年）

A. 甲用假币行贿，其行为成立行贿罪未遂，是实行终了的未遂

B. 丙的行为没有侵犯任何人的合法财产，不构成盗窃罪

C. 乙虽然收受假币，但其行为仍构成受贿罪

D. 丙的行为侵犯了乙的占有权，构成盗窃罪

5. 国家工作人员甲与民办小学教师乙是夫妻。甲、乙支出明显超过合法收入，差额达 300 万元。甲、乙拒绝说明财产来源。一审中，甲交代 300 万元系受贿所得，经查证属实。关于本案，下列哪些选项是正确的？（　　）

A. 甲构成受贿罪

B. 甲不构成巨额财产来源不明罪

C. 乙不构成巨额财产来源不明罪

D. 乙构成掩饰、隐瞒犯罪所得罪

6. 国有公司财务人员甲于 2007 年 6 月挪用单位救灾款 100 万元，供自己购买股票，后股价大跌，甲无力归还该款项。2008 年 1 月，甲挪用单位办公经费 70 万元为自己购买商品房。两周后，甲采取销毁账目的手段，使挪用的办公经费 70 万元中的 50 万元难以在单位财务账上反映出来。甲一直未归还上述所有款项。关于甲的行为定性，下列选项正确的是：（　　）。

A. 甲挪用救灾款的行为，不构成挪用特定款物罪

B. 甲挪用办公经费的行为构成挪用公款罪，挪用数额为 70 万元

C. 甲挪用办公经费后销毁账目且未归还的行为构成贪污罪，贪污数额为 50 万元

D. 对于甲应当以挪用公款罪、贪污罪实行并罚

二、案例分析题

1. 甲是 A 公司（国有房地产公司）领导，因私人事务欠蔡某 600 万元。蔡某让甲还钱，甲提议以 A 公司在售的商品房偿还债务，蔡某同意。甲遂将公司一套价值 600 万元的商品房过户给蔡某，并在公司财务账目上记下自己欠公司 600 万元。3 个月后，甲将账做平，至案发时亦未归还欠款。（事实一）

另查明，甲曾因公务为 A 公司垫付各种费用 5 万元，但由于票据超期，无法报销。为挽回损失，甲指使知情的程某虚构与 A 公司的劳务合同并虚开发票。甲在合同上加盖公司公章后，找公司财务套取"劳务费"5 万元。（事实二）

问题：

（1）事实一中，行为人如何定性？

（2）事实二中，行为人如何定性？

2. 2010 年下半年，在吴某担任某国有独资基建公司（以下简称基建公司）总经理期间，徐某多次找到吴某，要求承接该公司某项目所需钢绞线全部供应业务。吴某原计划安排情妇赵某承接该业务，便以"让领导的朋友退出"为由，要徐某给予"领导的朋友"好处费 30 万元，徐某表示同意。此后，吴某利用职权，决定以徐某的名义承接总额 700 余万元的钢绞线供应业务。2010 年 9 月底，徐某按约定联系吴某交付 30 万元好处费。吴

某带徐某与赵某见面，谎称赵某系领导的朋友，徐某将30万元交给赵某。

2011年，徐某又为某公立学校承建工程，工程按质按量完工后，学校一直拖欠工程款（3 000余万元）。徐某听说吴某与校长张某很熟，便送给吴某10万元，请吴某帮忙。吴某让张某帮忙解决，张某于是将工程款给付徐某。

2012年，基建公司进行产权制度改革，在资产评估过程中，吴某明知公司的应付款账户中有三笔共计460万元系上几年虚设，而未向评估人员作出说明，隐瞒该款项的真实情况，从而使评估人员将该三笔款项作为应付款评估并予以确认。同年年底，政府发文同意该公司产权制度改革实施方案。此后，基建公司在570名职工中平均配股。2013年6月，公司股东大会选举产生董事会，董事长为吴某。之后，吴某收购了其他569名股东的全部股份，并于同年8月正式成立蓝天基建有限公司（以下简称蓝天公司）。2013年9月，蓝天公司向区财政局交清国有资产购买款4 650万元。随后，吴某积极办理公司产权转移手续。案发时，手续尚在办理之中。

问题：

（1）吴某谎称以"让领导的朋友退出"为由，让徐某支付30万元给赵某，吴某的行为是否构成受贿罪？如果构成，是否属于法定从重情节？为什么？

（2）徐某支付30万元给赵某，徐某和赵某的行为应当如何定性？为什么？

（3）徐某请求吴某帮忙解决学校的工程款一案，徐某和吴某的行为应当如何定性？为什么？

（4）如果该公立学校属于基建公司开办的学校，徐某和吴某的行为又当如何定性？为什么？

（5）吴某在国有企业改制中隐瞒资产真实情况，并造成巨额国有资产潜在流失的行为是否构成犯罪？又属于何种犯罪形态？为什么？

3. 徐某系某市国有黄河商贸公司的经理，顾某系该公司的副经理。2005年，黄河商贸公司进行产权制度改革，将国有公司改制为管理层控股的股份有限公司。其中，徐某、顾某及其他15名干部职工分别占40％、30％、30％股份。在改制过程中，国有资产管理部门委托某资产评估所对黄河商贸公司的资产进行评估，资产评估所指派周某具体参与评估。在评估时，徐某与顾某明知在公司的应付款账户中有100万元系上一年度为少交利润而虚设的，经徐某与顾某以及公司其他领导班子成员商量，决定予以隐瞒，转入改制后的公司，按照股份分配给个人。当周某发现了该100万元应付款的问题时，公司领导班子决定以辛苦费的名义，从公司的其他公款中取出1万元送给周某。周某收下该款后，出具了隐瞒该100万元虚假的应付款的评估报告。随后，国有资产管理部门经研究批准了公司的改制方案。在尚未办理产权过户手续时，徐某等人因被举报而案发。

问题：

（1）徐某与顾某构成贪污罪还是私分国有资产罪？为什么？

（2）徐某与顾某的犯罪数额如何计算？为什么？

（3）徐某与顾某的犯罪属于既遂还是未遂？为什么？

（4）给周某送的1万元是单位行贿还是个人行贿？为什么？

（5）周某的行为是否以非国家工作人员受贿罪与提供虚假证明文件罪实行数罪并罚？

为什么?

　　(6) 周某是否构成徐某与顾某的共犯? 为什么?

三、论述题

　　1. 试论贪污罪与盗窃罪、诈骗罪、侵占罪的界限。

　　2. 试述贪污罪的处罚。

四、法条分析题

　　《中华人民共和国刑法》第 385 条第 1 款规定:国家工作人员利用职务上的便利,索取他人财物的,或者非法收受他人财物,为他人谋取利益的,是受贿罪。

　　请分析:

　　(1) 本款中的"利用职务上的便利"应如何理解?

　　(2) 本款中的"为他人谋取利益"应如何理解?

　　(3) 本款中的"财物"范围应如何确定?

参考答案及解析

一、选择题

(一) 单选题

1. 参考答案:C

　　解析:A 项,本案中,原来的流程是:乙公司卖给甲公司,现在变成:丙公司卖给王某交给乙公司卖给甲公司。这样,王某便可以从甲公司赚取非法利润 4 万元,这属于变相贪污公款,也即国有甲公司原本不需要多付出 4 万元,王某使国有甲公司多付出 4 万元,这 4 万元在乙公司处过了一下手,最终落到王某手里。王某构成贪污罪,贪污数额是 4 万元,而非 10 万元,因为甲公司损失的是 4 万元,而非 10 万元。故 A 项说法错误。

　　B 项,王某作为国有公司领导,属于国家工作人员,构成贪污罪,而非职务侵占罪。故 B 项说法错误。

　　C 项,刘某为王某的贪污提供协助,构成贪污罪的共犯(帮助犯)。C 项说刘某构成贪污罪,是指构成贪污罪的共犯。故 C 项说法正确。

　　D 项,刘某的乙公司与国有甲公司交易,国有甲公司的领导王某操纵这个交易,刘某并没有欺骗王某,因此刘某不构成诈骗罪。刘某是王某的贪污罪的帮助犯。故 D 项说法错误。

　　应注意的是,王某的行为表面上也属于为亲友非法牟利罪的第二项行为类型"以明显高于市场的价格从自己的亲友经营管理的单位采购商品、接受服务的",但是由于乙公司及刘某是配合王某,王某并没有为乙公司非法牟利,故王某不构成为亲友非法牟利罪。

　　综上所述,本题答案为 C。

2. 参考答案：C

解析： 第一，甲将商品房过户给蔡某，并在公司财务账目上记下自己欠公司 600 万元。甲没有做假账，没有掩盖，表明甲此时没有非法占有目的，因此甲不构成贪污罪。第二，甲不构成挪用公款罪。该罪的对象是单位现实控制占有的公款，而不包括财物。本题中单位现实控制占有的是商品房，并没有现实控制 600 万元的款项。所以，甲不存在将 600 万元公款挪出单位的情形。第三，当甲虚假平账，不再归还 600 万元，表明甲具有非法占有的目的，此时构成贪污罪。第四，如上述分析，甲在将商品房过户给蔡某时不构成挪用公款罪，之后虚假平账构成贪污罪，应认定为贪污罪一罪，而不是与挪用公款罪数罪并罚，D 选项错误。

综上所述，本题答案为 C。

3. 参考答案：C

解析： A 项：诈骗罪是指以非法占有为目的，用虚构事实或者隐瞒真相的方法，骗取数额较大的公私财物的行为。在本案中，乙是利用职务便利帮助甲获得违法补偿款，并非通过虚构事实或隐瞒真相的手段骗取他人财物，不符合诈骗罪的构成要件。故 A 项说法错误。

B 选项：贪污罪是指国家工作人员利用职务上的便利，侵吞、窃取、骗取或者以其他手段非法占有公共财物的行为。乙虽然是国家机关工作人员，但他并没有直接非法占有公共财物，而是利用职务便利为甲谋取利益并收受甲的财物，不符合贪污罪的构成要件。故 B 项说法错误。

C 选项：受贿罪是指国家工作人员利用职务上的便利，索取他人财物，或者非法收受他人财物，为他人谋取利益的行为。乙作为负责房屋征收的国家机关工作人员，利用职务上的便利帮甲违法多得了 200 万元征收补偿款，并收受了甲送的 5 万元，其行为符合受贿罪的构成要件。故 C 项说法正确。

D 选项：职务侵占罪是指公司、企业或者其他单位的人员，利用职务上的便利，将本单位财物非法占为己有，数额较大的行为。乙是国家机关工作人员，并非公司、企业或其他单位的人员，主体不符合职务侵占罪的要求。故 D 项说法错误。

综上，本题答案为 C。

4. 参考答案：A

解析： 建委主任甲与妻子乙商议后，由乙出面收受请托人现金 300 万元，甲为请托人办理建筑审批手续。这表明甲、乙意图利用甲的职务便利，非法收受他人财物，为他人谋取利益。换言之，甲、乙主观上有共同故意，客观上有共同行为，构成共同犯罪。

首先，受贿罪的本质是权钱交易，甲、乙主观上共谋利用甲的职务便利为他人谋取利益，具有共同的受贿故意，客观上二人按照分工实施受贿行为，构成受贿罪共犯。其中，甲是实行犯，乙是帮助犯。因此，乙的行为构成受贿罪。这里要顺带指出的是，乙不构成受贿罪的实行犯，因为受贿罪是纯正的身份犯，只有国家工作人员才能构成受贿罪的实行犯。

其次，利用影响力受贿罪的一种情形是，国家工作人员的近亲属或者其他与该国家工作人员关系密切的人，通过该国家工作人员职务上的行为，或者利用该国家工作人员职权或者地位形成的便利条件，通过其他国家工作人员职务上的行为，为请托人谋取不正当利益，索取或者收受请托人财物，数额较大或者有其他较重情节的行为。利用影响力受贿罪的本质是，行为人利用与国家工作人员的密切关系影响其职务行为。本案中，乙虽然是国家工作人员的近亲属，但是甲、乙主观上有共同的受贿故意，甲对乙收受财物的事实知情。也即，只有行为人利用其与国家工作人员的密切关系，且与国家工作人员没有共犯关系的时候，才能构成利用影响力受贿罪。因此，乙的行为不构成利用影响力受贿罪。

综上，甲、乙构成受贿罪的共同犯罪。A项当选，其余选项不当选。

5. 参考答案：B

解析：

选项A错误：巨额财产来源不明罪是指国家工作人员的财产、支出明显超过合法收入，差额巨大，不能说明来源的行为。本罪的行为主体只限于国家工作人员。客观行为表现为财产、支出明显超过合法收入，差额巨大，在有关机关责令行为人说明来源时，行为人不能说明其来源。但是，财产、支出明显超过合法收入，并不是本罪的实行行为，只是本罪的前提条件，也可以说是行为状况，即在财产、支出明显超过合法收入，被责令说明来源的状况下不能说明财产来源。因此，巨额财产来源不明罪的实行行为并非"不能说明"，也不是"持有"巨额不能说明来源的财产，而是行为人通过非法手段实施了资产增加的行为。

选项B正确：巨额财产来源不明罪，是指国家工作人员的财产或者支出明显超过合法收入，差额巨大，本人不能说明其来源是合法的行为。此处已经说明是赌博所得，因此不再是来源不明。

选项C错误：根据《澳门特别行政区基本法》规定，我国澳门特别行政区享有独立的司法权，按特别法优于一般法的原则，应适用当地法律而不再适用《刑法》，按照澳门当地法律，赌博行为是合法的，因此不构成赌博罪。此外，赌博罪是指以营利为目的，聚众赌博或者以赌博为业的行为。朱某去澳门赌博的行为并不是聚众赌博或者以赌博为业的行为，所以朱某的行为不成立赌博罪。

选项D错误：凡在中国领域内犯罪的，除法律有特别规定的以外，都适用中国刑法。因此，应依属地管辖原则追究其赌博的刑事责任。至于属人管辖，适用于本国公民在国外犯罪的情形。

6. 参考答案：B。

解析： 私分国有资产罪是单位犯罪，并且只有特殊的单位才能构成。

（二）多选题

1. 参考答案：ABD

解析： A项，行贿罪和贪污罪没有牵连关系。B项，甲贪污罪数额是20万元，行贿罪数额是15万元。C项说法正确。D项，贪污罪和挪用公款罪的区分在于是否具有非法占有目的。根据最高人民法院《全国法院审理经济犯罪案件工作座谈会纪要》（法发〔2003〕167号）规定，行为人挪用公款后采取虚假发票平账、销毁有关账目等手段，使所挪用的公款已难以在单位财务上反映出来，且没有归还行为的，就表明具有非法占有目的，应当以贪污罪论处。因此，甲的行为构成贪污罪。

2. 参考答案：ACD

解析：A项：依据《刑法》第382条规定，贪污罪的犯罪对象是公共财物，并不要求单位对于公共财物的占有具有合法性。A项中甲贪污的虽然是本单位收受的回扣，仍然属于公共财物，是利用职务之便侵吞公共财物的行为，成立贪污罪，故A选项说法正确。

B项：贪污罪中"利用职务之便"具体指，利用职务上主管、管理、经营、经手公共财物的权力和方便条件。B项中的乙作为土地管理部门的工作人员，为农民多报青苗数，而从房地产开发商处多领取20万元补偿款，从中自己分得10万元的行为，因乙非法占有的财产不是其主管、管理、经营、经手的财产，所以乙只成立诈骗罪。B选项说法错误。

C项：根据《关于〈中华人民共和国刑法〉第九十三条第二款的解释》规定，村民委员会等基层组织人员协助人民政府从事土地征用补偿费用管理工作时，视为国家工作人员，其利用职务上的便利侵吞该性质款物的，成立贪污罪。C选项说法正确。

D项：依据《刑法》第183条第2款规定，国有保险公司工作人员和国有保险公司委派到非国有保险公司从事公务的人员，利用职务便利编造未发生的保险事故进行虚假理赔，将骗取的保险金据为己有的，以贪污罪论处。D选项说法正确。

3. 参考答案：ABC

解析：该案的环节流程是，周某找李某，李某找胡某，胡某找张某。

A项说法正确：周某为谋取不正当利益，向国家工作人员行贿，构成行贿罪。

B项说法正确：李某为谋取不正当利益，给予国家工作人员以财物，构成行贿罪。在此应注意，行贿罪中的"为谋取不正当利益"，既包括为自己谋取不正当利益，也包括为第三人谋取不正当利益。李某属于为周某谋取不正当利益。

C项说法正确：李某构成斡旋受贿型的受贿罪既遂。根据《刑法》第388条的规定，斡旋受贿的本质是，国家工作人员将自己的斡旋行为与他人的财物结成不正当的对价关系。其行为方式是，行为人利用本人职权或者地位形成的便利条件→通过其他国家工作人员职务上的行为→为请托人谋取不正当利益→受贿。

D项说法错误：就斡旋受贿而言，不要求其他国家工作人员许诺、答应行为人的请求，更不要求其他国家工作人员为请托人谋取了不正当利益。普通的受贿罪中的收受贿赂要求国家工作人员至少许诺、答应为他人谋取利益。而斡旋受贿在此不作要求，是因为斡旋受贿中的贿赂，是指斡旋行为的对价（不正当报酬），而不是其他国家工作人员职务行为的对价。

4. 参考答案：CD

解析：A项：（1）刑法上，财物的价值包括积极价值和消极价值。消极价值，是指不能给人或社会带来积极价值，但落入不法分子之手会给人或社会带来财产损失或其他危害，例如，银行准备销毁的破损钞票，具有消极价值。又如，违禁品（如毒品、假币、淫秽物品）有消极价值，落入不法分子手里会危害社会，在不法分子手里也能卖钱，所以属于有价值的财物。这些有消极价值的财物，能够成为财产犯罪的对象。在计算违禁品的价值数额时，可参考其非法交易的价值数额（行情价）。根据违禁品的具体价值数额来确定其处在三个档次的哪个档次，依此判断犯罪成立条件和既遂条件。成立行贿罪，要求行贿的财物数额较大，也即行为人带着数额较大财物去行贿，才能构成行贿罪。2016年出台的《关于办理贪污贿赂刑事案件适用法律若干问题的解释》规定，"数额较大"是指3万元。本题是2009年法考考题，当时司法解释规定"数额较大"的标准是1万元以上。这表明，行为人带着价值1万元的财物去行贿，才构成行贿罪。甲故意带着5万元假币去行贿。参考非法交易的价值数额，5万元假币不可能价值1万元。这表明，甲故意带着不值1万元的财物去行贿，因此不构成行贿罪。A项说法错误。

B项：丙潜入乙家实施盗窃，该行为本身便构成盗窃罪。丙盗走该5万元，发现是假币。5万元假币的价值达不到"数额较大（2 000元）"，但也不是价值微薄的财物，属于第二档次的财物。本题是2009年法考考题，当时刑法尚未规定"入户盗窃"。按照普通盗窃，要求盗窃达到"数额较大（2 000元）"财物，才能构成盗窃罪既遂。因此，丙构成盗窃罪未遂。2011年11月1日《刑法修正案（八）》增设了"入户盗窃"。入户盗窃型盗窃罪的既遂数额不是"数额较大"，而是第二档次的财物，也即数额不大、值得刑法保护的财物。依此，丙构成盗窃罪既遂。B项认为丙不构成盗窃罪，说法错误。

C项：受贿罪的成立条件：行为人带着收受数额较大财物的故意，实施了受贿行为。既遂条件：收受到数额较大的财物。本题中，乙带着收受数额较大财物的故意，实施了受贿行为，成立受贿罪，但是没有收到数额较大的财物，成立受贿罪未遂。C项说法正确。

D项：财产犯罪的保护法益首先是所有权，其次是占有事实。财产犯罪保护占有这种事实。既保护合法占有，也保护非法占有。保护非法占有时，非法占有必须是平稳占有。所谓平稳占有，是指行为人占有某件财物，即使不合法，也只有通过法定程序才能加以没收、追缴，一般人无权侵犯。例如，甲盗窃了一辆摩托车，放在家里，虽然甲对摩托车的占有属于非法占有，但是只有国家有权没收，一般人无权侵犯。如果一般人盗窃该摩托车，构成盗窃罪。

5. 参考答案：ABC

解析： 关于巨额财产来源不明罪，《刑法》第395条规定，国家工作人员的财产、支出明显超过合法收入，差额巨大的，可以责令该国家工作人员说明来源，不能说明来源的，差额部分以非法所得论。"国家工作人员的财产、支出明显超过合法收入，差额巨大"不是本罪的实行行为，而是前提条件。本罪的实行行为是责令说明来源，不能说明来源。也即，本罪是真正不作为犯。说明来源的时间期限：一审判决前。只要一审判决前能够说明来源，就不构成本罪。

本题中，甲在一审判决前说明了财产来源，便不构成巨额财产来源不明罪。甲的财产来源于受贿，因此构成受贿罪。甲不构成巨额财产来源不明罪的实行犯，那么乙不构成该罪的共犯。题干没有交代乙对贿赂款实施了掩饰、隐瞒行为，乙只是单纯拒绝说明财产来源，因此不构成掩饰、隐瞒犯罪所得罪。

6. 参考答案：ACD

解析： 本案中，国家工作人员甲挪用单位救灾款100万元供自己买股票的行为，属于挪用特定款物归个人使用的情形，成立挪用公款罪，不构成挪用特定款物罪（挪用特定款物给单位使用才成立本罪）。甲挪用办公经费 70 万元购买商品房，并采取销毁账目的手段，使其中的 50 万元难以在单位财务账上反映出来，表明甲对其中的 50 万元具有非法占有目的，行为性质转化为贪污罪，另外的 20 万元仍然成立挪用公款罪。注意，这种情形下挪用公款罪的数额是排除贪污罪数额之外的部分，如果还认定挪用公款 70 万元，则意味着对其中的 50 万元进行了双重评价，这违反了禁止双重评价的原则。所以，本案甲成立贪污罪、挪用公款罪，数罪并罚。故 ACD 三选项说法正确，B 选项说法错误。

二、案例分析题

1. 参考答案：

（1）第一，甲虽将公司商品房过户给蔡某，但在公司财务账目上清楚记载自己应向公司支付 600 万元购房款，即甲主观上没有非法占有的目的，不能认为其贪污公司房产。但甲通过平账行为将公司的 600 万元债权据为己有，说明其对公司的应收账款 600 万元具有非法占有目的，构成贪污罪。

第二，挪用公款不包括挪用非特定公物（房产）归个人使用的行为，对挪用房产归个人使用的行为不以挪用公款罪论处。据此，甲以公司在售的商品房偿还债务的行为不构成挪用公款罪。

（2）无论是贪污罪还是诈骗罪均要求具有非法占有目的，甲只是想报销自己为公司垫付的 5 万元费用，其手段虽然违反纪律，但其主观上却没有非法占有公司财物的目的，因此不构成贪污罪或诈骗罪。相应地，既然甲不构成犯罪，协助甲的程某也不构成贪污罪的帮助犯。

2. 参考答案：

（1）徐某表面是因为吴某的欺骗交付财物，实质上是因为有求于吴某，所以给付财物。因此，吴某构成受贿罪。同时，吴某主动索要财物，应以索贿论处，属于法定从重情节。

本案中，吴某利用欺骗手段主动向他人索要财物，应当以索贿论处，按照法律规定，应当从重处罚。法院的裁判要旨也指出："以虚构事实、隐瞒真相的方式向行贿人施加压力进而索要财物，并利用职务上的便利为行贿人谋取利益的行为，属于索贿。"索贿情节的本质在于国家工作人员主动地要求行贿者行贿。

（2）赵某是吴某的情妇，是特定关系人。吴某与赵某构成受贿罪的共同犯罪。徐某成立行贿罪。根据司法解释，吴某与赵某构成受贿罪的共同犯罪。

《刑法》第 389 条第 1 款规定："为谋取不正当利益，给予国家工作人员以财物的，是行贿罪。"据此，徐某构成行贿罪。

2016 年 4 月 18 日起施行的最高人民法院、最高人民检察院《关于办理贪污贿赂刑事案件适用法律若干问题的解释》第 16 条第 2 款指出："特定关系人索取、收受他人财物，国家工作人员知道后未退还或者上交的，应当认定国家工作人员具有受贿故意。"这是对刑法中共同犯罪理论的重申。

（3）成立斡旋受贿，行为人必须谋取的是不正当利益，但是在本案中，徐某向学校索要工程款是正当利益，因此，吴某不构成犯罪，徐某也不构成行贿罪。

《刑法》第388条第1款规定了斡旋受贿，即"国家工作人员利用本人职权或者地位形成的便利条件，通过其他国家工作人员职务上的行为，为请托人谋取不正当利益，索取请托人财物或者收受请托人财物的，以受贿论处"。成立这种受贿，行为人需利用职权或者地位形成的便利条件，同时必须谋取不正当利益。

（4）如果该公立学校属于基建公司开办的学校，吴某对校长具有制约关系，属于"利用职务上的便利"（而非利用"职权或者地位形成的便利条件"）收受财物，即便谋取的利益是正当的，也构成受贿罪；但是，由于徐某谋取的是正当利益，所以不构成行贿罪。

2003年最高人民法院《全国法院审理经济犯罪案件工作座谈会纪要》指出，"利用职务上的便利"，既包括利用本人职务上主管、负责、承办某项公共事务的职权，也包括利用职务上有隶属、制约关系的其他国家工作人员的职权。担任单位领导职务的国家工作人员通过不属于自己主管的下级部门的国家工作人员的职务为他人谋取利益的，应当认定为"利用职务上的便利"为他人谋取利益。

（5）在本案中，吴某将公司所有的股权都收为己有，非法占有国有资产的行为是个人行为，应以贪污罪论处。由于改制手续尚在办理之中，吴某并未实际控制所隐匿的国有资产，所以应当以贪污罪的未遂论处，根据法律规定，应当比照既遂从宽处理。

在本案中，吴某将公司所有的股权都收为己有，非法占有国有资产的行为很明显是个人行为，而非单位的意志，故不符合私分国有资产罪的构成特征，应以贪污罪论处。

同时，最高人民法院、最高人民检察院《关于办理国家出资企业中职务犯罪案件具体应用法律若干问题的意见》也规定："所隐匿财产在改制过程中已为行为人实际控制，或者国家出资企业改制已经完成的，以犯罪既遂处理。"在本案中，改制手续尚在办理之中，吴某并未实际控制所隐匿的国有资产，所以应当以贪污罪的未遂论处，比照既遂从宽处理。

3. 参考答案：

（1）徐某与顾某构成贪污罪。

私分国有资产罪，是指国家机关、国有公司、企业、事业单位、人民团体，违反国家规定，以单位名义将国有资产集体私分给个人，数额较大的行为。贪污罪，是指国家工作人员，利用职务上的便利，侵吞、窃取、骗取或者以其他手段非法占有公共财物的行为。本题中，徐某、顾某及其他15位领导所就职的黄河商贸公司系国有企业，因此他们属于国家工作人员。他们所占的股份分别为40%、30%和30%，也就是说他们决定将100万元按照股份分配给个人，实际上就是分配给这17个公司领导，即17人自己决定将钱分给他们17个人，另外他们的这一决定采用的是隐瞒的方式，并没有让公司的职工知晓，因而不符合私分国有资产的构成要件，故徐某与顾某构成贪污罪。

（2）徐某与顾某构成贪污罪的共同犯罪。根据共同犯罪中"部分行为全部责任的"原则，二人应对100万元负责，而不应仅仅对二人各自所占的份额负责。此外，对周某行贿的1万元，是从公司公款中取出的，是二人先行贪污，然后行贿的，因此这1万元也应算在徐某、顾某二人贪污罪的犯罪数额中，所以徐某与顾某的犯罪数额应为 101 万元。

（3）本问题中，徐某与顾某的犯罪属于既遂还是未遂要分别认定。贪污罪是否既遂，要看是否已经非法占有公共财物。本题中，因为公司改制尚未完成，所以 100 万元还没有被二人非法占有。而用于行贿的 1 万元，已经从公司公款中支取，构成非法占有公共财物。因此，100 万元部分是贪污罪未遂，而 1 万元部分是贪污罪既遂。

（4）单位行贿与个人行贿的区别在于，是为单位谋取不正当利益还是为个人谋取不正当利益。本题中，贿赂周某的原因是让周某帮其隐瞒 100 万元的应付款问题，以便能够通过公司改制，由徐某、顾某将该笔金额非法占有，属于为个人谋取不正当利益。因此，送周某的 1 万元是个人行贿。

（5）周某的行为不应以提供虚假证明文件罪与非国家工作人员受贿罪并罚。

《刑法》第 229 条规定，承担资产评估、验资、验证、会计、审计、法律服务等职责的中介组织的人员故意提供虚假证明文件，情节严重的，处 5 年以下有期徒刑或者拘役，并处罚金。前款规定的人员，索取他人财物或者非法收受他人财物，犯前款罪的，处 5 年以上 10 年以下有期徒刑，并处罚金。第 1 款规定的人员，严重不负责任，出具的证明文件有重大失实，造成严重后果的，处 3 年以下有期徒刑或者拘役，并处或者单处罚金。根据题目的描述，周某的情形构成提供虚假证明文件罪一罪，只不过是加重处罚，无须数罪并罚。

（6）本题中，周某虽然不具有国家工作人员身份，但其明知徐某和顾某以非法占有国有资产为目的，而为其提供便利，并且得到 1 万元的"好处费"，所以构成贪污罪的共犯。由于他提供虚假证明文件的行为的同时构成了贪污罪与提供虚假证明文件罪，属于想象竞合犯，应择一重罪处罚。

三、论述题

1. 参考答案：

上述后三种犯罪主观上都是故意，并且都以非法占有为目的，客观上贪污罪也可以使用侵占、盗窃、诈骗的手段，因此容易混淆。

贪污罪与盗窃罪、诈骗罪、侵占罪的区别表现在：（1）犯罪的客体和对象不同。贪污罪的客体是复杂客体，即国家公职人员的职务廉洁性和公共财产所有权，对象是公共财物；盗窃罪、诈骗罪、侵占罪的客体是简单客体，即公私财产所有权，对象是公私财物。（2）客观方面不尽相同。贪污罪的侵吞、窃取、骗取，是利用职务上的便利进行的，侵占罪、盗窃罪、诈骗罪的侵吞、窃取、骗取则不存在利用职务上的便利问题。（3）犯罪主体不同。贪污罪的主体是特殊主体，即国家工作人员和受国家机关、国有公司、企业、事业单位、人民团体委托管理、经营国有财产的人员；侵占罪、盗窃罪、诈骗罪的主体是一般主体。

2. 参考答案：

对贪污罪的处罚主要依据《中华人民共和国刑法》相关规定，根据贪污数额和情节严重程度等因素来确定，具体处罚如下：

（1）一般贪污罪的处罚。

贪污数额较大或者有其他较重情节的：处 3 年以下有期徒刑或者拘役，并处罚金。根据相关司法解释，贪污数额在 3 万元以上不满 20 万元的，应当认定为"数额较大"。具有其他较重情节的情形包括贪污救灾、抢险、防汛、优抚、扶贫、移民、救济、防疫、社会捐助等特定款物的；曾因贪污、受贿、挪用公款受过党纪、行政处分的；曾因故意犯罪受过刑事追究的等。

贪污数额巨大或者有其他严重情节的：处 3 年以上 10 年以下有期徒刑，并处罚金或者没收财产。贪污数额在 20 万元以上不满 300 万元的，应当认定为"数额巨大"。其他严重情节如贪污数额在 10 万元以上不满 20 万元，具有上述特殊款物贪污等较重情节情形的。

贪污数额特别巨大或者有其他特别严重情节的：处 10 年以上有期徒刑、无期徒刑或者死刑，并处罚金或者没收财产。贪污数额在 300 万元以上的，应当认定为"数额特别巨大"。其他特别严重情节比如贪污数额在 150 万元以上不满 300 万元，具有特殊款物贪污等较重情节情形的。

（2）特别规定。

贪污数额特别巨大，犯罪情节特别严重，社会影响特别恶劣，并使国家和人民利益遭受特别重大损失的：可以判处死刑。

对多次贪污未经处理的：按照累计贪污数额处罚。

犯贪污罪，在提起公诉前如实供述自己罪行、真诚悔罪、积极退赃，避免、减少损害结果的发生：根据不同情况可以从轻、减轻或者免除处罚。

四、法条分析题

参考答案：

（1）既包括利用本人职务上主管、负责、承办某项公共事务的职权，也包括利用职务上有隶属、制约关系的其他国家工作人员的职权。

（2）实际或者承诺为他人谋取利益的；明知他人有具体请托事项的；履职时未被请托，但事后基于该履职事由收受他人财物的；国家工作人员索取、收受具有上下级关系的下属或者具有行政管理关系的被管理人员的财物价值 3 万元以上，可能影响职权行使的。

（3）包括货币、物品和财产性利益。

第二十五章　渎职罪

第一部分　本章知识点速览

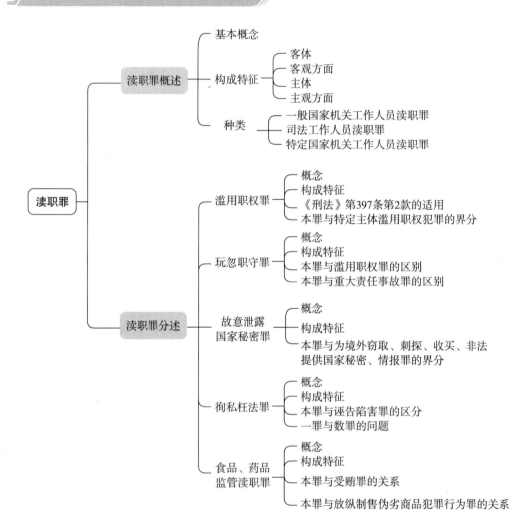

第二部分 本章核心知识要点解析

第一节 渎职罪概述

一、渎职罪的概念

（一）难度与热度

难度：☆☆　热度：☆☆

（二）基本概念分析

渎职罪，是指国家机关工作人员在公务活动中滥用职权、玩忽职守、徇私舞弊，妨害国家管理活动，致使公共财产或者国家与人民的利益遭受重大损失的行为。

二、渎职罪的构成特征

（一）难度与热度

难度：☆☆☆　热度：☆☆

（二）基本概念分析

渎职罪是一种典型的职务犯罪，其构成特征如下：

（1）本类犯罪侵犯的客体是国家机关的正常管理活动。

（2）本类犯罪在客观方面表现为各种严重的渎职行为，即滥用职权、徇私舞弊、玩忽职守的行为。在表现形式上，既可以是如徇私枉法罪类的作为，也可以是如失职造成珍贵文物损毁、流失罪类的不作为。需要注意的是，无论其表现为作为还是不作为，都必须与职务活动或公务活动相关联。如果行为人的犯罪行为与其职务和公务活动无关，则不能构成本类犯罪。此外，上述各类渎职行为只有导致公共财产或者国家和人民利益遭受重大损失的才构成犯罪。

（3）本类犯罪的主体多数为特殊主体，即只能是国家机关工作人员，即在国家各级立法机关、各级行政机关、各级司法机关、各级军事机关中从事公务的人员，不包括在国有公司、企业中从事公务的人员，但包括中国共产党的各级机关、中国人民政治协商会议各级机关的公职人员。有少数犯罪的主体也可以是非国家机关工作人员，如故意泄露国家秘密罪、过失泄露国家秘密罪以及枉法仲裁罪。

（4）本类犯罪在主观方面既可以是故意，也可以是过失。

（三）疑难问题解析

关于本类犯罪的特殊主体，除国家机关工作人员以外，在行使国家权力时，滥用职权、徇私舞弊、玩忽职守构成犯罪，应依照《刑法》关于渎职罪的规定追究刑事责任的还包括以下三类人：（1）在依照法律、法规规定行使国家行政管理职权的组织中从事公务的人员。例如，国务院证券监督管理机构、地方烟草专卖局等以及它们的派出机构属于行业监督管理机构，虽然性质上不属于国家机关，但是行使了国家对证券业、保险业的行政管理职权，因而这些组织中行使国家行政管理职权的人员可以成为渎职罪的主体。

（2）在受国家机关委托代表国家机关行使职权的组织中从事公务的人员，例如，协助人民政府从事行政管理工作的村民委员会、居民委员会等基层组织人员。（3）虽未列入国家机关人员编制但在国家机关中从事公务的人员。这主要指那些虽然不属于国家机关的正式在编人员，但由于临时借调、聘用关系而在国家机关中行使国家机关职权的人员，例如，被聘用的合同制民警。此外，根据2002年全国人大常委会通过的《关于〈中华人民共和国刑法〉第九章渎职罪主体适用问题的解释》的规定，依法或者受委托行使国家行政管理职权的公司、企业、事业单位的工作人员，在行使行政管理职权时滥用职权或者玩忽职守，构成犯罪的，适用渎职罪的规定追究刑事责任。

综上，在渎职罪中认定行为人是否属于国家机关工作人员，不是取决于其固定身份，而是取决于从事活动的内容及其根据。

三、渎职罪的种类

（一）难度与热度
难度：☆☆　热度：☆☆

（二）基本概念分析
对渎职罪可以根据不同的标准划分为不同的类型，例如：根据主观内容的区别，分为滥用职权型渎职罪与玩忽职守型渎职罪；根据行为所侵害的具体法益的区别，分为对司法作用的犯罪、对行政作用的犯罪等。一般会以行为主体为标准对渎职罪进行划分，分为以下三种类型：一般国家机关工作人员的渎职罪、司法工作人员的渎职罪以及特定国家机关工作人员的渎职罪。

第二节　渎职罪分述

一、滥用职权罪

（一）难度与热度
难度：☆☆☆☆　热度：☆☆☆☆

（二）基本概念分析
1. 滥用职权罪的概念

滥用职权罪，是指国家机关工作人员超过职权，违法决定、处理其无权决定、处理的事项，或者违反规定处理公务，致使公共财产、国家和人民利益遭受重大损失的行为。

2. 滥用职权罪的构成特征

（1）本罪侵犯的客体为国家机关的正常活动。

（2）本罪的客观方面表现为超过职权，违法决定、处理其无权决定、处理的事项，或者违反规定处理公务，致使公共财产、国家和人民利益遭受重大损失的行为。本罪的客观方面包括两个要素：

第一，滥用职权。滥用职权是指，非法利用职务权限，实施违反其职务宗旨的行为。

其表现为两种方式：一种方式是超过职权，违法决定、处理其无权决定、处理的事项。其中，超越职权主要包括三种情况：一是横向越权，即行为人行使了属于其他国家机关的专有职权。二是纵向越权，即具有上下级隶属关系的同一性质但不同级别国家机关之间的越权，既包括上级对下级职责范围内的工作滥用指令，也包括下级对上级职权范围的侵犯。三是内部越权，即依照有关规定，某类问题应由该单位或机关通过内部民主讨论后形成决策而行为人却独断专行，不采纳或不倾听他人的意见。另一种方式是违反规定处理公务，即行为虽未逾越行为人的职权范围，但行为人以不正当目的或非法的方法行使自己的职权，对有关事项作出不符合法律法规规定的处理或决定。

第二，滥用职权行为给公共财产、国家和人民利益造成了重大损失。关于其中"重大损失"的认定标准，最高人民法院、最高人民检察院2012年《关于办理渎职刑事案件适用法律若干问题的解释（一）》第1条规定为具有下列情形之一：1）造成死亡1人以上，或者重伤3人以上，或者轻伤9人以上，或者重伤2人、轻伤3人以上，或者重伤1人、轻伤6人以上的；2）造成经济损失30万元以上的；3）造成恶劣社会影响的；4）其他致使公共财产、国家和人民利益遭受重大损失的情形。此处的"经济损失"是指渎职犯罪或者与渎职犯罪相关联的犯罪立案时已经实际造成的财产损失，包括为挽回渎职犯罪所造成损失而支付的各种开支、费用等。立案后至提起公诉前持续发生的经济损失，应一并计入渎职犯罪造成的经济损失。债务人经法定程序被宣告破产，债务人潜逃、去向不明，或者因行为人的责任超过诉讼时效等，致使债权已经无法实现的，无法实现的债权部分应当认定为渎职犯罪的经济损失。渎职犯罪或者与渎职犯罪相关联的犯罪立案后，犯罪分子及其亲友自行挽回的经济损失，司法机关或者犯罪分子所在单位及其上级主管部门挽回的经济损失，或者因客观原因减少的经济损失，不予扣减，但可以作为酌定从轻处罚的情节。

（3）本罪的主体为特殊主体，即国家机关工作人员。

（4）本罪的主观方面为故意，即行为人明知自己滥用职权的行为会导致公共财产、国家和人民利益遭受重大损失的结果，并且希望或者放任这种结果发生。行为人是为了自己的利益滥用职权还是为了他人利益滥用职权，不影响本罪的成立。

3. 《刑法》第397条第2款的适用

《刑法》第397条第2款规定："国家机关工作人员徇私舞弊，犯前款罪的，处五年以下有期徒刑或者拘役；情节特别严重的，处五年以上十年以下有期徒刑。"这意味着该款是前款滥用职权罪的加重处罚情节。所谓徇私舞弊，是指国家机关工作人员为徇私情、私利，故意违背事实和法律，伪造材料，隐瞒情况，弄虚作假的行为。徇私舞弊型渎职犯罪中的"徇私"应理解为徇个人私情、私利。国家机关工作人员为了本单位的利益，实施滥用职权的行为，构成犯罪的，由于不具有徇私动机，因此依照《刑法》第397条第1款的规定定罪处罚。行为人实施本罪并收受贿赂，同时构成受贿罪的，除法律另有规定以外，以本罪和受贿罪数罪并罚。

4. 本罪与特定主体滥用职权犯罪的界分

《刑法》第397条第1款后段规定"本法另有规定的，依照规定"，意指本罪仅是对国家机关工作人员滥用职权犯罪的一个概括的规定，只适用于那些刑法分则没有明确规定的国家机关工作人员因滥用职权而构成犯罪的情况。刑法分则有明确规定的，即适用该特别规定，而不再以本罪论处。如《刑法》第 410 条规定的国家机关工作人员徇私舞弊，违反土地管理法规，滥用职权，非法批准征收、征用、占用土地，或者非法低价出让国有土地使用权，情节严重的行为，就不能以本罪处理，而应依照《刑法》第 410 条的规定以非法批准征收、征用、占用土地罪和非法低价出让国有土地使用权罪论处。

（三）学说理论探讨

学界关于滥用职权罪的行为方式是否可以由不作为构成存在争议：否定说认为，滥用职权罪只能由作为构成；肯定说认为，滥用职权罪的行为方式包括故意不履行应当履行的职责，或者说任意放弃职责。

刑法上的不作为以行为人负有特定义务为前提，包括法律明文规定的义务、职务或业务上要求履行的义务、由行为人的先行行为引起的义务以及法律行为承担的义务。滥用职权罪是可以由不作为构成的，因为行政职权既是权力，又是行为人应对国家履行的义务和承担的责任，如果行为人在决定、批准或者具体办理某项事务时，明知应当依法履职，却故意拖延、拒绝、置之不理，即属于职权的滥用。行为人在其职责权限范围内的故意不履行职责，违背了其职务上的法律规定，当这种不作为行为致使公共财产、国家和人民利益遭受重大损失时，完全符合滥用职权罪的构成要件，可以以滥用职权罪追究行为人的刑事责任。

（四）疑难问题解析

滥用职权犯罪采用一般规定和特别规定相结合的立法模式，当某一个滥用职权行为发生时，容易出现法条竞合的情况，即一个犯罪行为同时触犯两个法律条文，其中一个法律条文的内容为另一个法律条文的内容所包含，应当按照法条竞合的原则处理。这些特殊的滥用职权的犯罪行为与《刑法》第 397 条规定的滥用职权罪，是一般法条与特别法条的竞合关系，应当依照特别法条优于一般法条的原则，适用相关的法条来定罪处罚。但是在司法实务中应当注意，对于符合上述特别法条规定的主体，应当首先分清其所实施的是特别法条所规定的犯罪行为，还是特别法条无法涵盖的犯罪行为，如果其行为不属于特别法条所规制的范围，符合《刑法》第 397 条滥用职权罪的规定的，应当适用第 397 条定罪处罚，否则就会放纵犯罪。

二、玩忽职守罪

（一）难度与热度

难度：☆☆☆☆　　热度：☆☆☆☆

（二）基本概念分析

1. 玩忽职守罪的概念

玩忽职守罪，是指国家机关工作人员严重不负责任，不履行或者不认真履行职责，致使公共财产或者国家和人民利益遭受重大损失的行为。

2. 玩忽职守罪的构成特征

（1）本罪侵犯的客体为国家机关的正常活动。

（2）本罪的客观方面表现为严重不负责任，不履行或不正确履行职责，致使公共财产、国家和人民利益遭受重大损失的行为。本罪客观方面包括两个要素：

第一，行为人具有玩忽职守的行为，即严重不负责任，不履行或不认真履行职责。不履行职责，是指行为人有能力且有条件履行自己应尽的职责而违背职责，完全没有履行，具体包括擅离职守和在岗不履行职责两种情况。不认真履行职责，是指行为人虽然形式上具有履行职责的行为，但并未完全按职责要求履行，如在职务活动中出现差错、决策失误、采取措施不及时或不得力等。本罪多是不作为的形式，但有时也可以是作为的形式。

第二，玩忽职守行为给公共财产、国家和人民利益造成重大损失。对于重大损失的标准，与滥用职权罪的认定标准相同，可依照最高人民法院、最高人民检察院 2012 年《关于办理渎职刑事案件适用法律若干问题的解释（一）》第 1 条第 1 款的规定认定。

（3）本罪的主体为特殊主体，即国家机关工作人员。

（4）本罪的主观方面为过失，即行为人作为国家机关工作人员理应恪尽职守、尽心尽力，在履行公职中时刻保持必要注意，但行为人持一种疏忽大意或过于自信的心态，对自己玩忽职守的行为可能导致的公共财产、国家和人民利益的重大损失应当预见而没有预见，或者已经预见而轻信能够避免。

3. 本罪与滥用职权罪的区别

第一，主观方面不同。前者主观上只能出于过失；而后者主观上只能出于故意。第二，客观行为的表现形式不同。前者客观上表现为严重不负责任，不履行或不正确履行职责；后者客观上表现为超过职权，违法决定、处理其无权决定、处理的事项，或者违反规定处理公务。

4. 本罪与重大责任事故罪的区别

第一，犯罪主体不同。前者的主体是国家机关工作人员；后者的主体则是一般主体，即从事任何生产、作业的人员，诸如工厂、矿山、林场、建筑企业或者其他企业、事业单位的职工。第二，行为发生的场合不同。前者发生在国家机关工作人员的管理活动中，后者发生在生产、作业过程中。第三，侵犯的客体不同。前者侵犯的客体是国家机关的正常管理活动，后者侵犯的客体是公共安全。

（三）疑难问题解析

实践中，滥用职权罪与玩忽职守罪的区分难点在于，当两个罪名的客观行为具有相似性，如两罪名均以不履行职责的形式表现时，应如何界分。

其一，客观上应重点对滥用职权罪中的“职权”和玩忽职守罪中的“职守（职责）”进行界定。“职权”是指法律赋予特定身份人员处理公共事务的一种权力，“职责”是特定身份人员应当履行的责任义务。滥用职权罪的客观行为，其核心均是行为人利用其特定身份所享有的权力而实施的不法行为。而玩忽职守罪的客观行为，强调的多是行为人对应当履行的责任义务的一种违反。例如，海关工作人员李某，在报关人所报货物手续齐全的情况下，故意拖延不予放行，致使发生法定危害后果。李某不履行职责，实际上是一种基于特定身份而滥用海关工作人员权力的行为，而非不履行特定的义务，因此，李某构成滥用职权罪。

其二，主观上应重点考察行为人的认识及态度。滥用职权罪中，一般而言行为人对其行为性质的认识是较为明确的，对行为的态度也是积极的。而玩忽职守罪中，行为人对其为性质的认识不明确，且贯穿其中的态度是消极懈怠的。例如，张某为法院执行局工作人员，其带队赴外地执行案件过程中，在未详细审查同行人员赖某（执行申请人，无该类车辆驾驶资格证）是否具有驾驶资格的情况下，将被执行的装载机交由赖某驾驶。返途中，赖某车技不佳发生重大交通事故，导致赖某死亡，财产损失50余万元。本案中，张某作为案件执行负责人，在将被执行的装载机交由赖某驾驶时，应当履行详细审查的责任义务，其未履行，便属于不认真履行职责。同时，张某对于可能发生交通事故一事在主观上无明确认识，且非积极态度，因此本案中张某构成玩忽职守罪。

三、故意泄露国家秘密罪

（一）难度与热度

难度：☆☆　热度：☆☆

（二）基本概念分析

1. 故意泄露国家秘密罪的概念

故意泄露国家秘密罪，是指国家机关工作人员或者非国家机关工作人员违反保守国家秘密法，故意使国家秘密被不应知悉者知悉，或者故意使国家秘密超出了限定的接触范围，情节严重的行为。

2. 故意泄露国家秘密罪的构成特征

（1）本罪侵犯的客体是国家的保密制度。犯罪对象是国家秘密，即关系到国家的安全和利益，依法定程序在一定时间内只限于一定范围内的人员知悉的秘密事项，涉及国家事务的重大决策、国防建设和武装力量活动、外交及外事活动、国民经济和社会发展、科学技术、国家安全及司法、政党活动等各个方面。并且，本罪所指涉的国家秘密，包括绝密、机密、秘密三个密级。

（2）本罪的客观方面表现为违反保守国家秘密法的规定，泄露国家秘密，情节严重的行为。这包括三个要素：

第一，违反保守国家秘密法的规定，主要是指违反我国《保守国家秘密法》和《保守国家秘密法实施条例》等法律法规。

第二，泄露国家秘密。泄露，是指把自己掌管或知悉的国家秘密泄露给不该知悉此项秘密的单位或个人。泄露的方式多种多样，包括口头的、书面的或者提供秘密文件让他人阅读，或者非法复制或窃取后送给单位或个人等。

第三，泄露国家秘密情节严重。情节严重是指：1）泄露绝密级国家秘密1项（件）以上的；2）泄露机密级国家秘密2项（件）以上的；3）泄露秘密级国家秘密3项（件）以上的；4）向非境外机构、组织、人员泄露国家秘密，造成或者可能造成危害社会稳定、经济发展、国防安全或者其他严重危害后果的；5）通过口头、书面或者网络等方式向公众散布、传播国家秘密的；6）利用职权指使或者强迫他人违反国家保守秘密法的规定泄露国家秘密的；7）以牟取私利为目的泄露国家秘密的；8）其他情节严重的情形。

（3）本罪的主体主要是国家机关工作人员，但非国家机关工作人员也可以成为本罪的主体。此处的"非国家机关工作人员"仅限于具有一定职责，可以接触或知悉国家秘密的非国家机关工作人员。

（4）本罪的主观方面为故意。本罪的动机多种多样，有的是为了出卖获利，有的是为了炫耀，以显示自己消息灵通等，无论动机如何均不影响本罪的构成。但如果行为人出于危害国家安全的目的而将国家秘密提供给境外机构、组织或人员，则应按照《刑法》第 111 条为境外窃取、刺探、收买、非法提供国家秘密、情报罪论处。如果过失泄露国家秘密，应以过失泄露国家秘密罪论处。

3. 本罪与为境外窃取、刺探、收买、非法提供国家秘密、情报罪的界分

两罪主观上都是故意，犯罪对象都包括国家秘密，都是侵犯国家保密制度的犯罪。二者的主要区别在于：（1）主体不同。前者主要是国家机关工作人员，后者则是一般主体，任何有责任能力之人皆可。（2）泄露对象要求不同。前者对所泄露对象没有特定要求，只要是不应该了解该秘密的任何人均可；后者则有特定要求，必须是境外的机构、组织、人员。（3）情节要求不同。前者必须是"情节严重"才成立犯罪，后者则并无有关情节的具体要求，只要故意实施了为境外窃取、刺探、收买、非法提供国家秘密、情报，原则上都构成犯罪。（4）侵害对象不同。前者侵害的对象限于国家秘密；后者则既包括国家秘密，还包括不属于秘密的国家情报。因此，故意将国家情报泄露给境外的机构、组织、人员的，无论情节如何，一律构成为境外窃取、刺探、收买、非法提供国家秘密、情报罪，而非本罪。

四、徇私枉法罪

（一）难度与热度

难度：☆☆☆　热度：☆☆☆

（二）基本概念分析

1. 徇私枉法罪的概念

徇私枉法罪，是指司法工作人员徇私枉法、徇情枉法，对明知是无罪的人而使他受追诉、对明知是有罪的人而故意包庇不使他受追诉，或者在刑事审判活动中故意违背事实和法律作枉法裁判的行为。

2. 徇私枉法罪的构成特征

（1）本罪侵犯的客体是司法机关执法的公正性，具体而言，是国家司法机关的正常活动以及司法机关严格执法的威信；此外，还包括因对无罪之人非法追究而侵犯的公民的人身权利。

（2）本罪的客观方面表现为司法工作人员徇私枉法的行为，具体包括三种情形：其一是对明知是无罪的人而使他受追诉。所谓受追诉，是指对无罪的人进行立案侦查、采取强制措施、提起公诉、进行审判等，进入上述任何一个环节就可以认为受到了追诉。其二是对明知是有罪的人而故意包庇不使他受追诉，即对有罪的人，该立案的不立案，该采取强制措施的不采取，该提起公诉的不提起公诉，该审判的不审判。其三是在刑事审判活动中故意违背事实和法律作枉法裁判，即根据事实，被告人无罪或罪轻的，而违背法律规定判其有罪或罪重，或根据事实，被告人有罪或罪重的，而违背法律规定判其无罪或罪轻。本罪的存在范围并不限于刑事诉讼的某个阶段或环节，而是包括侦查、起诉、审判、执行整个刑事诉讼过程。

（3）本罪的主体主要为司法工作人员。不仅包括公安机关、国家安全机关、检察机关和审判机关具有侦查、检察、审判职能的工作人员，还包括其他依法负有侦查、检察、审判、监管职责的人员。非司法工作人员不能单独成为本罪的主体，但可以成为本罪的共犯。

（4）本罪的主观方面为故意，并且具有徇私、徇情的动机。"徇私枉法、徇情枉法"是行为的起因，而客观方面所述的三种情形则是行为的结果。所谓徇私枉法，是为了谋取个人利益而枉法，主要表现为贪图钱财而枉法；所谓徇情枉法，即出于私情而枉法，主要表现为出于照顾私人关系或感情、袒护亲友或者泄愤报复而枉法。按照相关规定，徇私舞弊型渎职犯罪的"徇私"应理解为徇个人私情、私利。国家机关工作人员为了本单位利益，实施滥用职权、玩忽职守的行为，构成犯罪的，依照《刑法》第397条第1款的规定，以玩忽职守罪、滥用职权罪定罪处罚。

3. 徇私枉法罪与诬告陷害罪的界分

诬告陷害罪表现为故意捏造犯罪事实，向国家机关或者有关单位告发，意图使他人受刑事追究的行为。其与徇私枉法罪的区别在于，行为人是否违背了其作为司法工作人员的职责或者利用了其职务上的便利。司法工作人员违背其作为司法工作人员的具体职责，使无罪的人受刑事追诉的，构成徇私枉法罪。

4. 一罪与数罪的问题

根据《刑法》第399条第4款的规定，司法工作人员贪赃枉法，犯徇私枉法罪，同时其受贿、索贿行为又构成《刑法》第385条规定的受贿罪的，构成牵连犯，应当依照处罚较重的规定定罪处罚。

根据罪刑法定原则的要求，在定罪量刑上应当严格遵循"依照处罚较重的规定定罪处罚"的规定，不能简单地以受贿罪的最高刑高于徇私枉法罪，就一律以受贿罪定罪处罚，而应当根据徇私枉法罪的犯罪情节和受贿的数额、情节，在两罪中先分别确定行为人所属的法定刑档次是什么，在两者之间比较轻重，然后再决定以受贿罪追究还是以徇私枉法罪追究。

（三）学说理论探讨

关于本罪的学术争议主要集中于"徇私""徇情"在犯罪构成中的地位上。有观点主张犯罪目的说，认为行为人实施徇私枉法行为的目的是徇私情。动机可表现为多样性，如贪财图利、公报私仇、袒护熟人亲友等。也有观点主张犯罪动机说，认为徇私枉法罪在"主观方面只能是故意，具有明确的徇私、徇情的动机"。动机说中根据"徇私""徇情"是否属于徇私枉法罪构成要件的不同理解，又分为"动机非要件说"与"动机要件说"。"动机非要件说"认为"徇私"只是徇私枉法罪的犯罪动机，并非犯罪的必备构成要件要素，它不影响定罪，只具有量刑上的意义。"动机要件说"则认为，犯罪动机在通常情况下不影响犯罪的成立，一般不属于犯罪构成要件的内容，但在法律有明文规定时则应当遵循法律规定承认犯罪动机作为特定犯罪的构成要件。由于《刑法》第399条第1款的明确规定，"徇私""徇情"的动机就是徇私枉法罪成立的主观要件。

综合分析，犯罪动机说更为符合我国刑法规范及理论。按照我国刑法学通说的观点，犯罪目的是行为人希望通过犯罪行为欲实现的结果，犯罪动机是指刺激犯罪人实施犯罪行为以达到犯罪目的的内心起因。徇私枉法罪中行为人的"徇私""徇情"，应当系引起行为人实施枉法追诉、裁判等行为的内心起因，属于犯罪动机的范畴。否定犯罪动机说的观点认为将"徇私""徇情"作为行为人的犯罪动机会违背我国刑法理论中关于犯罪动机不是犯罪构成要件这一基本认识。但是这种基本认识并不排斥在刑法作出特殊规定时依照规定来认定犯罪。通常情况下认定某种故意犯罪并不需要查明行为人的犯罪动机，但是当刑法分则有明文规定时，特定的犯罪动机就会成为构成某种犯罪的必备要件。既然《刑法》第 399 条的罪状明确规定了"徇私""徇情"的内容，就表明立法者将其作为犯罪构成要件的要素之一，应当成为认定徇私枉法罪时必须查明的要件。

（四）疑难问题解析

在对徇私枉法罪的认定中，对"无罪的人"和"有罪的人"如何理解非常重要。

1. 对"无罪的人"的理解

对《刑法》第 399 条规定的"对明知是无罪的人而使他受追诉……"中"无罪的人"的理解，一般认为是没有实施犯罪行为的人。其可以分为两种情形：一是无违法犯罪事实，即没有实施刑法分则、单行刑法以及司法解释等所规定的违法犯罪行为。二是有违法犯罪事实，即实施了刑法分则、单行刑法以及司法解释等所规定的违法犯罪行为，但不构成犯罪的情况。

我们认为对"无罪的人"的判断应当从实体法与程序法两个方面来认定。在实体法上，"无罪的人"包括实施了合法行为的人和实施了违法行为但是尚未达到犯罪程度即尚未构成犯罪的人。在程序法上，"无罪的人"是指依据我国《刑事诉讼法》第 16 条的规定，虽然实施了犯罪行为，但有下列情形之一的人：（1）情节显著轻微、危害不大，不认为是犯罪的；（2）犯罪已过追诉时效期限的；（3）经特赦令免除刑罚的；（4）依照刑法告诉才处理的犯罪，没有告诉或者撤回告诉的；（5）犯罪嫌疑人、被告人死亡的；（6）其他法律规定免予追究刑事责任的。

2. 对"有罪的人"的理解

根据最高人民检察院《关于渎职侵权犯罪案件立案标准的规定》，"有罪的人"应当指"明知有犯罪事实需要追究刑事责任的人"。徇私枉法罪中"有罪的人"，就应当是根据已知的事实和证据，涉嫌犯罪的人，即认为"有证据证明有犯罪事实"或者"有犯罪事实需要追究刑事责任"，即可认定为"有罪"，才不至于放纵徇私枉法犯罪。

五、食品、药品监管渎职罪

（一）难度与热度

难度：☆☆☆　热度：☆☆☆☆

（二）基本概念分析

1. 食品、药品监管渎职罪的概念

食品、药品监管渎职罪，是指负有食品、药品安全监督管理职责的国家机关工作人员，滥用职权或者玩忽职守，造成严重后果或者具有其他严重情节的行为。

2. 食品、药品监管渎职罪的构成特征

（1）本罪侵犯的客体是国家正常的食品、药品安全监督管理活动。

（2）本罪的客观方面表现为行为人在从事食品、药品安全监督管理活动中，滥用职权或者玩忽职守，造成严重后果或者具有其他严重情节的行为。《刑法》第408条之一规定，行为人具有如下情形之一，造成严重后果或者有其他严重情节，即可构成本罪：1）瞒报、谎报食品安全事故、药品安全事件的；2）对发现的严重食品药品安全违法行为未按规定查处的；3）在药品和特殊食品审批审评过程中，对不符合条件的申请准予许可的；4）依法应当移交司法机关追究刑事责任不移交的；5）有其他滥用职权或者玩忽职守行为的。

（3）本罪的主体是负有食品、药品安全监督管理职责的国家机关工作人员，具体来说，包括县级以上卫生行政、农业行政、质量监督、市场监管、食品、药品监督管理部门中依照有关法律规定对食品、药品安全实施监督管理的工作人员。

（4）本罪的主观方面既可以是故意，也可以是过失。

3. 本罪与受贿罪的关系

根据《刑法》第408条之一规定，徇私舞弊犯本罪的，从重处罚。徇私舞弊中的"徇私"可分为徇私情、徇私利。在徇私舞弊型食品、药品监管渎职罪中，如果徇私利的行为本身又构成受贿罪，则表现为行为人的舞弊行为构成食品、药品监管渎职罪，而其徇私利的行为又构成受贿罪，属于数行为侵犯数罪名，应当进行数罪并罚。

4. 本罪与放纵制售伪劣商品犯罪行为罪的关系

本罪与放纵制售伪劣商品犯罪行为罪存在一定的竞合关系，即在食品、药品安全领域，负有食品、药品安全监管职责的国家工作人员可能实施放纵制售伪劣食品的犯罪行为，并且最终造成重大食品安全事故或者发生其他严重后果，此时，行为人的行为既符合本罪的构成要件，同时符合放纵制售伪劣商品犯罪行为罪的构成要件，应适用想象竞合原则从一重处罚。

（三）学说理论探讨

关于食品、药品监管渎职罪中"造成严重后果或者有其他严重情节"的性质，有学者认为，"造成严重后果或者有其他严重情节"是本罪的构成要件结果。但这种观点值得商榷。其一，结果是对刑法所保护的法益的现实侵害或者危险。食品、药品监管渎职罪的保护法益是国家机关对食品、药品安全的监管秩序。当行为人实施了本罪规定的渎职行为时，便对国家机关对食品、药品安全的监管秩序造成了侵害，而非等到"造成严重后果或者有其他严重情节"时才会产生上述法益侵害结果，因此"造成严重后果或者有其他严重情节"并非本罪的构成要件结果。其二，若认为"造成严重后果或者有其他严重情节"是构成要件结果，则必然要求行为人对该构成要件结果具有故意。然而，司法实践中，大部分渎职的监管人员对严重后果或严重情节只具有预见的可能性（过失），而并未认识到其渎职行为会导致严重后果或严重情节，更不会希望或放任上述危害结果的发生。相反，倘若认为"造成严重后果或者有其他严重情节"是客观处罚条件，则不需要行为人认识到此种结果，而只要行为人对其具有预见可能性即可。客观处罚条件，是指当行为具备了构成要件符合性、违法性和有责性时，还不能据此处罚行为人，而是还要求具备刑法特别规定的一定的处罚条件。行为人对客观处罚条件具有认识可能性即可，而不需要对之具有认识或放任的态度。综上，本罪中"造成严重后果或者有其他严重情节"属于客观处罚条件。

（四）疑难问题解析

对于结果犯而言，因果关系与结果归属的要求已经蕴含在构成要件的定型当中，符合该构成要件定型，就必然具有因果关系，从而能够进行结果归属。本罪作为结果犯，只要监管人员滥用职权或者玩忽职守，便当然会导致国家机关公务不能合法、公正、有效执行的侵害结果，因此不需要专门判断其中的因果关系及结果归属。

食品、药品监管渎职罪的特殊之处在于，虽然不需要专门判断渎职行为与侵害结果（国家机关公务不能合法、公正、有效执行）之间的因果关系与结果归属，但却需要单独判断监管人员的渎职行为与客观处罚条件（"造成严重后果或者有其他严重情节"）之间的因果关系与结果归属问题。实践中，食品、药品监管链条长、环节多，导致危害结果的可能有多种因素，因此需要规范判断其中的因果归责。如果依据现有的监管规定与执法条件，监管人员已经严格遵从规范要求，履行了相应职责，即便最终出现了食品安全事故等严重后果或者有其他严重情节，也不成立本罪；同时，监管人员虽然没有严格遵从规范的要求，并未尽到相应的职责，但只要其渎职行为与严重后果、严重情节之间不具有因果关系，也不能成立本罪；只有当监管人员没有严格遵从规范的要求，也并未尽到相应的职责，从而导致严重后果或严重情节时，才可能成立本罪。

第三部分　拓展延伸阅读、案例研习与同步训练

第一节　拓展延伸阅读

1. 高铭暄，马克昌. 刑法学10版. 北京：北京大学出版社，2022.

2. 缪树权. 渎职罪立案追诉标准与疑难指导. 北京：中国法制出版社，2024.

3. 陈璇. 过失犯远因溯责的规制路径：以渎职犯罪为中心. 中国法学，2023（2）.

4. 武晓雯，张龙. 食品、药品监管渎职罪的理解与适用. 行政管理改革，2022（5）.

5. 马路瑶. 渎职罪因果关系的认定：以危险的现实化说为分析路径. 中国刑事法杂志，2022（4）.

6. 郭世杰. 食品、药品监管渎职罪的刑罚配置评议：以刑法修正案（八）和（十一）为基础的考察. 新疆社会科学，2022（2）.

7. 李世阳. 玩忽职守型渎职罪中严重不负责任与重大损害后果的因果关系. 南大法学，2021（6）.

8. 肖本山. 食品监管渎职罪的若干疑难问题解析. 法律科学，2021（3）.

9. 刘仁文，王林林. 食品药品监管渎职罪立法评析及司法适用：以《刑法修正案（十一）》为视角. 法治研究，2021（2）.

10. 劳东燕. 滥用职权罪客观要件的教义学解读：兼论故意·过失的混合犯罪类型. 法律科学，2019（4）.

11. 尹洪阳. 刑事"错案观"之理性解读：以王桂荣玩忽职守案为分析样本. 中国政法大学学报，2017（1）.

12. 李忠诚. 渎职罪损害后果认定问题研究. 中国刑事法杂志，2013（1）.

13. 朱利军. 对徇私枉法罪法律适用中几个问题的理解. 华东政法学院学报，2006（2）.

第二节 本章案例研习

案例：李某某滥用职权罪案

（一）基本案情

被告人李某某，某县住建局原局长。2009 年 9 月，该县住建局给"清华园""阳光华苑"等三个商品房小区颁发了工程规划许可证，总建筑面积为 183 506 平方米，容积率为 1.8。后对三个商品房小区进行竣工验收时，发现存在超规划建设情况，超出原容积率的建筑面积达 37 434.53 平方米，且房屋已部分销售。2010 年 7 月，被告人李某某在明知三个商品房小区超容积率建设，应当按照《中华人民共和国城乡规划法》（以下简称《城乡规划法》）第 64 条的规定，没收三个商品房小区的违法收入，李某某却滥用职权，以"集体研究"的方式，违法作出处理决定：让三个商品房小区补交规划费和配套费 30 余万元和土地出让金 50 万元。2009 年 12 月，该县"黄河花苑"小区向该县住建局申请颁发建设工程规划许可证时，被告人李某某作为建设工程规划许可证的审批人，明知该小区"土地出让规划条件"所设定的容积率为 1.8，却在接受宴请和烟酒礼品后，不经法定条件和程序，擅自将该小区的容积率调高审批为 2.34，超出原容积率的建筑面积达 4 481.56 平方米。2013 年 5 月 16 日，某司法鉴定中心对"清华园""阳光华苑""黄河花苑"等四个商品房小区超规划建筑面积价值作出鉴定：超规划建筑面积 41 916.09 平方米，价值 41 925 892 余元。

（二）法院判决

因涉嫌滥用职权犯罪，李某某于 2013 年 4 月 19 日被某县公安局刑事拘留；同年 5 月 4 日被某县公安局逮捕；2014 年 7 月 16 日，被告人李某某因滥用职权犯罪，被某县人民法院判处 10 年有期徒刑。

（三）案例解析

本案涉及的知识点是滥用职权罪如何计算经济损失。根据我国《刑法》第 397 条的规定，滥用职权罪的成立需要满足"致使公共财产、国家和人民利益遭受重大损失"的条件。最高人民检察院《关于渎职侵权犯罪案件立案标准的规定》[高检发释字（2006）2 号]规定，涉嫌下列情形之一的，应予立案：……（3）造成个人财产直接经济损失 10 万元以上，或者直接经济损失不满 10 万元，但间接经济损失 50 万元以上的；（4）造成公共财产或者法人、其他组织财产直接经济损失 20 万元以上，或者直接经济损失不满 20 万元，但间接经济损失 100 万元以上的；（5）虽未达到（3）（4）两项数额标准，但

（3）（4）两项合计直接经济损失 20 万元以上，或者合计直接经济损失不满 20 万元，但合计间接经济损失 100 万元以上的……因此，本案的焦点在于李某某的渎职行为是否致使公共财产、国家和人民利益遭受重大损失。目前，在所涉超容积率渎职犯罪造成的经济损失认定上，主要有三种不同意见。

第一种意见是"超容积率（或超规划）建筑面积价值论"，认为应以"超容积率建设或超容积率批准面积价值"认定损失，超出原容积率的建筑面积达 41 916.09 平方米，其经济损失应以超容积率面积价值认定。

第二种意见是"未补交土地出让金论"，认为应将超容积率建筑面积需要补交而未补交的土地出让金认定为损失。

第三种意见是"直接经济损失论"，认为应以超容积率造成的直接损失认定损失。

第一种意见比较合理，即应以超容积率面积价值认定损失。

本案中，虽然对四个商品房小区的违规行为已作出处罚决定，补交了土地出让金和罚款，但这并不影响对已经发生损害后果的认定。超容积率建筑物面积的价值和违法收入的计算方法一样，就是按照建设工程的销售平均单价或者市场评估单价与违法超建面积的乘积确定，故涉超容积率渎职行为所造成的损失为"应没收而没有没收的超建建筑物或销售违法收入"。

本案中，被告人李某某违法履行职权，导致开发公司超批、超建，超出原容积率的建筑面积达 41 916.09 平方米，违法收入 41 925 892 余元。依照《城乡规划法》第 64 条，这些违法收入应没收上缴国家财政，因被告人李某某的不作为导致国家可得财政利益丧失，违法收入 41 925 892 余元未上缴国家财政。因此，被告人李某某滥用职权的行为已经给国家造成了严重经济损失，且情节特别严重，应将"应没收而未没收的违法收入"认定为刑法意义上的经济损失，这也符合最高人民法院、最高人民检察院《关于办理渎职刑事案件适用法律若干问题的解释（一）》第 8 条规定的原意，也为理论和司法实践所认可。

第三节　本章同步训练

一、选择题

（一）单选题

1. 质监局局长甲明知某食品加工厂违法使用食品添加剂，但未依法采取措施，致食用该厂食品的多名消费者食物中毒，社会影响恶劣。甲的行为应认定为（　　）。

A. 食品监管渎职罪

B. 玩忽职守罪

C. 放纵制售伪劣商品犯罪行为罪

D. 滥用职权罪

2. 刘某以赵某对其犯故意伤害罪，向法院提起刑事附带民事诉讼。因赵某妹妹曾拒绝本案主审法官王某的求爱，故王某在明知证据不足、指控犯罪不能成立的情况下，毁灭赵某无罪证据，认定赵某构成故意伤害罪，并宣告免予刑事处罚。对于王某的行为，下列说法正确的是？（ ）

    A. 构成徇私枉法罪　　　　　　　　B. 构成滥用职权罪

    C. 构成玩忽职守罪　　　　　　　　D. 构成帮助毁灭证据罪

3. 朱某系某县民政局副局长，率县福利企业年检小组到同学黄某任厂长的电气厂年检时，明知该厂的材料有虚假、残疾员工未达法定人数，但朱某以该材料为准，使其顺利通过年检。为此，电气厂享受了不应享受的退税优惠政策，获取退税 300 万元。黄某动用关系，帮朱某升任民政局局长。检察院在调查朱某时发现，朱某有 100 万元财产明显超过合法收入，但其拒绝说明来源。在审查起诉阶段，朱某交代 100 万元系在澳门赌场所赢，经查证属实。关于朱某 100 万元财产的来源，下列分析正确的是（ ）。

    A. 其财产、支出明显超过合法收入，这是巨额财产来源不明罪的实行行为

    B. 在审查起诉阶段已说明 100 万元的来源，故不能以巨额财产来源不明罪提起公诉

    C. 在澳门赌博，数额特别巨大，构成赌博罪

    D. 作为国家工作人员，在澳门赌博，应依属人管辖原则追究其赌博的刑事责任

（二）多选题

1. 丙实施抢劫犯罪后，分管公安工作的副县长甲滥用职权，让侦办此案的警察乙想办法使丙无罪。乙明知丙有罪，但为徇私情，采取毁灭证据的手段使丙未受追诉。关于本案的分析，下列哪些选项是正确的？（ ）

    A. 因甲是国家机关工作人员，故甲是滥用职权罪的实行犯

    B. 因甲居于领导地位，故甲是徇私枉法罪的间接正犯

    C. 因甲实施了两个实行行为，故应实行数罪并罚

    D. 乙的行为同时触犯徇私枉法罪与帮助毁灭证据罪、滥用职权罪，但因只有一个行为，应以徇私枉法罪论处

2. 关于渎职犯罪，下列哪些选项是正确的？（ ）

    A. 县财政局副局长秦某工作时擅离办公室，其他办公室人员操作电炉不当，触电身亡并引发大火将办公楼烧毁。秦某触犯玩忽职守罪

    B. 县卫计局执法监督大队队长武某，未能发现何某在足疗店内非法开诊所行医，该诊所开张三天即造成一患者死亡。武某触犯玩忽职守罪

    C. 负责建房审批工作的干部柳某，徇情为拆迁范围内违规修建的房屋补办了建设许可证，房主凭此获得补偿款 90 万元。柳某触犯滥用职权罪

    D. 县长郑某擅自允许未经环境评估的水电工程开工，导致该县水域内濒危野生鱼类全部灭绝。郑某触犯滥用职权罪

二、论述题

1. 简述食品、药品监管渎职罪的构成要件。

2. 简述渎职罪的共同特征。

参考答案及解析

一、选择题

(一) 单选题

1. 参考答案：A

解析：食品监管渎职罪，是指负有食品安全监督管理职责的国家机关工作人员，滥用职权或者玩忽职守，导致发生重大食品安全事故或者造成其他严重后果的行为。本罪与玩忽职守罪、滥用职权罪系法条竞合，应适用特别法优于普通法的原则，即认定为食品监管渎职罪。本罪和放纵制售伪劣商品犯罪行为罪也存在法条竞合关系，本罪为特殊法条，应优先适用。因此，应选 A 项。

2. 参考答案：A

解析：徇私枉法罪，是指司法工作人员徇私枉法、徇情枉法，对明知是无罪的人而使他受追诉，对明知是有罪的人而故意包庇不使他受追诉，或者在刑事审判活动中故意违背事实和法律作枉法裁判的行为。本题中，王某在明知证据不足、指控犯罪不能成立的情况下，毁灭赵某无罪证据，认定赵某构成故意伤害罪，该行为符合徇私枉法罪的构成要件，构成徇私枉法罪。

滥用职权罪，是指国家机关工作人员滥用职权，致使公共财产、国家和人民利益遭受重大损失的行为。徇私枉法罪与滥用职权罪属于法条竞合关系，徇私枉法罪属于特殊类型的滥用职权，根据特殊法优于一般法，对王某应以徇私枉法罪论处。

玩忽职守罪，是指国家机关工作人员玩忽职守，致使公共财产、国家和人民利益遭受重大损失的行为。很显然，王某不构成玩忽职守罪。

帮助毁灭证据罪，是指帮助诉讼活动的当事人毁灭证据，情节严重的行为。本罪的行为人应具有帮助当事人的意思。很显然，王某的行为不属于帮助赵某的行为，所以不构成帮助毁灭证据罪。

3. 参考答案：B

解析：巨额财产来源不明罪表现为财产、支出明显超过合法收入，差额巨大，在有关机关责令行为人说明其来源时，行为人不能说明来源。

A 项：财产、支出明显超过合法收入并不是本罪的实行行为，只是本罪的前提条件（行为状况）。故 A 项错误。

B 项：虽然朱某有 100 万元巨额财产明显超过其合法收入，但在审查起诉阶段已说明来源，而且查证属实，故不能以巨额财产来源不明罪提起公诉。故 B 选项说法正确。

C 项：赌博罪是指以营利为目的聚众赌博、以赌博为业的行为。朱某虽然存在赌博行为，但是，本题中朱某的行为不满足"聚众赌博"或者"以赌博为业"的要件，故不构成赌博罪，且澳门法律规定，在澳门赌博合法。故朱某在澳门赌博的行为不成立犯罪。故 C 项错误。

D 项：澳门是我国领土的一部分，对其实行"一国两制"的政策，其享有独立的司法权。其法律规定赌博合法，故朱某在澳门实施的赌博行为无罪，不得以属人管辖追究其刑事责任。既然朱某的行为不构成赌博罪，自然无须启动刑事诉讼程序来追究其刑事责任，因而也就谈不上依据属人管辖原则追究朱某刑事责任的问题。故 D 项错误。

（二）多选题

1. 参考答案：AD

解析：A 项：甲是分管公安工作的副县长，利用职务便利让侦办此案的乙想办法使丙无罪，属于滥用职权罪的实行犯。故 A 选项说法正确。

B 项：间接正犯是指将他人作为犯罪工具，他人没有犯罪意识。本案中，甲与丙是共犯关系，不是间接正犯。故 B 选项说法错误。

C 项：甲指使乙想办法使丙无罪，只有一个行为，不应数罪并罚。故 C 选项说法错误。

D 项：乙的一个行为触犯了三个罪名，即滥用职权罪、徇私枉法罪、帮助毁灭证据罪。其中，滥用职权罪与徇私枉法罪之间是法条竞合的关系，徇私枉法罪是特别法条优先适用。徇私枉法罪与帮助毁灭证据罪是想象竞合犯，应择一重罪处断，故对乙应以徇私枉法罪论处。故 D 选项说法正确。

2. 参考答案：CD

解析：渎职犯罪是指就国家机关工作人员的职务行为，存在渎职行为。滥用职权罪，指不法行使职务上的权限的行为，包括超越职权、玩弄职权、故意不履行职责、故意不正确地履行职责等。玩忽职守罪，指严重不负责任，不履行或者不正确履行职责的行为，包括擅离职守、违反职责、马虎大意等。两罪成立都要求致使国家、人民的利益和公共财产遭受重大损失。滥用职权的行为会侵害国家机关公务行为的合法、公正以及公民对此信赖的结果，并且希望或者放任这种结果发生；玩忽职守罪的主观心态为过失。

A 项：秦某是财政局领导，对自己权力范围内的财政管理事务负有责任，但是对于财政局其他工作人员的个人行为并不负有责任。其他人员操作电炉不当引发火灾，不属于财政局领导的权力应当承担责任的范围，秦某不成立玩忽职守罪。故 A 选项错误。

B 项：负有监管职责的国家机关工作人员，没有认真履行其监管职责，从而未能有效防止危害结果发生的，才可能成立玩忽职守罪。事故发生是由于第三者的独立的行为造成法益侵犯的危险所引发的，这种情形与行为人没能发现有人非法开诊所之间没有关联性，不能把结果归属于武某的行为。武某未能发现足疗店内开诊所，并不是"没有认真履行监管职责"，因为卫计局在没有任何线索的情况下并不能知晓足疗店内的非法诊所。武某对该案件并没有监督过失，不成立玩忽职守罪。其一，题干提示何某非法开诊所行医，这意味着该行为未经卫生部门审批，短期内难以进入武某的视野。其二，诊所开设在足疗店内，而城市中的足疗店众多，要求武某在 3 天内迅速发现何某的非法行医行为，是不现实的。不能因为出现了患者死亡的结果，就倒过来说武某存在玩忽职守行为。总之，根据 B 选项表述本身，难以认定武某严重不负责任，不履行监管职责，故不能得出武某构成玩忽职守罪的结论。故 B 选项错误。

C 项：负责本市建房审批工作的干部，滥用职权办理建设许可证，致使房主凭此获得补偿款 90 万元，使国家和人民利益遭受重大损失，其行为符合滥用职权罪的犯罪构成，构成滥用职权罪。故 C 选项正确。

D 项：国家机关工作人员郑某擅自决定涉及公共利益的事项，滥用自己的权力给国家利益造成重大损失的，属于滥用职权的行为，成立滥用职权罪。县长郑某擅自允许未经环境评估的水电工程开工，导致该县水域内濒危野生鱼类全部灭绝，该行为符合滥用职权罪的犯罪构成。故 D 选项正确。

二、论述题

1. 参考答案：

食品、药品监管渎职罪，是指负有食品、药品安全监督管理职责的国家机关工作人员，滥用职权或者玩忽职守，导致发生重大食品、药品安全事故或者造成其他严重后果的行为。

（1）侵犯的客体是国家食品、药品安全监督管理制度。

（2）客观方面表现为，行为人严重不负责任，不认真履行监督管理职责，滥用职权或者玩忽职守，导致发生重大食品、药品安全事故或者造成其他严重后果。

（3）本罪的主体是对食品、药品安全负有监督管理职责的国家机关工作人员。

（4）本罪在主观方面为故意或过失。本罪是很少见的一罪里既有故意也有过失的犯罪。

2. 参考答案：

渎职罪是指国家机关工作人员在公务活动中滥用职权、玩忽职守、徇私舞弊，妨碍国家管理活动，致使公共财产或者国家与人民的利益遭受重大损失的行为。渎职罪具有以下一些共同特征：

（1）侵犯的客体是国家机关的正常活动；

（2）客观方面表现为行为人实施滥用职权、玩忽职守等行为致使公共财产、国家和人民利益遭受重大损失的行为；

（3）犯罪主体是国家机关工作人员；

（4）主观方面有故意和过失两种心理态度。

第二十六章　军人违反职责罪

第一部分　本章知识点速览

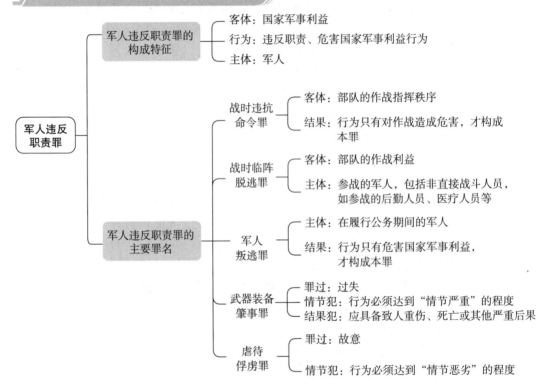

军人违反职责罪的构成特征
- 客体：国家军事利益
- 行为：违反职责、危害国家军事利益行为
- 主体：军人

军人违反职责罪

军人违反职责罪的主要罪名

战时违抗命令罪
- 客体：部队的作战指挥秩序
- 结果：行为只有对作战造成危害，才构成本罪

战时临阵脱逃罪
- 客体：部队的作战利益
- 主体：参战的军人，包括非直接战斗人员，如参战的后勤人员、医疗人员等

军人叛逃罪
- 主体：在履行公务期间的军人
- 结果：行为只有危害国家军事利益，才构成本罪

武器装备肇事罪
- 罪过：过失
- 情节犯：行为必须达到"情节严重"的程度
- 结果犯：应具备致人重伤、死亡或其他严重后果

虐待俘虏罪
- 罪过：故意
- 情节犯：行为必须达到"情节恶劣"的程度

第二部分　本章核心知识要点解析

第一节　军人违反职责罪概述

一、军人违反职责罪的概念与特征

（一）难度与热度
难度：☆　热度：☆

（二）基本概念分析

（1）军人违反职责罪，是指军人违反职责，危害国家军事利益，依照法律应当受刑罚处罚的行为。

（2）本类犯罪侵犯的客体是国家军事利益，即国家在军事行动、军事部队的管理活动、武器装备和军用物资及军事设施的管理制度等方面的利益。本类犯罪在客观方面表现为军人违反职责，实施了危害国家军事利益的行为。本类犯罪的主体为军人。本类犯罪的主观方面多是故意，也有少数犯罪是过失。

（3）本类犯罪属于身份犯，主体必须是军人。

（三）疑难问题解析

当军人的一个行为既构成军人违反职责罪，又构成其他相关犯罪时，应认定构成军人违反职责罪。在1997年《刑法》颁布之前，我国是根据《惩治军人违反职责罪暂行条例》（以下简称《军职罪条例》），对军人违反职责行为进行规制的；在1997年《刑法》修订时，考虑到军人违反职责罪是刑法规范的重要内容，若将其并入刑法典可以增强刑法体系的完整性与合理性，才将其改为刑法分则第十章的军人违反职责罪。从规范演进的角度来看，当前的军人违反职责罪，虽然没有规定在单行条例中，但其内容在实质上属于特殊法，根据特殊法优于普通法的原则，在特殊法与普通法发生竞合时，应优先适用特殊法。因此，在军人的行为同时构成军人违反职责罪与其他相关犯罪时，应以军人违反职责罪的规定定罪处罚。

二、军人违反职责罪的种类

（一）难度与热度

难度：☆ 热度：☆

本章共有32个条文，计有31个罪名。根据犯罪侵犯的客体不同，划分为下述五类：一是危害作战利益的犯罪，二是妨害部队正常管理活动和管理制度的犯罪，三是逃避军事义务的犯罪，四是危害武器装备、军用物资和军事设施的犯罪，五是侵害人身、财产等权利的犯罪。实务中本类案件比较罕见，但由于其具有极其严重的社会危害性，故应当对其基本内容有所了解。

第二节 战时违抗命令罪

一、战时违抗命令罪的概念与特征

（一）难度与热度

难度：☆ 热度：☆

（二）基本概念分析

战时违抗命令罪，是指军人在战时对上级的命令、指示，故意违抗，拒不执行，对作战造成危害的行为。

本罪侵犯的客体是部队的作战指挥秩序。

本罪在客观方面表现为，战时违抗上级首长在职权范围内对下级、部属下达的必须执行的指示，对作战造成危害的行为。

本罪的主观方面为故意。

（三）疑难问题解析

并非任何战时违抗命令的行为都一律构成本罪，只有"对作战造成危害"的行为，才可能构成本罪。根据最高人民检察院、中国人民解放军总政治部《关于军人违反职责罪案件立案标准的规定》，具有下列情形之一的，属于"对作战造成危害"：（1）扰乱作战部署或者贻误战机的；（2）造成作战任务不能完成或者迟缓完成的；（3）造成我方人员死亡1人以上，或者重伤2人以上，或者轻伤3人以上的；（4）造成武器装备、军事设施、军用物资损毁，直接影响作战任务完成的；（5）对作战造成其他危害的。

二、战时违抗命令罪的认定

（一）难度与热度

难度：☆　热度：☆

（二）基本概念分析

本罪不存在犯罪未完成形态，因为本罪的成立必须以"对作战造成危害"为前提。

本罪与阻碍执行军事职务罪的主要区别在于：（1）参加作战的军职人员自己拒不执行上级命令，同时也采用暴力、威胁的方法阻碍其他参加作战的军职人员执行上级命令的行为，构成战时违抗命令罪；（2）违抗命令的军职人员对促使其执行命令的指挥人员或其他人员实施暴力、威胁的行为，构成战时违抗命令罪；（3）参加作战的军职人员在命令发布之前，对传递或发布上级命令的军职人员采用暴力、威胁的方法阻碍其传递或发布命令的行为，构成阻碍执行军事职务罪。

第三节　战时临阵脱逃罪

一、战时临阵脱逃罪的概念与特征

（一）难度与热度

难度：☆　热度：☆

（二）基本概念分析

战时临阵脱逃罪，是指在战场上或者在战斗状态下，参战军职人员因贪生怕死、畏惧战斗而逃离部队的行为。

本罪侵犯的客体是部队的作战利益。

本罪的主体是参战的军职人员。"参战的军职人员"，既包括直接战斗人员，也包括非直接战斗人员，如参战的后勤人员、医疗人员、通信人员等。

二、战时临阵脱逃罪的认定

（一）难度与热度

难度：☆　热度：☆

（二）基本概念分析

本罪与投敌叛变罪的主要区别在于：（1）客观方面不同。本罪表现为在战场上或者在战斗状态下逃离部队；投敌叛变罪表现为投奔敌方或者在被捕、被俘后投降敌人，进行危害国家安全的活动。（2）犯罪主体不同。本罪的主体仅限于参战的军职人员，投敌叛变罪的主体是中国公民。（3）主观目的不同。本罪的目的是逃避履行参战的军人职责，投敌叛变罪是出于危害国家安全的目的。

第四节　军人叛逃罪

一、军人叛逃罪的概念与特征

（一）难度与热度

难度：☆　热度：☆

（二）基本概念分析

军人叛逃罪，是指军职人员在履行公务期间，擅离岗位，叛逃境外或者在境外叛逃，危害国家军事利益的行为。

本罪侵犯的客体是国家的军事利益以及军人对国家忠诚的义务。

本罪的犯罪时间是在履行公务期间。

所谓"叛逃"，是指逃往境外不归，或者利用公务出境之机滞留境外不归，以及逃往外国驻华使馆、领馆等的行为。

行为构成本罪，必须以危害国家军事利益为前提。

二、军人叛逃罪的认定

（一）难度与热度

难度：☆　热度：☆

（二）基本概念分析

本罪与投敌叛变罪的主要区别在于：（1）客观方面不同。本罪表现为行为人在履行公务期间，擅离岗位，叛逃境外或者在境外叛逃；投敌叛变罪表现为投奔敌方或者在被捕、被俘后投降敌人，进行危害国家安全的活动。（2）主体不同。本罪的主体只能是正在履行公务的军职人员；投敌叛变罪的主体是中国公民。（3）主观目的不同。本罪的目的是违背军人职责，逃往或滞留国外、境外不归；投敌叛变罪的目的是危害国家安全。

第五节　武器装备肇事罪

一、武器装备肇事罪的概念与特征

（一）难度与热度

难度：☆　热度：☆

（二）基本概念分析

武器装备肇事罪，是指军人违反武器装备使用规定，情节严重，因而发生责任事故，致人重伤、死亡或者造成其他严重后果的行为。

本罪侵犯的客体是部队武器装备的管理和使用制度。

本罪是过失犯罪，即军人对其行为会导致重伤、死亡或者造成其他严重后果具有过失。对武器装备使用规定的违反，既可以出于过失，也可以出于故意。

本罪是情节犯。军人违反了武器装备使用规定，但情节不严重的，不构成本罪。

二、武器装备肇事罪的认定

（一）难度与热度

难度：☆　热度：☆

（二）基本概念分析

本罪与一般违反武器装备使用规定行为的主要区别在于：行为人违反武器装备使用规定的情节是否严重，即是否造成人员重伤、死亡或其他严重后果。

本罪与过失致人重伤罪、过失致人死亡罪的主要区别是：造成伤亡结果的客观原因不同。前者是军人违反武器装备使用规定的行为，而后者并无限制。

第六节　虐待俘虏罪

一、虐待俘虏罪的概念与特征

（一）难度与热度

难度：☆　热度：☆

（二）基本概念分析

虐待俘虏罪，是指军人虐待俘虏，情节恶劣的行为。

本罪侵犯的客体是俘虏的人身权利。

本罪是情节犯，军人的虐待行为，必须达到情节恶劣的程度才构成本罪。

二、虐待俘虏罪的认定

（一）难度与热度

难度：☆　热度：☆

（二）基本概念分析

本罪与非罪的主要区别在于：行为是否达到情节恶劣的程度。根据立案标准，"情节恶劣"是指下列情形之一：（1）指挥人员虐待俘虏的；（2）虐待俘虏3人以上，或者虐待俘虏3次以上的；（3）虐待俘虏手段特别残忍的；（4）虐待伤病俘虏的；（5）导致俘虏自杀、逃跑等严重后果的；（6）造成恶劣影响的；（7）有其他恶劣情节的。

本罪与故意伤害罪的主要区别在于：（1）客体不同。本罪侵犯的客体是俘虏人员的人身权利；故意伤害罪侵犯的客体是他人的身体健康权。（2）客观方面不同。本罪的对象是俘虏，故意伤害罪的对象是他人。（3）主体不同。本罪是身份犯，行为主体必须是军人；故意伤害罪是非身份犯，行为主体是一般人。（4）主观方面不同。本罪的主观方面是实施虐待行为的故意，故意伤害罪的主观方面是造成轻伤甚至重伤的故意。

第三部分　拓展延伸阅读、案例研习与同步训练

第一节　拓展延伸阅读

1. 高铭暄. 军人违反职责罪的认定. 法学，1982（2）.
2. 黄林异. 关于军人违反职责罪的修改与适用. 人民司法，1997（7）.
3. 张春林. 军人违反职责罪若干问题探析. 人民检察，2005（15）.
4. 张建田. 论军人违反职责罪的立法完善. 法学杂志，2008（4）.

第二节　本章案例研习

案例：王某武器装备肇事案

（一）基本案情

某分区士兵王某，在执行任务过程中，违反武器装备使用规定，严重不负责任，手持装有实弹且未关保险的机枪，拉动机枪使子弹上膛后，机枪不慎走火两发，分别击中刘某和张某。两人因伤势过重，抢救无效死亡。

（二）案例解析

根据刑法规定，武器装备肇事罪，是指军人违反武器装备使用规定，情节严重，因而发生责任事故，致人重伤、死亡或者造成其他严重后果的行为。在客观上，王某违反武器装备使用规定，严重不负责任，手持装有实弹且未关保险的机枪，拉动机枪使子弹上膛后，机枪不慎走火两发，因而发生责任事故，致两人死亡，严重侵犯了部队武器装备的管理和使用制度以及他人的生命权。在主观上，作为军人的王某对其行为造成的重大事故具有过失。因此，王某的行为符合武器装备肇事罪的成立条件，构成武器装备肇事罪。

第三节　本章同步训练

一、选择题

（一）单选题

1. 下列选项中表述正确的是（　　）。

A. 战时违抗命令罪是作为犯

B. 战时违抗命令罪侵犯的客体是部队的作战指挥秩序

C. 战时临阵脱逃罪是过失犯

D. 战时临阵脱逃罪的主体仅限于参加战役的直接战斗人员

2. 下列选项中表述正确的是（　　）。

A. 虐待俘虏罪是情节犯

B. 武器装备肇事罪是故意犯

C. 军人叛逃罪是过失犯

D. 军人叛逃罪的主体包括未履行公务的军人

（二）多选题

下列选项中表述正确的是（　　）。

A. 军人违反职责罪侵犯的客体是国家军事利益

B. 军人违反职责罪的客观方面表现为军人违反职责，实施了危害国家军事利益的行为

C. 军人违反职责罪的主体必须是军人

D. 军人违反职责罪的主观方面必须是故意

二、分析题

军人违反职责罪与危害国防利益罪有何区别?

参考答案及解析

一、选择题

（一）单选题

1. 参考答案：B

解析： 本题主要考查战时违抗命令罪、战时临阵脱逃罪的概念与特征及二者的区别。A项错误：本罪的"违抗"行为，在形式上既可以是作为，也可以是不作为。B项正确，C项错误：战时临阵脱逃罪是故意犯罪。D项错误：战时临阵脱逃罪的主体，不限于参加战役、战斗或接受参加作战指示或命令的直接战斗人员，非直接战斗人员如参战的后勤人员、医疗人员、通信人员等，在临阵状态下逃跑的，也可以构成本罪。

2. 参考答案：A

解析：本题主要考查虐待俘虏罪、武器装备肇事罪、军人叛逃罪的概念与特征。A 项正确：虐待俘虏罪，是指军人虐待俘虏，情节恶劣的行为。B 项错误：武器装备肇事罪的主观方面是过失。C 项错误：军人叛逃罪的主观方面是故意。D 项错误：军人叛逃罪的主体仅限于正在履行公务的军人。

（二）多选题

参考答案：ABC

解析：本题主要考查军人违反职责罪的概念与特征。A 项、B 项、C 项正确，D 项错误：军人违反职责罪的主观方面多数出于故意，也有少数犯罪出于过失，如武器装备肇事罪的主观方面就是过失。

二、分析题

参考答案：

军人违反职责罪，是指军人违反职责，危害国家军事利益，依照法律应当受刑罚处罚的行为。危害国防利益罪，是指违反国防法律法规，拒绝或者逃避国防义务，危害作战和军事行动，妨害国防管理秩序，或者以其他形式危害国防利益，依法应受刑罚处罚的行为。

两罪的主要区别在于：（1）侵犯的客体不同。军人违反职责罪侵犯的客体是国家军事利益，危害国防利益罪侵犯的客体是国防利益。（2）犯罪客观方面不同。军人违反职责罪的客观方面表现为，违反职责危害国家军事利益的行为，危害国防利益罪的客观方面表现为，违反国防法律法规严重危害国防利益的行为。（3）犯罪主体不同。军人违反职责罪的主体必须是军人，危害国防利益罪的主体通常为一般人，个别犯罪只能由特殊主体构成。（4）犯罪主观方面不同。军人违反职责的主观方面是对危害国家军事利益行为或结果的罪过心理，危害国防利益罪的主观方面是对危害国防利益行为或结果的罪过心理。

图书在版编目（CIP）数据

刑法学核心知识点精解/刘艳红，杜宇主编.
北京：中国人民大学出版社，2025.5.--（法学核心课
程系列辅助教材）.-- ISBN 978-7-300-33618-3

Ⅰ.D924.01
中国国家版本馆 CIP 数据核字第 2025K5A358 号

法学核心课程系列辅助教材
刑法学核心知识点精解
主　编　刘艳红　杜　宇
副主编　王志远　欧阳本祺
Xingfaxue Hexin Zhishidian Jingjie

出版发行	中国人民大学出版社		
社　　址	北京中关村大街 31 号	**邮政编码**	100080
电　　话	010 - 62511242（总编室）	010 - 62511770（质管部）
	010 - 82501766（邮购部）	010 - 62514148（门市部）
	010 - 62511173（发行公司）	010 - 62515275（盗版举报）
网　　址	http://www.crup.com.cn		
经　　销	新华书店		
印　　刷	北京七色印务有限公司		
开　　本	787 mm×1092 mm　1/16	**版　　次**	2025 年 5 月第 1 版
印　　张	42 插页 1	**印　　次**	2025 年 5 月第 1 次印刷
字　　数	963 000	**定　　价**	128.00 元

《   》※任课教师调查问卷

为了能更好地为您提供优秀的教材及良好的服务，也为了进一步提高我社法学教材出版的质量，希望您能协助我们完成本次小问卷，完成后您可以在我社网站中选择与您教学相关的 1 本教材作为今后的备选教材，我们会及时为您邮寄送达！如果您不方便邮寄，也可以申请加入我社的**法学教师 QQ 群：436438859（申请时请注明法学教师）**，然后下载本问卷填写，并发往我们指定的邮箱（cruplaw@163.com）。

邮寄地址：北京市海淀区中关村大街甲 59 号文化大厦中国人民大学出版社 1202 室收

邮　　编：100872

再次感谢您在百忙中抽出时间为我们填写这份调查问卷，您的举手之劳，将使我们获益匪浅！

基本信息及联系方式：※

姓名：_____　性别：_____　课程：_____

任教学校：_____　院系（所）：_____

邮寄地址：_____　邮编：_____

电话（办公）：_____　手机：_____　电子邮件：_____

调查问卷：※

1. 您认为图书的哪类特性对您选用教材最有影响力？（　　　）（可多选，按重要性排序）

　A. 各级规划教材、获奖教材　　　　B. 知名作者教材

　C. 完善的配套资源　　　　　　　　D. 自编教材

　E. 行政命令

2. 在教材配套资源中，您最需要哪些？（　　　）（可多选，按重要性排序）

　A. 电子教案　　　　　　　　　　　B. 教学案例

　C. 教学视频　　　　　　　　　　　D. 配套习题、模拟试卷

3. 您对于本书的评价如何？（　　　）

　A. 该书目前仍符合教学要求，表现不错将继续采用

　B. 该书的配套资源需要改进，才会继续使用

　C. 该书需要在内容或实例更新再版后才能满足我的教学，才会继续使用

　D. 该书与同类教材差距很大，不准备继续采用了

4. 从您的教学出发，谈谈对本书的改进建议：_____

_____

_____

选题征集：如果您有好的选题或出版需求，欢迎您联系我们：

联系人：黄　强　联系电话：010-62515955

索取样书：书名：_____

书号：_____

备注：※ 为必填项。